近代
日中関係史
人名辞典

中村義・藤井昇三・久保田文次
陶徳民・町泉寿郎・川邉雄大 編

東京堂出版

はしがき

　19世紀後半から20世紀半ばにかけて、東アジアのなかの日本と中国の関係は、極めて波瀾に富むものであった。

　本書は、この近代における日中両国の関係史のなかで活動した日本人を選び、解説を加えたものである。

　アヘン戦争以後、近代西欧列強の強い影響のもとで、いち早く明治維新を成功させた日本は、アジア近隣諸国の近代化のモデルとなる一方で、列強と競合しつつ、隣国を侵略し、アジアにおける覇権国家への道を歩み始めた。その頂点に1937年以後の日中全面戦争があった。それに伴って、日本人の中国に対する認識と行動は、一部の良識ある人々を別として、侮蔑的抑圧的傾向を強めていった。この歴史的事実を直視することによってはじめて、将来の日中関係の真の友好と平和への展望は開かれるであろう。

　私たちは、このような歴史認識に立って、明治以降、敗戦までの日中関係史上の政治・外交・軍事・経済から社会・文化・教育・宗教などに至る広範な分野に登場した多数の日本人のなかから選び出した約1,200名について、特に日中関係における活動状況とその果たした役割などを中心に記述することによって、その事跡を明らかにしたいと考えた。

　本書に収録した日本人は、日中両国の基本的政策に影響を与えた人物をはじめとして、歴史に名を留めた比較的世に知られた人物、一部の日本人にしかその名を知られていない人物に至るまで、各階層、各分野の日本人を厳選した。

　本書の特色は、従来取り上げられることの少なかった文化的諸分野の人物を可能な限り多数収録したことである。その範囲は、教育・漢学から宗教・絵画・建築などの分野にまで及んでいる。

　過去において、明治・大正・昭和初期に中国とかかわりの深かった日本人の経歴と活動を詳細に記載した出版物として、黒龍会編『東亜先覚志士記伝』と

はしがき

　対支功労者伝記編纂会編『対支回顧録』があり、その「列伝」の部分には、歴史資料として役に立つ内容も多く含まれているが、かなり誇張した表現や、当時の国策に沿った「顕彰」録的な傾向の強い箇所が多く、政治的社会的雰囲気を読み取るのには便利であるが、そのまま信用することはできないうらみがある。

　本書は、これらの出版物を参考にしつつも、あくまでも客観性に徹した正確な史実に基づく人名辞典を目指した。

　1945年の日本の敗戦から65年を経た現在、明治から昭和にかけての約80年間の日中関係史に登場した日本人について、歴史に刻印した足跡を辿ることを目的とする本書が、近代日中関係史の特に日本にとっての明暗両面を明らかにできることを願っている。

　このように従来他に例を見ない内容と目標を有する人名辞典であるが、人物選択の適不適などがあるかも知れないと思われる。ご叱正を乞うものである。

　最後に、ご多忙のなかにもかかわらず、執筆の労をおとり下さった諸先生方に深甚な感謝の意を表したい。また、本書の出版をお引き受け下さった東京堂出版、特に毎回編集会議に出席されて編集作業が順調に進捗するよう細かい配慮をして下さった松林孝至氏に衷心より感謝申し上げる。

　本書の企画・構成を最初に発案され、編集作業進行中の2008年4月19日急逝された東京学芸大学名誉教授中村義氏に謹んで本書を捧げる。

　　2010年6月

編集委員
藤井昇三
久保田文次
陶　徳民
町　泉寿郎
川邉雄大

凡　例

1. 本辞典は、明治以降敗戦までの日中関係史上の、政治・外交・軍事・経済・社会・文化・教育・宗教などの分野で活躍した日本人およそ1200名を選び解説したものである。但し、川島芳子は例外的に収録した。
2. 配列は姓名を通しての五十音順とした。
3. 人名見出しは姓名を原則としたが、姓号を用いたものもある。
　（例）　夏目漱石
4. 解説に当たっては、原則的に、生没年月日、職業、通称、出身地を示し、簡単な履歴と中国に関係する事跡を記述した。
5. 生没年月日は太陽暦を用いたが、明治5年（1872）12月2日以前は陰暦月日を併記した。
6. 解説中の固有名詞のよみ・表記は、原則的に執筆者の表記に従った。但し、地名としての「満洲」は本来「中国東北部」とすべきであるが、歴史的用語として「満洲」の常用漢字表記「満州」を用いた。
7. 漢字は新字体を原則とした。
8. 頻出する参考文献は書名のみをあげた。巻数、出版社、刊行年は以下の通りである。

　　　　対支回顧録→東亜同文会内　対支功労者伝記編纂会（代表者中島真雄）編、上下巻、対支功労者伝記編纂会、1936年。原書房、1968年復刊。

　　　　続対支回顧録→東亜同文会内　対支功労者伝記編纂会（代表者中島真雄）編、上下巻、大日本教化図書、1941～1942年。原書房、1973年復刊。

　　　　東亜先覚志士記伝→黒龍会編葛生能久監修、上中下巻、黒龍会出版部、1933～1936年。原書房、1966・1974年復刊。大空社、1997年復刊。

凡　例

日本陸海軍の制度・組織・人事→日本近代史料研究会編、東京大学出版会、1971年。

近代日中関係史人名辞典

あ

相浦紀道 あいうらのりみち （天保12.6.23(1841.8.9)－1911.4.1）

海軍軍人。佐賀出身。

戊辰戦争では飛隼丸艦長を務め、函館戦争にも参加した。その後、草創期の海軍艦船の艦長を歴任した。明治4(1871)年兵部省海軍部水路局が設置され、水路測量、浮標や立標の設置、燈台の建設等を担当する海軍の諸活動における裏方の任務を担当した。翌明治5（1872）年水路局は海軍卿直轄の水路寮に変更、東京芝山内に寮舎を構えた。相浦が赴任したのはこの時期で、艦長を歴任した彼が、できて間もない裏方業務の機関に異動した理由は明らかでない。その後、兵器会議議長、技術会議議長となり、海軍の砲熕や艦船機関の開発について指導的役割を果たした。日清戦争では西海艦隊の司令長官を務め、連合艦隊主力を支えた。旅順口を攻略して根拠地を設けると、同根拠地司令長官になり、威海衛攻略作戦の準備に当たった。戦役後は、佐世保鎮守府及び横須賀鎮守府長官を歴任して、1900年現役を退いた。　　　　（田中宏己）

相生由太郎 あいおいよしたろう （慶応3.4.28(1867.5.31)－1930.1.3）

満州における実業家。現在の福岡市の魚商の家に生まれ、東京高等商業学校（現一橋大）を卒業、日本郵船・三井鉱山を経て、1905年三井物産門司支店に移る。支店長犬塚信太郎に認められ、犬塚が満鉄理事に就任すると、大連埠頭を満鉄直営とするため、大連埠頭事務所長となる。09年、退社して福昌公司を設立、埠頭の貨物積卸、荷役請負業を始め、後には土木建築請負等他の分野にも事業を拡大。第1次大戦時には日本軍の山東作戦に人夫・車輛を送って協力、第2次満蒙独立運動にも、裏面で奔走した。1916年から25年まで大連商業会議所会頭を務めた。　（久保田文次）

〔参考文献〕『東亜先覚志士記伝』下、『対支回顧録』下。

青木一男 あおきかずお （1989.11.28－1982.6.25）

大蔵官僚、大蔵大臣、大東亜大臣、参議院議員。長野県出身。

更級郡の貧農の家に生まれる。牧郷尋常高等小学校高等科、長野中学校、第一高等学校を経て東京帝国大学法科大学を優秀な成績で卒業、大蔵省に入省する。以後、理財局系を中心に活躍し漢冶萍公司借款や金解禁問題等に関わる。1931年満州事変が勃発すると大蔵省国庫課長として同地に派遣され実情調査を行う。さらに33年には満州国の幣制を日本円に直結させるか否かという問題が発生、彼が派遣されその不可を進言した。以後も対満事務局次長として満州国に外資を導入しようとしたり、日中戦争開始当初の法幣問題に関わる。39年蔵相兼企画院総裁として阿部内閣の英米協調路線を支えようとした。辞職後は南京に赴き汪兆銘政権の最高経済顧問としてやはり幣制問題を解決した。42年東條内閣の大東亜大臣に就任、対中政策や大東亜会議開催に努める。戦後はA級戦犯容疑者として起訴されるが48年には釈放、以後、自民党議員として台湾との交流を図る。　　（李武嘉也）

(**参考文献**) 青木一男『聖山随想』（日本経済新聞社、1959年）、同『わが九十年の生涯を顧みて』（講談社、1981年）。

青木周蔵（あおきしゅうぞう） （天保15.1.15(1844.3.3)-1914.2.16）

外交官。長門（山口県）出身。

小埴生村の村医・三浦玄仲の長男として出生。慶応元(1865)年に萩藩校・明倫館好生堂（医学所）に入学し、館長・青木研蔵の養子となり周蔵と改名。同3年に医学修行のため長崎へ赴き、翌明治元(1868)年に藩費でプロシア（ドイツ）留学を命ぜられる。在独中に志望を変え政治学・法律学を学ぶ。1873年1月に外務1等書記官心得として官途に就き、在ドイツ公使館に勤務、引続き同年8月に1等書記官となった。翌74年3月にいったん帰国するが、同年9月には駐独全権公使になるという昇進ぶり。やがて77年3月にドイツの貴族エリザベートと結婚し同国との因縁を深めるが、2年後の79年8月に帰国し翌9月に条約改正取調御用掛となった。しかし翌80年5月には再び駐独公使として赴任し、5年間同国に滞在するが、その間の82年に憲法調査の目的でベルリンに来訪した伊藤博文らのために、講師の選定や通訳を務めた。その後は85年9月に帰国して同年12月に外務大輔となり、条約改正議会副委員を命ぜられる。翌86年3月に井上馨外相（第1次伊藤博文内閣）のもとで外務次官となり、条約改正案を起草。

89年12月に初めて外相（第1次山県有朋内閣）に就任すると共に、条約改正全権委員となって彼独自の条約改正交渉に入る。しかし2年後の91年5月6日に内閣が山県から松方正義（第1次）に代わり、彼自身は外相に留任したものの、その直後の同月11日に大津事件（警備の巡査によるロシア皇太子襲撃）が起こったため、不運にも同月29日に外相を辞任し、翌92年1月に再び駐独公使として赴任する。同年8月に第2次伊藤内閣が発足して陸奥宗光が外相となり、同外相の指揮のもとで条約改正の第一関門（領事裁判権等の撤廃）打開のため翌93年9月に英国へ赴く。同国政府と交渉し翌94年7月にロンドンで日英通商航海条約に調印し翌8月末にドイツに帰任するが、その間に日清戦争が勃発。戦後の96年4月に日独通商航海条約に調印するが、越権行為ありとして帰国。98年11月に第2次山県内閣の発足に伴い再び外相となる。翌99年に中国山東省で義和団事変が起こり、翌1900年6月に出兵させるが、同年10月に内閣の総辞職によって彼も外相を辞任。その後は官職に就かないまま日露戦争を経て、戦後の06年1月に初代の駐米大使となった。しかし2年後の08年1月に移民問題で召喚。以後、自伝を取り纏めつつ14年死去。　　　（松村正義）

(**参考文献**) 坂根義久校注『青木周蔵自伝』（平凡社・東洋文庫、1970年）、水沢周『青木周蔵　明治外交の創造』青年篇・壮年篇（日本エディタースクール出版部、1988・89年）。

青木　喬（あおきたかし） （慶応1.11.10(1865.12.27)-没年不詳）

陸軍通訳、台湾総督府官吏、上海東亜同文書院教授、満州国総務庁嘱託兼法制局嘱託。

青木宣純 あおきのりずみ （安政6.5.19(1859.6.19) – 1924.12.12）

陸軍中将、陸士旧3期。佐土原藩（宮崎県）出身

1884年砲兵中尉のとき参謀本部から柴五郎と清国に派遣され、中国語を学びまた中国に多くの知己を得た。日清戦争では山県有朋率いる第1軍参謀として従軍、97年から1910年まで清国公使付武官（陸軍砲兵少佐青木宣純『清国政変二関スル陸軍武官報告』1898年、早大図書館所蔵）として赴任、袁世凱と親交を深めることになった。その間、満州問題をめぐり日露対決が明らかになると児玉源太郎参謀次長の強い意向により、04年7月満州軍総司令部付の駐在武官として3度北京に赴任、袁世凱の協力を得ながらロシアの戦時禁制品の輸出入防止に尽力する一方諜報謀略活動に従事した。公使館から日本人・中国人等に巧みに命を出して、情報収集（外交史料館所蔵「各国内政関係雑纂、支那ノ部」）や破壊工作に関与したため、欧州の明石工作と対比され「諜略将軍」とまで称された。11年の辛亥革命において極度に武器弾薬不足となった清国政府は、北京の日本公使館付武官青木少将を通じて日本政府に、泰平商会を仲介して砲弾約30万発、小銃弾6400万発、小銃11万6400丁購入を申し入れた。西園寺公望内閣は10月23日273万円余りの武器供給の契約を結んだ。革命の混乱について青木は数多くの報告（外交史料館所蔵「各国内政関係雑纂、支那ノ部」、同「清国革命動乱二関スル情報、陸軍ノ部」）を送っている。13年8月中将となり旅順要塞司令官に就任したが、15年12月第3革命が勃発、

久留米（福岡県）出身。

県立久留米中学卒業。同中在学中に教頭宮崎駿児よりアジア主義について学ぶ。小学訓導であった時、荒尾精の誘いをうけ日清貿易研究所の第1期学生に採用され、上海へ渡る。ほどなく研究所は経営難に陥り、学生間に動揺が走ったが青木は学生班長として沈静化に努めた。卒業後は南京の日清商品陳列所に勤務。日清戦争開戦後の1894年9月研究所の根津一大尉の推挙を受け陸軍通訳となり、第2軍に従軍、主に金州等で兵站事務に従事し、終戦を期に辞任。戦後再び貿易に従事しようとするも、95年10月再び陸軍通訳（台湾総督府付）となり渡台、その後台湾総督府民政局財務部租税課員に就任、96年10月製薬所通訳事務嘱託、専売局翻訳官（高等官7等）を歴任、台湾全土の阿片や樟脳の調査に当たった。1904年日露戦争開戦後は陸軍通訳に就任、満州軍政委員附属として、兵站業務や民政に従事、のちに満鉄付属地となる安東の開発に着手した。翌年8月遼陽で病を得、広島へ後送、免官。戦後は宏文学院において奉天将軍趙爾巽から派遣された中国人学生の指導に当たったのち、08年上海同文書院教授に就任、中国時文や詩読を担当し、『現代支那尺牘教科書』『上海に於ける建築用語』等テキストを執筆、28年退職。33年満州国政府の招聘に応じ、総務庁嘱託兼法制局嘱託として勤務。

（大江洋代）

(参考文献) 青木喬「対支三十年を語る」（『支那』30、1938年）、大里浩秋「宗方小太郎日記」明治22～25年、明治26～明治29年（神奈川大学『人文学研究所報』40・41、2007・08年）。

再び参謀本部より中国出張を命じられた。反袁で知られるようになった青木の活動を憂慮する声もあったが、赴任した青木は独裁を強める袁世凱に対し明白に南方派を支持するようになった。袁は6月急死したが後継者の段祺瑞も北洋系のため青木は寺内正毅内閣の援段政策に躊躇があった。ともかく袁死後、青木は日置益公使や有吉総領事等と北京情勢や護国軍や南方派の動向を詳細に送っている。17年には大総統府軍事顧問として年俸4万円で赴任した。因みに同じく赴任した有賀長雄博士の年俸は3万5千円である。その後、義和団事件の賠償金をもとに立ち上げた国家事業の対支文化事業に協力し、中国側に依頼し日本の学者を中国に招いて研究交流が行われた。一方寺内内閣により西原借款等で対中支援が継続されたが中国政府の財政は好転せず、19年財政逼迫のため、中国は青木中将を日本に送り支援要請をした。こうして中国の意を理解して行動する青木は、同年8月これ以上の関与は「現役ニ在リテハ都合悪シ」と現役を退く意向を示し、さらに自身が「将来日本ノ政治ニ関与スルノ必要アリ」と政界への出馬に意欲を見せた。陸軍内では「本邦ニ於テハ軍隊指揮官タルノ機会ヲ逸セシ」（「青木中将に関する件」防衛研究所所蔵『密大日記』）との同情もあったが、同月予備役編入となった。長年の功に異例の賞与が贈られた。しかし望み半ばにして24年病死した。　　　　（波多野勝）

（**参考文献**）　佐藤垢石『青木宣純謀略将軍』（墨水書房、1943年）。

青木文教 あおき ぶんきょう （1886.9.28－1956.11.7）

チベット研究家。滋賀県出身。

本願寺第22代法主・大谷光瑞の命を受けて、1912年から16年までチベットに留学し、激動期のチベット情報を日本に伝えた。彼以前にも、チベットに入国した日本人としては、河口慧海がいるが、河口の場合は身分を隠しての潜行であったので、その行動の範囲は限られていた。それに対して、青木の場合は、ダライラマ13世から正式に招聘され、ダライラマ11世の生家に寄宿した。そのため、彼の情報は、チベット上層部との親しい関係を通じてもたらされたもので、貴重である。帰国後は不遇であったが、第2次大戦中は大東亜省でチベット問題の調査に当たり、戦後は米軍のCIE（民間情報教育局）に勤務。著書に、『秘密の国・西蔵遊記』（1920年）、『西蔵文化の新研究』（40年）等がある。　　（相田　洋）

（**参考文献**）　佐藤長『神秘の国・西蔵遊記』解説（中公文庫、1990年）。

青木正児 あおき まさる （1887.2.24.－1964.12.2）

昭和前期の中国文学研究者。字は君雅。迷陽の別号がある。山口県生まれ。

旧制五高から京都帝大文科の初期に進学、狩野直喜（君山）・幸田露伴らに師事し、1911（明治44）年その支那文学科を卒業。20（大正9）年、小島祐馬・本田成之（蔭軒）らと『支那学』誌を創刊（～1947年終刊）、民国初期の「文学革命」を紹介すると共に「本邦支那学革新の第一歩」を打ち上げた。前後して漢詩文の文会「麗澤社」や水墨画の画社「考

「槃社」を結ぶなかで、積極的な役割を果たし、大正・昭和前期の狩野君山・内藤湖南らのおこした京都シナ学の発展に大きく寄与した。

仙台の東北帝大では、初代の支那文学講座の（1924-38年）、京都帝大に転じては同講座の鈴木虎雄（豹軒）のあとを襲いで（1938-47年）、教授を歴任。定年後は、新設の山口大学（1950-57年）に、また立命館大学等において、中国文学を講じ、没年におよんだ。78歳。日本学士院会員。

著書には、明清演劇史の空白を埋めた学位論文『支那近世戯曲史』（1930刊）が、つとに漢訳されて中国にも通行した。文芸思想の研究に『支那文学思想史』（1943刊）『清代文学評論史』（1950刊）があり、中国文芸にかんする訳注書『楚辞』『元人雑劇』から『芥子園画伝』や絶筆となった『李白』詩解にまで及ぶ。ほかに書画・歌曲を含む文学芸術論集、例えば『支那文芸論藪』（1927刊）『支那文学芸術考』（1942刊）から、酒茶・食品・器物にわたる名物考証の論考・随筆のたぐい、例えば『中華名物考』『琴棊書画』『酒中趣』『中華茶書』訳注『随園食単』など多数の著述を残した。いずれも、中国の文物に対する、本邦昭和前期の、日中にまたがるその分野での、最も水準の高い精緻かつ翔実な研究書であり、ことに中国古典文学を旧来の道徳教学の思想的束縛から解いて、文学芸術として独立した学術評価を与えた点で、画期的な内容を伝える。

人物は、幼少より文芸・美術を好み、生涯を通じて書画・音曲をはじめ、中国の文物を広く愛し続け、ことにその香気・風韻を尊んだ。当代に卓越して、文芸・趣味を学術の高さで論究し、中国文化に対する博大にして精深な理解を示した。　　　　　（戸川芳郎）

（**参考文献**）『青木正兒全集』10巻（春秋社、1969年）各巻「解説」。永澄憲史「陶然自楽―青木正児の世界」1～45（『京都新聞』2003年9月－05年7月）。

青柳篤恒（あおやぎあつつね）（1877.8.9－1951.1.8）

中国学者、政治・外交論説家。号柳士廉。山形県出身。

親戚の宮島大八の勧めで中国に志し、中国文学・語学を学んだ。1903（明治36）年7月、早稲田大学政治経済科を卒業して大隈重信の秘書となり、彼の死まで中国要人との会見の際の通訳等を務め、中国関係のブレーンとなった。この年暮れ頃、早稲田大学学監の高田早苗に清国留学生教育に関する建白書を提出し、留学生受け入れの準備を整え、05年9月に早稲田大学清国留学生部を創設し、その主事として5年間留学生教育に当たった。その後も早稲田大学教授として長く政治経済学科・学部で中国語・外交史等の講義を担当した。13（大正2）年には中華民国総統袁世凱の法制顧問となった有賀長雄の通訳として北京に半年間派遣された。また中国関係の政治・外交問題への論説を数多く発表し、論客として活躍した。主著に『支那語助辞用法』、『支那時文教科書』、『極東外交史概観』等がある。　　　　　（小林共明）

（**参考文献**）早稲田大学史編集所『早稲田大学百年史』（早稲田大学出版部、1978-97年）、『青柳篤恒略歴』（早稲田大学図書館蔵、1918年）。

あおやぎかつとし

青柳勝敏 あおやぎかつとし （1879.5.10 – 1934.9.7）

陸軍軍人（騎兵大尉）。蒙古開拓を主張、中国革命運動の協力者。号春岳。秋田県出身。

陸軍士官学校を卒業後、日露戦争に従軍。戦後引続き、満州守備に当たった。1910（明治43）年、蒙古への志を抱いて現役を退き、辛亥革命後の12（大正2）年5月、親戚である参謀本部第2部長宇都宮太郎少将（のち大将）から資金面での援助を受けて蒙古に向かった。その後、江西都督李烈鈞に軍事顧問として招聘され、翌年7月の第2革命に参加したが、失敗して李烈鈞と東京に逃れた。年末には彼らと軍事幹部を養成する学校である浩然廬を大森に開設したが、千葉で爆弾の誤爆事件を起こして14年2月に当局から解散命令を受けた。

15年に蒙古のパプチャプ（巴布札布）が清朝回復の援助を求める使者を日本に送ったことから11月にハルハに赴き、パプチャプと会見して援助を約束した。年末に帰国して川島浪速らと蒙古軍に対する武器弾薬及び軍資金の調達に奔走し、再び大陸に渡ってハルハ・旅順で武器の補給の活動を行った。16年6月の袁世凱の死去によって反袁運動が急速に終結に向かう情勢下で内蒙古から出撃したパプチャプ軍は、7月に奉天督軍兼省長となった張作霖の軍隊と交戦状態となり、8月には宗社党支援のため満鉄沿線の郭家店まで進出し、伊達順之助らの日本人部隊と共に張軍と戦った。パプチャプ軍に同行していた青柳は川島らに弾薬の欠乏を打電し、張作霖の顧問であった菊地武夫中佐が両軍の休戦協定をまとめ、日本軍から武器・弾薬の補給を受けたパプチャプ軍は9月、蒙古に向かって郭家店を引き上げた（第2次満蒙独立運動）。10月のパプチャプ戦死等によって蒙古との関係が絶たれたのちも青柳は満蒙経営に関する意見書『対支私見』を発表し、21年に奉天に共栄社を創設して朝鮮人満州進出の指導等を行う一方、満蒙における牧羊業の発展について研究を続けたが、晩年は体調を崩して死去した。

（小林共明）

（参考文献） 波多野勝『満蒙独立運動』（PHP研究所、2001年）。

青柳有美 あおやぎゆうび （1873.9.27 – 1945.7.10）

評論家、随筆家。本名猛。秋田県出身。

国内外時事から音楽等その活動の幅は広いが、特に女性教育や性に関わる問題に言及することが多かった。

同志社普通学校を卒業。1893年から『女学雑誌』（女学雑誌社、1885 – 1904年）に参加し言論活動をスタートさせる。1903年、その創刊者巌本善治のもと主幹となる。それに先立つ1900年12月に刊行した最初の評論集『恋愛文学』は発禁となっている。大正期には実業之世界社の編集者として、『女の世界』を発行した。明治女学校で教鞭をとり、36年には宝塚音楽歌劇学校嘱託ともなっている。著作は、『善魔哲学』や『有美道』他多数。中国との関わりで言うと『女学雑誌』は特に重要だ。その評論、「義和団賛論」（513号、01年2月）は現在でも義和団評価に大きな影響を与えているからだ。当時の国際的な世論は義和団を野蛮で後進的な暴徒と捉え、在華外国人をその憐れな被害者としたが、しかし青柳は

そうは考えなかった。義和団にこそ、同情は寄せられるべきだというのだ。青柳は中国における日本をはじめとする外国勢力の伸長を理不尽な侵略の結果と捉えており、従って、「列国」は「天罰」を受けているのであり、その中でも最も「呪わるべきは、我が日本帝国」なのであった。彼は被害者とされていた宣教師たちを、本国政府の勢力を頼みに横暴を働いてきた者たちとして批判し、義和団に正義を見出す。青柳にとって外国勢力は強盗の類であり、一方で、それに対抗するために武力に訴えた義和団の行為は正当なものに他ならなかった。混乱の責任は義和団にではなく、日本を含む外国勢力と彼らの庇護下にあったキリスト教徒にあるというわけだ。青柳の議論は、義和団の反帝国主義性を最も早い段階で指摘したものとして注目されている。北京大学歴史系の王暁秋は、辛亥革命に対する宮崎滔天、五四運動に対する吉野作造等と共に青柳の義和団に対する態度を挙げて、それらを日本の進歩的知識人の良心を体現する事実としている（『人民日報』2000年10月06日）。

〈久保田善丈〉

（参考文献） 王暁秋『アヘン戦争から辛亥革命　日本人の中国観と中国人の日本観』（中曽根幸子・田村玲子訳、東方書店、1991年）。

明石元二郎　あかしもとじろう　（元治1.8.1（1864.9.1）－1919.10.26）

陸軍大将、男爵。福岡出身。

福岡藩士の次男。藩校に学び、13歳で上京して1877年陸軍士官学校幼年生徒となる。81年に陸軍士官学校（旧6期）に進み、卒業後に少尉に任官されて歩兵連隊付となる。86年戸山学校の教官となり、87年に陸軍大学校に入学する（5期）。科目中、戦術に秀でていたという。同期に立花小一郎がいる。89年の卒業後は連隊に戻り、90年12月に参謀本部付となったのち第1局付を命じられる。94年2月からドイツに留学するが、日清開戦により帰国して近衛師団参謀となる。講和後に台湾征討戦を闘う。戦後は参謀本部第3部員となった。96年9月から川上操六参謀次長の随員として台湾・東南アジアを視察する。翌年米西戦争観戦のためフィリピンに赴く。北清事変に際しては山海関・錦州方面の偵察業務に従事した。1901年1月にフランス公使館付武官に任じられ、翌年8月にはロシア公使館付武官となる。日露戦争が始まると露都を引き上げ参謀本部付となってストックホルムに移った。イギリス公使館付武官宇都宮太郎と共にロシア撹乱工作として参謀本部の資金をもってロシア革命支援活動「明石工作」を遂行する。戦後はいったん帰国するが、06年2月にドイツ大使館付武官に就く。翌年帰国し、歩兵第7連隊長を経て07年10月に在韓第14憲兵隊（韓国駐箚憲兵隊）長に就任し、翌年には韓国駐箚軍参謀長を兼ねる。10年6月に韓国駐箚憲兵隊司令官となり、7月に韓国統監府警務総長も兼任して武断統治の一翼を担う。14年4月に参謀次長に任じられて日独青島戦争の戦略を担当した。翌年10月第6師団長に転出し、18年6月に台湾総督に就任して、翌月大将となる。19年8月に台湾総督は文民も就けるように制度改正されたため、総督府と分離した独立指揮権を持つ台湾軍が誕生し、

その初代司令官も兼ねた。この時期台湾統治機構等の改良期に当たっており、官制改革・教育改革・交通網整備・電力事業強化等に積極的に取り組もうとしていた矢先、19年10月に郷里において病死する。在欧情報将校として英仏独露語に通じるも、そこに留まらず多方面で活躍した。　　　　　　（斎藤聖二）

（参考文献） 小森徳治『明石元二郎』（台湾日日新報社、1928年）、斎藤聖二『日独青島戦争』（ゆまに書房、2001年）。

赤塚正助　あかつかしょうすけ　（明治5.9.6（1872.10.8）－1942.5.6）

外交官、政治家。鹿児島県出身。

東京帝国大学法科大学卒業後、1898年9月第7回外交官及領事館試験合格、10月外務省に入省、領事館補に任ぜられる。厦門、釜山在勤を経て、1901年5月には外交官補に任ぜられ、オーストリア・ハンガリー国、同年11月にはドイツに在勤し、翌年公使館3等書記官に任ぜられた。米国在勤、シャム国在勤を経て06年10月には領事に就任し、マニラに赴任、同地において日本人漁民の活動保護に活躍。本省勤務を経て、12年、広東総領事に就任、袁世凱帝政阻止に尽力。17年、奉天総領事に就任、張作霖政権の東三省統一に協力し、特に19年に起きた吉林師長高士儐の部下と日本の長春守備隊の衝突事件、翌年の間島事件の解決に活躍した。23年9月には、特命全権公使に任ぜられ、オーストリア・ハンガリー駐劄を命じられる。26年11月依願免本官。28年、郷里鹿児島で立憲民政党より衆議院議員に立候補して当選するが、30年の総選挙では立憲政友会に鞍替えして落選。42年5月6日死去。　　　　　　（白石仁章）

（参考文献） 鹿島守之助『日本外交史11　支那問題』（鹿島平和研究所、1971年）。

赤松則良　あかまつのりよし　（天保12.11.1（1841.12.13）－1920.9.23）

海軍軍人。大三郎のち則良。江戸生まれ。

直参吉沢政範次男。赤松家を継ぐ。長崎海軍伝習3期生。幕府の遣米使節に随伴し咸臨丸で渡航。軍艦操練所教授方出役。オランダ留学で造船術を学び、慶応4（1868）年帰国。静岡藩沼津兵学校1等教授方を経て、新政府の兵部省に出仕、明治5（1872）年海軍大丞、1873年ウィーン博覧会出張、74年4月4日海軍少将、4月5日陸軍少将谷干城と台湾蕃地事務参軍を命じられ、台湾蕃地事務都督・陸軍中将西郷従道を補佐。長崎から台湾遠征の先鋒として日進艦で5月10日台湾南部琅嶠に上陸。同日両参軍の名で在陣諸士に10ヶ条を告諭。5月22日西郷都督到着（本営は琅嶠のち亀山）、6月1日三路より進撃の竹社口軍を指揮、三軍合し蕃地牡丹社を平定。福島九成参謀と柳原公使談判中の清国に派遣、8月上旬帰営。佐久間左馬太参謀と帰国し増兵を交渉。12月凱旋し29日参内謁見。のち横須賀造船所長（国産艦清輝は85－86年在留邦人保護に清国派遣）、主船局長。佐世保鎮守府初代長官。中将で予備役。男爵。貴族院議員。80年に海軍大尉曽根俊虎らが結成した興亜会（83年亜細亜協会）創立時の会員で同盟員になった。　　　　　　（安岡昭男）

（参考文献） 『西郷都督と樺山総督』（西郷都

督樺山総督記念事業出版委員会著・刊、1936年)、『赤松則良半生談』(赤松範一編注、平凡社・東洋文庫、1977年)。

秋山真之 あきやまさねゆき (慶応4.3.20(1868.4.12) – 1918.2.4)

海軍軍人。松山(愛媛県)出身。

愛媛第一中学、大学予備門を経て海軍兵学校(17期)に進む。俳人正岡子規と下宿を共にして帝国大学をめざす受験勉強をしたり、のちに陸軍大将になる白川義則らとの熱き親交は、明治初期の青雲の志に燃える青年たちの象徴として今日も語り継がれている。日清戦争では砲艦「筑紫」の航海士を務め、旅順港砲撃、威海衛湾口にある劉公島の攻略作戦で活躍した。1896年、軍令部諜報課課員として満州で行動したが、謀略というより私服による単独の調査旅行という性格のものであった。次いで日清戦争で中断されていた留学生派遣が再開されると、私費でアメリカに渡り、著名な軍事思想家アルフレッド・マハンに師事し研鑽を重ねた。帰国後、海上勤務に就いたあと、坂本俊篤の引きで海大教官になり、長年の研究成果を教授する機会を得た。秋山が最も輝いた時期で、講義題目とした「海軍基本戦術」「海軍応用戦術」「海軍戦務」はそのまま海軍の戦術・軍用思想になった。日露戦争では連合艦隊司令部で作戦参謀を務め、露旅順艦隊の撃破で辛酸をなめたが、バルチック艦隊を迎え撃った日本海海戦では作戦計画がほぼ的中し、完全勝利を収めた。戦役後、再び海大教官に戻るが以前ほどの生彩がなく、艦隊決戦論を張る佐藤鉄太郎にお株を奪われ

た感があった。「音羽」艦長時代、14年振りに中国に入港し、急激な変貌に衝撃を受けた秋山は、近代化に手を貸し列強に負けない関係を作るべしと確信した。軍務局長になると、軍艦建造より中国軍将校教育を引き受けた方がはるかに将来性が高く、一般留学生を広く受け入れる方が両国の長い友好関係に寄与するとした。日本政府が中国に21ヶ条の要求を突きつけて反日運動を煽っている時期に、秋山は三井物産の芳川寛治、満鉄の犬塚信太郎、外務省政務局長小池張造らと図り、中国江南の革命勢力を支援し、たびたび来日する孫文を援助し、孫文の活動に貢献した。

(田中宏己)

秋山定輔 あきやまていすけ (慶応4.7.7(1868.8.24) – 1950.1.19)

二六新報創設者、政治家。倉敷(岡山県)生まれ。

1882(明治15)年に大学をめざして上京、90年東京帝国大学を卒業して会計検査院に検査官試補として就職するも、間もなく辞し、93年10月26日『二六新報』を創刊する。反藩閥の姿勢を明確にしたため、しばしば発行停止処分を受け、また自身の病気もあり、95年6月に至って休刊した。1900年2月1日に再刊し、今度は富豪の私生活を暴いたり、娼妓自由廃業を応援したり、労働者を集めての大集会「労働者大懇親会」を行う(01年)など、大衆の耳目を集めやすい話題を取り上げて部数を伸ばし、キャンペーン・ジャーナリズムの先駆けとなると共に、明治時代における新聞の大衆紙化に大きな貢献をした。02年8月

あきやまよしふる

には衆議院議員に当選し、続いて翌年3月の選挙でも当選した。その行動として注目されるものに、03年12月の奉答文事件がある。主戦論の立場から奉答文に桂内閣弾劾の意味を含む文言を入れるという工作を行い、召集されたばかりの議会を解散に至らしめた事件である。このような工作は、政府や議員の反感を買い、秋山はロシアのスパイであるという噂を流され、国民の厭戦気分を煽っていると議会で追及され、引責決議が通過して議員を辞職した。日露戦後の10年に社長を坂本金弥、次いで11年に秋田清に譲り、新聞経営から離れ、その後の活動は、孫文の革命を助けたり、政界の黒幕的活動を行った。

秋山と中国との関係は、新聞経営に失敗し再刊に至る5年間の休刊中に孫文に出会ったことが始まりである（年月不明）。宮崎滔天の『三十三年の夢』が掲載されたのは『二六新報』だった（02年1月30日より）。孫との関係は日露戦後に本格化し、05年11月に創刊された中国革命派機関紙『民報』の印刷機や活字は、秋山の便宜によって提供されたものであったし、06年頃から広東挙兵が計画された時に、秋山は台湾から武器を輸送するという計画を立てている。辛亥革命後の12年5月に孫文は秋山のことを、自分が最も信じている人物であると語っている。また同年11月に孫文が日本行を計画した際に、第2次西園寺内閣の大官は面会しない意向であることを告げ、その代わり内閣が変わった13（大正2）年2月に秋山の紹介で日本を公式訪問し桂太郎と会見を遂げた。秋山は、日本の大陸（特に満蒙）発展のためには、中国の新勢力と提携関係を結ぶこと、そのため日本政界の革新と挙国一致が必要だとして、桂太郎に近付き、また大正末期には田中義一の政界担ぎ出しに加わった。日中戦争後は近衛文麿に接近し新体制運動の一翼を担い、40年には戴天仇（季陶）や張群を通じて蒋介石政権との和平工作に当たり、満州国の承認と引替えに華北よりの撤兵を提唱した。　　　　　（櫻井良樹）

（**参考文献**）　桜田倶楽部編『秋山定輔伝』全3巻（同倶楽部、1977-82年）、『秋山定輔は語る』（大日本雄弁会講談社、1938年）、『秋山定輔は語る　金・恋・仏』（関書院、1948年）、村松梢風『風と波と』（新潮社、1953年）、櫻井良樹『大正政治史の出発』（山川出版社、1997年）。

秋山好古 _{あきやまよしふる}（安政6.1.7（1859.2.9）-1930.11.4）

陸軍軍人。松山（愛媛県）出身。

藩校明教館を経て大阪師範学校に入学、卒業後は名古屋の小学校で教鞭をとり、1877年に陸軍士官学校に入校、卒業後は騎兵科将校の道を歩く。旧藩主久松定謨が仏サン・シール士官学校に留学するに伴い補導役として渡仏、ヨーロッパの騎兵戦術について研究を重ねた。帰国後騎兵第1大隊長になり日清戦争に従軍、1900年、義和団事件が勃発すると広島の第5師団兵站監として北京に出征し、そのまま天津に設置された清国駐屯軍参謀長となった。次いで同軍守備隊司令官、同軍司令官となり、駐屯軍の基盤づくりに貢献した。この間、袁世凱と親交を結び、第2次露清密約を察知してロシアに満州からの撤退を約束させる立役者になった。02年に秋山の周旋で

天津の行政権を清国に返還して日清親善を深め、翌年には袁の長子克定を来日させて各地を案内して回り、袁との親交を深めた。日露戦争では、最大の危機である黒溝台の戦いで露軍の猛攻に耐えて陸軍を救った。

（田中宏己）

芥川龍之介 あくたがわりゅうのすけ （1892.3.1 − 1927.7.24）

文学者。東京出身。

東京市京橋区で牛乳業を営む新原敏三、フクの長男として生まれたが、生後間もなく母の病気のため、東京市本所区の母の実家の芥川家に預けられ、1902年に母が死去、04年8月に母の兄の芥川道章の養嗣子となった。嘉永2（1849）年生まれの道章は1898年に東京府内務部課長を最後に退職した。芥川は1905年府立第三中学校、10年第一高等学校一部乙類（文科）、13年東京帝国大学文科大学英文科に入学した。翌年2月に一高同期の豊島与志雄・菊池寛・久米正雄らと第3次『新思潮』を創刊して同誌に最初の小説「老年」を、15年10月「羅生門」を『帝国文学』に、16年2月に第4次『新思潮』に「鼻」を発表、後者は夏目漱石の激賞を受けた。同年7月に東大英文科を卒業後、大学院に進学したが、12月に横須賀の海軍機関学校の英語教官に就任、18年1月には大阪毎日新聞社社友となり、19年2月に海軍機関学校を辞職して、翌月に大阪毎日新聞社の出勤の義務はなく年に何回か小説を寄稿する社員となり、作家活動に専念した。

同社特派員として21年3月から7月まで、上海・長沙・洛陽等中国各地を旅行し、「旧支那が老樹の如く横はつて居る側に、新しき支那は嫩草（わかくさ）の如く伸びんとして居る」様子を「政治、風俗、思想、有ゆる方面」から描き出す『支那游記』を執筆、また傑作短篇「湖南の扇」を発表した。27年7月、「何か僕の将来に対する唯ぼんやりした不安」が動機と書き残して自殺し、間もなく日本はまずマルクス主義に、次いで国粋主義とによる排他的で不寛容な時代を迎えた。

中国では魯迅・周作人兄弟が早くから芥川に注視し、18年6月から『煙草と悪魔』『傀儡師』『鼻』等の作品集を購入、芥川の北京訪問時には魯迅が「鼻」「羅生門」の2編を北京紙『晨報』に訳載、後に『現代日本小説集』（23年）に収めた。北京滞在中に魯迅訳を目にした芥川は「自分の心地がはつきりと現れてゐると喜び驚い」たという。清末没落文人を描いた魯迅「孔乙己」と中学英語教師を回想する芥川「毛利先生」、倦怠した都市知識人が庶民の真心にふれ人間への信頼と希望とを取り戻す小事件を描いた魯迅「小さな出来事」と芥川「蜜柑」等、魯迅に対する芥川の影響が随所でうかがわれる。『支那游記』も中国語訳されて「中国人は……欠点を指摘されるのをひどく嫌う……芥川のような誠実な親友が刺激してくれて初めて、我々の頭もようやく目が覚める」と魯迅が激賞する一方で、巴金らは激しく反発してもいる。芥川の自殺直後には文芸誌『小説月報』が特集を組んでおり（27年9月号）、21世紀の現在でも芥川文学は新訳が刊行されている。1995年には「南京の基督」（1920年）が香港・日本

合作でトニー・オウ（Tony Au、區丁平）監督により『南京的基督』（The Christ of Nanjing）という題名で映画化された。

(藤井省三)

(参考文献) 『芥川龍之介全集』全24巻（岩波書店、1995-98年）、鷺只雄編著『年表作家読本芥川竜之介』（河出書房新社、1992年）、魯迅『故郷／阿Q正伝』（藤井省三訳、光文社古典新訳文庫、2009年）。

安積艮斎　あさかごんさい　（寛政3.3.2(1791.4.4)-万延1.11.12(1861.1.1)）

儒者。名は重信、通称祐助、字は思順・子明、別号艮斎・見山楼。郡山（福島県）出身。

陸奥国安積郡郡山（二本松藩領）にある郡山八幡（安積国造神社）の第55代宮司安藤親重の3男として出生。初め藩儒今泉徳輔に学び、横塚村庄屋今泉氏の養子となったが、17歳で江戸に出奔し佐藤一斎に入門、ついで21歳で一斎の師大学頭林述斎に入門。24歳で駿河台の幕臣小栗忠高邸内に家塾見山楼を開く。天保3（1832）年『艮斎文略』出版より文名を上げ、46歳で二本松藩お出入りとなり、53歳で藩校教授として二本松に赴任し、『明朝紀事本末』80巻の校訂に従事した。55歳で将軍御目見得、60歳で幕府御儒者となり昌平坂学問所に教授した。尚歯会に出入りするなどして海外事情に明るく、ペリー来航時の米国書の翻訳やプチャーチン来航時の露国書の答書に関わり、また外交意見書『盪蛮彙議』を提出して交易・海防を説いた。70歳で没し、妙源寺（墨田区東駒形）に葬られた。

(町　泉寿郎)

(参考文献) 『叢書・日本の思想家31』（明徳出版、2008年）。

朝香宮鳩彦　あさかのみややすひこ　（1887.10.2-1981.4.12）

旧皇族。陸軍軍人。東京生まれ。

旧皇族の久邇宮朝彦親王の8男。生母は家女房の角田須賀子。香淳皇后の叔父にあたる。1906（明治39）年に朝香宮家を新たに創設し、4年後に明治天皇の8女である允子内親王と結婚した。皇族男子として陸軍軍人の道を進み、陸軍大学校を卒業。22（大正11）年、フランス留学中に従兄弟の北白川宮成久が運転する自動車事故で重傷を負った（成久は死亡）。帰国後、パリ万博の影響でアール・デコ様式の邸宅（現在は港区白金台の東京都庭園美術館）を建築。ゴルフの宮様としても知られ、東京ゴルフ倶楽部が埼玉県に移転した際、膝折村は朝霞町と改称された。37（昭和12）年12月、上海派遣軍司令官として江南戦線に出征、最高指揮官の松井石根大将のもと南京攻略戦を視察し、南京入城式に参列した。翌年、上海派遣軍慰霊祭の祭主を務め、杭州湾上陸軍司令官の柳川平助中将と共に凱旋。従軍画家による南京攻略の「英姿」が献上された。戦後、皇籍離脱し、熱海に隠棲。

(小田部雄次)

(参考文献) 増田彰久（写真）・藤森照信（文）『アール・デコの館』（ちくま文庫、1993年）、小田部雄次『皇族』（中公新書、2009年）。

浅田信興 あさだのぶおき （嘉永4.10.12（1851.11.5）－1927.4.27）

陸軍大将、男爵。川越（埼玉県）出身。

川越藩士の家に生まれ、同藩士浅田家の養子となる。明治3（1871）年、大阪の陸軍兵学寮生徒として差し出され、明治5年少尉に任官して大隊付となる。西南戦争で活躍し、陸軍士官学校教官、熊本鎮台参謀等を経て1886年に参謀本部第2局第2課長となる。88年6月から9月まで清国出張。翌年5月に「月曜会事件」に連座して地方の隊付勤務となるが、第3師団参謀、連隊長ののち、93年に屯田兵参謀長に就く。日清戦争では臨時第7師団参謀長として戦地に向かったが移動中に終戦を迎えた。戦後はそのまま新設第7師団参謀長に就く。東部都督部参謀長等を経て、日露戦争に近衛歩兵第1旅団長として出征し、戦中に師団長に昇進して沙河会戦以降の指揮を執る。第12師団長、第4師団長を歴任したのち教育総監の職に就き大将となる。14年に軍事参議官並びに兼任東京衛戍総督となって16年に予備役に入る。　　　　　（斎藤聖二）

参考文献　鵜崎熊吉『薩の海軍・長の陸軍』（政教社、1911年）。

浅原健三 あさはらけんぞう （1897.4.28－1967.7.19）

労働運動家、政治家。用いた偽名に岡藤吉雄、江道恩がある。福岡県出身。

幼少時に父親が炭鉱経営に失敗。行商・坑夫等を経験する。日本大学専門部法科に入学したことがきっかけで社会運動に参加するようになり、1919（大正8）年に官営八幡製鉄所で「日本労友会」を組織、これを率いて翌20年にストライキを起こした。その後は無産政党「九州民憲党」を結成し、代議士として活躍するが、満州事変に反対して32（昭和7）年の総選挙に落選。従来から親交のあった政友会の政治家・森恪の紹介で陸軍の石原莞爾に接近し、石原を助けて満州関係の秘密工作や林銑十郎内閣の組閣に関与した。日中戦争勃発後は石原の戦争不拡大方針を支持して奔走するが、石原と対立した東条英機の指示により左翼革命の嫌疑で検挙され、岡藤吉男の偽名を与えられて国外追放処分。追放先の上海で実業家となり、江道恩と名乗った。44年には東条英機暗殺計画に関与した嫌疑で拘束されるが証拠不十分で不起訴。戦後は鳩山一郎・西尾末広・十河信二等との人脈を活かして政財界に影響力を持っていたとされる。
　　　　　（中野弘喜）

参考文献　浅原健三『鎔鉱炉の火は消えたり』（新建社、1930年）、桐山桂一『反逆の獅子』（角川書店、2003年）。

朝比奈隆 あさひなたかし （1908.7.9－2001.12.29）

指揮者。東京出身。

ロシア人指揮者エマニエル・メッテルに師事し、1942年に大阪放送管弦楽団首席指揮者となる。43年10月、上海陸軍報道部の中川牧三の推薦で、上海交響楽団指揮者及び彼地音楽事情調査員として上海に派遣された。太平洋戦争開戦により上海の共同租界に進駐した日本軍にとって、欧米社会特有の文化施設や団体をいかに存続させるかは、上海経営上の一つの課題であった。自らも著名な音楽家であった中川牧三は、朝比奈の他にも山田耕筰

や近衛秀麿らを上海に迎えている。朝比奈は44年1月末まで上海交響楽団の客演指揮者を務めたのち、44年5月からは満州国に客演指揮者として招かれ、新京音楽団とハルビン交響楽団を指揮した。45年3月には、甘粕正彦の指示で150名規模の全満合同交響楽団を結成し各地で公演を行った。同年5月に一家でハルビンに移住し、8月の終戦を迎え、46年10月に帰国を果たした。満州で朝比奈が指揮した楽団には、朝鮮人音楽家も少なからず含まれていた。戦後の韓国音楽界で活躍した指揮者林元植はその一人である。（瀧下彩子）

（参考文献） 中丸美繪『オーケストラそれは我なり』（文芸春秋、2008年）、岩野裕一『王道楽土の交響楽：満州—知られざる音楽史—』（音楽之友社、1999年）。

朝日平吾 あさひへいご （1890.7－1921.9.28）

安田善次郎暗殺事件の犯人。佐賀県出身。

1905（明治38）年に長崎市立中学入学。兵役を経て、第1次世界大戦では召集されて青島戦に出征。復員後に上京し早稲田大学商科・日本大学法科に学ぶがいずれも中退。16（大正5）年6月には満州で薄 益三（天鬼）の馬賊隊に参加して第3革命期の満蒙独立運動に関与した。運動の失敗後も朝鮮・満州を放浪して19年に帰国したが、家庭内の不和から思想的に煩悶を続けた。福岡戸畑で事業に失敗したのち、「君側の奸を浄め奸富を誅する」（朝日の遺書「死の叫び声」より）ための「実行機関」として平民青年党（20年6月）や神州義団（21年1月）等の組織を設立しようとするが、いずれも失敗。同年5月に渋沢栄一の出資により「労働ホテル」を設立しようとしたがこれも失敗。この時点で単独行動を決意したという。遺書を認めたのち9月28日に安田善次郎を同人邸で刺殺し、そのまま自害した。橋川文三は朝日の行動を明治期に起きたような政治的主義主張上の対立に基づくテロルと違い、自らに不幸な境遇を強いた支配階級への異議申立的な行動として理解し、「超国家主義」「昭和維新」的な思潮の源流に位置付けた。 （中野弘喜）

（参考文献） 奥野貢『嗚呼朝日平吾』（神田出版社、1922年）、橋川文三編『現代日本思想大系31 超国家主義』（筑摩書房、1964年）、橋川文三『昭和維新試論』（筑摩書房、2007年、初出1984年）。

芦沢駿之助 あしざわしゅんのすけ （1907－1986）

実業家。上海生まれ。

上海日本尋常高等小学校卒業後、上海に日本人用の上級学校がなかったため帰国。慶応大学卒業後上海に戻ると、父芦沢多美次の芦沢印刷所を継承し、2代目の社長に就任する。芦沢印刷所は高い技術で知られ、日中の出版関係者の信用を得ていた。芦沢は父に続いて上海日本人活版印刷会社業組合長にも就任している（『支那在留邦人人名録』1932年）。一方で彼は在留上海日本人の歴史に強い関心を持っており、1941年には上海歴史地理研究会を立ち上げている。研究会の機関紙『上海研究』1号は内山書店が出版している。また、研究会は沖田一編著の『上海地名誌』を刊行したが、これは芦沢印刷所の好意によるものである。日中戦争中の芦沢は、在郷軍人会の

一員として軍の作戦に参加したこともある。戦後印刷所は国民政府に接収されたのち、49年以降は上海人民印刷一廠。芦沢は上海日本各学校合同同窓会を設立し、たびたび訪問団を組織して上海を訪ねている。(久保田善丈)

(参考文献) 陳祖恩『尋訪東洋人―近代上海的日本居留民1868－1945―』(上海社会科学院、2007年)、高綱博文『「国際都市」上海のなかの日本人』(研文出版、2009年)。

葦津耕次郎 あしづこうじろう （1878.1.11－1940.6.30）

福岡市の箱崎宮宮司、神道思想家。福岡県出身。

熊本の九州学院に学び、朝鮮半島や、満州で、鉱山や土木等の事業をも試みたこともある。神道思想や天皇崇拝の見地から、日本の大陸進出のあり方に、独自の批判を展開した。第1次大戦期には山東半島利権の中国への返還を唱え、のちの満州国建国にも反対であった。日中全面戦争には『日支事変の解決策』等で双方の反省を訴えた。1939年には「国難に直面し我政府当局の反省を望む」の小冊子で、日本の主張を「純然たる功利的要求」・「我身勝手な理由」とみなし、蒋介石の抗日には「止むに止まれぬ理由」があると述べ、平和交渉を主張した。子息の珍彦も日中戦争における日本軍の残虐行為を批判し、中国の抗日犠牲者に同情の意を示したことがある。

(久保田文次)

(参考文献) 『葦津耕次郎追想録』(葦津珍彦発行、1970年)、﨑村義郎著、久保田文次編『萱野長知研究』(高知市民図書館、1996年)、葦津珍彦『昭和史を生きて：神国の民の心』(葦津事務所、2007年)。

芦田伸介 あしだしんすけ （1917.3.14－1999.1.9）

俳優。本名芦田義道。島根県出身。

東京外国語学校マラヤ語科に進むが、1937年中退し、単身満州に渡った。大連で見たチェーホフの舞台に影響を受け、新劇を志す。大連では満州電業に勤務していたが、新京(現長春)への転勤を機に、新京放送劇団に入団。ここで、既に新京放送局のアナウンサーであった森繁久彌と知り合う。満州電業勤務のかたわら、演劇活動を続け、43年には満州映画協会の『血銭芙蓉』で映画に初出演した。終戦を妻と共に安東で迎え、貸本屋や野菜売り等で糊口をしのぎつつ、版画家の北岡文雄らと共に、残留日本人のための舞台公演や紙芝居の上演を行う。また、中国共産党遼東省委員会が創設した白山芸術学校に招かれ、講師を務めた。同校の副校長であった田風は日本留学の経験があり、東京美術学校で北岡文雄と同窓だったことから、芦田と北岡を援助したのである。その後、芦田は家族と共に国民党軍治下の奉天(現瀋陽)に向かうが、共産党の指導下で演劇活動をしていたことが知られ、身の危険を感じて日本人収容所を脱走するなど、46年11月の引揚げ直前まで苦難が続いた。

(瀧下彩子)

(参考文献) 芦田伸介『歩いて走ってとまるとき』(勁文社、1996年)。

あづまへいじ

吾妻兵治 あづまへいじ （嘉永6.7.27(1853.8.31) －1917.7.12)

教育者、文筆家。名は勝升、通称兵治、号醒軒。秋田出身。

藩学明徳館に学び、明治5（1872）年、秋田県共之塾に入って英学を修めた。1875年に上京、中村正直の同人社に入り、のち、同社の漢文と英語の教員となって同社機関誌『文学雑誌』の編集を兼ねた。78年文部省、次いで農商務省、83年に外務省に入って翻訳局等に務め、91年から96年まで陸軍教授の任にあった。その間、83年に『亜細亜協会報告』の編集委員となり、民権的な考えから日清連携論を熱心に説くなど、アジア主義者として活動している。明治の国家建設の経験を漢字文化圏に提供しようと考えて、99年に善隣訳書館（岡本監輔の創意に出るもの）を設立した。該館の刊行物『国家学』は、吾妻がその目的をもってブルンチュリの書物を平田東助・平塚定次郎訳『国家論』から漢訳したものである。それは梁啓超の注目を浴びて、訳書館設立以前に『清議報』に掲載されるのだが、訳書館の事業そのものは成功しなかった。その後、吾妻はなおも翻訳を行っているが、生活は苦しかったという。　　　（狭間直樹）

（参考文献） 宮内黙蔵「吾妻醒軒君行略」（吾妻兵治『英漢和対訳　泰西格言集』敬文館、1922年）、黒木彬文・鱒沢彰夫編集解説『興亜会報告・亜細亜協会報告』全2巻（不二出版、1993年）。

阿南惟幾 あなみこれちか （1887.2.21－1945.8.15）

陸軍大将。大分県出身（東京生まれ）。

陸軍士官学校（18期）、陸軍大学校卒業。満州事変当時、侍従武官として昭和天皇の信任を得る。東京幼年学校長、陸軍省兵務局長等を経て、日中戦争勃発時は、陸軍省人事局長。1938（昭和13）年11月から第109師団長（太原）として五台作戦・晋東作戦や山西省の治安作戦等に従事するが、それは人事局長として自らを任命したものであった。師団長転出に当たり、昭和天皇から食事の招待を受け、その感激を「大君の深き恵に浴めし身は言ひ遺こすへき片言もなし」と詠んだが、これはのちに自決に際しての辞世の句にもなった。同師団は予備兵からなり兵員・装備共に弱体であったが、わずか1個師団の兵力で中国軍主力4個師団を殲滅するなどの戦果を挙げた。自国のみならず中国軍戦死者に対しても手厚く慰霊を行い、また占領に際して中国人からの徴発を厳禁した。これが、終戦後閻錫山が日本軍民に対して寛容な対応を行った一因と言われる。陸軍次官ののち、41年4月からは第11軍司令官（漢口）となる。同軍正面は、中国大陸戦線でも激戦地帯であり、長沙作戦を実施し、中国軍に大打撃を与えた。42年7月からは第2方面軍司令官として、北満州のチチハル、次いで43年10月司令部は豪北に転用され広大な地域の防衛を担当した。航空総監兼本部長等を経て、45年4月鈴木貫太郎内閣において陸軍大臣となる。徹底抗戦と国体護持を主張、ポツダム宣言の受諾に反対したが、8月終戦の聖断が下ると、「承詔必謹」を命じ陸軍内強硬派を抑えた。無条件降伏の終戦詔書に副署を終えたのち、8月15日未明陸相官邸において「一死以テ大罪ヲ謝

シ奉ル」との遺書を残して割腹自決を遂げた。なお、5男の惟茂は外務省に入り、2001年から06年まで中国大使を務めた。（庄司潤一郎）

　（**参考文献**）　沖修二『阿南惟幾伝』（講談社、1970年）、角田房子『一死、大罪を謝す』（新潮社、1980年、新潮文庫、1983年）。

安倍源基　あべげんき　（1894.2.14 – 1989.10.6）

　内務官僚、警視総監、内務大臣。山口県出身。

　熊毛郡平生町曾根の下級士族の家に生まれる。曾根村尋常小学校、習成高等小学校、山口中学校、徳山中学校、第六高等学校、東京帝国大学法科大学を経て内務省に入省し、沖縄・高知・愛知県の地方官を務める。国共合作、広東国民政府成立、北伐開始と大きく変動する情勢の中で1926（昭和1）年12月広東に派遣され実情調査に当たり、共産党勢力が強いと認識した。翌年7月には北京に赴任、北伐軍が同地に入城し張作霖爆殺事件が起こるのを現地でながめる。29年夏帰国すると『国民党と支那革命』を執筆刊行、排日運動の激化、国民政府の継続、共産党勢力の増大を予想した。以後の彼は内務省警保局系を歩み国内治安を担当する。東条内閣では企画院次長、鈴木内閣では内務大臣に就任し終戦を迎える。戦後はA級戦犯容疑者とされるが釈放される。　　　　　　　（季武嘉也）

　（**参考文献**）　安倍基雄『最後の内務大臣』（サンケイ出版、1983年）、大村立三・土谷文基『安倍源基伝』（安倍基雄、1993年）。

安部公房　あべこうぼう　（1924.3.7 – 1993.1.22）

　小説家、劇作家。芥川賞作家。東京生まれ。原籍は北海道。

　1925（大正14）年1歳で渡満。幼少期を奉天（現瀋陽）で過ごす。44年再び渡満し終戦を迎えた。その時の体験は『けものたちは故郷をめざす』（57年）のモチーフを成す。48年東大医学部卒。同年、満州が舞台の『終りし道の標べに』で文壇デビュー。奉天については、「物心つくまでのぜんぶをすごした愛すべき土地」としつつ、中国人を「匪賊とよび」「憎み恐れ」た日本人の「無智はコッケイであると同時に、罪悪だと思う」（「瀋陽十七年」54年）と断じ、「日本人の全体は武装した侵略移民だった。たぶん、そのせいで、私たちは奉天を故郷と名乗る資格をもたないのだ」（「奉天」55年）と記す。「五族協和という偽スローガン」を踏みにじる「日本人の行動に、強い憎悪と侮蔑を感じていた」（「自筆年譜」60年）と述べる口吻に、安部の存意がうかがえる。　　　　　　　（渡部麻実）

　（**参考文献**）　谷真介『安部公房評伝年譜』（新泉社、2002年）、『安部公房全集』1～30巻（新潮社、1997–2009年）。

阿部知二　あべともじ　（1903.6.26 – 1973.4.23）

　小説家、評論家、英文学者。岡山県出身。

　1927（昭和3）年、東京帝大英文科卒。編集同人だった雑誌『行動』廃刊直後の35年9月、北京・満州を旅行。民族、歴史、政治、文化の複雑な関係を描いた長編小説『北京』（38年）の他、多くの小説や印象記を発表。39年4月から5月、今日出海らと再び満州へ。

あべのぶゆき

ハルビンでの現地文芸愛好者との懇談、北満の開拓村の訪問の後、北京にも立ち寄る。43年秋から44年2月の文化団体の招きによる上海滞在時には、湖南作戦に同行して漢口から前線通信等を送る。44年9月、上海 聖約翰(セント・ジョーンズ)大学講師として再び上海へ。11月、佐藤（田村）俊子に同行して第3回大東亜文学者大会のため南京へ、その後北京に寄り、45年4月に帰国。戦中の上海・中国体験は『緑衣』（46年）や『青い森』（56年）等の小説へとつながる。戦後は、学術文化視察団（54年）や東京都各界代表日中友好団団長（64年）として中国を訪問、巴金分中国作家代表団の来日時（63年）には自宅訪問を受け、日中交流に貢献した。　　　　　　　　　　（鈴木美穂）

（**参考文献**）　水上勲『阿部知二研究』（双文社出版、1995年）、竹林良明『阿部知二　道は晴れてあり』（神戸新聞出版センター、1993年）。

阿部信行　あべのぶゆき（1875.11.24−1953.9.7）

陸軍大将、政治家。石川県出身。

陸軍士官学校（9期）、陸軍大学校卒業。1918（大正3）年から19年にかけてシベリア出兵に際して、野戦砲兵第3連隊長として出征。参謀本部総務部長、陸軍省軍務局長、陸軍次官、第4師団長等を経て、32（昭和7）年1月に台湾軍司令官に就任した。33年8月軍事参議官となり、2・26事件後に陸軍の長老としての責任を取って、予備役に編入される。39年8月、平沼騏一郎内閣のあとを受けて組閣、第2次世界大戦への不介入を声明すると共に、日中戦争の解決に尽力したが、翌40年1月「木炭自動車」と称されわずか4ヶ月余りの短命で総辞職した。40年4月中国特派大使として汪兆銘政権との間の日華基本条約交渉を行い、11月調印に至る。のち翼賛政治会総裁を経て、44年7月最後の朝鮮総督となり終戦を京城で迎える。一方軍人としての武勲に恵まれず、金鵄勲章を持たない唯一の陸軍大将と言われる。戦後A級戦犯容疑者となるが、最終的には被告とならなかった。

　　　　　　　　　　（庄司潤一郎）

（**参考文献**）　高宮太平『昭和の将帥』（図書出版社、1973年）、額田坦『陸軍省人事局長の回想』（芙蓉書房、1977年）。

阿部守太郎　あべもりたろう（明治5.11.10(1872.12.10)−1913.9.6）

外交官。大分県出身。

96年東京帝大法科大学政治学科卒業。同時に大蔵省に任官、同年末文官高等科試験に合格し翌年外務省に転ずる。1900年10月から加藤高明外相の秘書官を務め、翌年英国に着任。3年半余の在勤ののち、05年7月1等書記官として北京に転勤し、09年9月末まで日露戦争後の日清間の重要案件処理に手腕を発揮する。12年5月内田康哉外相のもとで政務局長兼取調局長となる。同年10月内田の命で「対支（満蒙）政策」を起草し、さらにこれを敷衍した意見書をしたため、満蒙問題は領土的企図を排し平和的伸張を図り、中国との親善、ロシア・英国との協調、外交は軍部の画策をおさえ、外務省による外交統一の必要を強調した。この間、中国では北方派袁世凱と南方派孫文・黄興らとの対立が激化し、13年7月には第2革命が勃発する。その過程で漢口事

件、南京事件等が相次いで発生し、これら諸事件に対する外務当局の処置、さらに政府の北方派援助の姿勢を非難する声が一部軍人、在野政客の間に高まってくる。阿部は伊集院公使と共に不干渉政策をリードしていった。このような情勢下に、13年9月5日阿部は松井慶四郎次官と共に伊集院公使の帰朝を、東京新宿駅に迎え、その帰途自宅門前で対中国強硬論者の宮本千代吉・岡田満の2名に襲われて翌6日午前死去した。　　（吉村道男）

（参考文献）　栗原健編『対満蒙政策史の一面』（原書房、1966年）、清原芳治『外務省政務局長阿部守太郎』（大分合同新聞社、2003年）。

安保清種　あぼきよかず　（明治3.10.15(1870.11.8-1948.6.8)

海軍大将。佐賀県出身。

1891（明治24）年海軍兵学校卒業（18期）。97年男爵安保清康海軍中将の養子となる。日露戦争では、「八雲」や「三笠」の砲術長を務め、黄海海戦や日本海海戦で活躍し功績を残す。その後も栄達を重ね、1920（大正9）年には、中将に進級し軍令部次長に就任した。29（昭和4）年のロンドン軍縮会議では、全権顧問を務め、30年には、海軍大臣に任命された。翌年、満州事変が発生したが、米国の出方を心配し、陸軍との協力には否定的な態度を示した慎重派であった。40年に退役している。　　（山本智之）

（参考文献）　日本近代史料研究会編『日本陸海軍の制度・組織・人事』（東京大学出版会、1971年）、鈴木亨編『歴史と旅―帝国海軍提督総覧―』（特別増刊号45、秋田書店、1990年）、樋口秀実『日本海軍から見た日中関係史研究』（芙蓉書房出版、2002年）。

天海謙三郎　あまかいけんざぶろう　（1884.12-1962.7.22）

中国土地制度研究者。栃木県出身。

1906年に上海東亜同文書院を卒業後、08年まで関東都督府に通訳として勤務。同年5月から18年6月まで南満州鉄道株式会社に勤務して満州の土地制度慣習法を調査した。その間関東都督府の嘱託として関東州における土地制度慣習法の調査にも従事して土地調査従業員の養成も行う。同年8月から33年5月まで三菱合資会社に就職。その間中国の借款事情・電気事業・関税改正問題・省憲法等に関する報告書を提出する。34年9月から45年8月まで南満州鉄道会社に就職。調査役として中国の土地関係彙纂・土地文書の研究・清代食貨志訳稿等を刊行した。その間34年には「中華民国実業年鑑」を編纂して東亜同文会から発行し、35年10月から45年8月まで満州国土地制度委員会委員として「皇産」の現状調査書・「満州の地政雑俎」等をまとめている。　　（小島淑男）

（参考文献）　天海謙三郎『中国土地文書の研究』（勁草書房、1966年）。

甘粕正彦　あまかすまさひこ　（1891.1.26-1945.8.20）

憲兵隊長・満州国官僚・満州映画協会理事長。宮城県出身。

無政府主義者大杉栄らを殺害した「甘粕事件」の首謀者で、のちに満州国の「闇の帝王」として様々な謀略工作に従事、敗戦直後

あまのたつお

に服毒自殺。

1891年に宮城県仙台に生まれる。軍人を志し名古屋陸軍幼年学校から陸軍士官学校へ入学、在学中の1915年に馬事練習中の落馬事故で入院、その後は憲兵の道を進み22年に渋谷憲兵分隊長となる。麹町憲兵分隊長を兼任していた23年9月に関東大震災が発生し、混乱の中で無政府主義者の大杉栄・伊藤野枝そして甥の橘宗一を扼殺したかどで軍法会議にかけられ懲役10年の判決を受け千葉刑務所に服役。26年出獄し渡仏。29年満州へ渡り謀略活動に従事。溥儀を天津から連れ出す時川島芳子らと組んで謀略事件を起こし、その混乱に乗じて溥儀の満州移動を可能にした。満州国ができると民政部警務司長となり、警察機構を掌握し、37年には協和会総務部長に、さらに39年には満州映画協会（満映）理事長に就任。彼が民政部警務司長に就任した初期の満州国の警察制度は、旧東北政権時代の遺制を引き継いで種々雑多な組織編制をとっていた。32年5月から7月までの2ヶ月間だが、初代警務司長を務める中で、反満抗日運動を鎮圧するために新たにセクションを創設した。それは満州国のＧＰＵ(ゲーベーウー)（ソ連の秘密国家警察）と称された部署で、謀略を担当する部局だった。その後協和会総務部長になるまでは、山東省の中国人苦力の入満を一元的に統制していた大東公司の責任者を務めた。そこでも甘粕は、苦力に扮して入満する抗日活動家の摘発に全力を挙げた。甘粕は、39年から満映理事長に就任するが、これを契機に満映は本格的稼動を開始する。満映が作成した映画は、大きく分ければ娯楽映画、教養映画、時事映画に分類できるが、彼は、これらの映画を通じて、満州国の「五族協和」の宣伝に努めた。満映のスターには李香蘭（山口淑子）等がいた。彼は、満映理事長という顔と同時に「満州国の闇の帝王」として、アヘン販売などの「ダーティ」な部分も含み、絶大な権力を振るっていた。彼はまた音楽事業にも携わり、新京（現長春）音楽団の理事長としても活躍し、敗戦色濃厚な44年には日本から指揮者の朝比奈隆を招いて満州各地の演奏旅行を実施した。45年敗戦を前に服毒自殺した。

（小林英夫）

（参考文献） 角田房子『甘粕大尉』（筑摩書房、2005年）、佐野真一『甘粕正彦乱心の曠野』（新潮社、2008年）。

天野辰夫 あまのたつお （1892.2.22－1974.1.20）

国家社会主義運動家。弁護士。島根県出身。

満州事変後の「非常時局」の中、蒋介石の排日政策をはじめとする英米露中各国の極東政策により国家存亡の岐路に立ったとして「皇道日本」建設のための直接行動を決意。1932年3月血盟団事件を起こした井上日召の自首問題について協議している時に、井上より海軍側同志による第2次計画を知らされる。そのため、より広汎な計画を実行すべく満州へ行き、その準備中に5・15事件の勃発を知る。33年7月、斎藤実内閣を倒し戒厳令下に天皇政治を確立するためのクーデターを計画したが発覚（神兵隊事件）、満州へ逃げ、10月ハルビンで検挙された。39年3月まことむすび社結成の中核メンバーの一人となる。同団体は日中戦争を英米仏ソ各国を背景とする蒋

介石政権撃滅の戦争と意義付けると共に、汪兆銘政権に三民主義を許容することは「聖戦」の意義を抹消するものと唱えた。

(望月雅士)

(参考文献) 『現代史資料4　国家主義運動1』(みすず書房、1963年)、『現代史資料23　国家主義運動3』(みすず書房、1974年)、専修大学今村法律研究室編『今村力三郎訴訟記録8　神兵隊事件1』(1984年)。

天野元之助 あまのもとのすけ (1901.2.22 – 1980.8.9)

中国農業史研究者。経済学博士。大阪府出身。

1926年京都大学卒業後南満州鉄道株式会社に入社。「南満州鉄道第2次10年史」の編纂を担当して満州を中心に中国各地を歴訪し、調査と資料の収集に従事した。32年国際連盟が中国に派遣した調査委員リットン卿に「満州における日本の権益史」英訳本を贈呈。同年満州経済調査会満州経済班主任となり、奉天(現瀋陽)に勤務。満州における農業労働力の供給源が華北からもたらされていることに強い関心を抱き、華北経済を研究するため本社に留学を申請した。34年9月から1年北京に留学し、翌年から半年山東省済南に滞在して『山東農業経済論』を書き上げた。36年11月上海事務所調査課勤務となり漢口・長沙・南昌・杭州等広く華中各地を旅行し農村調査・工場調査・郷鎮調査・民船調査・商事慣行調査等を実施した。留学と調査の成果は40年7月『支那農業経済論』上・中巻として上梓された。42年4月大連本社調査部調査役に就任すると華南調査の機会が訪れ、9月海南島の土地慣行調査に出行し翌年3月に帰社した。ところが42年官憲の強権で満鉄調査局の進歩的な人物が追放されており、天野も43年9月新京(現長春)憲兵隊の指令で調査局を追われた。実地研究の機会を失った天野は大連図書館に一室をもらい、中国古代の農書の研究に専念した。戦後もしばらくは中国に留まり46年3月から48年7月まで中長鉄路公司経済調査局主任研究員として勤務し、『満州農業経済』を執筆した。天野は48年7月に帰国し、同年京都大学人文科学研究所講師となり、55年より大阪市立大学文学部教授となった。63年5月『中国農業史研究』で学士院賞を受賞した。

(小島淑男)

(参考文献) 原宗子編『流通経済大学天野元之助文庫』(流通経済大学出版会、2003年)、天野元之助『中国古農書考』(龍渓書舎、1975年)。

天羽英二 あもうえいじ (1887.9.21 – 1968.7.31)

外交官。東条内閣の情報局総裁。徳島県出身。

東京高商を卒業後、1912年外交官試験合格。中国、イギリス、ソ連に在勤後、1933年6月、広田外相のもとで外務省情報部長となる。34年4月17日、天羽は外務省記者クラブで、日本は東亜における平和と秩序を維持する使命をまっとうする決意を有している、中国がもし他国を利用して日本を排斥し、東亜の平和に反する措置に出るならばこれに反対する、列国に対しても武器や政治借款を起こすことは中国と日本を離間させ、極東の平和維持に反する結果となり黙過できない、と語った。

日本は単独で東アジアの秩序維持に当たり、列国の影響力を排除するという、いわゆる「天羽声明」である。内外新聞に大きく報道され、外人記者団から「英米排除の東亜におけるモンロー主義宣言」等と受けとられ、各国大使は続々と広田外相の真意をただし、広田は釈明に追われ、5月1日には、中国における第三国のいかなる利益も害する意図を有しない、とする日本政府の立場を関係国に通報する事態となった。この天羽声明は守島伍郎東亜局1課長が起案し、広田名で有吉明駐華公使に宛てた4月13日付の電報のそのままであり、重光次官が手を加えたものであった。広田の中国政策は実質的には重光が握っていたことを示している。省内では東郷欧亜局長を筆頭に批判が続出し、順調に見えた広田外交の最初の失策であった。「天羽日記」によれば、広田は天羽の進退伺いに対し、「連帯責任」として重光や天羽をかばい、天羽の責任を問うことはなく、その後37年4月まで情報部長の地位に留まった。

　白鳥敏夫の後任としてイタリア大使を務めたのち、41年8月には豊田貞次郎外相のもとで次官となり、日米交渉の行き詰まりを打開するための近衛・ローズベルト頂上会談の実現に向け、重光や寺崎太郎アメリカ局長と共に奔走する。近衛内閣の総辞職と共に退官するが、日米開戦後には大使経験者として有田八郎・出淵勝次らと共に「十人会」を結成し、大東亜省問題で東郷に辞職を勧告する等影響力を保ち、43年4月、東条内閣の情報局総裁となり、重光外相のもとで日華同盟条約の締結、大東亜会議の開催等「大東亜新政策」の一翼を担った。終戦から間もなく、「支那問題調査会」を堀内謙介らと立ち上げ、「満州事変以来日本が東亜諸国及び諸民族に対して採りたる政策を調査し之に批判を加ふる」目的で調査研究を開始するが、A級戦犯容疑で巣鴨拘置所に収監される。　（波多野澄雄）

（**参考文献**）　天羽英二日記・資料集刊行会『天羽英二　日記・資料集』全5巻（私家版、1982－89年）。

綾川武治 あやかわたけじ （1891.4.23－1966.12.7）

　ジャーナリスト、右翼活動家。埼玉県出身。東京帝大哲学科と法学部を卒業後、1921（大正11）年から26年まで南満州鉄道株式会社の東亜経済調査局で勤務しながら、日本大学・法政大学で講師を務める。満鉄退社後、同年小川平吉の主催する『日本新聞』で編集局長（32年まで）となり、満州進出への国論の喚起を試みた。27年に全日本興国同志会会長に就任。その後は関東庁、旅順工大、朝鮮総督府、北支那開発等の各嘱託となる。ギボンズの『世界政治序論』等欧米の歴史家の影響を受け、満州経済・社会共産主義理論の研究、人種間対立等の観点から中国大陸経営史を執筆した。日露戦争・満州事変が白人の世界支配を打破し、有色人種の思想的独立を達成し、新文化を創造するという考えを普及させ、日本の大陸進出の正当化を試みた。

（木村昌人）

（**参考文献**）　綾川武治『満州事変の世界史的意義』（大陸国策研究所、1936年）。

鮎川義介 あゆかわ よしすけ （1880.11.6 – 1967.2.13）

実業家、政治家。山口県出身。

日本を代表する日産コンツェルンの創立者であり、その総帥として、満州の経済開発会社満州重工業開発（株）を設立し、戦後は中小企業助成会会長として中小企業の振興に努力した。

1880年に長州藩士を父に、明治の元勲井上馨の実姉の長女を母に、山口県に生まれる。旧制山口高校を経て東京帝国大学工科大学を卒業後芝浦製作所に入社、職工として働く。1909年北九州の戸畑に戸畑鋳物を設立、企業家としての第一歩を踏み出す。第1次世界大戦の好況期には大戦景気に乗って拡大を遂げ、1920年代には資本金200万円の会社へと成長した。鮎川は、27年には戸畑鋳物の経営実績を買われて義弟の久原房之助の経営する久原鉱業に入り、赤字続きの会社の更正に着手すると同時に、28年には久原鉱業を持株会社に変えて社名も日産（日本産業）とした。以降、各種分野で赤字経営に陥った会社を買収・更正させるかたちで拡大を遂げ、持株会社として、鉱業・電気化学工業・水産業等広範な部門に網を広げながら、株式公開による大衆資金をバックに事業拡張を続けた。30年代の軍需景気が鮎川の事業拡張を支えた。しかし鮎川の事業拡張も30年代後半になるとかげりを見せた。この時期、子会社への所得税課税と親会社への取得配当金に対する課税という二重課税措置が取られた結果、プレミヤム稼ぎができず収益が悪化した。37年以降満州重工業開発（株）へ出資し総裁に就任、活動基盤を満州へ移転させた。42年には総裁辞任。第2次大戦後は戦犯容疑で巣鴨拘置所に拘置された。52年に中小企業助成会を、56年に日本中小企業政治連盟を設立、59年参議院議員に当選するも次男の選挙違反で議員を辞職した。 （小林英夫）

(参考文献) 小沢親光『鮎川義介伝』（山口新聞社、1974年）。

荒井甲子之助 あらい かねのすけ （生年不詳 – 1902.2.25）

実業家。号図南。千葉県出身。

陸軍教導団出身。退役後日清貿易研究所に所属。1896（明治29）年大東汽船創設の際白岩龍平に協力、設立後は同社の実務に従事した。上海総領事珍田捨巳の尽力により、小蒸気船による日本人最初の上海・蘇州航路が開始された。東亜同文会・上海同文会のメンバー。旭公司の日本代表の一人。99年白岩と共に湖南航路開拓のため、湖南省に向かい、長沙にまで足を伸ばし、中国の政治・経済情勢を調査し、湖南汽船創設の貴重な情報を提供した。白岩龍平の片腕として湖南地方で活動したが、1902年上海にて、岡田素次郎らと共に伝染病猩紅熱にかかり死去。 （木村昌人）

(参考文献) 中村義『白岩龍平日記―アジア主義実業家の生涯―』（研文出版、1999年）。

荒井泰治 あらい たいじ （文久1（1861）.5.16 – 1927.3.3）

実業家、貴族院議員。陸前（宮城県）出身。中江兆民の薫陶を受ける。日本銀行設立に当たっては同郷の富田鉄太郎に助力した。鐘淵紡績勤務後、商品取引所支配人を経て、サ

あらおせい

ミュエル商会台湾支店長を9年間務めた。台湾貯蓄銀行頭取。台湾の産業振興や日本人経済団体の設立に尽力した。台湾商業会議所の設立に際しては、実行委員の一人に選ばれ、1901（明治34）年台湾総督児玉源太郎、民生長官後藤新平に懇請したが、時期尚早という後藤の意見で、結局03年台北商工談話会を設立した。18（大正7）年、鉱物の採掘精錬と販売を手掛けた南満鉱業株式会社社長に就任。数多くの企業を設立育成し「北の渋沢栄一」と称された。　　　　　　　　（木村昌人）

（**参考文献**）　荒井泰治『輸入綿花輸出綿糸関税免除論纂』（森岡竹之助、1893年）、波形昭一「台湾における経済団体の形成と商業会議所設立問題」（同編『近代アジアの日本人経済団体』同文館出版、1998年）。

荒尾　精　あらお せい　（安政6.4.10(1859.5.2)－1896.10.30）

軍人。初期アジア主義者。号東方斎、耕雲。尾張（愛知県）出身。

陸軍教導団、陸軍士官学校を経て、1883（明治16）年陸軍少尉として熊本第13連隊に赴任。そこで中国語教師として赴任していた御幡雅文に中国語を学ぶ。85年参謀本部支那部付となり、翌86年渡清。当時上海で点眼薬の精綺水等の薬品の他、書籍や雑貨を扱う楽善堂支店を経営していた岸田吟香と知遇を得る。

荒尾は岸田から支援の約束を得て、長江をさかのぼり漢口で漢口楽善堂を開設、清国各地の情報の収集や調査・研究の本拠地とした。漢口楽善堂には約20名の日本人青年が日本や清国各地から集まり、情報収集や調査・研究に従事した。彼らの中には浦敬一のように、新疆地方へ調査に赴いたまま消息不明になった者もいる。89年4月荒尾は日本に帰国し、漢口楽善堂での調査・研究結果をもとに、清国の実情を明らかにすると共に清朝打倒の革命支援等の主張を含む『復命書』をまとめ、同年5月参謀本部に提出した。当時、日本には日清貿易に携わることのできる人材が不足していたため、荒尾は『復命書』提出後に軍籍を離脱、貿易実務を担当できる人材の育成をめざし、陸軍士官学校時代以来の盟友であった根津一の助けを得て、90年上海に貿易実務者を養成する日清貿易研究所を設立した。92年には根津により漢口楽善堂の調査・研究の蓄積をもとに『清国通商綜覧』（全3巻）がまとめられたが、資金難のために研究所の経営は困難を極め、93年6月89名の卒業生を送り出して研究所は閉鎖された。このうち約40名は、貿易実務の実習機関として大阪の豪商・岡崎栄三郎の出資により上海に設立された日清商品陳列所の実習生となったが、94年に勃発した日清戦争によりこれも閉鎖となった。

荒尾は日清戦争中を京都で過ごしていたが、日本勝利による朝鮮の独立と清国の弊政改善と「一大革新」達成等を期待し、日清戦争を「義戦」と捉える『対清意見』を94年10月に著した。翌95年3月には、清国に対する領土割譲や過大な賠償金要求に異議を唱える『対清弁妄』を発表した。戦争後、日本が新領土として獲得した台湾に渡り、現地有力者と日本人有力者の関係融和のために「紳商協会」の設立を計画したが、協会結成式を直前にし

てペストで死亡。　　　　　（武井義和）

（参考文献）『東亜同文会史』（霞山会、1988年）、栗田尚弥『上海東亜同文書院　日中を架けんとした男たち』（新人物往来社、1993年）。

荒川巳次　あらかわみのじ　（安政4（1857）.10 – 1949.10.1）

外交官。鹿児島出身。

1880年5月に工部大学校を卒業し工部技手となったが、86年2月に外務書記生としてロンドン在勤を命ぜられる。その後、90年5月に在天津副領事となり、93年11月に領事に昇格する。94年8月に日清戦争が開始されると翌9月に在仁川領事に転じ、次いで同年10月には大本営付を命ぜられて第2軍付となり占領地の行政に当たった。同戦争も終わろうとする95年5月に再び在天津領事となったが、翌96年2月には在蘇州領事となり在杭州領事も兼務した。その半年後の同年9月に在ロンドン領事に任命され、日英同盟の締結された1902年1月に総領事に昇格し、日露戦争の期間も同地でその任にあった。同戦後の06年9月に駐メキシコ特命全権公使となり、同時に駐ペルー特命全権公使も兼任した。次いで09年11月から14年6月まで駐スペイン兼駐ポルトガル特命全権公使を務める。17年6月、待命満期。　　　　　　　　（松村正義）

（参考文献）外務大臣官房人事課編『外務省年鑑』（1917年）、外務省外交史料館編『日本外交史辞典』（山川出版社、1992年）。

新木栄吉　あらきえいきち　（1891.4.24 – 1959.2.1）

実業家。石川県出身。

1920（大正9）年に東京帝国大学法科大学卒業後、日本銀行に入行。入行後、一貫して日本銀行に勤務し、37年11月から外国為替局長、39年12月から営業局長を歴任。42年5月から日本銀行理事を務め、同郷の小倉正恆の要請により、44年4月より理事在職のまま中華民国政府経済顧問に就任して経済政策の立案に当たり、45年4月から8月まで上海に駐在した。45年8月に帰国し、日本銀行副総裁となる。同年10月から46年6月まで第17代日本銀行総裁を務める。公職追放解除後、東京電力会長、駐米大使を歴任し、54年12月から56年11月まで第19代日本銀行総裁を務めた。

（神谷久覚）

（参考文献）日本銀行史料調査室編『日本銀行八十年史』（1962年）、吉野俊彦『歴代日本銀行総裁論』（毎日新聞社、1976年）。

荒木貞夫　あらきさだお　（1877.5.26 – 1966.11.2）

陸軍大将・男爵。東京出身。

陸軍士官学校・陸軍大学卒業。日露戦争に従軍。主として参謀本部に勤務、張作霖爆死事件時は参謀本部第1部長であった。1931（昭和6）年12月から34年1月まで、犬養毅・斎藤実両内閣の陸軍大臣として満州事変後の「満州国」成立を支援、国際連盟の介入に対し強硬に反対した。荒木は、ロシア駐在及びシベリア出兵の経験から、反ソ連・反共産主義の立場を取るとともに、日本精神の作興を鼓吹した。陸相時、5・15事件に同情的な談話を発表し、青年将校による過激主義を誘発させている。荒木は、陸軍・皇道派の巨頭とされたが、2・26事件により陸軍への影

響力を失った。また、荒木が対ソ戦略を優先し、日中戦争に抑制的であったため、陸軍内統制派の抑止とあわせて近衛文麿に期待された。これにより内閣参議を経て、38年5月から翌39年8月まで、近衛文麿改造・平沼騏一郎両内閣で文部大臣となっている。戦後、極東国際軍事裁判で終身刑。　　　（小池聖一）

参考文献　有竹修二編『荒木貞夫風雲三十年』（芙蓉書房、1975年）、橘川学『嵐と闘ふ哲将荒木』（荒木貞夫将軍伝記編纂刊行会、1955年）。

有賀長雄 ありがながお （万延1.10.1（1860.11.13）－1921.6.17）

国際法学者。大坂出身。

1882年東京大学文科（哲学）を卒業した。84年まで東京大学で大学校編集係に就任し日本社会史の編纂に従事しつつ、大学の準助教授にも任命されて歴史の講義も担当した。大学生時代フェロノサの指導下でスペンサーの進化論を学び、『社会進化論』、『宗教進化論』（83年）、『族制進化論』（84年）等を著した。84年元老院書記官に任じられ、85年12月「文学叢書」を出版した。86年から87年まで在職のまま自費でドイツに留学し、ベルリン大学政治哲学科でヨーロッパ文明史と心理学を修めた。その間元老院議官海江田信義に随ってオーストリアのウイーン大学でスタイン博士の国法学を聴講した。87年帰国すると、枢密院書記官兼枢密院議長秘書官に任命され、次いで内閣秘書官兼総理大臣秘書官に転任した。この頃日本帝国憲法の制定に当たりその研究資料として『国家学』（89年）、憲法注釈書（89年）等を著した。90年には陸軍大学校の国際公法の講師となり、96年には海軍大学校でも国際公法の授業を担当し、両大学の教授となった。93年戦事関係の内閣事務調査を嘱託され、日清戦争勃発と共に大本営詰を命じられ、さらに第2軍司令部国際法顧問として従軍した。94年8月に著した『戦時国際公法』は陸軍顧問として実際に応用した戦争法規を明らかにしたものである。95年パリに行き、フランス語で『日清戦役国際公法論』を著し、日本人の公法理解の水準の高さを認識させたという。96年フランスから帰国した有賀は帝国大学・早稲田大学・陸軍大学等で社会学・国法学・国際法等を教えていたが、98年には『外交時報』を創刊している。99年オランダのハーグで開かれた万国平和会議には国際法顧問として参加している。日露戦争に際しても総司令部に従軍し、戦争中の1905年3月『満州委任統治論』を著すと共に、のちにフランス語で『日露戦役国際公法論』を発表している。13年大隈重信の推薦を受け、袁世凱の招聘に応じて中華民国大総統府法律顧問として中国に赴き、憲法の制定に従事した。袁世凱の君主制復活の理論付けにも活躍し、「民智の遅れている中国人には共和制は不適当で、君主制こそふさわしい」と述べている。16年1月袁世凱が洪憲皇帝と称した時、自らを「外臣有賀長雄」と署名して上表している。15年に発生した日本政府の袁世凱政権に対する「21ヶ条要求」に対しては、反対の立場を明らかにしたことから対中国強硬論者から厳しい攻撃を受け、早稲田大学・東京帝国大学等での教職を辞任せざるをえなかった。

(小島淑男)

（**参考文献**）『東亜先覚志士記伝』下、『対支回顧録』下、富田仁編『海を越えた日本人名事典』（日外アソシエーツ、1895年）。

有栖川宮熾仁 <small>ありすがわのみやたるひと</small>　（天保6.2.19（1835.3.17）－1895.1.15）

旧皇族。陸軍軍人。京都生まれ。

旧皇族の有栖川宮幟仁親王の長男。生母は家女房の佐伯祐子。仁孝天皇の皇女和宮と婚約するが、のちに和宮が公武合体のため将軍徳川家茂と結婚して解消となる。一時、孝明天皇の不興を買って国事御用掛の任を解かれ、謹慎蟄居となった。しかし、明治天皇践祚により謹慎を解かれ、王政復古後の新政府で最高職の総裁となる。戊辰戦争に際しては東征大総督となり、明治天皇から錦旗と節刀を授与され、「宮さん宮さん」の軍歌と共に東海道を江戸に向かった。1877（明治10）年の西南戦争では征討総督となり、その後、天皇名代としてロシア皇帝即位戴冠式に参列し欧米を歴訪。1885年に参謀本部長、1889年に参謀総長となる。94年、日清戦争開戦により、天皇から「陸海軍を総裁せしむる」の沙汰を賜い、大本営幕僚長としての重職に就いた。そして、天皇に奏請して「本州縦貫鉄道の西の終点にして、外港宇品は開戦当初より我が軍主力部隊の出発点」である広島へ大本営を移転したが、風邪に倒れ、舞子別邸で死去。

(小田部雄次)

（**参考文献**）日本史籍協会『熾仁親王日記』全6巻（東京大学出版会、1967年）、武田勝蔵『明治回顧　宮さん宮さん』（自費出版、1969年）、宮内庁『明治天皇紀』全12巻（吉川弘文館、1968－75年）、小田部雄次『皇族』（中公新書、2009年）。

有田八郎 <small>ありたはちろう</small>　（1884.9.21－1965.3.4）

外交官、外務大臣。政友会代議士山本悌二郎の実弟。新潟県出身。

パリ講和会議随員の経験から外交体制の遅れを痛感し、帰国後の1920年、重光葵・斎藤博・堀内謙介らと外務省革新同志会を結成し、外務省機構改革、省員要請、門戸開放等を提言した。25年吉田茂のあとを継いで天津総領事、27年田中首相兼外相のもとで亜細亜局長となり、幣原派に代わる省内「アジア派」の中心とみなされるようになるが、関東軍が張作霖軍の武装解除をめざした強行出兵の動きがあった際には、田中を説得して阻止した。満州事変後の32年に次官となるが白鳥敏夫情報部長の人事問題に関連して辞職。36年2月、中国大使に任命され南京に赴き、蒋介石行政院長、張群外交部長と会談し、さらに華北を視察し、新京（現長春）で関東軍幹部と会談。板垣征四郎参謀長との会談では、広田三原則を否定し、華北分離の必要性を力説するその主張を批判したという。36年4月、広田内閣の外相となり、中断していた日中国交調整交渉を再開することとし、9月には川越茂大使と張群外交部長との会談を開始した。この川越・張群会談では、日独防共協定の先駆として日中防共協定締結を迫ったが、中国側は現地軍が主導した冀東政府の解消を会談の前提として要求し、綏遠事件も重なって会談は頓挫する。他方、有田は「薄墨色程度」であれ

ば修復可能として日独防共協定に踏み切る一方、吉田茂駐英大使に命じて日英提携を打診するも進展しなかった。

　日中戦争の勃発後、有田は40年7月まで断続的に外相を務め、いくつかの重大懸案に対処した。まず、防共協定強化交渉に当たっては英米を対象とする軍事同盟への発展に反対の立場を堅持した。39年には日本軍による天津租界封鎖の危機に際してイギリス側と困難な東京会談に臨み、有田・クレーギー協定を成立させた。この間、38年11月には、東亜の新事態に当たり、事変前の事態に適用ありたる概念ないし原則をもって律せんとするは当面の問題の解決は不可能とする対米覚書を発した。これは米政府が一貫して主張した門戸開放、機会均等主義を真っ向から否認するもので米英の反発を招いた。40年6月に南進論が浮上したとき、ラジオ放送（6月29日）をもって、東亜と南洋とは共存共栄の運命にあり、欧州戦争が東亜と南洋に及ぼす影響に重大なる関心を有すると述べ、東アジア（日満華）に南洋を編入した地域を日本の影響下に置くという、実質的な「大東亜共栄圏」構想を示した。戦後、社会党推薦の都知事候補（2度落選）、三島由紀夫の『宴のあと』をプライバシーの侵害として告訴したことでも知られる。

（波多野澄雄）

（参考文献） 有田八郎『馬鹿八と人はいう』（光和堂、1959年）、同『人の目の塵を見る』（講談社、1949年）。

有地品之允 <small>ありちしなのじょう</small>（天保14.3.15(1843.4.14) – 1919.1.17）

　海軍軍人。萩藩（山口県）出身。

　戊辰戦争に参加したあと、普仏戦争の視察を目的に、1年半以上ヨーロッパ各国を見て回った。帰国後、陸軍少佐に昇ったが、山県のいる陸軍を嫌って海軍少佐に転換、海軍草創期の提督府、東海鎮守府、東海水兵本営等の勤務を歴任した。その後、機関学校長、兵学校長、のちの軍令部長の職務に相当する海軍参謀部長、常備艦隊長官、呉鎮守府長官等の要職を経て、日清戦争で勝利した直後の連合艦隊司令長官を務めた。退役後は貴族院議員、枢密顧問官を務めるかたわら、渋沢栄一が逓信省の強い意向を受けて創立された日清汽船会社の監査役になった。同会社の創設は、商船及び郵船会社に湖南汽船会社・大東汽船会社とを併せて中国航路を一本化し、排日・日貨排斥運動に対処することを目的としたもので、国策を実現するために監査役の役割は重要であった。最晩年には、船舶に一定の等級をつける帝国海事協会理事長になったが、ロイドと方針について対立した。

（田中宏己）

有馬頼義 <small>ありまよりちか</small>（1918.2.14 – 1980.4.15）

　小説家。伯爵有馬頼寧の3男。東京出身。

　1937（昭和12）年、第一早稲田高等学院を放校処分となり、兵役延期の特典を失い、甲種合格となる。40年に一兵卒として陸軍に入隊し、北満孫呉の第57部隊で満3年3ヶ月の軍隊生活を送る。近衛文麿のブレーンの一人であった父頼寧がA級戦犯として拘禁・全

財産差押えにあい、戦後は頼義も貧窮生活を余儀なくされ、古道具屋やカストリ雑誌への執筆で糊口を凌ぐ。その後、推理小説の発表と併行して、軍隊体験を活かした北満孫呉を舞台とする数々の小説を発表。『貴三郎一代』（63－64年）、『続・貴三郎一代』（65－66年）は、暴力の世界に生きてきた無頼漢初年兵大宮貴三郎と幹候志願を拒否したインテリ上等兵「私」のコンビを軸に、軍隊における特異な信頼関係を描いた兵隊小説で、映画化（『兵隊やくざ』大映、65年）もされた。他、満州を舞台とした小説として『王道楽土』（60年）、『狼葬』（62年）、『大陸』（71年）等がある。　　　　　　　　　　（鈴木美穂）

（参考文献） 有馬頼義『兵隊小説伝記選』全6巻（光人社、1983－84年）。

有馬 良橘 ありまりょうきつ （文久1.11.15(1861.12.6)－1944.5.1）

海軍軍人。和歌山出身。

紀州藩は朝敵扱いされ、そのため有馬の尋常小学校入学も大幅に遅れた。その後、同志社英学校、慶応三田英学校を経て海軍兵学校12期生となった。同期の山屋他人・江頭安太郎に比して、有馬の成績は振わなかった。中将になるまで、中央での勤務は少将時代の軍令部第1班長しかない徹底した現場の人であった。有馬が注目されたのは、日露開戦に当たり、露旅順艦隊を無力化するために旅順港口の閉塞計画を立案、軍令部を動かして実施させたことにあった。当初、東郷をはじめとする連合艦隊司令部はこの計画に冷淡で、司令部の旅順攻撃作戦が失敗し、露旅順艦隊が湾内に退避したのちに有馬の閉塞作戦が採用された。2回の作戦まで有馬自身が指揮したが、露軍の防備が堅く、効果的な閉塞を行うことができなかった。退役後、温厚な人格、政治色のない言動が慕われ、有終会理事長、明治神宮宮司、国民精神総動員中央連盟会長、大日本青年団長等を務めている。

　　　　　　　　　　（田中宏己）

有吉 明 ありよしあきら （1876.4.15－1937.6.25）

外交官。初代中国大使。東京出身。

1898（明治31）年外務省に入省、漢口・仁川・ロンドン・釜山・牛荘・パリ勤務ののち、1909年上海総領事。20年スイス公使、26年国際連盟阿片委員会日本代表委員、ブラジル大使を経て32年中国公使、35年初代中国大使。上海の週刊誌『新生』（35年5月4日）の記事「閒話皇帝」（匿名筆者、易水）から発生した日中間の紛争（『新生』不敬事件）に際して、大使館付陸軍武官磯谷廉介らの対中強硬論に対して気骨ある態度で冷静に対応。中国側の蒋介石・汪兆銘合作政権との交渉の中で、日中関係正常化のため日本側の武力行使を極力抑止することに全力を傾けた。著書に『ブラジル事情』（横浜貿易協会、30年）、「支那ニ於ケル独逸ノ陰謀」（報告書、17年）。

　　　　　　　　　　（藤井昇三）

（参考文献） 松本重治「有吉外交の開花」（『上海時代』中央公論社、1977年）、山崎次郎編『有吉明氏を憶ふ』（非売品、1940年）。

安西 冬衛 あんざいふゆえ （1898.3.9－1965.8.24）

詩人。本名は勝。奈良県出身。

あんざいふゆえ

奈良県知事官房首席を務める安西卯三郎とセイの2男として生まれた。父が99年に文部省大臣官房勤務となりまず東京麹町区へ、次に1907年堺市立女子手芸学校（24年堺市立高等女学校と改称、現在の市立堺高校）の初代校長となったので堺市へ転居した。安西家はもと泉州岸和田藩士であった。16年大阪府立堺中学校（現三国丘高学）卒業、六高受験に失敗し、浪人生活のかたわら短歌俳句を詠み始めた。父は18年主に酒類を取り扱う肥塚商店大連支店長に赴任し、22年大連大山通区長に任じられたため、安西は20年秋商店手伝いのため大連に渡った。21年関節炎を患い右脚を切断後、療養中に作詩を始め『大連新聞』『満州日日新聞』に投稿し、満州の日本人詩人たちと知り合い、24年11月北川冬彦らと日本モダニズムの原点と称される詩誌『亜』を大連で創刊、29年4月詩集『軍艦茉莉』を刊行して、新詩精神運動・新散文詩運動の推進者の一人と目された。詩誌『詩と詩論』の28年創刊以来の同人でもあり、同誌廃刊後は文芸誌『セルパン』等にも寄稿している。34年父の急逝により大連を離れて堺市に定住し、35年市歌作詞を機縁に堺市職員となった。戦後は50年に全国的親睦団体の現代詩人会の発起人となり、52年12月堺市を退職、大阪府社会教育委員等を務めた。

1898年ロシアは清朝から大連と旅順を租借し、前者を自由貿易港、後者を軍港とし、日露戦争後の1905年には日本が両市を含む遼東半島を租借して関東州と命名、大連に総督府を置いて中国東北地方に対する進出侵略の拠点とした。新開地大連の人口は26年4月で日本人7万1000、中国人10万であり、両者の差はそれほど大きくはないが、それから12年後の傀儡政権満州国総人口約3800万のうち日本人はわずか50万に過ぎない。植民地都市大連で安西が23年夏頃から「安西冬衛」のペンネームを名乗り始めた時、「寂寞に包囲された辺方の一凸角堡」（「自伝」）という植民者意識を抱いていたのであろう。

　昔の道。この道を挟む茉莉花も今は冬枯れてゐる。昔、私はこの道を妹とつれだつて通つた。『これが茉莉』と彼女は私にさう教へた。さういふ春が、又廻つてくるであらうか？……日曜の兵隊・文明の少女・それから鳥打を冠つた実利主義の支那人。／木馬は前へ前へと廻る。そして私の手下には最早昔の幸福は見られない。愛しい遊戯。一日が微塵に夙く消える。（『軍艦茉莉』）

この詩はあるいは遠く堺にいた一回り年下の従妹に寄せる恋慕であったろうか。大連において植民者にとって日常は公園のメリーゴーランドのように回り、休日は内地の幼い恋人を思う日であったろうが、彼の目に映じる現地人は常に定距離を置いて半分同化した鳥打ち帽の「支那人」であって、港の荷役の埃まみれの「苦力（クーリー）」ではなかった。

川村湊は「被虐－嗜虐関係は、被害－加害、恐怖－脅威といった二元論の世界として、繰り返しその作品世界に現れるものにほかならない。その根底のところに、ロシア、中国、日本といった幾つもの層を重ね合わせた民族と文化の重層を持った都市としての大連があり……安西冬衛という詩人の文学的感性を作

りあげていた」と指摘している。(藤井省三)

(参考文献)『安西冬衛全集』全11冊(宝文館出版、1977－86年)、明珍昇『評伝安西冬衛』(桜楓社、1974年)、川村湊『異郷の昭和文学』(岩波新書、1990年)。

安藤太郎 あんどうたろう (弘化3.4.8(1846.5.3)－1924.10.27)

外交官。禁酒運動家。字は忠経。江戸の人。

鳥羽藩医で、種痘の先駆者であった安藤文沢の子。漢学を安井息軒、蘭学を坪井芳洲、英学を箕作秋坪に学び、幕府海軍操練所及び横浜仏国陸軍伝習所に入り、幕府の騎兵となる。戊辰戦争では榎本軍に参加し、降伏。明治3(1870)年に釈放され、翌年1月に大蔵省出仕、3月に外務省に転じ、10月に岩倉使節団に4等書記官として洋行に随行。73年に香港副領事、77年に同総領事となる。84年に上海総領事となり、当時上海に多数開店していた東洋茶館等の日本人売春婦の摘発・取締りを行う。86年から89年までハワイ総領事を務め、この間に受洗、禁酒会を発足する。帰国後、外務省通商局長・移民課長、農商務省商工局長を歴任し退官。以後キリスト教宣教と日本禁酒同盟会の運動に専念、晩年には自宅を協会に寄附し、安藤記念教会となる。

(川邉雄大)

(参考文献)「安藤太郎略年譜」(青山学院資料センター『安藤太郎関係文書目録』1994年)。

安東貞美 あんどうていび (嘉永6.8.19(1853.10.20)－1932.8.29)

陸軍軍人。飯田藩(長野県)出身。飯田藩槍術師範の家に生まれる。大阪兵学寮を経て西南戦争に従軍。1898年10月から翌99年8月まで台湾守備混成第2旅団長(少将)として台湾へ渡る。1904年5月には日露戦争に第2軍隷下の歩兵第19旅団長として従軍、ついで第4軍隷下の第10師団長となり奉天会戦に参加。日露戦争の軍功により07年9月に男爵。戦後の07年10月から09年9月まで満州駐劄。内地帰還後の12年1月から15年1月まで朝鮮駐劄軍司令官として朝鮮へ渡り、軍事・警察面で寺内正毅総督による初期武断統治を支えた。15年1月に大将に進級して待命となるが5月になって台湾総督に任じられる。就任直後に西来庵事件(台湾西部一帯で起きた大規模叛乱)が起き、武力による徹底的な鎮圧を行ったが、事件後に安東と確執のあった民政長官の内田嘉吉が辞任した。18年6月に台湾総督を免官となり後備役に編入され、表舞台から引退した。訳書として、『騎兵捜索及保安勤務』(月曜会文庫、1886年)がある。

(加藤聖文)

(参考文献) 黄昭堂『台湾総督府』(教育社歴史新書、1981年)。

安東不二雄 あんどうふじお (明治4(1871).1－1939.11.5)

ジャーナリスト、中国財政研究者。大分県生まれ。

早くに東京に出、共立学校(現開成高校)で学んだのち、小学校教員を務めたが、さらに東京師範学校(現筑波大学)に入学、1891年同校を卒業した。中国に関心をいだいて四川省等奥地も含め各地を巡遊、1892年に『支

那漫遊実記』(博文館。小島晋治監修『幕末明治中国見聞録集成』第11巻(ゆまに書房、1997年)に再録)を著し、この中で中国人の商業での優秀性を説いた。翌93年の『支那帝国地誌』(普及舎)と共に、日清戦争を戦う日本軍に役立てられた。96年大阪毎日新聞入社、ロシアの満州支配をルポし、日露戦争への世論喚起に努め、戦争中は芝罘(チーフー)特派員として従軍。1910年横浜正金銀行の支援を得て清国財政研究に従事、この分野の先駆的業績『清国国債事情』(10年)を刊行した。13年北京順天時報社に入社、袁世凱の帝政反対の論陣をはり、17年帰国して共同通信、東方通信等に関係すると共に、『東亜時論』『東亜』等の雑誌に中国財政に関する論稿を寄せ、また『支那の財政』(東亜実進社、21年)、『支那財政難の現状』(東方通信社編集部、22年)等の著作を発表した。　　　　　　　(伊藤一彦)

(参考文献) 『続対支回顧録』下。

安藤万吉 あんどうまんきち (1880.11－没年不詳)

新聞人。茨城県出身。

日大法科卒業。1912年、藤原鎌兄と共に北京で日刊の日本語新聞『新支那』を刊行。天津取引所設立の発起人にも名を連ねる。その他に、青島金融組合理事、青島工業組合連合理事、『東亜新報』取締、『青島新民報』取締等を歴任している。その事績を黒龍会の機関誌『亜細亜時論』は次のように紹介している。「氏は北京にて発行せる『新支那』の社主にして、真に日支の親善を実現せしむる目的を以て今日北京に於て表題の如き会(中日青年親善会)が組織されたるに就き、会務を帯び

て上京中我黒龍会を訪問された…」(2巻7号、1918年)。中日青年親善会は17年夏以降中国側の働きかけによって計画がスタートし、18年の段階では200人を超える中国人会員がいたとされる。安藤は、「支那」の呼称を「支那人が好まぬから、之を支那と云はずに中国と称して居る」と述べている(同上)。21ヶ条要求後という状況にあって、この会もまた慎重にならざるをえないという状況がうかがわれる。　　　　　　(久保田善丈)

(参考文献) 藤原鎌兄・つた『記者五十年のうらばなし―北京二十年、日本三十年―』(私家版、1975年)、『昭和人名辞典　外地・満支・海外篇』(日本図書センター、1987年)。

安藤利吉 あんどうりきち (1884.4.3－1946.4.19)

陸軍軍人、陸軍大将。宮城県出身。

陸軍士官学校(16期)、陸軍大学校卒業。1928(昭和3)年の済南事件に際して、歩兵第13連隊長として出動した。英国大使館付武官、教育総監部本部長を経て、38年5月第5師団長となり、広東攻略戦に参加。38年11月病気の古荘(ふるしょう)幹郎中将に代わり第21軍司令官となり、広東作戦・南寧作戦を指揮する。40年2月からは南支那方面軍司令官(広東)となり、同年9月の北部仏印進駐を担当したが、平和進駐の予定が、一部部隊が仏印軍と衝突、責任を取り予備役に編入された。41年11月召集され台湾軍司令官に復帰、のち台湾総督も兼ねる。44年9月には、沖縄防衛の第32軍も隷下に入れた台湾の第10方面軍司令官となる。終戦に際しては、最後の台湾総督として台湾における終戦処理に尽力した。戦後進駐した

国民政府軍に捕虜虐待容疑の戦犯として逮捕され、上海で拘留されていたが、46年4月獄内で自決した。　　　　　　　（庄司潤一郎）

　(参考文献)　額田坦『陸軍省人事局長の回想』（芙蓉書房、1977年）。

い

飯田俊助　いいだしゅんすけ　（弘化3.8（1846）－1914.3.23）

　陸軍中将、男爵。山口県出身。

　1873年に少尉任官。94年、日清戦争中に歩兵第20連隊長となるも出征はしていない。96年に歩兵第15連隊長に移り、98年に歩兵第11旅団長となる。日露戦争で同旅団が属する第6師団（師団長大久保春野）は第2軍（司令官奥保鞏）に追加投入され、遼陽会戦で首山堡攻略に当たり、沙河会戦ではロシア第17軍団と激闘を繰り広げる。1905年2月に旅順陥落後に脳溢血で倒れた松村務本の後任として第3軍（司令官乃木希典）所属の第1師団長に就く。奉天会戦ではロシア軍の退路を断つ目的で西に大迂回して奉天西北部に至る包囲翼を形成するが、田義屯において猛烈な反撃を受けて潰走を演じる。06年に後備役に編入された。　　　　　　　　　　（斎藤聖二）

　(参考文献)　大江志乃夫『日露戦争の軍事史的研究』（岩波書店、1976年）。

飯塚浩二　いいづかこうじ　（1906.4.3－1970.12.4）

　人文地理学者、東洋史学者。東京生まれ。

　東京帝国大学経済学部卒業、フランス留学。立教大学教授・東大東洋文化研究所助教授・同教授・同所長・札幌大学教授等を歴任。ビダル・ド・ラ・ブラーシュの『人文地理学原理』の翻訳等で知られる。1945年2月から6月にかけて、「満州国」・蒙古における遊牧地帯・経済・労務・秘密結社・「白系ロシア人」の情況を視察した。その成果は第2次大戦後に『東洋文化研究所紀要』等に発表され、死後、『満蒙紀行』（1972年）にまとめられた。戦後は『世界史における東洋社会』・『東洋史と西洋史の間』等でユーラシアを総合的に捉える世界史把握を提唱した。『日本の軍隊』・『日本の精神的風土』等で日本近代を批判的に分析した。　　　　　　　（久保田文次）

　(参考文献)　『飯塚浩二著作集』12冊（平凡社、1974－76年）。

五百木良三　いおきりょうぞう　（明治3.12.14（1871.2.3）－1937.6.14）

　ジャーナリスト、俳人、社会運動家。号は飄亭、犬骨坊。愛媛県生まれ。

　俳句を通じて正岡子規と交友があり、子規の『小日本』創刊に参加、日清戦争時に第5師団に従い出征し従軍日記（1894年6月－95年7月）を『日本』新聞に寄せ好評を博した。95年に『日本』に入り、1901年には編集長となるかたわら、近衛篤麿の知遇を得て国民同盟会に参加し、1899年に雑誌『東洋』を発刊、東洋倶楽部（のちに桜田倶楽部）を組織して支那保全論を唱えた。日露戦争前後は対外硬派の一員として活動し講和反対運動に加わった。1913（大正2）年に対支連合会、翌年には国民義会を組織して中心的メンバーとなり、川島浪速と共に第2次満蒙独立運動に関わり、さらに田中義一内閣当時には満州への積極的

経営を小川平吉と共に唱えるなど積極的な大陸発展を説いた。1929（昭和4）年政教社の社長となり『日本及日本人』を引き継いだ。
（櫻井良樹）

（参考文献） 五百木良三内田良平両氏追悼会残務所編『五百木良三内田良平両氏追悼会報告書』（同所、1938年）、『五百木良三追悼号』（『日本及日本人』351号、1937年）。

庵谷 忱 いおやまこと （1875.12.1－没年不詳）

実業家。岡山県出身。

大阪商業卒業後、紡績会社に入り、1900年渡清、02年より満州各地の偵察に従事。03年、通化でロシアの鴨緑江上流における木材伐採の状況を偵察し、これに対抗し大日本木植公司を設立して木材伐採を行い、ロシア側の木材に日の丸を立てて日本側の木材として通関させ、この問題を表面化させる（いわゆる「国旗事件」）。日露戦争中は諜報活動に従事し、戦後は五龍背温泉の経営をはじめ石炭販売を行うなど、満州での事業を展開する。15年奉天（現瀋陽）に移住し、24年に奉天商工会議所会頭に就任する。31年、奉天市政公署総務課長となり、溥儀の満州国執政就任式に民間唯一の邦人代表として参列したほか、リットン調査団にも対応した。著書に「満蒙に於ける土地商祖権問題について」（日本経済連盟会編『支那問題研究』第3号、1928年）等がある。
（川邉雄樹）

（参考文献） 満蒙資料協会『満州紳士録』（1940年）。

井口省吾 いぐちしょうご （安政2.8.10（1855.9.20）－1925.3.4）

陸軍大将。沼津（静岡県）出身。

文久3（1863）年沼津藩士の漢学塾に学び、19歳で上京して中村正直の同人社に入学する。1879年に陸軍士官学校砲兵科を卒業する（旧2期）。同期に田村怡與造・長岡外史らがいる。生徒司令副官は寺内正毅であった。西南戦争に際して士官見習いに任じられ出征するが、戦局が有利になり戦地には赴かなかった。80年に大阪鎮台山野砲兵隊付となり、82年に参謀本部管東局員となる。84年に陸軍大学校第1期生として入学し、翌年メッケルの講義を受けた。85年12月に卒業して翌年5月に陸大教官職に就く。87年からドイツに留学し語学・軍制・鉄道輸送制度を学ぶ。帰国していたメッケルからも多くを学ぶ。90年に帰国し参謀本部第1局第1課員となり、翌年陸大教官となる。93年野戦砲兵第4連隊第3大隊長に就く。日清戦争には参謀本部第1局第2課員兼第2軍作戦主任参謀として出征した。戦後は寺内第1局長のもとで戦後軍拡案の策定に携わる。97年6月に陸大教官に戻り、10月陸大教頭に任じられる。1901年3月、陸軍省軍務局砲兵科長に移り清国駐在列国軍の視察中の4月に同局軍事課長兼任となって7月にはその専任となった。翌年5月に参謀本部総務部長に就任し日露戦争への準備業務を進める。開戦後は戦時大本営陸軍参謀となり、のち満州軍総司令部参謀部第3課長（兵站・交通）として出征する。翌年4月に大本営参謀兼任、翌月遼東兵站監兼任となる。戦後は陸大校長に就き、12年11月に第15師団長となる

までの6年間を務める。15年1月に朝鮮駐箚軍司令官となり京城（ソウル）に赴任し、翌年8月に軍事参議官となって戻る。20年8月に後備役に編入された。
〔斎藤聖二〕

（参考文献） 井口省吾文書研究会編『日露戦争と井口省吾』（原書房、1994年）。

池内　宏　いけうち　ひろし　（1878.9.28－1952.11.1）
東洋史学者。東京出身。

1904年東京帝国大学文科大学史学科卒業。08年南満州鉄道株式会社の満鮮歴史地理調査部に入り、白鳥庫吉の指導のもと、李氏朝鮮の研究に従事。13年東京帝国大学文科大学講師となり、新設の朝鮮史講座の分担者となったが、一講師の身で、朝鮮史講座を国史学科に所属させるという動きに断固抵抗し、ついに朝鮮史を外国史として東洋史学科に所属させた。16年助教授、25年に教授となり、39年定年退職した。研究視角は、朝鮮史と満州史を一体と捉える「満鮮史」で、対象は古代から近世の政治史・戦争史である。分析方法は、論理の整合性を求めて史料を徹底的に批判して過去を再構築しようとする実証主義に合理主義が結合した自然科学的な独自の方法であった。池内によれば、関係資料が6割程度揃えば、それに基づいて仮説を立てることができる。それで合理的解釈が成立すれば、それが真理だという。しかし、その仮説が崩れれば、全てが覆ってしまう危険性があった。『文禄慶長の役・正編第一』（1914年）、『元寇の新研究』2巻（31年）、『文禄慶長の役・別篇第一』（36年）等は、そのような方法を駆使した成果である。これらの主著からもうかがえるように、中国や朝鮮を研究する場合でも、常に念頭には日本との関係があった。そのため、当然『日本書紀』等の日本側史料にもその徹底した批判の矛先は向かっている。例えば、1918年に脱稿しその後補訂を加え続けた『日本上代史の一研究』等には、神功皇后の朝鮮出兵は史実でないとか、神功皇后から応神天皇までの記事には120年の誤りがあるなどという見解が含まれていたのである。もちろん、戦前にはこれらを公刊することはできなかったが、大学で講義し続けていたという。この書が日の目を見るのは、戦後の1947年である。
〔相田　洋〕

（参考文献） 窪徳忠「池内宏」（江上波夫編『東洋学の系譜』第2集、大修館書店、1994年）、青山公亮他（座談）「先学を語る―池内宏博士―」『東方学回想Ⅱ』刀江書房、2000年）。

池　亨吉　いけ　こうきち　（1873.6.22－1954.3.28）
大陸浪人、文学者。高知県出身。

蘭方医の細川家次男に生まれる。1892（明治25）年明治学院を卒業。横浜フェリス女学校や明治学院で教職に就く。この間、板垣退助の英文の蔵書で孫文の存在を知り、その革命思想に共感を覚える。アメリカやハワイの新聞に載った孫文の写真を切り取って、座右に掲げるほどだったと言う。1905年、同郷の萱野長知の紹介で孫文と会い、革命運動に加わる。翌年、宮崎滔天・萱野長知・北一輝等と共に月刊新聞『革命評論』を創刊する。英語が堪能で、板垣と孫文の会見で通訳を務めたこともあった。孫文の依頼で、1907年、中越国境の鎮南関蜂起に孫文・黄興・胡漢民ら

いけだけんさい

と参加。依頼の内容は、池に革命戦争のルポルタージュを執筆してほしいというものだった。当時の心境は、あくまでも日本人として大日本帝国のために中国の革命運動と関わるのだ、というものだった。蜂起は失敗したが、帰国後、『大阪朝日新聞』に戦闘状況等を連載。11年『支那革命実見記』のタイトルで出版。同書は、27（昭和2）年『中国革命実地見聞録』という表題で中国語版も刊行された。辛亥革命が勃発すると、親中義会を組織し、予備役の軍人等を含む20名ほどの日本人を引き連れ、大陸に渡った。孫文が南京で中華民国臨時大総統に就任すると、彼の秘書となり、日本政府との交渉の仲介を行った。第2革命が発生すると、再び孫文と日本、特に軍部との交渉の仲介を行ったが、うまくいかなかった。そうした経緯もあり、次第に孫文や革命運動から離れた。29年6月、死去した孫文の遺体を南京の中山陵に葬る儀式には招待され参加している。奔放な生活を送ったが、クリスチャンであり、大陸浪人に多かった斗酒も辞さずというタイプとは違い、詩集を出版し、英文の書籍を翻訳するなどの活動も行った。

（松本武彦）

（参考文献） 池亨吉『支那革命実見記』（金尾文淵堂、1911年）、村上文昭「池亨吉年譜（第一稿）」（『羽鳥通信』第4号、1991年）、横山宏章「孫文の秘書となった池亨吉　中国革命の渦に飛び込んで」（明治学院人物列伝研究会編『明治学院人物列伝―近代日本のもうひとつの道―』新教出版社、1998年）。

池田謙斎　いけだけんさい（天保12.11.1（1841.12.13）－1918.4.30）

医学者、東京大学医学部初代綜理、宮内省侍医局長。越後（新潟県）出身。

蒲原郡西野に入沢健蔵の次男に生まれる。兄が入沢恭平、その長男が入沢達吉。幼名は桂助、のちに健輔。安政5（1858）年に江戸に出て、剣術、蘭学を学び、文久2（1862）年西洋医学所で緒方洪庵に師事。同年医学所留守居役池田多仲の養子となり、長崎に遊学、ボードインに学ぶ。維新後、大学東校の大助教となり、明治3（1870）年ドイツ留学、76年に帰国。陸軍軍医監、宮内省御用係に任ぜられる。77年東京大学創設と同時に医学部綜理に。86年大学を辞して宮内省侍医局長に就任。近代侍医制度の確立に尽くす。91年侍医局長を辞し、宮中顧問官となり、男爵に。88年学位令が交付され最初の医学博士になった。享年76。

（酒井シヅ）

池田幸子　いけださちこ（1913－1976.1.13）

作家、商社員。出身地不詳。

親は日露戦争後、「日本で食べられなくなった小さな落ちぶれ地主で、日章旗の後をついて、大陸へ出稼ぎ」（「故池田幸子女史の歩んだ道」以下同）に出た。池田は東北地方で生まれ、青島に転居し、日本で女学校を卒業後、浜松町のバス車庫で東京交通労働組合の仕事を手伝い、1934年に上海に渡り、内山完造の紹介で魯迅と知り合う。36年2月頃、日本プロレタリア作家同盟の最後の書記長で出獄直後の1月に上海に脱出してきた鹿地亘と知り合い、数ヶ月後に結婚した。同年10月17

日に自宅を訪ねてきた病身の魯迅から彼のエッセー「死」「首吊り女」についての話を聞くが、その2日後に魯迅が亡くなり、池田は追悼文を書いている。日中戦争中は武漢・重慶で反戦運動を行い、鹿地と共に日本軍捕虜を説得して反戦同盟を組織した。晩年は日中貿易に専念し、広州交易会には最初から欠かさず参加した。　　　　　　（藤井省三）

（参考文献）「故池田幸子女史の歩んだ道—日中戦争期における反戦運動—」（『中国研究月報』304、1973年）、呂元明『中国語で残された日本文学』（西田勝訳、法政大学出版局、2001年）。

池田重善　いけだしげよし　（1916－1988）

陸軍軍人（憲兵）、戦後は自営業他。用いた偽名に吉村久佳がある。宮崎県出身。

1949（昭和24）年にいわゆる「暁に祈る」事件の主犯者として報道されたことで著名となる。「暁に祈る」事件とは、モンゴル人民共和国日本人捕虜収容所内で捕虜部隊隊長吉村久佳（本名：池田重善）によって捕虜の私刑・殺害が行われたとされる事件。捕虜部隊名を取って「吉村隊事件」とも言われる。

1934（昭和9）年に歩兵第23連隊に志願入隊、37年に憲兵上等兵となり、41年に中支那派遣憲兵隊漢口憲兵隊本部に転属した。漢口では経済監察隊長として阿片・ヘロイン等の不正流通を取り締まった。43年に満州・ソ連国境の東寧憲兵隊に転属し、防諜のため不正出入国者を取り締まった。日本の降伏に伴いソ連の捕虜となり、モンゴル国内の捕虜収容所に収容された。抑留中は吉村久佳を名乗り、捕虜部隊の隊長を務めた。47年12月に帰国した際に米軍に拘束されるが、抑留中の事情聴取を受けて解放された。帰国後は自営業等をして生活していたが、49年に朝日新聞社が池田を「暁に祈る」事件の主犯として報道。刑事訴追を受けて58（昭和33）年に懲役3年の実刑が確定し、刑に服した。60年に出所。79（昭和54）年に再審を請求するが却下された。86年の時点で再度の再審請求を準備中であったが、88年に他界。

「暁に祈る」事件に関しては、吉村隊隊員（吉川巖作・原田春男・森山義男等）の証言をもとに池田を主犯として報道した朝日新聞社と、これを虚偽証言に基づくものとする池田の意見が真っ向から食い違った。しかし1980（昭和55）年に長崎放送が制作・放送したラジオ番組「"暁に祈る"裁判」でのインタビューでは、上記の証言者たちが朝日新聞報道当時の自らの証言と相違するような内容の新証言をしていた。それをふまえた池田本人の主張については池田著・柳田邦夫解説『活字の私刑台』に詳しい。　　　（中野弘喜）

（参考文献）池田重善著、柳田邦夫解説『活字の私刑台』（青峰社、1986年）、原田春男『暁に祈るまじ』（潮出版社、1976年）。

池田純久　いけだすみひさ　（1894.12.15－1968.4.30）

陸軍中将。大分県出身。

陸軍士官学校（28期）、陸軍大学校、東京大学経済学部聴講生。1935（昭和10）年12月支那駐屯軍参謀となり、盧溝橋事件勃発に際しては事件の早期収拾に尽力したが、目的を果たせなかった。参謀解任後帰国した折、近衛文麿首相、石原莞爾参謀本部第1部長と面

会し、事変の不拡大の必要性を説いた。その後、資源局企画部第1課長、企画院調査官として国家総動員体制の構築に参画した。39年8月歩兵第45連隊長として華中に出征、贛湘作戦・宜昌作戦に従軍、40年8月奉天特務機関長、関東軍参謀（第5課長：占領地政策担当）を経て42年7月には関東軍参謀副長となる。45年7月内閣綜合計画局長官となり、終戦を決する御前会議にも列席した。戦後、極東国際軍事裁判において弁護人を務めた。

（庄司潤一郎）

（参考文献） 池田純久『陸軍葬儀委員長』（日本出版協同、1953年）、同『日本の曲がり角』（千城出版、1968年）。

池上四郎 いけのうえしろう （天保13（1842）－1877.9.24）

明治の陸軍軍人。軍事探偵。鹿児島出身。

薩摩藩医池上貞斎の長子として鹿児島城下に生まれる。西郷隆盛・伊地知正治等の知遇を得て国事に奔走、戊辰戦争に際しては、官軍監軍として東北地方を転戦した。明治4（1871）年、西郷が上京、近衛都督となるに及んで近衛陸軍少佐に任ぜられたが、同年病を理由に辞職した。明治5（1872）年8月、西郷が征韓に関する意見書を提出すると間もなく外務省10等出仕に任ぜられた。同年9月、征韓派の西郷・板垣退助らの旨により、陸軍少佐竹市熊吉、外務権中録彭城中平と共に満州に入り、1年間にわたって満州各地を調査した。この調査は、征韓に備えてのいわば軍事探偵であり、池上は池清劉和と変名、商人を装い情報収集活動に従事した。73年8月「満州視察復命書」を西郷・板垣・副島種臣らに提出したが、この「復命書」は征韓計画の「有力なる資料」になったと言われている。同年下野した西郷に従って辞職、77年西郷軍大隊指揮長として西南戦争に従軍、のち鹿児島にて自刃。

（栗田尚弥）

（参考文献）『東亜先覚志士記伝』下、『対支回顧録』下。

池辺吉太郎 いけべきちたろう （文久4.2.5（1864.3.12）－1912.2.28）

ジャーナリスト。号三山、鉄崑崙。熊本出身。

西南戦争の際、処刑された熊本隊隊長池辺吉十郎の長男。1881（明治14）年上京、中村敬宇（正直）の同人社及び慶應義塾に学ぶ。84年佐賀県学務課に勤務するが、87年『山梨日日新聞』に論説を書き言論界に転じ、89年には大阪の『経世評論』の主筆として、条約改正反対を唱えた。91年東京の日本新聞社客員記者となり、92年細川護成のフランス留学に随伴して渡欧、新聞『日本』に「巴里通信」を送った。96年『大阪朝日新聞』の主筆となり、翌年には『東京朝日新聞』の主筆を兼務（98年専任）した。98年、陸実（羯南）・三宅雄次郎（雪嶺）らと共に東亜会を結成、同年東亜会と同文会が合体し東亜同文会（会長近衛篤麿）となるとこれに参加、幹事となった。明治30年代には近衛同様対露強硬論の論陣を張り、05年のポーツマス条約に際しては、桂内閣の姿勢を批判した。徳富蘇峰（『国民新聞』）・石河幹明（『時事新報』）と共に「三名筆」と称された。

（栗田尚弥）

(**参考文献**) 池辺一郎・富永健一『池辺三山』（みすず書房、1989年）、『東亜先覚志士記伝』下。

伊沢修二 いざわ しゅうじ （嘉永4.6.29(1851.7.27)－1917.5.3)

文部官僚、教育家。伊沢多喜男は末弟。高遠藩（長野県）出身。

1875－78年米国に留学し教育学や音楽・理化学を修めた近代教育の開拓者。東京師範学校長、文部省編輯局長、東京音楽学校長等を歴任した。90年国家教育社を創設し、日清戦争の開始に「国家教育の輸出」を希望するなど、国家主義教育を主張した。95年4月下関条約により台湾が割譲されるや、5月台湾総督府学務部長心得（翌年学務部長）に任命され、6月に台北に到着。住民の激しい武力抵抗を受けた総督府は軍政を施行、半年後の11月ようやく全島の「平定」を宣言するが、この間伊沢は台北郊外の芝山巌に学務部を移し台湾人への授業を開始した。7月には台湾統治の最重要策として日本語教育を説いた「学務部施設事業意見」を民政長官に提出している。講習員（教員）募集のため帰国中の96年1月1日「芝山巌事件」が勃発、民政局の学務部員（教員）6名が殺害され、各地で抗日勢力の蜂起が続いた。3月には台湾総督府直轄諸学校官制が公布され、翌4月伊沢は第1回日本語講習員と共に台湾に到着、直轄国語学校芝山巌学堂を開校した。以後台湾人を「日本人化」させて「国民」を形成する「同化政策」を推進、「国語」による基礎教育の普及を図る。6月直轄国語伝習所規則、9月直轄国語学校規則が公布され、国語学校本校と付属学校3校、国語伝習所14ヶ所、分教場が設置され、西洋教育方式による国語・唱歌・算数等の教育が実施された。しかし、抗日武装勢力の鎮圧に追われる総督府は、予算不足を理由に97年7月国語学校および国語伝習所官制を制定して直轄制度を廃止、伊沢は非職となった。10月学務部は学務課に縮小される。98年7月の台湾公学校令では、教育勅語中心の「修身」と「国語」が重視されるなど伊沢の構想が継承されるが、歴史や地理・理科等が削除され、教育費も住民負担とされた。こののち「国語」普及と「国民」の創造をいかにするか、また清朝時代以来の書房や義塾等の漢文教育をどう活用するかが問われることになる。伊沢が台湾の教育から手を引くのは、1899年東京高等師範学校長になってからである。　　　　　　　　　　（吉良芳恵）

(**参考文献**) 『伊沢修二選集』（信濃教育界編刊、1958年）、上沼八郎『伊沢修二』（新装版、吉川弘文館、1988年）、陳培豊『「同化」の同床異夢—日本統治下台湾の国語教育史再考—』（三元社、2001年）、小熊英二『〈日本人〉の境界』（新曜社、1998年）、松田利彦・やまだあつし編『日本の朝鮮・台湾支配と植民地官僚』（思文閣出版、2009年）。

伊沢多喜男 いざわ たきお （明治2.11.24(1869.12.26)－1949.8.13)

内務官僚、政治家。伊沢修二の弟。劇作家飯沢匡（本名伊沢紀）は次男。長野県出身。

1895年帝国大学法科大学政治学科を卒業後、内務省に入り、和歌山・愛媛・新潟県知事を経て、1914年警視総監に就任した。16年貴族

院議員に勅選され、19年憲政会系勅選議員等で同成会を組織する。24年9月から26年7月まで台湾総督を務めたが、伝記によると、伊沢は加藤高明の入閣要請を辞退し兄修二の因縁のある台湾総督を希望したという。総務長官に後藤文夫を配し、大規模な行財政整理と人事異動により旧官僚組織を一掃、児玉総督以来の大刷新を行った。伊沢の植民地統治思想は、総督府の評議員に抗日運動家の林献堂を選出するなど、「双方の合意による同化主義」「内台人の共存共栄」を重視する「内地延長主義」であった。「伊沢多喜男関係文書」には、台湾文化協会等に拠って台湾議会設置請願運動を指導した蔡培火等の書簡や、台湾統治は失敗であったという林献堂の長文の意見書が残っている。総督辞任後は26年10月まで東京市長を務め、27年の民政党成立に尽力、浜口・斎藤・岡田各内閣の組閣に関わるなど政局に影響を与えた。　　　（吉良芳恵）

（参考文献）　伊沢多喜男文書研究会編『伊沢多喜男関係文書』（芙蓉書房出版、2000年）、伊沢多喜男伝記編纂委員会編『伊沢多喜男』（羽田書店、1951年）、大西比呂志編『伊沢多喜男と近代日本』（芙蓉書房出版、2003年）。

石射猪太郎　いしいいたろう　（1887.2.6－1954.2.8）

　外交官。福島県出身。
　1908年上海の東亜同文書院商務科を第5期生として卒業、南満州鉄道株式会社に入社するが11年退社、13年高等文官試験合格、15年外交官及領事官試験合格、16年広東在勤を命ぜられるが病のため5ヶ月で帰国。同年末、病癒えて天津総領事館勤務、18年サンフランシスコ総領事館勤務、在米大使館3等書記官、メキシコ公使館2等書記官を経て、24年外務省通商局第3課長、その後在英大使館1等書記官、吉林総領事（在任中に満州事変勃発）、上海総領事、36年タイ国公使、37年外務省東亜局長となり、支那事変不拡大に尽力し、近衛内閣の新外相宇垣一成に対し、38年7月意見書「今後の事変対策に就ての考案」を提出、38年1月の「国民政府ヲ対手トセス」声明を白紙とし、同政府を相手とする和平を進言、宇垣外相の同意を得るも、38年9月宇垣は辞職する。39年オランダ公使に転出、40年ブラジル大使、対米開戦に伴い引き揚げ帰国、臨時外務省事務取扱（戦時調査室勤務）、44年ビルマ大使、46年タイから引き揚げ、外務省を去る。公職追放中、いわゆる東京裁判に際し被告広田弘毅の弁護側証人として出廷。50年追放処分解除。幣原喜重郎の著書『外交五十年』（読売新聞社、1951年）の編集・刊行に協力、経済外交研究会会長等を務めた。下記の著書以外に手記「皇道外交八銃士」（『読売評論』1951年2月号）、「綺遇と幽黙」（『世界の心と姿』不死鳥社、1949年、所収）がある。遺文書は、「石射・田尻文書」として外務省外交史料館所蔵外務省記録の「支那事変」ファイルの1冊に綴じられている。　　（柴田紳一）

（参考文献）　石射猪太郎『外交官の一生』（読売新聞社、1950年、追加版、太平出版社、1972年）、伊藤隆・劉傑編『石射猪太郎日記』（中央公論社、1993年）。

石井菊次郎　いしいきくじろう　（慶応2.3.10（1866.4.24）－1945.5.26）

外交官。1917年の石井・ランシング協定で、その名を外国で最もよく知られた人物という。安房（千葉県）出身。

長生郡真名村（現茂原市）に大和久市作の次男として出生。1890年7月に東京帝国大学法科大学を卒業し、翌月に外務省に試補として入省。91年に石井邦猷の養子となり、石井姓を名乗る。同年11月にパリへ赴任、5年間のヨーロッパ生活を送る。96年9月に仁川領事となり、97年11月に在清国公使館へ2等書記官として北京に転勤、翌98年11月に1等書記官に昇進。その北京在勤中の1900年に同地で排外主義の義和団事件が発生、列国公使館区域で「五十五日間の籠城」を体験する。しかし、この苦難の北京籠城で懇意になった英国の守備隊長クロード・マクドナルドが、同事件後アーネスト・サトウと交代し駐日公使となったことで、やがて米国ポーツマスで日露講和会議が大詰めにきた05年8月28日に、当時外務省通商局長兼電信課長だった石井が同英国公使から、ロシア皇帝がサハリン（樺太）南半の日本への譲渡に同意したとの内報を聞かされ、急ぎ現地の小村寿太郎全権委員へ通報して間に合うという功名を生んだ。

08年6月に林董外相（西園寺公望内閣）のもとで外務次官を務め、12年に駐仏大使としてパリに赴任、その在任中に第1次世界大戦の勃発を予測していち速く本省へ打電。15年10月、大浦事件で辞職した加藤高明外相（大隈重信内閣）を継いで外務大臣となり、翌16年7月に攻守同盟の性格を持つ第4回日露協定を締結。その狙いは、同大戦中にロシアが連合国側から離脱してドイツと単独講和を結ぶことを警戒し、日本に敵対する条約を他国と結ばないようにロシアに約束させることにあった他、中国で袁世凱の帝制復帰への動きや同国を大戦に参戦させようとする列国の策動を封じることにあった。就中、彼の名を後世に不朽ならしめたものは、寺内正毅内閣のもとで特派大使として米国へ赴きロバート・ランシング国務長官と交渉して、日本の中国（満蒙）における「特殊ノ利益」（special interest）を米国に認めさせた石井・ランシング協定（1917年11月2日に調印）であった。次いで18年2月に駐米大使となり、シベリア出兵をめぐる日米間の困難な交渉に当たったが、中国の幣制改革顧問問題（阪谷芳郎を任命予定）で同国務長官との間に悶着が生じたため、乞うて帰国した。しかし20年6月に駐仏大使に任命されたことで、同年9月にはベルサイユ平和条約実施委員長となって最高会議や大使会議等に出席し、翌21年8月には国際連盟の日本代表として総会や理事会で活躍。27年12月に退官し、29年2月に枢密顧問官となる。

翌30年に著書『外交余録』（岩波書店。その部分的英訳書に W. R. Langdon による *Diplomatic Commentaries*, Baltimore, 1936がある）を上梓し、歴史は繰り返すという信条のもと、外交には歴史を「指南車」として対処すべきことを説く。実際にも40年9月26日の枢密院会議で、日独伊三国同盟条約の締結を議決する際、その同盟条約には一応賛意を表しながらも歴史的事実を引用し、ドイツを「吸血を事とする

いしいしろう

が如き国柄」と評して同盟条約の運用には注意するよう警告。また彼は、長く《日本国際連盟協会の会長を務めたので、満州事変により満州国が誕生すると、皮肉にもかつて関係の深かった国際連盟と対峙せざるをえなくなる。37年に彼は、政府から「国民使節」に選ばれ、日中戦争をめぐる「正義日本」の立場を遊説するためヨーロッパへ赴くが、もはや反日化する国際世論を転換させることは不可能だった。最期は、太平洋戦争も末期の1945年5月26日に明治神宮参道で米軍の空襲に遭い、行方不明。
（松村正義）

（参考文献） 石井菊次郎『外交回想断片』（金星堂、1939年）、石井菊次郎遺稿『外交随想』（鹿島研究所、1967年）、坂本健蔵「満州事変期における国際協調外交の模索―石井菊次郎を中心に―」（中村勝範編『満州事変の衝撃』勁草書房、1996年）、髙橋勝浩「日中開戦後の対米宣伝政策―『正義日本』の宣明から文化事業へ―」（服部龍二・上田哲夫・後藤春美編著『戦間期の東アジア国際政治』中央大学出版部、2007年）、長岡新次郎「石井菊次郎と中国問題」（大河内一男・大宅壮一監修『近代日本を創った百人』上、毎日新聞社、1965年）。

石井四郎　いしいしろう　（1892.6.25－1959.10.9）

細菌戦部隊「731部隊」創設者・部隊長、陸軍軍医中将。千葉県出身。

1920（大正9）年京都帝国大学医学部卒業、陸軍軍医となり、軍医学校卒業後、京都帝大大学院に派遣され細菌学・血清学等を研究、27年「グラム陽性雙球菌に就ての研究」で医学博士号取得。軍内での軍医の地位向上のため、国際法で禁止された化学戦・細菌戦に関心を持ち、参謀本部にその推進を建議、28－30年先進国の状況視察のため欧米諸国等に出張した。帰国後軍医学校に勤務、永田鉄山陸軍省軍務局長等の支援を得て、満州事変後の32年4月軍医学校内に細菌兵器研究の「防疫研究室」を設置、主幹となり、同年野戦部隊用の「石井式濾水器」を開発、特許を得る。32年8月、ハルビン東南の背陰河に、関東軍参謀石原莞爾中佐指揮下の非公式組織「関東軍防疫班」（「加茂部隊」）建設を始め、36年8月「関東軍防疫部」（「東郷部隊」）としてハルビン南方平房に正式に開設、部隊長となる。その後満州各地に支部を設置、平房は40年8月「関東軍防疫部給水部本部」となり、41年8月本部の秘匿名が「満州第731部隊」となる。中国人政治犯や朝鮮人・ロシア人・米国兵捕虜等を「マルタ」と称して人体実験を行い、ペスト・チフス・コレラ・炭疽等の病原菌を兵器化した。生体実験の犠牲者は3000人以上と言われる。全国の医学部・医科大学を回って医師を集め、医師の補佐や看守等の多くは秘密漏洩を防ぐため同郷人を当てた。39年のノモンハン戦争で初めて細菌戦を実施、功績が認められて金鵄勲章を授与された。40年浙江省衢州・寧波・金華、41年湖南省常徳、42年浙贛鉄道沿線等でも実施した。敗戦直前、証拠隠滅のため本部施設を爆破、捕虜数百人を殺害し、部隊関係者をいち早く逃亡、帰国させ、石井自身は45年8月には帰国、研究成果をGHQに引き渡し、戦犯として処罰されるのを免れた。それにより米国は朝鮮戦争で細菌兵器を使用したと言われるが、実態は不明のままである。
（伊藤一彦）

(参考文献) 森村誠一『悪魔の飽食』全3巻（光文社、1981-83年）、松村高夫・江田いづみ・江田憲治・解学詩他『戦争と疫病―七三一部隊がもたらしたもの―』（本の友社、1997年）、青木富貴子『731』（新潮社、2005年）。

石川伍一 いしかわこいち （慶応2.7.18(1866.8.27)－1894)

明治時代の軍事探偵。作家石川達三の伯父。羽後鹿角郡毛馬内町（秋田県）出身。

南部藩士石川儀平の長男として生まれる。1879（明治12）年上京、攻玉社、次いで島田篁村の塾に学び、そのかたわら興亜学校において中国語を習得した。84年上海に渡り、海軍の曽根俊虎のもとで中国事情を研究し、中国語の熟達に努めた。さらに、芝罘チーフー（現煙台）に至り、東次郎のもとで中国事情の研究を進めた。85年、荒尾精が漢口（現武漢）に楽善堂の支店（漢口楽善堂）を開くとこれに参加、松田満雄・広岡安太等と四川方面の調査・情報収集に従事した。四川調査では、清朝官憲に捕らえられたが、得意の中国語で弁明、九死に一生を得た。また、この時の報告書は、極めて精密なもので詳細な地図が付されていたという。91年いったん帰国ののち、天津に赴き、天津駐在武官関文柄を助け、華北・満州方面の調査研究に従事、山東・直隷・奉天の各省・各市を遍歴した。92年、関大尉に代わって井上敏夫少佐が天津に赴任すると、井上の委嘱により満州・朝鮮半島北部の主として黄海沿岸の調査に従事、その調査結果は対清作戦上の貴重な資料となったと言われる。

94年6月、日清間の関係悪化に伴い天津在留邦人の引揚げが始まったが、石川は荒尾が上海に設立した日清貿易研究所出身の鐘崎三郎と共に天津に留まり、諜報活動に従事した。間もなく、小村寿太郎代理公使ら日本公使館職員も天津から帰国することになり、石川も小村らと共にいったん帰国船に乗船するが、夜陰に乗じて下船、再び天津に潜入した。中国官憲の中には、石川と面識のあるものもあり、天津に留まることは極めて危険な行為であったが、石川は、日清開戦後も天津において情報収集に努めた。しかし、中国人に扮して、天津市内の旅館に投宿中のところを逮捕され、天津城西営門外において銃殺された（日時は不明）。　　　　　（栗田尚弥）

(参考文献)『東亜先覚志士記伝』下、『対支回顧録』下、井上雅二『巨人荒尾精』（左久良書房、1910年、復刻版、東光書院出版部、1993年）

石川三四郎 いしかわさんしろう （1876.5.23－1956.11.28)

無政府主義者。号旭山。埼玉県出身。

1907年日刊『平民新聞』発行兼編輯人として、新聞紙条例違反等により入獄。巣鴨監獄での1年に及ぶ獄中生活の中で、マルクスやクロポトキン、カーペンターをはじめ、「碧巌録」、「大乗起信論」、老子、論語、孟子等を読む。13年1月『西洋社会運動史』が発禁処分となり、鄭毓秀に亡命を勧められる。同年3月横浜港を出向し、ヨーロッパへ亡命。途中、上海で黄興・宋教仁・江亢虎と会見。20年10月、7年に及ぶ亡命から帰国、中国の后土思想も取り入れた土民思想を唱える。29

いしかわしゅんたい

年11月月刊誌『ディナミック』を創刊。31年12月同誌26号に「満州事変」を載せるが、発禁処分となる。33年10月渡欧のため出国。途中中国に寄り、泰山の無字の碑を見て中国文化の偉大さに感動。12月国立図書館で巴金に会い、福建省の様子等を聞く。翌34年1月渡欧計画を中止し日本に帰国、東洋文化史の研究を始める。その研究成果は、『東洋古代文化史談』(37年)、『東洋文化史百講』全3巻(39-44年)等に結実した。40年旧友の中華民国外交部長褚民誼が来日、東京市内を案内する。翌年中華民国文化協会の招きで訪中、講演等を行った。　　　　　　(望月雅士)

(参考文献)　『石川三四郎著作集』7 (青土社、1979年)、同8 (青土社、1977年)。

石川 舜台 いしかわしゅんたい (天保13(1842).10-1931.12.31)

真宗大谷派僧侶。字は敬輔、号は節堂・青城・不敢・芙蓉・龍潢。加賀(石川県)出身。

金沢・永順寺(ようじゅんじ)に、順誓の次子として生まれる。幕末維新期には富山県合廃寺事件や、浦上天主教徒事件に対応し、寺務改革を断行する一方、慎憲塾を主催した。この中に、のち清国で布教活動を行う谷了然・北方心泉や、サンスクリット習得のため英国に派遣される笠原研寿らがいた。1872年、新門主現如(大谷光瑩)・松本白華・成島柳北らと共に洋行し、サンスクリットをはじめとする東洋学に刺激を受け、のち南条文雄・笠原研寿を英国に留学させる。帰国後、大久保利通の知己を得、対露政策上の観点から清国布教の有用性を説き、76年に上海別院が、77には北京に別院が設置されたが、78年に失脚したため、現地人向けの布教活動は大幅に縮小され、のちに中止された。97年上席参務となり、清国布教を再開し、清国各地に学堂や布教所が設置されたが、1902年4月に辞任する。当時、本山の予算不足や、清国各地で摩擦や衝突が起こり、再び清国布教は中止された。著書に、『教示章解』(真宗東派本願寺教育課、1877年)、呉蘭修『端溪硯史　訳補』(翻訳、二玄社、1979年)等がある。　　　　　(川邉雄大)

(参考文献)　鹿野常三『傑僧石川舜台言行録』(仏教文化協会、1951年)。

石川 達三 いしかわたつぞう (1905.7.2-1985.1.31)

作家。秋田県出身。

秋田県平鹿郡横手町(現横手市)に生まれ、東京都、岡山県等で育つ。早稲田大学文学部英文科中退。1926年に第1作『寂しかつたイエスの死』を『山陽新報』に連載、翌年『幸福』が『大阪朝日新聞』懸賞小説に入選した。28年電気業界誌『国民時論』編集者となるが30年ブラジル移民として渡航、2ヶ月ほど滞在しブラジル移民集団を描いた長篇小説『蒼氓』を発表、35年8月第1回芥川賞を受賞した。37年東京・小河内ダムに沈む農村を描いた『日陰の村』を発表、社会派作家として戦後も『金環蝕』(66年)等を書いた。日本ペンクラブ第7代会長(75-77年)、日本芸術院会員、日本文芸家協会理事長、A・A作家会議東京大会会長(61年)を歴任した。

石川が日中戦争のルポルタージュ小説『生きてゐる兵隊』を発表したのは、1938年2月のことであった。37年12月の首都南京陥落直

後に、石川は中央公論社特派員として中国に渡り、南京では将校とはほとんど接せず兵士に交わる１ヶ月の調査を行い、東京に戻ると２月１日から12日朝までに一気に400字詰めで230枚を書き上げた。同作では凄惨な戦闘場面、日本兵による放火略奪レイプ等が描かれている。例えば非戦闘員であるはずの従軍僧片山玄澄の戦闘場面は次の通りである。

　部落の残敵掃蕩の部隊と一緒に古里村に入って来た片山玄澄は左の手首に数珠を巻き右手には工兵の持つショベルを握っていた……そして皺枯れ声をふりあげながら路地から路地と逃げる敵兵を追って兵隊と一緒に駆け廻った。／「貴様！……」とだみ声で叫ぶなり従軍僧はショベルをもって横なぐりに叩きつけた。刃もつけてないのにショベルはざっくりと頭の中に半分ばかりも食いこみ血しぶきをあげてぶっ倒れた……次々と叩き殺して行く彼の手首では数珠がからからと乾いた音をたてていた。

この残虐なる従軍僧も「自分の寺で平和に勤行をやっているときにはこの宗教が国境を超越したものであることを信じていた……また従軍を志願して寺を出るときには支那軍の戦死者をも弔ってやるつもりはあった」のだ。同作は総合雑誌『中央公論』に掲載されたが、同誌は発売と同時に発禁処分を受け、同誌発行人らと共に石川は東京地検により起訴されている。公判調書によると石川は判事に対し「〔軍人に対する信頼〕ヲ傷付ケ様ト思ツタノデス大体国民カ出征兵ヲ神ノ如クニ考ヘテ居ルノカ間違ヒテモツト本当ノ人間ノ姿ヲ見其ノ上ニ真ノ信頼ヲ打チ立テナケレハ駄目タト考ヘテ居リマシタノデ其国民ノ考ヘヲ打破シヤウト思ツタノデス」と語ったという。同年９月、禁錮４ヶ月、執行猶予３年の判決が下った。中国では同年に夏衍らによる２種の中国語訳が刊行された（『未死的兵』『活着的兵隊』）。

　　　　　　　　　　　　　　（藤井省三）

（参考文献） 白石喜彦『石川達三の戦争小説』（翰林書房、2003年）、阿壟『南京慟哭』（関根謙訳、五月書房、1994年）、久保田正文「解説」（『生きてゐる兵隊』新潮文庫版）。

石川半山 いしかわはんざん （明治5.8.17（1872.9.19）－1925.11.12）

ジャーナリスト、政治家。本名安次郎、呑海とも号す。岡山県出身。

慶応義塾卒業後、1891（明治24）年『庚寅新誌』入社、記者となる。27年『信濃日報』に移り主筆に就任。その後、『中央新聞』編集部長を経て、98年『毎日新聞』主筆。1900年には従軍記者として北清事変を取材した。02年『報知新聞』に移り、北京に特派され、清国の国情を調査、同国の外交機密のスクープに成功している。05年には特派員としてポーツマス会議も取材した。その後、『毎日』、『報知』への再入社を経て、12年『東京朝日新聞』に入社、14（大正３）年には『万朝報』主筆に転じた。国内政治については憲政擁護の論陣を張ったが、対外的には内田良平や五百木良三が13年に組織した対支連合会に参加し、満蒙独立運動や辛亥革命後の中国問題に対する世論の喚起に努めた。清朝復辟運動の中心人物粛親王（愛新覚羅善耆）とも親

しく『粛親王伝』を著している。24年衆議院議員に立候補し当選、憲政会に所属したが、翌14年病を得て没した。　　　（栗田尚弥）

（参考文献）　田熊渭津子「石川半山年譜」（木村毅編『明治文学全集』92巻、筑摩書房、1970年）、『半山石川安次郎関係文書目録』（近代立法過程研究会収集文書目録14、東京大学法学部近代立法過程研究会、1971年）。

石黒忠悳　いしぐろただのり　（弘化2・2・11.(1845.3.18)－1941.4.26)

陸軍軍医、越後（新潟県）出身。

幼名は庸太郎・恒太郎。名は忠恕・忠悳。別号は況翁・況斎。幕府代官の手代平野順作の子として奥州の陣屋（現、福島県伊達市梁川町）に出生。父母と死別後、16歳で越後国三島郡片貝村の父の生家に帰り石黒を称す。江戸に出て、慶応中に医学所で洋医学を学ぶ。維新後はじめ文部省に出仕し大学東校に奉職したが、兵部省軍医寮に転じ、明治10年代までは内務省衛生局・東京大学にも兼職した。1887－88ドイツに派遣され、万国衛生会議に出席し陸軍衛生制度を視察。90年に医務局長・軍医総監に昇り、日清戦争時には大本営の野戦衛生長官として医事・衛生を統括。後藤新平を抜擢して帰還兵の検疫に当たらせ、のちに後藤の台湾民政長官になるきっかけを作った。95年3月、下関の講和会議の際、暴漢に狙撃された李鴻章を往診。日清戦争の功績により男爵、日本赤十字社設立にも尽くし、のちに子爵に叙された。脚気問題では米食論を堅持した。茶人としても知られた。日清戦争時の『営務日誌』を含む50年間（1887－1936年）の日記や来簡が伝存し、近年、国会図書館憲政資料室に収められた。（町　泉寿郎）

（参考文献）　『石黒忠悳懐旧九十年』（博文館、1936年）。

石田英一郎　いしだえいいちろう　（1903.6.30－1968.11.9）

文化人類学者。元男爵。大阪府出身。

旧制一高、京大経済学部時代にマルクス主義に傾倒し1925年学連事件で検挙。さらに27（昭和2）年日本共産党に入党、翌年3・15事件に連座し逮捕された。爵位はこの時に返上している。獄中でフレーザーやモルガンの民族誌に親しみ、出獄後に岡正雄や柳田国男と出会い民族学を志す。1937－39年ウィーン大で民族学を学び、民族・言語・考古・歴史の諸学を広く総合した文化人類学を構想するに至る。蒙古善隣協会西北研究所次長（44年）、法政大教授（49年）を経て東京大教授に就任し（51年）、文化人類学教室の初代主任を務めた。没年時には多摩美術大学長。研究対象をユーラシア全域から新大陸にまで広げる一方、古代日本文化の起源論にも関心が深く、皇室や古代国家の起源を大陸の遊牧騎馬民族文化に求める座談会を主催するなど話題を呼んだ。　　　　　　　　　　（林　直樹）

（参考文献）　『石田英一郎全集』全8巻（筑摩書房、1970－72年）。

石田幹之助　いしだみきのすけ　（1891.12.28－1974.5.25）

東洋史学者。千葉県出身。

私立麻布中学・第一高等学校を経て、東京

帝国大学文科大学史学科に進み、1916年卒業。つとに秀才の誉れ高く、大学卒業時には恩賜の銀時計を下賜された。第一高等学校時代の同窓生には、芥川龍之介・菊池寛・久米正雄等がおり、芥川とは特に親しく、芥川の名作『杜子春』は、石田が材料を提供したとされている。大学卒業後、史学研究室副手となったが、17年、三井財閥の岩崎久弥が袁世凱の顧問モリソンの収集した中国関係のコレクションを購入した際、依頼されて北京まで引き取りに行く。その後、このコレクションを中心に財団法人東洋文庫が設立されると、文庫主事としてその充実に心血を注ぎ、世界的な図書館に仕立て上げた。専門は多岐にわたるが、東西文化交流史が中心で、流麗な筆致で唐の都長安の繁栄を活写した代表作『長安の春』（41年）等は、現在も愛読されている。

（相田　洋）

（参考文献） 榎一雄『増補長安の春』解説（平凡社・東洋文庫、1967年）、岩生成一他（座談）「学問の思出―石田幹之助博士―」『東方学回想Ⅵ』刀江書房、2000年）。

石田礼助　いしだれいすけ　（1886.2.20－1978.7.27）

実業家。静岡県出身。

1907（明治40）年東京高等商業学校（現一橋大学）を卒業し、三井物産に入社。大連支店に配属される。20年シアトル出張員首席となり、以後本店参事、神戸船舶部参事、ボンベイ支店長、カルカッタ支店長を経て、25年11月大連支店長に就任する。大連支店では、満州の特産物である大豆・大豆粕・豆粕・雑穀等の農産品の買付け輸出を主に扱う。石田はのちに当時を回想して、30年11月にニューヨーク支店長に転ずるまでに、満州大豆の総輸出量の6割以上を三井物産大連支店が扱うようになったと述べている。39年以降三井物産の代表取締役、交易営団総裁を務める。公職追放解除後、63年5月から69年5月まで日本国有鉄道総裁を務めた。

（神谷久覚）

（参考文献） 交研社編『石田礼助・天国へのパスポート』（交研社、1978年）。

石塚英蔵　いしづかえいぞう　（慶応2.7.23(1866.9.1)－1942.7.28）

官僚。会津藩（福島県）出身。

1890（明治23）年、東京帝国大学法科大学を首席で卒業。法制局試補として採用され、同局参事官兼書記官のまま、94－95年、朝鮮国議政府顧問官として赴任。日清戦争後は台湾総督府参事官長（98年）、日露戦争後は関東都督府民政長官（1906－07年）を務めた。日韓併合前には統監府参与官、同監査部長。併合後には朝鮮総督府取調局長官、同農商工部長官として1916（大正5）年まで植民地行政を担当。貴族院議員に勅選（16－34（昭和9）年）。一方では国策会社の東洋拓殖株式会社総裁に任じられ、業務地域を朝鮮以外にも拡大。農地買収事業を展開し、会社の業績を好転させ、のちの満州移民政策の基礎を築いた。29年、台湾総督に着任したが、翌年10月の霧社事件、31年4月の第2霧社事件で先住民同化政策の失敗を露呈し、同年6月に引責辞任。34－42年、枢密顧問官。（澁谷由里）

（参考文献）『続対支回顧録』下

いしづかきくぞう

石塚喜久三 いしづかきくぞう （1904.9.5 – 1987.10.1）

芥川賞受賞の作家。北海道小樽市出身。

函館師範卒業、国民学校教員をしながら創作に従事。華北交通張家口鉄路局に赴任。蒙疆文芸懇話会幹事となる。現地のモンゴル族と漢族との間の社会・家族・結婚の問題を題材にした「纏足の頃」で1945年度の芥川賞を受賞した。第2次大戦後帰国し、48年、「続纏足の頃」を発表した。その他に「回春室」・「肉体の山河」の作品がある。

（久保田文次）

（参考文献）「纏足の頃」（桜田常彦他『芥川賞』第3巻、文芸春秋、1982年［選評・年譜・作者のことばも収録］）。

石堂清倫 いしどうきよとも （1904.4.5 – 2001.9.1）

思想家、満鉄調査部員。石川県出身。

小松中学から四高を経て東京帝国大学入学。四高時代の友人に中野重治がいる。東京帝国大学時代には新人会に入り活動。1927年大学卒業後は関東電気労働組合に所属、無産者新聞の発行に従事する。同時に日本共産党に入党。28年の3・15事件で治安維持法違反で検挙され、30年保釈で出獄。34年から日本評論社に入社して出版活動に従事。30年代末に満鉄調査部に就職、渡満。しかし42年9月には満鉄調査部事件で検挙され、45年5月判決が下り執行猶予付きで釈放された。その後満州で2等兵で敗戦を迎える。大連の収容所で労働組合運動を展開、49年帰国した。帰国後は共産党本部のマルクス・レーニン研究所で活動、61年路線問題で共産党を離党した。

（小林英夫）

（参考文献） 木村英亮「石堂清倫：人と業績」（『横浜国立大学人文紀要第一類』32、1986年、同34、1988年）、石堂清倫『わが異端の昭和史』2冊（平凡社、2001年）。

石橋湛山 いしばしたんざん （1884.9.25 – 1973.4.25）

言論人、政治家。東京生まれ。

山梨県で育つ。父杉田湛誓はのち身延山久遠寺法主。自由貿易主義を堅持し、戦前は一貫して中国侵略に反対、戦後は日中国交回復に尽力。

早稲田大学卒業後1911（明治44）年東洋経済新報社に入る。中国の将来性に着目した片山潜、小日本主義を主張し満州放棄を唱えた三浦銕太郎ら先輩社員の影響を受けた。言論界の大勢に抗して日本の第1次世界大戦参加に反対。青島攻略とそれに続く21ヶ条要求は中国人の怨恨を買い欧米列強に危険視され、結局は大陸から駆逐されることになろうと警告し、帝国主義政策を捨てることが日中親善唯一の方策と主張した。大戦後ワシントン会議に際しては、東アジアに持つ植民地や利権をすべて捨てることにより、中国その他諸国の支持を得て、経済的発展も国防の安全も得られると論じた。24年末三浦より第5代新報社主幹（41年社長制新設）を継承。中国の国民革命を明治維新と同一視して支持し、山東出兵に反対。27年6月には蔣介石の南京政府を支持する社会民衆党系の対支問題協議会に参加した。満州事変開始に当たっては、言論統制と国民の戦争熱に抗して持論の満州放棄による平和的解決を主張し、ようやく列強の

自由通商政策放棄に対する防衛として事変を是認したのは、32年3月に入ってからであった。盧溝橋事件に際しては局地的解決を主張し、戦争が本格化すると日本経済の劣弱性を指摘し、早期終戦を訴えた。その仲介役に期待したのは英国で、米英を敵にまわす日独伊三国同盟に反対した。太平洋戦争開始後、香港支局を設置するなど協力姿勢を見せつつも、敗北必至と見て43年後半には戦後再建研究に着手した。

敗戦後46年5月吉田茂内閣の蔵相に就任、新報社社長辞任。翌年GHQと対立して公職追放となる。51年追放解除で自由党に復帰し、鳩山派に属して吉田派と抗争。54年9月対中貿易促進をめざして日本国際貿易促進会（国貿促）設立に尽力（64年総裁）。同年12月鳩山一郎内閣通商産業大臣に就任。当面政経分離方針を取りながら経済や文化の交流を積み重ねることで、中国との国交回復をめざした。56年12月首相となり、まず民間通商代表部の設置をめざしたが、病のためわずか2ヶ月で辞職した。後継岸信介内閣がもたらした日中関係断絶状態を打開すべく、59年9月周恩来首相の招きで訪中し、安保改定反対運動に力を添えた。このとき密かに周首相の原則的同意を得た日中米ソ平和同盟構想を、池田勇人内閣成立後の61年6月に発表し、その実現に晩年の執念を燃やした。63年10月、日中貿易の進展を誇示する日本工業展覧会が北京で催され、その総裁として訪中した。（松尾尊兊）

（**参考文献**）　増田弘編『小日本主義―石橋湛山外交論集―』（草思社、1984年）、増田弘『侮らず、干渉せず、平伏さず―石橋湛山の対中

外交論―』（草思社、1993年）、姜克実『石橋湛山』（丸善、1994年）、松尾尊兊『民本主義と帝国主義』（みすず書房、1998年）。

石浜純太郎 いしはま じゅんたろう （1888.8.27－1968.2.11)

東洋史学者、関西大学教授。大阪府出身。

少年時代、泊園書院で藤沢南岳について勉学、1906年には市岡中学校を卒業。独学で東京帝国大学東洋史学科に入学、11年卒業後は帰阪して家業を継ぐ。この頃、内藤湖南に出会い、生涯の師とした。22年、大阪外国語学校でニコライ・ネフスキー講師と親交を深め、西夏語の研究を始める。24年、内藤に随行して英・仏等を回り、西域出土の古文書を調査。帰国後、関西大学専門部、京都帝国大学等の講師となる。34年石田幹之助と共に大阪静安学会を代表して創刊した『東洋学叢編』の第1冊を亡くなっていた王国維（字は静安、号は観堂）の記念冊と名付けた。42年には大阪言語学会を創立、49年関西大学教授就任、53年西蔵学会会長に推挙された。63年に代表として文部省科学研究費補助による総合研究「江戸時代京坂における漢学の研究」を推進した。 （陶　徳民）

（**参考文献**）　「石浜純太郎先生年譜略」（『石浜先生古稀記念東洋学論叢』関西大学文学部東洋史研究室、1958年）。

石浜知行 いしはま ともゆき （1895.3.26－1950.8.1)

経済学者。兵庫県出身。

東京帝国大学法学部政治学科卒業。卒業後満鉄本社に勤務したのち、欧州留学。帰国後

いしはらせいりゅうとう

九州大学教授となるが、留学期の資料をもとに著した『闘争の跡を訪ねて』(1926年)は社会主義運動や運動家たちのエピソードを各地にたどるという独特のスタイルを持った興味深い作品で、それによって彼の名は知れ渡ることとなった。しかし、当時は厳しい思想弾圧が進められており、石浜も「左翼教授」として向坂逸郎・佐々弘雄らと共に九州大学を追われることになる(28年4月)。石浜は、社会主義を論ずるだけでなく、天皇機関説に対する弾圧にも反対していた。その後石浜は読売新聞社で論説委員を務める。戦争が始まると42歳で召集されて上海に送られるが、満鉄時代の同僚の働きかけもあって報道班所属となり、その間に『重慶戦時体制論』(42年)を仕上げている。戦後、九州大学に復職。経済学、社会主義の啓蒙書を数多く著し、民国期の中国で翻訳出版されたものも少なくない。石浜が中国を論じたものとしては、『新中国論』(1947年)等。　　　　(久保田善丈)

(参考文献) 伊藤武雄『満鉄に生きて』(勁草書房、1964年)、向坂逸郎『戦士の碑』(労働大学、1970年)、『近代日本社会運動史人物大事典』(日外アソシエーツ、1997年)。

石原青龍刀 いしはらせいりゅうとう (1898.11.7 – 1979.9.5)

川柳人。本名秋朗、柳号を青龍刀、俳号を沙人、筆名を巖徹と号した。広島県出身。

広島高等師範学校附属中学校(現広島大学附属高等学校)を卒業、在学中に独学で川柳・俳句を学び、自称巖徹と号した。拓殖大学支那語科卒業、1920(大正9)年に公使・領事とは別枠の試験で会計や簿記等の必修の外務省書記生試験に合格し天津領事館書記生となった。天津総領事船津辰一郎に随行して中国軍閥の曹錕や閻錫山のもとに出入りしたこともある。22年に吉田茂が天津総領事に就任すると、吉田と折合いが悪く24年に書記生を辞め、大連に移住して運送業で生活を立てた。この間、天津では天津川柳社に参加し、大連では川柳の同人誌『通』の仲間になった。28(昭和3)年に満鉄(南満州鉄道株式会社)に入社、広報関係の仕事を担当、満鉄社員会の会誌『協和』の俳句選者を務めた。30年に大連川柳社を組織し、『青泥』を月刊で創刊した。同誌は38年の第99号まで発行された。三国志の豪傑関羽が手にした青龍刀を柳号に、満蒙の黄沙・塵埃を連想させる沙人の俳号、自説の主張を明確にする巖徹の筆名と、三つを使いわけ、文芸界に日華親善を基軸にしたアジア主義を喧伝しようとしたが、現実の満鉄経営や満州国の実態は、「五族協和」「王道楽土」のスローガンとは乖離した現実に直面する。時事川柳「はしなくも満州景気へ口に堕ち」「王道の余光に咲くや罌粟の花」の、ヘ口はヘロイン、罌粟は阿片の原料、2句は満州国経済が阿片の密貿易と密売で潤い、満州国社会が麻薬に侵されていることを批判したもの。

39年、日華合弁の形をとった国策会社、華北交通株式会社が設立されると入社、翌年には同社の資業局参与、さらに41年には華北交通社員の会の発足に伴い中央本部弘報部副部長に就任した。社員会誌『興亜』の編集発行を主要な実務とする広報担当の職務・職責で

あった。同誌の編集者として、川柳と俳句の作者と選者を務め、さらに日中の文芸や文化を論じ、『満州に因む支那劇物語』（39年）、『支那劇の話』（42年）も著した。しかし、日本政府や軍部が唱えた「日華親善」「防共」「東亜新秩序」のお題目的なスローガンに対しては批判的で、「東洋の盟主だそうな千鳥足」という川柳を『興亜』（41年6月号）に載せている。泥酔して千鳥足になった盟主日本人が、人力車夫の中国人を足蹴りにしているポンチ絵が添えられていた。

アジア主義者として川柳・俳句・文芸に縦横無尽の活躍をしたのち、45年8月の敗戦を迎え、華北交通公社の要職にあった者として、翌年5月まで北京西城按院胡同20号で虜囚となった。この間のことは、石原巌徹『竜沙句帳　大陸風物吟』、石原沙人・青龍刀『龍沙吟―諷詩』に自ら詳しく記している。46年に日本に引き揚げ、「興亜主義的発想が独善的民族優越感から出たもの」とアジア主義の自己批判から出発して、敗戦を「敗戦革命」と受け止め、『人民川柳』の編集長、新日本文学会員、『赤旗』の川柳選者になるなど、反体制派・革新派の川柳人として生きようとした。『京劇読本』（朝日新聞社、1965年）、『くすぐり人生』（日本週報社、1960年）の好著も著した。　　　　　　　　　（笠原十九司）

（参考文献）　中村義『川柳のなかの中国―日露戦争からアジア・太平洋戦争まで―』（岩波書店、2007年）、石原巌徹『竜沙句帳　大陸風物吟』（山河発行所、1952年）、石原沙人・青龍刀『龍沙吟―諷詩』（三元社、1968年）。

石光真清　いしみつまきよ　（慶応4.7.14（1868.8.31）－1942.5.15）

陸軍軍人。熊本県出身。

1889年陸軍士官学校（旧11期）卒業後、近衛師団歩兵第2連隊付となり、91年大津事件に遭遇する。日清戦争勃発後の95年4月大連港北岸に上陸、駐屯するが講和となり、5月旅順口から台湾に転出、6月2日瑞芳で初めての戦闘を経験する。10月台南に入城し、11月に復員。帰国後、ロシア語の学習を始め、第9連隊中隊長の時ロシア留学を決意する。99年6月に休職。私費でロシアに渡航し、10月ブラゴヴェシチェンスクに到着。1900年7月義和団事件が勃発すると同地で在留清国人が殺害される事件に遭遇、これを契機にロシア情報の収集に力を入れる。8月参謀本部付となり、ハルビンで洗濯屋を開業、次いで写真館を経営する。東清鉄道・ロシア軍の御用写真師となり、軍事情報の収集に当たる。01年12月予備役に編入。ハルビンを中心に広範囲の調査を開始、東北各地を回り、03年10月までに写真館・雑貨店等を各地に開設する。日露戦争が勃発し日本へ引き揚げるが、04年3月に召集され、第2軍司令部副官として出征、遼東守備軍付、得利寺兵站司令官、第2軍管理部長を歴任し12月に復員。06年5月関東都督府陸軍部付通訳に任ぜられ旅順に渡るも、着任早々上官と対立して辞任。その後満州で様々な事業に手を出しことごとく失敗。09年東京郊外世田谷村の郵便局長となり、平穏な日々を過ごすが、16年関東都督府を後ろ盾に満蒙貿易公司の錦州商品陳列館を開店、また日本人会会長となる。17年ロシア革命が

勃発すると、関東都督府陸軍部嘱託としてブラゴヴェシチェンスクで諜報勤務に従事、石光機関を設置して日本義勇軍の組織や居留民の黒河総引き揚げを指揮した。18年浦塩派遣軍司令部付。19年6月召集解除と同時に関東都督府嘱託となり錦州に特務機関を設置。満蒙貿易公司を整理したのち、錦州でモルヒネ等麻酔薬の精製事業等に手を染める。21年8月、後備役満期を期に機関を解散して軍との関係を切った。息子の真人が石光の手記を編集した際、記録の約7割がすでに廃棄されていたが、残された自筆手記、日記・メモ帳、写真は国立国会図書館憲政資料室で閲覧できる。

(小林元裕)

(参考文献) 石光真清『城下の人』(中公文庫、1978年)、同『曠野の花』(中公文庫、1978年)、同『望郷の歌』(中公文庫、1979年)、同『誰のために』(中公文庫、1979年)。

石本鏰太郎 いしもとかんたろう (元治1.4.4(1864.5.9) - 1933.12.30)

実業家。岡豊村(高知県)出身。

上海・北京で中国語を学び、海軍や三井物産に勤務。日清戦争中、陸軍通訳、戦後、台湾総督府専売局に勤務、アヘンを担当。日露戦争中、陸軍通訳として従軍、戦後、大連で関東都督府に富源調査に従事、のち各種事業経営を展開。台湾時代の経験で1907年、アヘン販売特許権を得て、巨利を博し、炭鉱・銀行・油房・製紙・酒造部門に進出した。大連日々新聞を経営、大連高等女学校を設立した。1915年初代大連市長となり、同年、高知県から衆議院議員にも選出された。川島浪速の第1次満蒙独立運動、第2次満蒙独立運動をも熱心に支援したが、満州国建国にも積極的に協力した。弟の権四郎(1880-1918)も満蒙独立運動に従事し、中国軍に処刑された。

(久保田文次)

(参考文献)『対支回顧録』下、『東亜先覚志士記伝』下、芳賀登他編『日本人物情報大系』20巻(皓星社、1999年)。

伊集院彦吉 いじゅういんひこきち (元治1.6.19(1864.7.22) - 1924.4.26)

外交官。鹿児島出身。

1890年東京帝大法科大学卒業。同年外務省試補となり、93年以降芝罘副領事、英国公使館書記官、釜山・仁川各領事を経て、01年天津総領事。同地では義和団事変直後新設の居留地経営に尽力し、北京の親ロシア派の動きを牽制した。07年英国大使館参事官、翌08年6月に駐清公使となり、小村寿太郎外相の指揮下に日露戦争後の満州問題諸懸案の解決に当たる。

この際彼は清韓国境紛争での譲歩を他の利権獲得の交換条件とすることを提案したが、小村には受け入れられなかった。11年辛亥革命の時は、内田康哉外相の日英同盟軸路線に従い、英国と共に官革平和斡旋を行ったが、立憲君主制採用勧告に固執したため、袁世凱の革命派抑圧の口実に利用され革命派の怨嗟の的となり、これに同情的な内外世論の指弾を受けた。12年袁の大総統制による共和制実現をみると、自ら召喚を切望したが、外交政策蹉跌の公認を憚る内田に許されず、なお列国協定路線での努力を続け同年6月、6国借

款団の成立をみた。13年7月公使の役を解かれる。第1次世界大戦後19年のパリ講和会議では全権の一人となり、中国代表による激しい宣伝戦に触発され、特に広報外交の任に当たった。21年8月外務省情報部が新設されると初代部長となる。23年9月第2次山本権兵衛内閣の外相となるが、虎の門事件の発生でわずか3ヶ月の任期に終わった。

(吉村道男)

(参考文献) 追悼人発起人編刊『故伊集院男爵十周年忌追悼録』(1934年)、松村正義「外務省情報部の創設と伊集院初代部長」(『国際法外交雑誌』70-2)、野村乙二朗「伊集院彦吉論」(『政治経済史学』101)。

石渡荘太郎 いしわたそうたろう (1891.10.9 - 1950.11.4)

大蔵官僚。東京出身。

元内閣書記官長石渡敏一の長男。1916年、東京帝大法科大学卒業後、大蔵省に入省。主税局畑を歩み、大蔵省主税局長、内閣調査局調査官、大蔵次官等を経て、39年1月、平沼騏一郎内閣に大蔵大臣として入閣。同年11月、阿部信行内閣大蔵大臣の青木一男の依頼によって、南京・上海に出張し、汪兆銘側と日華基本条約の下交渉に当たった。米内光政内閣書記官長、大政翼賛会事務総長等を経て、42年、大東亜大臣に就任した青木一男の後任として、汪兆銘政権の全国経済委員会最高経済顧問となる。同政権の財政基盤の強化に尽力し、その仕事振りは周仏海に「わが財政経済の強化にとってかなりの貢献があった」と高く評価された(『周仏海日記』1944年2月20日)。

44年2月、中央儲備銀行券の切下げを主張して辞職した賀屋興宣に代わって東條英機内閣の大蔵大臣に転じる。その後、小磯国昭内閣の大蔵大臣・書記官長、宮内大臣等を歴任した。

(若月剛史)

(参考文献) 石渡荘太郎伝記編纂会編『石渡荘太郎』(同会、1954年)、石渡さんを偲ぶ会編『心如水』(東京ポスト、1982年)。

石原莞爾 いしわらかんじ (1889.1.18 - 1949.8.15)

陸軍軍人、陸軍中将。満州事変の首謀者、東亜連盟運動の主催者。山形県出身。

1903年仙台陸軍幼年学校に入校、未来の日本陸軍を担う将校生徒として日露戦争の悲惨だが劇的な勝利を体験、それが石原の原点となる。07年士官学校に進学するが中国人留学生の最も多かった時で、中国革命の中核を担ったこの人々に共鳴したことも石原思想の背景となった。11年辛亥革命の報を聞くと、石原は中国の前途に対する希望の余り、教育していた兵隊を引き連れて付近にある山に登り、西方を向いて万歳を叫んだという。

陸軍大学校入校後、石原が最も悩んだのは日露戦争に対する疑惑であった。ロシアがもう少し頑張っていたら日本の勝利は危なかったのではないか。この疑惑が石原の対米持久戦論形成につながった。第1次大戦後、社会主義革命によりロシア帝国は崩壊したが、同時にアメリカの影響力が増大、中国をめぐる日米抗争の重苦しい空気が充満した。その中で石原は列強の干渉をしのいだソ連の祖国防衛戦争に深い感銘を受けた。19年、石原は漢口の派遣隊に赴任、1年余を過ごし、その間、

大冶で日中両民族が全く同胞の感のある場面を実見した。23年から3年間のドイツ留学中、デルブリュック教授の殲滅・消耗戦略を学び、戦争は決戦戦争と持久戦争の2種類が交互に繰り返すという「戦争史大観」を導き出した。同時にナポレオンの革命戦争とソ連の祖国防衛戦争をモデルとした対米持久戦論と、核と宇宙兵器の戦争として予想される「最終戦争論」を構築、それに対応するため東アジアの革命的統一を必要と考えた。

28年に関東軍参謀となり、31年に柳条湖事件という謀略による満州事変を起こしたのはその革命戦略の実践であった。この時、中国側には日本と軍事的に対決する決意がなく、32年3月には満州国建国宣言の発表を見た。東亜連盟の基地として王道による理想国家建設を夢見たのである。しかし、8月、石原が満州を離れると、その後、満州国経営に参加してくる日本人にはこの地を対米持久戦のための東アジア革命の基地にするという理念は乏しく、満州国は単なる植民地になった。

36年末、西安事件が起こり中国では第2次国共合作が進行する中で、37年7月、日中戦争が始まると、石原は参謀本部第1部長としてその拡大阻止に努めたが戦火を止めることはできなかった。9月、関東軍参謀副長に左遷されたが、石原はこれを機に満州国の政治的独立を達成しようと図った。しかしこれも成功を見ず、石原は38年に帰国、41年には予備役に編入された。その後は東亜各国に「政治の独立」を保障することで日中和平を達成しようと東亜連盟運動を行ったが、東条政権から弾圧され目的を果たせなかった。

敗戦後も、東亜連盟構想による日本の独立と、都市解体、農工一体、簡素生活の生活革命による日本再建を図るが、49年、持病の膀胱癌で死去、享年60歳。　　　（野村乙二朗）

（**参考文献**）『石原莞爾全集』（同刊行会、1976-77年）、『石原莞爾選集』（たまいらぼ、1986年）、角田順編『石原莞爾資料』（原書房、1967年）、野村乙二朗編『東亜聯盟期の石原莞爾資料』（同成社、2007年）。

井杉延太郎　いすぎえんたろう　（1888.6.7 – 1931.6.27）

中村震太郎に随行してスパイとして中国軍に銃殺された後備役軍人。新潟県出身。

1905年、徴兵で騎兵第2連隊に入り、17年曹長で後備となる。満州の昂々渓で旅館昂栄館を経営、31年、「兵要地誌」準備のため農業視察と称して現地についた参謀本部員の中村震太郎大尉（新潟県人）の案内人兼モンゴル語通訳として同行中、中国軍に逮捕され、中村や他の同行者と共に、スパイとして処刑された。日本陸軍はこの事件を「満蒙」問題解決のためのキャンペインに利用、「満州事変」へと進んでいった。のち、現場に伊藤忠太作の記念碑が建立された。　（久保田文次）

（**参考文献**）『対支回顧録』下、小柴壮介「中村大尉遭難事件」（『文芸春秋』臨時増刊、1955年8月）、片倉衷「中村大尉事件と関東軍」（『丸』1958年1月）。

磯　永吉　いそえいきち　（1886.11.23 – 1972.1.21）

農学者。広島県出身。
日本統治期および戦後の台湾で蓬萊米（ほうらい）等、

農産品の改良に尽力した農学者。東北帝国大学農科大学（現北海道大学農学部）卒業。台湾総督府農事試験場、中央研究所等に勤務し、のちに台北帝国大学教授。農事試験場赴任当時、試験場主事藤根吉春技師や総督府殖産局長崎常らによって、台湾の在来種米の品種改良が行われていた。当時は在来種に基礎をおく長崎の見解が優勢で、内地種を重視する藤根の立場は弱かったとされる。だが、商品としてはインディカ米たる台湾在来種は日本人の口に合わず、内地種たるジャポニカ米へと品種改良が求められ、磯がそれを担った。台湾米は、日本統治開始以前より中国大陸に輸出されていたものの、当初対日輸出は想定外であった。ところが日露戦争以後、日本内地での米需要が高まり、年間生産量の半分弱が日本に輸出されるようになった。磯は、内地種に基礎をおく交配を繰り返し、ついに1922年に開発に成功して普及品種となった。26年5月5日、台北鉄道ホテルで開催された大日本米穀会第19回大会で、井澤多喜男台湾総督が、「お種さん」等と呼ばれていた台湾産の内地種米を「蓬萊米」と命名した。この米は、磯自身の言葉を借りれば「蓬萊米が在地米の長形小粒なるに比し大粒円形で食味粘力適和し内地市場の嗜好に適すること在来米に優り市場価値が高い」ものとなった（磯永吉『台湾農業の発達』）。だが、蓬萊米とは、在来種を基礎とした改良品種の総称であり、蓬萊種という品種は厳密には存在しない。1920年代前半は中村が主力であったが稲熱病（いもちびょう）に弱く、のちに嘉義晩2号に、30年代には台中65号が主力となった。日中戦争勃発以後、日本の南進に従い、蓬萊米も海南島やフィリピンで栽培された。1945年日本の敗戦後も磯は請われて台湾に残り、中華民国農業技術顧問として57年まで台湾にて稲作の発展に尽力、台湾でも広くその名が知られている。帰国後、61年に日本学士院賞受賞。　　　　（川島　真）

（参考文献） 磯永吉『増補　水稲耕種法講演』（台湾農会、1944年）、同『蓬萊米談話』（雨読会、1965年）。

磯谷廉介（いそがいれんすけ）（1883.9.3－1967.6.6）
陸軍中将。香港総督。兵庫県出身。

磯谷廉介は永田鉄山・岡村寧次と共に陸士を日露戦争中の1904年に卒業した「花の16期生」の一人である。明治期の代表的「支那通」であった青木宣純の娘婿であったこともあり「支那通」と見られているが、政策通というより人格主義的傾向が濃厚であった。

17年に参謀本部員として中国に派遣されて広東駐在となり、22年に佐々木到一に引き継ぐまでほぼ広東にいた。当然、広東を本拠とする孫文やその側近の廖仲愷（りょうちゅうがい）・何香凝（かこうぎょう）夫妻と親交を保ち、孫文に対する畏敬と親愛は生涯揺るがなかった。21年、孫文は非常大総統として北伐を開始するに当たり、磯谷に「天下為公」の書を贈ったが、磯谷は、終生、書斎にその書を掲げて孫文を偲んだという。蒋介石が広東政府内における地位をめぐって孫文を長江上の砲艦内に軟禁したのを見た磯谷は、以後、蒋を信頼しなかった。

28年に金沢第7連隊長となったが、この時部下となった辻正信を深く信頼した。32年から翌33年まで荒木陸相のもとで陸軍省人事局

補任課長を務めたが、磯谷が直接関わった人事で最も重要な案件は、32年8月の関東軍人事で、中でも満州事変の立役者であった石原莞爾をそのまま満州に留めるかどうかだった。磯谷は本庄繁軍司令官の意見に従い石原を転出させたが、満州国が石原のめざした「王道楽土」建設路線から外れたのはそのためであると言われる。35年に支那大使館付武官となるが、蒋介石政権による幣制改革に対して反対声明を出すなど強硬態度を取った。36年軍務局長になるが、西安事件に際しては、蒋介石への偏見からその意義を十分把握できなかった。

37年姫路の第10師団長となるが、間もなく日中戦争が勃発し、姫路師団は広島の第5師団、熊本の第6師団と共に内地師団としては最初に動員され、台児荘戦や徐州戦等で苦戦した。38年関東軍参謀長に任ぜられるが、新しい参謀長の赴任を望まなかった石原副長との対立を懸念した本庄繁が事前に石原の転出を図ったのに、石原とは協調できると自負する磯谷の意向でそのままとなった。しかし石原とは満州国に対する軍の内面指導撤回をめぐって対立し、磯谷は石原に病気療養を名目として帰国を勧告、石原は帰国した。

39年のノモンハン事件の損害を拡大したのは、猪突猛進を固執した辻参謀の責任で、辻に対する磯谷の過信も責任重大であった。事件の責任を取られて磯谷は植田軍司令官と共に予備役に編入された。42年に磯谷は召集され、日本占領下の香港総督となり44年末までその職にあった。戦後、香港の人口疎散政策についての責任を問われて戦犯となり、47年に南京軍事法廷で無期徒刑判決を受けたが、49年に身柄を上海から巣鴨に移され、52年に釈放された。

（野村乙二朗）

（参考文献） 防衛研究所図書館資料室所蔵「磯谷廉介発簡文書控綴」一、二、同室所蔵「磯谷廉介中将資料」、小林一博『「支那通」一軍人の光と影―』（柏書房、2000年）。

板垣征四郎 いたがきせいしろう （1885.1.21－1948.12.23）

陸軍大将。岩手県出身。

板垣は永田鉄山・岡村寧次・磯谷廉介等と共に陸士を日露戦争中の1904年に卒業した「花の16期生」の一人である。16年陸大を卒業して参謀本部支那課に入り、19年中支那派遣隊参謀として漢口に派遣されて以来、中国情報専門家としての道を歩んだ。

29年河本大作の後任として関東軍高級参謀となり、31年に石原莞爾の「最終戦争論」の理念に基づいて五族協和の「王道楽土」を建設しようとして満州事変を起こした。この時、中国側には日本と軍事的に対決する意志はなく、事変は一応成功し、32年3月には満州国建国宣言が出された。事変の後、板垣は関東軍に賜った勅語を奉戴するために上京した帰途、大阪駅に出迎えた後宮惇第4師団参謀長に「司令官以下われわれなんか皆、石原の命令で動いているようなもんでね、今度の戦は全く石原の戦だよ」と言ったという。

しかし同年8月の関東軍人事で、板垣を除き、満州事変に関わった主要人物が満州国を離れると、その後、満州国経営に参加してくる一般の日本人にはこの地を「王道楽土」に

よるアジア革命の基地とするという理念は乏しく、また、満州国執政顧問等の肩書きで残った板垣にも革命理念を貫くほどの力量はなく、満州国は次第に単なる植民地に化した。

37年に広島第5師団長となったが、間もなく日中戦争が始まり、第5師団は、姫路第10師団等と共に内地師団としては最初に動員され中国に派遣された。決定的な戦果を得られぬままに第5師団は太原攻略作戦から徐州会戦へと次々に戦線を拡大し、戦争の泥沼化を進めた。38年、日中講和への手腕を期待されて陸相となるが、39年、ソ連を牽制するために構想された日独伊三国同盟案が海軍の反対で実現せぬ間にノモンハン事件が起こり、また、事件最中に独ソ不可侵条約の発表があり、平沼内閣は欧州情勢複雑怪奇と声明して総辞職、板垣も辞任に追い込まれた。引き続き支那派遣軍総参謀長となり、40年には汪兆銘の南京国民政府成立に呼応し、「支那派遣軍将兵に告ぐ」という派遣軍総参謀長布告を出し、東亜連盟による日中和平の実現をめざした。東亜連盟構想は、構成諸国の「国防の共同、経済の一体化、政治の独立」による日中和平をめざしたもので、汪が東亜連盟中国同志会を作ったのをはじめとして中国側にもある程度の反応を見ることとなった。

しかしこの東亜連盟による東アジアの革命的統一理念も、構成国の「政治の独立」が日本人多数の理解を得られず、41年に入ってついに陸相東条英機による弾圧を受けることによって成功を見なかった。41年7月板垣は大将に昇進、朝鮮軍司令官となり中国を去る。

太平洋戦争末期の45年4月、シンガポール方面の防衛を担当する第7方面軍司令官となる。敗戦後、A級戦犯とされ48年12月絞首刑となった。　　　　　　　　　　（野村乙二朗）

(参考文献)「板垣征四郎大将談」（森克己『満州事変の裏面史』国書刊行会、1976年）、板垣征四郎刊行会編『秘録・板垣征四郎』（芙蓉書房、1972年）。

板垣退助 いたがきたいすけ （天保8.4.17(1837.5.21)－1919.7.16)

政治家。高知出身。

幕末、志士として活躍し、明治4（1871）年明治政府の参議に就任した。同3（1870）年、佐田白茅の征韓に関する報告書を支持し、同5（1872）年西郷隆盛と協議し、北村重頼・別府晋介を朝鮮に、池上四郎（いけのうえ）・武市熊吉・彭城中平を満州に派遣し、朝鮮半島有事の際の朝鮮や清国の動きについて探らせた。73年、西郷・江藤新平・副島種臣・後藤象二郎と共に閣議において征韓を主張、即時派兵を説いたが、のちにまず西郷を使節として派遣することに同意した。10月、閣内での征韓論争に敗れ、他の征韓派参議と共に下野、81年自由党を組織し、自由民権運動のリーダーの一人となった。板垣は、清国の朝鮮に対する宗主権を否定し、日清戦争さらには日露戦争の「濫觴」（らんしょう）（そもそもの原因）も中国による宗主権の主張にあるとした。さらに、「之（朝鮮）を援けて清国の干渉を絶ち、我と同じく亜細亜の半島に新立憲国を建造せん」（『自由党史』下）と述べ、朝鮮独立党の金玉均らを支援した。　　　　　　（栗田尚弥）

(参考文献)『東亜先覚志士記伝』下、毛利敏

彦『明治六年政変』(中公新書、1979年)、『自由党史』上・中・下(宇田友猪・和田三郎編、板垣退助監修、岩波文庫、1958年)。

板垣直子 いたがきなおこ (1896.11.18－1977.1.21)

文芸評論家。夫は板垣鷹穂。青森県出身。
日本女子大学卒業後、東京帝国大学第1回女子聴講生となり、美学・哲学を学ぶ。『レオナルド・ダヴィンチ』(23年)や『文芸ノート』(33年)他、著書・訳書多数。『現代日本の戦争文学』(43年)はじめ戦時下での活躍が目立ち、時勢への傾斜については論が分かれる。戦時を民族再生・文学者の公共的使命獲得の好機と捉える独自の見解を持つ一方、作家の方向性をリードするのが評論家であるという自覚のもと、国内にあふれた国策文学に対しては一部を除き一貫して評価を与えず、中国への安易な敵視感情の扇動には距離を置いた。近年、夫・鷹穂が小林多喜二に与えた影響について注目されており、小林の葬儀には夫妻で弔問に訪れたというエピソードは、警察が参列者を次々に検束していたという事実と併せると、日中関係における直子の姿勢をもうかがせるものになろう。(小林美恵子)

(参考文献) 櫻本富雄『文化人たちの大東亜戦争―PK部隊が行く―』(青木書店、1993年)、鈴木貴宇「モダニストと戦争―板垣直子の「事変下」―」『板垣鷹穂シンポジウム報告書』同実行委員会、2004年)。

一戸 務 いちのへつとむ (1904.8.19－没年不詳)

小説家・中国文学研究者。東京出身。
東京帝国大学支那文学科卒業。小説『竹藪の家』(ボン書店、1935年)等を発表するかたわら、中国の小説戯曲・白話文学・現代文学及び演劇等の研究を進めた。戦中は中国文化に関する著述を次々に発表し、『現代支那の文化と芸術』(松山房、39年)、『支那の発見』(光風館、42年)等を上梓した。また周作人にも私淑し、40年には『苦茶随筆』(名取書店)の翻訳を行っている。日支文化の融合が呼号された時代にあって、日本人の中国文化への無理解を指摘し、これまでの日本人が「同文同種」観から中国語を外国語として扱わず、日本化され返り点をつけられた漢文に慣れてきたために、近現代の中国文化も国民性もほとんど知らないままに対中国政策を論じていることを批判した。これを一戸は、「日本人はもう一度支那を発見し直す必要がある」という言葉で表現している。

(池田勇太)

(参考文献) 日本近代文学館編『日本近代文学大事典』(講談社、1977年)、飯田吉郎編『現代中国文学研究文献目録―増補版』(汲古書院、1991年)。

一戸兵衛 いちのへひょうえ (安政2.6.20(1855.8.2)－1931.9.2)

陸軍大将。弘前藩(青森県)出身。
弘前藩士の長男。東奥義塾に学ぶ。同窓に珍田捨巳・陸羯南がいた。1874年に将校募集に応じ、フランス式歩兵操法を速修する戸山学校に入学したのち歩兵第2連隊付となる。西南戦争で負傷するも戦後に第1連隊付となり、80年に教導団小隊長に任ぜられた。連隊中隊長、旅団参謀等を経て89年広島鎮台歩兵

第11連隊第1大隊長となり、日清戦争の第1次派遣部隊としてソウルに入り王宮制圧の主力となった。その後出征第5師団参謀に転じ、翌年3月第21連隊長となって凱旋する。第5師団副官、留守第4師団参謀長、中部都督部参謀、近衛第4連隊長、第6師団参謀長、第6旅団長となり、同旅団を率いて日露戦争で第3軍（司令官乃木希典）第9師団（師団長大島久直）のもとに出征する。旅順攻略時に最前線で指揮を執って堡塁奪取に成功して名を挙げる。奉天会戦ののち負傷した松永正敏の後任として第3軍参謀長となり凱旋する。戦後は第1師団司令部付、第1旅団長、新設第17師団長、第4師団長、第1師団長を経て1915年に軍事参議官となる。その年に大将となり教育総監に就任して19年まで務める。その後は軍事参議官に再任される。20年に学習院長となり、後備役に入ったのちも22年まで務める。24年に明治神宮宮司に就き、26年には帝国在郷軍人会会長となる。指揮官としても優れていたが、清廉高潔な人柄から乃木亡き後「今乃木」と呼ばれた。　　　　（斎藤聖二）

（参考文献）　小原正忠『一戸将軍』（帝国在郷軍人会本部、1934年）。

市村瓚次郎　いちむらさんじろう　（元治1.8.9（1864.9.9）－1947.2.23）

東洋史家。号は器堂。茨城県出身。
1885年東京大学古典科漢書課卒業後、学習院教授・東京帝国大学文科大学助教授等を歴任して、1905年東京帝国大学教授となり、同僚の白鳥庫吉と共に、日本の東洋史学を領導し、多くの東洋史研究者の育成に尽力した。その関心は、中国史・東洋史概説の完成にあった。そこでまず、『支那史』全5巻を刊行し、その内容を要約して『支那史要』上下、『東洋史要』上下を出版した。さらにより完備した東洋史の概説をめざして、『東洋史統』の編纂を進め、43年までに第3巻を刊行したが、最後の第4巻が出版されたのは、その死から3年経った1950年になってからである。全4巻・菊判3397頁。わが国における個人名を冠した東洋史の概説としては、空前絶後のものであろう。ただ、時代は上古から現代まで、地域は中国を中心に広大なアジア各地域、分野は政治・社会・経済・文化の各領域に及んでおり、市村一人の力でカバーし切れるものではなかった。そこで専門以外の部分は助手に下書き原稿の作成を依頼して、市村がそれをまとめるという方法がとられた。このため、市村の得意な第1巻は市村の本領が発揮されているが、時代が下るに従って、助手の原稿に頼る比重も大きくなっている。また、市村は古典科漢書課出身で、漢学や国学の造詣が深く、若い頃には、森鷗外や落合直文等と新声社を組織して、新体詩運動に参加したりもしている。また、林泰輔等と「東洋学会」を組織して『東洋学会雑誌』を創刊したり、矢野恒太等と孔子教会を設立したり（のちに斯文会と合同）、1918年には斯文会を結成するなど、漢学の普及にも努めている。

　　　　（相田　洋）

（参考文献）　中嶋敏「市村瓚次郎」（江上波夫編『東洋学の系譜』大修館書店、1992年）、宇野精一他（座談）「先学を語る―市村瓚次郎博士―」（『東方学回想Ⅰ』刀江書房、2000年）。

いでうえきく

出上キク いでうえきく （1878.1.7 – 1925.7.31）
女侠、「シベリアお菊」と呼ばれる。山口県出身。

1男6女の3女として山口県麻里府村（現田布施町）に生まれる。1917（大正6）年ロシア革命勃発後、その波及を恐れた英米仏と共に日本も派兵したシベリア出兵の際、地理も言葉も風俗習慣もわからず苦境に置かれた日本軍の要請に、シベリア在住20年のキクは、「わたしのような者でも、お国のお役に立つならば」と敵情を探る密偵として諜報活動に参加、「シベリアお菊」と呼ばれた。キクが村を出たのは、1894（明治27）年16歳の時。以後、仁川（インチョン）・元山（ウォンサン）へと渡り、18歳でシベリアの玄関口ウラジオストクに上陸。日本料理屋と称する娼家で酌婦として働く。20歳でハバロフスクへ行き、その後もシベリアを転々とし、日本軍撤退後は馬賊の女頭目としても活躍。1921（大正10）年7月サガレン馬賊の頭目・靠山（カオシャン）の死後、ハルビンに逃げる。25年7月死去、ハルビン東郊外の日本人墓地に埋葬された。　　　　　　　　（谷川栄子）

（参考文献）　大場昇『世界無宿の女たち』（文芸春秋企画出版部、2008年）、長谷川僚太郎『女スパイシベリアお菊』（文芸社、2006年）。

井手三郎 いでさぶろう （文久2.5.15(1862.6.13) – 1931.11.16)
新聞人。号は素行。肥後中島村（熊本県）生まれ。

済々黌で佐々友房の影響を受けると1885年には中国語学習を始め、87年に上海へ渡航。漢口・北京とそれぞれ楽善堂で活動しながら中国各地を調査する。日清戦争期には陸軍通訳。その後北京で海軍の諜報活動に携わるが、さらに福州に至り在留日本人と協力して『閩報』を発刊するなど新聞を通じた活動を始める。同文会・東亜同文会設立に当たっては、宗方小太郎らと共に近衛篤麿派と荒尾精派を結び付ける役割を果たしたとされる。東亜同文会上海支部長として長くその地に留まるが、その間、井手は東亜同文会の中国語機関紙『同文滬報』に参与し活躍する。同紙の前身は『字林滬報』で、1900年1月東亜同文会が買収。同年5月、唐才常が編集長を務める『亜東時報』も合併。東亜同文会は、戊戌政変後、苦境に立たされた中国の改革派に同情を寄せるが、井手もまたその動きの一翼を担っていた。01年11月、『同文滬報』は経営難のため、外務省に譲渡することが決定するが、井手はこれに反対して計画を中止させる。しかし結局、外務省はいくつかの名目で資金を提供するようになったため、井手はこれを嫌い、日本語新聞『上海日報』の刊行に踏み切る。その後発行部数が伸び悩んだ『同文滬報』は外務省の特別手当支給を中止されて廃刊に追い込まれるが、『上海日報』は刊行され続け、井手はその最晩年まで刊行に携わった（29年11月売却）。『上海日報』は『上海日日新聞』『上海毎日新聞』と並び、上海有数の日本語新聞とされる。井手は熱心な仏教徒でもあり、東本願寺との関係も深く東本願寺上海別院で中国語を教えていたこともある。また上海では上海日本居留民団行政委員、副議長、教育部長、青年団団長等を歴任。12年、15年には2度にわたり故郷熊本の代表として

衆議院議員を務めている。東大近代日本法政史料センターには「井手三郎文庫」があるが、そこには彼が所蔵していた『東亜同文会』関係の資料等が収められている。(久保田善丈)

(**参考文献**) 陳祖恩『尋訪東洋人―近代上海的日本居留民1868－1945―』(上海社会科学院、2007年)、河村一夫「井手三郎氏の事績について」(『季刊東亜』3、1968年)。

井手友喜 いでともよし (1873.12.27－1927.10.2)
新聞発行者。熊本県出身。

1899(明治32)年、東亜同文会が清国への留学生派遣を決定したことにより、同県の牛島吉郎・上田賢象らと共に上海へ渡航し、北京官話を学ぶ。01年東亜同文会上海支部長を務める実兄・井手三郎が外務省の補助のもとに中国語日刊紙『同文滬報』を創刊すると、経理事務を担当した。また04年同じく三郎により日本語日刊紙『上海日報』が創刊されると、副社長として社務を務め、25年の長きにわたり上海日報社の経営に携わった。

(武井義和)

(**参考文献**) 『対支回顧録』下。

伊藤桂一 いとうけいいち (1917.8.23－)
作家。三重県出身。

父は天台宗高角山大日寺の住職だったが、交通事故で亡くなり、母によって育てられた。家庭の事情で各地の小中学校を点々とし、旧制世田谷中学卒業後は事務員・ビル清掃員等の職を転々とするかたわら詩作を試みた。1938年習志野騎兵連隊に入隊、翌年山西省に派遣され約1年半後に除隊となるが、43年再び召集され上海郊外の部隊の本部糧秣班勤務の伍長で敗戦を迎えた。

戦後は62年まで出版編集業のかたわら小説を書き、49年第1回『群像』懸賞小説に「晩青」で佳作入選してデビュー。52年中国戦線における騎兵連隊の軍馬と兵士との交流を描いた「雲と植物の世界」で芥川賞候補となり、61年華中江南の水郷を舞台に兵士の命を大切にする小隊長と兵士たちとの心の通い合いを、小隊長の中学時代の同期生であった擲弾筒手の視点から描いた短編小説「蛍の河」で直木賞受賞、その後も日中戦争や太平洋戦争に動員された兵士の視点から描く小説を数多く執筆した。83年ノモンハン事件に動員された兵士・下士官・下級将校の過酷な体験と苦しい心情を描いた〈ドキュメンタリー戦場小説〉『静かなノモンハン』で第34回芸術選奨文部大臣賞及び第18回吉川英治文学賞を受賞。その執筆の際には死んだ兵士たちに対し「貴方がたが死んだのは、私の責任のような感じがしてなりません。……貴方がたのことを書くに当っては、絶対に身を入れて書きます」(ママ)という決意であったという。

2001年日本芸術院賞を受賞し芸術院会員となる。詩人としても著名で、07年詩集『ある年の年頭の所感』で第2回三好達治賞を受賞した。

(藤井省三)

(**参考文献**) 津坂治男『鎮魂と癒しの世界：評伝・伊藤桂一』(詩画工房、2003年)、『大衆文学研究　特集伊藤桂一』(126号、2001年)。

伊藤賢道 いとうけんどう (生没年不詳)
僧侶、教育者。号は壺渓。三重県桑名郡七

いとうたけお

取村香取出身。

1895年第一高等学校文科を次席で卒業。98年7月東京帝国大学文科大学漢学科を主席で卒業。一高在学中から漢詩の作詩活動に参加した他、96年には釈奠に参加する。卒業後は清国へ渡り、真宗大谷派（東本願寺）連枝・慧日院（大谷勝信）の侍読となった他、東本願寺が設立した杭州日文学堂の堂長となり、現地の中流階級子弟の教育に当たる。一方、現地の寺院を東本願寺に帰属させる工作に従事したが、寺院から集めた上納金を着服したなどとして、1906年8月、杭州領事・高洲太助から国外追放を命ぜられる。その後台湾へ渡り、台湾日日新報（漢文欄編輯長）、台湾総督府（官房調査課）、台北帝大図書館（嘱託）、台北高商に務める。また漢詩結社・南雅社の結成に参加し、台北帝大教員であった久保天随・神田喜一郎らと漢詩文の交流を行う。編著に『訳林』（上海商務印書館、1901-02年）、『南支那及南洋調査　第44輯』（台湾総督官房調査課編、20年）等がある。　（川邉雄大）

（参考文献）　伊藤賢道「支那の教育に就いて」（台湾教育会『台湾教育会雑誌』74、1908年）、佐藤三郎「中国における日本仏教の布教権をめぐって―近代日中交渉史の一齣として―」『山形大学紀要（人文科学）』5-2、1964年）。

伊藤武雄　いとうたけお　(1895-1984)

満鉄調査部員。日中友好協会理事長として日中友好運動に従事。愛知県出身。

1920年東京帝国大学法科大学卒業と同時に満鉄に入社。在学中に新人会の結成に参加。総務部調査課長、満鉄社員会幹事長、天津事務所長、上海事務所長を歴任。43年7月の満鉄調査部事件第2次検挙で検挙される。44年5月起訴猶予となり、翌45年5月に東京へ移り、7月日華協会総務局長兼企画部長に就任、敗戦を迎える。46年には中国研究所の設立に参加し理事長に就任、50年には日中友好協会理事長、51年には政治経済研究所を設立、理事長に就任し、56年には日中文化交流協会を設立し、常任理事に収まっている。

（小林英夫）

（参考文献）『満鉄に生きて』（勁草書房、1964年）。

伊藤痴遊　いとうちゆう　慶応3.2.15（1867.3.20）-1938.9.25)

宮崎滔天・孫文と親交のあった講談師、政治家。本名は仁太郎。横浜生まれ。

小学校以降は独学。少年時代より自由党に参加、加波山事件等で逮捕されたこともある。1880年代に政治家等を題材とした啓蒙的講談を展開、のちには講談師や話芸の指導者的存在となった。97年横浜で孫文と知り合い友人となる。孫文の援助者宮崎滔天が浪曲師の活動を展開した時も援助・指導を与え、滔天の『革命評論』にも協力した。滔天の兄宮崎民蔵の「土地復権同志会」にも好意的で、妻はその会員であった。政治家としては自由党・立憲政友会に属し、東京市会議員・東京府会議員を経て、1928年・32年に衆議院議員となった。「満州事変」以降の日中間の全面戦争化や軍部の勢力拡大には批判的で小川平吉・萱野長知との共通点があった。35年から38年まで『痴遊雑誌』を発行、講談やその題材となった幕末明治以来の故事・史料を紹介した

り、時論を述べたりした。著書に『西郷南洲』等があり、没後、『伊藤痴遊全集』が刊行されている。　　　　　　（久保田文次）

（**参考文献**）『痴遊雑誌』複製版（柏書房、1981年、終刊号の4巻1号が「伊藤痴遊追悼号」）、上村希美雄『宮崎兄弟伝』全6冊（葦書房・『宮崎兄弟伝完結篇』刊行会、1984－2004年）、崎村義郎著・久保田文次編『萱野長知研究』（高知市民図書館、1996年）。

伊東忠太 いとうちゅうた　（慶応3.10.26(1867.11.21)－1954.4.7）

建築家、建築史家。米沢（山形県）出身。

1892（明治35）年東京帝国大学工科大学卒業。大学院に進んで建築史の研究を志し、98年『法隆寺建築論』を出版。法隆寺研究から日本建築史の体系を打ち立てた。1901年故宮調査のための北京出張に始まり、中国を主とする調査旅行は40年までに10回を数える。うち最大の体験は、02年から3年間の留学で日本建築のルーツを尋ねて北京から山西・四川・雲南を経てビルマ（現ミャンマー）・インド・エジプトに至る建築物と古蹟の踏査であった。山西では雲崗石窟を発見、法隆寺建築論の論拠を確認して、東洋建築史の体系樹立に至る。以後、05年鳥居龍蔵・市村讃次郎らと共に日露戦争後の奉天（現瀋陽）に派遣され、主に清寧宮の古銅器調査を担当する他、仏教遺跡の調査を行った。07年には蘇州・杭州・南京・揚州・寧波・普陀山等華中の各地、09年広東省内各地を調査する。20（大正9）年日本軍占領下の山東鉄道を利用して青州・済南等を調査、35（昭和5）年には満州国文教部の委嘱により承徳に赴いて熱河古蹟修復のための調査に従事した。これらの旅では建物の配置や形状の他その土地の風俗・習慣、自然の風景等を細かくスケッチし、そのフィールドノートが残されている。建築家としては震災記念堂・築地西本願寺本堂・平安神宮等国内の多数の建築物の他、台湾神社・西本願寺大連別院・朝鮮神宮の設計も行った。05年以来東京帝国大学教授として、28年定年退官後は早稲田大学教授、東京工業大学講師として多くの建築家を育てた。東京大学名誉教授、学士院会員、芸術院会員。43年文化勲章受章。著書に、『伊東忠太建築文献』（6巻、1936－37年）、『支那建築装飾』（5巻、1941－44年）等。　　　　　　（本庄比佐子）

（**参考文献**）『清国：伊東忠太見聞野帖』（『清国』刊行会編、村松伸・伊東祐信解説、柏書房、1990年）。

伊藤伝七 いとうでんしち　（嘉永5.6.24(1852.8.9)－1924.8.12）

実業家。三重郡室山村（三重県）出身。

1881（明治14）年、紡績業を三重に創業したのち、渋沢栄一等の支援を受け、次々に関西の紡績会社を吸収合併し東洋紡績社長に就任、関西経済界の重鎮となる。早くからインド綿に注目し、タタ財閥との関係を持つ。1900年北清事変により華北への綿布輸出が半減したのをきっかけに、中国への綿布の輸出促進に取り組む。03年支那産業視察団に参加し、杭州・蘇州等揚子江流域を巡回し、上海で三井物産支店長の山本条太郎と知り合う。日露戦争後満韓地方への綿布の輸出促進のため、

日清銀行設立に尽力し資金調達や為替業務を円滑にした。同地域への綿布の輸出は倍増し米国との摩擦を引き起こした。13年にはタタ商会が購入した3万坪の土地に裕豊紡績の上海工場を設立し、第1次大戦中に黄金期を迎えた。
（木村昌人）

（参考文献） 絹川太一編著『伊藤伝七翁』（伊藤伝七翁伝記編纂会、復刻、大空社、2000年）。

伊東知也 いとうともや （1873.4.10-1921.11.26）

新聞記者、衆議院議員。号鳳南、字正基。山形県出身。

1895（明治28）年二六新報社に入社、従軍記者として朝鮮・満州へ赴く。日露戦争で再び従軍記者として満州各地に赴き、その後、清国南部を遊歴。革命派と深く交友し、特に孫文・黄興・宋教仁らと最も親交があったと伝えられる。

11年辛亥革命が勃発すると宮崎滔天らと共に参加、また伊東一人で武昌に赴き、黎元洪（れい）都督と会見し状況を視察した。伊東が自ら記した「武昌の一日」、「刃に斃るること三十六人」は、当時の彼の行動を知ることができる記録である。12年衆議院議員に当選、15年と17年再選。この間、13年には中国が共和制に帰着するであろうという見解や、満蒙を固めると共に南方に共和制を敷かせるよう日本が援助を与え、袁世凱一派を排除せねば日本の進運を阻止し、存亡問題にもつながるという中国観等を発表。また15年には、対中外交において「支那の政治的指導権」を得る「絶好の機会である」とする対中国外交観を発表している。
（武井義和）

（参考文献） 『国家及国家学』1-9、3-6（国家社、1913・15年）、伊東知也『片鱗』（龍川社、1919年）、『対支回顧録』下。

伊藤博文 いとうひろぶみ （天保12.9.2（1841.10.16）-1909.10.26）

幕末勤王志士・明治の政治家。幼名利助、のち俊輔、号春畝。萩（山口県）出身。

萩の足軽伊藤家の養子となり、松下村塾に学び、吉田松陰を尊敬した。木戸孝允と共に尊王攘夷運動に参加。1863年井上馨（当時聞多）らと共に密かに渡英し、イギリスの国力を目のあたりに見、尊王攘夷論を捨てて開国論者となる。英・仏・蘭・米四国連合艦隊の下関砲撃事件の知らせを受けて急遽帰国し、藩を代表して講和交渉をまとめた。維新後兵庫県知事を経て大蔵小輔から工部大輔となり、岩倉使節団に副使として参加、帰国後の明治6年政変では大久保利通らを支持し、大久保暗殺事件以後明治政府の中核的存在となった。明治14年政変で国会即時開設論者の大隈重信が政府から追放されると、伊藤は明治天皇に働きかけて10年後国会開設の勅諭を出させ、82年憲法調査のため渡欧、シュタイン（Lorenz von Stein）らからプロシア型の制度を学び、帰国後憲法制定の準備に着手した。84年末に朝鮮の甲申政変失敗後、朝鮮をめぐって日清間の対立が高まると、伊藤は井上馨と共に政府内の対清強硬派をおさえて、天津条約締結に漕ぎつけた。85年末、内閣制採用により、伊藤は初代内閣総理大臣となり、外務大臣には井上馨が就任して、欧米諸国との条約改正交渉を進めた。交渉は進展したが、一方では

国内の反対論も強まり、交渉は挫折した。その後92年成立した第2次伊藤内閣では陸奥宗光を外相とし、条約改正問題と朝鮮・清国との関係の解決に取り組んだ。永年の課題だった条約改正問題の解決しようとする頃、朝鮮で起こった甲午農民戦争への干渉をめぐって、日清間の対立が激化した。伊藤・陸奥の対清外交はあくまで清国の朝鮮に対する「冊封」関係を否認する立場で甲午農民戦争鎮圧のために出兵し、その後撤兵を拒み、ついに対清開戦にふみきった。当時列国の間では大国清国を優勢と見る向きが多かったのに対し、伊藤・陸奥らは日本軍の勝利を確信した。それは、清国内諸軍閥間の非協力が交戦能力を弱めていると見ていたからである。伊藤・陸奥の外交戦略は、北京の総理衙門（外務省に当たる）と天津にいた李鴻章との間のくいちがいをたくみに利用しながら、問題を日清間に限定し、諸外国の干渉をできる限り避けることであり、開戦直後はこの戦略が功を奏した。それに対し李鴻章は逆に列国に支援を働きかけ、やがてその努力は戦争終結後の三国干渉となって実を結んだ。日本側は三国干渉を受け入れ、遼東半島を返還したが、そのことは日本の国内世論の反発を招いた。戦後首相をやめた伊藤は98年に清国視察旅行に赴き、清国内の変法運動に力を貸そうとしたが、この運動は間もなく挫折した。その後、伊藤は日露協商を日英交渉と並行して行うことを提唱したが、実を結ばなかった。06年には満州問題の協議会に出席し、門戸開放の立場からの満州経営を主張し、陸軍と対立した。伊藤はまた韓国統監に就任し、韓国植民地化に着手したが、韓国民衆の抵抗運動に手をやいた。そうした中で桂・山県らの推進する強権的な韓国支配が行われ、併合後の朝鮮総督府の武断政治への道を開いた。09年夏、伊藤は韓国独立運動家安重根（アンジュングン）によって満州のハルビン駅頭で暗殺された。　　　　（伊東昭雄）

（参考文献）　春畝公追頌会編『伊藤博文伝』全3巻（統正社、1940年）、伊藤之雄『伊藤博文―近代日本を創った男―』（講談社、2009年）、高橋秀直『日清戦争への道』（東京創元社、1995年）。

伊東巳代治　いとうみよじ　（安政4.5.7（1857.5.29）－1934.2.19）

官僚・政治家。号晨亭。長崎出身。

7歳の頃漢学を学び、さらにアメリカ人フルベッキ、スタウトに英語を学び、英語では早くから頭角を現わした。1871年工部省電信寮の選抜試験に合格して上京し、電信技術を学んだ。翌年長崎電信局に勤務ののち、73年神戸に出て『兵庫アンドヘラルド』新聞社入社、さらに兵庫県訳官となる。その後東京に出て、伊藤博文の知遇を得て工部省に務めた。その後内務部に転じ、82年には伊藤に随行してヨーロッパへ憲法視察に赴いた。85年伊藤が朝鮮甲申政変後、日清間の問題解決のため清国に派遣されると、伊東はこれに随行し、李鴻章との外交交渉に参加した。翌87年から、伊藤が欽定憲法制定のため、原案の検討を金沢八景の夏島（現在島としては存在せず）で行うために金子堅太郎・井上毅と伊東を招き、草案を密室で討論した。その後憲法草案と皇室典範は新設の枢密院（議長伊藤）で審議・

議決され、憲法は89年2月発布された。85年初代内閣総理大臣を務めた伊藤は、92年に第2次内閣を組閣、外相陸奥宗光と書記官長伊東と共に幕末以来の課題である条約改制問題と朝鮮・清国関係に取り組み、日清戦争を勝利に導いた。下関会議で李鴻章との間に和議がまとまると、95年4月、伊東が全権辨理大臣として清国に派遣され、批准書の交換を行った。しかしたまたまこの時露・独・仏三国干渉で遼東半島の清国への返還を求められたため、批准書交換には若干の障害が生じたが、伊東は清国側に圧力を加えながら、条約批准を終えた。この経験が、朝鮮・清国に対する外交交渉は軍事力を背景とする恫喝によって相手方に日本側の主張を認めさせるものだという信念を伊東に持たせたようである。ちょうどこの時期、92年から1902年にかけて、伊東は東京日日新聞社社主となって、世論の誘導に努めた。98年第3次伊藤内閣成立の際農商務大臣に就任したが、3ヶ月余りで辞任、その後はどの内閣にも入閣しなかった。99年枢密院顧問官に任命され、以後枢密院を中心に晩年まで政府・政界に大きな影響を与えた。17年寺内内閣によって臨時外交調査委員会が設置されると、伊東は原敬・本野一郎・後藤新平らと共に委員となり、シベリア出兵・対中国借款・第1次大戦講和条約等、多くの外交問題を議題とした。シベリア出兵問題では、共同出兵を呼びかけた米国の政策と自主出兵の主張が強かった日本との間で伊東がたくみに政策のすり合わせを行い、老獪ぶりを発揮した。枢密院では幣原「軟弱外交」を攻撃する等、「外交通」ぶりを発揮したが、晩年国際連盟脱退問題では日本の将来を憂慮している。それは日本の満州占領それ自体に反対だったのではなく、欧米諸国との間での国際的孤立を恐れたからである。　　（伊東昭雄）

（**参考文献**）晨亭会『伯爵伊東巳代治』上・下（1938年）、小林龍夫編『翠雨荘日記』（原書房、1966年）、国立国会図書館『伊東巳代治関係文書目録』（1962年）。

伊東祐亨 いとうゆうこう （天保14.5.12(1843.6.9)－1914.1.16）

海軍軍人。鹿児島出身。

勝海舟の神戸海軍操練所で坂本龍馬・陸奥宗光らと共に学び、薩英戦争、戊辰戦争に参加した。維新後、海軍に入り、ひたすら艦（船）長を歴任し14隻に達した。少将の時第1局長になったのが最初の中央務めで、その後も日清戦争後、軍令部長になるまで地方務めを繰り返した。常備艦隊と西海艦隊からなる連合艦隊が創設されると、初代連合艦隊司令長官に任命され、日清戦争の海戦を指揮した。豊島沖海戦後、元来慎重な性格の伊東は、北洋艦隊が出現するまで動かず、軍令部をやきもきさせた。伊集院五郎等を派遣して積極攻勢に出るように説得、ようやく動き出した直後に北洋艦隊が現われ、坪井航三の遊撃隊と連携してこれを撃破した。残余の北洋艦隊は威海衛に遁走、陸軍と連合艦隊が連携して威海衛の攻略に当たり、ついに北洋艦隊指揮官丁汝昌を降伏させた。丁汝昌等司令部全員は毒を仰いで自殺したが、遺体を接収船で中国側に引き渡した礼節は世界中から称讃された。　　（田中宏己）

伊藤芳男 いとう よしお （1906.7－1950）

満州国工作員。山口県出身。

東京外国語学校を中退し福島高等商業学校を卒業。イギリスに遊学して日本人を相手に通訳やガイドをし、アフリカ各地で日本商品の販売に従事する。その後、満州事変を協議中の国際連盟で日本事務局に務め、松岡洋右全権のもとで働く。帰国後、満州に渡り、満州国外交部嘱託として、まず東南アジアで情報宣伝秘密工作を行い、次いで1935年、上海に中外興信所を設立して同工作を続けた。その間、満鉄南京事務所長の西義顕と知り合い、日中戦争が始まったあとは彼と共に和平工作に奔走した。38年、西と伊藤は、董道寧（前外交部亜州司日本科長）との接触に成功し、彼を極秘裏に訪日させた。これが、のちに汪兆銘工作として知られるようになる工作の発端である。伊藤はこの工作のため裏方に徹しながら、日中間を何度も往復し、重慶を離脱した汪兆銘をハノイから救出する時にも日本人グループの一員として同行した。南京に汪兆銘政権が樹立されたのち、駐南京満州国大使館の理事官となる。戦後、熱海で事故のため急死。　　　　　　　　　　（戸部良一）

（参考文献）　西義顕『悲劇の証人―日華和平工作秘史―』（文献社・非売品、1962年）、華津珍彦「伊藤芳男君の横顔」（『新勢力』17－3、1972年）。

伊藤　律 いとう りつ （1913.6.27－1989.8.7）

元日本共産党政治局員。岐阜県出身。

1933年3月日本共産党に入党し、以後、何度も検挙される。39年満鉄東京支社調査室に嘱託として入社。45年8月出獄。50年6月レッドパージ後、地下に潜行。51年中国に密航し、北京の日本共産党在外代表部（「北京機関」）で徳田球一のもとで活動。52年12月24日、野坂参三により、ソ共中央（スターリン）の指示によるとして、隔離審査。スパイの嫌疑で査問される。53年のスターリンの死後、同年末、中国共産党中央対外連絡部第7招待所から北京城内の監獄に移された。その間、同年9月に日本共産党は伊藤を除名。60年3月、新築の秦城監獄に移る。身柄拘束から27年たった79年10月26日、「日本共産党は隔離査問するといって、あなたを長期間、この獄に放置した。あなたの病気も考え、中共中央は革命的人道主義の見地から釈放を決定した」と告げられ、突然釈放。80年9月3日、北京より帰国。　　　　　　　　　（石井　明）

（参考文献）　伊藤律『伊藤律回想録　北京幽閉27年』（文藝春秋、1993年）、伊藤律書簡集刊行委員会『生還者の証言―伊藤律書簡集―』（五月書房、1999年）。

井戸川辰三 いどかわ たつぞう （明治2.5.16（1869.6.25）－1943.5.24）

陸軍軍人（中将）。中国通。宮崎県出身。

山中峯太郎の自伝「実録アジアの曙―中国革命回想記―」（『文藝春秋』1962年2月号）に、四川省重慶等に12年間駐在した中国通の第一人者として「支那班」教官の井戸川少佐が登場する。井戸川は、山中が士官学校時代に中国行きを懇願した際、自身の反省を含めて、陸軍大学校を出て参謀本部付か陸軍省付になり、欧米で国際知識を身につけたのち中国へ

行く方がよいと助言したという。また陸大を退校になった山中の身分を陸軍省にかけあい、国語研究の1年間の休暇扱いにしてくれたともいう。

　井戸川は同郷の小村寿太郎の勧めで上京、1890年陸軍士官学校を卒業し、98年6月重慶に日本領事館駐在武官として派遣された。任務は、日清戦争後の日中関係の構築と対ロシア戦の準備をするため中国情勢を調査し、中国から士官留学生を日本に送ることであった。98年宇都宮太郎が張之洞を訪れた際、日本に留学生を、中国に武官を送ることが話し合われたことがその背景にあり、井戸川は1901年四川省で最初の日本留学選抜試験を行っている。日露戦争が始まると04年2月大本営付となり、7月から満州軍総司令部付となった。同年2月北京の日本公使館付武官青木宣純を中心に特別任務班が結成され、6月頃橋口勇馬率いる東亜義軍の別働隊として「井戸川班」(遼西義軍)が組織される。井戸川は「李得勝」(字名は「振北」)の名で新民屯(内モンゴル)を中心にパプチャープ等を懐柔して蒙古義軍を編成、敵情偵察や鉄道等の破壊工作を行った。9月にはロシア軍の旅順向け兵員・武器・弾薬・食糧等の補給輸送を遮断捕獲するなど功績を挙げ、大山巌総司令官から「特別個人感状」を受けている。05年3月新民屯軍務局長(のち軍務署軍務官)となり、帰国後は06年10月から参謀本部付に、07年6月からは歩兵第11連隊大隊長、11月からは東京衛戍総督部副官として内地勤務を続けた。中国語に堪能な井戸川は08年と12年に外国語学高等試験委員に任命されている。その間、

09年小村寿太郎のいる英国に軍事研究を目的に私費留学し、11年に帰国、参謀本部第2部長宇都宮のもとで歩兵第59連隊付となり、11月から中国革命の偵察のため清国に派遣される。この時、宇都宮から「対支那私見」実現のため「叛徒操縦の特別任務」を下命され、革命派を支援して独立国家を創出させよと指示されている。宇都宮から「同志」と呼ばれ片腕となっていた井戸川は、12年2月参謀本部付となり、7月陸軍省副官兼上原陸相秘書官として上原勇作陸相を補佐した。13年8月本郷連隊区司令官となり、15年4月歩兵第62連隊長を経て、16年3月から広東に駐在、4月からは参謀本部付となり17年8月近衛歩兵第3連隊長となった。18年7月、朝鮮軍司令官となった宇都宮は井戸川を朝鮮の歩兵第39旅団長(少将)に転出させる。その後20年5月近衛歩兵第2旅団長となり、22年8月淡路島の由良要塞司令官(中将)に任命される。23年8月には第13師団長(高田)となったが、軍縮のため4個師団が廃止となり、25年5月中将で退官、予備役となった。1936年特別任務烈士顕彰会の初代会長となり、40年東亜同文会評議員となっている。　　　(吉良芳恵)

(参考文献)『日本陸軍とアジア政策―陸軍大将宇都宮太郎日記―』全3巻(岩波書店、2007年)、中村義「成城学校と中国人留学生」(『中国近現代史論集　菊池貴晴先生追悼論集』汲古書院、1985年)。

稲垣満次郎　いながきまんじろう　(文久1.8.22(1861.9.26) − 1908.11.25)

外交官。政治思想家。平戸(長崎県)出身。

平戸藩士の子。長崎監獄勤務ののち、1882年に東京帝国大学文学部に入学、次いでケンブリッジ大学に留学。97年3月に駐シャム国弁理公使、1903年同特命全権公使となる。07年駐スペイン公使となるも、翌年に任地で病死。シャム駐在期には、政府顧問であった政尾藤吉と共に、チュラロンコーン王からの信任も厚く、1898年の日暹友好通商条約締結に尽力。また、バンコクの日本公使館による、台湾籍を名乗る華人たちへの日本国籍付与及び登録を停止させた。また、稲垣は近代日本の対外観・対外思想研究にとって重要な人物である。当時広く読まれたその著書『東方策』(第2編、博文堂、91年) や『東方策結論艸案』(哲学書院、92年) 等から、矢野暢は南進論者とし、吉川利治らは南進論とアジア主義の結合形態と述べ、広瀬玲子らはその環太平洋主義者的な性格を指摘する。稲垣の思想的な文脈には、万国公法体制へのアジアの小国の挑戦という論点もあり、興味深い。

(川島　真)

(参考文献)　広瀬玲子「明治中期の日本の自立化構想—稲垣満次郎における西欧とアジア—」(『史艸』38、1997年)、川島真「装置としての『台湾』と日本人の外縁」(『日本台湾学会報』1、1999年)。

稲田正純　いなだまさずみ　(1896.8.27 – 1986.1.24)

陸軍軍人、陸軍中将。鳥取県出身。

陸軍士官学校 (29期)、陸軍大学校、仏国陸軍大学校卒業。1937 (昭和12) 年8月、陸軍省軍務局軍事課高級課員、38年3月には参謀本部作戦課長となり、日中戦争の全般的な作戦指導に参画した。特に、徐州作戦及び漢口作戦の実施により、蒋介石政権の屈服を期したが成功しなかった。また、張鼓峰事件・ノモンハン事件に対する対応にも当たったが、ノモンハン事件の責任から更迭された。40年8月阿城重砲兵連隊長となり、その後第5軍参謀副長、同参謀長として関東軍で勤務する。43年2月南方軍総参謀副長となり、第2野戦根拠地隊司令官等を経て、終戦時は第16方面軍参謀長として九州における本土決戦準備を担当していた。戦後、九大における米軍搭乗員生体解剖事件の責任を問われて戦犯となった。51年6月釈放される。　(庄司潤一郎)

(参考文献)『稲田正純氏談話速記録』(日本近代史料研究会、1969年)。

稲葉岩吉　いなばいわきち　(1876.12.4 – 1940.5.23)

東洋史学者、朝鮮総督府修史官・建国大学教授。号は君山。新潟県出身。

東京外国語学校支那語部在学中の1898年に、『万朝報』の記者内藤湖南を訪ね、その学風と支那研究の態度を一生の指針にしようと考えた。1900年、貴族院議員野崎武吉郎の資金援助で北京留学。出発前、陸羯南の紹介で副島蒼海 (種臣) 伯爵に謁見し、その李鴻章と会談時の清朝国勢論を拝聴した。留学後、1902年から大阪商船株式会社の漢口支店に2年間勤務。日露戦争の際は第1師団長阪井重季男爵の司令部で通訳を担当。06年、半年にわたって内藤の朝鮮・満州調査旅行に追随した。08年以降、満鉄の「満鮮歴史地理調査室」の一員となり、白鳥庫吉の指導を受けた。その間、『日本及日本人』に時論を発表し、清末

の予備立憲の不可を論じ、辛亥革命の兆候を危険視した。14年『清朝全史』を刊行後、陸軍大学校等で中国近代史を講義し、その機会で教え子の石原莞爾とできた関係は満州事変後も続いていた。17年秋、政府の内命も受けた内藤と高橋本吉議員を伴い、西原借款を受けている中国の情勢を視察した。15年『満州発達史』を出版後、のちの『東北叢刊』編集者である金毓黻（きんいくふつ）と交流関係を持った。22年に内藤の推薦を受けて、朝鮮総督府が設置した「朝鮮史編纂委員会」（25年「朝鮮史編修会」と改名）の幹事となる。37年に建国大学教授として新京（現長春）に移住し、『新東亜建設と史観』で朝鮮・満州・内蒙古を通じての大陸進出は日本民族の先天的運命だと明言した。実証的な歴史研究者として知られていた稲葉の内心に、実際「歴史創造者」になろうとする抱負もあったようである。

（陶　德民）

（**参考文献**）『満鮮史論叢　稲葉博士還暦記念』（同記念会、1938年）、寺内威太郎「「満鮮史」研究と稲葉岩吉」『植民地主義と歴史学―そのまなざしが残したもの―』刀水書房、2004年）。

犬養　健　いぬかいたける　（1896.7.21－1960.8.28）

作家、政治家。東京出身。

父親犬養毅を取り巻く政治的環境の中で育った関係から、中国問題に対してアジア主義思想を継承し、父なき後はその思想を実現するために活動した。

幼少の頃犬養家を訪れていた孫文の膝に乗り、広東土産の蓮の実の砂糖漬けを口に入れてもらっていた健は、その後も家を訪れる大陸浪人や中国の革命派に可愛がられて育つ。東京帝国大学を中退し、白樺派の作家となったが、一時的に政界から引退していた父親の毅が1929（昭和4）年6月に頭山満と共に南京で行われる孫文の移柩式に招かれると同行し、陳白と共に並んで柩の綱を曳いて中山陵の丘の麓から中腹まで運び上げた。同年10月毅が政友会の総裁に就任したのを契機として秘書となり、30年2月の総選挙で当選し、犬養内閣の成立以降5・15事件で父親が暗殺されるまで首相秘書官を続けた。その後も父親の後継者としてアジアの政治家たちとの交流を続け、特に父親がめざしたアジア諸国との戦争を回避し経済関係を優先させるという考えを受け継ぐ。その間ベトナムのクウオンデ候らも支援。

第1次近衛内閣成立と共に逓信参与官となり、日中戦争が勃発した翌38年7月同盟通信上海支局長の松本重治から国民党外交部亜州司長の高宗武を紹介され、高宗武の要請で汪兆銘政権樹立に関与し始める。同年11月に上海の重光堂で高宗武、国民政府中央宣伝部香港特派員梅思平ら中国側と、陸軍省軍務課長影佐禎昭、参謀本部支那課員今井武夫中佐、それに同盟通信の松本らと共に和平条件の取り決めに参加し、彼らの中でも特に信頼していた影佐と汪兆銘政権を成立させるために尽力。汪兆銘が重慶からハノイに脱出すると同時に発表される第3次近衛声明の内容と近衛首相の傍観者的な姿勢に失望。その後も汪兆銘政権樹立に奔走し、38年12月に設立された興亜院の嘱託として汪兆銘派と日本政府の間

で和平運動関係の事務の一切を取り扱う、影佐によって指揮されていた梅機関に所属。翌年五相会議が重慶を脱出した汪兆銘を救出する指令を影佐に出すと、同行者として推薦されてハノイに赴き、ここで初めて汪兆銘と面識を得、5月上海へ連れ出すことに成功。同年1月に就任した平沼首相や政府要人らと会談するため来日した汪兆銘の一行と影佐と共に交流。その後も上海に赴き影佐と共に汪兆銘政権に協力する。

その後ゾルゲ事件に関与したため起訴されるが無罪。戦後公職追放となったのち民主党総裁に就任したものの、民主自由党との連立を主張し党を分裂させる。54年吉田茂内閣の法相時に造船疑獄で佐藤栄作に出された逮捕要求を指揮権発動で拒否したことが原因で社会的批判を受け、法相を辞任し政界から引退。

(時任英人)

(参考文献)　犬養健『揚子江は今も流れている』(中央公論社、1960年)。

犬養　毅　いぬかいつよし　(安政2.4.20(1855.6.4)－1932.5.15)

政治家。号は木堂。備中(岡山県)出身。

日本にとって脅威である西洋諸国に対抗するには中国をパートナーにするしかないと考え、そのために大陸浪人等を使って中国の各勢力を、自らの影響下に置こうとして活動した。

明治10年代から中国を含むアジア問題に対して強い関心を持つ。中国問題では玄洋社系の人々と一致協力して行動したが、その契機となったのが1884(明治17)年の甲申事変で日本に亡命した金玉均や朴泳孝を支援したことからであり、特に頭山満と関係を深める。日清戦争前後からは対外硬派の中心的人物となり、対中国強硬外交を主張しつつも、戦争には反対し経済関係を深めることで中国との連携を考える。そうした考えのもと亡命を求めて来日した孫文を支援し、清朝政府の要請により亡命を認めようとしない松隈内閣に対して直接大隈外相と交渉し滞在を認めさせる。それを契機として中国で活動する可児長一・萱野長知・平山周・宮崎滔天らのような大陸浪人たちのパトロン的存在となり、彼らを通じて孫文をはじめとする中国革命派や、康有為のような立憲派を支援する。

1900年に孫文が慶州蜂起を起こすと趣味として収集していた数十本の日本刀を指揮刀として提供。また日露戦争が終結した直後の05年8月20日東京で孫文・黄興、それに在日中国人留学生たちが中国同盟会を結成した時もそのために活動する宮崎滔天を頭山満と共に支援。続いて08年7月1日、日本で行われた中国立憲派の政治団体である政聞社の結成式で、中国革命派に一日も早く責任を持って革命を遂行することを求めた。また11年10月に辛亥革命が勃発すると萱野長知らの要請で頭山満と革命の現場である中国に赴き、孫文の支援、袁世凱の打倒、南北妥協と首都の北京決定の阻止等を遂行しようとするが失敗。しかし日本国内では中国問題の権威とまで言われるようになる。その後、13(大正2)年第2革命に失敗して亡命してきた孫文を山本首相と直接交渉し、日本滞在を認めさせたのに続いて、15年1月大隈内閣が対華21ヶ条要求

を提出するとそれに一応同意しつつも、細かい部分では批判。

　17年対外政策を統一するために設立された寺内内閣の臨時外交調査委員会に参加。その後23年9月に成立した第2次山本内閣の逓信相に就任直後、孫文から日本外交の進路変更を求める書簡が届くが、その内容の重大さを考慮して公表せず。31（昭和6）年12月に組閣命令が発せられると、同年9月に勃発した満州事変を終結させるために萱野長知に国民党との交渉に当たらせるが、そのことが漏れ、陸軍等の反対により失敗。その直後、関東軍が推進していた満州国の国家承認を拒否。同年5月15日首相官邸で若手将校らに暗殺される。長年培った中国問題での見識を発揮しようとしたが実現しなかった。　　（時任英人）

　（参考文献）　鷲尾義直編『犬養木堂伝』上・中・下（1938年）、時任英人『犬養毅―リベラリズムとナショナリズムの相剋―』（論創社、1991年）、同『明治期の犬養毅』（芙蓉書房出版、1996年）。

犬塚信太郎　いぬづかしんたろう　（1874.3.24－1919.12.10）

　満鉄理事。肥前（現佐賀県）の伊万里焼を扱う陶器商の子として東京深川に生まれた。成績優秀で13歳で東京高等商業学校（現一橋大）入学、卒業後、1890年三井物産入社、香港支店長を経て、1904年門司支店長となる。石炭荷役を請負制から直轄へ転換させた手腕で、後藤新平に認められ、06年、南満州鉄道株式会社創立と同時に、同社理事兼鉱業部長に就任、撫順炭鉱経営等に辣腕を振るい、信望を得た。政友会幹部の伊藤大八が副総裁に着任して総裁権限や政党の影響力が強化されることに反対して、14年に退任した。孫文の中国革命を援助し、15年、孫文との「日中盟約」を協定した。満鉄上海駐在員山田純三郎に連絡を担当させ、金子克己等をも援助した。汪兆銘・陳其美・蒋介石・戴季陶らとも親交があった。満鉄退社後は立山水力電気・ジョホールゴム栽培等の会社の重役となったが、胃癌のため東大病院で死去した。

　　　　　　　　　　　　　　　（久保田文次）

　（参考文献）　『東亜先覚志士記伝』下、『対支回顧録』下、小川薫著・小川忠彦編『父と娘の満州：満鉄理事犬塚信太郎の生涯』（新風舎、2006年）。

井上　馨　いのうえかおる　（天保6.11.28(1836.1.16)－1915.9.1）

　政治家。萩藩士。志道聞多。号は世外。萩藩（山口県）出身。

　文久3（1863）年伊藤博文らと5名英国留学の途、上海の景況に接し、早くも攘夷の不可能を覚る。翌年、外国の下関攻撃を前に伊藤と帰国、和議に努める。新政府で長崎府判事兼外国官判事等から明治4（1871）年大蔵大輔。73年台湾征討の反対意見書を三条太政大臣に呈した。のち辞任。75年江華島事件には、副全権弁理大臣として76年朝鮮に渡り日朝修好条規を結ぶ。79年9月外務卿となり、清国との琉球問題を80年宍戸璣公使に北京総理衙門と「分島改約」案で談判させたが不調に帰し、以後清国側の打診に琉球案件結了の態度を持す。82年京城壬午事変では下関に出

張、花房義質弁理公使と朝鮮暴徒対策を講じ、8月済物浦条約を結ぶ。84年清仏戦争時に仏国の清国に対する共同動作提議に応じなかった。84年12月発生の京城甲申事変では対清協調策をとり善後処理に特派全権大使として渡韓、85年1月漢城条約を結んだ。86年8月長崎での清国水兵と日本巡査の争闘死傷事件では、長崎会審を東京に移し徐承祖清国公使と交渉し、外国公使の斡旋も得て87年2月、日清相互に撫恤金支給を約し妥結した。条約改正交渉では国内に反対が強く、87年9月外務大臣を辞任。農商務、内務の各大臣を経て、94年10月日清戦争中に朝鮮公使になるが、朝鮮の内政改革には失敗。88年大蔵大臣。1904年元老。07年侯爵。14年欧州大戦勃発を大正新時代の天祐として、対華政策の発展を図った。実現を望んだ漢冶萍煤鉄公司の日中合弁について、15年5月、対中国21ヶ条要求に含められたが通らず、加藤高明外相の対華外交失敗を批判。日中合弁は不可能とする同公司総理の盛宣懐を説得するに至らずに死去。中国問題で元老会議を東京井上邸で数回開いていた。死去に徐世昌・袁世凱が弔意を寄せた。

〔安岡昭男〕

〔参考文献〕 井上馨侯伝記編纂会『世外井上公伝』5冊(内外書籍 1933-34年)。

井上剣花坊 いのうえけんかぼう (明治3.6.3(1870.7.1)-1934.9.11)

川柳人。本名幸一、別号秋剣。山口県出身。
萩町の屋敷町の武士の家柄に生まれる。1892(明治25)年、『鳳陽新報』(のちに『長州日報』)に入社、秋剣と号し、自由民権論者として健筆をふるった。1903年に上京して、陸羯南が創刊した『日本』新聞社に入社、編集長の古島一雄の勧めで、「新題柳樽」という時事川柳欄を『日本』3面に設け、剣花坊の名で担当した。「太郎寿太郎源太郎大馬鹿三太郎」の川柳は、日露戦争の指導者の桂太郎首相、小村寿太郎外相、満州軍総参謀児玉源太郎を揶揄したもので読者の溜飲をさげた。05年柳樽寺川柳会を組織し、『川柳』誌を創刊した。以後、新川柳(江戸の川柳を古川柳と言った)の提唱者、指導者さらに川柳界の大御所として、川柳誌、各種雑誌、新聞に数々の時事川柳の傑作を残し、また雑誌『日本及日本人』『国民新聞』や『読売新聞』等の川柳欄を担当、選者として多くの秀句を世に送った。中でも時事を滑稽や風刺をこめて川柳に詠う時事川柳の大衆化に貢献、12(大正1)年創刊の『大正川柳』(昭和に入ると『川柳人』と改題)には、日本国内だけでなく、樺太・朝鮮・満州・台湾・南洋群島からも投稿者があった。

26年に、大連川柳会の招きで大連で開かれた東亜川柳大会に参加、これを契機に、大陸川柳会は剣花坊の影響を受けた革新派と石原青龍刀の時事よりは満州の風物・慣習・風俗等を詠うことに固守した伝統派とに分裂する。中国国民革命に直面して「日本は小国だよと支那は云ひ」「支那といふ大きな謎に行き当たり」「支那といふ大きな闇にみな吸はれ」と詠み、多くの日本人が抱いていた中国軽視論・蔑視論が通用しないことを警告した。死の3年前の柳条湖事件の直前に詠んだ「ぜんたいが支那通といふはくせもの」は、「支

いのうえけんきち

那通」といわれる日本の軍人・政治家・企業家たちが中国を侮辱し、悪しきアジア主義に染まって侵略主義者になっていたことへの批判である。プロレタリア川柳を唱え、日本のファシズムと中国侵略戦争に命をかけて真っ向から反対した鶴彬を援助し、剣花坊の死後は信子夫人がその意志を継いでかばい通した。

（笠原十九司）

（参考文献） 坂本幸四郎『井上剣花坊・鶴彬―川柳革新の旗手たち―』（リブロポート、1990年）、『井上剣花坊』（昭和女子大学近代文学研究叢書37、昭和女子大学近代文学研究室、1973年）、中村義『川柳のなかの中国―日露戦争からアジア・太平洋戦争まで―』（岩波書店、2007年）。

井上謙吉 いのうえけんきち （1874.10.3 - 没年不詳）

陸軍軍人、陸士10期、陸大20期、少佐。山口県出身。

陸士10期を優等で卒業し、日露戦中は野津道貫司令官率いる第4軍の副官として従軍、1908年清国の保定軍官学堂に古谷清少佐らと応聘、工兵第5連隊長を経て、13年に天津駐屯司令部付から中華民国の招きで同学校の教官となった。記録には16年1月休職、同年10月20日に死去とあるが、その後の史料を見ると疑わしい。すなわちこの間に国民革命軍幹部との交流が深まり、24年10月国民党執行委員の李烈鈞は広東政府軍事顧問の井上と多数の随員を連れて来日し、政府関係者に会見、井上も「大勢ノ観察ト日華提携ノ必要」（外交史料館所蔵「江浙並奉直紛擾関係」）の中で「一支那研究者トシテ孫文政府ノ軍事顧問トシテ」中国への理解を述べた。同年11月末井上は孫文・李烈鈞らと共に再来日、大アジア主義の講演の現場に立ち会った。顧問辞任後32年6月頃井上退役少佐は上海にて中国民友社情報局（外交史料館所蔵「支那各地共匪関係雑纂」）にて共産軍や討伐軍の位置図作成に従事し日本側に情報提供をしていた。

（波多野勝）

（参考文献） 井上謙吉『支那の全貌』（信正社、1937年）、同「国民軍の編成と抗戦限度」（『アジア問題講座』第2巻、創元社、1940年）。

井上紅梅 いのうえこうばい （1881－1949／50）

中国風俗研究家、翻訳家。本名は進、紅梅は筆名。東京出身。

1913年に上海に渡航、現地の邦字紙『上海日日新聞』の記者を務める傍ら、「支那の五大道楽」とされる喫（食および阿片）・喝（酒）・嫖（女）・賭（博打）・戯（芝居）に耽溺、18年に「支那の人情風俗、趣味嗜好に関する諸般の事項を調査研究する」目的のもとに雑誌『支那風俗』を発刊し、22年の停刊まで編集・執筆に従事した。『支那風俗』は書籍として再刊され、芥川龍之介の『上海遊記』に当地の花柳界の参考書として言及されている。21年には上海から南京に転居し、真意はともあれ、「支那風俗研究上幾分でも手助けになるかも知れぬ」との理由から、蘇州出身の子連れの女性、畢碧梅と結婚。その後、中国の裏社会を描いた『匪徒』（23年）、各地の年中行事や風習を紹介した『支那各地風俗叢談』（24年）を著し、また翻訳『金瓶梅：支那の社会状態』（23年）を刊行した。この間、妻の碧梅は次第に麻雀賭博と阿片に深入

りし、ついには重度の阿片中毒に罹って離婚。紅梅は24年に単身蘇州へ赴いたが、26年頃までに上海に戻ったらしい。その後は各種新聞・雑誌上に、中国の風俗・生活をめぐる随筆のほか、新旧さまざまなジャンルにわたる文学・芸能の紹介を掲載した。特に27年より魯迅作品の翻訳を発表しはじめ、30年の帰国の後、32年には『吶喊』『彷徨』のほぼ全訳からなる『魯迅全集』を改造社より刊行し、わが国の魯迅文学受容に貢献した。ただし原作者の魯迅は、32年11月7日付増田渉宛書簡のなかで紅梅の訳業に対し不満を述べている。また丁玲・茅盾・周作人らについての紹介も行った。一方、古典白話小説選集『今古奇観(きんこき)』の翻訳も早くから手がけており、42年に10篇からなる訳書を刊行した。他にも『支那に浸る人』(24年)、『酒、阿片、麻雀』(30年)、『中華万華鏡』(38年)、『小説西門慶』(41年)、『支那辺疆観察記』(37年、武田泰淳と共訳)等、多数の著訳書がある。　　(内山直樹)

(参考文献) 三石善吉「後藤朝太郎と井上紅梅」(竹内好・橋川文三編『近代日本と中国』下、朝日新聞社、1974年)、勝山稔「支那に浸る人 井上紅梅が描いた日中文化交流」(『から船往来 日本を育てたひと・ふね・まち・こころ』中国書店、2009年)。

井上　毅 いのうえ こわし　(天保14.12.18 (1844.2.5)−1895.3.13)

法制官僚、文部大臣。熊本出身。

大日本帝国憲法や教育勅語の起草者。熊本藩飯田権五兵衛の子として生まれる。神童として知られ、漢学にも長じていた。維新後は南校で学び司法省に入省、明治5 (1872) 年から翌年にかけてフランスに留学。75年8月大久保利通が台湾出兵の談判のため渡清する際、当時司法省7等出仕であった彼は意見書を大久保に送った。内容は台湾原住民を「化外之民」としながらも領土権を主張する清に対し、国際法上からそれが認められないことを漢文体で述べたもので、これを読んだ大久保はすぐ彼を北京に呼び寄せ交渉のブレーンに加えた。談判は日本が賠償金を得て撤兵することに落着したが、これを機に井上は大久保に重用され、さらにのちには岩倉具視・伊藤博文のブレーンとなるのであった。ところで、台湾出兵交渉談判には琉球の日清両属を清算しようという日本側の意図が隠されていたが、それは79年沖縄県設置という形で強行された。これに対し清が猛然と抗議してきたため、伊藤博文は井上を調査と意見書起草に当たらせた。この問題はさらに清が日本に内国通商と最恵国待遇を与えるかわりに、宮古・八重山群島を清に譲渡するという改約分島交渉に発展し、井上も北京で交渉に当たったが、結局決裂することになった。

朝鮮問題にも井上は深く関与した。82年壬午軍乱が起こると、井上は朝鮮に派遣されて花房義質公使と共に交渉に当たり済物浦条約を結ぶに至った。さらに84年竹添進一郎公使が関わった甲申事変では、やはり渡鮮し井上馨大使を助けて日本人の関与を否定する形で漢城条約を締結させ、その後伊藤博文を補佐して朝鮮における日清対等の地位を定めた天津条約の締結にこぎ着けた。以上の井上の姿勢は、東洋の国際関係秩序と西洋の万国公法

に通じ、最終的には日清戦争を視野に入れつつも、状況を巧みに利用して李鴻章らとの交渉を自分のペースに持ち込もうとするものであった。　　　　　　　　　　（季武嘉也）

（参考文献） 山下重一「明治七年対清北京交渉と井上毅」（『栃木史学』3、1989年）、木野主計『井上毅研究』（続群書類従完成会、1995年）、梧陰文庫研究会編『明治国家形成と井上毅』（木鐸社、1992年）、同編『古城貞吉稿井上毅先生伝』（木鐸社、1996年）。

井上成美　いのうえしげよし　（1889.12.19－1975.12.15）

海軍軍人・海軍大将。宮城県出身。

1909（明治42）年海軍兵学校卒（37期）。22－24（大正11－13）年にかけて海軍大学校学生。24年海軍省軍務局局員に就任する。33（昭和8）年、戦艦「比叡」の艦長に就任している。35年比叡は、満州国皇帝・溥儀の訪日のための「お召艦」となったため、井上は日本と満州国の友好にかかわった。37年に海軍省軍務局長に就任し、日独同盟に反対した。39年には、支那方面艦隊参謀長に任命された。井上は、重慶爆撃に着目し、爆撃計画の一つ「百一号作戦」を案出するなどして、強力な推進者となった。その後、航空本部長、海軍兵学校校長、海軍次官等海軍の要職を歴任する。45（昭和20）年には、海軍大将に昇進した。従来、井上は、日独同盟の反対論者であったこと、戦争末期に海軍次官として海軍の終戦工作に関与したことは有名であるが、重慶爆撃に関係したことはあまり知られていない。　　　　　　　　　　（山本智之）

（参考文献） 日本近代史料研究会編『日本陸海軍の制度・組織・人事』（東京大学出版会、1971年）〈『日本陸海軍総合事典　第2版』東京大学出版会、2005年〉、秦郁彦『昭和史の軍人たち』（文藝春秋、1982年）、阿川弘之『井上成美』（新潮文庫、1992年）、前田哲男『新訂版・戦略爆撃の思想―ゲルニカ・重慶・広島―』（凱風社、2006年）。

井上哲次郎　いのうえてつじろう　（安政2.12.25(1856.2.1)－1944.11.9）

哲学者。号巽軒。筑前太宰府（福岡県）出身。

1875（明治8）年東京開成学校入学。77年東京大学に進み哲学を専攻、兼ねて政治学を修め、フェノロサの教えに接する一方、漢学を中村正直に、仏教を原坦山に学ぶ。82年東京大学助教授となり、翌年9月初めて東洋哲学史を開講する。84年ドイツに留学。90年帰国し、帝大文科大学教授に任ぜられ、ドイツ哲学の導入と共にわが国のアカデミー哲学の形成に指導的役割を果たした。併せて、ドイツ留学中、「西洋の哲学者が希臘以来の哲学のみを哲学として考えたが間違い、印度だの支那の哲学も考慮に入れなければならぬ」（『明治哲学界の回顧』）との確信のもと、その融合統一を企図し、井上においてわが国の近代哲学が儒教・仏教と結びついた。特に、早い時期から「東洋哲学」「東洋哲学史」を企図したことは、「東洋哲学」研究の端緒として捉えることができる。

1900年『日本陽明学派の哲学』、02年『日本古学派之哲学』、06年『日本朱子学派之哲学』の三著作は、その「東洋哲学史」研究の

結実した姿を示す主著となる。自らこの三書相俟って「日本に於ける哲学思想の発展を組織的に叙述且つ評論せるもの」(『日本朱子学派之哲学』凡例)と言うように、三部作の構想を有する。井上はこの哲学史を著すに際し、中国の儒教の受容にとどまらずに日本人が自家の創見を唱ええたかを評価の基準におき、従って陽明学、古学の順に積極的な意義を認める。とりわけ「東洋道徳の精神」として「国民的道徳心」の発揚を志向する。本三部作は高弟蟹江義丸との共編『日本倫理彙編』(01年)と共に、日本儒学史研究として資料的価値を失わないものの、その国家主義的道徳思想は「国民道徳論」の提唱に発展していった。　　　　　　　　　　　　(大島　晃)

(参考文献)　『井上哲次郎自伝』(三十年祭記念、冨山房、1973年、のち島薗進・磯前順一編『井上哲次郎集』第8巻、クレス出版、2003年)。

井上照丸　いのうえてるまる　(1907.6.6 – 1968.4.17)

満鉄調査部出身のマルクス主義経済学者。井上晴丸は弟。山口県生まれ。

1932年東京帝国大学政治学科卒業、満鉄入社、経済調査会勤務。翌年幹部候補生として麻布第3連隊に入隊、隊内で日本共産党機関紙『赤旗』や反戦ビラ配布等地下活動を行った。満鉄復職後、新京(現長春)幹事室等勤務のかたわら、当時話題だったマジャール著『支那農業経済論』をロシア語原著から翻訳刊行した。盧溝橋事件前後、産業部満州経済係主任の時、班長として冀東政権の農業政策の基礎資料作成のため農村調査に参加するが、中国人農民の抵抗にあい失敗に終わった。この頃、関東軍による満鉄の権限縮小が行われ、調査活動も沈滞したが、わずかに活況を呈していた北支経済調査所(北京)に異動、その後企画院調査官となり、太平洋戦争開始後の42年シンガポールの南方総軍軍政監部に派遣された。満鉄調査部事件では逮捕は免れたものの、子会社に出向させられた。戦後は、国民経済協会理事等を務めるかたわら、スメドレー『偉大なる道』やウィットフォーゲル『東洋的専制』の訳業に携わった。

(伊藤一彦)

(参考文献)　井上照丸追憶記刊行会編『井上照丸追憶記』(自費出版、1969年)。

井上日召　いのうえにっしょう　(1886.4.12 – 1967.3.4)

大正・昭和時代の国家主義者。本名昭。群馬県出身。

早稲田大学文科と東洋協会専門学校を中退。厭世的な衝動に駆られ、1910(明治43)年8月に満州に渡った。満鉄社員となり陸軍の諜報勤務に携わったが、個人的に第1革命や蒙古独立運動にも関与していた。蒙古独立運動への関与が発覚して張作霖から満鉄に対し身柄引渡し要求があったため北京方面へ逃亡、袁世凱の顧問をしていた坂西利八郎陸軍大佐の食客となった。その間は坂西の私用や参謀本部の諜報活動に従事し、第1次世界大戦中には天津駐屯軍の軍事探偵を務めた。16(大正5)年に第3革命が起こると、多賀宗之少将の紹介で革命軍総司令・巨正と同顧問・萱野長知に面識を得て革命軍に参加した。袁世凱死後は革命から手を引き、日本と中国を往

復しながら事業を行った。その後は禅行を繰り返しながら思想と人脈形成に努め、のちに5・15事件を起こす海軍将校や西田税と知り合った。政界の現状と既存の右翼・左翼運動のいずれにも強い不満を感じていた井上らはまず現状の打破を求め、32（昭和7）年にいわゆる「血盟団事件」や5・15事件を引き起こした。34年9月に無期懲役判決を受け、40年11月に仮出所。戦時中は近衛文麿の相談役を務めるなどした。戦後も右翼運動に携わったという。　　　　　　　　　（中野弘喜）

（参考文献） 井上日召『日召自伝』（日本週報社、1947年。のち『一人一殺』と改題）、同『炎の求道者：井上日召獄中日記』上・下（毎日新聞社、1978-79年）。

井上晴丸　いのうえはるまる （1908.10.7 - 1968.10.5）

マルクス主義農業経済学者。井上照丸は兄。兵庫県生まれ。

東京帝国大学農学部農業経済学科卒業後、農林省入省。産業組合課等に勤務しながら、講座派系マルクス主義理論家として立田信夫のペンネームで『経済評論』等に論文を発表し、三名著の一つとされる『日本産業組合論』（叢文閣、1937年）を刊行した。他の二つは戦後の『農業問題入門』（農業技術協会、48年）と『国家独占資本主義論』（宇佐美誠次郎との共著、潮流社、50年。改訂版『危機における日本資本主義の構造』岩波書店、51年）であるが、後者の、台湾や朝鮮の植民地米の移入により外貨を節約して工業化後の食糧問題を解決できたことが日本の近代化を可能にしたという指摘は、今日、中国や台湾で注目をあ

びている。戦後は民主主義科学者協会の創立に参加、第1期日本学術会議会員にもなるが、レッドパージで退官、その後立命館大学教授を務めた。　　　　　　　　　（伊藤一彦）

（参考文献） 井上晴丸追憶出版刊行会編『薫風去りてまた還らず：井上晴丸・その人と時代』（自費出版、1974年）、『井上晴丸著作選集』全6巻・別巻1（雄渾社、1972-73年）。

井上　光　いのうえひかる （嘉永4.8.18(1851.9.13) - 1915.12.17）

陸軍大将。岩国（山口県）藩士。

戊辰戦争に参加、1894年日清戦争には、大山巌のもとで第2軍参謀長（大佐）で従軍、遼東・山東に転戦した。1904年日露戦争には第12師団長（小倉）として、第1軍に属し鴨緑江渡河戦から遼陽・奉天の会戦に参加、勝利に貢献した。のち、第4師団長。07年、男爵、08年、大将。　　　　　　（久保田文次）

井上雅二　いのうえまさじ （1876.2.23 - 1947.6.23）

東亜同文会幹部、実業家、政治家。兵庫県出身。

1893（明治26）年海軍兵学校に入校するが、翌年兵学校から分離した機関学校を中退、帰郷。95年、上京の途上、京都に隠棲中の荒尾精を訪問、そのまま約8ヶ月間荒尾の薫陶を受け、中国語・漢籍を学ぶ。同年10月、荒尾の推薦により陸軍通訳として台湾総督府に勤務、96年4月中国に渡り、上海・蘇州等に遊んだ。同年8月帰国、東京専門学校英語政治科に入学、入学後は学友らと共に同人会を組織し、外交問題を研究するかたわら、康有

為・梁啓超ら清朝変法派の人士や中国人留学生と交流した。97年春、東亜会の結成が宣言された福本誠（日南）渡欧送別会に臨席、翌98年同会が正式に結成されると幹事に就任した。同年夏訪中、戊戌政変に敗れた王照の北京脱出を助けた。11月東亜会と同文会が合体、東亜同文会（会長近衛篤麿）となると、学生ながら陸実（羯南）・池辺吉太郎（三山）らと共に幹事に就任、卒業後は上海支部幹事等東亜同文会の実践的メンバーとして活躍し、1900年には南京同文書院の学生募集のため、日本各地を遊説している。

01年4月ウィーン大学に留学、同時に東亜同文会西部亜細亜特派員となり、ロシア・中央アジア方面を調査、同年10月ベルリン大学に転じ、ロシア・バルカン半島を調査した。02年の帰国後は東亜同文会の対朝鮮事業の中心となり、日露開戦後は同会韓国特派員となった。同時に、逓信省の地況調査嘱託となり朝鮮半島における情報収集に従事した。日露終戦直後、韓国政府財政顧問部付財政官に就任、その後韓国政府の要職を歴任し、07年には宮内府1等書記官となった（～09年）。09年農商務省嘱託として各国の植民地事業を視察、以後南方植民事業の必要を説き、南亜公司常務（11年）、南洋協会理事（15年、20年専務理事）、海外興行株式会社社長（24年）等を歴任した。24年、衆議院議員に当選。代表的著作に荒尾の伝記『巨人荒尾精』（左久良書房、10年）がある。　　　　　　（栗田尚弥）

（**参考文献**）『続対支回顧録』下、氷見七郎『興亜一路　井上雅二』（復刻版、大空社、1997年）。

井上 翠 いのうえ みどり （1875.3.10－1957.6.9）

中国語学者。兵庫県出身。

姫路藩の書家井上松香の2男として姫路に生まれた。1892年姫路中学4年生の時に父が逝去したため小学校教員となり、98年上京して師範学校中学校国語漢文科教員免許証を取得し英語を学んだ。1902年東京府立第一中学校教諭となり、清国の書家にして教育家の呉汝綸の同校参観等をきっかけに東京外国語学校清語学科別科に入学、同修了の翌年05年に府立一中を辞職、06年中国人留学生予備校の弘文学院の教員となるかたわら中国語辞典『日華語学辞林』を刊行した。07年北京・京師法政学堂の日本語教師となり11年末に帰国、広島中学校教員、山口高等商業学校講師を経て22年大阪外国語学校教授となり、31年『井上日華新辞典』、37年『井上ポケット日華辞典』を文求堂から刊行、後者は戦後の53年にも重版が出るなど、広く中国語学習者に愛用された。　　　　　　　　　　（藤井省三）

（**参考文献**）　六角恒広『漢語師家伝―中国語教育の先人たち―』（東方書店、1999年）。

伊能嘉矩 いのう かのり （慶応3.5.9（1867.6.11）－1925.9.30）

人類学者・民俗学者。名前は「よしのり」とも。遠野（岩手県）出身。

横田村新屋敷（現遠野市東館町）に、江田霞邸の2男守雄と伊能千代子の子として出生。幼名は容之助。父は大学東校で学んだ医者。初め郷校で外祖父江田霞邸に学び、次いで東京の斯文黌と二松学舎、岩手県立師範学校に学ぶ。東京の新聞社・出版社に奉職し、この

間、27歳の時東京人類学会に入会して坪井正五郎に師事し、またアイヌ語・中国語・朝鮮語を学ぶ。1895（明治28）年11月、29歳で日清戦争によって割譲された台湾に渡り、総督府に勤務して、台湾の少数民族の言語を学び、台湾全土を実地踏査し、台湾の人類学・民俗学調査の成果を発表。東京帝大人類学教室と連携し、鳥居龍蔵の台湾調査への協力（97年）や、パリ万国博覧会の出陳品整理を担当（99年）。台湾人類学会、台湾習慣研究会の創立に関わった。著書に、東京帝大文科大学への学位請求論文『台湾蕃政志』（1904年）他、『領台始末』『台湾文化志』等。（町　泉寿郎）

（**参考文献**）『台湾文化志』所収「伊能先生小伝」。

井原真澄　いはらますみ　（明治4.1.22（1871.3.12）－没年不詳）

外交官。熊本県出身。

1890年鹿児島英語学校にて専任教師を務めるが、同年依願退職。94年日清戦争に際して陸軍の通訳を務め、戦後台湾総督府付となる。97年海軍書記に任ぜられ、台湾総督府海軍幕僚付に任ぜられるが、翌年2月外務通訳生に転じ、在天津、福州領事館、在上海総領事館に在勤。1904年10月副領事に任ぜられ、在漢口領事館沙市分館、在長沙領事館に在勤。07年領事に昇進し、駐杭州領事に就任し、翌年駐南京領事に任ぜられ、同領事在任中の10年には農商務省より南洋勧業会本邦出品事務の監督を嘱託された。翌年駐チチハル領事に異動し、12年には落合健太郎駐奉天総領事のもとで領事を務め、四平街―洮南間鉄道＝四洮鉄道敷設問題等に活躍し、同総領事不在の際には総領事代理も務めるが、14年に肺結核を患い帰国。静養に努めたが、翌年8月依願免本官。　　　　　　　　　　（白石仁章）

（**参考文献**）『日本外交文書』大正2年第2冊（外務省、1964年）。

井深彦三郎　いぶかひこさぶろう　（慶応2.7.2（1866.8.11）－1916.4.4）

大陸浪人。会津（福島県）出身。

1894（明治27）年に勃発した日清戦争で第1軍に所属し、高等通訳官として遼東半島に出征。03年北京公使館付陸軍武官の青木宣純大佐の委嘱を受け、帝政ロシアが満州に敷設した東清鉄道の状況を視察する目的でハイラルに潜伏中、ロシア官憲に逮捕され、ハルビンの監獄で処刑されかかる。04年1月、青木らにより日露戦争に際して鉄道爆破等を目的とする特別任務班が北京で組織されると、それに加わったが、同年末、福島安正少将の推薦により満州軍総司令部に転じる。05年3月の奉天会戦後は交渉局長孫葆瑨と満州軍総司令部との間に立って、情報収集に携わった。日露戦争終結後は奉天将軍趙爾巽の顧問となり、商埠地建設事務に当たると共に、奉天居留民団長も務めた。その後、飯田延太郎が社長を務める太興合名会社の幹部となり、同社が計画する天図鉄道建設の運動を行っていたが、北京で客死した。　　　　（武井義和）

（**参考文献**）『対支回顧録』下。

いまいたけお

今井五介 いまい ごすけ （安政6.11.15（1859.12.8）－1946.7.9）

実業家。教育者。信濃（長野県）出身。

片倉製糸紡績副社長、全国製糸組合連合会会長等を歴任し、製糸業界の技術革新に抜群の功績を残す。英仏の中国蚕糸業への直接投資による中国産蚕糸の品質向上に対する警戒感を高めた。一方で、製糸業の急速な発展に伴う原材料不足を補うため、中国産の繭の輸入も積極的に行った。1893（明治26）年三井物産上海支店長小宮三吉・副支店長山本条太郎と相談し、上海浦東に製糸工場を建設した。日清戦争勃発のため同工場の経営は中止したが、96年中国視察を行い、無錫・上海から繭を仕入れた。第1次大戦後、青島にドイツ式製糸工場を建設するなど製糸拡大に取り組むが、綿糸紡績に押され、中国国内での製糸への投資に限界を感じ生糸輸出に専念した。1938年日華興業株式会社社長として事業の多角化を図った。　　　　　　　（木村昌人）

（参考文献） 西ヶ原同窓会編『今井五介翁伝』（非売品、1949年）。

今井武夫 いまい たけお （1900.2.23－1982.6.12）

陸軍軍人。長野県出身。

1918年陸軍士官学校卒（30期）、28年陸軍大学校卒。参謀本部支那課に勤務し、陸軍「支那通」としてのコースを歩む。31年支那研究員として中国各地を現地調査。33年奉天特務機関員となり、一度参謀本部支那課に戻ったのち、35年に北平（北京）駐在の中国大使館付武官補佐官に就任する。37年7月盧溝橋事件が起こった時、今井は日中両軍の本格的衝突を回避するために奔走し、いったんは停戦協定を成立させたが、事件の拡大を食い止めることはできなかった。同年11月、参謀本部支那班長となる。支那課長の影佐禎昭の推挽によるものであったとされる。38年1月の「国民政府ヲ対手トセス」声明後に始まった日中和平工作（高宗武工作、のちの汪兆銘工作）には、影佐と共に今井も関与し、同年11月に高宗武（前外交部亜州司長）と合意文書に調印したのも、日本陸軍を代表した影佐と今井であった。この合意に基づいて重慶を離脱した汪兆銘は、やがてハノイから上海に移り和平政権を樹立する意向を示したが、その頃支那課長となっていた（38年3月就任）今井は、占領地に政権を作れば傀儡に堕するとして、これに必ずしも賛成ではなかったという。39年には、行政院長孔祥熙の腹心、樊光を通じる和平ルートを開いたが、進展を見なかった。

同年9月、支那派遣軍が編成され、その参謀（第2課長）となり南京に赴任した今井は、そこでまた新たに重慶との直接和平をめざす工作に関与することになる。それは桐工作と呼ばれ、参謀本部から香港に派遣された鈴木卓爾が宋子文の弟、宋子良と自称する人物と接触したことに始まる。日本側からは鈴木の他、参謀本部の臼井茂樹と支那派遣軍の今井が陸軍を代表し、中国側を代表したのは宋子良に加えて、外交官の章友三と軍人の陳超霖であった。この工作には陸軍だけでなく、当時の近衛首相や天皇も大きな期待を寄せた。汪兆銘政権の成立（40年3月）によって、桐工作は一時中断したが、その後再開され、板

垣征四郎（支那派遣軍総参謀長、前陸相）・汪兆銘・蔣介石の三者会談を長沙で開催するという構想が練られた。しかし結局は日本の汪政権承認を牽制する謀略だと判定され、同年10月中止された。宋子良と称した人物も別人で、重慶諜報機関（軍統）の工作員であったことがのちに判明した。

太平洋戦争の開戦に際して今井は連隊長としてフィリピンに出征したが、42年にはまた中国の勤務に戻り、44年8月に支那派遣軍総参謀副長となった。45年に入って、今井は第10戦区副司令長官の何柱国に通じるルートを開拓したが、直接、河南省で何柱国と会見できたのは7月になってからである。今井が和平の可能性を打診したところ、何柱国は、カイロ宣言以後、日中間の単独和平はありえないと述べ、日本が連合国に和平を求めるならば、すべての海外領土を放棄する覚悟が必要であると論じた。今井は、その条件の厳しさに大きな衝撃を受けたという。敗戦後、湖南省芷江で降伏に関する打合せのため支那派遣軍を代表し重慶軍側との協議に臨んだ。

（戸部良一）

（参考文献） 今井武夫『支那事変の回想』（みすず書房、1964年）、今井貞夫『幻の日中和平工作―軍人今井武夫の生涯―』（中央公論事業出版、2007年）。

今井嘉幸 いまいよしゆき （1878.5.25 – 1951.6.30）
弁護士、社会運動家。愛媛県出身。

愛媛県尋常中学校（松山中学）を卒業後、1897年に第一高等学校入学、1900年に東京帝国大学法科大学法律学科に入学した。04年に卒業して大学院（国際法専攻）に入り、司法官補となった。08年に東京地方裁判所判事となったが、すぐに天津の北洋法政学堂の教授となって清国に渡った。該堂は袁世凱により06年に創立された中国最初の法政専門学校で、今井に先んじて東大で同級の吉野作造も教授を務めていた。彼らは「東亜の将来に対し胸一杯の感激を懐きつつ……真剣に所謂変法自強の学を講じた」という。そのようであったから、辛亥革命が勃発して学堂が休業になると、革命軍を支援するために武漢、あるいは南京・上海へと赴いた。これは、大陸に雄飛したいという少年時代の夢の実現をめざした行動であったが、現実には革命軍と十分に接触できずに終わり、翌年、抱負の経緯を『建国策』なる書に著して関係方面に配付した。これが章炳麟の眼にとまり、章の批評が新聞に載せられている。袁世凱の帝制に反対する第3革命が起こると、今井は16年、招かれて南方の軍務院顧問となって実際の反袁活動に参画した。その方策をのちに『建国後策』として印刷配付しているが、両書は共に建国の基礎を国民の精神的自立に求めたものである（その後、今井は来日した孫文を2度にわたって支援している）。

辛亥革命後に帰国した今井は、14年に大阪で弁護士を開業した。また同年末に法学博士となり、翌年にその論文を『外国裁判権と外国行政地域』（支那国際法論 第1巻）として刊行した。17年、第13回総選挙に大阪市から無所属で立候補して当選した今井は普選運動に邁進し、「普選博士」と称されるに至る。しかし、次回は落選、その次は立候補せず、

普通選挙法成立後の28年に行われた第16回総選挙でも落選する。その後、やや間を置いた37年の第20回総選挙では居住地の神戸から立候補して落選、42年の第21回総選挙で当選した。その間、18年に吉野作造等が主唱した大正デモクラシーを象徴する啓蒙団体・黎明会に参加し、20年に賀川豊彦らと購買組合・共益社を組織して組合長になっている。また、友愛会や日本農民組合の評議員、社会大衆党の顧問になるなど、社会活動を活発に展開した。ただ第21回総選挙は「翼賛選挙」と称されるもので、今井は翼賛政治体制協議会の推薦で当選し、当選後には大政翼賛会中央協力会議員・同神戸市協力会議長に就任した。その結果、敗戦後には公職追放処分を受ける。しかし、社会活動を積極的に行った今井は、在日中国人の権利擁護にも熱心であったから、公職追放を受けながら、48年に華僑が主宰した孫文逝去23周年「紀念講演会」の講師に選ばれている。生活レベルにおける侵略戦争の具体相を考えさせられるエピソードである。

〈狭間直樹〉

(参考文献) 松岡文平解説『今井嘉幸自叙伝―五十年の夢―』(神戸学術出版、1977年)、狭間直樹「今井嘉幸」(『孫文研究』42号〈特集・近代中国と神戸の人々〉、2007年)。

今関天彭 （いまぜきてんぽう）　(1884.6.19-1970.10.19)

中国研究家、漢詩人。本名は寿麿、天彭は号。千葉県出身。

漢学者の祖父、琴美（きんび）のもとで5、6歳より素読を受け、10歳頃から詩文を作った。後には石川鴻斎・森槐南らから詩文を学んでいる。1901年に東京に居を移し、公羊学（くようがく）など中国の同時代の学問に関心を抱いた。日露戦争では軍属として満州に渡ったが、病気により入院し、07年に帰国。10年に『国民新聞』の記者となり、その翌年には山路愛山が主筆を務める『国民雑誌』の編集に転じ、『訳文大日本史』の翻訳と構成を手がけた。また竹越三叉『日本経済史』8巻（20年）の編纂を助けた。竹越を通じて知った籾山仁三郎の慫慂により、中国の学問・芸術・風俗・産業等にわたる解題叢書の編纂を企画し、資料収集のために北京遊学を予定していたところ、徳富蘇峰・国府犀東より朝鮮総督府の嘱託に推薦され、16年に京城（ソウル）に渡った。朝鮮総督府では諭告文の文案作成や日韓併合の記録の整理に従事し、金允植（キムユンシク）・崔南善（チェナムソン）・李光洙（イグァンス）らと交わった。18年、総督府を辞職し北京に赴いた。同年に北京政府との契約により北京郊外の双橋に無線電信所を建設することになった三井合名会社本社の庇護を受け、今関研究室を開設し、資料収集を行うとともに、中国事情や学術・文化に関するパンフレット30余種を出版した。また陳宝琛（ちんほうちん）・陳三立（ちんさんりつ）・徐世昌（じょせいしょう）・康有為（ゆうい）・蔡元培（さいげんばい）・梁啓超（りょうけいちょう）・金紹城（きんしょうせい）・熊希齢（ゆうきれい）・胡適（こてき）ら、各界の著名人の間に周旋した。31年に帰国したが、その後も斎藤実首相の信任を受け南北中国の実情を調査するなどした。40年に汪兆銘政権が誕生し、重光葵が駐華大使として赴任すると、双方の顧問となった。42年に病気のため帰国した後も、外務大臣となった重光の顧問を務めた。終戦後は東京中野に退去し、51年より小倉正恒らの援助を得て漢詩雑誌『雅友』を発行した。著書に『東京

市内先儒墓田録』(13年)『東洋画論集成』(16年)『支那戯曲集』(17年)『宋元明清儒学年表』(19年)『近代支那の学芸』(31年)『天彭詩集』(62年)など多数。　　(内山直樹)

　(**参考文献**)　「座談会　学問の思い出　今関天彭先生を囲んで」(『東方学』33、1967年)、国広寿「先師片影(2)菅見今関天彭先生」(『東洋文化』復刊27、1972年)。

今田新太郎　いまだしんたろう　(1896.7.5 − 1949.8.29)

陸軍軍人、陸士30期、陸大37期、少将。東京出身。

漢学者を父にもつ剣道の達人。1929年8月今田大尉は、参謀本部から奉天(現瀋陽)駐在を命じられ、31年5月中華民国の応聘で張学良軍事顧問柴山兼四郎少佐の補佐官から、軍歩兵学校教官兼研究部員として赴任した。同年9月の満州事変では、板垣征四郎参謀長の命を受け柳条湖の満鉄線爆破の工作に当たり、在奉天独立守備隊の将校らに指示をした。その際、今田は、満州にやってきた参謀本部第1部長建川美次少将が本庄繁関東軍司令官に会見する前に爆破を決行すべきと9月17日奉天特務機関花谷正少佐に吐露して説得したという。これは花谷正が戦後『知性　秘められた昭和史』(河出書房)で明らかにしている。35年満州国軍政部顧問就任、その後満州を離れ、40年2月南支那方面軍参謀、同45年5月第36師団参謀長、ニューギニアで終戦、翌年12月復員。　　(波多野勝)

今西錦司　いまにしきんじ　(1902.1.6 − 1992.6.15)

生物学者・探検家・登山家。京都府出身。

京都市の商家の生まれ。三高を経て1925年、京大農学部農林生物学科卒。31年京都大学学士山岳会の白頭山遠征隊長として、冬初登頂に成功、42年中国東北の大興安嶺探検隊長として日本の学術探検の基礎を据えた。44年張家口の西北研究所の所長となった。同研究所は蒙古連合自治政府や日本陸軍との関係が深かった。第2次大戦後帰国、京大人文科学研究所教授、岐阜大学学長・日本山岳会会長等を歴任。独自の進化論を提唱、日本のサル学の始祖となる。1979年文化勲章を受章。

　　　　　　　　　　　　(久保田文次)

　(**参考文献**)　『今西錦司全集』10冊(のち13冊)(講談社、1974−75年)、本田靖春『評伝今西錦司』(講談社文庫、1995年)、梅棹忠夫『回想のモンゴル』(中公文庫、1991年)、中生勝美「内陸アジア史研究と京都学派：西北研究所の組織と活動」(同編『植民地人類学の展望』風響社、2008年)。

今西　龍　いまにしりゅう　(1875.8.15 − 1932.5.20)

朝鮮史学者。京都帝国大学・京城帝国大学の教授。岐阜県出身。

1903年に東京帝国大学史学科を卒業後、大学院で坪井九馬三の『三国遺事』・『三国史記』校勘作業を手伝った。日露戦争後、間島問題調査中の内藤湖南に京城本『東国輿地勝覧』の校訂作業を依頼された。08年に東大の副手となり、慶州古墳等の調査を行った。13年に京大に移籍し、濱田耕作の欧州留学中、その留守役として考古学教室の物品監守に当

たる。22年夏からの1年余り、北京に留学、『新元史』の著者柯 紹忞（かしょうびん）に師事し、王国維と親交を結び、満州語の稽古にも励んだ。朝鮮総督府の古蹟調査委員と朝鮮史編集委員として活躍し、26年京城帝国大学教授（京大教授兼任）となる。好太王碑を含む数々の遺跡調査研究の成果や、『新羅史』・『百済史』の研究で『日本書記』をはじめ日本側古典籍の記載を活用したという研究手法等が黒板勝美や内藤の高い評価を受けた。　　　（陶　徳民）

（参考文献） 今西春秋『今西龍小伝』（国書刊行会、1970年）。

今堀誠二 いまほりせいじ （1914.10.17－1992.10.9）
歴史学者。広島女子大学学長。学士院会員。大阪府出身。

1939年広島文理大学卒業と共に外務省留学生に採用され44年まで北京で留学生活を過した。その間北京師範大学非常勤講師も担当した。中国社会に溶け込む努力を重ね、農村にも出かけて農民の苛酷な貧しさも実感している。41年北京で仁井田陞に会い、北京のギルド調査に協力している。この時期の研究活動では、中国の封建制を家族制度を通じて見究めようと試みている。今堀は中国滞在中40年には蒙古や満州で社会調査を行い、42年には北京で慈善団体を、43年には山西省で塩業ギルドを、44年には広く各地をまわり調査を行っている。その成果は、『中国封建社会の機構』『中国の社会構造』『中国封建社会の構成』3部他多数の著書に結実している。44年に帰国し、以後広島文理大学・広島大学・広島女子大学で教育に従事している。

（小島淑男）

（参考文献） 今堀誠二『中国の本質をみつめる』（勁草書房、1985年）。

今村　均 いまむらひとし （1886.6.28－1968.10.4）
陸軍軍人、陸軍大将。宮城県出身。

満州事変以降、軍中央と関東軍との矛盾の焦点に立たせられた陸軍軍人の典型である。1931年の満州事変勃発当時、今村均は参謀本部作戦課長であり、関東軍を統制する直接責任者であった。関東軍の暴走を抑えるため奉天（現瀋陽）に赴いた今村は、石原莞爾作戦参謀から「腰抜けの中央に頼っていては満州問題は解決出来ない」という放言を聞き、一時、峻厳な処置を取る悲壮な覚悟を決めたというが、結局、関東軍の暴走を止めることはできなかった。

因果は廻る。満州事変から5年後の36年秋、今村は関東軍参謀副長として、参謀本部第1部長としての石原から統制される立場にあった。中央の意志に反して内蒙工作を止めようとしない関東軍を抑止するため新京（現長春）に飛来した石原に対し、武藤章は「私はあなたが満州事変で大活躍された時分、この席におられる今村副長と一緒に参謀本部の作戦課に勤務し、よくあなたの行動を見ており大いに感心したものです。そのあなたの行動を見習い、その通りを内蒙で実行しているものです」と放言、石原の制止を振り切った。

（野村乙二朗）

（参考文献）『今村均大将回想録』全4巻・別冊3冊（自由アジア社、1960－61年）。

いもとくまお

井本熊男 いもとくまお （1903.5.1－2000.2.3）
陸軍軍人、自衛官。山口県出身。
1925（大正14）年陸軍士官学校卒、34（昭和9）年陸軍大学校卒。35年12月から参謀本部作戦課付。その後は大本営参謀、支那派遣軍参謀等と参謀本部員を往復歴任し、43年10月から44年7月まで陸軍大臣（東條英機）秘書官。その後再び支那派遣軍参謀となり、45年4月に広島第2総軍参謀。戦後は復員事務官、同留守業務部長を経て52年8月に陸上自衛隊に入隊し、61年に定年退職。退職後は服部卓四郎が設立した史実研究所の所員となり、戦争に関する著述活動に従事した。
盧溝橋事件勃発当時、参謀本部第1部作戦課（第2課）にいた井本は、石原莞爾第1部長が説く不拡大論に賛意を抱いていたと後年回顧している。陸軍総兵力の実態を知る立場から積極論に同調できなかった作戦課が、課長の更迭（河辺虎四郎→稲田正純）によって方針転換することになった様子を井本の回想は描いている。　（中野弘喜）

（参考文献） 井本熊男『作戦日誌で綴る支那事変』（芙蓉書房出版、1978年、1998年に『支那事変作戦日誌』と改題）、同『作戦日誌で綴る大東亜戦争』（芙蓉書房出版、1979年、1998年に『大東亜戦争作戦日誌』と改題）。

入沢達吉 いりさわたつきち （元治2.1.5（1865.1.3）－1938.11.8）
医学者。東京大学医学部内科教授。初名龍彦、号雲荘。南蒲原郡今町（新潟県）生まれ。
父は蘭方医入沢恭平。1876（明治9）年上京、叔父池田謙斎宅に寄宿して翌年東京大学医学部予科入学。89年東京帝国大学医科大学卒業。90年ドイツへ私費留学。94年帰国。95年医科大学の助教授になり、1901年に東京帝国大学教授。02年に入沢内科を独立させ、25（大正14）年に定年退官。この間医科大学付属病院長、医学部長、宮内省御用係、侍医頭、結核学会会頭、日本医学会会頭等を歴任。また中国で医療事業を展開する同仁会の副会長を務め、06年に訪中、両江総督周馥の子息を診察した。12年満州を通過、24年外務省対支文化事業部の業務で台湾・華南を旅行した。日独文化交流事業にも貢献し、また退官後は、24（昭和3）年日本医史学会の創設に関わり、会長となる。著書に専門書以外に『雲荘随筆』、『支那叢話随筆』、演説集『入沢達吉先生演説と文章』等多数ある。　（酒井シヅ）

岩井英一 いわいえいいち （1899.10.10－1990.1.28）
外交官にして政治運動家。愛知県出身。
1921年東亜同文書院を卒業し、通訳生として外務省に入り、汕頭・長沙・上海・成都・広東・香港の各在外公館に19年間勤務した。本省勤務中の29年11月、日中和解のための「満州買収」構想を「満州問題解決の客観的考察」として雑誌『支那』に発表した。32年上海在勤中には情報収集機能の強化のため公使館に情報部を新設し、そのスポークスマンとして中国人記者との接触を深めた。日中戦争勃発後の37年12月、再度上海勤務（副領事）となり、翌年には、同総領事館に「特別調査班」を新設し、中国奥地の地方紙を編集した「特調班月報」等の定期刊行物を発行した。特別調査班の嘱託には児玉誉士夫も名を

連ねていた。他方、汪兆銘政権の基盤強化のため、影佐禎昭大佐の要請により、藍衣社の袁学昜（のち、袁殊）と図って中国人による政党結成をめざす「興亜建国運動」を展開した（運動本部は「岩井公館」と称された）。この運動の過程では支那派遣軍の協力を得るため、児玉誉士夫を介して総司令部思想班の辻政信少佐とも連携を深める。汪政権樹立後、政党組織を断念して文化運動に転換し、対重慶和平のための宣伝攻勢に力を注ぐが、派遣軍の指示で他の団体と共に汪兆銘の支持する東亜連盟運動に合流を余儀なくされた。しかし、運動本部の岩井公館は存続し、青年育成のための自強学院の設立等の活動を展開した。日米開戦後、上海に残留した有力財界人の結束を図るため、上海日華工商連誼会の結成の産婆役となった。

　これらの活動は岩井自身によれば「独断専行」で実施され、44年初めには「追放同様の形」で広東の大使館事務所に転勤となり、さらに澳門領事館に異動となる。終戦は内地で迎え、財団法人在外同胞援護会の理事を務める一方、上海・香港から来日する旧知の中国人の支援に当たり、善隣友誼会・香港華僑倶楽部等を設立し交流の場の確保に努めた。

（波多野澄雄）

（参考文献） 岩井英一『回想の上海』（「回想の上海」出版委員会、1983年）。

岩倉具視 いわくらともみ （文政8.9.25(1825.11.5)－1883.7.20)

　幕末維新期の政治家。京都生まれ、父は前中納言堀河康親、1838（天保9）年岩倉家の嗣子となる。1854年孝明天皇に侍従、以後公武合体派、ついで尊皇攘夷派の公卿として維新の政局で活躍、王政復古を実現した。維新以降、三条実美とともに新政府の中心人物となる。71年、外務卿となり、まもなく右大臣、同12月特命全権大使として、木戸孝允・大久保利通・伊藤博文等を従え、条約改正交渉のための欧米歴訪に出発。条約改正の目的は達せられなかったが、列強の近代化の状況を体験・見聞して、内政の充実を重視するようになって、73年9月帰国した。留守中に西郷隆盛が首唱する朝鮮への問罪使節派遣が決定されていたが、岩倉らの帰国で再評議となった。岩倉らは内治重視の見地から、戦争開始の可能性がある使節派遣に反対した。三条が決定不能で遷延しているうちに発病、岩倉が太政大臣代理として、木戸・大久保と連携して天皇を動かし、使節派遣を中止、西郷等は下野した（征韓論政変）。岩倉は朝鮮に過剰な圧力を加えることが、清国との衝突になることを恐れていた。78年の西南戦争中で天皇や三条が京都に滞在中は東京で政府の常務を処理した。立憲制問題では保守的な姿勢であった。85年、嗣子具定が具視の勲功によって、公爵に列せられた。

（久保田文次）

（参考文献） 大久保利謙『岩倉具視　増補版』（中公新書、1990年）、安岡昭男「岩倉具視の外交政略」（『法政史学』21、1969年）。

岩畔豪雄 いわくろ(ぐろ)ひでお （1897.10.10－1965.11.22）

　陸軍軍人。広島県出身。

　1918（大正7）年陸軍士官学校卒（30期）、

26年陸大卒。陸士卒業後に歩兵第16連隊付となり、シベリア出兵に参加している。陸軍省課員・関東軍参謀・対満事務局事務官・参謀本部員（第8課）・陸軍省軍務局軍事課高級課員等を歴任したのち、39（昭和14）年2月から41年2月まで軍事課長。関東軍参謀長時代の33年には国家社会主義団体である新日本国民同盟に対して、満鉄から5000円の資金を提供させている。40年には陸軍の南進計画を盛り込んだ「世界情勢ノ推移ニ伴フ時局処理要綱」の立案に参画した。40年3月にはアメリカに派遣されて日米了解案の作成に当たった。日米開戦には反対していた。42年4月から43年3月までインド独立協力機関長となり、当時の金額で約3億円を独立運動に供与したと後年回顧している。43年3月に少将に進級し44年には第28軍参謀長としてインパール作戦に従軍した。インドネシアのスマトラで軍政を担当。戦争末期は兵器行政本部付、陸軍省調査部長。戦後は京都産業大学理事を務めた。
　　　　　　　　　　　　　　（中野弘喜）

（参考文献）　日本近代史料研究会『岩畔豪雄氏談話速記録』（1977年）。

岩崎　昶　いわさきあきら　（1903.11.18－1981.9.16）
映画評論家、プロデューサー。東京出身。
1929年の日本プロレタリア映画同盟（プロキノ）設立に参加し、戦後にはGHQの映画統制と対立するなど、左翼系映画人として知られる。東京帝国大学独文科に進み、在学中から『キネマ旬報』や『ムサシノ・ウィークリー』に映画評論を執筆。卒業後は、欧米映画の輸入を手がける田口商事に入社し、当時ドイツ映画会社のエージェントをしていた川喜多長政と出会い親交を結んだ。岩崎の映画評論は、比較的早い時期から上海の左派知識人の間で注目されていたと思われる。プロキノ委員長となった30年、岩崎は『新興芸術』に「宣伝煽動手段としての映画」と題する論文を発表しているが、この文章はすぐに魯迅によって中国語に翻訳され、「現代電影與有産階級（現代映画と有産階級）」（『萌芽月刊』上海、1930年）として発表された。また、左翼系の劇作家田漢も岩崎が和訳したエレンブルクの著書の翻訳に携わっている。岩崎自身は、35年に明星電影公司の監督である沈西苓からの手紙で初めてこのような事情を知った。沈西苓は、検挙された田漢の仕事を引き継いでエレンブルクの翻訳に着手していたのである。35年の春、上海に6日間の旅行をした岩崎は、魯迅や田漢への面会こそ果たせなかったものの、聯華や芸華といった映画会社の撮影所を訪ね、これを機に応雲衛・史東山・蔡楚生といった映画監督との交友が始まった。また、この上海旅行は岩崎にとって侵略戦争反対の認識を「個人化し肉体化」させるものであったとのちに述懐している。40年に治安維持法違反により投獄され、出獄したのちは、満州映画協会の理事である根岸寛一の推薦で満映東京支社のドイツ部門嘱託となった。満映での岩崎については自伝的記録が一切無いが、李香蘭主演による『迎春花』『サヨンの鐘』『私の鶯』等の製作に関係したことが知られている。
　　　　　　　　　　　　　　（瀧下彩子）

（参考文献）　岩崎昶『日本映画私史』（朝日新聞社、1977年）、同『映画がわかかったとき』

（平凡社、1980年）。

岩崎弥太郎 いわさきやたろう　（天保5.12.11(1835.1.9)－1885.2.7)

実業家。三菱財閥の創業者。土佐（高知県）出身。

吉田東洋に師事、のちに坂本竜馬らと知り合い、高知藩の長崎貿易を実質的に指揮した。明治4（1871）年、三菱創業となる三川商会を立ち上げ、三菱商会、三菱汽船会社を設立し、国内海運を取り扱った。74年台湾出兵が決定されると、三菱汽船は軍事輸送を担当した。英米両国からの抗議により日本国郵便蒸気船会社の所有船の徴用や外国船の庸船が利用できなくなり、かつ台湾出兵反対派の長州閥についた三井が積極的に協力しなかったため、海上輸送力の確保は難題であった。官有船の運航を委託された岩崎は無事、台湾への軍事輸送をやり遂げ、明治政府からの信任を得た。77年の西南戦争の際も政府の軍事輸送を扱うことになった。

台湾出兵時の外国船の非協力的な態度と中国招商局の海運の増強を憂慮した政府は、日本の民間海運を育成する必要性を強く感じた。大隈重信は同年9月末に中国航路への進出を計画し、三菱にその資金を提供した。大隈の国営海運策が批判されたのち海運政策の主導権を握った大久保利通は、三菱を私企業として保護育成し、海運を奨励した。75年岩崎は、日本で最初の国際航路となる上海航路に参入し、太平洋汽船の上海航路の買収に成功、横浜・上海間郵便輸送を引き継いだ。国際情報をもっぱら海外情報ルートに依存していた日本にとって、三菱が国際的通信網の一端を担うことになった意義は大きい。

76年からは新規参入したP&Oと民間企業同士の熾烈な競争により、P&Oを同航路から駆逐した。岩崎はさらに海運業の独占を図ったが、渋沢栄一らが三菱に対抗して設立した共同運輸との間で値下げ競争に追い込まれ、日本郵船株式会社として統合された。

（木村昌人）

(参考文献)　岩崎家伝記刊行会編『岩崎弥太郎伝』（東京大学出版会、1979年）、小風秀雅『帝国主義下の日本海運―国際競争と対外自立―』（山川出版社、1995年）。

岩田愛之助 いわたあいのすけ　（1890.1.3.－1950.3.15)

大陸浪人、右翼活動家。愛国社員佐郷屋留雄の岳父。兵庫県出身。

神戸市にあった乾行義塾で英語・漢文等を学んだのち、上海において中国語を習得。1911（明治44）年10月の武昌蜂起（辛亥革命）に革命軍の一員として参加、学生軍敢死隊を率いて「摺鉢山」攻略中に負傷した。しかし清朝滅亡後は、川島浪速らと共に清朝復辟運動に従事し、13（大正2）年6月帰国。同年、第2革命の際に発生した袁世凱軍による日本軍将校監禁（8月）や邦人殺害（9月）に対する政府の対応を軟弱外交として非難、9月5日の阿部守太郎外務省政務局長殺害に関与し、無期懲役となる。25年恩赦で釈放、いったん中国に渡るが、27年帰国、28年8月、「大陸積極政策ノ遂行」を唱え、愛国社を結成、以後右翼活動家として重きをなす一方、37（昭

和12)年10月、上海に岩田公館を設置するなど、陸軍の対中国裏面工作や反米英工作を支えた。40年11月、興亜協会(理事長菊池武夫)が設立されるとNo.2の常任理事に就任したが、戦後は公職追放となった。

（栗田尚弥）

(参考文献) 堀幸雄『最近右翼事典』(柏書房、2006年)、後藤乾一『昭和期日本とインドネシア』(勁草書房、1986年)、『東亜先覚志士記伝』中。

巌谷孫蔵（いわたに まごぞう）（慶応3.8.6(1867.9.3)－1918.11.13)

法律家・法学博士、教育者。佐賀出身。

1884年東京外国語学校ドイツ語学科を卒業。翌年ドイツに留学、イエナ大学、ハレ大学に学んで法学博士の学位を取得し91年に帰国した。帰国後明治法律学校、東京専門学校、第三高等中学校を経て、99年京都帝国大学教授に就任、ドイツ法講座を担当した。1902年10月管学大臣(文部大臣に相当)張百煕の要請に応えて、京師大学堂仕学館(官吏養成機関)に在職のまま赴任、法律学と日本語を教授する一方、正教習として京師大学堂仕学館章程の制定、教育課程の編成、施設設備の拡充、教科書類の編纂、選抜試験等に参画した。06年京師大学堂仕学館が京師法政学堂に改組されると、巌谷も同学堂に異動。08年には在留日本人のための中国語教育機関・清語同学会の会長に選出されている。中華民国成立後も当地に留まり、中華民国大総統府法律諮議、法典編纂会調査委員として活躍した。

（陰山雅博）

(参考文献) 岡田朝太郎「清国の教育及法制編纂に就て」(『太陽』15－11、1909年)、杉栄三郎「清国ニ於ケル二大提案」(一)(二)(『国家学会雑誌』19－2、19－4、1905年)。

岩田富美夫（いわた ふみお）（1891.10.27－1943.7.6)

右翼活動家、国家社会主義者。東京出身。

1915(大正4)年日本大学を中退後、中国山東省に渡り、陸軍の特務機関のもとで諜報活動に従事、革命直後のロシアに潜入し、スパイとしてチタ刑務所に収監されたこともある。16年頃、上海の医師長尾実宅において北一輝と邂逅、またこの頃、辛亥革命参加の経験を有する清水行之助とも知り合う。20年、北・清水と共に帰国、老壮会・猶存社に参加した。北との関係はその死まで続き、北のために資金調達に奔走した。23年には高畠素之・上杉慎吉らの経綸学盟に参加、さらに同年猶存社が解散すると清水行之助と共に大化会(会長清水)を結成した。以後、行動派右翼として活動し、大杉栄遺骨奪取事件、野田醤油争議等に関与した。24年、新たに大行社を結成した清水のあとを受けて大化会会長に就任、32年には大衆紙『やまと新聞』の社長に就任し、国防思想普及に努めた。42年、児玉誉士夫が衆議院議員に立候補するとその選挙事務長を務めた。

（栗田尚弥）

(参考文献) 堀幸雄『戦前の国家主義運動史』(三嶺書房、1997年)、同『最近右翼事典』(柏書房、2006年)。

岩永裕吉 いわなが ゆうきち （1883.9.13－1939.9.2）
ジャーナリスト。東京出身。

中学時代から中国旅行を通じて中国と国際問題に関心を持ち、京大卒業後後藤新平の推薦で満鉄に入社、大連本社勤務を経て長春駅助役、駅長を歴任、満鉄の貨物輸送とサービスの改善に努め、1916年から17年にかけて吉長鉄道交渉に尽力した。18年から翌年にかけての欧米視察を機に国際的通信の重要性を痛感、外国事情の紹介誌「岩崎通信」の発行に踏み切り、以後一貫して国策通信社の構想を持ち、特に満州事変勃発後は、日本の主張を世界に周知させる「満蒙通信社論」を提唱、36年には日本初の単独通信社である同盟通信社社長となり長年の夢を果たした。同盟社長としての最大の関心は中国における大陸通信網の整備であり、35年には中国の中央通訊社代表の来日を機会に一種の通信放送交換契約を締結、同社の東京特派員の常駐まで実現した。37年7月の日中戦争勃発後は全社を挙げての報道の指揮に当たったが、個人的には南京占領前の和平を強く望んでいたという。

（池井　優）

（**参考文献**）　岩永裕吉君伝記編纂委員会『岩永裕吉君』（非売品、1941年）。

岩松義雄 いわまつ よしお （1886.5.3－1958.4.18）
陸軍軍人。愛知県出身。

愛知一中、名古屋幼年学校、中央幼年学校を経て1905（明治38）年に陸軍士官学校卒、18（大正7）年に陸軍大学校卒。翌年参謀本部付となり、中国駐在、参謀本部支那課員、上海駐在等中国関係の職務を歴任。坂西利八郎が袁世凱の顧問をしていた際には補佐官を務めた。欧州出張、台湾軍勤務、第5師団参謀長を経て32（昭和7）年1月に参謀本部支那課長となる。同年8月から参謀本部付として南京駐在。日中戦争中は新設師団である第15師団長（中支那派遣軍）に着任。その後は中部軍司令官、北支方面軍隷下の第1軍司令官を歴任。第1軍司令官期には対共粛正作戦として山西省の閻錫山工作（対伯工作）を引き継ぎ、41（昭和16）年には基本協定・停戦協定の締結を実現した。42年8月に軍事参議官となり、12月に予備役編入。43年12月からは新民会最高顧問となり、汪兆銘政権の指導に当たった。

（中野弘喜）

（**参考文献**）　秦郁彦編『日本陸海軍総合事典』（東京大学出版会、1998年）。

岩間徳也 いわま とくや （1892.3.25－1943.8.7）
教育家。秋田県出身。

上海同文書院を卒業後、1904年金州の南金書院民立小学堂総教習となり、「奏定学堂章程」に準拠して学校運営に当たった。任期満了に伴い帰国するが、地元民の熱望に応じて06年再度総教習として着任、以後25年にわたり劉心田・王永江ら地元民の支持を得て同校の発展に尽瘁した。05年同校は関東州民政署の命により「関東州公学堂南金書院」と改称、以後「関東州公学堂規則」に準拠して学校運営を行うことを求められるが、岩間は独自の教育方針を貫き、徳育及び生活に必要な知識技能を授けることを重視。教科目に理科・手工・木工等実利的教科目を加え、初等科・高等科の他、農業科を設置して実際生活に役立

つ教育を実践した。その間書院長・堂長の辞令を返上、自ら「書院長心得」を名乗り、公式にもその肩書を認めさせた。17年王永江の奉天省長就任に伴い、同省の政治・教育顧問に就任。また満鉄嘱託となり、南満教育会評議員として長らく教科書編纂に従事した。29年に南金書院を引退。その後満州国建国初期の２年間文教部編審官に就任。38年からは建国大学教授となり、大和国民学校長を兼任した。43年死去、骨を金州の地に埋めた。

（阿部 洋）

（参考文献） 三宅俊成著『公学堂南金書院創立三十周年記念号』（1934年）、槻木瑞生「岩間徳也と「満州」の中国人教育」（『国立教育研究所紀要』115、1988年）。

岩村三千夫 いわむら みちお （1908.6.8 – 1977.5.16）

新聞記者、中国研究者。ペンネーム中山耕太郎、里村健等。新潟県出身。

1931年早稲田大学政治経済学部卒業。早大在学中からプロレタリア科学研究所に属し、中山耕太郎名で同時代の中国革命や世界情勢についての論文を執筆した。その後37年、読売新聞社に入社し、上海特派員、香港支局長、東亜部次長、論説委員を歴任した。戦後、46年の読売争議で活躍、６月読売新聞社を退社した。また同年１月には中国研究所創設に参加した。その後、中国研究所の『中国年鑑』等の出版物に論文を執筆。50年１月、日中友好協会創立に参加。その後日中友好協会常任理事、副理事長として日中友好運動に活躍。53年１月、中華人民共和国成立後の最初の公式訪中である帰国３団体代表団に参加し、中国残留日本人の帰国推進に尽力した。66年、中国共産党と日本共産党の対立の影響により日中友好協会が分裂した時、親中国の日中友好協会（正統）の成立に関与し、67年副理事長となる。著書に『中国現代史』（野原四郎との共著）、『中国現代史入門』等がある。

（馬場 毅）

（参考文献） 岩村三千夫、岩村三千夫著作編集委員会編『中国革命と日中関係　1930年からの軌跡』（岩村三千夫著作刊行会発行、東方書店発売、1981年）。

岩本千綱 いわもと ちづな （安政5.5.10(1858.6.20) – 1920.12.19）

明治大正期の大陸浪人。高知出身。

陸軍士官学校卒業。同郷の民権家馬場辰猪と宴を開いたことなどにより、中尉で軍を退いた。その後、タイへの移民事業に従事、宮崎滔天らと知りあう。1896年、タイ・ラオス・ベトナムを旅行、『シャム・ラオス・安南三国探検実記』（中公文庫）を著した。辛亥革命時には滔天の友人で中国同盟会員、雲南出身の刀安仁の雲南革命政権援助のため、雲南に渡った。この時には梅屋庄吉の経済援助を受けたが、参謀本部第２部長宇都宮太郎からの資金と密命をも受けていた。その後も梅屋や孫文の周辺でシンガポール等で新聞等の事業に従事したが、成功しなかった。「疎放不羈」の性格であり、とかくの批評を免れなかった。

（久保田文次）

（参考文献）『東亜先覚志士記伝』下、宇都宮太郎資料研究会編『日本陸軍とアジア政策　陸

軍大将宇都宮太郎日記』2（岩波書店、2007年）、紀田順一郎「初期探検家の栄光と挫折：岩本千綱と『三国探検実記』」（同『名著の伝記』東京堂出版、1988年）。

う

上田有沢 うえだありさわ （嘉永3.2.14（1850.3.27）－1921.11.30）

陸軍大将。男爵。徳島藩士の次男。戊辰戦争・西南戦争に従軍、日清戦争には大佐・第5師団参謀長、1898年、陸軍大学校長、教育総監部参謀長等を経て、1904年中将・第5師団長として日露戦争に出征、第2軍、ついで第4軍に属した。上田の統制が不充分で師団は予備隊に編入され、ついで、上田は台湾守備軍司令官に左遷された。戦争中に更迭された珍しい例である。以降、第7師団長・近衛師団長・朝鮮駐剳軍司令官。11年、大将に進級、後備役。　　　　　（久保田文次）

植田謙吉 うえだけんきち （1875.3.8－1962.9.11）

陸軍軍人、陸軍大将。大阪府出身。

陸軍士官学校（10期）、陸軍大学校卒業。浦塩派遣軍参謀等を経て、1929（昭和4）年3月支那駐屯軍司令官となる。30年12月第9師団長となり、32年1月第1次上海事変が勃発すると、同2月中国軍の大軍と対峙する海軍陸戦隊を救援するため、同師団が派遣された。日本陸軍の最初の上海出兵である。植田は、派遣に際して、「第9師団は日露戦争以来輝かしい歴史を持っている。この名誉ある師団の名を辱めることなく、勇敢であると共に軍規風紀を厳正に守り、諸外国注視の中の

うえだけんきち

事件として立派な戦をして欲しい」と訓示した。中国軍の頑強な抵抗や堅固なクリークのため、歩兵第7連隊長の林大八大佐が戦死するなど1000名を超える損害が生じたが、その指揮官としての能力は高い評価を得た。3月に入り日本軍は自主的に戦闘行為の中止を宣言、24日から上海の英国総領事館において、日本側から重光葵公使・植田師団長、中国側から郭泰祺外交次長らが出席して停戦交渉が行われた。その間4月29日上海新公園における天長節祝賀式において、朝鮮独立運動家の投げた爆弾で植田は重傷を負ったが、停戦交渉は順調に進捗し、5月5日上海停戦協定の締結がなされた。その後参謀次長、朝鮮軍司令官、軍事参議官等を経て、36年3月関東軍司令官兼駐満大使となり、満州国皇帝溥儀と連携しつつ、協和会の強化など「日満一体化」を促進した。一方、36年11月関東軍が支援した徳王の内蒙古軍が中国軍に敗北する綏遠事件が起きた。盧溝橋事件に対しては、勃発翌日の37年7月8日「関東軍は多大な関心と重大なる決意を保持しつつ厳に本事件の成り行きを注視する」と所管外にもかかわらず異例の声明を発すると同時に、出動部隊を準備するなど積極的な姿勢を表明、事件の拡大をもたらした。また、乾岔子島事件（カンチャーズ）・張鼓峰事件等日ソ間の国境紛争が頻発していたが、39年4月「満ソ国境紛争処理要綱」を隷下部隊に示達、国境確保の強い意志を表明した。しかし、その後同要綱に基づいて対応がなされたノモンハン事件が敗北に終わると、その責任を問われて解任、39年12月予備役に編入された。戦後、日本郷友連盟会長を務めた。

生涯独身を貫き、「童貞将軍」とも呼ばれた。
(庄司潤一郎)

(参考文献) 楳本捨三『陸海名将100選』(秋田書店、1971年)、額田坦『陸軍省人事局長の回想』(芙蓉書房、1977年)。

殖田俊吉 うえだしゅんきち (1890.8.4 – 1960.5.23)

大蔵官僚、台湾総督府官僚。大分県出身。

1914年7月東京帝国大学法科大学卒業後、大蔵省に入省。主に税務畑を歩み、27年4月に田中義一首相の秘書官に就任。29年6月拓務省殖産局長。31年5月台湾総督府殖産局長となり、台湾米の改良・増産や糖業試験機関の拡張等産業発展に尽力した。また、この時期に台頭してきた植民地米の内地移出を制限しようとする動きに対しては強く反発している。しかし、33年に米穀統制法が公布されると、台湾米の生産統制を強化する方針に転じた中川健蔵台湾総督によって関東庁財務局長に異動させられた。その際に、殖田と密接な関係にあった鳩山一郎文相が更迭に反対したため、斎藤実内閣は崩壊の危機に直面したという。44年2月から塩水港製糖株式会社監査役。戦後は、行政管理庁長官や法務総裁等を務めた。
(若月剛史)

(参考文献) 加藤聖文「植民地統治における官僚人事」(大西比呂志編『伊沢多喜男と近代日本』芙蓉書房出版、2003年)。

植田捷雄 うえだとしお (1904.9.9 – 1975.8.13)

中国外交史研究者。東京出身。

幼少の頃、平壌・大連で生活。五高・東京帝国大学を卒業後、大阪毎日新聞の外国通信部支那課勤務。1930年上海東亜同文書院教授、37年東方文化学院東京研究所研究員を経て、41年東京帝国大学に新設された東洋文化研究所の専任嘱託。45年法学博士(学位論文は『支那に於ける租界の研究』巖松堂、41年)、49年東京大学教授、66年早大教授。近現代中国外交史に関する著書が多く、『現代中国を繞る世界の外交』(野村書店、51年)、『東洋外交史』上・下(東京大学出版会、69・74年)、『在支列国権益概説』(巖松堂、39年)、『中国外交文書辞典』清末編(国書刊行会、85年)等がある。アジア政経学会・日本国際政治学会の創設に関わった。
(藤井昇三)

(参考文献)『植田捷雄博士を偲ぶ』(伊手健一等編、非売品、1975年)。

上田 広 うえだひろし (1905.6.18 – 1966.2.27)

作家。本名浜田昇。千葉県出身。

高等小学校卒業後上京し、日本国有鉄道に勤務し、かたわら神田英語学校に学び、鉄道教習所機械科を卒業。1924年「創作朗読会」に入会し、新感覚派やプロレタリア文学等の影響を受けた。26年鉄道第2連隊に入営し2年後除隊。34年「文学建設者」同人となり、ペン・ネーム「上田広」を用い始めた。日中戦争勃発と共に、37年7月応召し、北支鉄道沿線を転戦。38年陣中で書いた「黄塵」は『首都文芸』『大陸』『中央公論』に掲載され、「鮑慶郷」(パオシイシャン)(『中央公論』)と共に、上田を著名な作家に押し上げた。火野葦平・日比野士朗と共に兵隊作家としてもてはやされた。「黄塵」(『大陸』38年10月)は私的に雇った中国

人柳の中国人としての立場と、生きるために日本軍に協力せざるをえない立場を叙述した。「建設戦記」(『改造』39年4月)は鉄道守備の記録で、何度修理しても中国軍の攻撃で破壊される様子を描く。「帰順」(『改造』39年8月)は、投降してきた中国兵の手記というかたちをとって中国軍の実情を描いた。「鮑慶郷」(『中央公論』39年8月)は村の有力者の娘の悲恋を描いたものである。39年に内地帰還、42年2月報道班員としてフィリピンに赴いた。　　　　　　　　　　　(阿部　猛)

(参考文献)　安田武『戦争文学論』(勁草書房、1964年)。

上原勇作　うえはらゆうさく　(安政3.11.9 (1856.12.6)－1933.11.8)

陸軍軍人、元帥。都城(宮崎県)生まれ。

明治2 (1869)年鹿児島造士館に学び、明治5年6月(1872年7月)大学南校に入り、1875年陸軍幼年学校へ移る。80年12月陸軍士官生徒を卒え、81年から85年にフランスに留学、92年より参謀本部員となり、93年には英仏緊張の高まったベトナム・タイを視察した。上原は、川上操六のもとで陸軍大学教官や参謀将校を務め、日清戦争時には、94年6月ソウルの日本公使館付心得となり、派遣された部隊のソウル入城を推進、大鳥公使と大島派遣旅団長との中継に当たり、開戦後は朝鮮半島・中国領内を転戦した。日清戦後は、99年参謀本部第3部長(外国軍事諜報担当)として、96年ロシア差遣、99年万国平和会議に参加するなど、日清戦後のロシアとの外交調整に参与、北清事変では軍事輸送の任を務めた。1901年より工兵監。1900年少将、06年中将。日露戦時には、第4軍参謀長として遼陽から奉天で戦った。08年1月より満州・韓国に駐屯する諸部隊の検閲を行っている。12年4月第2次西園寺内閣の陸軍大臣となり、同12月2個師団増設問題で辞職し内閣倒壊を導いた。14年4月教育総監、15年2月大将となり、同年12月から23年3月までの長期にわたって参謀総長を務めた。総長就任以前の15年1月より3月にかけての華北・満州・韓国視察も、第1次世界大戦勃発による青島占領後の対中政策立案のためであった。この時期は第1次大戦からワシントン会議に至る、日本の対中政策が積極化し、それが否定され軍備縮小が行われていく変化の多い時期であり、上原は、第2次大隈内閣期の排袁政策を田中義一参謀次長と共に支持し、17年5月の日華共同防敵軍事協定の締結と8月の中国の対ドイツ参戦を導き、また18年のシベリア出兵を推進した。一方、大戦終結後には、ワシントン会議時の山東半島からの守備隊撤退を受け入れ、また中支那派遣隊の撤兵、支那駐屯軍の減兵、シベリアからの撤兵を行った。22年12月より翌年1月にかけて、軍事視察と皇太子行啓の下調べの目的を持って台湾を視察旅行した。21年4月に元帥となる。

上原は、明治末期から大正期にかけて長州閥が優位を占めた陸軍にあって、参謀本部を中心に形成された非長州派(上原派と呼ばれる)の代表的存在であった。そしてまた両派の対立の背景には、慎重な大陸政策を進める長州系と、積極的な対中国政策の展開を求める上原派の政策対立が存在していたとされる。

うがきかずしげ

しかし参謀総長をはじめ陸軍の要職を長く務めることができ、第1次大戦後に軍縮を受け入れていったようなところからは、上原自身が現実的感覚を備えた軍人であったことをうかがわせる。その残した文書は、首都大学東京の図書館に所蔵されている他に、遺族のもとに若干の文書がある。 　　（櫻井良樹）

(参考文献) 荒木貞夫『元帥上原勇作伝』（同伝記刊行会、1937年）、上原勇作文書研究会編『上原勇作関係文書』（東京大学出版会、1976年）。

宇垣一成 うがきかずしげ （慶応4.6.21(1868.8.9)－1956.4.30）

陸軍軍人。岡山生まれ。

1890（明治23）年陸軍士官学校卒業、1900年12月陸軍大学校卒業後、参謀本部付として02年8月よりドイツ留学、日露開戦により帰国。11年9月に陸軍省軍務局軍事課長となり2個師団増設問題後に軍部大臣現役武官制の維持を強力に主張、15（大正4）年8月に陸軍少将に進み陸軍歩兵学校長、16年参謀本部第1部長となり、田中義一参謀次長のもとで長州閥陸軍の後継者と目されるようになった。翌年3月中国に出張し日華共同防敵協定の締結に当たり、シベリア出兵を推進した。19年4月陸軍大学校長、7月陸軍中将、22年5月教育総監部本部長を歴任した。24年1月から5回にわたって陸軍大臣（清浦、第1次・第2次加藤、第1次若槻、浜口内閣）、31（昭和6）年6月より36年8月まで朝鮮総督を務め、幣原外交に協調的態度を取り民政党系に近い陸軍軍人と位置付けられた。宇垣は、4個師団を削減する一方で航空隊・戦車隊設置等の装備近代化や学校での軍事教練を導入（宇垣軍縮）し、国際協調・中国内政不干渉政策を推進したワシントン体制を認める立場に立った。しかしそれは世論を利用した軍備整理であり、宇垣の外交思想は優勝劣敗・弱肉強食の帝国主義的なもので、第1次世界大戦後の英米主導による国際秩序を否定的に捉えていた。満蒙への日本の発展を理想としていたが、現実的な観点から英米との対立を回避しようとし、英米との協調により中国ナショナリズムの昂揚に対処しようとしていたため、幣原外交に同調したが、実際には幣原の不干渉政策を冷やかに見ていた。満州事変前後において、桜会などによる国家改造クーデター計画である三月事件（31年3月）への関与が噂されたことは、のちの組閣を拝辞せざるをえなくなる原因となった。朝鮮総督としては、特に農村振興と電気事業を基幹とする工業化政策に力を尽くし、イデオロギー的には「心田開発運動」を繰り広げた。広田内閣辞職後の37年1月25日に重臣層の期待を背負って組閣を命ぜられるも、陸軍大臣を得ることができず拝辞した。38年5月には陸軍の行動を抑え対中国関係の好転を図ることを期待されて第1次近衛内閣の外務大臣となり和平工作（宇垣・孔祥熙工作、萱野工作）に当たったが、陸軍の進める和平工作と競合したり、条件が折り合わず、興亜院設置に反対して、わずか3ヶ月で辞職した。44年小磯内閣より駐華大使の要請を受けるも断り、9月に日中和平工作調査のため中国視察を行い、長江以北への撤兵を進言した。戦後は公職追放解除後の1953年4月の参議院議員選挙に全国区最高点で当

選した。その残した文書は、国立国会図書館憲政資料室、憲政記念館、早稲田大学図書館に所蔵。　　　　　　　　　（櫻井良樹）

（参考文献） 堀真清編著『宇垣一成とその時代』（新評論、1999年）、渡邊行男『宇垣一成』（中公新書、1993年）、戸部良一「宇垣一成のアメリカ認識」（長谷川雄一編著『大正期日本のアメリカ認識』慶応大学出版会、2001年）、角田順校訂『宇垣一成日記』全3巻（みすず書房、1968－71年）、宇垣一成文書研究会編『宇垣一成関係文書』（芙蓉書房出版、1995年）。

浮田和民 うきたかずたみ （安政6.12.27（1860.1.19）－1946.10.28）

言論人、政治学者。熊本生まれ。

明治4（1871）年熊本洋学校1期生として学んだ熊本バンドの一員。1879年同志社英学校卒、92年エール大学に留学した。97年より東京専門学校（早稲田大学）で教鞭を執り、1941年の退職まで西洋史・社会学・政治学等を担当。1909年に雑誌『太陽』主幹となり多くの論説を著し、一方大隈重信の文明協会運動で中心的役割を果たし、教育と言論活動を通じて自由主義的政治思想を説き、大正デモクラシーの潮流の一翼を担った。中国との関わりについては、浮田の説く倫理的帝国主義の評価が問題となろう。浮田は満州権益の維持や満州事変については現状追認的なところもあったが、日本の発展は国際的孤立をもたらす侵略的帝国主義ではなく、平和的・経済的・商業的なものでなければならないとする。そしてアジア諸国が立憲的自由主義に基づく国民国家を建設するように誘導することが、世界文明への貢献であると位置付けた。そのような観点から、浮田は辛亥革命を歓迎し、第2革命時の出兵論や排華政策・援段政策に対しては非干渉を説き、対華21ヶ条要求を批判し、中国との関係改善を望んだ。

（櫻井良樹）

（参考文献） 栄沢幸二『大正デモクラシー期の政治思想』（研文出版、1981年）、鈴木正節『大正デモクラシーの群像』（雄山閣、1983年）、松田義男『浮田和民研究』（私家版、1996年）。

宇佐川一正 うさがわかずまさ （嘉永2.11.10（1849.12.24）－1927.11.10）

陸軍中将、男爵。長州藩（山口県）出身。

長州藩士の4男。宇佐川家の養嗣子。1873年に戸山学校第1期生になってフランス式歩兵操法を速修し翌年6月に卒業する。陸軍少尉に任官され、歩兵第14連隊付となる。西南戦争に出征後、大隊副官、旅団参謀、同副官、師団参謀、監軍部副官、近衛師団参謀等を経て、日清戦争では第1軍参謀となって出征する。軍司令官山県有朋と軍参謀副長田村怡與造が帰国すると、小川又次軍参謀長のもとに軍参謀副長に就く。戦後は台湾から凱旋した近衛師団の司令部付となり、96年8月に韓国公使館付武官としてソウルに赴任する。第10師団参謀長ののち99年に軍務局軍事課長に就く。いったん旅団長に出たあと寺内正毅陸軍大臣の力により1902年4月に軍務局長に据えられる。日露戦争では寺内陸相の片腕として働いた。08年12月に予備役に入り、新設された国策会社東洋拓殖株式会社の総裁に就任して5年間にわたり韓国植民地化事業の推進責

任者となる。17年から貴族院議員となった。
（斎藤聖二）

（参考文献）『東亜先覚志士記伝』下。

牛島春子 うしじまはるこ （1913.2.25－2002.12.26）
作家。福岡県出身。

1929年久留米高等女学校卒業後、労働運動に参加。32、33年と２度にわたり検挙、35年懲役２年執行猶予５年の判決を受ける。36年、牛島晴男と結婚、満州へ渡る。晴夫は満州国属官として奉天（現瀋陽）に赴任。37年春、短篇小説「豚」を執筆、第１回建国記念文芸賞２等１席を受賞。「王属官」と改題され発表、のちに脚本化され上演。同年10月、晴男が黒龍江省拝泉県の副県長となる。旧満州で創作した作品の大半はここが主な舞台となる。38年新京（現長春）に移る。40年『満州新聞』に短篇「祝という男」を連載。山田清三郎が企画編集した『日満露在満作家短篇選集』（春陽堂、40年）に収録、第12回芥川賞候補作となる。満州で終戦、46年７月、３人の子供を連れ帰国。戦後は『九州文学』同人で、48年新日本文学会久留米支部の創立に参加。代表作に長篇小説『霧雨の夜の男―菅生事件―』（鏡浦書房、60年）、随想集『ある微笑―わたしのヴァリエテ―』（創樹社、80年）等。
（谷川栄子）

（参考文献） 坂本正博「牛島春子年譜」（『朱夏』10号、せらび書房、1998年）、飯田祐子・日高佳紀・日比嘉高編『文学で考える〈日本〉とは何か』（双文社、2007年）。

牛島実常 うしじまみつね （1880.2.11－1967.12.1）
陸軍軍人。福岡県出身。

1904（明治37）年陸軍士官学校卒。工兵として鉄道大隊・鉄道連隊に勤務。09年に砲工学校を卒業し、翌年陸軍大学校に入学、13（大正２）年に卒業。この後は部隊参謀と砲工系統を中心に各種軍学校教官を歴任。38（昭和13）年６月には第20師団長に着任。山西省南部で掃討作戦を展開し、有力な敵部隊と交戦して苦戦中だった同師団を率いていわゆる晋南粛清戦を成功させた。39年９月に参謀本部付となり、12月に台湾軍司令官。40年12月に再び参謀本部付となり、41年１月に予備役編入。太平洋戦争中は大日本翼賛壮年団副団長・帝都翼賛壮年団長・帝都国民義勇隊副本部長等を務めた。
（中野弘喜）

（参考文献）『戦史叢書　支那事変陸軍作戦〈２〉』（朝雲新聞社、1976年）。

後宮　淳 うしろくじゅん （1884.9.28－1973.11.24）
陸軍軍人、陸軍大将。京都府出身。

陸軍士官学校（17期）、陸軍大学校卒業。２度にわたり満鉄の嘱託将校を務めた。その後参謀本部第３部長、陸軍省人事局長等を経て、1937（昭和12）年陸軍省軍務局長となり、日中戦争の勃発を迎える。37年10月在満の独立混成第11旅団を基幹として新設された第26師団長となり、綏遠・包頭攻略戦に参加、38年１月には駐蒙兵団の指揮下に入り、治安作戦に従事した。ちなみに同師団は、陸軍最初の歩兵３個連隊制師団である。39年８月第４軍司令官（関東軍）、40年10月南支那方面軍司令官、翌41年７月には支那派遣軍総参謀長

となり、太平洋戦争を迎える。中部軍司令官を経て、44年2月東条英機首相兼陸相が参謀総長を兼任した際、軍事参議官兼参謀次長に就任した。航空総監兼航空本部長、軍事参議官を経て、44年8月満州国西部の防衛を担任する関東軍の第3方面軍司令官(奉天)となり、45年8月侵攻するソ連軍と交戦したが、まもなく終戦を迎える。戦後シベリアに抑留され、56年12月帰国した。その後、日本郷友連盟会長を務めた。　　　　(庄司潤一郎)

(参考文献) 額田坦『陸軍人事局長の回想』(芙蓉書房、1977年)。

薄　益三　うすきますぞう　(1878-1940.1.13)

大陸浪人。馬賊名天鬼将軍。新潟県出身。

生糸や繭の買付けで成功し、同郷の柴四郎の紹介で日露戦争中に朝鮮に渡り、薄商会を設立。朝鮮駐屯軍の御用商人として蓄財。日本人謀略馬賊・辺見勇彦(中国名江侖波)が経営していた長春華実公司を任され、現地娯楽産業を総括。1911(明治44)年、第1次満蒙独立運動では甥の守次(馬賊名白竜)と共に、中国人馬賊を糾合して満蒙独立義勇軍を率いたが、翌年中国側官憲と衝突して失敗。16(大正5)年、第2次満蒙独立運動にも参加。再び挫折したのちは、20年代から東部内蒙古での農場・牧場経営に乗り出し、24年頃には満鉄映画部の協力を得て映画『蒙古縦断』を製作。なお益三と守次は、同時代人には「天鬼兄弟」として知られ、人気を博した。
　　　　(澁谷由里)

(参考文献) 朽木寒三『馬賊　天鬼将軍伝』(徳間書店、1981年)、畠山宗明「薄益三『蒙古縦断』をめぐって」(『早稲田大学演劇研究センター紀要』1、2003年)。

内田嘉吉　うちだかきち　(慶応2.10.12(1866.11.18)-1933.1.3)

逓信官僚、台湾総督、貴族院議員。江戸出身。

内田正八の長男として神田に生まれる。東京外国語学校独逸語科を経て、1891(明治24)年帝国大学法律学科を卒業し逓信省に入省、海事行政に従事する。1910年6月政友会派と後藤新平派の軋轢を緩和するため、「理蕃総督」といわれた佐久間左馬太のもとで台湾総督府民政長官に就任、以後17(大正6)年まで治安、鉄道・港湾等交通施設、糖業等産業振興、山林官民有区分の確定、教育等に活動し、15年1月には南洋協会を創立して自ら副会頭に就いた。また辞任に際しての餞別を総督府図書館に寄付し図書の充実に当てた。23年9月からおそらく後藤の推挙で台湾総督に就任するが、翌年9月には憲政会系内務官僚伊沢多喜男によってとって替わられる。以後、貴族院議員・実業家としてあるいは国際団体・国際会議の場で活躍、29(昭和4)年には前会長後藤の死去に伴って台湾倶楽部会長に就任した。内田はまた、外遊の際や国内古書店から海外地誌関係を中心に多くの図書を購入、それらは36年に東京市駿河台図書館に移管され、現在も千代田区立千代田図書館に収められている。その中には彼が関わった台湾行政関係の史料も多く含まれている。
　　　　(季武嘉也)

(参考文献) 故内田嘉吉氏記念事業実行委員

うちだとむ

編刊『内田嘉吉文庫稀覯書集覧』(1937年)、同編刊『内田嘉吉文庫図書目録　第一～三編』(1937年)、若林正丈「台湾治警事件に関する一資料―内田嘉吉文庫蔵「台湾会設置関係書類」―」(東京大学教養学部外国語学科編『外国語科研究紀要』31-4、1983年)。

内田吐夢 うちだ とむ (1898.4.26-1970.8.7)

映画監督。本名内田常次郎。岡山県出身。

中学中退後、奉公先を逃げ出して映画業界に入るが、一時期は旅役者の一座に加わり、肉体労働者として過ごすなど、異色の経歴を持つ映画監督である。1930年代には傾向映画の傑作を次々に製作した。強烈な生活臭やあくなき生命力を感じさせるその演出は他の作品と一線を画しており、アクが強いとも反骨的であるとも言われる。映画法の統制の下では積極的な製作は行わず、わずかに歴史映画2作品を発表したのみであった。45年、陸軍から関東軍戦車隊を描く『陸軍の華』の製作を依頼され、満州に赴く。しかし、戦況の悪化によってこの企画はつぶれ、内田はそのまま満州映画協会に入社し、新京（現長春）で終戦を迎えた。甘粕が自決した後、理事の和田日出吉と渡瀬成美は中国共産党の指揮下にある東北電影工作者連盟（東北電影製片廠）に、満映の全権利を委譲した。内田はすぐには帰国せず、この東北電影製片廠で演出顧問となった。1930年代に傾向映画の旗手であった内田にとって、これは極めて魅力的な仕事であったと思われる。しかし、47年に精兵簡政運動が始まると、東北電影製片廠の日本人スタッフの多くは強制労働に就かされ、内田も砂河子等で石炭積みの労働を続けた。この強制労働で体調を崩し、共産党側の配慮もあって、52年6月からは岸富美子と共にフィルム編集の仕事を担当した。しかしやがて胃潰瘍を発症して吐血し入院、53年10月に帰国した。旧満映職員の多くは、理事であった根岸寛一がマキノ光雄と親しかった関係で、東横映画に吸収され、52年に発足する東映の母体を形成していた。帰国した内田もまた東映に入社し、監督業を再開する。内田は、戦後に読んだ毛沢東の『矛盾論』から創作上の啓示を受けたことを述懐している。東映商業映画の中で、内田が執拗に追求した「人が人を殺す理由」というテーマは、戦後満州での体験と密接に関係していると言えるだろう。

(瀧下彩子)

(参考文献)　内田吐夢『映画監督五十年』(日本図書センター、1999年)、山口猛『幻のキネマ満映：甘粕正彦と活動屋群像』(平凡社、2006年)。

内田康哉 うちだ やすや (慶応1.8.10(1865.9.29)-1936.3.12)

外交官、政治家。肥後（熊本県）出身。

1887（明治20）年7月に東京帝国大学法科大学を卒業し、同年外務省に入って交際官試補となり取調局に配置される。88年7月に米国ワシントンでの勤務を命ぜられて陸奥宗光公使の知遇を得た。89年に同公使の帰国に随って帰国し、90年5月に同公使が農商務大臣（第1次山県有朋内閣）に就任するのに伴い同大臣秘書官となった。92年3月に陸奥の外務次官就任により外務省に復帰して官房秘書課

長となる。93年1月に公使館書記官としてロンドンへ赴任し、青木周三公使のもとで日清戦争開戦直前の日英通商航海条約の調印（94年7月16日）に向けて尽力した。同戦争直後の95年8月に北京の在清国公使館へ転任して同年11月に1等書記官となった。97年11月に清国から帰国し、本省の通商局長や政務局長を歴任したのち、1901年9月から日露戦争を経て06年6月まで特命全権公使として清国に駐在し、「満州に関する露清条約」（1896年）の情報を探知したり、「満州ニ関スル日清条約」（1905年12月2日に調印）の締結のため北京に来訪した小村寿太郎外相を補佐するなど、同戦争前後の外交場裡で活躍した。07年2月に駐オーストリア全権公使となり、同年5月には駐スイス公使をも兼任する。09年11月に駐米全権大使としてワシントンに転任し、11年2月に日米通商航海条約に調印、同年4月には同地で開催のオットセイ保護条約会議に日本代表として参加し同条約に調印した。同年8月に第2次西園寺公望内閣の組閣に際して外相に就任した所へ、清国で辛亥革命が起きた。内田は、革命軍に対する嫌悪から、清朝軍へ武器・弾薬を供給したが、原敬内相の革命軍へのバランス感覚もあって、日本政府は、清朝軍・革命軍のいずれも刺激しない方針をとった。16（大正5）年12月に駐ロシア全権大使となってペトログラードに着任し、革命下のロシア情勢について情報の蒐集と本省への報告に努めた。しかし翌年2月に国交断絶となって帰国し、シベリア出兵に反対した。18年9月に原敬内閣の組閣に当たって2度目の外相となり、以後その外相の任は高橋是清と加藤友三郎の両内閣でも留任する。その間、パリ講和会議・ワシントン会議・シベリア出兵問題等の処理に尽力し、23年9月に外相を辞任した。25年3月に枢密顧問官となり、28年にパリの不戦条約会議に全権として出席し同条約に調印する。しかしながら、同条約の文中に「人民ノ名ニ於イテ」という文言があったことに、議会で野党が同条約批准の阻止に出たため枢密顧問官を辞任した。31年に満鉄総裁となり、同年9月に起きた柳条湖事件では関東軍に同調し満州事変に協力する姿勢をとった。32年7月に組閣された斎藤実内閣では3度目の外相となり、翌8月に議会で政友会の森恪が行った質問に対して、満州国の承認は「挙国一致、国を焦土としてもこの主張を一歩も譲らない決心」と答弁して、「内田焦土外交」という言葉を後世に残す。32年9月に健康を害して外相を辞任し、36年に死去した。

（松村正義）

（**参考文献**）　外務省人事課『外務省年鑑』（1923年）、外務省外交史料館編『新版　日本外交史辞典』（山川出版社、1992年）、内田康哉伝記編纂委員会・鹿島平和研究所編『内田康哉』（鹿島研究所出版会、1969年）、池井優「内田康哉―焦土外交への軌跡―」（日本国際政治学会紀要『国際政治』56、1977年）、内藤和寿「『内田康哉伝記起草稿』について」（外務省外交史料館紀要『外交史料館報』7、1994年）、高橋勝浩「内田康哉―協調外交から焦土外交への転回―」（佐藤明弘他編『人物で読む近代日本外交史―大久保利通から広田弘毅まで―』（吉川弘文館、2009年）。

うちだりょうへい

内田良平 うちだりょうへい (1874.2.11-1937.7.26)

大陸浪人、国家主義運動指導者。平岡浩太郎の甥。幼名良助、のち甲。福岡県出身。

元福岡藩士の3男として現在の福岡市に生まれた。父良五郎は玄洋社の同人であり、叔父平岡浩太郎は玄洋社の三傑と称された人物である。そのため、少年期より、朝鮮・中国への日本の勢力拡大に強い関心を持っていたと言われる。1892（明治25）年平岡に従い上京、講道館で柔道を学ぶかたわら、東洋語学校に入学しロシア語を学んだ。94年朝鮮半島において東学党の乱が発生すると、天佑侠を組織し、東学党と共に戦ったとされるが、日清戦争勃発後天佑侠は解散、内田はウラジオストックに渡り、柔道場を経営するかたわら諜報活動に従事し、97年にはシベリヤ横断旅行を敢行している（～98年）。98年11月東亜同文会（会長近衛篤麿）が組織されるとウラジオストックからこれに参加、同会の機関誌『東亜時論』創刊号（98年12月）に「興清策」等を寄稿している。この頃、宮崎滔天に孫文を紹介され、のちに孫文から革命への支援を要請された。

1899年義和団事件（北清事変）が勃発すると、国内において義勇兵を募るなど革命支援の準備を進め、また李鴻章・康有為とも接触している。1900年には、上海において孫文・山田良政・平山周らと会合を持ち、両江総督劉坤一の暗殺を協議した。しかし、暗殺中止を希望する孫文の態度に失望した内田は、以後孫文ら革命派と距離を置くようになる。01年北清事変終結後、ロシアだけが満州占領を続けるという現実を前にして、内田は満蒙問題の解決をめざし、対外硬団体黒龍会を結成、主幹となる。さらに、03年には近衛篤麿の対露同志会に参加した。日露戦争終結後の06年韓国統監府嘱託となり、李容九らの一進会と共に日韓併合実現に奔走した。11年10月辛亥革命が勃発すると、革命軍を支援すべく北一輝・清藤幸七郎を黒龍会特派員として派遣、国内においても宮崎滔天らと有隣会を組織、革命軍のための資金調達に奔走した。また、朝鮮総督寺内正毅、同憲兵司令官明石元二郎に会見、革命軍への協力を要請した。内田の辛亥革命支援は、革命成功後満蒙は日本の自由処分に任せるという孫文の言に期待したからであり、「一般の有志家間に共通せる剣狭的精神とは稍々選を異にするもの」（『続対支回顧録』下）であった。それ故、12年に孫文と袁世凱の妥協が成立すると、内田は革命派と絶縁する。

13（大正2）年7月（同月第2革命勃発）、満蒙独立の世論を喚起すべく対支研究会を組織、間もなく同研究会は対支連合会に発展、9月には日本の中国出兵を決議した。15年第3革命が勃発すると、内田は満蒙問題解決の機会と捉え、川島浪速ら浪人、清朝復辟派、革命派と結び、袁世凱を攻撃することを画策したが、袁世凱の死により情勢が変化、挙兵した川島らも中国軍に敗北した。31（昭和6）年、大日本生産党を結成、総裁に就任し、国家主義運動の先頭に立つと共に、満蒙独立運動を推進した。　　　　　（栗田尚弥）

（**参考文献**）『国士内田良平伝』（黒龍倶楽部編、原書房・明治百年史叢書、1967年）、初瀬龍

平『伝統的右翼内田良平の研究』(九州大学出版会、1980年)、『続対支回顧録』下。

内堀維文 うちぼりこれふみ （明治5.3.6（1872.4.13）－1933.1.1）

教育家。熊本県出身。

東京高等師範学校卒業後母校で教諭として勤務中、1903年山東省師範学堂（済南）に総教習として招かれ、6年間にわたり日本人教習数名を率いて教員養成に従事、同省の近代学校教育導入の基礎づくりに貢献した。当時中国各地で活躍する数百人の日本人教習中、師範教育に従事する者が最も多く、内堀は服部宇之吉・渡辺龍聖・藤田豊八らと共にその代表的存在であった。彼が雑誌『教育時論』に連載した「山東概況」「山東教育談」は清末期山東省における学堂の設立運営状況を詳述した貴重な記録。09年帰国後は神奈川・静岡・浜松・長野等の県立師範学校の校長を歴任した。17年には再び招かれて満鉄経営の南満中学堂の校長となり、奉天中学校長も兼任。23年には旅順工科大学予科教授となり、生徒監を兼任、同大学廃校反対運動を指揮して存続決定に持ち込む。翌24年からは関東庁中学校長に任ぜられ、旅順第二中学校長を兼任、在華教育活動は通算17年に及んだ。28年帰国後は日華学会の委嘱により『日華学報』の編集を担当、大東文化学院教授としても活躍した。　　　　　　　　　　　　（阿部　洋）

(参考文献) 法本義弘編『内堀維文遺稿並伝』(同刊行会、1935年)。

内村鑑三 うちむらかんぞう （万延2.2.13（1861.3.26）－1930.3.28）

キリスト教思想家・伝道者。江戸出身。

江戸小石川で高崎藩士の長男として生まれる。東京赤坂の有馬私学校、東京外国語学校、開拓使附属札幌農学校に入学、札幌農学校でクラーク博士に師事しキリスト教徒となる。札幌県、農商務省技師として奉職後、アメリカのアマスト大学に入学。卒業して帰国し北越学館、東洋英和学校、水産伝習所の教壇に立ち、第一高等中学校では1891年に不敬事件を起こす。以後は主としてキリスト教の伝道や社会思想家として活動する。日清戦争に際し、彼は当初これを日本が西洋文明を東洋に広めるための義戦として捉え、日本の立場を支持したが、その後の侵略的態度を見て反省し非戦論に転向、以後一貫してこの態度を持するようになった。彼自身が中国に渡ったことはなかったが、1922年世界伝道協賛会を結成し上海の支那内地伝道会社に献金を行い、医師の給料を負担するなどした。彼は中国と日本を一体として捉え、それを布教によって達成しようと考えていた。　　（李武嘉也）

(参考文献) 『内村鑑三全集』全40巻（岩波書店、1981－84年）、伊東昭雄「日本の植民地支配と天皇制―内村鑑三を中心に―」(『横浜市立大学論叢人文科学系列』43－1、1992年)。

内山嘉吉 うちやまかきち （1900.12.9－1984.12.30）

文化人、書店経営。岡山県出身。

1931年、東京の成城学園小学校の美術科教師の時、夏休みに兄完造の経営する上海の内山書店に出かけ、かねてから版画に深い関心

を持っていた魯迅の要請により、内山嘉吉指導、魯迅通訳によって、上海の美術学生17名が参加した版画講習会が、8月17日から22日まで行われた。またその頃、内山完造の養女片山松藻と結婚したが、結婚式の際、魯迅・郁達夫・鄭伯奇等が招待された。35年成城学園をやめたのち、兄完造の勧めにより、東京の祖師ヶ谷大蔵に内山書店を開業し、この店はその後東京神田一橋、神田すずらん通りに場所を移して、現在の内山書店となっている。戦後の47年2月以後、李平凡の申し出により、内山嘉吉の所蔵する中国初期木版画展が、神戸・大阪・東京等で行われた。56年6月、出版交流代表団の一員として訪中し、郭沫若・謝冰心・田漢・許広平等及び李平凡・劉峴・古元・彦涵・力群、版画講習会に参加した周熙（周江豊）等の版画家に会っている。

（馬場　毅）

（参考文献） 内山嘉吉・奈良和夫『魯迅と木刻』（研文出版、1981年）、内山完造『花甲録（げん）』（岩波書店、1960年）、斎藤秋男「追悼・内山嘉吉さん」（『中国研究月報』442、1984年）。

内山完造 うちやまかんぞう （1885.1.11－1959.9.20）

内山書店店主。日中友好の功労者。クリスチャン。岡山県出身。

1913（大正2）年28歳の時、京都教会牧野牧師の紹介で参天堂に入社。大学目薬の上海出張員として中国での販売宣伝のために長江流域を上下する間に中国での見聞を深めた。16年井上美喜と結婚し夫婦で上海へ。翌年、キリスト教関係の本を中心に上海内山書店を開く。内山書店の書物は客が自由に手に取ることができ、中国人に対しても貸売を行い店頭では無料で茶を振る舞うなど信頼を得た。その後も谷崎潤一郎・佐藤春夫・横光利一・林芙美子らと、魯迅・郭沫若・田漢・欧陽予倩等、日中両国の文化知識人たちの交流の労を取り、内山書店は日中の文化サロン的役割を果たす。30（昭和5）年参天堂と絶縁。また、郭沫若や魯迅らが弾圧や追及の手が伸びてきた際には彼らを庇護し、スパイ容疑をかけられることもあった。一方、内山を日本軍のスパイだという中国側の噂も飛び、魯迅はそれについて同年7.20付「偽自由書後記」に、次のように述べている。「…内山書店のことだが、この三年来、確かに私はこの店の常連で、本を見たり話したり、その気分は上海のいわゆる文人連とつき合うより安心がいく。なぜなら、かれの商売は、金もうけのためであって、絶対にスパイではないことを確信しているからである。かれは金もうけのために本は売るが、人血は売らない。この一点こそ、すべて自分では人間と思い、実際は犬にも及ばない文人連に、極力まねしてもらいたいことである」（竹内好訳）（『魯迅の思い出』「内山完造年譜」より）。初めての随筆集『生ける支那の姿』（学芸書院、35年）の序文は魯迅が書いた。翌年中国語に訳され『一個日本人的中国観』として上海開明書店から刊行された。36年10月19日魯迅逝去の際、内山は宋慶齢・蔡元培・茅盾・スメドレーらと共に葬儀委員を務める。37年盧溝橋事件から日中全面戦争に突入。内山書店は戦時下においても順調に売上げを伸ばし、41年日本憲兵隊に連行された許広平ら中国人の救出に尽力。

45年1月妻美喜死去。8月15日敗戦に伴い日本人の引揚げ業務に尽力。46年6月中国永住の決意を固めるも、"国民党政府顛覆"容疑で強制帰国を命じられる。帰国後、岩波書店の小林勇の勧めにより「日本人に中国の本当の姿を伝える」ため"中国漫談"全国行脚を開始、講演回数は800を超えた。49年日中貿易促進会代表委員、50年日中友好協会初代理事長となり、残留邦人の帰国問題等に尽力。58年過労から倒れ、7月北京の対外文化協会から病気療養のため訪中をとの誘いを受け、9月16日北京到着。歓迎晩餐会の席上で倒れ、9月20日北京協和医院で死去。2日後、北京郊外で追悼式が営まれ、遺骨は上海万国公墓の妻美喜の傍らに安置された。日中の間にあり、公平で友好的な姿勢を貫き両国人民のために尽力した。　　　　　　　　（谷川栄子）

参考文献　内山完造『そんへえ・おおへえ』（岩波新書、1949年）、同『花甲録』（岩波書店、1960年）、同『魯迅の思い出』（社会思想社、1979年）。

宇都宮太郎 うつのみやたろう　（文久1.11.22(1861.12.23)－1922.2.14)

陸軍軍人（大将）。俳号「東亜　大狂」。肥前藩（佐賀県）出身。

陸軍大学校卒業後、主に参謀本部畑を歩み、孫文の存在を最も早く認識したアジア通の軍人。反長州閥の中心人物としても知られる。1892年東アジアの新秩序を構想した日清英同盟論（「昔時之夢」）を川上操六参謀次長へ提出、日清戦争では大本営陸軍参謀として営口等を視察し、95年9月南進軍参謀として台湾に出征した。96年には外国事情・諜報関係を担当する参謀本部第3部員として福建地方へ出張、帰国後「清韓旅行復命書」を提出する。97年末－98年2月漢口に出張し、湖広総督張之洞と武漢で会見、日本人軍事顧問の雇傭や士官留学生の日本派遣等を話し合い、張之洞の部下6名を連れて帰国した。1900年北清事変の際には寺内参謀本部次長の天津行きに随行している。英国公使館付武官としてロンドンに滞在中の04年日露戦争が勃発すると、帰国を請願したが許可されず、「明石工作」（対ロシア工作）を背面から支えた。07年歩兵第1連隊長に転出、08年からは参謀本部第2部長として海外情報の収集や分析立案に携わった。09年には東亜同文会幹事長根津一（士官学校同窓）が要請する同文書院生徒の清国調査旅費を補助している。10年にも片谷伝造の「蒙古」事業へ援助を行い、水野梅暁とも交流を始めた。11年の辛亥革命に対しては中国の分割保全政策（保護国と同盟国）を提唱、第2革命にも関与し、「対支那私見」「居中調停に付き」「支那分割の止を得ざる場合に於ける我占領地域」「支那の時局に対する覚書」等多数の意見書を提出した。宇都宮は中国情勢の変化に応じて革命派（南方派）を援助し、「南満州・東部内蒙古」に日本の影響力を強めるため、中国各地に多くの軍人や民間人を派遣し工作を行った。満蒙での「特別任務」には多賀宗之や大陸浪人の川島浪速等、袁世凱には坂西利八郎、武昌には丸山豊等、武漢には井戸川辰三等を派遣したが、こうした工作には参謀本部の機密費や振武資金、三菱合資会社社長岩崎久弥からの援助活動資金

10万円等が使われた。11年末渡清した犬養毅等には孫文との接触費用1万円が手交されている。革命軍への武器輸出も原敬内相の「黙認許可」と古賀廉造警保局長の協力のもと水野梅暁を窓口として行われた。しかし袁世凱と革命派との南北講和は宇都宮の中国二分策構想を阻止するものであった。また清国人留学生の陸軍士官学校入学のための振武学校（成城学校の後身、1903年設立）を監督するのも第2部の任務であったが、辛亥革命により学生が帰国し自然閉校となった。その後振武義会（留学生援助・親睦団体）が設立される。大正政変時の13年1月から3月にかけて、南満州や革命後の中国の社会状況視察のため朝鮮経由で中国に出張、辛亥革命の動乱地を旅行し、上海で孫文に面会、さらに黄興とも密談、漢口では副大総統黎元洪と会見した。また国内でも孫文と関係の深い萱野長知や梅屋庄吉等と交流を続けた。その後第7師団長、第4師団長を経て、朝鮮軍司令官として19年の三一独立運動に直面、朝鮮各地の運動を鎮圧し、動揺をきたした朝鮮統治体制の立て直しに全力を傾注した。しかし多様な独立運動への対応に苦慮する中、20年軍事参議官へ転出、22年死去する。　　　　（吉良芳恵）

（参考文献）『日本陸軍とアジア政策―陸軍大将宇都宮太郎日記―』全3巻（岩波書店、2007年）、『上原勇作関係文書』（東京大学出版会、1976年）、北岡伸一『日本陸軍と大陸政策』（東京大学出版会、1978年）、櫻井良樹『辛亥革命と日本政治の変動』（岩波書店、2009年）。

宇野哲人 うのてつと （1875.11.15 − 1974.2.19）

中国哲学史家。熊本県出身。

旧制五高で夏目漱石・小泉八雲（ラフカディオ・ハーン）に英語を習い、朱子学の内田周平や秋月韋軒の感化を受け、東京帝大文科では島田重禮・重野安繹や井上哲次郎らの教えを受け、その漢学科を卒業（1990.7）。桑原隲蔵ら先輩に恵まれ、東京高等師範教授に就任（1902−）、ついで東京帝大助教授（支那哲学）に異動（1905−）、以後その定年まで高師教授をも兼任した。その翌年（1906）から支那学研究ため清国およびドイツに留学（1910春、帰国）。1919（大正8）年文学部教授、同年文学博士。36（昭和11）年定年退官。

中国哲学史の著述は、本邦において19世紀末以来、世界に先がけて、既に数種をかぞえていた（松本文三郎・遠藤隆吉など）が、宇野はヴィンテルバントの哲学史に範を取り、『支那哲学史講話』（1914）を著し、上古（先秦）・中世（漢唐）・近世（宋以降）の3期に区分し、列伝体の構成で思想の展開を叙述し、さらに儒学思想を通史に集成した『儒教史上』（1924）『支那哲学史―近世儒学』（1954）によって、よく思想史研究の方法を提示した。また『支那哲学概論』（1926）では中国哲学として扱うべきテーマと概念を整理し、その後編「主要問題概説」では宇宙論・倫理説（個性の研究・義務論・徳論・理想論・修養論）・政治部の3部に分けて概論し、のちの張岱年『中国哲学大綱（中国哲学問題史）』等の先駆をなした。『増補改版　支那哲学の研究』（1929）にはひろく先秦―清末の思想論考を集めるが、宇野の重点は近世思想（宋明

性理学)に中心をおく儒教思想の解明と顕彰にあった。それも強烈な儒教主義者としてではなく、北宋の程明道の寛闊さを慕う穏健な自由主義の風を身につけ、多数の専攻学生を集めた昭和初期の、宇野の主宰した研究室からは、多彩な研究者が輩出した。

東大の在職31年、学部長(1931.9－35.9)在任時は厳しい状況下で学生の思想問題に腐心し、学友会の助成に意を用いた。また長期にわたって並行して出講した東京高師・東京文理大(1929－)からは、諸橋轍次らをはじめとする中等教育界に多大の影響を及ぼした。

日中戦下、東亜文化協議会の理事となり(1938)、国立北京大学文学院の名誉教授に就任(1939)、終戦まで法・医・理・農・工学院の名誉教授(日系)の中でも中国側に理解のある態度で国策の横暴に抵抗した。国内では、東方文化学院院長(1945.6－48.3)としてその解散を全うし、戦後の東方学会では羽田亨・吉川幸次郎らと組んで理事長(1947.6－)・会長(1965.5－)を務め、また実践女子大学長(1949－)などを歴任。数え歳百歳の長寿を全うするまで、学会の発展、学術の振興に力を尽くした。　　　　(戸川芳郎)

(**参考文献**)「学問の思い出―宇野哲人博士―」1963年(『東方学回想Ⅲ』学問の思い出(1)、刀水書房、2000年)、『宇野哲人先生白寿祝賀記念東洋学論叢』(東方学会、1974年)。

幼方直吉　うぶかたなおきち　(1905.9.5－1991.2.25)

近現代中国史・中国法研究者。愛知大学客員教授(1955－85)。東京出身。

東京帝国大学農学実科中退。早くから民族問題や植民地支配に関心を持ち、朝鮮・中国問題を独学で研究、処女論文「日清戦争までの日鮮貿易」(マルクス主義系の『歴史科学』創刊号、32年)、「近世支那・朝鮮をめぐる日露の関係」(『世界歴史大系』第9巻、34年)を発表した。34年野原四郎・旗田巍らの薦めで前年設立の歴史学研究会に参加、その後38年設立の回教圏研究所嘱託となる。40年8月満鉄上海事務所嘱託になり、支那農村慣行調査に参加。戦後、中国研究所(46年)や朝鮮史研究会(59年)の創立者の一人となり、「日本人の朝鮮観」(『思想』61年10月)で柳宗悦の朝鮮関係の業績を初めて紹介するなど日本の戦争責任や人権問題等で執筆活動や実践活動を行う。　　　　(伊藤一彦)

(**参考文献**)「追悼　幼方直吉さんを偲ぶ」(『中国研究所月報』1991年5月号)、幼方直吉著作集刊行会編『人権のこえ　アジアの歌:幼方直吉著作集』(勁草書房、1993年)。

梅　謙次郎　うめけんじろう　(万延1.6.7(1860.7.24)－1910.8.26)

法学者。法典起草者。松江(島根県)出身。

東京外国語学校、司法省法学校を首席卒業。1886年仏国リヨン大学に学び学位を得、ベルリン大学を経て90年帰国、法科大学教授。93年以降法典調査会で主査委員として民法・商法を立案起草。97年東京帝国大学法科大学長。法制局長官。1900年には文部省総務長官も務めた。06年統監府の法律顧問となり、韓国の立法事業・司法制度改革に着手し、夏冬の休暇に渡韓を重ねるが、10年8月韓国併合条約調印の直後、京城(ソウル)で腸チフスによ

うめづよしじろう

　この間1890年和仏法律学校の学監のち校長、1903年同校改称により法政大学総理になる。清国留日学生范源濂らの要望に応じ、04年法政速成科を設置し開講、范と曹汝霖が主に通訳、第1班は官費生48名、私費生46名計94名。各班の開講式には清国駐日公使が臨席した。修業年限は当初の1年を1年半に延長。08年まで5班、補習科とも合計約1200名の卒業生を送り出した。このうち汪兆銘（国民政府主席）・居正（司法院長）・胡漢民（立法院長）らは東京で中国革命同盟会に参加し、のち国民政府の要職に就くが、他にも各界で活躍する多くの人材を輩出した。

　1906年韓国から清国に渡り、粛親王・張之洞・袁世凱ら要人と会見、法律・法学の顧問にと要請されたが、代りに岡田朝太郎ら3名を送り、立法事業に参画させた。07年第2回渡韓後、2月の法政速成科講談会で「清国旅行談」を語る。汪兆銘は06年第2班で優等卒業。後年の1941（昭和16）年6月新国民政府主席として来日して近衛首相と会談したが、小石川区の護国寺で留学時の恩師梅謙次郎・富井政章両博士の墓に参り、遺族・旧師らをまじえた席に臨んでいる。　　　（安岡昭男）

　（参考文献）　東川徳治『博士梅謙次郎』（法政大学・有斐閣、1917年）、『法政大学史資料集』第11集（法政大学清国留学生法政速成科特集）（法政大学、1988年）。

梅津美治郎 <small>うめづよしじろう</small>　（1982.1.4 – 1949.1.8）

　陸軍軍人、陸軍大将。大分県出身。

　陸軍士官学校（15期）、陸軍大学校卒業。日露戦争に出征。参謀本部総務部長等を経て、1934（昭和9）年3月支那駐屯軍司令官となる。同年5月天津の日本租界内で親日派の二人の中国人新聞社社長が暗殺される（「北支事件」）など事件が頻発した。これを受けて、6月10日北平軍事委員会分会委員長の何応欽との間で、梅津・何応欽協定が締結された。中央軍等中国側の全ての機関の河北省からの撤退、反日満的人物の罷免、排日・抗日の禁止等を内容としており、日本の華北進出の基礎を築いた。第2師団長（仙台）時、2・26事件に際して反乱軍討伐を鮮明にした点が評価され、36年3月陸軍次官となる。増強された支那駐屯軍の配置に関して、参謀本部は通州としたが、梅津の主張により豊台に変更され、同地の大隊が盧溝橋事件の主役となった。日中戦争が勃発、南京陥落後の38年1月新政権をはじめとする爾後の政戦略指導の連絡・調整のため華北に出張、出張中に「対手トセス」声明が出された。38年5月第1軍司令官（太原）として中国に出征。ノモンハン事件直後の39年9月に関東軍司令官兼駐満大使となり、約5年間同司令官を務め、事件後の関東軍の再建に尽力した。40年夏には、独ソ戦に対応して「関特演」（関東軍特種演習）が大規模に実施された。44年7月東条英機辞任のあと参謀総長となり、ポツダム宣言受諾をめぐって徹底抗戦を主張する阿南惟幾陸軍大臣を支持したが、中堅将校のクーデター計画には反対し、「承詔必謹」に決し、終戦となった。45年9月大本営を代表して米艦ミズーリ号上において降伏文書に署名した。極東国際

軍事裁判では、A級戦犯として終身禁固刑を宣告されたが、服役中の49年1月病気により死去した。　　　　　　　　（庄司潤一郎）

　（**参考文献**）　梅津美治郎刊行会・上法快男編『最後の参謀総長　梅津美治郎』（芙蓉書房、1976年）、額田坦『陸軍省人事局長の回想』（芙蓉書房、1977年）。

梅原末治　うめはら　すえじ　（1893.8.13－1983.2.19）
　東洋考古学者、京都帝国大学教授。大阪府出身。

　1913年同志社普通学校卒業。入学前は「大役小志」を書いた「方々を歩く人」、志賀重昂と文通し、在学中は教頭先生の紹介した歴史地理学会夏季大講演会（調布）で小川琢治・内田銀蔵・黒板勝美・喜田貞吉らと知り合ったこと等で刺激を受け、実地調査重視の研究姿勢を生涯堅持している。喜田の世話で畿内の「御陵巡拝」に参加し、東京博物館に取った拓本で古瓦譜を作った。14年に京都帝国大学に小川を主任とする陳列館が計画されるにつれて同大の助手となり（翌年秋の開館記念式に羅振玉も出席）、以降42年間の長きにわたり同館の世話役として活躍する。富岡謙蔵講師の古鏡研究の助手をし、国宝保存委員でもある内藤湖南教授の指示で様々な文物の拓本を複数部「余計」に取り、法隆寺や薬師寺、羅振玉や長尾雨山の所蔵品、のちには朝鮮慶州の仏国寺や石窟庵、楽浪の古鏡、ないしコロンボにある鄭和の碑やウラジオストックにある永寧寺の碑についても拓本した。17年濱田耕作教授が京大新設の考古学講座を担任するにつれて、その研究助手になる。ほかに野間貢や今西龍の朝鮮古跡調査も助けた。その間、内藤の勧めで大学への進学も考えたが、語学が不得意で濱田の反対もあり実現しなかった。29年京大講師、東方文化学院京都研究所所員及び広島文理大学考古学講師に就任。33年京大助教授、39年文学博士学位を受けると共に、教授として前年死去した濱田の代わりに考古学講座を担当、56年停年退官で名誉教授となる。25年にイギリス留学、42年に日仏印交換教授として仏印に出張。54年に台湾大学客員教授、64年からは中央研究院歴史語言研究所通信研究員も務めた。『日本考古学論攷』（弘文堂書房、40年）、『日本古玉器雑攷』（吉川弘文館、71年）等の著書がある。

　　　　　　　　　　　　　　　　（陶　徳民）

　（**参考文献**）「梅原末治博士」（東方学会編『東方学回想Ⅵ　学問の思い出(2)』刀水書房、2000年）。

梅屋庄吉　うめや　しょうきち　（明治1.11.26（1869.1.8）－1934.11.23）
　実業家。孫文の中国革命運動の援助者。長崎出身。

　長崎の商人の家に生まれ、少年時代から、冒険心に富み、また、アジア諸民族の独立をめざしていた。国内やアメリカ・フィリピン・朝鮮等での事業を計画したあと、1894年頃より香港で写真館を経営、95年に孫文と会い、意気投合して資金を援助することを約した。以来、事業の収益から巨額の援助を実行した。孫の同志宮崎滔天・萱野長知に対しても同様であった。98年のフィリピン独立戦争にも参画、マニラにも赴いた。

うらがみまさたか

　1904年、シンガポールに移り、映画興行を始め、05年帰国、東京「Mパテー商会」を設立、映画の製作・興行を展開、11年の辛亥革命に際しては撮影隊を派遣し貴重な映像を残した。宮崎滔天や岩本千綱の中国行きを援助し、革命政権の財政をも援助した。12年には「日本活動写真株式会社」（日活）創業者の一人となった。翌年、日活を辞し、「Мカシー商会」を設立、映画事業を続けた。

　13年、孫文の日本亡命以後は、妻のトクと共に家族ぐるみで交際し、15年の孫文・宋慶齢の結婚生活を援助した。また、孫文の第3革命準備のため、坂本寿一に中華革命軍の航空隊を滋賀県八日市で訓練させた。この間、インドの独立運動家（ラス・ビハリ・ボースを含む）も孫文に紹介し、援助した。23年には千葉県岬町の別荘に転居。この頃も孫文が派遣した李烈鈞の不平等条約改正の要求に理解を示した。25年の孫文死後も孫に対する敬意は変わらず、29年の南京中山陵への移葬式典に参列、孫文の銅像を建設、中国各地に4基を寄贈した。31年には映画「大孫文」の製作を企画したが、資金難と時勢によって実現しなかった。

　28年に中国を一応統一した蔣介石にも期待し、蔣の来日時も歓迎したが、満州事変以降の対立の激化を憂慮したことから、憲兵隊に拘引されたこともあった。広田弘毅外相に求められて上京の途次、駅頭で倒れ、死去した。

　梅屋は義侠心に富み、慈善を自分の義務として位置付けていたから、彼の援助を受けたのは中国革命関係者だけではない。政治的には板垣退助と親しかったが、大正－昭和期には政友会内閣の対中国強硬外交に反対し、国際協調を唱える民政党を支持した。

〔久保田文次〕

（**参考文献**）　車田譲治『国父孫文と梅屋庄吉』（六興出版、1975年）、読売新聞西部本社『盟約ニテ成セル』（海鳥社、2002年）、久保田文次「梅屋庄吉日記の性格」（『近きに在りて』47号、2005年）。

浦上正孝　うらがみまさたか　（文久2（1862）－1920.9.22）

　明治期の志士。筑前（福岡県）出身。

　旧福岡藩の重臣の家柄に生まれる。日露戦争時には、多数の玄洋社の志士が従軍を希望したことを受けて、頭山満の意を体して満州義軍に彼らが参加できる道を開くべく運動し、実現した。また、辛亥革命の際には頭山満に従って中国に渡り、革命軍の援助に尽力している。

〔松田　忍〕

（**参考文献**）　『東亜先覚志士記伝』下。

浦　敬一　うらけいいち　（万延1.4.4（1860.5.24）－没年不詳）

　漢口楽善堂員。号子和。平戸（長崎県）出身。

　1884（明治17）年に朝鮮で発生した甲申政変を機に清国に目が向き、87年10月上海へ渡航、荒尾精に会見。同年11月荒尾が経営する漢口楽善堂に入り、中国語を学び調査に従事するなどの日々を過ごす。88年帝政ロシアがシベリア鉄道敷設計画を発表すると、荒尾は清国各地に散在する同志たちを集め、当面の措置を協議した。その結果、浦はイリ方面に

派遣されることになり、新疆地方においてロシア兵の侵入路の状況を視察するなどの任務を担うことになった。88年6月北御門松次郎・河原角太郎と共に出発、蘭州府に到着したが、当地で書店を経営することになっていた先発の藤島武彦・大屋半一郎と会えなかったため資金不足に陥り、同年10月浦は北京方面に向かう北御門・河原と別れて一人で漢口に引き返した。89年3月藤島武彦と共に再度出発、西安を経て9月蘭州府に到着した。その後、藤島と別れイリ方面に向かったが、消息不明となった。　　　　　（武井義和）

（参考文献）　塙薫蔵『浦敬一伝』（淳風書院、1924年）。

え

穎川重寛　えがわしげひろ　（天保2.10.20（1831.11.23）－1892.4.21）

中国語教師。長崎出身。

穎川の先祖は福建省出身の陳氏で、長崎唐通事としては8代目に当たる。唐通事は南京・福州・漳州の3方言を扱い、穎川は幼児期から父より共通語の南京語を学び、15歳で初級通訳の稽古通事となった。安政4（1857）年江戸学問所（昌平坂学問所）訳司を任命され、文久2（1862）年長崎に戻り明治維新を迎えた。明治3（1870）年外務省1等訳官となり日清修好条約予備交渉使節に随行、帰国後に漢語学所に務め、対清外交における北京官話の必要を痛感、東京外国語学校異動後の76年成績優秀な生徒3名を北京公使館へ送り出し、同年外務省・文部省の要望指導により同校でも北京官話教育が始まると、トーマス・ウェードの北京語教科書『語言自邇集』を筆写、生徒共に文部省招聘の清国人教員から北京語発音を学んだが、85年に旧外語が廃校となり89年に長崎に帰った。

（藤井省三）

（参考文献）　六角恒広『漢語師家伝―中国語教育の先人たち―』（東方書店、1999年）。

江口定条　えぐちさだえ　（慶応1.4.1（1865.4.25）－1946.3.14）

実業家。貴族院議員。土佐（高知県）出身。

1887（明治20）年東京高等商業学校（現一橋大学）卒業後、同校教諭となるが、のちに三菱合資会社に入り、長崎・門司両支店長、専務理事を経て、1920（大正9）年同社総理事に就任した。東京高等商業学校同窓会である如水会理事長を2期務める。31（昭和6）年6月、南満州鉄道株式会社副総裁に就任し、満州事変を迎える。民政党系であったため、翌年、浜口内閣に代わり、政友会の犬養内閣になると罷免された。これに対して満鉄総裁内田康哉は政権交代によりわずか1年足らずで副総裁の交代が行われることは対外的な信用を失うと、不服の意を表し辞表を提出した。満州国内の組織人事に介入し始めた軍部が内田を慰留した。同年から江口は46（昭和21）年まで勅選貴族院議員。対支文化事業調査委員も務めた。　　　　　（木村昌人）

（参考文献）　『南満州鉄道株式会社三十年略史』（南満州鉄道株式会社、1937年）。

江連力一郎 （えづれりきいちろう）（1887.12.31–1954.10.15）

社会運動家。茨城県出身。

柔道・剣道・居合・槍術等を究めた武術家。1922（大正11）年に樺太・沿海州における資源調査を計画。翌23年9月に大輝丸で芝浦を出発した。その乗組員は、北谷戸元治陸軍歩兵中尉の他に壮士・商人を合わせて約200名にのぼった。このときオコックにおいて砂金採掘の予定であったが、ロシア軍の占領により計画は頓挫した。そののち居留民と守備隊がパルチザンに殺害されたニコラエフスク（尼港事件）に寄航し、日本への帰路についた。ところが途中、ロシア船を襲撃し北海道にて逮捕された。翌24年2月に強盗殺人罪で懲役12年の有罪判決が確定した（大輝丸事件）。しかし、3年で出所すると、満州に渡航して、満州移民を支援する「満蒙至誠会」の常任理事に就任した。その役割は満蒙における各種調査の実施、移住の斡旋、資金の融資、集団農村建設の援助等であった。そののち茨城県の開拓団に加わり、実際に開墾事業を指導した。　　　　　　　　　　（白田拓郎）

（参考文献）『ドキュメント日本人　第6巻　アウトロウ』（学芸書林、1968年）、安久井竹次郎『北海の倭寇―草莽の首領　剣士江連力一郎伝―』（創思社出版、1983年）

榎本武揚 （えのもとたけあき）（天保7.8.25(1836.10.5)–1908.7.13）

幕末明治期の幕臣・政治家。父は旗本。通称釜次郎、号梁川。江戸生まれ。

昌平黌に学び、中浜万次郎にも就く。長崎海軍伝習2期生。1862–67年オランダ留学で海軍術、国際法を学ぶ。帰国後、軍艦頭、海軍副総裁。戊辰戦争では徳川艦隊で江戸を脱し蝦夷地政権を樹立、69年降伏入獄、72年放免、黒田長官の下で開拓使出仕。75年特命全権公使として露都で樺太千島交換条約を結び、シベリア横断帰国。82年8月駐清特命全権公使となり北京に赴任。83年12月一時帰国に際し大沽で直隷総督李鴻章と会談。84年8月北京帰任。12月京城甲申事変発生。85年4月天津で伊藤博文特派全権大使の李鴻章全権大臣との朝鮮事件処理談判には、清国側の呉大澂と共に毎回同席（6回、場所は直隷総督衙門・水師営務処・日本領事館、各2回）しており、別に李と内談し妥結に努め、一時は危機に瀕した談判も、日清天津条約の締結を見た（4月18日）。85年10月北京離任、12月初代伊藤博文内閣の逓信大臣となる。北京在任中李鴻章と親交を結び、83年男児が生まれた時、李から祝いに尚芳山斬馬剣という名剣を贈られ、剣の名をとり3男を尚方と命名、守刀としたという。当時清仏戦争に関する情報を、原敬領事は任地天津から、榎本は北京から井上外務卿に逐次報告していた。のち文部・外務・農商務の各大臣、枢密顧問官を歴任。また多くの団体に推され、80年興亜会（83年亜細亜協会）の創立員、会長（第4代、81～82年）。93年殖民協会の設立を主唱し会頭となる。99年東邦協会会員として、同会を中心に東亜同文会等諸団体で構成する支那調査会の設立準備に、曽我祐準・福本誠と3名が常務委員になった。1902年には日露協会初代会長に推挙された。子爵。　　　　　　　　（安岡昭男）

（参考文献）　一戸隆次郎『榎本武揚子』（嵩山房、1909年）、加茂儀一『榎本武揚』（中央公論社、1960年）、榎本隆充・高成田享編『近代日本の万能人　榎本武揚』（藤原書店、2008年）、榎本隆充編『榎本武揚未公開書簡集』（新人物往来社、2003年）。

遠藤三郎　えんどうさぶろう　（1893.1.2－1984.10.11）

陸軍軍人、陸軍中将。戦後日中友好・平和運動家。山形県出身。

陸軍士官学校（26期）、陸軍大学校、仏国陸軍大学校卒業。満州事変勃発に際して、参謀本部作戦課員として関東軍との連絡のため満州に派遣される。1932（昭和7）年8月には関東軍参謀（作戦主任）となり、熱河作戦や満州事変の停戦協定である塘沽停戦協定に関与する。日中戦争勃発時は、野戦重砲兵第5連隊長として華北に出征。参謀本部教育課長等を経て、39年9月関東軍参謀副長となり、ノモンハン事件の停戦に当たる。また、駐満大使館付武官を兼ねていたため、満州国皇帝の溥儀とも親交を持った。40年8月漢口の第3飛行団長となり、重慶に対する戦略爆撃の中止を主張した。同飛行団は、その後仏印、マレー、ジャワ等を転戦した。航空士官学校長等を経て、軍需省航空兵器総局長官として終戦を迎える。

47年2月戦犯として巣鴨拘置所に入所、翌48年1月不起訴となり釈放される。その後、埼玉県狭山市で農業に従事しながら、日本の再軍備に反対し、53年には片山哲元首相らと「憲法擁護国民連合」を結成した。55年11月片山元首相らと共に中国を訪問、毛沢東主席・周恩来総理と会見を行っている。以降5回にわたり訪中し、56年8月には15人の元軍人代表団を率いて訪中している。その際毛主席は、「第一の先生は日本軍、…世界一強いといわれた日本軍が侵略戦争をやられたから、我々解放軍の様な装備劣弱な軍隊に敗け、…これが反面教師です」と述べたと言われる。61年8月「日中友好元軍人の会」を結成して日中国交正常化に尽力した。また、59年6月の参議院選挙に無所属で出馬、落選している。

（庄司潤一郎）

（参考文献）　遠藤三郎『日中十五年戦争と私』（日中書林、1974年）、宮武剛『将軍の遺言』（毎日新聞社、1986年）。

遠藤保雄　えんどうやすお　（1877.8.8－1924.5.13）

日本人教習、大陸浪人。京都府出身。

1904（明治37）年東亜同文書院卒業後、日露戦争により第10師団経理部付3等軍吏として出征。日露戦争後は奉天省海龍府中学堂の総教習、海龍府知事衙門の顧問を務め、また知事の家庭に入って子弟教育にも携わったといわれる。07年より10年まで湖北省武昌陸軍特別学堂（湖北武昌陸軍学堂）教習を務め、一般陸軍経理に関する科目などを担当。12年より16年まで、漢口駐在武官や駐屯軍のために情報収集の任に当たった。

（武井義和）

（参考文献）　『東亜同文書院学友会会報』1、6（1904・08年）、『対支回顧録』下。

遠藤柳作　えんどうりゅうさく　（1886.3.18－1963.9.18）

内務官僚、政治家。埼玉県出身。

おいかわこしろう

　1910年東京帝国大学独法科卒業後、文官試験に合格。朝鮮総督府試補参事官を皮切りに同書記官、秘書官を務める。11年咸鏡南北地方の朝鮮人が満州へ移住する原因を探るため延吉方面へ出張し調査に当たった。19年官房秘書課長の時、万歳事件に遭遇し、朝鮮総督らの辞任に伴い自らも辞任、日本に帰国して東京府産業部長。青森・三重県知事等地方官を歴任し、28年衆議院議員に当選。その後、神奈川・愛知県知事を経て、33年駒井徳三の辞任後、空位となっていた満州国国務院総務庁長に就任。帝制実施の推進者として第1回帝制準備委員会を開催、帝制を実現させる。星野直樹は、遠藤を「ようやく建設時代に入った満州国の政治企画の中心としては、その方面の経験が乏しかった」と評している。36年貴族院議員に勅選され、39年には阿部信行内閣内閣書記官長に就任。組閣に際して陸軍と交渉、「組閣参謀長」に擬せられた。44年阿部信行朝鮮総督のもと政務総監就任、朝鮮人の参政権問題に取り組む。朝鮮で敗戦、帰国後公職追放。解除後、武蔵野銀行頭取、参議院議員。
　　　　　　　　　　　　　　（小林元裕）

　(参考文献)「阿部総督時代の概観―遠藤柳作政務総監に聞く―」『東洋文化研究』2、2000年）、山浦貫一「遠藤柳作論」、「阿部内閣の人物」（『近衛時代の人物』高山書院、1940年）。

お

及川古志郎 おいかわこしろう （1883.2.8 – 1958.5.9）

　海軍軍人・海軍大将。新潟県生まれ（本籍は岩手県）。

　1903（明治36）年海軍兵学校卒業（31期）。13–15年海軍大学校学生。軍令部1班長等を歴任。35（昭和10）年には、第3艦隊長官に任命される。この頃、及川は「支那ヲ中心トスル国策二関スル所見」を記し、国際的孤立を解消し、対中国政策をあらためる必要性を説き、戦争突入を戒めた。38年には、支那方面艦隊長官（兼第3艦隊長官）に任命された。当時、海軍は、中国沿岸の警備・封鎖、中国に対する航空攻撃、徐州作戦のために陸軍と協力する立場にあったが、及川には、大海令第122号（1938.6.18）により漢口作戦という新たな任務が与えられ、指揮を執った。そして、広東攻略作戦や海南島占領作戦等も推進し、南進への足がかりを作った。40年9月には海軍大臣に就任し、紆余曲折のすえ三国同盟締結に賛成した。アジア太平洋戦争後期の44年には、軍令部総長に任命されて、戦力の消耗した海軍を中央から指導した。

　　　　　　　　　　　　　　（山本智之）

　(参考文献) 日本近代史料研究会編『日本陸海軍の制度・組織・人事』（東京大学出版会、1971年)〈『日本陸海軍総合事典　第2版』東京大学出版会、2005年〉、防衛庁防衛研修所戦史室・戦史叢書『中国方面海軍作戦(2)　昭和十三年四月以降』（朝雲新聞社、1975年）、鈴木亨編『歴史と旅―帝国海軍提督総覧―』（特別増刊号45、秋田書店、1990年）、樋口秀実『日本海軍から見た日中関係史研究』（芙蓉書房出版、2002年）。

大井憲太郎 おおいけんたろう （天保14.8.10（1843.9.30）−1922.10.15）

社会運動家。豊後（大分県）出身。

高並彦六のち大井卜新の養子。長崎・江戸で蘭学・化学・仏語を学ぶ。明治1（1868）年箕作麟祥(みつくりりんしょう)に師事。陸軍省・元老院等経歴。この間フランス法律書を訳刊。民選議院設立論争で尚早説に反論（馬城台二郎の筆名）。自由党左派の指導者で、自由民権を中国・朝鮮の政治に施しアジア革新を指導するとの東洋経綸に出て、朝鮮独立党の政権樹立による日清の葛藤、日本の内治改良を図り、1885年朝鮮改革の挙兵計画発覚で下獄（大阪事件）。89年大赦。91年東邦協会評議員。92年東洋自由党を結成、対外硬を唱え、普通選挙と小作条例の期成、労働者保護に取り組む。94年朝鮮の改革家金玉均が亡命中の日本から渡った上海で暗殺され、遺骸を清国軍艦で朝鮮に送り惨刑に処されると、井上角五郎らと金氏友人会を組織し、東京で法要を営んだ。日露戦争後、1905年児玉源太郎の勧めで満州に渡る。06年大連に関東州労働保護会を作った。17（大正6）年病気帰国。晩年には南満州鉄道会社の東京本社から毎月恩給を受け取っていたという（長女談）。大井憲昭（次男）は16年満鉄入社（埠頭）、18年退社（『満鉄の事業と人物』満蒙産業研究会（大連）、1922年）。

（安岡昭男）

（参考文献） 平野義太郎編著『馬城　大井憲太郎伝』（大井馬城伝編纂部、1938年）、平野義太郎・福島新吾編著『大井憲太郎の研究［馬城大井憲太郎伝別冊］』（風媒社、1968年）。

大井成元 おおいしげもと （文久3.9.10（1863.10.22）−1951.7.15）

陸軍軍人。旧名は菊太郎。周防（山口県）出身。

1883年12月に陸軍士官学校を卒業。88年11月に陸軍大学校を卒業し、90年から95年までドイツに留学。帰国後に第2軍参謀として日清戦争に従軍。さらに、台湾総督府参謀として台湾へ渡る。翌96年1月から陸軍大学校教官となり、98年4月からは陸軍省副官兼陸相秘書官として同じ長州閥の桂太郎陸相に仕える。1902年5月からドイツ公使館付武官としてドイツへ渡り、日露戦争中はドイツで活動し、06年2月に帰国。その後、18年8月には第12師団長としてシベリア出兵に従軍し、浦塩派遣軍司令官としてウスリー及びザバイカル方面での戦闘を指揮した。20年7月に帰還した後は、軍事参議官を経て23年3月に予備役編入となる。その後は貴族院議員となり、40年2月から8月まで内閣参議を務めた。著書として、『各国軍備の知識』（万有知識文庫、非凡閣、34年）、口述として、『メッケル将軍の思出』（軍事史学会、39年）がある。

（加藤聖文）

（参考文献） 野依秀市編『明治大正史』第13巻（明治大正史刊行会、1930年）。

大石正己 おおいしまさみ （安政2.4.11（1855.5.26）−1935.7.21）

政治家。土佐（高知県）出身。

土佐藩士大石良則の次男。1874年立志学舎に学ぶ。81年自由党結成に際し幹事となるが、翌年板垣総理の洋行に反対し脱党。87年後藤

おおうちちょうぞう

象二郎の大同団結運動に加わる。92年陸奥宗光外相により朝鮮国駐劄弁理公使に起用され、防穀令すなわち朝鮮地方官による穀物（大豆・米）の輸出禁止に伴う日本商人の損害賠償要求の交渉に当たる。同年末に京城着任、国王高宗に謁見。翌93年1月杉村濬書記官を帯同し外衙門を訪ね、外務督弁と第1回の談判に入る。大石公使が京城に乗り込んでみると「聞きしに勝る難関が横たわっていた」。それは袁世凱の存在で、公使でなく統監と称していたが、正式には「清駐劄朝鮮総理交渉通商事宜」であった。賠償交渉は難航し、陸奥外相の訓令に従い、袁に斡旋を依頼したが、調停は不満足な結果に終わる。伊藤首相は李鴻章に「韓廷に勧諭」をと切望、その依頼は天津領事代理に送られた。結局、93年5月、賠償額11万円で妥結を見た。のち98年第1次大隈内閣の農商務大臣。1915年対華21ヶ条要求では同志会総務として、加藤高明の独断的外交を非難し、外相辞職、大隈首相の兼任を主張した。衆議院議員当選6回。（安岡昭男）

（参考文献） 田保橋潔『近代日鮮関係の研究』下（朝鮮総督府中枢院、1940年）、東京朝日新聞政治部編『その頃を語る』（朝日新聞社、1928年）。

大内　暢三　おおうちちょうぞう　（1874.3.22－1944.12.31）

教育者、政治家。福岡県出身。

政治家を志し、東京専門学校（現早稲田大学）に入学、英語・政治学を学び、1894（明治27）年米コロンビア大学に留学、法律学修士の学位を得て97年帰国した。この年母校の教師となったが、同年、高田早苗（のち早大総長）の紹介により近衛篤麿を知る。以後、近衛の側近の一人となり、99年に近衛が劉坤一・張之洞と会見した際には陪席している。98年近衛が同文会の設立に乗り出すと、大内もこの計画に参加、井手三郎・中西正樹・白岩龍平と共に近衛から「同文会の組織の事等に付き熟議し」、「同会の為に規約書起草の事」を命じられている。さらに同年11月、同文会と東亜会が合併し、東亜同文会が発足すると、大内も参加、以後同会の重鎮として会の運営に参与することになる。1908年5月、第10回総選挙に憲政本党から出馬・当選、代議士となった。爾来、30（昭和5）年まで22年間に及ぶ代議士生活を送った。その一方で近衛の志を継ぎ、北京人文科学研究所・上海自然科学研究所の開設に尽力する等外務省の対中国文化事業に深く関与した。

31年1月近衛文麿東亜同文書院院長のもとで院長代理に就任、同年12月には第6代院長となった（～40年9月）。32年1月第1次上海事変が勃発すると、居留民の間から書院生の義勇兵化を望む声が挙がったが、大内はこれを拒絶、全学生の長崎県への一時引揚げを実施した。37年7月日中戦争が勃発、8月戦線は上海にも拡大し（第2次上海事変）、同文書院校舎も兵火に焼かれた。しかも、今回は軍部から学生従軍通訳派遣の正式要請があり、大内らは最上級生（4年生）の従軍を決めざるをえなかった。従軍は学生の「自由意志」によるものとされたが、従軍を希望する者が多く、結局4年生全員が従軍ということになった。戦場に赴く彼らを前に大内は、「軍事

通訳に出動することは、日本軍のためだけでなく、むしろ中国民衆のためになる」と語ったという。　　　　　　　　（栗田尚弥）

　(**参考文献**)　『東亜同文書院大学史』（大学史編纂委員会編、滬友会、1982年）、『続対支回顧録』下。

大江　卓 おおえ たく （弘化4.9.25(1847.11.1)－1921.9.12)

　政治家、社会運動家。実業家。岳父は後藤象二郎。幼名秀馬、斎原治一郎。土佐（高知県）出身。

　土佐藩国老伊賀家の家士の子として宿毛に生まれる。明治2（1869）年中島信行らと上海に渡航見聞。同4年兵庫県出仕。同年「穢多非人廃止建白書」を民部大輔大木喬任に提出、民部省に入る。同年神奈川県参事となり、陸奥宗光県令と警察制度を改革。同5年7月マカオから清国人苦力約230人を乗せペルー国に向かう同国帆船マリア・ルス号が修理のため横浜に寄港したが、脱出して英国軍艦に救われた苦力木慶は船中での虐待を訴えた。神奈川県から木慶の身柄を引き取ったヘレイラ船長は拷問を加えた。英国代理公使ワトソンは米国代理公使と共に副島外務卿に事実の糾明を要請し、副島は大江卓神奈川県参事に調査を命じた（陸奥県令は6月租税頭）。ペルーは条約未済国なので、裁判権は日本にあるとし、大江（7月権令）を裁判長とする臨時法廷を神奈川県庁で開廷。外務省顧問米人スミス、神奈川県法律顧問米人ヒル、外務大丞花房義質らが参与した。船長側の英人代言人ディケンズには日本にも芸娼妓の人身売買が存在することを衝かれた。各国領事が立ち会い審理が進められ、大江が内示した吟味目安書（判決案）に司法省、またドイツなど各国領事に異議があったが、案文通り船長に杖百の罪に当たるが赦免すなわち無罪の判決を下した（5年7月27日）。船長は移民契約履行請求を提訴したが、契約無効を判決、収容中の清国人全員229人は清国特使陳福勲が引き取り帰国。大江と副島に清国人は感謝の大旆を贈った（現存）。1874年大蔵省出仕、翌年免官。西南戦争に際し立志社の陰謀に連座捕縛され、78年除族・禁獄10年の大審院判決。84年仮出獄。93－98年東京株式取引所理事長。99年渡韓、京釜鉄道創立委員、韓国水輪院副総裁。1907年清国雲南干崖宣撫使刀安仁の来日を機に、翌年ビルマ・雲南を旅行（雲南紀行は未刊）。14（大正3）年得度し、天也と号す。同年融和団体の帝国公道会を興した。「大正七年か八年の春頃」「頭山、寺尾、板垣」らと日中親善の根本策を画するため、中国留学生優遇につき協議し政府に交渉したことがある、という。　　　　　（安岡昭男）

　(**参考文献**)　雑賀博愛『大江天也伝記』（大江太、1926年）、佐和希兒編、林道三郎訳、何幸五校『白露国馬厘亜老士船裁判略記』（1874年、『明治文化全集　外交篇』日本評論社、1928年）。

大賀一郎 おおが いちろう （1883.4.28－1965.6.15)

　植物学者、理学博士、「大賀ハス」の発見者。岡山県庭瀬村（現岡山市）出身。1909年東京帝国大学植物学科卒業、第8高等学校教授を経て、17年満鉄教育専門学校教授。泥炭地より500年以上古いハスの種を採集、社命

でジョンスホプキンス大学へ留学して発芽させ有名となる。奉天教育専門学校に移り、満州事変後帰国、関東学院等で教鞭を執り、51年、千葉市で「大賀ハス」の種を採取、発芽に成功した。1918年、孫文援助者で犬塚信太郎の同志田中隆は下関で孫から中国のハスの種を贈られ、40余年後、田中家から大賀に託したところ、86年発芽し、下関市の長府庭園に現存している。　　　　　（久保田文次）

（参考文献）　三浦功大編著『蓮の文華史』（かど書房、1996年）。

大上末広 おおがみすえひろ （1903 – 1944.3.19）

満鉄調査部員、京都大学助教授。石川県出身。

満鉄調査部員として、満州の経済開発政策を立案し、占領地経済開発政策の立案に従事し、1943年の満鉄調査部事件に連座し、獄死。

石川県小松中学から新潟高校を経て京都帝国大学経済学部、同大学院、副手を経て、31年外務省支那留学生として中国へと渡った。同年9月の満州事変と続く上海事変の影響を受けて、当初の留学地の上海から大連に移った大上は、京大の先輩で満鉄調査部員の天野元之助の紹介で、満鉄に入社、満鉄経済調査会の第1部に所属、主に農業問題を担当して調査活動を展開。33年から35年にかけて『満州経済年報』を編集し、満州社会の構造を分析、35年度版では満州社会構成を「反封建的半植民地的」であるとする規定を打ち出した。大上がこうした規定を打ち出した背後には、日本社会の半封建性を主張した「講座派」の影響もあるが、橘樸（たちばなしらき）の「支那学」に依拠

した東洋的専制に対抗する「農民自治論」やウイットフォーゲルの「東洋的専制論」の影響があった。大上は、経済調査会にあって農村共同体に依拠した農村自治の発展を追求して、36年から「満州産業開発永年計画」を立案、満州国での国策化を志向した。しかしこの計画は、国策とはならなかったものの農民合作社運動として、主に北満中心に展開された。大上は、運動に理論的指導を行うと同時に日中戦争以降は中国占領地開発問題へと進んでいった。38年には東亜経済研究所の設立に加わり、39年には京都帝国大学助教授に就任。42年秋、満鉄調査部事件に連座、京都憲兵隊に検挙され、満州国の新京（現長春）に送られ新京監獄未決監に収容されたが、発疹チフスに罹り、新京千早病院で死去。

（小林英夫）

（参考文献）　石井知章・小林英夫・米谷匡史編『1930年代のアジア社会論』（社会論社、2010年）。

大川周明 おおかわしゅうめい （1886.12.6 – 1957.12.24）

思想家。大正から昭和初期の国家主義運動指導者。山形県出身。

庄内酒田の医家に育つ。学者としての資質に恵まれ、漢学では鶴岡の庄内中学時代既に一家を成し、熊本の五高時代には同窓生に対して王陽明の『伝習録』を教えたという。東京帝大ではインド哲学を学び、大乗八宗の祖龍樹菩薩論を卒論とし1911年に卒業した。

政治に関わる契機は、13年にヘンリー・コットンの『新インド』を読みイギリスの侵略

によってインドが悲惨な状況に陥ったと知ったためで、以後アジアの解放運動に携わる。

18年の米騒動直後、満川亀太郎等と思想交流団体として老壮会を創る。19年満鉄の東亜経済調査局編輯課長となるが、折から中国ではパリ講和会議における日本の帝国主義的要求に抗議する五四運動が燃え上がっていた。アジアは一つになって戦わねばならないと考える大川の大アジア主義は、まず日本の帝国主義と対決せざるをえなかった。満川等と国家改造運動の実践団体として猶存社を結成、北一輝を迎えて北の『国家改造案原理大綱』を印刷配布、運動の綱領とした。彼らは「宮中某重大事件」等、一連の怪文書を出して政界を揺さぶるが、北とは安田共済生命事件を境に対立、23年猶存社は解散した。25年、大アジア主義、反マルクス主義、反議会主義を称えて行地社を結成、国家革新をめざす少壮軍人に影響を与えた。軍人と労働者が国家革新の両輪になると考えた大川は、31年満州事変と前後して、陸軍中堅・少壮将校が引き起こした三月事件、十月事件というクーデター未遂事件に参画した。32年の陸海軍青年将校による5・15事件にも武器弾薬や資金を供与したとして逮捕され、5年の禁固刑に処せられ、37年に仮出所した。

日中戦争が拡大し、日米戦争の気運が醸成される中で日米戦争回避のために奔走するが、太平洋戦争開戦後は日本の戦争正当化のイデオローグとして活躍した。戦後はＡ級戦犯容疑で逮捕されたが極東軍事裁判中に精神障害を起こし免訴となった。　　　（野村乙二朗）

（**参考文献**）『大川周明全集』全7巻（同刊行会、1961–74年）、大塚健洋『大川周明』（中公新書、1995年）、松本健一『大川周明』（岩波現代文庫、2004年）。

大来佐武郎　おおきたさぶろう　（1914.11.3 – 1993.2.9）

官庁出身のエコノミスト。戦後日本の経済復興、対外経済協力に重要な役割を担い、外務大臣も務めた。関東州（現中国遼寧省）大連生まれ。

1937年東京帝国大学工学部を卒業して逓信省入省、その後、興亜院華北連絡部（北京）、大東亜省総務局調査課、戦後は外務省調査局に勤務、46年有沢広巳・東畑精一・大内兵衛らと『日本経済再建の基本問題』を執筆。47年6月経済安定本部調査課長に就任、翌48年度から51年度までの『経済白書』執筆責任者となる。その後経済協力室長を務め、バンドン会議に参加するなど、国際経済の専門家として実績を積み、63年経済企画庁総合開発局長を最後に退官した。

1972年4月、日中国交正常化の直前、のちの首相三木武夫らと戦後初訪中し、「四つの近代化」を推進している周恩来首相等に戦後日本経済の高度成長を論じた。鄧小平の権力掌握後の中国は改革開放路線に転じ、新たな経済政策の参考のため、盛んに外国の専門家を招くことになるが、79年初め大来が谷牧副首相らに「日本の経験と中国の経済発展」を系統的に論じたのがその皮切りとなった。以後、中国との交流に熱意を燃やした。同年11月、大平正芳首相は第2次内閣の外相に国会議員でない大来を抜擢したが、中国を含む対

外経済のエキスパートとしての手腕が期待されたためである。海外経済協力基金総裁、国際大学初代学長等を務めた。　（伊藤一彦）

(参考文献)　小野善邦『わが志は千里に在り―評伝・大来佐武郎―』(日本経済新聞社、2004年)。

大久保利通　おおくぼとしみち　（文政13.8.10(1830.9.26)-1878.5.14)

明治維新政府最高指導者、内務卿。称一蔵、号甲東。鹿児島出身。

鹿児島藩下級武士で琉球館付役の大久保次右衛門利世の長男として鹿児島城下に生まれる。同じ町に住む3歳上の西郷隆盛とは幼なじみ。島津斉彬が藩主になるに及んで登用され、斉彬死後に久光が実権を握ってからも次第に台頭し、公武合体、倒幕へと藩論を導いていった。さらに慶応2(1866)年頃からは京都で活動し、岩倉具視と結んで様々な謀略を仕掛け、王政復古、徳川将軍の辞官納地を強行し明治政府創立の立役者となった。彼には岩倉欧米使節団に随行するまで海外体験はなかったが、以上の藩内及び京都での対外折衝は、のちの外政家大久保利通にとって貴重な体験になったと言われる。廃藩置県という難事業を終え、明治4年10月(71年11月)大久保は岩倉使節団副使として渡航、73年5月内地優先・殖産興業を胸に帰国したことはよく知られている。しかし、誕生したばかりの近代国家日本には領土の確定という緊急かつ重要な問題があり、しかも国内の不平士族の存在によって外交問題は国内問題と密接に結びつき、国家の土崩瓦解すらも危惧された。

そのため、政府最高指導者大久保も自ら外交問題に当たらざるをえなかった。

帰国後、まず彼を待ち受けていたのは西郷を筆頭とする征韓論であった。大久保は内地優先論とその間にロシアが進出することを懸念して反対、なんとか出兵阻止に成功したが、71年11月に琉球民が台湾に漂着して現地人に殺害される事件、他方73年4月にはロシア兵が雑居となっていた樺太に南下して日本人を迫害する事件、そして74年2月には佐賀の乱等が起こり、世論は沸騰していた。このような中で彼は、台湾問題と樺太問題は列強の干渉を受けず、かつ2国間の外交交渉で解決可能であると判断し、特に台湾問題では自らその任に当たった。74年2月彼は大隈重信と連名で、「無主の地」台湾の原住民の行為に対し報復するのは当然とする「台湾蕃地処分要略」を閣議に提出、認められた。この背景には日清両属といわれた琉球を日本領土にしようという意図があった。その後、西郷従道が台湾蕃地事務都督に任命され出兵の準備を始めたが、その時それまで出兵に好意的と思われた英米が日本の領土的野心を心配して反対の態度を表明した。そこで大久保は長崎で西郷に出兵中止を説いたが、西郷はあくまでも戦うとして応ぜず、結局大久保も認めざるをえなかった。出兵そのものは成功したが、自国領土への侵略と受け取った清側に日清開戦論が浮上し、対抗して日本国内にも同論がわき上がった。これは戦争を避けようとする内地優先論者大久保にとって危機的状況であった。そこで彼は自らボアソナード・井上毅らを引き連れて北京に赴き衙門大臣恭親王・文

祥・沈桂芬らと交渉することになり、結局大久保は強硬な姿勢を崩さないまま、領土問題を棚上げしつつ英の仲介を得て、清側が出兵を「義挙」と認めて賠償金を出し、日本は撤兵するという結果を得ることに成功した。その後、75年5月樺太・千島交換条約を締結して北方の国境を確定させ、77年西南戦争も勝利したが、翌年暗殺されることになった。

(季武嘉也)

(参考文献) 勝田孫彌『大久保利通伝』全3巻(同文館、1910－11年、復刻マツノ書店、2004年)、清沢洌『外政家としての大久保利通』(中央公論社、1942年、復刻中公新書、1993年)、毛利敏彦『大久保利通』(中公新書、1969年)、佐道明広・小宮一夫・服部龍二編『人物で読む近代日本外交史』(吉川弘文館、2009年)。

大久保春野　おおくぼはるの　(弘化3.8.18(1846.10.7) - 1915.1.26)

陸軍大将。遠江(静岡県)出身。磐田の神官の子、戊辰の際報国隊に従軍。大阪の兵学寮に学び、フランス留学、陸軍省の文官を経て、1878年少佐。陸軍省歩兵課長・参謀本部編纂課長等を経て、日清戦争には少将・歩兵第7旅団長として、満州・台湾に出征。1900年中将・教育総監部参謀長、第6師団長として日露戦争に従軍、第2軍に属した。のち、第3師団長。07年男爵、08年に大将、韓国駐箚軍司令官となる。11年後備役。

(久保田文次)

大隈重信　おおくましげのぶ　(天保9.2.16(1838.3.11) - 1922.1.20)

政治家。侯爵。佐賀出身。

肥前藩・藩校弘道館から蘭学寮に移り、長崎で英学を学ぶ。明治維新にあっては、尊王攘夷派として活動、佐賀藩の決起を促すが失敗した。明治新政府では、外国事務局判事、外国官副知事、大蔵大輔等を歴任。征韓論争では非征韓派で、政変後、大蔵卿として地租改正・秩禄処分を行い、財政収入の確保と殖産興業政策に尽力した。条約改正問題では関税自主権の回復を第1に主張していた。明治14年の政変で、北海道開拓使官有物払下げに反対し、参議の職を追われた。大隈は、1882(明治15)年に立憲改進党総理として政党指導者となると共に、東京専門学校(現早稲田大学)を設立した。

88年、井上馨に代わって伊藤内閣で外務大臣に就任し、次の黒田内閣で条約改正交渉を担当した。大隈は、外国人判事の登用を大審院に限るなどし、翌89年、米・独・露と和親通商航海条約を再締結したが、外国人判事の任用等について井上外相時代と変わらない、と批判が続出し、爆弾テロによって隻脚を失い、黒田内閣総辞職と共に閣外に去った。その後、日清戦争前、自由党に対抗するため、対外硬派に転換、日清戦争後の三国干渉で第2次伊藤博文内閣を攻撃した。96年、進歩党を結成し、同年9月、松方正義と提携し、松方首班の松隈内閣で外務大臣に就任した。しかし、大隈は、実績を挙げることなく内閣の総辞職を迎えている。98年、いわゆる隈板内閣で総理大臣兼外務大臣となったが、これも

短命に終わった。憲政本党総理を経て、1907（明治40）年政界を引き、早稲田大学総長となった。

国民的人気を有していた大隈は、第１次護憲運動を機に政界に復帰し、1914（大正３）年第２次大隈内閣を組織した。大隈内閣発足と共に勃発した第１次世界大戦にあって、大隈は、加藤高明外務大臣の日英同盟を理由とする積極的な開戦外交や、対中国懸案を一挙に解決しようとする対華21ヶ条要求を支持した。従来、大隈は、1898年９月、戊戌政変で日本に亡命した康有為・梁啓超をかくまい、1913年、孫文が来日した際も、これを歓待するなど、中国の革命・国民党に同情を寄せていた。大隈は、日本指導の中国保全論を唱え、対華21ヶ条要求もその延長線上で理解し、袁世凱政権の倒壊も意図していた。しかし、袁世凱、中国世論および英米両国の反対をうけ、日本国内でも非難にさらされた。その後、陸海軍の軍拡計画、選挙干渉問題等もあって国民の支持も失い、15年10月に総辞職した。大隈は、後継首班に立憲同志会総裁の加藤高明を推薦したが、加藤に不信感をもっていた元老山県有朋等が強く反対し、後継首班は、寺内正毅になった。大隈の性格は、外向的であり、かつ極めて楽天的であった。大隈は文化運動家でもあり、文明協会を設立し、雑誌『新日本』等を発行、著書も多く、各地で講演会を開き、国民の啓蒙にも努めている。

（小池聖一）

（参考文献） 中村尚美『大隈重信』（吉川弘文館、1985年）、大隈侯八十五年史編纂会『大隈侯八十五年史』（1926年）、渡辺幾治郎『大隈重信』（大隈重信刊行会、1952年）

大倉雨村 おおくらうそん （弘化2.2.15(1845.3.22) – 1899.6.10）

画家。上海領事館員。名は行、字は顧言、通称謹吾、別号雨邨、鉄農半仙等。新潟出身。

幼年時代から画を好み、江戸を遊学したのち、長崎に赴き日高鉄翁に文人画を学んだ。明治５（1872）年に中国に渡り、当時上海の著名な画家であった胡遠（胡公寿）、張熊（張子祥）等に技法を教わった。上海領事館に15年間も務めながら中国画を研究した。上海駐在中は中国に渡った日本人の世話をしていたため、日本人の中国旅行記の中に時にその名が見える。帰国後は東京に住み、全国の名勝を歴遊し、画事を続けていた。弟子に第34代対馬藩主宗重望らがいる。1899年再び長崎に遊び、その帰途に岡山で亡くなった。

（陳 捷）

大倉喜八郎 おおくらきはちろう （天保8.9.24(1837.10.23) – 1928.4.22）

実業家。新発田（新潟県）出身。

大倉財閥創業者。台湾出兵から第１次大戦に至るほとんどの戦時軍需を受注したことから「死の商人」等と呼ばれたが、陽明学の知行一致を信条として、正しいことは堂々と主張するが、実行が伴ってこそ認められる、という考えを貫き、スケールの大きな実業家として、日中両国の経済的利益を優先する立場から日中親善に尽力した。

幕末江戸へ出て様々な商売を身につけ、1873（明治６）大倉組商会を設立。台湾出兵

時には大倉土木（現在の大成建設）の社員を台湾へ派遣し、電信線の架設、軍用道路・鉄道の建設等軍事活動のインフラ整備に協力した。日清戦争で再び軍御用達になり、伊藤博文・山県有朋ら政府要人と緊密な関係を結んだ。1902年に初めて中国を訪問して以来、中国への関心を持ち、日露戦争前後には再三訪中し、04年鴨緑江製材公司設立、07年徐世昌と面談交渉し、11年には日中合弁の採鉱・製鉄を行う「本渓湖煤鉄有限公司」を設立した。同社は15年に稼働し、第1次大戦初期の最盛期には8000人近くの従業員が勤務する日本の植民地初の製鉄所となった。この他製材（豊材公司・吉林省興造紙公司）、紡績（裕元紡織公司）、食品（青島冷蔵）等様々な分野で事業を展開した。排日運動が高まる中で、23年には日本の食糧問題の解決のために内モンゴルに「華興公司」を設立し、米作をはじめ農場経営を手掛けた。一連の大倉の中国での活動を、三井物産の山本条太郎・森恪らと図り、中国側との交渉を円滑に進め、実現していったのは、片腕と呼ばれ中国在住30年を超す河野久太郎であったと考えられる。

大倉は必ずしも政府一辺倒ではなかった。日本の対中政策を推進する立場から、南満州鉄道株式会社・東洋拓殖株式会社の設立委員になる一方で、日本政府の方針に反して、11年の辛亥革命時には孫文と面談し、300万円の借款を革命政府に行った。また12年の中国興業株式会社・中日実業株式会社の設立に当たり、発起人となり700株を有する大株主の一人になっている。実業界では渋沢栄一・益田孝・安田善次郎等と関係が深く、1910-20年代の数多くの日中合弁事業に出資している。

経済的利益を第1に考える大倉も、第1次大戦後の反動不況、排日運動の激化の影響を受け、中国投資に関しては必ずしも成功したとは言えないが、政治的対立を超え中国内に幅広い人脈を築いた。孫文・袁世凱・段祺瑞・張作霖・徐世昌等派閥を超え交友関係を持っていた。20年に日中友好を実行する機関として「日華実業協会」（会長渋沢栄一）の設立総会で、三井・三菱・住友家の当主と並んで名誉顧問に就任した。　　　（木村昌人）

（参考文献）　大倉喜八郎述・菊池暁汀編『致富の鍵』（大和出版、1992年）、『大倉喜八郎演説集』（東京経済大学、1983年）、大倉財閥研究会編『大倉財閥の研究』（近藤出版社、1982年）。

大河内輝声　おおこうちてるな　（嘉永1.10.15(1848.11.10)－1882.8.15)

松平家高崎藩第11代藩主。

上州高崎8.2万石の城主輝聴の世子として生まれ、初名は輝照、明治3(1870)年2月に輝声と改名。号は桂閣、墨水逸人。源頼政の子孫であるため、時に「源桂閣」という名を使う。明治1年に姓を松平から大河内に復した。万延1(1860)年8月に家督を相続して藩主となる。慶応2(1866)年甲府城代、翌3年に陸軍奉行となった。徳川幕府御雇いのフランス軍人シャノワンにフランス式の兵術を学び、家臣にも欧米の砲術や英学を勉強させた。明治2年5月に昌平黌に入学したが、同年に高崎藩知事となり政府の命により帰藩し、藩財政の建直しや行政改革を図った。同3年8月には、城下桧物町に英学校を開校、

内村鑑三・尾崎行雄等歴史に名を残す人物を育てた。輝声自身はこの英学校の他、明治4年5月に大学南校に入学し英語を学んでいた。一方、藩の財政難及び藩内の騒動、藩士間の紛争等に悩まされ、同4年7月の廃藩置県直後に藩知事を辞任した。藩政から離れたのち、隅田川畔の浅草今戸町13番地に私邸を置き、閑適な生活を送り、1881年7月より修史館に勤務、翌82年8月に病没した。

漢詩文や中国の小説や戯曲に深い関心を有し、中国小説の貴重な版本を多く所蔵していたが、その一部はのちに長澤規矩也の有に帰し、現在東京大学東洋文化研究所双紅堂文庫に収められている。また商業・遊歴等のため来日した中国人、清国駐日公使何如璋、副使張斯桂、参賛官黄遵憲、及び公使館のスタッフたちと親しく交流し、頻繁に彼らを訪ねたり、あるいは自宅や料亭に招待したりなどしたが、彼らとの間に漢文で交わした筆談記録を丁寧に整理保存していた。「大河内文書」と呼ばれるこれらの筆談記録は百巻もあったと言われるが、現在残っているものは数十冊であり、大東文化大学図書館・早稲田大学図書館・高崎市頼政神社等に所蔵されている。筆談を交わした時期は1875－81年の計7年にわたり、その内容は日中両国の歴史・文化・風俗・文学・政治・社会等様々な分野に関することが含まれており、登場した人物の動向・思想に関する一次資料であり、また、明治時代の日中文化交流の様子を伺うことのできる貴重な文献でもある。その一部は実藤恵秀(さねとう)によって『大河内文書：明治日中文化人の交遊』として紹介され、また、黄遵憲に関係する部分も『黄遵憲与日本友人筆談遺稿』として翻刻されており、黄遵憲の思想と日本滞在中の活動を研究する際の不可欠な基本資料となっている。大河内輝声の墓は埼玉県野火止の大河内家の菩提寺平林寺にあるが、そこには黄遵憲『日本雑事詩』の最初原稿を埋めた「日本雑事詩最初稿塚」の石碑も建てられている。　　　　　　　　　　（陳　捷）

(参考文献)　実藤恵秀編訳『大河内文書：明治日中文化人の交遊』(平凡社・東洋文庫、1964年)、鄭子瑜・実藤恵秀編『黄遵憲与日本友人筆談遺稿』(早稲田大学東洋文学研究会、1968年)。

大川内伝七 おおこうちでんしち （1886.9.2－1958.2.13）

海軍軍人。佐賀県出身。

旧制佐賀県立鹿島中学校を経て、1909（明治42）年海軍兵学校卒業（37期）。22（大正11）年海軍大学校卒業（20期）。砲術を専門として、海軍砲術学校、海軍大学校の教官等を歴任して、36（昭和11）年上海特別陸戦隊司令官となる。37年8月9日、上海特別陸戦隊西部派遣隊長大山勇夫中尉が中国保安隊に射殺された大山事件が発生すると、長谷川清第3艦隊司令長官の厳命を受けて、戦闘態勢に入り、上海特別陸戦隊約2500名を指揮して8月13日から本格的な戦闘を開始した（第2次上海事変）。40年支那方面艦隊参謀長となり、海外からの蒋介石政府援助物資の搬入を阻止する封鎖作戦を指令した。太平洋戦争の末期、44年11月から南西方面艦隊司令長官兼第3南遣艦隊司令官兼第13航空艦隊司令長官としてフィリピン戦に赴き、敗戦で捕虜とな

る。47年1月復員。　　　　（笠原十九司）

（参考文献） 防衛庁防衛研修所戦史室『戦史叢書　中国方面海軍作戦(1)(2)』（朝雲新聞社、1974・75年）。

大鹿　卓 おおしか たく （1898.8.25－1959.2.1）
詩人。本名秀三。詩人金子光晴の実弟。愛知県出身。

秋田鉱山専門学校冶金科を卒業。京都大学経済学部中退。女学校教員となる。1924年金子光晴（弟）らと詩誌『風景画』を創刊。翌年『抒情詩』に拠り作詩。のち小説に移り、渡良瀬川鉱毒事件に関心を持ち、田中正造の生涯の研究にうち込む。44年辛亥革命資料蒐収のため中国を歴訪し、『梅花一両枝』「広東にて」等で中国共産党の紀律の正しさを評価した。　　　　　　　　　　（阿部　猛）

（参考文献）「大鹿卓追悼号」（『文芸日本』1959年）。

大島健一 おおしま けんいち （安政5.5.9(1858.6.19)－1947.3.24）

陸軍中将。岩村藩（岐阜県）出身。

岩村藩士の長男として生まれる。1881年に陸軍士官学校（旧4期）の砲兵科を卒業した。同期には大沢界雄・岡市之助がいる。89年陸士教官となり、翌年ドイツに留学する。日清戦争に当たって帰国し第1軍（司令官山県有朋）副官となって出征した。山県司令官の解任に伴い帰国して監軍部付となる。97年には監軍部参謀兼山県元帥副官に就任する。1900年1月に参謀本部員となり、翌月から欧州出張に出て9月に戻る。その間に教育総監部課員に任じられる。再び山県元帥副官に就き、01年から陸軍省軍務局課員となるが副官職は継続する。翌年2月参謀本部第4部長事務取扱のち心得となる。日露戦争には戦時大本営兵站総監部参謀長として臨む。06年12月に正規の第4部長となった。08年12月に参謀本部総務部長に就いて第4部長も1年間兼務した。12年4月に参謀次長に就任し、15年に陸軍次官、16年には寺内正毅内閣の陸軍大臣となる。18年に青島守備軍司令官に就き、翌年予備役に入る。長男はナチスドイツとの提携を推進した大島浩中将（駐独大使）。　（斎藤聖二）

（参考文献） 鵜崎熊吉『薩の海軍・長の陸軍』（政教社、1911年）。

大嶋濤明 おおしま とうめい （1890.1.8－1970.8.6）
歌人。本名大平。福岡県出身。

1907年満州に渡り、関東都督府民生部土木課に就職する。のち実業界に転じ、満州土木建築協会書記長・同協会常務理事等を歴任し、43年に満州土木建築公会理事に任命される。その一方で川柳を趣味とし、大連川柳会の機関誌『娘々廟』(20年)・『白頭豕』(24年)を創刊する。以後、実業界での名声も手伝い満州川柳界の中心人物として活動し、40年には「満州国」の肝煎りで結成された満州文芸協会の川柳部長に、41年には東亜川柳連盟の会長に就任し、大陸発行のほとんどの主要新聞で選者を務めるに到る。同連盟は満州在来の川柳吟社を統合した東亜川柳会（40年結成）を発展的に継承した組織であり、機関誌『東亜川柳』を発行し、新京（現長春）に本部を置き、満州各地の他に天津・北京・青

島・上海に支部が存在した。その会員は約500人を数えたという。　　　　　　（古谷　創）

（参考文献）『娘々廟―大嶋濤明川柳集―』（多摩書房、1971年）、吉岡龍城編『大嶋濤明の川柳と言葉』（新葉館出版、2004年）。

大島久直　おおしまひさなお　（嘉永1.9.5（1848.10.1）－1928.9.27）

陸軍大将、子爵。羽後（秋田県）出身。

戊辰戦争に参加したのち、明治3（1870）年に歩兵大隊所属となり、翌年陸軍中尉に任官される。西南戦争は大隊長として出征した。のち総務局次長、東京衛戍司令官、陸軍大学校校長、監軍部参謀長等を経て、日清戦争は第1軍（司令官山県有朋）第3師団（師団長桂太郎）所属第6旅団長として活躍し戦闘指揮官としての名を挙げた。台湾総督府軍政部長、同陸軍参謀長等を務め、再度陸軍大学校校長を経て中将昇進と共に新設第9師団長となる。1901年6月に清国駐屯軍司令官の任命を受けるが、後日現地事情から少将が望ましいとの判断が下され、任地に赴かず師団長職に留まる。日露戦争は第9師団を率いて第3軍（司令官乃木希典）に所属し、旅順攻略戦と奉天会戦に臨んで殊勲をたてた。戦後に大将に進み近衛師団長となる。09年教育総監、11年軍事参議官を歴任し13年に後備役に入る。武人の勇猛さと生真面目さを合わせ持つ人物として人望があった。　　　　（斎藤聖二）

（参考文献） 鵜崎熊吉『薩の海軍・長の陸軍』（政教社、1911年）、斎藤聖二『北清事変と日本軍』（芙蓉書房出版、2006年）。

大島与吉　おおしまよきち　（生没年不明）

対中調査員。愛知県出身。

10歳で浄土真宗に入門し、各地の寺で学ぶ。1901年6月中央大学を卒業する。同年8月、内田康哉が北京駐在公使に赴任する時に、島川毅三郎と共に随行して北京に行く。02年5月、内田と島川により、義和団事件以後東北に出兵したロシアが撤兵するかどうかについて調査を命じられ、東北地方各地、シベリア一帯を調査した。その後青木宣純・島川により、ロシアの外モンゴルに対する現状と将来に対する予想、東清（中東）鉄道西部線の輸送力の調査を命じられ、03年6月ウランバートルに到着し、蒙古商人の家で商業を営むかに装い調査を行った。その時、清朝の庫倫辦事大臣豊陞阿の知己を得た。北京帰着後の04年2月、再び青木・島川の命により、特別任務班に編入され、喀喇沁王府のモンゴル兵の案内を受けながら前進し、4月、東清鉄道のハイラル付近の鉄橋を爆破した。日露戦争後、蓋平で柞蚕糸の輸出業を行ったり、関東軍参謀部に入ったり、満鉄嘱託にもなった。

（馬場　毅）

（参考文献）『続対支回顧録』下。

大島義昌　おおしまよしまさ　（嘉永3.8.15（1850.9.20）－1926.4.10）

陸軍大将、子爵。萩（山口県）出身。

戊辰戦争に出征したのち、明治3（1870）年に大阪兵学寮青年舎に差し出される。翌年陸軍少尉に任官され大阪歩兵第4連隊付になる。西南戦争では第3旅団（旅団長三浦梧楼）所属の大隊長として転戦し負傷するが復

職した。以後、監軍部参謀、連隊長、鎮台参謀長心得、陸軍士官学校次長、鎮台参謀長を経て、1891年に少将となって第５師団（師団長野津道貫）所属歩兵第９旅団長となる。日清戦争を睨んだ居留民保護を名目とする派遣部隊として仁川に上陸し、京城に入る。麾下の大隊に朝鮮王宮を占拠させたのち清国軍の駐屯する成歓・牙山を占領し、宣戦布告となる。その後は第１軍（司令官山県有朋）所属部隊として平壌攻囲戦から鴨緑江渡河作戦等で活躍し、「大島旅団」の名を高めた。日露戦争は第２軍（司令官奥保鞏）所属第３師団長の地位で遼東半島に上陸し、金州・遼陽・沙河・黒溝台・奉天に転戦する。1905年に大将に昇進して新設関東総督に補任され、翌年関東都督府になるとそのまま都督の地位に就く。12年軍事参議官、15年に後備役となる。温厚な性格だが戦場においてはすぐれた武将として才能を発揮した。　　　　　（斎藤聖二）

　（参考文献）　斎藤聖二『日清戦争の軍事戦略』（芙蓉書房出版、2003年）、『対支回顧録』下。

大杉　栄　おおすぎさかえ　（1885.1.17－1923.9.16）
無政府主義者。香川県出身。

　1907年11月から翌年にかけて、在日中国人の劉師培や張継らが開いていた社会主義講習会で講演し、その第８回講習会ではバクーニンの連邦主義に基づき、東洋自由平和同盟の建設を提唱した。また同じ頃、亜州和親会に参加。08年４月から６月まで、劉師培宅で在日中国人へのエスペラント語講習会を始める。参加者には劉の他に、何震夫妻・張継・蘇曼珠・景梅九らがいた。雑誌『近代思想』及び月刊『平民新聞』でアナキズム運動家師復の活動等を紹介。20年10月コミンテルン主催の極東社会主義者会議出席のため上海へ密航、陳独秀・李東輝・呂運亨らと会議を重ねた。21年６月中国基督教青年会館での思想講演会で講演。22年12月ベルリンで開催される国際アナキスト大会への出席のため日本を脱出、フランスへの密航の途中上海に立ち寄り、中国人アナキストと交流を図った。翌23年２月フランスに到着するが、大会延期のため、在仏中国人同志と会合した。　　　（望月雅士）

　（参考文献）　大杉栄『自叙伝・日本脱出記』（岩波文庫、1971年）、嵯峨隆「大杉栄と中国」（『教養論叢』108、1998年）、大澤正道編「大杉栄年譜」（『初期社会主義研究』15、2002年）、大杉豊『日録・大杉栄伝』（社会評論社、2009年）。

大角岑生　おおすみみねお　（1876.5.1－1941.2.5）
海軍軍人・海軍大将。愛知県出身。

　海軍大臣に就任し、対中国政策を推進したが、大角人事の推進者でもある。

　1897（明治30）年海軍兵学校卒業（24期）。日露戦争では、海軍による旅順港封鎖作戦に参加した。1906－07年にかけて海軍大学校学生。海軍省軍務局局員、軍令部参謀等を歴任する。昭和に入ると、第２艦隊長官等を務め、31（昭和６）年12月には海軍大臣に就任する。間もなく第１次上海事変が起こり、それへの対応に苦慮したが、２度目の海軍大臣に就任すると（33年）、いわゆる大角人事を断行して、条約派を左遷するという積極的な一面も存在した。岡田啓介内閣（35年）は、親日策の採用、満州国容認、共同防共といった広田

三原則に関する交渉を中国政府と行っているが、大角は、海軍を代表してその三原則に賛同した。41年華南での飛行機事故で死亡したが、これは、日中戦争を解決するために蔣介石との交渉に向かう途中での事故と言われる。
(山本智之)

(参考文献) 日本近代史料研究会編『日本陸海軍の制度・組織・人事』(東京大学出版会、1971年)〈『日本陸海軍総合事典　第2版』東京大学出版会、2005年〉、臼井勝美『新版　日中戦争―和平か戦線拡大か―』(中公新書、2000年)、半藤一利・横山恵一・秦郁彦・戸高一成『歴代海軍大将全覧』(中公新書ラクレ、2005年)。

太田宇之助　おおたうのすけ　(1891.10.8 − 1986.9.2)

ジャーナリスト。兵庫県出身。

早稲田大学在学中の1916年4月から5月にかけて、上海に渡り、孫文の第3革命に参加。大学卒業後、大阪朝日新聞社に入社、以後一貫して中国問題を担当した。北京通信部を経て上海特派員。上海では孫文にたびたび面会した。23年東京朝日新聞社に転じ、25年北京特派員、29年9月から32年8月まで上海支局長。この時期の支局に尾崎秀実がいた。34年9月東亜問題調査会中国主査、39年論説委員兼任となる。この時期、西安事件前後の中国情勢を分析した論説を発表し、そのうちの主要なものを集め、37年に『新支那の誕生』(日本評論社)として出版した。この書の基調は、中国の資本主義的発展と国民政府による国内統一を評価し、日中間の経済提携を唱えた点にある。40年7月朝日新聞社に籍を置いたまま、支那派遣軍総司令部嘱託となる。これは泥沼化していく日中戦争の解決に向けて、中国問題の専門家が招聘されたことによる。総司令部嘱託として「思想戦指導要綱」の起草に関わり、汪兆銘政権の強化を図った。また銭永銘工作が進行する中、大公報主筆張季鸞と接触し、和平をめぐる重慶政府の意向を探った。この間、朝日新聞の社説で、東亜連盟運動の推進や汪政権強化のための新国民運動の実践等を提唱した。41年7月支那派遣軍総司令部嘱託を解任されたが、汪兆銘からの依頼で東亜連盟総会顧問を委嘱され、朝日新聞中支特派員として中国に留まった。43年4月南京国民政府の経済顧問兼江蘇省政府経済顧問に招聘され、朝日新聞社を退社。経済顧問として田賦実物徴収や阿片禁絶等に取り組んだが、自身、大局から見て影響を与えたと言えるものはなかったと後年回想している。45年3月帰国。戦後は『内外タイムス』のコラム欄等を担当した。83年杉並区久我山の自宅敷地を中国人留学生宿舎(現東京都太田記念館)用地として東京都に寄付した。

(望月雅士)

(参考文献) 太田宇之助『生涯』(行政問題研究所、1981年)、「太田宇之助日記」(『横浜開港資料館紀要』20号−28号、2002−10年)。

大鷹正次郎　おおたかしょうじろう　(1892.2.15−1966.11.4)

外交官。東京出身。

京華中学出身。1917年東京帝大法科大学卒業、翌年に外交官試験合格。ベルギー、ハルビン、天津等を歴任し、27年から33年までオ

ランダ大使館、33年11月からベルギーに転任し、36年に一時満州国に在勤したあと、37年3月総領事として青島に着任。日中戦争勃発後の通州事件による山東奥地からの日本人婦女子の引揚げに協力したが、37年9月初旬には引揚げ、撤退した。　　　（波多野澄雄）

（**参考文献**）　大鷹正次郎『大東亜の歴史と建設』（輝文堂、1943年）、同『奇襲か謀略か―真珠湾の責任―』（時事通信社、1954年）、同『第二次大戦責任論』（時事通信社、1959年）。

大達茂雄 おおだちしげお （1892.1.5－1955.9.25）

内務官僚。島根県出身。

東京帝大法科大学在学中に文官高等試験に合格、1916年に卒業して内務省に入省。地方官、内務省本省勤務を経て、32年福井県知事となる。34年に満州国に招聘され、法制局長、総務庁次長を経て36年に総務庁長に就任したが、協和会問題で関東軍と対立して辞職。37年、北支那方面軍司令部付として北京赴任となり、翌年には中華民国臨時政府法制顧問。39年から阿部・米内内閣の内務次官。42年、第25軍軍政部付として南方に赴任し、初代昭南特別市長に就任。乱暴な華僑対策をとる軍部を、警察を率いて牽制した。43年から初代東京都長官。44年から小磯内閣の内相となるが、戦争専念を主張して台湾・朝鮮への参政権付与に反対した。45年に戦犯容疑で拘置され、46年に公職追放。47年釈放、52年追放解除。53年に自由党所属で第3回参議院選挙に当選し、吉田内閣の文相に就任した。

（近藤秀行）

（**参考文献**）　大達茂雄伝記刊行会『大達茂雄』『追想の大達茂雄』（同刊行会、1956年）。

太田外世雄 おおたとよお （1886.12.21－1963.12.29）

農本主義者、鄭孝胥特別秘書。石川県出身。

1905（明治38）年、石川県派遣学生として東亜同文書院に入学（第5期）。08年同文書院卒業と同時に四川省重慶に赴き、四川研究を開始した。当初太田は在野の研究者として一生を過ごすつもりであったらしいが、農商務省の実業実習生に採用され、漢口・上海・天津・北京等の領事館に勤務し、「津浦、山東両鉄道交通圏内ナル直隷南部地方山東中部地方視察報告書」（『商工彙纂』第28号）、「青島及済南地方経済事情」（『商工彙纂』第32号）等の調査報告書を作成している。約10年に及ぶ領事館勤務ののち農商務省本省勤務となり、同文書院同窓の山田修作（第4期）、近藤龍雄（第6期）と共に同省の対中国工作を担った。その後、農商務省から大阪の住友本社に移り、同社の対中国事業の中心となった。住友時代には、同文書院の先輩である水野梅暁（第1期生）の要請により、反袁世凱派の張継や戴天仇らの身柄保護に努めている。太田は同文書院入学以来水野に師事し、その生き方も水野に影響されるところ大であったと言われる。

住友での数年間の勤務ののち、同文書院の同窓と共に辛酉社を創立、対中国貿易に従事したが、昭和初年天津に渡り、当時同地で溥儀と共に日本軍の保護下にあった鄭孝胥ら清朝遺臣と親交を結び、鄭らによって創設された軍糧城農場の経営を任された。32（昭和

7）年3月満州国が成立し、鄭が初代国務院総理（のちに国務総理大臣）に就任するとその特別秘書に任ぜられたが、満州国のスローガンである「王道」を農村より実現すべく、37年奉天（現瀋陽）近郊で願学農荘を開き、「五族協和の共同式経営」（『東亜同文書院大学史』）を行った。これより先、鄭は関東軍を批判して国務総理大臣を辞任したが（35年）、鄭と太田の親交は38年の鄭の死まで続いた。このため、敗戦後中共軍に逮捕されることになったが、中国農業に貢献した者としてほどなく釈放された。 （栗田尚弥）

（参考文献）『東亜同文書院大学史』（大学史編纂委員会編、滬友会、1982年）。

大谷嘉兵衛　おおたにかへい　（弘化1.12.22(1845.1.29)－1933.2.3)

実業家。飯高郡谷野村（三重県）出身。

明治期横浜の茶業輸出の中心的存在。明治20年代まで日本の対中貿易は綿花・砂糖・豆糟・大豆を輸入し、中国へは海産物・綿糸・人参等を輸出していたが、貿易収支は入超であった。大谷は横浜海産物缶詰同業組合長として、海産物の中国向け輸出の増加を図るため尽力した。1895（明治28）年日清戦争後、台湾での製茶を試みるため、台湾貿易会社に協力し、台湾鉄道・台湾銀行などの設立参与になった。一方、98年には南清（廈門(アモイ)・広東・香港）を視察、日中経済提携の重要性を強く感じた。中国産の緑茶・紅茶の品質の良さと揚子江流域の発展可能性に注目し、漢口に緑茶製造工場の建設を試みた。国際通信網の充実のため太平洋海底ケーブル敷設に尽力した。製茶輸出の重要性が減少すると、生糸の売込み等横浜の貿易多角化に努めた。日露戦争後は対中経済活動の円滑化を図るため、湖南汽船取締役に就任、華南貿易の拡大に努めた。1910年茶業組合中央会議所会頭として赴清実業団（近藤廉平団長）に参加、韓国・清国各地を経て、南京で開催された南洋勧業博覧会に参加した。南満州鉄道・東洋拓殖の設立参与。日華実業協会・東亜同文館・東亜同仁会に加わり、日中親善交流にも尽力した。特に横浜に中日協会を設立し、居留中国人との親睦を図った。10年来日した中国観光団汪洋一行を横浜商業会議所会頭として接待した。12年太平洋汽船同盟会と太平洋航路での茶運賃値上げ問題をめぐって、製茶業界荷主代表として交渉し、汽船側の譲歩を勝ち取った。

13年に来日した孫文の歓迎会に出席、その後も15年の広東の水害救済金募集、25年中国実業団の日本視察時には、中日協会会長として歓迎会を催した。 （木村昌人）

（参考文献） 茂出木源太郎編『大谷嘉兵衛翁伝』（同伝記編纂会、1931年）、横浜開港資料館編『横浜商人とその時代』（有隣堂、1994年）。

大谷喜久蔵　おおたにきくぞう　（安政2.12.28(1856.2.4)－1923.11.26)

陸軍大将、男爵。小浜（福井県）出身。

小浜藩士（藩校漢学者）の7男。明治4(1871)年大阪鎮台彦根分営所に召集されて入営し、陸軍士官学校試験に合格して1875年に入学する（旧2期）。同期には井口省吾・田村怡與造・長岡外史等の俊英がいる。卒業後は仙台鎮台参謀、歩兵第8連隊大隊長、第

6師団参謀を務め、日清戦争では戦時大本営付となる。戦後は師団参謀長、教育総監部本部長、同参謀、戸山学校長、旅団長等を経て、日露戦争において第1軍（司令官山県有朋）第12師団（師団長井上光）兵站監として1904年2月に出征した。翌月韓国駐劄軍兵站監に移り、4月に第2軍（司令官奥保鞏）兵站監に就任する。8月には第4軍（司令官野津道貫）第10師団（師団長川村景明）幕下の第8旅団長となって遼陽・沙河・奉天の各会戦を闘う。奉天会戦後の05年4月に韓国駐劄軍参謀長に転じる。戸山学校長ののち07年に教育総監参謀長に就いてそのまま本部長となる。09年第5師団長、15年には第2代の青島守備軍司令官に就任した。17年に軍事参議官となり、翌年8月浦塩派遣軍司令官として出征する。18年8月軍事参議官兼教育総監に就き、翌年後備役に編入される。　　（斎藤聖二）

（参考文献） 安藤良夫編著『陸軍大将大谷喜久蔵の年譜』（1993年）。

大谷光瑞　おおたにこうずい　（1876.12.27 – 1948.10.5）

宗教家。西本願寺22世。浄土真宗本願寺派21世光尊の長男。法名は鏡如。妹に歌人の九条武子。京都府出身。

1886年学習院に入学するが退学し、その後は独学で教養を身につけた。98年、23歳で九条籌子（かずこ）と結婚。

翌99年1月から5月にかけて中国を巡遊。継職以前の新門時代に中国を視察し、その時の記録が『清国巡遊誌』として公刊された。同年12月、インド仏蹟巡拝並びにヨーロッパ宗教制度研究のために渡欧。ロンドンで生活し、この時期にヨーロッパ各国を訪問し、探検のためのネットワーク作りにも勤しむ。1902年、第1次大谷探検隊をヨーロッパからの帰国途上において実施するが、03年1月父、光尊死去の報を受け、急遽帰国。同年5月、西本願寺22世を継承。04年から05年にかけての日露戦争において、臨時部を設置し教団をあげての協力体制を取る。大谷探検隊を02年以降も、08年、10年と合計3次にわたり、中国やシルクロード等に派遣し、仏典等の仏教関係資料を多数収集。

07年1月から5月にかけて、成都・上海・北京等を訪問。09年9月、再度のインド訪問も行い、仏蹟を探査。また08年神戸六甲山に二楽荘を建て別邸とし、宗門内子弟の英才教育のため武庫中学を設置する。11年1月、妻籌子死去。同年3月、親鸞の650回遠忌を勤修。

14（大正3）年、大谷家負債問題による財政破綻と疑獄事件の責任を取り、宗主を辞任。同年11月、二楽荘を退出し外遊の途につく。宗主退任後は、中国をはじめとして各国に滞在し、農園経営や工場経営等も行う。19年、光寿会を結成し、機関誌『大乗』を刊行。22年上海に無憂園が完成。宗主を退任した後も台湾や上海等各地を訪問し、海外での生活も長く、本願寺派の海外での布教活動に与えた影響も多大。39（昭和14）年、中支宗教大同連盟副総裁及び興亜学院名誉院長に就任。40年近衛文麿内閣の参議、43年大東亜仏教総会名誉総裁、44年には小磯国昭内閣の内閣顧問等も歴任。大連で終戦を迎え、2年間の抑留生活を経て帰国。

おおたにそんゆ

晩年は大分県別府に居住し、知事らに対して産業復興についても助言を与えた。48年療養先の鉄輪別邸において73歳で死去。著書に『大谷光瑞全集』・『大谷光瑞興亜計画』等。

(髙山秀嗣)

(参考文献) 『鏡如上人年譜』(鏡如上人七回忌法要事務所、1954年)、『本願寺史3』(浄土真宗本願寺派、1969年)、白須浄真『大谷探検隊とその時代』(勉誠出版、2002年)。

大谷尊由 おおたにそんゆ (1886.8.19−1939.8.1)

宗教家、政治家。浄土真宗本願寺派21世光尊の4男。京都府出身。

西本願寺文学寮を卒業。1905 (明治38) 年4月、従軍布教総監として満州に渡る。同年12月、清国開教総監に就任。翌06年2月、初代台湾開教総監となる。同年9月から07年5月にかけて随行長として兄光瑞と共に中国に渡る。08年、西本願寺執行長に就任し、10年にはヨーロッパ宗教事情調査のため渡欧。20 (大正9) 年にも、光瑞と揚子江を上る。21年管長代理となり、日本全国及び朝鮮や北米等を巡化。28 (昭和3) 年に貴族院議員となり、31年には再び執行長に就く。32年、満州国を慰問。37年、近衛文麿内閣の拓務大臣となる。さらに内閣参議や北支開発会社総裁、本願寺派護持会財団理事長等を歴任。著書に『国土荘厳』・『親鸞聖人』・『呉山楚水』(光瑞と共著) 等。

(髙山秀嗣)

(参考文献) 『本願寺史3』(浄土真宗本願寺派、1969年)、『浄土真宗本願寺派アジア開教史』(本願寺出版社、2008年)。

大谷藤治郎 おおたにとうじろう (慶応3.10.27(1867.11.22)−1939.3.14)

記者、俳人。号是空。津山 (岡山県) 出身。

1885 (明治18) 年東京大学予備門に入学、正岡子規・夏目漱石と同期となる。子規とは漢詩や俳句のやりとりをし、終生の親友であった。95年、郷里の津山尋常中学校の英語教師となる。99年上海に渡り、実業界に入る。1903年、遠山景直との共著で中国への旅を勧めた『蘇浙小観』を出版、07年日清汽船(株)開業と共に入社し、庶務課長、上海支社駐在等を務めた。09年頃『中外商業新報』に入社、論説、記事、俳諧をテーマにしたコラム等の執筆を終生続けた。中国研究の必要を説き、この間たびたび中国へ赴き長江を上下して経済事情の調査を行っている。17 (大正6) 年刊行の『経済観的長江一帯』は、同年3−5月に上海から四川までの各地を視察して書かれた貿易業者や企業家向けの案内記、あるいは参考書である。長江は中国の富源、経済的中心であり、日本は他国に先んじて対中貿易の覇者となるべきとの考えに基づく同書刊行であった。

(本庄比佐子)

(参考文献) 和田克司編著『大谷是空「浪花雑記」:正岡子規との友情の作品』(和泉書院、1999年)。

太田政弘 おおたまさひろ (明治4.10.4(1871.11.16)−1951.1.24)

官僚、政治家。オリエンタルランド社長・高橋政知の父。山形県出身。

庄内藩に仕える下級武士、太田政道の子として生まれる。日本中学、一高、東京帝大を

経て内務省入省。内務省警保局長や福島・熊本・愛知等の県知事を歴任。憲政会加藤高明内閣では警視総監に抜擢される。その後、民政党浜口雄幸内閣が成立すると関東長官(1929年8月)、次いで31年1月には霧社事件によって引責辞任した石塚英蔵の後任として台湾総督に就任する。在任中、「理蕃政策大綱」を策定して、動揺した台湾原住民統治政策の刷新を図ると共に、加俸削減問題では総督府官吏の反対運動に理解を示しつつ運動自体に対しては抑制方針を採った。31年12月政友会犬養毅内閣が成立すると、木下信総督府総務長官、井上英警務局長が休職処分とされたため、32年3月に辞職した。

（谷ヶ城秀吉）

(参考文献) 近藤正己『総力戦と台湾』(刀水書房、1996年)、日本経済新聞社編『私の履歴書』経済人35 (日本経済新聞社、2004年)、岡本真希子『植民地官僚の政治史』(三元社、2008年)。

大塚有章 おおつかゆうしょう (1897.1.22 – 1979.9.8)

社会運動家。本名国光有章、別名大塚衛等。河上肇の義弟、末川博の義兄。山口県出身。

1920年、早稲田大学政治経済学部卒業後、満鉄、藤本ビルブローカー銀行に務めたのち、29年新労農党創立に参加する。32年日本共産党に入党し、地下活動を始める。10月資金稼ぎのための川崎第百銀行大森支店への銀行ギャング事件に関与し、33年1月逮捕され、山口刑務所に入獄。42年出獄後満州に行き、満州映画協会に務める。日本の敗戦後、満州映画協会の中国人職員が中心になり、日本人職員も協力した東北電影公司の創設に参加。45年日本人共産主義者で東北建設青年突撃隊を創設し、翌年、中国共産党員李初梨と協力しながら長春日本人民民主連盟を創設し委員長を務めるなど中国革命に参加する。56年帰国し、日本共産党に再入党。66年中国共産党と日本共産党が対立した時、中国共産党を支持し日本共産党を除名され、毛沢東思想研究会を設立。日中友好協会が分裂した時には、正統本部を支持し大阪府本部会長等を務めた。

（馬場　毅）

(参考文献) 大塚有章『新版 未完の旅路』全6巻(三一書房、1976年)、同『新中国物語』(三一書房、1957年)。

大鳥圭介 おおとりけいすけ (天保4.2.25(1833.4.14) – 1911.6.15)

外交官。播磨(兵庫県)出身。

慶応2(1866)年幕臣に抜擢され、歩兵奉行としてフランス式軍事訓練に当たる。徳川幕府倒壊後主戦論を主張し江戸を脱出、明治2(1869)年箱館五稜郭で降伏。72年出獄後、開拓使御用係を経て大蔵少丞となり、欧米へ出張する。帰国後は陸軍省や工部省に出仕し、工部大学校、学習院長、華族女学校長等を歴任。89年清国駐在特命全権公使となり、翌年には朝鮮公使も兼任した。一時帰国中、94年甲午農民戦争(東学党の乱)が発生し、清国側の出兵を招いたため、急遽朝鮮に帰任した。明治政府(当時首相は伊藤博文、外相は陸奥宗光)の訓令により、朝鮮政府に清国軍撤退・内政改革を内容とする要求書を提出し、幾多

の折衝を重ね、日清戦争突入へのコースをかためた。　　　　　　　　　　（吉村道男）

（参考文献）　山崎有信『大鳥圭介伝』（1915年）。

大西　斎　おおにしいつき　（1889.12 － 1947.12.20）

東京朝日新聞論説委員。名は、さい・ひとしの読みあり。福岡県出身。

1911（明治44）年上海の東亜同文書院を卒業後、大阪朝日新聞入社。17（大正6）年上海特派員、19年北京特派員。帰国後24年東京朝日勤務、25年支那部長。28（昭和3）年には、『支那の現状』を執筆。辛亥革命から北伐の完成に至るまでの中国の歴史を解説し、東アジア外交の不安定要因であった中国を「東洋のバルカン」として捉えて、国際関係にも広くふれながら現状分析を行った。ことに満蒙問題に対しては1章を当て、日本が満蒙の発展利用を行うことに対する条約・協約等の合理的根拠を詳述し啓蒙に努めている。29年12月ロンドン海軍軍縮会議取材に特派。帰国後30年10月から東朝論説委員。満州事変直後には『新興満州国』を執筆。盧溝橋事件直後の37年9月には東亜問題調査会幹事（34年9月から兼務）として『支那の財政はどうなるか』と題する講演を行い、中国の戦争継続能力を経済面から分析している。

（松田　忍）

（参考文献）　大西斎『支那の現状』（『朝日常識講座』第3巻、朝日新聞社、1928年）、同『新興満州国』（『社会教育パンフレット』第148輯、1932年）、同『支那の財政はどうなるか』（『経済研究叢書』第87輯、経済研究会、1937年）。

大橋忠一　おおはしちゅういち　（1893.12.8 － 1975.12.14）

外交官、衆議院議員。岐阜県出身。

1918年東京帝国大学法科大学法律学科卒、同年外交官試験に合格。19年領事館補として奉天に勤務。米国勤務、通商局第3課長、中国公使館一等書記官等を経て31年6月ハルビン総領事。着任直後、柳条湖事件に遭遇、奉天・吉林・チチハル等の総領事が関東軍の軍事行動に否定的な立場を取ったのに対し、大橋は当初から積極的に関東軍を支持し、謀略による「排日暴動」を理由にハルビンへの出兵を要求した。32年3月満州国が成立すると同国外交部総務司長、6月外交部次長となり、東支（北満）鉄道買収交渉の満州国側代表を務めた。37年7月外務局長官、12月満州国参議を経て39年8月外務省に復職、40年第2次近衛内閣の外務次官に就任、松岡洋右外相のもとで日独伊三国同盟、日ソ中立条約、日米交渉に当たる。41年7月近衛内閣退陣と共に次官を辞任し、12月蒙古連合自治政府最高顧問。同職への就任は大橋に好感を持った主席デムチュグドンロブ（徳王）の要請によるものだった。しかし駐蒙軍司令部や日本人官吏と対立し42年9月に更迭される。敗戦後公職追放され、52－58年衆議院議員、59－61年カンボジア大使。　　　　　　　（小林元裕）

（参考文献）　大橋忠一『太平洋戦争由来記』（要書房、1952年）、中見立夫「大橋忠一と須磨弥吉郎―異色外交官の戦前・戦中・戦後―」（『東アジア近代史』11、2008年）。

大原武慶 おおはらたけよし （慶応1(1865).6－1933.1.24）

陸軍軍人、大陸浪人。福山（広島県）生まれ。

1886（明治19）年陸軍士官学校を卒業するも、91年4月に時勢に憤慨して割腹自殺を図り休職となる。日清戦争に際して復職し、98年4月参謀本部出仕となり、湖広総督張之洞の招聘により武昌の武備学堂に派遣され新軍の整備に従事し、中国の様々な人物との関係を作った。日露戦時には安東県や昌図の軍政官を務めた。1907年予備役に編入され（中佐）、その後は東亜同文会の幹事となり、亜細亜義会を組織し大陸問題やイスラム問題（イブラヒム工作）に関わった。辛亥革命の際には、東亜同文会より武昌に派遣され革命軍に投じた。　　　　　　　　　（櫻井良樹）

（**参考文献**）　宇都宮太郎関係資料研究会編『日本陸軍とアジア政策　陸軍大将宇都宮太郎日記』1（岩波書店、2007年）、『対支回顧録』下、『東亜先覚志士記伝』下。

大村卓一 おおむらたくいち （1872.2.13－1946.3.5）

鉄道技術者、満鉄総裁。福井県出身。札幌農学校（現北海道大学）工科卒業、北海道炭鉱・逓信省・朝鮮総督府鉄道局長を経て、32年関東軍交通監督部長、1932年満鉄副総裁、39年総裁、44年退任、45年満州国大陸科学院長となる。敗戦後の11月、八路軍に逮捕され、翌年海竜で獄死した。　　　（久保田文次）

（**参考文献**）　満鉄会編刊『満鉄最後の総裁山崎元幹』、大村卓一追悼録編纂委員会編『大村卓一』（1974年）。

大山勇夫 おおやまいさお （1911.3.25－1932.8.9）

海軍軍人、海兵60期、大尉。福岡県出身。

1932年海兵卒、青葉・夕張・愛宕等の駆逐艦に乗り組み、36年10月から上海特別陸戦隊付となった。37年7月7日柳条湖事件により日中両軍が衝突、当初戦闘は華北に限定されていた。両国は和平交渉を始めるため川越烈公使と国民党外交部の高宗武を上海に派遣、同地で8月9日交渉が開始する当日、上海特別陸戦隊派遣隊長の大山中尉と斎藤与蔵1等水兵が市内を車で巡回中、虹橋付近で中国保安隊に遭遇して惨殺されるという大山事件が発生した。高宗武は交渉のテーブルにつくことなく同地を離れた。一方10日現地では日中両国が協議を始めたが交渉は難航、12日中国軍が上海国際租界地に迫り、間もなく同地の日本海軍陸戦隊と交戦が始まり、その後中国空軍の爆撃も増加し、そして日本軍の3個師団からなる上海派遣軍が上陸して、いわゆる第2次上海事変が始まった。ついに戦火は華北から華中に拡大、全面戦闘に発展した。

　　　　　　　　　　　　　（波多野勝）

（**参考文献**）　大山勇夫『大山勇夫の日記』（大山勇夫日記刊行委員会、1983年）。

大山　巌 おおやまいわお （天保13.10.10(1842.11.12)－1916.12.10）

陸軍大臣、参謀総長、元帥、元老、内大臣。幼名弥助。鹿児島出身。

鹿児島藩士大山綱昌の次男として生まれる。西郷隆盛の従弟で幼い頃からその感化を受ける。幕末期には寺田屋騒動や薩英戦争に参加、洋式兵器の必要性を感じ江戸に出て江川太郎

左衛門の塾に入り砲術を学ぶ。さらに西郷・大久保利通に従って活動し、戊辰戦争でも薩摩藩2番砲隊長として参戦する。明治3 (1870) 年普仏戦争視察のため、翌年には自ら進んでフランス留学のため洋行、帰国後の77年の西南戦争では征討別働第1旅団司令長官として出陣、山県有朋と共に全軍の指揮に当たった。79年琉球問題が起こると参謀次長として熊本鎮台2個中隊を派遣、廃藩置県強行を助けた。また82年の壬午事変では慎重な姿勢で事に対処した。80年陸軍卿となったのを皮切りに日清戦争までのほとんどの時期で山県と共に陸軍首脳の地位にあり、陸軍建設の立役者となった。

94年8月1日日清戦争が開始されると、9月25日第2軍司令官を命じられる。第2軍の目標は遼東半島より上陸して清軍を側面から攻撃することであり、10月16日宇品港出帆、26日花園口上陸、続いて金州城・大連港を攻撃して占領し旅順要塞に向かった。旅順要塞は地形上からも防衛施設の面からも難攻不落と言われたが、11月21日の総攻撃で1日で陥落させた。その後も山県率いる第1軍を支援すべく蓋平、遼河平原を転戦したが、他方で大山が山東半島威海衛に残存する清国艦隊を掃討する作戦を提案すると受け入れられ、翌年1月22日大連港を出帆して山東半島に上陸、30日に海軍連合艦隊と共に威海衛を総攻撃、2月2日同地占領、12日北洋水師提督丁汝昌は降服し服毒死した。第2軍は、さらに山海関を占領し華北になだれ込むべく第2期作戦の先鋒としての準備をしていたが、4月1日講和に向け大本営より休戦の命令が到達したのであった。

1900年6月北清事変が起こると、当初は海軍陸戦隊のみで対応しようとしたが、大山参謀総長は2個師団の派遣を上奏して裁可を得る。結局、その部隊が連合国軍の主力となって8月14日北京に入城し列国公使館の包囲を解くことに成功した。

この北清事変の際に兵を満州に進めたロシアはその後も撤兵しようとしなかった。そのため03年6月大山は、その意図は満州の実権を握りさらに韓国を領有しようとするものであり、軍備がいまだ日本に有利なうちに開戦すべしと主張し、児玉源太郎を参謀次長に据えて対露作戦準備を始めた。04年2月10日宣戦布告、5月に入り朝鮮半島を占領した第1軍が鴨緑江渡河、第2軍が遼東半島上陸を開始すると、大山は6月20日自ら進んで作戦を引き受けるため満州軍総司令官に就任(児玉も総参謀長となる)、第3軍(旅順要塞攻撃)、第4軍(第1・2軍の支援)も含め現地で指揮を執ることにした。同年9月遼陽会戦で勝利、翌年1月には苦労の末に第3軍も旅順を陥落させ、さらに3月の奉天会戦でも勝利したが、以後戦線は膠着、講和条約に向けて動くことになった。 (季武嘉也)

(参考文献) 大山元帥伝編纂委員編『元帥公爵大山巌』(大山元帥伝刊行所、1935年)。

岡井慎吾 おかいしんご (明治5.5.29(1872.7.4) −1945.2.13)

漢文学者・文字音韻学者。名は慎吾、別号柿堂。福井県出身。

福井県丹生郡立待村下石田(現鯖江市下石

田）に岡井慎蔵の子として出生。福井県尋常師範学校を出て、小学校・中学校に教鞭を執る。文部省中等学校検定試験の国語・漢文科に合格して（1898年）、石川県立第二中学校教諭となり、ここで金沢の漢学者三宅真軒に考証学を学んだ。新設の広島高等師範学校から招聘された三宅真軒と共に広島に移り（1905年）、同附属中学に奉職。次いで朝鮮平壌中学に転じ（16年）、朝鮮総督の学術視察団に加わり、初めて満州ハルビンに遊ぶ（17年）。中国出張を命じられ、北京・洛陽・漢口・長沙・揚州・南京・上海・蘇州・青島・済南・曲阜・泰山・八達嶺等を巡行した（21年）。第五高等学校教授に転じ、九州帝大法文学部・東京文理科大学等に出講した。著書に、京都帝国大学に提出した学位請求論文『玉篇の研究』（27年）の他、『日本漢字学史』等。　　　　　　　　　（町　泉寿郎）

（**参考文献**）「岡井慎吾博士伝記」『漢文学』第4輯、1955年）、江上波夫編『東洋学の系譜』第1集（大修館書店、1999年）。

魚返善雄　おがえりよしお　（1910.1.8 – 1966.3.27）
中国語学者、中国文学翻訳家。信濃憂人の別号を持つ。大分県出身。

巡査の長男として生まれ、日田中学では蓄音機で英会話を学ぶなど、英語で抜群の成績を修め、1926年より県の給費生として上海の東亜同文書院に学び、英語塾でアルバイトをする一方で、中国人学友とも親交を深めたが、肺浸潤のため29年中退して帰郷。34年文部省検定試験に合格し英語と支那語の教師資格を得、東亜学校で中国語を教えながら、37年『カールグレン支那言語学概論』を翻訳、日華学会理事となり、NHK嘱託として北京語放送を担当、38年以後『支那語読本』等の教科書を出版した。39年度より66年度まで東京帝国大学、東京大学文学部等の中国語担当の非常勤講師を務めた。白話小説の翻訳に『紅楼夢』『水滸伝』『西遊記』、老舎『四世同堂』等がある。非常勤講師から見た大学のようすや中国語をめぐるエッセイも書いている。
　　　　　　　　　（藤井省三）

（**参考文献**）　魚返善雄『暗い時代の青春』（日本出版協同、1953年）、桜木敏光『東大万年講師魚返善雄文学博士の生涯』（私家版、2000年）。

岡倉天心　おかくらてんしん　（文久2.12.26(1863.1.13) – 1913.9.2）

思想家・教育家。幼名角蔵、本名覚三、天心は号。横浜生まれ。

東京外国語学校及び東京大学文科に学ぶ。東大で外人教師アーネスト・フェノロサと九鬼隆一を知り、卒業後文部省に入り、音楽取調係を経て専門学務局に勤務、古美術の保護、美術の普及を担当。1886年フェノロサと共に渡米して各地を視察し、帰国後東京美術学校の開設に努力し、その後8年間校長を務めた。その間93年には中国美術視察に赴き、美術学校を追放された後の1901年にはインド美術を訪ねると共に、詩人ラビンドラ・タゴールの家に滞在して、独立運動派の人々と親交を深めている。一方、美校を退いた天心は橋本雅邦・横山大観らと日本美術院を創立し、美校創立以来の文明開化に対する抵抗の姿勢を貫いた。天心のこのような方針と対比されるの

が東京音楽学校の初代校長伊沢修二で、伊沢は天心とは反対に西洋音楽を音楽教育の基礎とした。その結果美校は音校と対照的な歩みをたどったが、それには天心の教育方針が大きく影響していた。しかしその後日本美術院は必ずしも順調に発展せず、天心はインドやアメリカを旅行し、ボストン美術館の東洋部長を務めた。今日のボストン美術館の東洋美術コレクションはフェノロサと天心の努力に負うところが大きい。天心は帰国後間もない13年9月2日、赤倉の山荘で病死した。

天心はインド・アメリカ等に滞在中、『東洋の理想』(1903年)、『日本の目覚め』(04年)、『茶の本』(06年)という著作を英文で発表している。これらは天心が世界に向って、東洋の精神とは何かを語りかけたものである。『東洋の理想』は「アジアは一つである」という有名なことばで始まる。しかしこのことばは単純にアジアの諸文化が一体であるのを主張するのではなく、「……雪をいただく障壁(ヒマラヤ山脈)さえも、究極普遍的なるものを求める愛の広がりを、一瞬たりとも断ち切ることはできないのである。そしてこの愛こそは、すべてのアジア民族に共通の思想的遺伝であり、かれらをして世界のすべての大宗教を生み出すことを得させ、また、特殊に留意し、人生の目的ではなくして手段をさがし出すことを好む地中海やバルト海沿岸の諸民族からかれらを区別するところのものである」(富原芳彰訳)ということに他ならない。この「アジアは一つである」ということばはのちに日本ロマン派の論客がしきりと利用したし、さらに「大東亜共栄圏」の主張にもさかんに用いられた。そのことは天心の思想と直接関係はないが、天心自身も「東洋の目覚め」(02年)というノートでは、アジア諸民族が再生を求めて立ち上がろうとしている姿を描きながらも、「日本の輝かしい新生」をアジア復興の実例として挙げており、日本がすでにアジア諸国侵略に加わりつつあることについては、全く意識していなかった。

(伊東昭雄)

(**参考文献**) 『岡倉天心全集』全8巻別巻1(平凡社、1979-81年)、竹内好「岡倉天心」(『竹内好評論集第3巻 日本とアジア』筑摩書房、1966年)、宮川寅雄『岡倉天心』(東京大学出版会、1956年)。

岡　幸七郎　おかこうしちろう　(明治1.7.21(1868.9.7)-1927.4.20)

新聞人。長崎県出身。

平戸生まれ。その家は代々松浦藩士。岡は儒者楠本謙三郎について学んだが、学校制度における学歴はない。楠本は地元では大変有名な学者でその校舎は人であふれたという。1896年、その間に抱いた志に従って中国渡航。まずは上海に滞在し中国語を学ぶ。次いで各省を旅行・調査し、漢口在住となる。その間、日露戦争期には陸軍通訳官として従軍し、旅順陥落後は当地の行政に尽力した。戦後再び漢口に戻り、当時の総領事水野幸吉に働きかけて『漢口日報』を創刊する。岡は社長としてこの日刊誌を刊行すると同時に自らも記事を書いた。主筆は中久喜信周で、その華中情報は『万朝報』等を通じて日本にももたらされた。岡の漢口在住は30年の長きにわたり、

その間、現地日本人・中国人との関係を深めていった。『鄭孝胥日記』や『宗方小太郎日記』、『白岩龍平日記』にその名を見出すことができる。のちに湖南汽船を立ち上げることになる白岩が初めて湖南に赴く時に漢口で岡や宗方に出会ったことが記されている。彼らはまさに湖南に入ろうとしているところで、中国人の装いであったという（『白岩龍平日記』）。『漢報』を主宰していた宗方との関わりは深い。宗方は、東亜同文会漢口支部長、岡はその支部員として活動すると共に『漢報』の記者として筆をふるった。またその活動を通じて唐才常らと東亜同文会の関係を深めることに貢献した。第１次世界大戦期には、漢口等を中心とする華中地域の事情に通ずる者として諜報活動を行っていた。1927年４月の漢口事件は、岡の最晩年に起こっているが、その時彼はすでに故郷で病床にあった。

（久保田善丈）

（参考文献） 中村義『白岩龍平日記　アジア主義実業家の生涯』（研文出版、1999年）。

岡崎勝男 おかざき かつお （1897.7.10 – 1965.10.10）

外交官、外相。衆議院議員。東京出身。

1923年に外務省に入省。英国在勤中の24年、パリ・オリンピックに５千メートル競走の選手として出場している。28年から32年まで上海に在勤し、上海事変等の重要案件の処理に当たる重光葵を献身的に補佐した（重光『外交回想録』）。日米開戦後、中国（汪兆銘政府）大使館参事官を務め、外務省調査局長として終戦を迎え、連合国軍の降伏条件受理のためのマニラ使節（河辺虎四郎中将全権）の随員として同行。終戦連絡中央事務局長官、外務次官、49年から55年まで衆議院議員。この間、硬骨の士として吉田茂首相に寵愛され、国務大臣（賠償庁長官）、外相を歴任した。61年には、小坂善太郎外相に請われて国連大使となり、行き詰まっていた中国代表権問題について、国民政府を排除し、北京政府に議席を与えるアルバニア型決議案に対抗し、重要事項指定決議案のとりまとめに尽力した。同決議案は、中国代表権問題を国連憲章18条の重要事項に指定し、その決定には総会構成国の３分の２の賛成が必要とされる、という手続決議であり、その採択によって国府（台湾）が排除される危機を当面、乗り切った。

（波多野澄雄）

（参考文献） 岡崎勝男『戦後二十年の遍歴』（1965年、再刊、中央公論新社、1999年）。

岡崎嘉平太 おかざき かへいた （1897.4.16 – 1989.9.22）

民間経済人・財界人。岡山県出身。

岡山県賀陽郡大和村（現吉備中央町）の農業岡崎鶴太郎の長男。岡山中学校卒、1916年第一高等学校入学、中国人留学生らと知り合う。22年東京帝国大学法学部政治学科卒、日本銀行に入社、小樽支店等を経てベルリン駐在、33年帰国、外国為替管理係調査役等を歴任。38年陸軍省嘱託で上海の為替金融調査のため赴任。39年日銀から上海の華興銀行理事に転出。42年大東亜大臣青木一男の依頼で大東亜省参事官。43年上海大使館参事官。日本敗戦後、中国当局（湯恩伯）と交渉、また青帮の助力も得て邦人引揚げに尽力した。46年

おかざきしょうぞう

日本帰国後、公職追放。49年池貝鉄工社長、51年丸善石油会社社長で再建・経営に手腕を発揮、52年日本ヘリコプター航空（全日空の前身）副社長、57年儲蓄増強中央委員会会長、61年全日空社長。また日本国際貿易促進協会常任委員に就任し、日中経済交流を推し進めた。62年訪中、首相周恩来と初めて会い、その後、親交を深め、相互の信頼関係を築くことになる。63年LT（日中覚書貿易）事務所代表、64年日中総合貿易連絡協議会会長。だが、66年羽田沖飛行機墜落事故等が続き、彼の日中経済交流も厳しく批判され、経団連会長石坂泰三から辞職勧告を受け、67年全日空社長を辞任。その上、右翼団体からの脅迫も受けたが、日中覚書貿易代表として訪中を続けた。72年日中国交回復に当たって周から特別招待を受ける。日中経済協会常任顧問。78年勲一等瑞宝章授章、87年全日空の中国路線参入では自ら搭乗。この年、洛陽市名誉市民。89年死去。岡崎は国際的視野からアジア、特に日中関係の重要性を認識し、先駆的に日中経済交流を梃子に日中国交正常化実現に大きな足跡を残したと言えよう。2001年その功績をたたえ故郷の吉備中央町に記念館が設立されている。

（菊池一隆）

（参考文献） 岡崎嘉平太『中国問題への道』（春秋社、1971年）、同『終わりなき日中の旅』（原書房、1984年）。

岡崎生三 おかざきしょうぞう （嘉永4.1.3（1851.2.3）－1910.7.27）

陸軍中将、男爵。土佐（高知県）出身。

土佐藩士の長男。戊辰戦争を闘い、明治4（1871）年の御親兵創設時に差出し藩兵として上京し国軍下士官となる。1876年に東京鎮台付となり、翌年西南戦争に出征する。戦後は歩兵第1連隊大隊長を務める。83年に歩兵第6連隊大隊長となり翌年大阪鎮台参謀に就く。86年に近衛第4連隊大隊長、東宮武官ののち91年に休職となる。日清戦争に当たって後備歩兵第1連隊長、留守第4師団参謀長に就けられ、戦後95年には威海衛占領軍参謀長に就任する。98年に参謀本部付、続いて第2師団参謀長に就く。その後歩兵第15旅団長となって日露戦争に第1軍（司令官山県有朋）第2師団（師団長西寛二郎）幕下で出征した。戦後に第20旅団長、第13師団長となる。

（斎藤聖二）

岡崎（岳崎）正鈍 おかざきしょうどん （天保7.9.7（1836.10.16）－1886.11.20）

僧侶。羽後（秋田県）出身。

真宗大谷派（東本願寺）浄弘寺10世、速證院正桓の3男と生まれ、字は法泉、漱石・悟外・痩羊・酔月楼・秋雲・自笑人等と号し、その居室を自笑観と称した。明治1（1868）年、越前国（福井県）祐善寺に入寺して、同寺18世を継ぐ。1877年7月から翌年5月まで東本願寺上海別院に在勤し、説教を行うかたわら中国人向けの布教用パンフレット「真宗説教」の編纂に従事した他、同別院内に設立された中国語学校の江蘇教校で日本人留学僧に宗乗（真宗学）を教授する。歿後、法主大谷光勝（厳如）は染筆院号法名を下賜し、1923年に嗣講の学階を贈られた。著書に、上海別院時代の日記である「支那在勤褧志」（真宗

史料集成第11巻『維新期の真宗』同朋社、1975年）、『真宗要目五十題弁妄』等がある。

（川邉雄大）

　（参考文献）　岳崎正鈍「支那在勤襍志」、「岳崎正鈍」（慶応大学斯道文庫蔵「明治仏教文庫稿本」）。

岡崎文夫 おかざき ふみお （1888.2.23 − 1950.3.24）

　東洋史学者、東北帝国大学教授。字は煥卿、号は櫻洲。富山県出身。

　漢学を習った豪農政治家の父・佐次郎の影響で、小学生の頃『三国志』を耽読した。第四高等学校（金沢）時代に西田幾太郎に習い、哲学に強い関心を持った。1909年以降京都帝国大学で内藤湖南等に師事したが、その間、辛亥革命で京都に亡命してきた王国維に接した。19年8月から上野育英会の奨学金で2年間の中国留学をし、「兌豫紀行」という日記が最初の華北旅行を記した。帰国してから、雑誌『支那学』の同人として活躍した。24年3月、東北帝国大学助教授に就任。翌年から英仏に留学し、イギリスの炭鉱スト等に注目した。25年から48年まで同大の教授を務めたが、中国は蒋介石の指導でよくなるはずで、日中戦争を不幸な事態と考えていた。『魏晋南北朝通史』と『南北朝に於ける社会経済制度』等の名著がある。

（陶　徳民）

　（参考文献）　岡崎文夫『支那の政治と民族の歴史』（弘文堂、1947年）、「岡崎文夫博士」（東方学会編『東方学回想Ⅳ　先学を語る(3)』刀水書房、2000年）。

岡　千仞 おか せんじん （天保4.11.2(1833.12.12) − 1914.2.18）

　漢学家。号鹿門、字振衣。仙台（宮城県）出身。

　漢学と洋学に精通し、かつて昌平黌時代の親友松本奎堂・松林飯山と大阪で「双松岡塾」を開き、尊王攘夷の志士と交りを結んだため、投獄されたが、明治維新後には修史館編修官や東京府書籍館幹事等の職に任じ、その後、私塾「綏猷堂」を起こした。『尊攘紀事』で文名が高い。

　1879年（明治12）、王韜（おうとう）が来日し、当時東京府書籍館幹事であった千仞の斡旋によって、王韜が自著を東京書籍館に寄贈した。王韜は千仞の品格・文才に深く敬服し、互いの志向も通じあい、親友となり、千仞に中国漫遊を勧めたこともあった。王韜の他に、千仞は初代清国公使何如璋、2代目の黎庶昌、参賛の黄遵憲、楊守敬等多数の訪日中国人と親しく交わった。

　84年5月29日、千仞は横浜港を出発し、上海へ向かって、訪中の旅を始めた。清国公使館での勤務を終え帰国する楊守敬も同乗していた。訪中に際して、千仞は自著の『尊攘紀事』8巻、『法蘭西志（フランス）』3巻、『米利堅志（メリケン）』4巻等の書籍多数を携帯し、訪問予定の中国の官僚や名士たちに贈呈しようとした。のち、『米利堅志』は96年中国の新学書局から複刻され、『法蘭西志』もほぼ同じ頃に湖南新学書局で複刻されたのである。

　6月6日、千仞は上海に着き、『申報』にもかなり人の目を引く彼の記事が掲載された――「日本の文豪某氏が著書一千巻を携え、わ

が中土にて山水の游を為さんとす」。彼は前後360日間を中国で過ごして、その歴程、北は北京より、南は広東に至り、ほぼ万里に及び、日中間の文化交流活動を広範囲に行い、200人近くの中国の官僚や文人と会見し、親友王韜以外には、李鴻章・張之洞・盛宣懐等の清朝の高官や、俞樾・李慈銘・汪士鐸・張濂卿等の一流学者や、同文館の創始者であった丁韙良（W.A.P. Martin）、さらに朱舜水・袁随園等の子孫にも及んだ。会見はおおむね筆談で行っていたが、内容の範囲は広く、政治・経済・文化・学術等の各分野にまで及んだ。訪中時期は、中仏戦争の最中であったので、千仞は中国の運命に非常に強い関心を懐き、席談のたびごとに、日本の維新の歴史を紹介し、まず西洋文化の学習から着手するように主張し、中国の人士が世界の潮流に順応し、西洋の方法を学び、開放と改革の実行を説き、変法自強を進めるべきであると促した。

この時の旅行日記は『観光紀游』（10巻）としてまとめられ、作られた詩は『観光游草』（2巻）に収められている。『観光紀游』では、千仞は当時の中国社会の腐敗や各種の弊害、特にアヘンと科挙の八股文問題に関して、かなり厳しい指摘と批判を行ったが、これは中国の改革と振興を希望する心からの願望によるものであった。この書物には日中両国の知識分子の問題認識上の違いが反映されているが、日本人のさらなる中国理解を助け、両国民間の相互理解と感情交流を促進させたのである。　　　　　　　　　（杜　軼文）

（参考文献）「岡千仞と『観光紀游』―近代日本人の訪中旅行記―」（王曉秋著・木田知生訳）『中国文化史ライブラリー　中日文化交流史話』日本エディタースクール出版部、2000年）、宇野量介著『鹿門岡千仞の生涯』（岡広、1975年）、中田吉信「岡千仞と王韜」（『参考書誌研究』13、国立国会図書館専門資料部編、1976年）。

岡田朝太郎　おかだあさたろう　（慶応4.閏4.8 (1868.5.29) － 1936.11.13)

法学者（刑法）。江戸出身。

1891年東京帝国大学法科大学を卒業、93年同大学講師、94年助教授となり、『日本刑法論』（94年）、『刑法総則』（95年）等を著す。97年ドイツ・フランスに留学し、帰国後の1900年教授に昇任した。01年には法学博士の学位を受ける。02年12月北京大学の前身、京師大学堂が正式に開学した際、担当大臣張百熙から日本政府に対し法学博士等派遣の依頼があり、その候補の一人に岡田の名が挙がっていたが、この時は実現しなかった。

日露戦争（1904－05年）前後、清国は法律制度の近代化を図ることを決定、欧米や日本に視察団を派遣すると共に、各国の法典及び専門書を翻訳したが、その中に岡田の『日本刑法論』もあった。そして中国が成文法を重視する伝統に鑑み大陸法系を採用すること、特に明治維新以来近代化に邁進し、大国ロシアに勝利した日本をモデルとすることを決定した。06年岡田は、日本から民法・商法・監獄法の専門家と共に清国政府の招聘に応じ、欽命修訂法律館調査員兼法律学堂教習として渡清、中国人の法律専門家養成のため日本の法律制度を教授すると共に、近代的法制度確

立の責任者、修訂法律大臣沈家本に協力した。まず「法院編制法」の審査を行ったが、沈家本は岡田を、「学識が深く広く、泰西法制度を知悉し、常に文献を渉猟し、人材の見極めに優れている」と絶賛した。刑法については、既存の「大清律例」の見直しを行い、10年5月「大清現行刑律」として公布された。これと並行して近代的刑法典の作成に携わり、07年後半、日本刑法に範をとった「大清新刑律草案」が完成したが、学部大臣張之洞等から中国の礼教に著しく反すると強硬な反対にあい、大幅に修正して11年1月決定を見た。辛亥革命で清朝は消滅したが、中華民国もこれを基礎に刑法の制定に努め、岡田は引続き北京法政専門学校（京師大学堂法政科大学）教習兼法典編纂合調査員として法学教授を兼ねて法典編纂に携わり、14年「第1次刑法修正案」を完成させた。15年帰国後、東京帝大教授を辞し、早稲田大学・明治大学に勤務した。

（伊藤一彦）

（参考文献） 牧野英一「岡田朝太郎先生の永逝」（『法学協会雑誌』54巻12号、1936年）、島田正郎「清末における刑律草案の編纂について―岡田朝太郎博士の業績をしのんで―」（『法律論叢』明治大学法律研究所、39巻1・2・3号、1965年）、宮坂宏「清国の法典化と日本法律家―清末の刑法典編纂の問題について―」（『仁井田陞博士追悼論文集 第3巻 日本法とアジア』（勁草書房、1970年）、杜鋼建「沈家本岡田朝太郎法律思想比較研究」（張国華主編『博通古今学貫中西的法学家―1990年沈家本法律思想国際学術研討会論文集―』（陝西人民出版社、1992年）。

岡田啓介 おかだけいすけ （明治1.1.21(1868.2.14)－1952.10.17）

海軍大将、政治家。福井藩士の家に生まれる。海軍兵学校卒業。日清戦争時東郷平八郎艦長の浪速乗り組み、日露戦争時は春日副長。海軍省人事局長・艦政本部長・海軍次官・連合艦隊司令長官・横須賀鎮守府司令長官を経て、1927年田中義一内閣の海相、28年軍事参議官となるが、軍令部長がロンドン海軍軍縮条約調印に反対したので、政府・海軍省・軍令部の間で解決のため奔走した。32年斎藤実内閣の海相に就任、33年辞職、後備役となる。34年首相となり、外相は広田弘毅が留任、内閣は「広田3原則」といわれる対中国政策を決定、排日の取り締まりや中国の満州国の黙認などを目指した。また陸軍主導で関東軍司令官が駐満州国大使となる機構をも決定した。それでも親英米的と目されて2・26事件で襲撃され一時は死亡が伝えられた。以後、重臣の一人として、対米戦回避に努力したが失敗、45年鈴木貫太郎内閣の終戦工作には女婿迫水久常をして積極的に協力させた。

（久保田文次）

（参考文献） 岡田大将記録編纂会編『岡田啓介』（1956年）。

緒方竹虎 おがたたけとら （1888.1.30－1956.1.28）

新聞記者、新聞経営者、政治家。山形県出身。

山形県書記官緒方道平の子として山形市内に生まれる。1892（明治25）年に父が福岡県書記官に転じ、97年には依願免官、退官後は福岡県農工銀行頭取となり緒方家は福岡に定

住する。竹虎は94年、福岡師範学校附属小学校に入学、2年上級に中野正剛がいた。教師の一人に頭山満の姪の夫がおり、国士的感化を受けたという。小学校卒業後、元黒田藩校の修猷館に進み、ここでは小学校時代に成績優秀で飛び級をした緒方の1年上級に中野がいた。06年には東京高等商業学校に進学。中野と自炊生活をした。08年に退学、09年に早稲田大学2年に編入される。早稲田在学中、都下の大学に通う福岡出身学生からなる東西南北会に加わり、この会を通じ頭山から厚い信頼を得る。さらに末永節を介して、中野と共に多くの中国人革命家や留学生に接した。この間、三浦梧楼・犬養毅・古島一雄らとの交際も始まった。11年早稲田卒業と同時に中野の紹介で朝日新聞社に入る。12年枢密顧問官の三浦から聞き出した情報で大正元号のスクープをした。15年の結婚の媒酌人は頭山だった。やがて社内で主筆・編集局長（東京）・取締役・副社長等を歴任、その間、38年には孔祥熙工作・張季鸞工作に関与した。41年の頭山渡支対蒋介石会見を画策した。44年7月、朝日新聞社を辞し社友となり、小磯国昭内閣の国務大臣兼情報局総裁となり、いわゆる「繆斌工作」を進めたが、挫折し、45年4月内閣総辞職。終戦直後の東久邇宮内閣の書記官長となるが、在任2ヶ月で内閣総辞職。46年～51年公職追放。52年吉田茂首相の特使として東南アジア歴訪、吉田の自由党員となり福岡から立候補し衆議院議員に当選、第4次吉田内閣の国務大臣兼官房長官・副総理、第5次吉田内閣でも副総理を務めた。54年12月、吉田内閣退陣後、自由党総裁に就任。55年自由民主党代行委員となるが、2ヶ月後、急性心臓麻痺のため死去した。（柴田紳一）

（**参考文献**）　緒方竹虎伝記刊行会『緒方竹虎』（朝日新聞社、1963年）、栗田直樹『緒方竹虎』（吉川弘文館、2001年）。

緒方二三　おがたにぞう　（慶応3.10.23(1867.11.18)－1935.2.23)

実業家、大陸浪人。肥後下益城郡（熊本県）出身。

熊本済々黌において佐々友房の訓育を受け、1886（明治19）年同校を卒業、さらに御幡雅文のもとで中国語を学ぶ。同年荒尾精による漢口楽善堂開設を聞き上海に渡り、1年後これに参加、さらに長沙に赴き情報収集に従事した。82年漢口楽善堂の解散によりいったん帰郷。翌年、宗方小太郎の要請により、再び漢口に赴き貿易商社東肥洋行を立ち上げた。しかし、日清戦争により事業を中止し帰国、大本営付陸軍通訳官取締となった。97年、東肥洋行を復活、成績は順調であったが、1904年日露戦争が勃発すると洋行を閉鎖し、陸軍通訳官として従軍、戦後は民政署長の職についた。帰国後は、宮崎滔天らと東亜同志会を結成、革命派を支援した。11年辛亥革命が勃発すると、現地に赴き、同年12月には米国から帰国する孫文を香港で出迎えた。中華民国成立後は帰郷、水産組合長等を務める一方、熊本海外協会（18年）や熊本県支那語学校（37年）を設立した。　　　　　（栗田尚弥）

（**参考文献**）　『続対支回顧録』下。

岡田　穆 おかだ ぼく （文政3（1820）－1903.2.19）

医家・書家。号を篁所また大可山人。長崎出身。

長崎西築町の医家・岡田道玄の子。天保6（1835）年長崎に来遊した宇津木静区（1809－37年）に師事し、翌年大坂で静区に正式入門、静区の没後も恩師と仰いだ。弘化2（1845）年江戸医学館の多紀元堅（1795－1857年）に入門、野田笛浦（1799－1859年）にも儒を学ぶ。のち長崎にて医を業とするかたわら、詩文や書画にも才を発揮した。著書に『宇津木静区先生伝』『滬呉日記』（2巻2冊、1890年）がある。竹を愛し、屋を修行吾蘆また小緑天と称した。穆は明治5（1872）年2月13日に長崎を出航し、同年4月13日に帰港するまでの約2ヶ月、上海・蘇州一帯を旅行した。その間、童昆玉・徐福堂・王済安・楊淵・金徳鑑・郭文俊ら当地の医家と筆談交流し、病人に請われて診療もしている。この旅行日記と筆談記録を帰国後整理したのが『滬呉日記』で、各界人士との交流や当地の医薬状況、日本に対する無知や無関心の様子まで記される。
(真柳　誠)

(参考文献)　『〔復刻版〕大日本人名辞書』（講談社学術文庫、1974年）、梁永宣・真柳誠「岡田篁所と清末の日中医学交流史料」(『日本医史学雑誌』51－1、2005年)。

岡田酉次 おかだ ゆうじ （1897.4.19－1994.7.4）

陸軍軍人。三重県出身。

1919年陸軍経理学校卒。28年、経理将校にとっての陸軍大学校に相当する経理学校高等科を首席で卒業。30年東京帝国大学経済学部に派遣され、3年間そこで学ぶ。34年参謀本部支那課に配属され、中国経済の調査研究に従事する。35年秋、実地調査のため1ヶ月華中・華南に出張。36年上海武官室に勤務し、経済情報の収集・分析を担当する。日中戦争勃発直後には上海でガソリンやトラック等軍需物資の調達準備に着手、南京攻略戦では、中国政府系金融機関の接収や軍票の実情調査の任務に就いた。38年中支那派遣軍の特務部に転じて、占領地における軍管理工場の運営、中支那新興株式会社やその傘下の各種日系企業の設立、給水・電力・輸送等インフラの復旧・改修、現地政権（維新政府）の樹立工作に従事した。同年末、占領地行政を担当する興亜院が設置されると、その調査官に任じられた。39年、汪兆銘政権樹立工作を推進する五相会議直属の梅機関の一員となり、日華基本条約の交渉（内約交渉）に関わる。40年汪政権が成立したのち、その経済顧問兼軍事顧問となり、財政部長・周仏海から厚い信頼を寄せられた。一時内地勤務に就いたのち、42年再び汪政権の経済顧問兼軍事顧問に復帰したが、当時汪政権統治下では戦争の長期化と共に、生産力が極度に低下し、現地軍の徴発や日本からの物資要求が増大したため、悪性インフレが進行していた。これに対処するため汪政権は主要物資の流通統制を実施する政策を打ち出し、全国商業統制総会（商統会）を組織した。この時岡田は、周仏海の要請に応えて上海財界の有力者を説得し商統会の幹部に就任してもらった。日本の降伏に際しては、汪政権の解体に伴う混乱の中で、同政権

の要人たちの身の振り方など、様々な問題処理に尽力した。戦後、実業界に転じ、日本発条の副社長となる。　　　　（戸部良一）

(参考文献) 岡田酉次『日中戦争裏方記』（東洋経済新報社、1974年）。

岡田和一郎 おかだわいちろう （元治1.10.14(1864.11.13) - 1938.5.30)

医学者。伊予（愛媛県）出身。

伊予西条本町の商家に生まれ、松山病院長渡辺悃二郎（洪基の弟）に師事。東京に遊学し、1885年予科を経て東京大学医学部に入学。89年卒業後、附属第2病院の外科佐藤三吉教授の助手として勤務し、榊俶の妹と結婚。日清戦争の際、宇野朗帝大教授に従って戦地派遣を命じられ、帰国後、95年帝大助教授となる。耳鼻咽喉科学講座担当のため96-99年独墺留学。帰国後、1901年学位取得。長く同科教授を務めた（02-24年）。この頃からアジア諸国への医事衛生の啓蒙普及を目的とした同仁会を創設し（02年）、初代会長岡護美・2代会長大隈重信のもとで理事長・常務理事の要職を務め、06年中国人留学生の教育のため東京に同仁会医学校を開設してその校長となり、また北京・青島・漢口・済南・上海等に同仁会病院を建設するなど、同会運営を指揮した。　　　　（町　泉寿郎）

(参考文献) 『岡田和一郎先生伝』（日本医事新報社、1943年）、『同仁会三十年史』（同仁会、1932年）。

岡西為人 おかにしためと （1898.8.3 - 1973.5.5)

病理学者、中国医学書の文献学の研究者。広島県出身。

南満医学堂（後の満州医科大学）卒業。1930年満州医科大学助教授。同大学の中国医学研究室（1926年設立。35年に東亜医学研究所）で黒田源次教授（京都帝大文学部卒業・文学博士、感覚生理学）等と共に中国医学書の文献学的研究を進めた。このコレクションは、南満医学堂の久保田晴光教授（薬物学）、山下泰蔵教授（化学）が収集していたもので、29年満鉄大連図書館から満州医大に寄託された。研究成果は、『満州医科大学蔵中国医学書目』である。同書は、中国医学書の目録としても利用され、台湾の文海出版社から影印版が出ている。日本の敗戦後、国立瀋陽医学院教授として留用され、帰国後、塩野義製薬の顧問等を務めた。　　　　（飯島　渉）

(参考文献) 満州医科大学中国医学研究室編『満州医科大学蔵中国医学書目』正・続（満州医科大学、1931・41年）。

岡野増次郎 おかのますじろう （1874.7.29（戸籍上は76.11.11) - 1946.12.21)

大陸浪人、呉佩孚顧問。岡山県出身。

1894（明治27）年、要塞砲兵幹部練習所を卒業し、陸軍砲兵2等軍曹に任官、のちに曹長まで昇進するが、99年10月除隊。同年11月東亜同文会留学生として渡清し、1900年南京同文書院に入学、4月には東亜同文会副会長長岡護美に随伴し、長江一帯を視察した。01年書院が上海に移転し東亜同文書院となると、7月第1期生として同校に編入された。04年3月、東亜同文書院卒業と同時に陸軍通訳（大尉相当）の肩書きで日露戦争に従軍し、

山東省芝罘（現煙台）の森田利遠少佐のもとで諜報活動に従事、森田少佐より「士官校卒業ノ士官ヨリモ優ル」（森田の上官宛書簡）との評価を得ている。戦争終結後は、関東総督府（06年9月より都督府）に勤務ののち、朝日新聞通信員となった。

第1次奉直戦争直後の22（大正11）年11月、日露戦争中に知り合った呉佩孚の招聘により河南省洛陽におもむき呉の顧問となり、渤海艦隊整備のための軍艦・資金の調達や、公使館等日本当局との連絡に当たった。また、この頃、呉に対し「満蒙を特殊地域として日本の権益を十分に伸長せしめ」ることが、「（日中）共同の利益」につながると説いている（『呉佩孚』）。24年、第2次奉直戦争が勃発すると呉の依頼により北京情勢を調査、馮玉祥の裏切りにより呉が敗北すると、天津総領事吉田茂と善後策を協議した。同年12月呉と別れ帰国、京都において文筆活動等に従事していたが、33（昭和8）年の関東軍の河北侵攻に伴い、呉佩孚再起計画が浮上すると、34年3月北京において呉と接触、その意向を打診した。さらに、日中戦争勃発後、近衛文麿内閣のもとで中国中央政府樹立工作が進められると、大迫通貞少将を中心とする呉引き出し工作に関与し、また、呉と牧野伸顕ら日本要人との連絡に当たった。東亜同文会の会員でもあり、同会の対支功労者伝記編纂会の一員として『対支回顧録』の編纂にも関わった。

（栗田尚弥）

（参考文献） 岡野増次郎『呉佩孚』（大日本精神修養道場萬聖閣、1939年）。

岡部直三郎 おかべなおさぶろう （1987.9.30－1946.11.23）

陸軍軍人、陸軍大将。広島県出身。

陸軍士官学校（18期）、陸軍大学校卒業。第1次上海事変に際して、1932（昭和7）年2月上海派遣軍参謀として参加。参謀本部演習課長等を経て、日中戦争の勃発を受けて、37年8月新設された北支那方面軍の参謀長として寺内寿一軍司令官を補佐、河北・山東・山西方面での作戦を立案、保定作戦・石家荘作戦・徐州作戦等を担当した。38年7月第1師団長（満州）、39年9月には駐蒙軍司令官（張家口）となる。その後軍事参議官、陸大校長等を経て、43年10月関東軍の第3方面軍司令官（チチハル）、44年8月には北支那方面軍司令官、同年11月には第6方面軍司令官（漢口）となり、湘桂作戦を指導するなど、太平洋戦争後半期、高級指揮官として満州・華北・華中を転戦した。44年12月広東・天河飛行場において敵機の銃撃を受け負傷した。戦後戦犯の容疑をかけられ拘留され、46年11月上海の監獄において病死した。

（庄司潤一郎）

（参考文献） 岡部直三郎『岡部直三郎大将の日記』（芙蓉書房、1982年）、今井武夫・寺崎隆治他『日本軍の研究・指揮官』下（原書房、1980年）。

岡部長景 おかべながかげ （1884.8.28－1970.5.30）

外交官、東亜同文会理事長。東京出身。

旧岸和田藩知事で外務次官や司法大臣等を務めた岡部長職の長男。妻悦子は加藤高明の長女。子爵。1909年、東京帝大法科大学卒業

後、外務省に入省。アメリカ・イギリス在勤を経て、20年、亜細亜局第2課長に就任する。

23年5月、対支文化事務局が設置された際にその事務官に転じた。同年7月中国に派遣され、約1ヶ月半にわたって、上海・南京・漢口・北京・天津・青島・大連・奉天（現瀋陽）等の各地で、各種文化施設を視察し、文化事業に関係ある各方面の有識者の意見を聴取した。帰国後、岡部は、①日本の文化事業は欧米諸国の事業に比べ劣っていること、②中国側は日中両国が提携して「東洋文化ノ向上発展」を推進するため図書館や研究所の設置を望んでいること、等を指摘する報告書を作成し、その後の「対支文化事業」の方向性に大きな影響を与えた。24年、対支文化事務局が文化事業部に改組された際、その部長に就任。以後、中国内で「対支文化事業」への反発が強まっていく中、同事業の日本側最高責任者として中国側との交渉に当たり、北京人文科学研究所・図書館の発足準備や中国人留学生受け入れ態勢の整備等を進めた。

29年2月文化事業部長を辞し、内大臣秘書官長兼式部次長に転じた。その後、貴族院議員、陸軍政務次官、国民精神総動員連盟総長、東條英機内閣文部大臣等を歴任する。この間、36年12月から39年6月にかけて、東亜同文会の理事長を務めた。 　　　　　（若月剛史）

（参考文献） 尚友倶楽部編『岡部長景日記』（柏書房、1993年）、阿部洋『「対支文化事業」の研究』（汲古書院、2004年）。

岡松参太郎 おかまつさんたろう （明治4.6.23（1871.8.9）－1921.12.15）

法学者。東京出身。

1894年帝国大学法科大学を卒業後、大学院に進んで民法を専攻、デビュー作『注釈民法理由』により若くして民法学者としての名声を確立した。3年間のヨーロッパ留学から帰国後、99年創設まもない京都帝国大学法科大学教授となった。その年台湾総督府民政長官後藤新平の招きで臨時台湾土地調査局の嘱託となり、臨時台湾旧慣調査会（会長民政長官）が発足すると共に、京大教授のまま、第1部（法制担当）の部長に就任して調査指導に当たり、以後1919年の解散までその任にあった。その間彼のもとでまとめられた『台湾私法』（本文3巻6冊、付録参考書7冊）は、織田萬京都帝国大学教授による『清国行政法』（6巻7冊、索引1冊）と並んで、台湾旧慣調査会報告書中の白眉とされる。後年には高山族に関心を拡げ、『台湾番族慣習研究』（全8巻）を著した。日露戦争後満鉄総裁に転じた後藤新平の招きで1907年満鉄理事に就任（～23年）、満鉄調査部長としてその運営に当たるほか、満州の旧慣調査を指導した。

　　　　　（阿部洋）

（参考文献） 春山明哲「法学博士・岡松参太郎と台湾」（『台湾近現代史研究』6、1988年）。

岡村寧次 おかむらやすじ （1884.5.15－1966.9.2）

陸軍軍人・陸軍大将。東京出身。

岡村は、「支那通」として知られた陸軍軍人で、敗戦時は支那派遣軍総司令官として、日本軍のトップの一人。十五年戦争期に中国

おかむらやすじ

関係の数多くの要職を歴任した軍人。

早稲田中学に進学。1904（明治37）年陸軍士官学校卒業（16期）、13（大正2）年陸軍大学校卒業。14年参謀本部勤務となり、翌年には山東省青島に駐在する（日独戦史編纂のため）。23年上海に駐在。29（昭和4）年には、陸軍中堅将校を中心とした一夕会が結成されたが、岡村もこれに参加する。中国に関する情勢判断・分析を提供することが主眼であった。岡村は、満蒙領有論や満蒙独立国家論に対しては反対論者とされ、近年の研究では、岡村等が目標としたのは奉天軍閥に見切りをつけ、それに代わる近代的な親日独立政権（中国の支配を容認）を満州で育成することにあったのではないかとの意見もある。

32年の上海事変に際しては、上海派遣軍参謀副長に任命されたが、岡村は、事変そのものが田中隆吉の謀略によって引き起こされたことに憤慨する。それでも停戦協定の成立のために、早期解決を希望する白川義則上海派遣軍司令官を補佐した。同年には、関東軍参謀副長に任命されて、塘沽停戦協定を中国側の代表・熊斌（ゆうひん）との間に結んだ。この協定によって、長城より南に荘大な非武装地帯が設置された。

35年参謀本部第2部長に就任したが、この年の10月には、磯谷廉介中国大使館付武官や板垣征四郎関東軍参謀副長らと共に大連会議を開催し、中国に関する情勢や政策について意見調整を行い、国民党による中国の統一を阻止することで意見がまとまった。しかし岡村は、この結論に躊躇したという。これは大連会議の結論が、日本政府が決定した広田三原則に反する決定であったからだと言われる。36年には第2師団長に任命されたが、関東軍の傘下にあり、満州での治安維持に従事した。折しも翌年には、盧溝橋事件が発生し全面戦争へと発展したが、岡村は、陸軍中央の措置には肯定的な立場をとりながらも、ソ連の出方や戦争の長期化を心配したと言われる。

38年には、第11軍司令官として漢口作戦を指揮した。41年には、北支那方面軍司令官に就任。当時、大本営は、中国において大作戦を何度も企画し、それは対米戦の戦況と相互関係にあったが、44年4月には、ついに50万の兵力を動員した大陸打通作戦の実施にふみ切った。岡村はこのうち京漢作戦や、第6方面軍司令官に転じて華南の作戦に従事した。一方、日本と関係の深い殷同と連絡を取り、重慶政権との終戦実現を模索するも、殷の死去により頓挫する。44年11月には、支那派遣軍総司令官に就任し、中国方面（関東軍は除く）の日本軍のトップに立つ。岡村は、重慶政権は衰亡し、中国屈伏はもう一押しと判断したため、四川（重慶）進攻作戦を模索し、積極的に大本営と連絡を取り合った。結局、岡村の期待した四川（重慶）進攻作戦は、米軍の中国沿岸部への上陸を懸念する大本営の反対もあり実行されなかった。45年8月の敗戦の際は、岡村は、当初こそポツダム宣言受諾に反対したが、天皇の2度目の「聖断」が下り、ラジオで「玉音放送」が流れると方針を転換し、将兵に対して宣言受諾の訓示を行った。こうして岡村は、中国軍との降伏調印式に参加したのち、しばらくは中国に残留したが、戦犯裁判で無罪判決を受けて帰国して

いる。1950年には、「白団」と呼ばれる軍事顧問団を台湾に派遣し、日台の友好関係の構築に尽力した。　　　　　　（山本智之）

（参考文献） 林三郎『太平洋戦争陸戦概史』（岩波新書、1951年）、稲葉正夫編『岡村寧次大将資料（戦場回想篇）』（原書房、1970年）、日本近代史料研究会編『日本陸海軍の制度・組織・人事』（東京大学出版会、1971年）〈『日本陸海軍総合事典　第2版』東京大学出版会、2005年〉、舩木繁『支那派遣軍総司令官　岡村寧次大将』（河出書房新社、1984年）、軍事史学会編『機密戦争日誌』下（錦正社、1998年）、戸部良一『日本陸軍と中国―「支那通」にみる夢と蹉跌―』（講談社選書メチエ、1999年）、臼井勝美『新版日中戦争―和平か戦線拡大か―』（中公新書、2000年）、中村祐悦『白団〈新版〉―台湾軍をつくった日本軍将校たち―』（芙蓉書房出版、2006年）、半藤一利・横山恵一・秦郁彦・原剛『歴代陸軍大将全覧昭和編／太平洋戦争期』（中公新書ラクレ、2010年）。

岡本監輔 おかもとけんすけ（天保10.10.17 (1839.11.22) - 1904.11.9)

探検家、儒者・教育者。幼名は文平、号は韋庵。阿波（徳島県）出身。

北方問題が急を告げる幕末、樺太探検に志しを立て、慶応1 (1865) 年には樺太を一周し全島の調査を終えた。明治1 (1868) 年には函館裁判所の権判事に任ぜられ、農工300人を率いて樺太開拓に従事した。その献身ぶりから「北蝦夷狂いの阿波男」と呼ばれたが、ロシアに押された政府が樺太経営に消極的になると共に、同3年に辞職、翌年には樺太から引き揚げて著述に従事した。1873年に神奈川県雇員となったのち、長崎県師範学校雇員、参謀本部雇員、東京大学予備門教諭、哲学館講師等多くの職場を転々とした。その間、75年と76年に2度訪華し、多くの著作を刊行した。79年に刊行した『万国史記』は清国で大いに歓迎され、以後20年間における海賊版刊行部数は30万部にものぼったと推計されている。91年には「千島義会」を組織して北方への夢を再びかきたてたが失敗し、94年に郷里の最高学府である徳島県尋常中学校長に就任、96年に退任後、台湾や東京で教職に就いた。さらに日清戦争後の大陸雄飛ブームの中で活動の場を大陸に求め、善隣訳書館の創立を構想した。岡本は83年に亜細亜協会に関係し機関誌の編集を担当したことがあったが、いまや「善隣」の名を冠してアジア主義団体を自ら組織しようというのである。該館は清国・韓国等に対し、明治国家の創立に役立った書籍を漢訳、販売することにより、国家の文明史的役割を個人の生活的営為と結び付けて解決することをめざしたものだった。善隣訳書館そのものは99年に吾妻兵治等により創立され、岡本は別途、自著を主とした清国における書籍販売に乗り出すのだが、その事業は失敗する。1901年に北京の警務学堂に招かれて8ヶ月間滞在したが、窮乏のうちに晩年をおくったという。　　　　　　（狭間直樹）

（参考文献） 狭間直樹編『善隣協会・善隣訳書館関係資料』（東方学資料叢刊第10冊、京都大学人文科学研究所、2002年）、阿波学会・岡本韋庵調査編輯委員会編『阿波学会五十周年記念アジアへのまなざし岡本韋庵』（2004年）。

岡本季正 おかもとすえまさ （1892.8.16－1967.11.23）

外交官。弟・愛祐は内務官僚で宮内省参事官、参議院議員。東京出身。

1917年東京帝大法科大学卒業、翌18年外交官試験合格。イギリス、アメリカ等に在勤後、日中戦争の勃発を挟む37年5月から38年3月の間、上海総領事を務める。事変勃発の直後から、ソ連の介入を恐れていた岡本は、事変の早期収拾が必要と考え、石射猪太郎東亜局長、川越茂中国大使による極秘の和平工作（在華日本紡績同業会理事の船津辰一郎に和平斡旋を依頼したもので、「船津工作」と呼ばれている）に協力していた。37年8月の大山事件（海軍陸戦隊の大山勇夫中尉らが中国公安隊に射殺される事件）によって日本が上海への派兵を決定すると船津工作は頓挫する。その後、岡本は、「対手トセス」声明後の38年1月末には「上海政権案」（『石射猪太郎日記』）を石射東亜局長に提出するなど、新たな親日政権の樹立を側面から支援した。38年3月イギリス大使館参事官となり、日米開戦前の41年10月にはシンガポール総領事、翌42年11月スウェーデン公使となり、終戦のための中立国を通じた和平工作に尽力した。戦後の52年10月オランダ大使となり、4年後の56年12月に退官。退官後は日本ユネスコ国内委員等を務めた。　　　　　　　　　　（波多野澄雄）

（参考文献） 岡本露子編『一外交官の生涯―岡本季正追悼―』（私家版、1977年）。

小川運平 おがわうんぺい （1877.8.10－1935.1.14）

大陸浪人。号は柳坡。埼玉県出身。

松林古陵のもとで英学・漢学を学び、上京して二松学舎に入り塾頭となる。のち外国語学校に入学し、中国語を学ぶかたわら満蒙研究を行う。1900年義和団事件に陸軍通訳として従軍したが、そのまま中国に残り、03年に『北清大観』を著す。04年日露戦争に海軍通訳として従軍、のち大連港湾部長となる。この間、満州・朝鮮・樺太を踏破する。第1革命に際しては頭山満の通訳として上海に赴き、満州・朝鮮を廻って帰国する。22年北駸学会を設立した他、25年には田中秀臣・谷田川鶴夫・和泉鹿浦らと中洲会を結成し、二松学舎の経営に関与しようとした。31年満州事変が勃発すると、吉林を首都とするべきこと等を説いた。著書に『大陸と日本』（北駸学会、23年）、『満州博物論』（同、34年）等がある。

（川邉雄大）

（参考図書）『東亜先覚志士伝』下、『対支回顧録』下。

小川琢治 おがわたくじ （明治3.5.28(1870.6.26)－1941.11.15）

地質・地理学者、京都帝国大学教授。和歌山県出身。

紀伊田辺藩藩校・修道館の教授だった父、浅井篤の塾で四書五経の講義を聴講した。和歌山中学校在学中に東京に「出奔」し、第一高等学校に入学。1888年小川家の養子となる。91年帰省の途中、濃尾大地震がもたらす名古屋の惨状を見て、東京帝国大学で地質学科を専攻しようと決意した。東大在学中、台湾が日本に併合されたので、農商務省の外郭団体である東京地学協会の依頼で『台湾諸島誌』を作成したが、その際、島田重礼に中国地誌

の利用について教えてもらった。その研究手法に『台湾日報』の主筆として赴任予定の内藤湖南も感心し、両者の交流が始まった。東大卒業後、97年地質調査所に入る。1900年パリ万国博覧会に出品する百万分の一『大日本帝国地質図』説明書の製作で活躍。04年日露戦争が始まると、大本営付となって中国大陸の鉱山調査に従事し、無尽蔵とも言うべき撫順炭田の炭層を発見し、その功績は賞金と昇進で報われた。朝鮮統監府派出所調査課長として間島問題の調査に尽力し、満州事変後は『中華民国及満州国』疆域図を監修した。08年、京都帝国大学教授に就任し史学地理学第２講座を担任、20年には代わりに地質学第２講座を担任、25年から26年までは理学部長。その研究は、自然科学としての地質学・地理学のみならず、中国の歴史地理や地図学史の分野にも及んだ優れたものであり、後者に関する研究論文は、郭沫若等の翻訳紹介を通じて顧頡剛の「禹貢」学派にも影響を及ぼした。『支那歴史地理研究』（弘文堂、28年）、『数理地理学』（宇宙物理研究会、48年）等の著作及び『桑蓬集』という漢詩集がある。

(陶　徳民)

(参考文献)　小川琢治『一地理学者之生涯』（小川芳樹、1941年）、「小川琢治博士」（東方学会編『東方学回想Ⅱ　先学を語る(2)』刀水書房、2000年)。

小川平吉　おがわへいきち　(明治2.12.1 (1870.1.2) – 1942.2.5)

政党政治家。長野県出身。

1892年東京帝国大学仏法科を卒業して、弁護士を開業。1900年に結成された立憲政友会に直ちに入党し、政治家の道に踏み出す。03年衆議院議員に初当選し、以後10回当選した。一時離党したこともあったが、復党後は政友会で重きをなし、15年には総裁原敬のもとで幹事長に就任した。一方、代議士となる前から大陸問題に強い関心を持ち、1898年近衛篤麿の東亜同文会に参加して日中関係に関わり、1902年には対露同志会を組織して、対露強硬論を展開した。日露戦争後、講和条約反対運動を指導して、日比谷焼討事件の首謀者として起訴されるも無罪。辛亥革命時には、南方革命派を援助した。20年原敬内閣の国勢院総裁、25年護憲三派（加藤高明）内閣の法相、27年田中義一内閣の鉄相に就任した。田中内閣時に起こった張作霖爆殺事件では、犯人が出先の陸軍軍人であることをいち早くキャッチしたが、首謀者を軍法会議にかけることに反対した。29年、この事件の処理をめぐって天皇の信任を失った田中内閣が総辞職したのち、私鉄疑獄事件に連座して失脚、有罪が確定して懲役２年の刑に服したが、37年に仮出所した。

出所後は、近衛文麿の政治的後見人としての役割を自任し、長期化しつつあった日中戦争を、蔣介石との直接交渉によって解決しようと試みた。小川の代理として実際に交渉の任に当ったのは、中国同盟会以来、国民党要人との強いパイプを持つ萱野長知であり、上海に駐在し萱野の片腕として行動したのは松本蔵次であった。萱野・松本が接触したのは、行政院長孔祥熙の秘書・賈存徳である。もともと萱野は松井石根上海派遣軍司令官の要請

に応じて中国に渡り、38年3月頃から賈との接触を始め、6月に帰国して小川の援助を仰いだ。これを受けて小川は、近衛首相・宇垣外相に蔣介石との直接和平を訴え、玄洋社の頭山満、朝日新聞の緒方竹虎等にも協力を求めた。この時宇垣外相は孔祥熙との和平接触を続けるに当たって、主として中村豊一香港総領事を通じる別ルートを用いたので、小川・萱野ルートはその側面回路として機能した。だが、同時並行的に行われていた高宗武（前外交部亜州司長）を通じる工作（のちの汪兆銘工作）が蔣介石下野を前提としていたため、近衛内閣も陸軍もこの工作への期待を強め、蔣介石との直接和平をめざす宇垣工作は、小川・萱野ルートを含めて、中絶してしまった。その後、萱野は杜石山（広西軍閥李済深の元参謀長）との接触ルートを開拓し、側近の鄭介民を通じて蔣介石につながっていると見られたこのルートからの要請に応じて、39年3月小川は香港に赴き、萱野と共に張季鸞（『大公報』主筆）や原順伯（孔祥熙の秘書）と会見したが、汪政権の成立阻止を訴えられただけで、和平に関する進展はなかった。以後も萱野の工作は断続的に続けられ、小川もそれに協力を惜しまなかったが、見るべき成果を挙げることはできなかった。なお、戦後の日中国交回復後、息子の小川平二が初代中国大使となった。　　　　　　　（戸部良一）

（**参考文献**）　小川平吉文書研究会編『小川平吉関係文書』全2巻（みすず書房、1973年）、伊藤隆・鳥海靖編「日中和平工作に関する一史料—松本蔵次関係文書から—」『東京大学教養学部人文科学科紀要・歴史学研究報告』第16・17集、1978・80年）

小川又次 おがわまたつぐ （嘉永1.7.24(1848.8.22)－1909.10.20)

陸軍大将、子爵。小倉（福岡県）出身。

小倉藩士の長男。大阪の兵学寮に入り、明治4（1871）年1月に権曹長心得として国軍下士官に初任された。1874年の台湾征討軍に大尉として従軍する。翌年東京鎮台第1連隊付となり、歩兵第13連隊大隊長として西南戦争に出征した。戦後は熊本鎮台参謀副長、参謀本部管西局員となって80年に清国に差遣される。帰国後大阪鎮台参謀長、広島鎮台参謀長、連隊長、参謀本部管西局長を経て85年に参謀本部第2局長に就任する。清国を視察して87年に「清国征討策案」をまとめる。90年に歩兵第4旅団長、92年に近衛歩兵第1旅団長となり、日清戦争において第1軍（司令官山県有朋）参謀長に就いて作戦の立案に当たった。戦後は近衛歩兵第2旅団長に移り、97年に第4師団長となる。日露戦争には第4師団長として第2軍（司令官奥保鞏）の幕下で出征する。南山・得利寺・大石橋等の戦闘で戦功を挙げるも遼陽会戦で負傷して帰国した。1905年12月に休職となり07年予備役に入る。

（斎藤聖二）

荻洲立兵 おぎすりゅうへい （1884.1.24－1949.12.22)

陸軍軍人・陸軍中将。愛知県出身。

1905（明治38）年陸軍士官学校卒業（17期）、16（大正5）年陸軍大学校卒業。スイス及びドイツに駐在。陸軍大学校教官等に就任。30

(昭和5)年には第11師団司令部付となり、中国政府に招かれて北京陸大教官となった。31年第1師団司令部付に就任し、翌年第1師団参謀長に任命された。35年台湾軍参謀長に就任する。日中戦争が始まると、第13師団長、39年、第6軍司令官として、ノモンハン事件を迎えてソ連軍に敗北。40年に予備役に編入された。　　　　　　　　　　　（山本智之）

(参考文献) 防衛庁防衛研修所戦史室・戦史叢書『支那事変陸軍作戦〈1〉―昭和十三年一月まで―』(朝雲新聞社、1975年)。

沖田 一 おきたはじめ (1906－1985)

上海史研究者。鳥取県出身。

1925年松江高校卒業後、愛知県刈谷高等女学校教諭、27年には京都大学に入学し英文学を専攻する。卒業後の33年、上海の居留民団立日本高等女学校に英語科主任教諭として赴任。以後終戦まで上海で過ごすことになる。彼については、上海史研究の先駆者としての側面が注目されている。その成果は例えば、『上海地名誌』(41年)だが、この著書を刊行した上海歴史地理研究会も沖田が蘆澤駿之助と共に立ち上げた上海研究の拠点である。この研究会は上海青年団の文化部外郭団体であった。他に沖田の著作として『上海邦人史研究』(42年)、『日本と上海』(43年)等。彼の上海史に対する関心は、上海における日本のプレゼンスと密接な関わりがあるとされる。沖田たちは上海が日本の軍事的勢力下に入っていく過程で、上海を「郷土」であるとするような歴史認識を共有していったとされている。戦後、沖田は上海研究から実質的に離れ

ている。　　　　　　　　　　　（久保田善丈）

(参考文献) 高綱博文『「国際都市」上海のなかの日本人』(研文出版、2009年)。

沖 禎介 おきていすけ (1874.6－1904.4.21)

軍事密偵。長崎県出身。

幼少期から漢籍を学ぶ。第五高等中学校中退後、東京専門学校に入学。在学中、康有為の変法運動を知り、彼のために日本の法制・経済書を漢訳して協力。康失脚後退学し、郷里での療養生活を経て再び上京。1901(明治34)年、清国に渡って東文学舎教師、次いで教頭となる。03年に同舎を退職して文明学堂を創立し、中国人子弟を教育。04年、日露開戦に伴い、軍の密命で特別任務班に加えられ、横川省三らと共に敵情探索に従事。同年4月、中東鉄道の鉄橋爆破を目的としてチチハル付近に潜入したが、ロシア兵に捕えられ、20日に軍法会議で死刑宣告を受け、翌日ハルビン近郊で銃殺された。　　　　　（澁谷由里）

(参考文献) 『東亜先覚志士列伝』下、『対支回顧録』下。

奥野信太郎 おくのしんたろう (1899.11.11－1968.1.15)

中国文学者。父は陸軍大尉。東京出身。

7歳の頃より竹添井々について漢籍の素読を受け、13歳の時父の転勤のため浅草の叔母の家に預けられて芝居に熱中、永井荷風に心酔した。父の命で陸軍士官学校を受けたが試験を放棄、21歳で慶應義塾大学文学部予科入学、『三田文学』に投稿し与謝野寛・晶子夫妻の知遇を得た。1925年慶大文学部卒、同大

学予科講師、38年北京に留学して周作人らと交流、帰国後慶大文学部支那文学科講師に就任、44年北京・輔仁大学客員教授となり46年帰国、48年慶大教授。奥野は「人生の三福を問うならば、よく酒味、艶味、書味を解すること」と称する耽美派の古典中国文学者にして名エッセイストであり、近代文学にも深い関心を抱き、丁玲(ていれい)、黄廬隠(こうろいん)ら、北京と縁のある女性作家を愛読した。　　　　(藤井省三)

(**参考文献**)　奥野信太郎『随筆北京』(第一書房、1940年、再版、平凡社、1990年)、同『芸文おりおり草』(春秋社、1958年、再版、平凡社、1992年)。

奥　保鞏 おくやすかた　(弘化3.11.19(1847.1.5)－1930.7.19)

元帥、陸軍大将、伯爵。小倉(福岡県)出身。

小倉藩士の長男。藩命で慶応2(1866)年の第2次長州征討に参加した。明治4(1871)年に小倉藩常備4番小隊長から西海鎮台小隊長、熊本鎮台中隊長となり、1874年には佐賀の乱の鎮定に当たる。同年の台湾征討にも出征した。翌年歩兵13連隊大隊長、その後に熊本鎮台歩兵第14連隊長心得に就いて、西南戦争において熊本城の籠城戦を闘う。戦後に正規の連隊長となった。85年に第7旅団長に就任し、東宮武官長等を経て94年2月にヨーロッパに留学する。しかし日清戦争により帰国して、第5師団長野津道貫が第1軍司令官となった後任に入り出征した。戦後は第1師団長、近衛師団長、東京防禦総督、東部都督等を歴任する。日英同盟の関係から1902年10月にインド視察に赴き、翌年3月に帰国する。日露戦争には第2軍司令官として出征した。戦後は06年より5年半にわたり参謀総長を務める。政治関係には一切口を挟まず、武人・戦術家として軍歴を終え、元帥でありながら晩年は静謐な生活を送った。

　　　　(斎藤聖二)

(**参考文献**)　黒田甲子郎『奥元帥伝』(国民社、1933年)、鵜崎熊吉『薩の海軍・長の陸軍』(政教社、1911年)。

小倉正恒 おぐらまさつね　(1875.3.22－1961.11.20)

実業家。石川県出身。

1897(明治30)年東京帝国大学法律学科(英法)卒業、文官高等試験に合格したのち、土木監督官と内務事務官を経て、山口県参事を最後に退官した。99年住友本店に入社。日露戦争後は住友の三井・三菱両財閥に先駆けての満州進出に尽力した。1904(明治37)年、住友神戸支店長時代に清国漫遊から戻った西園寺公望と出会い、中国文人との交流に強い関心を持つ。16(大正5)年、鈴木馬左也に随行し満州・朝鮮各地を歴訪、郭沫若等の文人と交流を深めた。29年中国視察し、康有為らと知り合う。上海で『蘇浙遊記』を刊行した。30年8月西園寺公望の坐漁荘を訪れ、中国の文人らとの交流について語らう。34年満州住友鋼管(資本金1千万円)を設立した。37年住友総理事に就任。儒教漢学への深い理解がある日本資本主義のリーダーの一人として、企業は利益追求だけでなく、国家目的に役立つ活動が必要と考え、優れた軍需素材(航空機・軍艦素材)を供給できる財閥として、

住友の満州進出に力を入れた。『小倉正恒談叢』によれば「日本と中国とが敵対関係にあるかぎり、日本に仁のおこなわれることはない」という認識に立ち、日中関係の改善に向けて積極的に尽力した。

41年住友退社後、同年7月近衛内閣の大蔵大臣。42年戦時金融金庫総裁。43年日中民間経済使節団団長として、上海・南京を歴訪した。44年4月から45年8月まで南京国民政府全国経済委員会最高顧問に就任した。王精衛の来日を要請した。「中国の経済は民間の自治」に任せるのがよいとの見解を持ち、中国経済への政府介入に消極的であったが、新木栄吉(日銀理事)と共に中国国内の悪性インフレを憂慮した。45年5月抑留されるが、親交のあった康有為の部下たちの好意により解放され、46年3月に帰国。

戦後は、公職追放(46年9月−51年8月)から復帰後、村田省三らと国際貿易促進協会の会員として、毛沢東の共産主義体制を批判しながらも、「『利』の国」になってしまった日本に対して、体制の違いを超えて日中友好の重要性を訴えた。中日文化研究所を設立、大阪の懐徳堂記念館理事長となる。52年長年にわたり親交の深い郭沫若の著作を集めた『沫若文庫』建設発起人代表として貝塚茂樹・安部能成・川端康成等と名を連ね実現させた。57年財団法人アジア文化図書館理事長。アジア・アフリカ言語学院を設立し、生涯日中正常化と文化交流の促進を主張し続けた。漢詩集『星巖集註』『五千卷堂集』を著す。

(木村昌人)

(参考文献) 小倉正恒『蘇浙遊記』(1929年)、『小倉正恒』(住友銀行、1965年)、栂井義雄編『日本財界人物全集 第10巻 小倉正恒伝、吉田俊之助伝』(東洋書館、1954年)、菊池三郎『住友の哲学―晩年の小倉正恒翁の思想と行動―』(風間書房、1973年)。

小栗栖香頂 おぐるすこうちょう (天保2.8.4(1831.9.9−1905.3.18)

僧侶。豊後(大分県)出身。

小栗栖香頂は、明治の傑僧と称され、大分戸次の東本願寺派(現大谷派)妙正寺の住職。号を八洲。のちに中国僧の本然から、「蓮舶」という号を贈られた。15歳から咸宜園で6年間漢学を勉学し、三才子の一人と称された。その後、京都に上り、広く仏教教理をおさめた。明治1(1868)年3月、本願寺擬講師に任ぜられた。中国仏教との関係は四つに要約される。①1873年上海を経由して北京に赴き、龍泉寺で約1年間の留学生活を送ったこと。『北京説話』、『北京紀事』、『北京護法論』、日記等がある。②自宗本山の派遣で、1876年上海に東本願寺上海別院を創設し、中国人に布教したこと。『南京語説教』、『蓮舶詩歴』がある。③日清戦争の際、捕虜になった清朝の兵士に本願他力の説法を行ったこと。④1899年自著『真宗教旨』をめぐって楊文会居士と論争を交わしたこと――である。香頂は日中仏教の交流を再開し、その交流のあり方を根底から逆転させ、日本仏教の歴史に一席を占めるべき存在である。

(陳継東)

(参考文献) 大分県教育会編『大分県偉人伝』(三省堂、1907年)、阿部惠水「小栗栖香頂師を語る」(『現代仏教』105、1933年)。

小越平陸 おごせへいろく （慶応2.4.18(1866.6.1) – 1929.12.10)

探検家。号北溟、蝸牛庵主人。越後三島郡（新潟県）出身。

長岡の漢学塾に学んだのち、1886（明治19）年志願して海軍水兵となり、93年予備役編入。同年ロシア情勢を探索する目的でウラジオストックに渡ったが、翌年日清戦争が勃発すると、従軍を希望、日本軍艦に乗船すべく仁川に赴いた。しかし乗船を拒絶されやむなく帰国、臨時招集により呉海兵団に入った。95年戦争終結により召集解除、同年勝海舟を東京の自宅に訪問、その勧めにより中国に渡った。こののち、小越は30有余年の間に日中間を幾度となく往復、新疆・広西両省を除く中国全省を踏査し、その調査記録は外交上・軍事上貴重な情報源となった。98年、三井洋行営口支店長島田粂三郎より資金援助を得て満州を調査し、その結果を北京の日本公使館に報告、翌99年には公使館の要請により、当時ロシアの勢力下にあったハルビンの実地踏査を行った。この時の調査結果は、公使館のみならず東亜同文会幹事田鍋安之助にも送られており、同会会長近衛篤麿による対露同志会結成に影響を与えたとも言われている。ちなみに、小越は、98年には近衛の組織した同文会の創立メンバーに名を連ねており、翌99年には東亜同文会の会員になっている。

1904年日露戦争が勃発すると陸軍通訳として従軍、14（大正3）年の青島攻略戦（第1次大戦）にも通訳として従軍し、これらの功績により勲6等に叙されている。17年夏、華北滞在中に黄河の大氾濫を経験し、その惨状を目撃、黄河治水の重要性を認識する。以後、小越は黄河の踏査研究をライフワークとするようになり、23年には東亜同文会辺疆通信員として黄河を遡り、青海省・甘粛省まで足をのばしている。この頃、中国国内では、排日運動が高まりつつあったが、小越は東亜同文会への報告書の中で、「排日は日人自ら招く禍なり、無頼の徒自作の蘖なり」として、排日の原因が日本側にあることを指摘している。著書に、『黄河治水』『禹貢弁疑』『陰謀家袁世凱』等がある。 （栗田尚弥）

（参考文献）『東亜先覚志士記伝』下、『対支回顧録』下、『東亜同文会史』（東亜文化研究所編、霞山会、1988年）。

尾崎庄太郎 おざきしょうたろう （1906－1991.5.9）

現代中国研究家、反戦運動家。徳島県出身。

撫養中学（現鳴門高校）在学中、中国の古典を読み中国大陸にあこがれ、かつ親戚が大陸で働いていたこともあり、日中両国の平和と発展のために働きたいという気持ちを持つ。1926年上海に渡り、東亜同文書院に学ぶ。29年、同書院最上級生恒例の中国大陸大旅行にでかけ、ハノイから軍閥混戦下の雲南に入り、四川に進んだ。「国民革命時代の労働者・農民の運動」が調査研究のテーマだった。同年、同書院卒業。帰国し、31年プロレタリア科学研究所のメンバーとなり、雑誌『プロレタリア科学』の中国関係論文の執筆者選定、論文内容の検討に当たる。同年、共産主義青年同盟加入。32年『プロレタリア科学』編集・出版名義人となり、同年4月逮捕。懲役3年の刑に処せられ、35年8月満期出獄。上海に渡

り、日本語雑誌『上海週報』の執筆編集をしながら、中国の社会経済構造の研究に従事。37年天津の支那問題研究所で雑誌の編集に当たる。39年初め満鉄北支経済調査所入所。この頃から北京の中江丑吉の知遇を受ける。秘かに反戦活動に従事。42年7月、徐州の近くの柳泉炭鉱の労働者の生活実態調査中、逮捕。東京に護送され、45年8月、日本の敗戦直後、懲役10年の刑を宣告される。同年10月自由の身となる。中国研究所の設立（46年1月）に奔走し、創立メンバーとなる。同年1月日本共産党入党。60年、中国研究所の中国友好訪問団の一員として訪中。50年代から『毛沢東選集』の日本語翻訳・出版に携わってきたが、61年、同第4巻の日本語訳の検討のため訪中。文化大革命には批判的態度を取り、67年2月、中国研究所臨時所員総会で「反中国」分子として同研究所を除名された。その後、日中出版より出された月刊『中国研究』誌上で、本名あるいは鳴海三郎のペンネームで、中国の政治経済情勢の分析論文を多数発表した。日中出版からは訳書『劉少奇の悲劇』（80年）、『中国民主活動家の証言』（同年）も出版している。

（石井　明）

（参考文献） 尾崎庄太郎『徘徊　一中国研究家の回想』（日中出版、1981年、改題改定版『われ、一粒の麦となりて　日中戦争の時代を生きた中国研究家の回想』結書房、2007年）。

尾崎士郎 おざきしろう （1898.2.5－1964.2.19）
作家。愛知県出身。

中学時代に文学に目覚め、永井柳太郎（早稲田大学教授）選の懸賞論文が縁で1916年早稲田大学予科に入ったが、翌年学園騒動に巻き込まれ、父の死もあって退学。新聞社・出版社で働く。13年改造社の社長山本実彦の勧めで上海・蘇洲に遊ぶ。37年中国での戦争が全面化すると、華北に赴き、「悲風千里」を『中央公論』（10月号）に書いた。尾崎は、戦争によって生活を奪われた中国民衆の悲惨な状況に心を痛めた。「悲風千里」には、戦争を肯定しながらも、ヒューマンな気持を失わなかった彼の心情がよく示されている。

1938年ペン部隊の一員として漢口作戦に従事して「或る従軍部隊」（『中央公論』2月号）を、また長編『成吉思汗』（新潮社）を書いた。のち太平洋戦争下ではフィリピンに赴く。尾崎の生涯の大作は「人生劇場」で、川端康成も絶賛しベスト・セラーになった。

（阿部　猛）

（参考文献） 高崎隆治『戦時下文学の周辺』（風媒社、1981年）、同『戦争と戦争文学と』（日本図書センター、1986年）。

尾崎敬義 おざきたかよし （1878－没年不詳）
実業家。衆議院議員。愛媛県出身。

1902（明治35）年東京帝国大学法科政治学部を卒業。12（大正1）年中国実業株式会社の創設に当たっては森恪・倉知鉄吉と相談し、発起人事務所を設置し、日本側取締役に就任。第2革命の失敗以後13年中日実業株式会社への改組により、同社専務取締役に就任。

22年同社経営難から不良債権の整理と組織再建のため、三井物産の中国通高木陸郎を副総裁に就任させ退任。中日銀行、東洋興業株式会社の重役も務め、東洋拓殖理事になった。

43年の著書では、英米の第2次世界大戦後の国際秩序形成案（モルゲンソー、ケインズ案等）を英米中心と批判しつつも、日本もこれに対抗する案として、大東亜の建設と新興亜運動を提唱した。対中国政策としては、華北・華中の高物価対策、元中山大学の再開、儒教の普及等を指摘している。（木村昌人）

（参考文献） 尾崎敬義『興亜運動の新展開』（興亜国策協会、1943年）。

尾崎放哉 おざきほうさい （1885.1.20－1926.4.7）

俳人。本名秀雄。鳥取県出身。

1908年東京大学法科大学卒業後、東洋生命保険会社に入社。16年『層雲』に参加し萩原井泉水に師事。朝鮮火災海上保険会社創立に際して支配人として朝鮮に渡る。しかし1年で退社し満州を転々し、2回も湿性肋膜炎を患う。「草に入る陽がよろしく満州に住む気になる」の句がある。23年一燈園に入園。以後各地の寺の寺男をしながら放浪の俳人生活を送る。その句には濃い孤独感にもかかわらず洒脱味もあり、独自の境地を築いた。

（阿部　猛）

（参考文献） 池内紀編『尾崎放哉句集』（岩波文庫、2007年）「解説」。

尾崎秀実 おざきほつみ （1901.4.29－1944.11.7）

中国問題を専門とするジャーナリスト・批評家。東京生まれ。

父秀太郎（秀真）が『台湾日日新聞』記者として赴任したため、東京での生後まもなく台北に移住し、中学卒業まで植民地・台湾で過ごす。1925（大正14）年東京帝国大学法学部卒業。26年東京朝日新聞社に入社。翌年大阪朝日新聞社支那部へ転勤。大原社会問題研究所の細川嘉六らと中国革命の研究に取り組む。

28（昭和3）年秋、大阪朝日新聞社上海通信部（翌年から上海支局）へ赴任し、満州事変・上海事変さなかの32年初めまで勤務。植民地都市・上海でインターナショナルな共産主義運動・反帝運動に深くふれたことが、その後の思想・活動を決定付けた。創造社・左翼作家連盟等の左翼文芸グループ（陶晶孫・叶沈ら）と交流し、白川次郎・欧佐起等の筆名で『大衆文芸』に寄稿。左翼作家連盟員5名（胡也頻・柔石ら）が銃殺された竜華事件（31年2月7日）への抗議と追悼のため、魯迅他『支那小説集阿Q正伝』、叶沈他『蜂起』の翻訳・出版に参加。東亜同文書院の水野成・中西功・西里竜夫・尾崎庄太郎らと交流し、中国人・日本人が連携する反帝・反戦運動に関わる。また、中国共産党の諜報活動を担当していた王学文・楊柳青らと知り合い情報交換を行う。アグネス・スメドレー、リヒャルト・ゾルゲと知り合い、ソ連・コミンテルンの諜報活動への関与が始まる。

32年2月に帰国し大阪朝日新聞社外報部に、34年には東京朝日新聞社東亜問題調査会に転勤。同年にゾルゲと再会し、日本における諜報活動を本格的に始める。36年夏、太平洋問題調査会・ヨセミテ会議に出席。同年末には西安事件の帰趨を的確に論評し、中国問題の批評家として頭角を現す。その後、日中戦争期の論壇で活躍し、『嵐に立つ支那』『国際関係から見た支那』『現代支那批判』『現代支那

論』『支那社会経済論』等を刊行。抗日戦争を通じて民族解放・社会革命を進める中国社会の動向を見極め、それに向き合うべきことを訴え続けた。

その間、37年には昭和研究会に参加、38年には朝日新聞社を退社し、第1次近衛内閣の嘱託となって国策研究・政策立案に携わり、「国民再組織」運動・「東亜協同体」論等に関与する。翌年初めの内閣総辞職後も、近衛側近メンバーとして「朝飯会」での討議を続け、満鉄調査部東京支社調査室に勤務。第2次・3次近衛内閣でも「近衛新体制運動」等に関与する。太平洋戦争開戦前夜の41年10月に検挙され（尾崎・ゾルゲ事件）、獄中で日・中・ソ提携による「東亜新秩序社会」の構想を供述。死刑判決を受け、44年11月に絞首刑に処せられた。　　　　　　　　（米谷匡史）

(参考文献)　『尾崎秀実著作集』全5巻（勁草書房、1977-79年）、『尾崎秀実時評集』（平凡社・東洋文庫、2004年）、尾崎秀樹『上海1930年』（岩波新書、1989年）、今井清一・藤井昇三編『尾崎秀実の中国研究』（アジア経済研究所、1983年）。

尾崎行雄　おざきゆきお　（安政5.11.20（1858.12.24）-1954.10.6）

政治家。号は咢堂。相模（神奈川県）出身。

日中関係における尾崎の行動の特徴は、前半期は強硬論を主張し、後半期は国際主義者となったものの日本の立場を弁護し続けたことにある。

1882（明治15）年壬午事変勃発以降、日本が文明国ではない朝鮮や中国に対して指導力を発揮しないと、西洋諸国が支配することになると考え強硬な外交を主張。その後84年の清仏戦争に際してはさらに強硬な対アジア外交の記事を書き、日清両国を一度戦わせるしかないという「支那征伐論」を主張。その後もこのような考えを持ち続け、93年から対外硬派に参加し、日清戦争直前に上海で金玉均が暗殺されると、金の遺体を上海から取り寄せて日本の国土に埋葬することを提案したのに続き、戦争中は日本政府を鞭撻し、勝利がはっきりすると日本軍が北京を征服することを主張。1900年には日露関係の緊張を回避する目的で伊藤博文が主張する満韓交換論を支持し、政友会の結成に参加したが、間もなく脱党。その後辛亥革命に際しても日本は中国に対して自由に対応できると考え、14（大正3）年の第2次大隈内閣に法相として就任した時は対華21ヶ条要求を支持し、袁世凱の帝制復活に反対。しかしながら法相を辞すと寺内内閣のシベリア出兵に反対し、19年に外遊すると国際主義者となり、軍縮を主張した。満州事変に際しては日本を弁護し、日中戦争に際しては近衛内閣の「国民政府を対手とせず」声明を批判する一方で、欧州で戦争が勃発しさえすれば日中戦争に投じた資金を回収できると主張した。　　（時任英人）

(参考文献)　伊佐秀雄『尾崎行雄』（同伝刊行会、1951年）、尾崎行雄『咢堂全集』全12巻（公論社、1956年）。

尾崎行昌　おざきゆきまさ　（1874-1934.6.5）

中国革命支援者。尾崎行雄の末弟。熊本県出身。

1899年から1900年頃より宮崎滔天・内田良平らと付き合い、孫文らの中国革命援助を行った。00年、華北で清朝・義和団と8ヶ国連合軍との戦争が行われ、南方の広東省で李鴻章の両広独立計画、及び恵州蜂起が行われた時、孫文を助けるために福本日南と共にシンガポールに赴いたのち、香港・台湾等で策動を試みた。01年1月、内田良平等を中心とする黒龍会の設立に参画した。08年頃、犬養毅・戸水寛人の紹介により、大阪商船会社に入社したが、数年後、閥の関係で急に昇進する見込みなしと見るや辞表を叩きつけて退社した。辛亥革命の際には、頭山満の一行と共に上海に渡り、革命軍の援助に努めた。その後、上海に2年ほど留まり、『滬上評論』を発刊して、同誌に執筆をした。日本帰国後も同志と往来し、晩年まで東アジアの問題に関する種々の謀議に関与した。　（馬場　毅）

（**参考文献**）　『東亜先覚志士紀伝』下。

大佛次郎　おさらぎじろう　（1897.10.9－1973.4.30）
作家。本名野尻清彦。神奈川県出身。

東京帝国大学法学部卒業後、高等女学校教師、外務省勤務を経て文学の世界に入る。「鞍馬天狗」「赤穂浪士」等大衆時代小説で著名である。1939年北支旅行、40年宜昌戦線従軍。41年満州を旅行した。中国見聞は小説「阿片戦争」（42年）に生かされた。第2次大戦後に書いた「宗方姉妹」は49年『朝日新聞』に連載されたもので、満州で結婚した姉節子と、満州で育って帰国した妹満里子を中心に据えて、旧い女と新しい女とを対照的に描いた作品である。なお戯曲「楊貴妃」（51年）もある。　　　　　　　　（阿部　猛）

（**参考文献**）　山本健吉『大衆文学への招待』（南北社、1959年）。

小沢開作　おざわかいさく　（1898.12.25－1970.11.21）
歯科医。戦前期には、開策、とも書いた。山梨県出身。

当時の満州の長春で歯科医師をやっていた1928年、大連新聞社が満州青年議会という名の模擬議会を開いた。翌29年1月、勃興する中国ナショナリズムに対抗して一種の民族融和を唱えた新組織、つまり満州青年連盟が結成される。そこには満鉄社員から大銀行員・会社社員・商工業主・店員等幅広い在満邦人が参加し、当時の満州邦人経済社会の縮図のようであった。小沢はそこで山口重次等と親交を結ぶようになる。石原莞爾等によって満州事変が起こされたのちには、軍に協力して中国鉄道の復興に力を尽くし傀儡を立てて再び鉄道を運航する助力をした。だが、満州国を造り出す過程で地方官僚を輩出させた笠木良明グループや軍官僚等と意見が合わず、傀儡国家造りからは離れていくようになった。一種の在野思想運動という立場から32年、石原莞爾や橘樸（たちばなしらぎ）等の賛同を得て協和党を結成（のちに協和会と改名）し、傀儡国家建設にその側面から尽力した。芳沢外相宛森島奉天総領事代理暗号電報479号（同年3月30日付）に「……尾［小］沢開作なる者は……今回青年連盟有力分子と計り、満州における日満韓蒙露各国人を基礎として一種の『ファシズム』を宣伝し、これを以て三民主義に対抗する目的を持って軍部方面の有力なる内密援助の下

に共和党なるものを組織」とある。

共産主義等のイデオロギーには、単なる武力討伐ではなくて「思想工作」をもって対抗するべきだ、という考え方を強く抱き、「北満特別工作」等においてそれを実践した。日中戦争開始後には、その延長線上で中華民国新民会を結成し、中国共産党とその思想に対抗しようとして全力で奮闘した。が、謀略を含むその詳細は一種闇に包まれており詳細不明である。当時の小沢家には、いつも若い者が多数居候しており、ご飯を炊くだけでも、てんやわんやだったという夫人の証言がある。

指揮者・小沢征爾の実父(征爾の征は板垣征四郎から、爾は石原莞爾から貰ったとは、本人自身の言である)。 　　　　　　(松沢哲成)

(参考文献) 山口重次『満州建国の歴史―満州国協和会史―』(栄光出版社、1973年)、松沢哲成『日本ファッシズムの対外侵略』(三一書房、1983年)。

小沢豁郎 おざわかつろう (安政5.3.12(1858.4.25)－1901.3.19)

軍人。号天游。上諏訪(長野県)出身。

清仏戦争の時期、情報収集のため福建省福州に派遣された陸軍将校の一人。1874年東京に遊学し、フランス語を学んだのち、翌年陸軍幼年学校に学び、79年工兵少尉に任官。83年参謀本部出仕、翌年1月福州に派遣された。福州ではフランス・アメリカ等の外交官と会って情報収集に努め、8月23日馬尾における清・仏海軍戦の翌日、仁礼敬之と共に閩江を下って馬尾に至り、清国軍艦のことごとく撃沈されているありさまを視察し、フランス艦に向かって「ビクトワール」(小沢注、けだし御勝利の意なり)と大声で叫んだということである。当時の小沢の福州における活動は、公務としての情報収集活動の他に、当時福州で組織された、民間の志士を中心とする結社「福州組」の活動があった。この結社に参加したのは、小沢の他に和泉邦彦・松本亀太郎・中野二郎・白井新太郎らで、福建省や揚子江流域に潜伏する秘密結社哥老会に働きかけて清朝に対する反乱を起こそうと企てた。その企ての拠点となったのは萩の乱の生き残り木村信二が経営する廬山軒写真館だった。彼らの中には、フランス軍の力を借りて清朝を倒そうという意見もあったということで、小沢の行動は参謀本部に知られ、参謀本部は彼らの動きが外交問題となるのを恐れて、陸軍中尉柴五郎を派遣してその行動を抑制しようとした。当時福州で清・仏軍戦を視察していた曽根俊虎・樽井藤吉らは小沢と意見が合わず、福州組には参加しなかった模様である。その後小沢が香港に転任を命ぜられ、福州組の活動は挫折した。小沢はのちに病を得て休職となり、1901年上諏訪で没した。

　　　　　　　　　　　　　　(伊東昭雄)

(参考文献) 『東亜先覚志士記伝』下、小沢豁郎『清仏戦争見聞録』(豊島鉄太郎、1891年刊、国会図書館所蔵)、田中正俊「清仏戦争と日本人の中国観」(『田中正俊歴史論集』汲古書院、2005年)。

小沢正元 おざわまさもと (1899.5.23－1988.9.9)

社会運動家。長野県(諏訪)出身。

東京大学法学部在学中に新人会に入り、

1925年卒業後、朝日新聞社に入社した。同期に尾崎秀実がいた。29年大宅壮一・服部之総らと内外社を創立した。31年外務省を後ろ盾とした日本外事協会に入社し、中国問題の研究を志した。35年11月中国東北へ行く途中で上海に立ち寄り、尾崎の紹介状を携え、内山完三に会う。38年企画院の嘱託となり、上海に駐在し、さらに南京事務所長となったが、企画院事件に連座して逮捕され、約1年余り巣鴨刑務所に拘置された。43年北支那開発株式会社に入社して北京に駐在し、敗戦後、46年5月に帰国した。その後中国研究所の所員となり、50年10月に日中友好協会（内山完三理事長）の創立に参加して理事となり、初代事務局長となった。その後も日中友好運動に関わり、66年中国共産党と日本共産党の対立の影響により日中友好協会が分裂した時、親中国の日中友好協会（正統）本部に所属して運動を続けた。　　　　　　　　（馬場　毅）

　〔参考文献〕　小沢正元『激動の中国と友好八十年』（谷沢書店、1987年）、同『内山完造伝―日中友好につくした偉大な庶民―』（番町書房、1972年）。

小島祐馬 おじますけま （1881.12.3 － 1966.11.10）

　中国学者。号は抱甕。高知県出身。
　高知県立第一中学校、第五高等学校を経て、1907年に京都帝国大学法科大学を卒業。大陸を遊歴したのち、京都帝国大学文科大学に再入学し、12年に同哲学科支那哲学史専攻を卒業した。卒業後、京都府立第一中学校、同志社大学、第三高等学校等で教鞭を執り、22年に京都帝国大学文学部助教授となった。25年から28年にかけて2年半、フランスに留学し、31年に教授となって支那哲学史講座を担当した。49年、日本学士院会員。その間、小島は20年に青木正児・本田成之と図って支那学社を結成し、『支那学』（西洋における"Sinologie"に対抗することを意識した命名）を創刊した。京都中国学の第2世代の成長を示すこの動きは狩野直喜・内藤虎次郎等第1世代にバックアップされて学界に新風を吹き込んだのであって、日本の中国研究史上の画期的事件とされる。小島の学問は、西洋の研究をも視野に入れつつ清朝考証学をふまえて、社会との関係、つまり、人の思想の営みを、政治・経済・社会との関係において分析総合していこうとする新しい科学的な研究であって、いわゆる漢学的な道学臭は少しも感じさせない。法学を修めたこととも関係して社会科学的と言われることもあるが、その社会との親近性は人道主義の精神を根底とするものである。小島は波瀾万丈の生涯をおくった河上肇にとって心を許すことのできたほとんど唯一無二の友人であったが、そのようでありえたのは、互いにその学問を認め合うという関係を越えて、人道主義を根柢においた学問を追究するという点での人間的共感において通底することを確信しあっていたからであろう。それは、吉田茂が文部次官を高知の春野村まで派遣して文部大臣就任を要請してきたのを、にべもなく断ったというエピソードと表裏をなす処世なのであった。その一方で、必要な場合は政治舞台での活躍を見せたのが、38年、京大総長浜田耕作の急死を機に起こった帝国大学総長任免権問題である。時の文相荒木貞夫

（陸軍大将）が大学に対する統制強化を図るべく画策してきたのに対し、文学部長の職にあった小島は法学部長宮本英脩と共に京大の代表として六帝大の連絡委員となり、周旋折衝に重要な役割を演じてその目論見を失敗に終わらせた。戦前の大学自治擁護運動の貴重な成果である。小島の学問は「該博精深」を究めたものと評価されるが、その反面として著作は極めて寡ない。論文集の刊行計画は進んでも、著者の意に満たぬと中止されること再三だったからである。戦前を代表する刊行書は『古代中国研究』、弟子たちによる没後のものに『中国の社会思想』『中国思想史』等がある。　　　　　　　　（狭間直樹）

（参考文献）　竹之内静雄「小島祐馬」（『先知先哲』新潮社、1992年）。池田秀三「支那哲学史　小島祐馬」（『京大東洋学の百年』京都大学学術出版会、2002年）。

小田切萬壽之助　おだぎりますのすけ　（慶応4.4.3
(1868.4.26)－1934.9.12)

外交官。号は銀台。米沢（山形県）出身。

慶応4年1月（一説に4月）米沢の儒者の家に生まれる。東京に遊学し、東京外国語学校で中国語を学んだ。同窓に川島浪速・宮島大八等がいた。1884年中国に渡り、外務省留学生となって北京・天津に学んだ。公使館書記生としてサンフランシスコ・ニューヨーク等に勤務したのち、96年領事として杭州在勤、1902年上海総領事となった。その間、1898年に戊戌政変クーデターで、変法派の官僚江標・文廷式らが上海に逃れると、小田切は彼らを保護するために活動した。1900年河北に義和団が蜂起すると、小田切は劉坤一・張之洞らに働きかけて、義和団の影響が南方に及ばないよう画策した。上海在任中の小田切は当時の日本政府の方針である中国保全主義の徹底のために尽力した。その頃日本政府は財界を動かして中国への投資を大々的に行うことを決定し、小田切は小村外相の要請によって外務省を辞任し、横浜正金銀行に入社して取締役となり、北京・上海の間を往復して対中国借款交渉に大きな役割を果たした。06年横浜正金銀行は旅順・芝罘（チーフー）（現煙台）・奉天（現瀋陽）・鉄嶺に出張所を増設した。その後日本の対中国借款で小田切と横浜正金銀行の果たした役割は極めて大きい。19年には西園寺公望全権代表に随行して第1次世界大戦講和会議に参加し、25年に開かれた中国関税会議に顧問として参加し、会議の運営に主導的役割を果たしたと言われる。その後も対支文化事業委員になるなど、中国との関わりは続いた。34年9月病没。著作には『朝鮮』（1890年）があり、日本・清国・ロシア・欧米の朝鮮との外交関係を豊富な史料を引用しつつ概観し、今後の日本の朝鮮との関係のあり方について詳細に論じたものである。

（伊東昭雄）

（参考文献）　『対支回顧録』下、『東亜先覚志士記伝』下。

小竹文夫　おたけふみお　（1900.1.18－1962.10.16)

歴史家。号は震堂。小竹武夫の兄。石川県出身。

1928年に京都帝国大学文学部史学科支那史学専攻（東洋史学と並べ1931年度まで置かれた

専攻）卒業、上海の東亜同文書院大学の教授となる。中国の文章を読むには、中国人になりきって読むべしとの信念をもち、深い学殖と包容力から学生に慕われた。中国語に堪能なうえ酒豪でもあったので諸方面と交際があり、中国各地の事情に通じていることで有名で、北京の橋川時雄とならべて「上海に小竹あり」と称された。日本政府の対華政策に異を唱えることはなかったが、中国人には「出来るだけ礼儀正しく接する」ことをモットーとして学生にも説いたという。敗戦後に帰国して金沢大学教授となり、福井大学教授を兼任し、その後、東京教育大学教授となった。研究書として『近世支那経済史研究』があり、戦前・戦後共に当代の中国についての文章が多い。翻訳では、弟武夫との『史記』全訳の労作があり、また岡本敬二と共に『元史刑法志の研究訳註』を編集した。　　（狭間直樹）

（**参考文献**）　武田泰淳「小竹文夫先生のこと」（『武田泰淳全集』第16巻、筑摩書房、1979年）。

小田嶽夫　おだたけお　（1900.7.5－1979.6.2）

作家。本名武夫。新潟県出身。

東京外国語学校支那語科卒。1922年外務省に入り24年杭州領事館に書記生として務める。蔵原伸二郎らと同人誌『葡萄園』に加入し、帰国後『文芸都市』『雄鶏』『世紀』『木靴』を経て『文学生活』同人となる。30年に外務省を退職して文学に専念する。「日本学士蔡万秋」（『新潮』34年9月）で世に出て、「城外」（『文学生活』36年6月）で第3回芥川賞を受ける。中国生活に基づく私小説風の短編が多い。『紫禁城の人』『泥河』『魯迅伝』（41年）や武田泰淳との共著『揚子江文学風土記』（41年）がある。茅盾（『大過渡期』）・蕭軍らの作品の翻訳もある。　　（阿部　猛）

（**参考文献**）　『杉並文学館―井伏鱒二と阿佐谷文士―』（杉並区郷土博物館、2000年）。

織田　萬　おだよろづ　（明治1.7.9（1868.8.21）－1945.5.26）

行政法学者。佐賀県出身。

20世紀初頭に臨時台湾旧慣調査事業に加わり、『清国行政法』を著し、日本の中国観・中国研究に大きな足跡を残した法学者。佐賀藩家老の家に生まれ、『福恵全書』や『万国公法』をも含めた漢学の素養を育んだ。1884年、漢学だけで受験できる司法省正則法律学校に入学、以後、フランス語を中心とした「洋学生」となる。当時はフランス法系の旧民法から新民法へと転換されつつある時期であった。帝国大学法科大学卒業後、大学院で行政法を学ぶ。同郷の本野一郎の推薦で、西園寺公望の知己を得て京都帝国大学法科大学教授ポストを確約されてフランスに留学。師である穂積陳重が勧めるドイツ行きを断った。織田は穂積のような、官僚学派的な法学者と一定の距離をとっていた。帰国後の99年に京都帝国大学赴任（行政法学）。立命館大学や関西大学（の前身）での法学教育にも深く関わる。1900年、後藤新平台湾総督府民政長官の実施した臨時台湾旧慣調査委員の委員となる。この調査は、1898年から1906年に3部構成で実施された（調査会は1901年設置）。第1部が法制に関する旧慣（部長：岡松参太郎博士）、第2部が経済に関する旧慣、第3部が

台湾総督府の発する法令の立案審議であった。第1部の成果としては、現地調査に基づいた『台湾私法』（全13冊）が刊行された。織田に委嘱されたのは清の法制調査であり、台湾の実地調査ではなく、京都で狩野直喜委員や浅井虎夫・東川徳治・加藤繁ら補助員と共に、『大清会典』『大清会典事例』（主に嘉慶会典）、『大清律令』等の文献調査を行った。1905年から10年かけて『清国行政法』全6巻および索引が刊行され、中国語訳も作成された（鄭麓らによる訳本は無許可版）。『清国行政法』は、いわば清の諸制度を「近世法理」（近代法学）に当てはめることの限界を十分に把握した上で、あえてそれを断行したものである。そこには近代国家としての日本の優越性と清への批判が内包されていた。実際、中国語版には中国人読者向けに「行政法大意」という、日本語版にはない概説が加えられていた。織田の中国論は、基本的に地方大官を封建諸侯と同様に見る分権国家観に基づく。これは、各省の自立性が強かった同時代的背景の影響であろうし、織田自身が権力分立に支えられた、中央集権的な立憲君主制度を基準にして清を把握しようとしたためであろう。このような中国観は、中国を一君万民的な統一国家と見る立場と異なる。また、織田は清末の一連の法制改革が社会的基盤を持たぬ点を批判する。その後、21年に常設国際司法裁判所判事となり、帰国後、貴族院議員。38年、『文芸春秋』1月号に「不可解の支那民族」を発表。06年の中国旅行の印象に基づき、文献上の中国と実際の中国の相違を指摘し、批判する。坂野正高は、この「不可解」を明治の知識人である織田が中国社会に接触した時に見せた一つの観察力として、千鈞の重みを以て受け止めるべきだとしている。（川島　真）

（参考文献） 坂野正高「日本人の中国観―織田万博士の『清国行政法』をめぐって―」上・下（『思想』452・456、1962年）、織田萬『民族の辯』（文芸春秋社、1940年）。

落合泰蔵　おちあいたいぞう　（嘉永3.10.5（1850.11.8）－没年不詳）

陸軍軍医。別号は自適堂。長門（山口県）出身。

中原俊応の次男として長門国大津郡三隅村豊原に出生。兄は中原復亮、復亮の長女は女医として知られる福原蓬。明治5（1872）年に23歳で陸軍12等出仕。1874年の台湾出兵に従軍し、この間に日記・台湾の風土・台湾の病況を記録して、後に『征蛮医誌』として刊行した。当時、病原が不明であったマラリアを「弛張熱」として記している。82年には病気の漢名・和名・洋名を対照表にして示した『漢洋病名対照録』を刊行。日清戦争には、大本営の野戦衛生部員として石黒忠悳長官の下にあった。日露戦争には、乃木希典大将率いる第3軍の軍医部長として従軍した。戦後、休職となり、予備役の軍医監となり、日本赤十字社や豊多摩医師会の役員を務めた。

（町　泉寿郎）

（参考文献） 『明治人名辞典』（中央通信社『現代人名辞典』1911年、日本図書センター復刊、1987年）、加藤祐三「軍医落合泰蔵・小池正直・森林太郎」（『朝日ジャーナル』1972.3.17）。

音吉 おときち （文政2（1819）－慶応2.12.13（1867.1.18））

幕末の漂流民。（山本）乙吉。ジョンマシュー オトソン（J.M.Ottoson）。尾張（愛知県）出身。

天保3（1832）年尾張廻船の宝順丸で鳥羽から江戸へ向かい遭難、漂流14ヶ月、岩吉・久吉と3人のみ生存、北米に漂着。ハドソン湾会社の捕鯨船長に救われ、1835年マカオに着き、ドイツ人在華宣教師ギュツラフに預けられ、聖書の日本語訳に助力。マニラからの4人（1836年漂流）を加え日本人計7人が1837年米船モリソン号に乗り日本近海に来航したが江戸湾で砲撃を受け、マカオに引き返す。以後水夫としてアメリカへ行き、イギリスの艦船で働き、中国に戻り阿片戦争に際会。1849年英国砲艦マリナー号は測量目的で浦賀に来航したが中国人通訳アトウ（阿多）とは音吉のこと。上海に居住した最初の日本人で（10年余）、太平天国の乱を目撃した。英国デント商会に勤務し、大きい家に住み、中国人3人を使い、妻を迎え2男1女を得た（妻は同商会に務めるマレー人か）。上海で先年漂流した栄力丸一行と会う。54年長崎来航の英艦に乗りスターリング提督の長崎奉行との交渉を通訳。62年上海から妻の故郷シンガポールに移り住む。同年宿舎に幕府遣欧使節団を訪問。同地で没し碑（2002年）がある。（安岡昭男）

（参考文献） 春名徹『にっぽん音吉漂流記』（晶文社、1979年）、田中啓介『奇談・音吉追跡』（日キ販、2003年）。

小野 忍 おの しのぶ （1906.8.15－1980.12.18）

中国文学者。東京出身。

1923年広島県立呉中学校第4学年終了後、松山高等学校文科甲類入学、26年東京帝国大学文学部支那文学科入学、『改造』夏季増刊「現代支那号」で現代中国文学に開眼した。30年フロイド・デル著『アプトン・シンクレーア評伝』を翻訳、34年冨山房に入社し国民百科大辞典を編纂、37年中国文学研究会同人となり、40年南満州鉄道会社上海事務所勤務、43年民族研究所嘱託となり内蒙古で中国イスラム教を調査した。46年國學院大学等を経て52年東大東洋文化研究所専任講師に就任、55年同文学部助教授、58年教授となって、『金瓶梅』『西遊記』の古典から魯迅・趙樹理の同時代作家までの中国文学を講じた。学生からは「ソフトな小野さん」と慕われるリベラルな学風で、英露2ヶ国語にも堪能にして欧米の中国文学研究に広く通じ、中国の社会主義革命を過信することなく冷静に見つめ、丸山昇・伊藤虎丸・木山英雄・中野美代子らの研究者を育てた。67年東大退官後は和光大学教授、同人文学部長を務めた。（藤井省三）

（参考文献） 小野忍『道標 中国文学と私』（小沢書店、1979年）。

小野寺長治郎 おのでら ちょうじろう （1875.3.24－1939.2.11）

陸軍軍人、政治家。宮城県出身。

東大卒業後、陸軍経理学校を経て1918年主計官として天津の支那駐屯軍司令部に赴任。米騒動対策の中国米買付交渉に当たり北京政府（安徽派）の重鎮・徐樹錚上将の協力を得

て大量の中国米輸入に成功。安徽派は20年安直戦争で敗れ、徐・梁鴻志ら8名（「八禍首」）は直隷派の新政権の逮捕令を受けて北京の日本公使館に逃げ込み、日本軍兵舎に移されたのち、徐と梁は日本亡命を望んだので、小野寺は徐らを特大の鞄に潜ませて秘かに運び出し天津碇泊中の日本汽船に積み込み日本に亡命させた。北京政府は日本側に厳重抗議し、小野寺は独断専行のかどで重謹慎15日、停職6ヶ月の処罰を受けた。33年陸軍主計総監、37年貴族院勅選議員。38年極秘裡に西川末吉・大川周明・米国財界人らと蒙彊日中米3国共同開発、日米合弁会社設立等の日米国交調整を計画・推進したが、39年渡米直前に急死したため計画は挫折した。　（藤井昇三）

（参考文献）　小見山功編、森田親三監修『悲運の将軍小野寺長治郎伝』（非売品、1980年）。

尾野実信　おのみのぶ　（慶応1.10.15(1865.12.2)-1946.4.19)

陸軍軍人。筑前（福岡県）出身。

1888年7月に陸軍士官学校を卒業。陸軍大学校在校中に歩兵第14連隊中隊長として日清戦争に出征。日露戦争では大山巌満州総軍司令官の副官兼満州軍参謀及び満州軍総兵站部参謀を務める。辛亥革命勃発後に中清派遣隊司令官として中国へ派遣される。その後、第1次世界大戦では参謀本部第1部長兼総務部長として青島攻略に大きな役割を果たす。大戦後の1921年6月に陸軍次官、翌22年5月から23年10月まで関東軍司令官を務めたのちに軍事参議官を経て、25年5月に予備役となる。35年4月に退役となったが、44年10月から翌年4月まで内閣顧問を務めた。日米開戦時の陸軍省軍務局長であり、戦後にA級戦犯として処刑された武藤章は娘婿。訳書として、アルブレヒト・フオン・ブルーメンタール『ブルーメンタール元帥陣中日誌』（東京偕行社、14年）がある。　（加藤聖文）

（参考文献）　野依秀市編『明治大正史』第13巻（明治大正史刊行会、1930年）。

御幡雅文　おばたまさぶみ　（安政6(1859).4.3-1912.3.10)

中国語教師。長崎出身。

1873年長崎の漢学塾の師から、幕末の長崎唐通事で明治維新後は外務省通訳官を務めていた鄭永寧（ていえいねい）に紹介されて上京、鄭家の書生となって南京語を学んだ。76年東京外国語学校漢語学科に官費生として入学、79年陸軍参謀本部の派遣留学生として北京に渡り、81年に帰国して熊本鎮台の中国語教師として赴任、教科書を編纂した。90年熊本鎮台の元受講生の荒尾義行（精）が陸軍の援助により上海で開校した日清貿易研究所の教員となり、上海語の学習を始め92年上海語会話書を編集した。日清戦争時には第2軍司令部付通訳官として従軍、戦後は台湾総督府に赴任し、閩南語（ミンナンご）を学び、96年『警務必携台湾散語集』を刊行。98年三井物産が上海に設立した三井書院教員となり、1907年上海語教科書『滬語津梁』を文求堂より刊行した。　（藤井省三）

（参考文献）　六角恒広『漢語師家伝―中国語教育の先人たち―』（東方書店、1999年）。

小幡酉吉 (おばたゆうきち) （1873.4.12 – 1947.8.9）

外交官。石川県出身。

1896年東京帝国大学法律学科卒業。翌年第7回外交官及び領事試験合格。シンガポール、英国在勤を経て、1905年芝罘領事(チーフー)、09年天津総領事となる。14年中国公使館1等書記官となり、日置益公使のもとで、いわゆる対華21ヶ条要求の交渉に当たったが、中国側の強い反感を誘致したこの交渉に参画したことは、のちの彼の運命にも深く関わることになる。16年本野一郎外相、幣原喜重郎次官のもとに政務局長に就任し、寺内正毅首相ら軍部を中心とする対満州政策に反対する。18年10月在中国特命全権公使となり爾来4年半、変動期の中国外交に対処する。25年トルコ大使。29年12月幣原外相は再度中国公使にしようとしたが、国民政府は小幡のアグレマンを拒否し、日中関係史上特異の問題となる。33年ドイツ大使を最後に退官し、以後貴族院議員、枢密顧問官を歴任。　　　　　（吉村道男）

（**参考文献**）『小幡酉吉』（小幡酉吉伝記刊行会編・刊。1957年）。

小柳司気太 (おやなぎしげた) （明治3.11.3 (1870.12.24) – 1940.7.18）

漢学者、道教研究の先駆者。新潟県出身。

東京帝国大学選科卒業。1906年兪曲園についての研究を発表し、兪曲園は大いに喜び、自分の写真を添えて書簡、四條の屏幅を送った。21年（大正10）「朱子の哲学」で博士学位を獲得した。

21年、北京滞在中、当時中国政府の陸軍顧問の青木宣純中将が訪ね、日中の親交提携について委託された。そのため、小柳は当時大総統の徐世昌が組織していた四存学会の会員で、趙爾巽(ちょうじそん)・柯劭忞(かしょうびん)・王樹枏(おうじゅなん)等の名流と数回会い、お互いに学事を講談した。

31年、北京の白雲観調査に赴いた。滞在50余日の間に16、17回にわたって白雲観を訪れ、精力的に調査。彼の『白雲観志』は北方道教の大本山という白雲観の開基以来、初めての歴史記録である。そして、その書物には「東嶽廟志」もある。この廟は「泰山信仰」に基づき泰山神を祭っており、道教研究上でも重要な意味を持っている。　　　（杜　軼文）

（**参考文献**）「小柳司気太」（村山吉廣『漢学者はいかに生きたか　近代日本と漢学』大修館書店、1999年）、村山吉廣監修『近世之醇儒小柳司気太』（新潟県西蒲原郡中之口村、1999年）、「小柳司気太博士古稀祝賀会記事」（『斯文』22-9、1940年）。

か

貝塚茂樹 かいづかしげき （1904.5.1 – 1987.2.9）

東洋史学者。小川琢治の息、湯川秀樹、小川環樹の実兄。東京出身。

京都府立第一中学校、第三高等学校を経て、1928年に京都帝国大学文学部史学科を卒業、32年に東方文化学院京都研究所（東方文化研究所の前身）研究員となった。49年に同所が京都大学に移管されて、京都大学人文科学研究所教授となり、68年に定年退官した。81年より東方学会会長となり、84年に文化勲章を受けた。京都市名誉市民。研究の範囲は広いが、中心は中国古代史、中でも甲骨学である。甲骨は20世紀最大の考古学的発見の一つとされるもので、辛亥革命後に亡命してきた羅振玉（その『殷墟書契考釈』は甲骨学の出発点とされる）が京都に居を構え、内藤湖南らが力を入れたということもあって、古い漢学の体系を乗りこえて新しい中国学を創りあげるための一突破口となった。甲骨研究は1940年代には低潮期を迎えるのだが、その困難な時期に孤軍よく学灯を守ったとされ、『京都大学人文科学研究所所蔵甲骨文字』2巻3冊はその集大成である（人文研の所蔵品は上野精一氏の寄贈）。古代に関しては、『中国の古代国家』『中国古代史学の発展』『孔子』等多くの著作があり、近現代では『毛沢東』『孫文と日本』等がある。中華人民共和国との国交が未回復の時代に、貝塚が日中学術交流に果たした役割は大きい。54年に日本学術代表団（茅誠司団長）の一員として訪華、翌年には日本学術会議が招待した中国学術代表団（郭沫若団長）を関西の代表として接待した。また小野信爾が立案推進した招請運動を積極的に支援し、極めて困難な条件下にあって1963年に中国学術代表団（張友漁団長）の来日を成功させた。『貝塚茂樹著作集』全10冊には甲骨関係を除き主要な著作を収めている。

（狹間直樹）

（参考文献）「先学を語る―貝塚茂樹博士―」（『東方学』91輯、1996年）、「貝塚茂樹教授著作目録」（『東方学報』京都、第40冊、1969年）。

貝原収蔵 かいばらしゅうぞう （1879.12.3 – 1973.6.30）

実業家。福岡県出身。

福岡修猷館中学卒。1年先輩には広田弘毅、同期にはのちの済南領事森安三郎等がいる。台湾協会専門学校（現拓殖大学）へ進学、桂太郎（同校校長・のちに首相）、添田寿一・深田鶴松（のちの日本興業銀行役員）と知り合う。1905（明治38）年いったん大阪商船に入社するが、06年には同社退社後、東亜煙草株式会社に就職した。就職に当たって、森・添田・山座円次郎等日中関係に大きな足跡を残した人物の世話になり、後年この人脈を活用する。

09年から29年東亜煙草の社員として、長春・吉林・芝罘（チーフー）・大連・天津・青島・上海へ赴任した。吉林では日貨ボイコットを、芝罘では三井物産と提携し、中国奥地での煙草販売を試みるが、英米煙草トラストとの間で熾烈な競争をそれぞれ体験した。大連では同地日本人経済界との交流を深めた。上海時代は営業活動と同時に、日本からの地縁、学校、業界関係の政財界人との接触を多く行った。

たとえば筑前人会では松永安左エ門・森恪三郎の歓迎会等を催した。青島では森恪らの山東省の利権獲得を目的とした東洋塩業会社設立に協力し、20年から同社常務取締役に就任するも、現場との折合いが悪く、22年社長の村田俊彦から解任された。同年東亜煙草に復帰、27年東京本社勤務。東三省煙草専売問題では中日実業の利権獲得活動の一端を担いながらも、中国側の構想に従い交渉が進展し、田中義一内閣も暗に認めていたが、張作霖爆殺事件が勃発し、日の目を見なかった。貝原は「一大痛恨事」と嘆いた。その後天津日本人経済界の要職に就く。敗戦後は天津在住日本人の国内引揚げ作業を統率した。59年に引退するまで30年近くの中国生活の経験を生かして引揚者の更生運動と在外資産補償獲得運動に力を注いだ。　　　　　　（木村昌人）

(参考文献)　柳沢遊編著『貝原収蔵日記　在華日本人実業家の社会史』（柏書房、1993年）。

甲斐　靖　かいやすし　（慶応1.7.24(1865.9.13)－没年不詳）

陸軍軍人（予備役）、中国革命参加者。佐賀出身。

1890（明治23）年上海に渡り日清貿易研究所に学ぶ。94年帰国ののち日清戦争に従軍、予備役少尉となる。戦後は通訳として台湾総督府に勤務するが、2年後退職。1900年3月再び上海に渡り、翌月、維新派（変法派）の唐才常が設立した東文訳社に入り、日本書籍の漢訳を担当。同年6月、北清事変が勃発すると、居留民保護のため、上海日本人義勇隊の副隊長となった。7月8日、唐に随伴して漢口（現武漢）に赴いたが、その途次自立軍クーデタへの参加を求められた。しかし、同月22日、漢口において唐らと共に捕縛されいったんは死刑の判決を受けるが帰国。一時下関で教職に就くが、日露戦争に従軍、予備役中尉となる。11年10月、武昌（同）において辛亥革命が勃発すると黄興の革命軍に参加、11月漢陽（同）において負傷、帰国した。第1次大戦中は、青島軍政委員会で学務を担当、27（昭和2）年まで青島にあって居留民団の理事を務めた。　　　　　　（栗田尚弥）

(参考文献)　『続対支回顧録』下。

賀川豊彦　かがわとよひこ　（1888.7.10－1960.4.23）

社会事業家、伝道者、協同組合運動の指導者。兵庫県出身。

賀川豊彦は、1909年に神戸市葺合区（現中央区）の通称「新川」スラムに入居し献身的な救済活動を行ったことで知られる。彼は、13年、来神した孫文の講演を神戸YMCA会館で聞き感銘し、20年、吉野作造の推挙で上海日本人YMCAの夏期講座の講師に招聘された際、今井嘉幸の紹介によって、フランス租界の寓居で森本厚吉と共に孫文と会談した。孫文から日本の侵略行為を叱責され、彼は中国人への謝罪伝道と日中戦争回避のための言動をとるようになる。帰国直後、森本が『大阪朝日新聞』の記者に吐露した孫文の談話には、孫文が13年に桂太郎と会談した際に、桂から遼東半島と台湾の返還に関する話が出たとの告白があった、という。この時、賀川は、上海で陳独秀と貧民問題について、北京で胡適と反マルクス主義について、意見を交換し

その内容を『労働者新聞』に掲載している。陳独秀も、『民国日報』に賀川の貧民救済活動を賞賛する文を寄せている。同時期に関東軍の石原莞爾が、武漢（漢口）で賀川の講演を聞き感銘し、終戦直後に組閣された東久邇宮稔彦内閣の顧問に賀川を推薦している。

27年、賀川は、中華全国基督教協進会（代表誠静怡_{せいせいい}）が上海で主催した「基督化経済関係全国大会」に招聘され、合作社（協同組合）運動の理論と実践を講演している。これ以後、30年から44年にかけてたびたび訪中し、日本軍による中国人に対する残虐な侵略行為を謝罪している。また、この頃から、蒋介石夫人の宋美齢と親交を持ち彼女から生涯にわたる尊敬を受けるようになる。

賀川は、44年10月に宗教使節として訪中し、内山完造らに助けられ、南京に赴いて謝罪伝道を行った。この時合作社を基礎集団とする中国の再生を『中国復興と日本』（未定稿）に著わしている。彼は、中華人民共和国建国後の58年1月にマレーシアのクアラルンプールで開催されたＩＣＡ（国際協同組合同盟）に日本の代表団長として出席し、総会で中国の合作社を加盟させるように提案している。

（浜田直也）

（参考文献）　『賀川豊彦全集』13、24（キリスト新聞社、1963年）、浜田直也「賀川豊彦」（『孫文研究』42、2007年）。

影佐禎昭　かげさ　さだあき　（1893.3.7 - 1948.9.10）
陸軍中将。広島県出身。

1914年陸軍士官学校卒（26期）、23年陸軍大学校卒。25年4月から3年間、東京帝国大学法学部政治学科に聴講生として派遣される。29年支那研究員として鄭州・上海に駐在、陸軍「支那通」としての道を歩み、参謀本部支那班長を経て、34年8月から上海駐在武官となる。35年、中国の週刊誌『新生』が天皇に関する不敬記事を掲載したとして問題になった時、上海武官の影佐は国民政府の責任を問う強硬論を唱えた。37年6月参謀本部支那課長に就任して間もなく、盧溝橋事件が勃発、当初強硬論者であった影佐は、参謀本部作戦部長石原莞爾の影響を受けて、日中和平の早期実現を説くようになる。参謀本部第8課長に就任（同年12月）して宣伝・謀略を担当していた時、西義顕（満鉄南京事務所長）や松本重治（「同盟」上海支局長）の勧告によって密かに来日した董道寧（前外交部亜州司日本科長）に、何応欽と張群に対して和平を訴える書簡を託した。38年6月陸軍省軍務課長となり、董のあとを受けて来日した高宗武（前亜州司長）と協議する過程で、汪兆銘が重慶政権を離脱して和平運動を展開し政権の外側から国民政府を和平の方向に促そう、との構想が浮上した。こうして汪兆銘工作が本格化し、同年11月影佐は今井武夫（支那班長）と共に上海で高宗武らと和平に関する合意文書に調印した。この合意に基づいて重慶を離脱しハノイに滞在していた汪兆銘が重慶政権によるテロの脅威に晒されたため、影佐は現地に赴いて汪を救出した。汪を上海まで護送する船中で、影佐は汪の人柄にうたれ、第三勢力としての和平運動よりも和平政府樹立を先行させるという汪の計画に協力を誓った。その後、国民政府に代わるべき新中央政権樹立

工作を担当する大本営直轄の梅機関の長として、政権の独立性を求める汪陣営の主張と、日本側の要求との板挟みになりながら、汪政権の成立に尽力した。40年3月に汪政権は国民政府の南京「還都」というかたちをとって成立し、影佐はその政権の最高軍事顧問に就任した。太平洋戦争では師団長としてラバウルに出征。敗戦後、中国側から戦犯として指名されたが、肺結核のため入院、療養生活を送る。東京裁判には証人として出廷した。

（戸部良一）

（参考文献） 人間影佐禎昭出版世話人会編『人間影佐禎昭』（非売品、1980年）、犬養健『揚子江は今も流れている』（文藝春秋、1960年、中公文庫、1984年）。

香月梅外 かげつばいがい （1875.1.31－1947.2.17）

大陸浪人。福岡県出身。

香月恕経（第1回衆議院議員）の子。1890年上海の日清貿易研究所に入学、93年卒業し上海の商品陳列所に入り、日清戦争中は通訳として満州及び台湾に従軍する。戦後、研究所同窓の向野堅一・河北純三郎と共に北京に商店、筑紫辨館を設立する。当時、北京では外国人が商店を開くことはできなかったので、表向きは日本公使館の御用商人として、写真屋と雑貨屋を兼ねていた。98年に閉店し白岩龍平の大東新利洋行に入り、以後中国で商売を転々とする。1932年東京に移り満蒙義塾等で、38年には郷里に戻り福岡農学校や玄洋社支那語研究所で、中国語を教える。編著に父恕経の遺稿集である『晦処遺稿』（39年）がある。

（川邉雄大）

（参考図書） 『続対支回顧録』下、岩村成允「外交と支那語」（『中国文学』83、1942年）。

笠木良明 かさぎりょうめい （1892.7.22－1955.9.23）

右翼運動家。栃木県出身。

仙台の第二高等学校を経て1919年東京帝大法科卒。「国家改造」運動の濫觴たる老壮会（1918年10月創立）に名を連ね、次いで翌年創立された、満川亀太郎・大川周明・北一輝を中心とする、より実行的な猶存社の主要同人の一人となる。北一輝の『日本改造法案大綱』や、機関紙『雄叫び』に言う「吾々日本民族は人類解放戦の旋風的渦心でなければならぬ」に共鳴したのであろう。22年頃から北と大川が意見対立し23年に猶存社解散後、24－25年大川が中心となって行地会・行地社が創立されこれに加わった。宮内省怪文書事件等による行地社分裂の際にはこれを脱退し、26年高村光次らと共に東興連盟を起こした。口田康信・山本重太郎・里見良作等々の「反大川派を糾合」したとも言われる。綱領には、「新日本建設」「全世界……被圧迫有色民族の正当なる要求の具現」をめざす、などとあった。高村によれば、笠木は表面に立つよりも陰で同志の連絡や内部活動に当たりする、言わば日本的なオルガナイザーだった。29年7月満鉄東亜経済調査局庶務主任として満州に赴任。大連では若い満鉄社員等を集め、中野琥逸（弁護士で京大の右翼を集めた猶興学会の関係者）らと共に大雄峯会を結成した。同会はほぼ旧帝大出身者で占められており、筆者が関係者から確認した参加人員は30数名で、

ほぼすべて満鉄の中堅職員である。満州事変の翌年2月満鉄を辞職して、満州国自治指導部（のち資政局）に入り、前記の青年等を地方官吏に任命して身を挺して難に赴くよう指導し、「満州国」を地方基盤から充実させ諸民族融和の「王道楽土」を造るという独自の〈夢〉実現のため尽力した。しかし満州青年連盟その他傀儡国家造りに加わった各種の軍官僚等と衝突し、結局挫折した。33年『大亜細亜』編集発行人となる一方、興亜塾を結成。日中戦争期には軍部と共に「北支工作」に当たる。46年極東国際裁判に証人出廷した。

（松沢哲成）

（参考文献） 馬場義続『我国に於ける最近の国家主義乃至国家社会主義運動に就て』（司法省調査課『司法研究』19の10、1935年）、松沢哲成『天皇帝国論批判』（れんが書房新社、1992年）。

風見　章 かざみあきら（1886.2.12－1961.12.20）

ジャーナリスト、衆議院議員、司法大臣。茨城県出身。

水海道の経済的には恵まれない農家に生まれる。水海道中学、早稲田大学政治学科を卒業し、大阪朝日新聞、国際通信、信濃毎日新聞に務める。この頃学友中野正剛が主宰する『東方時論』同人となったり、旅行団を組んで中国視察を行っており、その論調は中国ナショナリズムに同情的であった。1930年衆議院議員に当選、昭和10年代には近衛文麿に接近、他方で橘樸・細川嘉六・尾崎秀実ら中国関係の人物とも交流を深め、近衛内閣期では日中戦争不拡大方針を採ったが、大きな成果は挙げられなかった。戦後、公職追放が解けると政界に復帰、52年高良とみ・帆足計らが政治家として戦後初めて訪中し民間貿易協定を結ぶが、それを陰で支え、翌年には自らも貿易議員団の一員として訪中した。54年日中日ソ国交回復国民会議理事長として保守系政治家とも連携して国交回復運動を始めた。

（季武嘉也）

（参考文献） 須田禎一『風見章とその時代』（みすず書房、1965年）、『風見章日記・関係資料』（みすず書房、2008年）、王宗瑜「風見章に関する一考察」（『中央大学大学院研究年報』34、2004年）。

梶山鼎介 かじやまていすけ（嘉永1（1848.11.15).10.20－1933.3.25）

陸軍軍人・外交官。長府（山口県）藩士。

戊辰戦争に報国隊士として参加。1878年陸軍少佐、参謀局課長等を経て、80年、軍艦の中国沿海視察に同行。同年清国公使館付武官、81年、直隷・満州・山東を3ヶ月半かけて視察。翌年帰国。86年外務省に転じ、公使館書記官として北京に赴任。87年帰国し、内務省地理局次長、ついで局長。91年駐朝鮮弁理公使として赴任、大院君や袁世凱が織り成す政局の中で、防穀令事件等の交渉にあたった。92年帰国、翌年退官、94－98年衆議院議員を務めた。論文「鴨緑江紀行」がある。

（久保田文次）

（参考文献）『続対支回顧録』下。

鹿地　亘 かじわたる（1903.5.1－1982.7.26）

プロレタリア作家・反戦運動家。本名瀬口貢。大分県出身。

父真喜郎は九州等の旧制中学校校長。鹿地はその長男。小倉中学校、鹿児島の旧制七高を経て1924年東京帝国大学文学部国文科に入学、江戸文学（近松門左衛門）を専攻。学生運動の中核たる「新人会」に参加、その文学グループ「マルクス主義芸術研究会」に所属、9月共産党機関紙『無産者新聞』に執筆。26年労農党結成に尽力（労農党東京地方中部の組織責任者）。29年2月プロレタリア作家同盟（小林多喜二・宮本百合子ら）を創設、32年書記長就任。33年多喜二が特高の拷問で惨殺、通夜に列席。34年作家同盟解散。なお、この頃、極秘に日本共産党に入党したとされる。31-34年18回入獄。36年保釈後、1月神戸から上海に脱出。内山完造に魯迅を紹介され、『魯迅選集』の編訳に従事。37年盧溝橋事件後、鹿地夫妻は宋慶齢らに匿われ、アレーの支援で上海から香港へ脱出。38年鹿地執筆の「反侵略」の文章が『新華日報』等に続々と掲載され、3月国民政府軍事委員会政治部設計委員。5月中国軍機2機が九州上空で鹿地ら作成の反戦ビラを撒布。39年12月桂林で日本人民反戦同盟西南支部を設立、前線工作隊を編成、鹿地引率のもと、南寧方で拡声器により反戦呼びかけ。40年3月日本人民反戦同盟重慶総部が成立。6・7月西南支部は反戦劇「三兄弟」（脚本鹿地）を桂林・重慶で公演。41年1月皖南事変により国共矛盾激化、8月反戦同盟解散。これ以降、貴州省鎮遠収容所「和平村」内に訓練班を組織し、反戦活動。8月郭沫若の支援も得て政治部内に鹿地研究室を設立、『鹿地研究室報』を発行。12月英国大使が蒋介石にシンガポール防衛戦に反戦同盟工作隊の派遣を要請。42年1月派遣工作隊5人が重慶に到着したが、シンガポール陥落により派遣中止。反戦同盟が国際的に脚光を浴び始め、国民党宣伝部が鹿地を顧問に招聘。43年3月遠征軍司令部（司令長官陳誠）顧問。10月重慶のアメリカ大使館内にOWI（戦時情報局）が設置され、鹿地夫妻に協力要請。また、鹿地は日本語新聞の編集顧問に就任。44年アメリカ軍OSS（戦略情報部）のMO（心理作戦部）からの要請で日本軍飛行士らに反戦工作。6月民主革命工作隊100人を結成。日本敗戦後の46年5月鹿地は帰国、17日門司駅で反戦同盟員170人と反戦同盟の解散大会を挙行。その後、新日本文学会に所属し、また民主主義擁護同盟等で活動。51年アメリカ軍諜報機関（キャノン中佐）に拉致され、解放後、「鹿地事件」（ソ連スパイ事件）として国会で大問題となる。かくして、米ソ冷戦時代の「黒い霧」として戦後史の1コマを刻む。一審では懲役2ヶ月、執行猶予1年の有罪判決を受けたが、69年東京高裁で無罪。この間、65年日本民主主義文学同盟の創設に参画。また、日中友好協会顧問等を歴任。（菊池一隆）

（参考文献） 鹿地亘『日本兵士の反戦運動』（同成社、1982年）、菊池一隆『日本人反戦兵士と日中戦争』（御茶の水書房、2003年）、井上桂子『鹿地亘的反戦思想与反戦活動』（吉林大学出版社、2008年）。

柏原文太郎 かしわばらぶんたろう （明治2(1869).1－1936.8）

東亜同文会の幹部、教育者。号は東畝。上総成田（千葉県）の酒造業者の嫡男。1893年

かたくらただし

東京専門学校(現早稲田大学)卒業、大日本仏教青年会で活動、翌年朝鮮農商工部に招聘され、96年帰国、母校の講師兼舎監となる。近衛篤麿・犬養毅に接近、支那研究会、ついで東亜会を結成、近衛の同文会と合流して98年近衛を会長とする東亜同文会を発足させ、幹事として経理を担当した。同年、変法に失敗して日本に亡命してきた康有為を自宅に住まわせ、その後も梁啓超・王照の住居や生活の世話を懇切にした。清朝側からの康・梁引渡し請求や暗殺の危険に対処し、また、康のアメリカ行きの件でも奔走した。以来、康・梁との交際は親密をきわめ、彼らの行動や心事は柏原への書簡によって判明する。1900年、孫文が恵州蜂起を画策した際、宮崎滔天(康亡命の際の援助者)をシンガポールに派遣したが、そのことがシンガポール滞在中の康を暗殺に行ったものと誤解された事件があった。これについての、康有為側の状況や弁明も同様である。05年にはベトナム独立党のファン・ボイ・チャウ等が亡命すると、やはり懇切に保護した。東亜同文会の中国本土における学校の経営にあたったり、日本における中国人留学生の学校や宿舎についても貢献が多大であった。一時、衆議院議員(国民党)をも務めた。　　　　　　　　(久保田文次)

(参考文献)　『続対支回顧録』下。

片倉　衷　かたくら　ただし　(1898.5.18-1991.7.23)
陸軍軍人。福島県出身。
　1917(大正6)年、士官候補生のときに初めて満州を訪問。19年陸軍士官学校(31期)を卒業し、旭川の歩兵27連隊付。24年陸軍大学校入学、石原莞爾の「ナポレオン戦史」等を聴講し、石田保政の「欧州戦史」では陣中メモをとるよう教えられ、これが満州事変の際、「関東軍機密作戦日誌」を書くきっかけとなる。歩兵27連隊中隊長を経て、30年8月関東軍司令部付として関東軍参謀部に勤務、板垣征四郎高級参謀の下で渉外関係を担当する。31年7月に完成した満州占領地行政の研究に参加し、同時に石原参謀から委嘱された「満蒙領有後における外蒙経略方策の研究」をまとめる。9月18日の柳条湖事件は事前に計画を知らされず、謀略には加わらなかった。10月参謀に昇格し総務課に勤務、「満州国」建国を推進する。32年8月久留米の第12師団参謀に転任、33年8月参謀本部部員第2部第5課で満州関係を担当。34年12月陸軍省軍務局軍事課満州班に転補、対満事務局事務官を兼任。36年2・26事件の際、磯部浅一に狙撃され重傷を負う。満州班長として「満州産業開発五カ年計画」の実質的な責任者を務め、マルクス経済学者の大内兵衛教授を経済最高顧問に起用しようと画策して失敗する。37年3月、満州指導を軌道に乗せるべく関東軍参謀として着任。同年11月第3課長に抜擢され(12月第4課に改編)、満州国の内面指導を担当、石原参謀副長は協和会を改組して、それに関東軍の内面指導権を渡そうと画策するが、片倉は時期尚早と反対、その結果石原は満州を去る。39年ノモンハン事件勃発の直前に関東軍は、「昭和17年を期し、対ソ戦を開始するを要す」との提案を幕僚会議に諮るも、片倉は満州国にとって得策でないと絶対反対を唱えた。これに反発した勢力の画策により片

倉は、8月歩兵第53連隊長として華中の江蘇省無錫に転出される。参謀本部付、陸軍歩兵学校研究部主事を経て、41年7月関東防衛軍参謀として再び満州に赴任、幕僚業務を統轄指導する。こののち、第15軍参謀、ビルマ方面軍参謀、第33軍参謀長、第202師団長等を歴任して終戦。　　　　　　　（小林元裕）

(参考文献)　片倉衷『戦陣随録』(経済往来社、1972年)、同『回想の満州国』(経済往来社、1978年)、『片倉衷氏談話速記録』上・下（木戸日記研究会・日本近代史料研究会、1982-83年)、秦郁彦『昭和史の軍人たち』(文藝春秋、1982年)。

片谷伝造 かたたにでんぞう　(1880.6 – 没年不詳)

順天時報記者、陸軍通訳（戦時）、蒙古王顧問。青森県出身。

1902年東京専門学校英語政治科卒、高田早苗学長の推挙により順天時報記者として北京に赴任。日露戦争開戦後、同郷の外務次官珍田捨巳の勧めによって遼東守備軍司令部陸軍通訳に就任、辻村楠造経理部長の命を受け、日露両軍の緩衝地帯であった蒙古三王府における資源の秘密調査に当たった。06年関東都督府蒙古調査部院長に就任、政治情勢や資源の調査を目的として蒙古各地を巡った。08年蒙古王の一人巴林王の顧問に就任、以後、政府の満蒙政策を現地状況を見極めつつ推進することに従事。寺内正毅陸相より東蒙開発資金援助を取り付け、陸軍・外務両省の補助により酒製造所・製粉工場建設等を行い、東蒙における日本の経済進出の足掛かりを作った。国民に対しては東蒙への農業移民を呼び掛けるなどした。15年対華21ヶ条要求における第2条、東蒙古における居住営業の自由の条項をめぐる対中交渉に際しては、加藤高明外相に中国を説得するための助言を行った。19年、巴林王との間で、農業・牧畜・工業・貿易を推進するための日蒙合弁企業、蒙古産業公司の設立規約を締結、資本金は満鉄・東拓の援助を受け、政府が補助金を支出した。

（大江洋代）

(参考文献)　広川佐保『蒙地奉上』(汲古書院、2005年)、薄益三「殖民政策上より見たる蒙古の地位」(『亜細亜時論』5-5、1921年、内田良平文書研究会『黒龍会関係資料集』8、柏書房、1992年に所収)。

片山 潜 かたやません　(安政6.12.3 (1859.12.26) – 1933.11.5)

社会主義者。美作（岡山県）出身。

1909年東洋経済新報社に入社、中国に関する研究を行う。「支那国民の必然勃興」を予定の事実とするその研究成果は、『東洋経済新報』の「支那観を一変した」と片山自身後年回想している。13年2月の孫文来日に際しては、『東洋経済新報』に「支那の革命と孫氏の覚悟」等を発表。14年渡米。在米中「Japan and China」(*The Class Struggle*, 3-2、1919) 等の論説を発表した。22年1月、モスクワで開催された極東民族大会で「ワシントン会議の総決算と極東の情勢」を報告、中国勤労大衆の反帝国主義への同盟を訴えた。この大会以後、モスクワに留まる。25年上海で内外綿紡績工場労働者のストライキを間近に目撃し、「支那旅行雑感」(『改造』25年6月号)を発表。27年2月ブリュッセルで開かれた国際反帝同

盟の組織者の一人となり、第1回大会に出席。同大会では、中国からの兵力引揚げ要求等が宣言された。同年27年テーゼ、5年後の32年テーゼ作成に参加。28年コミンテルン第6回大会では、中国革命についての宣言を行った。32年8月のアムステルダム国際反戦大会に参加、満州事変に対する反戦闘争を呼びかけた。

(望月雅士)

（**参考文献**）　片山潜生誕百年記念会編『片山潜著作集』全3巻（1959-60年）、上村希美雄「初期社会主義者の辛亥革命観―片山潜と堺利彦を中心に―」『海外事情研究』20-2、1993年）。

勝　海舟　かつかいしゅう　（文政6.1.30(1823.3.12)-1899.1.21）

政治家。本名義邦のち安芳。江戸出身。

慶応4（1868）年3月、西郷隆盛と交渉、江戸城無血開城に成功する。維新後は、外務・兵部大丞、海軍大輔、参議（海軍卿兼任）、元老院議官を歴任、94年6月枢密顧問官となる。旧幕府時代から、列強のアジア侵出に対抗するため、日本・中国・朝鮮による「三国合縦の策」（三国同盟）を主唱、神戸海軍操練所をその拠点に想定していたという。維新後もこの立場を堅持し、政変に敗れ亡命中の朴泳孝や康有為を支援している。ただし、明治維新に倣おうとする康有為に対しては、「支那には支那の長所がある、ソレを発達させなさい」と諫めている。三国同盟論の立場から日清戦争には終始反対で、第2次伊藤博文内閣の対外政策を厳しく批判した。北洋水師（艦隊）提督丁汝昌とは旧知の仲であり、黄海海戦の敗北後丁が自決すると、戦時中で

あるにもかかわらずその死を悼む談話を発表した。講和交渉のため下関を訪れた李鴻章に対しても、その人物を高く評価している。

(栗田尚弥)

（**参考文献**）　松浦玲『勝海舟』（中公新書、1968年）、同『勝海舟と幕末明治』（講談社、1973年）『氷川清話』（江藤淳・松浦玲共編、講談社学術文庫、2000年）。

香月清司　かづききよし　（1881.10.6-1950.1.29）

陸軍中将。佐賀県出身。

佐賀中学から陸軍幼年学校へ入校。1902（明治35）年陸軍士官学校卒業（14期）、12年（大正1）陸軍大学校卒業。フランス、スイス出張等を経て、陸軍大学校教官等に任命される。37（昭和12）年6月には、教育総監部本部長として、豊台の日本軍部隊へと派遣。対ソ戦に重点を置き、しかも対中戦を補助的な役割とする訓練を視察したが、間もなく盧溝橋事件が発生した。当時、支那駐屯軍司令官田代皖一郎が病気であったことから、代わって香月が司令官に任命された。新任の香月は、事変の不拡大を望んだが、それは困難と考えていたという。その後、第1軍司令官に任命され、華北の作戦に従事し、日中戦争が拡大していく過程で「先兵」となった。

(山本智之)

（**参考文献**）　『一億人の昭和史　日本の戦史3・日中戦争1』（毎日新聞社、1979年）、波多野澄雄・戸部良一編『日中戦争の軍事的展開』（慶応義塾大学出版会、2006年）。

桂　太郎　かつらたろう　（弘化4.11.28（1848.1.4）－1913.10.10）

陸軍軍人、政治家。長州萩（山口県）出身。
維新前に毛利家世子元徳の小姓役を務め、戊辰戦争に際して奥羽地方に出陣した。大村益次郎の勧めにより近代的軍隊を学ぶため明治3（1870）年1月より1873年12月に私費で、75年3月から78年7月までは公使館付武官としてドイツに留学した。留学の成果にドイツ参謀本部制度の日本への導入が挙げられるが、それは必ずしも統帥権の独立を追求したものではなく、桂は軍政家としてドイツで学んだ軍事行政学を手本に軍政にコントロールされる軍令機関を理想とした。桂は、壬午事変後の日清対立に際して参謀本部管西局長として、79年参謀将校を清国に派遣し諜報活動に当たらせ、自らも同年に中国視察を行い、対清戦争を想定しての作戦計画を立案している（80年）。85年陸軍少将となり陸軍省総務局長、86年3月陸軍次官として予算削減に大鉈をふるいながらも軍備充実と沿岸砲台建設を完成させていった。80年6月陸軍中将となり第3師団長として日清戦争に従軍、朝鮮半島から満州に進撃し海城を陥落させた。96年6月第2代台湾総督となり、軍事的統治路線から訣別をめざし、また対岸との経済・貿易を重視する植民地経営的色彩の濃い意見書を書くも、わずか3ヶ月で東京防禦総督となる。98年1月から1900年12月まで第3次伊藤内閣・第1次大隈内閣・第2次山県内閣・第4次伊藤内閣の陸軍大臣を務めた。98年9月陸軍大将。その間に義和団事件に際して、第5師団の派兵を決定した。1901年6月～06年1月第1次内閣を組織し、小村寿太郎を外相とし、日英同盟を締結、日露戦争に至る政治外交を担った。ポーツマス講和反対騒擾（日比谷焼打事件）の責任を取り辞職、西園寺公望に譲るも、再び08年7月～11年8月に第2次内閣を組織（蔵相を兼務）した。外交問題としては、日露戦後の懸案であった満州5案件に関する条約を締結（09年）、韓国併合（10年）、条約改正の実現（11年）等を行った。辞職直後に起こった辛亥革命後の中国政策の立て直しをめざして、12年7月から欧行するも、明治天皇の死亡により急遽帰国し8月内大臣兼侍従長に任ぜられる。12年12月、陸軍2個師団問題により第2次西園寺内閣が倒れると第3次内閣を組織した。しかしこれを陸軍の横暴と見なす世論の盛り上がり（第1次憲政擁護運動）により13年2月10日にわずか50日余りで総辞職した。桂は、この混乱に当たって新政党（のちに立憲同志会と名付けられる）を組織した。桂はこの政党を基盤に国民総力の結集により、軍備整理と外交政策の転換（親英路線の重視）、遼東半島租借地の租借期限と満鉄経営権の延長を中心とする満州問題の解決を行おうとしていた。1913年には来日した孫文と会見した。藩閥・官僚として軍事的侵略性と専制的イメージの強かった桂像は、最近では改められつつある。例えば桂の対外論は、軍事的観点を超え経済的観点を重視するコスト意識に裏付けられた領土拡張論であり、満蒙経営に当たっても経営論的観点を重視したというような見直しがなされている。11年4月公爵の位を授けられた。文書は国立国会図書館憲政資料室に所蔵されている。

(櫻井良樹)

(参考文献) 徳富蘇峰編『公爵桂太郎伝』(故桂公爵記念事業会、1917年)、小林道彦『桂太郎』(ミネルヴァ書房、2006年)、宇野俊一『桂太郎』(吉川弘文館、2006年)、宇野俊一校注『桂太郎自伝』(平凡社、1993年)、千葉功編『桂太郎関係文書』(東京大学出版会、2010年)。

加藤伋夫 かとういさお (1878.6.6－1911.12.23)

陸軍軍人(歩兵大尉)。中国革命運動の協力者。群馬県館林出身。

陸軍士官学校卒業後の1903 (明治36) 年11月に天津派遣隊付となり、05年3月、日露戦争時に花田仲之助が組織した満州義軍の副官となってロシア軍と交戦。翌06年11月、陸軍大学に入学。ちょうど中国からの留学生たちを中心に革命運動が高揚していた時期であり、革命派と交流する中で彼らに共感して革命運動の支援を志すようになった。特に士官学校の留学生たちとは緊密な関係を保ち、李烈鈞の兄貴分となった。08年11月の光緒帝・西太后の死後、外務省を訪れて所信を披瀝したことから陸軍大学を退学させられた。翌09年依願免官となって大陸に渡り、李烈鈞が雲南陸軍小学堂総弁となるとそのもとに体育学社を設立して総弁(校長)となった。11年10月、武昌で新軍が蜂起すると昆明でも蜂起が起こり、これに参加したが、同志の恨みを買って殺害された。館林市の覚応寺に中国人林虎の撰の墓碑がある。　　　　　(小林共明)

(参考文献)『東亜先覚志士記伝』下。

加藤完治 かとうかんじ (1884.1.22－1967.3.30)

農本主義者、農民教育及び満蒙開拓移民の指導者。東京出身。

府立一中から第四高等学校(金沢)へ進み、在学中にキリスト教の洗礼を受ける。3年間の浪人生活を経て東大農学部へ入学。終生の友となる那須皓と出会い、農民教育に関心を持つ。1911年卒業。帝国農会嘱託、内務省勤務。職業上の疑問と人生的な煩悶から信仰を見失い、赤城山で2度死にかかる経験を通じて「生きる」ことを真に理解し、生きるために必要な衣食住と農業に目覚めて役人生活を辞し帰農する。13年農本主義者山崎延吉が校長を務める愛知県立安城農林学校に招かれ教諭となる。14年、東京帝国大学教授(憲法学)筧克彦の講演を聞き古神道に傾倒し、日本精神に目覚める。15年山形県立自治講習所初代所長となり、農村中堅層の養成に従事するが、卒業を間近にひかえた生徒から日本農民として生きていく決心がついても働くべき土地を持たないと言われ、また22年から欧米を視察して一農家の耕地の広さに驚いて、加藤は「どうしても海の外に同志を送る必要を痛感」、植民問題に目を向けるようになった。帰国後の25年農商次官の石黒忠篤・那須皓・山崎延吉らと共に日本国民高等学校協会理事となり、27年日本国民高等学校を茨城県西茨城郡宍戸町に創立し初代校長となる。古神道理論を取り入れた独自の農本主義理論による教育、すなわち農事・武術に加え、禊と神社参拝を重んじる教育を実践し、その一方で植民できる土地を求めて朝鮮・満州・蒙古を視察した。まず朝鮮に可能性を見出し、群山・

平康・新興里等で自由移民を実行した。1932年に満州国が出現すると「内地に於て土地に飢ゑた農民」が「開拓を待つ満蒙の広い天地に行くのは当然すぎる程当然である」と、移民の入植先を満州国にしぼる。同年7月13日奉天で石原莞爾関東軍参謀から関東軍司令部付東宮鉄男の具申書を見せられ、屯墾軍の編制に賛同、移民の主体を朝鮮人とする点が加藤の考えと異っていた。翌14日、加藤は石原が呼び出した東宮と大星ホテルで10時間も語り合い、移民の主体を日本人の在郷軍人とすることで合意した。加藤は日本に戻り在郷軍人500人の募集を、東宮は入植地の選定や受け入れの準備をそれぞれ進めた。加藤は拓務省の予算づくりを手伝い、8月に第1回の試験移民費20万7805円を臨時議会で成立させた。移民候補463名を日本国民高等学校等で教育し、10月佳木斯(チャムス)に送り出した。第1次武装移民となった屯墾軍第1大隊は、33年2月に佳木斯南方の永豊鎮に移り、開拓に取りかかった。土着農民からの襲撃や劣悪な生活環境に移民団は7月に幹部更迭を要求、加藤は東宮と共に慰撫に当たるが約3分の1が退団した。同時期、第2大隊が永豊鎮近くの七虎力に入植したが、こちらも数十名の退団者を出した。これらの経験から、在郷軍人でない欲の少ない青少年を移民として送り出す必要性を感じ、37年11月那須・石黒らと連名で「満蒙開拓青少年義勇軍編成に関する建白書」を政府に提出した。38年、日本国民高等学校を茨城県内原へ移転して隣接地に満蒙開拓青少年義勇軍訓練所(内原訓練所)を設立し、所長となる。青少年に対し皇国精神・農業・武道を訓練し、日本敗戦までの7年間に8万6530名の青少年義勇軍を送り出した。このうち3万人前後が死亡したと考えられる。加藤は天皇の「玉音放送」を聞き、教え子たちの悲惨な運命を思って自殺を考えたが、結局、戦後も農村建設に力を注ぎ、公職追放解除後の53年日本国民高等学校を改称した日本高等国民学校校長に復帰した。

(小林元裕)

(参考文献) 筑波常治「加藤完治と満蒙開拓」(『中央公論』1965年6月号)、松本健一「日本農本主義と大陸―加藤完治をめぐって―」(『思想』624、1976年)、中村政則「資料紹介 加藤完治・満州移民の戦後史」(『歴史と民俗』21、2005年)、『加藤完治全集』全5巻(加藤完治全集刊行委員会、1967-82年)。

加藤　繁 かとう しげし (1880.9.3 - 1946.3.7)

中国経済史の開拓者。島根県出身。

三宅雪嶺著『真善美日本』(政教社、1891年)に啓発を受けて中国史研究を志し、東京帝国大学文科大学漢学科ついで支那史学科を1906年に卒業。漢学・英語に習熟し、内田銀蔵(京都帝国大学国史教授)の指導で西欧の近代歴史学・経済学の方法・枠組みに沿って、まだ未開拓であった中国経済史に終生取り組んだ。既成の理論の適用・テストではなく、漢籍史料を博捜しつつ実証的に事実関係のベースを築く学風であり、自らそれを〈支那経済史考証〉と称した。病弱のため訪中による交流はなかったが、07-15年、京都帝国大学法学部教授の織田萬が主宰する臨時台湾旧慣調査会に務め、狩野直喜を補佐して『清国行政法』編纂に当たり、土地制度・貨幣・産業

の章を執筆、社会経済の制度・慣行双方の実態を深く掌握した。17－25年に慶応大学、25－41年に東京帝国大学で教える間、『史学雑誌』『東洋学報』さらに英字誌「東洋文庫メモアールズ」によって唐宋から明清に及ぶ経済史考証の成果を発表し、一躍して国際的に著名となり国内でも後継者が続出した。陶希聖、鞠清遠、楊聯陞、全漢昇、E.バラーシュ（仏）、D.トゥイチェット（英）、E.ライシャワー（米）は加藤の堅実な学風と業績を極めて高く評価した。　　　　　　　　（斯波義信）

（**参考文献**）　和田清編『支那経済史考証』上下（財団法人東洋文庫、1952・53年）、榎一雄「加藤繁博士年譜」（『支那経済史考証』下）。

加藤次郎　かとうじろう　（嘉永2（1849）－1877.10.14）

教育改革家。岡山出身。

60俵5人扶持の岡山藩士山口寿男の次男に生まれ、150石取の岡山藩士加藤治左衛門の養子となる。明治1（1868）年戊辰戦争に際し東北地方へ出征、勇猛果敢に奮戦、負傷して武名を挙げる。同年新時代の知識を吸収すべく遊学生として東京へ、明治3年には神戸と薩摩へ英学を学ぶため派遣される。

神戸において西薇山と邂逅、意気投合して清国調査のため共に渡清、英語学習の必要を痛感する。帰藩してさらに欧米へ視察に赴こうとして果たせず、明治4年学校督事西毅一の補助として岡山藩学校の教則と学科を改正し、英・仏2ヶ国語を教える洋学校として岡山県普通学校を設立した。また郡校・村校・女子学校の建築を計画して3年間の欧米留学に旅立ち、帰国すると台湾事件に遭遇、西らと上京して義勇軍の出動を政府に陳情した。有事に備え自ら台湾・ルソンを歴訪、事件が平定すると同志と図り今度は学生を遣って極東の情勢・地理・人情を調査させた。西南戦争で罹病し野戦病院で没す。　（村上節子）

（**参考文献**）『薇山遺稿』（西虎夫、1914年）『岡山県教育史　中巻』（岡山県教育界、1942年）。

加藤高明　かとうたかあき　（安政7.1.3（1860.1.25）－1926.1.28）

外交官、政治家。尾張藩（愛知県）出身。

幼少時に加藤家の養子となり、東京帝国大学法科大学を経て三菱に入社。三菱の創始者・岩崎弥太郎の長女を妻としたが、陸奥宗光の誘いで、1887（明治20）年1月、外務省入りした。大隈重信外相秘書官として条約改正交渉に従事。陸奥宗光外相のもとで外務省政務局長となり、林董次官、原敬通商局長とともに陸奥派「三羽がらす」と呼ばれ、日清戦争時の外交に当たった。日清戦後、駐英公使に登用され、イギリスとの提携による対露抑止論を唱えた。第4次伊藤内閣で外務大臣に就任し、義和団事変後、満州に留まるロシアに対する不信感・警戒感を強めた。

第4次伊藤内閣後に、政界へ転じ、東京日日新聞（現在の毎日新聞）社長となる。西園寺公望内閣（1906年1月）及び第3次桂太郎内閣（13（大正2）年1月）で改めて外務大臣に就任。前者で「門戸開放」を唱える加藤は、日露戦後の「満州経営」方針をめぐって陸軍と対立、後者の第3次桂内閣でも、軍部・元老の外交への介入排除による外務省中

心の「霞ヶ関外交」を展開した。

1908（明治41）年12月、2度目の駐英大使となった加藤は、第3次日英同盟を締結し（11年7月）、日英同盟を日本外交の基本政策とさせた。大隈重信内閣の外相となった加藤は、日英同盟を理由に対独参戦外交を展開し、元老山県有朋等と激しく対立した。参戦後、ドイツ勢力を極東から駆逐し、欧米列強の眼が中国から離れる間隙をついて中華民国政府に山東省ドイツ権益の継承、南満州鉄道及び関東州租借地等の租借期限を延長して日本権益の強化を図るなど、日中間の諸懸案を日本側有利に一挙解決しようとした。これが、15（大正4）年1月28日に、中華民国に提出された対華21ヶ条要求である。本要求で加藤は、国内の各種要求を制御できず、多くの新規権益が盛り込まれた。特に、第5号希望条項では、政治・経済・軍事顧問の中華民国政府傭聘、満州における警察の日華合同制、日本の対華兵器供給上の特典、福建省における日本の経済的特権等が含まれていた。2月2日から開始された交渉で、中華民国側は、山東省ドイツ権益の自国回収を主張し、強硬に反対した。交渉は、5月に入り完全に停滞し、大隈内閣は、第5号を削除した最後通牒を5月7日、中華民国政府に提出した。5月9日、中華民国政府は、日本の最後通牒を受諾し、条約と交換公文が5月25日に調印され、6月8日に批准が交換された。締結された内容は、当初の日本側要求から後退したものであったが、その後も中華民国側の反発は続き、パリ講和会議、ワシントン会議等を経て要求内容は半減し、列国の対日不信も醸成されたのであった。同時に、加藤は、元老の不信により、長い野党生活を余儀なくされた。24（大正13）年6月の護憲三派内閣の首班としては、幣原喜重郎を外相に登用し、日中関係の改善をめざしている。　　　　　（小池聖一）

（参考文献）　加藤伯伝記編纂会編『加藤高明』上・下（1929年）。奈良岡聰智「加藤高明」（『人物で読む近代日本外交史』吉川弘文館、2009年）。

加藤友三郎 かとうともさぶろう （文久1.2.22(1861.4.1)－1923.8.24)

海軍軍人。広島生まれ。

1880（明治13）年12月海軍兵学校本科卒、89年7月海軍大学校卒、91年より約2年間イギリスに派遣、94年日清戦争に出征、12月軍務局1課に勤務、98年12月より筑紫艦長として居留民保護のため半年近く清国沿岸を警備出張した。99年6月軍事課長心得（9月課長）となり、日露戦時中に少将に進級し第1艦隊・連合艦隊参謀長を務めた。戦後は軍務局長、海軍次官、1908年8月海軍中将、09年12月呉鎮守府司令長官等を歴任し、14（大正3）年には第1艦隊司令長官として青島攻略軍の輸送掩護に当たった。15年8月より海軍大将・海軍大臣となり、21年9月よりワシントン会議海軍側全権としてワシントン海軍軍縮条約に調印した。帰国後の22年6月より首相兼海軍大臣となり、在職中に陸軍約5個師団分に相当する軍縮（山梨軍縮）や北樺太を除くシベリアよりの最終的な撤兵、支那駐屯軍の減兵、中支那派遣隊の撤退等がなされた。在職中に病没し、子爵・元帥を追贈された。

かとうまさよし

(櫻井良樹)

(参考文献) 加藤元帥伝記編纂委員会編『元帥加藤友三郎伝』(宮田光雄、1928年)。

加藤正義 かとうまさよし （嘉永7.2.23(1854.3.21)－1923.12.24)

実業家。伯耆（鳥取県）出身。

県吏、裁判所判事補等を経て、1885（明治18）年、共同運輸へ出向し、三菱会社との熾烈な競争を潜り抜け、両社の合併で誕生した日本郵船会社の理事となる。進取の気性に富んだ性格で日清戦争後は同社副社長として、社長の近藤廉平を助け、欧州・北米・豪州航路の開設に尽力した。1901年、朝鮮・清国を視察したのち、華南貿易と海上輸送ルートの安全確保と欧米海運から自立の重要性を認識し、白岩龍平・尾崎敬義らと図り、湖南汽船を設立して社長となる。12年中国興業及び中日実業株式会社設立委員、同社監査役を務め、渋沢栄一・大倉喜八郎等財界人と頻繁に会い、日中経済関係の拡大を図った。（木村昌人）

(参考文献) 実業之世界社編『財界物故傑物伝』上（1936年)、『日本郵船株式会社五十年史』(日本郵船株式会社、1935年)。

金井章次 かないしょうじ （1886.12.1 － 1967.12.3）

満州青年連盟運動及び蒙古連合自治政府顧問として活動。長野県上田市出身。

1912年東京帝国大学医科大学卒業。同副手、内務省伝染研究所、北里研究所病理部副部長を歴任。20年には英国に留学。22年には国際連盟事務局保健部員としてジュネーブに赴任。23年慶応大学医学部教授を経て24年満鉄入社、衛生課長兼衛生研究所長となる。28年満州青年連盟が組織された際、同理事長に就任、山口重次・小沢開作らと行動を共にする。満州事変が勃発すると関東軍の満州統治に協力、遼寧治安維持会最高顧問などを歴任、37年に休職。同年蒙古連合自治政府の設立に関与し、39年に最高顧問に就任。42年に同顧問を辞して帰国した。　　　　　　　（小林英夫）

(参考文献) 金井章次『満蒙行政瑣談』(創元社、1943年)。

金関丈夫 かなぜきたけお （1897.2.18－1983.2.27）

人類学者、解剖学者。香川県出身。

京都帝国大医学部で清野謙次に師事し人類学研究に着手する。京都帝国大助教授、台北帝国大教授を経て1950（昭和25）年九州大医学部教授に就任。定年後は鳥取大教授、帝塚山学院大教授を歴任。清野から受け継いだ遺跡出土の人骨研究を軸に、考古・民族・民俗・言語・歴史に関する該博な知識を総合した金関の理論は、日本人を在来・渡来2系統の混血民族とする学説であり、今日の日本人起源論の基本的な枠組となって受け継がれている。達意の文章家であり、台湾・九州での勤務経験から南方をテーマとした考古学・民族学の著作も多く、林熊生の名で小説も書いている。考古学者の金関恕（天理大名誉教授）は子息。　　　　　　　（林　直樹）

(参考文献) 清野謙次・金関丈夫『人類起源論』(岡書院、1928年)、金関丈夫・国分直一『台湾考古誌』(法政大学出版局、1979年)、金関丈夫『木馬と石牛』(大雅書店、1955年)、同『琉球民俗誌』(法政大学出版局、1978年)。

金谷範三 かなやはんぞう （1873.4.24－1933.6.6）

陸軍大将、参謀総長。大分県出身。

医師である金谷立基の2男として生まれる。涵養学舎、成城学校を経て1894（明治27）年7月陸軍士官学校（5期）を卒業。日清戦争では歩兵第3連隊付として出征した。1901年11月陸軍大学校（15期）を優等で卒業。歩兵第3連隊中隊長、参謀本部出仕、陸大教官を歴任し、日露戦争では第2軍参謀として出征、沙河会戦において作戦手腕を発揮し注目される。

金谷が中国と深く関わったのは、支那駐屯軍司令官の際と満州事変時における参謀総長としてであった。彼は18（大正7）年6月から19年7月まで支那駐屯軍司令官を務めたが、この時期の同軍は中国側の動乱にあわせて部隊を拡大させている時期であり、彼の在任時も各種の騒乱等に遭遇した。

その後、28（昭和3）年8月陸軍大将に進み、軍事参議官を歴任したのちに参謀総長として31年の柳条湖事件の対応に当たることになる。彼は事件の拡大に対しては政府と同じ不拡大方針をとり、同郷の南次郎陸相とも連携して関東軍や朝鮮軍に対して不拡大の訓示を出すなど事態の沈静化に努めようとしたが、他方で中国側の積極的な権益回収攻勢に対しては危機感を持っており、事件を契機に「満蒙問題」の根本的解決を図ろうという意欲も持っていた。そのため、実際には関東軍の積極的な作戦の実施や朝鮮軍の越境等事態が次々と拡大していく中で、参謀総長として現地との交渉に苦慮することとなり、リーダーシップを発揮することはなかった。31年12月軍事参議官に転任し、33年6月に亡くなった。

（季武嘉也）

（参考文献） 福川秀樹編著『日本陸軍将官辞典』（芙蓉書房出版、2001年）、防衛庁防衛研修所戦史室編『戦史叢書　大本営陸軍部1』（朝雲新聞社、1967年）。

可児長一 かにちょういち （明治4（1871）－没年不詳）

大陸浪人。熊本県出身。

犬養毅の中国問題に関するブレーン。政治家として実際行動を取れない犬養の意向を汲んで活動を行った。慶応義塾卒業。社会主義に関心をもち、1896（明治29）年頃、樽井藤吉・小林樟雄らと「社会問題研究会」で活動。同年10月には宮崎彌蔵の三ヶ月忌の法要を祭主として東京で執行した。東京の犬養家に寄宿中、97年、当初は嫌がっていた宮崎滔天を犬養に紹介。犬養と宮崎の関係が生まれるきっかけを開いた。翌年、外務省の依頼を受けるかたちで、平山周と共に日清戦争後の中国社会調査、特に中国秘密結社の実情調査を目的として渡航した。犬養の援助等によって孫文が東京に滞在するに当たっては、同宿して万一に備えるなどした。1901年正月、犬養邸で内田良平が宮崎に対して孫文援助の進め方をめぐって乱暴をはたらいた時には、内田に与して同席した。政党政治家が、国内政治等との関わりで、必要ではあるが、直接公然と踏み込むことのできない外国の反体制派、すなわち清朝に対する革命派の実態調査や支援といった非公然活動を、政治家との個人的関係を基礎として担当した。晩年は犬養から離

れ、政治からは身を引いた。　　（松本武彦）

（参考文献）　宮崎滔天『三十三年の夢』（国光書房、1902年、復刻版、平凡社、1967年）、上村希美雄『宮崎兄弟伝』アジア篇上・中（葦書房、1987・96年）。

金子克己 かねこかつみ （1882－1946）

玄洋社員。満州義軍、辛亥革命とその後の革命運動に参加した大陸浪人。福住克己から金子克己に改名。長崎県出身。

早稲田法律専門学校を卒業。孫文の盟友となった萱野長知や宮崎滔天と親交を結び、大陸浪人となって満州義軍に参加する。満州義軍は日露戦争当時、中国東北部での特別任務に当たった。玄洋社の安永東之助らを中心に、軍事探偵や中国側活動家との連携を軸に義勇軍が準備され、参謀本部の福島安正の同意を得て満州義軍となった。金子は萱野ら多くの大陸浪人と共に参加している。指揮は陸軍少佐花田仲之助。金子は日露戦争後、中国の革命運動に関わり続ける。宮崎滔天や池亨吉の『革命評論』に参加し、ロシアの亡命革命家ニコライ・ラッセルとも交流を深めて、1907年、長崎で孫文とラッセルを引き合わせたりした。この間、中国革命派への武器供与が発覚した幸亥丸事件にも関与した。辛亥革命前後の蜂起にも萱野長知と共に参加している。黄興率いる革命軍と共に武昌・上海・天津と転戦している。12年1月中華民国が誕生し、袁世凱が臨時大総統に就任すると、第2革命が始まる。金子はこれにも参加し、満州で捕えられたりしているが、その後、第3革命にも参戦している。なお、金子は『東亜先覚志士記伝』（黒龍会編、1936年）、の編纂に携わっている。　　　　　　　（久保田善丈）

（参考文献）　金子克己『支那革命と其の前後』（藤川知佳子、1996年）、［金子克巳旧蔵『中華革命軍陣中日誌』、萱野長知『中華民国革命秘笈』（復刻アイシーメディックス、2004年）『花大人を囲む満州義勇軍勇士座談会』（文藝春秋『話』北支事変特輯昭和12年9月号）、池亮吉著『支那革命実見記』を収録］、山名正二『満州義軍』（復刻大空社、1997年）。

金子新太郎 かねこしんたろう （元治2.4.4（1865.4.28）－1911.11.26）

陸軍軍人。刈羽郡野田村（新潟県）生まれ。

1893年上海に根津一を訪ね中国研究の志を述べると、日本人の少ない蕪湖へ行き直接中国人と接触して自然に中国語を習得する方が近道だと勧められた。煎餅焼きをしながら蕪湖から揚州を経て大運河沿いに北上し山東省に入り、北京に着いた。日清戦争に陸軍少尉として威海衛攻撃に参加、占領地総督府民政部付として民政に当たる。福島安正少将の推薦により1903年貴州省武備学堂教習として招かれた。3年の任期ののち、日露戦争に従軍、陸軍大尉。07年野田村の村長に就任、4年の任期を終え退職した年に辛亥革命起こる。宇都宮太郎少将（参謀本部第2部長）の指示により武昌に行き、11月18日黎元洪の参謀長の大原武慶少佐の斡旋により第1歩兵顧問官として革命軍に参加、26日漢陽花園の戦いで戦死する。宇都宮は妻の金子長に香典等を渡した。　　　　　　　　　　（片倉芳和）

（参考文献）　柞淵武二「中国の辛亥革命を援

助した金子新太郎」(『柏崎刈羽』創刊号、1974年)、宇都宮太郎関係資料研究会編『日本陸軍とアジア政策　陸軍大将宇都宮太郎日記Ⅰ』(岩波書店、2007年)。

金子雪斎 かねこせっさい　(元治1.8.11(1864.9.11)－1923.8.28)

言論家。本名は平吉。福井出身。

藩校明道館を卒業後、福井医学校に入学し、英語・独語を学んだ他、中国語も習得した。陸軍士官学校を志望するも健康上の理由から叶わず、東京鎮台に入営、除隊後は私塾を開いて英語・中国語を教えた。のちに新聞記者となり、日清・日露戦争には陸軍通訳として従軍した。戦後は満州利源調査員として各地を視察、1906(明治39)年に遼東新報に入社し、同紙の漢文主筆となった。08年、大連在住華商が資金を募り泰東日報社を設立、漢語新聞『泰東日報』を創刊すると、金子が社長に抜擢された。なお、その経営は決して順調ではなかったものの、関東都督府より補助が出されていた。その後、金子は大連日本人社会に名望家としての地位を得、大連の市制実施後は市会議員に就任している。また、青年教育にも熱心で、振東学社、大陸青年会等を組織して指導に携わり、満蒙問題の啓発に尽力している。高潔な人物として知られ、生涯独身を貫いた。　　　　　　　(北野　剛)

金子光晴 かねこみつはる　(1895.12.25－1975.6.30)

詩人。愛知県出身。

早稲田大学・慶応大学・東京美術学校いずれも中退。詩人として立つ。1927年、国木田虎雄と上海に赴き約3ヶ月滞在した。懸賞小説に応募し「芳蘭」を書く。上海の労働問題を扱い、女工とも娼婦ともつかない女のことを描いた。28年、約5年にわたる東南アジア・ヨーロッパ旅行に出発。12月船で上海に渡り、北四川路余慶坊123番地の石丸方に約4ヶ月滞在した。在留日本人名簿作成の仕事で、揚子江をさかのぼり漢口に至る。魯迅や郁達夫らと交流があった。上海風俗画の個展を開く。5月「黄浦江の唄」を『詩神』に発表。2月「大揚子江」を『詩集』に、11月「上海―郁達夫へ」を『若草』に発表。29年5月香港に至り約1ヶ月滞在。個展を開いたりして金策。のち東南アジアからヨーロッパに向かう。37年10月下旬商業視察の名目で輸送船に乗り天津に渡り、北京・山海関・張家口に至る。10月、「おもひでになった上海歓楽境」を『中央公論』に、「南洋華僑の排日」を『文芸春秋』に書く。38年正月八達嶺の万里の長城にのぼる。中国関係の詩・文は多く枚挙にいとまない。　　　(阿部　猛)

(参考文献)　『金子光晴全集』(中央公論社、1977年)。

鐘崎三郎 かねざきさぶろう　(明治2.1.2(1869.2.12)－1895.10.31)

軍事探偵。福岡県出身。

10歳で父、15歳で母を亡くす。この間、日蓮宗の寺で修行。僧名を正学と称する。上京、陸軍幼年学校に入学したが、兄の死去等で退学。長崎で御幡雅文に中国語を習う。御幡の媒酌で長崎の雑貨商に養子として入婿。1890(明治23)年、再び上京、荒尾精に面会。日

かのうじごろう

清貿易研究所入学を請うが許されず。婚家を飛び出し『鎮西日報』社員。翌年荒尾に再度面会。3月から日清貿易研究所に起居。半年後、安徽省蕪湖の日本商順安号に勤務。李鐘三を名乗る。1年余で上海に戻り御幡の書生。94年、日清間の情勢が険悪化し、海軍の天津駐在武官のもとで海岸線の偵察、清軍の動静を探る。鐘左武を名乗る。開戦後、天津・北京・山東等で活動。上海経由広島に帰着後、翌年10月、第2軍に従って諜報活動中逮捕され、遼東半島金州の郊外で処刑。九州、長崎の風土のもとで親しみ、実際の大陸での商業活動で身につけた語学能力を、戦争という不幸な条件のもとでしか発揮できなかった。東京芝高輪の泉岳寺に、同様の活動中に殉職した2名と共に碑が建てられた。（松本武彦）

(参考文献)『対支回顧録』下、『東亜先覚志士記伝』下。

嘉納治五郎 かのうじごろう （万延1.10.28（1860.12.10）－1938.5.4）

教育家・柔道家。摂津国御影町（兵庫県）出身。

1881年東京大学文学部政治学科及び理財学部を卒業、翌年哲学科選科を卒え、以後学習院講師・同教授及び教頭となり、第五高等中学及び第一高等中学の校長を経て、文部省普通学務局長、東京高等師範学校校長等を歴任した。96年中国人留学生の初来日に当たり、外相兼文相の西園寺公望の依頼によりその教育を引き受ける。当初神田三崎町の民家を借り、高等師範学校教授本田増次郎ら教師数名を招いて日語・日文及び普通学の教授を実施したが、その後張之洞等から続いて留学生教育を委託されたため、受入れ態勢を整備、99年亦楽書院と命名した。教育主任には本田に代わり高等師範学校教授で日本語文法の研究で知られる三矢重松が就任した。

中国人の日本留学が本格化するのは20世紀初頭のことで、1904－05年の日露戦争前後の数年間はその最盛期に当たる。当時年間1万人近い中国人留学生（実数は8000人程度）が日本に学んでおり、彼らを収容する学校として弘（宏）文学院・経緯学堂・法政大学法政速成科・早稲田大学清国留学生部・東斌学堂・振武学校・成城学校・東京同文書院・実践女学校等があったが、嘉納の経営する弘文学院はそれらの代表的存在で、「留学生教育の大本山」と呼ばれた。入学希望者が殺到して亦楽書院の校舎が手狭になったため、1902年神田三崎町から牛込西五軒町に移転、その際制度内容を充実するとともに校名も改めたものである。後に「弘文」が乾隆帝の諱「弘暦」に通じるとして忌避する留学生があるため、校名を「宏文」とした。この学校は規模的にも当時最大で、最盛期には本院の他、大塚・麹町・真島・猿楽町・巣鴨の5ヶ所に分校を増設、在校生も1600名を超え、これを36クラスに編成していた。教授陣には嘉納校長のもと、高等師範学校及び同付属中学や東京帝国大学・東洋大学等の現職教授や教諭が多数招かれ、すぐれた人材が少なくなかった。三矢重松や松下大三郎・松本亀次郎・波多野貞之助・棚橋源太郎・江口辰太郎等はそれである。同校の記録によれば、09年の閉校に至る8年間に入学者7192人、うち卒業生は3810

人に達したとある。これら卒業生の中には魯迅や范源廉・陳独秀・黄興ら、帰国後中国社会文化の近代化に貢献した人物が数多く見られる。

「弘文学院章程」によれば、学校設立の趣旨として「清国学生のために日語及び普通教育を教授して、人材養成にあたる」ことを掲げたが、「清国現在の情勢に鑑み」別に速成課程を設け、警察官及び師範人材の養成に当たるとし、普通科と速成科を併行して運営する方針であった。学校開設直後の02年7月から10月にかけて嘉納は清国各地を視察、慶親王や栄慶・張之洞・張百熙ら中国要路の人物と会談した際、その方針を伝えている。修業年限は、普通科(本科)3年、速成科1年程度とし、普通科卒業者には文部省直轄学校への無試験入学の特典が与えられていた。しかし実際上留学生の多くが在籍を希望したのは速成科で、そのため速成師範科や速成警務科には1ヶ年のほか、8ヶ月や6ヶ月の各種課程が多数開設され、クラス編成は言語の関係から出身省別に行われた。これら各種の速成課程は、内外からの批判の高まりにより06年廃止され、以後学院は修業年限3年の普通科・師範科として改組充実されるが、本学院開設当初の5年間で見ると、卒業生中94％近くが速成科卒業生(うち8割は速成師範科)であった。嘉納によれば、学院の役割は中国側の委嘱を承けて教育事業を代行するところにあり、儒教主義と穏健な漸進主義を教育の基本とすべきだとしていた。この教育方針をめぐっては02年10月嘉納が行った講演に対して楊度が反論を提起、これを機に嘉納との間

で論議が行われ、『新民叢報』に「支那教育問題」として連載、留学生の間で大きな話題となった。学院が閉鎖されるのは09年7月のことである。　　　　　　　　(阿部　洋)

(**参考文献**)　横山健堂『嘉納先生伝』(講道館、1941年)、蔭山雅博「宏文学院における中国人留学生教育―清末期留日教育の一端―」(『教育史学会紀要』第23巻、1980年)。

狩野直喜 かのなおき　(慶応4.1.18(1868.2.11)－1947.12.13)

中国哲学・文学者。字は子温、号は君山、半農人。熊本出身。

佐々友房が開いた済々黌に学び、上京して共立学校、第一高等中学校を経て、1895年に東京帝国大学文科大学漢学科を卒業した。大学では篁村島田重礼に師事し、清朝考証学を継承発展させた。1900年、北京に留学して義和団の変に遭い、同じく留学中の服部宇之吉と共に公使館での籠城戦を経験した。次いで上海に留学し、朝日新聞記者の湖南内藤虎次郎と交遊し、英国王立アジア協会支部に通うなど西洋の中国研究を批判的に摂取した。帰国して京都帝国大学文科大学の設立準備のために京都に移り、台湾旧慣調査に加わって『清国行政法』の編纂刊行に力を注いだ。06年に文科大学(のちの文学部)が創立されると、開設された哲学科で「支那哲学史」の講座を、2年後に文学科が開設されると「支那語学・文学」講座をも担当し、旧来の漢学を離れて西洋の学問を取り込んだ新しい中国学(Sinology)の基礎を確立した。その学の根柢はあくまで中国の古典文献に対する精確にし

て内在的な理解と深遠にして体系的な学識に基づいたものだったが、新発見の敦煌文書の重要性をいち早く看破してその研究に取り組み、辛亥革命後に亡命してきた羅振玉・王国維と交流して戯曲小説においても研究の口火を切った。その業績は学術・思想・哲学・文学の諸分野をおおうもので、のちに「京都中国学の祖」と呼ばれるに至る（東洋史学の内藤虎次郎の着任は07年、桑原隲蔵は09年）。

日中関係においては、義和団賠償金による「対支文化事業」での役割が重要である。23年に「対支文化事業調査会」が作られると、狩野は東大教授の服部宇之吉と共に委員となった。25年に柯劭忞を委員長として「東方文化事業総委員会」が発足するに際し、彼はこの事業が排日感情除去等といった当面の直接的利益を追求するのではなく、あくまで文化研究のためのものでなければならないと主張した。北京に設けられた人文科学研究所が「続四庫全書の編纂」等の事業を始めたのは、その主張に沿うものだった。しかしこの事業は、28年の済南事変で中国側委員10名が全員辞任したことにより頓挫する。翌年、東方文化学院の研究所が東京と京都に作られたのはこの事態に対する対応策だったが、学院理事兼京都研究所所長となった狩野は、なおも研究所の任務を東方文化の学術的研究に置いて変わらなかった。38年、戦局の悪化に迫られて政府が戦争遂行に役立つ現代的課題の研究を押し付けてくるに及んで、狩野はまず学院理事を辞し、さらに京都研究所を東方文化学院から独立させて東方文化研究所（現在の京都大学人文科学研究所の前身）と改称すると共に、所長を辞してその押しつけを回避した。ナチスのパリ占領に際し、フランス領事館に赴いて弔意を表したのも、それと表裏する行動だったと言えよう。著書は生前に『支那学文藪』『読書纂餘』があるが、『中国哲学史』『支那文学史』『清朝の制度と学問』等多くは受業生のノートによるものである。

（狭間直樹）

（参考文献） 狩野直禎「狩野直喜」（江上波夫編『東洋学の系譜』大修館書店、1992年）、高田時雄「狩野直喜」（『京大東洋学の百年』京都大学学術出版会、2002年）。

樺山資紀 <small>かばやますけのり</small> （天保8.11.2（1837.12.9）－1922.2.8）

海軍軍人。鹿児島出身。

薩英戦争及び戊辰戦争に従軍し、西南戦争では熊本鎮台参謀長として熊本城を守り抜く。それまでの間、台湾・清国を視察し、列強の進出と清国の実情を実見した。西南戦争後、近衛参謀長、警視総監等を経て陸軍少将にまで昇ったあとで海軍に転換し、海軍軍人として何の実績もないまま中将に昇進、軍務局長、海軍次官を務めている。海軍を薩摩系で握るための強引な人事で、このあと西郷従道も陸軍卿から海軍大臣に転換している。1891年海軍大臣になり、2年後に予備役になったが、日清戦争が勃発すると現役に復帰し、ただちに軍令部長に就いている。連合艦隊司令長官伊東祐亨を督戦するため、西京丸に乗り込んで黄海海戦に参加して、全軍を督励したことは後世への語り草になった。

下関条約調印直後、台湾情勢が列強の介入

の口実になることを恐れた政府は、樺山を大将に進め、台湾総督兼軍務司令官に任じ、占領を急ぐことにした。樺山は、沖縄中城湾で大連からくる近衛師団を待ち、台湾に向かった。1895年6月2日、樺山と清国全権李経方との間で台湾引渡しの手続きを終え、17日、台北で始政式を終えるまでは順調に進んだが、その後は現地人の激しい抗日ゲリラ活動に苦しんだ。この事態に驚いた大本営は、日本軍5万人、軍夫2万6千人という大規模な増援軍を送り、全土で苛烈な掃討戦を展開し、11月18日、樺山は完全平定を本国に報告することができた。戦死者4,600余の数字が苦戦の様子を物語る。平定後、樺山は六三法を施行して総督府が立法・行政・司法・軍事の権限を掌握し、全土の行政区画を台北州・台湾州・台南州・澎湖庁の4区に分け、総督のもとで民政局長官が実務を担当する体制を整備した。大阪中立銀行在台分行の開設を認可し、民間資本の導入を積極的に進め、殖産興業の道筋を立てることに努めた。社会面ではアヘンの吸煙を厳しく取締ったが、住民との間で摩擦を生じている。　　　　　　　　（田中宏己）

神尾　茂 かみお しげる（1883.7.29－1946.5.10）
ジャーナリスト。福島県出身。

1906年早稲田大学政治経済科卒、09年東亜同文書院商務科卒。辛亥革命時に大阪朝日新聞の南京通信員として働き、13年大阪朝日の正社員となって上海特派員、北京特派員を務め、21年ワシントン会議に特派される。23年本社の支那部長に就任し、25年の北京特別関税会議に特派された。36年編輯局顧問となり、日中戦争が長期化すると、38年6月朝日新聞主筆緒方竹虎の指示により香港に派遣され、日中和平の糸口を探った。神尾が接触相手としたのは旧知のジャーナリストであり、まず香港『大公報』の胡霖が、次いで漢口『大公報』の張季鸞が彼のもとを訪れた。二人とも、日本が「国民政府ヲ対手トセス」声明を撤回することが和平の前提であり、日本が望んでいる蔣介石の下野はありえないと論じた。張季鸞は、張群を通じて国民政府の意向を代弁しているとされ、神尾の和平工作に協力した元外交官の矢田七太郎も、張季鸞ならば和平を交渉する上で信用できる相手であると評価した。神尾は中国側との協議内容を、緒方だけでなく、外務省東亜局長の石射猪太郎や参謀次長の多田駿にも報告しており、それは緒方や石射を通じて外相の宇垣一成にも報告されていた。矢田も、東南アジアの華僑工作を名目としながら、宇垣外相から和平の糸口を探るよう指示されていた。ところが、神尾や矢田の工作と並行しつつ、宇垣外相の指示を受けて和平工作に従事し孔祥熙の秘書喬輔三と接触していた香港総領事の中村豊一が、工作を混乱させないために和平ルートを一本化すべきだと主張して、神尾に張季鸞との和平接触を自粛するよう求めた。こうして香港における神尾の和平工作は中止を余儀なくされた。39年神尾は朝日新聞社を定年退職したが、改めて上海で日中和平のために働くことを要請され、汪兆銘政権の樹立に関わった。42年には故郷の福島県から立候補して衆議院議員となった。　　　　　　　　（戸部良一）

(参考文献)　神尾茂『香港日記』（自家蔵版、

神尾光臣 かみおみつおみ （安政2.1.11(1855.2.27)-1927.2.6）

陸軍軍人、大将。諏訪藩（長野県）出身。

1876年陸軍教導団卒、77年の西南戦争に軍曹で従軍、79年勲功により少尉進級、82年参謀本部に出仕（中尉）して清国公使館付となり、中国語に精通して86年帰国した。92年から清国公使館付武官として開戦前の李鴻章等清国軍の動きを詳しく報告した。日清戦争では北京から、戦時に際し中国人は国家意識に薄く「自己一身ノ利益ノ為メニ因ルモノ」（防衛研究所所蔵「陸軍省大日記」95年）と本省に楽観的な見通しの報告を送る一方、清国軍の動向を詳細に集めて報告した。その後第2軍情報主任参謀として出征、戦後、再び北京に帰任した。この頃参謀本部において川上操六がイニシアチブを取り、台湾経営と共に広く東アジアの状況把握が始まった。その時福島安正・明石元二郎・青木宣純らと共に情報収集の一翼を狙った。三国干渉後、ドイツの膠州湾租借を機に参謀本部の命を受けて98年1月清国に派遣され、政府高官に会い日清友好を訴え、また南方の張之洞総督に面会して日清提携や清国人留学生訪日の勧誘を行うなど、列強の東アジアへの進出に対して積極的な行動を取っていた。かくして陸軍有数の中国通軍人となる。また戦後大隈重信首相は進取の外交を標榜、これに合わせるかのように米西戦争の頃フィリピン独立運動家が来日、独立支援のため高遠出身の代議士中村弥六、伊那出身の陸軍軍人原禎、そして諏訪出身の神尾ら長野出身の関係者が多く関与した。ほどなく川上操六の了解を受け孫文の資金提供で船を買い革命支援をした布引丸事件が発生し、日米間で外交問題になった。日露戦争では乃木希典第3軍司令官のもと歩兵第22旅団長として従軍、負傷、遼東守備軍参謀長を経て1905年6月から清国駐屯軍司令官。翌年関東督府参謀長に就任、日露戦後の満州状況や東蒙古におけるロシア軍の動向を長春駐在の守田利遠中佐等を動かして数多く情報を収集して報告（防衛研究所所蔵「密大日記」）や意見書等を本省に送っている。07年近衛歩兵第1旅団長、08年中将、第9師団長となった。12年第18師団長、翌年に対独参戦、神尾は青島要塞攻略司令官として日英両軍による山東半島・青島攻撃を統率し、同地陥落後青島守備軍司令官となった。12月14日帰国、同日は東京駅開業の日で神尾は横浜発一番列車に乗車して凱旋、東京駅から皇居に参内した。15年5月「山東経営卑見」（国立公文書館所蔵）を提出し、その中で製鉄所の設立、日本専管居留地の設定、山東鉄道経営、膠州湾を中国に還付して青島を日本の専管居留地にして中国大陸発展の根拠地とすべきこと、山東鉄道経営等積極的戦後経営の意見具申をした。15年5月東京衛戍総督、16年6月大将、17年8月予備役編入となった。陸士陸大の出身ではなく閥外でありながら、初期の中国通軍人として大将まで昇級した稀有な軍人である。なお次女安子は作家有島武夫に嫁いでいる。

（波多野勝）

1957年）、森秀樹『朝日新聞と東亜の人びと』（星雲社、1988年）。

上村才六 かみむらさいろく （慶応2.11.19（1866.12.25）－1946.5.7）

漢詩人。号売剣。盛岡（岩手県）出身。

山崎鯢山の集義塾で漢詩を学ぶ。1896（明治29）年『盛岡日報』を創刊。1900年上京。03年秋、北京・天津・韓国へ旅行。旅の目的の一つは観光にあり、明十三陵、万里の長城、玉泉山等への遊覧を楽しんだ。他の一つは友邦として対清援助をめざす所信を要人に説くことと時局の動向を探ることにあった。袁世凱との面会は果たせなかったが、川島浪速の紹介により粛親王・醇親王・恭親王・那親王を訪問し、中国東北部に進出したロシアに対抗するための日清韓合縦を説いた。また内田康哉駐清公使に自らの日清関係強化策の可否を糾しもしている。翌年日露戦争が起こり情勢は変わるが、日本の援助を必要とする清国の状況は変わらずとして、06年、旅の記録『清韓游踪』を刊行。15（大正4）年声教社を興し、17年月刊誌『文字禅』（のち『漢詩春秋』と改題）を創刊（〜45年）。同人に犬養毅・若槻礼次郎らがいる。上記のほか、『売剣詩草』（03年）、『韻偶大成』（27年）等の著書がある。　　　　　　　　（本庄比佐子）

（参考文献）　日本近代文学館編『日本近代文学大事典（机上版）』（講談社、1974年）。

上村伸一 かみむらしんいち （1896.6.15－1983.7.27）

外交官。千葉県出身。

1920年第29回高等試験外交科合格。翌年東京帝国大学法科大学政治学科を卒業後に外務省入省。領事館補として牛荘、オタワ在勤、外交官補としてポーランド在勤ののち、25年5月国交回復直後の在ソ連大使館勤務、同年副領事としてオデッサ在勤。通商局第1課勤務を経て、28年8月領事として上海在勤、29年8月南京在勤、北伐・満州事変・上海事変等に中国で遭遇し、それら諸事件への対応に追われた。大使館2等書記官として在英大使館勤務ののち、36年5月東亜局第1課勤務となり、翌年3月には同課長に就任するが、7月に盧溝橋事件が勃発し、日中戦争が起こると拡大阻止に苦慮。同様に拡大阻止派であった石射猪太郎東亜局長をよく補佐し、7月20日の閣議に当たっては日本内地からの兵力増派に徹底反対するよう同局長と共に広田弘毅外相に対して強く要請した。閣議において増派決定となると、石射局長と共に辞表を提出するが、広田外相に慰留された。その後も、石射局長と共に早期解決に向け、努力するが翌年1月のいわゆる「爾後国民政府を対手とせず」声明は、石射・上村らの努力を踏みにじるものであった。同年5月、広田から宇垣一成に外相が交代すると、宇垣は石射が提出した事変収拾に向けての意見書を認め、石射・上村は再度事変収拾の方向で努力するが、9月末に興亜院設置問題による近衛文麿首相との対立から宇垣外相が辞職すると、石射は駐オランダ公使に転じることとなり、上村も38年11月在イギリス大使館1等書記官に任ぜられた。イギリスでは重光葵大使を補佐し、日中戦争の拡大により悪化していた日英関係の改善に努力。第2次世界大戦勃発後の40年9月に参事官に昇進するが、太平洋戦争の勃発により42年9月交換船により帰国。当時、外務省は欧亜局・亜細亜局等を廃し、政務局

に統轄されたが、その政務局長に就任し、原則週1回開催された大本営政府連絡会議の情報交換会に外務省を代表して出席した。45年5月に駐満州国特命全権公使に任ぜられるも、同地にて終戦を迎え、シベリア抑留に遭い、47年7月ようやく帰国。49年3月一度依願退職するが、52年5月には駐米公使に任ぜられ、53年3月には駐トルコ大使に任命され、翌年12月には駐イスラエル大使も兼任。57年8月退官。83年7月27日に死去するまで、外交官としての見聞をもとにした多数の著書を残した。　　　　　　　　　　　（白石仁章）

（参考文献）　上村伸一『外交五十年』（時事通信社、1960年）、同『破滅への道』（鹿島平和研究所出版会、1966年）。

神谷衡平　かみやこうへい　（1883.10.19－1958.3.11）
中国語教育者。東京出身。

1905年東京外国語学校清語科（のちの支那語部）本科卒業後、陸軍経理学校、善隣書院、東京外語等で講師を務めるかたわら、10年と11年に東京外語独逸語専修科、東洋語促成科蒙古語学科を修了。20年8月東京外語教授に任じられ、文部省より「蒙古語及支那語研究ノ為メ満一箇年間支那国へ留学ヲ命」じられた。北京では五四運動後の新文化に深い共感を覚え、帰国後は東京外語における『官話急就篇』等旧教科書による口移しの伝承的語学教育法の改革を行い、23年東京の中国書店の文求堂から『標準中華国語教科書初級篇』を刊行、その翌年には中国の新しい中学国語教科書を参考にして同『中級篇』を編集し、胡適らの文学作品を収録した。『現代中華国語読本前篇・後篇』（29年）には魯迅・周作人・謝冰心・郁達夫・郭沫若・徐志摩等の五四新文学の代表的作品25篇を収め、同時代中国文学を日本に紹介した。44年5月に東京外語を退官、戦後の58年にも魯迅短編集の教科書『風波』（42年初版）が大学書林語学文庫として再版されている。　　　　（藤井省三）

（参考文献）　藤井省三『東京外語支那語部—交流と侵略のはざまで—』（朝日新聞社、1992年）。

上山満之進　かみやまみつのしん（ドイツ）　（明治2.8.22(1869.9.27)－1938.7.30)
官僚、政治家。号寒翠。山口県出身。

山口高等中学校、帝国大学法科大学を卒業して1895年に内務省入省。農商務省山林局長（08年）、農商務次官（14年）、貴族院議員（18年）等を歴任。26年7月、東京市長に転じた伊沢多喜男の後任として台湾総督に就任。民族融和を基調とする文化・経済発展等を掲げて統治に臨むが、翌年3月の金融恐慌以降はその対応に忙殺される。台湾銀行の処理については、島内支店の営業継続を強く支持するなど、台湾経済の混乱回避に尽力した。この行動は昭和天皇に高く評価されていたという。政友会田中義一内閣が成立すると更迭の対象となり、28年5月に起きた久邇宮襲撃事件（台中事件）の責任をとって翌6月に辞任した。同年6月からは再び貴族院議員。内地の農家救済を目的とした植民地米の移入制限は朝鮮・台湾の農業を犠牲にするものとして反対した。　　　　　　　　　（谷ヶ城秀吉）

（参考文献）　上山君記念事業会編『上山満之

進』(成武堂、1941年)、岡本真希子『植民地官僚の政治史』(三元社、2008年)。

亀井茲明 かめい これあき （文久1.6.15(1861.7.22)－1896.7.18)

美術研究家、写真家。京都出身。

1894年8月に日清戦争が勃発すると、旧津和野藩主であった伯爵亀井茲明は、私財による写真班を組織して従軍することを志願した。ドイツに留学し、ベルリンで写真と美術史を学んだ亀井は、最新の機材と技術をもって、金州・旅順・大連を中心に約300枚の写真を撮影した。このうち133枚は『明治二十七八年戦役写真帖』として皇室に献納され、また亀井の死後、『従軍日乗』と共に一般に刊行されている。亀井の写真は、皇室献納という性格上、検閲を受けて削除されることがなかった。これはアマチュアカメラマンの戦場写真としては極めて異例なことである。また、写真帖には、いわゆる「旅順虐殺」を撮影したとされる写真が含まれており、日清戦争の記録として他に類を見ない貴重な資料と言えるだろう。　　　　　　　　（瀧下彩子）

(参考文献) 亀井茲明『日清戦争従軍写真帖：伯爵亀井茲明の日記』(柏書房、1992年)。

亀井文夫 かめい ふみお （1908.4.1－1987.2.27)

ドキュメンタリー映画監督。福島県出身。

1937年の第2次上海事変ののち、東宝文化映画部は戦地を撮影した記録映画を企画した。監督に選ばれたのは、同年に海軍のPR映画『怒涛を蹴って』で注目をあびた亀井文夫であった。当時の東宝の製作システム上、亀井本人は上海ロケには同行せず、カメラマンの三木茂に撮影指示を与えたのみである。しかし、亀井の演出・編集で完成した『上海』は、瓦礫と化した上海の廃墟と罹災した中国人に焦点を当て、戦争の悲惨さを否応なく訴えるものであった。この支那事変後方記録シリーズは、この後『北京』と『南京』が製作された。39年には、陸軍からの委嘱で武漢作戦を描いた『戦ふ兵隊』を製作する。しかし、膠着した戦線の様子や憔悴しきった兵の描写が問題視され、上映禁止となった。製作に当たって亀井は、一貫して表面的には戦争支持を主張しており、強まる国家統制の下で映画制作を続けようとする柔軟でしたたかな姿勢を見ることができる。　　　　　　（瀧下彩子）

(参考文献) 都築政昭『鳥になった人間：反骨の映画監督亀井文夫の生涯』(講談社、1992年)、亀井文夫『たたかう映画：ドキュメンタリストの昭和史』(岩波書店、1989年)。

亀井陸良 かめい りくろう （明治4.2.6(1871.3.26)－1923.3.11)

新聞記者、外交評論家。大分県出身。

医師の次男として生まれる。苦学して慶応義塾で法学を修めたのち、古河鉱業所入社。足尾銅山鉱毒問題に関わる。時事新報社に転じて1902(明治35)年3月、北京特派員となる。国益重視の記事執筆に努める。東洋学の泰斗モリソンと交友する。1903年、露清間の密約の存在や駐清ロシア公使の日本非難の発言等を報じて、日本の対ロシア開戦論を喚起した。欧米視察ののち、11年11月、日本外務省が世論操作のため北京で発行していた中国

語紙『順天時報』の社長となる。中華民国の財政事情を調査することによる、財政面からの冷静な中国研究を提唱。中国東北部や内モンゴルを国際的に開放し資本を導入すること、各地に利権を扶植して変事には出兵すること等を主張。袁世凱の帝制に反対する論陣を張り、社業を拡張するも、西原借款に反対して辞職。時事新報社理事に転じ、パリ講和会議に特派されるなどした。23（大正12）年3月、病没。多磨霊園の墓碑は杉浦重剛の筆跡による。

(松本武彦)

(参考文献) 『東亜先覚志士記伝』下、『続対支回顧録』下、国士亀井陸良記念集編纂委員会編『国士亀井陸良記念集』(同会、1939年)。

賀屋興宣 かやおきのぶ (1889.1.30－1977.4.28)

大蔵官僚、大蔵大臣、貴族院議員、衆議院議員。広島県出身。

広島市鷹匠町に国学者藤井稜意の子として生まれる。広島中学校、第一高等学校、東京帝国大学法科大学を卒業して大蔵省に入省、主に主計局・理財局系を歩み次官を経て1937年第1次近衛内閣蔵相に就任、「賀屋財政経済三原則」を示し統制経済への道筋をつける。39年華北の経済開発を目的とする北支那開発株式会社総裁に就任、特に合弁による炭鉱開発を進めた。41年東條内閣成立と共に蔵相に就任、戦時統制経済の運営に中心的役割を果たす。戦後はA級戦犯として終身刑を受けるが55年仮釈放、58年には衆議院議員に当選、以後自民党内タカ派、蒋介石とも親しい国際的反共主義者として活動、特に60年安保の際には推進派として、72年日中交正常化の際には親台湾派として強硬な姿勢を貫いた。62年日本遺族会会長に就任。

(季武嘉也)

(参考文献) 宮村三郎『評伝賀屋興宣』(おりじん書房、1977年)、賀屋興宣『戦前・戦後八十年』(経済往来社、1976年)。

萱野長知 かやのながとも (1873.10.12－1947.4.14)

孫文の中国革命運動の援助者。高知県出身。

高知藩士の家に生まれ、共立学校を退学。少年時代より自由民権思想に心酔し、大阪で新聞の通信員となり、1892年中国に渡り、95－98年に、広州・上海等を往来、孫文・康有為系の人々と知り合う。97年頃宮崎滔天と友人となる。日露戦争時には「満洲義軍」に従軍、1906年帰国、革命運動に参加し始めた。同年、滔天や和田三郎等と『革命評論』を創刊、中国革命を宣伝し、中国同盟会の党員にもなった。中国語が話せ、中国服を着ていた萱野は07年には広東省革命軍の顧問となり、「幸運丸」で革命軍の武器を輸送したが失敗した。

11年の辛亥革命勃発後は、武漢に赴いて黄興の作戦を援助した。13年の孫文の日本亡命後は積極的に孫文に協力、「中華民国通信社」を設立、雑誌『支那と日本』を発行して、袁世凱政権打倒を訴えた。翌年『支那と日本』に代えて、新聞『民報』を発行。孫文の「中華革命軍東北軍」の山東省における蜂起準備のために奔走。15年総選挙に、板垣退助や孫文の推薦を得て、衆議院議員に立候補したが落選した。16年には居正を司令官とする東北軍の顧問として、山東省で活動した。以後は孫文の広東政権の顧問。19年に、株式会

社「善隣倶楽部」代表取締役、日比谷に中華料理店「陶陶亭」を経営した。21年滔天と共に広州に孫文を訪問、翌年、盟友滔天の死去。24年孫文最後の訪日を神戸で迎えた。25年孫文の病を北京に見舞い、最期の様子を日本人同志に伝えた。以後も広州の国民党政権や要人との間を連年のように往来、29年の孫文の移霊祭に参列した。

31年9月、「満鮮問題よりは」で武力解決論に反対したが、満州事変が勃発すると、犬養毅首相の密命により、年末から年頭にかけ中国に渡り、孫科行政院長と原状復帰を骨子とする平和解決策を協議したが、軍部の反対で実現せず、犬養自身も5・15事件で暗殺された。その後も国民党の胡漢民らと連絡を保っていたが、「日支国境撤廃を目的として」で日本の満州支配の実態を批判、両国間問題の平和解決を主張した。

37年、日中戦争が全面化すると、一時、日本軍司令官松井石根に協力した。のちに小川平吉等の対蒋介石の平和解決のための秘密交渉に従事、香港に何度も往復し、孔祥熙行政院長との合意が成立しかけたが、失敗に終わった。最後には日本軍全面撤兵論にも賛成した。萱野の主観的善意は確かだが、日本にも好都合な条件では妥結しないのは当然でもあった。40年には『中華民国革命秘笈』を刊行して、孫文らの主張を比較的忠実に紹介した。第2次大戦終了後には、日本の侵略行為に反省・批判の意を表明した。46年、貴族院議員になったが、翌年、交通事故がもとで死去した。　　　　　　　　　　（久保田文次）

（**参考文献**）　崎村義郎著・久保田文次編『萱野長知研究』（高知市民図書館、1996年）、久保田文次編『萱野長知・孫文関係史料集』（高知市民図書館、2001年）、萱野長知『中華民国革命秘笈』（復刻アイシーメディックス、2004年）。

河合栄治郎　かわいえいじろう　（1891.2.13 – 1944.2.15）

東京帝国大学経済学部教授、自由主義的理想主義的社会思想家。東京出身。

千住に酒屋の子として生まれる。千寿尋常高等小学校・郁文館中学・東京府立第三中学・第一高等学校・東京帝国大学法科大学を経て1915年農商務省に入省、工場法研究のためアメリカに出張、帰国後上司と政策的に意見が合わず官を辞す。20年東京帝国大学経済学部助教授に就任、欧州にしばしば出張し自由主義の立場からマルクス主義や社会政策の研究を深める。滝川事件以降強まる学問の自由に対する弾圧に対し強い態度で戦い、インテリ青年から圧倒的支持を集める。そののち38年に著書が発禁となり、39年には平賀粛学によって休職となるが、裁判闘争や『学生に与う』の刊行を通して社会に訴えつづけた。河合と中国の関係はあまりないが、日中戦争が勃発した37年末から2週間ほど将来を見定めるため自費で戦場を視察、帰国後には日本の立場を肯定するような発言もあったが、元来彼は日本の中国侵略を強く非難しており、敗戦へと向かう日本の運命を予言した。

（季武嘉也）

（**参考文献**）　社会思想研究会編『河合栄治郎全集』全23巻（社会思想社、1967-69年）、川西重忠「河合栄治郎の見た日中関係論」（『比較法

史研究』2、2004年)。

河井荃廬　かわい せんろ　(明治4.4.28(1871.6.15)
－1945.3.10)

篆刻家。幼名は徳松、字は子得、名の仙郎からとって号の荃廬とした。他に蟬巢、迂仙、九節丈人、忘荃楼等号は多い。京都府出身。
京都寺町の印判師川井仙右衛門の長男として生まれ、10代後半から篠田芥津について浙派の篆刻を学んだ。27歳から呉昌碩に手紙による添削指導を受けつつ、篆刻の頒布会等によって資金を貯め、1900（明治33）年30歳にして初めて上海に渡った。二人の交流は呉昌碩が没する1927（昭和2）年まで続く。03年には実家を弟の河井章石に譲り、自身は三井高堅（聴冰）の庇護のもと、東京九段富士見町に住んで篆刻に没頭した。以後毎年渡航を繰り返し、三井家の中国文物収集の助言者として舶載に努めた。呉昌碩を社長として杭州に西泠印社が設立されると、長尾雨山と共に日本人として初めて社員となり、王禔の自用印も刻した。国内では収蔵する多くの趙之謙の名品を展覧紹介したが、太平洋戦争末期、九段上の自宅で戦火に遭い、数多くの文物・稀覯本と共に没した。林泰輔との共著『亀甲獣骨文字』の他、『荃廬印譜　上・下・続』など印譜も多いが、自選によるものは少ない。
(伊藤忠綱)
(参考文献) 水田紀久「続補日本印人伝」(『日本の篆刻』二玄社、1966年)。

河相達夫　かわい たつお　(1889.7.26－1966.10.31)
外交官。広島県出身。

1889（明治22）年永井啓介の6男として誕生、河相保四郎の養子となる。1915（大正4）年5月に東京帝国大学を卒業し北海道炭鉱汽船会社に入社するも、翌年11月に退社。18年10月に高等試験外交科試験に合格し、外務属として電信課に配属。19年1月に領事官補として上海に勤務、同年9月に済南へ転勤。21年9月に3等書記官として在米大使館に在勤し、翌月にワシントン会議日本国全権委員随員を命ぜられた。23年1月に帰国し外務事務官として通商局管理課に配属、翌年12月に同局2課に配置換え。25年6月に領事としてヴァンクーヴァーに赴任し、28（昭和3）年5月に青島（中国）へ転出。同年9月に外務書記官として情報部1課長に就任、2年後の30年2月に関東庁事務官として長官官房外事課長。32年3月に国際連盟支那調査委員参与委員随員となり、同年9月に1等書記官として在米大使館へ赴任。33年7月に在中華民国公使館に転勤し、34年8月に在広東総領事、36年6月に在上海総領事。翌37年3月、昇格した在中華民国大使館の参事官を兼務、同年4月には外務省情報部長となった。39年10月に特命全権公使として欧米諸国に出張、41年1月にはオーストラリア連邦駐劄となって現地に赴任したが、太平洋戦争の勃発により42年9月に交換船で帰国。翌43年3月に外務省をいったん退官するが、45年7月に大東亜省顧問となり、同年9月には情報局総裁兼外務次官兼終戦連絡中央事務局次長を務め、同年12月に免官。その後は51年3月から53年1月まで拓殖大学理事長を務める。(松村正義)

(参考文献) 外務省人事課編『外務省年鑑』

(1953年)、秦郁彦編『日本近現代人物履歴事典』(東京大学出版会、2002年)。

川合貞吉 かわいていきち (1901.9.18-1981.7.31)

中国革命・反帝運動に関わった社会運動家。岐阜県出身。

1925 (大正14) 年明治大学専門部を卒業し、日本新聞社に入社。28 (昭和3) 年中国・北京に渡る。アジア主義者・大陸浪人との交友を続けながら、次第に中国革命への関心を深める。

30年上海週報社に入社。中国共産党の諜報活動を担当していた王学文・楊柳青らと知り合い、中国革命を支援する日本人左翼グループ「日支闘争同盟」を組織して、反帝・反戦運動を行う。また、尾崎秀実やリヒャルト・ゾルゲ、アグネス・スメドレーらと知り合い、ソ連・コミンテルンの諜報活動への関与が始まる。その後、天津に活動拠点を移す。36年初めに諜報活動に関わる新京事件で検挙され、懲役10ヶ月 (執行猶予3年) の判決を受けて出獄。

同年秋、船越寿雄と共に天津で「支那問題研究所」を設立。機関誌『支那問題研究所所報』には、東亜同文書院出身の中西功・尾崎庄太郎らが寄稿し、日中開戦前後に中国社会の動向を分析する重要なメディアとなった。37年末川合は『支那の民族性と社会』を刊行。中国の農村社会を分析し、民衆の共同体に根ざした中国革命の水脈を論じた。40年初め天津に白河研究所を設立。同年秋に帰国し、翌年夏に大日本再生製紙に入社。太平洋戦争開戦前夜の10月に検挙、尾崎・ゾルゲ事件に連座し、懲役10年の刑を受ける。

戦後に出獄し、各種の回想録の他、アジアの民衆運動や日本のアジア主義を論じる多くの著書を刊行した。　　　　(米谷匡史)

(参考文献) 川合貞吉『或る革命家の回想』(日本出版協同、1953年)、同『遥かなる青年の日々に』(谷沢書房、1979年)、インタビュー「1930年代反ファシズム・日中関係史の断面」(『アジア経済』15-8、1974年)、小林文男「川合貞吉の中国観」(『中国現代史の断章』谷沢書房、1986年)。

河合 操 かわいみさお (元治1.9.26(1864.10.26)-1941.10.11)

陸軍大将。杵築 (大分県) 出身。

杵築藩士の次男。1879年に教導団に入り、86年に陸軍士官学校 (旧8期) を卒業する。陸軍大学校に89年に入学し、92年に卒業した (8期)。陸士陸大の同期に田中義一・山梨半造・大庭二郎らがいた。歩兵第5連隊付、陸士教官を経て日清戦争後の95年8月に台湾総督府参謀に就任して台湾に出征する。98年に陸大教官となり、1902年から2年間ドイツに留学する。日露戦争に際して帰国し、04年5月に戦時大本営参謀に就き、そのまま満州軍参謀となって出征した。その後第4軍 (司令官野津道貫) 司令部参謀に移り、奉天会戦には第3軍 (司令官乃木希典) 参謀副長として臨んだ。06年2月から1年間ドイツへ軍事研究に赴く。帰国後は陸大教官・幹事、陸軍省軍務局歩兵課長、第7旅団長、陸軍省人事局長を務め、15年に陸大校長に就任する。17年に第1師団長に就き、21年から第2代関東軍

かわかみきよし

司令官として旅順に赴任した。翌年軍事参議官となり、23年に参謀総長に就任して3年間務める。26年待命となり予備役に編入され、27年から枢密顧問官に就く。　（斎藤聖二）

河上　清　かわかみきよし　（1873.8.2－1949.10.12）

社会主義者。ジャーナリスト。旧姓宮下雄七。山形県出身。

米沢出身の退役海軍大尉・興亜会設立者曽根俊虎に私淑し書生となる。苦学して慶応義塾・法学院・青山学院で学ぶ。社会主義を信奉、カール・マルクスに心酔し、カールをミドル・ネームとする。1898年発足の社会主義研究会（1900年社会主義協会と改名）のメンバー、01年社会民主党創設者の一人となる。1890年から『万朝報』の論説委員として社会主義鼓吹の健筆を揮い、「アジア人のアジア」を高唱。01年アメリカに渡りアイオワ大学で修士号を取得。アメリカに居住して『大阪毎日新聞』『東京日日新聞』等の客員特派員となり国際問題、特に日米・アジア問題の評論家として精力的に活動。17年春から7ヶ月間日本を含むアジア各国を訪れ、中国に4ヶ月滞在。広州の軍政府を訪問して孫文と会談。「アジア人のアジア」の主張で大いに共鳴した。アジア太平洋戦争が始まると、日本軍閥の野心を非難、日本の敗戦を予測した。著書に『米国は戦うか』（39年）、『米ソ戦わば』（49年）、*Japan in World Politics*（19年）、*Japan's Pacific Policy*（22年）、*Japan Speaks on the Sino-Japanese Crisis*（32年）、*Japan in China*（38年）等多数。　（藤井昇三）

(参考文献)　古森義久『嵐に書く―日米の半世紀を生きたジャーナリスト―』（講談社文庫、1990年）。

河上謹一　かわかみきんいち　（安政3.3.23(1856.4.27－1945.7.31)

明治期の実業家。岩国藩（山口県）生まれ。

明治3（1870）年岩国藩の貢進生として大学南校に入学、77年発足の東京大学に編入学した。翌78年日本最初の法学士の一人となり、ロンドン大学に留学、W.S.ジェヴォンズ等の下で新興の近代経済学を学ぶ。82年帰国し農商務省勤務、84年3－7月同省直轄の東京商業学校（現一橋大学）初代校長を兼務。この頃ジョン・イーツ著『商業沿革史』の訳書、著書『日本商業教育論』を刊行した。85年朝鮮をめぐる紛争解決のため伊藤博文大使・西郷従道副使（農商務卿）に随行、天津に赴く。外務省に転じ同年11月－87年8月上海領事となる。91年大津事件で通商局長を辞任、日本銀行理事に就任したが、99年内紛で辞任、「心友」伊庭貞剛の引きで理事として住友に入り、住友銀行（現三井住友銀行）やのちの住友金属工業の発展に貢献。1901年当時、年俸3万円、年末慰労金2万円の「日本一の給金取り」と評された（森銑三『明治東京逸文史2』）。04年住友を退職、06年7月満鉄設立委員に任命され、同年11月から25年4月まで満鉄監事を務める。のち、大蔵大臣や満鉄総裁を委嘱されるが、いずれも固辞した。甥のマルクス経済学者河上肇は「父母に亜ぐ大恩を受けた」と敬愛し、特に漢詩を通じ、太拙の号を持つ謹一と結びついていた。

（伊藤一彦）

（参考文献）『斯の人を：続・日本経済を育てた人々』(関西経済連合会、1968年)、宮本又次「川上肇と河上謹一」(『学士会会報』748、1980年)、一海知義「河上肇と河上謹一」(『甲南経済学論集』150、1985年)。

川上操六 かわかみそうろく （嘉永 1.11.11（1848.12.6）－1899.5.11）

陸軍大将、子爵。鹿児島出身。

鹿児島藩士の3男。鳥羽伏見の戦いに薩摩十番隊小頭として参加。戊辰戦争では北陸・東北に闘い、箱館戦争にも分隊長として出征する。明治4（1871）年の御親兵創設時に鹿児島藩献兵の一人となり、のち近衛歩兵大隊長に任じられる。その後西郷隆盛の帰郷に従わず国軍に留まり、陸軍第2局員として西南戦争に臨む。熊本城へ伝令に入ると城内に留まり、連隊長心得として籠城部隊を指揮したあと各地に転戦する。戦後は第8連隊長、仙台鎮台参謀長を経て大佐となり近衛第1連隊長に就く。

1884年2月から1年間大山巌陸軍卿の欧州兵制視察団の一員となって渡欧。帰国後日本陸軍のドイツ式化が進められようとする中で参謀本部次長となるが、すぐに近衛第2旅団長に転出したのちドイツ視察命令を受け、87年1月から約1年半ドイツ軍制視察・軍略研究・国際情勢分析に費やす。帰国後89年3月に再度参謀次長の職に就き、参謀総長になるまで約9年間その席を占める。就任時に日本陸軍は大きくドイツ式化に再編されつつあり、その流れを進めながら組織固めに尽力した。88年に師団制となった常備軍の演習システム、海峡砲台整備、鉄道建設、動員制度の充実、工廠の効率的運営等この時期の施策の多くに関わっている。

93年4月から7月にかけて伊地知幸介・田村怡與造・柴五郎らを随員として朝鮮・中国に赴き、朝鮮国王・朝鮮駐在清国公使袁世凱・慶親王・李鴻章らと会見しながら戦略要衝・兵器廠等を視察し、上海に荒尾精が設立した日清貿易研究所を訪問して清国の国力並びに軍事状況を把握した。94年5月末に日清戦争に向けた運輸通信業務に関わる直接的な準備活動を開始させる。陸奥宗光外相・大山陸相らと打ち合わせ、6月2日に閣議は派兵準備の着手を決め、5日に戦時大本営が参謀本部内に設置されると参謀部陸軍主席参謀となると共に兵站総監となって運輸・通信・兵站・野戦・医務関係という事実上陸軍部隊行動の命運を握る部署の総指揮官となった。

95年1・2月に山東半島作戦が実施されると、大本営は直隷決戦に向けた準備を進めた。その中で大本営を渡海させて参謀総長を前線近くに移すように主張する。その結果、3月16日に大本営作戦担当部門を征清大総督府として旅順に移動させる命令が出て、4月15日に宇品を出港した。この間、3月20日から下関で講和会議が始められていたため、伊藤博文首相より交渉の進展に注視するよう確認を受けた。日清講和条約は4月17日に調印され、翌18日に旅順に着いた征清大総督府は、批准書の交換を待って5月10日から凱旋輸送作業に入る。帰京後は参謀次長に台湾事務局副総裁を兼任した。

96年9月から明石元二郎を随員に台湾・東

南アジアを視察し、翌年夏には対露戦争を念頭に東部シベリアを巡視する。また清国・欧州・西南アジアに宇都宮太郎・井戸川辰三・寺内正毅・福島安正らを差遣して諸情報を収集させた。98年1月に参謀総長となり9月に大将に上るが、病気がちとなって翌年死亡する。
（斎藤聖二）

〔参考文献〕 徳富猪一郎『陸軍大将 川上操六』（第一公論社、1942年）、『東亜先覚志士記伝』下、『対支回顧録』下、斎藤聖二『日清戦争の軍事戦略』（芙蓉書房出版、2003年）。

川上俊彦 かわかみとしつね （文久1.12.29（1862.1.28－1935.9.12）

ロシア通の外交官。越後（新潟県）出身。

1884年7月、東京外国語学校露語科を卒業し外務省に入省。1900年9月からウラジオストクに貿易事務官として在勤し、日露戦争の勃発に際しては同地日本人居留民の引揚げに手腕を発揮。同戦争中は満州軍司令部付として従軍し、旅順要塞の開城交渉では乃木希典第3軍司令官の通訳を務めるかたわら、ロシア国内の後方攪乱の謀略に従事するポーランド独立運動の指導者と接触。戦後は07年2月にハルビン総領事となり、09年10月に訪露途上の伊藤博文が同地の駅頭で韓国人の安重根に暗殺された時、案内役だった川上も重傷を負う。12年3月モスクワ勤務。翌13年12月南満州鉄道株式会社理事。20年11月にはわが国最初の駐ポーランド特命全権公使となり、23年1月に帰国すると、当時滞日中のソヴィエト代表アドルフ・A・ヨッフェとの間で日ソ国交調整の交渉に当たった。24年12月に退官。26年8月に北樺太鉱業株式会社取締役会長に、また27年12月には日魯漁業株式会社社長に就任。
（松村正義）

〔参考文献〕 西原民平編『川上俊彦君を憶ふ』（1936年）、外務省外交史料館編『日本外交史辞典』（山川出版社、1992年）。

河上 肇 かわかみはじめ （1879.10.20－1946.1.30）

マルクス経済学者、思想家。号は閉戸閑人。山口県岩国出身。

河上肇の中国体験は、1913年にヨーロッパ留学に向かう途中、上海と香港に上陸したのが唯一である。しかし著作等を通して中国とは深い関係にあり続けた。1898年東京帝国大学法科大学政治学科に入学、大学院で徳川期の経済思想を学び、その後経済学を研究、人道主義や弁証法的唯物論の受容を経てマルクス主義者への道を歩んだ。1905年刊の『経済学原論』は梁啓超の経済論に援用され、07年には読売新聞記者として孫文に会見している。08年京都帝国大学法科大学講師となり、約1年半のヨーロッパ留学後、同大学教授として経済学・経済学史を講義した。16年9月から『大阪朝日新聞』に「貧乏物語」を連載、資本主義社会の貧困問題を提起する。五四運動がたかまる19年頃から、その思想や学問は留学生や翻訳を通じて中国に伝わり、マルクス主義の発展と共産主義運動に寄与した。28年4月京都帝大教授を辞職するまで、杜国庠（中国思想史研究）や王学文（マルクス経済学）、周仏海等多くの留学生が河上に学び、大量の著作が中国語訳された。『貧乏物語』（17年単行本）には、2種類の翻訳『救貧叢談』（文

語文)『貧乏論』(現代中国語)がある(20年)。マルクスの『賃労働と資本』も河上訳から重訳(19年)され、『資本論』の最初の中国訳(30年)も、陳啓修(陳豹隠)により河上・宮川実共訳の岩波文庫版に依拠して翻訳された。京都大学所蔵(河上肇文庫)の陳啓修謹呈本には、河上への献辞がある。また李大釗や毛沢東・周恩来・郭沫若等も河上の著作に学んでおり、中国革命指導者に大きな影響を与えた。17年日本に留学した周恩来は、『貧乏物語』『社会組織と社会革命に関する若干の考察』を愛読、河上の個人雑誌『社会問題研究』(19年創刊)も講読し、「京都帝国大学政治経済科選科」への入学願書と履歴書を準備(下書残存)したが、五四運動の勃発により帰国する。河上が使用した「剰余価値」「生産力」「生産関係」等の用語は中国でも用いられている。28年に大学を追われたのち、大山郁夫等と労農党を結成、大山と訣別後は『第二貧乏物語』を刊行した。32年7月河上の翻訳による「32年テーゼ」が『赤旗』に掲載され、8月地下運動へ、9月共産党に入党。33年1月検挙され、8月治安維持法違反として懲役5年の判決をうけ下獄した。中国でマルクス主義の啓蒙家、さらには実践者として高く評価される河上はまた中国古典文学に造詣が深く、37年6月の出獄後は、閉戸閑人と称して漢詩に親しみ自選詩集を編纂、南宋の詩人の詩を評釈した『陸放翁鑑賞』を書き上げた。経世済民の思想をうたう漢詩は、特別高等警察監視下での表現方法としてだけでなく、思想感情を表現する最適の形式であった。毛沢東やスノウ、ニム・ウェールズ、スメドレーの著作を通して中国共産党や毛沢東の活躍を知り、その感激を書簡や日記に記している。43年から『自叙伝』を執筆、46年1月68歳で死去した。 (吉良芳恵)

(**参考文献**)『河上肇全集』全28巻・別巻・続全7巻(岩波書店、1982-86年)、一海知義『河上肇と中国の詩人たち』(筑摩書房、1979年)、同『河上肇そして中国』(岩波書店、1982年)、三田剛史『甦る河上肇―近代中国の知の源泉―』(藤原書店、2003年)。

川喜多長政 かわきたながまさ (1903.4.30-1981.5.24)

映画輸入業者、プロデューサー。東京出身。

1937年7月に始まった日中戦争は、38年秋に日本軍が武漢を占領すると小康状態をみた。この時期に、日本占領地域における映画上映を目的として日・満・華合資による中華電影股份有限公司が設立された。この会社の日本側代表、すなわち事実上の社長に就任したのが、川喜多長政であった。北京大学に学び、ドイツに留学した経験をもつ川喜多は、東和商事合資会社を設立して外国映画の配給業務に長年携わり、語学に堪能で国際感覚を持つ映画関係者として知名度が高かった。川喜多は、会社の経営方針等に軍の干渉を受けないことを条件にこの国策会社の運営を引き受け、39年6月に中華電影が設立された。川喜多がめざしたのは、中国人が作った映画を日本軍占領地域の中国人に配給すると共に日本映画も上映し、映画を通じて日中の親善を図ることである。このため、新華影業公司を経営する張善琨を通して、中国側映画会社の協力を

得ることに成功し、純粋な中国映画の配給を可能にした。中華電影の成立後間もなく、戦闘により破壊された華中・華南地域の配給網は復活し、また華北地域の満映配給網と連絡することで、39年末には全占領地域を網羅する配給網が完成された。中華電影が満映と完全に異なっていた点は、中国映画の製作は中国の映画会社に任せ、配給業務に徹したことである。また、フィルム等の資材の供給をも保証することで、中国側映画人の信頼を得たと言える。川喜多は38年に東和商事で日中親善を趣旨とした『東洋平和の道』を製作したが、中国からは侵略行為を正当化する欺瞞的作品と受け取られた。このような経験から、製作意図はどうあれ、日本人が中国人向けの映画を作ることの困難さを川喜多は痛感していたと考えられる。中華電影の活動は、本質的には日本の対中文化工作の一環だが、製作した日中合作映画は『狼火は上海に揚る』のみであった。また、45年の日本敗戦直前まで、川喜多の運営方針が変わらず、日中の職員が共同で業務にあたったことは、他の国策会社に比して特筆に値する。　　　　　（瀧下彩子）

（**参考文献**）　川喜多長政「私の履歴書」（日本経済新聞掲載、1980年4月3日～5月2日）、辻久一『中華電影史話1939-1945：一兵卒の日中映画回想記』（凱風社、1987年）。

河口慧海　かわぐちえかい　（慶応2.1.12(1866.2.26)-1945.2.24)

仏教者・仏教学者。堺（大阪府）出身。

原典としての仏教経典を求め、2度にわたりチベットへ入る。黄檗宗の禅僧であったが、父は堺の桶屋職人であり、職業的宗教者の家庭ではなかった。「一切衆生を済度」する点に仏陀の本旨を見出し仏教者となった彼にとって、サンスクリットやチベット訳仏典（梵蔵仏典）の将来は、宗門の要請や学問的関心からではなく、まさにその菩提心に発するものであった。1897年神戸よりインドに渡り、チベット語を学ぶ。ネパールを経て、1900年に福建省出身の中国僧と称し、日本人としては初めて鎖国状態のチベットに密入国する。ラサの大僧院であるセラ寺に学びながら仏典収集に努めていたが、国籍が発覚し、02年に出国。帰国後、さらなる仏典収集をめざして梵蔵仏典購求会を組織し、05年に再びネパールに入り、13年にチベットへ入国した。日本僧として訪れた今回のチベット滞在では、パンチェン・ラマの協力のもと、ナルタン版大蔵経をはじめ大量の梵蔵仏典を収集し、また多数の植物標本や民俗資料・仏教美術品等を入手して15年に帰国。その後、宗門大学等で講義しつつ、仏教の原典研究やチベット学の確立に尽力する。やがて還暦を期に還俗。戒律に基づく在家仏教を首唱し、他方で『蔵和辞典』の編纂に着手するも、その死のために未完に終わる。慧海はしばしば「冒険僧」と言われたが、本人の意識においては冒険それ自体が目的であったわけではない。彼はあくまで「真実仏教」の完成のために「原典」としての梵蔵仏典を求めたのである。そこにはそれまでの日本における仏教が聖典視してきた漢訳仏典を相対化しようとする近代日本仏教の傾向性と共に、梵蔵仏典を新たな「聖典」と捉える慧海独自の仏典認識を見ること

ができる。そしてこのことはまた日本が長く影響を受けてきた「中国」という磁場からの「解放」をも意味するものであった。

（桐原健真）

（参考文献） 河口慧海『チベット旅行記』（1904年、復刻版、白水社、2004年）、高山竜三『展望河口慧海論』（法蔵館、2002年）、奥山直司『評伝河口慧海』（中央公論新社、2003年）。

川越　茂 かわごえしげる　（1881.1.14－1969.12.10）

外交官。宮崎県出身。

1908年東京帝国大学法科大学法律学科卒業後鉄道院に入り書記となるが、小村寿太郎の勧めにより10年依願免本官。翌年9月第21回外交官及領事館試験合格、11月領事館補に任ぜられハルビン、次いで漢口に在勤。18年領事に任ぜられ沙市駐在。シベリア経済援助事務、在スイス公使館書記官を経て、20年9月亜細亜局勤務となり、21年同局第3課長に就任。23年4月在ドイツ大使館書記官を経て、25年4月駐吉林総領事、29年9月駐青島総領事。満州国建国後の32年8月には在満州国大使館参事官に任ぜられ、翌月武藤信義満州派遣特派大使の随員として「日満議定書」の調印に列したが、33年関東軍が熱河地方に事変を拡大し、また奉天特務機関が灤東（らんとう）工作と呼ばれる謀略工作を開始すると、関東軍との方向性の違い埋め難く、単身帰国した。33年8月駐広州総領事、翌年7月には天津総領事に任ぜられ、その間軍部に対し毅然とした態度を崩さない一方、中国要人と積極的に接し、在留日本人及び中国人の間に広く人望を得る。36年5月有田八郎駐中国大使が外相就任のため帰国したのに伴い後任に選ばれる。当時日中間には日本側が望んだ在成都総領事館再開に向けて先行して成都入りしていた邦人記者が殺害された成都事件、在留邦人虐殺事件であった北海事件等重大事件が連続して起こっていたため、川越大使にはそれら事件も含め日中間の諸懸案を中国側と交渉して解決することが求められ、駐上海須磨弥吉郎総領事と協力しつつ張群外交部長との間に9月14日以来、いわゆる川越・張群会談を行った。日本側からは排日運動の停止に加え、共同防共、華北の特殊地域化、関税引下げ、日中航空連絡、日本人顧問招聘等を要求した。これに対して9月23日の第2回会談において張群は、①塘沽停戦協定、上海停戦協定の廃止、②冀東政府の解消、③華北自由飛行の停止、④密輸停止及び中国側による取締りの許可、⑤冀東および綏遠の偽軍解散と、5項目の逆提案を出すが、日本側の要求とは大きく隔っていた。8回にわたる川越・張群会談だけではなく、須磨総領事と高宗武亜州局長間の細目交渉が同時並行で行われ、さらには川越・蔣介石間でも本件につき交渉がもたれたが、結局まとまらないまま11月14日蒙古軍が綏遠に進入する綏遠事件が起きたこともあり本件交渉は行き詰った。翌年5月に一時帰国し、佐藤尚武外相に辞任を申し入れるが慰留され、同年日中戦争の勃発を迎え、早期解決に努力するがかなわず、38年1月、いわゆる「爾後国民政府を対手とせず」声明の発表により引き揚げ。同年12月依願免本官。69年12月10日死去。

（白石仁章）

（参考文献）『日本外交文書』昭和期Ⅱ第1部

第5巻上（外務省、2008年）、戸部良一・服部龍二・冨塚一彦「論評『日本外交文書』昭和期Ⅱ第1部第5巻所収「川越・張群会談」関係文書について」（『外交史料館報』22、2009年）、松本重治『上海時代』中・下（中公新書、1974-75年）。

河崎顕成 かわさきけんじょう （文政11(1828)-1911)

僧侶。号は星翁。近江（滋賀県）出身。

真宗大谷派（東本願寺）覚応寺（長浜）に生まれた。1876年、小栗栖香頂らと共に渡清、上海別院設立に尽力し、9月より翌年1月まで同別院輪番を務める。帰国後、77年に隠岐布教に従事し、81年には佃島監獄で教誨師を務め、83年には監獄内に大谷派の説教所を設置するなど、主に監獄内布教に尽力した。98年には龍川賢随らと共に大日本仏教青年興徳会を結成した。著書に、上海別院輪番時代の日記である「河崎輪番日記」（『東本願寺上海開教六十年史』に一部収録）、『軍人説教集誌』、漢詩集『祥雲瑞靄集』・『不虚言舎詩集』等がある。　　　　　　　　　　（川邉雄大）

(参考文献)　高西賢正『東本願寺上海開教六十年史』（1937年）。

川崎良三郎 かわさきりょうざぶろう （1874.11-1925.9.5)

陸軍軍人。広島県出身。

1895（明治28）年陸軍士官学校卒、1901年陸軍大学校卒。隊付勤務を経て参謀本部に配属され、03年に緊迫した日露情勢下の満州営口に派遣される。営口での主な任務はロシア軍の動向を調査報告することであった。開戦後はロシアの電信線を切断するなど破壊工作に従事し、旅順とロシア本国との連絡を妨害することに寄与した。その後も営口・錦州を根拠地としつつ、清国公使館付武官兼満州軍総司令部付として特別任務に当たっていた青木宣純大佐を補佐した。満州軍総司令部参謀に就任していた記録もあるが、上記の特別任務とどのように兼任していたかは不明。戦後は08年からドイツへ留学し、帰国後は11年7月から歩兵第11連隊清国派遣隊付将校として満州守備の任務に当たったが、健康上の問題から少佐で予備役に編入され、再起の機会なく残した。　　　　　　　　（中野弘喜）

(参考文献)　『東亜先覚志士記伝』下。

川島浪速 かわしまなにわ （慶応1.12.7(1866.1.23)-1949.6.14)

中国語通訳、大陸浪人、清朝の外国人教習。松本（長野県）出身。

榎本武揚等によって組織された興亜会の、西欧列強による圧迫からアジアを守るためには清朝・中国の滅亡を防がねばならないという主張に共鳴し、東京外国語学校で中国語を学ぶ。学校の教育内容の改変を機に中退して、1888（明治21）年、上海・天津等に遊ぶ。この間、清の海防状況に関する情報収集をしていた海軍軍人に同行して、約1ヶ月、江蘇・浙江等の海岸線や砲台の調査に就いた。また、中国東北部の実情調査等も行った。ロシアの侵攻が予想される中国東北部に長期間滞在して現地の住民に親しみ、馬賊を軍事力として糾合して実力を蓄積したのち、モンゴル東部とあわせて一国を建立しこれを基盤にロシア

と対抗し、日本と提携して中国を保全する、という戦略を描いた。上海に転じ、宗方小太郎・荒尾精・中西正樹等多くの同志と知り合う。89年、病を得て帰国する。

日清戦争で第２師団に通訳官として従軍し、山東・威海衛・台湾を転戦する。師団長には中途から乃木希典が着任。台湾において、戦わずして台湾義勇軍数万を帰順させるなどの交渉力を発揮して、世間の耳目を集めた。96年10月、乃木が台湾総督となった関係で、台中県巡察官等として活動するも、日本人植民地官憲の腐敗・暴政を厳しく批判し、これを嫌悪して辞職。帰国。

義和団事件が起こると、義和団鎮圧のための外国軍の主力として出動する同郷の福島安正から強引に要請され通訳官を務めた。事件後は、北京の治安維持に関与する。粛親王と親交を持ち、1914（大正３）年、その子金璧輝（川島芳子）を養女とする。のち、粛親王の他の子女も日本に呼び、養育する。また、治安維持活動の組織化に見せた手腕に注目した粛親王の求めに応じて、警視庁警部や日本陸軍の軍人の協力等を得て、北京警務学堂の総監として清の警察機構の整備、警察官の養成に当たった。大陸における日本の勢力拡張を画策する過程で、清の近代化に関与した。辛亥革命後、参謀本部と謀って粛親王の北京脱出を成功させ、彼を擁して日本の支援を受けるかたちでの清朝の復興を企図し、満蒙独立運動を起こしたが、日本政府の突然の中止命令によって、失敗。16年、第２次大隈重信内閣の反袁世凱政策のもとで、参謀本部等の支援のもと、第２次満蒙独立運動を行うも、政府の方針転換により挫折。35（昭和10）年４月、満州国皇帝溥儀が来日した際には、勅使が東京の川島邸につかわされた。戦後、49年、出生地長野県で病没。松本市木沢の正麟寺に墓がある。　　　　　　　（松本武彦）

（参考文献）『続対支回顧録』下、会田勉『川島浪速翁』（文粋閣、1936年、復刻版、大空社、1997年）、趙軍「川島浪速と清末警察制度の樹立―帝国主義者の侵略活動と近代開発の一例―」（『千葉商大紀要』39－３、2001年）。

川島芳子　かわしまよしこ（1907.5.24－1948.3.25）

清朝皇族、日本軍諜報員、清朝復辟活動家。北京出身。

清朝皇族で復辟派の中心人物の一人だった粛親王善耆の第14王女。本名は愛新覚羅顕玗、中国名は金璧輝。1913年粛親王の顧問だった川島浪速の養女となり日本名を芳子とし、15年（14年説もあり）に来日。跡見女学校を経て松本高等女学校に聴講生として通学（中退）。25年に断髪・男装を行う。27年にいわゆる「第２次満蒙独立運動」で戦死したバボージャブ（巴布札布）の次男カンジュルジャップ（甘珠爾扎布）と結婚するも３年で離別。

その後、満州事変前後より日本軍関係者との関係を深め、31年11月には板垣征四郎の指示で溥儀皇后婉容の天津から大連への脱出を幇助。また、田中隆吉の回想に拠れば、上海で田中の指示で、32年１月の第１次上海事変の契機となる上海日本人僧侶襲撃事件実行の諸手配を行ったとされる。さらに、33年には日本軍による熱河作戦時に現地で組織された熱河自警団（定国軍、安国軍）の総司令に就

かわしまれいじろう

任している。

この間の芳子の活動は新聞等のメディアでも取り上げられ、彼女をモデルとした小説『男装の麗人』(村松梢風著、33年4月刊)がベストセラーとなったことや映画や演劇の題材として取り上げられたこともあり、「東洋のマタハリ」等の呼称を伴い彼女の名は日本で広く知られることとなった。

一方、芳子自身は、日中戦争開戦前後あたりから日本軍から疎んじられる一方で、「日満親善」や「日支親善」から乖離する日本の中国政策の実態に対して批判的な発言をなすようになる。この状況の中、次第に日中関係の表舞台から遠ざかり、日中それぞれの有力者からの庇護を受けつつ生活を続けることとなる。45年11月、北京で国民政府により逮捕。漢奸として48年3月25日北京第1監獄で銃殺。なお、芳子の遺骨は日本人僧侶古川大航により同年9月養父川島浪速に届けられ、浪速と同じ松本市正鱗寺の川島家墓に葬られている。

(松重充浩)

(参考文献) 川島芳子(伊賀上茂)『動乱の蔭に：私の半生記』(時代社、1940年)、林杢兵衛編『川島芳子獄中記：川島芳子手記』(東京一陽社、1949年)、上坂冬子『男装の麗人・川島芳子伝』(文藝春秋、1984年)、園本琴音『孤独の王女川島芳子』(智書房、2004年)、寺尾紗穂『評伝川島芳子：男装のエトランゼ』(文春新書、2008年)。

川島令次郎 かわしまれいじろう (元治1.9.14(1864.10.14)－1947.11.22)

海軍軍人。金沢藩(石川県)出身。攻玉社を経て海軍兵学校(11期)に入る。1896年から4年半にわたり、イギリスで留学生、公使館付武官として過ごした。日露戦争では、「松島」「磐手」の艦長を歴任、「磐手」は最新鋭の装甲巡洋艦で、日本海海戦では上村長官の第2艦隊に所属し、連合艦隊の勝利に貢献した。戦役後は、軍令部参謀、海大校長を経て第3艦隊司令官を務めた。同艦隊は、中国大陸での事件勃発に伴う邦人保護を目的とした「南清艦隊」の名称を変更したものである。司令官の下には二人の参謀がいるだけという小機関であった。その後、水路部長を経たのち、第1次大戦が始まった1914年に旅順要港部司令官になった。同要港部はそれまでの「旅順鎮守府」を代えたもので、川島は最初の司令官であった。要港部は、旅順及び周辺海面の防禦・警備と軍需品の配給を任務にしたもので、鎮守府の権限が幾分縮小された。なお22年にはさらに防備隊に格下げされた。

(田中宏己)

河原操子 かわはらみさこ (1875.6.17－1945.3.21)

教育者。別称かわらみさおこ。長野県出身。松本藩藩儒を務めた河原家に生まれる。1894年長野県師範学校女子部を卒業、小学校教員を経て、東京女子高等師範学校に入学するも、病気のため98年に中途退学した。翌年長野県立高等女学校教諭となる。この頃講演のため長野県を訪れていた下田歌子と知り合い、中国女子教育に関心を持つに至る。1900年下田歌子の懇請により、犬養毅を名誉校長に仰ぐ横浜大同学校に転出、在日中国人の子女教育に従事した。02年上海の篤志家かつ教

育家であった呉懐疚（かいきゅう）の要請と下田歌子の推薦を受けて上海務本女学堂に赴任、同学堂において日本語・日本文・算術・音楽（唱歌）及び図画を担当する一方、寄宿舎では規律ある生活を実践して模範を示した。翌03年12月上海総領事小田切萬壽之助、北京公使内田康哉、同郷の志士川島浪速他の要請に応じて内モンゴルに赴き、カラチン王室の教育顧問となる。当初王室の子女教育に尽力、カラチン王室の信頼を得ると、内モンゴル最初の女子教育機関・毓正女学堂の創設、運営に関わった。開設時、女子教育に対する誤解と偏見により同学堂が不振を極めると、教育方針の変更を王室に提案、「学芸会と園遊会とを兼ねた催し事」から学堂教育を始めること、民衆の女子教育に対する理解を得たのち、日本語・国語（読み・書き）・算術・図画・音楽等の近代教科を教授することを勧めた。こうした女子教育に従事する一方、カラチン周辺のロシア情報を収集、これらを日本軍特別任務班に提供した。日露戦争後もしばらくカラチンに留まり女子教育に従事するも06年に帰国。その際、3名の女子留学生を帯同し、下田歌子が校長を務める実践女学校に入学させている。その後、横浜正金銀行ニューヨーク支店副支配人の一宮鈴太郎と結婚、およそ17年間夫の赴任地ニューヨークで暮らした。

（蔭山雅博）

（**参考文献**）　一宮操子『蒙古土産』（実業之友社、1909年）、福島貞子『日露戦争秘史中の河原操子』（婦女新聞社、1935年）。

河東碧梧桐　かわひがしへきごとう　（1873.2.26−1937.2.1）

俳人。本名秉五郎（へいごろう）。愛媛県出身。

正岡子規に師事し、子規没後は新聞『日本』の俳壇を引き継ぶ。のちに新傾向俳句運動を展開、自由律に進んだ。1918（大正7）年4月から約4ヶ月、中国を周遊。『日本及日本人』に「南方支那に遊ばんとす」（18年3月）、「支那大陸1〜18」（同年9月−）を掲載。紀行『支那に遊びて』（19年）を上梓。同書で中国の印象を日本に比し、「大きな輪郭と内容を持つた抱擁力を示してゐる」と述べる。「人種問題などをテンから考へずにゐたうつけさを自分で笑つた」「私の持つてゐるものと、支那で享けた印象とが、四十幾年ぶりかで始めてめぐり会つた肉親のやうにピタリと一つになつてしまふのだ。私は支那に抱き付いた」といった発言に、「支那に住みたい」と願った碧梧桐の、植民地政策や侵略主義の外で中国に寄せた「一図な丸出しな」愛着が露出する。

（渡部麻実）

（**参考文献**）　河東碧梧桐『支那に遊びて』（大阪屋號書店、1919年）、『河東碧梧桐全集』1〜20（予定）既刊18巻（短詩人連盟河東碧梧桐全集編纂室、2001年−）。

河辺虎四郎　かわべとらしろう　（1890.9.25−1960.6.25）

陸軍中将。兄河辺正一は、陸軍大将。富山県出身。

1912（明治45）年陸軍士官学校卒業（24期）、21（大正10）年陸軍大学校卒業。参謀本部やソ連大使館付武官等として勤務。34（昭和

9）年関東軍参謀として満州に駐在。日中戦争が勃発した37年7月には、参謀本部戦争指導課長の地位にあり、陸軍中央にあって戦争の不拡大路線を取り、陸軍兵力増派に反対した。ソ連の出方等を心配したことによる不拡大策の提唱であったと言われる。その後、参謀本部作戦課長（37年10月）に転じ、日中和平の実現こそが急務と考えたが、結局、河辺の作戦課は、南京を陥落させて強気になった政府に押しきられて、和平の機会を逸した。以後、河辺が作戦課長在職中は、中国に展開する日本軍は戦域不拡大策を取り続けたが、38年3月浜松飛行学校教官に転じると、事実上、陸軍中央内の不拡大派は一掃されて、戦域の拡大策へと転換したとされる。アジア太平洋戦争末期には、参謀次長を務め、戦争継続路線と講和路線との間にあって陸軍内の統制に気を配った。戦後は、GHQ歴史課に勤務した。
（山本智之）

（**参考文献**）河辺虎四郎『河辺虎四郎回想録―市ヶ谷台から市ヶ谷台へ―』（毎日新聞社、1979年）、保阪正康『陸軍良識派の研究―見落とされた昭和人物伝―』（光人社NF文庫、2005年）、波多野澄雄・戸部良一編『日中戦争の軍事的展開』（慶応義塾大学出版会、2006年）。

河辺正一 かわべまさかず （1886.12.5 – 1965.3.2）

陸軍軍人・陸軍大将。弟の虎四郎は終戦時の参謀次長で陸軍中将。富山県出身。

1907（明治40）年陸軍士官学校卒業（19期）、15（大正4）年陸軍大学校卒業。スイス等の海外駐在や教育総監部等に勤務。37（昭和12）年7月の盧溝橋事件発生時は、支那駐屯歩兵旅団長で、現地軍における当事者の一人であった。38年には中支那派遣軍参謀長等を務め、徐州作戦や武漢作戦の実施にかかわり、新たな戦域拡大策の推進者となった。41年第3軍司令官に就任し、85万人が動員された関特演にかかわった。42年支那派遣軍総参謀長に任命されたが、42年当時、陸軍中央が推進していた重慶進攻作戦（5号作戦）計画に対しては、河辺は反対であった。43年ビルマ方面軍司令官に就任したが、牟田口廉也第15軍司令官を信頼してインパール作戦の実施に賛成した。45年に大将に進級し、航空総軍司令官に任命され、敗戦をむかえた。（山本智之）

（**参考文献**）草地貞吾『将軍32人の「風貌」「姿勢」―私が仕えた回想の将軍たち―』（光人社、1992年）。

川村景明 かわむらかげあき （嘉永3.2.26(1850.4.8) – 1926.4.28）

元帥、陸軍大将、子爵。鹿児島出身。

薩摩藩士の3男。13歳で父と共に薩英戦争に従軍し、18歳で鳥羽伏見の役を闘う。明治2（1869）年4月に薩摩藩歩兵小隊小頭となる。同4年に御親兵創設に当たって差し出され、近衛兵への改編時もそのまま近衛歩兵第2大隊付となった。1874年広島鎮台付に異動し、76年歩兵第11連隊大隊長心得となり、萩の乱に鎮圧部隊として出征する。西南戦争では同大隊を率いて第3旅団（旅団長三浦梧楼）の幕下で闘う。戦後は歩兵第4連隊長、熊本鎮台参謀長、第6師団参謀長を経て、1889年に参謀本部第1局長に就任する。90年第8旅団長に就き、94年に近衛第1旅団長に

移って日清戦争に出征するも、旅順到着時に講和が成ったため台湾征討戦に投入される。95年末に凱旋すると第1師団長、のち第10師団長となる。日露戦争では独立第10師団として大孤山付近に上陸して北上し、のち第5師団と共に第4軍（司令官野津道貫）として編制され、遼陽・沙河会戦に臨んだ。翌年1月、奉天会戦を前に日本軍最右翼に鴨緑江軍が編制されるとその司令官となり、会戦の火ぶたを切る役を担う。攻城野戦の将として勇名を馳せた。戦後は軍事参議官、東京衛戍総督となり、在郷軍人会会長も務める。（斎藤聖二）

（参考文献）　『東亜先覚志士記伝』下。

川村竹治　かわむらたけじ　（明治4.7.17（1871.9.1）−1955.9.8）

内務官僚、満鉄社長、台湾総督。秋田県出身。

1897年東京帝大法科大学卒業。内務省や逓信省で経歴を重ねたのち、1909年に台湾総督府内務局長に就任。11年、原敬によって和歌山県知事に抜擢され、ついで香川・青森県知事、内務省警保局長等を歴任し、立憲政友会系の官僚政治家として重きをなしていく。その後、内閣拓殖局長官、内務次官を経て、22年に満鉄社長となり、職制の改正（弘報係新設）や社員教育の整備（鉄道教習所・育成学校の設立）等を行った。24年、加藤高明内閣成立に当たって満鉄社長を辞任。28年、田中義一内閣によって台湾総督に任じられ、内地延長主義の方針を取ると共に、日月潭電力工事を再開するなど積極的な産業開発を推進した。29年、浜口雄幸内閣によって台湾総督を更迭される。30年に霧社事件が起きた際には、総督府人事に欠陥があったとして浜口内閣の台湾統治方針を痛烈に批判した。（若月剛史）

（参考文献）　新山虎二『肚の人・川村竹治』（万里閣書房、1929年）、川村竹治『台湾の一年』（時事研究会、1930年、のちにゆまに書房から復刻）。

閑院宮載仁　かんいんのみやことひと　（慶応1.9.22（1865.11.10）−1945.5.20）

旧皇族。陸軍軍人。京都生まれ。

旧皇族の伏見宮邦家親王の16男。1894（明治27）年の日清戦争では第1軍司令部付となり陸軍大尉として鴨緑江渡河作戦に従軍し偵察の連絡将校を務めた。また1904年の日露戦争では騎兵第2旅団長となり陸軍少将として沙河作戦に従軍、本渓湖方面で騎兵として奮闘した。15（大正4）年には智恵子妃と共に台湾総督府開催の勧業共進会へ差遣され、26年には関東庁始政20年記念式臨席のため満州を訪問。この間、21年には皇太子裕仁（のち昭和天皇）の欧州外遊に随行した。31（昭和6）年に参謀総長となるが、陸軍の派閥抗争に関わって真崎甚三郎教育総監を更迭したため、皇道派青年将校らの怨嗟の対象となった。37年12月、天皇に南京攻略戦の経過を上奏、また戦勝報告のため靖国神社を参拝した。しかし、長引く戦局の中、天皇の不信感は高まり、統帥部内の齟齬もあって、40年に参謀総長を辞し、敗戦前に死去。「髭の元帥」と称された。（小田部雄次）

（参考文献）　閑院純仁『私の自序伝』（人物往来社、1966年）、小田部雄次『皇族』（中公新書、

2009年)。

神吉正一 かんきしょういち (1897.1.5 – 1964.8.17)

満州国等の外交官。東京出身。

第二高等学校を経て、東京帝国大学法学部卒。1919年高文行政科合格、外務省に入り、満州国に転じ、外交部政務司長、法制処長、総務庁次長兼外務局長等を歴任、治外法権撤廃、対欧州外交等の課題をかかえた満州国の外交を担当した。のち、民政部次長、間島省長・蒙古連合自治政府顧問等を経て第2次大戦後帰国、46年弁護士となったが、公職追放となり、51年解除された。　（久保田文次）

（参考文献） 中見立夫「満州国の外務省　その組織と人事」（江夏由樹他編『中国東北地域史研究の新視角』山川出版社、2005年）、森岡光博「満州国の対ヨーロッパ外交」（『成城法学』75～76号、2007年）、秦郁彦編『日本近現代人物履歴事典』（東京大学出版会、2002年）。

神田喜一郎 かんだきいちろう (1897.10.16 – 1984.4.10)

中国学者。号は鬯盦、書室を佞古書屋と称す。京都出身。

京都府立第一中学校、第三高等学校を経て、1921年、京都帝国大学文学部史学科支那史学専攻を卒業した。支那史学は東洋史学と平行して31年度まで置かれていた専攻で、卒業生は全部で6名である。卒業後、大学院に進むと共に大谷大学の教壇に立ち、26年に宮内省図書寮嘱託、29年に台北帝国大学助教授に任ぜられ、34年に同教授となり、文政学部東洋文学講座を担当した。28年に設立された台北帝大は文政・理農の2学部制で出発し、文政学部には哲学・史学・文学・政治学の4学科が置かれた。本土では「支那文学」と言った講座名が「東洋文学」とされたのは、植民地感情を考慮したためとされる。中国学関係ではこの講座が置かれただけで、専攻生は極めて少なかったらしい。34年から2年たらず、フランス・イギリスに留学し、当時、最先端の研究分野であった敦煌写本の研究等を行った。45年の日本敗戦と共に、台北帝大は中華民国に接収されるが、年初に帰京していた神田は同年末に法的に辞職し、翌年、再び大谷大学教授となった。48年、大阪商科大学教授に任ぜられ、翌年、同校が大阪市立大学に改編されると、それに伴って設けられた法文学部教授となった。52年、京都国立博物館館長となり、60年までその任にあった。その間、54年にはオランダのハーグで開催された、武力紛争の際の文化財保護条約採択のための政府間会議に日本政府代表団顧問として出席している。59年にフランス学士院よりスタニスラス・ジュリアン賞を受賞、72年に日本学士院会員となった。

京都の裕福な商家には時として、漢学の素養が深く書画典籍の蒐集に努め、詩文や書道に秀でて文物の鑑識に長じた文人学者を出すものがあった。祖父香巌は、京都帝室博物館の学芸委員に任ぜられたことからもうかがえるように、それら多方面に通じた人士であった。喜一郎の学問は、祖父の薫陶を受けてそのような伝統的学風を身につけたものだったので、特に「神田学」と称されることもある。

その業績は極めて広い範囲に及ぶが、和漢の学の接点、換言すれば漢学の基礎の上に日本学の問題を処理するところに独特の冴えを見せる。博士論文「支那訓詁学上より見たる日本書紀古訓攷証」(刊行書名は『日本書紀古訓攷証』)は音韻訓詁学の適用として重要であり、『中国書道史』(刊行はされたが、自身は未定稿とする)の体系は日本書道史にとって大きな意味を持つ。近世日本の填詞史を扱う『日本における中国文学』は日本の文学史の盲点をつく書で、石川淳により天下の奇書と評されたという。全集の名を冠する『神田喜一郎全集』全10巻は、網羅的なものとして計画されなかったので、つとに続編の作成を望む声が高かったものだが、まだ実現していない。貴重書を多く含むその蔵書は大谷大学に納められた。　　　　　　　　(狭間直樹)

(参考文献) 日比野丈夫「神田先生の学問―全集の刊行を喜ぶ―」(『同朋』64号、1983年)、「先学を語る―神田喜一郎先生―」(『東方学』73輯、1987年)、磯佳和編著『神田喜一郎博士著書目録』(私家版、2002年)。

神田正雄 かんだまさお (1879.3.18－1961.8.2)
新聞記者、政治家。栃木県出身。

宮城県立農学校を経て、東京専門学校(現早稲田大学)政経科に進み1901年卒業。この間中国からの改革派留学生との交流も深めたという。卒業後はその関係もあって、3年間、四川の教育顧問として過ごしたが、その後は世界情勢・中国情勢を把握せんとして、コロンビア大学、オックスフォード大学でそれぞれアジア研究の動向を追った。帰国後は大阪朝日新聞北京特派員として再び中国に渡り(09年)、以後、10年間その職にあった。その間に日中の要人との関係を深め、日中関係に少なからず影響を及ぼしたと考えられる。この間の彼の動きについては『続対支回顧録』に多くのエピソードが紹介されているが、例えば、汪兆銘を救ったエピソードや袁世凱との会談、袁及び大隈重信への意見書等は興味深い。また、特派員・記者としての彼は、「21ヶ条要求」をめぐる取材で注目されている。彼は交渉が大詰めを迎えた4月24日から5月6日の間、東京朝日新聞に「日支交渉側面観」を立て続けに発表している。そこでは日本政府の準備不足や交渉の稚拙さが批判されている。東京朝日新聞に移ったのちは、支那課長、政治部長、外報部長、編集委員を歴任するが、24年朝日を辞して衆議院議員となると、28年にも出馬して再選する。その間海外社を創立して社長兼主筆として活躍した。中国に関わる神田の著作としては、『満蒙を廻りて』『動き行く台湾』等。(久保田善丈)

(参考文献) 山本忠士「大正期日本の海外特派員報道―「21か条要求」交渉と東京朝日新聞を中心に―」(『日本大学大学院総合社会情報研究科紀要』4、2003年)、『新聞人名辞典』(日本図書センター、1988年)。

菅野正男 かんのまさお (1920.2－1941.5.19)
日中戦争時の満蒙開拓団員。作家。岩手県出身。

高等小学校卒業後、農業に従事しながら青年学校で学ぶ。1938(昭和13)年第1回「満蒙開拓青少年義勇軍」に応募して入隊。内原

訓練所を経て渡満。嫩江(のんこう)訓練所で1年間の課程を終え、39年ハルビン近郊の哈川(はせん)訓練所に移る。宿舎の建設から開墾・農耕まで酷寒の厳しい環境の中で苦闘。「理想農村を大陸の一角にうちたてよう」という夢を追いつつ日夜農耕に励むかたわら、開墾・農耕の体験を綴った農民文学作品を多数発表。39年11月一時帰国して東京中央放送局から現地報告を放送。41年現地で病死。代表作『土と戦ふ』(満州移住協会、43年)は45版を重ねた。「義勇隊便り」(『新岩手日報』)、「春を迎へて」(『満州日日新聞』)、「農耕班」(『アサヒグラフ』)等の作品もある。　　　　　(藤井昇三)

　(**参考文献**)　菅野正男『開拓地の春』(満州移住協会、1942年)。

き

儀我誠也 ぎがせいや　(1888.11.11－1938.1.24)

陸軍軍人。大阪府出身。

陸軍士官学校第21期卒。陸軍大学校第30期卒。1923(大正12)年12月参謀本部付として張作霖の軍事顧問に就任。28(昭和3)年6月、北京から撤退する張の特別列車車両に同乗し、爆殺事件に遭遇。張没後は学良の顧問となる。翌年帰国。33－35年5月、関東軍司令部付でチチハル特務機関長、山海関特務機関長。主要任務は、塘沽協定に対する中国の違反行為監視と、華北での親日・親満州国勢力拡大、国民政府との交渉であった。35年8月、再び帰国し歩兵第30連隊長となったが、37年8月に、同隊が満州駐屯となり、さらに自身が支那駐屯軍司令部付で唐山、次いで天津の特務機関長に就任。天津市政府に親日分子を招集する工作に従事するかたわら、北平市政府の成立に関与。38年天津で没後、少将に進級。　　　　　　　　　(澁谷由里)

　(**参考文献**)　内田尚孝「『梅津何応欽協定』再考―日中関係史の視点から―」(『アジア研究』50巻1号、2004年)。

菊池　寛 きくちかん　(1888.12.26－1948.3.6)

小説家。劇作家。本名寛(ひろし)。香川県高松市生れ。

第一高等学校中退後、1916年京都大学英文科卒。一高時代の同期生芥川龍之介・久米正雄・山本有三・土屋文明らと第3次『新思潮』を創刊。第4次『新思潮』に戯曲「父帰る」を発表したが認められず、『時事新報』社会部記者として働きながら執筆した「忠直卿行状記」(18年)「恩讐の彼方に」(19年)で小説家として認められ、20年秋「父帰る」が市川猿之助によって上演されて評判となり戯曲家としても認められた。20年6－12月『大阪毎日新聞』に「真珠夫人」を連載、人気を博し新聞小説に新風を吹き込む。23年雑誌『文芸春秋』を創刊。26年には劇作家協会と小説家協会を合併して作家の相互扶助機関文芸家協会を組織。国家総動員法の下、38年8月、10月末の漢口総攻撃を前に戦意高揚のため内閣情報局が文芸家協会に人気作家の従軍を要請、会長の菊池が中心となり陸軍班14名、海軍班8名の「ペン部隊」を結成。9月陸軍班、10月菊池を含む海軍班が漢口に向け出発し従軍報告を毎日・朝日二大紙に発表。42年日本文学報国会創立総会議長、大東亜文学者大会日本代表などの歴任による戦争協力によ

木口小平 きぐちこへい （明治5.8.8（1872.9.10）－1894.7.29）

陸軍2等卒。岡山県出身。

1892年に広島第5師団（師団長野津道貫）第9旅団（旅団長大島義昌）歩兵第21連隊に入営する。日清戦争は同旅団を中心にした混成旅団を初期派兵部隊にすることで開始されたが、その一員として第21連隊（連隊長武田秀山）第3大隊（大隊長古志正綱）第12中隊（中隊長松崎直臣）の喇叭手に任じられて出征する。成歓の闘いの右翼隊に属したが、雨で行軍が思うに任せず、徴用した朝鮮人夫や駄馬の大半も逃亡したため古志大隊長は自責の念にかられて割腹自決する事態となる。その後、前衛部隊が清国軍の攻撃を受けて中隊長まで戦死し部隊は混乱に陥った。武田連隊長は3個中隊で敵左翼への突撃を命じ、なんとか清国軍部隊を敗走させることに成功する。その時突撃喇叭を吹いていたところを胸部に被弾し、ほぼ即死の状態で戦死した。一般兵卒の愛国心と戦意の高揚を図る目的で、死んでも口から喇叭を離さなかった、小銃を杖に起き上がり喇叭を吹き続けた等の美談が作られた。ただし当初その喇叭手は白神源次郎とされた。後日白神は同日戦死した元喇叭手で第5師団の誤認による人違いと判明し、1904年の尋常小学校修身の教科書に載せられたことで誤りが訂正された。　　　　（斎藤聖二）

菊池武夫 きくちたけお （1875.7.23－1955.12.1）

陸軍軍人、政治家。宮崎県出身。

男爵菊池武臣の嗣子。菊池家は南朝の忠臣に連なるとされる。右翼団体国本社に属し、国体明徴運動の際には天皇機関説排撃の先頭に立ったことで有名。北京守備隊長在任時に辛亥革命に遭遇し、粛親王の北京脱出を助けるなど、参謀本部の意を受けて満蒙独立運動に関与した。1914（大正3）年9月から奉天将軍段芝貴の軍事顧問。段の失脚後は引続き代理将軍張作霖の軍事顧問となり、第2次満蒙独立運動に関与した。袁世凱の死後は日本に帰国し、奉天特務機関長として1925年に再度渡満。郭松齢反乱の際には張作霖援助を求めて白川義則関東軍司令官と対立したが、第2次加藤高明内閣が張作霖援助の態度を鮮明にしたために関東軍は方針を転換、菊池は討郭軍を援助した。政治家としての言動が注目されがちだが、日露戦後の大陸政策に現地で深く関与した陸軍軍人であり、その方面からの研究が待たれる。　　　　（中野弘喜）

（**参考文献**）『菊池武夫伝』（西米良村、1976年）。

菊池貞二 きくちていじ （1884.6.1－没年不詳）

ジャーナリスト。別名傲霜庵。宮城県出身。

1908（明治41）年に上海の東亜同文書院を卒業し、奉天の盛京時報社に就職。『盛京時報』は中島真雄が1906年10月に創刊した中国語新聞である。外務省記録『清国ニ於ケル新聞紙ニ関スル調査』によれば、当初より同社は経営難に陥り、外務省からの年間3000～6000円の補助金により社業を維持していた。

って、戦後、公職追放となり、解除を見ないまま狭心症のため死去した。　　　　（吉川豊子）

ところが、26年5月に『時事新報』上海特派員の佐原篤介が社長に就任すると、経営は次第に安定していった。同年11月には、満鉄と外務省が株式を引受け株式会社となった。32年8月に佐原が死去すると、副社長の染谷保蔵が社長に昇格し、終戦を迎えるまでその任にあった。菊池は、1920年代から30年代前半に『盛京時報』の主筆として活躍し、36年には関東局施政30周年記念に地方自治功労者として表彰された。 　　　　　　　　（白田拓郎）

（**参考文献**） 中下正治『新聞にみる日中関係史』（研文出版、1996年）。

菊池良一 きくち りょういち （1879.10.1 － 1945.2.25）

弁護士、衆議院議員。青森県出身。

父は弘前市長・山形県知事を歴任した菊池九郎、山田良政・純三郎は従兄弟。1908（明治41）年京都帝大法科大学卒。中国との貿易やボルネオ物産商会代表等の実業に従事したほか、弁護士を務める。15年以来衆議院議員（憲政会・民政党所属）として当選7回。

亀井陸良順天時報社長が同志と起こした日支国民協会に宮崎滔天・萱野長知・山田純三郎らと共に参加。辛亥革命期に孫文と知り合い、13年孫の来日時には各地に随行、同年孫文亡命後も中華革命党結成に協力、犬養毅等との連絡にあたった。18年孫文と頭山満・宮崎滔天・水野梅暁らが箱根で行った会談に出席。24年孫文の最後の来日時には神戸の宿泊先で山田純三郎と共に応接にあたった。25年孫文逝去時には北京に駆けつけ、29年孫文の南京への移霊祭にも参加した。孫文死後は北伐時の26年、27年頃から34年夏までの間蔣介石に会い、抗日根絶の困難さと蔣の苦衷を理解しながらも、「暴支膺懲」を語った。

　　　　　　　　　　　　　（武井義和）

（**参考文献**）『東奥日報』（1937年4月9日）、『議会制度七十年史 衆議院議員名鑑』（衆議院・参議院編、大蔵省印刷局発行、1962年）、『日中提携してアジアを興す』（志学会、2000年）、上村希美雄『宮崎兄弟伝 完結編』（『宮崎兄弟伝完結編』刊行会、2004年）。

木越安綱 きごし やすつな （嘉永7.3.25（1854.4.22）－ 1932.3.26）

陸軍中将、男爵。金沢（石川県）出身。

金沢藩士の次男。1873年に教導団に入り、翌年熊本鎮台付となる。75年に陸軍士官学校1期生として入学する（旧1期）。同期に石本新六・伏見宮貞愛親王がいる。在学中に西南戦争に出征して可愛嶽で負傷した。82年から田村怡與造と共にドイツに留学する。86年に帰国すると陸大教授心得、参謀本部第1局員、監軍部参謀、近衛連隊付、戸山学校教官、第3師団（師団長桂太郎）参謀を歴任し、第3師団参謀長心得として第1軍（司令官山県有朋）幕下において日清戦争に出征する。戦中に正規の参謀長となり凱旋した。97年陸軍省軍務局軍事課長に就き、翌年石本と共に士官学校出身者として最初の少将となる。台湾軍補給廠長に就いたのち、台湾総督府陸軍参謀長に転じて福建省を調査し、対岸用兵計画を立案した。1900年4月に桂陸軍大臣下の陸軍省軍務局長に就任するが、その計画案は厦門事件時に運用されたとされる。01年に第23

旅団長となり、日露戦争は第1軍（司令官山県有朋）第12師団（師団長井上光）隷下で先遣部隊として仁川に上陸し、歴戦を闘い抜いた。のち第4軍（司令官野津道貫）幕下の第5師団長となって黒溝台会戦・奉天会戦を闘う。戦後第6師団長、第1師団長を経て12年に第3次桂内閣の陸軍大臣に就任し、大正政変で内閣瓦解後も山本権兵衛内閣で留任する。13年6月に軍部大臣現役武官制改正問題で辞任する。後備役編入後、20年に貴族院議員となる。　　　　　　　　　　（斎藤聖二）

（参考文献）『対支回顧録』下、鵜崎熊吉『薩の海軍・長の陸軍』（政教社、1911年）。

岸田吟香 きしだぎんこう（天保4.4.28(1833.6.15)－1905.6.7）

実業家。洋画家岸田劉生の父。美作（岡山県）出身。

幕末に美作から江戸へ出て学問を志し、目を悪くして横浜在住の宣教師・医師であったヘボンの治療を受ける。その後ヘボンの施療所で眼病治療を手伝う中で目薬の調合を身につけ、慶応3（1867）年「精錡水」として製造販売を始めた。またこの間、ヘボンの和英・英和辞書編集に協力し、印刷のため66年ヘボンと共に上海に渡航、辞書は67年『和英語林集成』として出版された。この上海滞在中に岸田が記したのが「呉淞日記」である。

明治維新後の73年、主筆として東京日日新聞社に入社し、翌74年の台湾出兵では同社の従軍記者として同行。岸田の従軍報は「台湾信報」としてしばしば『東京日日新聞』に掲載されたが、熱病のため帰国を余儀なくされる。75年精錡水販売店として東京銀座に楽善堂を開設し、80年その支店を上海イギリス租界に設け、清国へ本格的に進出した。85年には荒尾精を支援するかたちで漢口にも楽善堂支店が置かれた。

一方、80年に結成された興亜会の議員に81年4月就任し、95年には亜細亜協会（83年興亜会を改称）の特別評議員に選任されたほか、出版・著述活動も行い、80年の渡清時に版権を得て持ち帰った朱欽山著『詩法纂論』や、ウィリアム・マーチン漢訳『公報全通』（全5巻）等の書籍を81年に、岸田自らが記した『清国地誌』（全3巻）を82年に、『唫香閣叢書』を85年にそれぞれ出版した。83年には俞曲園から『東瀛詩選』等の日本での一手販売権を得ている。また、84年の渡清時には『朝野新聞』に「呉中紀行」や「蘇州紀行」等の紀行記事や、「吟道人」の筆名で記した「清仏戦争」に関する記事等を寄稿している。

88年渡清した際には清国の文人たちに呼びかけて「玉蘭吟社」を上海に設立、文人たちとの交流を図った。98年11月近衛篤麿を会長とする東亜同文会が結成されると、会員として名を連ねた。　　　　　　　　（武井義和）

（参考文献）杉浦正『岸田吟香―資料から見たその一生―』（汲古書院、1996年）。

岸田国士 きしだくにお（1890.11.2－1954.3.5）

劇作家。東京出身。

陸軍幼年学校・陸軍士官学校を卒業して少尉に任官したが、文学を志して軍人をやめ、東京帝国大学仏文科選科生として学ぶ。1920年パリに至り演劇史の研究に従い23年に帰国。

38年明治大学文芸科長となる。10月文芸春秋社の特派員として北支戦線を視察した。「北支物情」を書き、『文芸春秋』に連載した。戦争そのものではなく、見聞した中国大陸の印象や、現地で会った人物について記したもの。戦争についての報道のあり方についても感想を述べている。 　　　　　　（阿部　猛）

(参考文献)　『岸田国士全集』（岩波書店、1989年）

岸　信介　きしのぶすけ　（1896.11.13 – 1987.8.7）
商工官僚、政治家。山口県出身。

商工官僚から満州国官僚を経て東条内閣時代の商工大臣、戦後は、戦犯を免れて内閣総理大臣として戦後保守政治をリードした。

東京帝国大学法科大学卒業後農商務省に入省、25年に農商務省が農林省と商工省に分離すると商工省に所属、1920年代は産業合理化問題に取り組んだ。26年英・米・独に出張、合理化の実態を視察。30年には26年に続く2度目の欧州出張で合理化問題を研究、帰国後は臨時産業合理局事務官として重要産業統制法の立案と実施に重要な役割を演じた。32年商工局工政課長、35年工務局長。その間29年には官吏1割減俸に対して減俸反対運動を展開して「商工省に岸あり」と言わしめ、革新官僚のリーダーとして頭角を現わし始めた。また統制経済に着目、その法制についても研究を重ねた。36年には商工省を辞して満州国に渡り実業部次長として、「満州産業開発五カ年計画」推進の中心的人物として、満州の重工業化計画を推し進めた。39年には帰国し、商工事務次官を経て、41年には東条内閣のもとで商工大臣を務めて、日本勢力圏内の軍事工業化の推進者として活動した。

45年の敗戦と同時にA級戦犯容疑者として巣鴨拘置所に収監されたが、極東国際軍事裁判で不起訴となり48年暮に釈放された。その後52年に公職追放解除を受けると政治活動に復帰して、同年日本再建連盟を組織。これを基盤に選挙活動を展開するも敗北に終わり、53年には自由党に入党し、衆議院議員に当選、54年には民主党の幹事長に就任した。その後自由党と民主党の保守合同を推し進めるに当たって積極的役割を演じ、55年自由民主党の誕生と共に幹事長に就任した。56年には自由民主党の総裁選に立候補するが石橋湛山に敗れた。石橋内閣発足と共に副総理格で外務大臣に就任した。ところが1ヶ月後の57年年頭石橋が病気のため岸が代行、2月には岸内閣が発足した。首相に就任すると東南アジア歴訪の旅に出発し、懸案だった東南アジア賠償を実現し、東南アジア市場を取り込んだ輸出主導の高度成長政策を実施した。国内政治では日米安保条約の改定を強行。国民の間から反対運動が巻き起こり、60年安保闘争が展開された。激しい反対運動の中で安保改定が自然承認され、60年7月安保改定後に総辞職した。その後は、政界の実力者として隠然たる勢力を持ち、中華民国・台湾との提携や自主憲法制定国民会議議長等を務めてタカ派のリーダーとして活動し、「昭和の妖怪」と別称された。 　　　　　　（小林英夫）

(参考文献)　小林英夫『「昭和」をつくった男：石原莞爾、北一輝、そして岸信介』（ビジネス社、2006年）、原彬久『岸信介』（岩波新書、

1995年)。

貴志弥次郎 きしやじろう （1873.6.26－1938.1.27）
陸軍軍人。和歌山県出身。

1895年2月に陸軍士官学校を卒業。陸軍大学校在校中の1904年2月、日露開戦によって歩兵第20連隊長として出征。翌年7月には第3軍参謀となる。09年に東三省総督に招聘される。第1次大戦勃発直後の14年8月に支那駐屯軍司令部付（翌年11月より青島守備軍付）となり、済南にて情報収集活動に当たる。大戦後の20年5月には奉天特務機関長となる。24年8月に下関要塞司令官、25年5月に予備役編入となり軍職を退く。　　　　（加藤聖文）

(参考文献)『続対支回顧録』下。

北　一輝 きたいっき （1883.4.3－1937.8.19）
思想家。大正から昭和初期の国家主義運動指導者。本名輝次郎。新潟県出身。

自由民権運動が盛んであった佐渡に育つ。日露戦争勝利の栄光と共に講和条約への不満が渦巻いていた1906年、23歳の若さで『国体論及び純正社会主義』を自費出版し、独特の国体論解釈に基づく社会民主主義を展開、「東洋のルソー、明治の頼山陽」と絶賛される反面、東京日々新聞等からは「言語不謹慎」を激しく攻撃され発禁処分を受けた。

失意の北は、宮崎滔天や萱野長知等の革命評論社に暖かく迎えられたことから中国革命に参加することになる。中国革命同盟会に加入し、その後援者であった内田良平を通じて黒龍会とも関係を持った。11年に勃発した辛亥革命に際しては、黒龍会から派遣されて中国に渡り、上海・武昌・南京と、特に宋教仁のそばにあって、日本の駐在武官本庄繁少佐等との連絡に当たり革命を助けた。12年に中華民国臨時政府の大総統となった孫文が、北方軍閥の袁世凱にその地位を譲り、袁が北京で大総統になり実質的に革命の成果を奪ったのを見ると、北は袁のみならず孫文に対しても強い反感を抱いた。その後、革命派が、同盟会を改組して国民党を組織、12年12月及び13年2月の国会議員選挙で圧勝、その中心にいた宋教仁が袁大総統に招かれ、次期首班候補として北京に赴き暗殺に倒れると、多くの証拠が袁による暗殺を示していたにもかかわらず、北は袁と共に孫文を暗殺犯人と主張して止まず、ついに日本政府（駐上海総領事）から3年間の中国退去処分を受けた。

帰国した北は政府要路者に中国革命を説明する建白書を執筆するが、日本が第1次大戦に参戦し、15年1月、袁世凱政府に「対華21ヶ条」を突きつけるとこれには徹底して反対、それまでの建白書をまとめた『支那革命外史』では日本の外交革命を主張するに至った。中国の革命と日本の外交革命が不可分の関係にあると主張したのである。中国退去処分が解け、再度、中国に渡った北は、19年、五四運動で燃えさかる排日気運の上海にあって「ヴェルサイユ会議に対する最高判決」を執筆、引き続き日本の革命綱領となる『国家改造案原理大綱』を書いたが、その執筆最中、「日本が革命になる、中国より日本が危いから帰国しろ」と大川周明が迎えに来る。20年に帰国した北は大川や満川亀太郎の作った猶存社に入って国家改造運動の中心的存在とな

北のめざした国家改造は、国民統合の中心である天皇を革命原理として戒厳令を敷き、軍隊の威圧のもとに、一定の限度を越える私有財産及び私人生産業を国有にすることで国家社会主義を達成しようというもので、20年代から30年代にかけての昭和維新運動の中心的な指導原理となった。北の理論は、特に青年将校たちに強い影響を与えていたため、36年、2・26事件後、事件の首謀者として処刑された。　　　　　　　　　（野村乙二朗）

　（参考文献）『北一輝著作集』全3巻（みすず書房、1959・72年）、松本健一『評伝北一輝』全5巻（岩波書店、2004年）。

北方心泉　きたかたしんせん　（嘉永3.4.28（1850.6.8）－1905.7.28）

　僧侶・書家。加賀（石川県）の人。

　真宗大谷派（東本願寺）常福寺（金沢）の第14世住職。名は祐必のち蒙、号は心泉・雲迸・小雨・月荘・文字禅室・聴松閣・酒肉和尚等。石川舜台の慎憲塾、松本白華の遙及社、成島柳北の翻訳局等で学ぶ。1877年から83年まで清国布教のため上海別院に勤務する。この間、日本人537人のべ5319首の漢詩を採録した兪樾撰『東瀛詩選』の編纂に岸田吟香と共に関わり、清末文人たちと交流を深める。98年再び渡清し、東本願寺が南京に設立した学校、金陵東文学堂の堂長を務める。一般には明治を代表する書家の一人で、北派書風を楊守敬とは別にわが国に紹介したことで知られる。1890年第3回内国勧業博覧会に出品・入賞、以後日下部鳴鶴・巌谷一六・中林梧竹らと交流する。弟子に細野燕台・桑名鉄城等がいる。　　　　　　　　（川邉雄大）

　（参考文献） 本岡三郎『北方心泉　人と芸術』（二玄社、1982年）。

北里柴三郎　きたさとしばさぶろう　（嘉永5.12.20（1853.1.29）－1931.6.13）

　医学者。熊本出身。

　藩校時習館から熊本医学校、東京医学校に学ぶ。1884年内務省衛生局に入り、翌年からドイツに留学、ロベルト・コッホの下で破傷風菌の培養に成功、毒素を注入し抗体を生じさせる血清療法を開発し、一躍有名となる。90年帰国、東京帝大と対立し、伝染病研究所（大日本私立衛生会附属、のちに内務省に移管され国立）所長。1914年北里の反対をおし切って伝染病研究所が東京帝大に移管されると、北里やその一門の研究者は北里研究所を創設、のちに、慶応義塾大学に医学部を開設した。この間、1894年香港でペストの研究を進め、1902年には近衛篤麿等と組織した東亜同文医会（01年）をもとに同仁会を組織し、中国や朝鮮に病院を設置した。11年奉天（現瀋陽）で開催された国際ペスト会議に参加。また、高木友枝（台湾総督府研究所衛生部、のちに、中央研究所衛生部）や金井章次（満鉄衛生研究所）等、近代日本の植民地医学・帝国医療を支えるキィ・パーソンを養成した。

　　　　　　　　　　　　　　　（飯島　渉）

　（参考文献）　北里柴三郎論説集編集委員会編『北里柴三郎論説集』（北里研究所、1978年）、飯島渉『マラリアと帝国』（東京大学出版会、2005年）。

北沢直吉 きたざわなおきち （1901.9.25－1981.7.19）
外交官。衆議院議員。茨城県出身。

1925年、東京商科大学卒業後、外交官試験に合格し入省。米国在勤となり、プリンストン大学大学院で学び、29年には『日本政治』（The Government of Japan）をプリンストン大学出版会から刊行している。31年から亜細亜局に勤務後、再び米国在勤。37年の第2次上海事件後、揚子江で日本軍によって米艦パネー号が撃沈されたとの報に接すると、本省の訓令を待たずに早急に陳謝するよう斎藤博大使に進言し、事態の拡大を防いだ。41年初頭から中華民国大使館（北京）に在勤。日米開戦後の42年9月、アジア占領地に対する施策の統一のため大東亜省設置が問題化した際、同省の設置は大東亜諸国を属国扱いするものなりとの印象を与え、対日協力心を減退させ、戦争遂行に重大なる影響を及ぼすこと、たとえ設置されても、「国策の根本は武力行使と並行し漢民族其の他大東亜民族の人心把握することに置き無理押政策を排除する方針を確立すること」、同省大臣を外務大臣兼任とし、外務省出身者を幹部に配置し、外務省の影響力を実質的に保持する必要を進言している。43年8月、大使館参事官としてビルマ（現ミャンマー）に赴任し、終戦後のバーモウの亡命に一役を買い、巣鴨拘置所に拘留された。47年に退官し、49年から76年の間、断続的に計20年余り衆議院議員を務めた。著書に『米国現代の民主政治』（霞ヶ関会、1948年）。

（波多野澄雄）

北白川宮能久 きたしらかわのみやよしひさ （弘化4.2.16(1847.4.1)－1895.10.28）
旧皇族。陸軍軍人。京都生まれ。

旧皇族の伏見宮邦家親王の9男。公現親王と称した戊辰戦争当時、幕府方が擁立したが、情勢不利で、伏見宮預けとなった。許されて、ドイツ留学中の明治5（1872）年に北白川宮家を継承。留学先でドイツの男爵令嬢と婚約、国際結婚の勅許を求めて岩倉具視ら天皇側近を驚かせた。帰国後、1894（明治27）年の日清戦争に陸軍中将として旅順に出征。台湾接収に際しては近衛師団長として基隆に上陸、夏場の山岳地帯等の難所を進軍した。台北から台南に向かう途次、露営しながら転戦し、下痢・発熱・悪寒・腰痛に襲われた。キニーネ等の投薬を受けながら台南に着したが、看護の甲斐なく死去。死後、豊島岡御陵に葬られる。台湾でも台湾神社（台湾神宮・跡地は現在の圓山大飯店）や台南神社が創建され、台湾各地に「御魂」が祀られた。1940（昭和15）年9月4日に中国張家口の飛行機事故で急逝した孫の北白川永久（駐蒙軍参謀）と共に、戦後は靖国神社に合祀された。

（小田部雄次）

(参考文献) 東京偕行社内棠陰会編『能久親王事蹟』（春陽堂、1908年、のち森鷗外『鷗外歴史文学集 第1巻』岩波書店、2001年所収）、宮内庁『明治天皇紀』全12巻（吉川弘文館、1968－75年）、広岡裕児『皇族』（読売新聞社、1998年）、小田部雄次『皇族』（中公新書、2009年）。

喜多誠一 きたせいいち （1886.12.20－1947.6.7）
陸軍軍人・陸軍大将。滋賀県出身。

1907（明治40）年陸軍士官学校卒業（19期）。19（大正8）年陸軍大学校卒業。参謀本部付として中国で勤務し、南京等に駐在。32（昭和7）年上海派遣軍情報参謀に任命されて、第1次上海事変の対応に当たる。同年、関東軍参謀に就任した。34年参謀本部支那課長に任命されて支那駐屯軍の増員を主張している。36年には支那公使館付武官に任命される。日中戦争が始まると、北支那方面軍特務部長（37年9月）に任命されたが、特に華北の日本軍占領地の円滑な支配のために傀儡政権の樹立に奔走し、中華民国臨時政府の結成に貢献した。その後、興亜院華北連絡部長官等に就任したが、関東軍第1方面軍司令官在職時に敗戦を迎え、シベリアに抑留されて、病死した。喜多は、陸軍きっての「支那通」の軍人として評価されている。　　（山本智之）

（参考文献）　戸部良一『日本陸軍と中国──「支那通」にみる夢と蹉跌──』（講談社選書メチエ、1999年）、波多野澄雄・戸部良一編『日中戦争の軍事的展開』（慶応義塾大学出版会、2006年）、半藤一利・横山恵一・秦郁彦・原剛『歴代陸軍大将全覧昭和篇／太平洋戦争期』（中公新書ラクレ、2010年）。

喜多又蔵　きたまたぞう　（1877.9.11－1932.1.1）
実業家。奈良県出身。

1894（明治27）大阪高等商業学校卒業後、日本綿花株式会社に入社、孟買への出張を皮切りに中国各地を転任し、綿布輸出の促進に尽力した。1909年日本綿花同業会会長、10年日本綿花株式会社取締役に就任。18年日華紡織社長、東亜興業社長、20年日華生命保険役員を務める。日中親善の実行機関である日華実業協会発起人の一人。メリヤス・紡績といっう戦前日本の代表的な商品を扱う業界を率いた関西財界の重鎮として渋沢栄一・和田豊治・孫文・張作霖をはじめ内外に広い人脈を持ち、スケールの大きい国家社会的な観点から華中での紡績・棉花の発展に尽力し、経済協力を通じての日中親善を訴えた。文化交流にも熱心で東亜同文会評議員。　（木村昌人）

（参考文献）　大岡破挫魔編『喜多又蔵君伝』（日本綿花株式会社、1933年）、東亜文化研究所編『東亜同文会史』（霞山会、1988年）。

木戸幸一　きどこういち　（1889.7.18－1977.4.6）
宮中官僚。木戸孝允の孫。妻ツルは児玉源太郎の娘。侯爵。東京出身。

1915年2月、京都帝大法科大学を卒業後、農商務省に入省。17年からは貴族院議員も務める。

30年10月商工省を辞し、内大臣秘書官長に就任。31年の満州事変勃発の際には、近衛文麿や岡部長景・原田熊雄ら若手華族と共に情報を収集し、重臣会議の開催によって事態の打開を図ろうとする牧野伸顕内大臣らの構想に消極的な姿勢を示した。その後も、上海事変や満州国承認、国際連盟脱退等の際に、近衛らの人脈を通じて情報を収集し、その内容を牧野内大臣に伝えている。36年6月、内大臣秘書官長を辞任。37年10月、第1次近衛文麿内閣に文相として入閣。翌38年1月には厚相を兼任した（同年5月に厚相専任）。同内閣では近衛を支え続け、38年9月7日には、「国民政府ヲ対手トセズ」の声明によって断

たれた蔣介石との交渉を復活させるために自らは責任を取って辞任する意向をもらした近衛に対して翻意を促した。また、同年12月には、再度辞意をもらした近衛に対して、汪兆銘の重慶脱出に配慮して踏み止まるよう説得している。39年1月発足の平沼騏一郎内閣に内相として入閣。日独伊三国軍事同盟締結問題について閣内で対立が生じた際に、日中戦争の処理に与える影響が甚大であるとして、平沼首相や米内光政海相らに同盟不成立の不利を力説した。

　40年6月、病気で辞任した湯浅倉平の後任として内大臣に就任する。以後、第2次近衛から幣原喜重郎の各内閣の成立に関与すると共に、太平洋戦争の開戦・終戦に当たっては側近として昭和天皇を補佐した。戦後A級戦犯として極東国際軍事裁判で裁かれ、終身刑の判決を受けた。　　　　　（若月剛史）

　(参考文献)　木戸日記研究会編集校訂『木戸幸一日記』上・下（東京大学出版会、1966年）、同会編『木戸幸一関係文書』（東京大学出版会、1966年）。

木戸孝允 きど たかよし （天保4.6.26(1833.8.11)−1977.5.26)

　幕末維新期の中心的政治家、西郷隆盛・大久保利通とともに「維新の三傑」と言われる。長州萩藩（現山口県）の藩医の和田家に生まれ、桂家の養子となる。通称は小五郎、号は松菊。吉田松陰に学ぶ。のち、木戸に改姓。長州藩尊皇攘夷派のリーダーとして京都・江戸で奔走。王政復古を実現、五箇条の誓文案を起草、版籍奉還・廃藩置県を断行し、参議等の官職への在否にかかわらず、長州系の代表として政治の中枢にあった。対外策では、維新前後は朝鮮出兵論者で中国・朝鮮への使節を申し出るほどであった。岩倉具視の使節団に大久保とともに全権副使として加わり、欧米を歴訪、近代化推進のために内治を優先すべきと認識して、73年帰国した。同年、岩倉・大久保・伊藤博文と連携して、征韓論に反対、中止に追い込んだ。翌年、大久保・岩倉・大隈重信・西郷従道が進めた台湾出兵にも反対して、参議を辞した。以後立憲政体漸次採用の方向に努力した。78年西南戦争時には内閣顧問として天皇に随行、京都で、三条・大久保・伊藤等と枢機に参画したが、45歳で病死した。84年、嗣子正二郎（孝正）が父の勲功により侯爵となった。（久保田文次）

　(参考文献)　松尾正人『木戸孝允：幕末維新の個性8』（吉川弘文館、2007年）。

木戸忠太郎 きど ちゅうたろう （明治5.4.14(1872.6.1)−1959)

　満鉄地質調査所初代所長。侯爵木戸孝允の養子（実子説あり）。京都出身。

　1898年東京帝国大学理科大学地質学科卒業後、農商務省鉱山局に入る。現地調査をもとに作成した筑豊炭田地帯の見取図が評価され、1906年官営八幡製鉄所兼務を命じられ、中国湖北省大冶鉄山駐在所で勤務した。07年満鉄が発足し、三菱鯰田炭鉱長から撫順炭鉱長に転じた松田武一郎の推薦で、八幡製鉄所在籍のまま満鉄に入社、鉱業部地質課の初代課長（19年、改組された興業部地質調査所初代所長）となり、撫順・煙台炭鉱の調査を行って、満

鉄の炭鉱事業の基礎を築いた。また09年8月には遼寧省南部の湯崗子温泉に水源調査に赴いた際、鞍山の広大な鉄鉱床の存在を知り、のちの鞍山製鉄所・昭和製鋼所開設の端緒となった。大連の海水浴場、星ヶ浦（現星海公園）の名付け親と言われる。ダルマの研究で知られ、『達磨と其諸相』（32年）等の著書があり、ダルマのコレクション4～5万点が京都・寺町の達磨堂に展示されている。

(伊藤一彦)

(参考文献) 木戸忠太郎「満鉄創業当時の回想」(満州国大陸科学院地質調査所『地室調査所三十一年史』1940年)、嘉治隆一「木戸孝允の子」(『文芸春秋』1957年12月)、同「木戸忠太郎」(『人物万華鏡』朝日新聞社、1967年)。

木下杢太郎 きのした もくたろう (1885.8.1 – 1945.10.15)

詩人・劇作家・小説家・美術研究者・医学者。本名太田正雄。静岡県出身。

第一高等学校から東京帝国大学医学部に進んで皮膚科を専攻。学生時代から雑誌『明星』に寄稿、『スバル』の創刊に参画するなど深く文芸に関わる。耽美的趣向、エキゾチシズムはごく初期からのものであった。1916年9月、南満医学堂教授兼皮膚科部長に就任。奉天（現瀋陽）の満鉄ビル2階に居住し、中国文化、わけてもその古美術への関心を深めた。特に、南満医学堂教授兼奉天病院長を辞した20年7月の末から11月にかけては、朝鮮・華北・華中の各地を旅行。その間、9月には洋画家木村荘八と共に山西省大同近郊雲崗の石窟寺院に半月ほど滞在して仏像や石窟を鑑賞。写生図・写真図を作り、拓本や平面図を取り、また日々の仕事を記録した。これらの成果は二人の共著『大同石仏寺』（日本美術学院、22年、重版座右宝刊行会、38年）として公刊された。10月には北京に入り、紫禁城（故宮）内の文華殿・武英殿を参観し、周作人と交遊した。

21年から24年の間、欧米に留学。帰国後、愛知医科大学・東北帝国大学・東京帝国大学の教授を歴任。30年12月、バンコクで開かれた極東熱帯病学会に出席。1939年7-9月、興亜院の委嘱により衛生調査のために日本軍占領下の華北を旅行、途上大同に立ち寄る。42年7月にも大同における晋北政庁・大同仏教徒連盟・大同石仏保存協賛会等合同主催の石仏寺法要に招待され、これに参席。『大同石仏寺』以外に、中国・東南アジアに関連する単著として『支那伝説集』（精華書院、21年）、『支那南北記』（改造社、26年）、『葱南雑稿』（東京出版、46年）がある。 (多田狷介)

(参考文献) 『木下杢太郎全集』（岩波書店、1981-83年）。

木村鋭一 きむら えいいち (1879.5 – 1947.7.21)

外交官。島根県（現出雲市）の農家の生まれ。第一高等学校・東京帝国大学法学部卒業、住友勤務を経て1907年外交官試験合格。北京公使館・外務省で中国関係の業務を担当、パリ講和会議随員・ワシントン会議随員としても、山東問題を担当した。25年亜細亜局長に就任、政務次官森恪と協力して「東方会議」の準備にあたった。同年、チェコスロバキア公使に任命、30年依願免官、満鉄理事となり、

前総裁山本条太郎が張作霖と結んだ五鉄道敷設協定の実施について、張学良政権と交渉したが、成功しないうちに満州事変が勃発した。32年敗血症となり、退社。『世界大戦と外交』の著書がある。　　　　　（久保田文次）

（参考文献）　『続対支回顧録』下。

木村　毅 きむら つよし（1894.2.12－1979.9.18）

小説家、評論家、文学史家。岡山県出身。

早稲田大学英文科卒業。1918年隆文館編集部に入り、翌年、春秋社に移る。24年安倍磯雄らと日本フェビアン協会創設。また吉野作造が明治文化研究会を創設した時、それに参加。26年麻生久が中心になって日本労農党が作られると出版部長となる。31年社会大衆党の教育部長として訪米、帰国後喘息となり、社会主義運動より身をひく。33年バーナード・ショウが来日の際、改造社特派員として上海に出かけて迎え、その際魯迅の手助けを受けた。37年日中戦争開始後、毎日新聞より戦地従軍の命を受け中国に出かけ、南京占領後、財務次官の邸宅より国民政府の新憲法草案を発見して日本に持ち帰った。また軍部にも協力するようになり、40年陸軍報道部の委嘱を受けて、従軍記者として大仏次郎・火野葦平等と宜昌戦線に赴いたりなどした。42年マニラに従軍してアギナルドに迎えられる。著書に『布引丸』『日本に来た5人の革命家』等多数ある。　　　　　（馬場　毅）

（参考文献）　木村毅「木村毅自記略伝」（『早稲田大学史記要』13巻、1980年）、尾崎秀樹編「木村毅年譜」（『大衆文学大系』13、講談社、1972年）。

木山 捷平 きやま しょうへい（1904.3.26－1968.8.23）

作家。岡山県出身。

1923年姫路師範学校卒業後小学校教員になるが、25年東洋大学専門部に入る。中退後27年詩集『町』を自費出版し詩歌の道に入る。小説も書き、「抑制の日」（39年）、「河骨」（40年）が芥川賞候補となる。42年満支旅行を行う。ほとんど無銭旅行に近い惨めな旅であった。6月神戸から乗船、塘沽（タンクー）経由で北京に着き、このあと満州に入った。満鉄パスがあったのである。44年には、農地開発公社の嘱託社員となり新京（現長春）に赴任。現地で作家の北村謙次郎・逸見猶吉と3人で文芸誌刊行を企てる。45年現地召集を受けて兵役に就くも敗戦。1年の難民生活のあと帰国。62年に中国での体験を基に書いた『大陸の細道』（新潮社）で、63年第13回芸術選奨文部大臣賞を受けた。ソ連軍を迎え撃つ準備や軍隊生活また当時の植民地風物を丹念に描いたものである。なお敗戦時に満州で作った歌が何篇か残されている。「はるばると海を渡りて死にに来し我の運命の悲しくもあるか」「酔ひて見れば満州の野ははるかにて赤のまんまが咲きゐたりけり」等がある（『木山捷平全詩集』三茶書房）。　　　（阿部　猛）

（参考文献）　栗谷川虹『木山捷平の生涯』（筑摩書房、1995年）

清浦 奎吾 きようら けいご（嘉永3.2.14(1850.3.27)－1942.11.5）

官僚・政治家。肥後山鹿郡（熊本県）出身。僧侶の5男。日田の咸宜園に学び、1877年、

司法省9等出仕となる。山県有朋の知遇を得て、内務省警保局長・貴族院議員・司法次官を経て96年司法大臣となり、98年、1901年と法相に就任、のち、農商務・内務の大臣となる。枢密顧問官・同副議長・同議長を経て、24年1月に首相となり、外相に松井慶四郎を起用した。幼時漢学を学び、07年東亜同文会副会長（会長は鍋島直大）となり、14年まで在任した。この間、1898年訪中、張之洞と会見、1906年には満州を旅行、08年鍋島等と訪中、清朝の歓迎を受けた。26年、第4回の訪中では日本の条約改正運動を思い出し、中国の利権回収や不平等条約改正の要求に同情したとも語っている。1902年男爵、07年子爵、28年伯爵。　　　　　　　　（久保田文次）

（**参考文献**）『続対支回顧録』下。

清藤幸七郎 _{きよふじこうしちろう}　（明治5.6.21(1872.7.26)－1931.1.4）

大陸浪人、黒龍会幹部、漢字研究者。熊本県出身。

大アジア主義の立場から中国問題に関与。幼くして父を失い、長崎の書店で丁稚小僧をする。宮崎滔天が最初に中国革命のための大陸渡航を計画した時、賛同して同志となったが、宮崎の病等のために旬日を過ごすうち袂を分かった。1899（明治32）年、東亜同文会漢口支部員として大陸に渡り活動中、再び宮崎の連絡を得て、内田良平らと共に広東で李鴻章を巻き込んだ中国南部地域の分離工作、いわゆる両広独立計画に参画。一時、シンガポールで宮崎と共にイギリス植民地当局に拘禁される。帰国後、小村寿太郎外務大臣のも

と、外務省嘱託として中国各地を視察。黒龍会の発行する『時事月刊』の編集主事等も務める。辛亥革命の勃発に際し、内田の意を受け大陸に渡航、上海等にあったが病を得て帰国。その後、一時、革命援助や政治活動を離れ、漢字研究や教育関係出版に従事。辞典や小学生向け学習雑誌を編集発行した。田中義一内閣の対中政策を批判して国民外交協会を結成した。1931（昭和6）年、病没した。

（松本武彦）

（**参考文献**）『黒龍会三十年事歴』（黒龍会、1931年）、『東亜先覚志士記伝』下、『続対支回顧録』下。

く

陸　羯南 _{くがかつなん}　（安政4.10.14(1857.11.29)－1907.9.2）

ジャーナリスト、評論家。幼名巳之太郎、本名実、羯南は号。津軽藩（青森県）出身。

津軽藩士中田謙斎の次男で、陸家を再興してこれを継ぐ。弘前で漢学・英学を学んだのち、東京に出て司法省法学校入学、農商務省翻訳局に勤務したが、その後政府の欧化主義政策に反対して退官、民間にあって『東京電報』を創刊、さらに『日本』と改題し、欧化主義反対の論陣を張った。第2次伊藤内閣の条約改正と日清戦争後の遼東還付に反対し、しばしば発禁処分を受けた。朝鮮・清国に対しては、ほぼ一貫して政府が強硬策をとることを主張した。その後近衛篤麿らの東亜同文会、国民同盟会に参加し、清朝の政治改革を志向した。1902年近衛の清韓視察に参加、03年には欧州旅行に赴いたが、肺患のため静養、

07年長逝した。多数の著書のうち『近時政論考』が日本主義を主張した代表的著作である。
(伊東昭雄)

（参考文献）　植手通有編『陸羯南集』（近代日本思想大系4、筑摩書房、1987年）、『対支回顧録』下、『東亜先覚志士記伝』下。

日下部鳴鶴 <くさかべめいかく>　（天保9.8.18（1838.10.6）－1922.1.27）。

書家。本姓は田中、初名は八十八、のちに東作と改める。字は子暘、号は鳴鶴、東嶼、翠雨、野鶴、老鶴、鶴叟等。彦根藩（滋賀県）出身。

安政6（1859）年、22歳の時に同藩の日下部三郎右衛門の養子となり、明治初年に京都で書道を学んだ。明治2（1869）年徴士となり東京に出て太政官大書記官となったが、1879年の大久保利通暗殺事件を機に辞職し、書道に専念する。親友の巌谷一六・松田雪柯と共に、翌80年に来日した碑学に造詣の深い中国の学者である楊守敬に清朝の金石学を教わり、彼が持ち込んだ多くの漢魏六朝隋唐時代の金石碑版を見て新しい書法へ目を開き、その後の書風に著しい変化が起こった。91年に中国に渡り、江浙地方を遊歴し、兪樾・呉大澂・楊峴・呉昌碩等と交流し、その際の紀遊詩として『禹域遊草』がある。長年の研鑽により六朝書道を基礎に独自の書風を確立し、書道雑誌の発行、書作の刊行や各地における弟子の養成等を通して影響は全国に広がった。墓所は東京世田谷豪徳寺にある。(陳　捷)

（参考文献）　『鳴鶴先生叢話』（興文社、1937年）、内藤湖南撰「鳴鶴先生碑銘」（『書道全集』巻25附録、平凡社、1957年）。

草野心平 <くさのしんぺい>　（1903.5.12－1988.11.12）

詩人。福島県出身。

1919年磐城中学（現福島県立磐城高等学校）を4年2学期で中退、20年4月慶應義塾普通部3年に編入学するが5ヶ月後に同校も中退、21年1月神戸より中国に向かい、広東省広州市の嶺南大学に入学し中国人学生と寮生活を送り、のちに北京大学仏文科教授となる梁宗岱と友人となった。兄民平の遺稿の詩に共感を抱き、アメリカの詩人カール・サンドバーグの影響を受けて詩作を開始、日本の詩誌『詩聖』23年3月号に「無題」が掲載され、同年7月徴兵検査のため一時帰国した際にガリ版刷りの詩集『廃園の喇叭』を刊行した。25年4月『詩聖』の投稿者で青島日本人中学校生徒の黄瀛らを誘って同人詩誌『銅鑼』を「編集兼発行者草野心平、中華民国広州嶺南大学銅鑼社内」という奥付で創刊し、「蛭にすいつかれて／ふくれ上がった顔をなでながら／相手にされない独り寝です」という「蛙」等の詩作を発表した。

25年上海5・30事件による対外抗議運動が広州にも及び、日中間の板挟みとなって苦しんだ心平は7月に帰国、東京駅に迎えにきた黄瀛の紹介で高村光太郎を訪ねる一方、宮沢賢治も『銅鑼』に詩を寄せ始めた。28年詩集『第百階級』を刊行、「びるるるるるるッ／はっはっはっは／ふっふっふっふ／後脚だけで歩きだした数万の蛙」と庶民の生活感覚を蛙に託して歌った。29年からは新聞社・出版社の編集員となる一方、35年に『宮沢賢治研

究』を刊行し詩誌『歴程』を創刊した。39年国策会社の『東亜解放』編集長となり高村の戦争詩を掲載、40年嶺南大学時代の友人で汪精衛政権宣伝部長の林柏生より顧問として南京に招かれ、上海の邦字紙『大陸新報』に小説「方々にゐる」を発表した。

46年3月に帰国し、50年一連の「蛙の詩」により第1回読売文学賞を受賞、56年9月日本文化人中国訪問団副団長として訪中、87年文化勲章を受章している。98年中国を訪ねた草野の伝記研究者に対し黄瀛は心平の詩には中国からの影響はなく、草野が中国から学んだものは「友情だね」と即答したという。

(藤井省三)

(参考文献) 北条常久『詩友国境を越えて：草野心平と光太郎・賢治・黄瀛』(風濤社、2009年)、池上貞子「草野心平と中国―嶺南大学時代―」(『跡見学園女子大学文学部紀要』38、2005年)。

具島兼三郎 ぐしまかねさぶろう (1905.11.5 – 2004.11.12)

国際政治学者、九州大学名誉教授。福岡県出身。

1928年九州帝国大学法文学部卒業後、同大助手、同志社大学法学部助教授等を務め、イタリアのファシズムを主に研究する。37年8月大連の南満州鉄道株式会社調査部に入社。「ソ連をめぐる国際情勢の分析」に取り組み、各国の物資需給を研究、日本が米・英・ソを敵に回して独・伊と軍事同盟を結ぶことの不可を結論づけ、39年『満鉄調査月報』に「物資戦略と外交政策」として発表。同時期、支那抗戦力調査委員会幹事の一人として国際情勢と「列国の対支援助」を分析し、各地の政府・軍関係機関で報告した。41年独ソ戦が始まると、独の石油ストックに関する参謀本部の推定が外れていると指摘、「ドイツの石油危機と昭和17年度における独ソ戦争の見通し」を執筆する。42年9月関東軍憲兵隊に検挙され(いわゆる満鉄事件)、43年辞職。45年5月新京の高等法院で懲役2年、執行猶予3年の判決を受ける。陸軍少尉として奉天で軍事訓練の教官を務め、福岡爆撃の直前に帰国。終戦後、上京し日華協会勤務。以後、アジアの民族運動・中国革命・安保・平和問題等に取り組み、中国研究所事務局長・理事、九州大学法学部教授等を歴任。

(小林元裕)

(参考文献) 具島兼三郎『どん底のたたかい―わたしの満鉄時代―』(九州大学出版会、1980年)、同『奔流―わたしの歩いた道―』(九州大学出版会、1981年)、同「回想 満鉄調査部の思い出」(『中国研究月報』650、2002年)。

楠瀬幸彦 くすのせさちひこ (安政5.3.15(1858.4.28) – 1927.10.13)

陸軍軍人。土佐(高知県)出身。

1880年12月に陸軍士官学校を卒業。同郷の谷干城の推薦でフランスに留学。帰国後はロシア公使館付武官等を経て94年11月に臨時京城公使館付武官となる。翌95年10月の閔妃殺害事件に関与し入獄するも無罪判決となる。その後、96年3月から98年10月まで台湾総督府陸軍部参謀として台湾へ渡る。日露戦争勃発後の1904年3月に第2軍兵站監となり、ついで第4軍砲兵部長として奉天会戦に参加、

05年5月に満州軍重砲隊司令官となる。06年7月に樺太守備隊司令官に任命され南樺太の軍政を担当、翌07年4月に新たに設置された樺太庁の初代長官となる（翌08年4月まで）。その後、13年6月に軍部大臣現役武官制改正をめぐる対立で辞任した木越安綱の後任として第1次山本権兵衛内閣の陸相に就任、内閣総辞職と同時に待命となり17年4月に予備役編入。著書として、『豊太閤』（偉人伝叢書、博文館、14年）、『国民皆兵主義』（黒潮社、16年）、訳書として、ユリウス・フォン・シュッツ『被甲砲架』2冊（兵林館、1891年）がある。 （加藤聖文）

（参考文献） 五十嵐栄吉編『大正人名辞典』（東洋新報社、1918年）。

工藤　忠 （くどう　ちゅう）（1882.12.10－1965.12.18）

大陸浪人。本名鉄三郎。青森県出身。

専修学校中退後、日露戦争前から満州・華北を放浪。1905（明治38）年、樺太に渡り軍夫として働いたのち、再び満州入りを企ててロシア軍に捕われ、07年シベリアで入獄。釈放後、華中・西北地方に勢力を持つ白狼匪に1913（大正2）年頃から投じ、甘粛省の回教徒や山東省の馬賊とも結び、元陝甘総督・升允を総帥として袁世凱打倒運動に従事。目的達成後は、升允が没する21年まで清朝復辟運動に邁進。28年、済南事件時における日本軍の連絡業務に奔走したのち、32年、復辟運動での経験が評価されて、満州国成立時に執政・溥儀の侍従武官となる。翌年、宮内府侍衛官長に就任。溥儀からの信頼が厚く、彼から「忠」の名を与えられたのちはそれを名乗った。40年に退官し、翌年宮内府顧問官となる。戦後は日本に帰国して没した。

（澁谷由里）

（参考文献） 愛新覚羅溥儀著、小野忍・野原四郎監修、新島淳良・丸山昇訳『わが半生』上下（大安、1977年、のちちくま学芸文庫、1992年）、工藤忠『皇帝溥儀―私は日本を裏切ったか―』（世界社、1952年）。

国木田独歩 （くにきだ　どっぽ）（明治4.7.15(1871.8.30)－1908.6.23）

作家。本名哲夫。千葉県出身。

東京専門学校中退。植村正久から洗礼を受け入信。1894年日清戦争が起こると、国民新聞社の従軍記者として軍艦千代田に乗り組み、『国民新聞』に書簡形式の記事を発表した。軍艦内外の実況を記事にして本社に通信したもので、それはのちに『愛弟通信』として独歩の没後に佐久良書房から1908年に出版された。詩情あふれる文章と共に、「凡て之れ歴史に記されたる冷刻なる事実なり。而も此等冷刻なる事実は我国光栄なる歴史の最も燦爛たる一葉を占むる者となす。余は今ま躍る心を抑へて、今日一日の事を誌さんとす」というように、ルポルタージュとしての矜持を失わない。

（阿部　猛）

（参考文献）『愛弟通信』（岩波文庫、1940年）解説（塩田良平）。

国沢新兵衛 （くにさわ　しんべえ）（元治1.11.23(1864.12.21)－1953.12.28）

鉄道技術者・満鉄理事長。土佐藩士の子として江戸に生まれる。1889年帝国大学土木科

卒業、九州鉄道・鉄道省を経て、1906年満鉄創立時唯一の技術系理事となり、狭軌から標準軌への切り替えを進めた。07年副総裁、13年退任、14年復任、17年－19年理事長となる。20年衆議院議員（政友会）。37－40年日本通運初代社長。　　　　　　　　（久保田文次）

久原房之助 くはらふさのすけ （明治2.6.4（1869.7.12）－1865.1.29）

実業家、政治家。山口県出身。

久原鉱業を中心とした鉱山経営の成功から、事業の多角化を図り、久原財閥を形成したのち政界入りした。逓信大臣・立憲政友会幹事長を歴任した久原は、日中ソ3国緩衝地帯論を提唱し、日本の中国大陸への進出を強く主張したが、戦後は一転し、民間外交家として日中国交回復に尽力した。

萩の醤油醸造業の4男に生まれた久原は、1885（明治18）年東京商業学校（現一橋大学）卒、89年慶応義塾本科卒業後、森村組（森村市左衛門社長）で貿易業を学んだのち、叔父の藤田伝三郎が経営する藤田組に入社、小坂銅山で業績を拡大し、新技術導入を経験したのち退社。10年日立製作所、12年に久原鉱業を設立した。鉱山経営・造船・肥料・商社・生命保険等を束ねた久原財閥を形成した。同年中国実業株式会社設立に際しては500株を購入し、大株主の一人として日中合弁事業の促進に協力した。孫文との関係は深く、16年袁世凱政権打倒をめざす孫文に借款契約を通じて援助を行う。30年中日実業株式会社に改組する際も資金を提供した。27年には海外調査委員として外務省から特別派遣され、ソ連・ドイツを歴訪し、スターリンとの会談の中で、アジアの安定のためにはアジア大陸北東部に日中ソ3国承認のもとに緩衝地帯を設けることを提案した。第1次大戦の反動不況から経営が傾くと、義兄の鮎川義介に久原鉱業を譲渡し、衆議院議員となり、政界に転じた。鮎川は引き継いだ資産を基に、日産自動車を設立して満洲への進出を試みた。政友会では田中義一の資金源的存在で、28年の田中内閣の逓信大臣に就任。一貫して陸軍に呼応して中国における日本権益の確保を強く主張し、親軍的立場を取った。2・26事件では事件の黒幕として検挙されたが、39年政友会が革新派（中島知久平）と正統派（鳩山一郎）に分裂した時には、正統派に与し、自ら総裁になった。「大東亜聖戦」へ向けて、国内では政党解消論を唱え、翼賛体制に協力した。

戦後戦犯容疑を受けるが不起訴となる。51年公職追放解除後、政界に復帰し、55年に日中・日ソ国交回復国民会議議長となる。同年訪中し、毛沢東主席・周恩来首相と面談した。同年雷任民（対外貿易副部長）を団長とする中国貿易代表団が来日した時には、戦前からの中国通として自ら面談すると共に、中国側主催で、高輪の八芳園（もと久原邸）で高碕達之助・石橋湛山・岸信介らとの夕食会を設定した。戦前の主張とは変わり、「アジア合衆国論」を唱え、政体の違いを超え日中友好の重要性を掲げた。61年には来日中のミコヤン（ソ連第1副首相）と会談するなど民間外交を通じて共産圏諸国、特に日中・日ソ国交回復への先鞭をつけた。　　　（木村昌人）

（参考文献） 久原房之助翁伝記編纂会編『久

原房之助』(日本鉱業、1970年)、趙軍『大アジア主義と中国』(亜紀書房、1997年)。

久保田万太郎 くぼたまんたろう (1889.11.7 – 1963.5.6)

小説家、劇作家、演出家、俳人。俳号暮雨、のち傘雨。東京出身。

慶応義塾大学文科在学中の1911年より小説や戯曲を発表。新派や新劇の作演出を多数手がける他、放送演劇にも尽力し、俳人としても活躍した。42年4月、大陸移民が奨励され、演劇が国策の有力な宣伝媒体であった当時、内閣情報局の斡旋により、久保田を団長とする10名で満州を1ヶ月旅行。帰国後「満州日録抄」、戯曲「雁とつばめ」等を発表。43年12月、演劇視察のため上海を訪問。佐俊芝の中国名で雑誌『女聲』の主幹をしていた田村俊子と面会している。戦後、国交回復以前の56年11月、日本文芸家協会派遣の文学代表団として、青野季吉・宇野浩二と共に訪中、周恩来首相と会見。「周首相小春の眉の濃かりけり」等の句がある。57年11月、文化勲章受章。12月、日本演劇代表団として北京に招聘され、日中演劇交流のための協同声明書(中国側代表梅蘭芳)に調印した。　(藤木直実)

(参考文献)　『久保田万太郎全集』(中央公論社、1975年)、戸板康二『久保田万太郎』(文藝春秋、1967年)。

久保天随 くぼてんずい (1875.7.23 – 1934.6.2)

中国文学者、漢詩人、紀行文家。名は得二。東京出身。

東京帝国大学漢学科卒業。1927年には『西廂記の研究』で文学博士となった。随鷗吟社の主事であった。

28年に台北帝国大学が設立され、翌年4月にその教授に就任。文政学部東洋文学科で中国文学講座を担当し、中国文学史等を教えた。在任中発表した論文「剪灯新話と東洋近代文学に及ぼせる影響」は、東アジアを視座とした漢文学の構築をめざしているのがうかがえる。台北帝国大学の教え子に呉守礼・黄得時がおり、戦後、彼らは台湾大学中国文学科の教師となった。また、20世紀前半の台湾屈指の文人であった魏清徳と共に、南雅詩社を発会させ、そして盟主を務めた。二人は欧化に対する反発として東洋の孔孟学説を重視した。台北帝国大学に就任後の久保は頻繁に台湾旅行を試みて、台湾漢詩人と詩の応酬を繰り返していることは彼の旅の特徴と言え、紀行文『澎湖游草』がある。現在、久保文庫は台湾大学にある。　(杜　軼文)

(参考文献)　森岡ゆかり『近代漢詩のアジアとの邂逅：鈴木虎雄と久保天随を軸として』(勉誠出版、2008年)、黄得時「久保天随博士小伝」(『中国中世文学研究』2、中国中世文学会、1962年)。

熊野正平 くまのしょうへい (1898.6.1 – 1982.5.31)

中国語学者。経済学博士。徳島県出身。

1917年に富岡中学校卒業後、上海東亜同文書院に入学、22年卒業。23年から25年まで北京大学に在籍。29年に東亜同文書院教授となる。戦後は一橋大学教授、二松学舎大学教授、東亜学院長、東亜文化研究所長を歴任し、主

に中国語の研究及び教育に従事するかたわら、辞典編纂を行う。学生たちからは、「正平(チョンピン)さん」と呼ばれていた。

編著書に、熊野正平「日本留学問題」(『支那研究』第11号、26年)、『現代支那語法入門』(三省堂、42年)、『熊野中国語大辞典』(三省堂、84年)等がある。　　　(川邉雄大)

久米正雄 (くめまさお)　(1891.11.23-1952.3.1)

作家。長野県出身。

東京帝国大学英文科卒業。1939年満州移民に取材した「白蘭の歌」を『大阪毎日新聞』に連載。東京で映画化され、長谷川一夫・李香蘭主演で大ヒットとなり、映画主題歌「白蘭の歌」も伊藤久雄が歌ってヒットした。

(阿部　猛)

(参考文献)　長谷川泉「久米正雄」(『人と作品　現代文学講座7』明治書院、1961年)。

倉石武四郎 (くらいしたけしろう)　(1897.9.20-1975.11.14)

中国古典学者・中国語学者。新潟県出身。

倉石家は越後高田の富商で、一族からは文人画で知られ米山・乾山父子や、江戸で安積艮斎に学んで高田藩校修道館の督学となった漢学者侗窩(字は典太)が出ている。武四郎は、新潟の高橋家から養子に入った父昌吉と母みかの間の4男として誕生。妹カウは坂口謹一郎(醸造学者)夫人。次弟六郎夫人は同郷の建築学者関野貞の女。経済学者高橋誠一郎は従兄弟に当たる。また妻豊子の父は、高田の岩の原ぶどう園主・醸造家であり、朝鮮併合運動の推進者武田範之の支援者であった川上善兵衛。

高田中学校に在学中から和漢古典を好み、第一高等学校(一部乙類)に進学して中国文学を志望し中国語を学び始める。1918年9月東京帝国大学文科大学に入学し、21年3月卒業論文『恒星管窺』を提出して支那文学科を卒業。さらに大学院に進学。大学・大学院時代には塩谷青山の菁莪書院に寄宿して漢籍を学び、その男塩谷温教授に師事して戯曲小説を学び、また張廷彦に中国語を学ぶ。京都帝国大学における青木正児らの『支那学』誌に刺激を受け、1年で東京帝大大学院を退学し京都帝国大学大学院に転じ(22年4月-26年4月)、狩野直喜・内藤虎次郎・新城新蔵らの指導を受け、特に狩野の言語文字の精到な理解を基礎とした支那学に共鳴し、また夏泉・董康・胡適ら来日中国人と交流。24年大谷大学助教授となり、いち早く注音字母を紹介。26年京都帝大文学部講師、27年助教授、39年文学博士(『段懋堂の音学』)・教授。

その最初の中国渡航は大学卒業時で、野村岳陽・植野武雄と共に芝罘(チーフー)に上陸し江南各地を1ヶ月周遊。狩野が停年退官した28年3月末から文部省在外研究員として中国に派遣され、30年8月に帰国するまで、北京に2年4ヶ月滞在した(最後の4ヶ月は京都帝大の上野奨学金)。済南事変に際会し、張作霖率いる東北軍と北伐軍の交替を目撃。間もなく留学した吉川幸次郎と東城の延英舎に同宿し、満州人から『紅楼夢』を習い北京語を修得。のちに西城の孫人和宅に移り、北京大学・師範大学・(私立)中国大学において呉承之(経学)・孫人和(文献学)・馬裕藻(古韻学)・銭

玄同（音韻学）・朱希祖（文学史）らの講義を傍聴したほか、橋川時雄の紹介で楊鍾羲の雪橋講舎に通い清朝制度を学んだ。29年春、燕京大学落成式に京都帝大代表として出席。4月には山西各地（太原他）に旅行。5月には内藤虎次郎の命をうけ盛昱『雪屐尋碑録』入手に尽力。魯迅の講演を聞き、その家を訪問。30年6月、上海に章炳麟、南京に黄侃（八千巻楼）等を訪問。また所長狩野の命を受けて東方文化学院京都研究所のために天津・陶湘の蔵書を購入して京都に回送し、同所蔵書の基幹を作った。中国の文学革命を目の当たりにし、帰国後の京都帝大の講読に魯迅『吶喊』を取り上げ、京都帝大の中国語教師として傅芸子・羅継祖を北京から招聘し、注韻符号による教科書や独自の理念に基づく辞書を作り、また各地の方言研究にも着手し、語学を基礎とする中国研究の確立に努めた。東京帝大教授兼任を経て（40年-）、東大教授（49-58年）。日中学院長を没年まで務めた。

（町　泉寿郎）

（参考文献）　倉石武四郎『中国語五十年』（岩波新書、1973年）、『東洋学の系譜』第2集（大修館書店、1994年）、『倉石武四郎中国留学記』（中華書局、2002年）、高田時雄編『陶湘叢書購入関連資料』（京都大学人文科学研究所東方学資料叢刊第17冊、2010年）。

倉知鉄吉　くらちてつきち　（明治3.12.3（1871.1.23）-1944.12.22）

外交官。実業家。北海道出身。

外務省時代から政務・通商局という政治・経済両面から韓国併合・対中関税交渉・南満州鉄道設立等の大陸進出政策に深く関わった。外務省退官後は、中国の経済開発を進め、日中共同事業の進展を図るため、渋沢栄一・益田孝等実業家と孫文・袁世凱ら中国指導者をつなぐ実務的な役割を果たした。

金沢藩家老の家臣の長男として生まれ、四高から1884（明治27）年東京帝国大学卒業後、内務省を経て、97年外務省に入る。政務局、通商局勤務ののち、1908年政務局長となる。南満州鉄道株式会社設立委員の一人。外務次官就任後、退官。森恪・尾崎敬義らと図り、12年中国興業株式会社設立に当たっては渋沢栄一と頻繁に接触し設立をめざした。発起人は渋沢・大倉喜八郎・安田善三郎・益田孝・中橋徳五郎・山本条太郎・三村君平と倉知の8名であった。倉知は渋沢の代わりに袁世凱と会談するため、渋沢正雄（のちの日本製鉄株式会社副社長）を伴って訪中した。森恪（三井物産天津支店長）、山座圓次郎（駐華公使）と相談の上、袁総統と面談し、中国側が中国興業株式会社に多大の期待を抱いていることを日本側に報告した。今後具体的な交渉は孫寳埼・張謇が担当することになった。

1913（大正2）年から36（昭和11）年まで中日実業株式会社副総裁を務めた。この間中国を訪問し、日中の両国法人格を持つことを承認させた。これにより中国国内での投資は一段とスムーズに進むようになった。1年後には中国側の役員が一新し、日仏銀行や英国資本家セール等から外資導入の申し出があり、倉知は交渉を重ねたが実現には至らなかった。次に中日実業を中心機関にし、対中投資の統一を図った。まず日本興業銀行志立鐵次郎と

の間の協議を経て、対中投資の一元化を取り付けた。投資事業の主要事業は、桃中鉄鉱、東洋製鉄、延長油田の調査、交通部電話借款、山東省実業借款、東亜勧業、東亜電燈、中華綿業、等多岐にわたる業種に及んだ。同時に日中間の懸案の関税改正問題（中国の輸入税引下げ）や中国興業の投資先を訪問した。特に桃中鉄山の開発の将来性を高く評価している。

孫文・袁世凱と日本政財界の錚々たるメンバーの期待にもかかわらず、中日実業株式会社は第1次大戦中の反動不況により、桃中鉄山への多額の投資が致命傷となり、折からの排日運動の激化・労働争議の頻発・自然災害の多発等が重なり、成果は芳しくなかった。経営が行き詰まったため、同社再建の必要性を感じた倉知は、尾崎敬義らと相談し、設立当初からの事情に詳しい高木陸郎を後任の副総裁にし、自らは責任を取って取締役から辞任した。　　　　　　　　　　（木村昌人）

（**参考文献**）『中日実業株式会社三十年史』（中日実業、1943年）、『渋沢栄一伝記資料』第55巻（竜門社、1966年）、『中外商業新報』（1913年10月22日、1917年6月7日）。

栗野慎一郎 くりのしんいちろう （嘉永4.11.7 (1851.11.29) - 1937.11.15)

外交官。福岡出身。

黒田藩士栗野小右衛門の長子。慶応3 (1867) 年に長崎留学。75 (明治8) 年に黒田家の経費で米国へ留学しハーヴァード大学に入学。81年に帰国し外務省御用掛に採用され、翌82年に外務権少書記官。次いで85年に条約改正掛、翌86年には翻訳局次長となったが、当時の榎本武揚逓信大臣の要望と青木周蔵外務次官の意見との対立から逓信大臣秘書官へ転任。91年には再び外務省に戻り政務局長兼取調局長となった。次いで3年後の94年に日清間に危機が朝鮮半島に発生するや、居留民保護のために京城へ出張して事に当り、ついで日清戦争が起こる7月には駐米公使兼駐メキシコ公使となり米国との条約改正交渉に当たった。その結果、日米改正新通商条約の調印に成功し、翌年には駐イタリア公使兼駐スペイン公使となり、97年には駐仏公使に転じて1901年始めに帰国。しかし次第に険悪化する対ロシア関係を背景に同年末に駐露公使兼駐スウェーデン公使を受諾して赴任し、03年8月から始まる日露交渉に当たったが、翌年2月に国交断絶・日露開戦となりジェノア経由で帰国。戦後は、06年から11年まで駐フランス大使を務め、その間に日仏協約（07年）の調印や仏貨公債4億5千万フランの募集を果たす。子爵（12年）、枢密顧問官（32年）。

（松村正義）

（**参考文献**）平塚篤編『子爵栗野慎一郎伝』（興文社、1942年）。

栗原　正 くりはらしょう （1890.3.20 - 1971.6.7)

外交官。茨城県出身。

1915年5月東京帝大法科大学卒業、同10月外交官試験に合格。石射猪太郎と同期。19年9月からパリ平和条約実施委員を務めたのち、翌年1月から亜細亜局第2課に勤務。23年7月領事として福州・長春に在勤。27年8月ベルギー在勤。29年10月文書課長に任ぜられ翻訳

局長兼任。32年8月満州派遣特命全権大使随員を命ぜられ、11月より総領事兼1等書記官として満州国に、翌年8月より天津に在勤。その後調査部長として、国内状況を在外公館に通報するため『国内情報』を発刊する。のちルーマニア、ユーゴスラヴィア公使。38年11月東亜局長に任命され、スイス国公使、トルコ特命全権大使を経て、46年8月依願免本官。　　　　　　　　　　　（吉村道男）

（参考文献）　吉村道男「1935、36年における外務省の国内状況認識の一面―外務省調査部作成『国内情報』の意味―」（『外交史料館報』15、2001年）。

黒井悌次郎　くろいていじろう　（慶応2.5.22(1866.7.4)－1937.4.29)

海軍軍人。米沢藩（山形県）出身。

米沢の興譲館中学より海軍兵学校（13期）に進む。同期には野間口兼雄・栃内曽次郎らがいる。日清戦争では、軍令部第1局員として仁川や大連における運輸通信の事務処理に当たり、その高い能力は周囲から称讃された。1900年から2年間イギリス駐在となり、佐藤鉄太郎・秋山真之・広瀬武夫等と議論を重ね親交を結んでいる。しかし日露戦争中の永野修身の功績を横取り、佐世保工廠長の時に部下になった水野広徳を過剰に冷遇するなど、問題になる性格があった。日露戦争では、艦隊補欠員として海軍重砲隊を率いて旅順要塞の攻防戦に参加、旅順が陥落すると、同工作廠長として旅順港内の諸施設の復旧に尽力している。その後、ロシア公使館付武官を務めるが、帰国後、もっぱら地方勤務が続き、1916年からは、旅順付近の海岸海面の防禦及び警備と軍需品の配給を任務とする第3代旅順要港部司令官に補されている。　（田中宏己）

黒木為楨　くろきためもと　（天保15.3.16(1844.5.3)－1923.2.3)

陸軍大将、伯爵。鹿児島出身。

薩摩藩士の3男。戊辰戦争では川村純義の率いる部隊で活躍し、鹿児島藩常備隊小隊長となる。明治4（1871）年創設の御親兵に献兵されて上京する。その後近衛歩兵第1大隊長に就き、のち広島鎮台第12連隊長となる。西南戦争へは同部隊を率いて別働第1旅団（旅団長高島鞆之助）の先鋒となって勇名を馳せた。戦後は参謀本部管東局長、旅団長を経て第6師団長となり、日清戦争に出征して威海衛攻略作戦を成功させ凱旋する。のち近衛師団長、西部都督、軍事参議官を務め、日露戦争において第1軍司令官となる。平壌・鴨緑江・遼陽・沙河・奉天の各会戦を闘い抜き、ロシア軍から常勝将軍として恐れられたと言われる。とりわけ遼陽会戦での太子河夜間渡河大迂回作戦は会戦の勝敗を分けるものとなった。戦後は軍事参議官ののちに後備役に入り、1917年から枢密顧問官となる。

（斎藤聖二）

（参考文献）　『東亜先覚志士記伝』下。

黒崎恒次郎　くろさきつねじろう　（明治5.7.19(1872.8.22)－1905.3.11)

大陸浪人。岡山県出身。

1885（明治18）年、岸田吟香が経営する上海の楽善堂支店で中国語を学び、その後荒尾

精が開設した漢口楽善堂に加わる。日清戦争では通訳として出征。01年義和団事件後、東亜同文会幹事田鍋安之助、評議員中島真雄が北清に派遣されるに際し、黒崎は当時東亜同文会幹事長兼東亜同文書院院長だった根津一に起用され、中島らに同行。同年12月、中島が北京で創刊した中国語新聞『順天時報』の発行を補佐したと伝えられる。（武井義和）

(参考文献) 『対支回顧録』下。

黒澤礼吉 くろさわれいきち （明治2.6.1（1869.7.9）－1944.7）

海関職員。文学士。秋田県出身。

秋田藩の藩校館長を務めた黒澤宗明の子として生まれ、東京府中学校を出て渡米し、カリフォルニア州オークランドの高等中学校に入学した。10年の苦学の末、メソジスト大学（現パシフィック大学）を卒業し、1896（明治29）年に帰国した。帰国後は中学で英語教師を務めていたが、99年、林権助のつてにより、アモイ税関の4等幇弁に任用された。日本人初の海関職員であった。海関総税務司ロバート・ハートの秘書官等を務め、04年、日露戦争中に日本軍が営口を占領すると、日本軍政官と海関との間で意思疎通のため日本人職員を置く必要があり、黒澤が副税務司として営口税関に赴任した。ロシアは営口占領後、常関の業務を接収して海関業務と統一したため、日本の占領後もこれを引き継ぎ、黒澤が常関長を兼任した。これにより両関税収入の取扱いが統一された。なお、営口に布かれた軍政では、行政費にこの関税を充当したため、戦後不正流用事件として問題になっている。07年大連に海関を設置するために結ばれた日清間の協定では、税関長を日本人とすることが定められ、黒澤がこれに選ばれた。元秘書官であったことからロバート・ハートとの間に強い関係を持ち、大連税関の設置に際しては、自由港制度を布き関東州租借地全域の免税を主張する日本と、免税区域を港湾のみに限定する、ドイツの膠州湾租借地方式をとろうとする海関とで意見が分かれるが、この時、黒澤は自由港制度の必要性を訴え、ロバート・ハートの説得に成功している。

18年頃に海関を辞職して帰国し、その後は中国公使館顧問、中国赤十字名誉会員等を務めた。27年の北伐に際しては南北停戦を画策している。36年には中国大使館に機密情報を売り込んだ容疑で検挙されている。なお、弟易徳も同じく海関の職員である。

（北野　剛）

(参考文献)　黒澤礼吉「日露戦争思出乃記」（尚友倶楽部調査室編『尚友ブックレット』15、2001年）。

黒島伝治 くろしまでんじ （1898.12.12－1943.10.17）

作家。香川県出身。

1918年秋文学を志して上京。19年早稲田大学予科に入るが、翌年12月姫路の第10連隊に入営し衛生兵となる。21年シベリアに送られたが、結核のため翌年4月内地送還、7月除隊となる。25年上京して文学活動を始める。27年9月に「橇」（『文芸戦線』）、28年2月「渦巻ける烏の群」（『改造』）を発表。両作とも、シベリア出兵の体験に基づく作品で、これにより、黒島は当時の代表的反戦文学作

家となった。後者は、雪の中を行軍する中隊が道に迷い雪に埋まって全滅する。春になって雪がとけると、烏の群が兵士の死骸をつつきだす。非人間的な軍隊の本質をあらわした傑作とされる。30年には『武装せる市街』(日本評論社)を書くが、直ちに発禁となった。この作品は済南事件を題材としたものである。苛酷な植民地搾取による中国人労働者の悲惨な現実と、山東省に流れてきた日本人一家のみじめな生活を描いたもの。帝国主義侵略戦争の裏面を暴露した画期的な作品であった。

(阿部　猛)

(参考文献) 『渦巻ける烏の群　他三篇』(岩波文庫、1953年) 解説 (壺井繁治)。

黒田清隆　くろだきよたか　(天保11.10.16(1840.11.9)－1900.8.23)

明治維新政府官僚、総理大臣。通称了介。鹿児島出身。

鹿児島藩士の子として生まれ、幕末期には西郷隆盛・大久保利通の下で奔走、生麦事件に立ち会い、箱館戦争では敵将榎本武揚助命に成功する。明治3 (1870) 年以降北海道開拓に関係し、樺太を放棄して北海道開拓に専念する政策をとった。この間の75年朝鮮で江華島事件が勃発すると、黒田は特命全権弁理大臣として強い態度で交渉に当たり、日朝修好条規締結の端緒を作る。81年明治14年政変によって開拓長官を辞職、その後清国との交易に興味を持ち、85年には北京からサイゴンまで漫遊し『漫游見聞録』を著した。87年以降は農商務相・首相・逓相・枢密院議長等を歴任、薩摩系元老として国政の中心に位置し、民党と激しくやりあったり (超然主義)、条約改正交渉に当たる。日清戦争の際は東京の留守内閣を守る。

(季武嘉也)

(参考文献) 井黒弥太郎『黒田清隆』(吉川弘文館、1987年)、黒田清隆「漫游見聞録」(『明治シルクロード探検紀行文集成』第7・8巻、ゆまに書房、1988年所収)。

桑島主計　くわじまかずえ　(1884.3.4－1958.9.24)

外交官。香川県出身。

1906年早稲田大学卒業、08年外務書記生試験、文官高等試験に合格し、通商局勤務。11年外交官試験に合格し、奉天(現瀋陽)に在勤。米国等に在勤後、30年12月、天津総領事として満州事変の勃発に派生した天津事件 (31年10月末の、奉天特務機関長であった土肥原賢二大佐による溥儀の引き出し工作) に対して、幣原外相の指示によってその阻止に当たる。33年8月亜細亜局長、34年6月から37年1月まで東亜局長。満州事変後の在満行政機構の統一問題に取り組み、34年の岡田内閣期に問題化した在満行政機関の統合問題では、栗山茂条約局長らと協力し、満州国の独立尊重、健全な発展を図るため、満州に統監府や都督府等の機関を設け、満州国を保護国化・植民地化することを避けるべきである、とする方針のもとで、軍事と政務の分離を主張し、軍の主導による統合に反対した。その後、オランダ公使、ブラジル大使となり、41年退官。戦後公職追放。

(波多野澄雄)

桑田豊蔵　くわたとよぞう　(1875－1923.9.29)

明治－大正期の支那通。鳥取県出身。

東京専門学校(現早稲田大学)卒。東亜同文会系の支那通。1898年末から半年間、有賀長雄のもとにあった『外交時報』の編輯人を務める。また、98年福州東文学堂の教習として赴任。1900年には、福州から『東亜同文会報告 第9回』(東亜同文会、1900年)に「福州近信」を寄稿、水害に対する欧米各国の領事の対応を誉め、こうした義捐金の状況等が現地の人心を左右するとする。また、台湾軍の厦門派遣の噂に言及し、状況を余計に混乱させるとして自粛を促している。福州で10余年過ごして帰国し、報知新聞特派員として再び北京に赴任、陸宗輿や曹汝霖らと親交を深めたとされる。1923年の死亡数ヶ月前の外務省記録には、嘱託や宣伝工作を担当していた人々のリストと経費の支払い調書があるが、そこに石光真清らと共に桑田の名がある。宣伝工作等のため定期的に「手当」が支払われていたのだろう。この他、天宝山銀銅鉱をめぐり三菱への斡旋交渉に功があったとされている。

(川島 真)

(参考文献) 伊藤信哉「20世紀前半の日本の外交論壇と『外交時報』」1・2(『松山大学論集』20−1・2、2008年)。

桑原甲子雄 <くわばら きねお> (1913.12.9−2008.2.7)

写真家。東京出身。

1931(昭和6)年東京市立第二中学校卒業。この頃隣家の濱谷雅夫・浩兄弟から写真の手ほどきを受けた。34年には写真雑誌に応募を始め、37年『カメラアート』の前年月例成績第1位となり、第1回推薦作家に選ばれた。

40年、南満州鉄道(株)主催の「八写真雑誌推薦満州撮影隊」の一員に選ばれ、濱谷浩らと共に6月2日から28日まで、奉天(現瀋陽)・新京(現長春)・吉林・ハルビン・佳木斯(ジャムス)・牡丹江・寧安・撫順・大連・旅順と廻った。最も多くカメラの対象にしたのは奉天城内やハルビン等の中国人街で、東京の下町に向けたのと同じ視線で中国人の日常の姿を捉えていた。白系ロシア人のロマノフカ村では、入植後わずか4年で農耕と狩猟による安定した生活を営んでいることに注目した。これに対して佳木斯近くの宮城村や寧安近くの仙洞村等日本人の開拓村や追分鉄道自警村等では、安易な村造りと人々の生活の悲惨さを見た。後年、「島国育ちの矮小な日本人に中国大陸など統治できるはずはな」いと「骨身にしみてわかった」と述べている。10月、東京・白木屋で開催された「満州写真撮影隊報告展」に出品。48年以降、『カメラ』(アルス社)、『サンケイカメラ』(産業経済新聞社)、『カメラ芸術』(東京中日新聞社)の編集長を務めた。65年東京中日新聞社を退社、フリーの立場で評論活動を行う一方、東京の街と人々の日常を撮り始める。68年、「写真100年:日本人による写真表現の歴史展」(日本写真家協会主催、東京・西武百貨店)に1930年代の作品が展示されて注目される。これを契機に、74年に写真集『東京昭和十一年』『満州昭和十五年』、77年『夢の町:桑原甲子雄東京写真集』を刊行、以後20年以上にわたり国内外の美術館や画廊で作品展が開かれている。91年、長年にわたる写真界への貢献により日本写真協会功労賞を受賞した。

（本庄比佐子）

(参考文献)　『桑原甲子雄』（日本の写真家19、岩波書店、1998年）、『満州昭和十五年』（晶文社、1974年）。

桑原隲蔵　くわはらじつぞう　（明治3.12.7（1871.1.27）－1931.5.24）

東洋史学者。福井県出身。

京都府尋常中学校、第三高等中学校（のちの三高）を経て、1896年に帝国大学文科大学（のちの東大文学部）漢学科を卒業後、大学院に進んで東洋史を専攻した。98年に第三高等学校教授、翌年、高等師範学校（現筑波大学）教授となる。1907年に京都帝国大学への配置を予定されて東洋史研究を任務として清国に留学した。清国留学は、健康状態が欧州留学に堪えぬことから選ばれた次善の策だったとされるが、その結果として専門学者の手になる晩清時期の西安、山東・河南、東蒙古の貴重な記録、『考史遊記』（刊行は没後）が残された。09年に帰国し、文科大学教授（東洋史第2講座担当）となった。先任の内藤虎次郎と共に京都の東洋史学の奠基者として教育と研究に努め、1930年に定年退官した。狩野直喜らが哲学・史学・文学の分野別3学科編成を支那学・日本学・印度学等のいわば地域別の学科編成に変えて、東洋史を支那学科の中の歴史専攻の地位に置こうとした時、桑原はそれに反対して哲史文3学科体制を守った。

桑原は、敦賀の製紙業者の次男として生まれたのだが、成績が抜群であったが故に帝大にまで進むことになり、少年期からの宿願である歴史研究の道に進んだのであった。大学院生の時に執筆した『中等東洋史』は、4年前に中等学校の教科として新設された東洋史の教科書である。同書は、体系だった構成と正確を極めた記述の故に広く用いられ、歴史の一分野としての「東洋史」という名称を確立し、日本における東洋史学の基礎を築く上で重要な役割を演じた。その学問は西洋に学んだ科学的な歴史学であるが、その科学性は徹底的な第1次資料の博捜と、正確な理解と分析に立脚した文献実証主義であった。ただ、内藤たちが中国の文物に愛着を示したのに対し、桑原がそのような嗜好に距離を置いたことはよく言われるが、学風の面でも清朝考証学に対する態度等に差異があったとされる。23年に始まった「対支文化事業」に、当時の状態のもとで中国人の学者と一緒に仕事をすることはできないと参加しなかったことは、政治判断と学問姿勢の両面から注意してよい。研究面では、陳垣らを高く評価する一方で、中国で人気の高い梁啓超を正面から批判したのだが、梁の対応は誠実ではなかった。23年に『宋末の提挙市舶西域人蒲寿庚の事蹟』が出ると即座に二つの中訳が刊行されたことは、桑原の学問に対する彼の地の評価を示すものであった。生前に公刊された著作は上記以外に『東洋史説苑』だけしかなかったため、没後すぐに東洋史研究室の総力をあげて『東西交通史論叢』『東洋文明史論叢』『支那法制史論叢』が編纂刊行された。戦後に刊行された『桑原隲蔵全集』全6巻にはそれらを含めて全ての業績を収める。　　　　（狹間直樹）

(参考文献)　「先学を語る―桑原隲蔵博士―」

(『東方学』49輯、1975年)、礪波護「桑原隲蔵」(江上波夫編『東洋学の系譜』大修館書店、1992年)。

こ

小池張造 こいけちょうぞう （1873.2.8－1921.2.25)

外交官。茨城県出身。

1896年東京帝大法科大学政治学科卒業。外交官試験合格、朝鮮在勤を命ぜられ、次いで英国在勤に転じ、そこで加藤高明に認められる。1900年本省に戻り加藤外相のもとで秘書官兼書記官となる。01年10月北京公使館3等書記官となり、内田康哉公使のもとで、ロシアの満州撤兵問題に力を尽くした。02年英国在勤、06年米国に転じ、ニューヨーク、サンフランシスコ各領事を経て、08年奉天総領事。当時日中間の懸案となっていた安奉線改築問題では、在北京伊集院公使と呼応して強硬方針を貫き、特殊権益の確保に努めた。12年英国大使館参事官、13年加藤高明が大隈内閣の外相になると政務局長に任ぜられ、対華21ヶ条問題解決に尽力したが、16年官を辞して久原本店の理事となり以後は実業界の人となる。極めて有能な人物だったが、外交官としての一生を貫けなかった。　　　　　(吉村道男)

小泉政以 こいずみまさもち （慶応3(1867).11－1909.9.1)

漢詩人。新聞人。号は盗泉。盛岡(岩手県)出身。

4歳で父を亡くし、祖父梅軒に育てられる。10歳の時に梅軒を亡くす。性は恬憺にして、幼きより老成していたという。奥州を出てのちは北海道空知で林署の下僚を務める。「蝦洲森林経営」を『北門新報』の中野二郎に寄せたところ、中野が喜んで迎え入れたという。1898年に憲政党内閣ができると政党人の猟官運動を『北門新報』上で批判した。1900年に台湾に客遊した際に、当時台湾総督府民政長官だった後藤新平の知遇を得る。浜名寛祐撰「小泉盗泉伝」によれば満鉄総裁時代の後藤を小泉は翼賛したという。なお、小泉の遺稿集である『盗泉詩稿』には05年9月に後藤に従って中国・朝鮮を巡った際の漢詩も収められている他、後藤が「序」を寄せている。

(今津敏晃)

(参考文献)　小泉政以著、本荘堅宏編刊『盗泉詩稿』(1914年)、浜名寛祐撰「小泉盗泉伝」(『盗泉詩稿』所収)。

小磯国昭 こいそくにあき （1880.4.1－1950.11.3)

陸軍大将、政治家。山形県出身(栃木県生まれ)。

陸軍士官学校(12期)、陸軍大学校卒業。日露戦争に出征。参謀本部員等を経て、1915(大正4)年8月から17年1月まで内蒙古と中国に派遣され、兵要地誌・資源の調査を実施すると共に、第2次満蒙独立運動に関与。17年には参謀本部第2部支那課兵要地誌班長として、国家総動員体制研究の嚆矢とされる「帝国国防資源」をまとめた。そこでは、総力戦を戦うには経済力、特に資源の計画的な利用が不可欠であり、そのためには国内資源だけでは不十分で中国の資源をいかに活用するかが重要であると指摘されていた。シベリ

ア出兵に際しては、第12師団参謀、参謀本部員として参加。陸軍省整備局長等を経て、30（昭和5）年8月同軍務局長となり、三月事件・満州事変に関与。陸軍次官を経て、32年8月関東軍参謀長兼特務部長となり、建国直後の満州国の建設に参画する。第5師団長（広島）、朝鮮軍司令官を経て、38年7月予備役に編入。平沼騏一郎・米内光政両内閣の拓務大臣を務め、満州移住協会理事長を経て、42年5月から朝鮮総督となる。「内鮮一体」を目標に、徴兵制の施行、参政権の付与などに尽力した。44年7月東条英機内閣の総辞職を受けて、米内光政と協力して内閣を組織、戦局の挽回を図る。対中施策では、「繆斌工作」と呼ばれる対重慶平和工作を推進した。小磯の主導で繆斌は来日したが、陸海外相がこれに賛成せず閣内不統一となり、昭和天皇の支持も得られず、失敗に帰した。期待された成果を挙げることができないまま、硫黄島が陥落、さらに沖縄に米軍が上陸した45年4月に総辞職する。戦後、A級戦犯として逮捕され、極東国際軍事裁判において終身刑の判決を受け、50年11月巣鴨収容所で病死した。

（庄司潤一郎）

（参考文献） 小磯国昭自叙伝刊行会編『葛山鴻爪』（丸の内出版、1963年）、高宮太平『昭和の将帥』（図書出版社、1973年）、富田信男他『政治に干与した軍人たち』（有斐閣、1982年）。

幸徳秋水 こうとくしゅうすい （明治4.8.9（1871.9.23）-1911.1.24）

社会運動家。本名伝次郎。高知県出身。

「大逆事件」で処刑された明治期の代表的な社会主義者の一人。『自由新聞』『万朝報』等の記者を務めたのち、社会主義運動に専念し、『平民新聞』を発行、当局に弾圧された。出獄して渡米ののち、日本社会党に参加、片山潜・田添鉄二ら議会政策派と対立し、直接行動を主張した。当時中国では清朝打倒・民国創立をめざす革命運動が高まり、その中で張継・劉光漢（師培）・何震等のアナキストたちや革命的学者章炳麟等が来日して活動していた。彼らは東京で社会主義講習会を組織し、幸徳ら日本の社会主義者たちもこれに参加した。劉光漢たちはさらに「亜州和親会」を組織してアジアの国々の社会主義者たちの団結をめざそうとした。これまで欧米だけに注目することの多かった日本の社会主義者たちがアジアを視野に入れるようになったことは注目に値する。

（伊東昭雄）

（参考文献） 章炳麟「亜州和親会規約」（近藤邦康訳、西順蔵編『原典・中国近代思想史』第3巻、岩波書店、1976年）、梶村秀樹「亜州和親会をめぐって」上・下（『胎動のアジア』創刊号・2号、1977年）。

河野久太郎 こうのきゅうたろう （明治4.2.17（1871.4.6）-1936.9.24）

実業家。福岡県出身。

1890（明治23）年修猷館中学卒業後、荒尾精が教鞭をとる上海の日清貿易研究所で3年間勉学に励む。日清戦争中は軍事通訳として従軍。湖南汽船の前身、大東汽船の杭州支店長等を経験したのち、大倉組へ入社し上海支店長になった。包容力のある人柄で、中国側からの信頼も厚く、大倉喜八郎の片腕として

対中直輸出（昆布等）を急増させた。1911（明治44）年辛亥革命時に大倉は孫文や黄興率いる革命軍に300万円の借款を行うが、実質的な交渉は河野が取りまとめた。38年には大蒙公司会長として、水田開拓事業に協力するなど長年の夢であった内蒙貿易の拡大と蒙古の産業育成に注力した。中国生活40年を通じて張作霖・張学良父子、徐樹錚、楊宇霆等派閥を超えた広い中国人脈を築いた。

（木村昌人）

（参考文献） 河野久太郎伝記編纂所編『河野久太郎伝』（九州時論社、1941年）。

神鞭友常 こうむちともつね （嘉永1.8.4(1848.9.1)－1905.6.21)

官僚、政治家。丹後与謝郡（京都府）出身。

1873（明治6）年、星亨の推薦により大蔵省入省。その後内務省に移り75年から77年までアメリカに勤務、帰国後大蔵省に戻り、会計課長、主税局次長等を歴任した。90年第1回総選挙に出馬・当選（以後7回当選）。92年には第2次伊藤博文内閣の条約改正案に反対し、93年同志と共に大日本協会を組織、国権主義を唱えた。第2次松方正義・第1次大隈重信両内閣の法制局長官を務め、98年憲政本党に入党した。同年、「支那保全」をスローガンとする東亜同文会（会長近衛篤麿）に参加、のちに評議員となる。1900年、北清事変に際し、東亜同文会が改めて「支那保全」を宣言すると、積極的にこれを支持した。近衛同様、ロシアによる満州占領を「支那保全」の立場から問題視し、対外硬論を展開、国民同盟会（1900年9月）及び対露同志会（03年8月）の結成（会長はいずれも近衛）では中心的役割を果たし、対露同志会では委員長として病床の近衛を代活した。 （栗田尚弥）

（参考文献） 『謝海言行録・神鞭友常』（橋本五雄編刊、1909年）、『東亜先覚志士記伝』下、『東亜同文会史』（東亜文化研究所編、霞山会、1988年）。

河本磯平 こうもといそへい （慶応4.1.15(1868.2.8)－1899.1.30)

実業家。日中親善と日中貿易草創期のパイオニア。号は黙堂。美作（岡山県）出身。

大庭郡河内村（現真庭市）の農家の次男として出生した河本は幼時に父を失い、小学校卒業後農業に従事したが西薇山の徳名を慕って1887（明治20）年閑谷黌の門をたたいた。黌内の雑役を行って学資を稼ぎ出すことを条件に入学が許可され、3年後全課程を終えた。89年優秀な人材を募るため閑谷黌へ遊説にきた荒尾精の演説に感動し、卒業後は西の推薦によって上海の日清貿易研究所へ入所。同所で中国語・英語・貿易に関する実技的知識を学ぶ。卒業を控えた93年5月親日派の黎庶昌から河本の人柄を称える七言律詩を贈られている。

7月日清貿易研究所を卒業、8月から清国の要港と内地をめぐって清国の実状を踏査後、上海と漢口で独立して種々の実業を経験。まもなく福州の日韓貿易所へ聘せられ事務を担当、日清戦争の勃発によって94年10月帰国、11月大本営から第2師団付の通訳官を命ぜられ、翌年5月台湾総督部付、96年2月台湾兵站監部付となった。この間荒尾精も関係する

資本金15万円の合資会社を江州商人10余名と設立、これが失敗に終わり官吏を辞職して95年5月帰国。96年8月、白岩龍平の大東新利洋行が猛烈な反日運動の前面に立たされているという時事新報の切抜を西から送られ、白岩を助けて日清貿易を軌道に乗せるべく渡清、10月営業は開始されさらに98年3月日本政府の資金援助が大東新利洋行におりることが決定された。河本はこの間清人を啓蒙するため上海に学校を作り、東亜同文会の運営する亜東時報を刊行して変法改革派と交流を深め、助けた。98年11月国益のため洞庭湖を至急調査すべしとの小村寿太郎の進言を入れ、広大な内陸部を踏査するため出発、99年1月中国服のまま旅宿で自殺。会葬には汪康年・宋恕・姚文藻・曾広銓らが集まり、日本人墓地の河本の墓の横に、副島種臣の篆額による碑が建った。　　　　　　　　（村上節子）

(**参考文献**)　中村義『白岩龍平日記』。

河本大作　こうもと だいさく　（1883.1.24－1953.8.25）
軍人、実業家。兵庫県出身。

1903年11月、陸軍士官学校（第15期）を卒業。日露戦争従軍後、11年陸軍大学入学、14年に卒業（第26期）し、翌年10月漢口守備隊司令部付参謀となる。18年7月シベリア出兵に従軍し、19年11月には参謀本部第4部戦史課でシベリア戦史の編集に従事。21年4月北京公使館付武官を経て、23年8月参謀本部支那班長兼陸軍大学教官。26年3月に大佐として関東軍参謀となり、同職にあった28年になると、張作霖を爆殺して現地の治安攪乱を引き起こし、居留民保護を名目に関東軍を出動させ中国東北地域を制圧して、国民革命の中国東北地域への波及と同地域をめぐる日中間の懸案解決をめざすという謀略をたてる。同年6月4日北京から奉天に帰還しつつあった張作霖乗車列車の爆破を実行し張の爆殺に成功。しかし、日中間での武力紛争等の治安攪乱は発生せず、政府中央からの関東軍出動許可も出されることなく、河本の当初の目論見は失敗に終わる。同事件は真相が一般には伏せられたまま「満州某重大事件」として時の田中義一内閣総辞職の一因となる。河本自身は軍法会議で裁かれることなく、29年に停職、翌年予備役に退く。その後は、森恪や大川周明らの後援を受け、三月事件、満州事変、十月事件に裏面から関与する一方で、関東軍参謀時代の人脈を活かし、32年10月満鉄理事、34年10月には満州炭礦株式会社理事長に就任。しかし、41年には満州炭礦を傘下におさめた満州重工業開発株式会社総裁鮎川義介との経営方針上の対立から満州炭礦を辞職。

この後、42年になると日本軍特務機関の指導により組織された山西産業株式会社の社長に就任。同地で日本の総力戦維持を支えるための生産増強に邁進する一方で、対閻錫山和平工作にも従事。日本敗戦後は、国民政府からの要請を受け、西北実業公司（山西産業を改称）で最高顧問に就任し、河本の勧誘もあって残留した山西産業日本人従業員の約半数と共に、その運営に携わった。国共内戦が始まると同じく残留していた旧日本軍と共に国民政府軍側に立ち中国共産党軍と戦ったが、49年4月中国共産党軍により太原が制圧されると、他の日本人と共に同地の収容所に戦犯

こがきよし

として収監される。50年に北京監獄に移送された後に52年太原に戻され、戦犯容疑者として中国側の訊問を受け供述書を残し、53年同地で死去。なお、遺骨は55年日本に還り、東京都府中市東郷寺に埋葬されている。

(松重充浩)

(参考文献) 『満州の陰謀者：河本大作の運命的な足あと』(自由国民社、1959年)、相良俊輔『赤い夕陽の満州野が原に：鬼才河本大作の生涯』(光人社、1978年)、中央档案館・中国第二歴史档案館・吉林省社会科学院合編『河本大作与日軍山西"残留"』(中華書局、1995年)、全国山西省在留者団体協議会編『山西残留の実相：資料』全2巻(同会、1991年)、内田知行『黄土の大地1937～1945：山西省占領地の社会経済史』(創土社、2005年)。

古賀清志 ^{こが}^{きよし} (1908.4.10-1997.11.23)

海軍軍人、武術家。改名不二人。佐賀県出身。

佐賀中学校を経て1928(昭和3)年海軍兵学校卒業、32年5・15事件に参加、禁錮15年の刑を受ける。38年出獄後、不二人と改名。38年9月青島特務部付(港湾部)、のち特務部解消のため船舶連合局へ転職し情報主任、青島新民会企画担当となる。40年10月青島新民会を辞職して本間房吉のもとで大陸浪人となる。青島では本間の他、青島興亜院長官多田海軍少将、海軍少尉萱沼洋、満州協和会伊藤六十次郎等と関係を持つ。41年3月に帰国し、秋田・日満工鉱技術員養成所に勤務。太平洋戦争勃発を期に上京し、島田合資会社や日東海運株式会社に勤務する。後者では海軍の指名を獲得、常務取締役兼パラオ支社長としてパラオでの人員・物資の輸送を企てる。55年3月「大地塾道場」を設立、「不二流体術」を開業。

(季武嘉也)

(参考文献) 保坂正康『五・一五事件　橘孝三郎と愛郷塾の軌跡』(草思社、1974年)、古賀不二人『私の歩道』(島津書房、1986年)。

古賀峯一 ^{こが}^{みねいち} (1885.4.25-1944.3.31)

海軍軍人・元帥・海軍大将。佐賀県出身。

1906(明治39)年海軍兵学校卒業(34期)。15(大正4)-17年海軍大学校学生。37(昭和12)年軍令部次長となる。39年には、第2艦隊長官となり、日中戦争解決に希望が持てなくなった雰囲気の中で中国戦線に赴任する。41年9月には、支那方面艦隊長官に就任した。折しもアジア太平洋戦争開戦の決定が図られた時期で、大海指第17号(1941.12.1)からも見てとれるように、陸軍と協力して香港攻略作戦を指揮すること等が任務として与えられた。古賀は、アジア太平洋戦争が開始されると、中国における英米勢力の権益等の接収を推進し、これにより中国方面の海軍の活動が、支障がないほどに安定するにいたったと言われる。43年には、戦死した山本五十六連合艦隊長官の後任となったが、南方地域での飛行機事故により、死亡した。死後、元帥号を追贈された。

(山本智之)

(参考文献) 防衛庁防衛研修所戦史室・戦史叢書『中国方面海軍作戦(2)　昭和十三年四月以降』(朝雲新聞社、1975年)、鈴木亨編『歴史と旅―帝国海軍提督総覧―』(特別増刊号45、秋田書店、1990年)。

古島一雄 こじまかずお （慶応1.8.1（1865.9.20）－1952.5.26）

新聞記者、政治家。豊岡（兵庫県）出身。

日中関係における古島の活動の特徴は、犬養毅との交流に基づいてジャーナリストとして日中友好の世論を形成したことと、その実現のための活動をしたことにある。新聞『日本』の記者時代に平岡浩太郎に『九州日報』の主筆として招かれたのち1899（明治32）年に上京し、その直後から犬養毅が交流をしていた孫文・康有為・梁啓超らと親しく交流し始める。孫文が仲介した布引丸事件では犬養と協力して行動するうちに犬養の政治姿勢と精神に心服随従し、これを契機としてますます犬養やそこに出入りする大陸浪人たちと共同で活動。この当時古島は、日中「親善」について他とは異なる考えを持つ。これは九州から戻って新聞『日本』の記者をしている時に正岡子規から学んだもので、日中関係は日本が自分の都合のいい「勝手なことばかりいう」関係ではなく、中国人の「心持ちになって考え」て日中「相協同する」というもので、これ以降古島はこの考えを実践した。

日露戦争前後から古島は犬養が日本政治や対中国政策を展開する際の最重要な「影の男」にまでなった。1909年に古島は革命派に注目し、清国で革命派は「外微」でもその「潜勢力」は侮れないと評した。11年に辛亥革命が勃発するとジャーナリストや民間法曹家を参加させ、日本は清国の領土保全と政体問題に干渉すべきでないという趣旨を掲げた支那問題同志会を結成。と同時に日本政府の干渉を批判する記事を書いた。こうして革命を支持する論陣を形成したのち、同年12月に先発した犬養と玄洋社の頭山満を追って中国に赴き、革命の現場を目撃した。犬養が帰国したのちも中国に滞在していたため犬養から促され帰国。その後13（大正2）年8月、第2革命に失敗した孫文が亡命を求めて入国を拒否されると、犬養や頭山満の指令で神戸まで出向き、犬養が山本首相と交渉している間、孫文を入国させるために川崎造船所の社長松方幸次郎と連絡を取り、萱野長知らと協力し、ついに上京させ、頭山満の自宅に匿う。この時一緒に亡命した黄興を孫文以上に評価し、16年10月に黄興が上海で死去すると、その死を「日支親善」にとって「不幸」とまで評した。19年10月から中国を訪れ一部要人と話し合ったのち帰国し、日本軍の姿勢や対華21ヶ条を批判。24年の孫文の来日に際しては犬養の代理として頭山と神戸に赴く。32年12月に犬養内閣が成立すると翌年3月に貴族院議員に勅選され、犬養が5・15事件で暗殺されたのちも、中国での軍部の行動等に批判的な姿勢を取る。最後まで日中友好の考えを主張し続けた。　　　　　　　　　　（時任英人）

(参考文献)　中村義「古島一雄と中国—アジア主義言論人にして立憲政党人—」（『史潮』5、2005年）、古島一雄『一老政治家の回想』（中公文庫、1975年）。

古城貞吉 こじょうていきち （慶応2.5.10（1866.6.22）－1949.2.15）

漢学者。熊本出身。

士族古城貞の3男として熊本の京町1丁目163番地に生まれた。幼くして熊本の漢学者

ごだいともあつ

竹添井々（1843-1917）に学び、また、佐々克堂の同心学舎（のちの済済黌）に学ぶ。のちに坦堂と号す。近世における熊本の漢学は、秋山玉山が藩校時習館を建学して初代教授となって繁栄し、その後、古屋昔陽・松崎慊堂・木下犀潭等が子弟を輩出、近代に至ってその学統は、竹添・古城・狩野直喜（君山、1868-1947）・松崎鶴雄（柔父、1871-1951）等に受け継がれ、中国との漢学交流が深まった。古城は熊本の学問文化を顕彰するべく、武藤厳男・宇野東風と共に『肥後文献叢書』（全5巻、東京隆文館、1910年）を編纂、漢学研究にあっては、1896（明治29）年に『支那文学史』（経済雑誌社、1897年）を著し、中国文学史研究の先鞭をつけた。また、作文においては、漢学者の同人文集『廻瀾集』（1928年第1編、第17編まで年刊）を編集し、大正昭和の漢学界を主導した。

20歳で第一高等学校を中退、30歳の若さで中国文学を究め、32歳の1897年日報社（のちの東京日日新聞）記者として中国に渡り、上海・北京等に遊学し、4年後の1901年に帰国。その間、日清戦争（1894-95年）後の外国列強の侵略に反対して「興清滅洋」を掲げる義和団の外国人・清国キリスト教徒排斥行動を契機とした、清政府・義和団と外国列強連合（日米等8ヶ国）の戦い（1900年の北清事変）に遭遇、連合軍・キリスト教徒と共に公使館・居留民保護活動を助け、義勇隊として、その6月から8月まで、服部宇之吉・狩野直喜等と共に日本公使館に立て籠もり護衛に参加した。清の図書府翰林院の鎮火や『永楽大典』の保護等に尽力した。帰国後は、拓殖大学・東洋大学・早稲田大学・日本大学・立教大学・大東文化大学・慶応義塾大学で教鞭を執る。愛書家で、書斎を耕養斎と称し蔵書2万8千冊（現在、細川コレクション永青文庫の所蔵）は直接中国から購入した漢籍の美本が多く、『文選』のテキストや清朝詩文集の蒐集等特筆するべきものが含まれている。さらにその1点1点には達筆で朱点・書き入れ・外題があり、稀世の読書家としても知られた。

（髙橋　智）

（参考文献） 平田武彦『坦堂古城貞吉先生』（熊本・西海時論社、1954年）、『「先学を語る」古城貞吉先生』（『東方学』第71輯、1986年）。

五代友厚　ごだいともあつ　（天保6.12.26（1836.2.12）-1885.9.25）

実業家・政商（関西）。鹿児島出身。

薩摩藩の儒官・五代直左衛門の次男として誕生、幼名を才助。安政1（1854）年に藩の郡方書役となり、同5年に長崎へ赴き幕府の海軍伝習所で航海術を学ぶ。万延1（1860）年に幕府の所有船・千歳丸に乗って上海に渡航、密かに薩摩藩のために汽船購入の契約を行った。慶応1（1865）年、藩命により留学生を率いて英・仏・独・オランダ・ベルギーを巡訪、それら諸国から武器・船舶・紡績機械を購入して翌年帰国、薩摩藩の殖産興業に寄与。明治維新に伴い新政府の参与・外国事務掛となり、もっぱら外交の事務に参与し外国貿易の発展に努めた。この頃に友厚と改名、外国官権判事・大阪府権判事・会計官権判事等を歴任し、関西を中心とする通商会社・為替会社の設立に携わった。その後は官界を辞

し、居も大阪に定め実業に従事する。まず金銀分析所を開設し、天和・逢谷・鹿籠等の各地で鉱山経営を行い、また外国藍の輸入を防止するため、製藍工場・朝陽館を設けて藍の製造販売にも当たった。特に大久保利通大蔵卿（のち内務卿）と深く結びつくことで有力な政商として活躍、78年には大阪株式取引所の設立に努力すると共に、大阪商法会議所（現大阪商工会議所）の設立にも尽力して初代会頭に就任。次いで81年には、対清貿易と北海道貿易を行うため関西貿易会社を設立し、北海道の開拓事業にも乗り出したが、官有物払下げ事件を引き起こし世論の強い非難を浴びる。しかし、その翌82年には阪堺鉄道会社や神戸桟橋会社を創立するなど、交通業の発達にも努めるなど、常に関西財界の指導的地位にあった。　　　　　　　　（松村正義）

（参考文献） 五代龍作編『五代友厚伝』（1933年）、75周年追悼記念刊行会編『五代友厚秘史』（1960年）、日本経営史研究会編『五代友厚伝記資料』（1971年）。

児玉　花外　こだまかがい（1874.7.7 – 1943.9.20）

詩人。本名伝八。通称信雄。京都市出身。

明治・大正時代の社会詩人・民衆詩人の先駆者として、高名を馳せたバイロンばりの情熱詩人である。明治大学校歌『白雲なびく』の作詞者でもある。

『童謡』は最も初期の頃の作品である。少年の志気を鼓舞する熱血詩人として、当時の少年の間で人気を博した。1898年、内村鑑三の『東京独立雑誌』や片山潜の『労働世界』等の雑誌に次々と童謡、労働の現場や被抑圧者を歌った詩作を発表した。中でも「鶏の歌」1篇は、早くも花外の社会思想と詩作傾向を、はっきり表現したものとして注目すべき作品である。99年には山本露葉・山田枯柳との共著で、処女詩集『風月万象』を出版する。その後、新聞記者等を務めながら新体詩を次々と発表し、評論家から高い評価を受けていたが、1903年、『社会主義詩集』が、製本段階で発売禁止処分を受ける。後には熱血・愛国詩人へ転換。この頃から「花外」という雅号を使用するようになった。

花外は、20世紀初頭の中国の社会変動に大きな関心を持ち、それを中国の政治家・軍人たちを英雄として歌いあげる詩に頻繁に顕れている。1913年から16年にかけ、「孫逸仙に與ふる詩」「亡命客と日本」「奇傑陳其美の死を悼む」「若葉に光輝く黄興君」「蔡鍔将軍来！」及び章炳麟・黎元洪・秋瑾や張作霖・袁世凱・胡漢民・蒋介石、また、丸橋忠弥・西郷隆盛等多くの人物に及んだ新体詩を書き、『太陽』『雄辯』『読売新聞』『新日本』『日華学報』『東方時論』『冒険世界』『新公論』等に45篇の形式にこだわらない独特の形式の新体詩を発表した。これらの自由主義、深い正義感、博い人道愛を基調とする詩の中で、孫文や黄興・章炳麟等の人物を革命英雄として尊敬、賛美する詩作を発表した。袁世凱に対しては反革命の人物として評価せず、むしろ批判的な作品を残した。このように花外は中国に深い関心を持ち、革命運動を鼓吹した。自由・英雄・義・侠人・民権・革命といった文字をあえて用い、新しい社会・世界を待望する自由民権を明確にしている。まさに、人

類平等、民権を求める、革命運動を唱えた社会主義詩人児玉花外誕生の宣言書とも言うべき内容の新体詩であり、明治・大正時代の稀有な作品でもある。日清戦争後のナショナリズム全盛時代に、あえて革命の言葉を用いた日本最初の社会主義詩人の誕生であった。これら「革命」を主題とした作品は、花外にとっては最も画期的な作品と言える。東京板橋の養育院にて急性腸疾患のため永眠した。

(崔　淑芬)

(参考文献)　児玉花外著、岡野他家夫編『社会主義詩集』(日本評論社、1949年)、『明治文学全集83　明治社会主義文学集 (1)』(筑摩書房、1965年)、谷林博『児玉花外その詩と人生』(白藤書店、1976年)、大田雅夫『不遇の放浪詩人：児玉花外・明治期社会主義の魁』(文芸社、2007年)、『「校歌」の史譜』(『明治大学紀要』7、2002年)。

児玉謙次　こだまけんじ　(明治4.9.25(1871.11.7) - 1954.2.13)

銀行家。香川県出身。

1892 (明治25) 年東京高商卒業後、会計検査院を経て、93年横浜正金銀行へ入行。ボンベイ支店、上海支店両支配人を務める。11年には赴清実業団 (団長近藤廉平日本郵船社長) に参加、南洋勧業博覧会を見学した。1922年正金銀行頭取に就任。日中間の貿易を促進するため、日華貿易協会 (中日貿易協会) の会長 (副会長) を務めた。中国側は京都大学に留学した周作民が代表となった。児玉は、中国に対して、低関税貿易の廃止と排日関税の訂正を求める一方で、日本軍用機の中国上空無断飛行の中止、両国間の航空連絡・無線電話の拡張等の条件を提示した。35年蒋介石の肝入りで来日した赴日経済使節団に対して日本経済界は建設的な提言を行い、日本での大歓迎と共に中国代表団を驚かせた。経済提携を進める好機と捉えた児玉は、37年石田礼助・宮島清次郎・藤山愛一郎他12名の実業家を引率し訪中した。上海で船津辰一郎・吉田政治・上田賢次郎の3人が加わり、16名で蒋介石に面談した。いわゆる児玉経済使節団で、佐藤尚武外相の対中政策に沿ったもので、同時期に実施された欧米訪問経済使節団 (団長門野重九郎) と共に、経済提携を軸に日中関係さらには欧米との関係正常化をもくろんだものであった。児玉は、日本の関心がともすれば華北・満州に偏りがちなのを是正し、ビジネスの観点から最も魅力のある華中・華南へ目を向け、地域的にバランスの取れた対中経済関係を築くことを提言した。中国との交渉で必要なのは日本の対中外交の一元化であると政府に強く訴えたが、現実には、外務省と陸軍との間で相矛盾する対応により、中国側の信用を失い、日中関係は悪化の一途をたどった。盧溝橋事件から日中戦争へ突入した。38年から43年まで中支那振興株式会社総裁を務めた。

(木村昌人)

(参考文献)　児玉謙次『中国回想録』(日本週報社、1952年)。

児玉源太郎　こだまげんたろう　(嘉永5.2.25(1852.4.14) - 1906.7.23)

陸軍大将、子爵。徳山 (山口県) 出身。

徳山藩士の長男として生まれる。戊辰戦争

こだまげんたろう

で献功隊半小隊司令として参加し、箱館戦争に臨んだ。明治2（1869）年にフランス式兵学修業を経て大阪兵学寮内の第1教導隊員となり、翌年6等下士官に任じられて国軍兵士となった。同4年歩兵第3連隊第2大隊副官に就任し、翌年大尉に任官され、1873年に大阪鎮台地方司令副官心得となる。74年の佐賀の乱に出征して銃創を受けるが、翌年熊本鎮台准参謀に就く。神風連の乱に対処し、西南戦争では熊本籠城戦で名を馳せ、戦後は近衛局に出仕後、近衛局参謀副長になる。80年から5年間務めた東京鎮台歩兵第2連隊長（佐倉）時代の対抗演習で戦術家としての名声を得る。

85年に参謀本部管東局長、参謀本部第1局長となり初めて中央軍衙に籍を置き、また陸軍大学校幹事から87年に大学校長に就任して、メッケルと共に陸大教育のドイツ式化を図った。86年には臨時陸軍制度審査委員長を兼ねるなど陸軍諸制度改革のいくつかの委員会に参加して陸軍の大幅刷新の一翼を担う。91年10月から約10ヶ月間欧州軍事視察をしたのち、92年8月に第2次伊藤博文内閣のもとで大山巌が陸軍大臣に就くと、陸軍次官兼軍務局長となって中央軍政に席を占め、日清戦争に向けた軍政整備を精力的に推進していく。戦後の凱旋輸送時には臨時陸軍検疫部長になり、事務官長に後藤新平を据えてコレラ等の戦死被害の多かった初外征での円滑な帰還輸送を達成した。

戦後は97年に威海衛・北清視察ののち98年1月に第3師団長になるが、翌月台湾総督に任命された。以後1906年に参謀総長に就任するまで約8年間、途中陸相・内相・文相・参謀本部次長等を兼任しながら同職に留まる。この間、台湾事業予算案の削減、厦門事件での中央との対岸政策をめぐる齟齬、台湾守備隊維持費問題での参謀本部との対立等、多くの問題を抱えながら民政長官の後藤と共に植民地台湾の統治体制を作り上げた。陸相への就任は桂太郎前陸相の辞意に伴う懇請により就いたもので、内相・文相職も、首相となった桂の要請で行政改革実施のために引き受けた。ただ、参謀本部次長への就任は、前任田村怡與造の死去によって目前の日露戦争に対処する人物が必要になったため、降格人事であるが自身の意志により引き受けた。就任後すぐに欧米との国際電信線の確保と陸海連合作戦の策定をし、1904年2月の開戦後は戦時大本営陸軍部参謀次長兼兵站総監部総監となる。

6月に満州軍総司令部が設けられるとその総参謀長となって出征し、全軍の作戦策定責任者として活躍する。戦後は06年4月に参謀総長に就いて軍拡案並びに国防方針の策定に尽力すると共に満州経営問題に関わって満州経営委員会委員長や南満州鉄道株式会社設立委員長となる。その7月に脳溢血にて死去した。
　　　　　　　　　　　　　　（斎藤聖二）

（参考文献）　森山守次『児玉大将伝』（太平洋通信社、1908年）、宿利重一『児玉源太郎』（国際日本協会、1942年）、『対支回顧録』下、斎藤聖二『北清事変と日本軍』（芙蓉書房出版、2006年）。

こだまとしくに

児玉利国 こだま としくに （1880.5.24−1925.4.29）
海軍少将、貴族院議員、台湾総督府事務官、台中県知事。鹿児島県出身。

1871年鹿児島藩留学生として中国留学、翌年帰国後、兵部省入省、海軍秘書。73年台湾出兵交渉のため清国に派遣された樺山資紀特命全権公使の随行員となった。その後、成富清風らと台湾入りし、東海岸方面を調査して帰国。74年7月政府に主戦論に基づいた作戦要綱「蕃地事宣建言並開拓建築守兵等諸費積書」を提出。同年海軍大秘書。台湾出兵が決定すると、台湾派遣軍に加わり、東海岸占領計画を画策、その後講和談判の全権公使大久保利通に従い北京入り、講和成立後、台湾を経て帰国。富士・扶桑等の艦長、参謀本部海軍部第1局長、横須賀鎮守府参謀長等を歴任。88年清国視察。93年少将、予備役編入。95年5月台湾統治の開始と同時に台湾県（のちの台中県）知事へ就任し、96年4月民政局事務官。同年六三法による台湾統治体制の整備に伴う官吏精選政策により、非職。帰国後の9月、貴族院貴族院勅選議員となり、1925年まで在任、同成会所属。　　　（大江洋代）

（参考文献）　藤崎済之助『台湾史と樺山大将』（国書刊行会、1926年）、篠原正巳『台中日本統治時代の記録』（台湾・致良出版、1996年）。

児玉友雄 こだま ともお （1881.10.23−1961.5.9）
朝鮮軍参謀長、台湾軍司令官。山口県出身。
児玉源太郎の3男。学習院中等科を経て1902年陸軍士官学校歩兵科14期を29位（416人中）で卒業。日露戦争に出征後、1910年陸軍大学校卒、参謀本部課員等を経て、23年歩兵第34連隊長、29年少将に進級、30年朝鮮軍参謀長。在任中、満州事変が勃発、朝鮮軍司令官林銑十郎は天皇の裁可を受けず満州へ軍を進めた。33年中将、下関要塞司令官、35年第16師団長、38年7月予備役編入、9月に召集を受け、台湾軍司令官となる。台湾人への兵役法実施のあり方を模索、師範学校卒業男子で小公学校の教職につく資格のある台湾人に対し、短期現役兵と同様の訓練実施することを決定した。39年12月召集解除につき退官。なお朝鮮軍参謀長時代における満州への越境の情況、事後処理について47年4月東京裁判で証言した。　　　（大江洋代）

（参考文献）　林銑十郎『満州事件日誌』（みすず書房、1996年）、宿利重一『児玉源太郎』（マツノ書店、1993年）。

児玉秀雄 こだま ひでお （1876.7.19−1947.4.7）
朝鮮総督府官僚、関東長官。児玉源太郎の長男。妻サワは寺内正毅の娘。伯爵。山口県出身。

1900年7月東京帝大法科大学を卒業後、大蔵省に入省。日露戦争の際には、満州軍総司令部付等として占領地行政に当たった。05年韓国統監府の書記官となり、以後、朝鮮総督府でキャリアを積み、10年に会計局長、12年に総務局長となる。16年寺内内閣書記官長。

23年から4年間にわたって関東長官を務めた。関東長官時代の児玉は、多年懸案であった地方自治制度の整備に努めている。24年公布の関東州市制によって、それまで半数は民選、半数は官選であった市会議員の選出方法を、過半が民選になるように改めている。ま

た、従来は市長が助役を任免していたのを市長の推薦によって市会が定めるように改正した。さらに、市参事会を新設すると共に、公衆衛生や小学校・公学堂の経営等に限定されていた市の事務を内地の市制に準じるまでに拡張し、関東庁から多くの事務を移管させた。農村部で施行されていた会制度についても、25年公布の関東州会制によって改正を加え、会計員や諮問機関である協議会の制度を新たに設けた。また、産業発展にも尽力し、関東州果樹組合や関東州水産会等の各種産業団体の設立、関東州病害虫駆除予防規則の制定等を行っている。

　急転する中国情勢にも対応を迫られた。24年の第2次奉直戦争の際には、不干渉主義をとる幣原喜重郎外相に対して、直隷軍が満州に侵入した際には「自衛的行動」の必要性を訴えた。また、27年8月には、東方会議後、張作霖に対して実力行使による強硬策も辞さないとする吉田茂奉天総領事の方針について反対意見を田中義一外相に打電している。同年12月関東長官を辞任。以後、貴族院研究会の領袖として活躍し、朝鮮総督府政務総監、拓務・逓信・内務・文部の各大臣を務めた。

　　　　　　　　　　　　　　　　（若月剛史）

(参考文献)　関東局編『関東局施政三十年史』（関東局、1936年、のちに原書房から復刻）。

児玉誉士夫 こだまよしお （1911.2.18 – 1984.1.17)

　右翼運動家。福島県出身。
　児玉の中国における活動は、おおよそ三つの性格・時期に区分できる。第1は、在野の右翼運動家としての活動である。1932年2月、日本の政情に失望して満州に渡り、大雄峯会の笠木良明の知遇を得て4月に帰国した。第2は、外務省や陸軍の嘱託としての活動である。38年秋、児玉は笠木から外務省情報部部長の河相達夫を紹介された。これが機縁となって上海副領事の岩井英一と知り合い、岩井の推薦を受けて、陸軍参謀本部よりハノイから南京に移動する汪精衛（兆銘）の護衛を依頼された（39年4月）。この時は実際に活動することはなかったが、引き続き汪精衛政権樹立に関する任務についた。さらに石原莞爾の紹介で支那派遣軍総司令部参謀の辻政信と出会い（40年4月）、同軍総司令部の嘱託も兼ねた。しかし、東条英機陸相から石原の進める東亜連盟運動との関係を疑われて嘱託を解かれ、41年5月に帰国した。第3は、海軍航空本部の「児玉機関」機関長としての活動である。太平洋戦争開戦の前夜、航空本部は中国に独自の資材調達機関を設けることを計画し、同年11月末に国粋大衆党の笹川良一を介して児玉に機関の組織化を依頼した。児玉は早速、航空本部総務部長の山縣正郷と共に上海へ飛び、数日のうちに同地に児玉機関の本部を置いた。児玉機関は、銅や雲母等の航空機に必要な資材の購入を任務としていた。また、徐州において農村の秘密結社である紅槍会の帰順工作に従事したこともある。当初は資材を金銭で買い上げていたが、資材の高騰が進むと、43年3月以降は見返り物資として青島から塩を、台湾から砂糖を運び込むことになった。しかし、戦局の悪化に伴い日本近海の制海権が米軍の手に落ちると、買い上げ

た資材を日本本土に船舶で輸送することは困難になった。44年3月からは別個に本土のタングステンやモンブリテンの鉱山を経営するようになり、機関の活動の中心は次第に大陸を離れていった。45年の春以降、児玉は東京に留まり焼け跡からの銅回収等に務めていたが、やがて敗戦を迎えた。　　　（古谷　創）

（参考文献）　児玉誉士夫『悪政・銃声・乱世』（広済堂出版、1974年）、同『われかく戦えり』（広済堂出版、1975年）。

小寺謙吉 こでらけんきち（1877.4.14－1949.9.27）

実業家、政治家、教育者。兵庫県出身。

杉浦重剛の称好塾に学び、1897（明治17）年米国に留学、エール大学、コロンビア大学、ジョーンズ・ホプキンズ大学で法律学・政治学を学び学位を修得、さらにヨーロッパに渡り、ハイデルベルグ大学、ウィーン大学で国際法を学ぶが、日露戦争勃発により従軍、満州軍総司令部付となる。戦後も満州に留まり、弟二人と共に、大豆粕製作会社小寺洋行を設立した。1908年衆議院議員に当選、以後30（昭和5）年の落選まで立憲国民党、憲政会、立憲民政党の幹部として活躍した。議院内においては対中国積極論を展開、19（大正8）年のパリ講和会議の席上、山東省利権の返還を中国代表（顧維鈞）が求めると、第41帝国議会において断固拒絶すべきことを主張した。これより先、16（大正5）年には『大亜細亜主義論』を刊行、日本を盟主とする新たな形の「大アジア主義」を主張した。戦後、公選初代の神戸市長に就任。また、12年には三田中学（現三田学園）を設立。　　（栗田尚弥）

（参考文献）　小寺謙吉『大亜細亜主義論』（東京宝文館、1916年）。

後藤朝太郎 ごとうあさたろう（1881.4.16－1945.8.9）

中国学者・著述家。別号石農。愛媛県出身。第五高等学校を卒業し、東京帝国大学文科大学に入学。1911（明治44）年に同言語学科を卒業し、大学院に進学。文部省、台湾総督府、朝鮮総督府に奉職し、拓殖大学教授となり、1945年8月に没した。死因に謀殺説、事故説がある。明治期にはマックス・ミュラー『言語学』の翻訳や漢字音韻の研究を著して研究者として期待されたが、次第に中国遊歴の見聞をもとに啓蒙的な中国紹介や日中の民族文化比較等の書物を大量に著すようになり、米田祐太郎・田中貢太郎と共に支那通三太郎と呼ばれた。著作は『文字の研究』（成美堂、10年）、『支那遊記』（春陽堂、27年）、国訳漢文大成『淮南子』等、120以上を数える。

　　　　　　　　　　　　　（町　泉寿郎）

（参考文献）　石川泰成「後藤朝太郎の支那学の構想」（『九州産業大学国際文化学部紀要』19、2001年）、劉家鑫「後藤朝太郎・長野朗　子孫訪問記および著作目録」（『環日本海論叢』14、1998年）。

後藤新平 ごとうしんぺい（安政4.6.4（1857.7.24）－1929.4.13）

医学者出身の官僚、政治家。水沢（岩手県）出身。

福島の須賀川医学校に学び、のちに、愛知県医学校長兼病院長。1882年内務省衛生局に

入り、医療・衛生行政の道に進む。90年ドイツに留学、ミュンヘン大学で博士学位を得た。帰国後、92年内務省衛生局長。日清戦争の帰還兵への検疫の責任者となり、厳重な検疫を実施し、衛生行政の確立や検疫権の回収に辣腕をふるった。アヘン政策の確定を目的とした「台湾統治救急案」を策定、これは、その後の台湾統治のマスター・プランとみることができる。98年台湾総督府民政長官となる。台湾植民地に日本の衛生行政制度を導入すると共に、経済政策や社会政策等の面で日本の台湾統治の基礎を築いた。1906年南満州鉄道(満鉄)初代総裁、満州でも台湾経営に準じた政策を進めた。以上のように、後藤は日本の植民地経営を象徴する存在であった。政治家としての活動は多彩で、鉄道院総裁から、内務大臣、外務大臣、また、東京市長等を務めた。シベリア出兵の中で起きた尼港事件を契機に日本は北樺太を保障占領、日ソ会談が決裂すると、ソ連極東全権ヨッフェは上海で孫文と会見、後藤はこうした中ソ接近に危機感を覚え、23年ヨッフェとの会談によってソ連との国交正常化のきっかけを作った。関東大震災後の第2次山本内閣の内務大臣兼帝都復興院総裁として震災復興計画を担う。また、19年から29年拓殖大学(前身は台湾協会学校)の学長を務める。

19世紀末から20世紀初期、後藤が日中関係の推移に与えた影響は大きく、それは台湾統治と満鉄経営に集約される。後藤の死後、書簡等の関係資料は「後藤新平伯伝記編纂会」(1930年)に集められ、同会解散後も文書処理委員会によってその整理が進められた。これらの資料は、後藤新平記念館に所蔵され、マイクロフィルムとして刊行され、日中関係史においても第一級の史料を多く含んでいる。近年、後藤の内政・外政に果たした役割や植民地経営における理念の構築、その実行力を高く評価する空気がある。2005年には「後藤新平の会」も作られ、後藤新平賞も設けられている。第1回受賞者(2007年)は李登輝であった。それ自体、今日の日中関係・日台関係の一面を示しており、21世紀の今日、後藤の政策理念はいますこし歴史的文脈の中で議論される必要がある。

なお、高野長英は後藤の大叔父であり、甥に椎名悦三郎、女婿に鶴見祐輔がおり、鶴見和子・俊輔は孫に当たる。　　　(飯島　渉)

(参考文献)　水沢市立後藤新平記念館『後藤新平文書目録』(同館、1980年)、鶴見祐輔『〈決定版〉正伝後藤新平』全8分冊・別巻1(藤原書店、2004-06年)。

近衛篤麿　このえあつまろ　(文久3.6.26(1863.8.10)-1904.1.1)

政治家。公爵。京都出身。

1885年(明治18)渡欧、ライプチヒ大学から学位を授与されたのち、90年に帰国、貴族院議員となり、92年には貴族院議長に就任した。英国流の立憲君主制を主唱し、藩閥政府の超然主義を批判する一方、欧米列強の帝国主義的政策と白人人種主義(レイシズム)に対しては、留学中より義憤を明らかにしており、91年に東邦協会の副会頭に就任するなど、興亜問題にも早くから関心を示した。日清戦争後、欧米列強による中国分割が加速し、国内でも「支那

「分割」の動きが顕在化すると、98年1月、雑誌『太陽』に「同人種同盟、附支那問題研究の必要」を発表、日本人の中国に対する「驕慢の心」を戒め、「欧洲人と合奏して支那亡国を歌うの軽浮」の原因が、日清戦争の勝利による奢りと中国やアジアに対する無知・無理解にあると指摘した。同年6月、中国やアジアの諸情勢を研究するための団体、同文会を設立し会長に就任、同年11月同文会は、福本日南・陸羯南（くがかつなん）らの東亜会と合併し、東亜同文会となる（会長近衛）。当時日本国内の世論の大勢は「支那分割」に向かいつつあったが、東亜同文会は、近衛の主唱に基づき、「支那を保全す」「支那の改善を助成す」等4項目を発会決議に掲げている。またこの頃近衛は、清朝の洋務派官僚で知日家の劉坤一（両江総督）や張之洞（湖広総督）に接近、日清の連携を持ちかけている。東亜同文会の具体的活動は、中国問題研究会の開催、雑誌や中国・アジア関係の書籍の発行、日本国内や中国・朝鮮半島での学校経営等文化的事業が中心であったが、特に重視されたのが東亜同文書院の運営である。1900年5月、近衛は劉坤一の協力を得て、南京に同文書院を設立（南京同文書院、院長根津一）した。日中の英才を教育し、日中友好の基礎をつくる人材を育成するというのがその目的である。南京同文書院は同年8月上海に移転、翌年東亜同文書院として再出発する。

1899年から1901年にかけての義和団事件（北清事変）は、日本が中国分割に参加する絶好の機会となったが、東亜同文会は改めて「支那保全」決議をなし、この動きを牽制した。また、近衛は、ロシアによる満州占領を「支那保全」の立場から問題視し、東亜同文会のメンバーを中心に対外硬団体国民同盟会（1900年）及び対露同志会（03年）年を組織した。また、領土の保全を図るために満州を列強に門戸開放するよう、劉坤一や張之洞に働きかけている。近衛の「支那保全」論はアジア主義の代表的なものであり、康有為や劉坤一等清朝開明派官僚からも一定の評価を与えられ、孫文も近衛を高く評価している。しかし、第2次大戦後は、日本のための「支那保全」であったとの批判が日中双方から出されている。確かにそれは否定できないが、日中連携という考えが近衛の中にあったことも事実であり、侵略主義と同一視することはできない。

（栗田尚弥）

（参考文献） 工藤武重『近衛篤麿公』（大日社、1938年、復刻版、大空社、1997年）、栗田尚弥『上海東亜同文書院』（新人物往来社、1993年）、山本茂樹『近衛篤麿 その明治国家観とアジア観』（ミネルヴァ書房、2001年）。

近衛文麿 このえふみまろ （1891.10.12－1945.12.16）
政治家。公爵。東京出身。

五摂家筆頭の近衛篤麿の長男として生まれ、1917（大正6）年京都帝国大学卒業。第1次世界大戦終結直後の18年11月、「英米本位の平和主義を排す」（『日本及日本人』12月15日号）を発表、「持たざる国」の立場から現状打破を主張、以後の近衛の思想の原型と言われている。同論文は欧米方面からは非難を受けたが、上海租界にいた孫文の共鳴するところとなり、パリ講和会議に随員として同行す

る途上の上海で孫文と懇談、「孫氏一度説いて東亜民族覚醒の事に及ぶや、肩揚り頬熱し、深更に及んで談尚尽くるを知らず」(『清談録』)と近衛は回想している。

31(昭和6)年1月貴族院副議長となり、満州事変に対しては肯定的な立場を示した。33年6月貴族院議長となり、翌34年には悪化する日米関係を憂慮、約2ヶ月間訪米、ローズヴェルト大統領らと会見した。一方、当時、蒋作賓駐日中国公使とも頻繁に日中関係について談じていた。西安事件で日中関係が緊張していた37年年頭には、「支那の朝野にして徒らに我が日本を仇敵視し欧米依存に終始するならば、軈て東亜の禍乱を自ら招来するものとして永く白人種の侮蔑を免れないであろう」と新聞紙上で主張していた。37年6月第1次内閣を組閣、対外政策の基本として「国際正義」の実現を掲げ、暗い時勢の中「青年宰相」として人気を博した。しかし1ヶ月後日中戦争を迎え、盧溝橋事件に対して、当初不拡大方針で臨んだが華北派兵を決定、戦火が上海に波及した8月15日「暴支膺懲」声明を出し、全面戦争へと拡大していった。トラウトマン和平工作を行ったが、南京陥落に伴い強硬論が台頭、内閣は参謀本部の反対を押し切り、38年1月「対手トセス声明」を出し交渉を打ち切るに至った。戦争が長期化した同年11月「東亜新秩序」声明を発表、戦争目的は新秩序の建設にあり、国民政府も抗日政策を放棄すれば参加することを拒否しないとした。12月には汪兆銘の重慶脱出に呼応して、対中政策の基本方針として近衛3原則(善隣友好・共同防共・経済提携)を明らかにした。

39年1月総辞職、枢密院議長となる。40年7月第2次内閣、引き続き41年7月第3次内閣を組閣、「基本国策要綱」・「世界情勢の推移に伴う時局処理要綱」を決定し、日独伊三国同盟締結、汪兆銘政権承認、仏印進駐、大政翼賛会の発足等を実施した。日米開戦直前の41年10月、日米交渉をめぐって東条英機陸軍大臣と対立、総辞職するに至る。44年11月には、名古屋の病院で死去した汪兆銘を弔問、中国に帰る遺骸を飛行場に見送った。戦争末期の45年2月天皇に敗戦に伴う共産化の危険と早期終戦を上奏した(「近衛上奏文」)。

戦後、45年8月東久邇宮稔彦内閣の無任所大臣となり、さらに内大臣府御用掛として憲法改正に着手するが、戦犯容疑者として逮捕指令が出され、45年12月16日巣鴨に出頭する日の明け方に服毒自殺した。遺書には、「僕は支那事変以来多くの政治上の過誤を犯した。之に対して深く責任を感じて居るが、所謂戦争犯罪人として米国の法廷に於て裁判を受ける事は堪へ難い事である」と記されていた。

一方近衛は、東亜同文会長(初代会長は近衛篤麿)を36年12月から自決まで、東亜同文書院長を26年5月から31年12月まで務めており、その関連で短期間ではあるが、2度(26年10月・30年5月)上海を訪問している。

(庄司潤一郎)

(参考文献) 矢部貞治『近衛文麿』全2巻(弘文堂、1952年、のち合本、読売新聞社、1976年)、岡義武『近衛文麿』(岩波新書、1972年)、筒井清忠『近衛文麿』(岩波現代文庫、2009年)。

こばやしいさむ

小林　勇　こばやし いさむ （1903.3.27 – 1981.11.20）

出版経営者、編集者、随筆家、画家。号冬青。長野県出身。

1920（大正9）年岩波書店入社。27（昭和2）年岩波文庫の創刊に携わる。28年岩波を退社し、鉄塔書院を設立（29年）、さらに新興科学社を興すが経営不振となり、34年岩波に復帰。37年、三木清・吉野源三郎・大内兵衛の協力を得て岩波新書を創刊。創刊20冊の中にはクリスティーの『奉天三十年』、津田左右吉の『支那思想と日本』も含まれており、国民が「中国に関すること」を「知る必要がある」という小林の思いが込められていた。なお、小林は義父岩波茂雄を通して、同盟通信の松本重治や日本に亡命中の郭沫若とも相知る仲であった。44年、写真家名取洋之助の勧めにより、吉林・ハルビン・北京・上海等を訪問、上海では内山完造や中国の出版関係者の知遇を得た。45年5月、治安維持法違反容疑で検挙されるが、終戦により釈放。66年、7年間に渡る交渉の末、新中国の姿を描いたドキュメンタリー映画「夜明けの国」を製作した。62年から72年まで岩波書店会長。

（栗田尚弥）

（参考文献）　長谷川如是閑・石橋湛山・小汀利得・小林勇『私の履歴書　反骨の言論人』（日本経済新聞出版社（日経ビジネス人文庫）、2007年）。

小林丑三郎　こばやし うしさぶろう　（慶応2.6.12（1866.7.23）– 1930.1.16）

大蔵官僚、台湾総督府財務局長。邑楽郡小泉村（群馬県）生まれ。

東京帝国大学政治学科を卒業し、大蔵省に入る。法制局参事官、台湾総督府財務局長（1907年5月）、10年官を辞し、衆議院議員となる。海外駐箚財務官支那国駐在（17年9月–19年4月）の時、寺内正毅首相と段祺瑞国務総理の間の西原借款のほとんどが実施された。法学博士、専修大学教授兼学監。著書16冊はすべて専修大学図書館に所蔵されている。宋教仁は小林著『比較財政学』を中国語に翻訳して上海で刊行した。宋教仁は責任内閣制の政治目標を掲げて民国最初の民主的な選挙に勝利したが、『比較財政学』を翻訳しながら実際的政治活動に対しての大きな影響を受けた。

（片倉芳和）

（参考文献）　小林丑三郎『比較財政学』（同文館、1905年）、鈴木武雄編『西原借款資料研究』（東京大学出版会、1972年）、D.C.プライス（カリフォルニア大学）「小林丑三郎、宋教仁と民国初期における憲法」（『国際東方学者会議紀要』第36冊、東方学会、1991年）。

小林庄一　こばやし しょういち　（1915 – 1999.9.22）

満鉄社員、研究者、ジャーナリスト。山口県出身。

1938年東京帝国大学文学部卒業後、同経済学部入学。40年に卒業し、満鉄に入社。調査部に配属され、大連第3調査室にてソ連経済の流通過程等の基礎研究を担当。41年10月北京の北支経済調査所へ転属。43年に満鉄を退社し、横浜正金銀行へ入社。東京本店調査部を経て、44年3月同行上海支店へ異動し、中央儲備銀行関連金融業務等を担当。45年に引き揚げ、47年に同行退社。その後、文筆活動

や左翼運動を行い、56年ジャパンタイムズ入社。60年『中央公論』(第75巻第13号)に児玉大三のペンネームで、戦後の満鉄調査部研究の端緒となったと目されている、「秘録－満鉄調査部」を発表。64年三木武夫事務所、68年アジア太平洋研究会常務理事および青森大学教授に就任(兼務)。その後も最晩年に至るまで、各種メディアを通じて精力的な評論活動を展開した。　　　　　(松重充浩)

(参考文献)　石堂清倫・野間清・野々村一雄・小林庄一『十五年戦争と満鉄調査部』(原書房、1986年)、松村高夫・柳沢遊・江田憲治『満鉄の調査と研究：その「神話」と「実像」』(青木書店、2008年)、Kazunari Uchida「コラム (99/10/3，99/12/17)」(http://www.venus.dti.ne.jp/~kazunari/column/column99_10_12.htm　※2010年3月検索)。

小林躋造　こばやしせいぞう　(1877.10.1 － 1962.7.4)

海軍軍人・海軍大将。台湾総督。加藤友三郎とは親戚関係。広島県出身。

1898(明治31)年海軍兵学校卒業(26期)。1907－09年海軍大学校学生。英米駐在等を経て、27(昭和2)年ジュネーブ会議随員。30年海軍次官、翌年には連合艦隊長官に就任している。33年大将に進級。36－40年台湾総督に任命されて台湾へ赴任。この時期、文官総督が一般化しており、久しぶりの武官総督の就任として注目された。小林就任の背景は、広田内閣が南進策を国策化し、台湾がその拠点とされ、事実、海軍が南方進出の中心とされたことと関係があった。台湾は、陸海軍の思惑の違いがよぎり、台湾軍参謀による小林排斥運動も存在した。38年には、日中戦争は華南に拡大したが、小林は熱心な拡大支持派であった。これは、小林が並々ならぬ南進論者でもあったからだと言われる。小林総督下の台湾では、日中戦争の影響もあり、政策は後手後手で、米の専売問題や米不足への対応に苦慮した。台湾総督辞任後は、貴族院議員や翼賛政治会総裁等も務めた。(山本智之)

(参考文献)　伊藤隆・野村実編『海軍大将小林躋造覚書』(山川出版社、1981年)。

小林秀雄　こばやしひでお　(1902.4.11 － 1983.3.1)

文芸評論家。東京出身。

東京帝国大学仏文科卒業。在学中から評論を書き、昭和期を代表する評論家となる。1938年火野葦平に芥川賞を伝達するために中国に渡る。上海・杭州・南京・蘇州を歩き、紀行文「杭州」「杭州より南京」「支那より帰りて」「蘇州」等を書いた。38年10月から11月にかけて、彫刻家の岡田春吉と共に朝鮮・満州を旅行。「満州の印象」という文章の中に、「事変はいよいよ拡大し、国民の一致団結は少しも乱れない。この団結を支えてゐるのは一体どの様な智慧なのか。(中略)この事変に日本国民は黙つて処したのである。これが今度の事変の最大特徴だ」という有名な文言がある。この批評の文章については、「彼は黙って死んでいく日本兵は視野に入れたが、黙って殺されていくアジアの人々の姿は視野に入れなかった」という批判がある(川西政明『昭和文学史　上』講談社)。　(阿部　猛)

(参考文献)　巌谷大四『瓦板昭和文壇史』(時事通信社、1978年)。

小林行雄 こばやしゆきお （1911.8.18－1989.2.2）

考古学者。兵庫県出身。

神戸高等工業学校（現神戸大工学部）卒。1935（昭和10）年京都帝大文学部助手、53年京大文学部講師を経て、74年同大文学部教授に就任。建築史・美術史の様式概念を考古学に導入し、弥生土器の研究で実績を挙げた。日本の古墳出土の三角縁神獣鏡を邪馬台国が魏より下賜された鏡（及びその模倣品）と断じ、邪馬台国畿内説及び初期大和王権論を考古学的に補強したことで知られる。東洋考古学上の業績としては、京都帝大が日満文化協会より委嘱を受けた慶陵（内蒙古に存する遼代皇帝陵）の調査への参加が挙げられる（39年）。この時の調査には測量技師や画家の他、中国人研究者李文信も随行している。陵墓や付近の建築物の測量図、壁画模写図及び写真を含む調査記録は『慶陵』（田村実造・小林行雄共著、上下2巻、京都大学文学部、1952・53年）に収められている。　　　　　（林　直樹）

小日向白朗 こひなたはくろう （1900.1.31－1982.1.5）

大陸浪人、馬賊頭目。本名権松、中国名尚旭東、馬賊名小白竜。新潟県出身。

16歳で朝鮮半島を縦断し、奉天に入る。翌年天津の坂西利八郎大佐公館に住み込み、昇進に伴う北京転勤に同行。陸軍機関員として蒙古調査中、馬賊・楊青山に捕われ、その部隊に入る。1921（大正10）年8月、楊の死去により馬賊の頭目に。23年、正統馬賊としての修行を積むため千山・無量観の葛月潭老師に弟子入りし、拳銃・小白竜を与えられ、「白朗」・「尚旭東」と命名された。翌年には馬賊の大頭目「総攬把」となり、張作霖の勢力下に入った張宗昌に帰順。26年から天津を拠点として日本軍と張宗昌との仲介に従事し、27（昭和2）－28年には、北伐に敗れた張宗昌の救援に奔走。28年12月、張学良政権が国民政府に合流（易幟）したのに反発し、翌月奉天城襲撃を計画するも、事前に露見したため日本領事館に自首。3年間の大陸追放を言い渡され29年3月に帰国。32年再び奉天に渡り、葛老師の命により東北抗日救国義勇軍総司令に就任。しかし馬賊の帰農を推進する満州国政府の要請で、33年末までに6万5千人の移動を指揮。以後関東軍のもとで匪賊討伐に従事。35年、天津で親日組織「普安協会」を設立して総理に就任し、特務活動に入る。盧溝橋事件時には馬賊部隊を結成して日本軍に協力したが、戦況見通しの違いなどから対立し、北京の憲兵隊に逮捕されたこともあり、日本軍とは距離をおいて、終戦まで太原（山西省）・南京・上海等で独自に活動。45年、無錫で国民政府軍に逮捕され、蘇州や南京の監獄に入れられたが、中国人と偽って謀略活動をした日本人は「漢奸」として認定されないため、48年12月の裁判で無罪判決が出て釈放された。49年、上海から出航し台湾を経て帰国。　　　　　（澁谷由里）

（参考文献）　朽木寒三『馬賊戦記』上下（1966年、復刻版、ストーク、2005年）、渡辺龍策『馬賊―日中戦争史の側面―』（中公新書、1964年）。

小日山直登 こひやまなおと （1886.4.26 – 1949.8.28）

実業家、政治家、歌人。福島県出身。

1912年東京帝大（英法）卒業後、南満州鉄道株式会社に就職。以来45年4月に鈴木貫太郎内閣の運輸通信大臣に就任するまで約30年を満州開発に尽力した。満鉄で頭角をあらわし、18年には撫順炭鉱庶務課長となるが、塔連炭鉱事件（満鉄疑獄）に連座して偽証罪の容疑をかけられた。一審有罪、控訴して無罪となったが、23年辞職。同年国際運送会社（のち国際運輸株式会社）を設立し、シベリア・中国・朝鮮にわたる一大運送網を作り上げた。山本条太郎が満鉄総裁となると見込まれて27年9月満鉄理事となるも、総裁の交代で30年5月に辞職した。32年銑鉄共販会社専務。35年興安嶺渓谷の砂金採掘事業に関係して北満州金鉱株式会社を設立した。松岡洋右の弟分として知られ、松岡が満鉄総裁となるや37年6月昭和製鋼所社長に抜擢されて満州産業開発五ヶ年計画の中枢を担った。43年7月には満鉄総裁に就任。歌人として与謝野鉄幹に師事し多くの歌を残している。

（池田勇太）

（参考文献） 小日山直登関係文書（国立国会図書館憲政資料室蔵）。

呉 碩 ごひろし （文政7.8.2（1824.8.25）– 1891）

唐通事、外交官。長崎出身。

福建省泉州出身の呉栄宗を祖とする唐通事呉氏8代目用蔵の第4子。外交官・鄭永寧の実兄である。幼名は潤平、のち碩三郎と称し碩と改め、呉藤次郎の養子となる。幕末期は小通事を務め、安政6(1859)年神奈川開港の時に、太田資政と共に通訳を命ぜられる。慶応3(1867)年2月唐通事に仕官する。1873年上海領事館に勤務し、翌年厦門領事館勤務となったが、76年から再び上海領事館に勤務し、89年まで務めた。著書に、『和約万国公法』（鄭石十郎共著）等がある。養子の啓太は呉雄太郎の子で、外交官となり外務大臣陸奥宗光の秘書官となった他、鄭永邦と共に『官話指南』を編纂した。また、その弟の大五郎は鄭永邦と共に中国語教科書『日漢英語言合璧』（1888年）を編纂した。

（川邉雄大）

（参考文献） 『東亜先覚志士記伝』下、『対支回顧録』下、岩村成允「外交と支那語」（『中国文学』83、1942年）。

駒井和愛 こまいかずちか （1905.1.11 – 1971.11.22）

考古学者。富山県出身。

早稲田大学卒業後、1927（昭和2）年東京帝大文学部副手となり原田淑人のもとで東洋考古学を学んだ。敗戦まで原田と共に朝鮮・中国各地の遺跡を調査した。敗戦直前に東大助教授、51年東大教授に就任。敗戦によりフィールドを失った東大は、日本考古学の研究に軸足を移したが、駒井は敗戦までの調査成果を公刊し続け、さらに北海道をテーマに北方ユーラシアと日本列島の交渉史を新たな研究分野として開拓した。また戦後間もなく登呂遺跡調査委員会を組織し、日本考古学協会創設に尽力したことでも知られる。

（林 直樹）

（参考文献） 駒井和愛・関野雄『邯鄲』（東亜

考古学会、1954年)、駒井和愛『楽浪郡治址』(東京大学文学部、1965年)。

駒井徳三 こまいとくぞう (1885.6.10-1961.5.13)

満州国国務院の初代総務長官。号麦秋。滋賀県出身。

1911 (明治44) 年、東北帝国大学農科大学 (北海道大学の前身) 卒業時の論文「満州大豆論」が認められ、満鉄に入社し地方部地方課に配属。14-15 (大正3-4) 年に蒙古調査旅行、18-20年に中国産業調査旅行を命じられ、その間第2次満蒙独立運動 (16-17年) に関与。20-25年、外務省亜細亜局嘱託を兼務。郭松齢事件 (25年) に加担したが、挫折したため帰国して隠棲した。31 (昭和6) 年、満州事変勃発により陸軍省嘱託、次いで関東軍司令部財政顧問、同統治部長、同特務部長として満州国建国工作に従事。同国建国と共に設立された、国務院総務庁の初代長官に就任した (32年3月)。しかし、実権なき国務総理・鄭孝胥ら中国人高官から強い反発を受けたためもあってわずか7ヶ月で辞職し、参議府参議に転じ、33年まで、関東軍の威光をバックに隠然たる影響力を行使した。帰国後は、34年兵庫県宝塚に康徳学院を設立し、39-42年、興亜時習社社長を務める。終戦後の46年にはGHQから出頭命令を受けたが戦犯にはならず、公職追放処分を受ける。51年にその処分も解除され、晩年を実業界で送った。著書には、駒井の専門である中国農業・経済研究として『満州大豆論』(卒業論文を出版したもの、有斐閣、1912年)、『支那金融通貨事情』(外務省通商局、23年)、『支那綿花改良ノ研究』(支那産業研究叢書発行所、19年)等がある。また満州国に関する回顧録としては『大陸小志』、『大陸への悲願』(ともに大日本雄弁会講談社、44・52年)があり、自伝・回顧録特有の主観性に注意すれば、『大満州国建国録』と併せて、満州国建国前後の事情を知る同時代史料として有効に使える。

(澁谷由里)

(参考文献) 駒井徳三『大満州国建国録』(中央公論社、1933年)、蘭交会編『麦秋 駒井徳三』(1964年)。

小牧昌業 こまきまさなり (天保14.9.12(1843.10.5)-1922.10.25)

官僚、漢学者。字は偉卿、号は桜泉。鹿児島生まれ。

江戸で塩谷宕陰に学んだのち、藩校造士館教員となる。また同藩出身の重野安繹に師事し、没後にはその墓碑銘を撰した。明治2(1869)年新政府に出仕。内閣総理大臣秘書官や内閣書記官長をはじめ、奈良県知事時代には帝国奈良博物館長を兼ねるなど顕職を歴任した。のち、貴族院議員・宮中顧問官、また宮内省御用掛となり大正天皇に漢学を進講している。

小牧は近代日本における最初期の中国留学生として取り上げられる人物でもある。明治4年の日清修好条規締結に前後して大久保利通から清国留学を命じられた小牧は、香港で英語学習に就いたと伝えられている。現地では中国語も学んだと考えられるが、修好条規締結に関する情報収集もその任務としていたと見られる。帰国後は開拓使において黒田清

隆のもとで活動。その後、台湾出兵（1874年）後の外交折衝のため渡清する大久保に先行して清国に入り、上海等における情報を収集し政府に報告している。漢学者の素養も有していた小牧であったが、官僚としての彼に求められたのは、中国アナリストとしての能力であった。明治国家において、中国語はヨーロッパ語のような学術・文芸の言語としてではなく、外交や貿易等における実用語として受容され、学術的な中国語教育の整備は必ずしも十分ではなかった。このことは、近代日本における文化発信源としての中国の地位低下と無関係ではない。

漢学者としては終生朱子学を奉じ続けた小牧は、晩年、日本初の中国古典大系である国訳漢文大成（1920年刊行開始）において、その劈頭を飾る『大学・中庸』を担当している。本来中国古文である漢籍を「国訳」して再構築したことは、日本における伝統的な教養としての「漢文」を現実に存在する中国という文化主体から引き離し、これを日本人の新たな古典Kanonとして受容することを意味するものでもあった。　　　　　　（桐原健真）

（参考文献） 六角恒広『近代日本の中国語教育』（播磨書房、1961年）、子安宣邦『漢字論』（岩波書店、2003年）、佐々木克監修『大久保利通』（講談社学術文庫、2004年）、山室信一「文化相渉活動としての軍事調査と植民地経営」（『人文学報』91号、2004年）。

駒田信二　こまだしんじ　（1914.1.14－1994.12.27）

作家、中国文学者。大阪市生まれ（本籍は三重県）。津中学校卒業、旧制山形高校を経て1940年東京帝国大学支那文学科卒業。41年旧制松江高校教授となるが、42年召集されて中国戦線に送られ44年から2年間、国民党軍の捕虜となる。復員後、松高に復帰し50年新制島根大学助教授となるが55年退職して上京、文芸誌等に小説や「同人雑誌評」（『文學界』58年10月号から80年12月号まで延60余回）等を執筆するかたわら、東京大学文学部等の非常勤講師を務めた。65年桜美林大学文学部教授となり中国文学科を興すが、69年学園紛争のため退職、75年早稲田大学客員教授。主著『対の思想：中国文学と日本文学』（勁草書房、69年）では、「善と悪とは、同じ比重において眺められ……その善と悪とのそれぞれのなかにさらにまた善と悪とを見……してまた、その善あるいは悪のなかに、さらに対を見る」という粘り強い中国の〈対の思想〉を指摘し、日本の単純な「対比的な対」の発想との差異を指摘している。駒田が『論語　その裏おもて』（主婦の友社、77年）やストリッパーもの『一条さゆりの性』（講談社、71年）を書いたのは、〈対の思想〉の実践であったのだろう。

　　　　　　　　　　　　　　（藤井省三）

（参考文献） 駒田信二『新編対の思想：中国文学と日本文学』（岩波書店同時代ライブラリー、1992年、本書は『対の思想』『谿の思想』『遠景と近景』（各1969、1980、1983年、共に勁草書房）より新たに編集したもの）、同訳『水滸伝』（平凡社、1962年、講談社文庫、1984－85年、ちくま文庫、2005－06年）。

小松宮彰仁 （こまつのみやあきひと） （弘化3.1.16(1846.2.11)－1903.2.18）

旧皇族。陸軍軍人。京都生まれ。

旧皇族の伏見宮邦家親王の8男。生母は家女房の堀内信子。幼時に仁和寺に出家し、嘉彰親王と称した。慶応3（1867）年の王政復古で還俗して仁和寺宮となる。戊辰戦争では征討大将軍を務め、のち海陸軍務総督、外国事務総裁となる。明治3（1870）年に東伏見宮と改め、英国に留学して王室の儀式に参加し、ビクトリア女王と対顔した。帰国後、皇族の軍務服役を主張し、自らは陸軍少尉となった。佐賀の乱に出征し、西南戦争では日本赤十字社の前身である博愛社の総裁として頼子妃と共に傷病兵の看護に関わった。1882年に小松宮彰仁と改称。86年には頼子妃と欧州各国を歴訪した。陸軍大将、近衛師団長となり、日清戦争では参謀総長・征清大総督となり宇品から出征する際に、「抑々軍人の最大栄誉は外征に従ひ敵を屈服せしめ我が皇威を発揚するに在り」と士気を鼓舞し、威海丸で旅順に向かった。98年元帥。1902年、英国皇帝エドワード7世戴冠式に天皇名代として差遣された。

（小田部雄次）

（参考文献） 坂本辰之助『皇室及皇族』（昭文堂、1909年）、小田部雄次『皇族』（中公新書、2009年）。

小松原英太郎 （こまつばらえいたろう） （嘉永5.2.16(1852.3.6)－1919.12.26）

自由民権運動家、貴族院議員、文部大臣、東洋協会会長、拓殖大学校長。岡山出身。

岡山市青江の士族の子として生まれる。実家は鰻問屋であるという。藩校、慶応義塾で学んだのち評論新聞社に入社し「圧制政府」を転覆すべしと論じて1876年に投獄される。出獄後は官界に入り、特に山県有朋に用いられ地方行政面で尽力、さらに教育行政に深く関わる。1900年桂太郎の要請で、日本人と台湾人の融和を目的とする台湾協会の幹事長に就任、日露戦後に対象地域が朝鮮・満洲にも拡張され、07年東洋協会と改称、桂の死去後13年に会頭となる。同会は、人材養成のための東洋協会学校の運営、歴史地理の紹介、共進会等産業振興、雑誌刊行、講演会等の事業を行った。また、18年には中国人留学生に便宜を与えるため、東洋協会内に日華学会を設立し会長となった。この他、17年漢学振興を目的とする斯文学会（のち斯文会）の会長にも就任している。

（季武嘉也）

（参考文献） 小松原英太郎君伝記編纂実行委員会編『小松原英太郎君事略』（復刻、大空社、1988年）、『廿一大先覚記者伝』（大阪毎日新聞社、1930年）。

小松原道太郎 （こまつばらみちたろう） （1886.7.20－1940.10.6）

陸軍軍人、陸軍中将。神奈川県出身。

陸軍士官学校（18期）、陸軍大学校卒業。ロシアでの語学研修、参謀本部ロシア班勤務を経て、1919（大正8）年1月参謀本部付として欧州及ロシアに派遣、諜報活動に従事する。同年9月ロシア大使館付武官補佐官となる。また、第1次世界大戦では、青島に出征。ソ連大使館付武官、歩兵第57連隊長等を経て、1932（昭和7）年4月ハルビン特務機

関長となる。歩兵第8旅団長（姫路）、近衛歩兵第1旅団長、第2独立守備隊司令官（新京、現長春）等を経て、38年7月第23師団長（ハイラル）となる。ノモンハン事件に際しては、関東軍の積極的な方針伝達により、従来の慎重な姿勢を転換、ソ連軍と戦ったが、同師団は約80％の損害を出すという壊滅的な打撃を受けた。その後敗戦の責任を取って、40年1月予備役に編入された。一貫して、ロシア・ソ連畑を歩んだ軍人である。

（庄司潤一郎）

(参考文献)「惨烈！ 小松原師団長ノモンハン陣中日誌」（『歴史と人物 秘史太平洋戦争』1984年12月号）、読売新聞社編『昭和史の天皇』25〜29（読売新聞社、1974−76年）。

五味川純平 ごみかわじゅんぺい （1916.3.15−1995.3.8）

作家。旧満州大連近くの村で生まれる。

1940年東京外国語学校英語科を卒業し、満州鞍山の昭和製鋼所に就職。43年招集され、東部国境地帯の守備につく。45年8月ソ連軍の攻撃を受けて部隊はほとんど全滅したが、五味川は辛くも生きながらえ、48年内地に引き揚げた。のち自らの体験をもとに『人間の条件』（三一書房、55年）を書き、これが大ベスト・セラーとなった。

（阿部 猛）

(参考文献) 『現代の文学』33（河出書房新社、1963年）解説。

小宮義孝 こみやよしたか （1900.2.18−1976.2.4）

国立予防衛生研究所長、寄生虫学研究者。埼玉県出身。

北埼玉郡持田村に生まれる。持田尋常小学校、行田尋常高等小学校、熊谷中学校、第一高等学校、東京帝国大学医学部を卒業し、同大学衛生学教室助手となる。在学中には新人会に入り、卒業後は社会医学研究会を組織して左翼活動を行い、1930年には共産党員として検挙される。翌年日本で職が得られないため、義和団事件の賠償金で設立された日中合弁の上海自然科学研究所に衛生学研究者として赴任、しかしその後は中国各地に広まっていた伝染病の予防のため寄生虫に関する研究を進め、多くの論文を発表する。41年組織変更で同仁会華中衛生研究所研究員となる。46年日本に引き揚げ、49年に上海での思い出を書いた『城壁』を刊行。以後は大学教授、寄生虫関連の学会役員、国立予防衛生研究所所長、さらにはWHO委員として国際的に活躍。56年住血吸虫防除対策のため招かれて中国を6週間ほど訪問、その時のことを『新中国風土記』として刊行した。

（季武嘉也）

(参考文献) 曽田長宗・国井長次郎編『小宮義孝《自然》遺稿・追憶』（土筆社、1982年）。

小村寿太郎 こむらじゅたろう （安政2.9.26(1855.10.16)−1911.11.26）

外交官、政治家。侯爵。飫肥藩（宮崎県）出身。

後世、いわゆる"小村外交"と謳われてその名を高からしめているものは、一つに限定戦争の戦略のもとに日露戦争を勝利へ導き1905年9月にポーツマス講和条約を成立させた外交的手腕と業績であり、二つには、1895年の陸奥宗光外相による治外法権撤廃の成功

に続き、1911年に関税自主権も回復させて名実共に幕末以来の不平等条約を解消させ、明治外交の一大懸案だった「条約改正」を達成したことにある。

幼少時に飫肥藩校・振徳堂に学び、14歳で長崎留学、翌年上京して大学南校（現東京大学）に入学。1875（明治8）年にはハーバード大学に第1回官費留学生として渡米、3年後に同大学法学部を卒業して80年に帰国。まずは司法省に就職、84年に外務省に転じて外務権少書記官となり公信局に勤務、4年後には翻訳局長。この頃から陸奥外相に見出され、93年に駐清国公使館参事官として北京に赴任し臨時代理公使を務める中、翌年7月25日の豊島沖の海戦で実質的に日清戦争が勃発すると（8月1日に宣戦布告）、彼は、東京からの訓令に接する前に北京の公使館を引き揚げて帰国。その廉で譴責かと思われたが、同外相からかえってその大胆さを称賛され政務局長。清国との講和直後に起きた露独仏三国干渉後は駐朝鮮国弁理公使、次いで外務次官、駐米公使、駐露公使を歴任。1900年12月には駐清公使となって義和団事件の処理のため列国善後会議に出席し、多額の賠償金や軍隊の駐留権の他撤兵条件等をめぐり小柄の身で活躍し"ねずみ公使"の異名を取る。翌01年に桂太郎内閣の外務大臣となり、南下政策を取るロシアとの対決に備えて日英同盟（1902年）を締結。その2年後に起きた日露戦争の外交を指導して勝利し、T.ルーズベルト米国大統領の斡旋・仲介により05年9月5日にポーツマス講和条約に調印。次いで、同講和条約に規定された「清国政府ノ承諾」を得るため北京に赴き、清国政府と交渉して同年12月22日に「満州に関する日清条約」を締結、日本のアジア大陸への進出を確実にする。翌06年1月に同内閣の総辞職で外相を辞任し枢密顧問官となり、間もなく駐英国大使として赴任。08年に第2次桂内閣の組閣に伴い帰国を命じられ再び外相の任に就く。しかし、鉄道の共同管理案を通じて満州への進出を図る一方で日本移民の排斥を強める米国と次第に対立するようになり、10年には第2回日露協約（第1回は07年）を成立させると共に日韓併合も断行。翌11年には日米、日英、日独及び日仏各間の新通商航海条約に調印して幕末以来の不平等条約の完全撤廃を実現させたが、同年8月に病のため外相を辞任し3ヶ月後の11月26日に神奈川県葉山で死去。　（松村正義）

（参考文献）　外務省蔵版『小村外交史』上・下（新聞月鑑社、1953年）、寺本康俊『日露戦争以後の日本外交―パワー・ポリティクスの中の満韓問題―』（信山社出版、1999年）、千葉功『旧外交の形成―日本外交1900～1919―』（勁草書房、2008年）、小村捷治『骨肉』（鉱脈社、2005年）、松村正義『日露戦争100年―新しい発見を求めて―』（成文社、2003年）、日露戦争研究会編『日露戦争研究の新視点』（成文社、2005年）。

小村俊三郎　こむらしゅんざぶろう　（明治3.9.3 (1870.9.27) − 1933）

通訳官（中国語）。宮崎県出身。

飫肥藩士小村良輔の3男（小村寿太郎の甥）として生まれる。東京高等師範学校（中退）を経て、1897（明治30）年3月に北京へ留学。1903年9月に外務通訳生（中国語）と

して任用せられ清国に在勤。日露戦争の始まった翌04年の11月に外務属となり、06年1月には外務書記生に任ぜられて英国に勤務した。09年9月に帰国したが、10年1月に公使館2等通訳官として再び清国に在勤する。14（大正3）年12月に公使館1等通訳官に昇格し、18年10月に退官。その後は中国の漢口で新聞経営を行い、読売新聞の記者や大阪毎日新聞の客員記者も務めた。　　　（松村正義）

（参考文献） 外務省人事課編『外務省年鑑』(1917年)、秦郁彦編『日本近現代人物履歴事典』(東京大学出版会、2002年)。

小室三吉　こむろさんきち　（文久3.7.9（1863.8.22）－1920.10.18）

実業家。京都府出身。

共同運輸会社創立者小室信夫の次男。明治5（1872）年から79年まで、ロンドンに留学。79年に帰国後、東京商法講習所（現一橋大学）に入学。83年に卒業し三井物産に入社、上海支店に配属される。90年に香港支店副支配人となり、翌年上海副支配人に転じ、92年上海支店支配人となる。日清戦争開戦と共にいったん帰国し、95年帰任。1902年にロンドン支店長に転じるまで務める。上海支店在任中は、社員に対して中国語の習得を奨励した。10年には三井物産常務取締役に就任し、13年までその任にあった。　　（神谷久覚）

（参考文献） 実業之世界社編『財界物故傑物伝』（実業之世界社、1936年）、『対支回顧録』下。

小室信介　こむろしんすけ　（嘉永5.7.21（1852.9.4）－1885・8・25）

自由民権運動活動家・思想家・作家。小室信夫女婿。京都出身。

宮津藩士で砲術家の家に生まれる。幕末維新の混乱の中で成長し、京都府井出村小学校、天橋義塾で教鞭をとる。小室信夫の援助で1876年慶応義塾に入学。翌年西南戦争が勃発すると帰郷するが、西郷隆盛との関係を疑われ拘留される。77年以降は大坂日報等で言論活動を展開、百姓一揆に立ち上がった近世の義人伝（のち『東洋民権百家伝』として刊行）等を書く。その一方で新聞社特派員として82年に壬午事変の起こった朝鮮に、84年に清仏戦争が起こった清に渡り（『第一遊清記』として刊行）、これが契機となって東アジアに日本人が雄飛する冒険政治小説（『新編大和錦』『夢恋恋』）も執筆するようになる。さらに同年12月には甲申事変後の朝鮮に井上馨大使随員として渡って公使館建設の主任を務め、翌年には渡清も計画するが、同年盲腸で急逝。彼の小説はロマン主義的国権伸張的なものであり、東海散士『佳人之奇遇』等に先行するものであった。　　（季武嘉也）

（参考文献） 和田繁二郎『案外堂小室信介の文学』（和泉書院、1985年）。

小山貞知　こやまさだとも　（1888.11.1－1968.1.5）

ジャーナリスト。長野県出身。

上田中学校卒業後、1910年大連に渡り、満鉄大連埠頭に勤務。15年済南駐在武官貴志弥次郎の下で、17年からは北京坂西利八郎（ばんざい）公館で中国研究の研鑽を重ねる。22年山東省炭田

の日中合弁魯大公司に参加するも、28年5月に大連に戻り満鉄嘱託となり、同年11月に満州青年連盟に参加(31年理事就任)。この過程で、関東軍嘱託も兼務。関東軍と関東庁の支持を得つつ、31年8月に『満州評論』を発行。32年7月の協和会設立にも尽力。『満州評論』誌上及び協和会で、共産主義体制と資本制の収奪を否定し民族協和と王道政治の実現を求める自説と実践的活動を積極的に展開。日中戦争開始後は、神武伝承(八紘一宇)に依拠しつつ王道を皇道に吸収合併するという理念を唱導し、日本の戦争遂行を事実上正当化していく。41年6月北京新民会顧問。46年7月国民政府に逮捕され、A級戦犯として巣鴨拘置所に移送され、53年仮出獄。

(松重充浩)

(参考文献) 山本秀夫編著『「満州評論」解題・総目次』(不二出版、1982年)、小山昇編『小山貞知と満州国』全3巻(信山社出版、1996年)。

小山秋作 こやましゅうさく (文久2.5.4 (1862.6.1 – 1927.9.15)

陸軍軍人、南洋起業株式会社社長。長岡(新潟県)出身。

越後長岡藩医良運の3男。蒲生漢学塾、二松学舎で学んだのち、陸軍教導団を経て陸軍士官学校入校、1887(明治20)年に卒業。陸士在校中に根津一・荒尾精と親交を結んだ。90年に参謀本部部員となり、参謀次長川上操六に重用される。9月には現職のまま上海に出張して荒尾精の日清貿易研究所の経営を助けた。日清戦争には近衛歩兵第4連隊付として出征した。日清戦後は病気のため休職したが、96年秋に張之洞・劉坤一ら両総督の辞意を翻意させるための説得役として清国に派遣されている。97年5月から1年間韓国元山守備隊長。帰国後は参謀本部出仕となり、田村怡與造参謀本部第1部長の南清視察随員(99年)、福島安正同第2部長の南清視察随員(1901年)等清国関係の要務を担当した。日露戦争には満州軍総司令部付として出征。満州軍政委員・奉天軍政官を務めた。戦後は眼病療養ののち、06年7月から半年間関東総督府(→関東都督府)付。各部隊付をしばらく務めたのち、軍制改革意見が容れられなかったために10(明治43)年に大佐で退役。南洋スラバヤに南洋起業株式会社を創立し、政界進出を企図して蓄財に努めた。26(大正15)年の田中義一政友会総裁機密費事件公表に関与したとも言われる。

(中野弘喜)

(参考文献)「小山秋作経歴」(防衛省防衛研究所図書館所蔵)。

近藤信竹 こんどうのぶたけ (1886.9.25 – 1953.2.19)

海軍軍人・海軍大将。大阪府出身。

1907(明治40)年海軍兵学校卒業(35期)。17-19年海軍大学校学生。30(昭和5)年、軍令部1班1課長。在職中に満州事変が発生し、錦州爆撃に対応するため艦艇派遣を陸軍から要請され、海軍首脳との調整がとれずに断わっている。35年軍令部1部長。日中戦争が勃発すると、軍令部1部長として対中国作戦のために海軍部隊の動員・派遣策を案出して活躍する。この間、中将に進級した。38年第5艦隊長官に就任。華南に派遣された海軍

部隊の指揮を執る。海南島攻略作戦では作戦の中心となり指揮・統率した。海軍は、海南島の天然資源に注目し、一方で航空基地を確保すればビルマルート（援蒋ルート）の遮断に繋がることから、同島の攻略には熱心であった。蔣介石は、日本軍による海南島の占領を「太平洋上の満州事変」と唱え、日本軍を牽制するために列強に対して協力を要請し、英仏等も南進の予兆と警戒した。39年軍令部次長に就任。43年には大将に進級し、支那方面艦隊長官に任命され、戦争後期の中国戦線の日本海軍を指揮した。　　　　（山本智之）

（**参考文献**）　防衛庁防衛研修所戦史室・戦史叢書『中国方面海軍作戦(2)　昭和十三年四月以降』（朝雲新聞社、1975年）、潮書房『丸（別冊回想の将軍・提督）―幕僚の見た将帥の素顔―』第17号（1991年）、樋口秀実『日本海軍から見た日中関係史研究』（芙蓉書房出版、2002年）、半藤一利・横山恵一・秦郁彦・戸高一成『歴代海軍大将全覧』（中公新書ラクレ、2005年）。

近藤廉平 こんどうれんぺい　（嘉永1.11.25(1848.12.20)－1921.2.9）

実業家。阿波（徳島県）生まれ。

明治3（1870）年大学南校で学んだ後、5年三ツ川商会（翌年三菱商会と改称）に入社、1878年三菱汽船会社調役となる。83年三菱汽船横浜支店支配人となり、85年共同運輸との激しい競争の末に日本郵船が創設されると同社に移り、本社支配人、理事、専務取締役等を経て、95年より社長を26年間にわたって務めた。日清・日露戦争時の軍事輸送に全面的に協力し、同社の三大定期航路の開設を担った。中国との関係では、1899年と1903年の2度にわたる東亜旅行（共に8月から10月）が注目される。前者ではウラジオトックから大陸沿岸を視察しロシアとの対抗のために東洋航路の拡張や日清金融機関の設立を求める意見書を提出している。後者は日露開戦に備えた実地調査と、前年に設立された湖南汽船事業と同年（1903年）マクベーン社より買収した日本郵船長江線を視察するためだった。近藤は、長江線を基礎に07年に日清汽船会社を設立、東亜興業会社を創設するなど中国と深く関わるようになり、東亜同文会の評議員となった。日露戦後の経済不況を打開するための貿易振興策の一端として派遣された渡清実業団（10年5月から7月）の団長となるなど、日中親善と両国間の実業関係の振興に尽力した。　　　　　　　　　　　　　（櫻井良樹）

（**参考文献**）　末広一雄『男爵近藤廉平伝』（同人、1926年）、日本経営史研究所編『日本郵船株式会社百年史』・『日本郵船百年史資料』（日本郵船、1988年）。

さ

西園寺公一 さいおんじきんかず （1906.11.1－1993.4.22）

政治家。日中和平交渉や戦後の日中友好運動に尽力。神奈川県出身。

西園寺公爵家の嫡男として生れる。祖父は維新の元勲・西園寺公望。1930（昭和5）年オックスフォード大学卒業。34年外務省嘱託となり、翌年委任統治領・南洋群島を視察。36年夏太平洋問題調査会・ヨセミテ会議に出席し、尾崎秀実と知り合う。同年写真雑誌『グラフィック』を創刊。

37年の日中開戦後、近衛首相のブレーンとして各種の日中和平工作に関わる。開戦直後には、近衛首相の密使として上海で宋子文と面会し、不拡大・局地解決を模索。38年より、松本重治・犬養健らと共に汪精衛（兆銘）・高宗武らとの和平交渉に関わる。39年、『中央公論』誌上の汪精衛の公開書簡「日本に寄す」（10月号）に応えて、「汪精衛先生に寄す」を発表（12月号）。日本の要求に屈して「漢奸」「傀儡」となることなく、中国の要求を貫く「愛国者」たることを希望した。

この間、近衛側近メンバーとして「朝飯会」での討議に参加。40年第2次近衛内閣期に再び外務省嘱託となり、翌年春松岡外相のドイツ・イタリア・ソ連歴訪に随行。同年夏第3次近衛内閣の嘱託となり、松本重治らと共に日米交渉に関与する。太平洋戦争開戦後、42年3月に検挙。尾崎・ゾルゲ事件に連座して、懲役1年6ヶ月（執行猶予2年）の有罪判決を受ける。

戦後、46年に写真雑誌『世界画報』を創刊。翌年第1回参議院選挙に無所属で立候補し当選。53年の第2回選挙、翌年の京都市長選挙に落選。52年末ウイーンの「諸国民平和大会」に出席し、帰途に中国訪問。55－57年世界平和協議会・事務局員として再びウイーンに滞在。また、50年の日中友好協会設立、56年の日中文化交流協会設立に参加し、冷戦下で国交がなかった中華人民共和国との友好運動に携わる。

58年初め、家族と共に中国・北京へ移住し、「民間大使」として日中友好の橋渡しに尽力する。周恩来・郭沫若・廖承志らと親交を結ぶ。また、アジア・アフリカ作家会議に出席するなど、アジア・アフリカ連帯運動に関わる。この間、日本共産党に入党していたが、日中両国の共産党の対立の中で67年に除名される。文化大革命のさなか70年夏に帰国。その後もたびたび中国を訪問し、友好運動を続けた。

（米谷匡史）

（参考文献） 西園寺公一『貴族の退場』（文藝春秋新社、1951年）、同『北京十二年』（朝日新聞社、1970年）、『西園寺公一回顧録「過ぎ去りし、昭和」』（アイペックプレス、1991年）。

西園寺公望 さいおんじきんもち （嘉永2.10.23(1849.12.7)－1940.11.24）

公爵、明治政府官僚、立憲政友会総裁、総理大臣、元老。雅号陶庵。京都出身。

公家の清華家で右大臣徳大寺公純の次男として生まれ、同じ家柄の西園寺家の養子となる。幼少から読書好きで漢籍に通じ詩文を楽しむと同時に、進取の気性を育んだ。20歳で

迎えた明治維新では日本海側を転戦したが、大きな武勲を立てたわけではなかった。明治3（1870）年末フランスへの官費留学が認められ出発、パリコミューンを体験するなど自由主義思想に触れて80年帰国、民権運動の理論的指導者中江兆民と『東洋自由新聞』を創刊するが、内勅により退社する。82年伊藤博文の憲法調査のための欧州行に同行、その後欧州で公使を務める。90年帝国議会開設に伴い貴族院議員となり、その後は伊藤に引き立てられて政界で地位を築いていく。第2次伊藤内閣で文相に就任、その際彼の世界観は世界主義という言葉で流伝したが、それは大和魂だけではだめで「世界文明の大勢に伴随」すべしというものであった。このように国家の中枢に位置しながらも、それと西洋的自由主義・進歩主義とのバランスを取ろうとするのが、彼の長い人生を貫いた方針であった。

そんな彼にとって中国を含む固陋な東洋は批判の対象であった。しかし、だからといって露骨な侵略には反対であり、例えば琉球処分問題が紛糾した際には日清が開戦することを憂え、国際的非難を浴びた閔妃殺害事件では首謀者三浦梧楼らの処分を主張した。また、日清戦後では強国ロシアとの接近を考え開戦に消極的であった。しかし、開戦後は桂首相に協力した。なお日露戦中1904年9月から約1ヶ月間清を漫遊、その間に張之洞に面会したが、主に詩作を楽しんだらしい。06年1月首相に就任、以後いわゆる桂園時代が続くが、この時に辛亥革命が起こった。共和政体の出現を心配する山県有朋らに対し、彼は出兵しても革命の勢いは止められないとして不干渉主義を貫いた。その後、彼はしばらく政界から遠のいたが、再び注目を集めたのが19年パリ講和会議に全権委員として渡欧した時であった。この会議で中国全権顧維鈞は欧米の世論に訴えて山東省ドイツ権益の直接還付のために奮闘したが、西園寺らは従来の日本の主張通り、日本が一度ドイツから継承したのち還付するという姿勢を崩さず、そのため中国側は調印を拒否し帰国した。

昭和期の西園寺は元老として、国家の行く末を憂えることになる。英米と協調し世界文明の大勢に順応すべしとする彼は対中不干渉主義の幣原外交を支持し、他方で張作霖爆殺事件では田中義一首相に実行者の断固たる処置を、満州事変では独断越境した林銑十郎朝鮮軍司令官の処分を望みながらも、元老として公平の立場を維持すべく自ら直接主張することもなかった。37年6月同じ公家出身で若い時から期待していた近衛文麿を首相に奏薦し日中関係の打開を図ろうとしたが、翌月盧溝橋事件が発生して以降は、近衛も陸軍を抑えることはできずに戦局は次第に泥沼化していき、西園寺は将来に不安を感じつつ死去した。　　　　　　　　　　（季武嘉也）

（**参考文献**）　木村毅『西園寺公望』（時事通信社、1958年）、中川小十郎『近代日本の政局と西園寺公望』（吉川弘文館、1987年）、立命館大学西園寺公望伝編纂委員会編『西園寺公望伝』1－4巻・別巻1・2（岩波書店、1990－97年）、伊藤之雄『元老西園寺公望』（文春文庫、2007年）。

さいごうたかもり

西郷　隆盛 さいごうたかもり （文政10.12.7（1828.1.23）－1877.9.24）

志士、政治家。陸軍大将。鹿児島出身。

幕末、志士として活躍し、明治4（1871）年、明治政府の参議に就任した。同5年、北村重頼・別府晋介を朝鮮に、池上四郎・武市熊吉・彭城中平を満州に派遣し、朝鮮有事の際の情報収集に当たらせた。さらに、池上の願いより中国芝罘（現煙台）での情報収集も企てている。73年、閣議において、板垣退助・江藤新平・副島種臣・後藤象二郎と共に、征韓を主張したが、板垣と異なり即時派兵論ではなく、まず自分が使節として朝鮮に赴くというものであった。同年8月、西郷の朝鮮派遣は閣議でいったん決定されたが、岩倉具視・大久保利通らの反対により頓挫。同年10月西郷は他の征韓派参議と共に辞職し、77年西南戦争に敗れ自刃した。欧州列強が「相持」する間に、「支那朝鮮満州の間に跋渉し、之を略取し以て欧亜各国に侵入するの基を立つ」というのが西郷の「対外方針」であった（『東亜先覚志士記伝』下）と言われるが、近年ではそれを疑問視する説も提起されている。
（栗田尚弥）

（**参考文献**）『西郷隆盛全集』全6巻（大和書房、1976－80年）、毛利敏彦『明治六年政変』（中公新書、1979年）。

西郷　従道 さいごうつぐみち （天保14.5.14（1843.6.1）－1902.7.18）

元帥、海軍大臣、内務大臣。西郷隆盛弟。鹿児島出身。

鹿児島藩士西郷吉兵衛の3男として生まれ、長兄隆盛や大久保利通の薫陶を受けつつ幕末には寺田屋騒動、薩英戦争に参加、戊辰戦争の際も江戸城開城に向け隆盛のかたわらで奔走した。維新後に洋行してフランス軍制を中心に勉強、帰国後は陸軍建設に尽力し、また廃藩置県断行に力を添える。1873（明治6）年征韓論争が起こると、従道は大久保と共に隆盛の征韓論に反対した。翌74年今度は征台の議が起こると、陸軍大輔であった彼は4月4日中将に進級すると同時に台湾蕃地事務都督に任命され、6日には征台の勅命を受けた。その後、政府は英米の局外中立宣言により出兵を中止することにしたが、それを長崎で大久保から聞いた西郷は、自分は海賊となってもあくまでも戦うとして応ぜず、結局大久保も出兵を認めた。台湾占領後、西郷は駐兵し続け移民拓殖事業を行うよう政府に進言したが、11月になり大久保と清朝の談判で撤兵することが決まった。77年の西南戦争では隆盛と戦うことになった。以後、彼は陸軍にとどまらず大久保亡き後の薩摩閥の実力者、藩閥政府の調停者として外交・文部・農商各方面で活動、例えば朝鮮問題をめぐる85年の天津条約では、伊藤博文の副使として渡清し締結に尽力した。

85年内閣制度が導入され初代海軍大臣に就任すると、以後樺山資紀・山本権兵衛ら薩摩系の人物を登用して日清開戦に向け海軍軍備充実に努めた。そして日清戦争が開始されると、94年10月には海軍大臣と共に陸軍大臣も兼摂し、戦争を軍政面から支えることになった。戦後は対ロシア戦争を念頭に新たな準備を始めていたが、その前に死去した。

（季武嘉也）

（参考文献） 安田直『西郷従道』（国光書房、1901年）、西郷従宏『西郷従道伝』（芙蓉書房、1981年）。

西条八十 さいじょうやそ （1892.1.15－1970.8.12）

詩人、仏文学者。東京出身。

早稲田大学英文科卒。同大学教授を務める。1937年12月、上海・南京の戦場を視察し、45篇の詩を集めた詩集『戦火にうたふ』（日本書店、38年）がある。また詩集『黄菊の館』（同盟出版社、44年）の第1篇は南京戦・武漢戦従軍の際の現地作品で、「黄菊の館」「長江月夜の歌」「長江深夜の賦」「蘇州にて」「われ見たり南京入城」「呉淞クリークの畔に立ちて」「星子の夜襲」「九江にて」「揚子江上の軍楽隊」を収める。「長江深夜の賦」は、「親もあるべし、子もあるらん、或は遠き人市に売買されし籠の児が、無智ゆえ亡び行く国の、運命の糸に操られ、血潮に踊る軍服も、裂けて夜寒の風の滲む」と戦死した中国兵をうたっている。また40年の作品「蘇州夜曲」は東宝映画「支那の夜」の主題歌で、服部良一作曲、李香蘭がうたって大ヒットした。

（阿部　猛）

（参考文献） 吉田精一『日本近代詩鑑賞　大正篇』（新潮文庫）、高崎隆治『戦争詩歌集事典』（日本図書センター、1987年）。

蔡　祐良 さいすけよし （生没年不詳）

外交官（中国語通訳）。長崎出身。

明治1（1868）年4月、長崎府（当時）の通弁役頭取助となり、運上所掛を兼ねた。次いで同年閏4月に漢語教授となり、翌年9月に広運館漢語教導助となった。明治3年閏10月、外務省へ移って文書少佑となり、翌4年8月に外務権中録、5年2月に漢語学所教導、次いで同年6月には外務中録となる。73（明治6）年5月、10等出仕として文部省へ移り、74年3月に4等教諭となる。75年2月、外務3等書記生として再び外務省に戻り、同年3月に在上海領事館に勤務。76年6月に帰国し、同年10月に依願免官。

（松村正義）

（参考文献） 外務省外交史料館の所蔵資料。

蔡　善太郎 さいぜんたろう （文政5（1822）－1883.4.21）

江戸末期及び明治初期の長崎の唐通事。長崎出身。

長崎で唐通事（中国語の通訳官）を家業とする蔡氏の9代目に生まれた。善助とも呼び、天保2（1831）年12月22日に父・一郎の跡を継いで10歳で稽古通事三貫目となる。弘化2（1846）年1月30日に小通事末席となり、文久1（1861）年10月6日には小通事助に昇進した。翌文久2（1862）年4月に幕府の命により貿易事情の視察のため勘定方根立助七郎や長崎奉行支配調役沼間平六郎らに随伴し乗船・千歳丸にて上海に赴く。この折、萩藩士高杉晋作や鹿児島藩士五代才助（友厚）らもそれぞれ藩命により同船に乗船した。1833（明治16）年4月21日に死去。なお、蔡家の唐通事履歴は善太郎で終わっている。

（松村正義）

（参考文献） 宮田安『唐通事家系論攷』（長崎

文献社、1979年)、維新史料編纂事務局発行『維新史料綱要4』(目黒書店発売、1937年)。

斎藤季治郎 さいとうすえじろう （慶応3.7.3(1867.8.2－1923.2.26)）

陸軍中将。和泉国堺（大阪府）出身。

陸軍幼年学校、陸軍士官学校を経て、1889（明治22）年に歩兵少尉に任官した。陸大在学中に日清戦争が勃発して出征、卒業後は99年に参謀本部付となり、清国政府の招聘により浙江武備学堂で教官を務めた。日露戦争では第3軍参謀となり、この時、203高地攻撃を進言したという。戦後、06年に朝鮮駐屯軍参謀となり、翌年には統監府に勤務した。清韓国境において間島の領有問題が持ち上がると、日本政府は現地韓国人保護を目的に官吏を派遣することを決め、この時、間島出張所長に任命されたのが斎藤であった。斎藤は現地責任者として清国に対し強硬な姿勢で臨み、たびたび清国官憲との間に騒擾事件を引き起こしている。その後、15年には支那駐屯軍司令官に補せられ、翌年に北京公使館付武官となり、日中軍事協定締結の際は首席委員として交渉を担当した。同年中将に進級後、20年、シベリアに出征するも23年にウラジオストックで病没した。 　　　　　　　（北野　剛）

（参考文献） 吉村道男『日本とロシア（増補）』(日本経済評論社、1991年)。

斎藤隆夫 さいとうたかお （明治3.8.18(1870.9.13)－1949.10.7)）

弁護士、政治家。兵庫県生まれ。

1894年7月東京専門学校（現早稲田大学）行政科卒、翌年10月弁護士試験に合格。1901年7月に渡米し、エール大学で学び04年3月帰国。12年より衆議院議員となり、憲政会・民政党系の中堅として活躍した。31年11月第2次若槻内閣の法制局長官となる。特に中国と深い関係があったわけではないが、戦争協力に傾斜していく満州事変以後の議会で敢然と時流批判を行ったことは、日本の対中政策の否定につながった。例えば「粛軍に関する質問演説」(36年5月7日)は2・26事件を起こした軍部の政治干渉を厳しく批判したものであり、「支那事変処理に関する質問演説」(「反軍演説」40年2月2日)では、第3次近衛声明(38年12月22日)の趣旨が、中国の独立主権の尊重、日本が領土や償金を要求しないこと、日本軍の撤退にあることを確認し、日中戦争の継続を批判したため懲罰動議にかけられ議員を除名された。44年1月に執筆した「大東亜共同宣言の将来」では、正義や道義を振りかざす宣言を批判し、現実として近代日本が大陸侵略を行った歴史であることを指摘した。戦後は日本進歩党や民主党創設に関わり、第1次吉田内閣及び片山内閣の国務大臣となった。 　　　　　　（櫻井良樹）

（参考文献） 斎藤隆夫『回顧七十年』(中公文庫、1987年)、草柳大蔵『斎藤隆夫かく戦えり』(文藝春秋、1981年)、松本健一『評伝斎藤隆夫』(岩波現代文庫、2007年)、伊藤隆編『斎藤隆夫日記』(中央公論新社、2009年)。

斎藤　恒 さいとうひさし （1877.11.16－1953.3.8）

陸軍軍人、陸士10期、陸大19期、中将。石川県出身。

日露戦後、1909年5月福州・厦門を視察、11年北京に駐在で辛亥革命に遭遇、12年12月上海に駐在し、孫文や宋教仁暗殺後の南北衝突について報告（外交史料館所蔵「軍事調査及報告」）、対独参戦において青島の独軍を探った。18年中国吉林の孟恩遠の招聘で吉林督軍応聘武官、25年12月から関東軍参謀長として情報を収集、27年6月対満蒙宣伝計画を立案し、満蒙移民概況調査等詳細にまとめた。その後「満蒙政策に関する意見」（防衛研究所所蔵「密大日記」）を畑英太郎次官に送付、日本の将来の課題は人口増大と資源確保であり、発展の地は満蒙と記した。国民党北伐の動きに28年5月関東軍司令官村岡長太郎は動員令を出したが参謀本部に制止され、6月3日斎藤は「腰の無い外交」と政府を批判、翌4日張作霖爆殺事件が発生した。町野武馬張作霖顧問は、同事件は「斎藤恒の案」と述懐している。この事件で斎藤は重謹慎となり、昭和4年予備役となった。　　（波多野勝）

（参考資料） 1961年町野武馬のインタビュー録音盤が国立国会図書館に存在する。斎藤恒「大正14年音簡集」防衛研究所所蔵。

斎藤　実　さいとう まこと　（安政5.10.27（1858.12.2）－1936.2.26）

海軍大将、政治家。水沢藩（岩手県）出身。

寺子屋の師匠である父に四書・五経の素読を教わる。1870年当時の胆沢県の給仕となり、立生館で漢学を修業。海軍兵学寮卒業、アメリカ留学、海相西郷従道に随行しての欧州視察等の経歴を持つ。日清戦争初頭の「高陞号撃沈事件」の調査に当たり、広島にある大本営の侍従武官を務めた。1906年第1次西園寺内閣より連続5代内閣の海相として海軍の増強に尽力。19年8月朝鮮総督となり、三一運動後の情勢に「文治政策」で対処した。32年5月「挙国一致内閣」の首相に就任（外相兼任）、9月に満州国を承認する日満議定書を締結、翌年3月国際連盟を脱退。34年「帝人事件」で内閣総辞職。翌年12月内大臣となったが、親英米派の一人と目され2・26事件で殺害された。　　（陶　徳民）

（参考文献） 有竹修二『斎藤實』（時事通信社、1958年）。

斎藤良衛　さいとう よしえ　（1880.11.15－1956.11.4）

外交官。福島県出身。

東京帝国大学法科大学政治学科卒業。1900年9月に外交官試験に合格後、天津・漢口・福州等で領事館勤務。この経験を土台に、中国の開港場研究を続け法学博士号取得。本省では主に通商畑を歩み、18年には通商局第1課長室にて短銃狙撃事件に遭うが、26年に通商局長。東方会議後の27年、田中義一に請われて山本条太郎社長・松岡洋右副社長体制下の南満州鉄道会社理事。満州事変後、外務省嘱託としてリットン調査団への調書の作成。日中戦争中、松井石根が南京攻略に際して全軍に配布した『南京攻略要領』（37年12月7日）は、斎藤に諮問して作成されたとされる。この文書は、日本軍の不法行為を禁じ、諸外国の権益保護を求めている。40年より松岡外相のもとで外交顧問。大橋忠一・白鳥敏夫らと日独伊三国軍事同盟締結に尽力し、『日独伊同盟条約締結要録』を著す。開戦当日、斎

藤は松岡宅を訪ね「三国同盟の締結は一生の不覚」との話を聞かされたという。戦後は教育者として県立会津短期大学学長を務める。

（川島　真）

（参考文献）　三宅正樹『日独伊三国同盟の研究』（南窓社、1975年）、斎藤良衛『欺かれた歴史―松岡と三国同盟の裏面―』（読売新聞社、1955年）。

酒井　隆　さかい たかし　（1887.10.18 – 1946.9.13）

陸軍中将。広島県出身。

1908年陸軍士官学校卒業（20期）、16年陸軍大学校卒業。参謀本部部員等を経て、中国勤務となる。32年参謀本部支那課長に任命される。34年には支那駐屯軍参謀長に任命されたが、35年に親日派の新聞社長が天津で暗殺されるという事件が発生し、抗日派の取締りの強化等を要求し、梅津・何応欽協定を独断で結ぶ。これは、司令官の梅津は不在であり、実質的責任者となった酒井が、関東軍や天津軍の武力を背景に強硬な手段に出て中国側を脅し締結させたものであったと言われる。その結果、国民党の軍や党組織の河北省からの撤退等が決定した。その後、張家口特務機関長に就任し、アジア太平洋戦争開戦に際しては、第23軍司令官に任命されて香港攻略を指揮した。敗戦後、戦犯となり南京で死刑となった。

（山本智之）

（参考文献）　戸部良一『日本陸軍と中国―「支那通」にみる夢と蹉跌―』（講談社選書メチエ、1999年）、臼井勝美『新版　日中戦争―和平か戦線拡大か―』（中公新書、2000年）。

堺　利彦　さかい としひこ　（明治3.11.25（1871.1.15）– 1933.1.23）

社会主義者。号枯川。福岡県出身。

1899年万朝報の記者となり、翌年北清事変の従軍記者として特派され、「天津通信」で天津城総攻撃を通信。1903年幸徳秋水と共に平民社を創設し、週刊『平民新聞』を発行。その連載「予は如何にして社会主義者となりし乎」（8号、04年1月）で、自身の社会主義思想を形作ったものの一つに儒教を挙げる。07年劉師培らを中心とする社会主義講習会第2回大会で講演（通訳は張継）。また同年、アジア諸国の亡命者連帯のための組織、亜州和親会に参加。15年から翌年にかけて雑誌『新社会』で「支那革命の性質」、「支那革命の将来」等、中国の革命情勢に関する評論を発表。19年から22年の間に著訳書や論文等20点余りが施存統らにより中国語訳される。20年11月日本のアジア侵略に反対する在留中国人・朝鮮人らの交流組織、コスモ倶楽部の設立に関わる。31年9月満州事変が勃発すると、全国労農大衆党の反戦特別委員会委員長に就任したが、間もなく病に倒れた。

（望月雅士）

（参考文献）　『堺利彦全集』6巻（法律文化社、1970年）、上村希美雄「初期社会主義者の辛亥革命観―片山潜と堺利彦を中心に―」（『海外事情研究』20–2、1993年）、川上哲正「堺利彦と山川均がみた中国」（『初期社会主義研究』14、2001年）、石川禎浩『中国共産党成立史』（岩波書店、2001年）。

彭城中平　さかき ちゅうへい　（生没年不詳）

満州視察者。長崎に生まれる。

長崎通事の家に生まれる。明治5（1872）年、征韓論が起こると、西郷隆盛は外務卿副島種臣、参議板垣退助と相談し、池上四郎・武市正幹、及び通訳として彭城中平を実地視察のため満州に派遣した。彭城は当時外務権中録の職にあり、中国語に通じていた。彼らは、この年8月、東京を出発し、9月に上海に到着し、その後芝罘（現煙台）・営口、さらには奉天（現瀋陽）まで至り、満州各地の地形・人情・風俗・政情・物産等を調査した。翌年4月武市正幹が帰国し、続いて6月彭城中平が帰国し、最後に北京の視察をした池上四郎が帰国した。一行の視察報告『清国滞在中見聞事件』は彭城中平が執筆したものであり、当時にあっては貴重な参考資料であった。 　　　　　　　　　　　（馬場　毅）

（**参考文献**）『東亜先覚志士紀伝』下、『対支回顧録』下。

榊原 政雄 さかきばらまさお （1877.2.22－1936.7.5）

ジャーナリスト、実業家。山形県出身。

1902年東北学院神学部卒業後、牧師となる。酒田・京都・熊本等々で伝道活動に従事。熊本では、第五高等学校時代の大川周明の知己を得る。日露戦争後大連に渡り、大連タイムス、満州日日新聞の記者となる。その後、実業方面に進出。14年3月には、満鉄からの資金援助を得て、13年4月付で奉天（現瀋陽）市街地や満鉄附属地を含む約150平方キロメートルにも及ぶ旧清朝皇産の昭陵余地に対する承租権を獲得。同承租権は、奉天省政府、満鉄、関東都督府陸軍部、外務省を巻き込む日中間の懸案事項となるが、結局その大半を中国側に転売。24年には酒田市で詐欺事件である「わら真綿事件」に関与。満州事変後は、南洋、マレー方面にも進出するが、いずれも成果を出すことはなかった。　（松重充浩）

（**参考文献**）大瀬欽哉監修『新編庄内人名録』（庄内人名辞典刊行会、1986年）、江夏由樹「土地権利をめぐる中国・日本の官民関係：旧奉天の皇産をめぐって」（『アジア経済』38－1、1997年）、刈田徹『大川周明と国家改造運動』（人間の科学新社、2001年）。

榊山　潤 さかきやまじゅん （1900.11.21－1980.9.9）

作家。神奈川県出身。

商業学校中退後商店員を経て時事新報社入社、のち日本評論社に移り、この間、創作活動開始。1937年、1932年の上海事変を題材とした『戦場』を出版したが、37年、盧溝橋事件後、日本評論特派員として上海に赴き（林房雄と同時期）、「砲火の上海を歩く」等のルポルタージュを書き、のち『上海戦線』として出版した。また、小説「流泯」・『苦命』（クーミン）で上海の日本人居留民や中国人下層民衆を描いた。戦争の衝撃で日本人としての意識を強め、以後、日本歴史に題材とした分野に展開、妻の父の一生をモデルとした『歴史』（新潮文学賞）をはじめ、『毛利元就』等数多くの作品を出版した。第二次大戦後には『小説石原莞爾』をも発表した。『馬込文士村』の著作もある。　（久保田文次）

（**参考文献**）小田淳『歴史作家榊山淳：その人と作品』（叢文社、2002年）、竹松良明「榊山潤：従軍に見る作家の主体性」（和田博文他編

さかたにきいち

『言語都市・上海：1840-1945』藤原書房、2003年）、畑中佳恵「長崎・一九三七年・上海：榊山潤から届く手紙」（『叙説Ⅱ』10、2006年）、胡連成『昭和史的証言：戦時体制下日本文学（1931-1945）』（吉林大学出版社、2009年）。

阪谷希一 さかたにきいち （1889.5.19～1957.11.6）

銀行家・官吏、子爵。阪谷芳郎の長男として東京に生まれる。第二高等学校を経て1915年、東京帝国大学法学部卒業、日本銀行に入り、関東庁財務課長に転じ、拓務省文書課長・拓務大臣秘書官・殖産局長心得を経て、32年、満州国の初代総務庁長代理となり、税制の統合・銀本位制堅持等を進めた。満州中央銀行監事・満鉄理事を歴任、日中全面戦争後は中国連合準備銀行顧問として、華北の通貨・金融工作を推進した。43年に貴族院議員。第2次大戦後公職追放となるが、解除後は実業界で活動した。中江丑吉（兆民の息）と親友であり、丑吉顕彰・研究の事業は長男の芳直に継承された。　　　（久保田文次）

（参考文献）　阪谷芳直『三代の系譜』（みすず書房、1979年、洋泉社、2007年）。

阪谷芳郎 さかたによしろう （文久3.1.16(1863.3.5)-1941.11.14）

政治家。備中（岡山県）出身。

1884年東京大学を卒業して大蔵省に入り、主計局調査課長、主計局長等を歴任して1903年大蔵次官、06年に第1次西園寺公望内閣の大蔵大臣に就任、日露戦争後の戦後経営を主導した。12年から15年まで東京市長を務め、東京市の財政健全化に尽力した。15年にはパリの連合国経済会議に特派委員長として出席した。翌年に貴族院議員となる。財政専門家として若くから注目を集め、日清戦後に金本位制を主張し、日露戦後に鉄道国有化を推進して、貴族院においても財政問題に積極的に発言した。

11年12月末に中国革命派の孫文より中華民国の財政顧問として中華民国中央銀行の設立を依頼されたが、不成立のまま終わった。32年に中国政府に財政専門家として招かれて幣制改革を指導した。

父親は漢学者阪谷朗廬で、長男の希一は満州国中央銀行を設立後、次長を務めた。妻琴子は渋沢栄一の次女。　　　（李　廷江）

（参考文献）　阪谷芳郎記念事業会編『阪谷芳郎伝』（阪谷子爵記念事業会、1951年）、李廷江『日本財界と近代中国』（御茶の水書房、2003年）。

嵯峨浩 さがひろ （1914.3.16-1987.6.20）

満州国皇帝愛新覚羅溥儀の弟溥傑の妻。愛新覚羅浩ともいうが、中国では結婚後も夫婦別姓のため正式の名ではない。東京出身。

嵯峨公勝侯爵の孫として東京に生まれ、女子学習院高等科を卒業。溥傑との結婚式は、1937年4月3日、東京九段の軍人会館で行われ、「日満一体」を象徴するものとして大々的に報道された。溥儀には子がなく、関東軍は将来の満州国皇帝に日本人の血を入れるために、日本の陸軍士官学校出身で歩兵学校在学中の溥傑中尉を皇族女性と娶わせようとしたが、皇室典範が障害となって断念、代わりに曽祖父中山忠光が明治天皇の生母中山一位局の弟にあたる浩に白羽の矢を立てた結果で

ある。漢族女性との婚姻さえ異例の満州族の清皇室男子が日本人女性と結婚することに不満な溥儀の意向が一顧だにされぬ純然たる政略結婚だったが、見合いの席で相思相愛となり、最後まで深い愛情で結ばれたという。

満州国は関東軍の絶対的な支配下にあり、「五族協和」「王道楽土」のスローガンは建前にすぎず、日本人と、満人と言われた中国人その他の民族との差別は大きかった。浩は、皇弟である夫さえ不当な扱いを受ける満州国の実態に悲憤慷慨するが、溥儀からは、関東軍のスパイ視されるという悲哀を味わった。

1945年8月15日、日本の敗戦により、ソ連軍の捕虜になった夫と別れ、通化事件に遭遇したり、中国側に捕らわれるなど多くの苦労を経て、47年1月、上海から次女嫮生と共に帰国した。溥傑は、シベリア抑留後、中国に戻され、撫順戦犯管理所に抑留されていたが、長女慧生（えいせい）が54年、周恩来総理に父との再会を願う手紙を出したことを契機に、夫婦の連絡が取れるようになった。57年12月、慧生は学習院大学の同級生と伊豆の天城山で心中死したが、溥傑はこれを、長く両親から離れた生活を送ったことと共に、浩が中国人との結婚を望んだことを原因として悔いている。

60年11月、溥傑は特赦で釈放されたが、特別に反日感情が強い溥儀は、浩が北京に来て溥傑と共に暮らすことに反対した。そこで61年2月周恩来・鄧穎超夫妻が愛新覚羅一族を自宅に招待し、日本軍国主義者による政略結婚は、日本の敗戦で解消すべきは当然だと主張する溥儀を「巨大な中国が、一人の日本人女性を受け入れられぬはずは無い」と説得した。浩の受入れは、当時まだ国交がなかった日中関係の将来を見すえた中国共産党の決定事項であることが明らかだった。かくして夫婦は同年5月に同居が実現し、その後文化大革命等苦難の時期もあったが、2度日本に里帰りし、日中友好を象徴する存在となった。浩は87年、北京で亡くなり、94年2月28日に死んだ溥傑と共に遺骨の半分は曽祖父忠光を祀る下関の中山神社境内の愛新覚羅社に納骨され、半分は北京西北の妙峰山上空より散骨された。　　　　　　　　　　（伊藤一彦）

（**参考文献**）　愛新覚羅浩『流転の王妃　満州宮廷の悲劇』（文芸春秋社、1959年）、同『『流転の王妃』の昭和史―幻の"満州国"―』（主婦と生活社、1984年）、愛新覚羅溥傑『溥傑自伝』（中国文史出版社、1994年。金若静訳『溥傑自伝：「満州国」皇弟を生きて』河出書房新社、1995年）。

酒巻貞一郎　さかまきていいちろう　（明治3.3.18（1870.4.18）－没年不詳）

『支那分割論　附袁世凱』の著者。

海軍兵学校・海軍機関学校の英語教官であったが、辛亥革命の際、辞して新聞記者となり、中国へ渡る。現地の政情を観察分析して、列強による中国の分割は不可避と判断、日本も軍備を充実して分割競争に参加すべきだと主張し、1913年上記の書を啓成社より出版した。なお、「袁世凱」の部分は満川亀太郎が執筆した。拓殖大学刊行の『満川亀太郎　上』は要訂正。　　　（久保田文次）

（**参考文献**）　岩野喜久代『大正・三輪浄閑寺』（青蛙房、1978年）。

坂本金彌 さかもときんや （元治2.2.16（1865.3.13）－1923.10.22）

政治家、実業家。岡山出身。

岡山藩士の家に長男として生まれる。幼時、漢学を修める。岡山商法講習所、同志社等で法学を学ぶが、父親の反対にあう。政治運動に関心を持って、自由党系の民権論を主唱し、急進主義的な雑誌『進歩』を刊行。同誌の発行禁止処分後、1892（明治25）年7月新聞『中国民報』を創刊して、社長を務める。この間、犬養毅と親交を結び、犬養の紹介で志賀重昂を主筆とした時期もあった。20歳代初め頃から鉱山業に従事し、次第に経営手腕を発揮。鉱業家として中国地方有数の地位を占めるようになる。のち、紡績業等にも進出。岡山県会議員を経て、98年衆議院議員に当選。岡山市内の豪勢な邸宅が話題となったこともあった。議員として、河野広中等とも政治行動を共にする。1910年、立憲国民党、立憲同志会に参画。豊富な財力をもって、孫文らの革命運動を援助する。05年8月の中国同盟会の結成に当たっては、当時、赤坂霊南坂にあった彼の屋敷が会場となった。孫文・黄興をはじめ中国人留学生が多数集まって、成立大会が開かれた。中国革命の歴史的一歩となる記念すべき場所を提供したことになる。13（大正2）年桂太郎に同調して犬養と対立。徐々に郷党の支持を失うようになる。翌年12月、大隈内閣の対中政策に反対して国民外交同盟会が組織されると、政府与党に在籍していたにもかかわらず、これに参加。19年政界引退。坂本の政治家としての活動は、その時々の政治情勢の中で、おおむね少数会派、政府に対する反対党に属して行われており、革命運動援助も彼のそうした政界での位置に関係してなされたものと理解できる。ただし、その契機は、同郷の犬養の影響を受けた面があるものと考えられる。兵庫県垂水で病没。

（松本武彦）

（参考文献）　『東亜先覚志士記伝』下、西村繁次郎編『中国民報社誌』（中国民報社、1936年）。

坂本寿一 さかもとじゅいち （1890－1976）

孫文を援助した飛行家。山口県出身。

工業学校卒業後渡米、飛行機操縦を学ぶ。帰国後の14年、帝国飛行協会主催の第1回民間飛行競技大会で1等賞を得た。16年、梅屋庄吉が滋賀県八日市に設置した飛行学校で孫文の中華革命党のために中国人飛行士を訓練し、中華革命軍の飛行隊長（少将待遇）となった。第3革命では山東省に赴き、袁世凱軍の威嚇に功があった。この頃の教え子から、中国航空界や空軍の人材が育った。中国で飛行学校運営を考えたが、実現せず、帰国後、日本航空工業代表、日本化学製紙取締役となる。

（久保田文次）

（参考文献）　車田譲治『国父孫文と梅屋庄吉』（六興出版、1975年）、日本航空協会編『日本民間航空史話』（大日本印刷、1966年）、上田温之「孫文を助けた日本人パイロット・坂本寿一」（『歴史街道』2002年12月号）。

坂本清馬 さかもとせいま （1885.7.4－1975.1.15）

社会運動家。別名克水。高知県出身。

1906年頃から河上肇の『社会主義評論』等を読んで社会主義に接近し、幸徳秋水の知遇

を得て一時同居した。この頃から小川均・石川三四郎・福田英子・荒畑寒村らと交わり、中国人の革命家張継や劉光漢とも親しくなり、一時劉宅の天義報社に滞在した。10年、「大逆事件」で逮捕・起訴、翌年1月死刑を宣告され、特赦により無期懲役に減刑された。獄中で無実を訴えて、たびたび再審請求してのつど却下された。戦後の47年「大逆罪」廃止で特赦を受けるが、その後も再審請求の訴えを起こし、却下される。54年日中友好協会を結成し、以後日中友好運動に尽力した。75年中村市で死去。　　　　　　（伊東昭雄）

（参考文献）　大逆事件の真実を明らかにする会編『大逆事件を生きる―坂本清馬自伝―』（新人物往来社、1976年）、坂本清馬「我観中国」（雑誌『中国』1968年3月－1971年4月連載）。

作田荘一 さくたそういち （1878.12.1－1973.2.9）

経済学者、満州建国大学副総長。経済学博士。山口県出身。

旧制山口高等学校を経て1905年東京帝国大学法科大学卒業、高等文官試験に合格し逓信事務官となる。山口高等商業学校の教授を経て、21年に京都帝国大学経済学部助教授に就任。以降教授、経済学部長等を歴任し、38年に定年退職している。

39年に満州建国大学の初代副総長兼研究院長に就任する。建国大学は国務総理が総長（学長）を兼任していたので、副総長は大学の実質的な責任者であった。42年6月に中国人学生の思想事件の責任を取って院長を辞任、退職後は同名誉教授となっている。

西洋の功利主義経済とは異なる日本独自の経済学を樹立しようと試みた。（小林英夫）

（参考文献）　作田荘一『経済の道』（弘文堂書店、1941年）、同『時代の人川上肇』（開顕社、1949年）。

佐久間左馬太 さくまさまた （天保15.10.10(1844.11.19)－1915.8.5）

陸軍大将、伯爵。萩（山口県）出身。

長州藩士の次男。長州征討・戊辰戦争を指揮官として転戦した。明治5（1872）年西海鎮台付となり、1874年に佐賀の乱の鎮圧に当たり、熊本鎮台参謀長として台湾出兵にも参加した。西南戦争には連隊長として従軍している。81年仙台鎮台司令官、88年に第2師団長となって日清戦争は威海衛攻略戦を戦った。戦後は占領地総督の地位に就き、近衛師団長、中部都督を経たのちいったん休職するが、日露戦争に当たって東京衛戍総督に任じられて日比谷焼打ち事件の鎮静化に当たった。1906年4月から第5代台湾総督に就任し、10年に「五箇年計画理蕃事業」を掲げて先住民の抵抗運動への武力討伐に努めた。15年4月に辞して翌月退役する。鬼佐久間と称される猛将型の武人。　　　　　　　（斎藤聖二）

（参考文献）　鵜崎熊吉『薩の海軍・長の陸軍』（政教社、1911年）。

桜井忠温 さくらいただよし （1879.6.11－1965.9.17）

陸軍軍人、作家。通称ちゅうおん。筆名は落葉。愛媛県出身。

1902年陸軍士官学校卒業、少尉。04年日露戦争に歩兵第22連隊旗手として従軍。旅順攻略戦で右腕を失う瀕死の重傷を負い九死に一

生を得て送還。帰国後、修羅場としての戦場体験をもとに左手で「惨風血雨の残酷」を克明に記録した著書『肉弾』を06年出版。好評を得て版を重ね、一躍有名になる。明治天皇に異例の「拝謁」下問を受けた。英仏露等10数ヶ国語に翻訳され、13年独帝カイゼルは皇帝の名をもって独訳『肉弾』を全軍に配布した。24年陸軍省新聞班長、30年少将。予備役編入後も執筆活動を続けた。『銃後』(丁未出版社、13年初版、27年650版)、『黒煉瓦の家』(25年)、『将軍乃木』(30年)、『哀しきものの記録』(57年) 等多くの著作がある。

（藤井昇三）

（**参考文献**）『桜井忠温全集』全6巻（日本図書センター、2000年）。

佐倉孫三 さくらまごぞう （文久1.3.18(1861.4.27) − 1941.2.15)

官僚・漢学者。号は達山。二本松（福島県）出身。

二本松藩士の家に生まれる。1877年に上京し、翌年二松学舎に入り、83年に同塾頭及び幹事となる。86年に千葉県警部補となり、95年に台湾総督樺山資紀と共に台湾に渡り、台湾総督府民政局に勤務、98年に鳳山県警視・台南弁務署長を務め、1903年に清国福建省警察学堂教習となり、清国三等第一双龍宝星を授与される。退官後は二松学舎教授・理事を務める。著書に、台湾の風俗を記した『台風雑記』(03年) や、清国で出版した『閩風雑記』(福州美華書局、04年)、『時務新論』(同、05年)、『遊黄檗山記』の他、文集『達山文稿』(37年、いずれも漢文) 等がある。

（川邉雄大）

（**参考文献**）『二松学舎六十年史稿』(1937年)、佐倉孫三「三十七年前の夢」(『台湾大観』日本合同通信社、1932年)。

佐々木到一 ささきとういち (1886.1.27−1955.5.30)

陸軍軍人。愛媛県出身。

05年陸軍士官学校卒 (18期)、17年陸軍大学校卒。青年将校時代に満州守備の任についていた時、辛亥革命に際会し、中国への関心を強め「支那通」への道を志す。陸大卒業後、青島守備軍司令部付となり、兵要地誌を担当して2度にわたり数ヶ月に及ぶ現地調査を徒歩で行い、中国語と中国情勢を実地に学んだ。19年シベリア出兵に伴う浦塩派遣軍司令部付となって満州里の特務機関に勤務し、コサックの頭目セミョーノフの救出・護送に当たった。参謀本部支那班に勤務したのち、22年広東駐在武官となり、孫文はじめ国民党要人との親交を深め、中国の国民革命に対して強い共感を持つに至った。24年、北伐開始前に広東を離れ、参謀本部に戻って支那課兵要地誌班長のポストに就き、国民党に対する共感と支持を表明する著作を次々と出版する。その間、2度中国に出張し、死去直前の孫文に面会したり、郭松齢事件後の現地調査を行ったりした。26年公使館付武官補佐官として北京に駐在、当時北京に君臨していた軍閥張作霖に対し、改めて嫌悪感を持つようになる。27年南京に移駐し、翌年、再開された北伐に連絡将校として従軍する。この時日本は第2次山東出兵を行い、済南で日中両軍の衝突が起

こった（済南事件）が、佐々木は蒋介石からの要請により停戦のために日中両軍の間を往復した。その過程で、中国軍兵士に見咎められてリンチを受け負傷。日本では中国軍の肩を持つ者として批判され、中国では革命を妨害する日本軍人として不信の目を向けられ、南京駐在武官としての任務を果たすことができなくなった。そして済南事件を転機として、それまで最も中国の国民革命に理解を示す軍人であった佐々木は、最もそれに批判的な軍人に変貌してゆく。

32年上海派遣軍参謀として第1次上海事変に従軍し、その後関東軍に転じて、満州国軍政部顧問（34年から最高顧問）として満州国軍の育成に当る。日本軍官の誤った優越感を捨てるべきだと説きながら、中国軍人の悪弊である私兵的観念を取り去ることを強調し、厳正な軍紀に基づく近代的国軍を作ることに佐々木は情熱を傾けた。だが、満州国軍の主体が漢民族である以上、これに絶対的な信頼を寄せることはできないというジレンマに苦悩しなければならなかった。37年、日中戦争が始まると歩兵第30旅団長に就任し、南京攻略戦に参加。いわゆる「南京虐殺」の当事者となり、苛烈な「便衣狩り」（平服に着替えた中国敗残兵の掃討）を行ったとされる。北支那憲兵隊司令官等を務めたのち、41年に予備役に編入され、満州国で協和会の理事となる。敗戦直前に召集され2度目の師団長となるが、敗戦と共にシベリアに抑留され、その後撫順収容所に送られ、55年そこで死去した。

(戸部良一)

(参考文献) 佐々木到一『ある軍人の自伝』

(普通社、1963年、増補版、勁草書房、1967年)、戸部良一『日本陸軍と中国─陸軍「支那通」の夢と蹉跌─』(講談社、1999年)。

佐佐木信綱 ささきのぶつな (明治5.4.28(1872.6.3)－1963.12.2)

歌人、国文学者。三重県出身。

国学者佐々木弘綱の長男として生まれ、幼少期より父から英才教育を受けた。1883（明治16）年に一家で上京、高崎正風に学んだ。85年に13歳で東京帝国大学古典科国書課に入学、89年に卒業。90年から父と共に『日本歌学全書』刊行に携わり、父の死後はそれを継いだ。また父の創った竹柏会の主催者となり、機関誌『心の華』(のち『心の花』)を刊行した。1903年には親交があった実業家白岩龍平の招きに応じて南清・上海へと渡った。帆船を用いた湖南旅行は「土佐日記時代のやうな船旅であつた」そうである。同年には処女歌集『思草』を刊行しているが、これは清国の文人に贈呈するために急いで編纂されたものであった。05年には東京帝大講師となって週2時間の講義を担当し、自らの研究と万葉集についてそれぞれ講義をした。前者の内容は和歌史・歌学史・歌謡史・国文学研究史等、後者は万葉集の詳細な講義で、講師生活は26年間続いた。この業績あって万葉学者として著名となり、明治天皇の大学行幸の際の説明役を務めたほか、文部省の万葉集校訂事業に参加した。この間歌人としての活動も続けており、17（大正6）年には歌学史・和歌史の研究で学士院から恩賜賞を受け、明治天皇御集編纂委員となった。なお、31（昭和6）年

には昭和天皇に万葉集の御進講を務めた。戦時中には式典歌・軍歌の作詞にも活躍した。戦争末期に戦火を避けて熱海に疎開し、戦後も18年間住み続け、そこで生涯を閉じた。生涯にわたって精力的に研究・創作に従事し、著作多数。　　　　　　　　　（中野弘喜）

（参考文献）　佐佐木信綱『ある老歌人の思ひ出』（朝日新聞社、1953年）。

佐々木安五郎 ささきやすごろう　（明治5.1.17 (1872.2.25)－1934.1.1）

対外強硬派、政治家。号は照山。通称蒙古王。川島浪速の妹婿。山口県出身。

熊本の九州学院に学び、日清戦争では軍夫として従軍した。台湾占領後に渡台し、1897（明治30）年、台湾総督府の官吏となった。しかし、間もなく辞職し、雑誌『高山国』を創刊、総督府の施政を批判する側にまわった。その後同じく総督府に批判的であった『台湾民報』の主筆となっている。1901年清国に渡り、カラチン王に接近、内モンゴルの利権獲得を画策し、この頃より培ったモンゴル王公との関係から「蒙古王」とあだ名された。03年、佐々木がカラチン王妃から日本人女性教師の紹介について相談を受けたのが、河原操子傭聘のきっかけとなった。このカラチン王との関係は、日露戦争中における特別任務班の遼西・内モンゴル方面での活動を有利にし、特に佐々木の同府における住居はその活動拠点となった。その後も引続きモンゴルにあって、王公との関係を強化し、王族の日本留学を実現している。

その後、佐々木とモンゴルとの直接的関係は薄れ、日露戦争の講和問題を機に本格的に政治活動を始めると、08年の衆議院選挙に山口県より立候補し、当選した。以後、立憲国民党、革新倶楽部等に所属し、また、頭山満等の玄洋社系の人物が集って結成された浪人会にも参加して、大正デモクラシーの風潮強まる中、保守派、国家主義論者としてこれを批判した。こうした政治家の典型例にもれず、外交政策については対外強硬論者で、辛亥革命では中国に渡って奔走し、その後も政府の対応を批判しつつ、満蒙問題の解決を唱えた。この頃、日本では、第2革命の際に発生した、袞州・漢口・南京での日本人殺害・暴行事件に輿論が激昂し、対中強硬論への支持が高まっていた。14年に国民外交同盟会が結成されるとこれに参加し、対中21ヶ条要求では英米の干渉排除、要求貫徹を求め、穏健派の国民義会に対抗して条約調印反対を主張した。

　　　　　　　　　　　　　　　（北野　剛）

（参考文献）　真継雲山『蒙古王照山敗残録』（雲山堂、1912年）。

佐瀬得所 させとくしょ　（文政5.10.28(1822.12.11)－1878.1.2）

書家。会津（福島県）出身。

名は恒、字は子象、通称は八太夫、号は松城・得所、室号は梅龍書屋。会津に生まれ、星研堂のもとで欧陽詢（おうようじゅん）・趙子昂（ちょうすごう）等の書を学ぶ。のち長崎で清人、銭少虎・江元曦らと交流し、明治2(1869)年渡清し、王克三・周錫瓚から書を学ぶ。翌年帰国し左院に出仕するが、組織改編のため罷免となり、以後書家として生計を立てるようになり、弟子は二千

人に及んだ。1873年、「修斉廉節」の大字が天覧に供する。76年5月には中村楼で書画会を行う。著作に「楷書楽志論」等がある。子に得三（号は醉指）がおり、北海道で新聞記者を務め、98年に上京して報知新聞社に入り編集を務めたが、のちに書家となった。

（川邉雄大）

（参考文献） 干河岸貫一編『近世百傑伝』（博文堂、1900年）。

佐々友房 さっさともふさ （嘉永7.1.23（1854.2.20）－1906.9.28）

政治家、教育家。号克堂・鵬洲。熊本出身。

熊本藩士佐々睦助の次男として、熊本内坪井に生まれる。吉田松陰と親交のあった、肥後勤皇党の叔父佐々淳次郎の影響を受けて育ち、西南戦争には池辺吉十郎の熊本隊の小隊長として西郷軍に加担、負傷し投獄される。赦免後は、熊本において同心学舎、私立中学済々黌を創立し、西南戦後の熊本の教育に携わる。この教育機関においては、朝鮮語・中国語も教育し、のちに朝鮮や中国で活躍する多くの人材を育てた。宗方小太郎・井手三郎・緒方二三・島田数雄・狩野直喜等は、その卒業生である。1881（明治14）年熊本に国権主義の士族結社紫溟会を結成。89年大隈重信新条約改正には、熊本国権党の代表として頭山満らと共に反対運動を展開。翌年の第1回衆議院議員選挙では、熊本から出馬し当選。以後、亡くなるまで連続して議員となり、国民協会、帝国党、大同倶楽部の領袖を務めた。この間、東亜同文会の設立に関わり、李鴻章・張之洞ら清国要人とも会談し、大陸通と

して知られた。墓誌は古城貞吉の原案。

（佐々博雄）

（参考文献） 佐々克堂先生遺稿刊行会編『克堂佐佐先生遺稿』（改造社、1936年、復刻版、大空社、1988年）。

佐藤賢了 さとうけんりょう （1895.6.1－1975.2.6）

陸軍軍人、陸軍中将。石川県出身。

陸軍士官学校（29期）、陸軍大学校卒業。陸軍省軍務課国内班長であった佐藤が、1938年3月説明員として出席していた国家総動員法案を審議中の帝国議会の委員会において、執拗に詰問を繰り返す議員に対して「黙れ」と一喝した事件は有名である。しかし、その後処罰されることなく順調に出世。日中戦争には、39年3月第21軍参謀副長（広東）、40年2月南支那方面軍参謀副長（広東）として参戦、北部仏印進駐では40年7月現地交渉に介入した。陸軍省軍務課長を経て、42年4月には陸軍省軍務局長となり、東条英機総理大臣兼陸軍大臣を支えた。44年12月には支那派遣軍総参謀副長、45年4月には第37師団長となり、タイで終戦を迎えた。戦後、極東国際軍事裁判において終身禁固刑を宣告されたが、56年3月仮出所した。　（庄司潤一郎）

（参考文献） 佐藤賢了『大東亜戦争回顧録』（徳間書店、1966年）、佐藤賢了『佐藤賢了の証言』（芙蓉書房、1976年、『軍務局長の賭け』と改題・改訂、1985年）。

佐藤鋼次郎 さとうこうじろう （文久2.4.9（1862.5.7）－1923.9.18）

陸軍中将。尾張（愛知県）出身。

愛知師範学校を経て砲兵少尉となり、陸軍士官学校を卒業した。要塞砲の研究のため1893年からドイツに留学し、日清戦争には参加できなかったが、戦役後の占領地管理に従事している。96年からドイツ駐在武官として赴任、帰国後、要塞砲兵射撃校教官となり、陸軍における有数の要塞砲専門家と注目されるようになった。日露戦争では、乃木が率いる第3軍攻城砲兵司令部員として旅順攻囲戦に参加、1904年11月には重砲5連隊長となり、26日から始まった第3回総攻撃、203高地攻防戦に従事した。旅順要塞が陥落すると、旅順要塞参謀長を命じられている。戦役後、下関要塞砲兵連隊長等を経て、義和団事変後に駐在が承認された清国駐屯軍が、12年の清国滅亡を受けて支那駐屯軍に名称が変更されたが、佐藤は初代の支那駐屯軍司令官の名誉に浴すことができた。最後に重砲兵監に任じられ、現役を去った。　　　　　（田中宏己）

佐藤善治郎 さとうぜんじろう （明治3.5.25（1870.6.23－1957.2.5）

教育者。千葉県出身。

1899年高等師範学校を卒業して神奈川県師範学校教諭、翌年附属小学校主事となる。1912年私立横浜高等女学校校長に就任。14年自ら私立女学校の経営を志してのちの神奈川県高等女学校を創立、22年には私立精華小学校を創立し、以後両校の校長、経営者の任を負った。旅行を趣味とし、最初の海外旅行が1910年の長江畔の旅。7月28日から1ヶ月、各地の地理・歴史・人情等の研究を目的に上海・南京・武漢・蘇州・杭州等を巡った。名勝旧跡や各般の事情の他、日本人の進出状況に関心を寄せた。欧米に向きがちな日本人に中国事情を紹介するために旅行中から『横浜貿易新報』に通信を送り、帰国後に『南清紀行』（11年）を出版。その「序」では、これらの地方で日本人は全外国人居留民の半ば、長江の運輸力では3分の1を占めることから、日本勢力のさらなる伸長を図り、教育者も中国の「開発誘導」のために奮起することを説いている。　　　　　（本庄比佐子）

（参考文献）　佐藤善治郎『自叙伝』（東京・尾高三郎、1943年）。

佐藤大四郎 さとうだいしろう （1909.11.22－1943.5.10）

社会思想家。東京都出身。

共産党青年同盟で活動した社会思想家である。日本共産青年同盟の活動中に検挙され、出獄後は満州に渡る。渡満後、『満州評論』の編集責任者を経て、貧農を中心とする農民協同組合を展開、41年11月の合作社事件で検挙され、獄死した。

1909年、東京浅草の裕福な医師の家庭に生まれる。のちに第一高等学校入学したが、共産青年同盟運動に関わり除名処分になる。33年、日本共産青年同盟の活動中に治安維持法違反で逮捕され、懲役2年、執行猶予5年の判決を受ける。出獄後、34年に満州へ渡り、満州評論社へ入社。橘樸を中心としたグループ『満州評論』派の一人となり、35年に『満

州評論』第4代編集責任者となった。そして『満州評論』派の中から起きた協同組合思想を受け、37年、佐藤は農村協同組合運動（合作社運動）を実行した。この運動のため、36年に『満州評論』編集責任者の職を辞し、浜江省綏化県で、橘樸らと会合し、農村協同組合運動のため農村の基本調査を行った。この調査をもとに、「綏化県農村協同組合方針大綱」を執筆。これが、人道主義的な協同組合運動への指針となった。「大綱」の基本方針は、地主、商人、高利貸による支配構造を協同組合運動によって解体するというものであった。そして、この基本方針をもとに農村協同組合運動は佐藤が貧農を組織して実行されたのである。しかし、農村協同組合運動は、岸信介らが率いる満州国から在満日系共産主義運動とみなされ、弾圧された（合作社事件）。合作社事件で佐藤を含む多くの活動家が検挙され、徒刑12年の判決を受けた佐藤は、43年監獄にて獄死した。　　（小林英夫）

（**参考文献**）　石井知章・小林英夫・米谷匡史編『1930年代のアジア社会論』（社会評論社、2010年）。

佐藤 正　さとう　ただし　（嘉永2.6.1（1849.7.20）－1920.4.27）

陸軍少将。広島出身。

明治5（1872）年東京鎮台第9番大隊中隊長となり、1873年兵学寮で教練伝習を受け、翌年大阪鎮台第8連隊付となる。76年、広島鎮台第12連隊中隊長となる。西南戦争には別働第1旅団（旅団長高島鞆之助）に属して出征し、のち戸山学校生徒、参謀本部管西局員、歩兵第1連隊大隊長を経て大阪鎮台参謀、仙台鎮台参謀を務める。第3師団歩兵第18連隊長に転じたのち88年にいったん休職となるが、4ヶ月後に第12師団歩兵第24連隊長として復職する。のち再び歩兵第18連隊長に転じて日清戦争に出征する。第1軍（司令官山県有朋）第3師団（師団長桂太郎）隷下の第5旅団（旅団長大迫尚敏）に所属し転戦した。開戦当初同連隊は元山支隊として平壌包囲攻略戦に活躍し、鴨緑江作戦でも先陣敵前渡河を成功させてその後の作戦成功の端緒を作った。牛荘の戦いで銃弾を左足に受ける重傷を負い、左足の切断手術ののち休職、退役となる。その後は広島市長に就いたが間もなく辞して宮中顧問官を務め、99年に東亜同文会第2代幹事長に就任する。同職を引いたのちも対露同志会の組織に尽力するなどした。また愛国婦人会事務総長になる。1915年に広島藩藩校の流れをくむ修道中学校を設立してその総理となって教育事業に努めた。　　（斎藤聖二）

（**参考文献**）　『対支回顧録』下。

佐藤鉄太郎　さとう　てつたろう　（慶応2.7.13（1866.8.22）－1942.3.4）

海軍中将。鶴岡（山形県）出身。

海軍兵学校14期生で、同期には鈴木貫太郎・小笠原長生等がいる。小笠原の妹が佐藤に嫁いだため、二人は姻戚関係にあるが、二人とも文筆で名を成したため、ライバルの関係にあった。日清戦争の黄海海戦の際、佐藤が航海長を務める砲艦「赤城」は、樺山軍令部長の乗る「西京丸」の護衛に当たり、北洋艦隊の集中砲火を浴びて艦長坂元八郎太が戦

死、代わって佐藤が指揮をとったが、彼も負傷した。しかし「西京丸」を守り通し、高い評価を受けた。日露戦争では上村彦之丞麾下の第2艦隊参謀を務め、日本海海戦の際、第1艦隊の背後をすり抜けようとしたバルチック艦隊の頭を押さえ、連合艦隊を勝利に導いた。戦役後、日清戦争後に英国で研鑽を積んで構想した戦術論を海軍大学校でさらに深め、日本海海戦勝利で名声を確立した秋山真之よりむしろ生彩を放ち、「艦隊決戦論」を完成させた。日本海軍がめざす艦隊決戦主義の理論的根拠がここに確立した。　（田中宏己）

佐藤尚武　さとうなおたけ　（1892.10.30 – 1971.12.18）
外交官、外相、参議院議長。大阪府出身。
旧津軽藩士田中坤六の次男として大阪に生まれ、弘前出身の外交官・佐藤愛麿の養子となる。東京高商在学中の1905年外交官試験に合格。佐分利貞男と同期。外相就任まで31年余を海外で過ごし、特に国際連盟の諸会議に関する外交事務に奔走した。27年国際連盟帝国事務局長、30年ベルギー大使。柳条湖事件の勃発に際して芳沢謙吉大使（全権）らと共に連盟総会日本全権となるが、芳沢帰国直後に第1次上海事変が勃発し、佐藤は国際的非難を一身に浴びる中、中国における日本の行動の擁護に苦闘するが、33年2月、リットン報告書の趣旨を盛った総会決議案が採択されるに及んで松岡洋右全権と共に議場から退場した。フランス大使拝命中の37年3月、林銑十郎内閣の外相に請われると、入閣4条件（戦争の回避、中国との平等な立場での国交調整、ソ連との国交調整、イギリスとの国交調整）を林首相、杉山元陸相の同意を得て就任した。3月11日の帝国議会において、政友会芦田均議員の質問に対し、危機を招くも招かざるも日本自体の考え方如何による、と答弁し、議会内外に波紋を呼んだ。佐藤はこれらの原則のもとに行動を開始し、①華北の秘密貿易の震源地であった冀東政権の解消による満州国の確保、②吉田茂駐英大使を通じた日英関係の調整、③日独防共協定によって悪化した日ソ関係の調整に乗り出す。特に対中関係の転換を重視し、冀東政府の解消のため森島守人亜細亜局長らを督励して政府部内の意見調整を重ね、関東軍等現地機関の説得に入った時、37年6月初旬、林内閣が総辞職し、佐藤も退陣を余儀なくされた。42年2月、東郷茂徳外相の懇請により駐ソ大使となるが、45年4月、日ソ中立条約不延長通告を受け、政府は5月からソ連を通じた和平を模索するが、佐藤は国体護持以外の連合国側条件を容認し、戦争終結を図るべし、とする意見電を外相宛に送っている。戦後は国際連合協会会長、参議院議員、同議長として活躍した。（波多野澄雄）

（参考文献）　佐藤尚武『回顧八十年』（時事通信社、1963年）。

佐藤信淵　さとうのぶひろ　（明和6.6.15(1769.7.18) – 嘉永3.1.6(1850.2.17)）
思想家、経世家。号椿園、融斎、松庵等。出羽国雄勝郡（秋田県）出身。
蘭学・本草学・儒学・天文地理等を学び、江戸・上総（現千葉県）で医業を開業、寛政9（1797）年には平田篤胤に入門、国学を学び、さらに吉川源十郎から吉川神道を学ぶ。

そのかたわら、太宰春台・林子平・本多利明らの著作にふれる。文政6（1823）年『混同秘策（宇内混同秘策）』を著し、以後経世家としての生涯を送る。特異な思想性故に危険視されることが多かったが、老中水野忠邦のようにその能力を高く評価するものもあった。『混同秘策』は、日本による世界征服とそのための国家統一の必要を説いたものであり、「支那国ノ満州ヨリ取リ易ハナシ」と、世界制覇の第一歩が満州侵攻にあるとし、中国征服後の南京への遷都が説かれている。空想的な国家論だが、戦前には、原初の海外進出論として高く評価されていた。しかし、信淵自身は、アヘン戦争（1840～42年）後に日清同盟論に転じ、「在華挫狄論」の中では日中の協力を説いている。　　　　　　（栗田尚弥）

（参考文献）『日本思想体系45　安藤昌益　佐藤信淵』（尾藤正英・島崎隆夫校注、岩波書店、1977年）。

佐藤春夫 さとうはるお （1892.4.9－1964.5.6）
作家。和歌山県出身。

新宮町の先祖代々漢学を好む医者の家に生まれ、東京・文化学院の設立者西村伊作らリベラル文化人や大逆事件（1910年）で死刑となった社会主義者大石誠之助らに囲まれて育った。1910年県立新宮中学校卒業後、慶應義塾大学文学部予科に進み永井荷風に学んだ。09年から『スバル』『三田文学』に叙情詩・傾向詩を発表し、18年「田園の憂鬱」を収めた『病める薔薇』で大正文壇に華々しくデビューした。

20年の台湾旅行をきっかけに小説「女誡扇綺譚」等で日本の植民地支配への批判と台湾ナショナリズムへの共感を語り、田漢・郁達夫ら中国人留学生を自宅に招き親しく交際した。一方北京では魯迅が周作人と共に刊行した『現代日本小説集』（23年）に「私の父と父の鶴の話」「黄昏の人間」「形影問答」「雉子の炙肉」の佐藤作品4編を収めている。

31年東京帝国大学支那文学科（現東大文学部中国文学科）を卒業した弟子の増田渉が上海に渡る際、佐藤が内山完造宛に紹介状を書いており、内山が増田を魯迅に引き合わせた。やがて増田は「魯迅伝」を書きあげた。これに感動した佐藤が改造社社長山本実彦に直談判して、同作は総合雑誌『改造』32年4月号に掲載された。35年佐藤は増田と共訳で岩波文庫版『魯迅選集』を刊行、同書は約十万部売れて日本及び日本植民地統治下にあった台湾・韓国での魯迅文学普及に大いに寄与した。この時期には佐藤は健康の優れぬ魯迅を日本に療養に招こうと「奔走」し、魯迅も「私は実に何といって感謝の意を表すべきか知らないほど感謝して居ります」（内山宛日本語書簡、32年4月13日）と述べている。魯迅が友人鄭振鐸と共に編集し33年刊行した『北平箋譜（ほくへいせんぷ）』は明清時代から北京に伝わる木版水印大型便箋の限定復刻本で、現在新宮市佐藤春夫記念館には魯迅贈呈の同書が文雅なる姿を広げ、その扉裏には「佐藤春夫先生雅鑒　魯迅　一九三四年三月二十七日、上海」と献辞が記されている。

芥川龍之介自殺の頃から佐藤は伝統志向を強め、29年六朝から明清に至る女性詩人の翻訳詩集『車塵集』を刊行した。日中戦争が始

まると往年のリベラリズムを捨て、文学者海軍班の一員として武漢作戦に従軍し戦意高揚の戦争詩集を刊行する等、日本の中国侵略を支持した。さらに郁達夫をモデルとした中国文化人の対日協力を描いたシナリオ「アジアの子」(『日本評論』38年3月号)を発表、これに激怒した郁が、日本の文士は下等な娼婦よりもなお劣る、と痛罵する「日本の娼婦と文士」を発表して師弟関係を謝絶する事件も起きている。48年日本芸術院会員となり、60年文化勲章を受賞した。　　　　(藤井省三)

(参考文献)　『定本佐藤春夫全集』全36巻別巻2 (臨川書店、1998-2001年)。

佐藤安之助 さとうやすのすけ　(明治4.5.13(1871.6.30)-1944.3.14)

陸軍少将。東京出身。

1894 (明治28) 年5月陸軍士官学校卒業。1901年、参謀本部から天津に派遣され、北清事変後の民政に従事した。その後、清国駐屯軍司令部付となり、袁世凱との連絡に当たる。03年北京公使館付武官補佐官、04年には公使館勤務のまま参謀本部付となり、満州・モンゴル等の調査・研究に従事、05年12月には満州軍総司令部付として小村寿太郎外相を補佐し、清国とのロシア利権引継ぎ交渉に当たった。07年1月、陸軍を現役のまま南満州鉄道に入社、満鉄付属地の経営に当たり、11年辛亥革命が勃発すると、孫文・黄興等と接触、革命情報の収集に努めた。13 (大正2) 年関東都督府司令部付となり、第1次大戦中は山東省のドイツ利権の調査に従事した。22年予備役編入。以後は、田中義一の側近として活躍し、27年には松井石根と共に、田中・蔣介石会談を斡旋した。28年2月、最初の衆議院普通選挙に政友会から立候補・当選した。

　　　　(栗田尚弥)

(参考文献)　『続対支回顧録』下、外務省編『日本外交年表並主要文書』上下 (原書房・明治百年史叢書、1965年)。

里見　弴 さとみとん　(1888.7.14-1983.1.21)

作家。本名山内英夫。神奈川県出身。

横浜税関長有島武の4男、母の実家山内家を継ぐ。武郎・生馬の弟。学習院より東京帝国大学英文科中退。作家活動に入る。泉鏡花に傾倒、志賀直哉の親友。白樺派の同人として「お民さん」発表以来、作家として大成、第2次大戦中もリベラル派の気風を保持した。『多情仏心』・『安城家の人々』を発表し、1950年に文化勲章を受章した。1929年末から翌年にかけて満鉄の招待で志賀と共に満州から華北に入り、帰国後、軽妙な筆致で中国の風景・風俗を描写した『満支一見』を公刊した。55年にも訪中し、伝統の断絶に対する違和感を残している。回想記に『怡吾庵酔語』(72年)がある。　　　　(久保田文次)

(参考文献)　里見弴『満支一見』(第2次大戦後の文を含む)(かまくら春秋社、1983年)、『里見弴全集』10冊 (筑摩書房、1977-79年)。

里見　甫 さとみはじめ　(1896.1.22-1965.3.21)

日中戦争期、上海で軍の代理人として蒙疆産阿片を大量に売りさばいた政商。福岡県出身。

修猷館中学から上海の東亜同文書院に進む。

その後の長い中国暮らしで、中国人と同じように中国語を話せたという。卒業後、短期間、中国で商社に勤務したあと、1921年天津の邦字紙『京津日日新聞』の記者になる。記者として抜群の働きをする。この間、中国在留の日本人有力者、特に軍部にその力量を認められた。このことが、のちに生きてくる。30年新聞記者をやめ、満鉄南京事務所の嘱託になる。31年、満州事変後、奉天（現瀋陽）に行き、関東軍第4課の嘱託になる。軍の信任が厚いことから、満州国のマスメディアをたばねる満州国通信社（国通と略称）を作り、その主幹（事実上の社長）になった。この時、彼はまだ36歳であった。

その後、37年日中戦争が始まる。軍事占領地において、軍は阿片政策を行う。軍事占領地の中で蒙疆政権の支配地域（内モンゴルと、華北の一部）に限定して大量の阿片を生産させた。生産された阿片は全量、日本側が買い上げ、上海・北京等の占領地域に持ってゆき売った。しかし、まだ残っている中国側の政権もまたひそかに阿片の売込みを図った。その結果、日本側が用意した蒙疆産阿片と中国側が持ち込む阿片が競合した。両者は闇市場で品質と価格をめぐって激しく争った。阿片を売りつけるような類の仕事は、もともと軍に向いていなかった。そこで、中国の裏社会に通じていた里見が代理人として雇われた。彼は軍の委嘱を受け、中国側と暗闘を繰り返しながら、蒙疆産阿片を大量に販売した。その過程で、巨万の財を手にした。しかし、里見は金に執着がなく、寄ってくる者に気前よく、みんな配ってしまったという。極東国際軍事裁判で、里見は中国での阿片工作を追及されたが、結果としては無罪放免となった。戦後はずっと隠棲して表に出ることはなかった。
　　　　　　　　　　　　　（倉橋正直）

（参考文献） 佐野真一『阿片王』（新潮社、2005年）。

里村欣三 さとむらきんぞう （1902.3.13－1945.2.23）

小説家。自由主義者。第1回戦記文学賞受賞作家。本名前川二亨。岡山県出身。

和気郡福河村（現備前市）の富裕な家に生まれ、地元の小学校を卒業後岡山市の関西中学へ進む。4年生の時理事長と対立関係にあった校長を擁護するため主導者として武器庫にたてこもりストを決行、退学処分となる。姫路・神戸・大阪・東京で郵便配達・車掌・土木作業員・工員等の職を転々とし、勤務条件や待遇改善を求めて雇用者と対立、次第に社会主義運動家への道を進む。

1922年徴兵検査に甲種合格するが、兵役を忌避して貨物船の火夫となり大陸へ渡って満州を放浪する。帰国後、24年6月創刊の『文芸戦線』に拠り小品「輿論と電車罷業」、ルポルタージュ「富川町から―立ちん坊物語―」を里村の名で掲載、注目を集める。26年満州放浪の体験に基づく小説『苦力頭の表情』を発表、文壇でプロレタリア作家としての地位を確立。翌年青野季吉・平林初之輔らと労農芸術家連盟を立ち上げ、28年友人平林たい子の世話で結婚。同年満州でかつて助けられた苦力たちへの恩義に報いるため北伐軍に加わろうとして上海へ渡るが、参加できず帰国。31年満州事変が起こり、『改造』の特

さねとうけいしゅう

派員として従軍、日本軍の戦略の電撃性に瞠目する素朴なルポを雑誌に発表。34年子供が学齢期に達したため転向して徴兵忌避を自首、前川の戸籍は「行方不明」として既に抹消されており、「戸籍の無い者は処罰できない」との理由で3ヶ月の軽い兵役ですむ。

37年日中戦争が勃発、特務兵として徴兵され中国の華北各地を転戦、40年戦記物『第二の人生』『続第二の人生』を刊行、「…まだ今日の日本人の中には、孔孟の教えが生きている。だが、支那人はその教えを捨て去り、新しい道徳に乗り換えている。古い支那のために、新しい支那を鷹懲しているのが、今日の支那事変では…」とあり、里村の戦争観がうかがえる。41年陸軍報道班員として徴用されマレーへ向かい、シンガポール、北ボルネオを経て帰国、朝日新聞・読売新聞に戦記物を連載、43年紀行文『河の民』を刊行。44年従軍作家として中国・華北を転戦。帰国後勝算のないフィリピンへ引率者今日出海を説き伏せて渡り、45年2月戦況をレポート中爆撃により死去。徴用された報道班員のうち死んだのは、常に前線をかけめぐっていたという里村ただ1人であった。　　　　（村上節子）

（参考文献）　高崎隆治監修『里村欣三著作集』第1巻（大空社、1997年）、高崎隆治『従軍作家里村欣三の謎』（羽田ゆみ子・梨の木舎、1989年）。

実藤恵秀　さねとうけいしゅう　（1896.5.13 - 1985.1.2）

日中文化交流史研究家。ひらがな書きの「さねとうけいしゅう」の名前で知られ、中国語学・中国文学の研究でも著名。広島県出身。

1911年得度したが、のち僧門を離れ、高輪中学、早稲田大学高等学院を経て23年早稲田大学文学部に入り、支那文学を専攻。卒業後早稲田第二高等学院の教員となり、漢文を担当。そのかたわら東京外国語学校専修科に入学し、改めて中国語を学習、30年卒業した。その頃『申報』の広告欄に日本人著作の中国語訳本が多いことからその目録を作成して、33年『日華学報』に「支那訳の日本書籍目録」を掲載、訳者の多くが留学生であることから中国人の日本留学に関する研究に入り、それが生涯を貫くテーマとなる。36年末から2年間にわたり『日華学報』に研究成果を寄稿、39年3月まとめて日華学会から『中国人日本留学史稿』として刊行された。そこでは中国人の日本留学と共に日本人教習の在華教育活動（「留教」）も考察の対象となった。35年には竹内好の主宰する中国文学研究会の同人ともなっている。38年中国人留学生史の研究により外務省文化事業部の在支特別研究員として1ヶ年中国に留学、中国人の東遊日記や日本語学習書、日本書の中国語訳書、現代中国文化に関する図書など約4千点を収集、それがのちの『実藤文庫』の中核となる。その間唐宝鍔・曹汝霖・銭稲孫らかつての日本留学生との面談にも当たった。

戦時下実藤は早稲田第二高等学院の教員として教育活動に従事するかたわら、『日本文化の支那への影響』（40年）、『近代日支文化論』（41年）、『明治日支文化交渉』（43年）等を刊行。黄遵憲『日本雑事詩』の訳出（豊田

穣共訳、43年)が縁で、平林寺所蔵の大河内輝声(旧高崎藩主)の残した日中文人の筆談録を筆写する機会を得た(『大河内文書―明治日中文化人の交遊―』平凡社・東洋文庫、64年)。その頃米軍の空襲により貴重書の焼失を恐れた東京都の疎開計画により蔵書の買収・移管に応じ、後に『実藤文庫』は都立中央図書館に収蔵されることとなる。

戦後は安藤彦太郎と図って1946年から約2年にわたり雑誌『新中国』を発行、また中国研究所の設立に参画して理事となり、49年日中友好協会の設立にも参与した。その間学制改革により早稲田大学法学部に配属され、政経学部・商学部・文学部でも中国語学を講じ、のちに教育学部に転じた。その間に老舎『四世同堂』の翻訳(共訳、51年)や『現代中国語入門』(52年)、『中国新文学発展略史』(実藤遠共著、55年)の刊行がなされた。60年に至り、戦後一時研究を中断していた中国人日本留学史の研究に再び回帰し、「中国人日本留学史の研究」(稿本)を学位論文として早稲田大学に提出、文学博士の学位を取得。それをもとに『中国人日本留学史』(60年)が、横書き、わかち書きという独特のスタイルで公刊された。同書「あとがき」によれば、『留学史稿』は留学史を日本教育史の一部分として書いたが、新著は近代中国史または中国革命史の一部分として書いた、とある。この年倉石武四郎・土岐善麿らと共に中国文字改革考察学術代表団の一員として訪中している。69年早稲田大学を定年退職、最終講義の題目は「中国人早大留学小史」であった。その後は聖徳学園短期大学や武蔵野女子大学の教壇に立つかたわら『日中非友好の歴史』(73年)や『中国留学生史談』(79年)等を、また79年には香港中文大学譚汝謙らの協力により『中国訳日本書籍綜合目録』『日本訳中国書籍綜合目録』を相次いで公刊。82年には『中国人日本留学史』の中文訳(繁体字版)が同大学出版会から、翌83年には同簡体字版が北京生活読書新知三聯書房からそれぞれ出された。その頃から体調不良を訴えて東京慈恵会医大病院に入院、病床にありながら『日中友好百花』の著作刊行に熱中、自ら編集に当たった。没後、佐藤三郎との共訳で黄尊三の日記が『清国人日本留学日記―1905-12年―』(86年)として公刊された。(阿部 洋)

(参考文献) さねとうけいしゅう『日中友好百花』(東方書店、1985年)、小川博「さねとうけいしゅうの二つの中国人日本留学史について」「さねとうけいしゅうの日中文化交流史について」(『社会科学討究』95・98、1987・88年)。

佐原篤介 さはらとくすけ (1874.2.4 – 1932.7.17)

ジャーナリスト。諱希元、筆名滬上槎客。東京出身。

共立学校・慶応義塾に学び、弁護士を務めたのち、『時事新報』記者となり、1900年特派員として上海に赴任、以後約30年この地にあって『時事新報』の他『大阪毎日』『大阪朝日』『東京日日』等の記者として活躍した。さらに上海の英字紙『マーキュリー』編集に携わり、週刊『上海』を主催して、上海ジャーナリズムに重きをなした。その間佐原研究室を開いて中国問題に関する資料を収集すると共に、上海同文書院評議員・講師として教

育にも携わった。26年奉天（現瀋陽）の盛京時報社長として満州言論界に重きをなすと共に大平洋会議にたびたび委員として出席し、中国問題に関する意見を発表した。32年奉天で病没。
　　　　　　　　　　　　　（伊東昭雄）

（**参考文献**）『東亜先覚志士記伝』下、『対支回顧録』下。

佐分利貞男 さぶりさだお （1879.1.20－1929.11.29）

外交官。妻は小村寿太郎の娘。広島県出身。

1905年東京帝大法科大学卒業。同年、佐藤尚武らと共に外交官試験に合格。中国、フランス駐剳、ワシントン会議随員等を務め、24年幣原喜重郎外相のもとで通商局長、条約局長を務め、29年7月には駐華公使に任命され10月に北京に着任したが、同年11月29日、箱根の富士屋ホテルの一室で拳銃自殺した。その10日ほど前に奉天（現瀋陽）を視察した佐分利を交えた在満公館長の報告会で顔を合わせていた石射猪太郎（当時、吉林総領事）は、「あの冷静で理知的な佐分利さんが、何故の自殺か、ほとんど信じられない。遺書がないというからには他殺ではないか。佐分利公使が幣原外交の最も忠実な使徒と目されて、対華強硬論者の忌み嫌うところであろうことは想像に難くない」（『外交官の一生』）と書いているように、中国に対して内政不干渉や宥和的な幣原外交への批判が高まっていた世情の中で、他殺も疑われた（重光葵「佐分利公使の死」『中国研究月報』489号）。

幣原がその回想録で「彼はすでに有数な働き手であったし、有為の資質を備えて将来を期待されていたのに実に惜しいことであった」（『外交五十年』）と悔やんでいる通り、その合理的で綿密な思考力は外務省内でも一目を置かれ、文字通り「幣原外交」の立役者であった。特に1925年の北京関税特別会議では、日本代表団の実質的な事務局長としてその手腕を発揮した。日本側は、列国に率先して中国の関税自主権回復要求に賛意を表し、その代償として中国側から有利な協定税率または差等税率を取り付けようとしたが、この案の発案者は佐分利であった。佐分利の後任に予定された小幡酉吉はアグレマンを拒否され、30年1月、やむなく重光が臨時代理公使となった。
　　　　　　　　　　　　　（波多野澄雄）

鮫島重雄 さめじましげお （嘉永2.9.6 (1849.10.21)－1928.4.17）

陸軍大将。鹿児島出身。

御親兵として陸軍に入り、次いで教導団に入営し、さらに陸軍士官学校生徒となった。1874年に台湾蛮地征討軍に編入され、台湾遠征に参加した。帰国後、工兵少尉に任官し、以後一貫して工兵畑を歩く。94年に工兵大佐に昇進すると共に近衛師団の参謀長となり、翌年5月、台湾遠征に進発し基隆に上陸した。清国軍に戦う意志がなく、投降した清兵を旅費までつけて本土に送り返している。師団長は北白川宮能久親王で、師団の指揮は実質的に鮫島がとったが、亜熱帯の台湾ではマラリアをはじめとする南洋の疫病が猛威を振い、歩兵第2旅団長の山根信成少将を失っている。戦役後は、由良要塞司令官、東京湾要塞司令官を歴任後、大本営付として日露戦争に出征

した。旅順攻囲作戦の最後期に、土屋光春に替わって第3軍主力の第11師団長になり指揮した。翌年3月の奉天会戦には、川村景明の鴨緑江軍の一翼を担って戦った。

（田中宏己）

沢崎堅造 さわざきけんぞう （1907－1945）

経済学者、キリスト教伝道者。東京生まれ。

東京外国語学校を経て京都帝国大学経済学部卒業、東京市役所勤務後、大学院に進み、同志社大学神学部講師、京大人文科学研究所の嘱託・助手となる。マックス・ウェーバーを研究、『キリスト教経済思想史研究』（遺著）、や『東亜政策と支那宗教問題』、「蒙古伝道と蒙古語聖書」等の著述がある。1940年、支那調査会の中国視察旅行にも参加した。42年、研究活動を辞し、福井二郎らの熱河へのキリスト教伝道活動に参加、承徳・赤峰・林西・大板上等で伝道活動を展開したが、第2次大戦後の混乱時に行方不明となった。

（久保田文次）

（参考文献） 飯沼二郎編『熱河宣教の記録』（未来社、1965年）、同編『沢崎堅造の信仰と生涯』（未来社、1974年）、二橋凡羊『荒野を行く熱河蒙古宣教史』（福寿書房、1984年）。

沢田 茂 さわだしげる （1887.3.29－1980.12.1）

陸軍軍人、陸軍中将。高知県出身。

陸軍士官学校（18期）、陸軍大学校卒業。特務機関員としてシベリア出兵参加、ハルビン特務機関長、ポーランド公使館付武官等対ロシアの諜報関係を歩む。1938年7月第4師団長（満州・佳木斯チャムス）となり、三江省の匪賊討伐、治安維持に従事、39年10月参謀次長となる。総長が皇族の閑院宮載仁親王であったため、参謀本部の実質的な責任者として、ノモンハン事件の処理に当たると共に、南寧攻略作戦、汪兆銘政権樹立等の対応に当たる。北部仏印進駐での失態の責任を取って、40年12月、上海・杭州を担任する第13軍司令官に転出、治安維持、清郷工作を実施、また浙贛作戦を指揮する。42年11月予備役に編入。戦後第13軍司令官当時のドリットル飛行隊員捕虜処刑を問われ、BC級戦犯として逮捕、46年2月上海法廷で重労働5年を宣告されるが、50年1月釈放された。

（庄司潤一郎）

（参考文献） 森松俊夫編『参謀次長沢田茂回想録』（芙蓉書房、1982年）、森松俊夫『軍人たちの昭和史』（図書出版社、1989年）。

沢村幸夫 さわむらゆきお （1883.9.28－1942.4.27）

ジャーナリスト。熊本県出身。

熊本市立商業学校を卒業後、大阪毎日新聞社に内藤湖南を訪ね、湖広総督・張之洞の指揮下の『時務報』主筆・汪康年を紹介され、その縁で、日本海軍の諜報員・片山敏彦の指揮のもと湖北官報局、漢口商務総会に籍を置き諜報・翻訳・通訳として修業する。1916年、33歳で大阪毎日新聞社へ入社、上海支局長等を歴任。新聞記者の立場、豊富な中国情報、中国語力を活用し魯迅等著名な人物を取材、屈指の「支那通」と称され多くの著述を残す。孫文の最後の北上に際し、神戸での「大アジア問題講演」の実現に尽力した。（中村哲夫）

（参考文献） 萩野脩二「ある『支那通』の軌跡―澤村幸夫について―」（『関西大学・中国文

学会紀要』15、1974年)。『汪康年師友書札』(上海古籍出版社、1989年)。

沢本頼雄 さわもと よりお (1886.11.15 – 1965.6.29)
海軍中将。山口県出身。

海軍兵学校 (36期) 卒業で、同期には塚原二四三、岸信介・佐藤栄作の兄である佐藤市郎、南雲忠一らがいる。1923年からイギリス駐在、同大使館付武官補佐官をおよそ2年間務めた。第1次大戦の経験がなければ実戦を見ないで退役できる幸運な期だが、トップクラスだけは現役が長引き、太平洋戦争の苦渋を味わうことになった。40年10月、沢本は第5艦隊を改称した第2遣支艦隊の司令官になった。同艦隊は広州を拠点に華南方面の哨戒活動に任じ、海上戦力は1個水雷戦隊にすぎなかったが、第3連合航空隊と3個特別根拠地隊を有するのが特徴であった。しかし彼の在任中、海南島特別根拠地隊が警備府へと昇格し、艦隊から独立している。南部仏印進駐作戦の準備に入ったのは離任した直後で、在職中は動きが少ない平穏な日々が続いた。その後、海軍次官となり、様々な手段を講じて開戦への流れを阻止しようと努めたが果たせなかった。　　　　　　　　　(田中宏己)

三条実美 さんじょう さねとみ (天保8.2.8 (1837.3.20) – 1891.2.18)

維新の功労者、政治家。贈右大臣三条実万の4男として京都梨木町に生まれ、のち家督を継ぐ。尊皇攘夷派の公卿として活躍、一時、長州や大宰府に逃れたが、王政復古で復活、新政府の最高官職につき、右大臣岩倉具視や西郷隆盛・大久保利通・木戸孝允の協力を得て開国維新の政策を進めた。1871年首相にあたる太政大臣に就任、85年内閣制発足まで、政府最高の地位にあった。資質温厚で調停役には適していたが、決断力に乏しく、補佐役の岩倉の方が政治家としては優れていた。内外の重要方針は西郷・木戸・大久保等の有力参議や岩倉の議によって決せられた。政府の分裂を招いた征韓論を、岩倉が太政大臣代理として、木戸・大久保と協調して逆転否決したのはその好例である。彼らの没後は、伊藤博文・黒田清隆・山県有朋等が役割を継承した。85年以降内大臣となり、89年黒田首相退陣の後、山県内閣成立まで、一時、首相を兼任した。84年に公爵。　　　(久保田文次)

し

塩沢幸一 しおざわ こういち (1883.3.5 – 1943.11.17)
海軍軍人。長野県出身。

養命酒本舗の塩沢家の4男、海軍兵学校 (32期) では山本五十六・嶋田繁太郎・吉田善吾・堀悌吉らと同期で、常に堀と首席を争った。海軍大学校卒業後、短期間、海軍省軍務局を経て在英大使館付武官補佐官になったが、間もなく第1次大戦が勃発し、英戦艦「リゾリューション」「ロイヤル・オーク」に1年間乗艦して観戦武官を務め、ユトランド沖海戦も実見した。7年後に在英大使館付武官となり、英海軍通として重きを加えた。1929年11月、連合艦隊参謀兼第1艦隊参謀長に、翌年には第1遣外艦隊司令官に異動し、32年第1次上海事変における折衝に当たった。その後、軍事普及部委員長、航空本部長等を歴

任、38年に第5艦隊司令長官に赴任し、第2次上海事変に参加した。頑強な国民政府軍を揺さぶり、香港ルートの遮断を目的とした広東攻略が計画され、塩沢は巧緻細密な白耶士(バイヤス)湾上陸作戦を指揮する一方で、珠湾を封鎖して作戦の成功に寄与した。　　　（田中宏己）

塩田三郎 しおだ さぶろう（天保14.11.6（1843.12.26）-1889.5.12）

外交官、駐清公使。幕臣。江戸出身。

天保14（1843）年、江戸浜町の幕臣の医師の家に生まれた。安政3（1856）年、箱館奉行所学問教授役に任命された父順菴に従って箱館に赴き、漢学・英学・仏学を学んだ。語学力を買われて文久3年12月（1864年2月）出発の遣仏横浜鎖港談判使節や慶応1（1865）年の外国奉行柴田剛中率いる英仏派遣使節の通訳として渡欧した。幕末期はフランス公使ロッシュの通訳を務めるなどフランスの対日外交を助けた。明治維新後は明治3（1870）年に民部省を経て外務省に入り、少弁務使（代理公使格）鮫島尚信の渡欧や岩倉具視米欧使節団（明治4年）に加わるなどして外交経験を積んだ。長く日米間の外交問題であったペイホー号事件の仲裁裁判や、外務卿井上馨のもとでの条約改正交渉も手掛けた。85年に榎本武揚の後任として駐清特命全権公使に任じられ、翌86年には日清修好条規修正全権委員にも任命されて交渉に臨んだが合意に至らず、88年9月に交渉は中止された。翌89年、任地の北京で病死した。（中武香奈美）

〔参考文献〕『函館市史 通説編 第1巻』（1980年）、「アジア歴史史料センター」塩田三郎関係文書、富田仁・西堀昭『横須賀製鉄所の人びと』（有隣新書25、1983年）、『百官履歴 一』（日本史籍協会叢書175、1973年覆刻）。

塩谷　温 しおのや おん（1878.7.6-1962.6.3）

中国文学者。東京出身。

塩谷時敏（号は青山、第一高等学校教授）と信子（山井氏）の長男として東京府に出生。祖父は塩谷世弘（通称は甲蔵、号は宕陰、幕府儒官）の弟修輔（名は誠、号は簀山、幕府儒官）。学習院、第一高等学校を経て、東京帝国大学文科大学漢学科に学び、経学・史学・文学のうち家学である史学を専攻。1902（明治35）年7月に首席で卒業。伊能せつ子と結婚。第一臨時教員養成所講師、学習院教授を経て、06年に東京帝大文科大学助教授となり、10月に支那哲学修得のため留学する宇野哲人と相前後して支那文学研究のためドイツ・清国留学を命じられた。濱尾新総長は、清国には学校も学者もないが、一木一草を師と思い、時間をかけて研究するようにと諭した。4ヶ年の留学予定を、独逸で半年間、清国で1年間延長し、1912（大正元）年に帰国。欧州での見聞から戯曲小説研究の必要性を覚り、清国留学中はこれに傾注した。初め北京で1年間中国語を学び、天主教会に丁偉良(ウィリアム・マーチン)を訪ね、王国維からは『戯曲考源』『曲録』を贈られた。ついで10年夏、禅僧水野梅暁に出会い、その勧めに従って湖南省の長沙に移り、水野の雲鶴軒に寄留。松崎鶴雄と共に王闓運（公羊学派の長老）や王先謙ら老大家を訪ね、また湖南の革命時には日清汽船会社に交渉して瞿鴻禨(こうき)一家の上海避難に尽力した。特に葉德(せっとく)

輝に従い、元曲・明曲・清曲を学んだ。『斯文』に連載された留学中の遊記は、のちに『王道は東より』として出版された。葉徳輝が処刑された1927（昭和2）年には「葉郎園追悼録」を作っている。帰国後、支那文学を講じ、王国維『宋元戯曲史』を頼りに学位論文『元曲之研究』を作成して文学博士を授与され、東京帝大教授に進んだ（20年）。学習院留学時の溥傑に漢文を教えた。28年、大学・専門学校教授の訪中団団長として曲阜で孔子廟に参拝し渋沢栄一の祭文を代読し、天津では溥儀に拝謁した。溥儀にはその後、32年・38年にも拝謁している。京城帝大（30年）・台北帝大（37年）の講師も務めた。南京で開かれた中日文化協会第2回大会に日本代表として参加し（43年）、汪兆銘と詩を応酬した。　　　　　　　　　（町　泉寿郎）

（参考文献）　塩谷温『王道は東より』（弘道館、1934年）、同『喜寿詩選』（開隆堂出版、1955年）、同『天馬行空』（日本加除出版、1956年）。

塩谷宕陰　しおのやとういん　（文化6.4.17(1809.5.30)－慶応3.8.28(1867.9.25)）

浜松藩儒・幕府儒官。

名は世弘、字は毅卿、通称は甲蔵、別号は九里香園・晩香廬。江戸愛宕下の医家に出生。父桃蹊は浜松藩に医術を以て仕えた。宕陰は16歳で昌平坂学問所に学び、19歳で松崎慊堂に従学。21歳で関西に遊学。父の没後、その窮状を知った松崎慊堂が浜松藩水野侯に薦めて藩儒に抜擢された。水野忠邦が老中に昇ったので、宕陰は顧問として藩政のみならず、幕政にも意見を述べた。学業としては、忠邦の命で宋柴望『丙丁亀鑑』に倣った近世日本史の編纂に従事し、文久2年12月には幕府儒官となり、修史事業に努めたが、業半ばにして没した。この間、清・魏源『聖武記』『海国図志』等を通して欧米列強のアジア侵出を知り、アヘン戦争に関して『阿芙蓉彙聞』「書清蘭鴉片単報後」を著し、1854－56年に箕作阮甫と共に『海国図志』を訓点翻刻し、『地理全誌』を訓点翻刻し、また『隔韃論』等を著して、世界情勢の啓蒙に努め、列強侵出に対して警鐘を鳴らした。　（町　泉寿郎）

（参考文献）　『宕陰存稿』（1870年）。

志賀重昂　しがしげたか　（文久3.11.15(1863.12.25)－1927.4.6）

地理学者。文人。アルピニスト。政治家。号矧川。三河（愛知県）出身。

札幌農学校卒業後、一時教員を務め、間もなく退職してミクロネシア・オセアニアを旅行した。帰国後三宅雪嶺らと雑誌『日本人』・『亜細亜（アジア）』を発行し、国粋保存主義を主張した。日清戦争と相前後して、代表作『日本風景論』を刊行し、文名が一時に上がった。1899年から1900年にかけて中国福建・江西省を旅して、鉄道建設の急務を唱えた。日露戦争に際しては、旅順攻囲戦に従軍し、『旅順攻囲軍』・『大役小志』を著した。その後もサハリン（樺太）をはじめ各地に旅行して、政治地理学の研究にいそしみ、世界的にその名を知られたが、その志は東洋人の人文地理学を樹立することにあった。しかし世界にその志を主張する機会を得ぬまま病没した。

（伊東昭雄）

(参考文献)『志賀重昂全集』全8巻（1927-29年）、『日本風景論』（岩波文庫、1995年）、『東亜先覚志士記伝』下、『対支回顧録』下。

志賀直哉 しがなおや （1883.2.20－1971.10.21）

小説家。宮城県出身。

1906年東京大学英文科入学（のちに国文科に転学、中退）。白樺派の中心的存在として『大津順吉』（12年）等鋭敏な感覚と強固な自我意識の見られる短編を書いた。大正中期より『城の崎にて』（17年）、『和解』（17年）等の心境小説的作品を手掛け、晩年の『暗夜行路』（21－37年）を頂点とし、リアリズム文学の最高峰を極めた。29年12月から翌年1月まで南満州鉄道株式会社の招きに応じ、里見弴と共に満州・北支を周る旅に出た。鉄嶺で新年を迎え、ハルビン・奉天（現瀋陽）・撫順・天津・北京等を歴訪し、27日大連より帰路に着いた。一日も欠かさずに付けられた日記「満州旅行」では、旅の様子が活写されている。日記帖末尾には、曲芸を演じる「支那人の子供達」をスケッチした小品『小曲芸人の群』（31年、のち「少年曲芸師」と改む）が書かれているが、同じく「支那人の奇術」をモチーフにした『范の犯罪』（13年）は、研究史上、重要な作品と目されている。

（近藤華子）

(参考文献) 志賀直哉「満州旅行」（『志賀直哉全集』第13巻、岩波書店、2000年）。

重野紹一郎 しげのしょういちろう （慶応2.7.26 (1866.9.4)－1943.12.17）

官僚。漢詩人。薩摩（鹿児島県）出身。

重野安繹（成斎）の子。通称は安紹、号は桜西・桜島。父成斎や島田重礼（篁村）に漢学を学び、漢詩結社の旧雨社や麗沢文社に出席して漢詩文を研鑽する。1882年から85年まで東京外国語学校で中国語を学ぶ。86年に退学し87年4月から89年10月まで上海梅渓書院に留学する。これは当時、父成斎が来日した清国公使館員や、王韜ら清国文人と交流を行っていた影響によるものと思われる。90年1月から1902年12月まで文学研究のためフランスに留学する。帰国後は陸軍大学校・早稲田大学・東京外国語学校で教えた他、陸軍通訳や式部官兼宮内省翻訳官を務める。著作に漢詩集『桜西文鈔』がある。 （川邉雄大）

(参考文献) 坂口築母「明治漢詩文と翻訳文学の「近代性」―重野桜西の場合―」（無窮会『東洋文化』復刊94号、2005年）。

重野安繹 しげのやすつぐ （文政10.10.6.(1827.11.24)－1910.12.6）

実証主義を提唱した近代日本の代表的歴史家、最初の文学博士でもある。字は士徳、号は成斎。薩摩藩（鹿児島）出身。

青少年時代の重野は漢詩文で頭角を顕し、16歳の若さで藩学・造士館の句読師助寄となった。25歳の時、江戸・昌平黌で詩文掛として、諸博士の代わりに生員の習作を批点し、「天下の才子」という名声を博した。詩文の他に史学を精究し、そして時務も講じた。ペリー来航後、同窓の岡鹿門等と房州海岸を巡視し、また文久3（1863）年の薩英戦争後の講和交渉にも参加した。慶応年間、藩主島津久光の意思をうけ、造士館助教として『皇朝

世鑑』を編修し、『和訳万国公法』を作成した。維新後、薩摩の藩制が改革されるが、改革に参画した重野は薩藩知政所（維新前の家老座に当る）の書記となる。明治時代の重野は、政府の史館編修官を務め、帝国大学の国史科教授と史学会会長として活躍し、斯文学会・旧雨社と麗沢社等を指導し、また私塾の成達書院を前後して大阪と東京で開いた。東京学士会院会員、文学博士、元老院議官、貴族院勅撰議員等の肩書も持ち、逝去直前は従三位・勲二等・瑞宝章等が授けられた。

明治前期の「洋学一辺倒」や「漢学無用論」の傾向に鑑み、1879年東京学士会院で少年留学生を清国に長期派遣することで漢文訓読を廃し、音読による中国語教育と漢学研究の水準向上を主張した。また来日中の清国の開明派知識人の王韜を世話し、王韜や清国公使の何如璋も加盟する興亜会の創設に参画した。清国公使の黎庶昌等とも親交を結んで、度重なる宴会で漢詩文の唱和を楽しんだ。89年2月、元老院議官兼文科大学教授という肩書きで「支那視察員ニ充テラレン事ヲ請フノ状」を黒田内閣に提出し、従来の経済文化交流史を背景とした「支那重視論」と「日清連衡論」の見地から大規模な調査団を清国に派遣することを建言した。日清戦争中、講和会議に入る前の95年1月13日、東京学士会院で「武強文弱」という演説を行った。1902年7月11日に、重野等60余名が学制改革のための調査で来日中の京師大学堂総教習呉汝綸を東京上野にある精養軒に招待し、主賓が唱酬して『精養軒燕集』という詩集を作った。07年、重野は帝国学士院の代表としてウィーンで開かれた第3回万国学士院連合会総会に参加し、帰国途中に清国を旅行し、武昌で湖広総督張之洞と会い、中国の翰林院が万国学士院連合会に加盟するよう勧誘し、上海で弟子の岩崎弥之助の依嘱により陸心源の「皕宋楼」蔵書4万余冊を鑑査・購入し、静嘉堂文庫の充実を図った。　　　　　　　　（陶　徳民）

（参考文献） 西村時彦「成斎先生行状資料」、坂口筑母「重野安繹年譜」（共に『増訂重野博士史学論文集』名著普及会、1989年所収）、陶徳民『明治の漢学者と中国―安繹・天囚・湖南の外交論策―』（関西大学出版部、2007年）。

重光　葵　しげみつまもる　(1887.7.29 – 1957.1.26)
外交官、外相。大分県出身。

1888年伯父の重光彦三郎の養嗣子となる。1911年東京帝大法科大学卒業、外交官試験に合格。1920年代の重光は革命中国の前途を同情をもってその成長を見守ろうとする幣原外相の「不干渉政策」の熱心な共鳴者となる。25年の北京関税会議では佐分利貞男事務総長のもとで中国の関税自主権回復に助力する。29年上海総領事となり、同年11月、佐分利貞男中国公使が怪死すると代理公使を務め、国権回復をめざす急進的な「革命外交」への対応に苦闘しつつ日中関税協定の締結を導いた。その後も重光は日華間の緊張緩和に尽力するが、その効もなく満州事変に突入した。32年4月、上海で天長節の祝賀会場に朝鮮人が投じた爆弾によって右脚を失う重傷を負った。33年5月、外務次官となり、広田外交の実質的な担い手となる。34年の「東亜モンロー主義」宣言として不評をかこった、いわゆる

「天羽声明」は広田の名のもとに、重光が主導した駐華大使宛電報そのものを公表したものであった。さらに、日中共同防共を初めて盛り込んだ広田三原則の立案、イギリス政府から派遣されたリース・ロス使節団による中国通貨改革の共同支援、それを通じた日英提携構想の拒絶、反ソ・防共協定の構想等、いずれの政策も重光が立案のイニシアティヴをとり、広田が追認するというかたちをとり、中国外交は、かつて重光が信奉していた幣原外交とは異なる道を歩む。

　日中戦争勃発を挟んで駐ソ大使、38年から駐英大使を務め、日米開戦後の42年1月、中国（汪兆銘政府）大使として南京に赴く。そこで重光は対華政策の根本的転換の必要を認め、上京して天皇をはじめ要路に進言を重ねる。ちょうど日本政府部内では、汪政権の参戦申し入れを機に、戦争遂行と物資確保の必要から同政権の強化が課題となっており、重光の進言も取り入れ、42年12月の御前会議は「対支新政策」（「大東亜戦争完遂の為の対支処理根本方針」）を決定した。その骨子は、南京政府の「自発的活動」の促進、蒙疆・華北等の「特殊地域化」の是正、治外法権や租界の撤廃、日華基本条約（1940年11月）の修正、経済施策における「日本側の独占」の排除等を通じて、南京政府の「政治力強化」を図るというもので、重慶政権の抗日名目を無くし全面和平の基礎を提供することも狙いの一つであった。43年4月、外相となった重光は日華基本条約に代わる日華同盟条約を締結（43年10月）し、汪政権とは平等な関係を築いた。重光にとって「新政策」は、日本の対中国政策の「根本的是正」や「誤れる政策の清算」を通じて、日本民族の「公正なる精神を支那民族に明確に示す」という意味があったが時既に遅かった。元来、新政策の優先目標は、戦争遂行上の必要物資の獲得にあり、経済面では日本人による独占の傾向は是正されず、物価高騰による国民生活の逼迫も克服できなかった。

　終戦後、東久邇宮内閣の外相となり降伏文書に首席全権として調印。東京裁判では禁錮7年の判決を受け拘留される。52年衆議院議員となり、54年鳩山内閣の副総理・外相として入閣し日本の国連加盟に尽力した。

（波多野澄雄）

　（参考文献）　重光葵『昭和の動乱』（中央公論社、1952年）、同『外交回想録』（毎日新聞社、1953年）、伊藤隆他編『重光葵手記』（中央公論社、1987年）、同『続・重光葵手記』（同、1988年）、武田知己『重光葵と戦後政治』（吉川弘文館、2002年）。

宍戸　璣　ししどたまき　（文政12.3.15(1829.4.18)－1901.10.1）

　維新の志士、政治家。長州萩藩士の3男として、萩に生まれ、山県家の養子となったが、1865年幕府問責使永井尚志と交渉するため、藩命で家老の宍戸家の養子となり、宍戸姓となる。維新後司法大輔・文部大輔・元老院議官を経て、80年清国駐剳特命全権公使に任ぜられ、琉球帰属問題の交渉にあたり、日本の領土権を主張したが、李鴻章・張之洞の反対で妥結に至らず、82年、憤慨して北京を引き揚げた。以後、宮内省・参事院・元老院に関

しではらきじゅうろう

係、90年に貴族院議員となる。84年に維新の勲功により子爵。　　　　　（久保田文次）

幣原喜重郎 しではらきじゅうろう （明治5.8.11(1872.9.13) - 1951.3.10)

外交官、首相。大阪府出身。

帝国大学法科大学（現東大）を経て、1896（明治29）年、外務省に進んだ。妻は岩崎弥太郎の娘で、加藤高明は義理の兄にあたる。幣原は、1904年から11年まで、外務省本省で累進すると共に、外務省顧問のアメリカ人デニソン（Denison, Henry W.）を師として、国際法・外交交渉術等、外交に関する全てを学んだ。駐オランダ大使を経て、大隈重信・寺内正毅・原敬の各内閣で外務次官、1919（大正8）年に駐米大使となった。幣原は、アメリカで自由主義と民主精神に感化を受けると共に、ワシントン会議の全権となって以降、各種国際会議に列し、国際政治の舞台で活躍した。21年12月1日から、ワシントン会議に併行して行われた山東問題解決交渉では、パリ講和会議で平和条約調印を拒否してまで山東権益の直接還付を主張する中華民国との交渉に臨んだ。幣原は、ワシントン会議の成立を第1に考え、日本政府に譲歩を要請。同様の考えを持つアメリカも中国側に圧力をかけた結果、幣原は、暗礁に乗りかけていた山東鉄道問題の解決に成功し、22年2月4日、条約調印にこぎつけた。これにより、日本は山東から全面撤兵したのであった。

その後、24年6月、加藤高明内閣で外務大臣に就任。幣原の外交スタイル（幣原外交）は、ワシントン会議後のワシントン体制、覇権国である英米両国との協調を基軸とし、中国に対しては条約下にある日本の満州権益を保持しつつ、中国本土（関内）については内政不干渉主義・機会均等を取るものであった。幣原は、対華21カ条要求以降、悪化の一途をたどる反日感情の融和に努力したが、中国を市場と考え、経済的利益を優先させたため、25年10月から始まった北京関税特別会議を無期延期にさせている。一方で、北伐中の27（昭和2）年3月に発生した南京事件では、英米と共同で交渉により解決を図ったため、「軟弱外交」との批判を受けた。幣原は、浜口雄幸民政党内閣で再び外相に就任するが、30年5月に調印された日中関税協定をめぐって、積極的に国民政府による国民国家建設に協力して懸案解決を図る重光葵臨時代理公使の動きに対し、英米協調を優先して抑制する立場を取った。そして、31年9月18日、幣原は、満州事変に対して不拡大方針を表明したが、関東軍による戦線拡大とこれを支持する国民の声を前に、第2次若槻内閣の崩壊と共に、閣外に去り、幣原外交も終焉したのであった。長く野にあったが、戦後・占領下、知米派で英語が堪能であることから、45（昭和20）年10月9日、内閣総理大臣に就任し、内閣を組閣した。この幣原内閣で人間天皇宣言や、衆議院議員選挙法の改正による婦人参政権等が制定されたが、食糧危機の中、46年5月に総辞職、吉田茂にあとを譲った。49年、衆議院議長にも就任している。（小池聖一）

（参考文献）　小池聖一『満州事変と対中国政策』（吉川弘文館、2003年）、服部龍二『幣原喜重郎と二十世紀の日本』（有斐閣、2006年）。

幣原　坦　しではら　だいら　（明治3.9.18（1870.10.12）
－1953.6.29）

歴史学者、教育行政官。幣原喜重郎の兄。大阪府出身。

1893（明治26）年帝国大学文科大学国史科卒業。東京高等師範学校教授、韓国政府学政参与官、文部省視学官兼東京帝国大学教授、広島高等師範学校校長等を歴任。1914（大正3）年秋、文部省の派遣で満州の教育視察に赴き、16年その報告を『満州観』として刊行、植民地教育の観点から同地における日本人・中国人の教育問題を論じている。20年文部省図書局長に就いたのち、台北帝国大学の創立事務に関わり、28（昭和3）年4月同大学創立と共に総長に就任。南洋史学・土俗人種学を含む文政学部と理農学部を設け、36年には医学部を設置するなど大学の基礎造りの経営に努めた。42年、太平洋戦争の進展に伴い南方占領地への派遣官吏養成機関として設立された興南錬成学院（43年大東亜錬成院と改名）の初代院長となり、44年退任。戦後の46年3月、枢密院顧問官に親任される。主要著書に、『南島沿革史論』（1899年）、『殖民地教育』（1913年）、『朝鮮教育論』（19年）、『南方文化の建設へ』（38年）等。　　（本庄比佐子）

（参考文献）　唐沢富太郎編著『図説教育人物事典』（ぎょうせい、1974年）。

篠塚義男　しのづか　よしお　（1884.9.15－1945.9.17）

陸軍軍人、陸軍中将。大阪府出身（東京生まれ）。

陸軍士官学校（17期）、陸軍大学校卒業。日露戦争に出征。ドイツ・スイス・オーストリアの駐在武官を歴任。歩兵第1連隊長、資源局企画部長、近衛歩兵第1旅団長等を経て、1936（昭和11）年3月独立混成第1旅団長（満州・公主嶺）となる。陸軍士官学校長を経て、38年6月第10師団長となり華北に出征、台児荘の戦い、さらに徐州作戦・武漢攻略作戦にも参加した。39年9月には第1軍司令官（太原）となり、「百団大戦」を戦い、治安作戦に従事した。41年6月軍事参議官、再度陸軍士官学校長を兼ね、42年6月予備役に編入。終戦直後、開戦時の軍事参議官であったことから自決した。　　（庄司潤一郎）

（参考文献）　額田坦『陸軍人事局長の回想』（芙蓉書房、1977年）。

柴　五郎　しば　ごろう　（万延1.5.3（1860.6.21）
－1945.12.13）

陸軍大将。会津藩（福島県）出身。

会津藩士の5男として生まれ、藩校日新館で学ぶ。会津戦争中に一家婦女が自決した後、父・兄弟と共に「賊軍」藩士として青森県の原野開拓のため移住させられる。給仕として働いた青森県庁で県参事野田豁通に見出されて上京し、野田家の書生になるなどして1873年陸軍幼年学校に合格する。西南戦争の折に士官養成の目的で陸軍士官学校に繰上げ入学させられた中に入り、士官生徒3期生となる。砲兵科を選び、在学中に砲兵少尉に任じられる。同期には上原勇作・楠瀬幸彦・秋山好古・本郷房太郎・青木宣純・藤井茂太ら俊英が多い。

大阪鎮台山砲小隊長、近衛砲兵小隊長を経て84年6月参謀本部出仕となり、10月に清国

しばごろう

駐在官として清仏戦争中の福州に差遣されて約2年半情報収集活動を行った。その後半年間北京で兵要地図の作成に当たり、88年1月から陸路で直隷・朝鮮を調査しつつ4月に帰国した。その後近衛砲兵連隊小隊長となるがすぐに砲兵射撃学校に差遣され、翌年3月に卒業すると近衛砲兵連隊中隊長に任じられる。陸軍省砲兵課員、士官学校教員を経て、92年1月に参謀本部に戻って第2局員となった。翌年4月に川上操六参謀次長の日清開戦を念頭に置いた朝鮮・中国軍事視察に同行する。94年2月には初代イギリス公使館付武官心得を下命されるが着任間もなく日清戦争による帰国命令が来て、9月に広島大本営参謀に就く。翌年の講和交渉時に、直隷調査の実績がかわれて遼東半島割譲地の線引作業を担当した。またその4月に直隷決戦に向けた征清大総督府の旅順出征の際、その参謀として渡華する。講和が結ばれ翌月凱旋するが、東京に戻ることなく台湾総督府の陸軍参謀として渡台した。9月に東京に帰ると再度イギリス公使館付武官に任じられ、翌96年1月に赴任する。98年6月に米西戦争観戦武官として秋山真之海軍大尉と米艦でキューバに行き、9月にロンドンに戻る。その12月に帰国命令が来たため99年4月にロンドンを発ち、インドを視察しながら8月に東京に着いて参謀本部第2部員となった。

1900年2月に清国公使館付武官となり4月に着任する。この時清国では義和団による排外運動が勢いを増しつつあった。列国は海兵隊の招致を決め、6月初めに海兵が北京に入城するが増援海兵部隊の送致に失敗し、北京は交通・通信を遮断されて孤立した。17日に大沽砲台と列国軍艦との交戦が開始され、天津でも戦闘が始まる。6月20日には北京公使館区域への攻撃も開始された。その中で公使館区域の要衝にある粛親王府の防備に尽力し、次第に公使館区域全体の列国共同防御の指揮官的立場になっていった。8月14日に列国陸軍により北京公使館区域が解放されると、日本軍占領区域の軍事警務衙門長官に就いて秩序回復に努めると共に、自治組織としての総辨事務公所（のちの安民公所）を設けるなどして日本軍の治安維持能力の評価を高めた。10月には列国警察事務委員会に所属し、各国治安維持機構の調整に当たった。01年3月に帰国すると、時の人として迎えられた。

その後参謀本部第4部長事務取扱、野戦砲兵第15連隊長となる。02年4月に英国王戴冠式列席の小松宮親王随員として渡英し、帰途はシベリア経由で帰国する。04年4月に第2軍野戦砲兵第1旅団所属連隊長として日露戦争に出征し、奉天会戦で負傷するが指揮を続け、06年3月に東京に凱旋した。すぐに3度目のイギリス公使館付武官を下命され、8月に着任する。第2次日英同盟協議に列席するなどして08年11月に帰任する。翌月佐世保要塞司令官に任じられた。のち重砲兵第2旅団長となり、辛亥革命勃発と共に参謀本部付となって11年12月に上海に差遣され、翌年6月に帰国する。その後、重砲兵第1旅団長となるが、中国第2革命に際して再度華中方面に差遣された。帰国後は下関要塞司令官を経て14年5月に第12師団長に就く。18年東京衛戍総督となるが、6月に東伏見宮親王の渡英随

員となり翌年1月に帰国した。その年の11月に第2代台湾軍司令官に就いた。21年軍事参議官となり、翌年待命となる。45年の敗戦に会して9月15日に自決未遂をする。その傷によって12月に病死した。英語・フランス語・中国語に堪能であり、明治期情報将校の代表人物の一人として位置付けられるが、時々の陸軍中央によってその枠に留まらない国際舞台で活躍できる有為な人材とみなされ、多くの軍歴を重ねた。　　　　　　　（斎藤聖二）

（参考文献）　柴五郎他『北京籠城　北京籠城日記』（平凡社・東洋文庫、2003年）、柴五郎『ある明治人の記録』（光文社、1994年）、斎藤聖二『北清事変と日本軍』（芙蓉書房出版、2006年）。

柴　四朗　しばしろう　（嘉永5.12.2（1853.1.10）−1922.9.25）

政治家。小説家。ペンネーム東海散士。旧会津藩士柴佐多蔵4男、陸軍大将柴五郎の兄。会津（福島県）生まれ。

政治小説『佳人之奇遇』の作者として著名。明治初年にアメリカに留学、経済学を学んで帰国、西南戦争に際し官軍に従軍した。1886年谷干城の渡欧に秘書官として随行し、欧米各国を視察。帰国後『佳人之奇遇』を著して好評を得、97年までに16巻を次々に発表。日清戦争後三浦梧楼の朝鮮公使赴任に幕僚として同行し、95年10月京城で閔妃虐殺に加わり、逮捕されて広島で獄に下った。出獄後政治家として活動し、1916年に川島浪速らの満蒙独立運動に参加した。『佳人之奇遇』は列国の植民地支配に対する小国の抵抗に同情し、朝鮮を冊封関係の中で支配に置こうとする清国に反感が強かった。この作品は日本亡命中の政治家梁啓超らによって翻訳され、横浜で発行されていた『清議報』に連載された。
　　　　　　　　　　　　　　（伊東昭雄）

（参考文献）　昭和女子大学近代文学研究室編『近代文学研究叢書』第21巻所収「東海散士」、『東亜先覚志士記伝』下。

柴田博陽　しばたはくよう　（1874.10−1947.3）

新聞記者、病院経営者。本名留三郎。栃木県出身。

1899（明治32）年『下野新聞』の記者となる。同新聞在籍中、片山潜らと交流し社会主義思想に関心を抱き、1901年には栃木県労働者懇親会を開催した。その後、『北国新聞』、『大阪新報』等の記者を経て、06年4月、大連の『遼東新報』の記者となった。同年、キリスト教青年同盟（YMCA）の益富政助が日本人接客婦のために組織した満州婦人救済会を取材、柴田自身もキリスト教に入信した。06年9月、婦人救済会付設の病院が基督教慈恵病院となると、柴田が経営に当たることになり、11月理事長に就任した（〜29年1月）。同病院は10年に大連慈恵病院、さらに30（昭和5）年に大連聖愛病院と改名し、接客婦のみならず、その他の貧窮邦人や中国人の施療にも当たった。09年2月、柴田は記者を辞め、病院経営に専念、17（大正6）年9月には、関東都督府民生部等と交渉、病院の規模拡大に成功している。理事長退任後は、関東州厚生事業協会結婚相談所長等を務めた。

　　　　　　　　　　　　　　（栗田尚弥）

柴山兼四郎 しばやまかねしろう （1889.5.1－1956.1.23）

陸軍軍人、陸軍中将。茨城県出身。

陸軍士官学校（24期）、陸軍大学校卒業。参謀本部支那課に配属後、「支那通」としてのコースを歩む。張学良顧問補佐官、中華民国公使館付武官補佐官等を経て、1937（昭和12）年3月陸軍省軍務課長となり、日中戦争を迎える。「不拡大派」の一人として日中戦争の拡大抑止に尽力した。天津・漢口特務機関長等を経て、42年4月第26師団長（駐蒙軍）として、主に治安作戦に従事、43年4月汪兆銘政権最高軍事顧問となった。44年8月には陸軍次官となり、中国専門家の立場から「繆斌工作」に反対した。戦後戦犯として拘留され、48年11月禁固7年を宣告されたが、51年8月に仮釈放された。日中戦争当時の外務省東亜局長の石射猪太郎が、「陸軍部内で最も正しく中国を理解する第一人者であり、陸軍部内で共に中国を談ずるに足る唯一の人物」（『外交官の一生』）と評したように、柔軟かつ公正な中国観を有していた。

（庄司潤一郎）

（参考文献） 戸部良一『日本陸軍と中国』（講談社、1999年）、秦郁彦『廬溝橋事件の研究』（東京大学出版会、1996年）

（参考文献） 倉橋正直「柴田博陽と大連慈恵病院」（近現代資料刊行会企画編集、沈潔・長岡正己監修『植民地社会事業関係資料集「満州・満州国」編 別冊 解説』2005年）。

柴山矢八 しばやまやはち （嘉永3.7.13(1850.8.20)－1924.1.27）

海軍軍人。鹿児島出身。

島津藩医柴山良庵の3男として生まれ、東郷平八郎の従弟に当たる。戊辰戦争に参加し、明治5(1872)年2月から2年間アメリカに留学した。帰国後、水雷製造掛となり、英教育団長ドグラス中佐のもとで水雷製造法について学んだ。1879年9月に水雷練習所長、83年2月に水雷局長、海軍における水雷の権威として重きをなした。日清戦争中は海軍兵学校校長、佐世保鎮守府長官を、また日露戦争中は呉鎮守府長官、旅順口鎮守府長官を務め、海戦に参加していない。海軍省で権勢を振るい始めた山本権兵衛に対抗したのが柴山で、世間は「権兵衛が種まきゃ、矢八がほじくる」と面白がり、山本等の海軍省務めを赤煉瓦組・本省組、柴山等の現場務めを艦隊派と呼んだ。初代旅順口鎮守府長官になり、港内に沈むロシア軍艦や商船の引揚げを指揮し、短期間に完了させている。日露戦争直後に海軍大将にのぼり、40年2月に予備役となり、さらに9月には特に男爵号を賜っている。

（田中宏己）

渋沢栄一 しぶさわえいいち （天保11.2.13(1840.3.16)－1931.11.11）

実業家。深谷（埼玉県）出身。

道徳と経済の一致を心がけ、実業とフィランソロピーの分野で数百の企業や組織の設立に関与し、「近代日本資本主義の父」と呼ばれる。少年期より論語に親しみ、孔子とその母国中国を尊敬した。20世紀に入り、日中米

3国の良好な関係を築くことが日本や世界のために不可欠であるという信念を持って、通商貿易・経済協力・災害援助・人的交流等を通じて日中親善に尽力した。飛鳥山の自宅には来日した中国要人や外交官を招き、独自の民間外交を展開した。

深谷血洗島の裕福な農家の長男として生まれ、1867(慶応3)年、パリ万国博覧会一行の一員として初めて上海・香港に立ち寄り、欧州列強の中国進出をまのあたりに見聞した。77年三井物産の益田孝と共に訪中、中国政府と借款交渉を行うも実現せず。第一銀行頭取として、早くから朝鮮半島へ経済進出を行う。1905年米国鉄道王のハリマンと桂太郎首相の間で米国資本による満州鉄道の建設に関して結ばれた桂―ハリマン協定に賛同したが、ポーツマスから帰国した小村寿太郎外相の反対により協定破棄。06年南満州鉄道株式会社設立委員になるが、満州を領土とすることには反対であった。白岩竜平の湖南汽船設立の動きを支持し、07年に日清汽船の創設に尽力した。日中経済関係の増進には、中国の経済社会インフラ整備が急務と考え、12年倉知鉄吉・尾崎敬義・高木陸郎等と図り、13年日本滞在中の孫文と会談、中国興業株式会社を設立、相談役に就任。翌14年には中国側代表が袁世凱に引き継がれたため、中日実業株式会社に名称変更し、日本側代表となった。辛亥革命の失敗による中国国内の混乱を見て、同年に白岩竜平らと自ら中国を訪問、上海―杭州―南京―武漢―北京―天津を歴訪し、袁世凱他中国政財界人と面談、中央銀行の設立、貨幣制度の改革、鉄道敷設等中国経済の基盤

整備のための提案を行う。21ヶ条要求以後、排日運動の過激化と労働争議の多発、さらに第1次大戦後の反動不況を受け、決定的な打撃を受けた中日実業株式会社を再建するため、高木陸郎を副総裁に据え人事を一新した。20年日本政府・財界の期待を担って日華実業協会を創立した。しかし日本軍部の強硬路線と中国国内の排日運動の高まりから、実業協力はなかなか進まなかった。経済協力に限界を感じた渋沢は、中国北部干ばつ被害救済援助や東亜同文館等の人的交流にも注力した。27年来日した蒋介石を飛鳥山に迎える。31年中国地震被災者救援活動を全国に呼びかけ救援物資を送るが、満州事変勃発にて中止。同年11月に91歳にて死去。蒋介石は訃報を聞き、会議を一時中断、黙祷したという。

(木村昌人)

(**参考文献**)『渋沢栄一伝記資料』(竜門社、1960年)、見城悌治『渋沢栄一―「道徳」と経済のあいだ―』(日本経済評論社、2008年)、島田昌和『渋沢栄一の企業者活動の研究』(日本経済評論社、2006年)。

島木健作 しまきけんさく (1903.9.7 − 1945.8.17)
小説家。本名朝倉菊雄。北海道出身。

父は大連にて病没、母に育てられる。1925(大正14)年東北帝国大学法学部選科に入学。東北学連に加わり、労働組合の結成に従事。翌年中退して四国で農民実践運動に参加。27(昭和2)年肺結核を再発、翌年3月15日、最初の治安維持法の発動により検挙され(3・15事件)、病気はさらに悪化。起訴後転向を声明、32年3月仮釈放された。34年獄中

体験を題材とした処女作「癩」(『文学評論』4月号)、「盲目」(『中央公論』臨時増刊新人号)を発表、新人作家の地位を築いた。36年7月「癩」は中国語に訳され、中国文芸雑誌『東流』に掲載。37年長編『生活の探究』(河出書房)を発表、戦時体制下の重苦しい社会の中で青年知識人を中心に多くの支持を得た。39年『第一義の道』(新潮社)を発表するかたわら、3月末に東京を出発、下関から朝鮮を経て満州旅行の途につく。4～6月の3ヶ月間、奉天(現瀋陽)・新京(現長春)・ハルビンから北満の開拓地を中心に視察、7月初旬に帰国。「北満開拓地の課題」(『文藝春秋』9・10月号)、「満州旅日記抄」(『文学界』10月号)として発表(翌年『満州紀行』を創元社から刊行)。11月、鎌倉扇ヶ谷に転居、その後の生涯をここで過ごした。40年4月、前年に続き4月に北海道の農村を視察、6月には朝鮮各地を旅した。42年肺結核が再発、病床にて思考した宗教的境地を主題に『礎―或る生涯―』(新潮社、45年)を発表。『礎』の舞台は北海道の大自然、やがて満州の奥地へと移っていく。そこにはここ数年視察に訪れた北海道や満州での見聞が生きているが、回想形式で書かれ決して現実は描かれていないものの、大局的に見れば軍国主義に支えられた植民地政策の一翼を担うかたちになってしまった。また同年、短篇「黒猫」「赤蛙」「むかで」「ジガ蜂」等を書く。45年8月17日、老母・夫人をはじめ川端康成・小林秀雄・高見順・中村光夫ら友人に見守られ永眠。終戦の翌々日であった。　　　　　　(谷川栄子)

(参考文献) 福田清人・矢野健二編『島木健作・人と作品』(清水書院、1969年)、島木健作『第一義の道・赤蛙』(講談社文芸文庫、2006年)。

嶋田繁太郎 しまだしげたろう (1883.9.24－1976.6.7)

海軍軍人。東京出身。

1904(明治37)年海軍兵学校卒業。イタリア大使館付武官、軍令部作戦課勤務、海軍大学校教官、戦艦艦長等を経て、29(昭和4)年海軍少将、34年中将に昇進。この間、艦隊参謀長、軍令部班長、部長、次長を務め、37年12月第2艦隊司令長官に就任。40年5月支那方面艦隊司令長官に転じると、7月、浙江・福建両省沿岸について従来の中国船舶の航行禁止に加え外国船舶の出入港禁止を宣言。8月以降翌年まで6次にわたる華中・華南海港の封鎖区域の拡大や航空作戦等により、日中戦争の早期解決をめざす。7月の「世界情勢の推移に伴う時局処理要綱」、11月の「支那事変処理要綱」が示した武力による南方進出と対中持久戦の方向に対して、日中戦争の解決を見ぬまま武力南進作戦を採ることに疑問を呈し、再三にわたり所見を中央に提出した。この間に海軍大将に昇進し、41年10月東條内閣の海軍大臣に就任。対米避戦の考えを表明できず大勢に押されて開戦に賛成。東條に協力的で、戦局の悪化と共に海軍部内で批判が高まった。44年7月辞任。48年11月、A級戦犯として終身刑の判決を受け、58年赦免。

(本庄比佐子)

(参考文献) 防衛庁防衛研修所戦史室『中国方面海軍作戦』2(戦史叢書、朝雲新聞社、1975年)。

島田経一 しまだつねいち （慶応2.10.22（1866.11.28）－1927.12.18）

大陸浪人。福岡出身。

代々、博多川端で旅館を営む家に生まれる。1889年頃、平岡浩太郎が上海に開いた表向き製靴店、実際は情報収集のための拠点に、店員を装って約2年滞在し同郷の大陸浪人等と親交を結ぶ。朝鮮に甲午農民戦争が起こると、末永節らと共にこの機に乗じて活動することをめざすも、爆弾密造の疑いで検挙される。日清戦争に際して通訳官として第1軍に従軍。戦争後は再び大陸浪人と交わり、1900年頃からは孫文の活動に注目する。一方で、筑豊炭販売のため上海に赴くも業績は上がらず。この間、日本に亡命してきた孫文・黄興等と交友関係を持つ。孫文を自身の家に宿泊させたこともあったという。武昌蜂起が勃発すると、大陸に渡航して芝罘（チーフー）（現煙台）に潜入するも、本格的な活動をするに至らず。その後、中国の政治や革命運動との関わりを持つことはほとんどなくなり、飛行機製作等の事業に手を染めたが成功しなかった。　（松本武彦）

（**参考文献**）『対支回顧録』下、『東亜先覚志士記伝』下。

島博市（紅石） しまひろいち （1907.10.20－1938.9.8）

川柳人。紅石と号した。神奈川県出身。

横浜市の米穀商の家に生まれる。『ふいご』『まとひ』等の川柳の同人誌を経て、1935年『川柳地帯』が発刊されると同人となり、時事川柳に反対して純川柳の句の永遠性を主張して、本格的な作句生活を開始した。俳諧の連句にならって「川柳連句」を提唱して「川柳歌仙解説」を執筆、川柳連句の作成を試みている。37年7月7日の盧溝橋事件を契機に日中戦争が開始されると、同年10月に応召となり、上海戦・徐州作戦等に従軍した。この間に、戦場で詠んだ陣中吟を37年12月発行の『川柳地帯』誌に「陣中雑感」と題して掲載したのを皮切りに、戦地からの作品を同誌に掲載し続けた。「戦死者の顔に陽が沈み黙々と土を掘る」「友を埋めて一輪の花を求めて歩く」「遺骨の箱の白々と灯に冷たくて」等と兵士の死を詠んだ句も多い。「戦陣雑記（一）水とたたかふ」と題する戦地便りも掲載し、生水の飲めない中国戦場では、日本軍は「水と闘ひつつ」進まなければならなかったと記している。友人への手紙に「支那の地に馴染むことによつて支那の地を愛し善良な支那人に交わることに依つて支那人を心より好むやうに相成候」「敵国の風土を礼賛するのもまた詩人としてのつとめではあるまいか」と記しているように、中国の風土と人に対する態度は一般の日本兵とは異なっていた。「星の座は展けて敵の頭上にも」「支那の子と遊びあたりの色やさし」「菊の花ひととき支那の地を充る」等の句もある。

38年9月8日、武漢攻略戦の周辺作戦として展開された廬山攻撃の戦闘中、胸部を撃ち抜かれて戦死した。享年32歳。川柳誌の同人や仲間が生前の川柳や川柳論、陣中吟や戦地便り等をまとめて遺稿集として発行したのが『水と闘ふ』である。　（笠原十九司）

（**参考文献**）島紅石『水と闘ふ』（横浜川柳人倶楽部、1941年）。

しまひろたけ

島　弘毅 しまひろたけ （弘化1（1844）.7 – 1901.3.30）

陸軍軍人。松山藩（愛媛県）出身。

1871（明治4）年に陸軍に入り、73年に中国に派遣される。上海・北京で中国語を学びつつ、陸軍の派遣将校としての任務に就いた。台湾征討の際に一時帰国するも、75年から再度中国に派遣される。この時、奉天・吉林・黒龍江の三省を踏査し、満州の情報収集に大きく寄与した。78年に一時参謀局出仕となった他はたびたび中国に派遣され、朝鮮事件・清仏戦争・福州事件に対処して特務機関としての任務を果たした。88年に帰国。日清戦争では第5師団兵站司令部付、第1軍司令部付となり、豊富な中国での知識・経験を活かして帷幕の機務に参画した。日本軍占領下の遼東半島では海城民政支部長も務めている。戦後は台湾守備隊に所属したが、97年に休職、中佐で予備役に編入され1901年に病没した。

（中野弘喜）

（**参考文献**）『東亜先覚志士記伝』下。

島　恭彦 しまやすひこ （1910.6.5 – 1995.9.28）

経済学者。福井県出身。

滋賀県立膳所中学校、第八高等学校を経て、1934年に京都帝国大学経済学部を卒業、副手となる。のち同講師から和歌山高等商業学校教授となり、44年に京都帝国大学人文科学研究所助教授となった。島は、西洋の学知でもって東洋思想の分析を行うことでもって当時における日本中心主義風潮を回避することから始め、国策遂行に役立たせる研究をめざして設立された人文科学研究所に移ってからは、四川省自流井の塩業を技術史的に研究し、「技術」の次元を置くことで「大東亜共栄圏論」に象徴される戦争政策へと直接的に結び付くことを避けようとしたという。その成果が戦後間もなくに公刊された秀作『中国奥地社会の技術と労働』である。戦後は一貫して京都大学経済学部にあって教授となり、財政学と、その系としての地方自治の研究に努め、1974年に定年退官した。著作集に『島恭彦著作集』全6巻がある。

（狭間直樹）

（**参考文献**）「島恭彦経歴著作年表」（『島恭彦著作集』第6巻、有斐閣、1983年）。

清水董三 しみずとうぞう （1893.8.1 – 1970.12.8）

東亜同文書院出身の支那通。通訳者。栃木県出身。

1917年に東亜同文書院支那省別全誌編纂委員、19年に同院教授（中国語）。29年から外務省嘱託。以後、同省や陸軍の通訳。また、汎亜細亜学会、大亜細亜協会の創立時会員。36年の川越茂大使と蒋介石・張群の和平交渉の通訳。また、39年の汪精衛来日時、平沼総理以下要人との会議の通訳。東京裁判にて、その模様を克明に証言。上海在勤時代、影佐禎昭を首班とする梅機関（梅華堂）の汪兆銘工作（梅工作）に加わる。40年の汪の来日時、影佐や犬養健と共に来日。映画「色　戒」（ラストコーション）の「易」のモデルたる丁黙村を、李士群らと共に清水が工作に利用したとか、その映画の原作者である張愛玲の夫であった胡蘭成が50年の日本亡命時に最初に身を寄せたのが清水の許であったとする話もあるが定かでない。戦後、引揚げ業務担当。帰国後、外務省研究

所を経て、52年の日華平和条約締結後、芳沢謙吉大使のもとで駐中華民国大使館２等書記官。55年公使。56年外務審議官。戦後も中国共産党関連等について、多くの著作や文章を残した。　　　　　　　　　　　（川島　真）

　(参考文献)　清水董三『中共覚え書』（民族と政治社、1961年）、影佐禎昭「曾走路我記」（臼井勝美編・解説『現代史資料13　日中戦争５』（みすず書房、1966年）。

清水盛光　しみずもりみつ　（1904.12.25－1999.1.16）
中国農村社会研究者。愛知県出身。

　九州帝国大学卒業後、満鉄調査部の研究員となる。中国の農村調査を行い、社会学的見地から自然村や家族構成、族産制度等の研究に携わるようになる。1942年『支那家族の構成』、44年『支那社会の研究』（岩波書店）を出版する。戦後、49年４月から京都大学人文科学研究所で教鞭をとる。この年、『中国の郷村統治と村落』（日本評論社）を出版する。ここでは、郷村編成原則と自然村との関係が分析されている。同年岩波書店から『中国族産制度攷』、51年『中国郷村社会論』を出版し、中国農村社会研究の地位を不動のものとする。京都大学退官後、関西学院大学、駒沢大学に務める。72年『集団の一般理論』（岩波書店）出版。　　　　　　　（家近亮子）

　(参考文献)　総務部資料課『満鉄調査機関概説』（1935年）。

清水安三　しみずやすぞう　（1891.6.1－1988.1.17）
教育家・牧師。滋賀県出身。

　膳所中学在学中に宣教師W.ヴォーリズの影響によりキリスト教に入信。同志社大学神学部を卒業後、1917年日本人宣教師第一号として組合教会から中国に派遣され、瀋陽で伝道に従事してのち、19年中国語の学習及び中国研究のため北京に移った。その年華北を襲った大飢饉に際し、日華実業協会（会長渋沢栄一）の委託により災童収容所を設立して、飢餓に苦しむ子供の救済に当たり、その数は800名近くに達した。21年５月収容所の解散に伴い、帰るところのない女児のために、協会の資金援助により、貧民地区の朝陽門外に「崇貞平民女子工読学校」（校長・美穂夫人）を設立、読み書きと刺繍を教え、働きつつ学ぶ工読主義の教育を実践した。生徒の手工芸品の売上げ利益は学校経費の不足を補うと共に、刺繍製作は付近の一般民衆に広がり、朝陽門外を美術手工芸品の産地に発展させた。

　その間清水は、五四運動を機とする中国社会の激動の中に自らの身を置き、鋭い観察眼をもって、そこに底流する新しい動きとその意味を冷静かつ客観的に分析、『北京週報』や『基督教世界』『我等』等に数十編に及ぶ論文・記事を寄稿した。その徹底した日本軍閥批判と中国民衆運動への理解に基づく清水の論説は、当時の日本人の時論の水準を超えるもので、彼の中国認識の深化には胡適・魯迅・周作人・李大釗らとの交流が背景にあった。その後清水は大原孫三郎の支援により校地を購入、24年から２年間工読主義教育で知られるオベリン大学に留学する機会をも与えられ、異文化体験の中で神学思想を深めることを得た。68年彼は同大学から名誉神学博士の学位を授与されるが、同大学の神学精神の

実現に全生涯を捧げたことがその理由とされていた。

26年清水は北京に戻ったが、世界的な経済恐慌の中、学校は深刻な経営難に陥り、経費捻出のため27年一時日本に帰国。同志社大学予科その他の学校で中国史関係の講師を務めるかたわら、崇貞学校生徒の手工芸品の販売・行商に当たるが、その行為が学校当局の忌避に触れ、退職を余儀なくされた。彼の不在中北京での学校運営に尽力した美穂夫人は、過労のため33年末に死去している。32年近江兄弟社の駐在員として北京に戻った清水は、学校を全日制に改めて学費の徴収を開始、校名を「崇貞女学校」とした。36年留学時代の同窓で男女共学論者として知られる小泉郁子と再婚、郁子に校長を委ねて自らは校主となり、伝道活動に精力を集中した。その年将来の男女共学の実施に備えて校名を「崇貞学園」と改め、理事長に南開大学長張伯苓（日中戦争勃発後は北京大学教授銭稲孫）を迎え、学校も三・三制の中学校とし、校舎も整備された。37年崇貞小学校を北平市社会局に登録、39年には日本領事館の認可を得て正式に日本人高等女学校を併設、朝鮮人生徒をも収容した。42年には北京市教育局から中学校が正式認可されている。日中戦争のもと、崇貞学園は内容外観共に急速に整備され、飛躍的な発展を遂げるに至るが、そこには同学園を対中国文化工作に利用しようと企図する日本政府（興亜院）からの財政支援も預かって力があった。

その間清水は北京日本人教会総牧師に就任、39年にはキリスト教婦人団体に協力して貧民街の天橋地区にセツルメント北京愛隣館を設立して自ら会長となり、医療・福祉事業を推進するかたわら、貧しい人々のために識字や自活のための手工教育を実践、地元住民の道徳・生活向上に貢献した。45年終戦により崇貞学園は中国当局に接収され、それを機に清水夫妻は日本に帰国。翌年賀川豊彦の協力を得て、東京郊外に桜美林学園を設立し、死去に至るまでその運営に尽瘁した。

（阿部　洋）

（参考文献） 清水安三『支那新人と黎明運動』（大阪屋号書店、1924年）、同『朝陽門外』（朝日新聞社、1939年）、李紅衛『清水安三と北京崇貞学園―近代における日中教育文化交流史の一断面―』（不二出版、2009年）。

下田歌子 しもだ うたこ （嘉永7.8.9（1854.9.30）－1936.10.8）

教育家、歌人。本名平尾鉐（ひらお せき）。岩村（岐阜県）出身。

美濃国岩村藩藩校知新館において代々教授職を務めていた平尾家に生まれる。父・祖父共に漢学者。幼少から和歌・漢詩を学ぶ。明治4（1871）年上京、翌年女官に抜擢され宮内省出仕となる。79年宮中を辞し、旧丸亀藩士下田猛雄と結婚するも84年に死別。その間伊藤博文・山県有朋・井上毅らの援助を受け、自宅に「桃夭女塾」を開設、上流階級の子女を対象に国文学・漢学等を教授した。84年7月宮内省御用掛の辞令を受け、華族女学校の設立に尽力。93年宮内省の命によりイギリス王室の皇女教育、及び欧米各国の女子教育を視察するため渡欧、2年後に帰国した。

98年11月女性の自活と自立をめざす帝国婦人協会を設立、機関誌『日本婦人』(99年)を刊行した。同協会の展開する多様な事業をとおして横浜大同学校名誉校長犬養毅、弘(宏)文学院長を兼ねる東京高等師範学校長嘉納治五郎、湖広総督張之洞、亡命中の孫文等と親交を結ぶ一方、中流家庭の女子を対象とする女子工芸学校、及び良妻賢母主義をスローガンとする実践女学校を創設、自ら両校の校長に就任した。02年には日中両国の要請に応えて両校に清国女子部を開設、女子留学生の受け入れを開始した。翌03年には校地を渋谷常磐松に移して校舎を新築する一方、東洋婦人協会を結成、同協会内に清国派遣女教員養成所を付設して日本人女子教習の中国への派遣事業に着手している。04年湖南省から20名の女子留学生が来校すると清国女子部を改組、師範速成科と工芸速成科を中核とする中国留学生部を赤坂に開設した。翌年には京師大学堂正教習服部宇之吉夫人繁子の紹介により、「革命烈士」の名を遺す秋瑾が入学、当初教育・工芸・看護学等の履修に努めるも、同年11月文部省により、「清国留学生取締規則」が公付されると、秋瑾もこれに抗議、同校の女子留学生を伴って同盟休校に加わった。退学処分となった秋瑾はのちに復学を求めたが下田は許さず、秋瑾は帰国の途についている。

06年中国留学生部を常磐松の本校内に移設。これと前後して毓正女学堂に学ぶカラチン王府重臣の娘3名を伴って河原操子が帰国すると下田は彼ら3名を歓待、以後7年間に及ぶ留学生活を彼らに提供した。翌07年奉天省女子師範学堂から23名の留学生が来校すると中国留学生部松柏寮を新築する一方、女学校と工芸学校を合併して法人組織に改め、女子留学生の急増に備えた。この頃、華族女学校は学習院に併合され女子部となる。下田は学習院教授となり女子部長の要職についたが、上流階級の女子教育方針をめぐって学習院長乃木希典と意見が合わず翌年辞職、以後実践女子学園の経営に専念した　　　（蔭山雅博）

(**参考文献**)　下田歌子『女子之修養』(弘道館、1906年)、同『日本の女性』(実業之日本社、1913年)、『下田歌子先生伝』(故下田歌子先生伝記編纂所、1943年)、上沼八郎「下田歌子と中国女子留学生」(『実践女子大学文学部紀要』25、1983年)。

下村　定　しもむら　さだむ　(1887.9.23 - 1968.3.25)
陸軍軍人、陸軍大将。高知県出身。

陸軍士官学校（20期）、陸軍大学卒業。野戦重砲兵第1連隊長、関東軍参謀、参謀本部第4部長等を経て、1937（昭和12）年9月参謀本部第1部長となり、日中戦争の杭州湾上陸及び南京攻略戦を指導したが、病気のためわずか在任4ヶ月で交代した。その後、陸大校長、42年10月第13軍司令官（上海）となり、広徳作戦を実施し、揚子江三角地帯の治安向上を図った。西部軍司令官等を経て、44年11月北支那方面軍司令官となる。45年8月終戦直後、東久邇宮稔彦内閣の陸軍大臣となり、最後の陸軍大臣として陸軍の解体と復員に尽力した。45年11月帝国議会において、陸軍の最後に際して、戦前の「軍の不当なる政治干渉」について、「全国民諸君に衷心からお詫

び申し上げます」と謝罪した。59年から6年間参議院議員を務め、68年交通事故で死去した。　　　　　　　　　　　（庄司潤一郎）

(参考文献) 北島驥子雄『聖将の面影』（第20期生会、1969年）、楳本捨三『陸海名将100選』（秋田書店、1971年）。

東海林太郎 しょうじたろう （1898.12.11 – 1972.10.4）

歌手。秋田県出身。

早稲田大学商学部から研究科に進み、佐野学のもとでマルクス経済学を学ぶ。卒業後、父親が勤務していた満鉄に就職し、庶務部調査課に勤務。1925年、2年間の調査結果をまとめ、『満州に於ける産業組合』を発表するが、社内において「左翼的である」との批判を受け、評価されることはなかった。27年4月には鉄嶺図書館長に左遷され、東海林は満州での生活に見切りをつけて30年に帰国する。幼少の頃からヴァイオリンを習うなど音楽に親しんできたことから、クラッシック歌手をめざし、33年に音楽コンクールに応募。声楽部門に入賞したことをきっかけに歌手となる。34年、『赤城の子守歌』、続いて『国境の町』の大ヒットによって国民的歌手となった。中でも『国境の町』は、満州の曠野を彷彿とさせる歌詞を独特の情感で歌い上げ、東海林太郎の代表曲となった。　　　（瀧下彩子）

(参考文献) 菊池清麿『国境の町：東海林太郎とその時代』（北方新社、2006年）。

勝田主計 しょうだかずえ （明治2.9.15（1869.10.19）– 1948.10.10）

財務官僚、政治家。愛媛県出身。

1895年東京帝国大学法科大学を卒業して大蔵省に入省し、主税局に勤務。同年11月から翌年3月まで台北を中心に台湾各地を視察。99年函館税務管理局勤務時にロシア沿海州を約3ヶ月視察。1901年ロシア研究を理由に欧州への出張が認められ、同年6月から03年3月までパリを拠点に研究を行い、02年には2回ペテルブルグでロシア蔵相のウイッテと会見している。帰国後主税局に復帰、理財局を経て08年には東洋拓殖会社管理官に任命される。09年韓国・中国への出張を命じられ5月から7月まで韓国・中国の東北・華北・華中をまわり、中国の財政経済・交通事情等を視察した。旅行の記録は『清韓漫遊余瀝』として10年7月に刊行されている。12年12月から14年4月まで大蔵次官に任命され、14年3月には貴族院議員にも任じられた。14年6月8日から5ヶ月有余中国事情と欧米各国の政治経済事情を視察するため、上海・南京・青島をまわったのちシベリア経由でヨーロッパに到着した。イギリス滞在中第1次世界大戦開始を知り、ロンドンで70日間各国の戦時財政を研究したのち、アメリカを経て帰国している。15年9月朝鮮経由で中国を旅行、東北と山東省を視察。同年12月から16年10月まで朝鮮銀行総裁、16年10月から12月まで大蔵次官を務めたのち、18年9月まで寺内正毅内閣の大蔵大臣に任命された。16年12月興業銀行・台湾銀行・朝鮮銀行で対中国借款引受銀行団が組織された。17年1月いわゆる西原借款が

開始され（第1次交通銀行借款成立）、同年7月には閣議で中国の段祺瑞内閣への財政援助が決定された。西原借款は以後18年9月まで8回にわたって続けられた。勝田の在任中金貨幣金地金の輸出取締令も公布された。19年5月中華民国より1等大綬宝光嘉禾章が授与された。24年には清浦奎吾内閣の大蔵大臣を務め、関東大震災後の復興資金調達のため外債募集に尽力した。28年5月から29年7月までは田中義一内閣の文部大臣を務めた。29年政友会に入党するが、33年政界の腐敗を不満として離党した。39年から41年まで断続的に内閣参議を務め、東条内閣時期の42年には大東亜建設審議会委員に任じていた。第2次世界大戦後には公職を追放された。同郷の正岡子規とは親交があり、詠んだ俳句は多数で、宰州と号した。著書に『黒雲白雨』『宰州句日記』等がある。　　　　　　　（小島淑男）

（参考文献）　勝田龍夫『中国借款と勝田主計』（ダイヤモンド社、1972年）、鈴木武雄監修『西原借款資料研究』（東京大学出版会、1972年）。

城野　宏　じょうのひろし　(1913.8.13 – 1985.12.25)

陸軍軍人。中国における最後の戦犯として知られる。長崎県出身。

小学校卒業後に上京し、府立四中を4年で卒業し、第八高等学校を経て東京帝大に進学。当初は文学部哲学科に籍を置いたが2年後に法学部政治学科に転入学した。1938年に卒業し、大阪の野村合名会社に入社し、調査部に配属されたが半年後に陸軍に入隊した。東京の第1師団から40年には山西省の北支那派遣軍隷下の第1軍司令部（太原）に転属となる。城野は東京帝大時代から中国語を修得しており、山西省政府の政務指導に当たり、日本兵の南方転用が続く中で主に農民志願兵から成る中国軍（「山西防軍」）の指導にも当たった。

45年9月の日中終戦にもかかわらず、第1軍の将兵は閻錫山の要請によって残留し、国共対立が内戦へと発展する中、太原を舞台に共産軍（八路軍）と戦うことになる。第1軍の残留が、命令であったのか、志願であったのか、必ずしも明瞭になっていないが、城野は「山西独立」を志向する閻錫山の補佐官として、岩田清一少佐（第1軍参謀）と共に残留工作に深く関わったとされる。国民党政府は閻錫山に対し、日本軍将兵の閻軍への参加志願を制止せよとの訓令を発出しているが、国民党軍が現地に到着してからも第1軍所属の将兵約2,600名は今村方策第10総司令（今村均大将の弟、49年4月自決）のもとで閻錫山軍と共同して中共軍と戦うため山西省に残留する道を選んだ。48年9月、城野は岩田副司令の後任となり要塞に立てこもって共産軍との攻防戦に臨むがやがて潰滅状態となり、49年4月に投降し、中共軍の捕虜となる。特別軍事法廷で禁固18年の刑を受け、太原監獄を振り出しに北京、撫順と投獄生活を送り、64年4月、50歳の時帰国した。帰国後、投獄時代の人間観察をもとに『獄中の人間学』（竹井出版、82年）等、能力開発や企業経営の手法に関する多数の著作を出版し、各地に支部をもつ城野経済研究所を運営した。

　　　　　　　　　　　　　（波多野澄雄）

（参考文献）　城野宏『山西独立戦記』（1967年、改訂版『祖国復興に戦った男たち』オリジン書

しょうわてんのう

房、1978年）。

昭和天皇 しょうわてんのう （1901.4.29 – 1989.1.7）
天皇。東京生まれ。

父は皇太子嘉仁（のち大正天皇）、生母は皇太子妃節子（のち大正天皇皇后・貞明皇后）。生後、迪宮裕仁と命名される。海軍中将で伯爵の川村純義のもとに里子に出された。川村の死後も川村家の沼津別邸に暮らし、1905（明治38）年の日露戦争での奉天会戦の勝利をそこで聞いた。同年、赤坂の皇孫御殿に移り、足立たか（のち鈴木貫太郎夫人）の世話を受ける。学習院初等科入学に先立ち、旅順攻略で奮戦した乃木希典陸軍大将が院長となり、皇孫教育の任に当たった。乃木は皇孫が将来は陸海の軍務につくことを強く意識し、質実剛健を旨とした教育方針を掲げた。乃木の進言で、初等科卒業後は中等科に進まず、東宮御所内の御学問所で勉学した。帝王学や専門の軍事知識を得るためである。御学問所総裁は日本海海戦を指揮した東郷平八郎元帥、学友には華族嗣子で陸海軍志望者が優先的に選ばれた。1912年、明治天皇が亡くなって皇太子嘉仁が即位し、皇太子となった。

皇太子時代には、婚約者良子女王の色覚をめぐる宮中某重大事件、皇位継承者の初の外遊である訪欧問題、大正天皇の容体悪化による摂政就任、テロに狙われた虎ノ門事件等の諸事が続いた。その間、1923年に台湾を行啓、基隆・台北・台南・高雄・澎湖島を回り、総督府はじめ軍事施設・学校・製糖工場等を訪問した。北白川宮能久を祀った台湾神社も参拝した。2年後には皇族として初めて樺太を行啓した。

天皇となってから、戦前は、大日本帝国憲法の遵守と国際協調を心懸け、軍部の中国侵攻に対処した。1928年、第2次山東出兵の際には尼港事件の再発を懸念した。翌年の張作霖爆殺事件では、処分方針を曖昧にした田中義一首相を叱責した。31年、満州事変が起こると、日中親善を唱え、関東軍へは「匪賊」討伐の勅語を下した。33年には満州国建国を承認して国際連盟を脱退する一方、関東軍の華北進攻に不満を持った。37年の盧溝橋事件では天津駐屯軍の派遣決定に当たりソ連の動きを警戒した。その後も戦線拡大に懸念を抱き続けたが、現地軍の既成事実に引きずられた。日中戦争の長期化で米英との関係が悪化すると、対米英戦決定のための御前会議が幾度も開かれ、慎重な判断を迫られた。この時も終始ソ連の動きを意識し、「北を騒がせるな」と杉山元参謀総長に注意を促した。対米英開戦後、日本軍の迅速な進攻に笑顔で「余り戦果が早く挙り過ぎるよ」と木戸幸一内大臣に語った。しかし、戦争は長引き、戦争終結判断の時期を難しくした。結局、原爆投下とソ連参戦により終戦を決意。戦後は、占領政策に対応し、日本国憲法発布により国家の象徴となった。講和後、戦後和解の模索を進め、欧米を訪問したりした。また、抽象的ながらも、中国や朝鮮へ過去の戦争に対する謝罪の意を示した。しかし、中国や朝鮮への訪問は実現せず、戦後和解は平成の天皇に引き継がれた。

（小田部雄次）

(参考文献) 山田朗『大元帥 昭和天皇』（新日本出版社、1994年）、中尾祐次編『昭和天皇発

言録集成』全2巻（芙蓉書房、2003年）、小田部雄次『皇族』（中公新書、2009年）。

白岩艶子 しらいわつやこ （1880.8.15－1954.7.2）

文化人。白岩竜平夫人。岡山県出身。

父は西毅一、母熊子の3女。病気のため中国との通商貿易に従事できなかった父の影響を強く受けた。1899年白岩竜平と結婚。中国へは2回渡り、最初は99年から1907年まで上海・長沙で龍平と共に生活した。15年から17年まで2度目の上海生活を送った。日本が大陸へ膨張する時代にあって龍平の活動を支えながら、歌人として10年に『采風』、16年に『白楊』を刊行した。29年には孫文の移棺祭で「孫中山を祭る日」を刊行。龍平の死後、43年には『芙蓉』、54年に『芙蓉2』を刊行したが、同年7月に死去。中国での日常生活や風物を題材とした歌の多くに、豊かな表現力と当時の日中関係の難しさが感じられる。佐々木信綱は艶子の観察の緻密さを高く評価した。
（木村昌人）

（参考文献） 白岩艶子『采風』（1910年）、中村義「近代中国を詠んだ女流歌人」（『二松学舎大学東洋学研究所集刊』30、2000年）。

白岩竜平 しらいわりゅうへい （明治3.6.11(1870.7.9)－1943.12.29）

実業家。岡山県出身。

20世紀転換期から第2次大戦に至るまで、通商貿易の拡大、合弁事業の発展と実業家や文化の交流を通じて人材を育てた。日中関係改善を図るため、渋沢栄一・孫文らの日中双方の政財界人の橋渡しをして、東亜興業株式会社役員や東亜同文会会長等の要職を兼務し、息の長い民間経済外交に取り組んだ。

岡山県の神官の3男として生まれ、同郷の先輩、岸田吟香・西毅一の影響を受け、日中交流に関心を持った。東京銀座で丁稚奉公をしたのち、上海へ渡り、荒尾精の日清貿易研究所で3年間学ぶ。日中両国が軍事膨張を避け通商関係の拡大により関係を発展させることの重要性を学び、1880年上海商品陳列所の開所に伴い、日清貿易の実地研修を行う。日清戦争中は情報収集活動に従事した。95年に上海から杭州・蘇州を検分し、三角航路の構想が上海総領事珍田捨巳に認められ、98年大東新利洋行（のちの大東汽船）の設立へとつながった。99年西毅一の2女艶子と結婚、上海で数年間生活した。艶子は佐々木信綱門下の歌人。同年友人の荒井甲子之助と共に、長沙まで入り、湖南地方を視察し、同地域の重要性を日本の政財界人に説き、湖南汽船の設立をめざす。航路統一をめざす近藤廉平（日本郵船社長）・渋沢栄一・安田善次郎の出資により、1907年に日清汽船の誕生につながった。白岩は同社専務取締役に就任。日露戦争後日本の中国への投資を増やすために合弁企業を設立することが必要と感じ開始された日清起業調査会を経て、09年東亜興業株式会社が設立され、専務取締役となる。続いて12年の中国興業株式会社の設立に協力した。財界人として日中経済交流に中心的な役割を果たした渋沢栄一が、14年中日実業を代表して訪中した際には、白石喜太郎らと随行し、袁世凱とも会談した。渋沢らの中国経済再建に関する前向きな提案にもかかわらず、21ヶ条要

求、五四運動により、中国内の排日運動は激化し、各地で労働争議が頻発、加えて自然災害が多発し、日本の投資開発事業はなかなか軌道に乗らなかった。特に第1次大戦景気の反動により、大打撃をこうむった。中日実業は高木陸郎を副総裁に抜擢し、徹底した改組整理を行ったが、日中関係の悪化により合弁事業は進展しなかった。

　実業家の交流を通じて時間をかけ人材を育て、日中関係を改善するため、東亜同文会理事長、日中貿易協会幹事、対支文化事業調査委員等に就任し、軍部の横暴により悪化の一途をたどる日中関係に歯止めをかけようと尽力した。
(木村昌人)

(参考文献) 中村義『白岩龍平日記―アジア主義実業家の生涯―』(研文出版、1999年)。

白神源次郎　しらがみげんじろう　(明治1(1868)-1894.7.29)

陸軍兵士。岡山県船穂村(現倉敷市)出身。

　日清戦争で死んでもラッパを口からはなさなかったとして、英雄視された兵士。第5師団歩兵第21連隊の1等卒として、成歓での清国軍との戦闘(宣戦布告前)で戦死(溺死)。大々的に報道され、多くの歌がつくられ、教科書にも載せられたことがあり、故郷に記念碑が作られた。ラッパの名手ではあったが、当時ラッパ手であった確証はない。死んでもラッパを離さなかった兵士としては、のちに、同じ連隊、同じ県人の木口小平の方が教科書でより有名になった。実際の根拠は意外にははっきりしていない。
(久保田文次)

(参考文献) 船穂町教育委員会編『船穂町誌』(船穂町、1968年)、西川宏『ラッパ手の最後　戦争の中の民衆』(青木書店、1984年)。

白川義則　しらかわよしのり　(明治1.12.12(1869.1.24)-1932.5.26)

陸軍大将。愛媛県出身。

　代用教員から陸軍に入り、1890年陸軍士官学校を卒業(第1期生)、日清戦争に従軍したのち陸軍大学校を卒業。日露戦争にも出征し、陸軍次官、関東軍司令官を歴任し、1927年田中義一内閣の陸軍大臣となる。張作霖爆殺事件に遭遇し、河本大作大佐らの関与を知らなかった白川は関東軍の出動案を田中首相に提出するも拒否された。事件後、河本らが首謀者であることを知るが、白川は処罰を躊躇し、田中首相を総辞職の窮地に追い込んだ。32年1月28日に勃発した第1次上海事変で陸戦隊が中国軍の抵抗で苦境に陥ると、2月23日、犬養内閣は国際連盟の動向を考慮し、一挙に決着するため、急遽、内地師団の派兵を決定し上海派遣軍を編成し、白川を司令官に任命した。3月1日、第11師団が中国軍の背後から進撃し戦局が一変すると、白川は天皇の意を体し、戦火の拡大をもたらす南京進撃論を抑え、すばやく停戦を実現させた。同年4月29日、天長節の祝賀会に潜入した尹奉吉が投じた爆弾により重傷を負い、1ヶ月後に死去した。
(波多野澄雄)

(参考文献) 桜井忠温『大将白川』(松嶽堂、1933年)。

白鳥庫吉 しらとりくらきち （元治2.2.4（1865.3.1）－1942.3.30）

東洋史学者。戸籍上の名前は倉吉。上総（千葉県）出身。

千葉中学に学び、当時千葉師範学校長で千葉中学校長を兼ねていた那珂通世や、千葉中学の教師をしていた三宅米吉の薫陶を受ける。1887年東京帝国大学文科大学史学科に入学、ドイツ人教師リースの教えを受け、ランケ流の近代史学の史料批判の方法を学んだ。卒業後、学習院教授・東京帝国大学教授・東宮御学問所御用掛等を歴任。東京帝国大学では、市村瓚次郎と共に、東洋史研究者の養成に尽力した。研究領域は、朝鮮史・満州史・蒙古史と日本の大陸侵略に歩調を合わせて拡大し、ついにはアジア全域に及んでいる。日露戦争後、満州に日本の権益が伸びると、満鉄総裁後藤新平に説いて、南満州鉄道株式会社東京支社内に、満鮮歴史地理調査部を設置させて、朝鮮と満州の歴史及び地理の調査研究を行い、『満州歴史地理』・『朝鮮歴史地理』・『満鮮地理歴史研究報告』等を刊行し、津田左右吉・稲葉岩吉・池内宏・箭内亘等、多数の優秀な東洋史学者を育成した。東京帝国大学在任中、1901年から03年、1922年から23年に、2度ヨーロッパに出張。ヨーロッパの研究機関の調査、ヨーロッパ人研究者との交流、ヨーロッパの学会での研究発表、図書の収集等を行い、歴史学以外にも、地理学・民族学・民俗学・神話学・宗教学・言語学・考古学等、近代のヨーロッパの学問の成果を貪欲に吸収した。そして、これらヨーロッパの学者の研究を基にしながら、彼らの中国史料の扱い方の不備等を指摘するのが、白鳥の方法となった。彼の学問の目的は、日本の学問をヨーロッパの学問の水準に引き上げ、それを凌駕することであった。この点で、東洋学の分野は、日本人にはその目的を達成することが可能な有利な分野だと、白鳥は考えていたのであろう。弟子の津田左右吉も、「白鳥庫吉博士小伝」において、「時恰も三十七、八年戦役（日露戦争）に際し、東洋の指導者としての我が国の威力が、世界に向つて現実に示されつゝあつたので、学問に於いてもまた、一日も早くヨウロツパの学問と肩をならべるやうにならねばならぬといふ、かねてからの博士の意見が、それによつて一層強められ、その上に、東洋の研究に於いては、新しい学問的研究のまだ幼稚なシナの学界を指導すると共に、世界の東洋学研究に寄与するべきしごとをしなければならぬ、と考えられるのである」と言っている。このような意識は、白鳥のみならず、津田自身をも含めたほとんどの明治の研究者にあったと思われる。

（相田 洋）

（参考文献） 津田左右吉「白鳥庫吉博士小伝」『東洋学報』第29巻3・4号、1944年、のちに『津田左右吉全集』第24巻、岩波書店、1965年、に収録）、石田幹之助「白鳥庫吉先生小伝」（『石田幹之助著作集』4、六興出版、1986年）、松村潤「白鳥庫吉」（江上波夫編『東洋学の系譜』大修館書店、1992年）。

新城新蔵 しんじょうしんぞう （1873.8.26－1938.8.1）

宇宙物理学者・中国天文学者。福島県出身。

会津若松赤井町の酒造家新城平右衛門の6男に生まれ、福島中学校、第二高等中学校を経て、帝国大学理科大学の物理学科を卒業（1895年）、同大学院を修了。高山樗牛はその中学校以来の同窓である。陸軍砲工学校教授、次いで京都帝大理工科大学物理学科の助教授（1900年）。ドイツ・ゲッチンゲン大学に留学後（05年）、物理学第4講座教授、理学博士（09年）。この頃から狩野直喜・内藤湖南の誘掖により、漢代以前の中国古代天文学の研究分野を開拓し、宇宙物理学講座を新設し（18年）、『東洋天文学史研究』（28年）等を著した。京都帝大総長（32年）。次いで外務省東方文化事業として上海に設立された自然科学研究所の第2代所長としてその運営に尽くし（35年）、その指揮下に能田忠亮らが研究成果を挙げた。日中戦争が始まると、南京・中央研究院の殷墟出土物等貴重な文化財の保存に東奔西走したが、過労のため南京・同仁会病院に客死した。　　　　　（町　泉寿郎）

（**参考文献**）『荒木俊馬論文集』（1979年）、江上波夫編『東洋学の系譜』第1集（大修館書店、1992年）。

す

尾高亀蔵　すえたか かめぞう　（1884.9.28 – 1953.8.1）

陸軍軍人、陸軍中将。佐賀県出身。

陸軍士官学校（16期）、陸軍大学校卒業。歩兵第61連隊長等を経て、1935年8月、第2独立守備隊司令官（吉林）となり、吉林・間島両省の治安維持を担任する。37年3月第19師団長（朝鮮・羅南）となる。38年夏の張鼓峰事件において進出してきたソ連軍に対して独断で攻撃を行い、苦戦ののち停戦協定が締結された。38年11月には、新設された第12軍（済南）の司令官となり、華北における匪賊討伐と治安維持を担任した。39年9月第3軍司令官（牡丹江）となり、満州東部の防衛を担任した。軍事参議官を経て41年6月予備役に編入され、42年6月満州国建国大学副総長に就任、終戦まで務めた。　（庄司潤一郎）

（**参考文献**）太田庄次編『尾高亀蔵の遺稿と追憶』（私家版、1982年）。

末永純一郎　すえなが じゅんいちろう　（慶応3.3.2
(1867.4.6) – 1913.12.31）

新聞記者。末永節は弟。福岡出身。

福岡藩士の子として博多に生まれる。幼時から国学や漢学を熱心に学ぶ。長じて上京し、杉浦重剛のもとに寄寓して研鑽を積む。1887年、帝国大学で法学を修める。選科を修了後、『芸備日日新聞』記者となる。89年2月、陸羯南らの『日本』新聞社に入り、編集長の任に就く。日清戦争に際して従軍記者として大陸に渡り、戦況や大陸の事情を報道した。その後、亡命してきた康有為や孫文等、中国の変革を主張する幅広い人士と親しく交わる。1905年、日本語・中国語両文による紙面からなる『遼東新報』を創刊し、社長となる。同紙での言論を通じて、中国における国論の誘導を図った。また、中国東北部への日本金融資本の導入を熱心に主張し、横浜正金銀行への働きかけを行って、特殊資金貸出し制度を創設させた。主観的な日中友好論によるアジアの安定を主張した。大連で病没。

（松本武彦）

（参考文献）『東亜先覚志士記伝』下。

末永　節 すえながみさお （明治 2.11.12（1869.12.14）－1960.8.18）

大陸浪人。末永純一郎は兄。福岡県出身。

幼時より英雄豪傑譚を好む。ロシアのピョートル大帝の伝記を読み、海外雄飛を夢見る。外国に行くには船員修行が必要と、成人後、大阪鹿児島航路等の汽船に乗り組む。この間、内田良平・鈴木天眼・平岡浩太郎等と交わる。日清戦争に際し、『九州日報』の従軍記者、『日本』新聞の通信員として大陸で活動。戦争中、正岡子規と知り合う。戦争後、1895（明治28）年宮崎滔天と出会い、彼と共に移民を引き連れタイへ出かけるも、病を得て帰国。宮崎との関係で中国革命派を知る。1901年玄洋社に入り、黒龍会結成に参画。孫文に対する平岡や中野徳次郎の援助を斡旋。中国同盟会の結成や『民報』の発行にも関係する。武昌蜂起が勃発すると、いち早く大陸に渡り革命軍に加わって山東で活動。17年中国の国土保全を唱える。22年肇国会を結成し、大陸に日本が統治する「一大自由国」を建設することをめざした。詰襟の洋装がトレードマーク。　　　　　　　　　　　　（松本武彦）

（参考文献）『黒龍会三十年事歴』（黒龍会、1931年）、『続対支回顧録』下。

末弘厳太郎 すえひろいずたろう （1888.11.30－1951.9.11）

法学者、専門は民法・労働法・法社会学。山口県出身。

1912年東京帝国大学卒、21年同教授。アメリカ留学で得た社会学の成果に基づき、当時全盛だったドイツ流の民法学を概念法学として徹底的に批判し、判例研究による「生きた法」の解明を重視した。労働問題に関心をよせ、商法の一部とされていた労働法を開拓し、さらに農村問題にも注目し、実態調査を通じて法社会学の先駆者となった。東亜研究所と満鉄調査部の委託により1940年から44年にかけて行われた中国華北の農村慣行調査を指導したが、「中国の民衆が如何なる慣行の下に社会生活を営んでいるか（中略）其社会の特質を生けるがままに描き出すことこそ吾々の調査の目的でなければならぬ」という調査方針にも彼の主張が反映されている。この調査は、日本軍に守られて行われた点で批判もあるが、調査結果については高い評価もあり、調査参加者の多くは、戦後の中国研究の中心となった。戦後は労働三法制定に参画し、中央労働委員会会長を務めた。　（伊藤一彦）

（参考文献）六本佳平・吉田勇編『末弘厳太郎と日本の法社会学』（東京大学出版会、2007年）、『中国農村慣行調査』全6巻（岩波書店、1952年）。

末広重恭 すえひろしげやす （嘉永 2.2.21（1849.3.15）－1896.2.5）

政治家、新聞記者、小説家。号鉄腸。宇和島（愛媛県）出身。

文久1（1865）年藩校明倫館に入学、のち教授となる。73年上京。75年『曙新聞』に入社し、編集長となる。同年公布の新聞紙条例を批判して禁錮2ヶ月罰金20円の判決を受ける。禁錮解除後、『朝野新聞』（成島柳北主

宰)に入社して編集長に就任。81年結成された自由党に参加し、機関紙『自由新聞』を創刊するが、83年党を去る。84年平岡浩太郎・中江篤介らと上海に渡り東洋学館を設立、館長として中国をめざす青年の養成に当たるが１年余で閉校となる。90年議会開設と共に第１回総選挙で当選。92年第２回総選挙で落選し、８－10月釜山・ウラジオストク・芝罘・大沽・天津・仁川・ソウル等を歴訪。翌93年この旅行に基づいた政論『東亜之大勢』と旅行記『北征録』を刊行する。前者は日本の中国蔑視を戒めて日本の採るべき方向を説き、後者では街の様子等も含め各地の状況を述べている。『雪中梅』(86年)、『花間鶯』(87年)等の政治小説で当時の政治情勢を描いた。

(本庄比佐子)

(参考文献)『東亜先覚志士記伝』下、伊藤整等編『日本現代文学全集３ 政治小説集』(講談社、1965年)。

末松謙澄 すえまつけんちょう (安政２.8.20(1855.9.30)－1920.10.5)

政治家。歴史家、法学者、文学者。通称謙一郎、号青萍。豊前(福岡県)出身。

小倉藩の大庄屋の４男として生誕。10歳で漢学者・村上仏山に学び、明治４(1871)年に上京。師表学校に入学したが、退学。高橋是清と知り合い彼との間で英語を学ぶかたわら漢学を教示。1874年に東京日日新聞社に入社、笹波萍二のペンネームで健筆を振い、社長・福地源一郎(桜痴)の知遇を得る。翌75年に正院御用掛として出仕し、特命全権弁理大臣・黒田清隆に随行して朝鮮国へ赴き、日

朝修交条約の起草に加わる。翌年帰国して工務権少丞、77年に法制局専務となると、山県有朋の引抜きで陸軍省７等出仕として征討総督本営付となり西南戦争に参加、彼の起草した薩摩軍への降伏勧告状は名文と謳われる。

78年に英・仏歴史編纂方法の取調べのため在英公使館１等書記生見習としてロンドンへ渡り、翌年ケンブリッジ大学に入学。その在学中に英文著書『ジンギス・カンは義経と同一人物』(79年)や英訳書『源氏物語』(部分的、82年)を刊行して英国人に日本への関心を喚起し、86年に帰国。その後は内務省参事官となり、片や翻訳小説『谷間の百合』の刊行のほか演劇改良会を発足させる。89年に伊藤博文の次女・生子と結婚、翌90年には第１回衆議院議員選挙に当選し、92年に法制局長官に就任。２年後に日清戦争(94－95年)の発端となった日本軍艦・浪速の英国船高陞号撃沈事件が起こり、英国で反日世論の沸騰を見るや、陸奥宗光外相の訓令で佐世保へ急行して同事件を調査し、浪速艦の行為は「失当ニアラズ」とする和英両文の報告書をまとめて同外相へ答申。その結果、英国民の激しい反日世論は同国の国際法学者らの肯定的意見で沈静化し、英国政府も末松の同報告書で最終的に納得した。

96年に貴族院議員(男爵)、98年には第３次伊藤内閣の逓信大臣に就任し、1900年に第４次伊藤内閣の内務大臣となる。その４年後に日露戦争(04－05年)の勃発を見ると、政府の特使として再びロンドンに滞留し、講演を行い新聞・雑誌に寄稿しながら、日英同盟(1902年)の一層の強化と英国民をはじめヨ

ーロッパ諸国民の対日世論の友好化に尽力した。06年に帰国後は、枢密顧問官、次いで帝国学士院会員に挙げられ、子爵。13年から15年にかけてローマ法の邦訳を刊行、20年6月には畢生の大著『防長回天史』を全編脱稿、同年10月5日に死去。　　　　（松村正義）

（参考文献）　玉江彦太郎『青萍・末松謙澄の生涯』（葦書房、1985年）、松村正義『ポーツマスへの道―黄禍論とヨーロッパの末松謙澄―』（原書房、1987年）、同「日清戦争における高陞号事件と末松謙澄」（『メディア史研究』Vol.22、ゆまに書房、2007年）、Baron Suyemathu, *The Risen Sun*, Archibald Constable & Co.Ltd., 1905. 末松謙澄『夏の夢　日本の面影』（育英会、1906年）、金子厚男『末松謙澄と「防長回天史」』（青潮社、1980年）、Ian Ruxton, 'Suematsu Kencho, 1885-1920：Statesman, Bureaucrat, Diplomat, Journarist, Poet and Scholar', *Britain & Japan：Biographical Portraits*, Volume V, edited by Hugh Cortazzi, Global Oriental, 2005.

菅野尚一　すがのなおいち　（明治4.3.21(1871.5.10)－1953.6.20)

陸軍大将。山口県出身。

元長府藩士の長男。陸軍幼年学校卒業後、陸軍士官学校に入り1891年に卒業する（2期生）。同期に坂西利八郎・稲垣三郎・小野寺重太郎がいた。歩兵第11連隊付となり、のち日清戦争に従軍する。99年に陸軍大学校を卒業した（13期）。同期には武藤信義・稲垣三郎・奈良武次らがいる。1900年の北清事変に際して福島安正の率いる臨時派遣隊副官として出征し、のち戦闘本隊の第5師団兵站参謀となり、戦闘終了後に清国駐屯守備隊司令部参謀に就く。03年に帰国して歩兵第14連隊付、のち大隊長となって日露戦争に第1軍（司令官黒木為楨）第12師団（師団長井上光）に所属して出征する。満州軍総司令部が戦地に出たあと大本営参謀となるが、05年1月に旅順から北上する第3軍（司令官乃木希典）司令部参謀に転じた。戦後は参謀本部員となり、06年よりイギリス駐在ののち08年に帰国して教育総監部参謀、陸軍省副官、陸軍省軍務局歩兵課長を経て14年に陸軍省高級副官に就いた。翌年教育総監部付に移り、臨時軍事調査委員会委員長に就任し第1次大戦の軍事調査に従事する。17年には石井ランシング協定を締結する石井菊次郎特命全権大使の随員・主席武官として渡米した。帰国後18年より陸軍省軍務局長に就いて戦後の軍務運営を担う。22年から第20師団長を務め、24年に鈴木荘六の後任として第5代台湾軍司令官に就任した。26年に軍事参議官となる。　　　（斎藤聖二）

菅原　伝　すがわらでん　（文久3.8.25(1863.10.7)－1937.5.9)

政治家。孫文が最初に知り合った日本人の一人。陸奥（宮城県）出身。

大学予備門を経て1885年アメリカ留学、サンフランシスコで『第十九世紀』新聞編集長として、日本の政治を糾弾、自由党員となる。93年ハワイに渡り、この頃孫文と知り合った。95年、孫文は日本での留守を預かる陳少白に菅原を紹介、菅原は96年帰国し、陳に曽根俊虎・伊藤痴遊を紹介した。曽根の紹介から、陳と島津弥蔵、弥蔵の弟宮崎滔天との接触ができ、滔天と孫文との初対面が実現した。98

年以降、衆議院議員に16期当選、立憲政友会に所属した。のちに海軍参与官・立憲政友会総務等を務めた。　　　　　　（久保田文次）

（参考文献）　庄司一郎編『菅原伝先生ノ生涯ト其ノ遺稿』（菅原伝翁建碑協賛会、1938年）、上村希美雄『宮崎兄弟伝　アジア篇　上』（葦書房、1987年）。

杉浦重剛 すぎうらじゅうごう　（安政2.3.3（1855.4.19）-1924.2.13）

教育者、思想家。大津（滋賀県）出身。

1876（明治9）年英国に留学、物理学・化学を学ぶ。帰国後は大学予備門（のちの第一高等学校）長等を歴任。私学教育にも関心を示し、85年には東京英語学校（のちの日本中学校）を設立している。また、日本人学生や清国留学生のための学生寄宿修養施設「称好塾」を設立した。88年、政府の欧化政策特に条約改正に反対すべく、日本主義に立脚した政教社を三宅雪嶺らと共に立ち上げ、雑誌『日本人』を創刊、次いで陸羯南の雑誌『日本』の創刊を助けた。さらに「日本倶楽部」を組織、90年には代議士に当選した（翌年辞任）。東亜問題にも関心が深く、近衛篤麿・神鞭知常らと交わり、1902年4月には、近衛の懇請により東亜同文書院第2代院長に就任、就任直後から南京・漢口方面の視察、張之洞等中国側要人との会見等精力的に院長業務をこなしたが、間もなく体調を崩し、翌年5月辞任した。その後、国学院大学学監や東宮御学問所御用掛等を歴任。　　（栗田尚弥）

（参考文献）　大町桂月・猪狩史山『杉浦重剛先生』（政教社、1924年、復刻版、杉浦重剛先生顕彰会、1986年）、『杉浦重剛全集』全6冊（明治教育史研究会編、杉浦重剛全集刊行会、1983年）。

杉　栄三郎 すぎえいさぶろう　（1873.1.4－1965.6.7）

歴史学者、法学博士、帝室博物館総長。雅号は履洋。岡山県出身。

1900年に東京帝国大学法科大学政治科を卒業後、臨時秩禄処分調査局属兼大蔵属、02年には会計検査院検査官補。同年9月清国政府の招聘に応じ、京師大学堂（1898年設立、辛亥革命後北京大学と改称）へ赴任。その頃、清国では義和団事件（00年）を受けて教育改革や制度改革が必須とされており、官吏及び教員養成に当たらせるため、仕学館副教習として杉を招聘した。杉と同時に渡中したのは、仕学館正教習・巌谷孫蔵（京都帝国大学教授）、師範館正教習・服部宇之吉（東京帝国大学教授）、同副教習・太田達人。日露戦争前後の親日的な雰囲気の中、学生指導に当たり、辛亥革命後の12年7月に帰国。帰国後も14年10月には「支那の各事物に付て思ふ儘に記述し、此を同好の士に頒ち、批評を求むるに志あり」として『履洋叢書第壱編　支那の酒』を刊行するなど、「中国通」ぶりを示している。

（松田　忍）

（参考文献）　杉栄三郎『履洋叢書第壱編　支那の酒』（光栄堂書店、1914年）、「座談会　図書寮と帝室博物館の思ひ出―杉栄三郎博士を囲んで―」（『日本歴史』195、1964年）、小山清『哲西町名誉町民　杉栄三郎伝』（2000年）。

杉田定一 すぎたていいち （嘉永4.6.2（1851.6.30）－1929.3.23）

政治家。福井出身。

福井の豪農の子として生まれる。10歳から15歳まで三国瀧谷寺の道雅上人に学び、18歳で大阪に出て理学校に入り、2年後横浜に出て英語を学ぶ。25歳で『采風新聞』を起こし、筆禍に遭って以来、31歳までの間に3度も筆禍を買い、獄に下る。1876年『評論新聞』に入り、板垣退助と交わり、自由民権運動に参加。79年『血痕集』、80年『経世新論』、83年『興亜策』、84年『遊清余感』を著した。84年に清国に渡り、上海で東洋学館設立に尽力した。訪清の際、政治腐敗を見て中国を救うには改革すべきだと認識し、頭山満・寺尾亨・犬養毅等と共に孫文・黄興の革命を支援した。1886年7月欧米漫遊、88年6月帰国、翌年福井県会議員、92年に衆議院議員、98年に憲政党に参加、北海道長官、衆議院議長を経て、1908年立憲政友会幹事長、顧問、11年貴族院議員。1929年死去。　　　（李　廷江）

（参考文献） 雑賀博愛『杉田鶉山翁』（鶉山会、1928年）。

杉原荒太 すぎはらあらた （1899.8.28－1982.1.20）

外交官。佐賀県出身。

大阪市立高商卒、1924年外交官試験合格。32年から36年まで上海在勤。40年に南京総領事。皖南事件（41年1月、国民党軍が共産党軍新4軍を襲撃した事件）等、国共の相克による重慶の抗戦体制の崩壊が期待される中で、杉原はこれらは希望的な観測であり、三国同盟によって中国が米英陣営の一角となった現在、「重慶抗戦陣営の転向は到底見込み薄と思わざるべからず」と的確に指摘した（41年2月「支那一般情勢及事変処理管見」）。44年外務省を離れ大東亜省支那事務局長となり、終戦間際の45年4月に「対重慶問題に関する意見」をまとめている。この意見書は、重慶政権は米ソ両勢力の中国進出を避けるかたちでの戦争終結を望んでおり、その点で対日妥協の可能性があるとし、日中ソ提携構想（極東平和安全保障構想）を提案し、45年5月の最高戦争指導会議でも対ソ提案の一つに「支那に就ては日蘇支三国の共同体制を樹立すること最も望ましき所なり」として明記された。戦後は追放解除後の50年に参議院議員となり、74年まで在職、この間、鳩山内閣の国務大臣（防衛庁長官）を務めた。　（波多野澄雄）

（参考文献） 杉原荒太『外交の考え方』（鹿島研究所出版会、1965年）。

杉村勇造 すぎむらゆうぞう （1900.11.1－1978.9.29）

美術史学者。東京出身。

中国に留学し金石学・書誌学を学ぶ。専門は中国美術及び中国文化史。満州国建国後、国立図書館開設に尽力し日満文化協会常務理事や日満芸文協会常務理事に就任した。戦後は東京国立博物館図書室長、大東文化大教授（外国語学部中国語学科）、出光美術館理事等の職を歴任し、中国美術の研究を軸に日中の文化交流と友好促進に尽力した。異色の業績としては長編アニメーション「白蛇伝」（東映動画、58年）の風俗考証がある。蔵書は遺族により大東文化大に寄贈され杉村文庫として公開されている。　　　（林　直樹）

すぎやましげまる

（**参考文献**） 杉村勇造『乾隆皇帝』（二玄社、1961年）、同『中国の庭―造園と建築の伝統―』（求龍堂、1966年）、黒田源次・杉村勇造『遼の陶磁』（陶磁体系14、平凡社、1958年）、杉村勇造『清の官窯』（陶磁体系46、平凡社、1973年）、杉村勇造・永井敏男『文房四宝』（淡交社、1972年）。

杉山茂丸 すぎやましげまる （元治1.8.15(1864.9.15)－1935.7.19)

政治活動家、実業家。号其日庵。福岡出身。

福岡藩士杉山三郎平の長男。明治・大正・昭和にかけて政界の黒幕等と呼ばれた人物である。1877年15歳の時熊本に出かけ、生涯の師高見忠、佐々友房らと知り合う。80年初めて上京し、藩閥政治に対する憤懣を蓄積する。その後、佐々らの紹介で、井上毅の知遇を得、政治的活動の基盤ができた。また、福岡玄洋社頭山満との交わりも、佐々の勧めが契機であった。その後、頭山との関係の中で、『福陵新報』『九州日報』の創立・経営等にも関わった。

また、香港との間の石炭貿易事業を契機に、経済方面の重要性を認識し、福岡出身の金子堅太郎農商務省次官の知遇を得て、工業資本供給のための日本興業銀行設立運動を展開した。97・98年、アメリカに渡り、金融王J・P・モルガンと巨額の借款交渉を行い約定に成功したが、議会の反対等により、この外資輸入は実現しなかった。しかし、その後の外債引受交渉、台湾の製糖業や台湾銀行への経済献策、京浜銀行の後始末等、一連の銀行問題に役割を果たした。また、台湾政策を通じて交流を深めていた児玉源太郎から依頼された日露戦争後の満州経営策の立案にも関わり、親友後藤新平の満鉄総裁への就任を支援した。

その他杉山が関係した主な事業としては、博多築港、関門トンネル計画等がある。政治的援助等の活動としては、伊藤博文の新党組織への援助、韓国併合、インド独立運動ビハリ・ボースへの亡命援助、憲政会・政友会連立内閣成立斡旋等がある。

一方、杉山の対中国政策は、当時の一般的対中国策とは異なり、中国の大国としての力を認め、あくまで日本は、中国の平和秩序維持のために軍事力を貸し、世界に門戸を開放するという考えであった。遺体は、医学研究のため東京帝国大学に献体された。著作に『其日庵叢書第一篇』『百魔』『俗戦国策』がある。

（佐々博雄）

（**参考文献**） 一又正雄『杉山茂丸―明治大陸政策の源流―』（原書房、1975年）、『夢野久作全集』（三一書房、1970年）。

杉山　元 すぎやまはじめ （1880.1.2－1945.9.12)

陸軍軍人。福岡県出身。

1900年陸軍士官学校卒（12期）、10年陸軍大学校卒。典型的な軍事官僚で、陸軍中央の要職として軍事課長（23－25年)、軍務局長（28－30年)、陸軍次官（30－32年)、航空本部長（33－34年)、参謀次長（34－36年)、教育総監（36－37年、44年)、陸軍大臣（37－38年、44－45年)、参謀総長（40－44年）を歴任している。陸軍3長官のすべてを経験し、しかも教育総監・陸相に2度も就任しているのは杉山だけである。

中国との関係では、陸軍次官時代に満州事変に際会し、参謀次長時代には陸軍出先機関による北支（華北分離）工作が行われたが、こうした動きに対し、肯定的であれ否定的であれ、杉山がなんらかのリーダーシップを示した形跡は見られない。陸相に就任してから約半年後の37年7月、盧溝橋事件が勃発した時、いわゆる「拡大派」の主張に同調し、事態楽観と「対支一撃論」に基づいて、内地からの3個師団動員・派兵を実施し、事変を拡大させる重大な転機をかたちづくった。同年11月から翌年初頭にかけて、ドイツの仲介による日中和平工作（トラウトマン工作）が試みられた際も、強硬派の「国民政府否認論」に同調し、参謀本部が主張する和平論に対抗した。この時の和平をめぐる政軍首脳レベルの論争では「否認論」が大勢を圧し、その結果「国民政府ヲ対手トセス」の政府声明が発表された。しかし、その後近衛首相は声明の誤りに気付き、政策転換を図ろうとして、策謀をめぐらし杉山陸相を辞任に追い込んだ。

38年12月北京に司令部を置く北支那方面軍の軍司令官に就任。その隷下には、山西省の第1軍、山東省の第12軍、内モンゴルの駐蒙軍等があった。ただし、この時日本軍は戦力の限界に近付き、中国を軍事的に屈服させることができなかった。杉山率いる北支那方面軍も、10個師団以上の兵力を擁しながら、大規模な本格的作戦を行うことはなく、もっぱら各個に占領地の安定確保のための掃討作戦を実施するだけであった。この頃、華北では共産軍によるゲリラ活動が活発となったが、杉山がその脅威を充分に理解していたかどう

かは疑問である。

参謀総長就任後、日米開戦回避をめざして行われた日米交渉の過程では、東條陸相と共に、アメリカから要求された中国からの早期撤兵に頑なに抵抗した。対米開戦不可避を天皇に上奏し、短期戦勝利の見通しを述べたところ、「支那事変のときお前は事変は三ヶ月で片付くと言ったではないか」と天皇から指摘され、「何しろ支那は広うございますから」と弁明したのに対し、「太平洋は支那よりもずっと広いではないか」と反駁されたというエピソードは有名。敗戦後、妻と共に自決した。　　　　　　　　　　（戸部良一）

（参考文献）　杉山元帥伝記刊行会編『杉山元帥伝』（原書房、1969年）、秦郁彦『盧溝橋事件の研究』（東京大学出版会、1996年）。

鈴江言一　すずえげんいち　（1894.12.31－1945.3.15）

中国研究者、社会思想家・活動家。中国名秦貞一・王子言等。ペンネーム印度の烏・からす・野村進一郎・王枢之等。島根県出身。

島根選出の衆議院議員であった泰蔵を父として、8男1女の末っ子として生まれる。父は手広く殖産事業を営んでいたが1900（明治33）年倒産し、単身京都に逃れたのち、06年他界する。その後次兄に引き取られ、神戸に住む。09年神戸市立道場尋常高等小学校卒業後、9月単身上京して弁護士宅の書生となる。その間神田の東洋学院の夜学に通う。

13（大正2）年9月1日銀座に数名の弁護士と東京法律事務所を設立。ここで、荒畑寒村・大杉栄・堺利彦・山川均等と知り合い、思想的な影響を受ける。18年明治大学政経専

門部別科に入るが、19年に除籍となったため、3月北京に赴き、藤原鎌兄の紹介で新支那社の雑用係に採用される。この時、東京法律事務所の機関誌『法治国』に北京レポートを寄稿したことが文筆業のきっかけとなる。

1920年からは『新支那』の時事問題を担当し、中国の社会問題や革命状況に関しての記事を書くようになる。この時期のペンネームは「印度の烏」「からす」であった。22年北京に国際通信社の支局が開設され、採用される。秋、奉直戦争視察の途中で伊藤武雄と知り合う。25年5月から山東省をはじめとする農村を視察すると同時に、労働運動指導者、共産党員等との交流を深める。26年伊藤武雄の紹介で満鉄調査部の研究生となる。伊藤は鈴江を生涯の友と回憶している。27年4月武漢に移り、汎太平洋労働者会議第1回全体会議に「王子言」の名で参加し、演説をする。この間に満鉄は解任される。

1928年3月15日日本共産党の一斉検挙事件が起きると、上海にいた佐野学は北京の鈴江を訪ね、渡辺政之輔らとの連絡のため東京行きを要請する。鈴江は第6回コミンテルンへの参加指令を佐野に渡す。29年秋『中国無産階級運動史』を満鉄から極秘出版する。30年9月『支那革命の階級対立』を東京で出版。その後、42年まで『改造』『批判』『満鉄調査月報』『満鉄支那月誌』等の雑誌に精力的に寄稿する。この間、本名の他、「王子言」「野村進一郎」等のペンネームを使う。31年9月には『孫文伝』を「王枢之」の名前で改造社から出版する。「序」には「人格礼賛」ではなく、「本書はマルキシズムの立場から書か

れた『孫文』傳である」とある。

1934年秋親交のあった中江丑吉の紹介で吉田茂の推薦を得て外務省対支文化事業部の研究生となる。また、37年7月には満鉄の嘱託となる。42年9月21日の「満鉄調査部事件」に連座し、27日上海で治安維持法違反で逮捕される。43年6月17日新京（現長春）で釈放され、9月24日婚約中であった竹内浪子（中江丑吉の姪）と結婚する。11月発熱し、結核と診断され、44年10月帰国して九州大学病院に入院したが、病状が悪化し、45年3月15日死去する。

(家近亮子)

(参考文献) 衛藤瀋吉・許淑真『鈴江言一伝—中国革命にかけた一日本人—』（東京大学出版会、1984年）、山本秀夫編『甦る橘樸』（龍渓書舎、1981年）、鈴江言一『孫文伝』（岩波書店、1950年）。

鈴木貫太郎 すずき かんたろう （慶応3.12.24(1868.1.18-1948.4.17)

海軍軍人・海軍大将。首相等を歴任。弟・鈴木孝雄は、陸軍大将。堺（大阪府）の生まれであるが、千葉県に移住。

1887（明治20）年海軍兵学校卒業（14期）。89年少尉に任官する。日清戦争では、常備艦隊第3水雷艇隊に編入されて、威海衛攻撃等に参加。「鬼貫太郎」と言われる。威海衛が陥落すると清国は講和を欲するが、講和使節である李鴻章が乗船する船舶が威海衛を通過した時に、鈴木の部隊は示威行動に出たというエピソードが残っている。日清戦争後は、軍令部1局員や海軍省軍務局員に任命されている。日露戦争では、春日副長となり黄海海

戦に参加し、第4駆逐隊司令としては、日本海海戦にも参加して功績を残す。その後、第2艦隊司令官、人事局長、海軍次官、連合艦隊長官等要職を歴任し、その間に大将にも進級している。1929年予備役に編入。予備役編入後は、侍従長や枢密院議長等に就任して、天皇側近として活躍し、45年4月には首相に任命された。昭和天皇の厚い信任を背景に、戦争終結に尽力し、ポツダム宣言の受諾というかたちで長年にわたる中国との戦争を終結させた。　　　　　　　　　（山本智之）

（参考文献）　鈴木貫太郎伝記編纂委員会『鈴木貫太郎伝』(1960年)、鈴木一編『鈴木貫太郎自伝』(時事通信社、1968年)、半藤一利『日本海軍を動かした人びと―勝海舟から山本五十六まで―』(力富書房、1983年)。

鈴木久五郎 すずききゅうごろう　(1878.8.22－1943.8.16)

株式仲買人。俗称「鈴久」。埼玉県出身。

郷里の豪農である鈴木家の起こした鈴木銀行の東京支店を拠点として、日露戦争直後の1906年から株式の取引に参入する。彼は、東京株式取引所、日本精製糖等の株式買占めに乗り出し、特に鐘紡の株式取得をめぐって神戸の華僑・呉錦堂と争って勝利をおさめたことにより莫大な財産を築いた。最盛時の花柳界における大尽遊びで浮名を流すと共に、その没落も急速にやってきた。その浮沈の激しさゆえに、鈴久は「成金」の元祖とも呼ばれた。彼は08年群馬県選出の衆議院議員として1期務めた。鈴木久五郎は06年犬養毅の紹介により孫文に会い、その意気に感じ07年3月孫文が日本を去る時に1万円の資金を彼に渡した（はな夫人の回想によると、この時30万円を出したということになっているが、確証が得られていない）。13年に辛亥革命に成功した孫文が日本を訪れ、没落した鈴木に再会する。この時、間もなく生まれてくる子供に対し孫文の名をとって「文子」と名付ける。彼女は、往年の松竹少女歌劇のスターである「田村淑子」となった。　　　　　　（山田辰雄）

（参考文献）　村松梢風「黄金街の覇者」(『本因坊物語―近世名勝負物語―』新潮社、1954年)、紀田順一郎『カネが邪魔でしょうがない―明治大正・成金列伝―』(新潮社、2005年)。

鈴木荘六 すずきそうろく　(元治2.2.19(1865.3.16)－1940.2.20)

陸軍大将。三条（新潟県）出身。

尋常小学校卒業後に教壇に立つが、新潟師範学校を卒業したのち1886年陸軍教導団に入り、卒業後仙台砲兵第2連隊付となる。90年、陸軍士官学校を卒業する（1期）。同期には宇垣一成・白川義則・石光真臣がいた。91年に陸軍大学校に入るが日清戦争に会して第4師団付となり遼東半島で講和を迎える。戦後陸大が再開されたのち98年に卒業する（12期）。参謀本部第1部出仕、後日部員となり、1900年の北清事変に大沽運輸通信支部部員として従軍する。帰還後はほどなく陸大教官となる。日露戦争を迎え第2軍（司令官奥保鞏）司令部作戦参謀として出征し、のち参謀副長となった。日露戦後は陸大教官、参謀本部員、08年に参謀本部第1部（部長松石安治）作戦課長を務め、09年に本郷房太郎を中

心とする欧州軍事視察の旅に赴く。10年から陸大幹事となった。14年に騎兵第3旅団長に就き、16年には騎兵実施学校長に就任する。翌年に騎兵監となる。19年に第5師団長に就いてシベリア出兵に出征した。その後第4師団長となり、23年に第4代台湾軍司令官、24年には朝鮮軍司令官を務めた。25年に満州視察をして張作霖・張学良と会見している。その年の郭松齢事件の際は派兵準備をして参謀本部にその旨を通じ、奉勅命令受領と同時に部隊を奉天に急派した。26年からは4年間にわたり参謀総長職に就く。27年議定官に就任、30年に後備役に入る。在郷軍人会会長を約6年間務めたのちに退役し、枢密顧問官となった。　　　　　　　　　　　　　　（斎藤聖二）

（**参考文献**）　『陸軍大将鈴木荘六伝』（非売品、1943年）。

鈴木大拙　すずきだいせつ　（明治3.10.18（1870.11.11）－1966.7.12）

禅研究家。本名貞太郎。金沢（石川県）出身。

第四高等中学校（現金沢大学）を経て、東京専門学校（現早稲田大学）、東京帝国大学選科に学び、東大在学中は、円覚寺の今北洪川・釈宗演のもとで禅を修行する。97年渡米、オープン・コート出版社に編集者として勤務、そのかたわら『老子道徳経』『大乗起信論』を英訳、さらに自著『大乗仏教概論』（英文）を出版した。09年帰国、学習院・東大で教鞭をとり、21年大谷大学教授に就任、同大学内に東方仏教徒協会を設立し、英文誌『イースタン・ブディスト』を創刊、中国や日本の禅思想の海外紹介に努めた。49年、第2回東西哲学者会議に参加、胡適との間で禅研究をめぐって論争を展開した。50年から58年にかけては、コロンビア、ハーバード両大学で教鞭をとり、中国や日本の仏教思想について講じた。『禅思想史研究』等100冊以上の英文・邦文の著作を残している。49年日本学士院会員となり、同年文化勲章を受章。

（栗田尚弥）

（**参考文献**）　上田閑照・岡村美穂子編『鈴木大拙とは誰か』（岩波現代文庫、2002年）、『鈴木大拙全集』増補版（久松真一・山口益・古田紹欽編、岩波書店、2002－03年）。

鈴木　力　すずき つとむ　（慶応3.7.8（1867.8.7）－1926.12.10）

ジャーナリスト。通称天眼。二本松（福島県）生まれ。

会津藩士の子。薩長閥族政府と終生をかけ対峙する。東京に遊学、大学予備門に進学（中退）。1887年に『独尊子』を著し、犬養毅らにその学識を見出される。自由党機関紙『公論新報』主筆を皮切りに、雑誌『活世界』創刊に関与、秋山定輔が主宰する『二六新報』主筆を経て、長崎に拠点を移す。1902年『東洋日の出新聞』社を創業、社長・主筆として活躍する。03年に頭山満らの対露同志会に加わり、孫文の存在を知る。彼が独自に立論した民族興亡論、「人種・人口・国魂・気力」を総合する「精力」説が注目される。初期は玄洋社の国権主義的なアジア主義者たちと朝鮮に行き、天佑侠事件に参加した行動派であった。長田秋濤によると、法華経の信

奉者という。「一人即国家、国家即一人」の個人の高い自覚により、個人・社会・国家が統一されることを理想とする。独創的な「精力」説から、衰退する古い朝鮮や中国を武力で制圧し啓蒙するべしという行動派から転じ、「精力」説の発露を孫文に認め、そこに深い共感を寄せる。辛亥革命の際は、真っ先に孫文・黄興の革命軍を支持する見解を『東洋日の出新聞』社として表明する。政治家としては、08年5月に衆議院議員に当選、12年5月に落選するまで、犬養毅の立憲国民党系に所属した活動期がある。13年3月の孫文の準国賓としての来日に際し、長崎で交歓を深めた挿話は特筆される。主著は『丈夫の本領』（東京・学園会、1892年）。　　　　　（中村哲夫）

（参考文献）　『東亜先覚志士記伝』下、栃木利夫「辛亥革命と鈴木天眼――一人の対外硬論者の対応――」（『歴史評論』295、1974年）、長田秋濤『露西亜・朝鮮・支那　新々赤毛内』（文禄堂、1904年）。

鈴木貞一　すずき ていいち　（1888.12.16－1989.7.15）
陸軍軍人・陸軍中将。企画院総裁。千葉県出身。

1910年陸軍士官学校卒業（22期）、17年陸軍大学校卒業。20年参謀本部支那班勤務。参謀本部付として上海や北京に駐在。第1次山東出兵の際は、国民党との交渉のために南京や漢口に派遣されていたが、日本の断固たる出兵こそが、日中友好につながるのだとの論理で出兵論者であった。ほどなくして下野していた蔣介石は、部下・張群を鈴木に接近させて交渉を推進し、田中義一首相との面会

に成功している。その結果、張作霖が満州に引き揚げることを日本が説得すれば、北伐を満州に波及させないとの暗黙の了解が成立したとも言われる。31年には、陸軍省軍務局課員（支那班長）に就任。その頃、鈴木は、中国問題（特に満州）に積極策採用を主張する一夕会に加わった。35年内閣調査局調査官に任命され、40年には興亜院総務長官心得に就任した。41年4月には、企画院総裁に任命されたが、米国を中心とした対日経済封鎖の実施は、国力の衰退につながり、それが中国等東アジアにおける日本の支配権喪失につながるとの理由から対英米戦の開戦支持論者であった。戦後、A級戦犯となり終身刑となったが、56年に釈放された。　　　　　（山本智之）

（参考文献）　戸部良一『日本陸軍と中国――「支那通」にみる夢と蹉跌――』（講談社選書メチエ、1999年）。

鈴木虎雄　すずき とらお　（1878.1.18－1963.1.20）
中国文学研究者、漢詩作家、京都帝国大学教授。号は豹軒。新潟県出身。

北越「私学の双璧」の一つで「文選」を教えることが有名な長善館の2代館主鈴木惕軒の8男。母は子守唄に「唐詩選」や「百人一首」を用いた。上京後、東京英語学校、東京府尋常中学及び第一高等中学校で学び、1900年に東京帝国大学文科大学漢学科を卒業。東大在学中は森槐南よりも副島蒼海の漢詩が好きで、卒業時に主任教授に同期の宇野哲人に次ぐ「次席」とされていたことを不平に思い、8年後に「泣き泣き京都に行った」という。日本新聞社、台湾日日新報社（漢文部主任）

に務めたあと、東京で「一日に幾つか行って苦労した」という大学講師時代を経験した。08年2月に陸羯南（くがかつなん）の次女鶴代と結婚、12月に京都帝国大学助教授に就任。16年から中国留学し、19年に教授として支那語学支那文学第2講座を担任する。29年7月からの半年間、欧州出張。33年1月御講書始めの儀に「詩周頌思文篇」を進講した。王国維との交遊で中国の戯曲に関心を持ち、フランスのイポリート・テーヌの英文学史からも影響を受けた。陶淵明・白楽天・李長吉・陸放翁の詩及び『玉台新詠』等についても訳解したが、杜甫の厖大な詩作の全訳を成し遂げたのが一番の偉業である。自らも漢詩の製作に励み、『豹軒詩鈔』・『豹軒退休集』等を含んで生涯1万首ぐらい作った。このような「一次的な仕事」をもって日本の中国文学界に異彩を放ち、中国で最も知られている日本人学者の一人にもなった。主著の『支那詩論史』（弘文堂、25年）は郭紹虞の『中国古典文学理論批評史』や陳鍾凡の『中国韻文通論』に、また「燉煌文心彫龍校勘記」（『内藤湖南博士還暦祝賀記念論文集』26年）は范文瀾の『文心彫龍注』にそれぞれ先鞭をつけていたという。

（陶　徳民）

（**参考文献**）「鈴木虎雄博士」（東方学会編『東方学回想Ⅱ　先学を語る(2)』刀水書房、2000年）。

須磨弥吉郎　すまやきちろう　（1892.9.9－1970.4.30）

外交官。衆議院議員。秋田県出身。

1919年東京帝大英文学科選科を退学し、外務省入省、外交官試験合格。イギリス、ドイツ等に在勤し、日中関係が日増しに悪化していく中で、1927年から37年末に米国大使館参事官に転ずるまで中国在勤は10年以上に及んだ。この間、自ら築いた情報網による多彩な情報収集活動と独自の分析による各種の意見上申は、「須磨情報」として省内に異名を馳せ、特に33年末からの南京総領事時代には、蔵本書記生失踪事件（34年6月）に際しては、失踪を他殺と推定して国民政府に厳重な抗議を申し入れ、中国側の反感を招いたこともあったが、広田外相の中国政策を現地で支え、35年から36年にかけての短い安定期の醸成、関係改善に寄与した。

現地軍による華北分離の策動が活発化した36年、華北における国民政府の主権容認の立場の外務省と華北の分治や独立を求める現地軍の折衷案として、「五省特政会」を提案している。この特政会案は、国民政府の華北における主権保全を前提とし、各種の権限を五省の実権者に委ねる一方、冀東政府を解消するという構想であり、37年の佐藤尚武外相のもとでの中国政策の転換を後押しした。39年10月外務省情報部長となり、40年12月にはスペイン公使となり、英米情報の収集分析に努め、特に日米開戦後はスペイン政府の協力を得て情報収集活動（『東（トウ）』工作）を進めた。スペイン時代にも須磨の関心は中国の動向にあり、例えば『石射猪太郎日記』にも、「スマ情報に云う、重慶は日本と休戦を考量しつつありと」（43年3月1日付）といった記事が散見される。戦後の53年から58年まで秋田県選出の衆議院議員を務めた。絵画への造詣が深

く、中国、スペインで収拾した絵画は「須磨コレクション」として知られる。

(波多野澄雄)

(参考文献) 須磨未千秋編『須磨弥吉郎外交秘録』(創元社、1988年)、須磨弥吉郎『とき 須磨日記』(とき編纂会、1964年)。

澄田𧶠四郎 すみたらいしろう （1890.10.21－1979.11.2)

陸軍軍人、陸軍中将。愛媛県出身(愛知県生まれ)。

陸軍士官学校(24期)、陸軍大学校、仏国陸軍大学校卒業。仏国大使館付武官、参謀本部課長、野砲第3連隊長等を経て、1937(昭和12)年11月、独立野戦重砲兵第15連隊長(中支那派遣軍)となり、南京攻略戦、徐州作戦に参加する。38年7月には野戦重砲兵第6旅団長(第11軍)となり、武漢攻略戦、南昌作戦に参加。陸軍重砲兵学校長を経て、40年9月大本営参謀となり、国境監視団長として仏印に派遣され(「澄田機関」)、41年7月現地においてドクー総督と交渉を行い話合いがまとまり、北部仏印進駐とは異なり、第25軍は南部仏印に平和裏に進駐した。41年9月第39師団長となり、宜昌作戦、常徳作戦に参加、44年11月には第1軍司令官(北支方面軍)となり、山西省の治安維持を担任、太原で終戦を迎え、49年復員した。戦後、台湾に逃れた国民政府軍を訓練するために、占領下極秘裏に旧日本軍人(「白団」)を送り込んだ。また、終戦時司令官を務めた第1軍の兵士等数千名が戦後現地の山西省に残留、閻錫山の部隊と共に国共内戦を戦った。 (庄司潤一郎)

(参考文献) 澄田𧶠四郎『私のあしあと』(私家版、1980年)、森松俊夫『軍人たちの昭和史』(図書出版社、1989年)。

せ

瀬川浅之進 せがわあさのしん （文久2.6.28(1862.7.24)－1945.12.9)

外交官。備中賀陽郡(岡山県)出身。

1883年より、官費留学生として清国に留学し、86年には外務嘱に任ぜられ、翌年領事館書記生として天津在勤を命ぜられた。91年在釜山領事館に移り、サンフランシスコ勤務を経て、98年領事に任ぜられ、駐漢口、元山、牛荘、厦門（アモイ）、広東領事を歴任した。広東在勤中には「辰丸事件」の処理にあたった。09年同領事館が総領事館に昇格したのに伴い総領事代理に任命され、翌年には総領事に昇進した。外務省文書課長心得、記録課長心得を経て、14年駐漢口総領事に任ぜられ、23年まで務めたが、同年病を得て依願免本官した。25年対中国文化事業促進を望む幣原喜重郎外相及び芳沢謙吉在中国公使の期待を担い、日中共同文化委員会委員兼上海委員会委員に任ぜられ、北京に常駐し、同事業拡充のため奔走、特に「東方文化事業総委員会章程」の議決に努力し、その結果同事業は正式に「東方文化事業」と命名された。28年5月、済南事件への抗議から中国側委員が一斉に総委員会から退席した後は、総務委員であった彼が事実上の事務局長となり、32年まで務めた。45年12月9日死去。 (白石仁章)

(参考文献) 阿部洋『「対支文化事業」の研究―戦前日中教育文化交流史の展開と挫折―』(汲

関野　貞 せきの ただす （慶応 3.12.15 (1868. 1. 9)－1935. 7 .29)

建築史学者。高田藩（新潟県）出身。

1895年東京帝国大学造家学科卒業。奈良県技師として古建築の修理・研究に従事したのち1901年帝大助教授に就任。朝鮮古蹟調査を皮切りに、中国山東省の建築遺構、山西省の仏教遺跡等を踏査した。20年帝大教授に昇進し、中国・朝鮮・日本の建築史学・美術史学・考古学の研究をリードした。計10回に及ぶ中国調査の際に残した記録は、建築・陵墓・仏像・石碑等多岐にわたるもので、中国の建築史学が未発達であった時期の学術資料として貴重である。関野の研究に関しては、写真撮影や実測等の先端技術を記録手法に積極導入し基礎データを今日に残したこと、該博な知識を生かし文化財の総合研究を構想したことに高い評価がある一方、国策や近代ナショナリズムとの密接な関わりを指摘する見解もある。考古学者の関野雄（東大名誉教授）は子息。 （林　直樹）

（参考文献） 関野貞・常盤大定『支那文化史蹟』全12冊（法蔵館、1925－40年）。

仙石　貢 せんごく みつぐ （安政 4.6.2 (1857.7.22)－1931.10.30)

鉄道技術者。高知出身。

1878年東京帝国大学理学部工学科卒業後、東京府土木掛勤務。鉄道技師として欧米で新技術や広軌について学ぶ。96年鉄道局を退職後、筑豊鉄道株式会社社長、九州鉄道株式会社社長を歴任。1906年鉄道技術者・経営者としての手腕を高く評価され、南満州鉄道株式会社の設立委員になる。14年鉄道院総裁。15年高知県から衆議院議員に選出される。24年加藤高明内閣と26年若槻内閣で鉄道大臣を務める。広軌導入を主張したが実現せず。29年8月山本条太郎の後継として、第11代南満州鉄道総裁に就任。31年6月満州事変前に辞任。後任は内田康哉。 （木村昌人）

（参考文献）『南満州鉄道株式会社三十年史』（南満州鉄道株式会社、1937年）。

そ

副島義一 そえじま ぎいち （慶応 2.1.15 (1866.2.19)－1947.1.27)

憲法学者。肥前（佐賀県）出身。

1894年帝国大学（現東京大学）法科大学独法科を卒業、同大学院に進学。東京帝大では公法特に憲法を専攻するにあたり、ドイツのゲ・マイエルの国家人格説，君主機関説を憲法学上の真理なりとして、穂積八束博士の天皇主権説に反対した。そのため、副島は高等文官試験受験の際またはその他の機会に種々の威圧を受けたが屈せず頑として自説を曲げなかった。その結果、志を官界・官学に絶ち、早稲田大学に入ったという。早稲田大学で勤務期間中、ベルリン大学に留学した。

1911年、中国で辛亥革命が勃発して間もなく、副島は帝国大学国際法教授の寺尾亨と共に中国へ渡航し、中華民国南京臨時政府の法律顧問に委嘱された。

副島は法律顧問として活動したのは3ヶ月半にすぎなかったが、「中華民国臨時約法

副島 種臣 そえじま たねおみ （文政11.9.9（1828.10.17）－1905.1.31）

官僚・政治家。書家としても多くの作品を残している。佐賀出身。

肥前国佐賀藩士、国学者枝吉中左衛門種彰（南濠）の次男として佐賀に生まれた。兄は、国学者枝吉神陽。のちに佐賀藩副島利忠の養子となる。通称二郎のち種臣。号は蒼海、一々学人。外務卿として明治前期の日清外交交渉に活躍した。

幕末期は、江藤新平や大木喬任らと藩校弘道館に学び、京都において漢学・国学を学んだ。安政の大獄の影響により、藩において謹慎処分を受けた。その後、鍋島藩の英学塾である長崎の致遠館で漢学を教授するかたわら、フルベッキに師事し、英学を学んだ。また、中国で翻訳出版された国際法「漢訳万国公法」や米国憲法等についても研究した。

明治維新の際は、混乱した長崎において対外折衝にあたり、明治1（1868）年には、新政府の参与、制度事務局判事となり、福岡孝弟と「政体書」を起草した。明治2（1869）年7月参議に、明治4年11月外務卿に就任した。樺太の帰属をめぐる対露交渉や、琉球藩帰属問題を担当し、明治5（1872）年6月には、ペルー船籍のマリア＝ルズ号が、マカオからペルーへ清国人労働者の移送中、横浜に寄港した際に起こった奴隷的扱いに対する裁判事件問題（マリア＝ルズ号事件）も担当した。この事件で、清国人230余名を解放し、清国に帰国させたことは、横浜在留清国人や李鴻章にも好感を与えた。

73年2月特命全権大使に任命され、日清修

（憲法）」制定への参与と南北統一交渉への助言等多くの面で重要な役割を果たした。南北統一後、袁世凱政権と国民党との矛盾が激しくなるに従い、副島はまた国民党の政治顧問として国民党の議会闘争について助言をし、側面支援を行った。第2革命失敗後、孫文ら革命亡命者を援助し続けていた。さらに、袁世凱政権で独裁政治ないし帝政復活に繋がるような有賀長雄の憲法構想やグットノウの帝政論に批判の矛先を向け、辛亥革命の成果及び共和制度を強く支持した。副島のこれらの活動は全く個人の辛亥革命に対する同情心と中日両国の提携を推し進める理想から発したものである。従って、15年大隈内閣による21ヶ条を中国に押しつけようとした時、副島は大隈内閣に反対した。

21年衆議院議員に当選。30年、再び南京国民政府考試院、立法院の法律最高顧問として招聘された。35年国士舘専門学校校長に就任。著書に『日本帝国憲法論』（27年）、『日本行政法汎論』（30年）、『内閣制度論1～2巻』（36年）等がある。　　　　（熊　達雲）

（参考文献） 松下佐知子「清末民国初期の日本人法律顧問―有賀長雄と副島義一の憲法構想と政治行動を中心として―（『史学雑誌』110－9、2001年）、熊達雲「中華民国の多難な船出と日本人顧問たち―南京臨時政府法制顧問の寺尾亨、副島義一を中心に―」（陶徳民・藤田高夫編『近代日中関係人物史研究の新しい地平』雄松堂出版、2008年）。

好条規批准書交換と清国同治帝の親政慶賀を述べた国書奉呈、及び台湾原住民による漂着宮古・八重山漁民54名の殺害事件交渉のため、3月龍驤・筑波の2軍艦を伴い清国に赴いた。5月北京に着いた副島は、7月の帰国まで、清国高官と外交交渉を行った。皇帝謁見の際の席次や伝統的儀礼の改革を求め、国書奉呈は難航したが、副島の謁見拒絶帰国決心に清国側も譲歩し、6月29日謁見式が挙行された。上席者として各国公使団より先に、三揖の立礼謁見をもって、国書を奉呈した。また、この間、柳原前光を清国総理衙門に遣わし、同大臣毛昶熙らに、台湾・朝鮮と清国との関係をたずねさせ、台湾原住民に対しては、政府の力の及ばない「化外」の民である、朝鮮に対しては、内地外交には関与していない、等との言質を得た。副島大使本来の目的は達成された。副島の外交手腕は内外から高い評価を得た。なお、謁見式が行われた紫光閣は、その後、蒙古王の謁見宮殿であったことがわかり変更された。

帰国後、73年政変により、10月官を辞職した。74年1月「民撰議院設立建白書」を板垣退助らと政府に提出した。西南戦争中は、自宅を処分した旅費で清国を旅行。78年帰国し、翌年宮内省御用係1等侍講に任命される。その後、84年には、伯爵を授爵。86年宮中顧問官、88年枢密顧問官、91年枢密院副議長、92年内務大臣等を歴任した。1905年1月31日病没。78歳の生涯を終わった。2月には、衆議院において江藤新作による哀悼演説が行われた。　　　　　　　　　　　　（佐々博雄）

（**参考文献**）　丸山幹治『副島種臣伯』（大日社、1936年）、「副島大使適清概略」（『明治文化全集』11巻）、片淵琢編『副島先生蒼海閑話』（研学会、1898年）、島善高編『副島種臣全集』（慧文社、2004-07年）。

添田寿一　そえだじゅいち　（元治1.8.15(1864.9.15)-1929.7.4）

財政家。筑前（福岡県）出身。

1884年東京帝国大学法学部卒業、大蔵官僚となる。日清戦争の賠償金を基に金本位制を導入する際には、東アジア、特に中国との通商貿易を重視し、銀本位制度を主張した反対派の田口卯吉らを説得した。98年大蔵次官。退官後、99年福岡の友人杉山茂丸の推薦で、台湾の中央銀行に当たる台湾銀行設立に参加し、6月同銀行頭取に就任（1901年まで）。1902年日本興業銀行初代総裁。06年南満州鉄道株式会社の設立委員。中国興業株式会社を通じて日本興業銀行から中国へ投資を行う。15年仙石貢の後継として鉄道院総裁就任。仙石に引き続き広軌導入をめざしたが導入できず。25年貴族院議員、台湾銀行監査役、死去まで在任。当時としては数少ない国際的に著名なエコノミストであった。　　　　　（木村昌人）

（**参考文献**）　添田寿一『戦後国民経済策』（大鎧閣、1919年）、同『財政経済講話』（日本書院、1924年）。

曽我祐準　そがすけのり　（天保14.12.25(1844.2.13)-1935.11.30）

陸軍中将、子爵。柳川（福岡県）出身。

柳川藩士の次男。砲術を習得し、長崎に遊学してイギリス人グラバーの口利きで慶応2

(1866)年11月から翌年5月まで国禁を犯して上海・大沽・香港・シンガポール・ペナン・カルカッタ（現コルカタ）へ航海した。同4（1868）年に海軍御用掛となって出仕、維新政府の兵部権大丞、兵学寮権頭、兵学頭、戸山学校長、陸軍士官学校長等を歴任。1874年には中国出兵準備の研究を行った。西南戦争は別働第4旅団長として福岡士族反乱を鎮圧したのちに田原坂を抜けて熊本・鹿児島へと転戦した。1880年、イリ事件に際して清国・ロシアに対する『時論三策』を伊藤博文・山県有朋に提出、第一策を清国援助とした。中部監軍部長であった1881（明治14）年に谷干城・三浦梧楼・鳥尾小弥太と憲法制定の上奏をして物議をかもした。翌年参謀本部次長に就く。85年に仙台鎮台司令官に転じる。86年再度参謀本部次長となるが山県有朋との争いの中で士官学校長に追われ、間もなく休職する。88年に皇太子（大正天皇）の教育主任となる。その12月に月曜会事件で予備役に編入された。翌年東宮大夫に任じられる。91年より宮中顧問官並びに貴族院議員となった。95年、「大東策」で日清講和条件に対する意見を匿名で発表した。98年から8年半にわたり日本鉄道会社社長を務めた。1915年より枢密顧問官となる。　　　　　　　　（斎藤聖二）

（**参考文献**）『曽我祐準翁自叙伝』（同伝刊行会、1930年）、『続対支回顧録』下。

十河信二　そごうしんじ　（1884.4.14 – 1981.10.3）

鉄道官僚、政治家。愛媛県出身。

東京帝国大学法科大学卒業後、鉄道院入省。1926年「復興局疑獄事件」で逮捕されるも、29年控訴審で無罪。30年満鉄理事に就任。満州事変に際しては、満鉄総裁内田康哉が事変拡大に転換する契機となる、内田・関東軍司令官本庄繁会談を準備するなど、関東軍に積極的に協力。満州国建国後は、同国政府の経済政策立案に重要な役割を担った満鉄経済調査会の委員長に就任。また、満鉄の華北進出も積極的に推進。35年に満鉄の華北出先機関として華北経済開発を目的とした興中公司が組織されると、社長に就任。37年林銑十郎内閣の組閣参謀長となり、翌年興中公司社長を辞任。39年帝国鉄道協会理事就任。日本敗戦後は、愛媛県西條市長、鉄道弘済会会長等を経て、55年第4代日本国有鉄道総裁に就任。新幹線の開発・開通に尽力し、63年に辞任。

　　　　　　　　　　　　　　（松重充浩）

（**参考文献**）　十河信二『有法子』（交通協力会、1959年）、中村隆英『戦時日本の華北経済支配』（山川出版社、1983年）、有賀宗吉『十河信二』（十河信二伝刊行会、1988年）。

曽根俊虎　そねとしとら　（弘化4.10.6（1847.11.13）– 1910.5.31）

海軍軍人。主に中国において活動したアジア主義者。米沢（山形県）出身。

米沢藩の儒者で軍学者であった曽根敬一郎俊臣の子として生まれた。号は、嘯雲。藩校興譲館において学び、幕末の志士雲井龍雄の影響をうけ、江戸に出て洋学を学んだ。自著『清国漫遊誌』によれば、性質は子供のころからおとなしく、中国にあこがれる文人タイプの人物であったようである。

明治4（1871）年12月海軍に入り、73年3

そねとしとら

月、副島種臣特命全権大使が軍艦龍驤に搭乗して清国に派遣されると、これに随行、あこがれの中国に初めて足を踏み入れた。74年5月の台湾出兵の際には、台湾蕃地事務局勤務となり、9月には、上海出張を命ぜられた。翌75年12月に帰国した。この間海軍主計町田実一と共に軍需品調達、情報収集の任務を務めるかたわら清国文人と詩文の交歓、及び書籍の収集にも努めた。76年2月から78年1月まで清国調査のために出張を命ぜられ、帰国後、天皇に任務の上奏を行った。79年には、福州方面を調査し、海軍大尉となり、80年には、福州・広東方面を調査した。81年から83年にかけては、軍務局・外務省御用掛を兼務し、天津において中国当局の対韓政策動向を探索した。

一方、80年2月13日興亜会が設立された。興亜会は、アジアの衰微を嘆き、アジアの提携、日清提携により、アジアの振興を目的とし、広くアジアの人士を集めようとした会であった。この興亜会設立に力を尽くしたのが曽根であった。既に、曽根は、海軍に関わりのある仲間と振亜社というアジア振興を目的とする結社を設けていた。彼らのアジア提携への模索は、台湾出兵の前後の時期から行われており、西洋化に同調しない漢学や清国言語に関心を持った一部の知識人等も参加した。興亜会の組織役員は、会長長岡護美、副会長渡辺洪基、幹事曽根俊虎・金子彌兵衛・草間時福等であった。清国公使何如璋や、中国の思想家王韜等にも賛同を求めた。

83年6月、上海に赴き、清仏軍事視察のための特別任務に就いた。翌年の清仏戦争に際しては、福州において陸軍小沢豁郎や芝罘領事東次郎ら と安南（現在のベトナム）救済を画策したが、事前に政府に発覚し、未遂に終わった。86年4月帰国後、参謀本部海軍部編纂課長心得となり、自らの見聞を『法越交兵記』として著した。書中、当局の安南に対する無関心の態度を非難するところがあり、筆禍をかい、88年2月横須賀鎮守府に拘束された。この間、長崎清国水兵暴行事件直後の、86年9月、外務省在外公官への転職を願う書簡を、伊藤博文に送った。その中で、日本政府の清国に対する処置が不当であり、それが日清両国の不和と軽蔑の原因であると述べ、政府の外交政策を批判していた。筆禍事件は、無罪となったが、91年3月退役した。一時、台湾台東撫墾署長に任用されたが、98年辞職した。在野の論客としての位置は占めたが、晩年は不遇であった。1910年5月31日東京大森で病没した。63歳であった。（佐々博雄）

（参考文献）『対支回顧録』下、『東亜先覚志士記』下、並木頼壽「明治初期の興亜論と曽根俊虎」（『中国研究月報』1993年6月号）。

た

大正天皇 たいしょうてんのう （1879.8.31－1926.12.25）

天皇。東京生まれ。

父は明治天皇、母は権典侍柳原愛子。明宮嘉仁と称した。病弱で学習院に入学したが赤坂離宮内で個人授業を受けた。東大教授三島中洲からは漢詩を学び、自ら作詩もした。89年、立太子。1900年九条節子（貞明皇后）と結婚、天皇名代として地方視察もするようになり、07年には韓国を訪問、韓国皇太子とも友人となった。1912年7月30日に即位、大正と改元。15年京都で即位式を挙行した。治世の時代は国内的には大正政変や大正デモクラシーの動きがあった。中国との関係では、孫文の来訪と亡命、袁世凱政権への対応、第1次世界大戦に参戦しての山東半島の権益の獲得、21ヶ条要求の提出、五四運動等、重大案件が頻出した。しかし、大正天皇は政府・軍部の当局者に対応を一任し、明治天皇のように積極的・主体的に調停機能を発揮することはできなかった。20年、病状悪化が公表され、21年皇太子裕仁（昭和天皇）をヨーロッパに旅行させ、帰国後、摂政に任じた。26年葉山で死去。48歳。大正天皇と諡された。

（小田部雄次）

（参考文献） 原武史『大正天皇』（朝日新聞社、2000年）、小田部雄次『四代の天皇と女性たち』（文春新書、2002年）、古川隆久『大正天皇』（吉川弘文館、2007年）。

田岡嶺雲 たおかれいうん （明治3.11.21（1871.1.11）－1912.9.7）

文芸批評家。本名佐代治。高知県出身。

幼少時から自由民権運動に傾倒。病弱で大阪中学校（三高の前身）を中退し、闘病生活ののち上京、水産伝習所（東京水産大学の前身、現東京海洋大学）で内村鑑三の薫陶を受ける。1891年帝国大学漢学科選科に入り、田口卯吉主宰の雑誌『史海』に処女論文「蘇東坡」が載る。94年卒業前後から文芸評論を執筆、雑誌を創刊する。『万朝報』記者の時、幸徳秋水等社会主義者と親交を結んだ。99年、羅振玉に招聘され、上海の「東文学社」で日本語を教授し、学生の王国維に影響を与えた。康有為等中国人志士と交わり、自己の偏狭な国粋主義を覚醒する契機となる。1900年義和団事件に際し『九州日報』記者として従軍、軍隊の愚かさと戦争の悲惨さを知るが、日本の大陸進出を欧米列強のアジア侵略に対抗するものとする評価は変わらなかった。05年9月日露戦争停戦直後から07年5月まで、再度江蘇師範学堂に教習として赴任した。

（伊藤一彦）

（参考文献） 自伝『数奇伝』（玄黄社、1911年）、家永三郎『数奇なる思想家の生涯』（岩波新書、1954年）、西田勝編『田岡嶺雲全集』（法政大学出版局、1969年－）。

高尾　亨 たかおとおる （1876.11.25－1931.3.26）

外交官。東京出身。

神田共立学校、国民英学会で学んだのち、1895～99年まで北京及び天津で中国語を学ぶ。99年3月に天津で外務省通訳生に任ぜられ、

同地在勤。1904年外務書記生に任ぜられ、天津在勤となり、当時総領事であった伊集院彦吉の信頼を得る。同年8月より牛荘兼勤（兼勤は翌年1月まで）。05年10月には米国在勤を命ぜられ、ポーツマス会議特派全権大使小村寿太郎付として同会議に参加。06年公使館2等通訳官に任ぜられ、16年まで清国北京在勤（09年1等通訳官、12年公使館3等書記官）、伊集院公使（08－13年駐清国公使）等歴代公使のもとで日露戦争後から辛亥革命を経て第1次世界大戦期までの中国側との各種折衝・情報収集に活躍した。16年、領事に任ぜられ南京在勤、18年には総領事に任ぜられ、成都赴任を命ぜられるが結局赴任しないまま、21年8月情報部第1課長心得に任ぜられ、ワシントン会議随員に選ばれる。22年伊集院が関東長官となると秘書官に任ぜられる。翌年10月には大使館参事官として中国在勤を命ぜられるが、翌月伊集院が第2次山本権兵衛内閣の外相に就任し、同外相の秘書官を務める。25年7月駐漢口総領事に任ぜられ、漢口英国租界の中国国民革命軍による回収運動への対応、漢口における排日運動を契機とした日中衝突事件等に遭遇し、解決に向け苦慮した。29年4月依願免本官。同年鴨緑江採木公司理事長に就任するが、31年3月26日死去。

（白石仁章）

（参考文献） 鹿島守之助『日本外交史10 第一次世界大戦参加及び協力問題』『日本外交史11 支那問題』（鹿島平和研究所、1971年）。

高柳豊三郎 たかやぎとよさぶろ （文久2.9.15(1862.11.6)－1912.2.22）

実業家、教育者。佐賀出身。

1885年商業講習所卒業。横浜の外国商館勤務を経て三井物産に入り、上海・香港で活躍。90年神戸商業学校校長、92年名古屋商業学校校長。96年名古屋商業会議所から、下関条約で新たに開港された蘇州・杭州・沙市・重慶の商業視察特派員として中国調査に派遣される。現地調査は、10月24日に上海に上陸してから、翌年2月13日に上海を離れるまで行われ、新開港場のみならず、上海・無錫・武漢・宜昌等々の長江流域主要都市の調査も行われた。調査報告は、『清国新開港場商業視察報告書：附回航実記』としてまとめられ、日清戦争後の長江流域の商業状況を知る上での貴重な史料となっている。その後、日本商船に入社し、香港・上海等で勤務するも、1900年病を得て帰国。09年日就社社長、10年読売新聞社長。停滞期に入った読売新聞の立て直しに尽力する。

（松重充浩）

（参考文献） 高柳豊三郎『清国新開港場商業視察報告書：附回航実記』（名古屋商業会議所、1896年）、古林亀次郎編『実業家人名辞典』（東京実業通信社、1911年）、『読売新聞八十年史』（読売新聞社、1955年）。

高木陸郎 たかぎりくろう （1880.10.19－1959.8.10）

実業家。福井県出身。

1897年東京商工中学校卒業、同年三井物産入社。社内の支那修業生として南京駐在し、北清事変では陸軍の通訳として従軍した。上海・漢口等の勤務を経て社内で中国通となる。

1910年から21年まで、漢冶萍煤鉄公司日本商務代表を務めた。英・米・独との厳しい競争の中で、揚子江流域に日本企業の進出拠点の確保するため、盛宣懐ら中国政財界人と交流した。自らも高木商会（高木公司）を立ち上げ、満州の鉱山採掘権を獲得した。東亜通商会社社長、南満鉱業会社専務取締役、同社社長も務める（45年まで）。

22年から倉知鉄吉・尾崎敬義らの懇請により中日実業株式会社の再建に当たる。同社は13年から渋沢と孫文がトップに座り、日中合弁の形態を取り、双方の投資を行いやすい形態で実業を通じて日中協力を図っていたが、高木は設立時から協力していた。しかし桃沖鉱山への投資焦げ付きによる多額の負債、中国政治状況の不安定、21ヶ条要求、五四運動等排日運動の激化、労働争議の頻発、中国国内の相次ぐ自然災害、日本の政権交代に伴う対中政策の一貫性のなさ、さらには第１次世界大戦の反動不況で大打撃を受けた。高木はまず渋沢栄一の指導のもと、井上準之助・大倉喜八郎・和田豊治等財界の実力者を説得し、人事の刷新を行った。その結果、倉知は退任、尾崎は監査役に退き、高木が中国側の李士偉と共同代表取締役副総裁となり、実質的に同社の経営を任された。中国開発機関として中日実業を高く評価していた高木は再建のため徹底整理に努め、終戦まで同社の経営に尽力した。戦後は公職追放解除後に、日本国土開発株式会社会長となった。　　　　（木村昌人）

(参考文献)　高木陸郎「開発機関としての中日実業」（石山皆男編『資源開発　北支読本』ダイヤモンド社、1937年）、同『私と中国』（非売

品、高木翁喜寿祝賀会、1956年）。

高楠順次郎　たかくすじゅんじろう　（慶応2.5.17(1866.6.29)－1945.6.28)

仏教学者。実家である沢井家は浄土真宗の門徒。備後国御調郡（現広島県三原市）出身。

西本願寺普通教校在学中に反省会を結成し、1887（明治20）年『反省会雑誌』を刊行し、主筆としても活躍。また87年に日野義淵らと海外宣教会を興す。

その後、神戸の実業家である高楠家に養子に入り、普通教校卒業後の90年、ヨーロッパに留学。インド学・梵語学をマックスミュラーらから学び、97年に帰国後、東京大学等複数の大学で教鞭を執る。東大の梵語講座担当として、学界において主導的役割を果たす。多数の門下を育成し、日本の仏教学研究の基礎を構築した。1900年文学博士号を授与され、東京外国語学校校長も務めた。

98年、外務省から教育の嘱託を受け、中国からの留学生を受け入れる学校である日華学堂を梅原賢融や宝閣善教らと共に設立し経営した。日華学堂では、留学生に対して日本語と普通学の授業が行われ、専門の学問をするための基盤作りが目的とされていた。高楠の回顧によれば、卒業生は東京大学や東京専門学校（早稲田大学）に進学する者が多数を占め、陸軍大将や司法大臣になった人物もいた。また駐日公使として赴任した章宗祥も、学堂の出身者であった。日華学堂では日本で研鑽し、のちの中国社会を背負う優秀な人材の育成がめざされていた。

99年東京帝国大学教授に就任し、1901年、

梵語講座が新設され初代教授となる。02年、日華学堂における学校経営の経験をふまえ、宝閣や梅原らと共に西本願寺からの資金提供も受け、中央商業学校を設立した。この学校では、商業教育と人間教育による日本社会の近代的改革を試みている。

12年、学術調査のため文部大臣の指示でインドに派遣。24年、渡辺海旭らと共に編纂した『大正新修大蔵経』100巻の刊行を開始、34年に完結。さらに35年からは、『国訳南伝大蔵経』65巻全70冊も刊行された。

24年3月、仏教興隆のためには女子教育が必要であるとする信念に基づいて武蔵野女子学院を創立。同年4月には仏教女子青年会を創設し、会長となる。この青年会の機関誌が『アカツキ』であった。27年、東大退官後に武蔵野女子学院院長となる。彼が念願とした仏教主義女子大学の設立は、生前には実現しなかったものの、終戦後に女子学院は武蔵野女子大学へと発展。

31年から34年にかけて、東洋大学学長。33年ルンビニ幼稚園を開設し園長となる。同年朝日賞、また44年に文化勲章を受章。43年以降、千代田女子専門学校校長も兼任。45年疎開先の楽山荘にて80歳で死去。著書には『高楠順次郎全集』・『親鸞聖人』等。（髙山秀嗣）

（参考文献） 鷹谷俊之『高楠順次郎先生伝』（武蔵野女子学院、1957年）、『雪頂・高楠順次郎の研究―その生涯と事蹟―』（大東出版社、1979年）、さねとうけいしゅう『中国留学生史談』（第一書房、1981年）。

高碕達之助　たかさきたつのすけ　(1885.2.7 - 1964.2.24)

実業家。大阪府出身。

1906年東洋水産に入社。17年東洋製罐を設立、34年に東洋鋼鈑を設立した。41年満州重工業開発副総裁に就任し、42年12月、総裁鮎川義介が引退したため、総裁に就任した。敗戦後、長春にて在満日本人の引揚げに尽力すると共に、46年国民政府資源委員会顧問、東北行営（熊式輝委員長）顧問となり、満州重工業開発及び関連企業の接収に協力し、47年11月帰国したが、公職追放となる。その後52年電源開発会社総裁となり、54年国務大臣兼経済審議庁長官、58年通産大臣として入閣すると共に、55年以来、国会議員を務めた。55年4月第1回アジア・アフリカ会議の日本政府代表となり、また58年以来3度にわたって日ソ漁業交渉日本政府代表を務めた。62年11月に訪中し、廖承志と「日中総合貿易に関する覚書」を調印し、これ以後L（廖）T（高碕）貿易が始まり、当時国交のなかった日中間の貴重な貿易活動となった。（馬場　毅）

（参考文献） 高碕達之助『満州の終焉』（実業之日本社、1953年）、同『高碕達之助集』上・下（東洋製罐、1965年）。

高島鞆之助　たかしまとものすけ　(天保15.11.9 (1844.12.18) - 1916.1.11)

陸軍中将、子爵。鹿児島出身。

薩摩藩士の4男として藩校で学び、文久2 (1862) 年の藩主上京に従い禁裏守護に当たる。戊辰戦争に従軍したのち侍従、侍従番長となる。1874年に大佐に任じられて陸軍省第

1局長代理を務め、翌年教導団長となる。西南戦争には別働第1旅団司令長官として出征した。79年2月から約1年間欧州の軍事状況を視察し、帰国後は各鎮台司令官、第4師団長を経て91年に第1次松方正義内閣の陸軍大臣に就く。その間、84年の甲申事変の際は強硬論を説き、事後処理に赴く井上馨全権大使に随行した。枢密顧問官ののち95年8月に台湾副総督に就き、台湾征討軍となった乃木希典の第2師団を支えて南進軍司令官として指揮を執った。拓殖務大臣を経て第2次松方内閣で2度目の陸相の席に就くが、辞職後予備役に入る。1900年に対露強硬派の反長閥軍人らが枢密院顧問官の高島を参謀総長に担いで軍拡を急ごうと画策する動きがあったが失敗した。晩年は不遇であった。（斎藤聖二）

（参考文献）『東亜先覚志士記伝』下、斎藤聖二「明治期の宇都宮太郎」（『日本陸軍とアジア政策　陸軍大将宇都宮太郎日記1』（岩波書店、2007年）。

高杉晋作 たかすぎしんさく（天保10.8.20(1839.9.27)－慶応3.4.14(1867.5.17)）

　幕末の代表的倒幕志士の一人。名は暢、通称晋作、和助等、号は東洋一狂生等。萩（山口県）出身。
　藩校明倫館及び吉田松陰の松下村塾に学び、のち江戸に出て昌平黌に学ぶ。文久2（1862）年、幕府派遣の千歳丸に搭乗して上海に赴いた。同3年奇兵隊を組織して諸外国軍と戦い、元治1（1864）年四国連合艦隊の下関砲台占拠の時は、講和交渉の使者を務めた。その後全藩軍を指揮して幕軍と戦い、連勝したが、慶応3年4月病死した。

　文久2年幕府の千歳丸が上海を訪問し、5月6日から7月4日（和暦）にかけて滞在したのは歴史上画期的なことだった。幕府が鎖国政策を採って以来、日本の対外関係は長崎での中国・オランダとの貿易や対馬を通じた朝鮮との通信使や貿易船の往来等に限られ、日本人が外国に滞在することは、難船や漂流で外国船に救助された場合の他は一切禁止されていた。日本船が正式に外国の港に滞在したのは実に220余年ぶりのことで、安政1（1854）年以降幕府は開国政策への転換により、海外の情勢を調査する必要に迫られ、外国に船舶を派遣するようになった。千歳丸はその第一の試みであり、長崎のオランダ商館の指導を受け、358トンのイギリス船を買収し、イギリス船員をそのまま雇用した。千歳丸の派遣は貿易を目的とし、石炭・人参・干しなまこ・干しあわび・昆布等を積み込み、貿易事務は上海駐在オランダ領事の斡旋によった。乗船したのは幕臣の根立助七郎（勘定吟味役）・鍋田三郎右衛門他3名、医師・通訳・書記ら7名の他、各藩から林三郎（会津）、納富介次郎・中牟田倉之助ら4名（佐賀）、松本卯吉（熊本）、高杉晋作（萩）、五代才助（薩摩）等8藩11名が乗船した。各藩士のうち見聞記を残しているのは、高杉の『遊清五録』（「航海日録」・「上海淹留日録」・「外情探索録」・「内情探索録」・「長崎淹留雑録」）、中牟田『上海行日記』、納富『上海日記』・『上海雑記』、日比野輝寛（高須藩士）『贅肬録』・『没鼻筆語』、松田屋伴吉（長崎商人）『唐国渡海日記』等である。これらの見聞記には一様

に上海の繁栄ぶりが驚嘆をもって記されているが、外国租界から一歩旧市街に足を踏みいれると、乱雑さと不潔さに驚いている。それと共に、もう一つ彼らの注意を引いたのは、太平天国軍に追われて市街地に流入したおびただしい難民の存在であり、当局によって保護されない難民の悲惨な状態は高杉らの印象に残った。上海市街の視察を通じて、当時の中国社会の病根について、高杉は「我が邦の人と雖も、心を須いざるべからざるなり、支那の事に非るなり」(「上海淹留日録」) という感想を持ち、日本も中国と協力して立ち上がり、欧米列強の力に対抗しなければならず、そのためには欧米から武器・艦船・戦術を採用することが必要だと考えた。220年ぶりに異国の地を踏んだ高杉たちの上海における感想はこのようなものだった。　　　(伊東昭雄)

(参考文献) 佐藤三郎「文久二年における幕府貿易船千歳丸の上海派遣について」(『近代日中交渉史の研究』吉川弘文館、1984年)。

高須四郎 たかすしろう　(1884.10.27－1944.9.2)
海軍軍人。茨城県出身。

海軍兵学校35期、同期に近藤信竹・野村直邦らがいる。英国勤務が長く、海軍でも有力な英国通で、判断にすぐれた人物として評価が高い。英国駐在武官の半ばで、5・15事件関係の海軍軍法会議の判士長 (裁判長) として迎えられ、一人の死刑者も出さない判決を下している。第1航空戦隊司令官の時代に第2次上海事変が勃発し、上海派遣軍が到着するまでの間、制空権の確保に努め、地上兵力の不利を補った。駐満海軍部司令官・海大校長を経て、1939年9月に支那方面艦隊の増援部隊として編成された第5艦隊司令長官になった。第5艦隊は間もなく第2遣支艦隊に変更になり、主に南支那方面の封鎖作戦を指揮した。40年11月に第4艦隊司令長官になったが、同艦隊は第3艦隊の増援部隊として編成され、山東半島の青島に根拠地を置き、黄海・東シナ海の哨戒に従事した。当時、東シナ海方面は安定していたため、戦力の一部を割き、第5艦隊に増派している。(田中宏己)

高洲太助 たかすたすけ　(明治2.2.25(1869.4.6)
－没年不詳)

外交官。山口県人、父は萩藩士で高杉晋作の従弟、叔父南貞助は明治の国際結婚者第一号として有名。上京して二松学舎に学び、1885年、南の香港領事赴任に随行、皇仁書院に入学、外務省留学生となり、90年、芝罘領事館付となり、在北京公使館に転じ、日清戦争中は大本営付として営口に出張、海関行政を担当、戦後北京の公使館再開の準備にあたった。のちニューヨーク在勤、1901年北京公使館に復帰、通訳官に昇進、06年以降、杭州・長沙・福州の領事を歴任、辛亥革命時には上海に出張したが、12年辞職、亡命した升允の世話などをした。14－23年、中華民国の塩務官として揚州に赴く。在職中、常盤大定と協力して、鑑真の渡日時の大明寺の地点を考証し、22年、常盤の撰文による記念碑を建立した (現存)。30年代ころには、東北の黒竜江省牡丹江地区で藁製品工場を経営、現地の詩人と交流があった。　　　(久保田文次)

(参考文献) 『続対支回顧録』下、常盤大定

『支那仏教史跡踏査記（全）』（国書刊行会、1966年）、張呈文・周哲輝「牡丹江地区商山詩社初探」（インターネット）。

高橋　謙　たかはし　けん　（元治1（1964）.11－1924.10.10）

楽善堂グループに属する初期支那通。筑前筑上郡（福岡県）出身。

1880年代に岸田吟香が開いた楽善堂の上海支店や漢口支店は、荒尾精のもと、高橋や宗方小太郎ら初期大陸浪人の溜り場となり、情報収集と新聞刊行等の宣伝活動の拠点となった。90年代の『宗方小太郎日記』には、日本と上海・漢口の楽善堂を頻繁に行き来する高橋が描かれる。1894年、高橋は『支那時事』（日清協会）を刊行。旅行記、歴史・地理等の概況を記し、清朝統治は危機に瀕するものの、革命党等の胎動があり、日中は西洋諸国を排除し連携して新中国を建国すべしとした。96年の荒尾の台湾での客死後、楽善堂系の人々は近衛篤麿らと合流し、98年に東亜同文会を結成。以後、高橋は、同文会の『東亜時論』『東亜同文会報告』等に広東・南清の情況を寄稿。1898年東亜同文会広東支部長。義和団事件に際し、南清の諸勢力に軽挙妄動を慎むように説得したという。日露戦争時に第3軍通訳官、辛亥革命後は朝鮮で鉱業に従事、粛親王援助を策した。のち、1914年4月の『支那』（5号）の「故近衛篤麿公十年祭記事」に高橋の一文が見える。　　（川島　真）

（**参考文献**）宗方小太郎著・大里浩秋校注『宗方小太郎日記』明治22～25年・明治26～29年（神奈川大学『人文研究所報』40号・41号、2007・08年）、『続対支回顧録』下。

高橋是清　たかはし　これきよ　（安政1.閏7.27（1854.9.19）－1936.2.26）

政治家・財政家。幕府御用絵師の庶子として生まれ、仙台藩足軽高橋家の養子となり、仙台藩江戸屋敷で育つ。苦労して開成学校入学、卒業後官途についたが、その後、各地・各方面で失敗・艱難を繰り返し、1892年日本銀行に入る。横浜正金銀行副頭取、日銀副総裁を経て、1907年男爵、11年同総裁。13年山本内閣の大蔵大臣、18年原内閣蔵相、20年子爵、21年原暗殺後首相・立憲政友会総裁（～25年）。22年首相辞職。24年爵位返上して衆議院議員に当選、第2次加藤高明内閣の農商務相。田中義一・犬養毅・斎藤実・岡田啓介の各内閣で蔵相歴任。満州事変で膨張する軍事予算抑制に努力したことから、辞職後、2・26事件で殺害された。中国で謀略活動を展開する陸軍を抑制する見地から、参謀本部廃止論を考えたこともある。　　（久保田文次）

高橋作衛　たかはし　さくえ　（慶応3.9.13（1867.10.10）－1920.9.12）

国際公法学者。高遠（長野県）出身。

帝国大学法科大学政治学科首席卒業。海軍付の国際法学者として、日清戦争に際し旅順根拠地司令長官付。高陞号（こうしょうごう）事件に戦場で接し、国際法の見地から7月25日の豊島沖海戦をもって法的な開戦時とし、高陞号の拿捕も、また万国国際法会議の決議から見れば撃沈も妥当だとした（高橋作衛「英船高陞号之撃沈」『国際法外交論纂』第1編、1903年）。また、筑

波艦の拿捕した印度支那航海汽船会社汽船益生号の積載貨物中戦時禁制品の処分に関し報告書を作成。欧州留学ののち、東京帝国大学法科大学教授（国際公法）。1903年に、戸水寛人らと七博士の一員として対露強硬論を提唱。満州に局外中立の独立国を建設するという持論があった。以後、02年海軍省嘱託や海軍大学教授を兼任。14年大隈内閣の内閣法制局長官を兼ね、第1次世界大戦に際し、ドイツ船の拿捕規定の策定に参与。16年から貴族院議員となり、「最近外交内治の重要事項に関する質問」等を原敬総理にぶつけたことでも知られる。 　　　　　　　　（川島　真）

　〔参考文献〕　野澤基恭「日本における近代国際法の受容と適用―高橋作衛と近代国際法―」（『東アジア近代史』3号〈特集　アジアにおける近代国際法〉、2000年）、高橋作衛『満州問題之解決―七博士意見書起草顛末　満州問題研究録―』（国際法外交論纂2、清水書店、1904年）。

高橋由一 たかはしゆいち　（文政11.2.5（1828.3.20）－1893.7.6）

　洋画家。江戸生まれ。

　下野国佐野藩士の子として江戸藩邸内に生まれ、藩主の近習長を務める。慶応3（1867）年1月11日、藩命を受けて幕府の遣清貿易使節団の一員に加わり、横浜から上海に渡航し15日に上海に到着した。ここで旧知の岸田吟香と再会し、上海滞在中にしばしば往来している。また2月12日から19日にかけては、長江を溯って鎮江・南京・蘇州を遊歴した。渡航の表向きの目的とは別に、「該地居留ノ洋画伯ニ交ハリ得ル所アランコトヲ望ミ」（『高橋由一履歴』）、洋画伯に出会うことはなかったものの、張子祥・銭仙等の上海在住の画家を訪問している。高橋はこれらの中国人画家の写生法に感心し、欧米の油絵法とは異なる「愛翫すべき一種の画風を発見」したと後年に回想している。こののち4月6日に横浜に帰着し、これが高橋にとっては唯一の海外体験となった。 　　　（古谷　創）

　〔参考文献〕　青木茂編『高橋由一油画史料』（中央公論美術出版、1984年）、澤村専太郎「幕末の一洋画家と其渡海日記」（『東洋美術史の研究』星野書店、1932年）。

高浜虚子 たかはまきょし　（1874.2.22－1959.4.8）

　俳人、小説家。本名高浜清。愛媛県出身。

　伊予尋常中学時代より同級の河東碧梧桐を介して正岡子規に兄事し俳句を教わり、本名と同音の虚子の号を受ける。1894（明治27）年上京、小説家を志すが子規の影響で句作する。98年10月俳誌『ホトトギス』の主宰発行人となり、以後本誌が活動の主力となった。1902年子規の没後一時句作を辞め小説家に転身、『国民新聞』に「俳諧師」（08年）を連載、後世に影響を与えるような散文スタイルを確立した。10年ライバルであった碧梧桐の新傾向運動に対抗するため俳壇に復帰。前衛俳句を批判し、俳句伝統の定型、季語を守る守旧派としての立場から「客観写生」「花鳥諷詠」の理念を提唱した。『ホトトギス』からは優れた俳人が育ち、俳壇に多くの人材を輩出した。

　また、24年満州・朝鮮を訪れ、36年に渡欧、海外に俳句を広めた。満州については、「ハ

ルビンの口シヤ情緒はいくらか減退したという話も聞きますが、しかしその情趣も面白いし、満州人の生活にも興味があるし、満州一帯の落莫たる荒野の趣も愉快だし、もう一度遊びに行ってみたい」とは言いつつも、「満州は季題になるものが少ないんだから作りにくい。作ろうと思えば相当に作れることは作れようが、しかし俳句はもともと日本本土のものだ」と言い、満州での生活について「とかく内地の真似をしたがるんですね。ペーチカの傍で菊を作るのに骨を折る。強いて菊なんか作らなくってもいいものを骨を折ってしょぼしょぼした菊を作る。儒城温泉へ行ったがその温泉の庭をつくるのに、楡か柳の木でも植えればいいものを勢いのない松の木を苦心して植えておるのを見ました。居住民の哀れがそこにあるんだけれども、その土地相当の草木を育てることをしないで無理に内地の真似をするのは見っともないと思いました、その事は俳句についてもいえます」(35年7月、『俳談』より)と述べており、その観察眼の正確さが見てとれる。　　　　　(谷川栄子)

(**参考文献**)　高浜虚子『俳談』(岩波文庫、1998年)、『虚子五句集』上・下 (岩波文庫、1998年)。

高松　誓 たかまつ せい　(安政2 (1855) ― 1903. 8. 4)

東本願寺僧侶。筑後(福岡県)出身。

福岡県の浄土真宗大谷派浄光寺住職の5男。西南戦争では薩摩軍側で活躍した。戦後に真宗大学校に入り、卒業時に得度して東本願寺の事務役僧となる。真宗大学で教鞭をとった。京都の僧侶高松氏の家督を継ぎ、のち本願寺の建てた台湾彰化の別院主宰者の地位に就く。台湾総督児玉源太郎の支援のもと、台湾対岸経営の一端として厦門布教所を構えた。1900年の北清事変に当たり、後藤新平台湾民政長官から資金を得て、在台湾陸軍部隊の福建省派遣の口実を作るために画策する。その中で8月24日に厦門布教所が焼失し、それを機に海軍陸戦隊が厦門市内に入って台湾陸軍部隊への派遣要請がなされたが、イギリス等からの強い非難によって日本政府が中止命令を出すといういわゆる厦門事件が起こった。北清事変終結後も厦門に居住して活動を続けたものの、間もなくその地で病死した。

(斎藤聖二)

(**参考文献**)　『東亜先覚志士記伝』下、斎藤聖二『北清事変と日本軍』(芙蓉書房出版、2006年)。

高松宮宣仁 たかまつのみや のぶひと　(1905. 1. 3 ― 1987. 2. 3)

皇族。海軍軍人。東京生まれ。

大正天皇の3男。称号は光宮。日露戦争の旅順陥落の2日後に生まれ、皇族の梨本宮妃伊都子の日記には「日本のさい先もよいと大よろこび」とある。1913年に有栖川宮家が廃絶し、高松宮の称号を継承。20年、学習院中等科3年を退学して海軍兵学校へ進む。24年に兵学校を卒業して海軍少尉候補生となり内地航海実習で練習艦「浅間」にて大連・旅順・鎮海を巡る。その後、「長門」「比叡」「八雲」などに乗組む。この間、水雷学校・砲術学校等を卒業し、海軍中尉となる。28年、横須賀から上海・台湾・東南アジアなどを遠

洋航海し、さらに北支や韓国沿岸を実習航海する。30年に徳川喜久子と結婚。喜久子の祖父は父方が徳川慶喜、母方が有栖川宮威仁である。同年、夫婦で欧米諸国を訪問、横浜から香港を経てフランスに着く。フランスでは藤田嗣治画伯の案内でルーブル美術館等を見学した。イギリスではジョージ５世に謁見、アメリカではフーバー大統領夫妻を訪問し、１年２ヶ月後にホノルルを経由して帰国。33年に連合艦隊演習で、鎮海・台湾・パラオを巡航。翌年も釜山・大連・青島等を巡り、大連では帝政となった満州国の首都新京（現長春）で皇帝に就任したばかりの溥儀と非公式に会見した。35年には溥儀が来日し、晩餐会に出席。36年の２・26事件では兄の秩父宮雍仁と参内するなど迅速に対応し、昭和天皇から「高松宮が一番御宜しい」（『木戸幸一日記』）とその動きが評価された。37年10月30日、上海方面へ戦線視察のため出港、陸海軍の杭州湾上陸の戦闘を旗艦にて実見。この視察は高松宮が自ら望んだもので、木戸幸一宗秩寮総裁等の強い反対を説き伏せて部分的に実現させたものであった。当時の高松宮の『日記』によれば、一般兵と同じように皇族である自分を死地に置くことは天皇も満足するはずであるし、死傷の問題は、戦局が悪化しないうちなら影響は少ないと判断していたのである。そして、「今日の如き、ダラの情況を続ケルことは不利なるは明かなり」「国際情勢を有利にするためには、やはりこのまゝではよくなるべしとも考へられず」と現地停戦協定成立後も派兵がなされた戦局の成行きを懸念し、かつ、「北支事件も、発砲は支那が先かしらねど、発砲せしむる如き演習をなすことにも十二分の欠点あり」と陸軍の動きを論難した。39年にも中南支戦線・北支戦線等を視察し、のちに支那事変従軍記章等を受ける。40年には満州国を視察し、溥儀の弟の溥傑らとも会う。また同年に溥儀が来日し、その接待に努めた。42年、満州国建国十周年記念式典には天皇名代として差遣され、溥儀と公式会見した。戦争末期には、敗戦による革命を恐れ、近衛文麿らと早期和平論に傾く。占領下では夫婦で鴨猟など連合国総司令部の接待に努め光輪閣（高松宮邸）外交と称された。昭和天皇は高松宮を主戦派と見ており、戦後も微妙な関係が続いた。

〈小田部雄次〉

（参考文献） 高松宮宣仁親王『高松宮日記』全８巻（中央公論社、1995－97年）、「高松宮宣仁親王」伝記刊行委員会『高松宮宣仁親王』（朝日新聞社、1991年）、小田部雄次『皇族』（中公新書、2009年）。

高見　順（たかみじゅん）（1907.1.30－1965.8.17）
作家。福井県出身。

東京帝国大学英文科卒業。プロレタリア文学の一翼を担うも、のち転向。1942年ビルマ戦線に報道班員として従軍。44年６月陸軍に徴用され、報道班員として中国に赴き、漢口・上海に滞在した。11月南京で開かれた第３回大東亜文学者大会に出席。〈阿部　猛〉

（参考文献） 中村真一郎「高見順」（『群像』1951年９月）。

高見武夫 たかみたけお （慶応4.4.28（1868.5.20）－1894）

大陸浪人。備前（岡山県）出身。

1893年鎌倉の円覚寺で禅の修行時に荒尾精と出会い、清国への渡航を志す。同年11月上海へ渡航、その後浙江省普陀山法両寺に入り、風雲の機が来るのを待ちながら参禅の日々を送る。94年日清戦争が勃発すると、高見は法両寺において軍事スパイ容疑で清国官憲によって捕捉され、寧波府で取調べを受けたのち、杭州府清波門外の刑場で処刑された。

（武井義和）

（参考文献）「附殉難十二烈士伝」の「高見武夫伝」（井上雅二『巨人荒尾精』左久良書房、1910年、復刻版、大空社、1997年）。

多賀宗之 たがむねゆき （明治5.9.18（1872.10.20）－1935.10.23）

陸軍軍人（歩兵少将）。第１次満蒙独立運動の中心人物。高知県出身。

直隷総督袁世凱の招聘を受け、軍事顧問として1902年6月に赴任。保定将弁学堂（のちの保定軍官学校）の総教習を長く務めた。10年7月帰国し、辛亥革命が起こると参謀本部付の少佐として北京へ出張を命ぜられ、粛親王をかつぐ川島浪速と図って宗社党と連携し、清室の存続を目論んだが良弼の爆殺によって失敗。12年2月に宣統帝が退位するとカラチン・パリン王との間に秘密の借款を結んで北京から脱出させ、独立させようとしたが、イギリスの圧力を受けた外務省が参謀本部に働きかけ、3月25日の福島安正参謀次長の訓電によって工作が中止となり、現役武官は引き上げた。その後、多賀らの意を受けて秘密裏にカラチン王府等へ武器・軍資金を送り込もうとした輸送隊が6月、鄭家屯北部で官兵に襲撃されて完全に失敗した。軍歴は中国に関わることが多く、17年から6年間にわたって江蘇督軍顧問となるなど30年近くを中国で過ごしている。

（小林共明）

（参考文献）波多野勝『満蒙独立運動』（PHP研究所、2001年）。

高柳保太郎 たかやなぎやすたろう （明治2.12.9（1870.1.10）－1951.9.7）

陸軍中将。石川県出身。

陸軍士官学校、陸軍大学卒業、参謀本部勤務というエリート軍人の道をたどり、日露戦争では第2軍、次いで満州軍の参謀を務めた。戦後ロシアに派遣され、参謀本部作戦課長ののち、第1次世界大戦では臨時独立18師団兵站部長として青島に遠征、その後ロシア軍に従軍した。1918年3月、参謀本部の情報を担当する第2部長という要職に就任、シベリア出兵に際してはオムスク特務機関長、浦塩派遣軍参謀長を務めた。高柳が名付け親とされる特務機関は情報収集・謀略工作を担当するため新たに設置されたもので、現地部隊には宣撫活動を重視して「弘報班」を設けた。こうして彼は陸軍における情報（諜報）・宣伝の専門家として知られるようになる。22年11月、関東軍司令部付（少将、23年8月中将）の時、「恩賜のタバコ」を従軍慰安婦に配ったことが問題となり、予備役に編入された。22年3月から理事待遇の満鉄嘱託を兼務していたが、前年に外務省情報部第2課長から理

事に転じた松岡洋右と、弘報・情報業務の重視で一致し、23年4月、社長室に弘報係を、庶務部調査課に情報係を設置した。こうした名称を持った組織は、当時の日本では陸軍や外務省に限られており、今日の宣伝業界において、高柳の先駆性が高く評価される所以である。29年-31年2月、満鉄系『満州日報』社長。　　　　　　　　　　　（伊藤一彦）

　〔参考文献〕　島田一男『大陸秘境横断』（桃源社、1972年、改題『中国大陸横断』徳間文庫、1985年）、小川真理生「「広報」は戦前に始まる」（http://www.edogawa-u.ac.jp/~hamada/etc...）。

高山公通 たかやまきみみち （慶応3.8.8（1867.9.5）-1940.8.28）

陸軍中将。鹿児島生まれ。

1889年7月陸軍士官学校卒（11期）、99年12月陸軍大学校卒。1902年3月より清国貴州に派遣され「支那通」の道を進む。06年3月1日関東都督府付、11年に辛亥革命が起こると、宇都宮太郎の命を受け12年1月参謀本部付として北京・奉天に派遣され蒙古工作を担当、いわゆる第1次満蒙独立運動に関与した。14年8月8日陸軍少将、16年8月18日関東都督府参謀長となり、対満工作に当たった。18年7月24日陸軍中将に昇進し、満州独立守備隊司令官となり、シベリア出兵にも参加した。22年8月15日山梨軍縮に際して待命、23年3月23日予備役に編入され、33年には関東国粋会総長を務めている。　　　　（櫻井良樹）

　〔参考文献〕　『続対支回顧録』下、宇都宮太郎関係資料研究会編『日本陸軍とアジア政策　陸軍大将宇都宮太郎日記』第2巻（岩波書店、2007年）、堀幸雄『最新右翼辞典』（柏書房、2006年）。

財部　彪 たからべたけし （慶応3.4.7（1867.5.10）-1949.1.13）

海軍軍人。都城（宮崎県）出身。

三田英学校、攻玉社を経て海軍兵学校（15期）に入る。同期には竹下勇・小栗孝三郎・岡田啓介・広瀬武夫らがいる。妻は山本権兵衛の長女いね、いねの妹は山路一善に嫁いでいる。1897年より2年にわたりイギリス留学、駐在で過ごし、帰国後、海上勤務を経たのち、軍令部に入る。日露戦争中は大本営海軍部参謀として活躍、日露戦争後の1909年に海軍次官に出世し、周囲から権兵衛の引きがあったと白眼視された。辛亥革命への対応策を準備した。その後、南清方面の第3艦隊司令官になるが、中国政府が第1次大戦に対して中立を宣言、これに伴い同艦隊が解散したため、財部は最後の司令官になった。次いで旅順要港部司令官に移る。その後、1923年第2次山本権兵衛内閣の海軍大臣となり、加藤高明・若槻礼次郎・浜口雄幸の内閣でも海相を務め、1930年、ロンドン海軍軍縮会議に若槻とともに全権となり、軍令部長加藤寛治の反対を押し切って調印した。　　　　（田中宏己）

田川大吉郎 たがわだいきちろう （明治2.10.26（1869.11.29）-1947.10.9）

ジャーナリスト、衆議院議員、明治学院総理、基督教教育同盟会理事長。長崎県出身。

大村藩士の長男として生まれる。勝山小学校、長崎外国語学校（中国語専攻）を経て東京専門学校を卒業、在学中に洗礼を受ける。

日清戦争が始まると陸軍通訳として従軍、この頃『日清之将来』を刊行する。1896年台湾に渡り台湾新報主筆、のち台湾協会設立に尽力。義和団事件、日露戦争にも通訳で従軍。08年衆議院議員に当選し、政治家としても活動する。大正期以降も中国・台湾をしばしば訪問して関係を深め、台湾に対しては台湾議会設置に尽力した（『台湾訪問の記』等執筆）。他方中国に対しては、満州事変以降の両国の関係悪化をキリスト者と国際連盟擁護者の立場から改善すべく試み、特に日中戦争勃発後は頻繁に訪中、中国人留学生の日本キリスト教系学校への大量受け入れを主張するなど便乗的な伝道論とは一線を画す議論を展開したが、陸軍式の宣撫事業に疑問を呈した視察談が陸軍から目をつけられ40年に起訴される。この間、『日支提携の根本義』『日本から支那へ与へるもの』等を刊行。43年逮捕を逃れるため上海に亡命、セント・ジョーンズ大学で教鞭をとる。45年蒋介石と独自に和平工作を試みるも、果たさないうちに敗戦を迎えた。

（季武嘉也）

（参考文献） 遠藤興一『書誌田川大吉郎　その生涯と著作』（ジェイピー出版、2005年）、渡辺祐子「田川大吉郎と中国―日本人キリスト者と日中戦争―」（『人文研紀要』51、2004年）、伊東昭雄「田川大吉郎と台湾」（『横浜市立大学論叢　人文科学系列』28-2・3、1977年）。

滝川具和 たきがわともかず （安政6.7.22(1859.8.20)－1923.2.12)

海軍軍人。妹は名和又八郎の妻。江戸出身。

海軍兵学校（6期）卒業、同期には斎藤実・山内万寿治・坂本俊篤らがいる。1892年に海軍参謀部出仕として清国に派遣され、陸軍の神尾光臣と共に情報収集やいわゆる謀略活動に当たった。陸軍と海軍の足並みは揃っていなかったが、清国の開戦準備を遅らせる上で、重要な役割を果たした。戦役中に帰国し、砲艦「筑紫」副長となり、大同江の戦闘支援、海岸線が複雑で坐礁が絶えない遼東半島の測量、威海衛攻略作戦等に従事した。ついで樺山資紀について台湾に渡り、台湾総督府副官として清国側の動き、中国人の動向について調査した。孫文の革命運動を支える一人となる山田良政を北京に誘い、中国の実情を認識させたのも、この時期の滝川の助言が預かったと言われている。日露戦争中はドイツ公使館付武官となり、バルチック艦隊の動向把握に努め、貴重な情報を送ってきた。戦役後は旅順鎮守府参謀長を最後に中将で退役した。

（田中宏己）

滝川政次郎 たきがわまさじろう （1897.5.26－1992.1.29）

法制学者。九州帝国大学教授、中央大学教授。大阪府出身。

1934（昭和9）年『律令の研究』により東京帝国大学から法学博士の学位を授与されるが、同年に発表した論文「大化改新管見」が皇室に対する不敬な内容を含むという批判を受け、中央大学の職を追われる。同大にいた原嘉道と林頼三郎の助力を得て、34年12月満州国司法部法学校教授、翌35年には同部参事官の職を得る。当初新京（現長春）に居を構えたが、火事により蔵書を焼失したことを受

けて、37年南満州鉄道株式会社調査部嘱託となり北京に移住、中国法制史関連を中心とした書籍・古文書の本格的蒐集を始めた。またこの間司法省の嘱託ともなり、司法省図書館に入れる漢籍の選定にも当たっている。39年には満州に戻り、満州国総務庁参事官として、国立図書館の開設準備に当たる。40年満州建国大学教授。41年満州国国立中央図書館籌備処処長。帰国後、46年極東国際軍事裁判弁護人。　　　　　　　　　　　　　（松田　忍）

(参考文献) 嵐義人「専門家訪問　元満州国立中央図書館籌備処長　滝川政次郎氏」(『書誌索引展望』6-1、1982年)。

竹内栖鳳 たけうちせいほう (元治1.11.22(1864.12.20) - 1942.8.23)

日本画家。京都出身。

明治期から昭和期の京都画壇の大家として、「東の(横山)大観、西の栖鳳」と並び称された。本名は恒吉。初期の号は棲鳳。1920(大正9)年4月、栖鳳は、日本画には「支那」画の伝統がつきまとっており、「自分が日本画家として生活していく上」には「支那画を生んだ支那の自然風物」を見る必要があるとして、親族や弟子等と共に中国に渡る。1907(明治40)年に文展の審査員、13年には帝室技芸員になるなどの名声を高めた上での訪中であった。上海・南京等中国南部を巡りののち、北上して北京から、朝鮮京城を経て、7月初めに京都に帰着。翌21年4月22日から6月20日にかけても、ほぼ同一行程にて中国旅行を行っている。この間大量の素描を残した。2回の旅行の中で「風情ある自然の風俗や古建築の風格を明るく柔らいだ色彩によって理想的に統一化する手法」を得て、その作風は、のちの潮来風景や千代田城のシリーズに繋がっている。　　　　（松田　忍）

(参考文献) 栖鳳談「文華殿の支那画と現代支那画壇」(『京都日出新聞』1920年7月8日)、京都市美術館『竹内栖鳳の素描　資料研究』(叢書・京都の美術3、京都市美術館、1981年)、田中日佐夫『竹内栖鳳』(岩波書店、1988年)。

竹内善作 たけうちぜんさく (1885.4.7 - 1950.6.26)

革命家、図書館員。本名善朔。神奈川県出身。

1902年第二高等学校(仙台)入学後、父の病気のため2ヶ月で退学、活版職工となり、03年から早稲田大学の講義録で歴史地理を学ぶ。同じ頃社会主義に接近、05年頃から幸徳秋水・堺利彦らの非戦論を核とする社会主義結社、平民社に出入りし、また中国語を学ぶ。07年夏、張継・劉師培・章炳麟ら中国人革命家が組織した社会主義講習会や亜州和親会に参加、中国・インド・ベトナム・韓国等アジア各国の革命家と交流し、亜州和親会の第1回会合の会場を斡旋した。同年11月20日付『日本平民新聞』に「清国労働者入国問題に就いて」を書き、移民排斥問題の不当性と日中労働者の提携を訴えた。翌08年9月、アナキスト劉師培が創刊した『衡報』の編集人兼発行人となる。10年の大逆事件後、運動から離れ、図書館員となる。18年、満鉄奉天図書館主任招聘を、同館が日本人専用であることを理由に拒否し、また戦時中、私立大橋図書館主事の時、憲兵の発禁図書提出要求を拒否

した。明治末期の日中革命家交流や大逆事件に関する資料保存に努めた。　　　（伊藤一彦）

（参考文献）　原英樹「竹内善朔論―その生涯と思想―」（『初期社会主義研究』14、2001年）、神崎清「竹内さんの笑い声」、森島泉「若き日の竹内善作素描」、竹内善作「大逆事件の前後に於ける社会思想関係の文献解説」（『図書館評論』7、1968年）、同「明治末期における中日革命運動の交流」（『中国研究』第5期、中国研究所、1948年）。

武内義雄　たけうち　よしお　（1886.6.9－1966.6.3）

中国哲学研究者、東北帝国大学教授。字は誼卿、号は述盦、鉛石斎。三重県出身。

真宗高田派の学僧である武内義淵の子で、第三高等学校を経て、1907年に京都帝国大学支那哲学科に入学、狩野直喜の講義「清朝学術沿革史」に深い感銘を受けた。卒業後は私立真宗勧学院に務め、15年には内藤湖南の紹介で大阪府立図書館の司書になり、かたわら西村天囚と中国・保定の学校教習をしたことのある籾山衣洲が共同主催の文会「景社」の活動にも参加した。19年4月、また内藤及び西村の好意で財団法人懐徳堂の派遣で中国留学の機会を得て、北京で『皇清経解』を読み、南京旅行の時に孔子廟、明の孝陵及び雨花台等を見学した。20年の年末に帰国してから、懐徳堂講師として「諸子概説」及び『曽文正公文集』等を講義した。その間、大阪の町人学者富永仲基による仏典研究の「加上法」を表彰する内藤の講演から影響を受けたため、その方法を自らの中国古典研究に生かそうと考え始めた。そして、雑誌『支那学』に寄稿し続け、累計で論文本数の多さは青木正児に次ぐ2番目になったという。23年4月に支那学講座担任教授として東北帝国大学が新設の法文学部に赴任し、46年退官まで同大の図書館長、法文学部長等を歴任した。28年『老子原始』で京大文学博士の学位を取得、41年1月御講書始めの儀において「日本に於ける論語の学」を進講した。『論語』訳注（岩波文庫、33年）という作業の副産物である『論語の研究』は、日本の伊藤仁斎や中国の崔述の文献批判方法を取り入れて大成したものでもある。概説書の『支那思想史』（岩波全書、36年）と前後して出版された馮友蘭の『中国哲学史』も同じく仏教思想を大幅に取り入れたことについて、武内は「我が意を得た」と述べた。　　　　　　　　　　　（陶　徳民）

（参考文献）　武内義雄「学究生活の思い出」（『武内義雄全集』第10巻、角川書店、1979年）、「武内義雄博士」（東方学会編『東方学回想Ⅳ　先学を語る(3)』刀水書房、2000年）。

竹内　好　たけうち　よしみ　（1910.10.2－1977.3.3）

評論家、現代中国文学者。長野県出身。

父は長野県臼田町の税務署勤務で、3年後に東京に転任、やがて退職して遊園地経営や炭鉱投資の事業を始め、家計は不安定になった。竹内は1923年東京府立一中に、28年大阪高等学校文科甲類に入学して芥川龍之介や夏目漱石の全集を読み、大高の同期には保田与重郎・田中克己らがいた。

31年東京帝国大学支那哲文学科入学、同年9月満州事変が勃発し、竹内は支那語支那時文促成講習会に通い始め、山上正義訳『支那

小説集・阿Q正伝』を読み、感銘を受けた。32年8月から10月にかけて中国を旅行し、翌年12月卒論『郁達夫研究』を執筆、34年3月卒業前後に武田泰淳・岡崎俊夫らと東京帝大支那文学科の学生・OBを中心とする中国文学研究会を発足させ、翌年2月機関誌『中国文学月報』を創刊、40年4月号から『中国文学』と改称して市販雑誌としたが、43年1月研究会の解散を提案し、同年3月には『中国文学』も第92号で停刊した。日中戦争という時局に便乗した浅薄な中国紹介が横行する中で、『中国文学』は中国人への共感に基づく知的雑誌として、日本人の同時代中国の理解に対し重要な影響を与えた。41年12月の太平洋戦争勃発に際し、竹内は同誌に「大東亜戦争と吾等の決意」を書き民族解放の視点からこれを積極的に支持したが、42年11月に日本占領区の中国作家らを招いて大東亜文学者会議が開催された際には、政治権力からの文学の自立をめざして協力を拒否した。戦時下にあって在野の文学者・ジャーナリズムが政治権力からいかに自立を守るか、という問題意識から竹内は魯迅に強い関心を寄せ、研究会解散後の43年11月に評論『魯迅』を書き上げた。翌月召集令状を受けて入隊、中国戦線へと送られ、『魯迅』は武田の校正により44年12月に刊行されている。

敗戦後、アメリカ軍占領下の日本では中国の人民革命に対する関心が高まり、46年6月に中国より復員した竹内は、魯迅及び近現代中国文学の紹介に努め、48-51年に『世界文学はんどぶっく・魯迅』、『魯迅雑記』、『現代中国論』を上梓し、53-55年には『魯迅評論集』、『阿Q正伝・狂人日記他十二篇（吶喊）』（岩波文庫）を翻訳した。53年6月東京都立大学教授に就任するが、60年安保闘争を経て翌年日米安全保障条約承認に抗議して辞職、「日本の中の中国」研究会を発足しこれを62年に「中国の会」と改称、雑誌『中国』を創刊して国交回復問題を含めた幅広い視点から中国を紹介した。その一方で、66年に始まった中国の文化大革命に対してはこれを五四新文化運動の継承と好意的に評価し、赤色テロを伴った毛沢東の権力闘争を批判しなかった。個人訳『魯迅文集』全6巻（筑摩書房、76-78年）は、魯迅の原文と比べて3倍もの句点「。」を使う等、多種の日本語訳の中でも魯迅の日本への土着化の最たるものである。

（藤井省三）

（**参考文献**）『竹内好全集』全17巻（筑摩書房、1982年）、鶴見俊輔『竹内好』（リブロポート、1995年）、藤井省三『魯迅事典』（三省堂、2002年）。

竹川藤太郎 たけかわふじたろう （慶応4.5.25(1868.7.14)-1911.5.5）

実業家、新聞経営者。甲斐（山梨県）出身。青年期から言論活動に関心を持ち、1888（明治21）年、サンフランシスコで『十九世紀新聞』等を創刊。榎本武揚の支援を得てタバコ製造業を始める。義和団事件に際して新聞『日本』の特派員として渡清。近衛篤麿の斡旋によって天津で同利洋行を設立。大連ではロシアの桟橋建設事業に関わるなどし、青島で在米時代の友人高野房太郎と貿易業を始めるなどしたが、いずれも失敗に終わった。

上海に転じ、総領事小田切萬壽之助と図って『上海新報』を創刊。卞小吾と知り合う。さらに重慶に移り、1904年、『重慶日報』を創刊し、卞小吾等と共にその運営に当たる。また、05年東文学堂を創設し校長となる。日本語や歴史・地理・理学・数学等の教育を行った。学校経営は日本外務省の援助等を受けた。『重慶日報』はたびたび改良主義的な言論を展開したので、清朝当局の注意を引くこととなった。竹川が病を得て帰国したのち、発行禁止の処分を受けることもあり、竹川の病没により、停刊した。　　　　　　（松本武彦）

（**参考文献**）『対支回顧録』下、中村忠行「『重慶日報』の創始者竹川藤太郎」1・2（『天理大学学報』40・41、1963年）、加藤雅彦『幻の「重慶日報」』（山梨ふるさと文庫、1995年〔小説〕）。

竹添進一郎 たけそえしんいちろう

（天保13.3.15(1842.4.25－1917.3.29)

外交官、漢学者。父は医師旬園。諱は光鴻。号は井井。天草（熊本県）出身。

肥後藩儒官木下犀潭に学び、井上毅と同門。師の代講も務めた。海外渡航解禁前に肥後藩船万里丸が上海での修理を必要とした際、一計を案じ漂流を装い上海の浦東ドックに渡る。明治1（1868）年長崎に出て英語を学習。翌年藩黌の主幹となり、廃藩後に上京、旧友井上毅を頼り、1875年修史局2等協修となり、9月森有礼駐清公使の赴任に随行渡清、学者と交わる。外務省の嘱託解雇で、76年5月北京を発し、陝西・四川を旅し著名な蜀の桟道も踏み、8月上海帰着。福原和勝陸軍大佐（北京公使館付武官）の清国派遣に随行、78年6月帰国。79年4月大蔵省に入る。清国の大飢饉に渋沢栄一・益田孝が発起し、救済金を募り白米六千石を贈るのに、委員総代として単身天津に至り分配方法を按じ、李鴻章に一書を与えた。滞在5ヶ月、12月帰国。80年大蔵少書記官、3月天津に派遣され琉球問題で直隷総督李鴻章と予備会談、李は日本の二島分割案に対して、琉球三分案を提示した。5月天津（牛荘兼任）領事となる。8月からの宍戸璣全権と総理衙門との北京談判は不調に帰し、81年1月宍戸公使は退京したが、竹添は以後も琉球復封を望む李鴻章と筆談を重ねた。82年7月発生の京城壬午事変では花房義質弁理公使の命を受け8月清国代表馬建忠と揚威艦上で筆談。後日大院君は馬建忠・呉長慶により天津に拉致され、日朝間に済物浦条約が結ばれる。8月天津領事から外務大書記官に転じ、11月弁理公使として朝鮮に赴任。京城駐在の呉長慶提督とも交際。84年12月京城甲申改変に関与して退任し、85年1月帰国。93年退官。のち帝国大学文科大学講師。95年退職後は小田原に閑居、著述に従う。『左氏会箋』（1902年）は1914（大正3）年度帝国学士院賞受賞。文学博士。中国の学者との交流が広く、張之洞とも往来した。在清中、中国の学者には常に和服で接したという。文名を高めた清国四川の漢文旅行記『桟雲峡雨日記』は上下「詩草」の3冊（1879年）。副島種臣・伊藤博文・勝海舟・中村正直・井上毅・李鴻章・俞曲園（考証学者）らが序跋等を寄せている。　　　　　　（安岡昭男）

（**参考文献**）『対支回顧録』下、小林文男・柴

たけださかえ

田巌「明治初期日本人の見た中国―維新後最初に四川を踏査した竹添進一郎の事跡について―」(『「社会科」学研究』31号、1996年)、『幕末明治中国見聞録集成』19 (ゆまに書房、1997年)。

竹田　復 たけだ さかえ （1891.1.10－1986.11.7）

漢学者。山梨県出身。

1917年東京帝国大学文科大学支那文学科卒業、21年同大学院修了ののち、教育界に入り、六十有余年にわたり、教鞭を取り続けた。主な経歴として、25年第一高等学校教授となり長らく東京帝国大学助教授を兼ね、46年東京文理科大学教授に転じ、49年東京教育大学教授、52年同停年退官した。その後私学に移り、52年東洋大学教授、58年日本大学教授、64年大東文化大学教授を歴任し、69年以降も非常勤講師として教壇に立った。

1921年より2年間北京に留学、主として中国語音韻学の研究に従事し、併せて戯曲小説の分野に領域を広めた。帰国後、『支那学新辞典』を刊行。昭和十年代の中国語教育の普及に貢献すると共に、元曲の研究で学位を取得、中国文学及び漢文教育においても後進の指導に力があった。　　　　　（大島　晃）

(参考文献)　『座談会＜学問の思い出＞―竹田復博士を囲んで―』(『東方学』37、1969年)、内山知也「竹田復先生を悼む」(『斯文』93、1987年)。

武田泰淳 たけだ たいじゅん （1912.2.12－1976.10.5）

作家。東京出身。

本郷の浄土宗潮泉寺の住職大島泰信、つるを父母として生まれ覚と命名され、父の師僧の武田芳淳の遺言に従って武田姓を継いだ。28年浦和高等学校文科甲類に入学、図書館で『紅楼夢』や魯迅・胡適を読む一方で、左翼組織の読書会に参加した。30年には本郷の第一外国語学校に通い、講師の奥平定世から中国語を学び現代文学の手ほどきを受けている。奥平は東京外国語学校支那語部出身で神谷衡平教授の学生であった。

31年4月東京帝国大学支那哲文科に進学、同期に竹内好、一期上に岡崎俊夫がいたが、学生運動のため逮捕され東大を中退し、僧侶の資格を得、32年2月に泰淳と改名した。34年支那哲文科同期の竹内・岡崎・増田渉・松村茂夫らと中国文学研究会を結成し、機関誌『中国文学』等で茅盾『虹』等同時代小説の翻訳から中国人の信仰や農村生活に関する紹介を行った。37年に日中戦争が始まると、武田は10月に召集を受け華中戦線に送られ、2年後に除隊した。敬愛する中国に銃口を向けた戦争体験により武田の精神は屈折し、作品『司馬遷』(43年)を生み出している。44年6月には上海に渡って中日文化協会に就職し、石上玄一郎らと知り合い敗戦を迎えており、その体験を晩年に未完の自伝的小説『上海の蛍』で描いた。『堀田善衛上海日記』(紅野謙介編、集英社、2008年)にも武田がしばしば登場する。

戦後本格的な作家活動を開始し、47年中国体験に基づく『蝮のすゑ』を発表、同年10月には北海道大学法文学部助教授となったが、作家活動に専念するため半年で辞職する一方で、知床岬沖の遭難船船長による食人事件を

テーマとする短篇小説『ひかりごけ』（54年）を発表し、魯迅の問題作「狂人日記」(18年)のテーマを展開した。アメリカ軍占領下の日本では中国革命に対する関心が高まり、竹内ら中国文学研究会の旧メンバーが魯迅をはじめとする近現代文学の紹介を盛んに行って、華々しく現代中国論を展開していた。その様子を武田が独特のペーソスをもって描いた小説に『風媒花』(52年)がある。

清末の革命家秋瑾（1875-1907）や武侠小説のヒロインら中国女性を主人公とする小説『秋風秋雨人を愁殺す』『十三妹』を書く一方、戦時下の上海で張愛玲（1920-95）らを翻訳した室伏クララ（1918-48）を戯画化した短篇小説「聖女侠女」を書いてもいる。武田は67年に戦後3度目の訪中を行い、文化大革命をめぐり今日から見ればあまりにも楽天的な感想を述べた。　　　　　　　　　　（藤井省三）

（**参考文献**）『武田泰淳全集』全18巻別巻3巻（筑摩書房、1980年）大橋毅彦他編著・注釈『上海1944-1945　武田泰淳『上海の螢』注釈』（双文社出版、2008年）、川西政明『武田泰淳伝』（講談社、2005年）。

武田篤初 たけだとくしょ（弘化4.11.1（1847.12.8）-1905.2.12）

真宗大谷派僧侶、教学参議部総裁。甲府（山梨県）出身。

父恵寛は戊辰戦争で敗れ、その蟄居先、大阪府泉南郡の南林寺で育った。土井聱牙等に漢籍を学んだ後、1873年南林寺住職となり、翌年、教導職試補。80年上京し、本願寺西山学校長に就任後、千葉県下で中学、師範学校に勤務。87年本山教務科出仕ののち、内局執行に昇進し、海外布教強化をめざす布教興学の最高統括機関、教学参議部総裁、顧問所顧問、京都仏教専門大学長等要職を歴任。98年、22代門主大谷光瑞による初めての海外巡歴である地方誌等漢籍蒐集のための中国訪問の随行長となり、上海・広東・杭州・漢口・北京各地を歴訪。翌年第1次大谷探検隊に参加。1904年1月第一仏教中学（現高輪中高）学長。日露戦争開戦後、大谷より中国・朝鮮の戦地布教を命じられ、同年6月から3ヶ月間朝鮮各地をまわり、10月中国に入り芝罘・天津・北京を訪問、11月滞在先の北京で急病死。東アジア仏教徒の連帯論に基づいた、中国各宗連合大本山の建設構想を持っていた。

　　　　　　　　　　　　　　（大江洋代）

（**参考文献**）　白崎達也「真宗大谷派における「戦時教学」の一側面」（『仏教史研究』41、2005年）、市川良文「大谷探検隊と本派本願寺―欧州留学随行者と第一次大谷探検隊参加者を中心として―」（『龍谷史檀』126、2007年）、『高輪学園百年史』（高輪学園編刊、1989年）。

武田成章 たけだなりあき（文政10.7.25(1827.9.15)-1880.1.28）

幕末・明治の兵学者・軍人。造兵築城術家。別名斐三郎。伊予大洲（愛媛県）生まれ。

藩校明倫堂で儒学・兵学を学んだのち、医者をめざして緒方洪庵の適々斎塾で蘭学を学ぶ。次第に興味が西洋兵術に移って佐久間象山の門人となり、砲術研究に携わった。嘉永6（1853）年10月に老中阿部正弘に登用されて幕府出仕となり、アメリカ・ロシア使節と

の交渉随員を務めたほか、亀田五稜郭の設計・築造を手がけた。文久1 (1861) 年に黒竜江巡察に赴き、ロシアの東洋経営の拠点であったニコライエフスク周辺を調査した。この際クリミア戦争の戦跡や清露国境を観察しており、その様子は『黒竜江記事』に詳しい。元治1 (1864) 年に開成所教授となるも直ちに大砲製造所頭取、王子反射炉建築御用を命ぜられ、幕府の洋式軍制改革を担う。戊申戦争時は主戦派に協力を求められたが中立を保ち、信州松代藩に逃れた。維新後は陸軍軍人となり、人材養成と銃砲の研究に従事した。

(中野弘喜)

(参考文献) 愛媛県教育委員会『愛媛の先覚者2』(1965年)、水野行敏編『竹塘武田先生伝』(1897年)。

竹田宮恒徳 たけだのみやつねよし (1909.3.4 - 1992.5.11)

旧皇族。陸軍軍人。東京生まれ。

父は台湾接収中に病死した北白川宮能久親王の長男である竹田宮恒久。母は明治天皇の6女である常宮昌子内親王。妻は旧公家で明治維新に活躍した三条実美の3男公輝の2女である光子。学習院を経て、1923 (大正12) 年に東京陸軍幼年学校に入学、陸軍士官学校、陸軍大学校を卒業。騎兵畑を進み馬術を得意とした。騎兵第1連隊での先輩に、ロサンゼルスオリンピックの馬術で優勝した西竹一男爵がいる。38年に満州の騎兵第14連隊第3中隊長としてハイラルに駐屯。その後、黄河の北岸の帰徳付近に移動した。皇族の身分を隠すために「竹田宮」を逆にして「宮田武」と名前を変え、部隊を「宮田部隊」、参謀になって「宮田参謀」と称した。現地では食糧難や戦闘も経験。その後、第1軍参謀となって河北省石家荘の司令部に転任となり、さらに山西省太原に移動した。当時、第1軍司令官は梅津美治郎であり、山西省で掃討作戦を展開し、毒ガスを撒布したことで知られる。竹田宮の伝記『私の肖像画』には、「第一軍は、十四年新春には大掃討作戦を開始することになっていた。その作戦計画を十三年の暮、年を越さないうちに、梅津美治郎軍司令官の決裁を頂きたいと思って一生懸命やった」「この作戦の時には、敵ばかりでなく、ネズミにも悩まされた」とあり、作戦への関与を書き残している。39年のノモンハン事件後、東京の参謀本部研究班に移り統帥の研究を命ぜられ、石原莞爾らの談話をとる。40年、「日華事変の功」により功四級金鵄勲章を得て陸軍少佐となった。太平洋戦争開始に当たり、大本営陸軍部参謀としてマレー進行作戦の基地であるサイゴン (現ホーチミン) に貴族院議員と身分を秘して派遣された。戦時中は東京でフィリピンやガダルカナルでの作戦計画に関与し、南方にも数度出向いた。43年に関東軍参謀となり、北満地域での作戦計画を担った。45年7月、第1総軍参謀として内地に転属。後任の関東軍参謀は瀬島龍三 (のち伊藤忠相談役) で、戦後身代わりにシベリアに抑留されたと言われる。

敗戦翌日の8月16日、外地の日本軍に終戦を告げるため、関東軍に派遣され、山田乙三関東軍総司令官ら幕僚に天皇の聖旨を伝えた。また溥儀を日本に連れてくる密命も負ってい

たが、溥儀は奉天（現瀋陽）でソ連軍に抑留された。帰国後も、米軍の本土上陸に備えていた広島県宇品の陸軍船舶司令部と福岡の第6航空軍司令部の軽挙盲動を抑えるため現地に派遣された。47年に皇籍離脱するも、邸宅を商工相官邸に貸した家賃で生活するなど比較的裕福で、自家用車を2台持ち、邸内に2反歩の畑をつくり甘藷・馬鈴薯等を収穫したりした。その後、敷地は売却されて高輪プリンスホテルとなり、邸宅は貴賓館として残された。講和後は、スケート連盟・馬術連盟等の会長等を務め、アマスポーツ界の重鎮となる。東京や札幌のオリンピック招致にも尽力した。
（小田部雄次）

（**参考文献**）竹田恒徳『私の肖像画』（恒文社、1985年）、同『雲の上、下　思い出話』（東京新聞出版局、1987年）、小田部雄次『皇族』（中公新書、2009年）。

武田昌次 たけだまさつぐ （生没年不詳）

明治期の内務省官僚。出身地不詳。

生涯にわたる経歴はほとんど不明。1875（明治8）年5月に内務省勧業寮7等出仕だった武田は清国派出の命を受け、主に農産物に関する視察調査を行った。この際に鳥類の人工ふ化技術調査も行っており、武田が帰国後に提出した報告書に基づいて2名の中国人技師が勧業寮に招聘された。78年には内務省勧農局1等属としてハワイに出張した記録がある。
（中野弘喜）

（**参考文献**）武田昌次「清国産業調査復命書」（早稲田大学所蔵『大隈文書』所収）。

武市熊吉 たけちくまきち （天保11(1840)-1874.7.9）

陸軍軍人。土佐（高知県）出身。

土佐藩士として官軍参謀板垣退助に属し、戊辰戦争に従軍、東山道から東北地方にかけて転戦した。明治4（1871）年陸軍大尉に任ぜられ、間もなく少佐に昇進した。同5年征韓論議が高まるなか、外務省10等出仕に転じ、西郷隆盛・板垣退助らの意を受けて、やはり陸軍少佐から外務省出仕に転じた池上四郎、外務権中録彭城中平と共に満州情勢の調査に当たることになった。同年8月16日、武市らは商人に扮し横浜を出発、9月1日上海に到着し、さらに28日営口に入った。以後、満州各地に赴き、地形や気候・兵備・財政状態・風俗・人情等をつぶさに調査し、1873（明治6）年4月帰国（彭城は同年7月、池上は翌年8月帰国）、翌年池上・彭城と共に『満州視察復命書』を西郷・板垣らに提出した。同年10月西郷・板垣ら征韓派参議が下野すると、武市も辞職、翌年1月同志ともに岩倉具視を赤坂喰違坂に襲うが失敗、7月9日処刑された。
（栗田尚弥）

（**参考文献**）『東亜先覚志士記伝』下、『対支回顧録』下。

武部六蔵 たけべろくぞう （1893.1.1-1958.1.19）

満州国総務長官。長崎県出身。

一高を経て1918年東京大学法科大学卒。一高同期に植民地研究者の矢内原忠雄や小説家の芥川龍之介がいる。法科大学卒業時には恩賜の銀時計を受けている。同年内務省に入省。関東大震災時には帝都復興院庶務課長として

復興事業に当たり32年には秋田県知事、35年には関東局司政部長、36年には関東局総長を歴任。39年には企画院次長を経て再度満州へ渡り、40年満州国国務院総務長官に就任、日中戦争後の満州での戦時動員を指揮。45年敗戦後にシベリアに抑留され、50年には撫順監獄へ移送され、56年には中国の最高人民法院特別軍事法廷で徒刑20年の判決を受け、同年仮釈放で帰国。　　　　　　　（小林英夫）

（**参考文献**）田浦雅徳・古川隆久・武部健一編『武部六蔵日記』（芙蓉書房出版、1999年）。

太宰　治 だざいおさむ （1909.6.19 – 1948.6.13）

小説家。本名津島修治。青森県出身。

1930年東京大学仏文科入学、のちに中退。井伏鱒二に師事。創作集『晩年』（36年）で認められると『走れメロス』（40年）等により作家としての地位を確立した。第2次世界大戦後、自意識崩壊の告白を綴った『斜陽』（47年）、『人間失格』（48年）は世評も高く、無頼派の代表作家とされる。中国文学との関わりは深く、中国に材をとった作品がいくつかある。主要なものは、『古今説海』の「魚服記」からヒントを得た『魚服記』（33年）、『聊斎志異』の「黄英」を翻案した『清貧譚』（41年）、「竹青」を翻案した『竹青』（45年）、そして魯迅『藤野先生』を土台とし日本留学時の魯迅の姿を描いた『惜別』（45年）である。他にも習作『股をくぐる』（28年）は『史記』「淮陰公列伝」をふまえたと考えられ、『学生群』（28年）では「支那留学生」の姿が描かれ、『葉』（34年）には「支那のひと」である「支那蕎麦の屋台」のあるじが登場している。　　　　　　　（近藤華子）

（**参考文献**）祝振媛「中国文学」（志村有弘・渡部芳紀編『太宰治大事典』勉誠出版、2005年）、藤原耕作「太宰治文学と中国―「清貧譚」と「黄英」」（『敍説Ⅱ』2006年）。

田尻愛義 たじりあきよし （1886.11.28 – 1975.10.29）

外交官。島根県出身。

1920年、東京商業学校商業教員養成所卒業、京都市立第一商業学校教諭を経て、21年外交官及領事官試験合格。英国在外研究員、漢口領事館勤務ののち、28年外務省亜細亜局第2課勤務、30年天津領事（総領事代理）、33年亜細亜局第2課長、34年東亜局第2課長、35年青島領事（総領事代理）、36年大使館1等書記官（天津・上海駐在）、38年調査部第5課長、香港総領事、39年大使館1等書記官（上海駐在）、40年東亜局第1課長、次いで大使館参事官として南京に駐在し阿部信行特命全権大使の随員として汪兆銘政権との日華基本条約締結交渉に参画、41年調査部長、42年特命全権公使・南京大使館上海事務所長として治外法権撤廃・租界還付の交渉を担当、45年5－8月大東亜次官、同9月外務省政務局長、46年1月外相吉田茂の忌避に触れ免官、25年間の外務省生活を終えた。その後、淀川製鋼所取締役顧問・岩谷産業取締役顧問・セントラル石油社長・霞山会理事・東亜学院院長を務めた。70年霞山会理事・東亜学院院長を辞し、公的生活に終止符を打った。遺文書は、「石射・田尻文書」として外務省外交史料館所蔵外務省記録の「支那事変」ファイルの1冊に綴じられている。　　　　　　　（柴田紳一）

（参考文献）　田尻愛義『田尻愛義回想録　半生をかけた中国外交の記録』（原書房、1977年）、同「消えた重慶和平への道」（『人物往来』1956年2月号）。

田代皖一郎　たしろかんいちろう　（1891.10.1－1937.7.16）

陸軍軍人、陸軍中将。佐賀県出身。

陸軍士官学校（15期）、陸軍大学校卒業。参謀本部支那課長、支那公使館付武官等、一貫して「支那通」としての道を歩む。第1次上海事変に際しては、上海派遣軍参謀長として、白川義則派遣軍司令官がテロに倒れたあとを継いで、事変の早期収拾に尽力、その功績は高く評価された。憲兵司令官、第11師団長等を経て、1936（昭和11）年5月支那駐屯軍司令官となる。翌37年7月盧溝橋事件が勃発するが、重篤な病気のため、7月11日香月清司中将にその職を譲り、同16日天津において病死した。当時支那大使館付武官補佐官として北平にいた今井武夫少佐（のち少将）は、「信望を一身に集めていた穏健な意見の持ち主で、あの人が健全であったら、あんなことにはならんで、少なくとも天津軍は意志を統一でき、局部的解決はできた」（『支那事変の回想』）と回想していた。　　　（庄司潤一郎）

（参考文献）　戸部良一『日本陸軍と中国』（講談社、1999年）、秦郁彦『盧溝橋事件の研究』（東京大学出版会、1996年）。

田代重徳　たしろしげのり　（1896.5.15－1970.10.9）

外交官。父は東京帝大医学部教授田代義徳。東京出身。

1920年東京帝大法学部在学中に外交官試験合格。スイス、イタリア、天津等に在勤し、27年亜細亜局第1課勤務後、天津、長春の領事。長春領事として31年6月に起こった万宝山事件（満洲における土地商租権をめぐる中国人と朝鮮人の紛争がくすぶる中で、水路工事を進める朝鮮人農民が中国官憲に逮捕された事件）の処理に当たり、林久治郎奉天総領事と連携の上、朝鮮人の退去を求める中国側に対し、朝鮮人農民の保護のため日本人警察官を動員する一方、日中両官憲の衝突の危機の回避に努めた。38年天津総領事となり、翌年6月、北支那方面軍が英仏租界の抗日活動を阻止する目的で英仏租界を封鎖した事件（天津租界封鎖事件）に遭遇し、イギリスとの厳しい交渉に当たり、有田（外相）・クレーギー協定の成立に一役を買った。41年11月、中国（汪兆銘政府）大使館参事官となり、汪政権の育成に尽力したが、日米開戦後の42年11月、特命全権公使として仏印に出張。44年11月から広東駐在、46年に帰国、公職追放。

（波多野澄雄）

多田　駿　ただはやお　（1882.2.24－1948.12.18）

陸軍軍人、陸軍大将。宮城県出身。

陸軍士官学校（15期）、陸軍大学校卒業。数度にわたり中国政府の招聘教官として北京（北京陸大）勤務、青木宣純中将・坂西利八郎少将の補佐官等少壮時代の大半を中国で過ごした「支那通」の軍人である。野戦砲兵第4連隊長、第16師団参謀長（満州）等を経て、1932（昭和7）年4月満洲国軍政部最高顧問となり、自力による国内治安維持のため満州

国軍の指導・育成に尽力した。野戦重砲兵第4旅団長を経て、35年8月支那駐屯軍司令官となる。着任直後の9月日本人記者団に対して行った談話が、中国側から日本による本格的な華北分離工作の推進と受け取られ問題化、広田弘毅外務大臣が日本政府の正式の方針ではないと釈明を行った（「多田声明」）。一方、「対支基礎観念」というパンフレットを作成、「日中共存共栄のためには、常に道義心を信条とし、公明正大の態度を保持」することが必要で、優越感を捨て、中国の独立を尊重し、中国民族の面目を保持するよう説いた。第11師団長を経て、37年8月病気の今井清中将に代わり参謀次長となる。日中戦争勃発当初石原莞爾作戦部長と共に戦争の不拡大・早期解決に尽力、特にトラウトマン和平工作を積極的に推進したが、近衛文麿内閣と対立して挫折、「対手トセス」声明が出された。その後日中戦争は拡大の一途をたどり、東条英機陸軍次官とも対立、汪兆銘工作も進展せず、38年12月対ソ戦準備のため第3軍司令官（牡丹江）に転出した。39年9月北支那方面軍司令官となり、華北・内蒙古の治安・警備を担任した。特に、40年夏には共産軍の攻勢（「百団大戦」）があり、多田はその教訓をふまえ、情報収集の強化、掃討作戦戦法の改善、民生の安定に力を注ぎ、成果を挙げた。41年7月軍事参議官、同9月予備役に編入される。対米開戦には強硬に反対したと言われる。戦後戦犯として拘留されるが、48年12月釈放直前に病死した。　　　　　　　　（庄司潤一郎）

（**参考文献**）　森松俊夫『軍人たちの昭和史』（図書出版社、1989年）、今井武夫・寺崎隆治他『日本軍の研究・指揮官』下（原書房、1980年）。

多田裕計　たゞゆうけい　（1912.8.18－1980.7.8）
小説家、俳人。福井県出身。

1940年、上海中華映画株式会社への転職を契機に中国に渡り、翌年「長江デルタ」で第13回芥川賞を受賞する。この作品は汪精衛（兆銘）政権の南京「遷都」時期の上海・南京・杭州を舞台とし、思想の相違と肉親の愛情との葛藤に悩む中国人の姉弟、日本と中国との間で板ばさみになる日本人青年を主人公としており、海を渡った芥川賞として注目された。戦後は57年10月から12月にかけて、第2次日本文学代表団の一員として15年ぶりの訪中を果たし、北京・上海・成都・重慶・武漢・広州等を周遊し、老舎・周揚・田漢・梅蘭芳等の文化人と交流した。翌年にはこの旅行体験をもとに短編「叙事詩」を著している。同作品には、かつての同僚であった主人公との再会を自重する高官夫人が登場しており、反右派闘争の影響を窺わせる内容となっている。　　　　　　　　　　（古谷　創）

（**参考文献**）　多田裕計『芥川賞作家シリーズ　小説芭蕉』（学習研究社、1964年）、「座談会　中国の現実と日本の文学者―中国旅行からかえって―」（『新日本文学』13－2、1958年）。

立花小一郎　たちばなこいちろう　（万延2.2.10(1861.3.20)－1929.2.15)
陸軍大将、男爵。三池（福岡県）出身。
三池藩家老の長男。1883年に陸軍士官学校を卒業する（旧6期）。89年に陸軍大学校を優等で卒業した（5期）。同期には小原伝・

明石元二郎・斎藤力三郎らがいる。歩兵第20連隊付、幼年生徒中隊付、陸士教官を経て、日清戦争に当たり参謀本部第1局員となって第1軍（司令官山県有朋）参謀として出征する。96年から3年半オーストリアに留学して軍事研究に従事し、帰国後は参謀本部員、陸軍省軍務局員を務めたのち、1900年9月北清連合軍司令部に差遣されて福島安正と共に司令部幕僚となり、福島を補佐した。翌年5月には清国駐屯軍参謀となる。8月にいったん帰国したあと参謀本部員として再び清国に差遣され、02年2月に北洋大臣兼直隷総督袁世凱の軍事顧問に就き、北洋軍の創設・北洋軍政司の設置に尽力した。その顧問役は坂西利八郎が継ぐ。03年に帰国し、陸軍省人事局に所属後、日露戦争に当たって第4軍（司令官野津道貫）参謀副長となり出征する。05年3月に大本営参謀に移る。戦後はポーツマス講和会議全権小村寿太郎随員として渡米し、同年末の小村による日清条約交渉にも随行する。そののち陸軍省高級副官を3年半務め、09年に歩兵第22旅団長に就いて満州・鉄嶺に駐箚するも一酸化炭素中毒に罹って帰国した。歩兵第30旅団長、近衛歩兵第1旅団長を経て12年に朝鮮駐箚軍（司令官安東貞美）参謀長となる。14年には明石元二郎の後を継いで朝鮮駐箚憲兵隊司令官並びに朝鮮総督府警務総長に就任する。16年より師団長職を務め、19年に初代の関東軍司令官として旅順に赴いた。21年には浦塩派遣軍司令官に任じられて復員業務を担う。22年軍事参議官となり、翌年予備役に入った。24年に福岡市長、25年には貴族院議員となる。

（斎藤聖二）

（参考文献）『対支回顧録』下。

橘　周太　たちばな　しゅうた　（慶応1.9.15(1865.11.3)－1904.8.31)

陸軍中佐。長崎出身。

長崎の庄屋の次男。1881年に陸軍士官学校幼年生徒となり、87年に陸軍士官学校を卒業する（旧9期）。同期には町田経宇がいた。歩兵第5連隊付、のち近衛歩兵第4連隊に属する。91年に東宮武官となる。日清戦争では台湾征討戦の末期に当たる95年11月に大本営付となり、96年台湾守備歩兵第2連隊中隊長となった。97年から戸山学校教官職に就き、1902年に名古屋陸軍地方幼年学校長に就任する。日露戦争は初め第2軍（司令官奥保鞏）司令部管理部長として出征した。04年8月、第2軍第3師団（師団長大島義昌）第17旅団（旅団長児玉恕忠）隷下の歩兵第34連隊（連隊長関谷銘次郎）第1大隊長となり遼陽会戦に臨む。第2軍は鞍山站を占領したのち首山堡に正面から攻撃をかけたが、8月30日未明からロシア軍の激しい抵抗が始まり激戦となる。翌日未明には同大隊が突撃の先陣を切って、凄惨な白兵戦の中で多くの死傷者が出た。いったん一堡上を占拠したが孤立状態に陥り、敵の逆襲によって退却を余儀なくされた時、その退却指揮中に複数の銃弾を受けて戦死した。多大な犠牲を払った会戦での犠牲美談として、かつて東宮武官であった大隊長が東宮（のちの大正天皇）の誕生日に戦死したことからそれを讃える意味も含めて、陸軍の軍神第1号となった。すぐに軍歌「橘中佐」が作られ、19年に銅像が建立された。40年に橘神社が創

建される。　　　　　　（斎藤聖二）

橘　樸 たちばな しらき　(1881.10.14 – 1945.10.25)

ジャーナリスト、中国研究家、思想家。号は江南・朴庵・彌次（郎）・（河辺）白人等。大分県出身。

大分県臼杵町（現臼杵市）に生まれ、奉天（現瀋陽）に没す。熊本の第五高等学校から早稲田大学に進学したが、中途で退学した。1911（明治44）年松丸スミと結婚した。

1905年札幌で『北海タイムス』に就職したが、06年大連に渡り『遼東新報』記者として活動を開始した。以後橘は生涯の大部分の時間を中国各地で過ごし、ジャーナリストとして活躍した。『日華公論』『済南日報』『青島新報』等で健筆をふるい、特に22–23年には『京津日日新聞』の主筆を務めた。17–18年に『支那研究資料』を刊行した。それは、中国人の実生活、財政等の面から中国を理解しようとする橘の姿勢を示すものであった。この間18年に日本のシベリア出兵に際し従軍記者となったが、途中ウオッカを飲みすぎて倒れ、その後遺症はその後の彼の行動を拘束した。

橘樸は、1920年代になると『満蒙』『月刊支那研究』『新天地』等を通して中国の国民革命に対して積極的に発言した。彼は当時の中国を官僚支配の社会とみなし、軍閥・官僚に反対する連合戦線を唱えた。そのためには、調和主義的観点に立って階級闘争を否定すると考えられた孫文思想が思想的基礎となった。橘にとって、共産党をも許容した国共合作はこのような連合戦線の実現形態であり、国民党左派の主導のもとに蒋介石と中共が協力して国民革命を推進すべきであった。27年に国共合作が分裂すると、橘は国民党左派の系統を引く国民党改組派に国民革命の主導権を託した。しかし、28年の北伐完成にもかかわらず、国共対立の中で改組派は国民革命の主導権を取ることができず、ここに橘の期待は挫折し、やがて34年の「方向転換」が生まれることになった。

31年の満州事変の勃発、翌年の満州国の成立は橘樸の中国論に新しい展開をもたらした。この時期の彼の主要な活動の拠点は、満鉄の嘱託としての地位と31年に創刊された『満州評論』にあった。橘は日本の満州・華北支配を前提として、そこに求めたのは日中協力による軍・労働者・農民の参加する勤労者民主主義の非資本主義的発展の道であった。橘門下の佐藤大四郎らによる綏化県農村協同組合運動はこの理想を実現したものと考えられた。彼はそのためには日本の体制の革新が必要であると考えた。橘が構想したのは、日本の革新的青年将校と労働者・農民との結合であり、そのためには革新的独裁政党が必要であった。それは、日本における大政翼賛会の政治に符合する面があった。そのような観点から橘は1940年代にたびたび中国大陸と日本との間を往来し、石原莞爾・中野正剛らに接近し、昭和研究会にも参加した。しかし、戦争末期になると橘は汪精衛の南京国民政府に幻滅を感じ、また日本の体制締付けの中で親しくしていた尾崎秀実・佐藤大四郎・大上末広・伊藤武雄らが犠牲になっていった。このような状況の中で橘樸は奉天で日本の敗戦を迎えたの

である。　　　　　　　　　（山田辰雄）

(参考文献)　橘樸著作集刊行委員会編『橘樸著作集』全3巻（勁草書房、1966年）、山本秀夫『橘樸』（中央公論社、1977年）、山田辰雄・家近亮子・浜口裕子編著『橘樸　翻刻と研究―「京津日日新聞」―』（慶応義塾大学出版会、2005年）。

立見尚文 たつみなおぶみ　（弘化2.7.19(1845.8.21)－1907.3.6)

陸軍大将、男爵。桑名藩（三重県）出身。

桑名藩江戸勤番藩士の3男。藩主松平定敬の小姓。鳥羽伏見の戦いののち桑名藩兵を再編し、戊辰戦争で雷神隊隊長として官軍と闘い、河合継之助・土方歳三らと連携して戦功を挙げる。奥羽列藩同盟の壊滅と共に降伏して謹慎処分となった。明治3（1870）年に赦免され、桑名県官吏、のち司法省官吏となる。西南戦争の際の士官不足を補うために陸軍少佐に抜擢され、出征して活躍する。戦後は大隊長から大阪鎮台参謀、近衛参謀となり、連隊長を務めたのちに1886年から1年4ヶ月におよぶ小松宮彰仁親王欧州差遣の随員として渡欧する。帰国後は第3師団参謀長、近衛師団参謀長となり、日清戦争に当たって第1軍（司令官山県有朋）第5師団（師団長野津道貫）隷下の歩兵第10旅団長として出征する。朔寧支隊として東から平壌攻略に臨み、その後は立見支隊と呼ばれて第1軍右翼を任され功を残して鳳凰城の守備に就く。凱旋後は台湾総督府陸軍軍務局長、のち同陸軍部参謀長を務め、98年に初代第8師団長に就任する。1902年に配下の部隊が八甲田山雪中行軍遭難事件を起こした。日露戦争では04年10月に満州軍に編入され、黒溝台の戦いに臨むが多大な犠牲を出して苦戦した。師団夜襲の敢行とロシア軍の退却命令によってかろうじて勝利し、その後に奉天会戦を闘う。戦後は病を得て休職した。　　　　（斎藤聖二）

建川美次 たてかわよしつぐ　（1880.10.3－1945.9.9）

陸軍中将。駐ソ大使。新潟県出身。

1905年1月9日早朝、奉天南方沙河をはさんで対峙する日露両軍の最左翼、秋山騎兵団の駐屯地・韓三台を出発した6騎の斥候隊があった。6騎はロシア軍を西南方に大迂回し大湾で遼河を渡り一路北上して四屯子から進路を変えて東進、鉄嶺で東清鉄道を横断、ロシア軍の鉄道輸送情況を把握、東南方向へ迂回しながらロシア軍陣地を横断、1騎を失いながらも2月1日味方陣地に生還、見事斥候の任務を果たし、3月1日に始まる奉天大会戦を勝利に導いた。これからのち、建川美次はこの6騎を率いた斥候長としての名声を背負い、昭和には山中峯太郎の名筆により『敵中横断三百里』の英雄となった。

28年、少将となり公使館付武官として北京に赴任した建川は、訓令に基づき、当時、保定で蒋介石の北伐軍に対峙していた張学良に会い「お前は軍をまとめて作霖のところへ引き揚げ、父に勧めて奉天に帰れ」と伝えた。既に戦意を全く失っていた学良は直ちに承諾して北京に帰ったが、作霖に叱られてまたもや保定に戻った。しかし、それから間もない6月2日、作霖は各国公使を集め、「これから奉天に帰る」と挨拶し、3日朝、楽隊を催

し、外交官たちに見送られて北京を出発、4日朝、奉天に帰ったところを日本軍の手で爆殺された。その後、奉天に帰った学良は蒋介石と手を握り、東北を国民政府のもとに統一し、満鉄平行線の建設や葫蘆島築港等の排日政策を強引に推し進めた。

31年8月、建川が参謀本部第1部長になった直後、満州事変の予兆のあることが奉天総領事林久治郎から政府に報告され、軍中央の意を受けて建川は止め男として奉天に赴いた。しかし建川が奉天に到着した9月18日の夜、本庄軍司令官が不在で正式に中央からの命令を伝えられない間に関東軍は事変を起こした。関東軍とは阿吽の呼応が認められる。

36年、2・26事件後、予備役に編入。40年、松岡外相から駐ソ大使に起用されるが、独ソ開戦後の建川報告はドイツ軍の戦果を過大評価したものであった。　　　　（野村乙二朗）

（参考文献）「建川美次中将談」（森克己『満州事変の裏面史』国書刊行会、1976年）、中島欣也『残影敵中横断三百里』（新潟日報事業社、1998年）。

伊達順之助　だてじゅんのすけ　（1892.1.6－1948.9.9）

大陸浪人。檀一雄の小説『夕日と拳銃』のモデル。中国名張宗援。東京出身。

男爵・伊達宗敦の6男。善隣書院卒業後、1916（大正5）年、満蒙決死団を結成して第2次満蒙独立運動に参加。張作霖暗殺を企てたが失敗し、翌年退去処分。19年に山県有朋暗殺にも失敗したが、朝鮮で警察官を務めた（21－23年）のち、再び渡満。日本側の謀略

馬賊として活動するかたわら、奉天系の張宗昌と親交を深め、義兄弟となり、31（昭和6）年に中国籍を取得。関東軍の黙認のもとで、満州国に帰順してきた匪賊の統括と、帰順しない匪賊の討伐に従事。37－39年、北支那方面軍の命で山東自治連軍総司令となり、中国人への懐柔工作を行う。その後は終戦まで日本軍嘱託・顧問等の肩書で青島に留まるも、45年11月、国民政府軍によって逮捕され、48年6月、上海軍事法廷で死刑判決を受け、9月、銃殺刑に処せられた。　　　（澁谷由里）

（参考文献）　渡辺龍策『馬賊―日中戦争史の側面―』（中公新書、1964年）、都築七郎『秘録・伊達順之助』（番町書房、1972年）。

伊達宗城　だてむねなり　（文政1.8.1（1818.9.1）－1892.12.20）

幕末期の宇和島藩主、明治前半期の外交官。江戸出身。

幕臣・山口直勝の次男として江戸に生まれ、伊予国宇和島藩主伊達宗紀の養子となる。弘化1（1844）年から安政6（1859）年まで藩政を執った間に先代・宗紀からの藩政改革を推進して、殖産興業、文武教育の振興、富国強兵（洋式兵学の導入）等の諸政策を実行した。つとに徳川斉昭（水戸藩主）や松平慶永（福井藩主）、ついで島津久光（薩摩藩主）とも親しく、慶応1（1865）年には駐日英国公使パークスが、また翌年には同国書記官サトウも、それぞれ宇和島藩を訪れて宗城と懇談し軍事工場等を視察している。その政治的理想として天皇を首長とする連邦国家を構想し、実際にも王政復古後に維新政府の議定となり、そ

の後は外国事務総督、外国官知事、参議、民部卿及び大蔵卿等を歴任した。特に清国（中国）との間では、明治4（1871）年7月に全権として天津に赴き、当時、日清間の対等条約として注目された日清修好条規に調印した。なお松平慶永や池田茂正（岡山藩主）と共に『徳川礼典録』（全38巻、1881年に完成）を編纂した他、日記に『伊達宗城在京日記』がある。　　　　　　　　　　　　（松村正義）

（参考文献） 兵頭賢一『伊達宗城』（1935年）、アーネスト・サトウ『一外交官の見た明治維新』全2巻（岩波文庫、1960年）。

田中義一 たなかぎいち （元治1.6.22(1864.7.25)－1929.9.29)

陸軍大将、陸軍大臣、政友会総裁、内閣総理大臣。長州藩（山口県）出身。

参謀本部や陸軍省でエリート軍事官僚の道を歩んだ軍人。1894年日清戦争に従軍後、98年ロシアへ留学、歩兵連隊の隊付将校を経験した。1902年シベリア鉄道、東清鉄道を経由してハバロフスク、ウラジオストック等ロシア軍の後方兵站線を偵察し、奉天・大連・旅順を経て帰国、04年には日露戦争に満州軍参謀として従軍した。07年参謀本部でロシアを第1の仮想敵国とする「帝国国防方針」を策定、歩兵第3連隊長時代には「軍隊内務書」の改訂等軍隊内改革を行った。また軍隊と地方・民衆の接近を図る「良兵即良民」主義を唱え、陸軍の外延に青年団と在郷軍人会を配すなど「軍隊の国民化」「国民の軍隊化」を進めた。11年陸軍省軍務局長として上原勇作陸相を担ぎ2個師団増設を推進、大正政変を引き起こす。15年10月参謀次長に就任、18年には原敬内閣の陸相として国防の近代化に着手、ロシア革命に最も早く反応しシベリア出兵を行った。23年山本権兵衛内閣の陸相となり、山県有朋死後の陸軍長州閥の総帥として積極政策を推進する。その後政党政治を無視できないとみた田中は25年予備役となり、4月立憲政友会総裁に就任、政党内閣期唯一の軍人出身の総裁となる。27年台湾銀行救済緊急勅令案の否決により若槻礼次郎内閣が総辞職、4月20日「対支問題の解決、列国との協調」を政綱に掲げて田中内閣を組閣、モラトリアム支払猶予令を発令し金融恐慌を切り抜けた。

田中内閣の第1の特徴は、外相に外交専門家を充てず兼任し、外務政務次官森恪に対中国積極外交を推進させたことである。中国では北伐を進める国民党軍が華北・満州に及んだため、27年5月、28年4月、5月の3次にわたる山東出兵を強行、5月には済南事件を引き起こし、中国革命への干渉を行った。28年6－7月には満蒙権益の保護拡大を目的に外務省・陸海軍・関東軍・関東庁等を招集し総合的中国政策を検討する「東方会議」を開催、満蒙五鉄道敷設策等を決定、満蒙経営の調整を図り、中国本土と「満蒙」を峻別する「対支政策綱領」を発表した。森恪と吉田茂奉天総領事のコンビによる強硬路線は、中国人の反日感情を増大させ、日本商品のボイコット等日本帝国主義に対する闘争を拡大させた。その象徴が、満蒙領有の意図をあらわにした偽書「田中上奏文」（「田中メモランダム」）で、田中の死後、日本の侵略過程を示

す材料として反日宣伝に利用される。

第2の特徴は、司法畑の鈴木喜三郎を内相とし28年2月に最初の普通選挙を実施、治安維持法を発動したことである。3月には日本共産党員を検挙（3・15事件）、労働農民党等に解散を命じた。治安維持法改正案（死刑導入）も6月に緊急勅令で実施、7月には特別高等警察制度を拡大強化して、29年4月共産党員の大検挙を行った（4・16事件）。

28年6月4日関東軍高級参謀河本大作大佐等の陰謀による張作霖爆殺事件（満州某重大事件）が起こると、29年1月議会で立憲民政党から追及され、さらに犯人についての上奏で天皇の不審を買い、7月2日総辞職する。同年田中は急死した。　　　　（吉良芳恵）

（参考文献） 高倉徹一編『田中義一伝記』全3巻（1957-60年）、纐纈厚『田中義一—総力戦国家の先導者—』（芙蓉書房出版、2009年）、服部龍二『日中歴史認識』（東京大学出版会、2010）。

田中国重　たなかくにしげ　（明治2.12.17(1870.1.18)-1941.3.9）

陸軍大将。鹿児島県出身。

1893年に陸軍士官学校を卒業する（4期）。翌年近衛騎馬大隊付となり、95年4月に日清戦争後の台湾征討戦に出征する。戦後は陸士教官、陸軍中央幼年学校馬術教官となり、97年に陸軍大学校に入って1900年に優等で卒業した（14期）。同期優等者には宇垣一成・坂西利八郎がいる。騎兵第10連隊中隊長、参謀本部第2部員となり、日露開戦時に大本営参謀に就き、満州軍参謀情報担当として出征する。戦後はアメリカ大使館付武官となる。約4年半在米し10年に帰国して参謀本部員となる。13年騎兵第16連隊長、翌年侍従武官になり、17年からイギリス大使館付武官に就く。第1次大戦終結時のパリ講和会議全権委員随員に任じられたのち、19年8月に参謀本部第2部長に就任した。21年のワシントン会議にも随員として差遣された。帰国後は騎兵第3旅団長、第15師団長、近衛師団長となる。26年に菅野尚一のあとを継いで第6代台湾軍司令官に就く。28年軍事参議官となって翌年予備役に入る。33年から在郷軍人を中心とする国家主義的団体明倫会の総裁を務めた。

（斎藤聖二）

田中慶太郎　たなかけいたろう　（1880-1951.6.15）

古書店主、出版家。号は救堂。京都出身。

文久1(1861)年に開業した京都寺町通四条上る西側にあった書肆文求堂に生まれる。1899（明治32）年東京外国語学校中国語学科を卒業し、翌年以降、数度中国を訪れる。1901年、東京の本郷2丁目に店舗を移し、中国の古典籍を中心として業務を展開し、明治時代から戦後までにおける、中国書を扱う最も重要な古書店の一つにまで発展させた。08年から11年にかけて北京に在住して古書籍に関する造詣を深め、その後も仕入れのために頻繁に中国に渡り、中国の同業者や董康・傅増湘等の愛書家と親しく付き合っていた。関東大震災（23年）の際に店舗と蔵書を焼失、以降は中国の実用書・新刊本の販売に転向し、また、近代以降の中国学者の研究書・中国語に関する語学書を多く出版した。日本滞在中の

郭沫若・郁達夫等の世話をし、郭沫若の著作『両周金文辞大系』、『卜辞通纂』、『殷契粋編』等を出版している。著書には『羽陵余蟬』（文求堂書店、37年）、『支那語動字用法』（文求堂書店、47年）等がある。　　　　　（陳　捷）

（参考文献）　『日中友好的先駆者―「文求堂」主人田中慶太郎―』（極東物産、1987年）。

田中舎身 たなかしゃしん （文久2.12.3（1863.1.22）－1934.9.2）

仏教運動家。国家主義者。本名弘之。美濃（岐阜県）出身。

1886（明治19）年逓信省に入るが、仏教による救世を指向し88年に辞職、97年に仏教会館（98年日本仏教倶楽部に改称）を設立し、機関誌『覚の道』を発行する。33年、義和団事件を契機に、仏教を中心とする東亜民族の連携を図るため、日本仏教倶楽部を改組、東亜仏教会を起こす。1903年、大乗仏教の普及をめざし月刊誌『東亜の光』を創刊する。05年、仏教各派の僧侶1500名を集め、日露戦争戦没者の追悼法要を挙行する。17（大正6）年、東亜仏教会を日蒙仏教連合会と改称、さらに翌07年亜州仏教会と改称した。08年、青年24名を率いてモンゴル各地を訪問、同地要人に日蒙の提携の必要を説く。24年国粋会の最高顧問に就任、28（昭和3）年には内地外交作振同盟を組織し、対中国政策確立のための世論喚起に努めた。満州事変勃発後も一貫して国策を支持し、33年には同志と共に国際連盟脱退を主張した。　　　　（栗田尚弥）

（参考文献）　『東亜先覚志士記伝』下、『対支回顧録』下。

田中清次郎 たなかせいじろう （明治5.5.16（1872.6.21）－1954.2.4）

萩藩（山口県）の士族出身。1895年東京帝国大学法科卒業、三井物産入社、同香港支店長を経て1906年満鉄理事、1909年伊藤博文がハルビン駅頭で安重根に暗殺された現場に居合わせ、狙撃で足を負傷したが、安を高く評価していた。14年退任、小野田セメント取締役等を経て、39年総裁松岡洋右の推薦で満鉄顧問に復帰、調査部長事務取扱となる。副総裁待遇ということで「大調査部時代」の幕開けで、『支那抗戦力調査』等が行われた。リベラルの一面を保持し、具島兼三郎が松岡の進めるドイツ・イタリアとの同盟案は不利であるとする論文を評価し、具島を軍部に派遣して意見を具申させた。第2次調査部事件の後、退任。　　　　　（久保田文次）

（参考文献）　草柳大蔵『実録満鉄調査部』（朝日新聞社、1979年）、具島兼三郎『奔流：わたしの歩いた道』（九州大学出版会、1981年）、安藤豊禄『韓国わが心の故郷』（原書房、1984年）。

田中武夫 たなかたけお （1910－没年未詳）

満鉄調査部員、『満州評論』編集代表。

1927年大連市第一中学卒業後満鉄入社、満鉄総裁室情報課に勤務したのち33年には総務部資料課に在籍。橘　僕が主宰する『満州評論』の編集を担当し、32年から35年まで同誌編集長を務めた。35年に上海事務所、40年に新京支社に勤務したのち41年に満鉄を退社、『満州評論』の編集責任者となる。41年11月に起きた関東憲兵隊による合作社弾圧事件で検挙され、収監される。獄中手記「満鉄調査

部に於ける左翼勢力の歴史的社会的考察」では、満鉄調査部内の思想的相違、合作社運動の実態が述べられている。56年中国より帰国。『橘僕著作集』3巻の編集責任を務め、合作社事件で獄死した佐藤大四郎の生涯を綴った『橘僕と佐藤大四郎』を上梓した。

(小林英夫)

(参考文献) 田中武夫『橘僕と佐藤大四郎』(龍溪書舎、1975年)。

田中徹雄 <small>たなかてつお</small> (1918.2.22 – 1979.12.22)

満鉄職員、軍人、地方行政官。山梨県出身。

1935年日川中学卒業後、東亜同文書院入学、39年3月同書院卒業。39年4月満鉄調査部勤務、同年12月応召。河南省獲嘉県での初年兵教育後、盛岡陸軍予備士官学校を経て、華北の新郷で情報工作に従事。43年4月、日本軍と交戦状態にあった第24集団軍軍長龐炳勲上将及び新編第5軍軍長孫殿英の日本軍への無血帰順工作を成功させ、その活躍が日本でも知られることとなる。45年1月杭州「梅機関」勤務となり、胡粛同工作に従事。46年支那派遣総軍「中国戦区日本徒手官兵善後総連絡部上海連絡班」にて終戦処理業務に当たった。同年末には上海で拘束されていた溥傑夫人嵯峨浩の救出を行い、共に最後の引揚げ船で47年1月帰国。戦後は、郷里の山梨に帰り、山梨県副知事(64-67年)等の同県内における官民の要職を歴任した。　(松重充浩)

(参考文献)「田中徹雄を語る」刊行委員会編『〔追悼文集〕田中徹雄を語る』(同会、1980年)、渡辺みどり『愛新覚羅浩の生涯:昭和の貴婦人』(読売新聞社、1992年)。

田中隆吉 <small>たなかりゅうきち</small> (1893.7.9 – 1972.6.5)

陸軍軍人。島根県出身。

1914年陸軍士官学校卒(26期)、22年陸軍大学校卒。陸軍「支那通」としての道を歩み、24年参謀本部支那班に勤務、27年から支那研究員として北京、張家口に駐在したのち、帰国して兵要地誌班に勤務する。30年上海駐在武官となり、32年1月、折から進行中の満州事変に呼応し、中国人を買収して托鉢中の日本人僧侶を襲わせ、その犯人たちが勤務する工場を、報復のためと称して日本人集団に襲撃させた。満州で新国家樹立工作を推進する板垣征四郎(関東軍高級参謀)の要請に応じて、列国の目を満州からそらすための謀略であった。この謀略がきっかけとなって上海で日中間に軍事衝突が発生する(第1次上海事変)。本国での部隊勤務を経て、35年関東軍参謀(情報主任)に就任、内蒙古の自治拡大のため関東軍に接近してきた徳王を擁して、内蒙工作を推進する。内蒙工作の積極化には陸軍中央の承認が得られなかったため、関東軍の機密費を注ぎ込み、さらに冀東防共自治政府の「特殊貿易」から得られた収入を流用した。しかし、察哈爾省に本拠を置く徳王の蒙古軍政府は財政的に行き詰まり、これを打開するため徳王と田中は隣の綏遠省への進出を図った。36年11月、徳王の軍隊は攻撃を開始したが、百霊廟の戦いで傅作義の綏遠軍に大敗を喫した。この綏遠事件は徳王の野心と田中の独断専行によって引き起こされ、関東軍は直接関与していなかったが、傅作義軍の勝利は「無敵」の関東軍を破った大勝利であ

ると喧伝され、中国の抗日ナショナリズムを昂揚させる結果となった。37年、盧溝橋事件に際して関東軍から天津の支那駐屯軍に派遣され、中国側に一撃を加えるべしとの強硬論を主張した。その後、陸軍省兵務課長を経て、40年華北の第1軍参謀長となり、山西モンロー主義を標榜する軍閥・閻錫山との間で局地和平工作（対伯工作）を試みた。田中は張家口駐在以来、閻と旧知であった。同年12月、東條陸相のもとで兵務局長となったのちも山西省に出張し、工作の進展を図ったが、成果を挙げることはできなかった。42年、東條首相兼陸相の信任を失って、予備役に編入された。戦後、東京裁判で検察側証人として出廷し、軍人被告に不利な証言をしたことで知られる。　　　　　　　　　　　　　（戸部良一）

（参考文献） 田中隆吉『敗因を衝く』（山水社、1946年、中公文庫、1988年）、田中稔編『田中隆吉著作集』（私家版、1979年）。

田辺太一 たなべたいち （天保2.9.16(1831.10.21)－1915.9.16）

江戸幕府の儒臣、漢詩人。田辺花圃の父。号蓮舟。江戸出身。

安政期以降、外国方（外国奉行）に出仕。水野忠徳の知遇を受け、文久3（1863）年、池田長発と共に渡欧。慶応3（1867）年、徳川昭武に従い再渡欧。明治3（1870）年、外務省出仕。翌年、岩倉使節団参加。74年、台湾蕃地事務局御用掛を兼務し、台湾出兵の戦後処理のため渡清。上海を経由し、8月北京到着。全権公使柳原前光に、談判要領書を渡し、政府の意向を連絡。その後、清との交渉に参加し、照会文の作成等に携わった。9月、事態打開のため渡清した大久保利通を天津まで出張し応接。交渉状況は厳しく清との戦争を唱える者もいたが、田辺は十分な大義名分がないとし避戦を主張した。協定締結後の11月に帰国。79年1等書記官として再渡清。一時、臨時公使も務めた。82年帰国。以後、元老院議官となる。　　　　　　　（合山林太郎）

（参考文献）『蓮舟遺稿』（1921年）、『大久保利通文書』（日本史籍協会、1927年）、『処蕃書類』（国立公文書館蔵）。

田辺治通 たなべはるみち （1878.10.17－1950.1.30）

官僚、政治家。山梨県出身。

1950年東京帝国大学法科大学（仏法）卒業後、逓信省入省。24年、第2次護憲運動の中で特権官僚と目され糾弾を受け依願免官。その後、平沼騏一郎の支援を受け国本社理事。27年には縁戚の鈴木喜三郎内務大臣の招聘を受ける形で大阪府知事に就任するも、翌年鈴木が辞任すると自らも辞任。33年満州国参議府参議となり渡満。執政（帝政施行後は皇帝）の「積極的輔弼機関」的な側面をもった建国間もない満州国参議府にあって、国務院組織の改革、34年の組織法制定、帝政施行等の行政組織整備に関する重要案件に参画。37年7月参議府副議長。同年12月帰国。38年貴族院議員。39年1月平沼内閣成立に伴い内閣書記官長、同年4月逓信大臣。41年第3次近衛内閣で内務大臣。戦後は、公職追放となる。　　　　　　　　　　　　　（松重充浩）

（参考文献） 田辺治通伝記編纂会編『田辺治通』（逓信協会、1953年）、満州国史編纂刊行会

編『満州国史：各論』(満蒙同胞援護会、1971年)。

田辺碧堂 たなべへきどう （元治1.12.13(1865.1.10 – 1931.4.18)

実業家・政治家・漢詩人。名は華、字は秋穀、通称は為三郎、別号碧堂。備中（岡山県）出身。

浅口郡長尾の庄屋田辺新三の3男に生まれ、若くして漢学・作詩に親しみ、東京に出て森春濤や同郷で遠戚の三島中洲に学び、副島蒼海とも交わり、国分青崖と親交。晩年は大東文化学院・二松学舎専門学校で詩を講じ、絶句をよくして「絶句碧堂」と称された。実業では玉島紡績会社に入社し（1888年)、また塩業家野崎氏の理事となって野崎武吉郎の貴族院議員活動を輔佐。自身も岡山選出の衆議院議員に2度当選（第5回98年進歩党、第6回1898–1902年憲政本党)。白岩龍平（妻は西毅一の女、野崎武吉郎の貸費生）を輔佐して、大東汽船会社（99年)、次いで湖南汽船会社（1903年）を創設し、さらに清国航路の4社を合併して日清汽船株式会社（07年）を創設。清国貴顕と広く交流し、近衛篤麿にも献策した。
　　　　　　　　　　　　　（町　泉寿郎）

田鍋安之助 たなべやすのすけ （元治1.6.8(1864.7.11)–没年不詳)

対外政策提唱者。筑前（福岡県）出身。

1898（明治31）年、「支那を保全す」等の綱領を掲げて誕生した東亜同文会の常任幹事、翌年幹事に就任したが、義和団事件（1900年）前後の時期に対露強硬論者となり、義和団事件後に満州へ進出した帝政ロシアに対し、対露主戦を唱える近衛篤麿を中心として1900年に結成された国民同盟会に参加。また、東亜同文会幹事を辞任した翌年の03年に、同じく近衛を中心として結成された対露同志会に関与。日露戦争中の04年5月、芝罘（現山東省煙台）を拠点とする森田利遠大尉指揮の特別任務班（偵察班）に参加し、班の一員として遼東半島へ偵察に赴く。この時、座礁したロシアの駆逐艦を捕獲したというエピソードも残っている。

辛亥革命翌年の13年、満蒙問題の解決を目標とする対支連合会が結成されると、同会幹事に就任。また、14年12月「挙国一致対外政策の基礎の確立」、「対支問題の根本的解決を期する」ことを目的として、党派を超えた「国民外交同盟会」が結成されると、評議員と幹事を務めた。
　　　　　　　　　　　　　（武井義和）

(参考文献)　『東亜先覚志士記伝』中。

谷崎潤一郎 たにざきじゅんいちろう （1889.7.24–1965.7.30)

小説家。東京出身。

東京帝国大学国文科卒業。1910年12月『新思潮』に「麒麟」を発表。この作品は、孔子が衛の霊公に礼楽の道を説き、彼を酒色から遠ざけたが、婦人の南子は王を逸楽の世界に引き戻すという筋だてで、道徳に対する官能の勝利を描いた。18年11月に約1ヶ月、中国を旅行し、翌年2月の『中央公論』に「蘇州紀行」を書いた。26年1月上海に遊び、2月に帰国した。中国では田漢・欧陽子倩・郭沫若らと交流。雑誌『女性』に「上海交遊記」を書いた。
　　　　　　　　　　　　　（阿部　猛）

（参考文献）風巻景次郎・吉田精一編『谷崎潤一郎の文学』（塙書房、1954年）。

谷　干城 たにたてき （天保8.2.12(1837.3.18)－1911.5.13)

陸軍中将、農商務大臣、貴族院議員。申太郎、守部、号隈山。土佐（高知県）出身。

高岡郡窪川村の学者の家に生まれる。藩より江戸修学を命じられ安積艮斎・塩谷宕陰・安井息軒らに学ぶ。尊王攘夷思想の影響を受けるも次第に開国派となり、薩摩との提携に奔走、戊辰戦争でも活躍する。その間慶応2(1866)年には藩命にて数日間であるが長崎から上海視察に出張した。維新後の明治4(1871)年兵部権大丞に就任、以後81年陸軍士官学校長を辞任するまで草創期陸軍の中心人物の一人であった。この間74年の台湾出兵では西郷従道台湾蕃地事務都督の参軍として、政府の制止を振り切って出兵を強行し原住民を制圧した。これに対し清国側から台湾は自国領であると日本を非難してきたが、谷は台湾全島占領、清国との開戦も辞せずという主戦論を唱えた。しかし、大久保利通が対清交渉に乗り出し谷らも撤兵することになった。また77年の西南戦争では熊本鎮台司令長官として西郷軍を食い止めた。こうして、気骨ある硬派軍人としての評価が定着することになった。

辞任後は政治に強い関心を示し、民権派でも守旧派でもない「保守中正」を標榜した。85年内閣制度が発足すると農商務相に就任、在官のまま欧州を視察し、帰国した87年6月には井上馨外相の条約改正案を非難して辞職した。90年貴族院設置と共に議員に当選、以後も時流に阿らない言論を発し続け異彩を放った。ただしこの時期は、その基底に国粋保存・日本主義という国家主義があったものの、欧州視察の影響から日本の国力が欧米に後れていることへの不安が強く、軍備が整っていないとして日清戦争開戦に反対し、欧米の猜疑心を招かないためにと日露開戦にも反対した。

谷はまた、80年東洋の学術文化の交流のために発足した斯文学会に関わり、95年には会長に就任。98年の東亜同文会の発足にも尽力した。

（季武嘉也）

（参考文献）平尾道雄『子爵谷干城伝』（冨山房、1935年）、島内登志衛編『谷干城遺稿』上下（復刻、東京大学出版会、1975－76年）、小林和幸「谷干城の議会開設後における対外観・外交論」（『駒沢史学』57、2001年）。

谷　寿夫 たにひさお （1882.12.23－1947.4.26)

陸軍軍人。岡山県出身。

農家に生まれ、岡山中学校、東京府立四中（現東京都立戸山高等学校）を経て、1903（明治36）年陸軍士官学校卒業（15期）。04年近衛歩兵第1連隊付少尉として日露戦争に従軍、12（大正1）年陸軍大学校を成績順位3番で卒業（24期）。19年陸軍大学校教官となり、陸大生の教科書として『機密日露戦史』を著した。第3師団参謀長、近衛歩兵第2旅団長等を経て、34（昭和9）年中将に昇進、35年12月第6師団（熊本）師団長に任命される。37年7月7日盧溝橋事件が起こると近衛内閣が華北への増派を決定、第6師団は応急動員

され、7月末に門司港を出港して北支那方面軍の第1軍の隷下に入った。第6師団は、同年9月下旬、河北省の保定攻略を命ぜられ、中国軍と激戦の末これを占領した。同年10月末、第6師団は、華北から華中へ転用され、第10軍の隷下に入って、11月5日の杭州湾上陸作戦に参加した。同作戦は、上海戦における中国軍を背後から攻撃して、これを潰走させることに成功した。ところが、第10軍司令部は参謀本部の統制を無視して敗走する中国軍を追撃して南京攻略戦を開始した。第6師団は南京城の南と西から雨花台・中華門・水西門・下関に進撃して、12月13日に南京を占領した。第6師団の戦闘地域は、南京大虐殺事件において、中国軍民に対する集団虐殺が行われた地域でもあった。

38年1月、第6師団長を更迭され、日本本土の中部防衛司令官に転補され、39年予備役に編入された。敗戦直後の45年12月、中国復員監に任命され、旧日本軍の中国大陸からの引揚げを監督した。46年に中国国民政府による南京軍事裁判が開かれると、第6師団長として南京大虐殺事件の戦犯とされ、中国へ引き渡され、有罪判決を受け、47年4月に南京中華門外南の雨花台で処刑された。

(笠原十九司)

(参考文献) 谷寿夫『機密日露戦史』(原書房・明治百年史叢書、1966年)、『熊本兵団戦史・支那事変編』(熊本日日新聞社、1965年)。

谷 正之 たにまさゆき (1889.2.9 - 1962.10.26)

外交官、外相。熊本県出身。

1913年、東京帝大法科大学卒業後、外交官試験合格。翌14年に外務省に入り、欧州在勤後の24年幣原外相のもとで東亜局第1課長、30年有田八郎の後任の亜細亜局長となる。満州事変をはさむ困難な日中関係の調整に腐心する。国際連盟脱退に関する詔勅の原案は谷が執筆した。33年、満州国建国後の最初の大使館参事官として新京(現長春)に赴任し、現地軍や革新官僚と共に満州国育成に尽力し、省内では重光に連なる「アジア派」とみなされるようになる。在満行政機構の統一問題では、満州国の独立の体面を重視し、「満州総督府案」に反対し、特命全権大使案を提議するなど、この問題の解決に当たった。40年松岡洋右外相の刷新人事により退職。42年9月に東郷茂徳の後任外相となり、翌年4月から中国(汪兆銘政府)大使として不平等条約(日華基本条約)の清算による日華同盟条約(43年10月)の締結交渉等重光外相の推進する「対支新政策」の一役を担った。戦後、戦犯として拘留され、公職追放となるが解除後の56年駐米大使となる。

(波多野澄雄)

谷 了然 たにりょうねん (天保15.10.10(1844.11.19) - 1919.8.1)

真宗大谷派僧侶。加賀(石川県)出身。

小松・園来寺に生まれ、のち同地の教恩寺に養子に入る。27歳で石川舜台の主催する金沢の慎憲塾に入る。塾生に、のちサンスクリット習得のため英国に派遣された笠原研寿や、清国で共に布教活動を行う北方心泉らがいた。1876年、小栗栖香頂らと共に上海別院開設に尽力し初代輪番を務め、天台山等各地の仏教遺蹟を巡り、77年に北京教校を開設に携わ

ったが、78年に石川舜台失脚により自身も布教活動から外れる。97年、石川舜台が上席参務に就任し、翌98年に清国布教が再開されるのに伴い、開教事務局長として同年9月渡清し、北京別院の再興を画策したが、実現しなかったものの、杭州及び蘇州日文学堂の設立に尽力した。

著書に『谷了然師日誌』(『東本願寺上海開教六十年史』に一部収録)、『御書立演義』(大谷派本願寺文書掛、1899年)等がある。

〈川邉雄大〉

(参考文献) 高西賢正『東本願寺上海開教六十年史』(1937年)。

田野橘治 たの きつじ (1877.10.23 – 1904.5.7)

教育者。別称橘次。兵庫県出身。

兵庫県七美郡小代村に生まれる。同志社に学び、1898年7月東京専門学校(現早稲田大学)邦語政治科を卒業。これより早く宮崎滔天・宗方小太郎等と交流を始める。これを契機に中国問題に関心を抱く。玄洋社社長平岡浩太郎の勧めにより97年9月から10月にかけて康有為の開設した私塾、万木草堂を訪ね、康有為の著作に出会い私淑することを決意、やがて万木草堂の教員となる。翌年戊戌政変が起こると宮崎滔天と協力して万木草堂の門弟60余名を率いて香港・マカオに避難、さらには康有為の日本亡命を助けた。99年9月維新派の指導者唐才常の義挙に呼応して再び中国に渡り、正気会(のち自立会に改称)の設立準備に奔走した。同年11月、東京同文書院が開校すると同校の教員となり歴史・地理・日本語を担当する一方、舎監を兼務した。これと前後して、滔天の兄民蔵の設立した土地復権同志会に参加、さらにイギリスに遊学して社会主義、労働争議の実情を調査した。帰国後、東亜同文書院の舎監となった。

〈蔭山雅博〉

(参考文献) 陳漢才編『康門弟子略述』(広東高等教育出版社、1991年)、陳善燁『唐才常年譜長編』(中文大学、1991年)、田野橘治『暗黒の倫敦』(広文堂書店、1903年)、宮崎滔天『三十三年の夢』(岩波書店、1993年)、馮正宝『評伝宗方小太郎』(熊本出版文化会館、1997年)。

田渕豊吉 たぶち とよきち (1882.2.23 – 1943.1.15)

政党政治家。和歌山県出身。

和歌山県有数の素封家に生まれる。早稲田大学政経学科に入学、欧米にも留学し政治・哲学等幅広く学ぶ。帰国して1920年衆議院議員に当選、以後落選を挟みつつも42年まで代議士を務める。中野正剛・永井柳太郎と同期で早稲田三羽ガラスと呼ばれた雄弁家だが、党派に属さない自由人で議場における辛辣なヤジで有名となり、田渕仙人と称された。22-23年シベリア・満州・朝鮮・北京等を旅行、途中張作霖とも会談してアジア状勢を知り、帰国後にはソ連承認論や関東大震災の際の外国人虐殺問題を取り上げるなど独自の主張を展開する基礎を作る。特に29年張作霖爆殺事件を取り上げ、国際的体面を気にせず真実を堂々と公表するよう田中首相を追及した場面は際だったものであった。日中戦争勃発後は戦争早期終結を、太平洋戦争開戦時はその不可を個人の不規則発言の形で表明したが、実を結ぶことはなかった。

〈季武嘉也〉

たむらいよぞう

(参考文献) 山本亨介『田渕豊吉伝』(詩画工房、1990年)、小山仁示編『田渕豊吉議会演説集』1-3（関西大学出版広報部、1973-75年)。

田村怡与造 <small>たむらいよぞう</small> （嘉永7.10.11(1854.11.30)-1903.10.1)

陸軍中将。笛吹（山梨県）出身。

宮司の長男として生まれる。弟沖之甫、守衛と3兄弟が共に陸軍中将となる。小学校校長職を捨てて1875年に陸軍士官学校に入学する（旧2期)。同期に井口省吾・長岡外史がいた。生徒司令副官は寺内正毅であった。西南戦争で旧2期生は士官見習いに任じられ、関西地方分散配置組と関東での補充新兵教育組に分かれたが後者となる。78年12月に卒業し、川上操六が連隊長であった歩兵第13連隊付となるが、半年後に参謀本部出仕に転じる。翌年士官学校付となり寺内生徒大隊長のもとで中隊付となる。83年1月にドイツ留学に出発し、約5年間をドイツ軍制・軍略の研究に当てる。その間に大山巌陸軍卿の欧州軍制視察団が来たり、その後に川上や乃木希典が長期視察に来たりした。また留学中の森鴎太郎（鷗外)と親しくし、フランス公使館付武官であった寺内とも深く関わった。88年6月に帰国し監軍部参謀兼陸軍大学校御用掛となり、翌年川上参謀次長のもとで参謀本部第1局員となって『野外要務令』『兵站勤務令』『戦時編制』『戦時大本営条例』等の策定を手掛けた。日清開戦後は大本営兵站総監部総監川上のもとで参謀心得として仕え、のち第1軍参謀となって出征する。作戦面で司令官山県有朋、参謀長小川又次と対立して待命となり、のち連隊長として第2軍に編入されるが間もなく講和となった。95年9月にドイツ公使館付武官に任じられるが、赴任前に乙未事変の調査にソウルへ派遣される。翌年2月にドイツに発ち、97年に帰国して川上が取り仕切る参謀本部の第2部員となり、のち第2部長に就く。99年には参謀本部第1部長に就任する。その年8月にシベリア視察を行った。1900年4月に同総務部長を兼ね、のち専任となる。この月に参謀本部次長になった寺内と北清事変に対処する。02年2月に清国出張ののち寺内次長が陸相になると後任次長となり、参謀本部の部長たちと陸軍省との調整役を務めつつ日露戦争の準備に尽力するが、落馬で胸部を強打したあと持病が悪化して死亡した。

（斎藤聖二)

(参考文献) 黒田貫正『故参謀次長田村将軍』(川流堂、1909年)、『対支回顧録』下。

田村泰次郎 <small>たむらたいじろう</small> （1911.11.30-1983.11.2)

作家。三重県出身。

早稲田大学卒業。学生時代から才能が認められていた。1941年、応召して中国大陸を転戦。46年帰国。64年に中央公論社から発刊された『女拓（じょたく)』は、著者の女性遍歴を小説にしたもので、12人の女性のことが描かれている。大陸での女性体験を主とするので、朝鮮人・中国人・ロシア人・日本人の女性にふれ、主に娼婦である。女性たちの哀れな状況にしみじみと同情する筆致で描いている。

（阿部　猛)

田村俊子　たむら　としこ　(1884.4.25 – 1945.4.16)

小説家。本名佐藤とし。東京浅草蔵前生れ。東京府立第一高女卒。日本女子大学国文科中退。幸田露伴に師事し兄弟子田村松魚と結婚後、1910年大阪朝日新聞の懸賞小説に「あきらめ」が当選して作家となる。11年創刊号の『青鞜』に「生血」を発表。14年頃までに発表した「女作者」「木乃伊の口紅」「焙烙の刑」などの自伝的小説により文壇の寵児となるが、創作力の衰えから松魚と別れ、妻子ある朝日新聞記者鈴木悦との恋愛に傾倒した。18年カナダの「大陸日報」主筆となった鈴木の後を追ってバンクーバーに移住、23年に再婚。日本人労働者の労働運動を指導し機関誌『民衆』を発刊した悦を助け俊子も労働組合婦人部長となる。悦は帰国後33年に急死、36年俊子も帰国し、文壇復帰をはかったが成功せず、38年中国に渡った。42年上海に行き、南京政府の援助で華字女性啓蒙誌『女聲』を創刊。左俊芝の名前で執筆・発行を続けたが、45年4月13日、脳溢血のため上海市崑山路で昏倒、3日後に死亡した。　　　(吉川豊子)

田山花袋　たやま　かたい　(明治4.12.13(1872.1.22) – 1930.5.13)

小説家。本名録弥。群馬県出身。

少年の頃漢学塾で学び、また桂園派の和歌にも親しんだ。1890年上京し、江見水蔭の指導を受けた。博文館に校正係として勤務。1904年3月日露戦争には第二軍写真班として従軍し、10月帰国し『第二軍従征記』(博文館、05年)を出版した。第2軍には森鷗外が軍医部長で在任していた。出征前に広島で一度、また航海中の船の中で一度、都合2回訪ねて歓談している。戦場で花袋が病気になったとき鷗外の見舞いを受けている。(『東京の三十年』岩波文庫)。　　　(阿部　猛)

(参考文献)　吉田精一「田山花袋論」(『明治大正文学研究』4、1955年)。

樽井藤吉　たるい　とうきち　(嘉永3.4.14(1850.5.25) – 1922.10.25)

社会運動家、思想家。一時森本藤吉を名のる。号丹芳、丹木。大和(奈良県)出身。

社会党の名を冠する日本最初の政党である東洋社会党結成を企て、日本と朝鮮の対等合邦を説いた『大東合邦論』(漢文)を著したことによって名を知られている。宇治郡霊安寺村(現五条市)の材木商の家に生まれ、倒幕をめざす天誅組蜂起の刺激を受け、政治運動に参加した。その後、1880年に無人島探険を企てて朝鮮南部の多島海域に至り、上陸は果さなかったが、住民と交流した(「無人島探険記」)。82年5月、島原で東洋社会党結成、直ちに禁止された。党の綱領は「天物共有」・「協同会社(Co-operative society)」、「児子共有」、「理学的生殖」等、西洋思想を採り入れているが、「我党は平易なる和文の雑誌及漢文の雑誌を発兌し支那朝鮮へ我旨趣を拡充するを務むべし」という主張を持っていた。しかし当時中国・朝鮮との実際の交流はほとんどなかった模様である。この事件で禁錮1年の刑を受け、84年出獄後上海に渡り、平岡浩太郎・末松重恭・中江兆民らと東洋学館建設に参加した。84年夏、清仏戦争が激化し、福建省福州で清・仏艦隊の戦闘があったが、

樽井は柴五郎陸軍中尉らと共にこの地に赴き、曽根俊虎らと戦跡を視察している。当時福州では、小沢豁郎ら「福州組」のフランス軍に呼応しようとする活動もあったが、樽井も曽根もこれには参加しなかった。この年の暮、金玉均らによる朝鮮甲申政変があり、樽井は金支援に努力した。この頃から樽井は「大東合邦論」の構想を練り始め、93年に「序言」・「国号釈義」に始まって、「合邦利害」・「連合方法」・「論下清国宜中与二東国_合縦上」に終る『大東合邦論』初版（本文143ページ）を完成した。日本と朝鮮の対等な合邦を説いたもので、当時はこの議論に注目する人は少なかったが、1910年再版が出版される頃には、日本の韓国併合に大いに利用された。樽井本人も併合を喜んでいたということである。22年故郷で貧困のうちに没した。　（伊東昭雄）

（参考文献）　樽井藤吉『大東合邦論』（復刻、長陵書林、1977年）、田中惣五郎『東洋社会党考』（一元社、1930年、復刻、編輯・解説鈴木正、新泉社、1970年）、桜井義之『明治と朝鮮』（桜井義之先生還暦記念会、1964年）。

ち

長　三　洲　ちょうさんしゅう　（天保4.9.23（1833.11.4）－1895.3.13）

官僚、漢学者。豊後（大分県）出身。

日田に長允文（号は梅外）の子として生まれた。本姓は長谷氏、名は苂、通称は光太郎、三洲・韻華と号した。弘化2（1845）年、咸宜園に入門。文久3（1863）年、奇兵隊中隊長として下関戦争に参加し、戊辰戦争では長岡・奥州・会津を転戦する。明治3（1870）年制度局に入り、「新封建論」を出版して廃藩置県に寄与する。同年4月、当時の外務大丞柳原前光および権少丞花房義質が条約締結交渉のため天津へ渡航したが、小曾根乾堂と共にこれに同行した。帰国後は文部省に出仕し、明治4年には長州出身の本願寺僧、島地黙雷と共に『新聞雑誌』を発行した他、父梅外と共に咸宜園出身者を中心に集めた漢詩結社、玉川吟社・香草吟社を設立する。翌年には「学制」を制定し、のち侍講となった他、小学生用の習字の手本を作成した。

（川邊雄大）

（参考文献）　中島三夫『長三洲』（1979年）。

血脇守之助　ちわきもりのすけ　（明治3.2.1（1870.3.2）－1947.2.24）

歯科医。千葉県出身。

現在の我孫子市にある6代続いた旅籠屋の息子として生まれた。母たきは読み書き算数に秀でて家業を切り回していたが、24歳の若さで病死したため、当時4歳の守之助は以後祖父母に育てられた。1877年入学の尋常小学校では抜群の成績で、校長に夜間に『十八史略』『日本外史』等を学んだ。11歳で東京に出て慶應義塾童子寮に入り、東京英学校（現青山学院大学）、明治学院等に通い、88年再び慶應義塾別科に入学した。翌年の慶応卒業後は『東京新報』記者、新潟県三条町米北教校の英語教師を経て、独立生計の職業に就けという福沢諭吉の訓示に従い、93年高山歯科医学院に入学、2年後には医術開業歯科試験に合格、その後も母校に講師として残って草創期の歯学教育と歯科医界の体制確立に活躍し

た。貧しい野口英世を学院の学僕に取り立て、アメリカ留学に送り出してもいる。

　日清戦争（94年）後の中国進出の気運に乗り、血脇は「医術を以て清国人民開発の一端を効（いた）さん」という決意で、私費による中国巡回診療に出発、98年7月山東半島の避暑地芝罘（チーフー）（現煙台）に渡って開業、患者のイギリス人宣教師や中国人県知事から聞いた重要なニュースを日本領事館や新聞社に通報したという。同年9月には天津に移動すると、水師学堂総教習でハクスリー進化論の翻訳書『天演論』でも著名な厳復等文化界・官界の有力者が患者となり、李鴻章や袁世凱にも面会した。北京・上海でも治療活動を行い、99年7月成功裡に清国巡回治療を終えて帰国したのちは、学校経営に専念し1900年同医学院を東京歯科医学院と改称、全国歯科医の大同団結である大日本歯科医会を創設し（03年）、歯科医師法制定（06年）に尽力した。同医学院では、卒業生の多くが血脇の夢を継いで東アジアに進出しており、日本敗戦後に『同窓会報』が掲載した「引揚同窓名簿」（47-48年）によれば400名近くが天津・北京・上海・ハルビン等中国各地や、台湾・シンガポール・樺太から引き揚げている。また多数の東アジア留学生が同学院で学び、26年3月の『同窓会会員名簿』にして既に「台湾・朝鮮・南満州・支那・海外」の欄には20名近い中国名・朝鮮名らしき卒業生の名が散見される。同学院は46年東京歯科大学に昇格し現在に至っている。　　　　　　　（藤井省三）

（参考文献）　血脇守之助傳編集委員会編『血脇守之助傳』（東京歯科大学、1979年）、東京歯科大学百周年記念誌編纂委員会編『東京歯科大学百年史：1890-1990』（東京歯科大学、1991年）。

珍田捨巳　ちんだすてみ　（安政3.12.24(1858.1.19)-1929.1.16)

　外交官。津軽藩（青森県）出身。

　英学を修め1877年米国に留学。81年帰国し、85年9月外務省御用係に任官。電信課長を経て90年9月サンフランシスコ領事となり、移民問題と93年のシカゴ万博の準備に従事。94年11月帰国したが、日清戦争下のきびしい状況の中で12月仁川領事に任命、さらに在勤わずか4ヶ月で上海に転勤する。上海在勤と共に、鎮江・蕪湖・九江・漢江・宜昌・温州・福州・厦門兼轄を命ぜられ、のち沙市・重慶・蘇州・杭州の各新開市場の兼轄も命ぜられた。当時上海領事館の館員は、入れかわり立ちかわり長江沿岸各地へ転任したので館務は多忙をきわめた。珍田の重要使命は日清講和条約第6条に基づき日本の専管居留地の選定、上海・蘇州間の航路の開始、日本品に対する輸入関税の軽減または撤廃等であった。また戦争中閉鎖されていた郵便局の再開、紡績工場の建設にも力を注いだ。上海のほか、蘇州・杭州・沙市・重慶等の日本居留地選定について清国政府と交渉を重ねた。その後ブラジル、オランダ兼デンマーク駐在弁理公使、1900年3月ロシア兼スウェーデン・ノルウェー特命全権公使。01年11月外務次官。08年6月ドイツ大使となり、小林寿太郎外相の下に関税回復条約交渉に当たり、同年11月米国大使、16年6月英国大使。大使在任中にヴェル

サイユ講和会議に全権委員として参加。20年退官後10月枢密顧問官、21年2月宮内省御用係となり、同年の皇太子（のち昭和天皇）の欧州歴訪に際しては外遊供奉長として尽力。27年5月侍従長に任命。　　　（吉村道男）

（**参考文献**）　菊池武徳編『伯爵珍田捨巳伝』（1938年）。

つ

佃　信夫　<small>つくだのぶお</small>　（慶応2.11(1866.12)－没年不詳）

大陸浪人。号斗南。越後（新潟県）出身。

辛亥革命（1912年）後、清朝復辟に関与していき、清朝皇族の粛親王を祭り上げて復辟を画策していた川島浪速の謀議、いわゆる第2次満蒙独立運動に参画する。これは実現しなかったが、その後張勲の復辟運動に関わり、日本と張の根拠地の徐州を往来。17年北京で復辟のクーデタが実行された時には、日本公使館と掛け合い張と対立する黎元洪の説得を試みたが成功せず、黎によりクーデタは鎮圧された。

27年蒋介石が下野し来日した時には帰国を説得。翌28年、山東省済南に迫った北伐途上の国民革命軍に対し、居留民保護の名目で日本政府が出兵した「第2次山東出兵」の際、佃は蒋介石に済南の日本人居留民に費用を出し一時避難させること、特使を日本に派遣することを提示したが、中国側に拒否される。北伐完了後、南京に蒋介石を訪問し、統一後の国家建設に要する資金を日中連帯でアメリカの借款を仰ぐことを主旨とする「日支経済同盟」を説く。蒋は賛成を示したが、胡漢民は日本政府の不平等条約撤廃等を主張し反発。結局31年満州事変が勃発したこともあり、「日支経済同盟」の構想は実現しなかった。

（武井義和）

（**参考文献**）『東亜先覚志士記伝』中、『対支回顧録』下。

柘植秀臣　<small>つげひであみ</small>　（1905.9.10－1983.5.4）

脳神経学者（理学博士）。東京出身。

旧知の尾崎秀実の影響で、早くから中国に関心を持ち、東北帝国大学理学部在学中の1924年、奉天（現瀋陽）の満州医科大学に在学する次兄に会いに初めて中国を訪れた。29年卒業、米国に留学し31年帰国後、東北帝大生物学教室で副手を務めるかたわら、「団匪賠償金」で作られた上海自然科学研究所嘱託となる。38年尾崎の推薦で、新設の国策調査機関、東亜研究所（東研）に入所、第1部自然科学班主事、資源課長を務め、39年には日本軍占領直後の海南島で鉄鉱資源調査を行った。太平洋戦争開始後、東研調査団長としてジャワに派遣され、42年1月～44年4月、軍政監部調査室主査として直接戦力増強のための調査責任者となった。戦後は、科学者の戦争協力への反省から、民主主義科学者協会（民科）の幹事を務め、編集責任者として雑誌『国民の科学』を出版した。60～70年代の大学闘争に共感し法政大学教授を辞した。また77年には『中国　科学と医療の諸相』（恒星社厚生閣）を出版している。　（伊藤一彦）

（**参考文献**）　柘植秀臣『わが内なる中国』（亜紀書房、1971年）、同『東亜研究所と私―戦中知識人の証言―』（勁草書房、1979年）、同『科学

と平和の心を求める―柏植秀臣遺稿集―』(柏植文江、1984年)。

辻　聴花 つじちょうか　(明治1(1868)-1931.8.18)

ジャーナリスト、中国劇評家。本名は辻武雄、剣堂とも号した。熊本県出身。

済々黌を経て慶應義塾に学ぶ。1898年に教育視察のため北京・天津・上海・蘇州を訪れた際に中国劇に魅せられ、1905年再度訪中して、江蘇両級師範学堂等の教習を務めたのち、12年北京の漢文新聞『順天時報』社に入り、京劇等中国劇の研究に没頭した。辻は中国劇を歌舞劇及びその脚本の文学的価値から高く評価し、それが中国人の思想感情や国民気質を理解するための助けになると指摘し、東アジアの繁栄のために日中両国の演劇人の相互交流と、両国国民の娯楽上での融和を提唱している。『順天時報』に演劇批評や演劇近代化論を執筆し、漢文版『中国劇』(順天時報社、20年)及びその日本語版『支那芝居』上下2冊(北京・支那風物研究会、23-24年)を刊行した。自作の脚本『蘭花記』は中国の俳優により上演されてもいる。　(藤井省三)

(参考文献)　辻聴花『アジア学叢書77　支那芝居上・下』(大空社、2004年)、中村忠行「中国劇評家としての辻聴花」(『老朋友』1955年5月創刊号等に掲載、『アジア学叢書77　支那芝居上・下』に収録)。

辻　鉄舟 つじてっしゅう　(1880-1931.11.4)

大陸浪人。本名一蔵。大阪府出身。

1913(大正2)年の第2革命で何海鳴を援けて南京城攻撃に参加し負傷。以来、東京と上海の間を往復し、国民党要人と東京の有志家との連絡を受け持ったが、27年蔣介石が下野し来日した際には頭山満・佃信夫らの意を受けて奔走し、蔣を入京させて頭山らと会見させている。　(武井義和)

(参考文献)　『対支回顧録』下。

辻　政信 つじまさのぶ　(1902.10.11-1968.7.20)

陸軍軍人。石川県出身。

1924年陸軍士官学校卒(36期)、31年陸軍大学校卒。32年、中隊長として第1次上海事変に出征し負傷。陸士に勤務している間、皇道派と統制派の陸軍派閥抗争の一つ、士官学校事件の当事者となる。36年関東軍の参謀部に転じ、翌年盧溝橋事件が勃発すると、田中隆吉等と共に天津の支那駐屯軍司令部に派遣され、中国軍に対する「膺懲」一撃の必要性を強調した。37年8月北支那方面軍の参謀となり、板垣征四郎を師団長とする第5師団の山西作戦に同行した。同年11月関東軍参謀に戻り、翌年のノモンハン事件では作戦主任参謀の服部卓四郎と共に強硬論を唱えて関東軍を引きずった。ノモンハン事件敗北の責任を問われ、華中の第11軍司令部付、次いで40年には支那派遣軍付となるが、そこで、石原莞爾が説いていた東亜連盟運動の実践を図る。かねてから辻は石原を「導師」と呼んで心酔し、関東軍時代にも満州国建国の理念(「五族協和、王道楽土」)を強調して、在満日本人の優越感を戒めていた。支那派遣軍では、「派遣軍将兵に告ぐ」という文書を起草し、40年4月総参謀長板垣征四郎の名で配布した。

つしまじゅいち

しかし、東アジア諸国の「国防の共同」「経済の共通」と共に「政治の独立」を謳う東亜連盟運動は、汪兆銘政権の採用するところとはなったが、日本の帝国統治（植民地支配）と矛盾を来すとして、日本本国では禁じられることになる。41年、第25軍参謀としてマレー作戦に参加、シンガポール攻略では「抗日」系華僑の大量虐殺に関わったとされる。42年、参謀本部作戦班長となり、現地に赴いて督戦。フィリピンでは「バターン死の行進」、ガダルカナルでは無謀な攻撃を促した。43年支那派遣軍参謀に就任、蔣介石の亡母の慰霊祭を行い、重慶との直接和平を試みようとした。45年ビルマで終戦を迎えると同時に地下に潜行、翌年重慶に現われた。国民政府の要請に応じ、共産軍との満州での作戦に備えた資料を提供したという。帰国後、戦犯としての逮捕を免れ、主権回復後に衆議院議員（4回当選）、次いで参議院議員となる。61年東南アジア歴訪中、ラオスで行方不明となり、68年死亡宣告。　　　　　　（戸部良一）

（**参考文献**）　杉森久英『辻政信』（文藝春秋新社、1963年）、秦郁彦『昭和史の軍人たち』（文藝春秋、1982年）。

津島寿一　つしまじゅいち　（1888.1.1 − 1967.2.7）

　大蔵官僚、北支那開発株式会社総裁、大蔵大臣、参議院議員。号芳塘。香川県出身。
　坂出小学校、丸亀中等学校、第一高等学校を経て東京帝国大学法科大学政治科を卒業し大蔵省に入省。原敬内閣では高橋是清蔵相秘書官となる。以後、欧米で外債・社債発行業務に従事したり、北京関税特別会議等各種国際経済会議に出席する。ちなみに第2次世界大戦後の外債処理問題にも当たる。1934（昭和9）年帰国し大蔵省理財局長ついで次官に就任、この時リース・ロスと中国幣制改革を話し合うが実現せず。日本銀行副総裁を経て東条内閣下の41年11月、交通・石炭・製鉄業等華北の産業振興のための国策投資機関・北支那開発会社総裁に就任、北京で諸方面と連絡を取りつつ几帳面に業務をこなすも、抗日運動の高まりもあり十分な成果を挙げることはなかった。45年2月帰国して小磯内閣で蔵相、鈴木内閣で内閣顧問、東久邇内閣で蔵相にそれぞれ就任、戦中戦後の混乱した状況の中で財政の舵取りをする。戦後は公職追放解除後、自民党参議院議員となり岸信介内閣の防衛庁長官を務めた。　　　（季武嘉也）

（**参考文献**）　芳塘刊行会編刊『津島寿一追想録』（1972年）。

辻村楠造　つじむらくすぞう　（文久2.1.6（1862.2.4）− 1952.12.28）

　陸軍軍人。実業家。高知出身。
　教導団歩兵科を経て、1891（明治34）年、経理学校へ入校し、卒業後、95年に台湾総督府付となった。経理局衣糧課長を経て、1901年には陸軍一等総監に昇進し、日露戦争では遼東守備軍経理部長を務め、日露戦後も関東都督府経理部長として満州にあった。日露戦後の満州経営に大きく関わり、当時、大連の市街計画についてロシアのそれを継承することには、財政面から反対も多かったが、これを強く主張したのが辻村であった。他にも戦後経営方針として南満州鉄道の培養線建設権

獲得を具申するなど、辻村の意見とその後の日本の満州政策には一致する点も多い。また、日露戦争の経験から資源問題にも関心を持ち、いち早く内モンゴルに着目して調査を実施し、その結果は08年に『東部蒙古誌草稿』にまとめられ、15年には『東蒙古』として公刊された。実地調査に基づくモンゴル関係調査書としては先駆的なものであった。なお、「満蒙」は辻村の造語であったとされる。08年に近衛師団経理部長に転じて帰国したが、その後も満蒙方面との関わりを持ち、参謀本部第２部長宇都宮太郎が画策していたモンゴル王公との合弁事業計画に参加している。13年に主計総監に昇進し、この頃、満鉄総裁の後任人事に名前が挙がるも実現せず、翌年、予備役に編入された。

その後、豊川良平の斡旋で日本セルロイド会社に入り、事業建て直しのために網干火薬製造工場を設立、民間会社による火薬製造の嚆矢となった。第１次世界大戦中、対露貿易が急増すると、これに対応すべく、東京毛織・東京製絨・日本毛織等の他、自身が経営する日本セルロイド人造絹糸を合同して対露貿易連合会を設立した。こうした実業家としての活躍の一方で、在郷軍人会理事長を務め、また、国家主義的言論活動にも積極的であった。しかし、実業界に転じてからは外地との接点は薄れ、16年の東拓総裁の後任人事では朝鮮総督府が候補に推したが、自身の事業を理由にこれを固辞している。　　（北野　剛）

津田静枝 つだしずえ（1883.4.11 – 1964.9.13）

海軍軍人。福井県出身。

海軍兵学校31期卒業。日露戦争開戦時に戦艦「初瀬」乗組になったが、同艦は旅順沖でロシア軍の機雷に触れて爆沈、津田は危うく難を逃れた。日露戦後、日本は大陸との関係を深めたが、陸軍に比べて大陸情勢に疎い実情に焦燥した海軍が、「支那屋」と呼ばれる人材の育成に取り組んだのは大正時代になってからで、その最初が津田と言われている。海軍が東京外語大に中国語の委託学生を送ったのは1913（大正２）年で、津田らが教育を受け始めたのはそれよりも遅い。海軍の在外情報機関である特務部や在勤武官といった現場で鍛える方針のもとで、いきなり語学や慣習の習得に当たらせたが、こうして輩出された支那通には、津田の他、杉坂悌二郎・田尻穣・田中穣・須賀彦次郎らがいる。将官昇進後は現場を去ったが、以後も初代旅順要港部司令官、駐満州国海軍部司令官と大陸関係のポストを歴任した。中将で予備役編入後も興亜院華中連絡部長官を務め、大陸との関係は長く続いた。　　（田中宏己）

津田左右吉 つだそうきち（1873.10.3 – 1961.12.4）

歴史家。岐阜県出身。

1891年東京専門学校（現早稲田大学）政治科を卒業し、各地の中学校の教師を務める。沢柳政太郎の紹介によりその頃から東洋史学者白鳥庫吉に師事した。1908年満鉄東京支社満鮮地理歴史調査室員となり、研究者としての生活に入った。その時の同僚として池内宏がいる。ランケの弟子リースの教えを受けた白鳥庫吉や同僚の池内宏から、歴史学につい

てのアカデミックな方法を独力で身につけた。18年早稲田大学文学部教授となり、主として東洋哲学を教え、出版法違反の罪で起訴される40年まで在職した。

その研究は、日本思想史の通史である『文学に現はれたる我が国民思想の研究』、及び文献史料批判の方法を用いて、古事記・日本書紀の研究を行い、神代説話は天皇の支配の正当性のための後世のものであるとした。このため皇室の尊厳を冒瀆したとされ、さらには日本文化と中国文化に共通した東洋文化を否定したこともあり、40年2月、『神代史の研究』『古事記及日本書紀の研究』等4冊が、政府によって発売禁止になり、蓑田胸喜一派により告訴され、出版法違反の罪で起訴されたが、控訴審で免訴となった。

中国文化・思想の研究の面では、日本文化と中国文化の異質性を強調し、儒教等の中国思想、特に政治思想や道徳は、日本に入ってきても日本人の実生活にはほとんど影響を与えなかったとする。そして世界文化・西洋文化を受容した近代日本と、世界文化・西洋文化に乗り遅れた「遅れた」近代中国という、中国蔑視観が付随していた。津田の文献史料批判の方法は、儒教思想の形成についても用いられ、先秦時代から漢代に至る儒教や諸子の文献に入っている時代や系統を異にする思想的要因を分析し、それぞれの文献年代を推定すると共に、いろいろな思想的要因が、一つの思想に合流していく過程として、儒教形成の過程を中国に特殊な関係として解明しようとした。この方法は、昔の儒者の解釈について、疑問を差し挟まない当時の学界の中で

は、画期的な方法であった。しかしながら、それは中国思想と日本思想との異質性を証明し、中国の社会と文化の欠陥を明らかにしようという関心によって支えられ、儒教の権力支配体制是認の傾向、実行不可能な空論的性格、中国智識人の権力に対する従属性、強力な専制主義権力の支配と社会の停滞性等が強調されている。著書として、『道家の思想とその展開』『左伝の思想史的展開』『儒教の実践道徳』『論語と孔子の思想』『支那思想と日本』等がある。

第2次大戦後は、当時進歩的とされた唯物史観、中国の社会主義政権、戦後民主主義等に対する批判的言説を表明するようになった。49年文化勲章受章。　　　　（馬場　毅）

（参考文献）　津田左右吉「自叙伝」（『津田左右吉全集』第24巻、岩波書店、1965年）、増淵龍夫「歴史意識と国際感覚」（上田正昭編『人と思想　津田左右吉』三一書房、1974年）、家永三郎『津田左右吉の思想的研究』（岩波書店、1972年）。

土屋文明 つちやぶんめい （1890.9.18 – 1990.12.8）
歌人。群馬県出身。

東京帝国大学哲学科卒業。在学中から小説・戯曲を書く。1926年『アララギ』の編集者となり、以後、アララギ派の中心人物として活動した。44年7月から12月にかけて陸軍省報道部臨時嘱託となり「宣伝資料蒐集」のため中国大陸を旅行し、その旅行記「韮菁集」がある。異国の旅情と祖国の運命を憂える感慨が描かれている。また『支那事変歌集』がある。「帰還せる友は語らく水汲の支那少年の別れ惜しかりしこと」等の歌がある。

(阿部　猛)

（参考文献）　土屋文明記念文学館編『歌人土屋文明―ひとすじの道―』（塙書房、1996年）。

土屋光春　つちや みつはる　（嘉永1.8.26(1848.9.23)－1920.11.17)

陸軍大将・男爵。岡崎藩（愛知県）士の養子。少佐時代の1885年に中国出張、陸軍省第1軍事課長を経て、日清戦争時には大本営参謀・参謀本部第2局長（大佐）として作戦に参画、また師団増設計画も作成した。日露戦争時には中将・第11師団（善通寺）長として第3軍に属し、旅順包囲戦で重傷、後送された。のち復帰して第14師団長として満州に駐屯。第11、第4の師団長を務めた。07年男爵、10年大将、後備役。　　　　　（久保田文次）

坪井航三　つぼい こうぞう　（天保14.3.7(1843.4.6)－1898.2.1)

海軍軍人。萩藩（山口県）出身。

戊辰戦争に参加後、海軍に入る。明治4(1871)年より米艦で研修を受けたのちコロンビア大学に留学、都合3年に及んだ。帰国後、第1丁卯艦長、横浜の提督府勤務を経て、横須賀造船所、火薬製造所長等を歴任し、主に技術畑で活躍した。日清戦争開戦直前、常備艦隊司令官兼遊撃隊司令官に任じられ、「吉野」「高千穂」「秋津洲」「浪速」の高速艦で編成される遊撃隊を率いた。坪井は、横陣を張った軍艦が衝角（ラム）を敵艦に当てる伝統的戦法を批判し、世界でも例のない単縦陣を提唱し、「単縦陣」がそのまま彼のあだ名になった。高速で走る蒸気船の時代、衝角を当てる戦法は実現困難になっており、いち早くこのことを察した坪井は、黄海海戦において伊東祐亨連合艦隊司令長官の率いる本隊と連携しながら、単縦陣で北洋艦隊の斜前を素通りして背後に回り込み、本隊と遊撃隊が前後を挟む陣形を採り大勝利を挙げた。

(田中宏己)

坪上貞二　つぼかみ ていじ　（1884.6.1－1979.5.28)

外交官。佐賀県出身。

父は坪上文太郎。佐賀中学・東京高等商業学校卒業。1912年外交官及領事官試験合格、領事官補としてウラジオストック駐在。18年同地領事を経て、書記官として英国大使館勤務に転じ、21年香港領事、23年外務省亜細亜局第3課長、24年同第2課長、25年会計課長、29年対支文化事業部長、34年拓務次官、35年満州拓殖公社総裁、41～44年駐タイ大使を歴任。その間、霞山会・滬友会理事長等を経て、終戦後、大倉山文化科学研究所（大倉精神文化研究所から改称）の理事長に就任。46～51年公職追放。52年日華協会理事長・大倉山文化科学研究所顧問・鍋島報效会理事・日清製粉顧問、54～72年外務省研修所顧問、56年日本海外協会連合会会長、63年学校法人二松学舎顧問（舎長は親友の吉田茂）に就任。手記「満州拓殖公社の精神」（満州回顧集刊行会『あゝ満州』農林出版株式会社、65年）がある。

(柴田紳一)

（参考文献）　戦前期官僚制研究会編・秦郁彦著『戦前期日本官僚制の制度・組織・人事』（東京大学出版会、1981年）。

つるおかえいたろう

鶴岡永太郎　つるおか　えいたろう　（1873.10.14－没年不詳）

実業家。通称満州太郎。東京出身。

東京帝国大学法科大学在学中に渡清し、上海の学校で国際法を講義した。帰国後、1902（明治35）年に大学を卒業すると、農商務省海外実業訓練生として満州に渡り、同地におけるロシアの動向を調査した。日露戦争では満州義軍に参加し、さらに関東州民政署金州支署長を務めた。匪賊討伐に功あり、戦後は公主嶺警察署長まで昇進したが、08年に依願退職した。11年に武昌蜂起が発生すると、当時、ニューヨークにあった鶴岡は孫文と会見した。この時孫文は、革命は自身の指示によるものであると述べ、鶴岡を通じて日本への渡航の可否を外務省に打診している。12年に帰国して外務省嘱託となり、17年、奉天に貿易会社永記公司を設立し、また、ミヤコホテルを開業した他、北満電気・東省実業等の在満諸企業の経営に関わった。満州事変時には奉天市臨時政府の警務課長に就任している。実業家として活躍する一方、全満連合青年団長、報徳会満州支部長、惟神学社理事等を歴任するなど、国家主義的見地から青年教育、指導にも積極的であった。　　　（北野　剛）

(参考文献)　山名正二『満州義軍』（月刊満州社東京出版部、1942年）。

鶴見祐輔　つるみ　ゆうすけ　（1885.1.3－1973.9.1）

言論人、政治家。群馬県出身。

新町紡績所長・農商務省官吏鶴見良憲を父とし、岡山中学を経て、1910（明治43）年7月東京帝国大学法科大学政治学科卒業後に内閣拓殖局朝鮮課に勤務、11年8月から12年9月まで新渡戸稲造に随行し渡米。帰国後は鉄道院に勤務し、総裁官房文書課長等を務め、ロシア（13年）、南洋（15－16年）、アメリカ（18－21年）、中国（22年）等へ出張した。24年2月退職し政治家をめざす。28－30年衆議院議員（岡山第1区）に当選するも、その後落選。太平洋問題調査会や太平洋協会に中心的役割を果たし、太平洋会議には第1回（25年）から参加した（36年第6回まで）。35年11月にはルーズヴェルト大統領と会見している。36年から45年まで再び衆議院議員（岩手2区）となり、40年1月米内閣の内務政務次官となる。戦後は45年11月日本進歩党の結成に関わり幹事長となるも公職追放、49年太平洋文化協会、東亜研究会を組織し副会長となる。公職追放解除後の52年2月改進党を結成し顧問となり、53年4月から参議院議員、54年12月から55年3月まで第1次鳩山内閣の厚生大臣となった。

後藤新平の側近として中国との関わりも多く、1922年の訪中の際に胡適・蔡元培・王正廷・閻錫山と面会、23年には孫文と、27年の訪中に際しては6月に蒋介石や曹汝霖らに、28年8月には王大楨と会見して日中関係の将来について尋ねている。アメリカ通の知識人として名高く、対米協調を推進する立場に立っていたが、日本の力による満州開発の成果を認め、満州事変後には31年秋に満州・上海を実見し、欧米における認識不足と日本の立場を説明する等、日本の対中政策を擁護する活動も行った。39年4月にも上海に渡っている。戦後も、アメリカとの関係の他、53年1

月ネール首相の招きにより世界平和円卓会議に出席する等、洋の東西を股にかけた活動を行った。文書は国立国会図書館憲政資料室に所蔵されている。　　　　　　（櫻井良樹）

　（参考文献）　北岡寿逸編『友情の人鶴見祐輔先生』（北岡寿逸、1975年）。

て

鄭　永昌　ていえいしょう　（安政2.2.11(1855.3.28)－1931.10.4）

外交官。吉甫と号した。長崎出身。

鄭永寧の次男。明治3（1870）年、外務省官費生となり清語学校に入学、明治5（1872）年に父の鄭永寧に従い渡清して天津で北京語を学習した他、帰途上海で南京語を習う。1877年には米国留学、翌年にはニューヨーク領事館に勤務し、84年には天津領事館に勤務する。日清戦争中は旅順口民政官を務め、96年には天津領事となり、義和団事件に際しては籠城した。1902年、退官して袁世凱の嘱託となり塩業に携わり、中国産の塩を外国へ輸出しようと計画した。13年袁世凱の民国政府に招聘され長蘆塩務稽核所長となる。23年帰国、名古屋に隠居する。妻浜子は義和団事件では負傷者の救護に当たり、その功により日本の民間人として初めて宝冠章を授与された。　　　　　　　　　（川邉雄大）

　（参考文献）　『東亜先覚志士記伝』下、『対支回顧録』下、宮田安『唐通事家系論攷』（長崎文献社、1979年）。

鄭　永寧　ていえいねい　（文政12.8.11(1829.9.8)－1897.7.29）

唐通事・外交官。東林と号した。長崎出身。

福建省泉州出身の呉栄宗を祖とする唐通事、呉氏8代目用蔵の6男として生まれた。はじめ卯四郎（牛郎）・右十郎と称し、のち大通事・鄭幹輔の養子となる。慶応4（1868）年4月に翻訳方となり、明治3（1870）年に柳原前光に同行して渡清し日清修好条規締結予備交渉の通訳を、翌年に再び渡清し条規締結に当たり通訳を務める。以後、台湾出兵や甲申事変に関わる交渉の通訳を務めた。1881年、『大清会典』に訓点を施した他、『訳司統譜』（潁川君平、1897年）跋文を書いた。次男永昌と3男永邦は外交官となったが、長男永慶は東京上野で日本で2番目の喫茶店「可否茶館」を経営した。　　　　　　（川邉雄大）

　（参考文献）　『東亜先覚志士記伝』下、『対支回顧録』下、宮田安『唐通事家系論攷』（長崎文献社、1979年）。

鄭　永邦　ていえいほう　（文久2.12.28(1863.2.16)－1916.8.20）

外交官。長崎出身。

鄭永寧の3男。東京外国語学校卒業後、1880年4月北京公使館勤務を皮切りに北京に通算30年在勤し、日清戦争・義和団事件等の和平交渉や、北京条約議定書締結交渉の通訳を務める。1913年民国政府顧問となる。著書に『官話指南』（呉啓太共著、1881年）・『日漢英語言合璧』（呉大五郎共著、88年）を刊行した他、翻訳に『生財大道』（1916年）がある。

　　　　　　　　　　　　　（川邉雄大）

(**参考文献**)『東亜先覚志士記伝』下、『対支回顧録』下、宮田安『唐通事家系論攷』(長崎文献社、1979年)。

出口王仁三郎 でぐちおにさぶろう （明治4.7.12 (1871.8.27) - 1948.1.19)

宗教家、大本教聖師。京都府出身。

亀岡市の貧しい農家の子上田喜三郎として生まれ、13歳にして小学校代用教員となる。1898 (明治31) 年霊力にめざめ、のち大本教団に入って指導者となった。大本教は神道系の新興宗教の「艮の金神」が現れ世の中を立替え立直したり、日本が世界と戦争すると予言、第1次大戦後には軍人にも賛同者を増やしていった。23年中国の宗教団体道院や世界紅卍字会と密接な関係を持ち、それを通して東北・華北地域に進出、翌年には「東亜経綸」論に基づき、自らダライ・ラマと称してモンゴルに理想的な宗教国家を建設しようと試みたが、失敗した。25年大本教・道院を中心とした世界宗教連合会発会式の北京での挙行、29年出口の中国訪問等その後も中国で勢力拡大に努めたが、結局は35年の大本教弾圧で活動を停止した。彼の行動には、日本陸軍と深い繋がりがあったと言われる。

(季武嘉也)

(**参考文献**) 出口京太郎『巨人出口王仁三郎』(講談社文庫、1975年)、出口和明『大地の母 実録出口王仁三郎伝』(あいぜん出版、1993年)。

豊島捨松 てしますてまつ （文久3.10.18(1863.11.28) - 1931.2.26)

外交官。新聞記者。金沢（石川県）出身。

興亜会支那語学校に学び、1884年7月、清国留学生として外務省入省、香港領事館語学生、広東領事館主任書記生（香港領事館事務取扱兼務）、米国公使館勤務等を経て、99年福州駐在三都澳兼轄領事（2等領事）に就任、翌年台湾総督府事務嘱託を兼務した。領事就任の年義和団事件が勃発し翌年には北清事変に発展したが、豊島は日本人居留地（租界）の設立等居留民の安全確保や本省との連絡に尽力し、1900年8月の日本軍の厦門(アモイ)出兵事件（厦門事件）に際してはその善後処理に奔走した。また、台湾総督府の命により福建省における樟脳専売権を獲得した。03年6月依願免官、内務省嘱託となった。05年7月大阪毎日新聞北京通信員となり、15 (大正4) 年8月同社支那課長に就任したが、このポストは豊島を遇するために新設されたとも言われる。中国分割には終始反対の立場を取り、15年の対華21ヶ条の要求にも反対の論陣を張った。

(栗田尚弥)

(**参考文献**)『対支回顧録』下。

出淵勝次 でぶちかつじ (1878.7.25 - 1947.8.19)

外交官。貴族院議員、参議院議員。岩手県出身。

1902年東京高商を卒業し、松平恒雄らと共に外交官試験に合格。14年に中国公使館に勤務しいわゆる21ヶ条要求について、小幡酉吉と共に、緊急重要事項のみを提案し、他は改めて交渉することを日置益公使に意見具申し、また最後通牒の提出にも抵抗する。23年亜細亜局長となり、「内政不干渉」、「華府条約精神尊重」(24年1月14日付の日記)を対華外交

の基本とし、翌24年に発足する幣原外交の支柱となる。国内では陸軍を中心に張作霖支援による満蒙権益擁護の声が強まっていたが、幣原以上に徹底した対華不干渉主義を旨とし、第2次奉直戦争や郭松齢事件にも不干渉の立場を貫いた。24年2月に汪栄宝駐日公使との間で対支文化事業に関する協定を締結し、それまでの日本側の単独事業を共同事業へと転換し、人文社会科学研究所（北京）や自然科学研究所（上海）の設立等の新事業を約束したが、両国関係の悪化の中で頓挫する。24年末から幣原外相のもとで次官を務め、28年から駐米大使となり、満州事変から連盟脱退へと国際的孤立に突進する日本の行く末を憂慮し、対米関係の調整に力を尽くす。

（波多野澄雄）

（参考文献） 高橋勝浩編『出渕勝次日記』（非売品、2003年）。

寺内寿一 てらうちひさいち （1879.8.8 − 1946.6.12）

陸軍軍人、元帥、陸軍大将。寺内正毅元帥は実父。山口県出身（東京生まれ）。

陸軍士官学校（11期）、陸軍大学校卒業。日露戦争に出征。独立守備隊司令官（満州・公主嶺）、第5師団長、第4師団長、台湾軍司令官等を経て、2・26事件後広田弘毅内閣の陸軍大臣となる。1937年1月衆議院で立憲政友会の浜田国松議員との「腹切り問答」が政治問題となり、内閣は総辞職した。教育総監を経て、37年8月北支那方面軍司令官となり、武力一撃による事変の解決を強く主張すると共に、徐州作戦等華北の作戦指導と占領地の安定を担任した。また、大同の石仏が貴重な遺産であることを学界に紹介、調査研究を依頼した。軍事参議官を経て、41年11月南方軍総司令官となり、太平洋戦争では終始総司令官として、初期進攻作戦の指導、東南アジア地域の占領地軍政を担任、その後連合軍の反攻を受け守勢に転じ、降伏に至る。46年6月拘留先のマレーのレンガムで病死した。

（庄司潤一郎）

（参考文献） 上法快男・寺内寿一刊行会編『元帥寺内寿一』（芙蓉書房、1978年）、額田坦『陸軍省人事局長の回想』（芙蓉書房、1977年）。

寺内正毅 てらうちまさたけ （嘉永5.2.5（1852.2.24）− 1919.11.3）

元帥、陸軍大将。伯爵。山口出身。

長州藩足軽中間郷士の3男。本家である寺内家の養嗣子となる。12歳で多治比隊に入り、高杉晋作の諸隊政変に参加する。その後、御楯隊（のちの整武隊）に入隊して洋式散兵型軍事訓練を重ねながら攘夷倒幕思想を身につける。少年兵として第2次長州征討、戊辰戦争（山陽道部隊、箱館戦闘部隊）を闘う。その功により新設国軍の兵士教練に当たるための下士官候補に選任され、明治2（1869）年に2ヶ月間のフランス式兵学修業を経て第1教導隊員となる。翌年7等下士官として初任を受けた。兵卒教練実習を行い、山口諸隊反乱の鎮圧軍として派遣されたのち、同4年5月に新設された御親兵に配属される。

翌5年3月に教導団付に任じられると自ら半休職の身となってフランス留学への道を探るが果たされず、新設された戸山学校を卒業して、1874年6月、準備段階の陸軍士官学校

付を命じられて創設時の陸士教官となる。西南戦争では希望出征をして田原坂の戦闘に加わるが、腕を撃たれ25歳で右腕の機能をほぼ失った。しかし、人材不足から士官学校生徒司令副官に復職して教育職を続ける。生徒大隊司令官となったのち、82年に士官学校在学中の閑院宮載仁親王のフランス留学随員兼監督者並びに最新軍事情勢視察の任務を負い渡仏してフランス語に通ずる。そのままフランス公使館付武官に就き、大山巌陸軍卿欧州視察団の現地手配に尽力する。86年1月に帰国すると大山陸軍大臣秘書官に任じられ、翌年からは士官学校校長職に就き、士官候補生制度に移行する新生士官学校づくりに携わる。この間偕行社編集部長も兼任し、日本陸軍のドイツ式化を推進した。

第1師団参謀長を経て92年に参謀本部第1局長に就任し、日清戦争に向けた軍事諸準備を推進した。大本営が設置されると運輸通信長官となり、部隊・兵站輸送と通信事項の管轄者となる。この時韓国政府の許可なく釜山・仁川間に電線架設をする指揮を執った。95年1月には山東半島作戦の輸送業務視察のために旅順経由で現地に赴き、4月には征清大総督府の一員として再度旅順に行って終戦を迎える。凱旋後川上操六参謀次長の命で戦後軍拡案をまとめたのち、1年間ヨーロッパの軍政・軍教育の視察に出る。ロシアにも20日間滞在している。帰国後は初代教育総監に任じられて士官教育の基礎整備に当たる。1900年4月に参謀本部次長に就き北清事変の指揮を執った。また軍拡・軍組織改革に当たる。02年3月に陸軍大臣に就任すると日英軍事協約をまとめ、省部間の調整を果たしながら日露戦争期の軍政を担った。10年に第3代韓国統監を兼任し、日韓併合と共に朝鮮総督兼任となり、11年8月に陸相を辞し総督専任となる。この間植民地の統治組織の強化と治安対策を強力に推し進めた。11年4月に伯爵、16年6月に元帥となる。

16年10月に第1次大戦下の非常時内閣にふさわしいとして内閣総理大臣に任じられる。超然内閣であったため議会運営に苦労するが、臨時外交調査会を設置するなどして政党の取り込みを図った。また西原借款により援段政策を推進し、中国への経済進出を画策すると共に日華共同防敵軍事協定を結んで軍事同盟化も果たし、中国政権と共に日中ブロック化策を推進した。しかし、在野の反発は強く、この施策が五四運動の原因の一つになったとされる。ロシア革命後にシベリア出兵を実施するが、戦時下インフレと相まって米価が高騰し米騒動が起こった。18年1月から病臥しがちになっていたこともあってこれを機に政権を投げ出した。死に際して従一位に叙せられる。
(斎藤聖二)

(参考文献) 黒田甲子郎『元帥寺内伯爵伝』(1920年)、鵜崎熊吉『薩の海軍・長の陸軍』(政教社、1911年)、斎藤聖二『日清戦争の軍事戦略』(芙蓉書房出版、2003年)、同『北清事変と日本軍』(芙蓉書房出版、2006年)。

寺尾 亨 てらお とおる (安政6.12.29(1860.1.21)－1925.9.15)

法学者。福岡出身。

福岡藩士の次男として生まれる。司法省法

学校を卒業。ボアソナードに刑法を学ぶ。1884（明治17）年7月、判事補に任官。89年、東京帝国大学法科大学講師、91年教授となる。ヨーロッパに留学しパリで国際法を学ぶ。帰国後、復職して国際法・国際私法の講座を担当。99年法学博士となる。日露戦争開戦の国論分裂の折には、いわゆる七博士の一人として、対露強硬論を主張する。義和団事件後の東アジア情勢に対する考え方として、中国と日本の関係は非常に密接であり、国際社会における地位も、どちらか一方の地位が低下すれば必ずもう一方にも影響し、中国の振興は日本の振興につながるという考えを表明していた。こうした理解を背景に、1905年頃、東洋の平和のためには、中国の武力の涵養が急務であるとして、私費を投じ、中国人留学生に軍事を講ずる東斌学堂を、東京に開いた。陸軍士官学校への進学につながる課程も用意されていた。

辛亥革命が勃発すると、当時、湖北省の武昌武備学堂教習を務めていた大原武慶を通じた黎元洪の依頼や、黄興からの指名等があって、11年12月休職して大陸へ渡った。12年中華民国南京臨時政府が発足すると、副島義一と共に法制顧問に委嘱された。法科大学校は依願退職。中華民国臨時法の制定に参与した。また、南北の統一交渉に際し、孫文らに対し各種の助言を行った。中でも、袁世凱との交渉において妥協的な態度を排するよう主張した。南北の交渉が成立を見たあと、袁の南京での臨時大総統職への就任式執行を提起したが、実現しなかった。13年国民党顧問となる。袁に対抗するために、国会における国民党議員の統一的行動を促した。議員に対する袁の激しい圧力に抗して、日本人の立場を利用し、国民党議員の会合場所の提供まで行ったが、一方で、日本政府からは、日本政府の方針に反しない行動を取るように圧力を受けた。

袁によって革命勢力が民国から駆逐される状況のもとで、帰国。14年1月東京神田に政法学堂を開設し、亡命してきた革命派に対する教育機関とした。革命が挫折し、中国の改革が進まぬのは、教育にも問題があるからで、人材養成が必要である、との意図に基づくものだった。この学校は、2年制で定員800名。政治及び経済専門課程と法律専門課程が設けられた。自分自身はもちろん、彼の依頼のもとで、副島義一や吉野作造等が講義を担当した。学校は7年間存続し、国民党系の政治家や軍人を多数輩出することとなった。静岡県御殿場で病没。　　　　　　　（松本武彦）

〔参考文献〕『東亜先覚志士記伝』下、熊達雲「中華民国の多難な船出と日本人顧問たち―南京臨時政府法制顧問寺尾亨、副島義一を中心に―」（陶徳民・藤田高夫編『近代日中関係人物史研究の新しい地平』雄松堂出版、2008年）。

寺崎広業　てらさきこうぎょう　（慶応2.2.25(1866.4.15)－1919.2.21）

日本画家。秋田出身。

佐竹藩の上級武士寺崎広知の子として秋田に生まれ、家運の傾く中、初め医学校に学び、16歳で狩野派画家小室秀俊に学び、23歳で上京し秋田出身の画家平福穂庵に学ぶ。書肆東洋堂に入り、風俗画報等に挿画を描く。第3

てらしまむねのり

回内国勧業博覧会受賞を機に岡倉天心に知られ、東京美術学校に教鞭を執った（1897年助教授、1901年教授）。日露戦争に画家として第２軍（奥保鞏大将）に従軍し、04年５月26日の南山攻略、５月30日の大連占領後、６月２日に田山花袋ら写真班一行と共に南山仮営から青泥窪（大連の繁華街）に入った数日間の逸話と、尖山子占領後の逸話について、談話を残している。　　　　　　　（町　泉寿郎）

(参考文献)　天籟会編『廣業余芳（附、支那漫遊談）』（1925年）、寺崎廣業「従軍実話」（『明治文学全集』97、筑摩書房、1969年）。

寺島宗則　てらしまむねのり　（天保3.5.23(1832.6.21)－1893.6.6）

外交官。幼名は徳太郎。薩摩（鹿児島県）出身。

蘭医学を学び、藩主・島津斉彬の侍医となる。文久２(1862)年に幕府の遣欧使節に通訳兼医師として随行し、欧米事情を実地に見聞。翌３年の薩英戦争の際、イギリス側の捕虜となる。慶応１(1865)年に薩摩藩留学生として変名で渡英し、翌年帰藩。次いで明治１(1968)年の明治政府の成立と共に参与職外務事務掛を命ぜられ、以後、外交官として活躍。手始めに同年、日西・日独の両通商条約調印の際の全権に加わり、翌年には外務大輔に任ぜられる。次いで岩倉具視全権大使の欧米派遣の際に大久保利通らが一時帰国し再渡米する際、同行して米国経由で渡英し駐英大弁務使となったのち、73年から79年まで外務卿を務めた。その間に、樺太千島交換条約を成立させ、また前任の副島外務卿時に横浜港で発生したペルー船籍の奴隷船マリア・ルス号事件（清国人の苦力229名を人権外交の立場から解放）をめぐる国際仲裁裁判でもロシア皇帝アレキサンドルⅡ世の裁決で勝訴させ、さらには対米関税自主権を回復する吉田・エヴァーツ条約の調印にすら成功する（ただし、他国の反対が強く実施されず）。その後、文部卿に転じ、法制局長官・元老院議長・駐米公使・枢密顧問官・同副議長を経て、宮中顧問官となった。　　　　　　　（松村正義）

(参考文献)　大塚孝明『寺島宗則』（吉川弘文館、1990年）、『寺島宗則自叙伝・榎本武揚子』（日本外交史人物叢書・第11巻、複刻版、ゆまに書房、2002年）、外務省外交史料館編『日本外交史辞典』（山川出版社、1992年）。

寺西秀武　てらにしひでたけ　（明治2.12.7(1870.1.5)－1951.1.11）

陸軍軍人、陸士１期、陸大15期、大佐。石川県出身。

陸大卒業後参謀本部出仕、袁世凱の招聘で1903年清国保定軍官学校軍事教官となる。その後、段祺瑞の招きで清国陸軍部陸軍諸項学堂招聘教官となり、10年清国武昌湖北普通中学堂に応聘され、また張之洞からの招聘の動きもあり有数の中国通軍人になった。辛亥革命中は、北京の青木宣純少将、在上海の本庄繁少佐、在福州の土井市之進中佐と連絡を取りつつ武昌や漢口から革命軍や黎元洪等の情報を探り、田中義一少将には「革命軍ノ抵抗ヲ永カラシムルハ我国ノ対清政策上極メテ必要」と報告した（防衛研究所所蔵「清国事変書類」）。寺西大佐は13年湖北省都督黎元洪の応

聘で軍事顧問に就任した。その後黎元洪から25万円を授受し、その使用に一部不正を問われ謹慎となり、14年予備役編入。第3革命では、南北両軍の報告を送りつつ16年1月雲南独立に関する意見を具申、2月2日稿「三度対支急務を絶叫す」(「外交史料館所蔵「暴動及内乱」)の中では、日中の共同事業推進の提唱と袁世凱の存在が日本の阻害と述べた。同意見書は外務省において反袁政策を推進していた小池張造政務局長にも送られた。袁の死後華北一帯を視察して、黎元洪は「全く傀儡」、段祺瑞は「護国軍の勢力滅殺を企てつつある」と中国情勢に悲観的だった。その後外務省嘱託として中国情報を入手報告、また実業界に接近、住友銀行本店嘱託として記者・実業家等と中国問題の講演会に参加した。24年段祺瑞政権の顧問に就任、奉直両派の動向を報告(外交史料館所蔵「各国内政関係雑纂」)、その後、第2次奉直戦争で寺西は張作霖顧問の松井七夫大佐と計り100万円を馮玉祥に渡しクーデターを引き起こしたという。また中国について5億の人口がありながら「統治の見込みも立たず」(『大阪朝日』26年5月25日付)と危惧して資源開発や市場開拓を訴えるなど、昭和に入り中国財政の立直し、鉱山開発、貨幣問題に盛んに言及するようになった。 〔波多野勝〕

〔参考文献〕 塩田盛道編『新対支政策の提唱—寺西秀武氏案—』(建国講演会事務所、1937年)、寺西秀武『最近支那政情と対支方策私見』(霞山会館、1937年)。

寺本婉雅 てらもとえんが (明治5(1872)—1940.12.19)

仏教学者、チベット学者、大谷大学教授。愛知県出身。

1898(明治32)年真宗大学を退学し、真宗大谷派の僧侶能海寛(のうみかん)と共にチベット入りをめざす。同年上海・天津を経て、8月北京着。語学(モンゴル語、チベット語、中国語)及びチベット仏教を学ぶ。翌99年3月には、東本願寺大谷光瑩法主よりダライラマ宛の親書が到着、また矢野文雄公使より駐蔵大臣文海宛信書を受けて北京を発するが、チベットを目前に臨む巴塘にて入蔵を許されず、二ヶ月後帰国の途に就く。帰国後陸軍通訳拝命、通訳のかたわら西蔵教典研究の自由特典を与えられる。1901年再度チベット入りを試み、入蔵を果たす。ラサのレブン寺の僧院で修学し、05年帰国。15年大谷大学教授。24年満州国国務院の依頼でラマ教の調査を行う。富山県宗端・宗林寺及び滋賀県竜王町・村岡家に、寺本の入蔵関係資料が残されている。

〔松田 忍〕

〔参考文献〕 寺本婉雅著・横地祥原編『蔵蒙旅日記』(芙蓉書房、1974年)、同著『西蔵語文典』、三宅伸一郎「日本人初の入蔵者・寺本婉雅に関する新出資料について」『大谷学報』87-2、2008年)。

田 健治郎 でんけんじろう (安政2.2.8(1855.3.25)—1930.11.16)

官僚政治家。丹波氷上郡(兵庫県)出身。

大庄屋の家に生まれるが、高等教育を受けずに地方役場及び県庁での官吏を経て司法省

の官吏となる。その後、地方警察でキャリアを積み、後藤象二郎に見出されて1890年4月に逓信省へ転身、次官にまで登り詰め、逓信省内で強い影響力を持つようになる。一時期政友会代議士となるが、政友会と決別して逓信省へ復帰。1906年1月に逓信省を去ると同時に貴族院議員、07年9月には男爵となり、山県有朋との関係を深める。16年10月からは第2次大隈重信内閣と寺内正毅内閣の逓信大臣となり、原敬政友会内閣が発足すると19年10月には文官出身として初の台湾総督となる。総督として内地延長主義による法制度の整備に取り組んだが、田総督時代は、林献堂らによる台湾議会設置請願運動が始まった時期でもあった。23年9月に第2次山本権兵衛内閣に農商務大臣として入閣、その後26年5月には枢密顧問官となり、在職中に死去。著書として、『鵬程日誌』(1898年)、『財政意見』(1901年)がある。 　　　　　　　　(加藤聖文)

(参考文献) 田健治郎伝記編纂会編『田健治郎伝』(1932年)。

と

土井市之進 <small>どいいちのしん</small> (慶応2.12.5(1867.1.10)－1949.3.18)

陸軍軍人、陸士旧11期、少将。萩藩(山口県)出身。

1899年清国に留学、日露戦争において土井大尉は、江木精夫少佐(江木千之、衷の弟)と共に児玉源太郎参謀次長より、「今般秘密探偵ノ任務」(外交史料館所蔵「帝国陸海軍将校海外派遣雑件、陸軍ノ部」)のため奉天方面の諜報活動の命があり、二人は僧侶や商人に扮して満州に入り鉄道やロシア軍陣地の諜報工作に従事した。その後、北京歩兵隊長として従軍。1911年10月の辛亥革命では北京の青木宣純少将、上海の井戸川辰三中佐らと連絡を取りつつ福州から袁世凱や孫文ら革命軍の動向を含めた清国状況を本国に送った。第3革命が勃発すると、16年4月土井大佐は支那駐屯軍付として小磯国昭少佐と共に宗社党と密接に連絡を取りつつ第2次満蒙独立運動に関与した。しかし袁世凱の死により反袁政策は転換され、土井は小磯・川島浪速・関東軍首脳と旅順において事態収拾に奔走した。18年少将、19年待命となり満鉄嘱託を経て25年から3年間萩町長。 　　(波多野勝)

(参考文献) 谷寿夫『機密日露戦史』(原書房、1966年)。

土井伊八 <small>どいいはち</small> (慶応3.5.14(1867.6.16)－没年不詳)

実業家。石川県出身。

1890(明治23)年上海に設立された日清貿易研究所に県費留学生として入学。卒業後日清商品陳列所に入る。97年農商務省が商品陳列所を開設した際には、上海における事務を委託される。1910年清国が南京において南洋勧業博覧会を開催するに当たっては、日本側の委員として出品事務を受け持つ。11年には日清商品陳列所を瀛華洋行と改称し、以後その店主として一般の輸出入貿易事業に専念し、本店を上海、支店を大阪に置き、出張所を漢口・青島・済南・天津・東京・横浜等に置いて貿易活動を展開した。 　　(神谷久覚)

(参考文献) 中西利八編『財界人物選集』(同

刊行会、1939年、復刻版、皓星社『日本人物情報大系』第39巻、2000年)、『続対支回顧録』下。

東郷茂徳 とうごうしげのり (1882.12.10 – 1950.7.23)

外交官、開戦・終戦時の外相。鹿児島県出身。

士族・東郷寿勝の家に生まれる。先祖は秀吉の朝鮮出兵の際に朝鮮から渡来。

東京帝大文科大学卒業後、しばらく教員等を務め、1912年に外交官試験に合格。ドイツ勤務等を経て、33年欧米局長となる。同年4月内田康哉外相に長文の意見書を提出し、連盟脱退後は満州国の経営に専念すること、そのため平和的紛争処理政策を取り、英米協調、中でもソ連との不可侵条約を急ぐというものであった。防共協定の締結に当たってはナチスとの協定は国を誤ると強く反発した。重光葵が中国における米英の介入を排除、覇権確立を期したのに対し、東郷は中国における米英との協調、対ソ宥和を基本とし、合理主義を貫く外務官僚であった。

41年10月、東条英機内閣の外相となり、行き詰まっていた日米交渉の打開のため、即時開戦決意を主張する軍部の反対を押しのけて交渉を継続させ、中国からの撤兵に初めて期限を明示した「甲案」と、当面の危機回避のため、日本軍の南部仏印進駐以前の状態に復帰するという暫定案(「乙案」)の両案を提示した。それだけにハル・ノートの衝撃は大きかった。獄中の手記に「ハル・ノートにより、我が力の足らざるを謝すよりも、我が誠意の認められざるを恨む気持の方が強かった」と認めている。

42年9月、東郷は大東亜省設置問題で東条首相と激しく対立し、外相を辞した。アジア占領地の政務を大東亜省にゆだねることになる同省設置は、外交の一元化を乱し、アジア諸民族・諸国家を差別視するもの、として一歩も譲らなかった。終戦直前の45年4月、鈴木貫太郎内閣の外相となり、陸軍を中心とする継戦論を抑え、木戸幸一内大臣らと共に「聖断」による早期終戦を導いた。A級戦犯容疑者として巣鴨拘置所に収監され、東京裁判において禁固20年の判決を受ける。米陸軍病院において逝去。　　　　(波多野澄雄)

(参考文献) 東郷茂徳記念会編『外相東郷茂徳』2冊(原書房、1985年)。

東郷平八郎 とうごうへいはちろう (弘化4.12.22(1848.1.27) – 1934.5.30)

海軍軍人。鹿児島出身。

薩英戦争、戊辰戦争に参加し、草創期の海軍に入る。明治4(1871)年より7年余、英国に留学し、ウースター商船学校で航海術の基本や国際法について学んだ。帰国後、佐世保・呉等で専ら海上勤務に従事したのち、1884年、巡洋艦「天城」の艦長となる。折から沿海でも戦闘が始まった清仏戦争を受け、「天城」は旗艦「扶桑」と共に中国に派遣された。

「天城」は上海入港後、揚子江を遡り、日本艦として初めて漢口に達した。次いで福州馬尾に急行し、クールベ提督麾下の仏艦隊が福建艦隊を撃破する戦闘を観戦し、戦況を仔細に調査した。1894年、英国旗を掲揚した清国兵の輸送船を撃沈した。1900年東郷は常備

艦隊長官となったが、その直前に義和団が北京及び天津に進出し、諸外国居留民や中国人キリスト教徒を迫害する北清事変が起こり、急遽各国は軍艦を太沽に集結させることになり、日本は東郷に命じて13隻から成る艦隊を派遣した。シーモア提督の英東洋艦隊をよく助け、日本艦隊の存在を各国に印象付けた。日露戦争では連合艦隊司令長官となり、旅順のロシア太平洋艦隊に手を焼いたが、日本海海戦勝利の凱旋将軍となった。31（昭和6）年の満州事変での関東軍の矛先を南に向けさせたのは、東郷の指示によると言われる。

（田中宏己）

東条英機 とうじょうひでき （1884.12.30－1948.12.23)

陸軍大将、陸軍大臣、総理大臣。東京出身。戦術家としては名高いが反山県有朋系の不遇な陸軍中将であった東条英教の子として生まれる。学習院初等科、東京府立四中を経て15歳になると陸軍東京幼年学校に入学、さらに陸軍士官学校、陸軍大学校と順調にエリート軍人の道を歩み、その後も指揮官あるいは欧州駐在武官、陸大教官、陸軍省軍務局・整備局、参謀本部等の要職に就く。若き日の彼は負けず嫌い、俊敏、努力家、能吏、部下への深い慈愛、カミソリと評され、また満州事変等陸軍の陰謀に関わった形跡がないように陰謀家ではなかったが、丸暗記式の秀才であったともいわれる。ただし、ドイツ駐在中に国家総力戦体制の確立を訴える永田鉄山の感化を受け、のちに統制派の有力将校に数えられるようになった。

彼が中国と本格的に関係を持ったのは、1935（昭和10）年8月関東憲兵隊司令官兼関東局警務部長に就任した時であった。その後相沢事件、2・26事件が起こって粛軍が実施され、その影響もあって37年3月関東軍参謀長となった。この頃の彼は対ソ戦準備のため、背後で反日路線を推し進めている蒋介石政府や、抗日運動を繰り広げる中国共産党の「脅威」を取り除く必要があると考えていたという。そして同年7月日中戦争が勃発すると、彼や梅津美治郎・武藤章ら統制派は蒋政府の姿勢からみて平和解決は困難と判断し、戦線を拡大すべきと主張、彼自身も2個旅団を率いて察哈爾（チャハル）作戦を決行し、内蒙古を制圧することに成功した。しかし、中国軍は彼らの予想以上に強く、その後戦線は泥沼化した。38年5月陸軍次官に昇進すると、彼は対ソ・対中の二正面作戦を提唱、いっそう軍備充実を図るよう主張したが、舌禍事件によって同年末航空総監に異動することになった。

40年7月近衛文麿が首相に就任し東条も陸相となった。同内閣は、この頃欧州を席巻していたドイツと提携しつつ、アジアが欧米の植民地支配から脱却し共存共栄を図るという大東亜共栄圏構想を表明した。この動きの背後には従来の対中政策を維持しようとする陸軍がおり、東条新陸相も南進、援蒋ルート遮断、日独伊三国同盟そして総力戦体制構築政策を陸軍代表として強力に推し進め、同時に軍内の統制を図った。このような日本の政策に反発したアメリカとの妥協を図るべく近衛首相は日米交渉を開始したが、中国からの日本軍撤兵等の要求に東条はじめ陸軍は応ぜず、

次第に彼らは日米開戦論に傾く。そして41年10月東条新内閣が成立し、ついに12月8日対米英蘭宣戦布告がなされた。東条内閣は、43年11月南京政府の汪兆銘らを招き大東亜会議を開催するなど大東亜共栄圏構想をアピールしたが、戦局は次第に不利になる。このため参謀総長を兼任するなど独裁的一元的体制を敷くが、逆に倒閣工作も活発化し、44年7月総辞職するに至り、同時に予備役に編入されて彼は表舞台から消えていった。終戦後の45年9月戦犯容疑で逮捕されるが、その際自殺を図るも失敗。結局、48年11月東京裁判でA級戦犯として死刑が確定した。一般に東条は、統制を重んじる厳格な軍人であり事務能力に長けていたが、政治的外交的識見に乏しく陸軍の代弁者であったと言われる。

(季武嘉也)

(参考文献) 東条英機刊行会・上法快男編『東条英機』(芙蓉書房、1974年)、保阪正康『東条英機と天皇の時代』(復刻、ちくま文庫、2005年)、ロバート・J.C.ビュートー著・木下秀夫訳『東条英機』上・下(復刻、御厨貴監修『歴代総理大臣伝記叢書』第28・29巻、ゆまに書房、2006年)。

藤堂明保 とうどうあきやす (1915.9.20－1985.2.26)
中国語学者。三重県出身。

6歳で父に従い中国東北地方に渡り、1932年旅順中学修了、第一高等学校文科乙類入学、38年東京帝国大学支那哲学支那文学科卒業後、外務省研究員として清朝経学史研究のため北京に留学。39年徴兵により兵役に就き安徽省・南京・仏印ハノイ・広州における軍務(43年より陸軍通訳官)及び敗戦処理に従う。47年復員して一高専任講師となり、50年東京大学文学部中国文学科専任講師、54年同助教授、64年同教授(中国言語文化講座初代担任)。62年論文「上古漢語の単語家族の研究」により文学博士。70年東大の学園紛争処理方針を批判、「帰りなんいざ、田園まさに蕪んとす」と陶淵明の詩句を引く「東大文学部への決別の辞」(『朝日ジャーナル』70年11月8日号)を発表して東大教授を辞職、71年NHKテレビ中国語講座講師(78年まで)、73年早稲田大学政経学部客員教授、76年日中学院長、日中友好会館理事となる。『女についての漢字の話』(70年)、『学研漢和大字典』(78年)等の編著書で漢字学の啓蒙にも努めた。

(藤井省三)

(参考文献) 藤堂明保『中国へかける橋2』(日中学院、1987年)、『藤堂明保中国語学論集』(汲古書院、1987年)。

東野大八 とうのだいはち (1914.6.1－2001.7.18)
川柳作家。本名古藤義雄。愛媛県出身。

高等小学校卒業後、大阪で丁稚・日雇人夫として働き、その生活を描いた小説で大阪毎日新聞の大衆文芸に入賞。1930年代初め、徴兵されて満州独立守備隊に入営、熱河省に送られる。現地除隊後、『月刊満州』に入社、その後『新京日日新聞』の記者となり、かたわら『満州浪漫』の中文文芸誌『明明』の編集にも携わった。その後『蒙疆新聞』に移籍。39(昭和14)年末、満映理事長甘粕正彦の就任記者会見に出席し、以後接触を続けた。また李香蘭を取材して、その半生記を『月刊満

州』に発表。川柳は、34年奉天（現瀋陽）で創立された番傘川柳会に参加、38年『川柳大陸』（石原青龍刀主宰）の同人となる。40年、『東亜川柳』（大島濤明主宰）創刊に参加して作句、編集に当たり、時事吟を詠んだ。この頃から北京駐在員となり、同地の川柳会に参加。44年2月現地召集を受けて綏遠に派兵され、翌年4月洛陽作戦で負傷、左腕を失った。北京で敗戦を迎え、9月現地除隊となる。46年引揚げ。のち、『日刊新愛媛』『日刊岐阜民友』の編集局長を務めた。64年、全日本川柳協会の設立に協力し、顧問に就任。82年から死まで『川柳塔』に長期連載した「川柳太平記」は、没後、『川柳の群像：明治・大正・昭和の川柳作家一〇〇人』（田辺聖子監修、2004年）として刊行された。65年4月、大陸引揚川柳同窓会に出席、再会した60人と共に「火車」「没法子」の兼題で句会を楽しみ、戦前戦中期の中国を追想する。著書『没法子北京』（1994年）は敗戦直後の北京の日本人の状況を描いたノンフィクションである。

(本庄比佐子)

(参考文献) 『川柳総合大事典』（尾藤三柳監修、雄山閣、2007年）、中村義『川柳のなかの中国：日露戦争からアジア・太平洋戦争まで』（岩波書店、2007年）。

東宮鉄男 とうみやかねお （1892.8.17－1937.11.14）
陸軍軍人。満州武装移民の推進者。群馬県出身。

1915年陸軍士官学校（27期）卒業後、近衛歩兵第3連隊付。20年6月－21年5月歩兵第50連隊付でシベリア出兵。23年1月、語学修業と大陸研究のため中国広東に1年間私費留学し、特に下層社会や学生層の実情観察に努める。近衛歩兵第3連隊中隊長を経て26年12月、奉天独立守備隊歩兵第2大隊第4中隊長。27年11月5日の日誌に「余の多年の理想たる満州集団移民を実施する計画あり」と満州移民について初めて記す。東宮は自分の旧部下の除隊兵（在郷軍人）を移民とする計画を立て、自らも少佐昇級後は退職して入植する考えを抱いていた。28年6月3日関東軍高級参謀河本大作大佐の下、東宮は工兵隊を指揮して満鉄線と京奉線が交差する瀋陽－皇姑屯間の陸橋下に爆薬を仕掛けさせ、4日張作霖の乗る特別列車が通りかかった際に爆破した。また前もって中国人苦力（クーリー）2名を殺害し、犯行が彼らの仕業であるよう装った。岡山歩兵第10連隊中隊長、陸軍歩兵学校学生を経て、満州事変勃発後の31年12月吉林鉄道守備隊司令部応聘武官として満州に出張、32年1月長春付属地に東宮公館を開設、4月には関東軍司令部付と同時に満州国軍政部顧問に任命され、満州国軍の建設に当たる。各地で粛清戦を展開し、松花江下流の依蘭から富錦方面に進出、移民候補地としてこれらの土地に注目する。6月「在郷軍人を以て吉林屯墾軍基幹部隊を編成し吉林省東北地方に永久駐屯せしむる件」を関東軍に具申、移民を屯墾軍に組織して治安維持、資源開発、対ソ防備に当たらせようと計画した。7月14日関東軍参謀石原莞爾が日本国民高等学校長加藤完治との面会を設定、東宮は移民として朝鮮人をまず送り込もうと考え、加藤が日本人農民を移民とする案を示して東宮はこれに同意した。そこで加

藤は日本で在郷軍人を募集し、東宮は移民用地と宿舎、食糧・燃料、武器等の準備をすることになった。東宮は入植地の選定や土地の測量、拓務省などとの交渉に奔走し、10月第1次武装移民492名を率いて佳木斯(チャムス)に上陸、33年2月樺川県永豊鎮に入植させた。8月には第2次武装移民455名を依蘭県七虎力に入植させ、それぞれ弥栄村、千振村と名づけた。厳しい自然環境、慢性的な食糧不足、風土病患者の続出、戦闘による死者の発生等によって移民に不平不満が募り退団者が続出、7月には移民団幹部に対して不信任案が提出され、東宮は日本から駆け付けた加藤完治と問題の解決に当たった。9月夾信子で「匪賊」と戦闘中に右肺に貫通銃創を受け、ハルビンで静養。東宮は在郷軍人と別に日本の青少年に着目し、34年9月加藤完治らの推薦により14名の少年を集め（35年7月16名を増員）、将来の模範移民に育てようと烏蘇里江下流の吉林省饒河県に大和村北進寮を開設して教育を開始、のちの満蒙開拓青少年義勇軍の基礎となる。また移民を永住させるために「大陸の花嫁招致計画」を立案し、35年5月第1回の花嫁30名を依蘭に迎え入れた。37年8月水戸歩兵第2連隊付、10月千葉歩兵第102連隊大隊長となり出征、杭州湾の広陳鎮・吉家宇付近で威力偵察中、船上で左胸部貫通銃創を負い戦死、大佐に昇進した。　　　　　　　（小林元裕）

（参考文献）　東宮大佐記念事業委員会『東宮鉄男伝』(1940年、復刻版、大空社、1997年)、秦賢助『満州移民の父東宮鉄男』(時代社、1941年)。

頭山　満　とうやまみつる　（安政2.4.12(1855.5.27)－1944.10.5）

政治活動家。アジア主義者。号立雲。福岡出身。

明治・大正・昭和にわたる国家主義者・アジア主義者。福岡藩士筒井亀作の3男として生まれる。のちに母方の姓を継ぎ頭山満と称した。

1876(明治9)年秋月・萩の乱への呼応計画が漏れて入獄。西南戦争後放免され、78年大阪での愛国社大会に参加し、その後、進藤喜平太・箱田六輔らと民権政社向陽社を結成した。80年には、玄洋社設置届けを県警察本署に提出した。その後、頭山は、玄洋社の領袖として条約改正問題に関わり、89年の大隈重信の条約改正に対しては、非条約改正五団体連合のうちの九州団体連合として、熊本国権党の佐々友房と反対運動を展開した。大隈外務大臣に爆弾を投じ自決した来島恒喜(くるしま)は、玄洋社社員であった。

84年甲申政変の失敗により日本に亡命してきた韓国独立派の金玉均や朴泳孝らの擁護活動を行った。また、98年中国革命家孫文が横浜に到着すると、熊本出身の宮崎滔天を通じて親交を深め、平岡浩太郎・犬養毅らと共に支持、協力をすることになった。ここに中国革命運動は大きな転回期を迎え、日本を根拠地として活発な革命工作が展開されることになった。

1900年、三国干渉以来、ロシアの朝鮮・満州への勢力拡大に対し、対露強硬外交を主唱する「国民同盟会」(会長近衛篤麿)が結成され、頭山も神鞭知常(こうむち)・佐々・平岡らと共に参

ときわだいじょう

加、活動した。さらに、03年には、対露同志会を結成し、世論を開戦論へと導いた。日露戦争に際しては、玄洋社員を中核とする満州義軍を参加させた。

05年日本に戻った孫文は、黄興ら留学生と「中国同盟会」を結成した。頭山は、11年辛亥革命以後まで、孫文・黄興らを支持、擁護した。

24（大正13）年、国共合作政策をとる孫文は、北京に入る前に、神戸において頭山との会談を求めてきた。この会談のポイントは、満州問題の扱いであった。頭山は、日中両国の国民感情を理解した上で、未だ不安定な革命政権のもとでは、満州における特殊権益は、まだ還付できないが、条件が整えば「勿論還付すべきである」と、現時点においての還付論争は、いたずらに国民感情を刺激するだけで愚かなことであるとした。孫文も、頭山の判断に同意して、現時点での旅順・大連の回収要求はしないとした。この会談のあと有名な「大アジア主義」講演を行った。アジアの王道をもって欧米列強の覇道に対することが力説された。しかし、翌年、日中の両民族の将来を憂えた孫文の死により、理想は潰えた。その他、頭山の支持・擁護を受けた者には、15（大正4）年国外退去命令を受けた、インド革命家ビハリ・ボース、ヘランボーラル・グプタやインド独立運動家のチャンドラ・ボース等がいる。 （佐々博雄）

（**参考文献**） 藤本尚則『巨人頭山満』（雪華社、1967年）、『頭山満と玄洋社』（読売新聞西部本社、2001年）、葦津珍彦『大アジア主義と頭山満』（葦津事務所、2005年）。

常盤大定 ときわだいじょう （明治3.3.8（1870.4.8）－1945.5.5）

中国仏教史家。宮城県出身。

1898年東京帝国大学文科大学哲学科卒業、1908年東京帝国大学印度哲学科講師となり、26年教授就任。彼の最大の功績は、講師時代の20年から29年までに、前後5回の中国仏教史跡調査を行い、これまでほとんど顧みられなかった中国仏教史跡を世に紹介した点にある。例えば、雲崗石窟・鞏県石窟・響堂山石窟・天龍山石窟や房山石経等、主要な中国仏教史跡の多くは、彼の再発見により世に知られるようになったのである。その成果は、関野貞との共著『支那仏教史蹟』（1925－31年）並びに同評解（25－31年）各6冊、『支那文化史蹟』（39－31年）並びに同解説（39－42年）各12冊として結実している。その他、仏教と儒教や道教との関係・交渉を論じた『支那における仏教と儒教・道教』（30年）も、中国仏教史研究の新しい領域を開拓したものとして注目される。 （相田 洋）

（**参考文献**） 常光浩然『明治の仏教者』下（春秋社、1969年）、鎌田茂雄「常盤大定」（江上波夫編『東洋学の系譜』第2集、大修館書店、1994年）。

徳富蘇峰 とくとみそほう （文久3.1.25（1863.3.14）－1957.11.2）

ジャーナリスト、評論家。本名猪一郎、字は正敬、筆名に菅原正敬、大江逸、大江逸郎。肥後（熊本県）出身。

熊本郷士の長男として生まれる。熊本洋学校に入学、同校閉鎖後は上京して東京英学校

に通学、のちに同志社英学校に転校するが卒業直前に退学し帰郷、故郷で大江義塾を開設し宮崎滔天等が師事する。

中国との関係は、主に日本国内の世論を形成するかたちで現れる。1886年にH・スペンサーの社会進化論を基底とした『将来之日本』を経済雑誌社より刊行し平民主義を唱えるが、その範囲内で日本が戦争によらずに中国を併呑する案を主張した。その後上京して民友社を結成し、主催する月刊誌『国民之友』において「鉄道敷設論」をはじめ中国近代化の方策を提示し、将来的には日中の提携によって欧州のアジア進出、とりわけロシアに備えることを意識するが、軍事的行動は自衛戦争にとどめるべきと主張。しかし1880年代半ばより次第に保守主義・帝国主義に傾斜していき、山県有朋・桂太郎と接近、日清戦争直前の緊張状態の時期になると、明確に膨張主義を唱えて対外出兵を主張する。開戦後の94年12月に『大日本膨張論』を上梓し旅順・台湾の支配を改めて主張、日本の海外膨張に対する直接の敵を中国と捉え、戦争の勝利によって中国に近代文明の光明を与えるとするが、将来の西欧との対決を見越し、日清戦争の勝利によって西欧に日本の優位性を示すことが肝要とした。また開戦後は積極的に軍に協力し社を挙げて戦況報道に注力、従軍記者の派遣や樺山軍令部長をはじめ軍首脳への取材を行う。

終戦直後に遼東半島を訪問、旅順で三国干渉と遼東半島返還の報に接し非常な衝撃を受け、帰国後は将来的なロシアとの戦争を想定し、日英同盟を推進する加藤高明を支持し締結に尽力。この時期の世界的な黄禍論に対しては、人種的偏見を批判した上で人類の共通性や文明の普遍性を唱え、日本が世界に寄与こそすれアジア主義的な主張によって世界を敵に回すことは避けるべきと主張している。日露戦争後の1906年に中国を再訪、『七十八日遊記』を著す。この時国民国家としての中国の前途には多分に悲観的な見通しを示しつつも、数の力をはじめ人種としての中国人に期待を示す。また同時期に人種論を前提とした東西文明融合論を提唱する。第２次世界大戦中は大日本言論報国会長に就任するなど政府寄りの立場をとり、多くの宣伝文の執筆を行う。

時流に応じて立場を変えながらも、言説が一貫してナショナリズムに裏打ちされていた点に蘇峰の特徴がある。戦後にＡ級戦犯容疑を受けるも不起訴となり、自宅拘禁ののち公職追放となり熱海市に隠棲する。

(季武嘉也)

(参考文献) ビン・シン著、杉原志敬訳『評伝 徳富蘇峰―近代日本の光と影―』(岩波書店、1994年)、和田守『近代日本と徳富蘇峰』(御茶の水書房、1990年)、米原謙『徳富蘇峰―日本ナショナリズムの軌跡―』(中公新書、2003年)、杉井六郎「徳富蘇峰の中国観」(『人文学報』30、1970年)、神谷昌史「文明・大勢・孤立―徳富蘇峰における「支那」認識―」(『大東法政論集』10、2002年)。

床次竹二郎 とこなみたけじろう (慶応2.12.1(1867.1.6)－1935.9.8)

内務官僚、内務大臣、政友本党総裁。鹿児

どひはらけんじ

島出身。

　鹿児島藩士床次正精の長男に生まれる。地元小学校から父のいる東京の忍岡学校に転校し、さらに同人社・共立学校・大学予備門・第一高等中学校を経て、1890年（明治23）帝国大学法科大学政治科を卒業し大蔵省に入省、以後は地方官・内務官僚として活躍。原敬に認められ政友会に入党、原内閣内相に就任する。以後は政友本党・民政党・政友会と党籍を移動する。床次が中国問題に深く関与するのは張作霖爆殺事件後で、幣原を中心に不干渉主義を採る民政党路線に不満を持つ彼は、政友会総裁田中義一首相を助け、国民政府の本土統一を支持しながらも、満州では積極的に日本権益を守る方向で対中国政策を立て直すため、28年8月民政党を脱党し翌年政友会に入党、また28年12月には訪中し、南京で蒋介石、奉天（現瀋陽）で張学良と会談するが、成果を挙げることはなかった。これら床次の動きの背後には上原勇作・徳富蘇峰・久原房之助らがいた。以後も同じような主張を繰り返し、満州事変も「自衛的最後の処置」とした。
　　　　　　　　　　　　　　　（季武嘉也）

　〔参考文献〕　前田蓮山編『床次竹二郎伝』（床次竹二郎伝記刊行会、1939年）、篠塚保『床次竹二郎氏は何故政友会を脱党したか』（篠塚保発行、1934年）、大西比呂志「横山雄偉と昭和の政界」（横浜国際関係史研究会・横浜開港資料館編『GHQ情報課長ドン・ブラウンとその時代』日本経済評論社、2009年）。

土肥原賢二　どひはらけんじ　（1883.8.8－1948.12.23）

　陸軍大将。岡山県出身。

　1904年陸軍士官学校卒（16期）、12年陸軍大学校卒。早くから陸軍「支那通」の道を歩み、既に陸大入校前の07年に諜報任務のため張家口に派遣されている。13年から18年まで、北京に駐在して坂西公館で勤務し、岡村寧次と共に坂西利八郎の後継者と目されるようになる。同年、清国応聘武官となり黒竜江督軍顧問としてチチハルに駐在、シベリア出兵に伴う陸軍の北満進出に関与する。一時帰国後、20年改めて沿海州・中国に出張。欧米に出張したのち、22年再び坂西機関補佐官として26年まで北京に駐在。28年奉天督軍顧問、帰国して連隊長を務めたのち、31年3月天津に出張し、石友三を使って張学良の勢力弱体化を狙う工作を行ったが、うまくゆかなかった。同年8月、関東軍の奉天特務機関長に就任、柳条湖事件が勃発し関東軍が奉天を制圧したのち、混乱防止のため1ヶ月ほど奉天市長を務める。同年11月、天津で謀略によって暴動を引き起こし、その混乱に紛れて廃帝溥儀を満州に連れ出した。32年1月ハルビン特務機関長に転じ、内地に帰って歩兵旅団長を務めたのち、33年10月奉天特務機関長に再任、華北の山海関・通州・唐山等に関東軍が設置した特務機関を指導して様々な謀略活動を展開した。欧米人の間ではアラビアのローレンスになぞらえて「東洋のローレンス」と呼ばれたが、中国人は彼の名前の中国読みから「土匪原」と呼んだ。35年、張北で起きた事件を利用して、宋哲元率いる第29軍を察哈爾省（チャハル）の

長城以北から撤退させた（土肥原・秦徳純協定）。その後は、蒋介石による統一事業に対抗して、宋哲元・韓復榘・商震等華北の将領に国民政府からの離反を働きかけ、各地で「自治」運動を唆した。だが、この北支（華北分離）工作は、非武装地帯に成立した冀東防共自治政府（殷汝耕首班）以外の成果を生まなかった。37年、宇都宮の第14師団長となり、日中戦争の発生と共に中国に出征。保定を攻略し、翌38年には徐州作戦に伴い鄭州攻略に向かったが、中国側の黄河決壊によって進撃を阻まれた。同年、五相会議直属の「対支特別委員会」のメンバーとなり、その実施機関として上海に彼を長とする大本営直属の「土肥原機関」が設置された。土肥原機関は、国民政府に代わる中国の新中央政権樹立工作を担当し、その首班として唐紹儀・呉佩孚・靳雲鵬等に狙いを付けたが、唐は暗殺され、靳は動かなかった。呉佩孚工作は、自らの勢力回復のために日本を利用しようとする呉自身の思惑が日本側の不信を買い、汪兆銘工作と競合して進展しないまま、39年12月の呉の急死によってピリオドを打った。その後、土肥原は第5軍司令官、士官学校長、航空総監、東部軍司令官、第7方面軍司令官等の栄職を歴任した。終戦時には教育総監を務めていた。降伏後、A級戦犯に指名され、死刑に処された。　　　　　　　　　　　（戸部良一）

(参考文献)　土肥原賢二刊行会編『秘録土肥原賢二』（芙蓉書房、1972年）。

富岡謙蔵　とみおかけんぞう　（1873−1918.12.23）

東洋史学者、金石書画研究者。画家鉄斎の一人息子。字は君撝、号は桃華。京都府出身。

少年時代に漢学をいくらか昌平黌出身の伊藤香雪翁に受けたが、ほとんど独学で博識と慧眼を培い、短い生涯で良質な文物や書物を多く集めた。京都帝国大学の文科大学開設のために素地を作ったため、1903年に同大付属図書館の嘱託となり、08年内藤湖南が担任の東洋史第1講座の講師となる。10年秋、内藤・狩野直喜・小川琢治3教授、濱田耕作講師及び美術雑誌『国華』の主幹でもある東京帝国大学講師瀧精一と一緒に、北京学部における敦煌発掘の古文献、内閣に伝来した古書、及び清末の政治家で最大の収蔵家でもある端方の美術品を調査した。12年内藤及び羽田亨講師と共に奉天の故宮で『満文老檔』・『五体清文鑑』等の写真撮影を行った。15年より京都に寄寓していた長尾雨山と共に、近畿圏の文人学者、京都滞在中の羅振玉を中心に毎年のように「寿蘇会」という蘇軾記念サロンを主催した。内藤は、富岡の遺著『古鏡の研究』への序文で、「本邦出土の古鏡中、支那製の者、本邦倣製の者とあることに注意し、之を鑑別すべき方法を発見し」、これによって「我邦工芸の起原」、「古墳の年代」を推定すべき標準を立てようと計画したことや、「支那考古学の確実なる建設は」古代の文献と「密接に関係ある鏡鑑時代を基礎とし、之より溯りて更に商周銅器に及ぼし、亀版文に及ぼすに在ることを認めたる」卓見等にふれて、富岡の研究が収めた「空前の成功」の画期的意義を絶賛し、その早世で大成できなかったことを惜しんでいる。　（陶　徳民）

(参考文献)　内田銀蔵「富岡謙蔵君の学問及

性向」(『芸文』第10年第4号、1919年)、神田喜一郎「支那学者富岡桃華先生」(同『敦煌学五十年』筑摩書房、1970年)、成家徹郎「日本人の甲骨研究―先駆者・富岡謙蔵と林泰輔―」(『しにか』10－12、1999年)。

戸水寛人 とみずひろんど (文久1.5.18(1861.6.25)－1935.1.20)

ローマ法学者。政治家。評論家。金沢(石川県)出身。

金沢藩の儒者の家に生まれる。帝国大学法科大学法律学科卒業後、東京始審裁判所判事。イギリス留学後、帝国大学教授(ローマ法)。1902年に清と朝鮮に出張した際の印象が強く、帰国後の03年、桂太郎内閣の対ロシア外交を批判して主戦論を提唱。「満州問題関する建議書」を発表して七博士事件を起こした。多くの論者が支那保全論や満州中立化論に傾く中、満州占領論やロシアからのバイカル以東割譲論を展開し、バイカル博士と称された。その議論はアジア主義的ではなく、日本の大国としての東亜における覇権提唱に力点があった。日露戦争終結後、六教授連署の講和条約批准拒否の上奏文を提出。山川健治郎帝大総長罷免に至り、大学の自治をめぐる社会問題となって、結局文相辞職に発展した(戸水事件)。08年、衆議院議員選挙に戊申倶楽部から立候補して当選。翌年から政友会に属す。以後、議会や論壇で外交問題を中心に発言する。第1次大戦期には、好景気に乗じてヴェンチャー企業の起業投資に加わり、憲政会やメディアからの批判を受ける。 (川島 真)

(参考文献) 戸水寛人『東亜旅行談』(初版、有斐閣書房、1903年、小島晋治監修『幕末明治中国見聞集成』第14巻に再録、ゆまに書房、1997年)、姜克實「満州幻想の成立過程―日露戦前の日本人の満州認識―」(『岡山大学文学部紀要』45号、2006年)

豊島与志雄 とよしまよしお (1890.11.27－1955.6.18)

翻訳家、作家、児童文学者。福岡県(現甘木町)出身。

第一高等学校を経て東京帝国大学仏文学科卒業。『レ・ミゼラブル』や『ジャン・クリストフ』等の翻訳で知られ、明治大学・法政大学の教授を歴任、日本芸術院会員ともなった。1940年3－4月、日華文芸協議会の用務で谷川徹三・加藤武雄と上海や江南を旅行、同年秋、内山嘉吉と北京等華北を旅行、「支那民衆の中へ」、「上海の渋面」、「中支生活者」等のルポルタージュを書き、『上海』(谷川徹三・三木清と共著)、『文学母胎』、『白塔の歌；近代伝説』を出版した。1941年、台湾を旅行、東京での第一回大東亜文学者大会に参加、43年阿部知二と上海・南京を旅行、44年南京における大東亜文学者大会にも出席した。このように日本文学報国会に協力したが、中国知識人・民衆への理解は深かった。第二次大戦後、中国人を題材とした小説『秦の憂鬱』を刊行した。日中の友好促進を主張し、日本中国友好協会副会長(会長は空席)ともなった。三木清の友人。 (久保田文次)

(参考文献) 『豊島与志雄著作集』6冊(未来社、1965－1967年)、関口安義『豊島与志雄研究』(笠間書院、1979年)、同『評伝豊島与志雄』

（未来社、1987年）。

豊田正子 とよだまさこ （1922.11.13- ）

小説家、随筆家。東京出身。

小学生時分に教師の指導を受けて書いた生活記録が、雑誌『赤い鳥』に入選。これらを収録した『綴方教室』（中央公論社、1937年・続編39年）が刊行されるや評判となり、演劇化・映画化される。小学校卒業後はレース工場で働くが、戦後は日本共産党に入党。江馬修らと『人民文学』を刊行し、執筆活動を展開した。主な著作に、『粘土のお面』（角川書店、51年）、『芽ばえ』（理論社、59年）等がある。正子の中国との関わりは、1942（昭和17）年、陸軍報道部の招聘により、戦果を見るために赴いた視察旅行に始まる。翌43年には、満州新聞社の招きに応じてソ連との国境地帯を視察し、『私の支那紀行―清郷を往く』（文体社）を刊行。後年、彼女は、この大陸行を恥ずべき過去として記す。1967年、江馬と共に文化大革命の嵐が吹き荒れる中国を１ヶ月半にわたり旅し、文革及び毛沢東を支持する『プロレタリア文化大革命の新中国紀行　第１部　不滅の延安』（五同産業出版部）を著す。巴金らとも交流を持ち、以後、中国作家協会に招かれて再び訪中した。

（橋本のぞみ）

（参考文献） 豊田正子『さえぎられた光』（木鶏社、1992年）。

鳥居きみ子 とりいきみこ （1881－1959）

人類学者。日本人女性としては先駆的存在。徳島県出身。徳島県師範学校卒。1901（明治34）年鳥居龍蔵と結婚。06年蒙古カラチン王府の招聘を受けて女学堂の教師となり、第２代総習（教頭に相当）に就任した。同じく崇正学堂（男学堂）の教師となった夫と共に調査を行い『土俗学上より観たる蒙古』『蒙古を再び探る』を著す。その後も夫の野外調査に同行し、模写・拓本・写真撮影・測定・通訳等をこなし調査を補佐し続けた。きみ子が残した当時の日記や野帳は鳥居記念館に保管されている。

（林　直樹）

（参考文献） 鳥居きみ子『蒙古行』（読売新聞社、1906年）、鳥居龍蔵・きみ子『土俗学上より観たる蒙古』（六文館、1927年）、鳥居龍蔵・きみ子『蒙古を再び探る』（六文館、1932年）。

鳥居素川 とりいそせん （慶応3.7.4（1867.8.3）－1928.3.10）

明治・大正期のジャーナリスト。本名赫雄。肥後（熊本県）出身。

済々黌で学んだ後、独逸協会学校、その後熊本に戻り、荒尾精門下となる。こうして中国通たちの世界に足を踏み入れた鳥居は、上海に渡航し、日新貿易研究所に入るが、病気のため帰国。その後陸羯南の新聞『日本』を経て『大阪朝日新聞』記者となり（1897年）、池辺三山らと共にその論調をリードし、編集局長に。その間、日清戦争・日露戦争に記者として従軍し、その記事によって文名を上げることになった。時の政府とは激しく対立した。日露講和批判では桂内閣を、シベリア出兵・米騒動では寺内内閣を厳しく批判し、その結果退社を余儀なくされている（1918年白

虹事件)。翌年には『大正日日新聞』を創刊するが失敗する。最晩年にも中国各地、欧州各地を視察をしており、そのレポートを大阪毎日新聞に発表した。中国に関する著作に『支那は支那なり』(1927年)等。

(久保田善丈)

鳥居龍蔵 とりいりょうぞう (明治3.4.4(1870.5.4)-1953.1.14)

人類学者。徳島県出身。

小学校中退後、独学で人類学を学び1898(明治31)年東京帝国大学人類学教室助手となる。1905年同教室講師に就任。その間、中国・モンゴル・沿海州・台湾・朝鮮・千島・沖縄等の調査を行った。新大陸を含む世界各地に足跡を残すが、最も深く関わったフィールドは「満蒙」「朝鮮」を中心とする東アジアであった。22(大正11)年東京帝大助教授となったが、関野貞らとの確執から24年に辞職。同年鳥居人類学研究所を設立し国学院大教授を務めたほか、28(昭和3)年上智大創立に尽力し文学部長兼教授に就任、39年には燕京大学客員教授に迎えられた。太平洋戦争開戦と共に大学施設が接収され研究継続が困難となったが鳥居は北京に残り、戦後燕京大教授に復帰し中国滞在中に手がけた遼皇帝陵や遼文化の調査に関する膨大な資料を整理し論文にまとめた。51年燕京大を辞職し帰国。53年東京で永眠。民族・民俗・考古・文献史の諸分野を総合した幅広い研究領域や、写真機・蓄音機等の最新機材を用いた精力的な野外調査、東アジア的視座からの日本文化考察等に現われる鳥居の学風への評価は今なお高い。研究姿勢に関しては植民地政策に荷担したとの批判がある一方、帝大辞職や燕京大留任で見せた反骨精神を評価する見解もある。著作集の他、自叙伝として『ある老学徒の手記』がある。

(林 直樹)

(参考文献) 『鳥居龍蔵全集』全12巻・別巻(朝日新聞社、1975-77年)、東京大学総合研究資料館編『乾板に刻まれた世界—鳥居龍蔵の見たアジア—』(1991年)、国立民族学博物館編『民族学の先覚者—鳥居龍蔵の見たアジア—』(1993年)、岸積『鳥居龍蔵伝』(徳島郷土双書10、徳島県教育会出版部、1966年)、中薗英助『鳥居龍蔵伝—アジアを走破した人類学者—』(岩波書店、1995年)、田畑久夫『民族学者鳥居龍蔵—アジア調査の軌跡—』(古今書院、1997年)。

鳥山喜一 とりやまきいち (1887.7.17-1959.2.19)

東洋史学者。東京出身。

東京帝国大学史学科卒業後、新潟高等学校教授・京城帝国大学教授・第四高等学校長・金沢大学文学部長・富山大学学長・東洋大学教授等を歴任した。専門は、満鮮史特に渤海史で、その著『渤海史考』(1915年)は、世界初の渤海史の専門書。没後、前著以降の論文を集めた『渤海史の諸問題』(68年)も関係者によって刊行されている。文章をよくし、『支那・支那人』(岩波新書、42年)や『黄河の水』(26年)等の一般向けの著書がある。中でも後者は、少年少女向けにやさしい表現で、中国史の流れを巧みに説き、戦前に既に50版を越え、戦後も増補改訂して数十版を重ね、少年少女に愛読され続けた。(相田 洋)

(参考文献) 船木一馬「鳥山喜一」(江上波夫

編『東洋学の系譜』第2集、大修館書店、1994年)。

頓宮　寛 とんぐう ゆたか （1884.2.22－1974.12.7）
医学博士。香川県出身。
　東京帝国大学医科大学を卒業後、私立日本医学専門学校教授等を歴任し渡華する。赴任地湖北省大冶の漢冶萍煤鉄廠鉱有限公司の新病院での経験をもとに、上海で福民医院を経営する。民族の別を越えて高度の治療活動を行う頓宮博士の名声は、租界の各国人のみならず広く長江中流域にまで知れ渡る。魯迅が治療をうけ、周海嬰が生まれたのも当病院であった。また彼は上海亜州民族協会を組織して活動、さらに上海南洋医学専門学校の校長として中国人の医師養成にも尽力した。1938年の広東戦時には広東工作に、43年には重慶和平工作に従事するなど、終生日中友好と国際親善に貢献しようとした。　　（柴田　誠）

　(**参考文献**)　西村元治『頓宮寛』(小豆島新聞社、1979年)、川井観二『わが夢わが心』(創造出版、1988年)、柴田誠「福民医院長頓宮寛と中国人とのかかわり」(『上海十話』QUICK Company、2008年)。

な

内藤湖南（ないとうこなん）（慶応 2.7.18（1866.8.27）－1934.6.26）

東洋史学者、ジャーナリスト、京都帝国大学教授。名は虎次郎、字は炳卿。南部藩（秋田県）出身。

青少年時代は家学の漢学に恵まれ、英学にも励んだ。秋田師範学校卒業後、小学校の首席訓導となる。のちに上京し、仏教系の『明教新誌』と『大同新報』、政教社系の『日本人』と『亜細亜』、『大阪朝日新聞』（1894－96、1900－06）、『台湾日報』（1897－98）と『万朝報』（1898－1900）等の論説を担当。1907年京都帝国大学講師になり、2年後に教授昇任。10年文学博士、26年帝国学士院会員となる。晩年、京都府相楽郡恭仁山荘に隠棲する。

『近世文学史論』で文名を上げ、邪馬台国の畿内説を主張し、仏典発達史の研究で「加上法」を運用した富永仲基の顕彰に努めた。1899年清国を訪問し厳復・張元済・羅振玉・文廷式等と筆談、1902年清国再訪の際は沈曾植・夏曾佑・劉鉄雲・曹廷杰等と会い、清代の文献学・金石学及び満蒙地理学に対する理解を深めた。05年奉天で満蒙蔵文『大蔵経』、満蒙漢文『蒙古源流』及び文溯閣四庫全書等を、10年北京で敦煌文献と清内閣旧蔵書等を、また12年奉天で『満文老檔』と『五体清文鑑』等を調査した。宋代以降を近世とする歴史区分論及び章学誠の進歩史観の顕彰で日中・欧米の史学界に影響を与えた。

一方、父の影響で早くから政治に興味を持ち、1896年に「松隈内閣」の書記官長高橋健三の施政方針起草を手伝った。植民地経営の得失を弁じ、大陸政策や満州経営の是非を論じ、対外問題のオピニオンリーダーとして活躍した。1905年外務省の嘱託として日露戦争直後の満州軍占領地で民政調査を行い、北京で日清交渉中の小村寿太郎外相に建言した。外務省の委嘱で間島問題を現地調査し、明清時代における満韓疆界に関する研究報告書をまとめた。18年満鉄読書会のために満州各地で講演し、33年日満文化協会設立のために病躯を押して渡満した。

清末維新運動時の梁啓超の政論を賞賛し、義和団事件後は張謇（ちょうけん）・熊希齢等実業や財政を重視する立憲派と交友した。『支那論』（14年）と『新支那論』（24年）で中国ナショナリズムの台頭への不安や、中国におけるアメリカの影響増大への警戒を表明した。大正末期の欧州学術視察をきっかけに西洋文明への礼讃に反対し、29年世界恐慌で近代的政治経済組織及び日本の近代化路線を反省し、31年12月大阪の財界人を中心に結成された「東方文化連盟」の理事を務めた。　（陶　徳民）

（参考文献） 三田村泰助『内藤湖南』（中公新書、1972）、Joshua A. Fogel, *Politics and Sinology: The Case of Naitō Konan*（Harvard University Press、1984）、陶徳民『明治の漢学者と中国―安繹・天囚・湖南の外交論策―』（関西大学出版部、2007）。

永井荷風（ながいかふう）（1879.12.3－1959.4.30）

小説家、随筆家。本名壮吉。号断腸亭主人、石南居士、鯉川兼待、金阜山人等。父は永井久一郎。東京出身。

父が日本郵船会社上海支店支配人に着任したのに伴い、16歳の1897（明治30）年9月から11月末まで上海に渡り、日本領事館に隣接するアメリカ租界虹口北楊樹路の社宅に住んだ。その経験により紀行文「上海紀行」や漢詩「滬遊雑吟（節十六首）」（『桐蔭会雑誌』第3号、98年2月26日）を得た。帰国直後に高等商業学校附属外国語学校清語科に入学（翌年12月除籍）。99年、清国人で俳人の羅蘇山人（別号臥雲）を知り、その紹介で巖谷小波の木曜会に連なるようになった。1902年、『地獄の花』により文壇に知られ、アメリカ、フランスの外遊を経て、『あめりか物語』（08年）、『ふらんす物語』（09年）で耽美派を代表する作家となる。以後の代表作として『腕くらべ』（16年）、『おかめ笹』（18年）、『濹東綺譚』（37年）、日記『断腸亭日乗』がある。

（溝部優実子）

（参考文献）『荷風全集』全30巻（岩波書店、1992-95年）。

永井柳太郎　ながいりゅうたろう （1881.4.16-1944.12.4）

早稲田大学教授、政党政治家、拓務大臣。永井道雄は次男。石川県出身。

金沢市士族の家に生まれ、石川県立尋常中学校、同志社中学、関西学院を経て早稲田大学入学、大隈重信の目にとまる。卒業後オックスフォード大に留学、帰国後は早稲田大学で教鞭を執る。雄弁でならす。1920年政治家に転出、以後憲政会・民政党系政治家として活躍する。24年以降、外務参与官・政務次官として幣原外交を補佐する。以前より日中提携論を主張していたが、この時期も中国ナショナリズムに好意的であった。しかし、満州事変以後は次第に中国国民党政権への批判を強めていき、斎藤実内閣では拓務大臣として日満経済ブロック化を推進しようとした。37年第1次近衛文麿内閣が成立すると逓信大臣として入閣、やはり国民党排除、東亜新秩序樹立を主張した。41年大政翼賛会東亜（のち興亜）局長に就任、国民運動団体を網羅して大日本興亜同盟を結成したり、汪兆銘政府を支援した。

（季武嘉也）

（参考文献）『永井柳太郎』（『永井柳太郎』編纂会編刊、1959年）、坂本健蔵「日中戦争と永井柳太郎」（『法政論叢』37-2、2001年）。

中江丑吉　なかえうしきち （1889.8.14-1942.8.3）

思想家、歴史家、中国学者。中江兆民の長男。大阪府出身。

1914年7月東京帝大法科大学（政治学科）を卒業。同年10月に、かつて中江家に下宿していた曹汝霖の推薦で、袁世凱の憲法制定顧問だった有賀長雄の秘書（1年契約）として北京に赴く。15年、契約終了後一時帰国するも、同年暮れには再び北京に戻り、曹汝霖や、曹以前に中江家に下宿していた章宗祥からの援助により、北京での生活を続ける。この間、『順天時報』に時評を寄稿したり、段祺瑞内閣の顧問だった坂西利八郎大佐に外字新聞の政治・外交関係ニュースや論調の解説を行ったりもしていたが、自らが「無頼なる放蕩生活」と回想する生活を送る。

しかし、19年5月の五四運動においてデモ学生に親日派官僚として襲撃された曹汝霖と

章宗祥を自らも負傷しつつ救出した経験等を契機に、それまでの放蕩生活と決別。以後、終生、曹汝霖の別邸で、曹、西園寺公望、満鉄等からの経済的援助を受けつつ、中国古代政治思想史研究を中心とする学究的生活に邁進。その研究成果は、極小数部の私家版だったこともあり、中江生前には広く知られることはなかったが、死後、友人だった小島祐馬の校訂により未定稿を含む研究成果をまとめた『支那古代政治思想』（岩波書店、1950年）として公刊され、関係分野で高い評価を得ることとなる。

北京での中江のもとには、政治家・官吏・軍人・ビジネスマン・ジャーナリスト・武道家・学生等々の思想の左右を問わない多様な人士が訪れている。とりわけ、満鉄の伊藤武雄や、面識を得た当時国際通信員だった鈴江言一らとの親交は厚く、中江が1920年代後半以降集中していくこととなるヘーゲルやマルクスの研究開始の契機の一つとなっている。また、22年ソ連から潜入した佐野学と北浦千太郎を、25年日本から来た三田村四朗・佐野学・市川正一らと5・30事件後の中国状況視察でコミンテルン本部から来た片山潜を、28年には「3・15」直前に日本からきた佐野学や市川正一らの共産党員を、自宅にかくまってもいる。

満州事変後は、中江の思想的中核にあった「ヒューマニティー」の発展を世界史の発展の方向性とみなす視点から、日本の中国への軍事的拡張に批判を強めていく。日中戦争開戦後は陸軍参謀本部にいた知己の今田新太郎に戦争中止を求める書簡を送付する一方で、近衛文麿や多田駿（北支那方面軍司令官）からの当局への協力要請を拒否。アジア太平洋戦争開戦後は、日独必敗を予見し、42年結核療養で入院していた九州大学病院で死去。

（松重充浩）

（**参考文献**）　阪谷芳直・鈴木正編『（新訂版）中江丑吉の人間像：兆民を継ぐもの』（風媒社、1976年、初版1970年）、阪谷芳直『中江丑吉の肖像』（勁草書房、1991年）、J・A・フォーゲル『中江丑吉と中国：ヒューマニストの生と学問』（岩波書店、1992年）。

中江兆民　なかえちょうみん　（弘化4.11.1（1847.12.8）－1901.12.13）

自由民権思想・運動家、ジャーナリスト。名は篤介（助）、兆民は「億兆の民」を意味する号。中江丑吉は長男。高知出身。

土佐藩の足軽の子に生まれるが、新設の藩校文武館に入学、長崎に派遣されてフランス語を学び、坂本竜馬を知る。江戸に遊学、フランス公使の通訳を務める。明治4（1871）年大久保利通の推薦で司法省に出仕し、法律修業のためフランス留学を命じられ、岩倉遣欧米使節団に随行して渡仏、72年2月から74年4月までパリ、リヨンで学び、ヴォルテール、モンテスキュー、ルソー等の啓蒙思想家や文豪ユゴーの作品にふれた。帰国後77年1月まで文部省、東京外国語学校長、元老院権少書記官等の役人生活を送りながら、同時に仏学塾を開いてフランス書・和漢書により法学と文学を原敬・宮崎民蔵等の塾生に教えた。またこの間、ルソーの社会契約論を『民約論』として翻訳、「東洋のルソー」と評され

た。81年10月の自由党結成と前後して創刊の『東洋自由新聞』(社長西園寺公望)主筆、自由党機関紙『自由新聞』社説掛となるなど新聞人としてのみならず民権派として実際活動に携わり、90年7月第1回衆議院選挙に当選した。

兆民の西洋思想理解は、漢学と仏教の知識に基づき、民権、自由平等は孟子等も論じており、西洋だけのものではないという立場に立っていた。『民約論』の漢訳本を通じて初めて中国でルソーの思想が紹介され、中国革命に理論的基礎を与えたといわれ、近年も卓越した唯物論哲学者、無神論者として高く評価される。ただし兆民自身の中国観は、頭山満等の国権派と反藩閥で協調し、大陸政策では未分化だった当時の民権派の例にもれない。84年に平岡浩太郎等と上海で創設した東洋学館は、将来中国で活動しようとする日本人志士の養成を目的にしたもので、わずか1年余で閉鎖されたが、のちの東亜同文書院の先駆けとなった。1900年9月近衛篤麿等対外硬派が結成した国民同盟会に参加し、弟子の幸徳秋水から批判された。　　　　(伊藤一彦)

(参考文献)　松永昌三『中江兆民評伝』(岩波書店、1993年)、小松裕「中江兆民とそのアジア認識—東洋学館・義勇軍結成運動との関連で—」(『歴史評論』379号〈自由民権百年〈特集〉)、1981年)、井田進也・松永昌三編『中江兆民全集』(岩波書店、1983年)。

長尾雨山　ながおうざん　(元治1.9.18(1864.10.18)－1942.4.1)

中国学・中国美術研究者。名は甲、字は子生、通称は槇太郎。雨山、石隠、古衿子、无悶道人、睡道人等の号の他、多くの斎号を持つ。高松(香川県)出身。

讃岐高松藩士・長尾柏太郎の長男として生まれる。家学の漢学を鍛えつつ、1888(明治21)年7月、帝国大学文科大学古典講習科を卒業するも、その後、転職を繰り返している。まず学習院に勤務、3ヶ月後には文部省専門学務局勤務、翌年には東京美術学校と兼務した。東京美術学校設立時には岡倉天心と共に尽力しているように、この頃すでに中国美術等に興味を持っていたと思われるが、91年3月には辞職。国会新聞記者となり、新聞『日本』や雑誌『国華』等の編集に関わっている。さらに熊本の第五高等学校教授となった時には、同僚だった夏目漱石のために詩の刪定もしている。99年東京高等師範学校教授兼文部省図書館、東京帝国大学文科大学講師となるも3年後に官を辞し、翌1903年上海に渡航、商務印書館の編集顧問となった。そこで柳林小区に居を構え、12年を過ごすことになる。主な仕事は初等及び中等教科書の編纂だったが、この渡航には同年12月に起きた教科書疑獄事件が関係している。校閲料受領に伴い、収賄があったとして、「重禁錮二ヶ月、罰金七円、追徵金三百円」の有罪が科せられている。のちに濡れ衣であったことが証明されたと言うが、当時は国内に身の置き所がなかったのかもしれない。そして06年やはり商務印書館に務めることになった鄭孝胥と再会を果たしている。鄭孝胥と雨山の最初の出会いは1891年である。鄭孝胥の『海蔵楼日記』によると、11月12日に清国公使館に長尾槇太郎の

訪問を受け、素晴らしい詩を示されたという。同じ日記内に日本人の漢詩が劣っているとの記述があるだけに、長尾雨山の博学強記ぶりは、当時の清国人にとっても、かなりの驚きだったようだ。これより以前、学生時代の雨山は清国公使・黎庶昌も訪ねていて、筆談ながら黎庶昌を驚嘆させた逸話が残る。雨山の上海時代の活動詳細はあまりわかっていないが、教科書編集の他、雑誌への寄稿、詩会の開催、小学教員養成学校の教師等であったらしい。呉昌碩との交流や、蘭亭訪問等もこの時期に行われている。その一方で1912年ボストン美術館の監査委員に委嘱され、主に中国美術の選別に当たっている。13年呉昌碩が西泠印社の社長に就任すると、河井荃廬と共に日本人として初めて参加したことは有名である。14年に商務印書館との合弁が解消されるに及んで帰国している。帰国後は講学・著述・揮毫をもっぱらとし、書道界・中国美術界を牽引した。狩野君山、内藤湖南と共に中国学の三傑とされる。その名声に反して雨山自身にまとまった著述はほとんどなく、没後に講演を編集した『中国書画話』が最も広く知られている。　　　　　　　（伊藤忠綱）

(参考文献)　杉村邦彦『書苑行徨』(二玄社、1986年)。

長岡外史　ながおかがいし　(安政5.5.13(1858.6.23) – 1933.4.21)

陸軍中将。徳山藩(山口県)出身。

11歳で元徳山藩士の養嗣子となる。山口明倫館で学び、1875年に陸軍戸山学校に入学する。同年陸軍士官学校に移って78年に卒業した(旧2期)。同期には井口省吾・田村怡與造がいた。歩兵第13連隊付となり、83年に東条英教・藤井茂太・井口省吾・秋山好古らと共に陸軍大学校に第1期生として入学する。在学中メッケルに深く師事した。86年に卒業し、参謀本部出仕、のち第2局第1課員となる。翌年朝鮮・ウラジオストック方面の視察を行う。89年に月曜会事件に連座して歩兵第4連隊中隊長に異動した。92年第1師団参謀、近衛歩兵第4連隊付を経て、日清開戦に当たって編制された臨時混成旅団(司令官大島義昌)参謀となり仁川に上陸する。9月に第1軍(司令官山県有朋)参謀部付、11月に同兵站部参謀長、翌年5月に征清大総督府付となって6月に凱旋する。戦後は近衛連隊付、参謀本部第1局員、同第4部員となり、97年1月に兵站設置調査のために朝鮮に出張する。その後陸軍省軍務局第2軍事課長に就き、翌年威海衛と福州を視察したのち軍事課長に任じられる。99年より約3年ドイツに留学し、1902年にシベリア経由で帰国する。第9旅団長に就いたが、日露開戦に伴い04年3月に参謀本部付、4月大本営幕僚、6月参謀本部次長となった。翌年終戦後に満州視察旅行を行い、06年2月に帰国すると第2旅団長となる。08年12月に軍務局長に就任して歩兵操典改正、軍用気球研究等に従事する。10年に第13師団長に就いたときスキーの軍事的有用性を知ってその普及に努めた。在職中蔣介石が入隊し、蔣に尊敬された。13年第16師団長、翌年待命となる。15年には国民飛行会会長、18年帝国飛行協会副会長、24年に航空行政を推進する意図のもとに衆議院議員となる。

(斎藤聖二)

(参考文献) 長岡外史文書研究会『長岡外史関係文書 回顧録篇』(吉川弘文館、1989年)。

長岡護美 ながおかもりよし (天保13.9.19(1842.10.22)-1906.4.8)

政治家。熊本出身。

熊本藩主細川斉護の第6子として生まれる。明治元(1868)年、明治新政府の参与となり、同3年熊本藩大参事に就任、藩政改革を実施する。同5年から7年間にわたりアメリカ・イギリスに留学し、1880年オランダ公使に任ぜられ(ベルギー・デンマーク公使兼任)、条約改正に関わる。かねてより中国問題・アジア問題に関心が深く、この年、公使就任に先立ち、日本最初のアジア主義団体興亜会の初代会長に就任している。公使就任により一時会長職を離れたが、81年10月の帰国後、再任された。帰国後は、元老院議官、高等法院陪席裁判官を歴任したが、98年6月、貴族院議長近衛篤麿が中国問題研究のため、同文会の設立を企てるとこれに関与した。同年11月、陸羯南・池辺吉太郎らの東亜会と同文会が合併、東亜同文会が成立するとこれに参加、間もなく副会長に就任、1900年には興亜会の後身亜細亜協会の東亜同文会への合流に尽力し、同年9月、ロシアの満州侵出を懸念した近衛が「支那保全」の立場から対外硬団体国民同盟会を組織すると、これにも参加し近衛を補佐した(03年には対露同志会にも参加)。この年には、北清事変(義和団事件)の変乱を避け、光緒帝・西太后が西安に蒙塵していたが、長岡はこれを懸念、光緒帝に回鑾を促す意見書(『清国改革奏議』、名義は近衛)を近衛と共に作成した。01年5月東亜同文書院の開院式に列席すべく渡清、上海での開院式終了後、南京に両江総督劉坤一を、武昌(現武漢)に湖広総督張之洞を訪問、『清国改革奏議』を手交した。光緒帝・西太后の回鑾が早まったのはこの意見書のためとも言われている(『東亜先覚志士記伝』下)。中国人留学生の教育にも熱心で、1903年6月には留学生を対象とした東京同文書院の院長に就任した。84年に男爵、91年に子爵を授けられ、97年7月から1906年4月まで貴族院議員も務めた。

(栗田尚弥)

(参考文献) 『東亜先覚志士記伝』下、『対支回顧録』下巻、『東亜同文会史』(東亜文化研究所編、霞山会、1988年)。

中尾万三 なかおまんぞう (1882.11.30-1936.7.20)

薬学者。京都府出身。

薬舗中尾万七の長男として、京都市上京区二条烏丸東入る仁王門町に出生。京都府立一中、第三高等学校を経て、東京帝大医科大学に進み(1906年)、薬学科を主席で卒業(08年)。羽田亨は中学以来の同窓である。関東都督府中央試験所(のち満鉄に移管)の初代所長である同郷の先輩慶松勝左衛門の推薦により、同所員として大連に勤務し(08-26年)、のち所長代理(22年)。試験所を辞して東京で上海自然科学研究所の設立準備に当たり(27-29年)、同所研究員として上海に渡ったが(31年)、上海事変後、帰国(32年)。その後も年2回程度、上海を訪れた。この間、2年間のドイツ・スイス留学を挟み(12-14

年)、一貫して漢薬の成分分析と中国古陶磁の研究に従事し、『支那陶磁源流図考』(22年)や『漢書藝文志より本草衍義に至る本草書目の考察』(28年)を著した。(町　泉寿郎)

(参考文献) 中野卓・鈴木郁生『中尾万三伝』(刀水書房、1999年)。

中川健蔵 なかがわけんぞう （1875.7.16-1944.6.26)

内務官僚、第16代台湾総督。新潟県出身。

1902年に東京帝大法科大学を卒業し、文官高等試験に合格して内務省に入省。北海道庁、法制局を経て、10年に拓殖局書記官となる。13年からは東洋拓殖会社監理官を兼任した。同年から逓信書記官となり、17年に逓信省通信局長に就任。19年より休職し、満州鉄道株式会社理事を務めた。23年から香川県知事、熊本県知事、北海道庁長官、東京府知事、文部次官を歴任。32年に最後の文官総督となる、第16代台湾総督に就任した。35年の台湾中部大地震では被災地の視察を積極的に行い、また総督府始政40周年記念式典及び記念事業の台湾博覧会、総督府熱帯産業調査会等を主導した。この時、内台定期航空路を開設した縁で、39年から43年まで大日本航空株式会社総裁に就任し、中国大陸との航空路を開いている。36年に台湾総督を辞任したのち、44年まで貴族院勅撰議員を務めた。　(近藤秀行)

(参考文献) 末光欣也『日本統治時代の台湾(増訂版)』(致良出版、2007年)、秦郁彦『日本近現代人物履歴事典』(東京大学出版会、2002年)。

中川忠英 なかがわただてる （宝暦3(1753)-文政13.9(1830)）

江戸中期の旗本・文化人。通称重三郎・勘三郎。飛騨守。駿台と号す。江戸生まれ。

御書院番・中川忠易の5男に生まれる。明和4(1767)年に15歳で家督1000石を相続し、天明8(1788)年9月小普請組・松平但馬守支配組頭から目付となり、関東川々御普請御用を務める。寛政7(1795)年2月に長崎奉行に任ぜられ、同9年2月まで在勤した。次いで勘定奉行に抜擢されて関東郡代を兼ね、文化3(1806)年正月には大目付へ昇進して鉄砲改方を務める。また同4(1807)年には蝦夷地へ巡察に赴き、文政5(1822)年に御留守居となり、同8年には旗奉行(5000石)となったが、在任中の同13年9月に没した。なお、長崎奉行に在任中に唐蘭通詞の技能考査を年3回実施し、以後慣例となった。編書に『清俗紀聞』(13巻、寛政11年刊)、『長崎記』(1冊)、『舶来書目』(30巻)等の他、『公武類例』、『職掌前規録』、『御系譜略』等の著作も多い。　(松村正義)

(参考文献) 孫伯醇・村松一弥編『清俗紀聞1』(平凡社・東洋文庫、1966年)、三田村鳶魚編『未刊随筆百種』(中央公論社、1977年)、日蘭学会編『洋学史事典』(雄松堂出版、1984年)、『国史大辞典』第10巻(吉川弘文館、1989年)、『国書人名辞典』第3巻(岩波書店、1996年)。

長沢規矩也 ながさわきくや （1902.5.14-1980.12.1）

漢学者。神奈川県出身。

1926（大正15）年東京帝国大学支那文学科

卒業。安井小太郎に師事する。同年、静嘉堂文庫の典籍整理を委嘱され、文庫漢籍の詳細な書誌調査ノートを遺す。この頃、狩谷棭斎・森立之の『経籍訪古志』や島田翰の『古文旧書考』以来、書誌学の気運は新たな科学的方法で再出発した。27年北京に渡る。長沢の漢籍への鑑識眼は当時の中国学界を驚かせた。北京では傅増湘、上海では張元済に学び、周叔弢・潘宗周・陳澂中等、この頃競って一級の善本である宋・元時代の刊本（宋元版）を蒐集していた蔵書家に接し、中国の伝統的文献学を吸収した。張元済が蔣汝藻の密韻楼蔵書（現蔵中国国家図書館、多くの宋元善本を含む）を26年購入、長沢はいち早くこの目録を作製、のち、日本軍の爆撃でかなりの善本が焼失し、この目録が唯一原状をうかがう資料となった。張は空前の漢籍善本影印叢書『四部叢刊』を発刊、長沢の協力があって日本所蔵本も収載された。後年、長沢は漢籍専門の出版社「汲古書院」を設立、大部の和刻本（日本の江戸時代出版の漢籍）影印叢刊を成し遂げたのは、張に学んだものである。帰国後、日本古来の書誌学を併せて独自の科学的書誌学（版本学、長沢自身はこれを晩年、図書学と称した）を確立し、『書誌学序説』（吉川弘文館、60年）、『図解図書学』（汲古書院、74年）、等を著す。中国の文献学者が辞書・概説・工具書（年譜・索引・目録等）等を重んじる如く、長沢は『明解漢和辞典』（三省堂、59年）、『漢文学概説』（法政大学、52年）、『支那文学概観』（学友社、51年）、『支那書籍解題・書目書誌之部』（文求堂、40年）等を執筆、さらに『宋刊本刻工名表』（宋版の彫り師

の名前）等は中国的な成果で、逆に中国はこの成果に学ぶこととなる。また、中国の書誌学は、古籍の印刷史が中心で、『和漢書の印刷とその歴史』（吉川弘文館、52年）は、その学をわが国で完成させたものといえる。33年発刊の雑誌『書誌学』（1～18巻）や、『内閣文庫漢籍分類目録』（71年）の編纂等、日本の漢籍文化を中国に紹介した意義は計り知れないほど大きい。　　　　　（髙橋　智）

(参考文献)　『長澤規矩也著作集』10巻（汲古書院、1983－87年、別巻、1989年）。

中島　敦　なかじまあつし　（1909.5.5－1942.12.4）
作家。東京出身。
　祖父中島撫山は漢学塾「幸魂教舎」の創始者で、父中島田人は旧制中学の漢文教師、母のチヨは女子師範学校（現お茶の水女子大学）を卒業した小学校教員であった。中島が2歳の時に両親は離婚し、中島が5歳の時に父は女学校の裁縫教師のカツと再婚、9年後にカツが女児を出産して死去し、中島が15歳の時に幼稚園教師のコウと結婚した。1916年に父の勤務先の奈良県郡山の小学校に入学、18年と20年に父の転勤に伴い静岡県浜松と朝鮮・京城の小学校に転校した。22年朝鮮京城府公立京城府中学校に入学、同級生に湯浅克衛らがおり、25年修学旅行で南満州を旅行した。26年第一高等学校文科甲類に入学、翌年夏、大連に帰省中肋膜炎となり、満鉄病院に入院するなど1年間休学し、一高『校友会雑誌』に作品を発表した。30年東京帝国大学文学部国文学科に入学、32年大連・京城等を旅行した。33年東京帝大を卒業、横浜高等女学

校の教諭となり国語と英語を担当、36年8月上海・杭州・蘇州を旅行した。41年南洋庁内務部地方課国語編修書記となりパラオ島に赴任、翌年横浜に戻り、芥川賞候補となるが受賞作なしとの決定を受け、喘息の発作で病死した。

中島の文学は、「山月記」「弟子」「名人伝」「李陵」など漢文脈の「古譚」の作品群が、戦後から現在に至るまで高校国語教科書に採用されて、夏目漱石や芥川龍之介らと並ぶ国民文学に数えられている。また「西遊記」ものの「悟浄歎異」「悟浄出世」も人気が高い。また「D市七月叙景（一）」「ある生活」及び未完の長篇『北方行』等は同時代中国の植民地都市や北京を舞台に、日本人と中国人との間に生じる矛盾を、中国人留学生と結婚した日本女性やその混血の娘たちを登場人物として描き出している。　　（藤井省三）

（参考文献）　高橋英夫他編『中島敦全集』第1-3巻、別巻（筑摩書房、2001-02年）、川村湊『狼疾正伝　中島敦の文学と生涯』（河出書房新社、2009年）。

中島裁之 なかしまさいし　（明治2.2.30（1869.4.11）-1942.5.6）

教育家。熊本県出身。

1891年に西本願寺普通教校を卒業後、上海に渡航、翌92年にかけて清国各地を旅行した。その後、94年には日清戦争に通訳として従軍、97年には保定の蓮池書院に学び、曾国藩の高弟にして李鴻章の幕客であった、洞城派の学者、呉汝綸に師事した。翌年帰国すると張之洞の派遣した湖北留学生の教育に当たり、99年には大谷光瑞の清国巡遊に通訳として同行、1900年四川協立東文学堂の教習となるも、義和団事件の影響により百日余りにして学堂は閉鎖、翌01年3月、呉汝綸および戸部郎中の廉泉の協力を得、また劉鶚雲（鉄雲）より資金援助を受けて、「儒仏伝来の鴻恩に新文明をもって報ぜん」との意図のもとに北京東文学社を開学し、「東文」すなわち日本語を通しての新知識の教育に尽力した。学社は5年半にわたり運営され、06年に当時の直隷総督袁世凱に譲渡された。その後も各種の国際親善事業に従事した。　　（内山直樹）

（参考文献）　汪向栄『清国お雇い日本人』（朝日新聞社、1991年）、劉建雲『中国人の日本語学習史　清末の東文学堂』（学術出版会、2005年）。

中島真雄 なかじままさお　（安政6（1859）.2-1943.8.3）

ジャーナリスト。萩（山口県）出身。

広く知られている人物ではないが、日中関係を担った重要人物に数えられることもあって、例えば『五十人の新聞人』（電通、1955年）では荒尾精・根津一と並び称されているし、「民間有志の大立者として隠然たる勢力」とも言われている。伯父に三浦梧楼。18歳で上京、三浦家に引き取られる。のちの活動も軍の有力者との関係において進められることが多かった。中島が中国に渡ったのは1890年、上海で日清貿易研究所の仕事に関わりながら、中国語を学び、山根虎之助の新聞『長周報』にも参加していた。日清戦争期には『長周報』の従軍記者として山東に行ったり、陸軍通訳として台湾に渡ったりした。以

後台湾との関係も深い。同文会・東亜同文会設立の際には中心的な役割を果たしたとされる。東亜同文会福州支部長。福州では井手三郎と共に当地新聞を買収して『閩報』として刊行した。一方で中島は東文学堂という日本語学校を建て、その経営にも力を注いだ。いずれも台湾総督の資金援助を受けている。さらに1901年、北京に移った中島はそこで『順天時報』を、また05年営口で『満州日報』、06年奉天で『盛京時報』を創刊する。その他にもいくつかの新聞を刊行し、結局約30年の間に、中国語の日刊紙を3誌、日本語新聞を3誌、モンゴル語新聞を1誌刊行している。帰国後の中島が力を注いだのは東亜同文会の『対支回顧録』『続対支回顧録』の編纂である。ただし、中島自身の項目はない。こういったこともふまえて、橋川文三は中島を「一種禅味をおびた沈黙のようなものが感じられるし、自家宣伝の臭味がない。…大陸浪人風の粗大な感触が感じられない」と評している。

(久保田善丈)

(参考文献) 『橋川文三著作集』7（筑摩書房、1986年）、李相哲「営口『満州日報』と中島真雄：満州における初の日本人経営の新聞とその創刊者について」（『マス・コミュニケーション研究』43号、1993年）。

中薗英助 なかぞのえいすけ （1920.8.27－2002.4.9）
作家。本名中園英樹。福岡県出身。

父中園源一、母益代の7人姉妹に挟まれた長男として現在の北九州市に生まれるが、母の産褥熱による大患のため、6歳まで里子に出される。父は後に八幡製鉄所御用商人として八幡市で中園商会を興す。27年「山の庄屋」と称された旧家で、八女郡（現八女市）で精米所を経営していた祖父が死去、翌年父が帰郷したため、中薗も八女郡に転居した。32年尋常小学校5年生から飛び級で八女中学に入学、西洋史教員の渡辺啓助らの指導で内外の文学を読み、中4で英国の少年と文通をする。37年八女中学を卒業、父の理系旧制高校進学の強制に反抗して中国での大学入学を志すが、日中戦争勃発のため新京（現長春）で満州国経済部の下級官吏となり康和学院に通う。40年北京に移動し、詩人坂井徳三の世話で邦字紙東亜新報社に入社、文化担当記者となり、北京大学教授の銭稲孫の知遇を得て文学院聴講生となる。41年岡崎俊夫・飯塚朗らが集う北京の同人文芸誌『燕京文学』の同人となり翌年より詩や小説を発表、43年演劇青年陸柏年、作家袁犀（李克異）を知る。44年「第一回公演」で北支那文化賞を受賞、京漢打通作戦に報道班員として従軍、途中で教育召集令状を受け、数ヶ月教育訓練を受けた。45年10月貿易商の娘で大陸生まれの尾崎とせ子と結婚、46年5月東京に引き揚げ、新聞社勤務を経て50年フリーライターとなり、57年第1作品集『彷徨のとき』を刊行。日本最初の国際スパイ小説『密書』（61年）等を書く一方、66－74年アジア・アフリカ作家会議に参加した。さらに魯迅と同世代の日中混血の詩人を描いた『桜の橋―詩僧蘇曼殊と辛亥革命―』（77年）、「赤狩り」で自殺に追い込まれたアメリカ人外交官にして日本学者でもあるハーバート・ノーマンの悲劇的生涯を描いた『オリンポスの柱の蔭に』（85年）、日中戦

争期の大流行歌の作曲家の悲劇的な運命をたどる『何日君再来物語』(88年)等の歴史小説も発表している。

中薗英助一生のテーマは、越境者として歴史を語ることであった。友人陸柏年は日本占領下の北京から消える前に、王府井・東安市場2階のコーヒー店で、中薗にこう問いかけたという――きみは、人類という立場に立てますか？　この問いに対し、中薗が生涯を掛けて答えたものが、戦時下北京の鬱屈した自らの青春を描いた自伝的小説『夜よシンバルをうち鳴らせ』(67年)、戦後41年ぶりの北京再訪体験をもとに5年間書き続け書き改めた全10作の連作小説集で読売文学賞受賞作の『北京飯店旧館にて』(92年)、及びその続編である『帰燕』(96年)等であったのだろう。

（藤井省三）

（参考文献）　中薗英助『北京飯店旧館にて』（講談社文芸文庫、2007年）、同『鳥居龍蔵伝』（岩波現代文庫、2005年）、立石伯『北京の光芒・中薗英助の世界』（オリジン出版センター、1998年）。

中田敬義　なかだたかのり　(安政5.6.22(1858.8.1)－1943.10.21)

外交官。金沢（石川県）出身。

1876年3月の在清国公使館（北京）付3等書記生見習を振り出しに、80年9月に御用掛に昇格。帰国後は朝鮮関係の事務を担当し、84年6月に外務書記生、86年3月に交際官試補、次いで88年12月には公使館書記官として在英国公使館に勤務。次いで90年10月には外務書記官となり、91年8月から96年3月まで秘書課長を務める。その在任中、日清戦争を終結させる下関講和会議（95年3月）に参加し、同講和会議後の同年10月に政務局長に任ぜられ、外務大臣秘書官を兼任した。陸奥宗光外相からの信任が厚く、日清戦争とその直後の露独仏三国干渉の顚末について公式に記録した同外相の回顧録『蹇蹇録』は、中田が同外相の起稿をすべて手助けしたと言われる。98年10月に退官し、1943（昭和18）年に死去。

（松村正義）

（参考文献）　中田敬義述『日清戦争ノ前後』（外務省調査部、1938年）、中田敬義述『故陸奥伯ノ追憶』（外務省調査部、1939年）、中塚明『「蹇蹇録」の世界』（みすず書房、1992年）。

永田鉄山　ながたてつざん　(1884.1.14－1935.8.12)

陸軍中将、統制派の代表的人物。長野県上諏訪（諏訪市）生まれ。陸軍士官学校・陸軍大学校を優秀な成績で卒業、1921年、スイス公使館付武官の時、岡村寧次・小畑敏四郎と陸軍の革新を誓った。30年、宇垣一成陸相のもとで陸軍省軍務局軍事課長に就任、総力戦に備えた総動員体制構築の準備を進めた。満蒙・華北等の権益を確保するためには武力行使を辞さない考えで、石原莞爾と共通するものがあり、満州事変後の石原の行動を支持した。ただ、その実現方法は軍部の独走ではなく、合法的・漸次的に政府や国民の理解を得て進めるというもので、南次郎陸相のもとで作成した「満州問題解決方策の大綱」も、その趣旨のものであった。旅団長を経て31年少将、参謀本部第2部長、34年林銑十郎陸相のもとで陸軍省軍務局長となり、出先陸軍に対

する軍中央・陸軍省の統制強化に努力した。同年、矢次一夫と国策研究同志会を結成、合法的に広義国防国家実現を求め「綜合国策大綱」にまとめた。青年時代から未来の陸相候補と目され、政・財界に知己が多く、将来が期待されていたが、皇道派の真崎甚三郎教育総監罷免の元凶と目され、相沢三郎中佐に陸軍省内で斬殺された。同日付で中将に進級。

(久保田文次)

(参考文献) 永田鉄山刊行会編『秘録永田鉄山』(芙蓉書房、1972年)、川田稔『浜口雄幸と永田鉄山』(講談社、2007年)、森靖夫『日本陸軍と日中戦争への道：軍事統制システムをめぐる攻防』(ミネルヴァ書房、2010年)。

中西伊之助 なかにしいのすけ (1887.2.8 − 1958.9.1)

プロレタリア作家、社会運動家。京都府出身。

少年時代から陸軍宇治火薬製造所等で働きながら苦学。朝鮮で新聞記者をしていた時、藤田組による鉱山労働者の虐待を記事にして投獄され、後にこの時の体験をもとに書いた『赭土に芽ぐむもの』で文壇デビュー。社会運動、反戦運動に参加し、36年、加藤勘十・鈴木茂三郎らが結成した労農無産協議会(労協)に加わる。この間、34年に出した小説『満州』は満州問題について同地の金融資本の利益とは対蹠的な立場に立って戦争の本質を批判しており、ベストセラーとなった。中西は満州や台湾について評論も書いており、34年には『支那・満州・朝鮮 随筆』(実践社)を、37年には『台湾見聞記』(同)を出版した。しかし、37年12月、人民戦線事件で検挙され、懲役1年、執行猶予3年の判決を受けた。45年終戦と同時に人民文化同盟を結成し、同年12月からその機関誌『人民戦線』を発行した(49年7月休刊)。　(石井 明)

(参考文献) 中西伊之助『満州』(リバイバル〈外地〉文学選集4、大空社、1998年、1934年刊の復刻)、垂水千恵「中西伊之助と楊逵―日本人作家が植民地台湾で見たもの―」(横浜国立大学留学生センター編『国際日本学入門　トランスナショナルへの12章』2009年)。

中西重太郎 なかにししげたろう (1875.6.25 − 1914.7.18)

教育者。長崎県出身。

1890年日清貿易研究所に入学、主に中国語の研修に励むも、経済的事情により92年に退学。その後しばらく上海に留まり語学研修に努める。日清戦争が勃発すると日本陸軍第1軍に加わり各地を転戦、95年に帰国した。帰国後、東京専門学校(現早稲田大学)に入学、99年7月英文科を卒業している。折しも戊戌政変により康有為・梁啓超等が日本に亡命、清朝政府の逐客令(国外追放令)により、康有為がカナダに渡ることになるや、通訳としてハワイまで同行した。99年11月東京同文書院が開校すると同校の留学生監督に就任、さらに1901年福州東文学堂総教習岡田謙次郎が病に倒れると、その後を襲って総教習及び学生監督に就任した。03年病気を理由に同学堂を退職、05年山口高等商業学校の中国語教員となるも07年に退職、その後病気療養に努めた。

(蔭山雅博)

なかにしつとむ

(参考文献) 『梁啓超年譜長編』第1巻（丁文江・趙豊田編、島田虔次編訳、岩波書店、2004年）、中西重太郎「福建片信」（『東亜同文会報告』第19回、1901年）、中西重太郎「福建の近況」（『東亜同文会報告』第22回、1901年）、宮崎滔天『三十三年の夢』（岩波書店、1993年）。

中西　功 なかにし つとむ （1910.9.18 – 1973.8.18）

日本共産党指導者、現代中国研究家。三重県出身。

1929年、県費留学生として上海の東亜同文書院入学。30年同書院の学園民主化闘争に参加。中国共産主義青年団に参加。日支闘争同盟の活動に関与した嫌疑で同年12月検挙。10日ほどで釈放されるが、書院を停学処分。31年3月書院に復帰。32年、反戦運動の一環として学生の帰国運動に参加し、東京に戻る。プロレタリア科学研究所の中国問題研究会のアジトに落着く。日本の共産主義青年団に転籍。同年4月、同研究所への弾圧により逮捕（同年5月釈放）。留置場の中から書院に退学願いを出す。34年、尾崎秀実の紹介で満鉄に入社し、大連の満鉄本社総務部資料課調査係に配属される。中国東北在住の東亜同文書院の旧同志との連絡が取れる。36年満鉄天津事務所に移り、37年大連本社産業部東亜経済調査係に移り、38年満鉄上海事務所に移る。上海で西里竜夫と連絡し、中国共産党との連絡を回復。39年、満鉄調査部支那抗戦力調査委員会が設置され、中国農村の調査に従事。42年6月上海で逮捕され、東京に護送。44年8月から12月にかけ獄中で、中国民族とその党から学んだことを後世の人々に残す必要を痛感して『中国共産党史』を執筆。45年9月無期懲役の判決が下されたが、同年10月政治犯釈放命令で釈放。46年1月中国研究所設立に参加。46年6月日本共産党に入党。47年第1回参議院議員選挙で日本共産党公認として立候補し当選（50年辞任）。58年より同党神奈川県委員長（62年まで）。

中国で文化大革命が起きると、『世界』67年5月号に石田元のペンネームで「中国革命と今日の毛沢東思想」を発表したのを手始めとして厳しい批判の論陣を張った。69年には青木書店より『中国革命と毛沢東思想―中国革命史の再検討―』を出版。日中出版から出された月刊『中国研究』誌上に、大村達夫のペンネームで中国の内外政策に関する分析論文を次々に発表した。　　　（石井　明）

(参考文献) 中西功『中国革命の嵐の中で』（青木書店、1974年）、同『現代中国の政治』（青木書店、1974年）。

中西正樹 なかにし まさき （安政4.12.12(1858.1.26) – 1922.1.10)

中国語通訳、探検家、大陸浪人。岩村藩（岐阜県）出身。

岩村藩士柳沢氏の子として生まれ、のち中西氏の養子となる。幼時、藩校で漢学を修める。維新後、養父母と共に静岡県で帰農。1879年上京し、小学校教員を務めるかたわら、中国語を習う。83年初めて天津に行く。85年外務省留学生に採用され北京公使館に赴き中国語を学ぶ。留学中、天津の楽善堂の売薬を行商して、貴州・雲南まで足を伸ばす。その後も中国各地を実地踏査。その経験を買われて、

宗方小太郎から荒尾精の紹介を受け、日清貿易研究所の創設に関わる。日清戦争では軍に随伴して観戦。戦争後、台湾接収の任にあった福島安正に従って渡台し、淡水支庁の書記官となる。99年近衛篤麿と知り合い、のち東亜同文会の結成に関わる。この間、『順天時報』『盛京時報』『済南日報』等に関係しつつ、国権論の立場に拠って、大陸で活動。病を得て大分県別府で静養中、死去。神奈川県鶴見の総持寺に葬られる。　　　（松本武彦）

　（参考文献）　『対支回顧録』下、『東亜先覚志士記伝』下、中下正治『新聞にみる日中関係史―中国の日本人経営紙―』(研文出版、1996年)。

長野　朗 ながの あきら　（1888.4.3－1975）
　中国問題研究者、農本主義の活動家。福岡県出身。
　陸軍士官学校卒業、辛亥革命時中国に派遣。1921年大尉で待命。中央新聞社等で活動。大川周明の行地社に参加、橘孝三郎と農本連盟、自治農民協議会を結成、権藤成卿の自治学を継承。第2次大戦後公職追放となったが、53年には全国郷村会議委員長となる。『華僑』・『現代支那全集』5冊、『最近ノ支那共産運動』・『現代支那の諸問題』『昭和農民総決起録』等膨大な著述がある。ほとんどが、農本主義の見地から書かれている。孫文の三民主義に一定の理解を示すが、梁漱溟の「郷村建設」論に期待した。　　　（久保田文次）

　（参考文献）　岩崎正弥『農本思想の社会史：生活と国体の交錯』(京都大学出版会、1997年)、西谷紀子「長野朗の中国革命観と社会認識」(『大東法政論集』9、2001年)、同「長野朗の一九二〇年代における中国認識」(『大東法政論集』11、2003年)。

永野修身 ながの おさみ　（1880.6.15－1947.1.5）
　海軍軍人。高知県出身。
　海南中学を卒業後、海軍兵学校（28期）に進む。同期には、左近司政三、山本五十六を航空畑に引き込んだ上田良武らがいる。日露戦争では第1艦隊司令部付となり、海軍重砲隊に入って戦った。203高地を奪取すると、同高地から重砲隊に電信で照準を指示し、湾内の露艦を次々撃沈した。戦役後、巡洋艦「厳島」の砲術長になり、「松島」と共に練習航海に出たが、「松島」が台湾馬公で爆発事故を起こした際、沈着冷静に救助作業を行い、評価を高めた。1913年から米ハーバード大学で英語等を学び、20年から米大使館付武官になった。25年、上海を根拠地とする第1遣外艦隊司令官となり、警備活動に従事した。第1次大戦のために欧米列強の存在感が薄れた時期でもあり、海軍にとってやりやすい時期であった。太平洋戦争開戦時の軍令部総長となり、全海軍部隊の指揮を取る立場にあったため、敗戦後A級戦犯として拘置されたが、その間に死亡した。　　　（田中宏己）

中野熊五郎 なかの くまごろう　（慶応3(1867)－1917.3.3）
　大陸浪人、通訳。佐賀出身。
　本姓は牟田氏だったが、後に中野姓を名乗る。年少時に佐賀の干城学校に学び、1884年に上海へ渡航して東洋学館に入った。資性敢然として頗る学才に長じ、同学館の同窓中で

も異彩を放つ俊才と言われ、支那（中国）経略の雄志に燃えていた。ベトナムの支配権をめぐる清仏戦争（83-85年）に際しては、福州駐在の小沢豁郎中尉を中心とした挙兵の謀議に参加したが、挫折して上海楽善堂に入る。英仏中の語学に巧みだった彼は、税関関係の事務を掌握し、店主の岸田吟香を助けてその信任を得た。日清戦争（94-95年）が起こるや、上海に踏み留まって清国の機密情報を日本軍当局にもたらしたばかりでなく、戦局の進展に伴い陸軍通訳となって遼東の戦線に従軍もした。平和回復後は、日本銀行に入って台湾に赴任したが、留まること数年で再び上海に渡航し、石炭販売業に携わる実業人となった。しかしその経営が思うように振るわず、加齢と共に性格も一変して温厚謙虚な人物となり、上海に在留すること前後30年近く、1917年に死去した。　　　　　　　　　（松村正義）

(参考文献) 『東亜先覚志士記伝』下。

中野江漢 なかのこうかん （1889.4.13-1950.2.20）

新聞記者、中国民俗研究者。本名吉三郎。福岡県出身。

1906年清国・漢口に渡り、翌年玄洋社に入社。漢口では佐藤胆斎の私塾である新民学社で学び、後に黎元洪の機関紙『新民』の編集に携わる。15年黎の北上と共に、活動の場を北京に移す。16年10月北京連合通信社を設立、中国各地の日本語新聞社や日本の新聞社に通信を送った。19年4月に天津にある京津日日新聞社に入社し、北京支局主任を務めた。22年8月、中国の学術や思想、風俗はじめ一般社会に関する事柄を具体的に研究することを目的として、「支那風物研究会」を設立し支那風物叢書を発刊。23年新聞社を退社して自立、中国研究に専心する道を選ぶ。翌24年研究会報『支那風物』を刊行、支那風物叢書と共に断続的ながら28年まで続刊した。29年東京に活動の拠点を移し、33年「支那風物研究会」を「支那満蒙研究会」と改称、『支那と満蒙』、『江漢雑誌』を刊行した。40年興亜医学専門学校教授、44年から45年まで中華民国国立北京師範大学特別教授を務めた。主な著作に支那風物叢書の『北京繁盛記』（第1-3巻、22年、25年）、『支那の社会』（25年）等がある。　　　　　　　　　（武井義和）

(参考文献) 中野江漢著、中野達編『北京繁盛記』（東方書店、1993年）。

中野二郎 なかのじろう （元治1（1864）-1927.2.14）

ジャーナリスト・実業家。号天門。会津若松（福島県）出身。

会津藩士中野喜通の次男として会津若松に生まれる。1879年に上京し、東京師範学校速成科に入学。84年に柴四朗の紹介により上海の東洋学館に学び、のちに福州において哥老会と小沢豁郎中尉が提携した政治運動に参加した。90年以降は活動の舞台を国内に移し、帰郷後に『会津』を創刊し、92年に札幌の北門新聞社の記者となり、94年に社長に就任した。この他語学教育にも力を入れ、1898～1900年に北海露清語学校を経営した。ところが義和団事件が勃発すると再び中国に赴き、天津に軍事物資供給の会社を設立し、また日露戦時には安東において運輸業に従事した。さら

に1905年、間島の天宝山銀山の採掘権を獲得し、程光弟と合弁で経営した。ところが吉林巡撫が経営に圧力をかけ、これが外交問題に発展すると、島川毅三郎吉林領事は巡撫と折衝を繰り返した。15年に飯田延太郎に経営を譲渡するが、それ以前に江西省へ移り再び鉱山開発に従事した。　　　　　　（白田拓郎）

（参考文献） 露国大蔵省編、中野二郎・県文夫訳『満州通志』（東亜同文会、1907年）、金静美『中国東北部における抗日朝鮮・中国民衆史序説』（現代企画室、1992年）。

中野徳治郎 なかのとくじろう （安政4.12.11(1858.1.25)－1918.6.10)

実業家。中国革命家への支援者。筑前（福岡県）出身。

幼時から才知にすぐれ、15歳で炭鉱業の将来に着目して自ら香月・天竺・小富士・立目その他の炭鉱に入って働き、その業界について深い経験や知識を養った。やがて独立して炭坑の経営に着手し、相田・亀山・熊田・松島の諸炭坑や岐阜県の天生金山及び愛媛県の伊予銅山等を手中に収めて、ついに斯界に雄飛した。他方、早くから東アジアの時局を憂いて同憂の志士と往来し時事を談じ、自ら資金を投じてその活動を援助し、中国革命の志士らが日本に亡命してきた際にはしばしば多額の金銭を支出して彼らを庇護した。また玄洋社の志士らとも肝胆相照して交遊し、直接・間接に当時の東アジア問題に寄与したことは否定し難い。なお、1906年に推されて衆議院議員となったが、議会解散後は再び出馬せず、炭鉱・森林・電気・鉄道・銀行等もっぱら九州産業界に創立者・社長または重役等の重鎮として活動した。　　　（松村正義）

（参考文献）『東亜先覚志士記伝』下、衆議院・参議院編『議会制度百年史　衆議院議員名鑑』（1990年）、芳賀登他編『日本人物情報大系』第25巻・第30巻（皓星社、2000年）。

中野正剛 なかのまさかた （1886.2.12－1943.10.27)

政治家。通称せいごう。号耕堂。福岡県出身。

早稲田大学在学中、留学生の林長民・丁鑑修らと交わる。また中国同盟会の民報社で、亡命中の黄興らに会い中国革命に共感、雑誌『日本及日本人』に「清国憲政問題今後の予想」（506号）等を発表した。1911年辛亥革命が起こると、東京朝日新聞特派員として頭山満らの一行と中国へ渡り、黄興や孫文と面会。3週間にわたる中国での見聞を『東京朝日新聞』に「戎蛮馬」の筆名で報じた。15年渡欧、その旅中、譚人鳳の亡命を助ける。同年『我が観たる満鮮』を出版。翌16年大阪朝日新聞社退社後は『東方時論』で論説を発表。17年『世界政策と極東政策』出版。18年3月から6月にかけて『東方時論』主筆として中国を視察、岑春煊・鄭孝胥・馮国璋・段祺瑞らと会談した。同年『東方時論』特派員としてパリ講和会議に随行し日本全権団の対応に憤慨、「極東モンロー主義」の立場から日中の協力による欧米列国の利権回収を提起する一方で、王正廷ら中国代表の山東還付要求は拒否した。20年衆議院議員に当選。25年8月から11月にかけ、シベリア・満州・華北を旅行、北京では憲法起草委員倶楽部で黄郛や林長民らの歓

迎を受け、「軽工業対支委譲論」を中心に日中間の関税同盟締結等について演説。その後包頭鎮で、殷汝耕の通訳により馮玉祥と会談した。26年4月『中野正剛対露支論策集』出版。張作霖爆殺事件への対応をはじめ、田中義一内閣の対中国政策を議会内外で厳しく追及。爆殺事件後の張学良の国民政府への合流を「現代的大勢」として評価する一方で、国民政府の国権回復運動には強く反発し、満州における既得権益について譲歩することはなかった。そのため満州事変が起こると中国の満蒙侵略への対抗として正当化し、満州国の即時承認を主張した。また、日本・朝鮮・満州に中国をも加えた経済ブロックを形成し、欧米ブロックに対抗する「大アジアモンロー主義」を唱え、満州国に「搾取なき国家」の建設を夢見たが、軍人と官僚が支配するその実情に次第に幻滅していった。

1936年1月南京で蒋介石と単独会見し、華北における摩擦を防ぐためにも、攻守同盟と経済的融合による日中間の全面的融合を説き、帰国後、広田弘毅外相に蒋介石との直接会談を進言した。37年7月の日中戦争の勃発を「資本の誘惑によって欧米的外来勢力の傀儡」となった中国への「一撃」として正当化し、この戦争に勝つことが中国から欧米勢力を一掃し、「日本的東亜共存原理」に基づく日中間の根本的融合を実現可能にするとした。同年11月『日本は支那を如何にする』出版。だが戦争が「一撃」で終らずに長期化の様相を呈してきたため、ドイツとイタリアの調停を期待し37年11月渡欧、12月にムッソリーニ、翌38年2月にヒトラーと会見した。帰国後、広東・海南島への軍事行動を主張。39年3月日中問題解決をめざして中国へ行き、上海で演説会等を開催。翌40年日独伊三国同盟締結を主張すると共に、仏印・蘭印占領を唱えた。41年3月東方会を再建し、5月両国国技館で国民大会を開催、日中戦争の性格を「大東亜解放の聖戦」へと変えなければならないと訴えた。同年12月の太平洋戦争開戦後は、日中戦争の原因は発展的に解消されたと論じた。

(望月雅士)

(参考文献) 猪俣敬太郎『中野正剛の生涯』(黎明書房、1964年)、中野泰雄『政治家中野正剛』上下(新光閣書店、1971年)。

中浜万次郎 なかはままんじろう (文政10.1.1 (1827.1.27) – 1898.11.12)

幕末明治期の漁民、漂流者、土佐藩士、幕臣。教師。土佐(高知県)出身。

天保12 (1841) 年出漁し無人の鳥島に漂着、米捕鯨船に救われホノルルから太平洋で捕鯨後、米国で学校教育を受ける。1846年捕鯨に出て49年大西洋岸フェアヘブン帰着。50年カリフォルニア金山で稼ぎ、ホノルルを出帆、51年琉球上陸、のち高知の教授館に出仕。嘉永6 (1853) 年老中阿部正弘により江戸に召され、普請役格で江川英竜手附、幕府直参。西洋型帆船を建造。軍艦教授所教授。安政7 (1860) 年遣米使節随伴艦咸臨丸で渡航。小笠原開拓調査に出張。元治1 (1864) 年鹿児島の開成所教授、慶応2 (1866) 年高知の開成館に赴任、8月後藤象二郎らと長崎から米船で上海に渡り滞在数日、外商と土佐藩の汽船・帆船各1隻購入契約。10月上海に蘭船で

再渡(後藤は不参)、アスターハウス泊。造船所に通い汽船建造を監督、曲独楽の松井源水一行が来る。滞在17・8日で長崎帰着。上海で買った船数隻はみな長崎で受領。明治2(1869)年開成学校教授。同3年普仏戦争観戦の大山巌らと渡欧した。 (安岡昭男)

(参考文献) 中浜東一郎『中浜万次郎傳』(冨山房、1936年)、中浜博『中浜万次郎』(冨山房インターナショナル、2005年)、川澄哲夫編著『中浜万次郎集成』(小学館、1990年)。

中林梧竹 なかばやしごちく (文政10.4.19(1827.5.13)－1913.8.4)

書道家。名は隆経、通称彦四郎、字は子達、別号に剣書閣主人等。小城町(佐賀県)出身。

山内香雪、市河米庵に書道を学んだ。長崎滞在中であった商人林雲逵を訪ねて清朝書道界の趨勢を質問したことがきっかけとなり、1882年清朝駐箚領事館初代正理事であった余瓈(元眉)の帰国とともに渡清。まず李鴻章に紹介され、さらに余瓈の師である北京の潘存を訪ね、長鋒筆の使用と中国的な立ち書き法を勧められている。この時、梧竹が使用していた手籠には、交流のあった中国人の名箋が貼ってあり、李鴻章・潘存・余瓈・関朝宗・羅永祺・何如璋・鄭藉琛・唐廷枢・羅星桓・沈鐸・何寿康・黎如謙・景廉・梁丙森・郭嵩岡等の名が認められる。さらに71歳の時にも2度目の渡清をし、北京大学の扁額を揮毫し、李鴻章の印も手掛けた。副島種臣(蒼海)らの力添えで、銀座2丁目伊勢幸の2階に僑居して銀座の書聖と言われた。

(伊藤忠綱)

(参考文献) 中村梧竹『梧竹堂書話』(晩翠軒、1931年)、佐々木梧覚『中国人より見た書聖中林梧竹の書評と人物像』(立川文明堂)。

那珂通世 なかみちよ (嘉永4.1.6(1851.2.6)－1908.3.2)

東洋史学者。盛岡(岩手県)出身。

もと藤村姓。南部藩藩校教授・江帾通高の養子となり、国学・漢学を学ぶ。のち養父の改姓に従って那珂姓を名乗る。明治5(1872)年、上京して慶応義塾に入学。卒業後、千葉師範学校長・第一高等中学校教授・高等師範学校教授・東京帝大文科大学講師等を歴任。1888年から90年かけて、『支那通史』5冊を刊行。この書について、J・A・フォーゲルは「近代的な中国通史としては世界最初のもの」で、「客観的に歴史事実を述べる点では欧米の研究法から影響を受け、漢文で書かれた点では漢学の伝統を踏襲していた」(『内藤湖南』)と述べているが、的確な評価と言えよう。中国でも羅振玉によって翻刻され好評を博した。ただ、『支那通史』は、宋末で終わっている。那珂によれば、正史の『元史』が杜撰なため、元史の根本的な研究をする必要があるので、宋末で止めたのだという。その後、那珂は独学でドイツ語・ロシア語を学びながら、メレンドルフ『満州語文典』やシュミット『蒙古語文典』・『蒙・独・露辞典』を読み、蒙古の『古事記』と言われる『元朝秘史』の日本語訳に挑戦した。この『元朝秘史』は、漢字音訳蒙古文・各語毎の漢字逐語傍訓・漢字俗語意訳からなっており、これらを総合的に勘案しながら原語を復元し

日本語に翻訳するという気の遠くなるような作業を経て、ほぼ3年にして完成した。これが、『成吉思汗実録』である。この他、那珂の業績として欠かせないのが、1894年、中等学校の科目である外国史を西洋史と東洋史に2分すべきことを提唱したことである。ちょうど、日清戦争の開戦の時期に当たり、ナショナリズムの高揚を背景に、この提言は受け入れられ、東洋史は中等学校の科目となった。ただ、アカデミズムの世界で、東洋史の名称が定着するのは、1910年に東京帝国大学文科大学において支那史学科が東洋史学科と改称されてからである。　　　　　　　（相田 洋）

（**参考文献**）　田中正美「那珂通世」（江上波夫編『東洋学の系譜』大修館書店、1992年）。

中牟田倉之助 なかむたくらのすけ （天保8.2.24
(1837.3.30)－1906.3.30)

創成期の海軍軍人（中将）。佐賀出身。

佐賀藩士金丸文雅の次男として佐賀城下に生まれ、嘉永1（1848）年、母石子の中牟田氏を継ぐ。実父の寺小屋と藩学蒙養舎に学び、弘道館に進み、藩命で蘭学寮に入り、さらに幕府の長崎海軍伝習所に入る。卒業後、藩の三津浜海軍学寮で主として航海術を教える。文久1（1861）年、藩命で長崎に赴き、英語を学ぶ。要は藩の方針によって海軍技術者として養成されたのである。遣欧使節団に加わる準備をしたが、行員削減のため選に漏れた。翌2年、幕府の千歳丸の上海派遣に従者の名目で随行、主として欧米人と交わり、船や火砲の技術摂取に努めるほか、中国の現実や貿易の必要性を認識、太平天国関係文献を精力的に筆写した。『上海行日記』のほか、幕府役人の対中交渉文書を筆写し、海図や税関規則書等を購入している。

明治2（1869）年、維新戦争に参加、朝陽丸船将として函館の幕軍と戦い、朝陽は沈没、負傷する。3年海軍中佐。以後、海軍兵学寮の兵学頭、横須賀造船所長、横須賀、呉の鎮守府長官、海軍大学長、参謀部長等を歴任、創成期の海軍の充実に務めた。78年海軍中将、84年子爵。93年軍令部長。94年7月17日、日清戦争前夜、突如、軍令部長を解任され、枢密院顧問官に任ぜられる。時の海軍大臣西郷従道のもとで海軍官房主事を務めた山本権兵衛海軍大佐（当時）の回想に、この人事に薩摩藩閥の関与をうかがわせる記述がある。本人は終生、この件に触れることはなかった。

（春名 徹）

（**参考文献**）　春名徹「中牟田倉之助の上海体験」（『国学院大学紀要』35巻、1997年）、同「中牟田倉之助の上海体験再考」（『国学院大学紀要』39巻、2001年）、中村孝也『子爵中牟田倉之助伝』（中牟田武信刊、1919年）、「山本伯実歴談海軍参考資料」（海軍省大臣官房編『山本権兵衛と海軍』原書房、1966年）。

中村孝太郎 なかむらこうたろう （1881.8.28－1947.8.29)

陸軍軍人。石川県出身。

金沢中学を経て1897年9月に中央幼年学校入校、1900年卒業。01年に陸軍士官学校卒。少尉任官後歩兵36連隊付として日露戦争に出征し、帰国後06年に陸大入学、09年卒。卒業後は参謀本部付。第1次世界大戦には第1師

団兵站参謀として出征した。参謀本部員と部隊勤務を繰り返しながら昇進を重ね、昭和期には朝鮮軍参謀長、陸軍省人事局長、支那駐屯軍司令官等を歴任した。教育総監部本部長時には2・26事件が発生、殺害された渡辺錠太郎教育総監の代理を務めた。林銑十郎内閣では陸軍大臣を務めた。これは陸軍大臣に板垣征四郎を据えようとする石原莞爾らと、それに反対し杉山元を据えようとする梅津美治郎らの対立の結果と言われる。しかし中村は病気のため就任1週間で辞任した。その後は東部防衛軍司令官、朝鮮軍司令官、東部軍司令官等を歴任して43年5月に予備役に編入された。 （中野弘喜）

（参考文献） 秦郁彦編『日本陸海軍総合事典』（東京大学出版会、1998年）。

中村　覚 なかむら さとる （嘉永7.1.23(1854.2.20) – 1925.1.29)

陸軍大将。彦根藩（滋賀県）出身。

教導団、陸軍士官学校を卒業し、西南戦争に出征。参謀本部員、歩兵連隊大隊長、陸大教官等を歴任しつつ、東宮武官・侍従武官として明治天皇に仕える。日清戦後は東部都督部参謀長、台湾総督府陸軍幕僚参謀長、歩兵第2旅団長等を経て日露戦争に出征。旅順攻囲戦で白襷隊を指揮し勇名を馳せる。日露戦後は侍従武官長を長く務めたのち、東京衛戍総督を経て関東都督となる。中村の関東都督時代は袁世凱の帝制問題や第2次満蒙独立運動が発生していた時期に当たっており、袁の統治能力に不安を持ちつつも不用意な干渉を避けたい本国政府と、宗社党等満蒙独立勢力を援助しようとする参謀本部・川島浪速ら現地派遣将校との間で中村は微妙な立場に立たされた。1917年には軍事参議官となり、19年に予備役編入。25年に歿した。 （中野弘喜）

（参考文献） 『東亜先覚志士記伝』下、北岡伸一『日本陸軍と大陸政策』（東京大学出版会、1978年）。

中村震太郎 なかむら しんたろう （1897.7.4 – 1931.6.26)

陸軍軍人。新潟県出身。

陸軍士官学校第31期卒。陸軍大学校第40期卒。参謀本部付（兵站部）勤務を経て参謀本部員となり、1931年5月、兵要地誌調査のため、東部内蒙古・興安嶺方面への出張を命ぜられる。昂々渓で旅館業を営む予備役曹長・井関延太郎を道案内とし、ロシア人・モンゴル人各1名の通訳を従えて、中国官憲の発行した許可証を所持して任務遂行中、蘇鄂公爺府で現地駐屯の屯墾軍第3団長・関玉衡によって殺害された。関の愛人（日本人・植松菊子）から間接的にもたらされた情報で外務省と陸軍の知るところとなり、日本側は張学良政権に強く抗議した。中村大尉殺害事件は、翌月の万宝山事件と共に、武力で満蒙問題を解決すべしという日本の輿論を勢いづかせた。8月23日に公表され、中村も少将に進級したが、日本政府と張政権との和解には至らず、9月18日に柳条湖事件（満州事変）が勃発した。 （澁谷由里）

（参考文献） 『対支回顧録』下、『東亜先覚志士記伝』下。

中村豊一 なかむら とよいち （1895.8.13 – 1971.4.23）

外交官。大阪府出身。

1920年外交官試験合格、翌年東京帝国大学卒。済南・奉天等に在勤したのち、福州総領事を経て、日中戦争開始後の37年12月香港総領事に就任。38年6月下旬、行政院長孔祥熙の秘書で香港在住の喬輔三が、日中和平の可能性を打診するため中村に接触してきた。中村は喬との会談を何度か重ねたのち、蒋介石を相手とする早期和平を訴える長文の意見書を執筆し、外相（宇垣一成）から直接指示を仰ぐため一時帰国した。宇垣外相は国民政府との和平には積極的に応じようとしたが、その場合の必須の条件として蒋の下野を求めた。また、この工作は同じ頃密かに来日した高宗武（前外交部亜州司長）を通じる工作（のちの汪兆銘工作）と競合することになった。8月中旬、中村は香港に戻り喬との会談を再開したが、蒋下野の条件がネックとなって交渉は進展せず、9月末の宇垣の突然の辞職により、この和平工作（宇垣・孔祥熙工作）は打ち切られた。41年、駐南京中国大使館参事官となり、のち同公使。　　　　（戸部良一）

（参考文献） 戸部良一『ピース・フィーラー―支那事変和平工作の群像―』（論創社、1991年）。

中村雄次郎 なかむら ゆうじろう （嘉永5.2.28（1852.3.18）– 1928.10.20）

陸軍中将。紀州藩領の伊勢（三重県）出身。

フランスに留学ののち、1874（明治7）年に陸軍中尉に任官、02年陸軍中将まで進級したのち、陸軍次官で予備役に編入され、八幡製鉄所長官に就任した。中国の盛宣懐と交渉し、漢冶萍公司との提携を進めた。07年には男爵を授爵している。大隈内閣が成立すると、山本内閣時に送り込まれた野村龍太郎に代わって満鉄総裁に就任した。17年には満鉄の総裁制を廃して理事長を置き、自身は現役に復帰して関東都督に就任、満鉄の業務を管理し、満州経営体制の統一を図った。中村の総裁・都督時代には、多大な埋蔵量がありながらも、品質の面で課題があった鞍山の鉄鉱採掘を開始、巨額を投じて鞍山製鉄所を設立し（18年）、また、13年の満蒙五鉄道契約のうち最も重要視され、長年の懸案であった四鄭線の建設（18年より営業）等の諸事業に着手している。19年の関東都督府廃止（関東庁及び関東軍設置）と共に辞職し、その後、宮内大臣に就任するも、宮中某重大事件に巻き込まれ、20年に辞職した。それより28年まで枢密院顧問官を務めた。　　　（北野　剛）

（参考文献） 石井満『中村雄次郎伝』（中村雄次郎伝記刊行会、1943年）。

中村是公 なかむら よしこと （慶応3.11.25（1867.12.20）– 1927.3.1）

満鉄総裁、東京市長。広島県出身。

第一高等中学校（のちの一高）から東京帝国大学法科大学卒。同期に夏目漱石がいる。大蔵省入省。秋田県収税長から台湾総督府へ赴任、総務局長となり、旧慣調査事業や土地調査事業の現場の指揮を執る。1906年満鉄が誕生し後藤新平が総裁に就任すると、副総裁として後藤を支える。後藤が2年足らずで満鉄を去ると、その後を継いで第2代満鉄総裁

に就任。その後5年間満鉄総裁を務め、後藤・中村コンビで満鉄の複線工事等を実施、同社の基礎を作る。しかし12年12月立憲政友会の圧力により辞任。17年終身の貴族院議員に勅撰され、鉄道院副総裁に任ぜられる。18年鉄道院総裁、24年10月には、後藤の推薦で東京市長に就任するが、26年の市会議員選挙で憲政会が圧勝したのを機に辞職。　（小林英夫）

〔参考文献〕 青柳達雄『満鉄総裁中村是公と漱石』（勉誠社、1996年）。

中山久四郎 なかやまきゅうしろう （1874.2.4－1961.9.7）

東洋史学者、文学博士。本姓は中村。長野県北佐久郡生まれ。

帝国大学（東大）文科大学漢学科卒業、ドイツ留学後、広島高等師範学校・東京高等師範学校、東京文理科大学（現筑波大）の教授を歴任、東京帝国大学講師・史料編纂所編纂官を兼任、のち満州国中央軍官学校教頭を務めた。「近世支那の日本文化に及ぼしたる勢力影響」（1914－15）をはじめ、『支那史籍上の日本』、『日本儒学年表』、『日本文化と儒教』等儒学史・日中文化交流史の分野で多くの業績を残した。また、教科書・参考書・地図・年表をも作成、集書家としても知られる。

　　　　　　　　　　　　　（久保田文次）

〔参考文献〕 榎一雄「中山久四郎博士の学績」（『榎一雄著作集』汲古書院、1994年）。

中山 優 なかやままさる （1895.12.18－1973.5.1）

東亜同文書院出身の支那通。熊本県出身。

1915年に東亜同文書院に入学し、2度落第の上、3年後に中退。大阪朝日新聞に入社し北京特派員。20年代後半は病気療養。外務省嘱託を経て、『支那』に投稿した論文「日本かく歩む」が石原莞爾らの共感を得て38年から満州国の建国大学教授に招聘（東亜政治論担当）。東亜連盟協会理事となり東亜連盟主義を唱える。大同思想を高く評価するアジア主義者でもあり、狭隘な民族主義(ナショナリズム)を批判した。建国当初の満州国、とりわけ石原莞爾の計画には理想があったとする。昭和研究会グループとは距離を取りながらも、近衛文麿に近く、37年の国民精神総動員運動の発会式での演説文等、第1期近衛内閣の近衛の一連の発言の起草者となる。終戦直前に、満州国の駐華特命全権公使。帰国後、亜細亜大学教授。戦後文筆活動を続け、大同思想の重要性を主張、また当時の日本の中国報道を批判しつつ、マルクス主義に基づく中国理解に疑義を呈し、古典的中国理解の必要性を説いた。

　　　　　　　　　　　　　（川島　真）

〔参考文献〕 安彦良和『漫画で描こうとした大陸と日本青年』（あるむ、2007年）、中山優『中山優選集』（中山優選集刊行委員会、1972年）。

長与善郎 ながよよしお （1888.8.6－1961.10.29）

小説家、戯曲家。東京出身。

東京帝国大学英文科中退。1917年戯曲『項羽と劉邦』（『新潮』）を発表。タイプを異にする二人の人物に三人の女性をからませて描いた力作で、長与の出世作というべきものであった。20年には『孔子の帰国』（以文社）、26年には『陶淵明』（新潮社）を出版。35－37年に満鉄嘱託となり満州・中国を旅行し、

『満支このごろ』(岡倉書房)、『大帝康熙』(岩波新書)、『夕子の旅行記』(建設社)等を書いた。『少年満州読本』(日本文化協会)、『満州の見学』(新潮社)、『乾隆御賦』(錦城出版)、『韓非子』(日本評論社)、『東洋の道と美』(聖紀書房)、『東洋芸術の諸相』(矢貴書房)等、大陸の芸術・文化に関する著述が多い。

(阿部　猛)

(参考文献)　岩渕兵七郎「長与善郎─人と作品─」(『アテネウム』1956-63年)。

名倉予何人 なくらあなと　(文政5(1822)-1907.1.27)

幕末明治期に中国に渡航し記録を残した儒者。父は浜松藩(現静岡県)士で、藩主井上氏の移封地奥州棚倉(現福島県)で生まれた。名は信敦、号は松窓、予何人も号である。のち、井上家に従って浜松に戻り、藩校に教鞭をとる。文久2(1861)年「千歳丸」で高杉晋作・中牟田倉之助等と同船、上海に渡り、「支那聞見録」・「海外日録」他の記録を残した。翌年池田長発の使節団員としてフランス・エジプト等を視察(田辺太一と同行)し、「航海日録」他を残した。慶応3(1867)年幕命で上海・南京を訪問、1870年に、柳原前光に随行、上海・天津を訪ねた。1888年、台湾巡撫劉銘伝に招かれ、井戸掘技術者をつれて行った。晩年は「漢学教授」の看板を掲げたが、貧困のうちに東京の根岸で病死した。「東洋風の文人ではあっても、近代化の実務の人ではなかった」(春名徹)といわれる。

(久保田文次)

(参考文献)　田中正俊「名倉予何人『(文久二年)支那聞見録』について」(『田中正俊歴史論集』汲古書院、2004年)、春名徹「過渡期の一知識人における異文化接触の意味：名倉予何人の場合」(『調布日本文化』11、2001年)、松沢弘陽『近代日本の形成と西洋経験』(岩波書店、1993年)。

夏目漱石 なつめそうせき　(慶応3.1.5(1867.2.9)-1916.12.9)

文学者。江戸出身。

江戸の牛込馬場下(現新宿区牛込)で町方名主の5男3女の末子として生まれ、東京府第一中学(のちの府立一中、現在の日比谷高校)、漢学私塾の二松学舎(現二松学舎大学)を中退したのち、1884年大学予備門(のちの一高、現在の東京大学教養学部)に入学、90年帝国大学(のちの東京帝国大学、現在の東京大学)英文科に入学した。93年帝大を卒業して大学院に進学、95年愛媛県尋常中学校(現在の松山東高等学校)、96年第五高等学校(現在の熊本大学)の英語教師に赴任、1900年文部省より英文学研究のため2年間ロンドンに留学した。03年東大講師となり小泉八雲の後任として教鞭を執る一方、04年最初の小説『吾輩は猫である』の執筆を開始し、続けて『草枕』(06年)等を発表した。07年2月東大教授任官を辞退して、朝日新聞社に入社、職業作家となって『三四郎』『それから』『門』『明暗』等を書き続けた。

漱石文学を一貫して流れる大きなテーマが中国であった。漱石にとって最初の外国体験がイギリス留学途中に寄港した上海・香港であり、01年4月留学レポート「倫敦(ロンドン)消息」で

も「吾輩は例の通り「スタンダード」新聞を読む……先第一に支那事件の処を読むのだ」と義和団事件後の中国情勢に注目していた。『草枕』の結び、ヒロイン那美と元の夫との別れの場面は、日露戦争の戦場である満州に出征する兵士を載せた汽車の発車する駅であり、『三四郎』冒頭、主人公の大学新入生が東海道線で同席した女の夫は大連に出稼ぎに行って消息不明、やはり同席の「爺さん」の息子は日露戦争の旅順で戦死している。このように漱石は遺作『明暗』に至るまで中国をテーマに選び続けた。09年7月の日記には自宅に中国人が押しかけるという妄想らしき「夜の支那人」事件を記録してもいる。中国東北地方への旅に出たのは事件の2ヶ月後、その旅の様子は旅行記『満韓ところどころ』で描かれている。

一方、魯迅も日本留学中は毎朝『朝日新聞』連載の漱石作品を読み、単行本になれば必ず買い求め、上海時代にも岩波書店より決定版『漱石全集』(35-37年) 刊行が始まると、毎月の配本を内山書店を通じて購入した。23年に編訳出版した『現代日本小説集』には漱石の「クレイグ先生」等2作を収録し解説を付し、「わたしはどのようにして、小説を書きはじめたか」(33年) では愛読作家として漱石を挙げており、「藤野先生」は「クレイグ先生」の影響下で執筆された。漱石への敬愛が高じて、08年4月には漱石が一時住んでいた東京・本郷西片町にある2階建ての屋敷に周作人・許寿裳らと住んだことさえある。魯迅がこれほどまで深い関心を寄せたのは、漱石文学が日本の国語普及に大きな役割を演じ、新興国民国家日本の課題を個人から国家までを通底する視点で描き出していたからであろう。中国での漱石翻訳書は29年『草枕』(崔万秋訳) を初めとし、その後現在に至るまで間断なく翻訳再訳が続いており、『我是猫』が最も人気を博し、これに次ぐのが『心』『哥児(坊っちゃん)』である。

(藤井省三)

(参考文献) 『漱石全集』全29巻 (岩波書店、1993年版)、藤井省三『中国見聞一五〇年』(日本放送出版協会、2003年)。

名取洋之助 なとりようのすけ (1910.9.3-1963.11.23)

写真家、編集者。報道写真の方法論を日本に持ち込んだことで知られる。東京出身。

1928年、ドイツに渡る。31年ウルシュタイン社の契約写真家となり、33年の熱河作戦に従軍した。同年日本工房を設立、同工房で対外宣伝雑誌『NIPPON』を創刊。38年、中支軍報道部写真班の関与するプレスユニオン及びプレスユニオンフォトサービスの開設に携わる。以後、対外宣伝誌『SHANGHAI』『CANTON』『華南画報』等を制作する。40年、「太平印刷出版公司」(上海) を設立。44年の湘桂作戦では撮影と中国人向け宣伝工作を行う。この時、日本軍の残虐行為を批判して「焼くな、奪うな、殺すな」を訴えた。なお、この頃蘇州に墓地を買う。南京で敗戦を迎え、帰国。敗戦後の56年に魯迅20年忌に招かれて訪中、各地を撮影。この時の写真は『麦積山石窟』(岩波書店) 等の写真集に収録された。

(今津敏晃)

(**参考文献**) 三神真彦『わがままいっぱい名取洋之助』(筑摩書房、1988年、のち、ちくま文庫、1992年)、白山眞理・堀宜雄編『名取洋之助と日本工房〔1931－1945〕』(岩波書店、2006年)。

鍋島直大 なべしまなおひろ (弘化3.8.27(1846.10.17)－1921.6.19)

政治家、侯爵。江戸出身。佐賀生れ、父は直正。

文久1(1861)年佐賀藩主となる。明治維新後、議定・外国事務局権輔となり、横浜裁判所副総督、外国官副知事を歴任。69年7月から71年8月まで佐賀藩知事。廃藩置県後イギリスに留学。80年3月より82年3月までイタリア駐在特命全権公使。帰国後、元老院議官、式部長官、皇典講究所長等を歴任。1906年、東亜同文会副会長、07年、同会長に就任(18年総裁と改称)した。08年夫人同伴で訪中、西太后・袁世凱・張之洞等と会見した。

(吉村道男)

(**参考文献**)『対支回顧録』下。

鍋山貞親 なべやまさだちか (1901.9.1－1979.8.18)

社会運動家。筆名大川権三、石橋庸五、島崎孝次、豊崎伍一、須田麟造等。福岡県出身。

共産党創立に関わった時期には幹部としての訪ソ途上、上海に2度立ち寄る。1度目は1926年12月1日から開かれるコミンテルン第6回拡大委員会に日本代表としての出席途上であり、2度目は28年、3・15事件後コミンテルンからの呼出しを受けての訪ソだった。1度目の上海滞在中、中国共産党の陳独秀・瞿秋白らと、2度目には周恩来と接した。帰国後、29年の4・16事件に続く事件の中で逮捕され、30年無期懲役の判決、34年の控訴審では懲役15年を受け刑が確定。その間33年佐野学と共に転向声明を発した。43年出獄。北支開発副総裁津田秀栄の助力を得て、44年に2度訪中、45年2月には妻を連れ北京に移住。国民党のもとでの中国の早期統一と安定を願う。46年6月には北京を発ち、同年8月に東京帰着。

(松田 忍)

(**参考文献**) 鍋山貞親『自由と祖国を求めて私は共産党をすてた』(大東出版社、1949年)、鍋山歌子編『鍋山貞親著作集』上・下(星企画出版、1989年)。

奈良武次 ならたけじ (慶応4.4.6(1868.4.28)－1962.12.21)

陸軍軍人、陸士旧11期、陸大13期、大将。侍従武官長。南摩村(栃木県佐野市)出身。

砲兵科出身で当初より能力を高く評価されてドイツに留学、日露開戦により一度帰国、第3軍の攻城砲兵部隊に加わり旅順攻囲戦で苦闘した。その後高級副官として陸相を補佐、14年8月支那駐屯軍司令官へ、折から日本は対独参戦を決定、奈良は対華21ヶ条要求外交交渉の危機においても現地中国側官憲と交流を続け、異例の勲章を中国から受けた。青島守備軍参謀長を経て軍務局長に就任した直後、15年12月中国で第3革命が始まり、田中義一参謀次長らのイニシアチブで反袁政策に不本意ながら関与した。その後シベリア出兵政策に参加、また原敬内閣の撤兵方針を伝えるためシベリア出張等を経て、田中に温厚・忠実な人柄を買われて侍従武官長兼東宮武官長に

就任した。21年3月の裕仁皇太子外遊に供奉し、欧州のデモクラシーに感化されていく皇太子を自著に記している。その後、張作霖爆殺事件、ロンドン軍縮問題、満州事変等に天皇の陸軍不信に留意しながら鈴木貫太郎らと共に終始穏健な態度を示した。（波多野勝）

（**参考文献**）　奈良武次著、波多野澄雄他編『侍従武官長奈良武次日記回想録』（柏書房、2000年）。

楢原陳政　ならはらのぶまさ　（文久2（1862）－1900.7.24）

外交官、中国研究者。幕臣の子。旧姓井上、字は子徳。江戸生まれ。

1877年印刷局の幼年技生。翌年漢学専門修業の辞令を受け、79年命により東京の清国公使館に在学、公使何如璋、参賛官黄遵憲、副使張斯桂に就き学術と言語を修め、82年何公使帰国に際し清国留学に決した。出発に臨み得能良介局長は日清連交には風土事情に熟達を要すと訓誡した。何氏に随伴して上海に渡り、広東・厦門・芝罘（チーフー）を経て北京に至り同氏に制度掌故を学ぶ。しかし83年何如璋が船政大臣として福建に赴任したため、単身北京を発し、直隷・山西・陝西・河南・湖広・江蘇・浙江・福建の各省を実地巡歴、内地事情を視察し、84年5月福州に至る。8月、清仏が安南をめぐり開戦、仏艦隊は福州馬尾を攻撃。10月何如璋は船政大臣を解職された。そこで杭州に赴き、清末の碩儒俞曲園の塾に6年余従学した。87年7月上海から帰国するまでの間清国各地を巡遊観察した（以上「留学略記」より）。「凡そ海外事情を観察する、清国より難きはなし。蓋し現今事情を捜索する材料及び便宜に乏しく、一に自己経歴聞見に據り、採訪審besertsべからず」と凡例（井上陳政）にいう編纂書『禹域通纂』（上下2冊、本文2347頁、大蔵省刊、1888年）は清国事情を、政体・財政・内治・外交・刑法・学制・兵備・通商・水路・運輸・物産・風俗の12部に分けて詳説し、下巻附録には「清国要路諸氏略伝」「伊犂商約本末」「養蚕詳述」等を収め、質量とも中国研究書中での圧巻である。帰国して外務省翻訳試補となり、第一高等中学校教員嘱託を兼ねた。88年交際官試補書記生としてロンドンに赴任したが、91年12月辞職し留学生となり、エジンバラ大学に入り学位を得る。95年1月帰国し、3月下関の日清講和談判で伊藤全権の通訳、批准交換（伊東巳代治／芝罘）でも通訳を務めた。下関条約による蘇州・杭州・沙市・漢口・重慶における専管居留地の位置の決定には珍田捨巳領事に同行す。北京公使館1等通訳官から97年12月2等書記官に進み、翌年帰国し西郷従道次女を妻に迎えた。98年伊藤前首相の清国漫遊に頭本元貞・森槐南らと随行したが、途中韓国で眼病のため一時仁川に残る（伊藤は北京で李鴻章ら、漢口で張之洞と会見。上海から帰国）。のち台湾銀行創立委員。99年11月西徳二郎が駐清公使に任ぜられると、本省勤務から清国在勤に転じ、公使に随い同月着任。北京で官民の要人や各国公使館員、新聞通信員、顧問外国人らとも交流。1900年の義和団事変では、諸方面から情報を得ることができ、密偵も使った。公使館篭城の義勇隊を指揮して活躍中、負傷したのがもとで破傷風に罹り、病没した。

なるとみせいふう

(安岡昭男)

(参考文献)『対支回顧録』下。

成富清風 なるとみせいふう （生没年不詳）

外交官。佐賀出身。

佐賀藩藩校弘道館に学ぶ。1870（明治3）年、佐賀藩世子鍋島直大のイギリス留学に随行し、翌4年に帰国。同年5月、明治政府により、児玉利国・小牧昌業らと共に留学生として清国に派遣された。1873年6月、北京にて清国視察の辞令を受ける。視察とは言っても、その実際は樺山資紀陸軍少佐（のち海軍大将）に随行し台湾を調査することにあった。8月台湾に到着し、各地を調査、12月樺山を残し帰京し、「台湾問題の解決を促した」（『対支回顧録』下）。74年2月、閣議が台湾出兵を決定すると台湾出張の命を受け、4月児玉利国ら45名と共に再度台湾に渡り、樺山指揮下で先住民の懐柔に当たった。同年11月帰国。翌年には清国視察の任を解かれ、76年3月副領事に昇進、6月新設されたコルサコフ領事館（樺太）に責任者として赴任した。79年6月依願免官となったが、80年鍋島直大がイタリア公使に任ぜられると、随伴し、ローマに赴いた。

(栗田尚弥)

(参考文献)『対支回顧録』下。

南条文雄 なんじょうぶんゆう （嘉永2.5.12(1849.7.1)−1927.11.9）

真宗大谷派僧侶。学者。字は碩果・松坡。美濃（岐阜県）出身。

大垣・誓運寺に生まれ、のち憶年寺（福井県）・南条神興の養子となる。1876年、笠原研寿と共にサンスクリット習得のため英国に留学する。ロンドンでは、上海別院輪番・松本白華の紹介を受けた楊仁山（文会）・陳清遠と交流を深める。84年帰国、87年春、上海・杭州・天台山（国清寺・真覚寺）を巡り、蘇州では仏教者の許霊虚・沈善登・張常惺らと交流する。89年、わが国初の文学博士となる。1900年、北京に赴き、義和団事件戦死者の法要を行う。10年、門主彰如（句仏）の上海別院下向に際しては随行長を務めたほか、13年には大連別院の仮入仏式に赴く。著書に『大明三蔵聖教目録』（英訳、1883年）等がある。

(川邉雄大)

(参考文献) 南条文雄『印度紀行 附登台詩譜』（1887年）、同『懐旧録―サンスクリット事始め』（1927年）。

南部次郎 なんぶじろう （天保6(1935).9.17−1912.3.3）

外交官、アジア主義者。名は政図、一時、東を姓とす。陸奥国三戸郡（青森県）生まれ。盛岡藩主南部家の一族で、幕末、若年ながら藩政改革を推進、維新後は大政奉還を建議して活躍した。のち、台湾出兵参加を希望、大久保利通大使に随行したり、黒田清隆の内命を受けたりして中国事情を調査し、中国に軟禁中の大院君に面会した。山東省芝罘に領事館設置を提案、1886年同地領事に任官。中国改革を援助することを目指して活動し、小沢豁郎・柴五郎等とも接触した。88年に辞職して帰国、沖禎介・石原莞爾等に影響を与えたが、不遇のうちに没した。

(久保田文次)

(参考文献)『東亜先覚志士記伝』下、岩手県

『岩手県史』5・6巻（杜陵印刷、1962・63年）、五百旗頭真「石原莞爾における支那観の形成（一）」（広島大学『政経論叢』21－5・6、1972年）。

に

仁井田　陞　にいだのぼる　（1904.1.1－1966.6.22）
中国法制史学者、東京大学教授。宮城県出身。

松本高等学校から東京帝国大学法学部に進学し、1928年から東方文化学院東京研究所研究員、やがて42年から64年まで東京大学東洋文化研究所教授として、中国法制史研究の確立に従事する。多くの業績を残したが、その第1は、「唐令」の散逸した部分を収集・分析し、ほぼ原典の半ば近くを復旧し、『唐令拾遺』（東方文化学院東京研究所、32年）として刊行したことである。その業績により、34年の帝国学士院恩賜賞を受賞した。なおのちに発表された仁井田の遺稿集である『中国の法と社会と歴史』（岩波書店、67年）の最後に、福島正夫と佐伯有一がまとめた「あとがき」によれば、「恩賜賞を授与されたとき、中田薫博士から『有名にならないように』、また『研究の邪魔になる仕事は一切ことわってしまうこと』の二つの訓戒をうけ、永くこれを研究生活の指針とした」と紹介されたのも、仁井田の人柄を表わすエピソードの一つであろう。その後も、『唐宋法律文書の研究』（東方文化学院東京研究所、37年）、『支那身分法史』（東方文化学院、42年）等の研究を発表し、また『中国法制史研究』全4巻（東京大学出版会、59－64年）は朝日賞を受賞するなど、各方面から高い評価を受け、中国法制史及び唐代史研究に大きな足跡を残した。

第2の業績は、日中戦争の展開と共に進められた「支那農村慣行調査」に参加し、さらに北京の商工ギルドの調査にも従事し、調査事業の中から、中国社会の基底部に存在する文献史料を発掘したことである。戦後に至ると、戦中期のこれら調査に基づく研究成果を『中国の社会とギルド』（岩波書店、51年）や『中国の農村家族』（東京大学出版会、52年）等積極的に発表し、学界をリードした。また、「支那農村慣行調査」の報告集である『支那慣行調査資料』を岩波書店から『中国農村慣行調査』として刊行することにも尽力した。なお『中国の農村家族』は、前述の通り、『支那慣行調査資料』に基づくものであるが、本書の中では「華北農村法的慣行調査資料（満鉄による）」と表記され、華北農村での慣行調査の狙いが、「調査研究の出発にあたって末弘博士のいわれていたように『生きた法』であって、いわゆる旧慣ではない。現実の規範意識であって、実効性も実現の可能性ももたぬ制度の骸骨ではない。人間の社会的行為の方向性を現実に規律し、倫理意識、宗教意識、否、場合によっては迷信ともつながった現実の規範意識である」と強調されている。このことは、仁井田が実態調査に参加する中で、日本の学者が中国社会を見る場合に「何となく抱いていた既成概念」が崩れ去り、「実態調査は中国社会の史的反省、文献批判の上に大きな役割をまでも果たすことになった」と断定したことと無関係ではない。このような現実の姿から、中国社会における「家

父長的権威」と「家産均分主義」という対立的要素を浮き彫りにした実証的な研究態度は、仁井田の中国研究の真髄であろう。

業績の第3は、1953年に大英博物館からスタイン収集の敦煌文献のマイクロフィルムが東洋文庫に招来すると、西域出土古文書を史料とする研究を促進したことである。近年西域文書については、新たな発掘と解読が進んでいるが、仁井田の目配りの良い研究体制の確立という志向が存在してこそ実現したとも言える。

65年10月から翌年9月までの予定で、ロンドン大学東洋アフリカ研究所の委嘱を受けて、学生に中国法制史について講義するため渡英したが、脳腫瘍を発病し、急遽帰国後ほどなくして没した。　　　　　　（内山雅生）

（参考文献） 仁井田陞『中国社会の法と倫理』（弘文堂、1954年）、同『東洋とは何か』（東京大学出版会、1968年）、同『中国の伝統と革命』（平凡社、1974年）。

新見政一 にいみまさいち （1887.2.4 – 1993.4.2）
海軍軍人。広島県出身。

忠海中学を経て海軍兵学校（36期）に進む。同期には沢本頼雄・塚原二四三・南雲忠一らがいる。妻澄子は小林躋造大将の妹。1923年より駐英武官補佐官を務め、3年間にわたり第1次大戦を詳細に研究し、帰国後、これからの戦争は総力戦になり、もはや艦隊決戦は起きないことを訴え、「海軍中央軍令機関整備ノ意見書」「持久戦ニ関スル意見書」を当局に提出したが、相手にされなかった。次いで海大兼陸大教官、艦長を歴任したのち、37年1月より秩父宮夫妻の英国王ジョージ6世戴冠式参列に随行し、仏独米を歴訪した。その間、日中戦争が勃発、帰国後ただちに対中国封鎖作戦研究に従事した。41年4月に第2遣支艦隊司令長官になり、巡洋艦「五十鈴」、駆逐艦3隻等を率いることになった。12月8日、酒井隆中将の陸軍23軍と連携して香港攻略作戦（C作戦）に従事、九龍半島を占拠後、艦砲射撃と渡海作戦で18日間で香港を攻略した。　　　　　　（田中宏己）

西尾寿造 にしおとしぞう （1881.10.31 – 1960.10.26）
陸軍軍人、陸軍大将。鳥取県出身。

陸軍士官学校（14期）、陸軍大学校卒業。日露戦争に出征し負傷。その後教育総監部第1課長として、「歩兵操典」、「戦闘綱要」等の典範令の編纂に従事する。歩兵第39旅団長、1932（昭和7）年4月参謀本部第4部長となる。関東軍参謀長、参謀次長、近衛師団長を経て、37年8月第2軍司令官となり、台児荘の戦いや徐州作戦に参加した。教育総監を経て、39年9月新設された支那派遣軍の総司令官兼第13軍司令官となる。支那派遣軍は、中支那派遣軍と北支那方面軍を統括する軍として編成され、中支那派遣軍は廃止された。軍事参議官を経て、43年5月予備役に編入、同年7月東京都長官に就任した。戦後A級戦犯容疑者として拘留されたが、48年12月釈放された。　　　　　　（庄司潤一郎）

（参考文献） 西尾寿造『将軍の茶の間』（自然農法社、1956年）、今井武夫・寺崎隆治他『日本軍の研究・指揮官』下（原書房、1980年）。

西　寛二郎　にしかんじろう　（弘化3.3.10（1846.4.5）－1912.1.27）

陸軍大将、子爵。薩摩藩士の生まれ。

戊辰戦争、佐賀の乱、台湾出兵、西南戦争に従軍、一時参謀本部第1局長を務めた他は、団隊長の道を歩み、日清戦争には少将・歩兵第2旅団長として、第2軍に属し、旅順等の作戦に従事した。1904年の日露戦争には中将（6月に大将）・第2師団長として第1軍に属し、鴨緑江・九連城に戦い、弓張嶺では師団規模の夜襲を成功させた。遼陽・奉天の会戦の勝利にも寄与した。遼東守備軍司令官・教育総監・軍事参議官を歴任、この間、07年には伏見宮随員として渡欧、イギリス陸軍との協議にあたったり、軍制調査委員長を務めたりした。07年子爵。　　　　（久保田文次）

西沢公雄　にしざわきみお　（明治1.9.8（1868.10.23）－1936.2.6）

科学技術者。広島県出身。

東京英語学校に学び、東京物理学校を経て、帝国大学理科に進学、1892年に卒業、その後東京中学校で教鞭を執る。99年に杉浦重剛の推薦により中国政府実業顧問に就任し、その後湖北省に渡って鉱山の開発を指導し、1900年に農商務省に入り、01年に大冶鉄山出張所所長となった。30年間近く大冶に勤務し、漢冶萍をめぐる日中間の数多くの交渉を担当した。29年に帰国。中国政府より二等嘉禾章、日本政府より勲二等旭日重光章を授与された。梅園と号し、長江の風物を詠んだ詩歌が多い。「大冶の西沢」と言われ、理科、鉄や大冶鉱山に関する著書（『大冶鉄山の沿革及び現況』、『大冶付近の鉄山に就て』24年）を残す。
　　　　　　　　　　　　　　（李　廷江）

西島良爾　にしじまりょうじ　（明治3.10.8（1870.11.1）－1923.12.26）

中国研究家。旧姓志良以、号函南。静岡県出身。

上海の日清貿易研究所を卒業後、日清戦争に陸軍通訳として従軍。戦後台湾総督府に勤務。大阪控訴院・大阪地方裁判所の中国語通訳官を経て、1904年日露戦争に再び通訳として従軍し、帰国後、神戸地方裁判所の通訳官。日中両文の新聞『日華新報』と雑誌『日華実業』を編集するかたわら、神戸商業補習学校で中国語の講師を務めた。中国語と中国事情についての著書は非常に多く、『清語読本』『清語会話案内』『三週間完成日支商用会話独修』『支那語教範』『日支商用会話』『支那官話辞典』『最近支那事情』『実歴清国一斑』『日清日露従軍慢録』『支那官話字音鑑』『忠経孝経千字文』等がある。　（藤井昇三）

（参考文献）『幕末明治　中国見聞録集成』第13巻（ゆまに書房、1997年）、『東亜先覚志士記伝』下。

西田竜雄　にしだたつお　（1928.11.26－　）

アジア言語学者、京都大学教授。大阪府出身。

1951年京都大学文学部言語学科卒業。58年京大助教授、72年教授、92年定年退官、名誉教授。62年「西夏文字の分析並びに西夏語文法の研究」で京大文学博士。68年日本学士院賞恩賜賞、94年朝日賞、2005年京都府文化賞

にしとくじろう

特別功労賞等を受賞。99年日本学士院会員、2008年文化功労者に選ばれた。一般言語学や歴史比較言語学、文字論において優れた業績を挙げた。11〜13世紀に中国西北部に存在した西夏国の文献を解読し、西夏学の発展の基礎を築いた他、チベット・ビルマ語の歴史比較研究でも世界水準の成果を挙げている。『アジアの未解読文字　その解読のはなし』(大修館書店、82年)、『漢字文明圏の思考地図　東アジア諸国は漢字をいかに採り入れ、変容させたか』(PHP研究所、84年)等編著書が多数ある。
(陶　徳民)

(参考文献)　河野六郎・西田竜雄『文字贔屓　文字のエッセンスをめぐる3つの対話』(三省堂、1995年)、西田竜雄『言語学を学ぶ人のために』(世界思想社、1986年)。

西　徳二郎　にしとくじろう　(弘化4.7.25(1847.9.4) - 1912.3.13)

外交官。鹿児島出身。

薩摩藩士・西藤左衛門の次男として生まれる。藩校・造士館に学び、洋式砲術の訓練も受け、戊辰戦争では長岡藩や会津藩との戦闘に従事。大学南校(現東京大学)で受講し、1870(明治3)年に大学少舎長となりロシアへ留学。74年に在仏公使館書記官、次いで2年半後にロシア在勤を命ぜられ、同国に勤務し外交官生活をエンジョイすること4年余り、80年7月に露都を出発して帰国の途に就く。その際、中央アジア・シベリア・蒙古・シナ(中国)等各地を見聞しながら翌4月に東京に帰着。ちなみに、その9ヶ月間に及ぶシベリア横断の旅行記録は、5年半後の86年9月に『中央亜細亜記事』と題して陸軍省から刊行される。そのような希有の冒険的試みの業績もあってか、帰国後、太政官権大書記官となり、参謀本部御用掛を兼任する。また82年にロシアで新たに即位した皇帝アレクサンドル3世の戴冠式が催され、日本からは有栖川宮熾仁親王が参列した際に西も随行した。

86年6月に駐露公使(兼駐スウェーデン及びノルウェー公使)となり8月に着任。96年8月に離任するまでの10年間に日清戦争をめぐる諸問題の処理に当たり、同戦争直後の露独仏三国干渉に対する再考要請や日露通商航海条約の締結等に尽力する。97年3月に枢密顧問官に任ぜられ、同年11月には第2次松方正義内閣の外務大臣となり、続く第3次伊藤博文内閣でも留任し、翌98年4月25日には東京でローゼン駐日公使との間に、韓国の独立を交互に確認し合い、日本の韓国での商工業の発達助成をロシアが認めるという日露議定書「西・ローゼン協定」に調印した。次いで99年10月に駐清公使となって11月に着任したが、折しも蜂起した排外主義の義和団事変に遭遇して「五十五日間の北京籠城」を体験させられる。1901年1月に当該公使の任を小村寿太郎と交代して退官し、同11月に再び枢密顧問官となる。
(松村正義)

(参考文献)　坂本辰之助『男爵西徳二郎伝』(1933年、再刊、ゆまに書房、2002年)。

西原亀三　にしはらかめぞう　(1873.6.3 - 1954.8.22)

実業家。京都府出身。

小学校卒業後、同じ丹後出身の神鞭知常が唱える王道主義の主張に共鳴し、政界の活動

に入った。1905（明治38）年朝鮮に渡って、実業家として腕を振い、初代朝鮮総督となった寺内正毅が朝鮮事情に詳しい西原に意見を求めたのをきっかけに親しくなり、朝鮮銀行総裁勝田主計ともこの時期に知己を得た。こうして寺内・勝田・西原のグループは朝鮮組と呼ばれ、以後相提携して活動することになる。大隈内閣の21ヶ条要求と袁世凱帝制問題への干渉により悪化した日中関係を憂慮する寺内の意を受けて、西原は16年長年活動した朝鮮を離れ、寺内内閣の成立する直前の6月から7月にかけて中国を視察した。この視察旅行は西原の中国観に大きな影響を与え、視察後意見書「時局に応ずる対支経済的施設の要因」を寺内に提出し、中国財政安定化のため、銀行と鉄道を活性化させる目的で日本からの借款提供を示唆した。16年10月、寺内が内閣を組織すると、蔵相に就任した勝田主計と共に日中経済提携構想を実現するため奔走した。当時、日本は第1次世界大戦の影響で未曾有の好景気を謳歌しており、蓄積された外貨を中国に投資し、大戦後のアジアにおける欧米諸国との経済競争に負けまいとする布石でもあった。借款の計画は寺内の承認のもと、勝田によって立てられ、西原が実際の交渉と実施を担当した。西原が北京に赴いたのは、まず中国の大銀行で当時倒産が予想されていた交通銀行に救済の借款を与えるためであった。西原の出した条件は無担保、無手数料、無割引で著しく中国側に有利であったため、借款の獲得に熱心で、政治資金と自己の勢力挽回のため財源を必要としていた段祺瑞政権は喜んでこれを受け入れることになった。

こうして交通銀行借款に始まる様々な借款が西原の手を通じて行われることになる。当初は経済面に限られたが、西原は勢力が衰えつつあった段祺瑞政権への援助一援段政策へと転化、拡大していった。西原は寺内の私設秘書の身分で再三訪中し、中国の第1次大戦への参戦を勧告したり、張勲復辟を抑え段祺瑞内閣を復活させるなど、その活動は徐々に世間に知られ、"私設公使"、"無冠大臣"とまで呼ばれるに至る。1917年から18年にかけて成立した西原を通じての中国に対する借款は8種類、1億4500万円もの巨額に達した。だが、通称西原借款と呼ばれるこの構想は2年余りで挫折を余儀なくされた。寺内のあとを継いだ原内閣は対中国不干渉政策を取り、借款政策は放棄され、第1次交通銀行借款を除いて未返済に終わった。寺内内閣総辞職後の西原は政界の裏面で活躍したが、38年故郷に引き揚げ村長として余生を送った。

（池井　優）

（参考文献） 北村敬直『夢の七十余年―西原亀三自伝―』（平凡社・東洋文庫、1965年）、山本四郎編『西原亀三日記』（京都女子大学、1983年）。

西　春彦　にしはるひこ　（1893.4.29－1986.9.20）

外交官。鹿児島県出身。

満州国成立後の33年、欧米局第1課長として極東支鉄道（北満鉄道）の満州国による買収交渉に臨み、ソ連の満州国に対する不信感や、陸軍の対ソ強硬論者が交渉の進展を妨げたが、粘り強く折衝を続け、35年に妥結に導

いた。北満における利益を放棄したソ連の「和協的態度」を高く評価している。その後も日ソ関係の安定のため、張鼓峰・ノモンハン等国境紛争の解決交渉に尽力した。日米交渉が最終段階にあった41年10月、東郷茂徳新外相のもとで外務次官となり、対米国交調整を妨げる「革新派」の課長級数名を粛正し、最終段階の日米交渉に備えた。開戦後の42年11月、アジアの占領地を大東亜省の管轄下に置くという東條内閣の構想に、外交一元化に反するとして単独辞職した東郷に呼応し外務省を辞した。東京裁判では東郷の弁護人を務め、共同謀議論に反駁し、中国からの撤兵意図を対米提案（甲案）に盛り込んだ東郷の平和的意図を説いた。駐豪大使、駐英大使を経て退官するも、安保改定による日米対等化に対ソ・対中関係を損なうとして反対論を各界に説いたことで知られる。著書に『回想の日本外交』（岩波新書、1969年）がある。

（波多野澄雄）

西　薇山　にしびざん　（天保14.7.16（1843.8.11）－1904.3.29）

　教育者、自由民権運動の先駆者、政治家。幼名久之助、名は毅一、薇山は号。岡山出身。

　天保14年（1843）岡山藩家老池田刑部に仕える2人扶持の下級武士霜山徳左衛門の長男として岡山城下に出生。15歳の時大坂で篠崎訥堂・後藤松蔭に入門、後藤にその才を認められ、いったん帰岡したが師と慕う後藤のもとへ脱藩。その後森田節斎の門人西達三郎の学僕となり、達三郎が早世したあとは森田の弟子となって西家を継ぐ。慶応1（1865）年建部池田家の侍講を務め、明治1（1868）年姫路藩の追討に従軍後、一屋を給され漢学塾を開く。翌年文学修行のため東京の田口江村塾へ入門、国防上清国との友好と協力の可能性を調査するため明治3（1870）年4月渡清。王先謙の知遇を得、各港の状況を調査、蘇州まで行き父の訃報で11月帰国。外交応接方を命じられ上京、藩政改革に参画して同4年学校督事を拝命、藩校を改革して漢学を全廃、英仏語を教える普通学校を設立。翌年台湾事件が起こり義勇の士2500人を募り74年、台湾へ先鋒として出兵する許可を政府へ求めたが事件は平定し、翌年県参事に就任。76年東京上等裁判所詰として出岡、翌年官を辞す。同年全国を漫遊、勝海舟・副島種臣・福沢諭吉・中村正直・板垣退助らを歴訪、帰岡して閑谷学校の再興を決意、また私立池田学校を設立。79年池田学校の閉校により源泉学社を創立、経営。

　同年4月日中貿易の研究のため再度渡清、岡山への書簡に託し革命が中国で起こることを予言、病気のため11月帰国。翌年1月岡山県会は全国に先駆け国会開設請願書を元老院へ提出、同時に薇山起草の「同胞兄弟に告ぐ」を発表。10月小林樟雄が西の「岡山県下三州臣民国会開設哀求表」を政府へ提出、日本の自由民権運動の思想的支柱の役割を果たす。同年更生組織薇力社を結成して社長に就任、旧藩士を貧窮から救う。84年閑谷学校の教頭に就任、翌年一家をあげ閑谷へ移る。

　90年、92年からの1・2期を衆議院議員に選出され3期目は固辞し、以後閑谷学校の存続に奔走する。日本初の国会においては与党

の大成会に属し、政府の予算案を擁護する。国会議員を八百万の神に例えた西の「高天ケ原演説」は顰蹙を買ったが、これは政治を神聖なものとして国会に臨んだ西の精神を反映している。国際情勢を体得し日中友好の礎を築かせるため02年に続き03年、長男と次男を渡清させた薇山は、身を捨てて国事に尽くす閑谷精神の実践と閑谷三烈士に見られる人材育成とを生涯の仕事とし、日露戦争が始まって間もない04年３月、謎の自殺を遂げた。墓名の揮毫は清朝の大学者王先謙による。

（村上節子）

〔参考文献〕『西薇山没後100年記念特別展図録』（2003年）、小林久磨雄『西薇山』（1931年）。

西村天囚 にしむら てんしゅう （慶応1.7.23(1865.9.12)－1924.7.29）

漢学者、ジャーナリスト。名は時彦、字は子俊、号は天囚、碩園等。薩摩藩領種子島（鹿児島県）出身。

郷儒前田豊山の薫陶を受け、11歳で藩校に入学。父が重野安繹と共に塩谷宕陰に師事したという縁で、1880年重野を頼りに上京した。島田重礼の双桂精舎でしばらく勉強してから、83年東京大学新設の古典講習科に第１期官費生として入学した。89年「大阪公論」社に、翌年大阪朝日新聞社に入社した。日清戦争後は東京朝日新聞社の主筆を務めたが、1900年大阪朝日に戻ってから、主筆、編集局員、総務局員、編集顧問等を歴任した。大阪人文会、懐徳堂記念会と重建懐徳堂の創設に参画し、『日本宋学史』、『懐徳堂考』等の名著を撰述した。京都帝国大学支那文学講師、島津公爵編輯部編纂長、宮内省御用係、斯文会評議員、大東文化学院講師等を担任し、20年に京大より文学博士号を、逝去直前に宮内省より従四位・勲四等・瑞宝章等を授けられた。死因は関東大震災後の「国民精神作興の詔書」の起草に精根を尽くしたためという。

日清戦争中、大阪朝日新聞社から漢城（ソウル）へ派遣され、『入韓日録』と『観戦日記』等の通信を連載した。清国の講和使節李鴻章が下関で暴徒小山豊太郎に撃たれて負傷したあと、西村は全国の新聞社を代表して「新聞社員の慰問書」を起草し、60羽の鶏と一緒に李氏一行に呈上した。１回目の清国行は1897年12月上旬から98年２月上旬までの約２ヶ月間で、上海・南京・武漢で多くの清国の名士と会い、『江漢溯廻録』という旅行記を残した。宇都宮太郎と共に排日の主唱者である湖広総督張之洞の説得に当たることが参謀本部から与えられた主な使命であり、「聯交私議」という西村の建白書は張之洞の『勧学篇』作成に一定の影響を及ぼした。２回目の清国行は1900年１月から02年晩春までの約２年間（期間中、約４ヶ月間一時帰国）で、朝日新聞社による派遣留学であった。期間中、両江総督劉坤一に「與劉宮保論団匪書」及び「與劉硯帥論教育書」という建白書を与え、義和団事件の対策と教育改革の方策を論じたため、劉の厚い信頼を受けた。３回目は07年夏の１ヶ月余りで、重野安繹の清国旅行を案内するためであった。03年来日の張 謇と24年来日の辜鴻銘を世話した。『古文辞類纂』を愛好し、漢詩文製作の技法に研鑽を重ねていた晩年の西村は、白話文を提唱する五四文

にしもとしょうぞう

学革命が漢字文化圏にもたらすマイナス的影響に強い懸念を示した。　　　　（陶　徳民）

(参考文献) 後醍院良正『西村天囚伝』（朝日新聞社社史編修室、1967年）、町田三郎「西村天囚時彦　覚書」（同『明治の漢学者たち』研文出版、1998年）、陶徳民『明治の漢学者と中国―安繹・天囚・湖南の外交論策―』（関西大学出版部、2007年）。

西本省三 にしもとしょうぞう （1878.11.20－1928.5.8）

ジャーナリスト。号白川。熊本県出身。

済々黌に学んだのち、1900年、開校直後の南京東亜同文書院に県給付生として入学する。同年の義和団事件に際しては孫文ら革命派の動きに合流しようという気持ちもあったようだが、彼はやがて日本では数少ない清朝復辟派として活発に発言するようになる。滑稽にも見えるこの主張だが、しかし、例えば黒龍会編『東亜先覚志士記伝』（1933－36年）の「列伝」では劇的に描かれる。彼は辛亥革命後「敢然として靖亜の道は一に王道にありと叫び…清朝の復辟運動に一身を捧ぐる決心」をして論陣を張るということになるのだ。そして、彼は満州国を見ることなく世を去るわけだが、それは美しいエピソードとして実を結ぶのだ。「満州国建国成るに及び当年復辟運動の盟友鄭孝胥は満州国々務総理の重職に上つたが、白川の死後家に余財なく遺孤が苦学に従へりと聞き、学資金一千円を贈つて故人の情誼に報いた」。満州王朝の復活をめざした彼は、結果的に、最大のアジア主義的成果である満州国建国への最短距離を疾走した

のであり、だから「列伝」の時点ではまさに「先覚」に他ならなかった。中国での西本だが、上海東亜同文書院では院長根津一に儒教を学ぶかたわら、自身は中国語を教えた。日露戦争期は陸軍の通訳として従軍。その後同文書院を辞し、井手三郎・島田数雄らの『上海日報』に記事を載せるようになる。辛亥革命直後、1912年、宗方小太郎・島田らが春申社を設立、週報『上海』を創刊すると西本はその主筆になる。西本は会計から、執筆・編集までほとんど一人でこなしていたという。ちなみに21年、芥川龍之介が章炳麟と会談した時の通訳が西本だったことが芥川の「上海游記」に記されている。　　（久保田善丈）

(参考文献) 上海雑誌社編『白川西本君伝』（1934年）。

西　義顕 にしよしあき （1897.9－1967.7.23）

満鉄職員。栃木県出身。

早稲田大学政治学科卒。母校の小田原中学で教員を務めたのち、1930年満鉄入社。35年満鉄の南京事務所長となり、中国銀行南京支店長・呉震脩の知遇を得て、彼に深く傾倒する。満州事変以後の日中関係の緊張を緩和しようとする呉の「触媒」工作に強く共鳴し、盧溝橋事件以後は、その「触媒」工作の延長として、満鉄総裁松岡洋右の了解を得つつ、日中戦争の早期解決のために尽力した。38年1月、接触してきた董道寧（前外交部亜州司日本科長）を和平工作に引き込み、彼を極秘裏に訪日させ、参謀本部の影佐禎昭に紹介した。やがて、西・董・影佐・松本重昭（「同盟」上海支局長）・伊藤芳男・高宗武（前外交

部亜州司長）の間には、日中和平のために協力して働くという「同志的」関係が結ばれた。同年7月には松本と共に高宗武を説得して、これも秘密裡に訪日させた。これが、のちの汪兆銘工作につながる。同年11月、西の立会いの下で、影佐（6月より軍務課長）・今井武夫（参謀本部支那班長）と高宗武らとの間で和平の合意文書が調印された。この合意に基づき汪兆銘が重慶から離脱したのち、汪の陣営では、早期に和平政権を樹立しようという周仏海（前国民党宣伝部長代理）路線と、日本側にも重慶政権側にも属さない第三勢力として和平運動を展開しようという高宗武路線との対立が生じた。最終的に周仏海路線が採用された時、西はこれに反対し、日本の占領地に政権を樹立すれば傀儡になるだけだとして、汪兆銘工作から離れることになる。40年、西は、元鉄道部職員で旧知の盛沛東や張競立を介し、浙江財閥の重鎮・銭永銘との接触に成功し、彼に重慶政権との和平橋渡しを要請した。同年秋、西は盛や張を伴い、かつての上司、外相松岡洋右に重慶政権との和平を訴えたが、その後、日本による汪兆銘政権承認の期日が迫り、この和平工作（松岡・銭永銘工作）は打ち切られた。太平洋戦争中は、日中和平に関する情報交換のために満鉄関係者を主なメンバーとして乙酉会というグループを組織したが、もはや和平運動の第一線に立つことはなかった。　　　　　（戸部良一）

（参考文献）　西義顕『悲劇の証人―日華和平工作秘史―』（文献社・非売品、1962年）、同「リパルス湾談義」（『流れ』1958年9月号〜12月号）。

西　義一　にし よしかず　（1878.1.1－1941.4.15）

陸軍軍人、陸軍大将。福島県出身。

陸軍士官学校（10期）、陸軍大学校卒業。侍従武官、野戦重砲兵第3旅団長、野戦砲兵学校長等を経て、1931年8月第8師団長となる。満州事変に際しては、隷下の歩兵第4旅団を基幹とする混成第4旅団（鈴木美通少将）を満州に派遣、32年4月には同師団を率いて満州に出征、熱河作戦を指揮、中国軍を撃退すると同時に匪賊の討伐に従事する。「名将西」と称され、満州事変の功績により、功二級金鵄勲章並びに勲一等旭日大綬章を授与された。また、北京郊外の密雲において中国軍の軍使と停戦交渉に入り、これが33年5月に締結された塘沽停戦協定の契機となった。東京警備司令官兼東部防衛司令官を経て、35年12月軍事参議官となる。2・26事件に際しては、反乱軍の説得に従事した。のち教育総監となるが、粛軍人事で予備役に編入、41年4月狭心症で死去した。　（庄司潤一郎）

（参考文献）　西川禎則編『大将伝　陸軍編』（建軍精神普及会、1941年）、額田坦『陸軍省人事局長の回想』（芙蓉書房、1977年）。

二反長音蔵　にたんちょう おとぞう　（1875.11.17－1950.8.7）

ケシ栽培・阿片生産の数少ない専門家。大阪府出身。

大阪府三島郡福井村（現茨木市）の農民にすぎなかったが、日本の阿片政策において特異な役割を果たした。日清戦争後、台湾で日本は阿片専売制を行った。それに必要な原料阿片の国産化を唱えた音蔵の主張は、当局側

に受け入れられる。以後、彼の尽力によって、ケシが大規模に栽培されてゆく。阿片生産は地元・大阪府の重要な地場産業になった。音蔵は若い時からケシ栽培の普及のため、東奔西走した。その際、朝鮮など外地に足を運ぶこともあった。満州事変後、日本は戦争の時代に入る。軍需用モルヒネの需要が急騰した。それに加え、植民地や軍事占領地において、日本は主に財政的観点から阿片政策を展開してゆく。それがレベルアップしてゆく節目節目に、彼はケシ栽培の数少ない専門家として招かれている（1934年満州国長白県、38年満州国熱河省、41年関東州、43年蒙疆政権支配下の内モンゴル）。このことによって、彼は日本の阿片政策を技術面から下支えした。

（倉橋正直）

(参考文献) 倉橋正直『日本の阿片王―二反長音蔵とその時代―』（共栄書房、2002年）。

二宮治重 にのみやはるしげ （1879.2.17－1945.2.17）

陸軍軍人、陸士12期、陸大20期、中将。岡山県出身。

俊英がそろう陸士12期の中で杉山元と共に常にトップの成績で歩んだ中国駐在の経験のない軍人。近衛歩兵第3連隊長、駐英武官、総務部長、参謀次長、軍務局長、陸軍次官と陸軍のエリート街道を歩み、また同郷の宇垣一成の信頼も厚かった。パリ講和会議に陸軍随員として参加。1931年8月末、関東軍の花谷正少佐が上京して陸軍中央部と会見、満州での武力衝突の時は、関東軍の自由裁量を認めさせるため、小磯国昭軍務局長、建川美次第1部長の了解を得ることになったが、二宮参謀次長も参加して強硬論を展開した。満州事変発生後も、軍部案実行のため、政府倒壊もやむなしと強硬方針を主張した。危惧した奈良武官長は二宮次長を呼んで天皇の不拡大の意を伝えている。その後、宇垣組閣をめざした三月事件に関与したとされる。宇垣系のため後に荒木貞夫陸相人事によって中央を離れ、34年予備役、鮮満拓殖会社総裁、40年満州拓殖公社総裁、小磯内閣では文相に就任した。

（波多野勝）

丹羽文雄 にわふみお （1904.11.22－2005.4.20）

小説家。三重県出身。

早稲田大学国文科卒業。1934年頃から作家として立つ。多作をもって知られる。38年9月、従軍作家陸軍班員として約1ヶ月中国に渡る。「漢口攻略従軍記」（『婦人公論』）、「絹代に来た召集令」（『講談雑誌』）、「上海の風」（『文芸』）、「戦場覚書」（『改造』）、「還らぬ中隊」（『中央公論』）、「何日君再来」（『モダン日本』）等の著作がある。のち太平洋戦争中には海軍報道班員として従軍し、42年ツラギ沖海戦に従軍して『海戦』（中央公論社）を書きベストセラーとなった。

（阿部　猛）

(参考文献) 『丹羽文雄作品集』全8巻・別巻1（角川書店、1956－57年）。

ね

根岸　佶 ねぎしただし （1874.8.9－1971.7.22）

経済史研究者、東亜同文書院・東京高等商業学校教授。和歌山県出身。

1901年東京高等商業学校を卒業すると、同年に上海東亜同文書院教授に就任し、以後中

国で学生と一緒に中国の経済事情について実地調査を続けた。その成果は同氏編纂の『清国商業綜覧』として06年に東亜同文会から出版された。16年からは朝日新聞社の客員となり記者も兼任した。同年東京高等商業学校教授になり、19年より２ヶ月欧米に留学した。21年ヨーロッパより帰国の途次上海に立ち寄り、ギルドの研究を再開した。以後数回にわたって中国に渡り、ギルドを中心に実地調査を継続した。その成果は32年に『中国ギルドの研究』、43年に『中国企業形態合股の研究』、49年に『買弁制度の研究』、51年に『上海ギルド』として出版された。　　　（小島淑男）

（**参考文献**）　根岸佶『上海ギルド』（日本評論社、1951年）。

根津　一 ねづはじめ　（万延1.5.2（1860.6.20）－1927.2.18）

教育者。号山州。甲斐日川村（山梨県笛吹市）出身。

当初は軍人として陸軍教導団、陸軍士官学校を経て陸軍大学校に進学したが、ドイツ人教官メッケルと対立し退学。のちに参謀本部に勤務したが、陸軍士官学校以来の盟友・荒尾精が上海に設立した日清貿易研究所の運営に協力することとなり、軍籍を離脱した。

1890年11月、日清貿易研究所代理所長に就任。以後93年に研究所が閉鎖されるまでの間、学生たちの監督・教育に当たった。その間、92年には荒尾精による漢口楽善堂の調査・研究の蓄積をもとに『清国通商綜覧』（全３巻）をまとめた。日清戦争では出征、戦後再び軍籍を離脱し京都に隠棲していたが、99年11月、東亜同文会会長の近衛篤麿と会見。当時、東亜同文会では教育を通じて日清提携の基礎を固めるという構想が浮上していた。会見後、根津は近衛に協力することになり、1900年５月東亜同文会の構想に基づき南京に開設された、南京同文書院の院長に就任。また同年８月には東亜同文会幹事長にも就任した（幹事長は14年まで在職）。

しかし、書院は義和団事件の影響により南京が政情不安になったため、00年８月上海に移転、01年東亜同文書院として再出発した。根津は東亜同文書院初代、第３代院長をそれぞれ01－02年、03年－23年までの長期にわたり務めると共に、院長にありながら自ら「倫理」の科目を担当し、王陽明の注釈による『古本大学』を用いて儒学の講義を行った。思想面においては、辛亥革命による清朝の崩壊を、清朝が王道を忘れたことに対する当然の報いであるとして12年６月の卒業式で演説したように、大同・王道を重視したが、そうした思想は、のちのちまで多くの学生や教職員に対して「根津精神」というかたちで影響を与えた。

一方で、根津は東亜同文書院誕生以来、学生たちに清国の事情を学ばせるため毎年蘇州・杭州・北京・天津等への修学旅行を立案、実施していたが、福島安正参謀本部次長に助力を求めた結果、07年外務省から清国調査旅行補助費として３万円の支給を受けた。それにより、卒業年次生による清国各地への大規模な調査旅行が毎年実施されたが、それは43年までの長期にわたり、卒業年次生が毎年夏休みを中心とする時期に経済的事項等につい

て中国各地を調査する「大旅行」の出発点となった。学生たちによるそうした調査の成果として、18年から20年にかけて東亜同文会から刊行された『支那省別全誌』(全18巻)等が挙げられる。　　　　　　　　（武井義和）

(参考文献)　『東亜同文書院大学史』(滬友会、1982年)、栗田尚弥『上海東亜同文書院　日中を架けんとした男たち』(新人物往来社、1993年)。

根本　博　ねもとひろし　(1891.6.6 – 1966.5.24)

陸軍軍人・陸軍中将。福島県出身。

1911年陸軍士官学校卒業(23期)。22年陸軍大学校卒業。27(昭和2)年、中国に駐在していたが、南京事件で負傷。29年参謀本部支那班長に任命される。満州事変に際しては、事変が満州から華北に波及することを懸念する。32年8月には参謀本部付上海武官に就任した。これは第1次上海事変に対応するための派遣となる。その後の中国側との交渉では、蒋介石との妥協を考え満州と華北との国境に非武装地帯を設定することを提案し、これが塘沽停戦協定として結実する。日中戦争勃発後、北支那方面軍司令部付や特務部総務課長等に任命されているが、北京において新政権の樹立のための交渉にあたり、華北臨時政府の誕生にかかわった。満鉄総裁・松岡洋右は、満鉄の華北乗入れ案(大陸鉄道の統一化)を提案してきたが、根本はこれに反対した。44年には、中国での活躍が評価されて、駐蒙軍司令官等に任命されるも、敗戦をむかえた。戦後は、国民党軍を助けるために台湾に渡航し、旧日本軍人のまとめ役として台湾政府による対共産党作戦を支援した。

（山本智之）

(参考文献)　陸上自衛隊幹部学校修親会編『統率の実際(2)　第二次大戦の将軍たち』(原書房、1974年)、戸部良一『日本陸軍と中国―「支那通」にみる夢と蹉跌―』(講談社選書メチエ、1999年)、中村祐悦『白団〈新版〉―台湾軍をつくった日本軍将校たち』(芙蓉書房、2006年)。

納富介次郎　のうとみかいじろう　(天保15.4.3(1843.5.9) – 1918.3.9)

産業デザイン、工芸教育の先駆者。号は介堂。肥前(佐賀県)出身。

佐賀の支藩小城藩の神道家・柴田花守の次男。安政5(1858)年佐賀藩の納富六郎左衛門の養子となる。幼少より書画に優れ、文久2(1862)年、藩命により幕府の千歳丸の上海派遣に従者の名目で参加、「上海雑記」を残した。鑑賞眼を発揮して藩主のために絵画を購入する一方、中国の現状に危機感を抱き、貿易による国益振興を志す。明治3(1870)年、佐賀藩商会の委嘱で上海貿易を行う。1875年ウイーン万博審査官、そのまま滞欧、製陶を学び、帰国後は伝統工芸の改良に尽力、82年石川県の陶銅漆器の改善を委嘱されたのを最初に、87年石川県立工芸学校、94年富山県工芸学校、97年香川県工芸学校を創設、1902年佐賀県立工芸学校に招かれ、有田分校を創設、翌年、独立させて校長。各県とも刺繍科を設置するなど婦人の教育にも留意したのは特筆に値する。石川・香川・富山(高岡)・佐賀の4校はいまも姉妹校。夫人静子は幕臣森山多吉郎の次女。　　　（春名　徹）

(参考文献) 納富介次郎「上海雑記」(『文久二年上海日記』東方学術協会・大阪、1946年)、納富磐一・森山守次「納富介次郎翁事蹟」(1922年)・畑正吾「工芸の先駆者　納富介次郎先生」(1937年)(この2著は『叢書　近代日本のデザインⅠ』ゆまに書房、2002年に影印)、春名徹「1862年幕府千歳丸の上海派遣」(田中健夫編『日本前近代の国家と対外関係』吉川弘文館、1987年)、山崎達文「納富介次郎の目指したもの」(『金沢学院大学紀要　文学・美術編1』2003年)。

能海　寛 のうみゆたか （慶応4.5.18(1868.7.7)－1903頃）

仏教者。石見(島根)出身。

真宗大谷派浄蓮寺に生まれる。12歳で京都・東本願寺で得度。慶応義塾、哲学館(現東洋大学)等で学ぶ。哲学館では南条文雄に大きく影響を受け、大乗仏教国としてのチベットへの熱烈な憧れを抱く。M.ミュラーのもとでサンスクリット学を修めた南条は、新たな仏教テキストの存在を確信し、若き仏教者たちにチベット行を強く勧めていた。1893年に能海が自費出版した『世界に於ける仏教徒』では、原典としてのチベット大蔵経の入手とチベット行の必要性を強調している。98年以降、繰り返し中国側から鎖国状態のチベットに入国を試みるが失敗。1901年4月18日付南条宛書簡以降、消息を絶つ。能海はチベット訳仏典の正確性を高く評価する一方で、専ら漢訳仏典を用い、自らの母語で仏典を語ってこなかった日本仏教のあり方を強く批判する。それは漢訳仏典の聖典性を剥ぎ取った点で、日本仏教における一つの近代化を意味するものでもあった。　　　　　(桐原健真)

(参考文献) 江本嘉伸『西蔵漂泊―チベットに魅せられた十人の日本人―』上下(山と渓谷社、1993年)、同『能海寛　チベットに消えた旅人』(求龍堂、1999年)、『能海寛著作集』(うしお書店、2005年)。

乃木希典 のぎまれすけ （嘉永2.11.11(1849.12.25)－1912.9.13）

陸軍大将。伯爵。長府藩(山口県)出身。

長府藩士の長男。長府藩江戸藩邸に生まれ9歳で帰郷して明倫館等で学び、諸隊の一つ報国隊に入隊して戊辰戦争に参加する。明治2(1869)年にフランス式兵学による訓練を受け、翌年山口諸隊反乱の鎮圧に出征する。京都河東御親兵掛となり、のち豊浦藩陸軍練兵教員となった。4年の鎮台設置と共に少佐に任じられて東京鎮台、のち名古屋鎮台に配属される。陸軍卿伝令使を経て歩兵連隊長として小倉に赴任する。秋月の乱を鎮定し、萩の乱にも鎮定軍として出征するが、実弟が敵方で戦死し恩師も切腹するという苦悩を味わう。西南戦争では植木会戦で連隊旗を奪われ、高瀬会戦で左足に敵弾を受け、木留の戦闘でも左腕に銃創を受ける。戦後は第1連隊長、東京鎮台参謀長、第11旅団長を経て、86年から1年半川上操六とドイツに留学し、軍制・軍略を研究しながらドイツ語を磨き、プロシア軍人教育の精神を学ぶ。帰国後は近衛旅団長、第5旅団長を務め、92年2月に休職するが、12月に第1旅団長に就く。日清戦争では第2軍のもとに出征して旅順攻略戦に参加する。講和後は第2師団長となって台湾征討戦

のぐちたない

に赴き、96年に台湾総督に就任した。台湾統治が思うに任せず98年2月に辞任して休職となるも、10月に第11師団長に任命される。1901年5月に休職し、その後は那須野の別荘に籠もる。日露戦争に臨み04年2月に留守近衛師団長に任命され、5月に第3軍司令官に任ぜられて旅順攻略戦と奉天会戦を闘う。203高地攻略戦をめぐって多くの議論が起こるが、戦後その軍人精神が国際的に評価されて日露戦争の英雄の一人に数えられる。戦後は軍事参議官、宮内省御用掛となり、07年より学習院長を兼ねて裕仁親王（昭和天皇）の教育にも携わる。08年・09年に満州を視察する。11年にイギリス皇帝戴冠式に参列し欧州巡遊をした。12年明治天皇の大葬の日に殉死する。ドイツ留学以降、武士道精神を体現した軍人となるべく修業を重ね、周囲からも尊敬を集めた。
（斎藤聖二）

（参考文献） 宿利重一『乃木希典』（マツノ書店復刻、2004年）、松下芳男『乃木希典』（吉川弘文館、1960年）、大濱徹也『乃木希典』（雄山閣、1967年）。

野口多内 のぐちたない （1876.8.7 - 1945.8.21）

外交官、実業家。新潟県出身。

1896年二松学舎尋常科を卒業。翌年外務省留学生として北京に留学、中国語と時文の修得に努めた。戊戌政変が起こると駐清代理公使林権助等の指示に従って梁啓超の日本亡命を支援。99年保定の蓮池書院に招かれ、同書院附設東文学堂で日本語を教授するかたわら、大儒呉汝綸に師事して経史・文学等の研鑽に励んだ。1900年義和団戦争が勃発すると北京公使館に逃れ義和団と干戈を交えた。同年外務省書記生となり、以後北京公使館、福州領事館、安東領事館にそれぞれ勤務、10年外務省を退職した。その後実業家に転身、『満鮮日報』『満州日々新聞』等の創刊に尽力した。14年開催の東京大博覧会では日華貿易参考館を開設し好評を博した。16年以降奉天（現瀋陽）に留まり満州の開発事業に従事、30年請われて奉天居留民会会長に就任するも、37年には一切の公職を辞して帰国した。帰郷後、自宅に希望書院を開き農村青年の啓発に努めた。
（蔭山雅博）

（参考文献） 野口多内『長江貿易と我が商権』（私家版パンフレット）、野口多内述『内鮮融合の必要性と其の根本対策』（東虹出版、1937年）、林権助『わが七十年を語る』（第一書房、1935年）、新発田市立図書館所蔵野口多内翁関係文書。

野口英世 のぐちひでよ （1876.11.9 - 1928.5.21）

細菌学者。初名は清作。福島県出身。

3歳の時、囲炉裏に転落し左手が不自由になった。1896年に医学を学ぶために上京し、歯科医血脇守之助の援助をうけ済世学舎に通学。97年医師免許を取得。98年北里柴三郎所長の伝染病研究所の助手となり、この年、英世と改名。99年4月には伝染病研究所を訪れたジョン・ホプキンス大学のシモン・フレキスナー教授の知遇を得、翌年の渡米のきっかけをつかむ。同年5月には海港検疫官補として横浜検疫所に勤務。9月に入港した船の中国船員がペスト患者であることを発見、日本の海港検疫における最初のペスト発見となった。同年10月には、清国牛荘でのペスト流行

に対して組織された国際予防委員会の招聘を受けて、北里の推挙により15名の医員に加わって渡清。牛荘の中央医局（普済医院）に勤務し、6ヶ月の契約を終えて他の者が帰国後もなお留任し、政情不穏のためにやむなく翌1900年6月28日に退去するまで、9ヶ月間この職にあって臨床経験と国際経験を積んだ。

（町　泉寿郎）

（参考文献）　奥村鶴吉『野口英世』（岩波書店、1933年）。

野坂参三　のさかさんぞう　（1892.3.30－1993.11.14）

日本共産党議長、衆議院議員・参議院議員。ペンネーム林哲、岡野進等。山口県出身。

1930年代、日本共産党代表としてコミンテルンで活動。中国にいる日本軍兵士に対する宣伝活動を行い、さらに日本軍捕虜に対する工作を行おうとし、中国共産党のコミンテルン代表任弼時の賛同を得、モスクワに来ていた周恩来の帰国に同行し、アルマータ・蘭州・西安を経て、40年3月26日延安到着。延安滞在を秘匿するため林哲と名乗る。前線の日本軍捕虜を延安に集めて、41年5月15日、日本工農学校（日本労農学校）を作り、校長となる。43年3月コミンテルン解散後、その頃、延安に到着したように発表し、名前は岡野進に戻した。野坂は中国共産党の機関紙『解放日報』誌上で、コミンテルンの解散により、民族の利益にかなった政策を断行できると説き、日本では封建的な軍部に反対する人民は極めて広い範囲に及んでいるとして、広範な人民戦線の結成を訴えた。43年7月7日の同紙に載せた「日本国民に告げる書」は戦争反対・軍部打倒をスローガンに掲げ、議会に基礎を置く人民戦線政府の樹立を主張している。44年2月に日本人民解放連盟を結成。

野坂は中国共産党第7回大会で、毛沢東の「連合政府論」、朱徳の「解放区戦場を論ず」に次ぎ、45年5月21日、「民主的日本の建設」と題して報告した。この報告は、諸政派が連合し、人民政府を樹立するよう主張している。加藤哲郎の研究によれば、毛沢東は野坂に手紙を送り、なかなか良い文章だったと評価し、天皇制存廃について、日本人民の意見に委ねようという野坂の考えに賛成し、「日本人民が天皇を不要とすることはおそらく短期間のうちにできるものではないと推測している」と記し、さらに『解放日報』に載せるよう勧めた。実際、同年5月29日付同紙にこの報告は全文掲載されており、当時、野坂が中国共産党幹部の高い評価を受けていたことがうかがえる。

日本の敗戦後、野坂は延安を離れ、中国東北、北朝鮮を経て、46年1月12日博多港に到着。野坂は日本民族の大多数を含む戦線としての民主戦線の結成を提唱した。野坂の民主戦線論を当時の中国共産党は支持していた。49年1月の総選挙で日本共産党は躍進し、35議席を獲得。しかし、50年1月10日、コミンフォルム機関誌『恒久平和と人民民主主義のために』が突如、野坂の平和革命論を批判。同月17日、『人民日報』社説「日本人民解放の道」は野坂の誤りは単純な、偶然起こったものではないと厳しく批判し、議会は闘争における補足手段で、敵を暴露する演壇として使えるだけだと指摘した。中国の批判まで受

け、野坂は自己批判する。その後、レッドパージを受けて地下に潜行し、中国に密航。北京の日本共産党在外代表部（北京機関）で、武装闘争路線を進めた。55年8月帰国し、姿を現す。58-82年、日本共産党議長。ソ連共産党・中国共産党との対立下、宮本顕治らと共に自主独立路線を進める。82年名誉議長。しかし、92年、30年代に日本人同志をスターリンの粛清の際売り渡したとして党から除名された。　　　　　　　　　　（石井　明）

　（参考文献）　野坂参三『風雪の歩み』8（新日本出版社、1989年）、荒木義修『占領期における共産主義運動』（芦書房、1993年）、加藤哲郎「『野坂参三・毛沢東・蒋介石』往復書簡」（『文藝春秋』2004年6月号）。

野津道貫 のづみちつら （天保12.11.5（1841.12.17）-1908.10.18）

元帥、陸軍大将。侯爵。鹿児島出身。

薩摩藩士の次男。薩英戦争に参加し、戊辰戦争では薩摩藩小銃6番隊軍監として功を挙げる。明治4（1871）年5月に新設された御親兵に配属された。1873年陸軍省第2局副長、翌年近衛参謀長心得となり、佐賀の乱の征討参謀長を務める。76年にフィラデルフィア万博へ陸軍使節団として赴く。翌年の西南戦争では第2旅団参謀長として活躍した。戦後は陸軍省第2局長、東京鎮台司令長官に就き、84年・85年の大山巌陸軍卿欧州視察団に参加する。帰国後、天津条約締結のための伊藤博文全権大使随員となった。85年5月に広島鎮台司令官となり、88年師団制移行後もそのまま広島第5師団長を務める。日清戦争には第1軍（司令官山県有朋）隷下で師団を率いて出征し、94年12月に山県の後を継いで第1軍司令官となる。戦後は近衛師団長、東京防禦総督、東部都督を経て1900年から約4年間教育総監に就いた。1894年に軍事参議官となるが、日露戦争に当たり第4軍司令官となって出征する。戦後は再び軍事参議官に戻り、1907年に貴族院議員となった。　　（斎藤聖二）

野々村一雄 ののむらかずお （1913.3.10-1998.1.12）

経済学者（ソビエト経済論）。愛知県出身。

大阪商科大学（現大阪市立大学）卒業後、台湾高雄市商工奨励館に勤務、39年満鉄調査部に入社。資料課を振出しに41年には調査部第1調査室を経て42年2月には調査部付。42年9月に満鉄調査部事件で検挙され、45年5月に懲役2年執行猶予3年の判決を受ける。戦後は、中露鉄路調査局上級調査員として勤務後、47年に帰国、大阪市立大学経済研究所、一橋大学経済研究所にあってソビエト経済研究に従事した。　　　　　　（小林英夫）

　（参考文献）　野々村一雄『回想満鉄調査部』（勁草書房、1986年）。

野原四郎 のはらしろう （1903.9.5-1981.1.3）

歴史研究者。北海道出身。

1930年東京帝国大学東洋史学科卒業後、東大の史学会委員となる。翌年、東洋文庫で亡命中の郭沫若と会い、郭の『中国古代社会研究』について話し合う。32年結成された歴史学研究会に参加。34年治安維持法違反容疑で杉並署に逮捕される。38年回教圏研究所研究

員となる。同僚に幼方直吉・蒲生礼一・岡林辰雄・竹内好がいた。45年3月理由なしに杉並署に逮捕される。46年3月、再建された歴史学研究会の暫定委員となる。4月中国研究所が設立され、常勤研究員となる。50年日本歴史学協会創立に関わる。また歴史教育者協議会評議員となる。57年『歴史評論』の編集兼発行人（編集長）となる。58年文化学院講師、66年専修大学文学部教授になる。72年現代中国学会幹事となる。78年中国建国後初めて訪中し、香港・桂林・長沙・武漢・南京・上海等を訪問した。著書に『中国革命の思想』（竹内好らと共著）、『中国革命と大日本帝国』等がある。　　　　　　　　（馬場　毅）

　（参考文献）「野原四郎先生年譜」（『中国研究月報』396、1981年）、小島晋治「野原先生を悼む―その生涯と中国研究―」（同上）。

野間　清 (のまきよし)　（1907.10.13－1994.7.14）

中国研究者。愛媛県出身。

　1931年3月京都帝国大学法学部卒業後、南満州鉄道株式会社（満鉄）入社、32年4月経済調査会所属、35年満州国実業部臨時産業局に協力して満州農村実態調査に参加する。36年産業部資料室調査班所属、37年4月欧米留学に出かける。39年4月調査部総合課所属。この時期、東亜研究所から依頼のあった中国農村慣行調査について、調査計画案の作成に関与する。41年4月満鉄上海事務所調査役となる。42年9月満鉄調査部事件により関東憲兵隊司令部により検挙される。43年3月満鉄を退職。日本の敗戦後、45年9月、中国の中長鉄路公司理事会調査処に留用され、その後東北自然科学院農学系等の東北各地の機関に留用される。53年8月帰国する。その後中国研究所を経て、57年4月愛知大学法経学部教授となる。著書に『満州国現行租税制度』（満鉄経済調査会、33年）、『中国農村革命の展開』（山本秀夫との共編、アジア経済研究所、72年）等がある。　　　　　　　　（馬場　毅）

　（参考文献）野間清「満鉄経済調査会の設立とその役割―満鉄調査回想―」（愛知大学国際問題研究所『紀要』56、1975年）、同「『満州』農村実態調査の企画と業績―満鉄調査回想の2―」（同『紀要』58、1976年）、同「中国慣行調査、その主観的意図と客観的現実」（同『紀要』60、1977年）、同「『満州』農村調査遺聞（Ⅰ）」（『アジア経済』26－4、1985年）、同「中国農村慣行調査（Ⅰ）」（『アジア経済』27－4、1986年）、同「調査部総合課（Ⅱ）」（『アジア経済』30－9、1989年）。

野村吉三郎 (のむらきちさぶろう)　（1877.12.16－1964.5.8）

海軍大将。和歌山県出身。

　1898（明治31）年海軍兵学校卒業（26期）。日露戦争時は、常盤分隊長、京城丸航海長等を務める。戦後、オーストリア、ドイツに駐在し、アメリカ大使館付武官にも任命されている。1918（大正7）年のパリ講和会議では、随員の一人となった。23年には、第1遣外艦隊司令官として中国（漢口）に派遣。当時の揚子江流域は、孫伝芳等の軍閥が割拠した状態であり、治安は安定せず、しかもこの時期の日本政府の中国に対する政策も一貫性なく難局にあったが、野村は、日本の権益と居

留民保護に気を配り、任務をこなす。帰国後、海軍省教育局長や軍令部次長に就任。26年には中将に進級する。32年に、第1艦隊長官として上海へ派遣（第1次上海事変）。上海では陸軍と協力して中国軍攻撃に参加している。野村は、事変の早期解決を望み、白川義則上海派遣軍司令官らと共に停戦協定の成立に貢献したが、「天長節」を祝う観兵式の会場で爆弾テロにより負傷した。翌年大将に進級。外務大臣にも就任したが、日米開戦直前にはアメリカ大使となり、日米交渉という外交の舞台で活躍する。戦後は、日本の再軍備にもかかわり、参議院議員にもなった。

（山本智之）

（参考文献） 木場浩介『野村吉三郎』（非売品、1961年）。

野村竜太郎 のむらりゅうたろう （安政6.1.25(1859.2.19)－1943.9.18)

逓信省・鉄道院官僚、満鉄総裁・社長、鉄道事業家。大垣（岐阜県）出身。

1881年東京大学理学部土木工学科卒業後、東京府土木課に勤務。93年逓信省鉄道技師、欧州留学を経て、1904年9月逓信大臣清韓両国出張に随行。06年清国に差遣され、西園寺首相の満韓視察に随行。13年5月鉄道院副総裁。同年12月政友会の中核にいた原敬の支持を受けて満鉄総裁に就任。満鉄の機構改革を試みるも、犬塚信太郎理事らの反発を受け、満鉄内紛の責任を取る形で翌年7月には辞任。しかし、原敬内閣が成立すると、19年4月に満鉄社長（総裁を改称）に就任。21年塔連炭鉱事件の責任を取る形で辞任するまで、社内制度改革、鞍山製鉄所の火入れ、撫順炭鉱の拡大、資本増資等々の満鉄事業の刷新・拡充を精力的に行う。その後は、24年東京地下鉄道株式会社社長、25年南部鉄道株式会社社長等々を歴任し、日本国内私鉄会社の発展に尽力した。

（松重充浩）

（参考文献） 蓑洲会編『野村竜太郎伝』（日本交通学会、1938年）、日外アソシエーツ株式会社編集『昭和物故人名録：昭和元年〜54年』（日外アソシエーツ、1983年）、加藤聖文『満鉄全史：「国策会社の全貌」』（講談社、2006年）。

は

萩原守一 はぎわらしゅいち （慶応4.2.27(1868.3.20)－1911.5.25)

外交官。萩（山口県）出身。

旧姓石川と称し、山県有朋にその才幹を認められ、山県が幕末期に萩原鹿之助と称していた頃の萩原姓を継いだ。1895年東京帝大法科大学を卒業、外交官試験に合格、同年、外務省入省。1901年以来、韓国に駐在し、林権助公使のもとで日韓協約の締結等に尽力し、伊藤博文特派大使の信頼を得ていく。06年、米国駐在を命ぜられるが渡米しないまま5月に初代奉天（現瀋陽）総領事に任命された。当時奉天は、日露戦後の満州における軍政撤廃をめぐって陸軍と伊藤博文統監ら文官との間で問題化していた。萩原は伊藤の意を体し、陸軍軍政が過誤があれば日露戦争の戦果や日本の対清政策にも悪影響を及ぼすとして領事館地域にあってはその職域に軍政官の干渉を排除する措置の推進役となった。その奮闘振りは、吉田茂安東領事をして「氏は奉天将軍を威圧すると共に我軍人の横暴を抑制し、軍政撤廃後の善後策は一に氏の双肩に懸かるもの」と評させるほどであった。08年外務省通商局長に就任するが、在職のまま胃癌により43歳の若さで逝去した。　　　（波多野澄雄）

〔参考文献〕 保田政周編『萩原守一氏追懐録』（博文館、1914年）。

橋川時雄 はしかわときお （1894.3.22－1982.10.19）

中国文学者。号、酔軒。福井県出身。

1913年に福井師範学校を卒業後、小学校教員を務めながら著名な漢学者のもとを訪ね歩いて漢学の研鑽を積むうちに、中国留学の渇望を生じ、18年に教職を辞して大連、ついで北京に赴き、共同通信社の翻訳記者、さらに大和倶楽部の書記として務めつつ、北京大学聴講生となって黄節・呉虞・李大釗・胡適らの講義を聴き、五四運動にも接した。21－22年頃、藤原鎌兄の後任として邦字紙『新支那』の主筆となり、22年9月には渡辺哲信が社長を務める『順天時報』社に入社、辻聴花（武雄）を助けて文芸欄を担当し、柯劭忞（かしょうびん）・陳宝琛（ちんほうちん）・辜鴻銘（こうめい）・斉白石・王国維・馬裕藻・馬衡・楊樹達・周作人など、多くの学者や芸術家、また京劇俳優たちと交際した。同僚に松浦嘉三郎がいた。23年に梁啓超『清代学術概論』、胡適『輓近の支那文学』を翻訳した。27年に『順天時報』社から独立し、漢文・日文併載の月刊誌『文字同盟』を発刊、31年まで刊行を続け、日中学術交流の場を提供した。この間、陶淵明研究にも力を注ぎ、『文字同盟』の附刊として『陶集鄭批録』（27年）『陶集版本源流攷』（31年）を出版した。また20年と31年の2度、南方に旅行し、陶淵明ゆかりの地を訪ねたり、学術調査を行ったりした。道中、康有為・葉徳輝（しょうとくき）・章炳麟・張元済・黄侃（こうかん）らと懇談した。28年1月より柯劭忞・瀬川浅之進の推挙によって東方文化事業総委員会に勤務し、北京人文科学研究所の運営と『続修四庫全書総目提要』編纂事業に携わった。同年5月の済南事件により柯劭忞以下中国側委員が総辞職し、事業が頓挫の危機を迎えるなか、服部宇之吉・狩野直喜ら日本側委員を助けて事業を維持し、32年以後は総務委

員署理として事務を統括し、45年の敗戦に至るまで、資金難を含む苦境を乗り越え、事業の完遂に尽力した。編著『中国文化界人物総鑑』(40年)にはその中国における広い人脈が結実している。戦後は京都女子大・大阪市立大・二松学舎大で教鞭を執った。

(内山直樹)

(参考文献) 今村与志雄「橋川時雄」(江上波夫編『東洋学の系譜 第2集』大修館書店、1994年)、今村与志雄編『橋川時雄の詩文と回憶』(汲古書院、2006年)。

橋口勇馬 はしぐちゆうま (文久2.3.15(1862.4.13)−1918.1.11)

陸軍少将。鹿児島出身。

寺田屋事件で刺殺された薩摩藩士橋口伝蔵の長男。1877年に陸軍幼年学校に入学し、その後83年に陸軍士官学校を卒業する(旧6期)。同期に明石元二郎・立花小一郎がいた。近衛歩兵第4連隊付となり、日清戦争には同連隊中隊長として出征し、その後の台湾征討戦を闘う。97年参謀本部出仕に転じ、99年に清国に差遣されて各地を視察する。1900年に北清事変が勃発すると天津領事館で義勇兵を指揮して防御に当たり、臨時派遣隊の来援後は司令官福島安正の指揮下で英米軍付となって北京に進軍する。北京占領後、柴五郎を継いで軍事警察衙門長官に就き、清国人警官教育のために警務練習所を設けるなど治安維持に尽力した。01年11月に近衛歩兵第4連隊付に復し、02年に同大隊長となる。04年、日露開戦に先立ち北京公使館付武官青木宣純に望まれて渡清し、特別任務第4班長として開戦後の遼河の軍橋破壊等ロシア軍後方撹乱工作に従事する。奉天会戦前後には法庫門付近で馬賊隊にロシア軍の背後を突かせた。戦後は関東都督府付となり、06年9月からは連隊長を歴任し、14年5月に歩兵第13旅団長に就任する。17年5月に同旅団を率いて満州・鉄嶺駐屯部隊の任に就くも病を得て帰国し、8月に待命となる。

(斎藤聖二)

(参考文献) 『対支回顧録』下、『東亜先覚志士記伝』下、斎藤聖二『北清事変と日本軍』(芙蓉書房出版、2006年)。

橋本欣五郎 はしもときんごろう (1890.2.19−1957.6.29)

陸軍軍人、陸軍大佐。福岡県出身。

廻船問屋・橋本鶴吉の4男として生まれる。1911年陸軍士官学校卒業(23期)、20年陸軍大学校卒業。参謀本部ロシア班勤務を経て、関東軍司令部付。その後、参謀本部ロシア班長に任命。砲兵中佐となる。桜会を結成し国家改造運動を推進した。三月事件や十月事件にかかわったが、2・26事件では、決起部隊に同情的であり、事件後、予備役に編入されている。しかし37年に日中戦争が勃発すると、野重13連隊長として召集された。当初は、華北に出征して、石屋荘の戦い(北平―太原間)等に参加したが、戦域が華中に拡大すると、杭州湾上陸に参加して南京攻略作戦にも加わった。南京から逃亡する中国兵が乗船した船舶を攻撃する任務中に、英砲艦・レディバード号に攻撃を加えたため、日英間の国際問題に発展した。その後、橋本は、南昌作戦の援護にむかったが、間もなく召集解除とな

った。戦後は、A級戦犯となり、終身禁錮刑となった。　　　　　　　　　（山本智之）

　(参考文献)　田々宮英太郎『橋本欣五郎一代』（芙蓉書房、1982年）。

橋本登美三郎 はしもととみさぶろう （1901.3.5 – 1990.1.19）

　ジャーナリスト、政治家。号は西湖。茨城県出身。

　早稲田大学在学中に雄弁会で活躍し、1925年には「大陸遊説」を実行して台湾・中国・朝鮮を巡る。27年に政経学部を卒業し、朝日新聞に入社。31年の満州事変では特派員として馬占山会見のスクープを報じる。36年からの南京支局長時代に盧溝橋事件が勃発し、戦火の迫る中で最後まで留まって「南京脱出記」を報じた。日本軍の南京占領には一番のりを果たすが、いわゆる「南京事件」については否定的な証言を残している。38年に上海総局次長になるが、40年の東京本社東亜部次長就任により現場記者の仕事を退く。以後大阪本社通信部長、東京本社報道部長、東京本社東亜部長を歴任し、終戦直後に朝日新聞を退社。政治家へ転じる。2回の落選後、49年に初当選して衆議院議員を12期務める。自由党、自民党に所属し、建設大臣、官房長官、運輸大臣、自民党幹事長を歴任。佐藤栄作とは初当選以来親交があった。（近藤秀行）

　(参考文献)　橋本登美三郎『私の履歴書―激動の歩み―』（永田書房、1976年）、阿羅健一『聞き書　南京事件』（図書出版社、1987年）。

橋本虎之助 はしもととらのすけ （1883.6.6 – 1952.1.26）

　陸軍軍人、陸軍中将。橋本昌世（陸軍中佐）の長男。愛知県出身。

　1902年陸軍士官学校卒業（14期）。日露戦争では、旅順作戦を担当した第3軍の司令部付騎兵衛兵長として、乃木・ステッセル会見時には、軍司令官旗と共に水師営におもむいた経験がある。10年陸軍大学校卒業。その後、参謀本部ロシア班長等ロシア関係の職務に従事することが多かった。31年参謀本部第2部長に就任するが、満州事変が発生したため、満州に派遣される。橋本は、事変直後の陸軍中央の会合でも事変には反対せず、しかも現地におもむいて関東軍の推進する新政権運動を促進させる発言をした。翌年には、関東軍参謀長に任命された。37年満州国参議府副議長に任命され、協和会中央本部長にも就任している。敗戦の際は、満州国祭祀府長官で、ソ連進攻に対し建国神廟の「神体」を守りながら、退避中の溥儀に同行したが、奉天（現瀋陽）でソ連軍に捕まり、ハバロフスクに収監された。　　　　　　（山本智之）

　(参考文献)　『日本陸海軍の制度・組織・人事』、臼井勝美『満州事変―戦争と外交と―』（中公新書、1974年）、草地貞吾『将軍32人の「風貌」「姿勢」―私が仕えた回想の将軍たち―』（光人社、1992年）。

長谷川　清 はせがわきよし （1883.5.7 – 1970.9.2）

　海軍軍人。福井県出身。

　医者の家に生まれ、福井中学校を経て1903

年海軍兵学校卒業（31期）。14年海軍大学校卒業（12期）。32年軍縮会議の全権随員としてジュネーブへ出仕、翌年同全権委員となる。34年から36年まで海軍次官を務め、36年の「帝国国防方針」に「南進論」を入れさせるために奔走した。36年12月中国作戦に配備された第3艦隊司令長官に転出、37年7月7日の廬溝橋事件をきっかけに日中戦争が開始されると、8月14日に始まる海軍航空隊による南京その他の主要都市に対する渡洋爆撃を敢行、同年12月13日の南京陥落まで3ヶ月に及んだ南京空襲作戦を発動させ、この間10月支那方面艦隊の初代司令官となった。南京攻略戦に海軍も積極的に参加、12月17日の南京入城式に松井石根と共に参列した。40年から44年まで台湾総督に就任、皇民奉公会運動と太平洋戦争開戦に伴う台湾の「南進基地化」を強力に推進した。　　　　　（笠原十九司）

（**参考文献**）　長谷川清伝刊行会編『長谷川清伝』（1972年）、笠原十九司『日中全面戦争と海軍』（青木書店、1997年）。

長谷川四郎　はせがわしろう　（1909.6.7 – 1987.4.9）

満鉄社員、満州国協和会部長、作家。北海道出身。

法政大学独文科卒、1937年満鉄入社、大連図書館欧文図書係に配属、北京満鉄北支経済研究所資料班外国語係を経て、大連の満鉄調査部第3調査室北方班においてシベリア軽工業部門の机上調査に従事。この頃ロシア文学の翻訳出版を開始。42年満鉄退社、新京（現長春）の満州国協和会調査部入りし協和会住宅に住んだ。内蒙古の調査に当たり、王爺廟、海拉爾（ハイラル）地方を実地調査。翌年協和会布特哈旗（ブテハ）県本部事業部長となり、扎蘭東（ジャラントン）に移る。44年3月召集され、2等兵として海拉爾の18部隊へ入隊、炊事班に配属。協和会における反時局的言動に対する懲罰的召集と言われる。部隊は南方へ転戦するが、ロシア語能力を買われた長谷川は北方要員として残留、ソ満国境扇山の監視哨に配属。部隊は長谷川不在の折にソ連軍の進攻により全滅。博克図（ボクト）の部隊に編入されたのち終戦（終戦時階級上等兵）。斉斉哈爾（チチハル）の収容所を経てソ連領内に移送され50年2月まで抑留。帰国後は『近代文学』その他に作品を発表、捕虜時代の経験を下敷きにした『シベリヤ物語』で作家としての地位を確立。他に協和会時代の経験を反映した『可小農園主人』、18部隊時代の経験を反映した『鶴』『ある画工の話』がある。

（大江洋代）

（**参考文献**）　川崎賢子『彼らの昭和─長谷川海太郎・濬二郎・濬・四郎─』（白水社、1994年）、長谷川元吉『父長谷川四郎の謎』（草思社、2002年）。

長谷川テル　はせがわてる　（1912.3.7 – 1947.1.10）

反戦作家、放送者、国際的平和主義者。ペンネーム「緑川英子」、エスペラントネーム「ベルダ・マーヨ」（Verda Majo）。山梨県出身。

父は東京市役所の土木技師。テルは1929年東京府立第三高女卒、奈良女子高等師範学校国文科に進学。エスペラントを学ぶ。プロレ

タリア作家同盟の大山峻峰と接触したため退学。東京で日本無産階級エスペラント同盟に加入。33年小林多喜二『蟹工船』をエスペラントで抄訳。34年小説「春の狂気」等を執筆、また上海世界語者協会の機関誌『ラ・モンド』の依頼で、35年「日本における女性の地位」を執筆。36年婦人エスペラント連盟発起人の一人。大阪エスペラント協会に参加。この頃、東京高等師範学校数学科への満州国官費留学生劉仁（劉鏡寰・奉天省出身・張学良校長の東北大学予科）と恋愛。父の反対を押し切り、36年結婚。劉仁が抗日救国運動のため上海に戻ると、37年テルは彼を追い4月上海上陸。テルは上海世界語者協会に通いながら反戦文を書き始め、次々と『新華日報』に掲載された。9月日本のエスペランティストへの公開書簡で、この戦争での中国の勝利は「日本を含む全ての極東の被抑圧民族の解放を意味する」と断言。戦争激化により上海を脱出、38年6月漢口に到着。郭沫若の推薦で国民党中央宣伝部国際宣伝処の中央ラジオ局から日本軍兵士への反戦放送を開始。8月「愛と憎しみ」で日本軍国主義者を批判。7月漢口で日中英3国人民による「日本帝国主義の共同打倒」を訴えた。11月日本の『都新聞』に写真入りで、「嬌声売国奴」と書かれる。12月重慶に到着、継続して国際宣伝処で工作、各種反戦集会に参加。全世界エスペランティストに、あらゆる軍需品の対日輸出禁止等を求めた。39年4月「なくなった二つのリンゴ」で日本の侵略・理不尽さと闘うことを表明。5月重慶無差別爆撃を非難する散文詩を発表。40年7月重慶で日本人民反戦同盟総部の成立大会に参加、指導員。周恩来の提言で政治部内に文化工作委員会（主任郭沫若）が設置され、テルは劉仁と共に文化工作委員会に移り、「対敵宣伝」と「敵情研究」を担当。41年周恩来がテルを「日中両国民の忠実な愛国者」と称賛。10月『嵐の中のささやき』を出版。太平洋戦争勃発後、鹿地亘・池田幸子・青山和夫と共に「反戦宣言」（テル起草）に署名。42－43年「日中両国婦人は手を携えよう」等の反戦文を矢継ぎ早に発表。44年文化工作委員会解散、テルと劉仁は東北民衆抗日救亡総会に異動。7月『戦う中国』が出版。8月日本の無条件降伏後、『新華日報』に「永久の和平、民主日本を求める」と執筆。45年『戦う中国で』を出版。劉仁の故郷東北に向かい、46年冬、ハルビンで東北教育委員会委員。47年1月東北行政委員会により社会調査研究所研究員。国共内戦が迫り、安全のためチャムスに退く。東北大学で武漢や重慶等の経験を講義。この時、テルは3人目の子供を妊娠、中絶手術を受けたが、感染症のため、1月10日死去。劉仁も3ヶ月後に後を追った。現在、テル夫妻はチャムス烈士陵園に葬られている。　　　（菊池一隆）

（参考文献）　高杉一郎『中国の緑の星―長谷川テル反戦の生涯―』（朝日新聞社、1980年）、孫金科『日本人民的反戦闘争』（北京出版社、1996年）、長谷川テル編集委員会『長谷川テル―日中戦争下で反戦放送をした日本女性―』（せせらぎ出版、2007年）。

長谷川如是閑 _{はせがわにょぜかん}　（1875.11.30－1969.11.11）

ジャーナリスト、批評家、作家。新聞記事から戯曲、小説まで膨大な作品を著した。近代日本を代表する言論人。本名は萬次郎。東京出身。

1898年東京法学院（中央大学の前身）を卒業、陸羯南の新聞『日本』へ入社するが、陸が経営から離れたのを機に、三宅雪嶺らと共に退社。雑誌『日本人』（のち『日本及日本人』と改題）に入る。1908年、大阪朝日新聞入社、大正期には論説担当となり、大阪朝日を支えるが18年8月「白虹事件」によって鳥居素川らと共に退社、以後は一貫してフリージャーナリスト。自由主義的な議論を展開し続けた。32年に出した『日本ファシズム批判』は発禁となっている。49年文化勲章受章。魯迅の「略論中国人的瞼」（『莽原』第2巻第21・22期合刊、1927年11月25日）は、長谷川の議論に触発されて書いたとされている。

（久保田善丈）

（参考文献）　飯田泰三他編『長谷川如是閑集』全8巻（岩波書店、1989－90年）、田中浩『日本リベラリズムの系譜―福沢諭吉・長谷川如是閑・丸山真男―』（朝日選書、2000年）、銭昕怡「1920年代における長谷川如是閑の中国革命論」（『同志社法学』56―7、2005年）。

長谷川雄太郎 _{はせがわゆうたろう}　（慶応1.4.30（1865.5.24）－1904.3.4）

中国最初の日本語教師。号飛卿。上野（群馬県）出身。

幼少時から英学・漢学を勉強し、20歳の時は漢学教授の職を受託。1888年、中国研究のために渡清し、岸田吟香の上海楽善堂で商売の手伝いをしながら、天津・漢口等を歴遊し、中国語学習と中国事情の研究を続けた。90年に帰国。94年参謀本部に入り、翌年大本営付陸軍通訳官として従軍。日清戦争勃発前に『清国軍備総覧』を著した。戦争終結後、同志の宮島大八らと共に東京に中国語学校を創設しようと計画したが、97年2月、文部省の推薦で清朝官辦の外国語学校である広州同文館へ日本語教師として赴任。以降、同同文館が現地の八旗中学堂に合併された1903年5月までの6年間余りは一人で全うした。中国本土で日本語教育に携わった日本人の第一人者として、草創期の中国人に対する日本語教育の特質と教授法を模索し、教育の現場で『日語入門』という史上初の中国人向けの日本語教科書を作成し刊行した点で、日本語教育史に残した足跡は大きい。

（劉　建雲）

（参考文献）　劉建雲「清末の日本語教育と広州同文館」（『中国研究月報』622、1999年）、劉建雲『中国人の日本語学習史―清末の東文学堂―』（学術出版会、2005年）。

長谷川好道 _{はせがわよしみち}　（嘉永3.8.26（1850.10.1）－1924.1.28）

元帥、陸軍大将。岩国（山口県）出身。

岩国藩剣術師範の家に生まれ、幼少時より剣術修行に努めた。長州藩諸隊の一つ精義隊の一員として戊辰戦争に参加し、明治3（1870）年に大阪兵学寮青年舎に差し出される。1873年に歩兵第1連隊長となり、西南戦争に出征して武名を馳せる。戦後は広島鎮台

の連隊長から参謀長となり、大阪鎮台参謀長、中部監軍部参謀長を務めた。85年秋季フランス軍事演習の参観のために３ヶ月間渡仏し、帰国後は第12旅団長となる。日清戦争では第２軍（司令官大山巌）に所属して金州・旅順で戦功を立てる。日露戦争は近衛師団長として第１軍（司令官黒木為楨）に属して仁川に上陸し、鴨緑江並びに遼陽会戦に臨んだ。その直後に朝鮮駐箚軍司令官に就任する。伊藤博文韓国統監時代に武断的統治方針のもとで活動した。1908年に軍事参議官となり、12年から15年まで参謀総長を務めて朝鮮駐屯２個師団増設問題の渦中の人となる。16年から３年間朝鮮総督としてソウルに戻るが、三一独立運動勃発の責任を取って辞職する。血気に逸る武人そのものの人柄で周囲からも怖れられた。　　　　　　　　　　　　（斎藤聖二）

（**参考文献**）　『東亜先覚志士記伝』下。

畑　英太郎　はたえいたろう　（明治５.７.25(1872.8.28)－1930.5.31)

　陸軍軍人、陸士７期、陸大17期、大将。畑俊六は弟。福島県出身。

　日露戦中は第１軍、次いで第４軍の兵站に従事、渡欧出張経験後、1922年軍務局長に着任して、宇垣派の中心的人材の一人となった。清浦奎吾内閣では中国政策の閣議決定「対支政策綱領」をめぐり、畑は陸軍案として「徒ニ国際協調ニ陥ルコトナク」（『日本外交文書』）と外務省出淵勝次亜細亜局長に強く自主外交を主張して対立したが、28年４月第２次山東出兵の時には、陸軍内の会議において荒木貞夫作戦部長が統帥を押し立てて強硬論を唱えたのに対し、畑陸軍次官は統帥以上に政治の優位を述べ柔軟な態度を示した。エリート官僚ながらリーダーシップに優れていて宇垣軍縮にも協力した。第１師団長を経て、浜口雄幸内閣の時、張作霖爆殺事件後の混迷する満州の状況に鑑み、その実直さを買われて村岡長太郎の後任として29年７月関東軍司令官に就任し、事件後の関東軍の綱紀粛正に尽力したが、着任10ヶ月後旅順において急死した。　　　　　　　　　（波多野勝）

（**参考文献**）　畑英太郎「国家の治乱と士気の消長」（『精神』第３巻第２号、1926年）。

畑　俊六　はたしゅんろく　（1879.7.26－1962.5.10)

　陸軍軍人、元帥、陸軍大将。福島県出身（東京生まれ）。

　陸軍士官学校（12期）、陸軍大学校卒業。パリ講和会議随員等を経て、1923年参謀本部作戦課長兼軍令部参謀となり、帝国国防方針の改定に参画した。野戦重砲兵第４旅団長、参謀本部第１部長、砲兵監等を経て、33年８月第14師団長（チチハル）となり、満州での治安維持・警備に当たる。満州国皇帝即位式にも列席。台湾軍司令官、教育総監等を経て、38年２月中支那派遣軍司令官となる。徐州作戦と武漢攻略戦の二大作戦を指導した。39年５月侍従武官長になる。同年８月、天皇の要望により阿部信行内閣の陸軍大臣となり、米内光政内閣にも留任したが、三国同盟をめぐる対立から、倒閣を導いた。軍事参議官を経て、41年３月支那派遣軍総司令官となる。太平洋戦争開戦に先立ち、「日中和平に至らずとも、思い切って中国戦線を縮小、要所防衛

の必要がある」と東条英機総理大臣に意見具申した。44年春からは、米空軍航空基地覆滅を目的として「一号作戦」（大陸打通作戦）を遂行した。日中戦争における功績に対して、42年3月功一級金鵄勲章を授与される。45年4月本土決戦のため第2総軍司令官（広島）となり原爆投下を受け、罹災者救護と治安維持に尽力した。戦後、極東国際軍事裁判においてA級戦犯として終身刑を宣告されたが、54年10月仮釈放、58年4月に刑が免除された。巣鴨の獄中で、「終戦という言葉で敗戦をごまかすのは間違っており、職業軍人には戦争責任がある」と述べた。また、58年7月偕行社会長。畑英太郎陸軍大将は実兄。

（庄司潤一郎）

（参考文献） 梅谷芳光編『忠鑑畑元帥』（国風会本部、1964年）、伊藤隆・照沼康孝編『続・現代史資料4　陸軍　畑俊六日誌』（みすず書房、1983年）、軍事史学会編『元帥畑俊六回顧録』（錦正社、2009年）。

旗田　巍 はただたかし （1908.11.7 – 1994.6.30）

朝鮮史研究者、東京都立大学教授。朝鮮慶尚南道出身。

1928年に旧制第五高等学校から東京帝国大学東洋史学科へ進学する。朝鮮の土地所有関係史を専攻し、卒業後副手となるが、33年に治安維持法違反の嫌疑で留置され、東大を解雇される。40年から満鉄調査部の慣行班に入り、華北での農村調査である「中国農村慣行調査」に従事し、中国農村社会に関する研究を多数発表する。48年に日本に引き揚げ、大阪の北野高等学校定時制の教員となり、50年より東京都立大学に勤務し、朝鮮史研究を再開し、戦後日本における朝鮮史の碩学となる。戦後岩波書店から、かつて『北支慣行調査資料』と呼ばれた『中国農村慣行調査』を刊行したが、学界では戦前日本の中国侵略の中で生み出された研究成果という一面的な評価が大勢を占めていた。むしろ旗田の中国研究の真価が注目されたのは、彼の晩年期ではあったが、「看青」など中国農村の深部に存在した伝統的要素に関する研究が、「改革開放」以後の現地調査の中で再認識されてからであろう。

（内山雅生）

（参考文献） 旗田巍『中国村落と共同体理論』（岩波書店、1973年）、旗田巍［対談集］『新しい朝鮮史像をもとめて』（大和書房、1992年）。

波多野乾一 はたのけんいち （1890.12.23 – 1963.12.29）

新聞記者、中国研究者。大分県出身。

1912年中国上海の東亜同文書院政治科卒業、翌13年大阪朝日新聞社入社、以後、大阪毎日新聞、北京新聞主幹、時事新報各社で一貫して中国での取材活動に携わり、その後は外務省で中国関係の調査に専念、その成果を多数の著書や訳書として発表して有数の「中国通」として名高かった。特に1932-38年に外務省情報部が毎年秘密文書として内部出版した『中国共産党』（1961年時事通信社から波多野著『中国共産党史：資料集成』として公刊）は、ほとんど知られていない中国共産党の活動実態を解明した当時としては稀有の業績だった。第2次大戦後も、産経新聞論説委員等で活躍した。

榛原茂樹の別名で昭和前期の日本麻雀界をリードし、29年には『麻雀精通』を著わし、「麻雀学」の祖と言われる。また麻雀の縁で、京劇の名優梅蘭芳（メイランファン）と親交があり、中国の演劇にも精通し、『支那劇と其名優』（新作社、25年）、『支那劇大観』（大東出版社、40年）等の著書もある。　　　　　　　　（伊藤一彦）

（参考文献）　江橋崇「波多野乾一（榛原茂樹）と梅蘭芳」（日本健康麻将協会HP、2005年12月）。

秦　彦三郎　はたひこさぶろう　（1890.10.15－1959.3.20）

陸軍軍人、陸軍中将。三重県出身。

陸軍士官学校（24期）、陸軍大学校卒業。満州里機関長、参謀本部ロシア班長、ソ連大使館付武官等、主にソ連畑を歩く。1936年3月陸軍省新聞班長となり、ソ連での体験をもとに『隣邦ロシア』を発表。37年8月歩兵第57連隊長（チチハル）として、ソ満国境の警備を担当、38年7月ハルビン特務機関長、40年3月には関東軍参謀副長となる。42年10月第34師団長（南昌）として、占領地の警備と治安作戦に従事。その後参謀次長、陸大校長を経て、45年4月関東軍総参謀長となる。終戦に際して、関東軍内の徹底抗戦論を抑え、早期の停戦へと導いた。山田乙三関東軍総司令官と共に、ヴァシレフスキー極東ソ連軍総司令官と停戦交渉を行った。戦後シベリア等に抑留され、56年12月最後の帰還船・興安丸で帰国した。　　　　　（庄司潤一郎）

（参考文献）　秦彦三郎『苦難に耐えて』（日刊労働通信社、1958年）。

波多　博　はたひろし　（1885.11.1－没年不詳）

ジャーナリスト、新聞社経営者。大分県出身。

1906年に上海の東亜同文書院の第6期生として入学する。この時、同文書院監督をしていた宗方小太郎に出会う。北京の順天時報社に入社したが、宗方の要請を受けて上海に戻り、14年に東方通信社の創設に関わり実質上の経営者となる。同社が拡大・合併ののち新聞連合社になると上海支局長を務めた。29年11月には上海日報社を井出三郎から5万円で譲り受け、同社社長となる。発行紙の『上海日報』は発行部数3000部（29年）の日刊紙であり、『上海日日新聞』・『上海毎日新聞』と並ぶ上海三邦字紙の一つであった。同社は第2次上海事変によって社屋が全焼し、藤山愛一郎・津田信吾等の協力を得て再建されたが、情報統制の一環で39年1月に他の邦字二紙と共に大陸新報社へと統合された。波多も相談役という名目で同社に移っている。戦後は台湾に移った国民党政府を支持し、要人との交流を維持した。　　　　　　　（古谷　創）

（参考文献）　波多博『中国と六十年』（非売品、1965年）、中下正治『新聞にみる日中関係史』（研文出版、1996年）。

八田与一　はったよいち　（1886.2.21－1942.5.8）

土木技術者。石川県出身。

1910年東京帝国大学工科大学土木科を卒業後、台湾総督府に技手として採用され土木局に勤務。14年技師に昇進、浜野弥四郎技師のもとで台南上水道工事に従事、東南アジア各地の調査ののち、発電・灌漑を担当、桃園の

埤圳（灌漑施設）を設計。16年から山形要助技師の指示により全島水源調査を行い、日月潭の水力発電計画、及び台湾南部の官田渓等を水源として旱魃・排水不良で苦しむ嘉南平原の灌漑事業を構想した。

安東貞美台湾総督、下村宏民政長官によって推進された電力開発・米増産等の産業政策は、18年米騒動が勃発したこともあり、明石元二郎総督時の19年に具体化され、20年に八田の設計・予算案をもとに嘉南大圳の建設事業が開始された。事業は総督府監督下に民営の公共埤圳嘉南大圳組合によって進められ、八田は21年から組合監督課長兼工事課長となり30年の竣工まで建設を指導した。八田は官田渓上流に「セミ・ハイドロリックフィル工法」（半射水法。放水によって岩・砂・粘土で築堤）による堰堤長1273メートルの烏山頭ダムを建設し、1万6000キロメートルに及ぶ給排水路により嘉南平原15万ヘクタールの灌漑施設を完成させた。総事業費は約5413万円うち国庫補助2674万円、他は関係者の受益者負担とし、地元農民等の賦課金、台湾銀行等からの借入れによった。嘉南農民の財政負担と労力提供は巨大なものだったが、八田の案による「三年輪作給水法」（水稲、甘蔗、雑作物の交代給水）と農業技術の向上により嘉南一帯は台湾有数の穀倉地帯となった。

八田はその後、全島の土地改良計画、大甲渓電源開発、土木技術者の養成と地位向上に取り組み、35年には中華民国福建省主席陳儀の依頼により灌漑施設の調査を、40年には日本軍占領下の海南島の調査を行った。42年陸軍省の南方開発派遣要員として大洋丸でフィリピンに向かう途中、米国潜水艦の攻撃に遭って死亡した。

中華民国による台湾接収後、嘉南大圳は台湾人によって維持管理されることになった。46年嘉南農田水利協会（のち同水利会）によって八田夫妻の墓が建てられると共に、国民党独裁下にも地元では密かに八田の銅像の保存が図られた。八田は「嘉南大圳の父」として今日まで追悼会が開催され、民主化以後は歴史的な評価・検証がされるに至った。

（春山明哲）

（参考文献） 邱永漢「台湾の恩人・八田技師」（『文藝春秋』1959年4月号）、古川勝三『台湾を愛した日本人—八田與一の生涯—』（青葉図書、1989年）、胎中千鶴『植民地台湾を語るということ—八田與一の「物語」を読み解く—』（風響社、2007年）。

服部宇之吉　はっとりうのきち　（慶応3.4.30(1867.6.2)－1939.7.11)

漢学者、教育者。号随軒。二本松（福島県）出身。

幼少時に両親と死別、以後叔父服部喜平のもとで育つ。1873年麻布六本木に移住、麻布小学校、共立学校（のちの開成中学校）、第一高等中学校を経て、87年9月帝国大学文科大学に入学、90年7月同哲学科を卒業した。同期に白鳥庫吉・和田萬吉等がいる。

卒業後、文部省に入省、専門学務局に勤務。翌91年第三高等中学校に転出、同校教授として哲学史・論理学等を担当、94年同校が廃校となるや帰京、高等師範学校教授に就任した。97年文部大臣秘書官に転出、翌年依願免官さ

れ再び高等師範学校教授となる。この間、秘書官として文部行政に深く関与する一方、校長嘉納治五郎を補佐して高等師範学校の拡充に努めた。

99年9月東京帝国大学文科大学助教授に就任。漢学研究のため4年間の中国留学を命じられる。うち2年間は教授法及び研究法の研鑽を積むべくドイツ留学することが義務付けられた。早速北京に留学、翌1900年には義和団戦争に遭遇、同地に2ヶ月間籠城した。その際、中国文学者狩野直喜や古城貞吉等と籠城の苦を共にした。義和団戦争が終結した同年9月に帰国、年末にはドイツに旅立っている。

ドイツではライプチッヒ大学に1年、ベルリン大学に1年半在籍した。02年6月本国より帰国命令を受ける。これより早く、清朝政府は京師大学堂（現北京大学）の開校を決定、同学堂仕学館（官吏養成機関）と師範館（教員養成機関）に日本人教習を各々2名ずつ招聘する意向を示した。これに応えて日本政府は人選を重ね、その結果法学博士巌谷孫蔵と法学士杉栄三郎を仕学館に、服部と理学士太田達人を師範館に派遣した。派遣に先立ち、服部宇之吉は東京帝国大学文科大学教授に昇格、同時に文学博士の学位を授けられている。

02年10月服部は中国側と雇用契約を結び、京師大学堂師範館正教習に就任、早速入試業務に参画した。同年12月師範館が開学すると1年次共通科目の論理学と日本語（担当予定の心理学は2・3年次選択必修科目）を教授する一方、正教習として日本人教習の監督、師範館の学務全般の管理に専念した。その一環としてカリキュラムの調整、専門書の収集、教具・教材の作成、実験器具等の整備に努めた。その後、京師大学堂俊秀学生の海外留学が始まると、服部は彼らを第一高等学校へ留学させることを日本側要路者に進言、これを受けた文部大臣菊池大麓、東京帝国大学総長山川健次郎の努力により第一高等学校に中国人留学生特設予科が設置された。この間、服部宇之吉は心理学教科書『京師大学堂心理学講義』（05年）等を編纂、さらに学問研究の成果として『清国通考第一編』『同第二編』（共に05年）を上梓している。

09年1月帰国、東京帝国大学文科大学教授に復帰し、支那哲学・支那史学・支那文学第3講座を担当した。同年10月、服部の京師大学堂での功績が認められ、清朝政府から「文科進士」の称号が贈られた。15年、ハーバード大学日本講座担当教授として渡米、約1年間儒教に関する講義を行った。23年、京城帝国大学創設委員会委員及び対支文化事業調査会委員を委嘱される。翌24年東京帝国大学文学部長、26年には創設間もない京城帝国大学総長を兼務した。28年3月定年により東京帝国大学を退官、名誉教授となる。その後、外務省対支文化事業部の一組織として東方文化学院が設立されると理事長に就任した。

（蔭山雅博）

（**参考文献**）『服部先生古稀祝賀記念論文集』（冨山房、1936年）、柴五郎・服部宇之吉著、大山梓編『北京籠城　付北京籠城回顧録』（平凡社、1965年）、大塚豊「中国近代高等師範教育の萌芽と服部宇之吉」（阿部洋編『お雇い日本人教習の研究』国立教育政策研究所、1988年）。

はっとりしげこ

服部繁子 はっとりしげこ （明治5.4.13(1872.5.19)－1952.7.26）

教育者、歌人。服部宇之吉の妻。東京出身。

帝国大学文科大学教授・文学博士島田重礼の長女。竹橋女学校（現お茶の水女子大学）、及び英語塾として知られる成立学舎女子部に学ぶ。1891年服部宇之吉と結婚。99年夫宇之吉が文部省留学生となり中国留学を命じられるも、繁子はこれに同行せず大崎の実家で留守を守った。翌年義和団戦争が勃発、北京在住日本人がこれに巻き込まれ籠城を余儀なくされると、繁子は夫や知人を案じて多くの和歌を詠みこれを『大崎日記』に付録として収めた。1902年8月、宇之吉の京師大学堂師範館への赴任が決まると、夫と行動を共にした。繁子の北京在住期間における教育文化活動は顕著で、北京日本婦人会の結成に努める一方、中国女子教育の創始に着手するべく、夫と共に清朝政府要路者を訪ね、女子教育機関設立の必要性を説いた。こうした中、05年服部宇之吉・繁子夫妻は中国人篤志家沈均夫妻の全面的協力を得て豫教女学堂を北京に開設、これに中・上流家庭の女子を入学させ、有償で基礎科目と家政学他の専門科目を教授した。開設に際し、繁子は日本から教職経験のある亀田操子と服部升子を招き、八旗高等学堂正教習佐伯信太郎夫人にも授業を依頼している。この他、繁子は東京高等商業学校中国語教員張廷彦等の経営する淑範女学校にも関心を寄せた。同校は主に中・下流家庭の女子を対象に無償で読み・書き・算術等の基礎科目を教授した。同校では粛親王家の家庭教師木村芳子、京師大学堂教習氏家謙曹夫人、さきの服部升子が授業に当たった。服部夫妻は同校の経営に直接関与することはなく、授業の進捗状況を見守ることに徹している。因みに、中国において『女子学堂章程』が発布され、組織的な女子教育が始まるのは1907年以後のことである。なお、「婦人革命家王秋瑾女士の思い出（上）」によれば、繁子は02年京師大学堂総教習呉汝綸の姪、呉芝瑛を介して秋瑾と知り合い、以後交流を始めている。

〈蔭山雅博〉

(参考文献) 服部繁子「北京女子教育談」（『女鑑』16－6、1907年）、同「清国家庭及学堂用家政学」（冨山房、1908年）、同「婦人革命家王秋瑾女士の思い出（上）」（『中国語雑誌』6－1・2・3合併号、1951年）。

服部卓四郎 はっとりたくしろう （1901.1.2－1960.4.30）

陸軍軍人、陸軍大佐。山形県出身。

陸軍士官学校（34期）、陸軍大学校卒業。1939年3月関東軍参謀（作戦主任）となり、辻政信少佐と共にノモンハン事件では強硬派として活躍、事件後その責任を問われ、教官職に左遷される。40年10月参謀本部作戦班長として復帰、41年7月には参謀本部作戦課長となる。太平洋戦争開戦時の作戦準備・指導に当たったが、ガダルカナル作戦の失敗を受け、陸軍大臣秘書官に転出。43年10月再び作戦課長となり「絶対国防圏」設定等に尽力した。太平洋戦争のほぼ全ての期間、軍令の中枢において作戦立案に参画した。45年2月歩兵第65連隊長として中国（宜山）に出征、「一号作戦」（大陸打通作戦）の一環として、

湘桂作戦に参加、連隊の上海上陸以来最大の犠牲を払った。同連隊は45年5月戦線縮小の退却作戦において、中国軍を撃破、第11軍の退路の確保に大きな貢献を行った。復員後は、第1復員局、次いで史実研究所において戦史研究（のちに『大東亜戦争全史』として公刊）を行う一方、「服部グループ」を組織、再軍備に取り組んだ。西浦進・堀場一雄と共に、陸士34期の三羽烏と呼ばれたエリートである。

（庄司潤一郎）

（参考文献） 高山信武『服部卓志郎と辻政信』（芙蓉書房、1980年、のち『二人の参謀』と改題・再版、1999年）。

花岡万舟 はなおかまんしゅう （1895.2.15 – 1945.8.6）

従軍画家。本名・鼻岡（田中＝婿養子後の姓）亀一。岡山県出身。

若くして朝鮮半島に渡り、その後、満州の地勢調査に加わる。一方で大道芸人として大陸各地を回り、絵を描き続ける。中国語が巧みで、中国人「張波」を名乗り、従軍画家として諜報活動に従事する。第1次上海事変（1932年）で、日本兵が敵陣に突っ込んで自爆した武勇伝「爆弾3勇士」をテーマにした大作を描き、「爆弾画伯」と呼ばれる。第2次上海事変（37年8－10月）では連絡員として、南京事件（37年12月）では中島今朝吾第16師団長の案内役として南京に入城した。その後、東京・中野に「忠愛美術院」を開設、傷痍軍人の絵画指導に当たる。軍参謀総長の閑院宮載仁の肖像画を描き、元寇に遭遇した亀山上皇を扱った大作「国難打開」を近衛文麿総理に贈呈した。その人生は小説『敵前潜行』（関沢秀隆著、40年）のモデルとしてもてはやされたが、広島の原爆で死亡した。2009年6－7月、早稲田大学会津八一記念博物館で戦後初の花岡作品展が開催された。

（浜本良一）

（参考文献） 木村久邇典『個性派将軍中島今朝吾―反骨に生きた帝国陸軍の異端児―』（人物往来社、1987年）、『南京戦史資料集Ⅰ　中島今朝吾日記』（偕行社、1989年）。

花田仲之助 はなだちゅうのすけ （万延1.6.10(1860.7.27) – 1945.1.2）

陸軍軍人（歩兵中佐）。社会教育家、満州義軍の創設者。鹿児島出身。

陸軍士官学校出身。日清戦争に従軍。1896（明治29）年2月、参謀本部出仕となり、川上操六次長からシベリア行きの特命を受けた。翌年4月に本願寺布教師としてウラジオストクに入り、東シベリア・満州・蒙古方面を巡り、シベリア鉄道の敷設状況等について偵察した。99年12月に帰国して参謀本部に復帰するが、川上操六総長死亡後の参謀本部の対ロシア策に対して不満を抱き、対露意見書を提出して予備役を願い出た。1901年には国民道徳を涵養する教化団体である報徳会を郷里の鹿児島で創設し、晩年まで報徳会の全国的発展に努め、満州にも巡講して各地に報徳会が組織された。

04年2月、日露戦争が開戦すると予備少佐として召集されて対馬要塞第2区司令官となったが、4月には福島安正少将に呼び出されて大本営陸軍幕僚となり、満州に渡ってロシ

ア軍の後方攪乱・偵察を行う別働隊を現地で組織する特別任務を与えられた。陸軍軍人と玄洋社社員の幹部たちと鴨緑江河口の安東県北方で募兵を行い、6月21日には満州義軍と名乗って靉陽辺門（あいようへんもん）で結隊式を挙げた。しかしレンネンカンプ軍の攻撃を受けてちりぢりになり、7月上旬に再度団練（自警団）を右翼隊に、馬賊を左翼隊として訓練を施し、22日に日本軍と共にマドリトーフ軍を退却させて城廠（かんしょう）を占領した。その後、興京、さらに通化に根拠地を移した義軍はロシア軍と交戦を繰り返し、日本人幹部44名、正兵1200名を数える大部隊となったが、戦争終了によって05年10月27日に同地で解散式を行った。義軍総統の花田中佐は部隊をよくまとめて軍紀の粛正に努めたため、花大人（ファターレン）と呼ばれて現地の人々から厚い信頼を得た。満州義軍は国際法に違反していると考えられ、資料はわずかしか残っていない。　　　　　　　（小林共明）

（参考文献） 山名正二『（日露戦争秘史）満州義軍』（月刊満州社東京出版部、1942年、復刻版、大空社、1997年）。

英　修道　はなぶさながみち（1902.1.17 - 1994.9.9）

大学教授。東京出身。

慶応義塾幼稚舎（小学校）から大学院まで一貫して慶応義塾に学び、大学院では外交面からの中国研究を志した。特に中国をめぐる列国の条約と権益に関心を寄せ、1928（昭和3）年から次々と論文を発表し、それは『満州国と門戸開放問題』（34年）、学位論文となった『中華民国に於ける列国の条約権益』（39年）、『日本の在華治外法権』（43年）となって集大成された。満州事変後雑誌『東亜』に論文「中国側文書より観たる満州事変」を発表、37年から44年にかけて数回にわたり中国を視察し、現地の状況の把握に努め、40年、内閣興亜院嘱託（42年改制により大東亜省嘱託）さらに外務省嘱託として対中国政策に寄与した。大学では東洋外交史を講じ、戦後も論文「山東問題の解決に関する日華交渉」を発表するなど、日中関係への外交史的関心を持ち続け、またアジア政経学会・日本国際政治学会の理事・理事長として活動した。

　　　　　　　　　　　　（池井　優）

（参考文献） 英修道『外交史論集』（慶応義塾大学法学研究会、1969年）。

花房義質　はなぶさよしもと（天保13.1.1（1842.2.10）- 1917.7.9）

外交官。岡山藩出身。

緒方洪庵の塾に学び、慶応3（1867）年洋行、帰国して外国官雇となる。71年柳原前光に随行して清国に赴き、日清修好条規締結交渉に当たり、72年には対馬と釜山に赴き朝鮮国との修好に努めた。73年ロシア公使館書記官となり、榎本武揚公使を輔佐して75年樺太千島交換条約を締結した。76年朝鮮に差遣され、釜山の倭館跡を特別居留地とし、次いで公使として朝鮮に駐在、外国使臣として初めて国王に謁見、日本軍将校を傭聘させるなど積極外交を展開した。82年壬午軍乱により公使館が襲撃を受けると、いったん帰国、再渡して済物浦条約を締結、公使館護衛の名目で駐兵権を獲得した。83年駐露公使、87年農商務次官となる。宮中顧問官、帝室会計審査局

長、91－95年、1901－09年の両度宮内次官を務め、11年枢密院顧問官、日本赤十字副社長、社長を歴任した。　　　　　（吉村道男）

（参考文献）『子爵花房義質君事略』（黒瀬義門編、1913年）。

花谷　正　はなや　ただし　（1894.1.4 － 1957.8.28）
陸軍軍人。岡山県出身。

陸軍士官学校第26期卒。陸軍大学校第34期卒。参謀本部支那研究員として欧州に駐在したのち、1928年関東軍参謀に。31年、同軍司令部付（奉天特務機関員）の時に板垣征四郎や石原莞爾と共に柳条湖事件（満鉄線爆破計画）に関与し、満州事変の端緒を開いた。33年参謀本部付仰付として済南武官に。37年歩兵第43連隊長として日中戦争に出征。39年満州国軍顧問に就任し、ノモンハン事件の指揮を執る。その後、第1軍参謀長として太平洋戦争を迎え、43年に第55師団長としてビルマで第2次アキャブ作戦の指導をした。45年7月、第39軍参謀長に就任し、タイに赴き、第18方面軍参謀長として同国で終戦を迎えた。46年7月に復員。晩年の手記で、満州事変が日本の自衛策ではなく、関東軍の謀略であったことを証言した。　　（澁谷由里）

（参考文献）　花谷正「満州事変はこうして計画された」（『別冊知性』昭和30年12月号、河出書房）。

羽田　亨　はねだ　とおる　（1882.5.15 － 1955.4.13）
東洋史学者、京都帝国大学教授。京都府出身。

1904年第三高等学校卒業後に東京帝国大学入学、白鳥庫吉のもとで支那史学を専攻する。07年に「蒙古の窩闊臺時代の文化」という卒業論文を完成し、京都帝国大学大学院に入学した。転学の背景には、間島問題関連文献についての彼の眼識を認めた内藤湖南の勧めがあったという。09年京大講師、13年助教授、24年教授となり、そして32年文学部長、38年総長となる。

東京でサンスクリットやペルシャ語等を勉強し、京都で南番（ペルシャ）文字を研究し、また20年3月に始まった2年間の欧米留学を半年ほど早目に切り上げて奉天のラマ僧について蒙古語を習い、一貫した語学の研鑽で独自の研究視角を形成した。フィールドワークとして、12年内藤湖南に従い奉天故宮で『満文老檔』・『五体清文鑑』等の写真撮影を行い、20年春から21年夏まで英仏で敦煌文書、西域文書及び回紇文書を調査収集し、28年東方文化事業に関する協議で中国出張の際に景教典『志玄安楽経』を書写し、また35年熱河地方の古蹟を調査し、37年綏遠・南京等を実地調査した。

『大唐西域記』の校訂、『西域文化史』及び『西域文明史概論』の作成等で日本の西域史学の確立に貢献した。また、大阪の財界を背景とした京都帝国大学満蒙調査会からは『満和辞典』、内藤及び鄭孝胥・羅振玉ら満州側学者と一緒に作った日満文化協会からは『清朝実録』等が出版された。内藤が亡くなったあとは対支文化事業委員を担任し、内藤所有の国宝級の漢籍を受け入れるよう武田製薬のオーナーを説得し、戦争末期に無駄なトラブルが起こらないように日本中の中国留学生を

京都に集め、そのために光華寮という宿舎の新築を図った。　　　　　　　（陶　徳民）

（参考文献）『東洋史論叢』（羽田博士還暦記念会・東洋史研究会、1950年）、「羽田亨博士」（東方学会編『東方学回想Ⅳ　先学を語る(3)』刀水書房、2000年）。

浜面又助　はまおもてまたすけ　（1873.4.24－1944.6.22）

陸軍軍人、陸士4期、陸大14期、中将。旧姓楠山。和歌山県出身。

日露戦争中は第12師団参謀、1915年1月参謀本部情報課長となり、田中義一参謀次長の配下となった。以後中国問題に大きく関与していくこととなる。間もなく袁世凱の帝政問題が発生し大隈重信内閣では反袁の空気が高まった。翌年1月支那課長。折から第3革命が勃発したため大隈内閣は3月7日反袁政策を決定、既に秋山真之軍務局長が孫文派王統に支援を始めていたが、その後田中次長、小池張造外務省政務局長を中心に陸軍から奈良武次軍務局長、福田雅太郎参謀本部第2部長、海軍からは竹下勇軍令部第1班長、森山慶三郎第4班長らが参画して反袁包囲網の護国軍、山東の孫文派、満州蜂起の情報分析や政策決定を行う秘密会議が週に2～3度開催された。中支那派遣隊の河元大作大尉をはじめ数多くの現地情報が浜面の手元に集まった。現存する「浜面又助文書」に中国各地に派遣した将校や外務省の報告等がこの時期に集中的に残されているのもこのためである。「奈良武次日記」には秘密会議の開催日と内容が「竹下勇日記」「竹下勇メモ」には電報の写しが数多く残されており「浜面文書」とも一致するものもある。また「田中義一文書」「寺内正毅文書」「立花小一郎文書」等も合わせて読むと反袁政策の実情が判明する。ただ情報収集の中心にいたがために諸報告は残っていても、浜面自身の中国論が明確ではないことが惜しまれる。また第2次満蒙独立運動中止を受けて浜面は川島浪速らと後始末に関与し、上泉徳弥と共に16年9月1日旅順に赴き西川虎次郎関東都督府参謀長等と会見して善後処理に奔走した。18年7月関東都督府参謀長として町野武馬中佐（奉天軍の警察顧問）から情報を入手し、東部蒙古の諜報活動に従軍、21年からはハルビン特務機関長として、ロシア革命後のレーニンの病状やブハーリン、セミョーノフ等ソビエト要人や親日派ロシア要人の情報収集に奔走した。22年中将。

（波多野勝）

（参考文献）　山口利昭「浜面又助文書―中国第三革命と参謀本部―」（近代日本研究会編『近代日本と東アジア』山川出版社、1980年）。

浜口雄幸　はまぐちおさち　（明治3.4.1(1870.5.1)－1931.8.26）

内閣総理大臣。土佐藩士水口家の3男として五台山村（現高知市）に生まれ、浜口家の養子となる。1895年帝国大学（現東京大学）法科大学卒業、大蔵省に入り、専売局長官を経て逓信次官、大蔵次官を歴任、1915年以降衆議院議員当選6回、24年加藤高明内閣の蔵相、第1次若槻内閣に留任、内相に転じた。27年辞職、立憲民政党総裁となる。29年首相。緊縮財政・金解禁を進め、外相に幣原喜重郎

を起用、対欧米協調外交をとり、ロンドン海軍軍縮条約も海軍軍令部等の反対をおしきって締結した。山東出兵等、田中義一内閣の対中国外交には反対で、日本の利権は確保するが、経済的交流に努め、内政には不干渉の立場を主張・推進しようとした。30年10月30日には公文書では「支那共和国」に変えて「中華民国」を用いることを閣議決定したが、ロンドン軍縮条約締結を「統帥権干犯」とみた右翼に、11月14日東京駅頭で狙撃され、重傷を負った。幣原を臨時首相代理とし、31年3月職務に復帰したが、健康悪化のため4月に辞職した。経済政策では失敗したが、政治システムとしては、明治憲法下としては最高の体制を構築したと評される。　(久保田文次)

(参考文献)　波多野勝『浜口雄幸：政党政治の試験時代』(中公新書、1993年)、川田稔『浜口雄幸と永田鉄山』(講談社、2007年)。

浜田耕作 はまだこうさく　(1888.2.22 - 1938.7.25)

東洋考古学者、京都帝国大学教授。号は青陵。大阪府出身。

早稲田中学校在学中の1898年秋、東京人類学会の月例会に参加し、東京帝国大学助手時代の鳥居龍蔵の影響を受けた。第三高等学校を経て東京帝国大学、そして同大大学院で西洋史学を専攻。1909年京都帝国大学講師となり、翌年秋、内藤湖南・狩野直喜・小川琢治3教授及び富岡謙蔵講師と共に、北京学部における敦煌発掘の古書と内閣に伝来した古書等を調査した。12年南満州の刁家屯・牧城駅の古墳を調査。13年から2年間欧州留学後、京大新設の考古学講座を担任、17年には初代教授に就任。18年朝鮮総督府古墳調査委員として慶尚北道・南道の古墳群を発掘調査、また文学博士の学位を取得。25年河南省の殷墟と山西省の雲岡石窟等を視察。翌年、原田淑人・島村孝三郎らと東亜考古学会を組織、また中国の学者と提携して殷墟に関する学術調査を行うため東方考古学協会を設立し、中国への留学生派遣も実行した。27年関東州貔子窩の先史遺跡を発掘調査、同年夏から9ヶ月間にわたり米欧を回覧。30年に日本考古学会副会長及び京大文学部長に、31年に帝国学士院会員、33年に日満文化協会理事、37年京大総長にそれぞれ就任。墓地は京都の法然院にある。『通論考古学』(1922年)は、日本最初の考古学概説書である。ヨーロッパの考古学研究方法を取り入れたことや、日本の重要遺跡だけでなく中国・朝鮮半島を含むアジアの遺跡も広く調査したこと等で、近代日本の考古学研究の発展に大きく貢献した。88年に、考古学・歴史・美術等の研究に功績を残した人物に授与される浜田青陵賞が、岸和田市と朝日新聞社により設けられた。　(陶　徳民)

(参考文献)　藤岡謙二郎『濱田青陵とその時代』(学生社、1979年)、「濱田耕作博士」(東方学会編『東方学回想Ⅳ　先学を語る(3)』刀水書房、2000年)。

早川千吉郎 はやかわせんきちろう　(文久3.6.21(1863.8.5) - 1922.11.14)

官僚、満鉄社長。石川県出身。

1887年帝国大学法科大学卒業。89年同大学院農政学研究科修了。90年大蔵省入省。参事官、書記官、大臣秘書官、日銀監理官等を経

て、1900年三井銀行へ。翌年専務理事、09年筆頭常務。14年三井合名会社参事、18年同副理事を経て、20年勅選貴族院議員。21年5月、原敬首相により満鉄社長に任命される。早川は、原敬暗殺後も原の主張である「満鉄第一主義」の実現を図り、松岡洋右を理事に招聘し、長春以北への進出、満鉄の培養線建設、国際運輸会社設立にみられる自動車輸送の拡充、等に尽力。また、日中の「共存共栄は精神的融合に存す」との考えから、文化的施策にも力を入れる。しかし、就任後約1年半後、満鉄沿線巡視中の奉天（現瀋陽）において同地満鉄職員への訓辞中に脳出血で倒れて死亡し、その成果が在職中に十分開花することはなかった。　　　　　　　　　　（松重充浩）

（参考文献）　早川千吉郎「満鉄第一主義と共栄共存」（『満蒙之文化』第27冊、1922年）、芳賀登他編『日本人物情報大系』11（皓星社、1999年）、加藤聖文『満鉄全史：「国策会社の全貌」』（講談社、2006年）。

林　久治郎　はやしきゅうじろう　（1882.10.15－1964.7.23）

外交官。栃木県出身。

早稲田大学卒業後、1906年外交官試験合格。同期に広田弘毅・吉田茂。第1次世界大戦前後の時期に中国在勤し、軍部の外交介入による「二重外交」の弊を痛感し、対華政策の一元化、在満機構の統一の必要性を認識するようになる。しかし、1928年に奉天（現瀋陽）総領事として着任すると、既に済南事件・張作霖爆殺事件が発生し、中国は全国統一の気運を高め同年末には易幟が断行され、林の意に反して日中関係は悪化の度を深め、31年9月18日には柳条湖事件が勃発した。9月19日、林は今回の事件は日本軍による計画的行動であることをいち早く外相宛に報告している。10月25日、関東軍による満州席巻という事態進展をふまえ、林は「軍部の軍事行動以来の策動を封じ、我満蒙発展に対し永遠の基礎を確立せんが為には至急軍部以外の満蒙諸機関（満鉄、関東庁、外務省等）を統一せる機関」を作ることが肝要との意見を提出し、軍部の統制を憂慮しつつ、5・15事件を見届けブラジル大使に転任した。太平洋戦争期には陸軍司政長官としてジャワに勤務した。

　　　　　　　　　　（波多野澄雄）

（参考文献）　林久治郎『満州事変と奉天総領事』（原書房、1978年）、馬場明「林久治郎と石射猪太郎」（『近代日本と中国』下、朝日新聞社、1974年）。

林　権助　はやしごんすけ　（安政7.3.2（1860.3.23）－1939.6.27）

外交官。会津若松（福島県）出身。

会津藩士の家に生まれる。戊辰戦争で官軍に敵対した幕府藩の出身ということで幼少期に苦労を重ね、1887年7月に東京帝国大学法科大学を卒業して外務省に入り交際官試補となる。同年10月に副領事としてチーフー芝罘に赴任、翌88年11月に仁川勤務となり、90年7月に領事に昇格する。92年3月に上海に転勤し、93年11月に1等領事としてロンドンへ転出、日清戦争（94－95年）後の96年9月に（在英）公使館1等書記官となったが、98年1月に清国在勤を命ぜられる。ついで同年12月に帰国

して本省の通商局長の任に就いたが、翌99年6月には特命全権公使となって韓国に赴任した。その後、日露戦争（1904-05年）の前後にわたり伊藤博文を特派大使として韓国へ派遣することに奔走し、同戦争直後の05年11月17日同国外相・朴斉純との間で第2次日韓協約（日本が韓国の外交権を掌握）を締結するなど、当時の日本の対韓政策の遂行に尽力し韓国併合（10年）の基礎を作った。その後、08年6月に駐イタリア大使となるが、16年7月に駐中国公使として赴任し、間島問題や第2辰丸事件等の交渉に当たった他、鄭家屯事件では現地陸軍の行動を戒める発言をしたり、張勲の復辟クーデタではもっぱら段祺瑞を援助して張の復辟を阻止した。つまり「支那（中国）へ三度の御奉公（在勤）」をしたことになる。19年4月に関東長官に発令され、20年には駐英大使として再びロンドンに赴任し、以後6年間に及んで第1次世界大戦後の欧州で過ごす。その間にジュネーブで開催の国際連盟総会への日本代表となったり、日英通商航海条約への補足的条約の調印にこぎつける。25年には宮内省に入って御用掛となり式部長官を経て34年には枢密顧問官となった。以来現職のまま39年6月に死去した。回想録に『わが七十年を語る』（林権助述・岩井尊人編著、第一書房、1935年）がある。　　　（松村正義）

（**参考文献**）　外務省人事課発行『外務省年鑑』（1928年）、外務省外交史料館編『日本外交史辞典』（山川出版社、1992年）、吉村道男『日本外交人物叢書　解説』（同監修『日本外交人物叢書』第26巻、ゆまに書房、2002年）。

林　銑十郎　はやしせんじゅうろう　（1876.2.23-1943.2.4）

陸軍軍人、朝鮮軍司令官、陸軍大臣、総理大臣。白上佑吉は弟。石川県出身。

金沢市士族の長男として生まれ、金沢市尋常師範学校附属小学校、第四高等学校予科、陸軍士官学校（第8期生、歩兵科）を卒業、1897年少尉に任官し歩兵第7連隊付となる。さらに陸軍大学校を卒業するとすぐに日露戦争に従軍、旅順攻防戦で功績を挙げる。以後は順調に昇進し1930年に朝鮮軍司令官となる。翌年9月18日満州事変が勃発すると、関東軍から援軍要請が入り、林司令官は混成1個師団に出動準備をさせ越境を申請するが天皇は許さず、9月21日独断で越境出兵を行った。34年陸軍大臣に就任、統制派・皇道派対立の中で統制派寄りとなって皇道派を排除、37年には短期間ながら首相となる。以後、「越境将軍」として日中戦争のプロパガンダに活躍し、42年には国民運動団体を結集した大日本興亜同盟の総裁となる。　　　（季武嘉也）

（**参考文献**）　『林銑十郎満州事件日誌』（高橋正衛解説、みすず書房、1996年）、宮村三郎『林銑十郎』上（原書房、1972年）。

林　泰輔　はやしたいすけ　（嘉永7.9.26(1854.11.16-1922.4.7)

中国古代学者。名は直養、字は浩卿、別号進斎。下総（千葉県）出身。

香取郡常磐村（現多古町松崎）の素封家に生まれ、初め郷里の朱子学者並木栗水に学び、東京大学古典講習科漢書課前期に学ぶ（1883.9-87.7）。卒業後、第一高等中学、山口高校、

はやしただす

帝大文科大学、東京高等師範学校に教鞭を執り、一時、文部省国語調査委員会補助委員を務めた。その学風は考証学で一貫し、初め朝鮮史を研究し、次いで中国古代史に移り、特に甲骨文字研究に先鞭をつけ、亡命中の王国維・羅振玉と甲骨文に関する応酬があり、白鳥庫吉との間に論争があった。『上代漢字の研究』により文学博士（1915年）。『周公と其時代』により帝国学士院恩賜賞（16年）。18年4月には安陽の殷墟を中国出張中の諸橋轍次と共に踏査し、収集した卜辞資料は東洋文庫に所蔵される。その他に、『論語年譜』『四書現存書目』『漢字要覧』等がある。

（町　泉寿郎）

（参考文献）『支那上代之研究』（光風館書店、1927年）、江上波夫編『東洋学の系譜』第1集（大修館書店、1992年）。

林　董　はやしただす　（嘉永3.2.22（1850.4.4）－1913.7.10）

外交官。佐倉（千葉県）出身。

佐倉藩の蘭方医・佐藤泰然の第5子として出生。幼名は信五郎。文久2（1862）年に幕府御殿医・林洞海の養子となり林董三郎と改名、のちにさらに林董と改める。まずは慶応2（1866）年に幕府派遣の英国留学生としてロンドンに赴き、2年後の明治1（1868）年に帰国。当時の箱館戦争で榎本武揚側に加わって敗れ捕えられるが、同3年に釈放されて翌4年に神奈川県奏任出仕となる。ついで同年11月に外務省7等出仕として岩倉遣外使節に随行し欧米諸国を見聞。1873年に帰国して工部省に入り、82年にロシア皇帝の戴冠式に列席する有栖川宮熾仁親王の随行を命ぜられ、翌83年に帰国。逓信省駅逓局長や内信局長を歴任し、88年に香川県知事、次いで90年に兵庫県知事となり、翌91年6月には外務次官に就任して陸奥宗光外相（第2次伊藤内閣）を補佐。95年5月に特命全権公使として清国に赴き、日清戦争直後の三国干渉をめぐる対清外交を処理。97年に駐露公使となり、駐スウェーデン・ノルウェー公使も兼任、99年にはハーグでの第1回万国平和会議に出席する。

1900年2月に林は、駐英特命全権公使を命ぜられて赴任、翌01年3月にドイツの駐英臨時代理大使エッカルドスタインから日英独三国同盟案を持ち掛けられる。これが、林の最大限の努力もあって、2年後に英国外相ランスダウンとの間でロシアの南下政策に対抗した専守同盟的性格の第1回日英同盟協約の締結（02年1月30日）に結実する。次いで、日露戦争を終結させるポーツマス講和会議の最中の05年8月に、適用範囲をインドへまで拡大した攻守同盟的性格の第2回日英同盟協約にも、彼はロンドンで調印する。同年11月に駐英公使館の大使館への昇格に伴って彼も大使となり、翌06年3月に帰国。同年5月に第1次西園寺公望内閣の外務大臣に就任した。

日露戦争後の日本外交は、林の多角的同盟の構築という構想のもとに、ポーツマス講和条約で賠償金を取れなかったことで、在日ベトナム留学生の追放を条件にフランスからの融資を受けるため07年6月に日仏協約を結び、次いで翌7月にはロシアからの復讐戦を警戒して、「昨日の敵は今日の友」の文言よろしく第1回日露協約を締結。その功により同年

9月に伯爵。しかし翌08年7月の西園寺内閣の総辞職に伴って外相を辞任、09年に時事新報社の記者に回顧録『後は昔の記』を口述して、翌10年12月に同回顧録を刊行。11年8月には第2次西園寺内閣の成立によって再び逓信大臣に任命され、一時は再び外相も兼任したものの、12年の同内閣の総辞職で逓信大臣を辞任した。　　　　　　　（松村正義）

（参考文献） 寺本康俊『日露戦争以後の日本外交―パワーポリティクスの中の満韓国問題―』（信山社、1999年）、千葉功『旧外交の形成―日本外交1900～1919―』（勁草書房、2008年）、由井正臣校注『後は昔の記　他―林董回顧録―』（平凡社、1970年）。

林出賢次郎　はやしでけんじろう　（1882.8.22－1970.11.16）

外交官。和歌山県出身。

日露戦争中の1905年東亜同文書院を卒業、翌月外務省嘱託に任ぜられ、新疆省伊犁地方視察を命ぜられる。07年4月に帰国復命し、同年6月に外務省通訳生に任ぜられ、在官のまま清国政府に招聘され、翌年2月には新疆省法政学堂及び新疆省陸軍学堂教習に任ぜられる。10年には清国政府からの傭聘は終了するが、その後もわずかな期間の本省勤務ないしは国際会議への出席を除き、41年3月に在中華民国大使館参事官で退官するまで、いわゆる「中国通」の外交官として、奉天・南京・漢口・上海等中国各地の在外公館で勤務した。満州国成立後、32年8月には大使館2等書記官として満州国派遣特命全権大使随員を命ぜられ、同年11月には正式に満州国在勤及び兼任領事として奉天在勤を命ぜられた。33年2月より在官のまま満州国執政府行走（ぎょうそう）（清朝時代の職制で出向者の意味であるが、「行走」の名義は、宮中に自由に出入り可能な高官に与えられる）に、翌年3月には宮内府行走に転じ、38年2月まで務める。その間、満州国皇帝溥儀（ふぎ）及び同国要人と駐満州国大使（関東軍司令官兼任）等日本側高官の会談の通訳を務め、会見録は「厳秘会見録」、「厳会録」等としてまとめられた。外務省の正本が第2次世界大戦により消失したが、林出が保管していた写しが彼の死後87年10月に遺族より外務省に寄贈され、現在外交史料館において一般に公開されている。38年3月に満州国宮内府行走を解かれたのちは、外交官の活動と共に、当時既に日中戦争が始まっていたので日本陸軍の様々な部署の嘱託にも任ぜられ、41年大使館参事官に昇進するが、依願免官。上海同文書院大学学生監等に就任して後進の指導に当たった。18年5月から23年1月まで外務省嘱託兼式部職御用掛を務め、その間22年5月からは宮内省御用掛も務めた。また、戦中、戦後を通じて宗教団体・世界紅卍会（せかいこうまんじかい）日本総会会長も務めた。70年11月16日死去。なお、林出の日記・書簡・メモ類等は遺族より国会図書館に寄贈され、同図書館憲政資料室において閲覧が可能である。　（白石仁章）

（参考文献） 林正和「林出賢次郎「厳秘会見録」について」（『外交史料館報』創刊号、1988年）、NHK"ドキュメント昭和"取材班編『ドキュメント昭和7　皇帝の密約』（角川書店、1987年）。

林　博太郎　はやしひろたろう　（1874.2.4 – 1968.4.28）

教育家・政治家、文学博士。東京生まれ。

祖父は萩藩の志士出身で、枢密顧問官を務めた伯爵林友幸。1899年東京帝国大学哲学科卒業（教育学）、ドイツ留学後、学習院・東京高等商業学校（現一橋大）、東京帝国大学教授を歴任、この間、1907年祖父の死（父は既に死去）により伯爵となる。32–35年、満鉄総裁。何も仕事をしなかった総裁といわれる。帝国教育会長等の他第2次大戦後、高千穂商科大学理事長を務めた。　（久保田文次）

林　房雄　はやしふさお　（1903.5.30 – 1975.10.9）

小説家。本名後藤寿夫。大分県出身。

東京帝国大学法学部中退。プロレタリア作家として立つが1930年に逮捕され転向。第2次世界大戦後に『大東亜戦争肯定論』を書き話題となった。37年9月、中央公論特派員として上海戦線に従軍し、籠城2週間の経験を『戦争の横顔』として発表。40年建国10周年の満州に赴き、また大東亜文学者大会のため南京に赴く。第2次大戦後は「金瓶梅」（『文学界』）、「魔術師」（『サンデー毎日』）、「白夫人の妖術」（『小説と読物』）等中国ものの中間小説を書いている。　（阿部　猛）

(参考文献)　本多秋五『転向文学』（未来社、1985年）。

林　芙美子　はやしふみこ　（1903.12.31 – 1951.6.2）

小説家。本名フミコ。母林キクの婚外子。福岡県門司市生まれ。

母キクは婚外子を3人生んだのち、行商人宮田麻太郎と結ばれ35歳で芙美子を生んだが、芙美子が6歳の時、番頭沢井喜三郎を連れて家出し、「親子」3人で九州各地を行商しながら貧しい放浪生活を送った。1916年広島県尾道市の小学校に入学、22年尾道市立高女を卒業した芙美子は東京の大学に在学する恋人を頼って上京するが、男は卒業後、芙美子との結婚の約束を破り尾道市因島に帰った。芙美子はその後も女中、女工、女給等の職を転々として東京で自活する一方、俳優や詩人との同棲生活を繰り返しながら、「歌日記」はじめ詩や童話を書いて出版社に売り歩いた。26年画学生手塚緑敏と出会い、以後、生涯、生活を共にする。28年10月から2年間、「放浪記」を雑誌『女人芸術』に連載して作家として認められ、翌年6月詩集『蒼馬を見たり』を刊行。30年1月台湾総督府の招待で生田花世らと台湾を講演旅行した。同年7月『放浪記』が出版されてベストセラーとなり、1ヶ月間、多年憧れていた満州・中国を旅行。31年11月から8ヶ月欧州を旅行し、帰途、上海で魯迅と面会した。日中戦争が始まった37年12月、芙美子は毎日新聞特派員として南京占領戦に従軍。翌年9月には内閣情報部編成のペン部隊の一人として漢口攻略戦に従軍。単独行動によって漢口に"一番乗り"し、再び話題となった。40年にも満州に渡り、41年9月には大仏次郎・佐多稲子らと朝日新聞社の委嘱で満州国境各地を慰問旅行し、翌年10月から8ヶ月、報道班員として仏印、シンガポール、ジャワ、ボルネオ等に滞在した。林芙美子の従軍・報道活動は『戦線』（朝日新聞社、38年、中公文庫BIBLIO、2006年）、『北岸

部隊』(中央公論社、39年、『昭和戦争文学全集2 中国への進撃』集英社、64年)等二つのルポルタージュに結晶している。代表作は『放浪記』(前出)の他、『風琴と魚の町』(31年)、『晩菊』(49年)、『浮雲』(51年)等。

(吉川豊子)

葉山嘉樹 はやま よしき (1894.3.13－1945.10.18)
作家。本名嘉重。福岡県出身。

1913年中学校卒業後、400円を持って上京し早稲田の文科に入ったが金を使い果たし、横浜で下級船員となり17年まで務めた。この頃からゴーリキーやドストエフスキーを愛読した。21年無届示威行進の罪で捕えられ、獄中で「海に生くる人々」「淫売婦」等を書いた。26年上京して作家生活に入る。43年満蒙開拓移民として渡満し北安省徳都県双竜泉に入る。しかし、アミーバ赤痢にかかり一時帰国。翌年9月、本・蓄音機・薬等を持って開拓団に戻るが、10月帰国。45年6月また新潟から乗船し7月開拓団に着いた。敗戦により帰国の途中、45年10月徳恵駅(ハルビンと長春の間)で病死した。 (阿部 猛)

(参考文献) 稲垣達郎『プロレタリア文学研究』(新文学書房、1972年)。

速水一孔 はやみ いっこう (慶応2.3.15(1866.4.29)－没年不詳)
外交官。名古屋(愛知県)出身。

1891年、外国語学校を卒業後、外務省留学生として北京に留学。94年4月領事館書記生として上海総領事館に勤務するが、日清戦争の勃発直後、京城在勤に転じ、一時軍務に服した。95年11月上海に戻り、翌96年5月杭州領事館に転任した。その後在米勤務、天津総領事館勤務を経て、1906年7月奉天総領事館在勤となり、遼陽出張所主任として日露戦後の地方経営に当たった。09年10月、新設間もない間島総領事館在勤となり、12年1月から13年6月まで総領事代理を務めた。間島地域には朝鮮民族(及び朝鮮からの移民)が多く、清国・朝鮮が共に領有を主張してきたが、07年朝鮮を保護国(10年に併合)とした日本と清の間で間島協約が成立、清国領が確定した。しかし、中国人と朝鮮人の対立は続き、速水は朝鮮人保護対策に苦慮した。21年無任所領事を依願免官となったが、33年まで嘱託として同省に残った。 (栗田尚弥)

(参考文献) 『続対支回顧録』下。

速水頌一郎 はやみ しょういちろう (1903.3.5－1973.4.18)
海洋学者、理学博士。京都大学教授。大阪府出身。

1924年京都帝国大学理学部地球物理学科に入学、志田順教授(地球物理学)の指導を受ける。31年、日支文化協定に基づいて新設された上海自然科学研究所の研究員として中国へ渡り、46年研究所が解散するまで、中国大陸において地球物理学研究に従事。当初の目的は大陸での重力・地磁気の測定であったが、河川学研究に関心が移り、揚子江の水文学的研究において、乱流理論を用いて浮遊砂の分布の研究等を行った。42年に「揚子江の水理に関する研究Ⅰ～Ⅶ」により京都帝国大学より理学博士の学位を受ける。続いて、黄

河下流域を調査し、黄河の河床は揚子江よりは「動揺」状態にあるものの、根本的には揚子江と同じく「普遍的法則に従った定常状態」にあることを示した。　　　（松田　忍）

(参考文献) 速水頌一郎『海洋時代』（東海大学出版会、1974年）、『京都大学防災研究所年報』第17号Ａ（1974年）、『東海大学紀要』第8号（1974年）。

原口　要　はらぐちかなめ　（嘉永5.1.9（1852.1.29）－1927.2.13）

鉄道技師。原藩（長崎県）出身。

肥前原藩士進藤家の3男として生まれ、明治2（1869）年に原口家養子となる。翌年、藩の貢進生として大学南校に入学、英学を専攻しその後開成学校に進学、1875年に文部省の第1回目の官費留学生として、アメリカン・レンセラ工芸大学に留学、78年に卒業後アメリカの橋梁製造会社や鉄道会社の技術者となった。80年に帰国し東京府の土木技師となる。83年から工部省鉄道局技師を兼務。東京の市区計画及び吾妻橋や現在の山手線の品川・新宿間や中央線新宿・八王子間の建設指導。96年台湾鉄道会社技師長、1905年に東亜鉄道研究会に派遣されて日本の鉄道専門家を率いて中国視察。翌年張之洞の要請に応じて最高顧問として数年にわたり川漢鉄道の路線調査等を実施した。12年1月に孫文に中華民国臨時政府の財政顧問に任命された。1888年日本最初の工学博士に選ばれた。

（李　廷江）

原　敬　はらたかし　（安政3.2.9（1856.3.15）－1921.11.4）

政治家、外交官。盛岡（岩手県）出身。

出身の盛岡藩が明治維新の際に幕府側についたため、「朝敵藩出身」として苦労し、明治4（1871）年に上京するが、学費に窮してフランス人宣教師主催の神学塾に入り、73年には洗礼を受ける。76年には司法省法学校に入るが、79年いわゆる賄征伐事件に関連し、薩摩藩出身の校長排斥運動の首謀者となったため退学処分を受ける。新聞社等を転々としたのち、条約改正に向けて外務卿井上馨が外務省に多くの人材を集めていたので、82年外務省に入省。駐天津領事、在フランス日本公使館勤務といった在外公館勤務を経験し、一時期農商務省に移るが、同省で陸奥宗光大臣の知遇を得た。92年8月第2次伊藤博文内閣が成立し、陸奥が外相に就任すると外務省に復帰し、通商局長に任ぜられ、さらに95年5月には外務次官に就任した。この間陸奥外交の成果とされる条約改正問題、あるいは日清戦争に関して陸奥外相をよく補佐し、また外交官の情実任用は「藩閥の余弊」であるとの信念から外交官領事官制度の確立に貢献した。96年3月、陸奥が病気悪化のため外相の座を退くと、駐韓国公使に転じるが、翌年には外務省を辞し、『大阪毎日新聞』に入社、一時期社長も務めた。1900年頃より伊藤博文を中心とした新党運動が起こると、新聞社を辞して同運動に加わり、立憲政友会が結成されると、総務委員兼幹事長に就任した。また、02年には第7回総選挙に盛岡市より立候補し当選、以後20年の第14回総選挙まで連続8回当

選し、死去するまで衆議院議員の地位にあった。第4次伊藤内閣で逓信相を務め、03年に伊藤が政友会を離党した後は、実質的指導者として西園寺公望総裁を支えた。第1次・第2次西園寺内閣では国内統治の要である内相として、政友会の党勢拡大に活躍。12年にいわゆる「第1次護憲運動」が起こると、長州閥、桂太郎らの切り崩しから政友会をよく守り、政友会との協力を条件に第1次山本権兵衛内閣の成立に尽力し、自ら内相となり主要閣僚を政友会員で固めた。そのため、長州閥、特に元老山県有朋からは忌避された。17年の寺内正毅内閣の成立に当たり、臨時外交調査会が設けられ、政友会総裁に就任していた原も同調査会への参加を要請されたので、受諾した。同調査会において、原は寺内内閣の段祺瑞を中心とする北方派政権への援助を中心とした対中国政策を激しく批判した。また、対米関係を重視し、当初シベリア出兵には牧野伸顕とともに反対したが、アメリカからの共同出兵が提議されると、あくまでアメリカが提案する範囲の限定出兵という条件付きで賛成した。シベリア出兵に端を発する米騒動により寺内内閣が倒れると、元老山県もついに原を首相に推さざるをえなくなり、18年9月原は首相に就任し、外・陸・海相以外全て政友会員による本格的政党内閣を組織した。外交面では、内田康哉を外相に据え、対米関係重視を基調としつつ、対米関係と不可分であった対中外交そのものの転換を図った。すなわち、対中外交における軍と外務省の二重外交を排する方針で臨み、成立1ヶ月後の閣議では対中単独借款の廃止及び西原借款の整理を決定し、中国北方派への援助停止と外務省のもとに対中外交機関を統一する方向に進んだ。また、中国に対する四国借款団へ参加し、列強との協調の枠組みのもとで対中関係の改善を模索した。それ故に、原外交はのちのワシントン体制に合致する、あるいはのちの幣原外交の原型とも評価される。他方、シベリア出兵に関しては縮小するが継続の姿勢で臨み、国内的には選挙法改正に当たり、投票者の拡大には賛成したが（直接国税3円以上の納税者）、普通選挙には反対し、また社会運動には弾圧の姿勢で臨んだため、ワシントン会議直前の21年11月4日、東京駅で鉄道省職員により刺殺された。　　　　　　（白石仁章）

(参考文献) 　千葉功『旧外交の形成』（勁草書房、2008年）、原奎一郎・林茂編『原敬日記』全6巻（福村出版、1965–67年）。

原田十吉（重吉） はらだじゅうきち （慶応4（1868）–1938）

農民。日清戦争で金鵄勲章を貰った兵士。重吉の名で知られる。三河（愛知県）出身。

三河国東加茂郡豊栄村日明（現豊田市）の貧しい農家に生まれた原田十吉は、1888年志願兵として歩兵第18連隊に入り、90年歩兵1等卒として満期除隊となったが、94年日清開戦に当たって応召、平壌攻撃の時、玄武門攻略に武勲を挙げ一躍英雄になり金鵄勲章の栄誉に輝いた。「原田重吉玄武門破りの図」等として錦絵にも描かれ、戦後、除隊した十吉は、この玄武門破りを演ずる壮士芝居にも自ら出演し喝采を浴びたという。

今日、原田重吉の名前でよみがえる人物像

は、萩原朔太郎が1935年に書いた「日清戦争異聞（原田重吉の夢）」を通じてである。これによると、壮士芝居に出た後の重吉の生活は次第に荒み、やがて酒と博打に身を持ち崩してルンペンになり無惨な路上での死を迎えることになっている。しかし実際の十吉は、日露戦争にも応召し、ルンペンにもならず、晩年はむしろ資産家であった。萩原の重吉像は反戦思想の産物である。　　　（野村乙二朗）

（**参考文献**）　関泉野史『原田重吉（征清勇士）』（1895年）、萩原朔太郎『日清戦争異聞（原田重吉の夢）』（1935年）、樋口覚『日清戦争異聞　萩原朔太郎が描いた戦争』（青士社、2008年）。

原田淑人　はらだ よしと　（1885.4.5 − 1974.12.23）

考古学者。東京出身。

1908（明治41）年東京帝国大学史学科卒業。14（大正3）年同大講師、21年助教授、38（昭和13）年教授に就任。白鳥庫吉の下で東洋史を学んだのち考古学に関心を寄せ、東大国史学科の黒板勝美、京大考古学科の浜田耕作や梅原末治と共に調査活動を開始した。以後東大の考古学研究は原田主宰の東洋考古学と理学部人類学教室の先史考古学とに二分される。東洋考古学上の原田の業績は、楽浪郡関連の調査と東亜考古学会の調査の二つに集約される。外務省文化事業部の支援を受けた東亜考古学会が行った旅順牧羊城の調査（28年）は、楽浪郡関連の調査と共に漢代の遺跡研究に先鞭をつけたものであり、中国本土の様相が未解明に近かった当時、国際的にも注目を受けた業績であった。その後渤海上京竜泉府（33・34年）、元上都（37年）、北魏平城（38年）、邯鄲趙王城（40年）、遼陽漢墓（41・42年）、曲阜魯城（42・43年）の調査を行ったが、敗戦と共に大陸における調査も終了した。約30年続いた調査の成果は原田自身や弟子の駒井和愛によって公刊されている。

（林　直樹）

（**参考文献**）　原田淑人・田沢金吾『楽浪』（東京帝国大学文学部、1930年）、原田淑人・駒井和愛『牧羊城』（東亜考古学会、1931年）、同『東京城』（東亜考古学会、1939年）、同『元上都』（東亜考古学会、1941年）。

坂西利八郎　ばんざい りはちろう　（明治3.12.16（1871.2.5）− 1950.5.30）

陸軍軍人。中国名班志超。和歌山県出身。

1891年陸軍士官学校卒（2期）、1900年12月陸軍大学校卒。参謀本部で中央アジア情勢を担当していたところ、02年北京での中国研究を命じられ、公使館付武官の青木宣純のもとで働くことになる。ロシアに対抗するために中国との提携をめざし、03年にはロシア留学準備のための語学研修と称して、満州におけるロシア軍の状況を約半年にわたって偵察した。04年清国応聘武官として袁世凱の顧問となる。袁に対して通訳なしの中国語で会話することを申し入れ、中国服を身に着け、頭も弁髪にした。やがて袁世凱の信頼を獲得し、班志超という中国名をもらい、軍事問題だけでなく政治問題についても助言を求められるようになった。08年、顧問の応聘契約が満期となり、ヨーロッパを視察したのち、砲兵連隊長を務めていたが、11年辛亥革命が勃発し、一時失脚していた袁世凱が政界に復帰すると、

再び北京に派遣された。現地の状況を観察して、坂西は清朝の崩壊は避けられないと判断した。袁世凱が共和国の大総統になったのちも坂西は袁に密着し、日本と袁とを結ぶ非公式チャネルとしての役割を務めた。袁は、坂西に日本陸軍とのパイプ役を期待した。16年、袁が帝制運動を起こし、日本は政府も軍もこれに反対したが、坂西は袁を支持し続け、袁の急死後も、その衣鉢を継ぐ北洋軍閥との密接な関係を維持した。北洋軍閥を基盤とした段祺瑞政権が登場し、これを援助すべく寺内正毅内閣が巨額の政治借款を供与しようとした時、その交渉のために北京を訪れた西原亀三（寺内首相の腹心）を中国要人に紹介したのは、坂西である。中国の南北対立の中で、青木宣純が南方派の軍人たちに接近したのに対し、坂西は北方派の段による武力統一を支持した。だが、日本では坂西が推進する援段政策に対する反対が強まり、日本の借款によって編成された「参戦軍」を近代的な軍隊に育成するという坂西の思いも、挫折した。27年、予備役となり帰国。それまで15年以上にわたって北京に駐在した坂西は、先輩の青木と並ぶ陸軍「支那通」の先駆的存在であった。坂西公館と呼ばれた彼の邸宅は、中国における情報活動の一大拠点となった。ここから土肥原賢二や岡村寧次など次代の「支那通」たちが育っていった。帰国後は貴族院議員に勅選された。日中戦争が始まってから約1年後、近衛内閣が、国民政府に代わる新中央政権樹立工作を実行するため、五相会議直属の「対支特別委員会」を設置したとき、坂西は宇垣一成外相の推挙によりそのメンバーとなっている。 (戸部良一)

（参考文献） 土肥原賢二刊行会編『秘録土肥原賢二』（芙蓉書房、1972年）、山本四郎編『坂西利八郎書翰・報告集』（刀水書房、1989年）。

半沢玉城 はんざわたまき （1887.3 － 1953.1）
ジャーナリスト、外交評論家。宮城県出身。医師・半沢玄益の3男として生まれる。日本大学に在籍したものの卒業せずに、『東京日日新聞』社の記者を経て、軍部方面に太い人脈を持った『やまと新聞』社に移り編集局長となる。次いで1918年頃、同新聞社を去って外交政策や国際問題の専門誌だった『外交時報』社に転じ、20年4月に同誌の発行者兼編集人となり、翌21年には同社の第4代社長に就任、43年12月にその座を辞するまで彼の社長在任期間は23年の長きにわたった。その間、日米間の緊急かつ最大の係争点であった中国問題をめぐって、『外交時報』誌（1911年以降は月刊誌から半月刊誌へ拡張）の主筆としてほとんど毎号にわたり長文の巻頭「時論」を執筆し続けた。そして、かつて培った人脈を活かして軍の上層部からの寄稿を募ることにも成功し、同誌を対外問題に関心を有する人々から常に注目される外交評論誌へ発展させた。なお、半沢は25年までに3度に及び中国を旅行している。18年に日本大学の「推薦校友」となる。太平洋戦争後の1953年1月に死去した。 (松村正義)

（参考文献） 伊藤信哉「20世紀前半の日本の外交論壇と『外交時報』(5)」（『松山大学論集』21－1、2009年）、岡本俊平「日本知識人の米中関係観―石橋湛山と半沢玉城―」（細谷千博・

ひ

稗田憲太郎 ひえだけんたろう （1898.10.22 – 1971.2.13）

医学者（病理学、寄生虫学）、医師。長崎県（壱岐）出身。

1920年南満医学堂（満州医科大学の前身）を卒業後、九州帝国大学等に留学、26年医学博士、満州医科大学助教授、27年米国ジョン・ホプキンス大学留学、32年満州医科大学教授となる。急性伝染病と満州地方病を研究、宮入賞・桂田賞受賞。撫順炭鉱のマラリアを調査。45年日本の敗戦後、中国の医学建設への協力と日本の国柄を見直すため、太行山脈山中で八路軍と共に生活、華北医科大学の招聘外国人教授兼医学研究所主任として、病理学・寄生虫学・解剖学等の教育研究に当たる。学生・村民・中国共産党と接触する中で哲学と思想を学び、医学思想の確立を志す。瀋陽の中国医科大学、天津第一軍医大学でも教鞭を執り、上海・大湖で日本住血吸虫病の調査にも従事し、53年帰国。久留米大学教授、医学部長を経て60年退職。久留米組織再生研究所を設立、肝硬変治療のための生物製剤ラエンネックを開発した。62年日本学術会議の日中医薬学交流団団長として訪中した。

（春山明哲）

（参考文献） 稗田憲太郎「中国における医学をめぐって—八路軍に医学を教え、八路軍に学んだ記録—」（『アジア経済』11 – 9、1970年）、同『医学思想の貧困——一病理学者の苦闘—』（社会思想社、1971年）。

日置 益 ひおきえき （文久 1.11.20 (1961.12.21) – 1926.10.22）

外交官。伊勢（三重県）出身。

1888年帝国大学法律学科卒業。89年ニューヨークを振出しに、ワシントン、ロシアに在勤したのち、94年韓国に、1900年清国に転じた。当時は義和団事件直後で小村寿太郎公使のもとで同公使を輔佐するところ多かった。中国在勤中、日清通商航海条約及び関税改正条約交渉に尽力し、特に後者については前後20ヶ月にわたる折衝を重ねて調印に至らしめた。03年再び米国、06年ドイツ大使館に勤務、08年特命全権公使として南米チリに赴任。ペルー・アルゼンチン公使を兼任した。日置は本省勤務はほとんどなく海外勤務に終始した。14年中国公使として加藤高明外相のもとで、いわゆる対華21ヶ条要求を中国の袁世凱に提出し難交渉に当たった。本国政府の方針が確乎としたものではなかったので、現地の公使として少なからざる苦労を払った。17年帰国を命ぜられ、翌年スェーデン公使、20年ドイツ大使となる。25年10月北京で関税特別会議が開かれると、日置は首席全権として特派され、中国に対して友誼的考慮を加えることを声明した。同会議は再三停頓状態に陥り、中国内部の政治的不安定もあり、翌年7月無期休会に入った。日置も健康を害し帰国して静養に努めたが26年10月死去した。

（吉村道男）

東久邇宮稔彦王 ひがしくにのみやなるひこおう （1887.12.3－1990.1.20）

皇族。大将。京都府出身。

日本の陸大を1914年卒業、渡仏してフランスの陸大を22年に卒業、そのままパリに滞在して自由主義的気風を経験していたが、大正天皇の死去と共に帰国した。陸軍航空本部長を経て第2軍司令官として中国に赴任、太平洋戦争中は防衛総司令官のかたわら欧米との技術力の決定的な差を感じて興亜工業大学（千葉工業大学）の創設に尽力し、航空技術の発展に寄与した。元来日米戦争に消極的だったこともあり戦局不利の中、反東條運動に傾斜していった。戦後、初の皇族内閣を組織して早期の武装解除を行い、9月には有名な「1億総懺悔論」というべき国会演説を行った。軍の武装解除等急速な改革を迫られる中、GHQは日本の責任追及の準備に取りかかり、10月4日に「政治的・民事的・宗教的自由に対する制限撤廃の覚書」を明示して責任の所在を迫り、これに窮した東久邇宮内閣は在任54日間という組閣最短で総辞職した。

（波多野勝）

（参考文献） 東久邇宮稔彦『東久邇宮日記・日本激動期の記録』（徳間書店、1968年）、同『私の記録』（東方書房、1947年）。

菱刈　隆 ひしかりたかし （明治4.11.16(1871.12.27)－1952.7.31）

陸軍軍人、陸軍大将。鹿児島県出身。

陸軍士官学校（5期）、陸軍大学校卒業。日清戦争及び日露戦争に出征。第4師団長、台湾軍司令官等を経て、1930年6月関東軍司令官となる。31年8月軍事参議官に転出直後に、満州事変が勃発した。33年7月再び関東軍司令官兼満州国大使となる。34年3月満州国は帝政となり、溥儀は皇帝になるが、菱刈は溥儀や鄭孝胥総理と親交を持った。のち在満機構改革問題により軍事参議官に転出。35年8月予備役に編入。39年7月大日本忠霊顕彰会会長。戦後48年に公職追放されるが、52年に解除された。

（庄司潤一郎）

（参考文献） 西川禎則編『大将伝　陸軍編』（建軍精神普及会、1941年）、額田坦『陸軍省人事局長の回想』（芙蓉書房、1977年）。

日高信六郎 ひだかしんろくろう （1893.4.10－1976.6.18）

外交官。神奈川県出身。

1893年に高橋進の次男として現在の横浜に生まれる。98年に福岡市の日高茂樹の養子となり、修猷館中学に学び第一高等学校を経て、1919年3月に東京帝国大学法学部を卒業。同年10月に高等試験外交科試験に合格して同年11月に外務省に入り、条約局第2課に配属された。20年9月に外交官補としてフランスへ赴任し、21年1月に国際連盟第1回総会に出席、23年2月にスウェーデン公使館に転勤し翌3月に3等書記官となる。24年1月に本省へ戻ってアジア局に勤務するが、27年4月に再びフランス勤務となり28年6月に2等書記官となった。33年3月に中華民国へ転出して公使館1等書記官兼総領事として南京に在勤し、翌34年3月に帰国して本省の人事課長となるが、37年4月に在中華民国大使館参事官として再び南京に赴任した。同年7月に日華

事変が起こり南京が日本海軍機の爆撃を受けるようになったため38年３月に上海へ移り、同地総領事として勤務し同年12月に帰国した。次いで新設された興亜院の経済部長となったが、40年４月に大使館参事官として３度目の南京勤務へ赴き、翌41年３月に中華民国駐剳特命全権公使となった。太平洋戦争勃発後の43年３月に特命全権大使としてイタリア駐剳を命ぜられ、同年４月にローマに着任する。同年９月に同国改変のため北イタリアへ移ったが、45年５月の独伊軍の降伏により連合軍に抑留されて、終戦翌年の46年３月に帰国し、同年９月に公職追放となった。51年８月に追放解除され、55年９月に外務省研修所長となり、59年６月に辞職した。青少年期から登山を趣味として国内外の多くの各地で登山を試み、58年には日本山岳会会長となった。著書に『朝の山　残照の山』（二見書房、69年）がある。

（松村正義）

（参考文献） 外務省人事課『外務省年鑑』（1953年）、外務省外交史料館編『日本外交史辞典』（山川出版社、1992年）。

火野葦平 ひのあしへい （1907.1.25－1960.1.24）

小説家。本名玉井勝則。福岡県出身。

若松港（現北九州市若松区）石炭仲仕「玉井組」の親分玉井金五郎の３男２女の長男として生まれる。1919年小倉中学（現福岡県立小倉高等学校）入学、23年第一早稲田高等学院進学、翌年童話集『首を売る店』を自費出版。26年早大英文科に進学、同人誌『街』を創刊、28年福岡第24連隊に幹部候補生として入営中、隠し読んでいたレーニンの翻訳書を発見され、降等されて伍長で除隊した。大学に戻らず「玉井組」に入り、30年結婚、31年沖仲仕労働組合を結成、32年上海事変中の上海に「玉井組」50名の仲仕と共に派遣され石炭荷降ろしに従事したが帰還後、赤化分子容疑で若松署に留置された。後年の作品『魔の河』（『群像』57年９月号）はこの時の上海体験を描いている。

37年９月に『糞尿譚』を書き、小倉第114連隊に応召入隊し杭州湾上陸作戦に従い、翌年２月『糞尿譚』で第６回芥川賞を受賞した。戦地での陣中授与式後、中支派遣軍報道部に転属、徐州会戦に従軍して『麦と兵隊』（『改造』38年８月）、『土と兵隊』（『文藝春秋』同年11月）、『花と兵隊』（『朝日新聞』同年12月から翌年６月まで連載）の「兵隊３部作」等を発表している。敗戦１ヶ月後にはエッセー「悲しき兵隊」を『朝日新聞』に発表し断筆を宣言する一方で、48年占領軍により戦争協力者追放の処分を受けた。

50年追放解除後は55年に中国側の招待で訪中した際の旅行記『赤い国の旅人』（『群像』55年10－12月号、単行本は朝日新聞社、同年）を発表、中国に対する贖罪感と人民共和国及び同国を崇拝する同行者に対する違和感を綴った。60年１月24日自宅の書斎で死去、当初は心臓発作と言われたが、13回忌の際に遺族により「死にます。芥川龍之介とはちがふかも知れないが、或る漠然とした不安のために」という遺書が公表された。逝去の年の５月、戦争末期から敗戦直後の心境を描いた『革命前後』及び生前の業績により日本芸術院賞を受賞した。

38年2月には南京事件を描いた小説『生きてゐる兵隊』が発売禁止となりその著者の石川達三が禁固刑を受ける一方、同書は中国で繰り返し翻訳された。これに対し同年8月発表の『麦と兵隊』は末尾で降伏した捕虜の殺害等も描いていたものの、日本では「戦争文学の最高峰」と絶賛され、火野は「国民的文学者」と称されるに至る。日中戦争開戦の翌年に発表された両作の運命は明暗を分け、「日本における火野葦平賛美と中国における石川達三賛美とは表裏一体」(杉本正子)であった。　　　　　　　　　　　(藤井省三)

(参考文献) 池田浩士『火野葦平論』(インパクト出版会、2000年)、杉本正子「石川達三「生きてゐる兵隊」論」(杉野要吉編著『交争する中国文学と日本文学』三元社、2000年)。

日野熊蔵 ひのくまぞう　(1878.6.9 – 1946.1.5)
陸軍軍人。発明家。熊本県出身。

1898年陸軍士官学校卒業。陸軍技術審査部に勤務するかたわら、1903年日本亡命中の孫文が東京青山に秘かに設立した革命派私費留学生教育を目的とする革命軍事学校の校長に就任。軍事学の基本から用兵・戦術の具体策を教授。第1期生14名のうち、胡毅生・黎仲実は辛亥革命で名を成した。軍事学校が4ヶ月で閉校後も中国革命援助を秘かに続け、中国同盟会結成後06年の武装蜂起に無償で、発明した「日野・小室式拳銃」(8連発)や「日野式擲弾」を提供。当局に危険視されたためか、辛亥革命勃発後、福岡の連隊へ左遷された。1910年、東京・代々木練兵場で、日本最初の公開飛行に成功した。16年陸軍中佐。著書に『空軍無き日本―時局に関する航空軍事の大観―』(翼輪社出版部、1935年)がある。
　　　　　　　　　　　　　(藤井昇三)

(参考文献) 渋谷敦『日本初のパイロット日野熊蔵伝』(熊本・たまきな出版舎、1977年、改訂版、2006年。

日野　強 ひのつとむ　(慶応1.12.7 (1866.1.23) – 1920.12.23)

陸軍大佐。伊予(愛媛県)出身。

愛媛県師範学校を出て大阪にて小学校の教鞭をとっていたが、1885年教導団に入り軍人となる。89年に陸軍士官学校を卒業する。同期には奈良武治・西川虎次郎・斎藤季治郎・土井市之進・晴気市三・石光真清らがいる。その後歩兵第12連隊付になり、日清戦争は第1軍(司令官山県有朋)隷下で闘い功があった。戦後は歩兵第43連隊付、台湾守備大隊付、近衛歩兵第2連隊付を経て1902年に参謀本部出仕となって満韓方面のロシア軍に関する調査を下命される。義州を拠点に多くの情報を収集し、日露開戦後は第1軍(司令官黒木為楨)司令部付となり、鴨緑江岸における作戦補助を受け持った。その後第1軍第2師団第15旅団歩兵第30連隊隷下の大隊長として闘い、翌年5月に大本営幕僚付となったのち、後備第2師団副官として満韓国境地域に派遣される。06年8月に清国からインドにかけての調査を下命され、1年4ヶ月に及ぶ旅行を敢行した。その記録は『伊犁紀行』として刊行された。08年に近衛歩兵第2連隊付、12年には参謀本部付となって陝西省・甘粛省で情報収集と工作に当たる。その時第2革命に会して

李烈鈞を亡命させるなど革命派への援助を積極的に実施した。13年に帰国すると予備役に入り、中国に戻って実業界で活動を始めた。粛親王や黄興とも親交を結んだ。

(斎藤聖二)

(参考文献) 『対支回顧録』下、『東亜先覚志士記伝』下。

日森虎雄 <small>ひもりとらお</small> （1899－1945.3.10）

新聞記者。熊本県出身。

1922年上海に渡り、西本省三の春申社に入社。28年上海日日新聞記者となる。のち、上海で日森研究所を主宰し、中国共産党関係の資料や文献を収集し、それを翻訳して「日森情報」として日本の諸機関に提供した。多くの中国情勢に関心を持つ人士が日森のもとを訪れている。36年、中国情勢視察旅行中の風見章は上海で抗日映画「迷える子羊」を見る。日本の手先たる漢奸が出てくる場面での観衆憤激の気勢に息づまる思いをするが、同行した日森から、上海で上映の場合は、日本に気兼ねして、日本の暴虐を訴える場面がずいぶんカットしてあるのだという解説を受けている。風見は日森について、長く上海にあって、中国問題の研究に身をゆだね、その見識はすぐれていた、と評している（風見章『近衛内閣』中公文庫、1982年）。45年、軍部との関係が悪化して帰国。同年3月10日の東京大空襲で焼死した。

(石井 明)

(参考文献) 日森虎雄編著『中共二十年史：自一九二〇至一九四〇年』（上海：日森研究所、1942年）。

平岡浩太郎 <small>ひらおかこうたろう</small> （嘉永4.6.23(1851.7.21)－1906.10.24）

実業家、政治家。福岡出身。

平岡家は福岡藩家老職加藤家家臣で、浩太郎は仁三郎の子として福岡に生まれた。幼名は鉄太郎で、文久2（1862）年浩太郎に改名する。翌年から藩に仕えて戊辰戦争に従軍した。明治4（1871）年の帰藩後は澱粉製造や養豚事業を手がけ、冤罪の弁護に当たって民権論を展開する。

1877年西南の役で西郷軍に加勢したため、8月東京市ヶ谷監獄に下獄する。翌年1月に釈放されたあと、自由民権運動に投じ、愛国社大会に列席して幹事に就任した。福岡では、向陽社（79年箱田六輔・頭山満らが結成、2代目社長）、正倫社、玄洋社（81年2月、初代社長）に属して運動した。81年の国会開設の詔勅公布後は玄洋社社長を箱田に譲り、航路開設、運輸業、請負業、炭坑業、鉄道工事等実業に力を入れる。明治20年代に赤池炭坑の経営が軌道に乗ると、九州でも有数の富豪にのし上がった。

82年頃より対外硬運動に携わるが、大陸に足場を求めるのは東洋学館（84年末広鉄腸・樽井藤吉らと上海で設立）以降である。門下生を清国に留学（88年）させた上、自身の洋靴店（89年頃上海で開業）に門下生を寄宿させ、貿易事情研究所を設立した。翌年には自らも上海の通商状況を視察する。日清戦争前の金玉均暗殺につき当局を批判した他、甥内田良平らの天佑俠を支援するなど朝鮮問題にも取り組んだ。

対外硬の姿勢は、衆議院議員当選（94年以

降連続6期)、憲政本党総務委員就任(98年)等国政関与後も続く。この頃、フィリピン独立運動や孫文の中国革命運動を援助した。また、シャム(現タイ)・シベリア・マニラに調査のため人を派遣しながら、自らもアメリカ・韓国を視察するなど視野を広げた。対露強硬論を唱え、対露同志会(近衛篤麿を中心に1903年結成)にも参加。05年4月渡清して炭坑調査や慶親王や袁世凱らとの満州問題の会談を経て、7月帰国。06年3月心臓を病んで、10月24日没。　　　　　　（福家崇洋）

(参考文献)　「平岡浩太郎関係文書」(国会図書館憲政資料室)。

平川清風　ひらかわせいふう　(1891.4.7 – 1940.2.2)

新聞記者。号は無外。熊本県出身。

熊本中学の出身。1915年東京大学法学部政治科を卒業、大阪毎日新聞社に入社。17年から20年、上海特派員として、孫文ら著名な政治家を直接取材。代表作『支那共和史』(「上海」発行所刊、20年)全868頁の大冊を公刊、中華民国の理解と見識では「現代新聞界の白眉」と称される。裏面で、肥後の郷党閥・細川護立侯爵の情報顧問の役を果たしていた。40年1月2日の細川宛書簡では、日中戦争における中国側の「無言無抵抗の勝利」を予言。親日派との提携に無策であり続ける日本政府要人、軍部の中国政策の浅薄さを冷静に見ていた。同年2月2日、常務取締役の要職のまま病気で急逝する。　　　　　　（中村哲夫）

(参考文献)　畠田真一編『平川清風書簡集』(熊本年鑑社、1966年)。

平瀬巳之吉　ひらせみのきち　(1912.7.3 – 1988.5.7)

東亜研究所調査員。経済学者。経済学博士。兵庫県出身。

秀吉・たねの末っ子として神戸に生まれる。1937年3月東京大学経済学部卒業後、日満財政経済研究所の調査員、39年2月から46年4月までは東亜研究所の調査員となる。その間、アヘン密輸ルートの調査や関東州財閥の実態調査等を行う。東亜研究所が解体したため、46年5月繊維協会調査部に移籍。47年9月から東京繊維専門学校講師として教壇に立ち、経済学を教える。48年1月同校教授。48年4月からは専修大学で経済原論を教える。49年5月東京繊維専門学校は東京農工大学に改正。50年3月まで同大学に務める。退官後60年3月まで専修大学教授となる。その後明治大学教授。主要著書に『近代支那経済史』(中央公論社、42年)、『独占資本主義の経済理論』(未来社、59年)、『経済学原理』上下巻(時潮社、63・65年)等がある。　　（家近亮子）

(参考文献)　平瀬巳之吉編『経済学・歴史と現代—平瀬巳之吉還暦記念論文集』「年譜」(時潮社、1974年)、平瀬康江・松本真実編『人生は出会いである：平瀬巳之吉追悼文集』(角川書店、2004年)。

平塚益徳　ひらつかますのり　(1907.6.19 – 1981.3.10)

教育学者。東京出身。

東京帝国大学大学院を修了後、1939年広島高等師範学校講師となり、翌年同校教授を経て44年九州帝国大学教授に就任。戦後は九州大学教育学部の創設に当たる。60–61年には

ユネスコ本部教育局長に就任した。63年より15年間国立教育研究所長に在任、その間ユネスコと協力してアジア地域の教育発展のため多面的な活動を行った。また日本比較教育学会を創設して初代会長となり、比較国際教育学の研究の発展に指導的役割を果たした。日本におけるキリスト教教育の歴史的研究に着手したのは大学院在籍時代のことで、やがて比較の視点から中国やインドにおけるキリスト教教育史の問題に研究関心を拡げた。主著『近代支那教育文化史―第三国対支教育活動を中心として―』(42年)は、キリスト教ミッションを中心とした欧米諸国の在華教育活動を中国側との対応関係において多面的に解明したもので、中国近代教育通史に関する日本で最初の本格的研究ともなった。本書の公刊後、帝国学士院及び大東亜省の委嘱により43年北京等で欧米キリスト教宣教会の在華教育活動に関する文献及び実態調査に従事、その成果は「中国ミッション関係文献考」(『日本学士院紀要』48年) や「英華学堂考」(62年)、「瑪礼遜学校考」(63年) 等としてまとめられた。　　　　　　　　　　(阿部 洋)

(**参考文献**)　『平塚益徳著作集 (Ⅱ) 中国近代教育史』(平塚益徳博士記念事業会編、教育開発研究所、1985年)。

平沼騏一郎 ひらぬまきいちろう　(慶応3.9.28 (1867.10.25) − 1952.8.22)

司法官、司法大臣、総理大臣、枢密院議長、国本社創設者。津山 (岡山県) 出身。

津山城下南新座の藩士平沼晋の次男として生まれる。明治5 (1872) 年に上京し同郷・箕作秋坪の三叉学舎にて英語・漢文・算術を学び、88年帝国大学法科大学を卒業し司法省に入省。その後、司法界において頭角を現すこととなる。自身の経歴を生かして主に司法界と枢密院に大きな影響力を持ち、これに国本社を中心とした大衆的運動によって、国民教化や自己の政治思想の高調を行った。

満州事変期には枢密顧問官として陸軍の積極政策を支持するなど、満蒙権益に対しては強い姿勢をとった。しかし、日中戦争が勃発し第1次近衛内閣の後継内閣として1939 (昭和14) 年に首相に就任すると、道義外交を主張し日中戦争の解決をめざす。平沼は国民政府を対手にせず声明を引き継ぐ形で汪兆銘工作を進める一方、蒋介石との直接交渉をめざし、対米工作を行うなど英米協調を基本とする穏健派との距離を縮めることとなる。しかし、ノモンハン事件による混乱や8月23日に独ソ相互不可侵条約が締結されるに至ると、防共を標榜しドイツと共に反ソ連勢力の結集を政治課題としていた彼は衝撃を受け、8月28日「欧州の天地は複雑怪奇」という珍声明と共に辞職した。

辞職後は近衛新体制運動に対しては皇道派軍人と共に批判的な立場をとり、第2次近衛内閣では内相として内務省の人事を一新し、企画院事件において摘発の中心的立場を務めた。第3次近衛内閣においては内閣参議・国務大臣となった。その後は重臣として岡田啓介・近衛文麿・若槻礼次郎らと共に東條内閣倒閣を行う。45年には再び枢密院議長となった。戦後の東京裁判ではA級戦犯として終身刑が言い渡されるが、52年病気仮釈放され直

後に死去した。　　　　　　（季武嘉也）

（**参考文献**）『平沼騏一郎回顧録』（平沼騏一郎回顧録編纂委員会編刊、1955年）、加藤陽子「昭和14年の対米工作と平沼騏一郎」（『史学雑誌』94－11、1985年）、高橋勝浩「首相平沼騏一郎と「道義外交」」（『国史学』164、1998年）。

平野義太郎 ひらのよしたろう （1897.3.5－1980.2.8）

マルクス主義学者、平和運動家。東京出身。

講座派マルクス主義の論客であったが、36年7月、山田盛太郎らと企画した『日本封建制講座』がソ連のコム・アカデミーに類する組織であるとして治安維持法違反で検挙された。留置中、転向を表明し、起訴猶予処分。39年、中国華北農村慣行調査のため組織された東亜研究所第6調査委員会学術部委員会のメンバーとなり、40年中国大陸の調査にでかけた。河北省・北京・江蘇省の農村聚落を調査してまわる。平野は、中国では専制的な地主である「会首」を中心とした村落共同体が存在することに気づく。「廟」の世話人でもある「会首」を権威として生活秩序が形成されていたのだ。平野は共同生活の規範意識に日中農村の共通性を見出していた。41年前半には太平洋協会の委嘱で南洋地域を視察し、アジア諸民族の共通の基盤が郷土社会＝村落共同体であると考える。武藤秀太郎の指摘する通り、中国の「自然村」の形態をアジア全体の共通項として普遍化したわけだ。

太平洋戦争が起きると、平野はこの郷土社会を基礎とする「大東亜共栄圏」建設を主張する。日本の敗戦間際の45年6月、平野は『大アジア主義の歴史的基礎』（河出書房）を出版し、アジアに東洋道義に基づく共栄圏を建設するよう主張した。

敗戦後は46年1月に設立された中国研究所の初代所長となる。日中友好運動、日中文化交流活動にも関わり、50年10月1日発足した日中友好協会では副会長の一人に名前を連ねた（会長保留。副会長は他に豊島与志雄・原彪）。52年5月22日、日中貿易促進会議発足に当たり議長に就任。53年3月5日には北京での邦人居留民の帰国援助問題に関する日本赤十字社等と中国紅十字会との申し合わせに名前を連ねるなど多彩な活動を続けた。60年には中国研究所の中国友好訪問団団長として訪中。しかし、文化大革命に同調しなかったため、67年2月10日、中国研究所臨時所員総会で同研究所を除名された。　　　（石井　明）

（**参考文献**）　平野義太郎―人と学問編集委員会編『平野義太郎　人と学問』（大月書店、1981年）、武藤秀太郎「平野義太郎の大アジア主義論―中国華北農村慣行調査と家族観の変容―」（『アジア研究』49－4、2003年）。

平林たい子 ひらばやしたいこ （1905.10.3－1972.2.17）

小説家。本名タイ。長野県諏訪市中洲生れ。県立諏訪高女（現諏訪双葉高）卒。在学中から作家を志望する一方、ゾラの小説を読み訳者堺利彦に手紙を出すなど、社会主義に関心を抱き、社会改革の道に進むことを決意。堺の世話で勤務した日独協会でアナーキスト山本虎三（敏雄）と出会い同棲。1923年9月5日、震災後の戒厳下で虎三と共に検挙され、

1ヶ月後、東京退去を条件に釈放された。翌年、二人は朝鮮に渡り、朝鮮・満州を放浪したが虎三は大連で不敬罪によって逮捕され、たい子は滋養病院で女児を産むが栄養不良のため1週間で死亡。出世作「施療室にて」はこの間の悲痛な経験を描いたものである。24年、満州から帰国後もアナーキスト系芸術グループに属していたが、27年5月「大阪朝日新聞」懸賞小説に「嘲る」が入選、9月「施療室にて」が発表されてプロレタリア文学の有力新人作家として認められた。上記作品のほか代表作「かういふ女」(47年)がある。

(吉川豊子)

平山　周　ひらやま　しゅう　(明治3(1870)-1940.4)

社会活動家。中国民主改革支援者。福岡県出身。

故郷で「三国志演義」を読んで諸葛孔明に憧れを抱いていた少年は、15歳で福岡の陸軍予備校に入学し、2年後の1887年に陸軍幼年学校を受験したが失敗し、麻布の東洋英和学校に学んだ。日清戦争勃発後中国に渡り、旅順地方を視察した。96年宮崎滔天や末永節等と中国人のシャム(タイ)への移民事業を企画したが失敗し、翌年帰国している。97年政治家犬養毅の計らいにより、宮崎滔天・可児長一と共に外務省の命を受けて中国に渡り、秘密結社の実情調査を行った。中国の湖北・湖南に行き、畢永年の紹介で哥老会員と交わりを結ぶことができた。97年9月帰国後横浜で孫文に会い、将来の大事を約した。当時はなお居留地制度があり、孫文の居留地外の居住申請に際しては、平山の語学教師の名目で行い、犬養らの庇護のもと孫文は平山と共に麹町に居住した。98年の秋、中国の志士と連絡を取るため滔天と共に中国に渡り、滔天は香港に、平山は北京に向かった。平山は芝罘に上陸し、畢永年と共に北京に入った。北京では山田良政と知り合い、将来の大事を約している。9月27日戊戌の政変が発生し、康有為は滔天と共に香港から、梁啓超は平山に連れられて北京から日本に亡命した。孫文に勧めて東京・横浜で重ねて康・梁両人を訪ねさせたが、康・梁は会うことを拒み、両派の日本での協力は実現しなかった。99年4月米西戦争が発生し、アメリカはアギナルドの指導するフィリピンのスペインからの独立運動を援助した。しかし、戦争に勝利したアメリカはフィリピンの独立を認めなかった。フィリピン共和政府を建てていたアギナルドはアメリカに宣戦を布告し不足する武器弾薬の調達を日本で行おうとした。使者ポンセは孫文を通じて平山らに接近した。援助武器を乗せた布引丸は嵐にあって沈没し、同乗した日本人13名は死亡した。平山は別便でマニラに向かい、犬養より託された日本刀ひと振りをアギナルドに贈ったが、布引丸事件が露見して香港に逃れた。1900年の唐才常自立軍蜂起に先立ち、平山は畢永年と共に上海に渡り、湖南省で哥老会と連絡を取り、孫文を宣伝して孫文派への協力を広めている。1900年春、両広総督李鴻章を立てて両広独立計画を実現するため、秘密結社三合会の頭目鄭士良と広東省内各地を視察し、挙兵の準備を進めた。10月6日三合会員を中心とする武装蜂起軍は1ヶ月余戦い続けたが、支援を約束していた日本

政府の政権交代もあり、失敗に終わった。その後平山は台湾で孫文と行動を共にし、中国同盟会結成時にも滔天と行動を共にしていたが、07年秋には滔天とも対立し、交流は途絶えている。中国における秘密結社の調査結果は『支那革命党及秘密結社』にまとめられている。　　　　　　　　　　　　（小島淑男）

　(参考文献)　宮崎滔天『三十三年の夢』（平凡社・東洋文庫、1967年）。

広瀬武夫　ひろせたけお　（慶応4.5.27（1868.7.16）－1904.3.27）

海軍軍人。竹田（大分県）出身。

1889年海軍兵学校を卒業（15期生）。91年に少尉任官。97年にロシアに留学し、同国駐在武官となる。その間に英・独・仏諸国の国情を視察し、1900年には少佐に進級して、2年後の02年に帰国した。04年2月上旬に日露戦争が勃発するや戦艦「朝日」の水雷長として出征し、当時ロシアが清国（中国）から租借していた遼東半島の旅順港に停泊中の同国艦艇を同港内に閉じ込めるため、同月24日の第1回同港閉塞作戦に閉塞船「報国丸」に乗り組み指揮官として参加する。しかしその成果が思わしくなかったために、1ヶ月余りのちの3月27日に第2回の同港閉塞作戦で閉塞船「福井丸」の指揮官として出撃したが、同船を同港口外の予定地点に自沈させる前に、同船はロシア側の魚雷に当って沈没し始めた。その際、行方不明となった指揮官付の上等兵曹・杉野孫七を捜しながらボートに乗り移ったが、沖合で敵弾に当たって戦死。死後に中佐となったが、「軍神」として国民に広くアピールされ、その後の軍人精神の涵養に役立てられた。なお太平洋戦争の終了後まで東京飯田橋の万世橋のふもとに杉野兵曹長と共に銅像にもなっていた。　　　　　（松村正義）

　(参考文献)　島田謹二『ロシアにおける広瀬武夫―武骨天使伝―』（朝日新聞社、1970年）。

広田弘毅　ひろたこうき　（1878.2.14－1948.12.23）

外交官、政治家。福岡県出身。

石屋の長男として生まれ、少年期から頭山満らの玄洋社の思想的影響を受ける。軍人志望であったが、日清戦争後の三国干渉に衝撃を受け外交官を志す。苦学して東京帝国大学を卒業、在学中、山座円次郎外務省政務局長の委嘱で日露戦争直前の中国と朝鮮を視察した。1906年外交官試験に合格、翌07年北京に赴任する。外交官の同期に吉田茂がいる。通商局第1課長当時、対華21ヶ条要求の作成に参画、最後通牒の形式には反対したと言われる。欧米局長等を経て、30年10月ソ連大使となり、満州事変後の対ソ関係に対応、また懸案の漁業協定（広田・カラハン協定）を締結した。33年9月内田康哉外相の辞任を受けて、斎藤実内閣の外務大臣に就任、岡田啓介内閣でも外務大臣に留任した。日本は国際連盟脱退以降孤立していったが、国際社会との関係改善をめざす外交を展開、「和協外交」と称された。一方、対中政策では、「日満支ブロック」というアジア主義に基づいた「日中提携」を構想し、その具体的方針として、35年10月「広田3原則」（排日言動の取締り・満州国の事実上承認・共同防共）を決定、中国側に提示したが、12・9運動等反日世論の高まり

の中、交渉は合意に達することができなかった。2・26事件後の36年3月総理大臣となる。広田内閣は、36年8月7日「国策の基準」を決定、「日満支」三国提携の実現と共に、南方進出が初めて国策とされた。また、同時に策定された「帝国外交方針」では、ソ連の東亜に対する軍事的脅威の排除が当面の外交目標とされた。対中政策では、8月11日「対支実行策」及び「第2次北支処理要綱」を決定した。国民政府に対して防共軍事協定や軍事同盟の締結を求め、一方華北については、5省のうち河北省とチャハル省の「分治」の推進、「防共親日満」地帯の建設、国防資源の開発等が規定されており、より積極的な華北分離工作の方針が示されたのであった。一方、36年5月軍部大臣現役武官制が復活、11月には日独防共協定が締結された。37年1月、「腹切り問答」をめぐる閣内不統一で総辞職した。37年6月、第1次近衛文麿内閣で外務大臣に復帰、日中戦争を迎える。事変の拡大を積極的に抑止することもなく、38年1月「対手トセス」声明に至る。外務省内からもその姿勢は批判された。38年5月外務大臣を辞任、40年2月米内光政内閣の参議となり、以降重臣として国政に関与した。このように広田は、1930年代外務大臣をのべ3年半、総理大臣を約11ヶ月務め、日中戦争前後の重要な時期の日本の外交政策に深く関与したのであった。太平洋戦争末期、マリク駐日ソ連大使と終戦・日ソ関係改善について交渉を行うが成功せず、終戦を迎える。戦後、A級戦犯容疑者として、極東国際軍事裁判において、共同謀議・戦争遂行・南京事件の責任等を問われ文官として唯一絞首刑の宣告を受け、48年12月23日処刑された。なお、夫人の静子は、46年5月自決した。　　　　　　（庄司潤一郎）

（参考文献） 広田弘毅伝記刊行会編『広田弘毅』（同会、1966年、葦書房、1992年）、城山三郎『落日燃ゆ』（新潮社、1974年、新潮文庫、1986年）、服部龍二『広田弘毅』（中公新書、2008年）。

ふ

深川経二 ふかがわけいじ （1903－1936.8.23）
新聞記者。佐賀県出身。

佐賀中・五高を経て東京帝大英文科卒。1932年上海毎日新聞入社。編集長在職中、36年、満州事変以来閉鎖されていた成都の日本総領事館再開を機として四川省に赴いた。中国政府は成都は開港場ではないとして、総領事館再開を承認しなかったが、日本が岩井英一を総領事代理に任命して再開を強行したので、激烈な反日デモが行われた。市民大会に参加した群衆の襲撃を受け、深川は同行の渡辺洸四郎（大阪毎日新聞記者）と共に殺害された（成都事件）。　　　　　（久保田文次）

（参考文献）『東亜先覚志士記伝』下、日本国際政治学会編『太平洋戦争への道』3（朝日新聞出版、1987年）。

深沢　暹 ふかざわすすむ （1876.4.28－1944.10.22）
外交官。東京出身。

旧五島藩士深沢立三の子として麻布鳥居坂に生まれる。攻玉社、二松学舎、法学院、国民英語学舎、清韓語学校等を経て、1893年横浜英語学校を卒業。翌年外務省留学生試験に合格するも不採用、96年再受験し合格、北京

留学を命ぜられる。98年外務書記生となり上海総領事館勤務。その後、杭州・上海・メキシコ・サンフランシスコ・漢口在勤。08年秋の盛宣懐来日に際しては通訳を務めた。同年、奉天総領事館勤務。12年杭州領事事務代理、14年長沙副領事、17年吉林領事、18年牛荘在勤・汕頭在勤、19年北京公使館3等書記官、21年南京領事、23年吉林総領事代理、25年吉林総領事となるが同年退官し、ハルビンの中東海林採木公司理事長に就任。28年奉天総領事館嘱託となり36年まで在任。その間、32年12月から33年1月にかけて吉田茂大使の満州中国旅行に指名されて随行、その記録「支那南北随行漫録」をまとめている。2歳後輩の吉田とは親密な関係にあった。また35年には訳書『完訳　西廂記』を刊行している（東京秋豊園出版部）。深沢の遺文書は国学院大学が購入・所蔵しているが、時期的には18年から36年に集中し、特に28年以後の奉天総領事館嘱託時代が中心である。全体は3部に分けられ、発信の部（カーボンによる控が主）343点、受信の部84点、その他単独書類の部90点からなる。　　　　　　　　　　（柴田紳一）

（**参考文献**）　国学院大学日本文化研究所編刊『深沢暹関係文書目録』（2005年）、久保田文次監訳『中国近代化の開拓者　盛宣懐と日本』（中央公論事業出版、2008年）。

福沢諭吉 <small>ふくざわゆきち</small>　（天保5.12.12（1835.1.10）−1901.2.3）

教育者。大坂出身。

言論活動を通じて幕末明治期に欧米の思想や社会情勢を日本に紹介した。独立自尊の考えに基づく、近代日本における最大の啓蒙思想家である。

日本は貿易立国として経済発展する道を進むべく、海軍と海運の増強を唱えた。漢学の深い素養を有するも、江戸期の封建制度や儒教を嫌い、近代文明の導入に消極的な中国に対して厳しい見方をとった。日本の独立にとって、朝鮮半島は鍵を握るため、中国の介入を危険視し、日清戦争を支持したが、大陸侵略を唱導したわけではなかった。

中津藩下級武士の家に生まれ、大坂で育った福沢は儒教の教えと士農工商の身分制度の不合理を嫌い、緒方洪庵の適塾で蘭学・英学と共に西洋の合理的精神を学んだ。万延1（1860）年から2、3年米国・欧州社会を訪問した。帰国後、『西洋事情』『学問のすすめ』等の書物を通じて欧米の政治・経済・社会を精神面から日本へ紹介した。的確で簡明な文体はベストセラーになり、攘夷から開国に転換した日本人の西洋認識に大きな影響を与えた。慶応義塾を創設し、実学、特に商業を重視し、官尊民卑の風習の打破を唱えた。日本は西洋の植民地になることなく独立を維持し、西洋の優れた文物・制度を取り入れ、欧米諸国と経済競争を通じて通商国家として発展すべきというヴィジョンを持ち、盛んに言論活動を展開した。中国・朝鮮はアジア古来の儒教により養われてきたため、儒教主義から脱却することができず、独立を維持できないと考えたが、征韓論及び台湾出兵には反対であった。それは近隣諸国との戦争は西洋商人の介入を招き、経済競争において彼らを利するだけと考えたからである。1882年には

東洋の政略についての議論の中で、中国や朝鮮は日本を中心にして西洋と対抗すべきという日清提携論を述べた。朝鮮の独立運動には深く関わったが、朝鮮の併合や保護領化には反対で、あくまでも朝鮮の独立を考え、金玉均ら独立運動派を支持した。85年に「隣国の開明を待ってともに亜細亜を興す猶予はないので、亜細亜を脱して、西洋の文明国と進退を共にする」という趣旨の「脱亜論」を唱えた。明治初年から西洋文明を取り入れていた日本は、アジアの域をすでに脱していると考えていた。従って日清戦争は文明の非文明に対する戦争として積極的に支持した。軍備費捻出運動を起こし、自らも1万円という巨額の義援金を贈った。戦後は台湾経営にも関心を持った。脱亜論を含めて、日清戦争中の福沢の言論には熱狂的な感情が表出し、福沢の対中国観は日本の大陸侵略の源流であるという批判がある。最近では中国を侮蔑するような言論を書いたのは、福沢自身ではないとする研究もある。　　　　　　　　　　（木村昌人）

（**参考文献**）　慶応義塾編『福沢諭吉全集』全21巻・別巻1（岩波書店、1969-71年）、同編『福沢諭吉書簡集』全9巻（岩波書店、2001-02年）。

福島安正　ふくしまやすまさ　（嘉永5.9.15(1852.10.27)-1919.2.19)

陸軍大将。男爵。松本（長野県）出身。

松本藩士の長男として生まれる。慶応1(1865)年、藩の許可を得て12歳で上京して幕府講武所で学び、同時にオランダ式軍鼓撃方を身につけ同4年に師範となる。その年飯山の戦いに当たり帰藩し、城下を通過する官軍諸部隊から鼓笛や楽曲を学んで自藩の楽制を定めた。その功により藩校総世話役となるが願いにより再度上京して開成校、大学南校、北門社等に学ぶ。英語が師範級となり1873年司法卿江藤新平の斡旋で司法省出仕となって翻訳課に勤務する。翌年陸軍省出仕に転じ、76年にはフィラデルフィア万博への野津道貫ら陸軍使節団の随員に任じられて渡米する。西南戦争では征討総督府付として参加し、翌78年に中尉に任官される。戦争による士官不足のために26歳で陸軍将校に初任されるという経歴は、以後陸軍中央エリート軍人たちの中で年齢と階級が釣り合わない人物としての特徴を生んだ。

鳥尾小弥太参謀局長や山県有朋参謀本部長の伝令使、参謀本部管西局員（局長桂太郎）、教導団小隊長等を務め、82年7月の壬午事変の際に朝鮮へ派遣される。その年の9月には上海・山東省を視察する。83年に清国公使館付武官に任じられ、北京北方から内モンゴル境界地域の調査を行う。翌年桂太郎局長下の管西局員に戻り、甲申事変後の天津条約交渉では野津少将随員となって渡華し、帰国後に日清戦争準備施策に関する意見書を上申した。86年、北部インド－アフガニスタン国境－西部・南部インド－スリランカを視察する。翌年ドイツ公使館付武官となって赴任する。92年の帰国時にシベリア単騎横断を行い名を馳せた。94年朝鮮公使館付武官心得となり、日清戦争に向けた第1次派兵部隊と共に派遣されて開戦への準備行動をとる。開戦後は第5師団参謀、第1軍司令部付になり、のち海城

等の占領地民政を担当した。凱旋後は台湾授受交渉に列し、淡水民政庁の開設に当たった。

95年8月にトルコから西アジアー中央アジアーコーカサスーインドー東南アジアを旅行して97年3月に帰国する。このロシア西南地域視察中の96年5月に参謀本部第3部長に任じられ、99年1月から第2部長に移り、以後7年間務める。同年4月に華南に出張して両江・湖広総督等と軍事提携について話し合う。1900年の北清事変では現職のまま臨時派遣隊司令官となって出征し、列国共同による天津城攻略戦を指揮した。第5師団が派遣されると合流して列国軍との交渉役となり、北京占領後は列国軍総司令官ワルデルゼー元帥の幕僚となった。1901年6月に凱旋し、8月に華中・華南方面を巡視した。02年6月、ロンドンにおける日英軍事協約交渉に臨み、帰途視察に立ち寄ったインドで持病が悪化するも手術を受けて年末に帰国した。03年7月、参謀本部第2部監督下に振武学校を設立する。

日露戦争では戦時大本営陸軍参謀部参謀から満州軍総司令部高級参謀となって04年7月に出征し、諜報活動など極秘部門を受け持った。講和時は前線における休戦協定交渉並びに撤兵・鉄道授受交渉に当たり、満州に関する日清条約交渉にも列席した。06年4月に参謀本部次長に就任する。辛亥革命の際は政府方針に沿って安定化のために調停策の実行に努めた。12年4月に関東都督に任じられる。14年に大将進級と共に後備役となる。その後は帝国在郷軍人会副会長等を務める。明治期情報将校の典型的人物である。中英仏独露語に通じ、温厚で協調性があり、交渉術に長けた。

(斎藤聖二)

(参考文献)『対支回顧録』下、『東亜先覚志士記伝』下、斎藤聖二『北清事変と日本軍』(芙蓉書房出版、2006年)。

福田清人 ふくだきよと (1904.11.29-1995.6.13)

小説家、児童文学作家、近代文学研究者。長崎県出身。

第一書房の『セルパン』の編集長等を経て、1933年に第1短編集『河童の巣』を上梓し、新進作家としての地歩を築く。39年、大陸開拓文芸懇話会の結成と大陸旅行の経験にインスパイアされて、満蒙開拓青少年義勇軍の前史を描く『日輪兵舎』(39年)を発表。以後国策協力の開拓文学へと傾斜し、東宮鉄男の伝記小説『東宮大佐』(42年)、現地で取材した少年小説『北満の空晴れて』(43年)等を執筆した。戦時中には文学報国会、大政翼賛会、日本少国民文化協会に勤務。戦後は『岬の少年たち』(47年)を起点として児童文学に転じ、55年に日本児童文芸家協会を設立。代表作として『天平の少年』(58年)、自伝的3部作『春の目玉』(63年)、『秋の目玉』(66年)、『暁の目玉』(68年)がある。近代文学研究の分野でも活躍し『硯友社の文学運動』(33年)、『国木田独歩』(37年)、『俳人石井露月の生涯』(49年)、『写生文派の研究』(72年)等大著が数多い。

(溝部優実子)

(参考文献)『福田清人著作集』全3巻(冬樹社、1974年)。

福武 直 ふくたけただし (1917.2.12-1989.7.2)

社会学者、東京大学教授。岡山県出身。

ふくだたけお

1940年に東京帝国大学文学部社会学科を卒業後、48年より東京大学文学部助教授、60年より定年退官する77年まで東京大学文学部教授として、戦後日本における農村社会学の第一人者として活躍した。

中国との関係に限定してみれば、46年に京都の大雅堂から刊行された『中国農村社会の構造』が初期の実証的研究として注目される。(のちに『福武直著作集』第9巻に収録)。「第1部　華中農村社会の構造」では、当時の大東亜省の委嘱として、5回にわたる現地調査をもとに、江南農村の社会集団の特質や、農村社会の結合と分化の実態を紹介した。「第2部　華北農村社会の研究」は、華中とは違って『北支慣行調査資料』等の文献資料をもとに、河北省や山東省の農村を分析したものである。日本を中心とした農村社会学に関する数多くの業績を挙げているが、中国農村については、『中国村落の社会生活』(弘文堂書店、47年)や、S.D.ギャンブルの『北京の支那家族生活』(生活社、40年)の翻訳等もある。

(内山雅生)

(参考文献)　『福武直著作集』全10巻・別巻(東京大学出版会、1975-86年)。

福田赳夫　ふくだたけお　(1905.1.14-1995.7.5)

大蔵官僚。南京国民政府顧問。戦後には政治家、首相。群馬県出身。

東京帝国大学法学部を卒業し1929年に大蔵省に入省した。在英日本大使館勤務、主計局陸軍省担当事務官を経て、41年から2年間南京国民政府顧問(財政担当)を務めた。そこで福田は建国されたばかりの汪兆銘政権の財政・金融面での基盤強化の役割を担った。最高顧問には大蔵官僚出身の元蔵相(青木一男・石渡荘太郎)が任命され、福田は顧問団の事務総長的な役割を果たした。汪兆銘からは財政に限らず相談を受け、福田が大蔵省文書課長に就任するために帰国する際には、汪兆銘から特に感謝状を受けた。

戦後は大蔵省主計局長を最後に退官し、自由民主党所属の衆議院議員として農林大臣、大蔵大臣、外務大臣、副総理・経済企画庁長官、内閣総理大臣等を歴任、1978年に日中平和友好条約を結んだ。

(米山忠寛)

(参考文献)　福田赳夫『回顧九十年』(岩波書店、1995年)、石渡さんを偲ぶ会編『心如水　石渡さんを偲ぶ』(東京ポスト、1982年)、蔡徳金編、村田忠禧ほか共訳『周仏海日記』(みすず書房、1992年)。

福田彦助　ふくだひこすけ　(1875.11.5-1959.7.30)

陸軍軍人、陸軍中将。山口県出身。

1896年陸軍士官学校卒業(7期)、02年陸軍大学校卒業。陸軍省人事局員や参謀本部部員等を歴任したのち、浦塩に駐在する。25年中将に進級。26年第6師団長に任命された。28年には、国民革命軍が北伐を再開すると、日本軍派遣部隊の指揮官(第6師団長)として済南(第2次山東出兵)に派遣された。この時済南事件が発生したが、福田は、中国当局が日本側の要求に応じないと見るや、抜本的な武力発動を主張し、実力行動に訴えた。当初の居留民保護の出兵目的が中国に対する「膺懲」方針へと変容するきっかけを演出した。

(山本智之)

（参考文献）『日本陸海軍の制度・組織・人事』、戸部良一『日本陸軍と中国―「支那通」にみる夢と蹉跌―』（講談社選書メチエ、1999年）。

福田雅太郎 ふくだまさたろう （慶応2.5.25(1866.7.7)－1932.6.1）

陸軍大将。大村（長崎県）出身。

大村藩士の次男。1887年に陸軍士官学校を卒業する（旧9期）。同期には町田経宇・淨法寺五郎がいた。歩兵第3連隊付となり、90年に陸軍大学校に入学する。鋳方徳蔵・小池安之・町田経宇が同期にいる。93年に卒業すると（9期）、歩兵第3連隊付となり、日清戦争においては第2軍（司令官大山巖）隷下の第1師団（師団長山地元治）副官として出征する。戦後は参謀本部出仕ののち同第2局員となり、97年から3年間ドイツに留学する。1900年10月に参謀本部の編制動員班長に就き、翌年から陸大の兵学教官並びに大山元帥副官も兼ねた。03年12月にオーストリア公使館付武官となるも日露開戦により帰国し、第1軍（司令官黒木為楨）参謀（作戦担当）として出征し、のち参謀副長となる。戦後は第3師団参謀長に就き、満州視察ののちに再びオーストリア公使館付武官として07年に赴任する。09年参謀本部外国戦史課長を経て歩兵第38連隊長、第53連隊長、第24旅団長、12年には福島安正関東都督のもとで同参謀長に就任する。14年に参謀本部第2部長に就き、第1次大戦に会して日独青島戦争の指揮に参画し、その年末には中国に赴いて対華21ヶ条関係の工作を行う。翌年条約が締結されると、11月に中国視察をした。16年に参謀本部付となって6月から約半年間ヨーロッパの戦地を視察する。帰国後は第5師団長となる。18年シベリア出兵直後から上原勇作参謀総長のもとで参謀次長に就き、出兵関係の業務に携わる。21年に第3代台湾軍司令官となり、のち軍事参議官となったが、23年9月の関東大震災に際して関東戒厳司令官に任じられて治安維持に当たる。その時甘粕事件が起こり更迭された。25年に予備役編入、30年より枢密顧問官に就任する。

（斎藤聖二）

（参考文献）　黒板勝美『福田大将伝』（同伝刊行会、1937年）。

福原林平 ふくはらりんぺい （慶応4.5.25(1868.7.14)－1894.10.15）

実業家、閑谷三烈志の一人。号は洞巌。美作（岡山県）出身。

東北条郡加茂村（現津山市）に生まれ、津山の兵学者で儒者の馬場不知斎に学んだあと閑谷黌へ入り、西薇山の薫陶を受ける。胆力に実行力を兼ね備え、国事を論ずるに当たっては悲憤慷慨感極まって落涙するほどの赤心無二の人であった。閑谷黌を卒業すると神戸へ出、中国人とマッチの製造販売業を営んだが工場が火災にあい、郷里へ帰っている時、西に渡清を勧められ、90年日清貿易研究所へ入所。翌年同研究所の第4室長を務め、アジアの衰退を挽回するため、中国と東洋諸国との交易を盛んにして国力をつけなくてはならないとする荒尾精に共鳴し、忠誠を誓う。

93年6月日清貿易研究所を卒業して帰国、11月閑谷の西を高見武夫（閑谷三烈士の一人）と共に訪れ再び渡清、英租界の二馬大路

にある日清商品陳列所で働くうちに日清戦争が勃発、大本営付通訳官を命じられ、密かに南清方面を探査して大本営の参考に供し、さらに遼東・奉天方面を視察するため中国服を着た弁髪姿で湖北省の商人を装い出発。その時の絶筆に、もし万一のことがあっても自己の真心は「…神となり、仏となり、天となり、日となり、月となり、山となり、風となり、雨となり」日本を守護するとある。

94年8月仏租界の旅宿においてスパイ容疑で捕えられ、仏領事館に留置されたあと上海道台衛門を経て南京に送られ、10月15日斬首の刑に処せられる。斬られる直前中国語で「…我は日本の臣である、速やかに斬れ、日本の天皇は汝等の国を討って、わが冤を雪ぐであろう…」と刑の立会人に向かって言った。福原の死後荒尾精と根津一は京都の若王子寺の山中に福原を含む九烈士の碑を建て、生家の裏山の墓は西の撰と牧巻次郎の揮毫によって「忠孝之墓」と刻された。福原の霊はのちに靖国に合祀される。　　　　　　（村上節子）

（参考文献）『薇山遺稿』（西虎夫、1914年）、福原美保治『南京北門に消ゆ』（1990年）。

福原和勝 ふくはらわかつ （弘化3.5.10（1846.6.4）-1877.3.23）

陸軍大佐。長府（山口県）出身。

長府藩士の3男に生まれ、長府藩重臣福原家の養嗣となる。報国隊軍監となり一時奇兵隊にも属した。慶応3（1867）年藩命で坂本龍馬と共に上海に赴き諸情勢を視察したとされる。戊辰戦争に参加後、明治2（1869）年6月にイギリスへ留学して3年半後に帰国し、陸軍大佐に任ぜられて兵学権頭となる。教導団司令官心得、佐賀の乱征討軍参謀、台湾征討に伴う日清両国間互換条款交渉のための大久保利通全権主席随員等を経て、1875年2月に初代清国公使館付武官に就く。上海・南京・天津等を視察したのちに北京に着任した。天津では大久保の添書により李鴻章と会見している。清国国内並びに東南アジアの情勢視察の必要性を上申する等国際情勢の把握に強い関心を持っており、監督下にある在清将校を福州・漢口・上海並びに北清に配して情報の収集に当たらせた。翌年1月に帰国する。その4月に清国公使館付武官がいったん廃されたため免職となるが、同月上海差遣を命じられて渡清し9月に戻る。77年1月に3度上海に赴くが、西南戦争の勃発により急遽帰国命令が来て第3旅団（旅団長三浦梧楼）参謀長に任じられた。3月3日、田原坂の手前、玉名郡岩村において胸部銃弾貫通により倒れ、22日に没する。　　　　　　（斎藤聖二）

（参考文献）『対支回顧録』下。

福本日南 ふくもとにちなん （安政4.5.23（1857.6.14）-1921.9.2）

ジャーナリスト、評論家。本名誠。福岡出身。

1879年、司法省法学校（現東京大学）を中退。89年、陸羯南・古島一雄らと共に新聞『日本』の創刊に関わり、自らも記者として健筆を振るい、三宅雪嶺・杉浦重剛らの雑誌『日本人』にも寄稿した。この頃、南進論を主張し、フィリピン・東南アジアを視察、90年には小沢豁郎・白井新太郎らと共に東方協

会を組織した。94年東学党の乱が勃発すると、同志と図り朝鮮の改革を企てたが、日清戦争勃発により断念、戦争中は従軍記者として遼東半島に赴いた。97年陸羯南・池辺吉太郎らと共にアジア主義団体東亜会の設立を宣言、翌年東亜会と同文会が合併し東亜同文会となるとこれに参加した。孫文らの革命派を支援し、1900年の恵州起義に際しては、南京同文書院の学生の義勇兵化を画策するが、近衛らによって阻止された。05年玄洋社の機関紙『九州日報』の社長兼主筆に就任、08年には衆議院議員となり、歴史評論の分野でも活躍した。　　　　　　　　　　（栗田尚弥）

（参考文献）　広瀬玲子『国際主義者の国際認識と国家構想―福本日南を中心として―』（芙蓉書房出版、2004年）、松本三之介編『政教社文学集』（明治文学全集37、筑摩書房、1980年）。

藤井種太郎 ふじいたねたろう （明治3.6.16(1870.7.14) − 1914.11.21)

大陸浪人。福岡県出身。

1885（明治18）年玄洋社に入り、漢籍を修め、また柔剣道等で鍛錬した。頭山満のもとで、87年1月『福陵新報』に入り、機械の運転や庶務一切を行う。頭山の援助で上京し、90年慶応義塾に入学。学問に専心する毎日を送る。日清戦争が起こると、軍夫を率いて第1軍に加わる。戦争後、玄洋社の諸事を担当し、また、一時炭鉱経営に関わるが、日露関係が険悪になると、安永東之助らが組織した「満州義軍」に加わり、日露の戦端が開かれたのちには軍と共に行動し、沙河・遼陽等で実戦に参加して戦功を挙げた。戦争後大連で活動していたが、辛亥革命が起こると頭山に従って上海に赴く。革命達成のために、袁世凱の権力掌握に反対した。1914年、頭山の福岡帰省を歓迎する会の最中、急逝。頭山との深い関係のもとで、玄洋社員としての日常活動を通じて、大陸の問題に関わった。

　　　　　　　　　　（松本武彦）

（参考文献）　玄洋社社史編纂会編『玄洋社社史』（同会、1917年）、『対支回顧録』下。

藤枝　晃 ふじえだあきら （1911.8.3 − 1998.7.23)

東洋学者、京都大学教授。大阪府出身。

旧制大阪高校を経て、1934年京都帝国大学文学部史学科を卒業。37年以降、東方文化研究所（京都大学人文科学研究所の前身）に勤務、48年に助教授、68年には教授（75年定年退官）となる。42年前後、吉川幸次郎・貝塚茂樹及び羅振玉の息子である羅継祖に導かれて『元史』を読み、その後間もなく張家口に移り住み、冬籠りという厳しい環境の中で元代を含む中国史を貫く南北対立の政治構造に関する思索を深めた。51年森鹿三を班長とする居延漢簡共同研究班に所属し、59年居庸関に関する共同研究により日本学士院賞を受賞した。敦煌学及び西域出土の古写本研究の第一人者として81年天津市にある南開大学で講演した際に、聴講者に「敦煌は中国にあるが、敦煌学は国外にあった」と賛嘆された。

　　　　　　　　　　（陶　徳民）

（参考文献）　藤枝晃『征服王朝』（秋田屋、1948年）、同『文字の文化史』（岩波書店、1971年）、藤枝晃講話・斎藤清明コーディネート『敦煌学とその周辺』（『なにわ塾叢書』51、大阪府、

1999年）。

藤枝丈夫 ふじえだたけお （1903.7.29 – 1985.7.18）

労働運動家、中国文学研究家。本名水谷孝。福岡県出身。

1919年福岡市の玄洋社道場の剣道師範東久世賛二郎の養子となり、大アジア主義思想を叩き込まれ、20年天津に派遣され、「支那浪人」の連絡係として働く。25年の郭松齢事件後、浪人団の一員として逮捕、内地に送還された。その後、上京して急速に左傾化。28年に創立された全日本無産者芸術同盟の機関誌『戦旗』編集部員。29年プロレタリア科学研究所が設立されると参加し、支那問題研究会（30年以降は中国問題研究会）を組織。進歩的な中国人との結びつきを強め、千葉県の市川に在住していた郭沫若から『中国古代社会研究』を贈呈され、郭沫若の著作の翻訳に精魂を傾ける。33年警視庁特高に身柄を拘束され、太陽社の蒋光慈との関係を追及された。その後、41年東京を脱出して、北海道で炭鉱夫となる。戦後、46年2月、全日本炭鉱労働組合連合会委員長。日本共産党の中央委員となるが、徳田球一と対立、同年7月脱党願書を出すが、除名処分。　　　（石井　明）

（参考文献） 藤枝丈夫「中国問題研究会の周辺　わが半世紀の回想」（運動史研究会編『運動史研究』2、1978年）、佐治俊彦「藤枝丈夫と大高巌について」（伊藤虎丸・祖父江昭二・丸山昇編『近代文学における中国と日本―共同研究・日中文学関係史―』汲古書院、1986年）。

藤崎　秀 ふじさきしゅう （明治4.3.18(1871.5.7) – 1894.10.29）

日清貿易研究所員。字実夫、号雲岬。鹿児島県出身。

1890年上京、荒尾精が上海に開設した日清貿易研究所の入試を受験し合格、同年9月同窓と共に上海に渡航し、93年卒業した。一時帰国後の94年4月、大阪の豪商・岡崎栄三郎の出資により上海に設立された、日清貿易研究所の貿易実務機関である日清商品陳列所に入る。同年7月、朝鮮で甲午農民戦争（東学党の乱）が勃発すると、大熊鵬・向野堅一と共に日本に帰国し、9月大本営に至り陸軍通訳官として第1師団付を命ぜられ、10月第2軍に従い広島を出発した。盛京省（現遼寧省）花園河口に上陸したが、捕えられ金州の監獄で処刑された。　　（武井義和）

（参考文献）「附殉難十二烈士伝」の「藤崎秀伝」（井上雅二『巨人荒尾精』左久良書房、1910年、復刻版、大空社、1997年）。

藤島武彦 ふじしまたけひこ （明治2(1869) – 1894）

漢口楽善堂員。鹿児島県出身。

1885（明治18）年上海に渡航後、荒尾精が運営する漢口楽善堂に加わる。88年イリ方面の視察に派遣されることになった堂員の浦敬一を、蘭州府で書店経営というかたちで支援することになり、大屋半一郎と共に販売用の書籍を携え先発したが、盗賊に襲われるなどして果たせなかった。89年3月、藤島は浦と共に漢口を出発し再び新疆に向かい、9月蘭州府に到着するまで行動を共にした。

その後は荒尾が90年上海に設立した日清貿

易研究所への資金援助を行うべく、日本へ帰国していたが、94年日清戦争が勃発するとドイツ船に乗船し上海へ渡航。北清を経由して満州に出て、敵情を偵察して鴨緑江方面に赴き、第１軍に報告すると共にその案内者役となることが藤島の任務となった。そのため僧侶に扮したが、その行事作法を身に付けるべく、同志の高見武夫が修行する浙江省普陀山(ふださん)に赴いた。その船中で日本人であることが発覚したために、船が到着した浙江省鎮海で清国兵に捕まり、杭州に護送され処刑された。

（武井義和）

（参考文献） 『東亜先覚志士記伝』上、『対支回顧録』下。

藤瀬政次郎 ふじせまさじろう （慶応３.11.30（1868.1.5）－1927.1.7）

実業家。長崎県出身。

1885年三井物産に入社。香港・上海支店長、常務取締役等を歴任。棉花部から独立した東洋棉花社長も務めた。1911年の辛亥革命から中華民国初期にかけて孫文ら革命派を熱心に援助した。辛亥革命時期には上海支店長として、孫文が設立した南京臨時政府は日本の援助がなければ崩壊すると考えて、孫文への財政援助として社員森恪を通じて15万円を三井の取締役会の内諾を得ずに孫文に提供したため、内規違反として問題になった。また漢冶萍公司借款のための300万円は山本条太郎が奔走して集め、藤瀬から革命派へ手渡された。第２革命失敗後、第３革命を準備中の革命派のアジトとして、上海の三井社宅を孫文支援者山田純三郎に使用させるなどの革命派援助活動を続けた。

（藤井昇三）

（参考文献） 山本条太郎翁伝記編纂会編『山本条太郎伝記』（1942年）、坂本雅子『財閥と帝国主義―三井物産と中国―』（ミネルヴァ書房、2003年）、山浦貫一『森恪』（高山書院、1941年）。

藤田嗣治 ふじたつぐはる （1886.11.27－1968.1.29）

洋画家。東京出身。

藤田と中国の関わりは早く、フランス渡航以前の1906年には満州を旅行している。また34年には北平（北京）・大連・新京（現長春）・奉天（現瀋陽）を遊歴し、38年には従軍画家として上海・九江・南昌・漢口等を、40年には退役軍人の依頼を受けて中ソ国境付近を訪れている。これらの旅行の中で描かれたのが、『南昌飛行場の焼打』・『武漢進撃』（38－39年）・『哈爾哈河畔之戦闘(ハルハ)』（41年）等の戦争記録画である。もともと静物画を中心に描いてきた藤田は「敵の姿も見えぬ様な近代戦は容易に画にも成し難い」（「聖戦従軍三十三日」）と書き、その苦労を漏らしている。従軍画家として中国との戦争に巻き込まれた藤田であったが、随筆「中国との文化的接触の道程」（40年４月）では「満華人に日本精神を教え込むことは、他日に到って愛国心の逆用を危惧する」とし、中国人を日本化することの愚を指摘している。

（古谷　創）

（参考文献） 藤田嗣治『随筆集　地を泳ぐ』（書物展望社、1942年）、林洋子『藤田嗣治　作品をひらく』（名古屋大学出版会、2008年）。

ふじたとよはち

藤田豊八 ふじたとよはち （明治2.9.15(1869.10.19)－1929.7.15)

東洋史学者、中国文学者。剣峰と号す。徳島県出身。

1895年帝国大学文科大学漢学科を卒業。漢学・漢文のみならず欧文にも精通し、数年間、文筆活動に従いつつ『中等教育　東洋史』を著して、《東洋史》という新しい歴史の構想が普及定着していく先駆として令名が広がった。変法自強さなかの中国から教育者・啓蒙者として招かれ、97年からの16年間、中国で教育・翻訳出版に従った。すなわち、洋務派官僚の馬建忠と新聞を営み（97年）、羅振玉を助けて〈農学報〉館（同、上海）、東文学社（98年、上海）、南洋公学（交通大学前身）附属の東文学堂（1901年、上海）、両広総督の教育顧問（03年、広州）、尋常高等師範学堂（05年、蘇州）、北京の農科大学（羅振玉学長）の総教習（09年、北京）等で教育に従い、また欧文書・日文書を漢訳出版し、日本留学生を養成した。この間、ことに羅振玉との交友を深くし、また東文学社で教授した王国維とも親しく、辛亥革命に際しては、内藤湖南・狩野直喜と共に羅振玉ついで王国維一家を京都に招くことにつながった。また幣原喜重郎外務次官の要請で1918年、広州において中文新聞『嶺南新報』を発刊した。以上の中国滞在中、訪書・購書にも力を注ぎ、約3万冊の漢籍を収集し、徐松輯本の「宋会要輯稿」の抄写、「貞観政要」「東国輿地勝覧」「魏書」「宋史」等の稀覯書を多数所蔵した（藤田文庫）。

1909年、北京で展覧に供された敦煌古写本のうち、『慧超往五天竺伝』について10年『慧超往五天竺伝箋釈』を著し、11年汪大淵撰『島夷志略』の校注を「国学文庫第26編」として共に中国で著した。12年の帰国後、連年の如く『東洋学報』『史学雑誌』に西域史・南方史の論考を発表し、没後『東西交渉史の研究：南海篇・西域篇』にまとめられた。20年文学博士を授与され、26年東大の東洋史第1講座教授となり、28年台北帝国大学教授、文政学部長に任じて南方史を推進し、東大でも西域史を講ずることになったが、29年病を得て7月東京で歿した。　　　（斯波義信）

（参考文献）　小柳司気太「文学博士藤田豊八君略伝」（藤田豊八『東西交渉史の研究　南海篇』岡書院、1932年、復刻、国書刊行会、1974年）、東方学会編『東方学回想Ⅰ　先学を語る(1)藤田豊八博士』（刀水書房、2000年）。

藤塚　鄰 ふじつかちかし （1879.6.26－1948.12.4)

漢学者。岩手県に生まれ本姓佐々木氏、宮城県塩釜の藤塚氏に入籍。

1908年東京帝国大学文科大学支那哲学科卒業。09年名古屋の第八高等学校教授となる。21年中華民国に留学（1年半）、26年京城帝国大学創設に伴い、同大学教授に任ぜられ、40年退官、次いで大東文化学院教授に就任、48年同学院総長となった。

その学問は清朝考証学、経書の文献的研究を中心としたが、京城帝大において清朝学を講じながら、朝鮮に伝存する清朝名士の翰墨、手札、書幅、善本に注目し、それらの発掘と捜訪に努めた。その取組みを通して、18－19世紀にかけて朝鮮李朝の学人たちが清朝乾

隆・嘉慶・道光期の学壇と接触し深いつながりを持った姿を明らかにした。とりわけ李朝の金世喜（号は秋史、阮堂）の学問と方法をめぐり、『四庫全書』の編纂者の一人であった翁方綱の知遇を得たこと、『皇清経解』の編者阮元とは刊行直後の同書の寄贈を受けるなど濃密な関係を築いていたことについて、その交渉と意義を検証している。こうした研究は清朝漢学の朝鮮への移入史にとどまらず、清朝と朝鮮との文化交流・文化交渉を具体的に示すもので、その考究は日・鮮・清の文化交流にまで及んでいる。藤塚の文献考証学の高さは、『論語総説』（弘文堂、49年）に見る『論語』注釈書の堅実な考証が信頼を得ていることでも、定評がある。京城帝大時代における漢籍の収集をはじめ、蔵書家としても知られ、「望漢盧」と称した蔵書を有したが、45年3月の東京空襲でその大部分を焼失したという。　　　　　　　　　　　　（大島　晃）

（参考文献）　藤塚鄰『日鮮史の文化交流』（中文館書店、1947年）、同『清朝文化東伝の研究 嘉慶・道光学壇と李朝の金阮堂』（藤塚明直編、図書刊行会、1975年）。

藤野厳九郎　ふじのげんくろう　（1874.7.1－1945.8.11）

医師。福井県出身。

福井県下番村（現芦原町）の生まれ。小学時代に元福井藩士の野坂源三郎に漢文を習う。1892年愛知医学校入学、96年同校を卒業して同校助手、1900年には教諭となり、東京帝国大学医科大学での研究を経て、01年仙台医学専門学校（現東北大学医学部）講師に就任、

02年以後医学科1年級の副級長となり04年教授に昇進した。同年9月魯迅が同校に入学し、06年3月退学している。07年東北帝国大学が設立され12年仙台医専を吸収して附属医学専門部とし、15年には医科大学を開設、19年医学部と改称した。医科大学は主に東京・京都の両帝大卒業生を教官として採用し、医学専門部の旧教官で医科大学に教官として残りえた者は4名だけであった。藤野も15年に辞職し、東京・三井慈善病院勤務を経て17年に帰郷し開業した。36年12月同郷の記者坪田利雄が『日本評論』12月号掲載の増田渉による魯迅追悼記を携えて藤野医院を訪ね、翌年『文学案内』3月号に藤野の談話「謹んで周樹人様を憶ふ」を発表した。その後も藤野は村の仁医として過ごしたが、45年1月東北帝大医学部卒業後に徴兵により軍医入隊した長男恒弥の戦病死の報に接し、老衰死した。

魯迅は第1作品集『吶喊』の「自序」（23年）と自伝的小説「藤野先生」（26年）で、いわゆる「幻灯事件」により「愚弱な国民」には屈強な体格よりも精神の改革が必要と考え文学芸術を選んで医専を退学、恩師の誠意溢れる希望を裏切ったという物語を記している。また太宰治も青春小説『惜別』（45年）を執筆、魯迅と藤野先生との出会いと別れ、そしてキザで音痴でにこやかに笑う個性的魯迅像を描き出している。　　　　（藤野省三）

（参考文献）　阿部兼也『魯迅の仙台時代』（東北大学出版会、1999年）、泉彪之助「藤野厳九郎の蘭学の系譜と生地」「藤野厳九郎の学歴とその時代背景」（共に『日本医史学雑誌』1983年10月号・84年10月号）、『藤野先生と魯迅』同刊行委

ふじまさはる

員会編（東北大学出版会、2007年）。

富士正晴 ふじまさはる （1913.10.30－1987.7.15）
詩人、小説家。本名冨士正明。徳島県出身。
小学校訓導の両親の長男として出生、母の赴任に伴い幼時を朝鮮平壌で過ごす。三高理科甲類、文科丙類、中退。1944年3月応召、31歳で一兵卒として中国大陸に出征。第2次湘桂作戦、桂林攻略戦、粤漢線打通作戦に投入される。45年8月、江西省南昌市で日本の無条件降伏を知る。当時、陸軍上等兵。所属部隊は上海へ向けて行軍、46年初め、南京郊外で捕虜となる。5月、復員。47年10月、島尾敏雄・林富士馬らと『VIKING』を創刊。吉川幸次郎の勧めに従い、最初の戦争小説「ひとこま」（50年7月）以降、約20年を費して戦争体験を作品化。それらは『競輪』『游魂』『帝国軍隊に於ける学習・序』にまとめられ、その動機や立場は「戦争小説―私の場合―」に表明されている。中国関係の著作には他に、『中国の隠者』、古典の翻訳（陶淵明の詩、「紅楼夢」、「金瓶梅」等）、『私法・中国遠望』等の随筆がある。　　　　（藤木直実）

（参考文献）　『富士正晴作品集』（岩波書店、1988年）、大川公一『竹林の隠者』（影書房、1999年）。

伏見宮貞愛 ふしみのみやさだなる （安政5.4.28(1858.6.9)－1923.2.4）
皇族、元帥陸軍大将。陸士（旧1期）卒。西南戦争に参加。95年少将・歩兵第4旅団長として日清戦争に出征。98年、第10師団長を経て中将・第1師団長として第2軍で金州、

第3軍で旅順戦に参加。この間大将に進級、のち軍事参議官となる。第1次山本権兵衛内閣の、陸海軍大臣を予後備役に拡大する官制改革への、参謀総長長谷川好道の反対上奏を断念させた。1912－15年、内大臣府出仕として、大正天皇を補佐、15年元帥号授与さる。
　　　　　　　　　　　　　（久保田文次）

伏見宮博恭 ふしみのみやひろやす （1875.10.16－1946.8.16)
皇族、元帥海軍大将。東京生まれ。貞愛親王の長子。海軍兵学校・ドイツ海軍大学校に学び、日露戦争時には戦艦三笠分隊長で黄海海戦で負傷、累進して1921年に大将。32年、海軍軍令部長（のち軍令部総長）、41年まで在職、太平洋戦争直前まで海軍の統帥部の最高権力者となる。この間元帥。東郷平八郎とともに海軍の最長老として君臨、東郷等艦隊派優位の体制をつくった。のちの戦線拡大には批判的になった。
　　　　　　　　　　　　　（久保田文次）

（参考文献）　野村実『天皇・伏見宮と日本海軍』（文芸春秋、1988年）。

藤森成吉 ふじもりせいきち （1892.8.28－1977.5.26）
小説家・劇作家。長野県出身。
東京大学独文科卒業後、岡山の第六高等学校に講師として赴任、1学期だけで辞職したが、創造社を結成しのちに中日友好協会の名誉会長にもなる小説家郭沫若は当時の生徒の一人。35年評論家木村毅の世話で中国に渡り、長編小説『純情』執筆のための現地調査として杭州・南京・揚州等を巡る。55年学術会議の招待で中国科学代表団を率い来日した郭沫

若に招かれ、翌年9月に文芸家協会所属の作家ら20人と共に中国を訪問、国慶節に参列。北京大学で講演を行い、劇作家・詩人の田漢ら文化人との親交を深めるなどしつつ、滞在は朝鮮訪問も含め1ヶ月半にも及んだ。帰国後、「中国朝鮮ところどころ」を『国際新聞』に連載。戦後の日中関係の修復・文化交流の活性化に貢献した。　　　（小林美恵子）

（**参考文献**）　木村毅「藤森成吉の人と作品」（『現代日本文学全集』77、筑摩書房、1957年）、田中保隆「藤森成吉」（『国文学』4－10）。

藤山愛一郎　ふじやまあいいちろう　（1897.5.22－1985.2.22）

実業家。政治家。東京出身。

藤山雷太の長男として生まれ、慶応義塾大学政治学科を中退し、父のあとを継ぎ大日本製糖社長に就任。大学在学時に中国各地を漫遊。1937年には砂糖業界を代表して、いわゆる児玉経済使節団の一員として訪中、民間経済外交を通じて日中関係を改善しようと尽力した。戦争中中国国内の新聞雑誌に掲載された日本に関する記事を収集し、戦後、国会図書館に「藤山シナ文庫」として寄贈した。戦後は岸内閣で民間人外相を務めたのち、親中派自民党議員として、70年12月に日中国交回復議員連盟を結成し、国際貿易促進協会会長を務めるなど、松村謙三らと共に日中交流を促進し、国交回復に尽力した。（木村昌人）

（**参考文献**）　藤山愛一郎『日中関係の課題と展望』指導者シリーズ No.3（尾崎行雄記念財団、1971年）、同『政治わが道　藤山愛一郎回顧録』（朝日新聞社、1976年）。

藤山雷太　ふじやまらいた　（文久3.8.1（1863.9.13）－1938.12.19）

実業家。肥前（佐賀県）出身。

慶応義塾大学卒業後、長崎県会議員を経て、実業界入り。三井銀行、王子製紙等で経営手腕を発揮し、1909年渋沢栄一に請われて大日本製糖社長に就任した。日糖疑獄で倒産寸前に追い込まれた状況の中で、台湾での生産拡大、合併等思い切った手を打ち、同社再建に成功した。長い歴史を持つ日中関係については、同文同種で、原材料・人材・労働者技術移転等の輸送コストがかからない点等から、中国を東洋の強国にし、通商貿易を通じて相互利益を増進することこそ日中関係にとって欧米支配を乗り越え、利益をもたらすと考え、張作霖・張学良・蒋介石らと親しく交わった。30年韓国と華南を歴訪し、揚子江流域の発展に注目した。　　　　　　　　（木村昌人）

（**参考文献**）　藤山雷太『日支経済同盟論』（非売品、1919年）、同『南鮮南支巡遊記』（1930年）、藤山愛一郎編『藤山雷太』（非売品、1939年）。

藤原鎌兄　ふじわらかまえ　（1878－1953）

ジャーナリスト。長野県出身。

松本中学に入学後、強い潔癖症となり療養を経て、国学院大学、東京外国語学校で学んだのち（いずれも中退）、「信濃民報」社に入社、かねてよりの希望に従って記者となる。2年目には編集長。初めて中国に渡ったのは1911年で、それは辛亥革命後の中国を視察するためであった。12年、日本語の日刊紙『新支那』を創刊、主幹となる。藤原はその目的を「全アジアに対する理想を実現するための

陣屋として新聞を以て支那を研究し以て支那民族に対して日本民族の意思を表示し、以て東方の正義を主張し…」と語っている。18年には『北京週報』を創刊しその理想を託す。『週報』はその後10年間刊行が続けられるが、それはほとんど藤原とその妻つたの仕事による。主な記者・寄稿者についてはその一覧が二人の著書『記者五十年のうらばなし』に記されており、興味深い。『週報』はとても評判がよく、日中関係に関わるほとんどの会社の事務室にはそれが置かれていたという。結局長い間北京にあった藤原は、家族と共に27年末帰国し、『週報』は鷲沢与四二が引き継いだが、30年、日本軍部による日本人新聞廃刊に伴ってその姿を消すことになった。ただし、藤原のアジア・中国に関わる仕事は続いた。一つは雑誌『高日本』(27年9月-39年8月、月3回)、もう一つは『日本と大陸』(39-44年)。共に中国問題はじめ、思想・経済・政治・教育を論じた雑誌だが、投稿以外の記事は藤原が全て担当したという。いずれも軍部の言論統制によって廃刊になった。

〈久保田善丈〉

(**参考文献**) 藤原鎌兄・つた『記者五十年のうらばなし—北京二十年、日本三十年—』(私家版、1975年)、藤原鎌兄『革命揺籃期の北京：辛亥革命から山東出兵まで』(小島麗逸・藤原つた編、社会思想社、1974年)。

二口美久 ふたくちよしひさ (安政4.6(1857)-没年不詳)

中国語通訳・領事。江戸生まれ。

東京外国語学校に学び、1875年11月に同校の国書助教となる。77年10月に国書教員専務、翌78年3月に漢語学教員となったが、79年2月に司法省へ移り、裁判所7等属として横浜裁判所に勤務、81年11月に裁判所書記となる。83年11月にさらに外務省へ移り外務3等属として公信局に勤務、85年1月に在京城（朝鮮国）公使館に在勤、同年5月に外務書記生となった。翌86年3月に領事館書記生として上海に勤務、91年9月に仁川へ転勤、同年12月に帰国し本省の政務局に配属。日清戦争の勃発する94年の5月に翻訳官補となり、96年1月に領事館書記生として元山に在勤、同年2月に2等領事となる。98年11月に1等領事として沙市に勤務、1900年11月にいったんコルサコフへ転勤するも、翌01年6月に蘇州勤務となり、日露戦争の終結した05年11月に満期休職となる。

〈松村正義〉

(**参考文献**) 外務省外交史料館の所蔵資料。

二葉亭四迷 ふたばていしめい (元治1.2.28(1864.4.4)-1909.5.10)

小説家、翻訳家。本名長谷川辰之助。江戸出身。

1881年、東京外国語学校（現東京外国語大学）露語科に入学、ロシア文学を学ぶ。86年坪内逍遥と交流、評論『小説総論』を発表、それをもとに言文一致体で書かれた小説『浮雲』(金港堂、87-91年)を発表、近代日本文学の先駆者となった。また、ツルゲーネフの「あひびき」(『国民の友』88年)や「めぐりあひ」(『都の花』88-89年)等、ロシア文学の翻訳も手がける。89年内閣官報局雇員となりいったん文壇を去るも、1906年に『其面影』

を、翌年『平凡』を『東京朝日新聞』に連載し復帰。08年朝日新聞特派員として、ロシア・ペテルブルグに赴任したが、翌年その帰途、肺結核によりベンガル湾上で客死した。享年45歳。

彼は02年、実業界への関心からそれまで3年間務めた東京外語学校露語教授を辞職、5月ウラジオストクの徳永商店のハルビン支店顧問・日本貿易協会嘱託という肩書で招かれ、ウラジオストクから6月ハルビンに到着。しかしここでは期待していたような仕事が見つからず生活にも窮していた。その様子を彼は逍遥に宛てた手紙の中で、「小生は精神的な方面の観察は敢て人後に落ちずといふ自信あれど、物質的方面は……大いに観察力を欠きこれには閉口罷在候。又動もすると観察より議論の方が先に立ちこれまた閉口致し候。この二欠点は当地へ参りて始て心付きたる所に候。満州へ来て何か得る所ありしと曰へばまづ此欠点に心付きたる位の所にて誠に面目もなき次第に候」、また「日本を出る前は是非商売をと存居候ひしが小生には商売は駄目に候」と述べている（中村『二葉亭四迷伝』）。そこで、9月初めにハルビンを出発、途中営口・旅順・芝罘・山海関・秦皇島・天津等を経て、10月北京に着いた。同月、旧外語の同窓であり川島芳子の養父で知られる川島浪速が学監（校長）を務める京師警務学堂の提調（副校長）の職に就任するも、学堂内の人事に悩み川島との対立が進む中、03年7月同職を退き帰国の途に就く。結局1年3ヶ月弱の大陸滞在期間となった。　　　（谷川栄子）

（参考文献）　中村光夫『二葉亭四迷伝』（講談社文芸文庫、1993年）、関川夏央『二葉亭四迷の明治四十一年』（文春文庫、2003年）。

船津辰一郎　ふなつたついちろう　（1873.8.9－1947.4.4）

外交官。佐賀県出身。

1888年佐賀松陰学舎卒業。89年大鳥圭介公使の書生として北京で中国語を学ぶ。大鳥の帰朝に伴い、いったん帰国したが、再び大鳥に随行し、ソウルへ赴き朝鮮語を学んだ。95年外務省留学試験に合格し陸軍省随員として日清戦争に出征した。96年芝罘領事館書記生となり、97年外務省書記生に転じた。この後数年間のアメリカ時代を除き、一貫して中国で勤務する。1904年から牛荘・南京・香港・上海・奉天各都市で勤務し、堪能な中国語・英語と温厚誠実な人柄により、孫文をはじめ日中両国人から篤い信頼を得、中国や日中関係について地に足のついた視座、すなわち日中「共存共栄」を持ち、内外に太い人脈を築いた。まさしく「老中国」的存在であった。

26（昭和1）年8月、中国大使館参事官で外務省を退官し、9月に在華日本紡績同業会総務理事に就任した。20年代、在華紡は日本の対中工業投資の中心的存在であったが、中国政情不安の影響を直接受けることになった。25年2月から5月にかけて在華紡に対して待遇の改善や組合承認を要求する労働争議が頻発し、同年6月には大ストライキにまで発展した。事態の深刻化と今後の対応のため在華日本紡績同業会が組織された。理事に迎えられた船津は、27年蔣介石の共産党本部襲撃（4・2クーデター）や済南事件を無事に切り

ふるいちこうい

抜け、民政党の床次竹次郎訪中団と蒋介石との会談を実現させた。31年の満州事変に続く32年の上海事変により、上海は戦火に見舞われ、経済断交や日本製品ボイコット運動が激しさを増す中で、船津は日中貿易協会を立ち上げ、日中実業家が忌憚なく共存共栄をめざす話し合いの場、「船津機関」を作った。周作民を会長に、児玉謙次を副会長に据え、両国実業家による民間経済外交により日中関係の改善を図った。この間、京都（28年）と上海（31年）で開催された太平洋問題調査会に日本側委員として参加した。

37年の日中戦争勃発により船津は日中関係の将来に悲観的になったが、外務省の依頼を受け、対中和平工作、いわゆる「船津工作」を行ったものの、上海での日中両軍の衝突を避けられず失敗した。39年、在中50周年を機に在華紡理事を退き、華中棉産改進会理事を経て、40年上海市特別市政府顧問に就任した。続いて南京政府経済顧問を兼任した。同年10月松岡外相の懇請により、「銭永銘工作」と呼ばれる重慶政府との和平工作を試みたが、不成功に終わった。終戦時には上海で、日本人居留民組織であった日僑自治会の委員として、居留民の安全と帰国に尽力した。

（木村昌人）

（参考文献） 吉村道男編『日本外交史人物叢書 第20巻〈在華紡績同業会編『船津辰一郎』（非売品、1958年）〉』（ゆまに書房、1999年）、菊池敏夫「船津辰一郎─日中"共存共栄"夢の架け橋─」（日本上海史研究会編『上海人物史』東方書店、1997年）。

古市公威 ふるいち こうい（きみたけ）（嘉永7.閏7.12 (1854.9.4) − 1934.1.28）

技術官僚。姫路藩（兵庫県）出身。

内務省土木局長や逓信次官、鉄道作業局長官等を歴任し、近代日本の工学・工業界の指導的地位を占めた技術官僚。1905年、東亜鉄道研究会の初代理事長に選任される。東亜鉄道研究会は、清国での鉄道の普及と人材交流を目的として設立された団体であり、古市理事長のもとで、原口要ら鉄道技師を湖北省に派遣している。これは南洋鉄路大臣の張之洞の求めに応じるものであった。また、東亜鉄道研究会の招聘で中国から調査団が来日している。09年6月東亜興業株式会社の初代社長に就任。東亜興業は、清国の鉄道・鉱山・造船・電気等の事業に対して調査活動・資本供給を行うことを目的として設立された会社であり、古市が社長を務めた18年7月までの間に、江西省の南潯鉄道公司との借款契約の締結や漢口水電への投資が行われた。

（若月剛史）

（参考文献） 故古市男爵記念事業会編『古市公威』（同会、1937年）、土木学会土木図書委員会・土木学会土木史研究委員会編『古市公威とその時代』（土木学会、2004年）。

古川宣誉 ふるかわ のぶよし（嘉永2.3.10(1849.4.2) − 1921.10.18）

陸軍中将。江戸生まれ（本籍は静岡県）。

明治2（1869）年沼津兵学校に入学するが、同校が教導団工兵生徒へ編入されたためにそれに従う。1875年、初代北京公使館付武官福原和勝大佐の主席随員として渡清。いったん

帰国後76年から3年間上海において駐在武官の役を果たした。その間に「遼東日誌」「満州南部図」「直隷全省図」作成の基礎調査を行った。帰国後は参謀本部に所属するが、80年4月にペルシア（現イラン）情勢調査命令が降り、外務省御用掛吉田正春らとペルシア踏破の旅をして翌年5月に帰国する。これは日本人によるペルシア内陸探検の最初と言われる。プーシェフル、シーラーズ、ペルセポリス遺跡、イスファハーンを経てテヘランで皇帝に謁見した。その後カスピ海からイスタンブールに至った。90年からは陸軍省工兵事務課長に就き、日清戦争で第2軍（司令官大山巌）司令部工兵部長等を務め、日露戦争においては第4軍（司令官野津道貫）司令部兵站監、工兵部長となっている。1906年に予備役となる。

（斎藤聖二）

（**参考文献**）　杉田英明『日本人の中東発見』（東京大学出版会、1995年）、長場紘『近代トルコ見聞録』（慶応義塾大学出版会、2000年）、『対支回顧録』下、古川宣誉『波斯紀行』（参謀本部、1891年）、吉田正春『回疆探検・波斯之旅』（1894年）。

古荘幹郎 ふるしょうもとお （1882.9.14－1940.7.21)

陸軍軍人、陸軍大将。熊本県出身。

陸軍士官学校（14期）、陸軍大学校卒業。日露戦争に出征し負傷。参謀本部第1部長、第11師団長等を経て、1935（昭和10）年9月陸軍次官になる。2・26事件により、航空本部付となったが、航空本部長、台湾軍司令官を経て、38年9月第21軍司令官となる。海軍の第5艦隊と協同して広東攻略作戦を実施、バイアス湾への奇襲上陸等積極果敢な攻撃で中国軍を撃破、38年10月21日広東を占領した。しかし軽度の脳溢血から、安藤利吉第5師団長と交代して帰還、39年5月軍事参議官となるが、健康が回復せず40年7月死去した。

（庄司潤一郎）

（**参考文献**）　西川禎則編『大将伝　陸軍編』（建軍精神普及会、1941年）、額田坦『陸軍省人事局長の回想』（芙蓉書房、1977年）。

古海忠之 ふるみただゆき （1900.5.5－1983.8.23)

官僚。旧姓大滝。京都府出身。

1924（大正13）年、東京帝国大学法学部政治学科卒業後、大蔵省に入省。32年、営繕管財課事務官を辞し、満州国国務院総務庁理事官・主計処総務科長兼特別会計科長に転ずる。35年に同庁主計処長となり、37年、協和会中央本部指導部長を兼任。40年に経済部次長、41年に総務庁次長に昇進。最後の次長として、終戦時の満州国解散に関わる事務処理を担った。捕虜として50年までソ連に抑留され、その後中国の撫順戦犯管理所に収容。「認罪徹底」の模範囚として過ごす。56年、最高人民法院瀋陽特別軍事法廷で禁固18年の判決を受けたが、63年に釈放され帰国。満州国実業部次長を務め、戦後は総理大臣となった（57－60年）岸信介らに要請されて、東京卸売センターの設立に尽力し、社長となった（68－78年）。

（澁谷由里）

（**参考文献**）　古海忠之『忘れ得ぬ満州国』（経済往来社、1978年）。

文太 ぶんた （文政7(1824)－明治2.7.26(1869.9.4)）

漂流民。利七が本名らしい。伯耆川村郡長瀬村（鳥取県）出身。

若くして灘の酒造家・松屋八三郎所有の栄力丸の表師（航海士の補佐役）となる。嘉永3（1850）年10月29日、栄力丸が江戸から帰航中遭難し、漂流すること53日。乗組員16人の中には、のちにアメリカ国籍を取得したアメリカ彦蔵もいた。南鳥島付近で米商船に救助され、サンフランシスコに入港。嘉永5年、米国側は、栄力丸一行を開国のための対日交渉に利用する目的で、香港に連行し、米軍艦サスケハナ号に移して上海に向かった。当時、中国は太平天国の乱の最中で、文太は、太平天国軍の噂や小刀会の上海占領についての生々しい話を伝えると共に、この戦いを清と明との戦いととらえ、明軍（太平天国軍）優勢と予測している。やがて、上海在住の日本人で、もと漂流民・音吉の援助により米艦を脱出。中国商船で嘉永7年7月27日、乍浦から長崎に帰還した。帰郷後、藩外での居住が禁止されるなど、飼い殺しに近い状態の中、狂死した。　　　　　　　　　　（相田 洋）

(参考文献) 堀煕明等編『栄力丸漂流記談』（新村出編『海表叢書』巻3、所収）、春名徹『漂流―ジョセフ・ヒコと仲間たち―』（角川選書、1982年）。

へ

辺見勇彦 へんみたけひこ （1877－没年不詳）

大陸浪人。中国名江侖波。鹿児島県出身。1902年に宮地利雄（貫道）が戦翼軍と共に上海に開設した、日本書籍を中国語に翻訳出版する作新社に勤務したが、日露戦争勃発後の04年4月退社、北京に赴く。北京公使館付陸軍武官の青木宣純大佐から馬賊を指揮する日本軍将校の通訳を委嘱され、「大本営附特別任務陸軍通訳官」の肩書きと大尉相当の待遇を与えられる。04年5月満州へ出発、橋口勇馬班に属し、遼西の六家子で馬賊を召集。錦州まで運ばれた軍資金2万元や武器を、馬賊を指揮して六家子まで密送。7月巨流河に架かるロシア軍の軍橋を偵察、8月軍橋爆破の際には援護隊を務める。同月下旬に馬賊隊が解散した後は、馬賊頭目・田義本配下の馬賊を指揮監督し、「東亜義勇軍」と命名。以降、偵察任務を主に行うが、05年5月、田義本馬賊部隊等がロシア軍と戦い占領した遼陽窩棚で、部下の略奪に対する処罰をめぐり田と辺見が対立し、田部隊は逃走。その後05年8月から08年4月まで奉天将軍府顧問や、辺見と共に連携してきた馬賊統領・馮麟閣の馬隊監督等を務めた。　　（武井義和）

(参考文献) 辺見勇彦『満州義軍奮闘史 自伝』（先進社、1931年）。

ほ

帆足 計 ほあしけい （1905.9.27－1989.2.3）

政治家、経済人。大分県生まれ。

1931年東京帝国大学経済学部卒業。戦時中は重要産業協議会事務局長として経済統制業務を担う一方、日中戦争の長期化に伴い中国の抗日戦争に関心を寄せ、毛沢東の長期抗戦論等を読んでいたという。日本敗戦後、経済復興会議幹事長として戦後復興の推進に当た

るが、47年の参議院議員（緑風会、〜50年）当選により政界へ転じ、52年には衆議院議員に当選（社会党、〜69年）。戦後復興の重要な鍵が対アジア貿易、中でも「新生中国」との経済協力にあると見定め、中日貿易促進議員連盟（49年、52年に日中貿易議連に改称）・中日貿易促進会（49年）・日中友好協会（50年）に参加。朝鮮戦争下の52年に高良とみ・宮腰喜助と共に中華人民共和国を訪問（公人として戦後初）、第1次日中民間貿易協定をとりまとめて民間貿易再開の端緒をつくった。翌53年には日中貿易議連メンバーを中心とする中国通商視察議員団に参加し、第2次貿易協定の締結交渉に中心的な役割を果たした。同時に対中国取引の窓口となる商社の設立（東工物産、53年）も促している。議員在任中の中国訪問は8回にわたり、毛沢東・周恩来・陳毅・郭沫若・廖承志らの要人としばしば面談。政界から離れたのちも対中外交政策や中国の現状分析に関わる執筆活動を続けた。

（宮本正明）

（参考文献） 帆足計『ソ連・中国紀行』（河出書房、1952年）、同『見てきた中国』（岩崎書店、1953年）、波多野勝他編『日中友好議員連盟関係資料』（現代史料出版、2002年）。

北條鷗所 ほうじょうおうしょ （慶応2.9.20（1866.10.28）−1905.7.16）

明治時代の漢詩人、官吏。名は直方、字は方大、別号は碧海舎人・狎漚生・石鷗。江戸の人。

漢学を島田篁村に、詩文を森春濤に学ぶ。維新後、文部省貸費生となり東京外国語学校で中国語を学び、1885年には東京大学の中国語教師・張㴞海（号滋昉）と交流する。のち渡清し、上海では岸田吟香・柴田義桂・永井禾原らと共に、袁祖志ら清末文人たちと漢詩文をもって交流を行う。帰国後、宮城控訴院に務め、のち大審院書記長となる。著作に「北清見聞録鴻泥」「九梅草堂集」がある。

（川邉雄大）

（参考文献） 佐藤精明輯録『槎客筆談』。

星野直樹 ほしのなおき （1892.4.10−1978.5.29）

官僚、政治家。神奈川県出身。

東京帝国大学法科大学政治科在学中の1916年、文官高等試験に合格。翌年大学を卒業して大蔵省に入省し、銀行局の属官から始まり、地方・中央の税務でキャリアを積んだ。26年に大蔵事務官。32年7月、営繕管財局書記官・同局総務部国有財産課長を辞して、満州国財政部理事官・総務司長に転じ、36年に財政部次長、37年に国務院総務長官へと累進。40年までの在職中、関東軍・財界・満鉄と協力して、満州国の経済建設に邁進した。ソ連の社会主義体制をも参考にしつつ、幣制を改革し、産業五ヶ年計画を策定するなどして、満州国を日本の資源供給地に変え、さらには日中戦争の後方支援地にしていこうと試みた。当時、少壮中堅の官僚や軍人が、植民地で大胆な言動と行財政・軍政上の改革を行い、注目されることが多かったが、星野はその筆頭であった。俗に言う「2キ3スケ」（東条英機＝37年から関東軍参謀長、星野直樹、鮎川義介＝37年から満州重工業開発総裁、松岡洋右＝35年から満鉄総裁、岸信介＝37年から満州国産

業部次長）の一人として有名。帰国後、第2次近衛文麿内閣の国務大臣・企画院総裁に任じられたが、翌年内閣改造により辞職。この頃、革新官僚を率いて国家総動員法改正を推進。41年10月に成立した東条英機内閣では内閣書記官長を務め（44年まで）、満州時代の「盟友」に強い影響を与えた。辞職後、45年5月まで大蔵省顧問。なお41－45年末まで勅選の貴族院議員であった。終戦後、A級戦犯容疑者として逮捕され、46年に公職追放処分、48年に終身刑判決を受ける。55年に釈放され、東京ヒルトン・ホテル副社長（58－71年）、東急国際ホテル社長（62－71年）、旭海運会社社長（64－75年）等を務めた。（渋谷由里）

（**参考文献**）　星野直樹『見果てぬ夢―満州国外史―』（ダイヤモンド社、1963年）。

細川嘉六　ほそかわかろく　（1888.9.27－1962.12.2）

日本共産党指導者、政治学者。富山県出身。1920年大原社会問題研究所入所。27年同研究所内に尾崎秀実と中国革命研究会を開く。39年、風見章の経済的協力により、尾崎と共に赤坂山王ビルに「支那研究室」を設け、主事。41年尾崎ゾルゲ事件に連座して検挙、投獄。42年9月治安維持法違反により逮捕。45年9月保釈。47年4月の参議院選挙に日本共産党公認で出馬、当選。戦後は日中国交回復に尽力し、58年7月19日、日中国交回復国民会議代表委員として、同会議理事長風見章、同代表委員中島健蔵、同理事伊藤武雄と連名で、日中関係について声明を発表し、日本の民間にも深く反省すべき点があると認めた。同年9月、風見を団長、細川を副団長とする同会議代表団が訪中し、日本の対中侵略戦争について謝罪。10月11日の同会議と中国人民外交学会の共同声明は「過去において日本人民は日本帝国主義が中国人民に対して侵略戦争を起こすのを制止できなかった。訪中代表団は中国人民に対し深く遺憾の意を表する」と記している。　　　　　　　　（石井　明）

（**参考文献**）　『細川嘉六著作集』全3冊（理論社、1972年）。

細川護立　ほそかわもりたつ　（1883.10.21－1970.11.18）

美術史家、日華学会会長。東京出身。

細川家第16代当主。侯爵。元首相細川護熙の祖父。志賀直哉・武者小路実篤や横山大観ら多くの文化人と親交を結んだ。1914年から貴族院議員。23年7月、日華学会の会長に就任し、同年9月の関東大震災の際には、被災した中国人留学生の救護と本国への帰還に尽力した。25年4月、日本語習得学校である東亜高等予備学校の経営が日華学会に移った際には、同校の校長に就任している。美術品収集家としても著名で、25年の欧州旅行の際には、金彩鳥獣雲文銅盤（現在永青文庫所蔵。のちに国宝に指定）等の中国古代の美術品や、フランスの東洋学者アンリ・コルディエが遺した東洋学の書籍・雑誌のコレクション（現在慶応義塾大学附属研究所斯道文庫に寄託）を購入し日本へ持ち帰った。戦後は東洋文庫理事長を務めた。　　　　　　　　（若月剛史）

（**参考文献**）　石田茂作編『老松町の殿様』（非売品、1971年）。

堀田善衛 ほった よしえ （1918.7.17－1998.9.5）
小説家。富山県出身。

1942年慶応大学卒業後、国際文化振興会に就職。44年陸軍軍事司令部臨時欧州戦争軍事情報調査部に召集されたが、胸部疾患のため召集解除。国際文化振興会に戻り、45年上海に派遣され、敗戦を迎える。同地で武田泰淳・石上玄一郎を知る。その後中国国民党宣伝部に徴用され、47年に帰国。上海での経験は堀田の文学的方向性を大きく変え、上海に集う無国籍者たちを描いた『祖国喪失』（文芸春秋新社、52年）や、女特工の語りという形で諜報活動の非情さを浮き彫りにした『歯車』（『文学51』51年）等を執筆。51年に「広場の孤独」（中央公論社）等と共に芥川賞を受賞した「漢奸」（『文学界』）も日本敗戦前後の上海を舞台とし、国際政治の転換に翻弄される人間の葛藤を見据えたものである。これら上海ものの集大成として、南京大虐殺を描いた「時間」（『世界』53年）、革命を捉えた長編『歴史』（新潮社、53年）等がある。

（倉田容子）

（**参考文献**）　『堀田善衛全集』全16巻（筑摩書房、1993－94年）。

堀内謙介 ほりうち けんすけ　（1886.3.31－1979.11.1）
外交官。兵庫県出身。

1910年7月に東京帝国大学法科大学を卒業するが、在学中の09年に高等文官試験に合格していたため、同大学卒業後は茨城県庁に就職。11年10月に外交官試験に合格し外務省に入る。外交官補として清国と英国に在外勤務を続け、1919年2月に講和全権委員随員となってパリ講和会議に臨む。この時に山東問題をめぐって経験した中国代表団の圧倒的な外交力に刺激され、若手外交官の同志数名と共に「外務省革新同志会」を結成し、同省の組織改革に乗り出した結果、同21年にアジア局・条約局・情報部などが新たに設けられた。23年12月に在青島総領事となり、28年8月には戦争放棄条約会合日本国全権委員随員としてパリへ出張。29年6月に在中国大使館参事官を務め、34年6月にはアメリカ局長となった。36年4月に外務次官、38年10月に駐米特命全権大使の他、55年11月に駐中華民国特命全権大使等を歴任して、59年7月に退官。著書に『堀内謙介回顧録』（サンケイ出版、1979年）がある。

（松村正義）

（**参考文献**）　外務省人事課編『外務省年鑑』（1953年）、牧野伸顕『回顧録』下（中公文庫、1978年）。

堀内干城 ほりうち たてき　（1889.3.7－1951.5.28）
外交官。奈良県出身。

東亜同文書院に学び、京都帝国大学法科大学に進み、1915年卒業。18年10月第27回高等試験外交科試験合格。領事館補に任ぜられ在香港総領事館在勤。臨時調査部勤務を経て24年12月より通商局第1課に勤務し、この間北京関税特別会議に専門委員として参加し、佐分利貞夫代表を補佐した。同会議は、北京において馮玉祥のクーデターが起こり、中国側の全権団が引き上げたため休会となったが、中国の関税自主権回復要求に日本が率先して理解を示す機会となった。英国勤務を経て、29年10月より在中国公使館書記官となり、上

海にあって満州事変・上海事変の処理に当たり、重光葵公使・有吉明大使等を補佐した。36年9月に駐天津総領事となり、同地で日中戦争の勃発に遭遇、38年4月には在中国大使館参事官兼駐北京総領事、39年10月東亜局長、翌年9月駐中国公使兼駐上海総領事を歴任し、この間日中戦争の解決に苦慮し続けた。南京で終戦を迎えたが、国民政府の依嘱により48年まで中国に残留し、海南島の開発等に貢献した。48年12月に帰国し、翌年3月依願免官。51年5月28日死去。 (白石仁章)

(参考文献) 堀内干城『中国の嵐の中で』(乾元社、1950年)。

本郷房太郎 ほんごうふさたろう (安政7.1.24(1860.2.15)－1931.3.20)

陸軍大将。篠山(兵庫県)出身。

1877年に陸軍士官学校に入学する(旧3期)。同期には上原勇作・楠瀬幸彦・秋山好古・柴五郎・青木宣純・藤井茂太ら個性的な人物が多かった。日清戦争時は陸士教官、その後に陸軍省軍務局、北清事変時も陸士教官である。日露戦争は連隊長として出征したが、約半年後に陸軍省高級副官に補任される。講和直前時に俘虜情報局長並びに人事局長を兼任し、戦後になって高級副官を免ぜられる。1909年に鈴木荘六らを従えて8ヶ月間ヨーロッパに軍事視察の出張に出たのち、教育総監部本部長に就く。13年に木越安綱・楠瀬両陸相のもとで陸軍次官を務めた。その後、師団長を経て17年8月から青島守備軍司令官となる。大将となって軍事参議官に就き、予備役に入ったのちに久邇宮宮務監督や大日本武徳会長を務めた。派閥外の人物で戦場経験も少ないが、事務に長けたため重用され、大将にまで上りつめた。 (斎藤聖二)

(参考文献) 『陸軍大将本郷房太郎伝』(同伝記刊行会、1934年)。

本庄　繁 ほんじょうしげる (1876.5.10－1945.11.20)

陸軍軍人、陸軍大将。兵庫県出身。

1897年陸軍士官学校卒業(9期)。1907年、復学した陸軍大学校を卒業。参謀本部(支那課)等に勤務し、上海にも駐在する。上海では、革命運動支援のために武器や情報の提供等を行った。その後、シベリア出兵に参加し、張作霖の軍事顧問となる。27(昭和2)年中将に進級。31年8月関東軍司令官に任命されたが、折しも、柳条湖事件(満州事変)が発生し、第2師団主力の奉天(現瀋陽)や吉林派遣を認めたことから、関東軍による事変拡大を助長させた。本庄自身は、事変の拡大には慎重だったとされる。その後、侍従武官長となり、2・26事件の際は、反乱軍に同情的であったことから天皇から叱責された。敗戦後の45年11月、自決。 (山本智之)

(参考文献) 日本近代史料研究会編『日本陸海軍の制度・組織・人事』(東京大学出版会、1971年)〈『日本陸海軍総合事典　第2版』東京大学出版会、2005年〉、臼井勝美『満州事変―戦争と外交と―』(中公新書、1974年)、戸部良一『日本陸軍と中国―「支那通」にみる夢と蹉跌―』(講談社選書メチエ、1999年)、本庄繁『本庄日記　普及版』(原書房、2005年)。

本城安太郎　ほんじょうやすたろう　（万延1（1860）－1918.7.4）

大陸浪人、玄洋社員。福岡藩生まれ。

西郷隆盛に呼応した越智彦四郎の活動に参加して入獄。出獄後、『日本新聞』記者として、高島炭鉱工夫虐待事件報道に活躍。宮崎民蔵・滔天とも親交があった。1889年、フランス留学。帰国後川上操六の命で92年山東方面を調査、日清戦争時・義和団事件時には陸軍通訳官として従軍した。日露戦争・辛亥革命時にも山東省を中心に活動した。国内では黒龍会同人、対支連合会・国民外交同盟会の評議員となり、中国問題「解決」の論議を進めた。　　　　　　　　　　（久保田文次）

（参考文献）　『東亜先覚志士記伝』下、上村希美雄『宮崎兄弟伝　日本篇　下』（葦書房、1984年）。

本多熊太郎　ほんだくまたろう　（1874.12.8－1948.12.18）

外交官、外交評論家。和歌山県出身。

青山東京英和学校、東京法学院等で修学し、1894年に外務省留学生試験、翌年に書記生試験に合格し、同年入省。1901年小村寿太郎外相の秘書官となり、ポーツマス会議にも小村全権の随員として参加。「小村門下の一人」と自認し、「興国の外交は必然武力発動を伴ふ一つの経綸の実践」であるべきとして、「小村外交」を「武力の発動を伴ふ現状打破の外交」（『魂の外交』）として賞賛し、生涯その顕彰に努めた。18年からスイス公使、ドイツ大使等を務めて25年に退官。退官後は在野の外交評論家として、「幣原軟弱外交批判」の論陣を張り、国本社等にも関係した。40年12月、松岡外相によって南京国民政府（汪兆銘政府）の大使に起用され、44年には重光外相のもとで外交顧問となっても「長広舌」は衰えることなく、「自主的強硬外交」を説き続けた。終戦後、戦犯容疑者として逮捕され、公職追放となる。　　　　　（波多野澄雄）

（参考文献）　本多熊太郎『魂の外交―日露戦争に於ける小村侯―』（千倉書房、1941年）、同『支那事変から大東亜戦争へ』（千倉書房、1942年）。

本田成之　ほんだしげゆき　（1882.1.24－1945.3.4）

中国哲学史家。富岡鉄斎に学び南画も描いた。岐阜県出身。

幼少時に出家し名古屋の曹洞宗円通寺で修行。早稲田大学・曹洞宗大学（現駒沢大学）等で学ぶもやがて還俗。この間、台湾を訪れている。京都帝大支那哲学科で狩野直喜に師事し、1920年に卒業。神宮皇学館教授ののち仏教大学（現龍谷大学）教授。20年、本田を代表とする「支那学社」の名のもとに、京都帝大同窓の小島祐馬・青木正児らと雑誌『支那学』を発刊。同誌は、前近代の儒学に系譜する「漢学」ではなく、ヨーロッパにおけるsinologieの成果をも取り入れつつ、新たな総合的中国研究を標榜していた。それは「西学」の隆盛によって顧みられなくなった「支那」を再評価する動きであると同時に、儒学に象徴される「支那の学問」への神聖性が近代科学に代置されたことを意味するものでもある。著作『支那経学史論』（27年）、『支那近世哲学史考』（44年）等。　　（桐原健真）

（**参考文献**）『支那学』10巻特別号（小島本田二博士還暦記念、1942年）、李慶『日本漢学史』（上海外語教育出版社、2004年）。

本間雅晴 ほんま まさはる （1887.11.27 – 1946.4.3）

陸軍軍人、陸軍中将。新潟県出身。

1907年陸軍士官学校卒業（19期）、15年陸軍大学校卒業。参謀本部部員や陸大教官として勤務。27年には秩父宮付武官に就任。37年7月参謀本部第2部長（情報部長）に就任し、トラウトマン工作に関する情報収集等にあたる。38年中将に進級し、第27師団長に任命されて華北に赴任した。日本軍は抗日ゲリラが治安の乱れを助長しその温床は、天津の英仏租界にあると判断したため、本間は英仏当局と交渉にあたるも首尾よくいかなかった。結局、日本軍は、英仏租界の封鎖に踏み切った。40年台湾軍司令官に就任。翌年、第14軍司令官となり、アジア太平洋戦争初期のフィリピン戦で指揮を執るも、バターン攻略作戦は頓挫した。敗戦後、「バターン死の行進」等の責任を問われて死刑となる。文才のある将軍としても知られている。　　　（山本智之）

（**参考文献**）『日本陸海軍の制度・組織・人事』、防衛庁防衛研修所戦史室・戦史叢書『支那事変陸軍作戦(1)　昭和十三年一月まで』（朝雲新聞社、1975年）、額田坦『陸軍省人事局長の回想』（芙蓉書房、1977年）、武藤章『比島から巣鴨へ―日本軍部の歩んだ道と一軍人の運命―』（中公文庫、2008年）。

ま

前田河広一朗（まえだこうひろいちろう）（1888.11.13－1957.12.4）

小説家。戸籍上はまいだこひろいちろう。宮城県出身。

徳富蘆花に師事し、その後援を受けて1907年渡米。放浪・労働生活のかたわら現地の社会主義に参加、作品を発表するが、20年帰国。『三等客船』（21年）他を発表、初期プロレタリア文学運動に影響を与えた。28年10月上海に渡り、作家郁達夫・劇作家田漢・魯迅ら中国左翼系作家と交流、翌3月まで滞在。その時の所感を『大きく動く支那』（29年）に著した。以後、中国への共感・関心を高め、中国革命に材を採った『支那』（同）はじめ『蒋介石』『敗軍』『長江進出軍』『支那から手を引け』『上海の宿』等、日中関係が悪化の一途をたどり、ファッショ傾向の強まる厳しい出版情勢のもと、中国に関する著作を多数生み出した。　　　　　　（小林美恵子）

（参考文献）　青野季吉「前田河広一郎論」（『現代日本文学全集』77、筑摩書房、1957年）、紅野敏郎「前田河広一郎－その第一創作集―」（『プロレタリア文学』（日本文学研究資料叢書）有精堂、1971年）。

前田茂子（まえだしげこ）（慶応4.4.23（1868.5.15）－1913.12.20）

女性教育者。自由党民権闘士前田岩吉の妻。旧姓今村茂。高知出身。

高知英和女学校に学ぶ。1893年高知教会に派遣された宣教師グリナンの帰国を契機に渡米し、カリフォルニア州最古の女子大学、ミルスカレッジに入学。苦学すること8ヶ年、文学を修めて1901年9月に帰国した。同年秋、下田歌子の推薦により華族女学校の教員となり4年間勤務、その間自由党の前田岩吉と結婚した。06年日本及び奉天省（現遼寧省）政府の要請により、夫と共に南満州の女子教育を調査、両政府に女子師範学校と初等教育機関創設の緊要性等を提言、自ら創設準備に参画した。翌年3月奉天女子師範学堂が開校すると同校の教員となり、中国女子教員の養成に努めた。同校に在職すること3ヶ年、その間東京殖民学校、奉天省では満州女子美術学堂の開設にも尽力している。12年、京城（現ソウル市）に移住、メソジスト派ミッション経営の梨花学堂（現梨花女子大学校）を物心共に支援する一方、キリスト教会や学術文化団体等で講演活動を活発に行った。翌年冬オンドルのガス中毒により急逝。（蔭山雅博）

（参考文献）　文部省大臣官房編『人物を中心とした教育郷土史』（帝国地方行政学会、1972年）、『近現代日本女性人名事典』（ドメス出版、2001年）。

前田彪（まえだひょう）（慶応2.6.26（1866.8.6）－1915.4.4）

福州『閩報』経営者、陸軍通訳。別名前島、宗方、井手真。熊本出身。

佐々友房の熊本済々黌に学び、同窓の宗方小太郎らと渡清。漢口楽善堂に入り、学びつつ中国各地を遊歴、九州日々新聞の通信員に就任した。日清戦争開戦後は楽善堂出身者を諜報員として集めた大本営付根津一大尉のも

とで、営口を拠点として中国人商人に身をやつし、諜報活動に当たる。その後陸軍通訳に就任。戦後は海軍の委嘱を受けて福州に駐在。1897年当地の中国人経営の漢字誌を買収し週刊誌『閩報』を発行。この背景には中国南部に日本の勢力を扶植し、台湾経営に生かそうとする台湾総督府の方針があったとされる。東亜同文会福州支部長中島真雄の協力を得、のちに日刊紙へと発展、中国南部における最大の新聞となった。福州の前田は東亜同文会による変法派の支援に際しての活動拠点として機能した。1914年病を得て帰国、翌年兵庫県武庫郡にて死去。　　　（大江洋代）

〔参考文献〕 佐々博雄「日清戦後における大陸「志士」集団の活動について—熊本国権集団の動向を中心として—」(『国士舘大学文学部人文学会紀要』27、1994年)、大里浩秋「宗方小太郎日記」明治22～25年、明治26～明治29年（神奈川大学『人文学研究所報』40・41、2007・08年)、周佳栄『近代日人在華報業活動』（香港・三聯書店有限公司、2007年）。

牧野伸顕 まきののぶあき（文久 1.10.22(1861.11.24) – 1949.1.25)

外交官、政治家。鹿児島出身。

維新の元勲大久保利通の次男。利通の従姉妹ミハの嫁ぎ先である牧野家の養子となる。明治5（1872）年、岩倉使節団に実父とともに同行、渡米し、ワシントン及びフィラデルフィアで約3年学ぶ。帰国後、開成学校、その後身の東京大学で学んだのち、79年外務省に入省、翌年より在イギリス公使館3等書記官となるが、82年一度依願免本官し太政官勤務に転じた。85年、甲申事変の処理を清国側と協議するため清国に向かった伊藤博文全権大使（参議兼宮内卿）に同行し、伊藤と李鴻章との間で天津条約が結ばれる場に立ち会い、伊藤の外交手腕を学ぶ機会に恵まれる。96年より駐イタリア公使、99年から1906年3月まで駐オーストリア・ハンガリー公使を務め、特に日露戦争期にはオーストリアの地元新聞への買収工作や、ドイツで見られた黄禍論に対する反論活動等広報外交に努めた。帰国後は、第1次西園寺公望内閣で文相、第2次同内閣で農商務相を歴任し、13年第1次山本権兵衛内閣が成立すると外相に就任した。当時中国は革命直後で安定を欠き、漢口において日本陸軍軍人が暴行された漢口事件、南京において邦人が死傷された南京事件、袞州(こんしゅう)において陸軍軍人が間諜の嫌疑をかけられ拘束された袞州事件といったいわゆる三大不祥事事件が起こったが、牧野外相は未だ基盤脆弱な中華民国政府を無理に追い込まず、外交交渉により謝罪と責任者の処罰を勝ち取った。他方、米国のカリフォルニアにおける日系移民排斥問題に関しても冷静な態度で米国側との交渉に当たろうとしたが、解決には至らなかった。第1次世界大戦中、寺内正毅内閣によって臨時外交調査委員会が設立されると、委員の一人に選ばれ、特に、シベリア出兵問題に当たっては、出兵無用論を唱え、立憲政友会総裁原敬と意見一致した。結局シベリア出兵は断行されたが、寺内のあとを襲い首相に就任した原敬の信頼を得て、第1次世界大戦終了後のヴェルサイユ講和会議の代表に選ばれ、老齢の西園寺公望全権を助けて活躍し

た。特に日本全権団の活動が不活発であった中、人種差別撤廃の主張は異彩を放った。21年宮内大臣、25年には内大臣に就任、35年まで務め、常にリベラル派、親英米派の中心人物と見なされ、満州事変後はたびたび軍部に敵視され、特に36年の2・26事件の際には襲撃対象の一人となったが危うく難を逃れた。49年1月25日死去。なお、吉田茂は牧野の女婿に当たる。　　　　　　　　（白石仁章）

（参考文献） 牧野伸顕『回顧録』Ⅰ～Ⅲ（文芸春秋社、1948－49年）、伊藤隆・広瀬順晧編『牧野伸顕日記』（中央公論社、1990年）。

牧　巻次郎　まき まきじろう　（慶応4.5.16（1868.7.5）－1915.12.25）

新聞記者、中国革命史研究家、能書家。号は放浪・石泉。美作（岡山県）出身。

東北条郡塔中村（現津山市）の造り酒屋牧恭太郎の次男に生まれ、閑谷黌に入学、西薇山の薫陶を受ける。卒業後東京専門学校普通科（現早稲田大学）へ入学、1890年卒業、92年同校英語政治科を卒業して翌年上海の東亜時報記者として渡清。93年日清戦争が勃発した時、同郷で同窓の福原林平が、諜報という特殊任務を遂行するため出発する際にしたためた遺書を写し取り、福原の憂国の思いと深い覚悟を西へ伝える。日清戦争後の96年1月、閑谷黌へ教師として赴任、翌年1月閑谷を辞し朝日新聞通信員として再び渡清、1900年義和団事件の際には大阪朝日の特派員として上海に在勤。01年10月世界的スクープとなったロシアと清国の密約締結の動きを暴く。日露戦争直前、大阪朝日北京特派員として醇親王・粛親王・振貝子（慶親王の世子で当時農商大臣）ら親日派の皇族らと親しく交流、05年帰国、大阪朝日新聞通信課長として論説記者を兼ねる。

牧は陽明学に傾倒し大塩平八郎を研究するうちに、孝道を尽くして神性を悟得した黒住宗忠を知り07年『黒住宗忠』を上梓。また宿望として支那革命史を書く意図のもとに膨大な資料収集を行い、大阪府知事大久保利武へ「革命が日本の国体と思想、産業に及ぼす影響は計り知れず、戊戌政変から清朝滅亡、南北統一前後に及ぶ革命史を緊急に編纂する必要性がある」と説いた。

11年大阪朝日主催の夏季講演会に参加、自身の講演「満州問題」の中で「侵略主義を自重しなければならな」いと語った。親友の内藤湖南へは、日本政府の中国に対する施策は、中国を見くびり内政に干渉するものであり、牧の日支親善論とは全く別方向の「破壊政策」と歎じ、15年11月（大正4）年死の約1ヶ月前、友人への書簡で外交官加藤を辛辣に批判し「汎亜細亜主義は一場の夢想たるに終るべく候」と書いた。　　　　（村上節子）

（参考文献）『放浪書簡集』（1981年）、『岡山県歴史人物事典』（山陽新聞社、1994年）。

正岡子規　まさおかしき　（慶応3.9.17（1867.10.14）－1902.9.19）

俳人、歌人、評論家。名常規。通称昇。別号獺祭書屋主人等。松山（愛媛県）出身。

日清戦争時、1895年4－5月までの約1ヶ月間、近衛師団従軍記者として遼東半島に滞在。海城丸及び柳樹屯を根拠に、金州へ2度、

旅順へ1度赴いた。もっとも、出発前にすでに休戦、渡航中に講和が成っており、「どうかして従軍しなければ男に生れた甲斐がない」(「我が病」)と意気込む子規には、やや不完全燃焼の旅であった。また、軍人が従軍記者を見下す態度を取ったことも、子規を失望させた(「従軍紀事」)。1度目の金州訪問(4月15‐16日)では、城壁や対聯等市街の様子に目を留めた。旅順(同19‐23日)では軍事施設を見学。民間演劇を楽しむ。2度目の金州訪問(同23日‐5月10日)では郊外を散策。従弟藤野古白の訃報に接し衝撃を受ける。第2軍兵站軍医部長として出征中の森鷗外と初めて会い、俳句について議論した。滞在中、「大国の山皆な低き霞かな」「永き日や驢馬を追ひ行く鞭の影」(「陣中日記」、以下同)等の句を残した。中国の社会や文化については、現地で日本語を話す中国商人に接し「頑迷の民と誰が謂ひけん。利に喩る事の早きは皇国人の及ばぬ所なめり」と感嘆しているが、旅順が短期間で陥落したことについて、「天険の要害一朝にして土崩瓦解する国の末こそはかなけれ」とその国力の衰退を案じている。建築への関心が顕著で、柳樹屯の天后宮の構造や彫刻を「仙境に入るの思あり」と述べ、民家も素朴だが堅固・勇壮であり、「尽く雅致を含まざるはあらず」(「思出るまゝ」、以下同)と評価した。一方で、演劇については、「殆ど意味の無き舞踏にしてしかも四角張りたらんが如し」と批評している。この過酷な戦地での生活により体力を消尽し、帰国の船中で喀血。以後、病床での句作が始まる。

(合山林太郎)

(参考文献)『子規全集』(講談社、1975‐78年)、和田克司「中国の子規」(『季刊子規博だより』5巻1号‐9巻4号、1985‐90年)、同『子規の一生』(『子規選集』14、増進会出版社、2003年)。

真崎甚三郎 まさきじんざぶろう (1876.11.27‐1956.8.31)

陸軍大将、参謀次長。弟真崎勝次海軍少将、長男外交官真崎秀樹。佐賀県出身。

神埼郡境野村の農家の長男として生まれる。佐賀中学を卒業し士官学校に入学、さらに陸軍大学校に進み在学中日露戦争に参加。卒業後はエリート軍人の道を歩みドイツにも留学する。陸軍長州閥に強い対抗心を抱き、上原勇作・宇都宮太郎・武藤信義ら非長州閥系の将軍と親しむ。1920年陸軍省軍務局軍事課長、26年陸軍士官学校校長、31年台湾軍司令官等を歴任、この時に満州事変が起こる。そして、盟友荒木貞夫が陸相になると彼も32年1月閑院宮載仁親王参謀総長を補佐する参謀次長に就任、事変の処理に当たることになった。彼の基本的な姿勢は、満州国建国に向け十分に努力するが、列強を刺激するような必要以上の軍事行動は控えるというものであった。ただし、彼の言動と昭和天皇の意思がかみあわず両者の間に深い溝が生じる結果となった。34年1月教育総監に就任するが、翌年には林銑十郎陸相・永田鉄山軍務局長らによって罷免された。これを契機に真崎ら皇道派と永田ら統制派の対立が表面化、それが2・26事件という、真崎に同情を持つ青年将校の蹶起につながった。

この事件によって彼は軍法会議にかけられるが、翌年近衛文麿らの尽力で無罪、これ以降公職に就くことはなかったが、一部からは陸軍の抑止力として期待された。事実彼は35年頃の陸軍華北分離工作に批判的であり、38年頃からの汪兆銘工作にも反対、むしろ40年頃には参謀本部とも連絡を取りながら百武末義を通し蔣介石に接近することに成功したが、汪兆銘政権の誕生で打切りとなった。彼の基本的な国際認識は反共・反ソ連であり、英米への対抗という意識は薄かった。このような真崎に着目し近衛・宇垣一成・吉田茂・鳩山一郎らが次々と接近、彼らを中心とした内閣で無統制に戦線を拡大する陸軍を抑え込もうと試みたが、これらが実現することはなかった。　　　　　　　　　　　　　（季武嘉也）

（参考文献）　田崎末松『評伝真崎甚三郎』（芙蓉書房出版、1999年）、『真崎甚三郎日記』1～6巻（山川出版社、1981－87年）。

真下飛泉　ましもひせん　（1978.10.10－1925.10.25）

明星派の詩人、教育家。本名滝吉。京都府出身。

農家に生まれ、京都府尋常師範学校を卒業、京都府師範学校訓導を経て京都市の尋常小学校の校長を歴任する。1905年、日露戦争で戦死した戦友を負傷・凱旋した兵士が物語る「ここはお国の何百里　離れてとほき満州の」と始まる長編詩「戦友」は、友人の小学校教師の三善和気が作曲して全国に流行、飛泉の名前を歴史に留めることになった。

21年7月から9月、台湾へ行き、妻鷹子の妹千賀子（新渡戸稲造の養子）の婿の東郷実が台湾総督府官房調査課にいるのを訪ね、ついで台湾から中国へ渡り、厦門・汕頭・香港・広東を経て上海へ行き、南京・蘇州・杭州等の各地の学校を視察した。中国にいる欧米人が音楽や芸術・ダンス等の趣味を楽しんでいるのに対して、日本人はアヘンの密売者や芸者屋等を成功者として賞賛しているように、金儲け主義に走り、高尚な社会共存の趣味が欠如していると批判、「趣味教育」の必要性を説いた。台湾・中国の旅を通じて多くの歌を詠んだ。　　　　　（笠原十九司）

（参考文献）　宮本正章『真下飛泉―その生涯と作品―』（創元社、1989年）。

益田　孝　ますだたかし　（嘉永1.10.17（1848.11.12）－1938.12.28）

実業家。佐渡（新潟県）出身。

三井物産を創設し世界初の総合商社に育成し、明治期の三井財閥を支えた実業家。中国への日本の進出には積極的で、日中経済関係を増進するだけでなく、孫文の革命への支援の見返りとして満州を買収するという野望を持っていた。人材発掘にも非凡の才があり、三井の中国進出の基盤を築いたと言える。

父は箱館（函館）奉行まで務めた益田鷹之助。江戸のヘボン塾（現在の明治学院大学）で英語を学んだのち、アメリカ公使館に勤務。1863年フランスへ派遣された父に随行し欧州各国を歴訪した。72年井上馨の勧めで大蔵省に勤務した。英語力を買われ、76年中外物価新報を創刊する。同年三井物産の設立と共に同社総轄になった。77年大隈重信の依頼により渋沢栄一と訪中し、借款交渉に臨むが、中

またのたく

国側の同意を得られず不成立に終わった。日清戦争後は、中国向け綿糸輸出を伸ばすと共に、日中貿易を促進する人材育成のため、三井物産社員から見習生（小学卒）、修業生（中学卒）を選抜し、天津・上海・広東等へ派遣し実地教育を受けさせた。日本にとって初めての植民地となった台湾の経営にも関心を持ち、1900年台湾精糖会社を設立した。三井物産の取り扱う商品は、綿糸・綿布の他に、生糸・石炭・米等数多く、日本の貿易額の2割を超えた。

三井社内でのライバル中上川彦次郎が死去したのちは、三井物産の実権をほぼ掌握し、修業生出身者をブレーンに登用、大陸進出を積極的に行った。11年辛亥革命が勃発すると、現地社員の山本条太郎・森恪の情報に基づき、中華民国革命政府へ支援するため、孫文へ数十万円の資金と軍需物資を提供した。日中経済提携を促進させるため、13年来日中の孫文と会談、渋沢栄一・井上準之助・大倉喜八郎・山本条太郎らと中国興業株式会社の設立委員となり、大株主にも名を連ねた。現場の意見を重視し、的確な判断で中国での取引を増加させていった。第2革命が成功した暁には、満州を日本へ譲渡するならば、2,000万円の資金援助と2個師団を与えると、孫文に迫り、しぶしぶ了承させたとも言われている。しかし山本権兵衛内閣が反対し、革命軍も袁世凱に敗退したため、この計画は実現することはなかった。13年三井物産を辞任し引退したあとは、小田原で茶道をたしなみ、茶器の収集家としても有名であった。　（木村昌人）

（**参考文献**）『自叙益田孝翁伝』（1939年、中公文庫、1989年）、『三井事業史』全10冊（三井文庫、1971－2001年）。

股野　琢　またのたく　（天保9.9.11(1838.10.28)－1921.10.13）

明治政府の官僚。漢学者。号藍田。竜野（兵庫県）出身。

幕末期は龍野藩の儒者であったが、維新後、官僚となり、宮内省書記官、帝室博物館長を務める。1908年9－11月にかけて、朝鮮半島及び中国に渡航。中国においては、鴨緑江を越えて安東に渡り、奉天（現瀋陽）・旅順・大連の南満を旅したのち、北京に滞在。その後、京漢鉄道により漢口（武漢）へ行き、岳州・長沙等を訪問。長江を下りながら、鎮江・蘇州・杭州を巡り、上海から帰国。北京では外務部尚書那桐を訪問。長沙では葉徳輝、瞿鴻機ら学者と会った。各地で領事館や日本人会の歓待を受け、文溯閣や岳麓書院等を見学。その記録『葦杭遊記』には、南満の本渓湖炭坑、旅順や大連の租借地、漢口や上海での日本人租界等、日本の中国進出の様子が肯定的な筆致で描かれ、家屋や墓石等の日中間の違いや、赤壁の位置についての考証が記されている。　（合山林太郎）

（**参考文献**）『葦杭游記』（1909年、のち『幕末明治中国見聞録集成』第20巻、ゆまに書房、1997年に所収）、古林森廣「明治末期の清韓旅行記―股野藍田の『葦杭遊記』について―」（『吉備国際大学社会学部研究紀要』10号、2000年）。

町田経宇 まちだけいう （慶応 1.9.3（1865.10.22）－1936.1.10）

陸軍大将。鹿児島出身。

1884年に陸軍士官学校に入学し、87年に卒業する（旧9期）。同期には福田雅太郎・浄法寺五郎がいる。少尉に任じられて歩兵第22連隊付となる。90年に陸軍大学校に入り、鋳方徳蔵・小池安之らと同期になり、93年に卒業した（9期）。翌年日清戦争に出征し、歩兵第10旅団（旅団長立見尚文）副官となる。96年に参謀本部第1部員となり、99年8月から1年間ウラジオストックに駐在して、1900年11月にはロシアのペテルブルグに差遣された。日露戦争に当たって04年3月に帰国していったん参謀本部留守部員となるが、のちに第4軍（司令官野津道貫）参謀となって出征する。戦後06年にフランス公使館付武官に任じられパリに赴任する。09年に帰国すると4月に参謀本部第4部外国戦史課長となり、8月には歩兵第48連隊長、その後に第15師団参謀長、歩兵第30旅団長を経て、14年に日独青島戦争直前の北京公使館付武官に就任する。16年に参謀本部第2部長に就き、翌年第11師団長、19年に第4師団長となり、21年にはサハリン州派遣軍司令官に就く。27年軍事参議官となる。 （斎藤聖二）

町田実一 まちださねかつ （天保13.11（1842）－没年不詳）

領事。薩摩藩（鹿児島県）出身。

明治4（1871）年12月に東京府少属となり、同5年4月に海軍省へ移って同省10等出仕となった。73年6月に海軍中主計、翌74年11月に海軍大主計、76年11月に主船局計算課長、81年2月には開拓使御用掛となる。次いで翌82年8月に外務省へ移って同省御用掛となり、翌83年8月に公信局に勤務、同年10月に領事代理心得として香港に在勤する。85年10月には在漢口領事となり、九江も兼轄した。91年3月に非職（帰国）となり、93年11月に廃官（退官）した。 （松村正義）

（参考文献） 外務省外交史料館の所蔵資料。

町野武馬 まちのたけま （1875.11.16－1968.1.10）

陸軍軍人。福島県出身。

陸軍士官学校第10期卒。清国（北京）駐屯歩兵第1大隊付となり、1904（明治37）年、日露戦争に出征し旅順戦で負傷。北京駐屯軍副官となり、06年には清国応聘将校として北京警務学堂の教官に就任し、中国人警察幹部を養成した。13（大正2）年に帰国したが、翌年、参謀本部付仰付として奉天将軍顧問を命ぜられ、同職にあった張錫鑾の軍事・警務顧問となった。15年、奉天将軍は袁世凱の部下・段芝貴に代わったが、16年には袁の帝政失敗や死去によって段が失脚し、6月、張作霖が段を追放するという事件があった。そのため町野は、7月から「奉天督軍」となった張作霖の顧問を務めるようになった。以後、張が爆殺されるまで12年間、側近として張作霖政権を支えた。交代せずに張に仕え続けた日本人顧問は町野だけである。日本人としての利害を離れて直言したので張からの信頼は絶大であった一方、20年の安直戦争では、直隷派に対する張の介入行動と、直隷派の勝利を予想できず、参謀本部の知りたい肝心な情

報を伝え損ねてしまうという、日本側からすれば致命的な失敗も犯している。同年、軍事顧問として任期が切れて帰国した菊池武夫の後任に、参謀本部は土肥原賢二を推薦したが、町野は張作霖に忠告してこれを却下させ、代わりに本庄繁を派遣させた。このように、次第に張寄りの態度が目立つようになった町野は顧問職に専念すべく、23年には予備役編入。翌年衆議院議員に当選し、27年まで在職したが、基本的には中国で活動し、第2次奉直戦争（24年）や郭松齢事件（25年）等、張作霖政権の重要な節目では、同じく日本人顧問だった松井七夫や、王永江ら政権要人と協力して混乱の収拾に努めた。しかし当時中国を席捲していた排日運動について、町野も松井も「日本側に責任がある」と理解を示していたため、26年に関東軍参謀として赴任してきた河本大作には「寄生虫」と嫌悪された。27年10月、北伐軍に連敗し満州への引揚げを迫られていた張と、張への支援と引換えに日本の権益拡張を図ろうとした満鉄・山本条太郎社長との協定成立（満蒙五鉄道計画）にも関与したが、翌年6月の張作霖の死去により帰国。31年、後備役に入り、近衛文麿を囲む木曜会の設立に加わる。対中政策について有力政治家に助言する、いわゆる「支那通」の一人として知られた。35年に退役。戦後は湯河原に隠居。晩年は、歴史的証言の保存事業に協力し、録音が国会図書館憲政資料室に残っており、速記録と併せて公開されている。回想特有の諸問題（記憶違い、自己弁護等）もあり、利用には細心の注意が必要であるが、貴重なインタビュー記録である。　　　（澁谷由里）

（**参考文献**）　国立国会図書館憲政資料室「町野武馬政治談話録音および速記録」（聞き手・山本有三ほか、1961年5月）、『続対支回顧録』下。

松井石根 まついいわね （1878.7.27－1948.12.23）

陸軍軍人。愛知県出身。

名古屋に生まれる。1897（明治30）年陸軍士官学校卒業（9期）。日露戦争に歩兵第6連隊の中隊長として出征、首山堡の戦で負傷する。1906年陸軍大学校を卒業する（18期）。参謀本部へ入り、清国へ派遣されて北京や上海の駐在武官となった。第1次世界大戦勃発の時はパリに駐在武官として派遣されていたが、15年から19年にかけて中国へ派遣され、上海・南京・漢口・北京・天津等各地に赴任、中国の革命家・政治家・軍人の要人たちと接触を持ち、以後陸軍内有数の中国通として知られるようになる。21年にシベリア出兵の浦塩派遣軍参謀（情報）として派遣され、翌年ハルビン特務機関長となる。ハルビン特務機関は、ロシア革命から亡命してきた白系ロシア人とりわけユダヤ人等を利用して、ロシア革命干渉戦争遂行のための情報収集、謀略活動を専門的に行った。

その後、参謀本部第2部長、第11師団長を経て、33年台湾軍司令官となり、陸軍大将に昇進したのち、35年予備役に編入された。陸軍士官学校9期の同期生には、松井も入れて荒木貞夫・真崎甚三郎・本庄繁・阿部信行の5人の陸軍大将が輩出したが、松井は陸軍士官学校を2番で卒業し、陸軍大学校を首席で卒業して秀才と言われたにもかかわらず、同期の大将の中では出世が遅れ、予備役になる

のは最も早かった。

　この間、33年に設立された大亜細亜協会に、近衛文麿・広田弘毅・末次信正らと共に創立委員に名を連ねた。同協会は、孫文の大亜細亜主義を基調として日中両国民の堅い協力を柱に全アジアの団結と解放を志すと銘打って、機関誌『大アジア主義』を発行した。のちに同協会の会長となり、40年発足の大日本興亜同盟総裁となった。

　37年7月7日の廬溝橋事件をきっかけとして日中戦争が勃発、上海にも戦火が拡大すると、8月15日に上海派遣軍司令官に任命された。現役の大将が不足したための予備役から現役への復帰で、満59歳の当時最長老の陸軍大将であった。上海戦が決着すると参謀本部の不拡大方針に従わずに南京攻略戦を強行、12月13日に国民政府の首都南京を占領した。この間、大本営も南京攻略戦を追認し、上海派遣軍と第10軍を合わせた中支那方面軍司令官に任命していた。そのため、南京攻略戦の最高指揮官となった。南京占領の際、日本軍は住民を巻き込んだ徹底的な包囲殲滅戦、残敵掃蕩戦を行ったため、統率と軍紀の乱れから南京大虐殺と言われる大規模な残虐事件を引き起こした。敗戦後の極東国際軍事裁判において、南京大虐殺を阻止できなかった不作為の責任を問われて、東条英機ら6人のA級戦犯と共に絞首刑となった。　　（笠原十九司）

　（参考文献）　横山健堂『松井大将伝』（八紘社、1938年）、偕行社『南京戦史』（偕行社、1989年）。

松石安治　まついしやすはる　（安政6.5.21(1859.6.21)－1915.5.25）

　陸軍中将。福岡県出身。

　陸軍士官学校（旧6期）を卒業したのち、1890年に陸軍大学校（6期）を優等で卒業して参謀本部に出仕する。93年12月から約1年間、宇都宮太郎と共にインドに派遣され、イギリス植民地軍の現地調査に従事して露印国境の軍事状況等を調べた。日清戦争中に帰国し、大本営付となって旅順に赴き、台湾征討戦に参加する。戦後は台湾総督府陸軍参謀となり、1900年にドイツに差遣されて軍制研究を行う。02年に帰国すると日露戦争を睨んだ韓国工作のために渡韓した。日露戦争では第1軍参謀副長として積極作戦を説き、のちに大本営参謀となる。日露戦後に参謀本部第2部長に就任して対清諜報機関等諜報部諸機関の整備・強化を実施した。08年12月に同第1部長に転じ、第2部長後任の宇都宮太郎と日露戦後の満州処理問題をリードする。09年に韓国を視察し、10年12月には満州に行き視察活動をした。その折11年1月、四平街の鉄道守備隊宿舎で暖房機の不完全燃焼による一酸化炭素中毒に罹って昏睡状態に陥り11月に待命となる。将来が期待された人物であったが、回復しないまま没する。　　（斎藤聖二）

　（参考文献）　斎藤聖二「明治期の宇都宮太郎」（『日本陸軍とアジア政策　陸軍大将宇都宮太郎日記1』（岩波書店、2007年）、鵜崎熊吉『薩の海軍・長の陸軍』（政教社、1911年）、『対支回顧録』下、『東亜先覚志士記伝』下。

まついたくろう

松井太久郎 （1887.12.3－1969.6.10）

陸軍軍人、陸士22期、陸大29期、中将。福岡県出身。

陸大卒業翌年の1918年、第12師団副官としてシベリア出兵に従軍、のちにウラジオ派遣軍参謀として同地で派遣軍の撤退後の残存白ロシア軍や現地ソビエト外務委員庁の動向等数多くの情報報告を残しており、また諜報の任に従事した。その後参謀本部に長く勤務、関東軍参謀、歩兵連隊長を経て、36年12月松井大佐は北京特務機関長として諜報宣伝に当たり、また親日政権の指導を行った。37年7月7日盧溝橋事件が発生、この中で北京特務機関長の松井大佐は第29軍軍事顧問桜井徳太郎少佐と共に中国側の秦徳純らと交渉し、11日一度は松井・秦徳純停戦協定を成立させたが、13日戦闘は再開して拡大した。その後、張家口特務機関長、満州国軍軍最高軍事顧問を経て太平洋戦争では第5師団長としてマレー作戦に参加、42年5月汪政府最高軍事顧問、43年3月支那派遣軍総参謀長、45年2月第13軍司令官を歴任した。中国通軍人の典型的な職務略歴を持つ一人である。　　（波多野勝）

（**参考文献**）　松井太久郎「蒙彊ノ事情」（『日本中等教育数学会雑誌』第21回総会報告、1939年）、同「涯なき日中戦争の発火点」（『別冊知性』1956年12月）。

松井　等 （1877.6.12－1937.5.12）

東洋史学者。東京出身。

1901（明治34）年東京帝国大学文科大学史学科卒業。07年国学院大学講師、のち教授となり、終生その職にあった。この間、早稲田・日本・大正等各大学でも講師を務めた。08年、南満州鉄道（株）東京支社に置かれた満鮮歴史地理調査室（主任白鳥庫吉）の一員となり遼金時代を担当、渤海史・契丹史に関する多くの論考を残した。のち現代史に研究の重点を移して『支那現代思潮』（24年）、『支那現代史』（24年）を著した。『支那現代史』の執筆に当たっては、水野梅暁・佐原篤介・西本省三から『支那時事』『週報上海』等の資料提供を受けている。これらの著作は当時の学界の大勢とは異なり、中国の変化を世界的趨勢の変化の中に捉えて「新支那」を理解しようとする観点を提示した。過去の事例で現在を解釈するのではなく、人間生活の変遷を過去から現在にわたって考察することが歴史学であるとする史観を持ち、30年、これを『東洋史概説』に結実させた。（本庄比佐子）

（**参考文献**）　高橋政清「松井等先生小伝」（『国史学』33、1937年）、五井直弘『近代日本と東洋史学』（青木書店、1976年）。

松岡瑞雄 （1905.3.23－1954.1.2）

満鉄社員、経済研究者。鹿児島県出身。

1930年京都大学文学部史学科卒業。翌年共産党、全協再建に協力して検挙される。33年大同学院入学。35年同学を中退し満州評論社に入社。その翌年、満鉄に経済調査会嘱託を経て入社。産業部資料室、総裁室文書課、調査部庶務課業務係主任、綜合課第2班主任を経て、39年新京支社調査室第1係（業務）主任兼北満経済調査所庶務係主任。「日満支ブロック・インフレーション調査」及び「戦時

経済調査」で中心的人物の一人となると同時に、調査組織の合理化にも積極的な提言を行う。41年応召され関東軍司令部参謀部第5課に配属。翌年満鉄調査部事件で検挙される。45年6月満州電気化学工業株式会社に入社。日本敗戦後帰国し、46年12月九州経済調査協会総務。以後、同協会の常任理事事務局長、初代理事長を歴任し、主に戦後石炭産業の調査・分析に従事。　　　　　（松重充浩）

（参考文献） 松岡瑞雄「調査部ノ任務及組織ノ基本問題ニ関スル私見（第2部）」（満鉄新京支社調査室、1940年）、同『戦後九州における石炭産業の再編成と合理化』（丸善、1954年）、井村哲郎編『満鉄調査部：関係者の証言』（アジア経済研究所、1996年）。

松岡洋右　まつおかようすけ　（1880.3.4 – 1946.6.27）

外交官、政治家。山口県出身。

長州出身ではなく、旧周防国、いわゆる防州出身。瀬戸内海に面した室積（現在の光市）の廻船問屋として栄えた家に生まれたが、父の代で家計は落ち込み、92年に12歳でアメリカに渡り苦学の末、オレゴン大学を次席で卒業。在米中、日清戦争が起きるが、祖国の戦勝を一人喜ぶ松岡は同級生から「日本は支那の一部なのにそれが戦争とは？」と言われ大きな衝撃を受けたと言われる。1902年帰国。04年外交官及領事官試験に首席で合格、同年領事官補として上海に赴任。関東都督府の初代外事課長に就任、山本条太郎・後藤新平らに知られる。在米大使館1等書記官を経て、16年同県出身の寺内正毅が首相になるや首相秘書官兼外相（本野一郎）秘書官としてシベリア出兵を積極的に推進した。21年外務省情報局第2課長を最後に外務省を去る。27年南満州鉄道株式会社の山本条太郎総裁のもと、副総裁となる。張作霖を相手に満蒙5鉄道建設計画を進め密約締結まで至るが張爆殺で挫折し29年副総裁辞任。その後政界に転身し政友会に所属、衆議院議員のまま32年国際連盟首席代表となり、東西南北四方に列強勢力が取り巻く日本の立場を説く「十字架演説」を行うが、満州国否認の委員会案が総会で可決され日本代表団は退場しやがて連盟脱退となる。帰国後、衆議院議員を辞し、「政党解消運動」を提唱・奔走、35年には満鉄の総裁に就任。新国家中枢の「2キ3スケ」（東条英機・星野直樹・岸信介・鮎川義介）と称された。40年第2次近衛文麿内閣の外相に迎えられ、日独伊三国同盟を締結、41年日ソ中立条約を締結。支那事変解決と対米抑止が究極の目的であった。41年7月アメリカから名指しで辞任を余儀なくされる。終戦後、巣鴨監獄に収容され「東京裁判」の初期に関わるが、開廷の翌月、獄中死した。

「英雄」を自称し、予言者的性格をも有し、毀誉褒貶様々な評価があるが、例えば第2次近衛内閣を追われ第3次近衛内閣が成立した41年7月18日、陸相東条英機に宛てた異例に長文の重要な書翰にしても、下記参考文献に挙げた伝記でも正確に読まれていないものが掲載されている等、評価以前に、こうした基本史料の検証ないし新発見が待たれる。

（柴田紳一）

（参考文献） 松岡洋右伝記刊行会『松岡洋右その人と生涯』（講談社、1974年）、三輪公忠

『松岡洋右』（中公新書、1971年）、デービット・J・ルー著、長谷川進一訳『松岡洋右とその時代』（TBSブリタニカ、1981年）、柴田紳一「史料紹介『東条英機宛松岡洋右書翰について』」（『国学院大学日本文化研究所紀要』80、1997年）。

松岡義正 まつおか よしまさ （明治3（1870）－1939.8.25）

法律家・民法学者、大審院部長。東京出身。

1892年東京帝国大学法科大学を卒業、民法学を修める。その後大審院に入り、東京控訴院民事第3部裁判長・判事となる。この間民法研究の研鑽に努める。著書に『破産法講義』（1903年）、『民法論─物件法上冊─』（08年）等がある。この頃、清朝政府は法典編纂の必要性を痛感、1904年修訂法律館、さらに06年京師法律学堂をそれぞれ開設し、沈家本を修訂法律大臣に任命して法典編纂事業に着手。これに際し、日本の法律専門家の招聘を計画、梅謙次郎に人選を託した。08年岡田朝太郎・志田鉀太郎・小河滋次郎と共に修訂法律館に赴任、中国側の要請に従って「大清民律草案」のうち「前三編」、即ち総則編・債権編・物権編の起草に尽力した。さらに「民事訴訟律草案」及び「破産律草案」の起草も託された。修訂法律館に附設された京師法律学堂では民法・民事訴訟法・破産法を講じた。

（蔭山雅博）

（参考文献） 島田正郎「清末における民・商律草案の編纂について」（『法律論叢』34－6、1961年）、宮坂宏「清国の法典化と日本法律家」（『日本法とアジア』勁草書房、1970年）。

松ヶ江賢哲 まつがえ けんてつ （安政5（1858）頃－没年不詳）

真宗大谷派（東本願寺）僧侶。清国における通称は無適（ウーテ）、号は笙洲。近江（滋賀県）出身。

来通寺に生まれた。2歳上の松林孝純と共に大阪の難波別院教師教校支那語科で汪松坪より南京語を学ぶ。1881年11月、本山教学部から留学を命ぜられ杭州で杭州語を学び、のちに上海別院内に設置された小学校・親愛舎の教師を務める。日清戦争中は従軍通訳を務める。1900年、蘇州に住んでいた仏教者・張常惺（後に真宗に帰依）を伴って帰国する。

（川邉雄大）

（参考文献） 高西賢正『東本願寺上海開教六十年史』（1937年）。

松方幸次郎 まつかた こうじろう （慶応1.12.1（1866.1.17）－1950.6.24）

川崎造船所社長、衆議院議員。美術品コレクター。元老松方正義3男、松本重治義父。鹿児島出身。

維新後父を追って上京、共立学校（開成高校）を卒業し大学予備門に入学するも退学、アメリカのラトガーおよびエール大学に留学。帰国後1896年川崎造船所社長に就任、以後海軍との強い絆のもと積極的多角的拡大方針で順調に発展し、特に日露戦争時には突貫工事の状態であった。中国に対しても合計17隻の艦船を受注したり、上海に出張所を設け砲艦を建造した。彼の経営姿勢を示すものとして『進取乎将又退嬰乎』等の著作がある。彼はこうして得た財を西洋絵画や浮世絵の購入に

充て、のち松方コレクションとして有名になる。しかし、海軍軍縮の余波を受け1928年辞任に追い込まれた。社長辞任後は、日ソ石油を設立してソ連から石油を輸入し英米系の会社に対抗しようとしたが、日ソ関係の悪化と統制経済の進展で失敗した。

社長時代、彼の根拠は神戸にあったが、そこは孫文が1895年広州蜂起で失敗し日本に逃れた際の上陸地であり、同時に多くの中国人が住んでいた。その中の呉錦堂・王敬祥等有力華僑は孫文を強く支持するようになった。そして、彼らと深い関わりを持つ神戸実業家の三上豊夷や松方も孫文に強い同情を寄せるようになり、実際に孫文は合計18回も神戸を訪問し彼らと交流している。松方等は辛亥革命の際に革命軍への武器援助を指示したという。その後、孫文は日本政府にとって扱いずらい存在となっていくが、13年8月第2革命に失敗した孫文が神戸に逃れてくると松方は密かに上陸させ、暗殺せんとする刺客から彼の安全を図った。また24年11月孫文最後の来神となった時は、日貨排斥で日中間の関係が悪化していたが、松方らは彼を熱烈歓迎し両国関係の回復を試みた。神戸においては地方行政官もこれに協力していた。　　（季武嘉也）

（参考文献）　神戸新聞社編『火輪の海　松方幸次郎とその時代』（神戸新聞総合出版センター、2007年）、松本重治『上海時代』（中央公論社、1977年）。

松方三郎 まつかたさぶろう　（1899.8.1 – 1973.9.15）

同盟通信社北支・中南支総局長、満州国通信社理事長。本名義三郎。東京出身。

まつかたまさよし

松方正義の13男として誕生（のちに正義の3男松方幸次郎の養子となる）。京都帝大経済学部卒業後、ヨーロッパへ留学。1928年に帰国し、満鉄東亜経済調査局に勤務。そのかたわら、後藤信夫の筆名で『社会思想』や『批判』等に多くの評論を寄稿する。31年の満州事変勃発の際には、『帝国大学新聞』に「満州論感想」と題する評論を寄せ、各新聞の間で満州事変に対する批判的な論調が全く見られないことを皮肉っている。36年、同盟通信社発足に際して調査部長に就任。38年2月に同社が北京に北支総局を設置した際に、その英文部長として北京に赴任し、同年8月には北支総局長となった。翌39年には同盟通信社の中南支総局長に転じ、42年には満州国通信社に出向して、その理事長に就任している。戦後は、日本放送協会、日本新聞協会、ボーイスカウト日本連盟、日本山岳協会等各種団体の役員を歴任した。　　（若月剛史）

（参考文献）　松本重治編『松方三郎』（共同通信社、1974年）。

松方正義 まつかたまさよし　（天保6.2.25(1835.3.23) – 1924.7.2）

志士・政治家・財政家・元老。薩摩藩士の4男として鹿児島に生まれる。明治政府内で財政経済通として台頭、内務卿・大蔵卿・参議として殖産興業政策やデフレ政策を推進。1885年伊藤博文内閣の蔵相に就任、以後6年有余も蔵相を継続した。95年蔵相に復帰、日清講和条件の遼東半島割譲要求には反対した。91年首相（–92年）、ロシア皇太子傷害事件で動揺した。96年第2次内閣（–98年）を組織、

外相に副総理格の大隈重信、清国公使に大隈系の矢野文雄を起用した。台湾領有後の処理の他は成果は少なかった。1914年第2次大隈内閣の対中国政策に対して、中国の主権者重視、対欧米協調の見地から、山県有朋とともに批判を加えた。1884年、維新前後の勲功により伯爵、以後、累進して公爵に至る。1898年には元勲待遇（元老）となる。(久保田文次)

松木直亮 まつき なおすけ （1876.11.5 － 1940.5.22)

陸軍大将。山口県出身。

防府の周陽学舎から成城学校を経て陸軍幼年学校に入学する。1897年陸軍士官学校に入り（10期）、翌年首席で卒業して少尉に任官され歩兵第1連隊付となる。1902年に陸軍大学校に入学するが日露戦争に会して歩兵第1連隊中隊長として出征する。戦傷を受けるも戦後に陸大に復学して07年に第19期生として卒業した。参謀本部員兼乃木希典軍事参議官副官に任じられ、10年6月に尾野実信ドイツ大使館付武官補佐官となる。翌年10月に免官となったがそのままドイツ駐在を命じられた。13年7月に熊本第6師団（師団長梅沢道治）隷下の歩兵第13連隊付となる。翌年日独青島戦争の結果設けられたドイツ軍捕虜熊本収容所所長に就いた。その後陸大教官、連隊長を経て、19年から4年半にわたり陸軍省高級副官を務める。27年に台湾第1守備隊司令官に転じ、陸軍兵器本廠付（作戦資材整備会議幹事長）ののち陸軍省整備局の初代局長を務め、29年8月に第14師団長に就任する。33年8月参謀本部付となって12月に大将に名誉進級すると共に待命となる。37年に前年の2・26事件のための東京陸軍軍法会議裁判官判士（裁判長判士は磯村年）に任命された。

(斎藤聖二)

松崎鶴雄 まつざき つるお （慶応3.12.8（1868.1.2）－ 1949.3.16)

学者、文筆家。肥後（熊本県）出身。

1881年以降、済々黌、独逸協会学校、熊本洋学校、鎮西学院、国民英学会、青山学院等で学んだ。東京では竹添進一郎（号は井々）の家に起居し、『左伝』『論語』『詩経』等を授けられた。99年小田原に漢学塾を開いたが、翌1900年に前橋中学校の英語教師に招かれ、02年には鹿児島師範学校に転じた。08年西村天囚の勧めで大阪朝日新聞社に入社、翌09年12月、大徳寺高桐院の高見祖厚の勧めにより、『大阪朝日新聞』の通信員を兼ねて湖南省長沙に渡航、留学した。この時、松崎鶴雄を長沙に伴ったのが、水野梅暁である。長沙では、王闓運（おうがいうん）に文学を、葉徳輝に説文を学んだ。この間、『大阪朝日新聞』に、麓山子の筆名で「湖南通信」を連載した。11年9月4日、『大阪朝日新聞』に通信文を寄せたのち、長沙を去り、上海に赴いた。17年、妻の重病のために一時帰国するが、20年に再び中国に渡り、大連満鉄図書館、華北交通会社に務めた。46年3月、日本に帰国し、49年3月16日に死去した。

(藤谷浩悦)

〔参考文献〕 松崎鶴雄『柔父随筆』（座右宝刊行会、1943年）、松崎鶴雄（杉村英治編）『呉月楚風』（出版科学総合研究所、1980年）、杉村英治「湖南通信―松崎鶴雄伝抄―」『伝記』第8輯、1986年)。

松島宗衛 まつしま しゅうえ （明治4.8.25（1871.10.9）－1935.2.5）

新聞記者、金鶏学院教授。熊本県出身。

長崎英語学校、京都文学寮、東京専門学校（早稲田大学）等で学ぶ。熊本九州日日新聞記者として日清戦争に従軍、戦後、九州セメント株式会社副支配人となるが、のちに東京日日新聞社入社。1901年から5年間、北京特派員として北京に駐在、北京公使館付武官補佐官阪西利八郎、横川省三らと親しく交流した。日露戦争の終局に際しては営口満州日報社長中島真雄に呼ばれ、編集幹部として活躍。香港を視察した際、船津辰一郎領事に説得され、09年香港日報を創刊した。社長として経営に当たるかたわら、中国の美術書画を蒐集する。21年帰国すると金鶏学院教授となり、「日支新聞発達史観」「陳白沙の教学」「儒仏道の三教の安心立命の話」等を授業で講じた。著書に『清朝末路秘史』（25年）、『烈士横川省三』（28年）、『真儒陳白沙』（32年）等がある。書画の日中交流を論じた『墨林新語』（26年）は犬養毅・森恪・阪西利八郎らが会員に名を連ねた日華倶楽部の日華叢書第1号として出版された。
（小林元裕）

（参考文献）『対支回顧録』下、『東亜先覚志士記伝』下、中下正治『新聞にみる日中関係史』（研文出版、1996年）。

松平恒雄 まつだいら つねお （1877.4.17－1949.11.14）

外交官。宮内大臣、参議院議員。旧会津藩主松平容保の4男。東京出身。

1902年東京帝大卒業後、外交官試験に合格し外務省に入り、英清に在勤。14年には天津総領事となるが、間もなく第1次世界大戦が始まり、ロシア革命への干渉のための日本軍のシベリア出兵に際して浦塩派遣軍政務部長となる。20年欧亜局長となり、ワシントン会議に随行、23年伊集院彦吉外相のもとで外務次官。翌年駐米大使、28年駐英大使となる。ジュネーブ軍縮会議等国際会議に活躍するが、財政危機に陥っていた中国に対する国際連盟や列国による共同借款や共同援助の構想や打診に対し、日本政府の意を受けて極めて消極的な姿勢に終始した。満州事変に際して、関東軍による満州占領という事態が日本の国際連盟からの離脱や国際的孤立を招くことを憂慮し、出淵駐米大使と連携しつつ日本の立場の擁護に懸命の努力を払った。外相候補と目されたが「幣原派」と見なされ実現しなかった。36年3月から太平洋戦争末期の45年6月まで宮内大臣を務めた。終戦後の46年枢密顧問官、その後、参議院議員、参議院議長を務めた。長女節子は1928年に秩父宮妃となっている。
（波多野澄雄）

（参考文献） 故松平恒雄氏追憶会編『松平恒雄追想録』（私家版、1961年）。

松平康国 まつだいら やすくに （文久3.4.11（1863.5.28）－1945.1.21）

漢学者、新聞記者。字は子寛、別号は天行・破天荒斎・瓊浦。東京出身。

長崎奉行を務めた幕臣大久保忠恕（1832－69）の末子として長崎に生まれ、幕臣松平家を嗣いだ。1877年咸宜園系の漢学者隈静斎に入門し、さらに三島中洲の二松学舎や重野安

繹の文社、また斯文学会で詩文・漢学を学び、ついで東京大学予備門に入る。風雲の志を抱き、85年23歳で渡米してミシガン大学に政治・法律を学び、バチュラーを取得して88年帰国後、読売新聞社に入社し、東京専門学校（早稲田大学）講師を兼ね、同社主筆となったが間もなく辞した（1901-02年）。02年袁世凱の聘を受けて渡清しその政治顧問となり、さらに学友小田切万寿之助の仲介により06年湖広総督張之洞の政治顧問となり、「立憲問答」を提言した。牧野謙次郎と共に南北朝正閏論問題等で論陣を張った。　（町　泉寿郎）

（**参考文献**）　『明治文学全集62　明治漢詩文集』（筑摩書房、1983年）、『天行文鈔』（1933年）、町田三郎「『天行文鈔』を読む」（『二松学舎と日本近代の漢学』二松学舎大学、2009年）。

松田学鷗 _{まつだがくおう}　（元治1.7.7（1864.8.8）-1945.7.17）

測量学者、漢詩人。名は甲。字は有信・忠信、号は学鷗、別号は愛雪等。会津藩（福島県）出身。

1878年上京、翌年近藤真琴の攻玉社に入り、測量学を修めた。82年参謀本部の測量技手となり、日清・日露戦争に参加。1906年以降は臨時測量部の測量主任として、朝鮮・満州・モンゴル等を調査した。11年朝鮮総督府土地調査局監査官となり、長らく朝鮮に滞在した。この経験から、日朝文化交流史についての研究を深め、『朝鮮雑記』『日鮮史話』『朝鮮漫録』等の著書を出した。漢詩人としての松田には、古稀の祝賀として編纂された漢詩集『皆夢軒詩鈔』等がある。　（日野俊彦）

（**参考文献**）　石崎政汎「皆夢軒詩鈔序」、荘田三平「皆夢軒詩鈔序」（いずれも松田甲『皆夢軒詩鈔』1933年）、『明治漢詩文集』（明治文学全集62、筑摩書房、1983年）。

松永正敏 _{まつながまさとし}　（嘉永4.6.1（1851.6.29）-1912.2.18）

陸軍中将。男爵。熊本出身。

熊本藩士の次男に生まれる。1873年に陸軍少尉に任官される。翌年台湾出兵で出征した。76年に近衛歩兵連隊付となり、徴兵令施行に伴い全国の士官にフランス式歩兵操縦法を身につけさせるための戸山学校で学ぶ。西南戦争出征後に近衛局参謀となり、その後各軍参謀や大隊長を経て92年に対馬警備隊司令官に就いた。日清戦争が始まると広島大本営付となり、その後第2軍（司令官大山巌）第1師団（師団長山地元治）歩兵第2旅団（旅団長西寛二郎）隷下の歩兵第2連隊長に転じて、営口・田庄台で戦った。戦後は第7師団参謀長、第2師団歩兵第3旅団長となり、日露戦争では同旅団を率いて第1軍（司令官黒木為楨）第2師団（師団長西寛二郎）に属して出征する。鴨緑江・鳳凰城・弓張嶺・遼陽・沙河と転戦し、とりわけ弓張嶺夜襲で勇名を馳せた。その後旅順攻略後の第3軍（司令官乃木希典）参謀長となって奉天会戦に臨んだ。戦後は第3師団長、第2師団長を務める。第2師団長時代に天皇統監特別大演習で審判官宇都宮太郎に作戦行動の無効を宣告された逸話がある。第2師団長在任中に病に倒れた。

（斎藤聖二）

（**参考文献**）　大江志乃夫『日露戦争の軍事史

的研究』(岩波書店、1976年)、今村均『私記・一軍人六十年の哀歓』(芙蓉書房出版、1970年)、斎藤聖二「明治期の宇都宮太郎」(『日本陸軍とアジア政策 陸軍大将宇都宮太郎日記 1』(岩波書店、2007年)。

松永安左エ門 まつながやすざえもん (1875.12.1 – 1971.6.16)

実業家。長崎県出身。

壱岐の商家に生まれた松永は、福沢諭吉の『学問のすゝめ』に感銘を受け、慶応義塾に学ぶ。家業を継ぐため、慶応義塾を中退し、中国貿易を行う。日清戦争期には、上海貿易でかなりの利益を得るも、地方の貿易業者に飽き足らず、再び東京へ戻り、福沢桃介と知り合う。その後九州を中心に電力事業を発展させ、電力王となる。官僚嫌いで有名。1923(大正12)年には森安三郎と上海を訪問し、筑前人会メンバーで東洋綿花の貝原収蔵の接待を受ける。筑前福岡という土地柄は中国やアジア全体への関心が高く松永も中国へ強い関心を抱いていた。来日中の孫文とも会見し、中国興業株式会社・中日実業株式会社設立に協力した。　　　　　　　　　　　(木村昌人)

(参考文献) 松永安左エ門『自叙伝松永安左エ門』(日本図書センター、1992年)、橘川武郎『松永安左エ門』(ミネルヴァ書房、2004年)。

松林孝純 まつばやしこうじゅん (安政3(1856)頃 – 没年不詳)

僧侶。清国における号は行本。越後(新潟県)出身。

真宗大谷派(東本願寺)正覚寺(糸魚川)

に松林得聞の子として生まれ、副住職を務め長圓立に学ぶ。のち、2歳下の松ヶ江賢哲と共に大阪の難波別院教школаで汪松坪より南京語を学ぶ。1881年11月、本山教学部から留学を命ぜられ蘇州で蘇州語を学び、この間に兪樾撰『東瀛詩選』編纂に際しては日本側との連絡係を務め、のちに上海別院内に設置された小学校・親愛舎の教師を務める。なお、父の得聞は同別院輪番を務めたが、86年上海で客死した。日清戦争中は通訳として満州・台湾に従軍した。戦後は東本願寺が設立した蘇州日文学堂の学長を務めたほか、上海では古城貞吉らと共に日本書籍の漢訳を行い、『蒙学書報』に掲載した。晩年は了得寺(札幌)の院代を務めた。著書に、『大日本帝国俗解』(89年)・『四大法令俗解』(同)等がある。　　　　　　　　　　　(川邉雄大)

(参考文献) 高西賢正『東本願寺上海開教六十年史』(1937年)。

松村務本 まつむらかねもと (嘉永5.12.27(1853.2.5) – 1905.2.4)

陸軍中将。金沢(石川県)出身。

金沢藩士の家に生まれ、戊辰戦争に従軍する。明治4(1971)年8月に国軍下士官の教育機関である大阪教導隊に差し出された。2年後に陸軍少尉の任官を受ける。西南戦争に出征したのちほとんど隊付勤務一筋で昇進し、日清戦争は第6師団参謀長として師団長黒木為楨のもとに威海衛攻略戦で活躍する。戦後は近衛師団司令部付、同参謀長を経て台湾守備混成第2旅団長となり、初期台湾統治に尽力した。1898年に歩兵第1旅団長に任じられ、

日露戦争に会して第2軍（司令官奥保鞏）第1師団（師団長伏見宮貞愛親王）所属旅団として出征した。南山の戦いののち、大本営付となった貞愛親王の後任として1904年7月10日に第1師団長に就けられ、第3軍（司令官乃木希典）幕下で旅順攻囲戦に臨んだ。旅順陥落直後に脳溢血で倒れて、奉天会戦に向かう途上に没する。　　　　　　（斎藤聖二）

（**参考文献**）　斎藤聖二『日清戦争の軍事戦略』（芙蓉書房出版、2003年）。

松村謙三　まつむらけんぞう　（1883.1.24－1971.8.21）

政党政治家、農林大臣。富山県出身。

福光町薬剤商の裕福な家に生まれ、富山県立第二中学校、東京専門学校高等予科を経て早稲田大学政治経済科に入学する。ここで青柳篤恒について中国語を勉強、1904（明治37）－05年にかけて青柳の引率で中国視察旅行に行き、張之洞にも会っている。卒業後は報知新聞社に入社、12年父の死去に伴い帰郷して地元実業家・政治家となるが、他方で早稲田系政治家とも連絡を保ち、23年には永井柳太郎と中国視察を行っている。28年代議士に当選、以後民政党所属議員として農政及び中国問題で活動する。戦後は農相として農地改革に寄与するが、公職追放となる。52年追放が解除され代議士に当選、以後来日した郭沫若・廖承志と強い絆を結び、自民党随一の親中派として知られる。59年を皮切りにしばしば訪中、周恩来首相と「積み上げ方式」による日中関係正常化で合意し、LT貿易等の成果を挙げた。　　　　　　（季武嘉也）

（**参考文献**）　田川誠一『松村謙三と中国』（読売新聞社、1972年）、木村時夫編『松村謙三　伝記編』上・下（桜田会、1999年）。

松室孝良　まつむろたかよし　（1886.4.23－1969.12.6）

陸軍軍人。京都府出身。

1907年陸軍士官学校卒（19期）、1920年陸軍大学校卒。いわゆる「支那通」の道を歩み、23年4月から支那研究員として現地研修。24年秋、第2次奉直戦争が起こり奉天派の張作霖の敗色が濃くなった時、直隷派を率いる呉佩孚の部下の馮玉祥が北京でクーデタを起こし、そのため形勢は逆転、呉は敗走した。これは張が馮を買収した結果であり、張の買収金を馮に届けたのが、張家口に駐在していた松室であったという。その後、松室は馮玉祥顧問を務め、満州事変の際には熱河特務機関長としてモンゴル人の李守信を徳王に結び付け蒙古独立運動を支援した。36年には北平特務機関長となり、冀察政務委員会の内面指導に当たった。37年8月、予備役編入。日中戦争では、上海で現地政権樹立工作に関与し、39年、翼賛・民衆動員団体としての大民会の首席顧問に就任、宣伝よりも産業回復や医療を重視する組織改革をめざしたが、成果を挙げることはできなかった。中国の回族工作にも関心を持ち、大日本回教協会の総務部長を務めた。　　　　　　（戸部良一）

（**参考文献**）　丸山静雄『失われたる記録―対華・南方政略秘史―』（後楽書房、1950年）、池井優「第二次奉直戦争と日本」（栗原健編『対満蒙政策史の一面』原書房、1966年）。

松本亀次郎 まつもと かめじろう　（慶応2.2.18(1866. 4.3 – 1945.9.12)

教育者。遠江（静岡県）出身。

小笠郡土方村（現掛川市大東町）に生まれ、1872年小学校に入学、成績優秀により11歳で「受業生」（教員代行生）となる。約7年間小学校に勤務するかたわら受験勉強に励み、84年静岡県師範学校に入学。88年同校を卒業し、静岡高等小学校訓導となるも、さらに勉学を続け、翌年東京高等師範学校試験生に合格した。しかしながら、過労と病気のため入学後3ヶ月で退学、静岡県に戻り小学校訓導となる。97年の第10回文部省教員検定試験に合格し、中等学校国語科教員免許状を取得すると、静岡県師範学校教諭に昇任、その後三重県師範学校、佐賀県師範学校に転じて国語教育に従事した。佐賀県師範学校時代には『佐賀県方言辞典』（1902年）を編纂・刊行している。これが機縁となって、上田萬年の推挙を受けた松本は嘉納治五郎の開設した中国人留学生教育機関・宏文学院に転出、中国人留学生を対象とする日本語教育に従事する。やがて同学院における日本語担当教員のリーダー的存在となるや、同僚や中国人留学生と試行錯誤を繰り返しながら日本語文法書『言文対照・漢訳日本文典』（04年）を編纂した。この時期、松本は湖広総督張之洞が東京に設立した湖北路鉱学堂、清国留学生会館主催の日本語講習会の講師を兼務している。08年4月、元宏文学院の同僚井上翠の推薦により、新設の官吏養成機関・京師法政学堂の日本語教員となり、渡清。同学堂では中国人学生の日本語能力を高めることに全力をあげた。辛亥革命の終結後に帰国、服部宇之吉の推薦により東京府立第一中学校に奉職した。これと前後して、革命以後に来日した中国人留学生から日本語講習会への出講依頼が届くと、松本は東京府立第一中学校を辞し、日本語講習会の経営に専念、日本大学や東洋商業学校等の教場を借りて日本語教育を進めた。14年1月、神田神保町に「日華同人共立・東亜高等予備学校」を創設、同年7月東亜高等予備学校賛助会を発足して資金の収集、土地の買収、校舎の増築に邁進した。20年2月財団法人となる。しかしながら、関東大震災や日中関係の急転により経済的打撃を受けると、同校は日華学会の傘下に入り、予算の大半が国家から支給された。これに伴って松本は教頭やがて名誉教頭に降格、しかしながら日中友好のための活動を中断することはなかった。35年同校は東亜学校と改称される。同校が戦災にあうと、郷里土方村に疎開、45年9月12日、生家で80歳の生涯を閉じた。　　　　（蔭山雅博）

（参考文献）『中華五十日遊記・中華教育視察紀要・中華留学生教育小史』（東亜書房、1931年）、二見剛史『中国人留学生と松本亀次郎』（自費出版、1994年）。

松本君平 まつもと くんぺい　（明治3.4.8(1870.5.8) – 1944.7.29)

ジャーナリスト、教育者、宗教家、衆議院議員。静岡県出身。

小笠郡中内田村の農業・酒造業の家に生まれ、父は牧ノ原を開拓し茶園で成功した。地元の岡田良一郎、東京の田尻稲次郎について勉強、渡米してペンシルバニア・ブラウン両

大学で学び文学博士を受ける。帰国後は若くして頭角を現しジャーナリスト（大日本・東京新聞・静岡新報）、教育者（東京政治学校）、政治家（伊藤博文の知遇を得て1904年に政友会から代議士に当選、普選論を主張）として活躍した。中国との関わりは日露戦後からで、08年外務省の援助により天津で英字紙チャイナ・トリビューンを発行、さらにモンゴルに入りジンギスカンの末裔を自称して諸王をまとめ武力による一大中央アジア帝国樹立を計画、しかし武器調達のため北京に戻った時に盲腸となりそのまま帰国した。そののち徳教を開き、その実働部隊として11年に静岡でアジア民族の信仰的改造をめざして青年教団を創設、国内では普選運動、国外では布教活動と革命支援活動を行いソウル・天津・北京に支団を設置した。一時、広東孫文政権の顧問として招聘されたという。20年以降は政友会代議士として活動、『アジア民族興亡史観』等の著作もある。　　　　　　　（季武嘉也）

（参考文献） 増田実『教育と人物』（高天神城戦史研究会、1970年）、成瀬公策「普通選挙、女性選挙権運動の主唱者松本君平」（静岡県近代史研究会編『近代静岡の先駆者　時代を拓き夢に生きた19人の群像』静岡新聞社、1999年）。

松本重治　まつもとしげはる　（1899.10.2 － 1989.1.10）

ジャーナリスト。日中和平交渉や日米間の国際交流事業に尽力。大阪府出身。
1923（大正12）年東京帝国大学法学部卒業。同年末より27（昭和2）年まで欧米各地に留学（イェール大学、ウィスコンシン大学、ジュネーブ大学、ウィーン大学）。28年東京帝大学法学部助手（米国講座、30年まで）。29年秋、太平洋問題調査会・京都会議に日本代表団のセクレタリー（書記）として参加。31年秋、満州事変直後に、太平洋問題調査会の上海・杭州会議に日本代表団の一員として出席。以後、中国問題が太平洋問題・日米関係の鍵となっていく中で、リベラリストとして国際交流・相互理解に尽力する。

32年末、新聞連合社（1936年より同盟通信社）に入社し、上海支局長として38年末まで赴任。満州事変から日中戦争にかけて、日中関係が激しく揺れ動く中で取材・報道を続け、36年末には西安事件の第一報をスクープした。日中開戦後の38年には、西園寺公一・犬養健らと共に汪精衛（兆銘）・高宗武らとの和平交渉に関わる。

38年末病気療養のため帰国。翌年秋同盟通信社編集局長に就任。この頃から近衛側近メンバーとなり、「朝飯会」での討議に参加。特に外交問題について政策提言を行う。41年には、西園寺公一らと共に日米交渉に関与。日本軍の中国撤兵と和平を模索し、近衛・ルーズベルト会談を企画するが実現せず、太平洋戦争開戦を回避できなかった。

43年春同盟通信社常務理事に就任。敗戦後の45年秋、同社が解散し共同通信社・時事通信社等へと分割・再編されるのを機に退社。民報社を設立し、社長兼主筆として『民報』を創刊。47年初め占領軍により公職追放を受け辞任（50年に追放解除）。同年高木八尺らと共にアメリカ学会設立に参加（52年より会長）。52年財団法人国際文化会館を設立し、専務理事に就任（65年より理事長）。日米関係を基軸

として、冷戦期の国際文化交流に尽力し、在日合衆国教育委員会（フルブライト委員会）、日本ユネスコ国内委員会等の委員を歴任する。ベトナム戦争下では、アメリカのベトナム政策を批判した。68年には外務省参与に就任（78年まで）。中国・文化大革命の終結後、改革開放期に入った79年に、戦後初めて北京・上海を訪問した。　　　　　　　（米谷匡史）

（参考文献）　松本重治『上海時代』全3冊（中央公論社、1974－75年）、同『近衛時代』全2冊（中央公論社、1986－87年）、同『昭和史への一証言』（毎日新聞社、1986年）、同『聞書・わが心の自叙伝』（講談社、1992年）、開米潤『松本重治伝』（藤原書店、2009年）。

松本俊一　まつもとしゅんいち　（1897.6.7－1987.1.27）

外交官。衆議院議員。台湾生まれ。

1920年、東京帝大在学中に高等試験行政科試験合格。大蔵省勤務を経て21年外務省入省。条約局、中国（汪兆銘政府）大使館参事官、日米開戦時の条約局長等を歴任し、42年11月より谷正之外相のもとで次官、仏印特派大使を経て45年4月再度次官となり、東郷茂徳外相を補佐して終戦処理に当たる。東郷を中心に、松本次官、安東義良政務局長、渋沢信一条約局長ら外務省幹部は、ポツダム宣言の早期受諾の方針のもとに結束を固め、木戸幸一内大臣秘書官長の松平康昌、米内光政海相を支えた高木惣吉少将ら早期終戦を目論むサブリーダーと連携しつつ、「聖断」による終戦の実現に一定の役割を果たした。戦後、公職追放となるが、独立後の最初の駐英大使となる。衆議院議員を8年務めた。鳩山内閣のもとで日ソ国交正常化交渉の全権委員の一人として対ソ交渉に臨み、56年10月、領土問題を棚上げとした日ソ共同宣言に署名した。勲一等瑞宝章を受けた。　　　（波多野澄雄）

（参考文献）　松本俊一『モスクワにかける虹』（朝日新聞社、1966年）。

松本白華　まつもとはっか　（天保9.12.13(1839.1.27)－1926.2.5）

僧侶。加賀（石川県）の人。

真宗大谷派（東本願寺）本誓寺（松任）の第26世住職。名は厳護、白華・西塘・林泉・仙露閣と号した。幕末、大坂の広瀬旭荘の塾に学び、維新後は富山藩寺・浦上天主教事件・宗名恢復に奔走する。明治5（1872）年、新門主・大谷光瑩（現如）や成島柳北らと共に欧州視察する。洋行前後は教部省の官吏として活動するかたわら、漢詩結社である玉川吟社及び香草吟社に参加し、長三洲をはじめ政府高官・文人たちと漢詩による交流を行っている。1877年から79年まで東本願寺別院上海輪番を務め、清末文人と漢詩文を介した交流を行った他、仏教者・楊仁山にサンスクリット習得のため英国留学中の南条文雄を紹介した。当時、欧州と中国の双方を体験した唯一の日本僧侶であったが、帰国後は自坊へ戻り地元子弟の教育に専念し、本山の表舞台に出ることはなかった。主な著作に、「松本白華航海録」（真宗史料集成第11巻『維新期の真宗』同朋社、75年）、漢詩集『白華餘事』（16年）等がある。　　　　　　　（川邉雄大）

（参考文献）　川邉雄大・町泉寿郎「松本白華

円山大迂 まるやまだいう （天保9（1838）- 1916.11.5）

篆刻家。名は真逸、号は大迂。名古屋出身。名古屋の醸造家に生まれた。13歳で京都に出て、書を貫名菘翁に学びつつ、余暇に篆刻を学んだ。ある時、清人の刻印を見る機会があり、渡清を考えるようになった。1879（明治12）年に中国に渡り、徐三庚、楊峴山ついて清朝風の書を学ぶと共に、張子祥に画を学んだ。その刻風は初め浙派を学び、秦漢印に倣ったが、後に鄧派に移り渡海派（鄧完白派）と言われた。数年で帰国し、熊本、伊勢桑名と移住したのち、京都に住んで桑名鉄城と共に京都新風の大家となった。江戸期の篆刻は片刃のものだったが両刃の印刀を用いることを伝えたのは大迂だと言われ、清朝の篆刻法を伝えた第一人者である。1889年には「書家番付」にも名前が掲載され、一世を風靡したが、晩年は一切刀をとらず、門人に代刻させたという。刻法を述べたものに『篆刻思源』があり、詩・印・画集の三冊からなる『学歩盦三集』がある。　　　（伊藤忠綱）

（参考文献） 高畑常信『日本の遊印』（木耳社、1983年）、『書道全集・別巻Ⅱ』（平凡社）。

み

三浦義秋 みうらよしあき （1890.9.8 - 1953.12.23）

外交官。神奈川県出身。横浜一中・一高を経て東京帝国大学法学部卒、1919年高等文官試験合格、領事官補としてハルビン・牛荘に在勤、27年関東州長官官房外事課長となり、28年奉天出張中に張作霖爆殺事件が発生し、対応をめぐって森島守人奉天総領事に秦真次憲兵司令官が怒鳴り込んだ話を聞いて、事件と関東軍との関係を直感した。その後、上海・厦門の領事、駐中国大使館1等書記官を経て、34年以降、漢口・青島・上海の総領事を歴任、40年駐メキシコ公使となる、42年待命、翌年退官、第2次大戦後、交易公団監事となった。滋賀県より社会党から参議院選挙に立候補したことがある。　　　（久保田文次）

（参考文献） 森島守人『陰謀・暗殺・軍刀：一外交官の回想』（岩波新書、1953年）、秦郁彦編『日本近現代人物履歴事典』（東京大学出版会、2002年）。

三笠宮崇仁 みかさのみやたかひと （1915.12.2 - ）

皇族。陸軍軍人。古代オリエント史学者。東京生まれ。

大正天皇の4男。称号は澄宮。20歳の成年式に奈良の三笠山にちなみ三笠宮と号する。学習院中等科から陸軍士官学校予科、習志野の陸軍騎兵学校を経て陸軍大学を卒業。太平洋戦争開始後の1943（昭和18）年1月14日から翌年1月13日までの1年間、「若杉参謀」と名を変えて南京の支那派遣軍総司令部に勤務した。「若杉」は三笠宮の「お印」で、支那派遣軍在勤中、その正体は一般兵士には秘密にされていた。三笠宮の南京赴任の背景には、42年12月21日の御前会議で決定された「大東亜戦争完遂の為の対支処理根本方針」と、これに基づき翌年1月9日に発された「戦争完遂についての協力に関する日華共同

宣言」による対中国政策の転換があった。汪兆銘率いる国民政府に対米宣戦布告をさせ、日中の提携を強めさせようとしていたのである。三笠宮は新政策実施の監視のため、天皇名代として派遣されたとも言われる。三笠宮は赴任前に中国語を3年間学ぶなど、中国語研究に対する態度には熱心なものがあった。現地では、作戦課で中国全土での戦闘状況報告書を読んだり、総司令部の作戦会議に列席したり、部隊視察に出向いたりした。三笠宮は、自分の動向が蔣介石側に漏れており、天皇の弟が若杉参謀を連れて視察に来て、天皇の弟は東京に帰り、若杉参謀は南京に行ったと、重慶に報告されていたことがあったと語っている。三笠宮は現地軍の風紀の悪さも見聞しており、中国共産党軍が兵の犯罪に厳しかったのに対して、日本軍は「あやまてる温情主義」があるとみなした。南京での任務を終える直前、尉官級の将校130名ほどを集めて、軍紀や中国の国民性を知る大切さについての教育を行った。その中で、「陛下の御考へ又は御命令で戦闘が生じたのでなく、現地軍が戦闘を始めてから［中略］陛下に爾後の御始末を押しつけ奉つた」と語り、「蔣介石が抗日になつた原因は種々あつて一口には言へないと思ふが、主として日本人として之を反省してみれば［中略］日清戦争頃よりの侮華思想（チャンコロ思想）」等10項目の要因を挙げた。しかし、三笠宮のこの尉官教育は「適当を欠く箇所あり」として箝口令が布かれ、戦後まで関係者以外にその内容が伝わることはなかった。45年8月の敗戦前、航空総軍参謀であった三笠宮は、軍刀や拳銃をそばにおいて、抗戦派の軍人たちの談判に対応した。敗戦前日の14日にはかつて三笠宮の御付武官であった阿南惟幾陸相が空襲で焼けた三笠宮邸を訪ね、戦争を継続するように天皇の翻意を懇願している。しかし、三笠宮は「国体護持」による講和を求め、これを受け入れなかった。敗戦直後には、義父の高木正得子爵（百合子妃の実父）が自殺。47年に東京大学文学部の研究生となって古代オリエント史を専攻した。のち日本オリエント学会初代会長となり、学問的立場から日本の神話を否定し、58年には「紀元節復活」に反対した。そのため右翼勢力から皇籍離脱を要求されたりもした。
　　　　　　　　　　　　　　　（小田部雄次）

(参考文献)　柴田紳一『昭和の皇室と政治外交』（原書房、1995年）、工藤美代子『母宮貞明皇后とその時代』（中央公論新社、2007年）、小田部雄次『皇族』（中公新書、2009年）。

三上次男 みかみつぎお （1907.3.31－1987.6.6）

東洋史・考古学・美術史の学者。京都府宮津出身。

東京帝国大学文学部東洋史学科卒業、池内宏に師事し、中国留学。外務省満蒙文化研究事業部研究員・東方文化学院研究員等を歴任。この間『金代女真の研究』、『金史研究』を公表、学士院恩賜賞を受けた。中国東北地区や朝鮮半島北部の考古発掘を推進、大戦後に『満鮮原始墳墓の研究』・『通溝』・『古代東北アジア史研究』に結実した。第2次大戦後、東大教養学部ついで文学部教授、青山学院大学教授・ブリジストン美術館長等を歴任、『ペルシアの陶器』・『陶磁の道』等に示され

るように陶磁を中心とする美術史へと研究領域を発展させ、日本・朝鮮半島・中国はもちろん東南アジア・インド・中近東・ヨーロッパと対象地域を拡大し、関連の学界や国際交流に貢献した。　　　　（久保田文次）

（参考文献）『三上次男著作集』全6冊（中央公論美術出版、1987-90年）、『三上次男博士頌壽記念東洋史・考古学論集』（1979年）、『三上次男博士喜寿記念論文集』（1985年）、吉田章一郎（司会）「先学を語る　三上次男博士」（『東方学』79輯、1990年）。

三上豊夷 みかみとよつね （文久3.2.2（1863.3.20）-1942.10.30）

実業家。丸岡（福井県）出身。

越前丸岡藩士の家系。1878年に神戸に定住。89年、24歳で三上回漕店を起業、94年「日本海運業同盟会」を結成、各地の1隻だけ所有の船主を統合し日清・日露戦争の軍事輸送に協力、これが発展し日本通運の創立の礎石となる。1907年、萱野長知の紹介で孫文・黄興らの革命運動を支援。革命支援は、蘇路借款、中華民国中央銀行の設立計画、自社のハドソン丸による革命軍兵士輸送に及ぶ。第2革命に敗れた孫文の生命を袁世凱の刺客から守るため、自社の船舶無線を活用し、神戸への上陸、隠棲を支援した挿話は有名。（中村哲夫）

（参考文献）安井三吉「三上豊夷」（『孫文研究』42、2007年）、一隅社編『通運史料三上豊夷』（通運読本第58、1958年）。

三島中洲 みしまちゅうしゅう （文政13.12.9（1831.1.22-1919.5.12）

備中松山藩士、漢学者。名は毅、通称は広次郎一貞一郎、字は遠叔、別号桐南・中洲等。備中（岡山県）出身。

窪屋郡中島村庄屋三島正昱の次男として出生。初め松山藩儒山田方谷に入門し、さらに津藩儒斎藤拙堂や昌平黌の佐藤一斎・安積艮斎らに学び、27歳で松山藩に仕官。維新後は司法省に出仕して判事や検事を歴任し、東京大学教授として漢学を講じ、晩年は宮内省御用掛として明治・大正両帝に進講。また自宅に漢学塾二松学舎を開き育英に当たった。津遊学時、米使ペリー浦賀再来時に江戸探索に出かけて『探辺日録』を著し、清国漂流船の志摩漂着事件に際して『屯兵策』を著した。仕官後は藩命による中国・九州諸藩の情報収集の途次、長崎滞在中に清商林雲逵と清国情勢について筆談した。明治期には何如璋・黎庶昌・黄遵憲ら清国公使館員と交流し、清人張滋昉や朝鮮人崔成大とも筆談した。

（町　泉寿郎）

（参考文献）「中洲三島先生年譜」（『二松学舎六十年史要』1937年）、中村義「三島中洲の対外認識」（戸川芳郎編『三島中洲の学芸とその生涯』雄山閣出版、1999年）。

水野幸吉 みずのこうきち （1873.12.25-1924.5.23）

外交官。東京出身。

1897年7月東京帝国大学法科大学卒業、同年9月第6回外交官及領事官試験合格。外交官補に任ぜられ、朝鮮国在勤。在ドイツ公使館勤務等を経て、1901年12月駐芝罘領事に就

任し、04年日露戦争勃発当時は、イギリスの威海衛民政長官ロックアルトと良好な関係を築き、同長官の協力により芝罘から遼東南部及び営口への軍需物資密輸出を円滑に行った。翌年8月には駐漢口領事に転じて、同地の日本専管居留地の発展に尽力する。07年には在米国大使館1等書記官、同年12月には駐ニューヨーク総領事を務めたのち、11年12月公使館1等書記官として再び清国の地を踏み、13年12月には参事官に昇進し、山座円次郎公使のもと、辛亥革命後の政情不安定な中国との関係改善へ向けての活躍が期待されたが、13年5月盲腸炎を発病し、同23日に急逝した。なお、漢口在勤に当たり、同地が揚子江流域における重要地であることに鑑み、同地の地勢・工業・金融・港運・貿易・気候から衣食住にわたる多様な観点から同地の特色をまとめた大著『漢口』を著した。　　(白石仁章)

(参考文献)　水野幸吉『漢口』(冨山房、1907年)。

水野　遵 みずの じゅん　(嘉永3.12.3(1851.1.4)－1900.6.15)

初期官僚、初代台湾民政局長。号は大路。名古屋出身。

1872年から中国語・英語研究のために清国留学。琉球漂流民殺害事件に際して74年に台湾視察を命じられ、75年の台湾出兵でも事務方面で活躍する。この時樺山資紀の知遇を得る。帰国後文部省、参事院を経て85年に法制局参事官、のちに書記官。91年洋行後に衆議院書記官、翌年衆議院書記官長となる。95年に台湾総督府民政局長心得、翌年初代台湾総督府民政局長に就任。樺山総督の下で台湾事務局官制、台湾総督府条例、台湾民政官制等の立案に参画し、台湾統治の基礎を確立した。桂太郎総督の下でも留任するが、97年に後任を曽根静夫として民政局長非職となる。その後97年から1900年まで貴族院勅撰議員。また1898年の台湾協会設立には、評議員として参加。99年から同郷の英国公使加藤高明と清韓漫遊の旅にでるが、途中病を得て帰国し、以後完全に回復しないまま没した。

(近藤秀行)

(参考文献)　大路会編『大路水野遵先生』(大路会事務所、1930年)、末光欣也『日本統治時代の台湾(増訂版)』(致良出版、2007年)。

水野清一 みずの せいいち　(1905.3.24－1971.5.25)

考古学者。兵庫県出身。

1928年京都帝国大学卒業。29年東亜考古学会留学生(北京)、東方文化研究所研究員を経て、37年京都帝大講師、49年京都大人文科学研究所教授に就任。戦前より中国考古学の研究を手掛け、長尾敏雄との共著『雲崗石窟』(27年)で学士院恩賜賞を受賞した。敗戦によってフィールドを失ったが、『魏志倭人伝』の考古学的検証をめざし対馬・壱岐・唐津の調査を行っている。大陸志向はやがて京大イラン・アフガニスタン・パキスタン学術調査隊による東西文化交流の考古学的研究に結実した。

(林　直樹)

水野疎梅 みずの そばい　(元治1.5.21(1864.7.13－1921.10.6)

漢詩人。幼名廉吉、名は元直、字を簡卿

または廉卿といい、疎梅と号した。福岡出身。
　もともと福岡藩士の家柄に生まれるも、5歳で明治維新に遭遇する。激動する近代日本政治史の中、アジア主義を唱える結社、玄洋社に籍を置くも目立った業績はなく、むしろ福岡日々新聞の漢詩選者として名声が高い。1911（明治44）年辛亥革命の最中、上海に難を逃れていた楊守敬に4ヶ月間師事し、『学書邇言』と『隣蘇老人年譜』の筆写本を持ち帰って、日本書道界に大きな影響を与えた。楊没後は16（大正5）年に王一亭の紹介で上海に呉昌碩を訪ねて画を学んでいる。この時、瓢箪と「奉呈老缶呉蒼石先生」詩を贈り、呉昌碩も「疎梅贈葫廬」詩を作って応酬している。さらに篆書で書かれた『疎梅詩存』の封面も呉昌碩によるものである。その生涯で計5回の上海渡航を果たしているが、21年に呉昌碩を訪ねて感傷的内容の詩を残すと、帰国後間もない10月6日病没した。（伊藤忠綱）

　（参考文献）　横田恭三「楊守敬と水野疎梅」（『書論』26、1990年）、同「水野疎梅とその交遊」（『書学書道史研究』2、1992年）。

水野梅暁 みずのばいぎょう （1878.1.2～1949.11.21）

　僧侶、学者、文筆家。広島県出身。
　旧福山藩士の4男として生まれ、法雲寺住職水野桂厳の養子となり出家、哲学館に籍を置いてのち、京都大徳寺高桐院の高見祖厚に就いて修業、ついで根津一の知遇を受け、1901年に東亜同文書院1期生に編入した。在学中に、浙江省の天童山に登り、道元の師である如浄禅師の墓塔を参拝し、住職の寄禅和尚（敬安）との交流を深めた。そして、03年に湖南省長沙に至り、長沙第一の誉の高い開福寺の客となり、同寺境内に僧学堂を開設し、さらに湖南省城北門外に雲鶴軒を設立した。04年、長沙は対外的に門戸を開き、湖南汽船会社が設立され、多くの日本人が至っていた。10年松崎鶴雄や塩谷温に長沙への留学を勧め、長沙に至った両氏の面倒をみた。また、自身も王先謙・葉徳輝・孔憲教・王闓運等湖南省の名だたる郷紳と交流を深め、古典研究に努めた。その後、浄土真宗本願寺派の大谷光瑞の知遇を得て、中国布教問題等の他、中国と日本の仏教徒の親善・連絡に力を尽くした。
　11年1月以降、長沙を離れて北京を遊歴してのち、日本に一時帰国した。11年10月10日の武昌蜂起後、江蘇・浙江等の各省で、中国人負傷者の救援事業に当たった。この時、上海にいた鄭孝胥と親交を結んだ。14年東方通信社が設立されると、調査部長として雑誌『支那時事』を主宰した。また、23年の関東大震災では、留日中国人を上海に避難させた。24年日華実業協会・外務省等の援助を得て支那時報社を創立し、もっぱら中国の時事問題を取り扱った専門誌を発行した。25年東亜仏教大会が東京芝の増上寺で開催されると、日華仏教連絡委員に推挙されて準備に奔走し、翌26年10月には日本仏教徒訪華視察団を組織し、中国の各地を歴訪して中国の仏教徒との親善に寄与した。なお、27年、振東義会なる結社が、水野梅暁の行為を中国政府に迎合するものして批判した。32年満州国が建国されると、国務総理となった鄭孝胥と旧交を温めると共に、日満文化協会の理事に就任し、文

化事業に従事した。

45年日本の敗戦後、42年に南京で発見された玄奘法師の霊骨の霊骨塔を建立するために日本各地を遊説に回り、玄奘法師霊骨塔を埼玉県南埼玉郡慈恩寺村（現在の岩槻市慈恩寺町）の慈恩寺に建立した。また、参議院議員で、埼玉銀行頭取となった、埼玉県飯能市名栗村の素封家、平山彌太郎（号は桐江）の白雲山鳥居観音建立にも尽力した。水野梅暁と平山彌太郎の親交は、水野梅暁が脳溢血で倒れた時に、同家が面倒をみたことに始まる。49年11月21日に慈恩寺で没し、翌50年に総持寺で本葬が営まれ、遺骨は名栗村の鳥居観音と福井の山本家に分骨された。戦時中、水野梅暁の荷物の一部は鳥居観音の納屋に疎開していたが、47年以降から松田江畔が荷物の整理に当たった。松田江畔所蔵の書簡は東京大学法学部明治新聞雑誌文庫がマイクロフィルムに収めている。

(藤谷浩悦)

(参考文献) 松田江畔編『水野梅暁追懐録』（非売品、1974年）、松田江畔「水野梅暁と鳥居観音」（鳥居観音、1979年）、中村義「水野梅暁在清日記」（『辛亥革命研究』6、1986年）。

満川亀太郎 みつかわかめたろう （1888.1.18 – 1936.5.12)

アジア主義者。大阪府出身。

1905年の三国干渉は幼い満川に強い印象を与えた。吉田中学校、清和中学校を経て上京、早稲田大学に進学するも経済的事情で中退する。その後『民声新聞』、『海国日報』、『大日本』等で記者・主筆を務めアジア主義的論を主張する多くの政財界関係者・軍人等と交わる。ことに満蒙独立運動に関与した川島浪速との知遇により中国の革命問題に一層関心を持ち、13年、袁世凱を客観的に批判分析した満川にとっての最初の著作『袁世凱』を出版する。18年従来の三五会を改めて老壮会を結成、亡命中のR・B・ボースや大川周明と友情を結ぶ。翌年国家改造の実践的団体として猶存社を設立すると共に理論的支柱として当時上海にいた北一輝を迎える。猶存社解散後は行地社や一新社を設立、またアジア主義者を養成するために30年興亜学塾を創立する。晩年は靖国神社での修養を主とする惟神顕修所を設立する。36年5月脳溢血のため死去。代表的なアジア主義的著作としては『奪はれたる亜細亜』（22年）、また自伝的著作としては『三国干渉以後』（35年）がある。

(長谷川雄一)

(参考文献) 長谷川雄一「満川亀太郎の対米認識」（同編『大正期日本のアメリカ認識』慶応義塾大学出版会、2001年）、同「満川亀太郎と『三国干渉以後』―近代日本の精神史―」（満川亀太郎（長谷川編）『三国干渉以後』論創社、2004年）、同「北一輝と満川亀太郎―『満川亀太郎関係文書』にみる交友の軌跡―」（『北一輝自筆修正版・国体論及び純正社会主義』ミネルヴァ書房、2007年）、クリストファー・W・A・スピルマン「解題」（拓殖大学創立百年史編纂室編『満川亀太郎―地域・地球事情の啓蒙者―』上巻、拓殖大学、2001年）。

箕作阮甫 みつくりげんぽ （寛政11.9.7 (1799.10.5) – 文久3.6.17 (1863.8.1))

津山藩医・蘭学者。津山（岡山県）出身。名は虔儒、字は序西、阮甫はその通称。別

みつはししろう

号は紫川・逢谷等。藩医箕作丈庵貞固の次男として津山に出生。少時漢学を学び、15歳で家督、17歳で京都遊学、24歳で侍医となり藩主の江戸参勤に従い、江戸詰藩医宇田川榕斎に入門し、また幕府儒官古賀侗庵に学ぶ。28歳の時シーボルトと接見。1831年以降は江戸詰となり主に江戸に住んだ。自刃した小関三英の後任として1839年幕府より蕃書和解御用手伝を拝し天文方に兼勤。多数の蘭書翻訳を通して歴史・地理・医学・軍事など広く世界情勢に通じ、1853年には米国大統領国書の翻訳や露使プチャーチンとの交渉など幕府外交に参与。侗庵の男茶溪と共に1856年の蕃書調所創設に参画し、その教授となって同所を主導。対中国関係では、塩谷宕陰と共に魏源『海国図志』の翻刻を手がけ、同書に西洋語の「よみ」を施して1854年『翻栞海国図志籌海篇』、1855年『翻栞海国図志普魯社国』、1856年『翻栞海国図英吉利国』を刊行。

（町　泉寿郎）

(参考文献) 蘭学資料研究会『箕作阮甫の研究』（思文閣出版、1978年）。

三橋四郎 みつはししろう （慶応3.11.7（1867.12.2）－1915.11.5）

建築家。歌人。旧姓鈴木。号松亭。江戸出身。

東京帝国大学工科大学を卒業。陸軍省・逓信省・東京市の建築技師時代以降、日比谷図書館、下谷・浅草区役所、松本楼、泰明小学校、郵便局、銀行等を「和洋折衷」の建築様式で設計。岳父・清水平十郎の再建になる二長町・市村座の補修も行った。1909年から15年にかけて外務省の委嘱により、日露戦争後のまだ近代的建築物のほとんどなかった満州で多くの領事館の設計・監理に当たり、吉林・奉天（現瀋陽）・間島・長春・牛荘・安東・遼陽・鉄嶺の各領事館が作られた。15年総領事館建設のためウラジオストックに赴き客死した。明治・大正初期の日本建築学界の最高峰の一人である。著書『和洋改良大建築学』全4巻は総頁3,411頁、建築学界最大の個人著作と言われる。また短歌集として『忍ぶ文字ずり〈一名陸奥紀行〉』（非売品、1897年）がある。

（藤井昇三）

(参考文献) 三橋四郎原著、大熊喜邦他3名改訂増補『改訂増補大建築学』（大倉書店、1923年）、田中重光「領事館建築に奔走した建築家・三橋四郎」（『大日本帝国の領事館建築—中国・満州24の領事館と建築家—』（相模書房、2007年）。

南方熊楠 みなかたくまぐす （慶応3.4.15（1867.5.18）－1941.12.29）

生物学者・民俗学者。和歌山出身。

和歌山市の商人の家に生まれ、少年時より『和漢三才図会』を筆写するなど、博覧強記ぶりを示した。大学予備門を中退して1887年アメリカに渡り、各地で生物の採集・研究に従事した。また、在米邦人等と自由民権的な雑誌も刊行している。92年イギリスに渡り、不遇の身ながら、ロンドンで大英博物館を拠点として生物を採集したり、雑誌『ネイチャー』『ノーツアンドクィリーズ』に生物・民俗に関する論文を多数発表した。1900年に帰国、和歌山・熊野、ついで田辺で粘菌を中心

とする研究を続け、また、民俗学の研究も進め、柳田國男と共に日本民俗学の開拓者とされる。生涯を在野の学者として過ごし、現在の環境保全運動等の先駆者でもある。現在、和歌山県白浜町に南方熊楠記念館、田辺市の南方邸跡地に南方熊楠顕彰館がある。

ロンドン滞在中に、亡命中で大英博物館に日参していた孫文と親交を結んだ。孫文は医者でもあり、生物に関する知識も豊富であったと考えられるが、南方も社会問題にもアジアの復興にも関心があったことが、意気投合の背景にあった。南方の当時の日記や回想はロンドン時代の孫文について貴重な資料を提供している。孫文がイギリスを離れる時には黄宗羲(明代末期に専制体制を批判した思想家)の著書『明夷待訪録』中の「原君」「原臣」を贈った。この2編は孫文等が初期の革命宣伝で用いたものである。孫文は1901年に横浜からはるばる和歌山まで南方に会いに行っている。これが最後の対面となったが、通信は持続され、孫文の大植物園構想にも協力を依頼されたりしている。　　　(久保田文次)

(参考文献)　『南方熊楠全集』12冊(平凡社、1971-75年)、飯倉照平『南方熊楠』(ミネルヴァ書房、2006年)、日本孫文研究会編『孫文と南方熊楠』(汲古書院、2007年)。

南　次郎　みなみじろう　(1874.8.10-1955.12.5)

陸軍軍人、陸軍大将。大分県出身。

陸軍士官学校(6期)、陸軍大学校卒業。日清戦争後、旅順、威海衛、台湾の守備に派遣される。日露戦争に出征。1919年7月支那駐屯軍司令官となる。陸軍士官学校長、第16師団長、参謀次長、朝鮮軍司令官等を経て、31年4月宇垣一成の中途辞任のあとを受けて、若槻礼次郎内閣の陸軍大臣となる。8月の師団長会議で、軍備縮小論を批判すると同時に満蒙に関する強硬論を発言、問題となる。さらに9月に勃発した満州事変に対しては、関東軍の方針に追随、事変の拡大を招いた。34年12月関東軍司令官兼満州国大使となる。南は、在満機構の改革により、司令官が大使を兼務、関東長官は廃止され権限が大使に移管された結果、事実上満州経営を一手に掌握することになった初めての司令官である。35年4月には、皇帝溥儀が初来日を果たした。一方、内蒙工作と同時に、35年8月土肥原賢二奉天特務機関長を北京に派遣し、同年12月には国民党政権からの完全な分離を謳った「北支問題ニ就テ」と題した声明を出すなど華北分離工作を推進した。35年11月には、当時進行していた中国の幣制改革に対して強硬に反発、南は広田弘毅外務大臣に対して、「北支工作を此の機会に断行、北支諸省を南京政府より政治的にも又経済的にも完全に分離独立せしむるに在り」と上申、殷汝耕の冀東防共自治委員会に独立を宣言させるなどした。2・26事件後の粛軍人時で、36年4月予備役に編入される。36年8月朝鮮総督となり、約6年間の在任期間中に、日中戦争の拡大に伴い朝鮮の戦時動員体制確立を目的とした「皇民化」政策を推進した。その後枢密顧問官を経て、45年3月貴族院議員、大日本政治会総裁となる。戦後、極東国際軍事裁判においてA級戦犯として終身禁固刑を宣告されるが、54年病気のため仮出獄、55年12月死去した。

(庄司潤一郎)

(参考文献) 御手洗辰雄『南次郎』(南次郎伝記刊行会、1957年)、西川禎則編『大将伝 陸軍編』(建軍精神普及会、1941年)。

南 弘 みなみ ひろし (明治2.10.10(1869.11.13)－1946.2.8)

官僚政治家。富山県出身。

1896年7月に帝国大学法科大学政治学科を卒業。同年12月に文官高等試験合格、内閣属となる。1908年1月に第1次西園寺公望内閣の内閣書記官長となり、同年7月の内閣総辞職により一度は職を退くが、11年8月の第2次西園寺内閣発足により再び内閣書記官長となる。13年1月の内閣総辞職と同時に貴族院議員となる。西園寺内閣で内閣書記官長となって以来、政友会との繋がりが深く、犬養毅内閣が成立すると32年3月に台湾総督に就任するが、5・15事件により犬養内閣から斎藤実内閣へ替わると、在任3ヶ月も経たずに総督を辞任して逓信大臣に転任する。歴代台湾総督の中で最も在任期間が短く、何の実績も残せなかった。その後36年12月に枢密顧問官となり、在職中に死去。編著に『国家学』・『政治学』(共に帝国百科全書、博文館、06年)がある。

(加藤聖文)

(参考文献) 南弘先生顕彰会編『南弘先生―人と業績―』正続(1979・80年)。

嶺田楓江 みねた ふうこう (文政1(1818)－1883.12.28)

蘭学者・漢学者・教育家。名雋・士徳、号楓江。江戸生まれ。

青少年期より文武両道に秀でた逸材として嘱望される。武道では宝蔵院流槍術の免許を取得。学術では天保6(1835)年に儒学者佐藤一斎の門弟となり経書(就中陽明学)を修めた。天保10年には蘭学者であり幕末の外交官でもあった箕作阮甫のもとで蘭学を学び、外交に関する見識を育む。天保14年には昌平黌に入学、大学頭林復斎のもとで経史(就中朱子学)の研究に専念した。嘉永2(1849)年、中国におけるアヘン戦争の惨禍を知り、その実状とイギリスの脅威を広く知識人や国民に訴えようとして『海外新話』全5巻5冊を編纂・刊行した。その際、中国から輸入された『夷匪犯鏡録』を活用、さらに『侵犯事略』『経世文編』『隠憂録』『乍浦集永』等を参照した。翌年には『海外新話拾遺』全5巻5冊を秘密裏に編纂・刊行している。これらの著書を通して幕府の海防政策批判を展開したことにより、「押込」の処分を受け、釈放後も「三都所構(ところがまえ)」となる。これを契機に、上総国請西村(現千葉県木更津市)に居を構え、家塾を開く。1875(明治8)年には同県長生郡東村の乃有学舎、78年には同県茂原町の贊化学校、81年には民権学校として著名な同県大原町の薫陶学舎に移り、漢学と近代教科を教授した。当地方の中等普通教育の普及に貢献した。

(蔭山雅博)

(参考文献) 明石吉五郎『嶺田楓江』(千葉弥次馬刊、1919年)、嶺田楓江「海外新話」(追手門学院大学アジア学科編『上海アラカルト』和泉書院、2009年)。

三村　豊　みむらゆたか　（1892.10.18 – 1916.5.27）
軍人、大陸浪人。東京出身。

名古屋地方幼年学校、士官学校を経て、1914（大正3）年歩兵少尉、松江歩兵第63連隊付となる。翌年満州駐剳のため旅順に在勤。16年免官となり、鉄嶺地方を放浪中、清朝復辟派に加わり、張作霖の暗殺を企てる。奉天において張作霖が中村覚関東都督を駅まで出迎えた帰りを狙い、爆弾を身に着けて張が乗っていると見なした馬車に突入、自爆した。しかし、張は三村が狙った馬車に乗車していなかった。　　　　　　　　　　　　（武井義和）

（参考文献）『対支回顧録』下。

三宅雪嶺　みやけせつれい　（万延1.5.19(1860.7.7) – 1945.11.26）

ジャーナリスト。本名は雄二郎。金沢（石川県）生まれ。

藩立仏学校、1875年愛知英学校で学び、翌年上京し開成学校（のちの東京大学）に入る。83年東京大学文学部を卒業し、文部省に入るも87年に辞し、88年に志賀重昂らと政教社を創設し雑誌『日本人』を発行、以後長く続く文筆の道に入った。あわせて哲学館（現東洋大学）で哲学を講じた。三宅の『日本』新聞及び『日本及日本人』での論陣は、1890年以後における国粋主義の流れにあるものと位置付けられる。しかしそれは自己陶酔型の閉鎖的排外的なものではなく、明治前半の無批判な文明開化を批判した「健全なナショナリズム」であり、自国の個性を発揮することが世界文明の発展に寄与すると説くものであった。中国に対しても個性や独自性を尊重する博愛主義的な観点に立ち、辛亥革命に当たっては孫文の革命運動を評価した。ただし第1次世界大戦後に抗日運動が激しくなると、中国の発展や日中親善のためには中国の閉鎖性を改めることが必要であると説いた。なお三宅は、1902年4月に世界漫遊の途次、及び04年6月日露戦争観戦団の一員として長山列島に赴いたときに中国を見ている。　　（櫻井良樹）

（参考文献）「三宅雪嶺」（昭和女子大学編『近代文学研究叢書』58巻、1986年）、柳田泉『哲人三宅雪嶺先生』（実業之世界社、1956年）、佐藤能丸『明治ナショナリズムの研究』（芙蓉書房出版、1998年）、長妻三佐雄「三宅雪嶺の中国認識」（『ヒストリア』192号、2004年）。

三宅光治　みやけみつはる　（1881.5.22 – 1945.10.21）
陸軍中将。三重県出身。

1901（明治34）年陸軍士官学校卒業（13期）、10年陸軍大学校卒業。第1師団参謀を経て、陸軍省軍務局員等として勤務。27（昭和2）年少将に進級。28年8月関東軍参謀長に任命される。三宅は、関東軍司令部付佐久間亮三の作成した『満蒙に於ける占領地統治に関する研究』に理解を示したとされ、事実、満州事変が勃発すると、奉天出動案を支持するなど、事変拡大を促進させる役割を演じた。その後、35年には第20師団長を務め、翌年、予備役となった。40年からは満州国協和会中央本部長として敗戦まで満州国を支えた。
　　　　　　　　　　　　　　（山本智之）

（参考文献）　今井武夫『昭和の謀略』（原書房、1967年）、『日本陸海軍の制度・組織・人事』、臼井勝美『満州事変―戦争と外交と―』（中公新書、

1974年)、島田俊彦『関東軍——在満陸軍の独走——』(講談社学術文庫、2005年)。

宮越健太郎 みやこしけんたろう (1885–1962.12.15)
中国語学者、東京外国語学校教授。出身地不詳。

1902年に東京外国語学校入学。06年から45年まで同学支那語部で教鞭を取る。20年に発足した日本漕艇協会の理事でもある。満州事変までは中国語教科書革新運動に参加し、『支那現代短編小説集』や『支那現代独幕戯劇集』(共に文求堂書店)等で現代中国の文化を紹介した。満州事変後、特に日中戦争開始後に、中華民国に正面から敵対する文化工作者に変身した。34年に出した『最新支那語教科書　時文篇』(外語学院)に満州国の法令、外務省宣言等をそのまま収録。当時の中国語教育の権威として編集し、広く使われていたテキストによく「清朝の言い回し」や「日本人の口から出たもの」が混ざっている。その傾向は、巴金・竹内好らの厳しい批判を受けた。　　　　　　　　　　　　(陶　德民)

(参考文献) 藤井省三『東京外語支那語部交流と侵略のはざまで』(朝日新聞社、1992年)。

宮坂九郎 みやさかくろう (1875–没年不詳)
実業家。長野県埴科郡埴生村出身。

荒尾精門下で中国語を学び、日清戦争後台湾で通訳、ついで宮島大八のもとで中国語を学習。1897年、白岩龍平に随行して中国に渡り、白岩の大東新利洋行に入社、江南・江西・湖南の水路調査に従事した。1901年、井戸川辰三に依頼された白岩の推薦で重慶に渡り、翌年、居留地内に新式のマッチ会社有隣公司を設立した。日露戦争後、貿易会社新利洋行を設立、牛羊皮や豚毛をドイツ等へ輸出した。16年には機械製糸の又新糸廠を中国人と合弁で創設した。31年に東京に引き揚げたが、42年頃にも新利洋行の社長をしていた。

(久保田文次)

(参考文献)『続対支回顧録』下、『大衆人事録第14版』(1942年)。田畑光永「長江上流の影薄き夢の跡：重慶租界」(大里浩秋・孫安石編『中国における日本租界：重慶・漢口・杭州・上海』御茶の水書房、2006年)。

宮崎市定 みやざきいちさだ (1901.8.20–1995.5.24)
東洋史学者、京都大学教授。長野県出身。
松本高校卒業。1922年京都帝国大学で東洋史学を専攻、内藤湖南・桑原隲蔵・羽田亨等に師事した。44年から65年まで同大教授。36年から2年間にわたってフランス留学、60年10月からの約2年間はパリ大学とハーバード大学の客員教授。戦時中に『東洋に於ける素朴主義の民族と文明主義の社会』を出版。また嘱託として文部省教学局の『大東亜史概説』編纂計画に参加し、その成果を47・48年に『アジア史概説』正編・続編として出した。内藤湖南の唐宋変革論を受け継ぎ、宋代及び隋唐時代から『水滸伝』『論語』に至るまで幅広く研究し、学界のみならず世間の高い評価も受けた。名著に『科挙』『九品官人法の研究』等がある。　　　　　　(陶　德民)

(参考文献) 宮崎市定『中国に学ぶ』(中公文庫、1986年)、同『自跋集　東洋史学七十年』(岩波書店、1996年)。

宮崎民蔵 みやざき たみぞう （慶応1.5.20（1865.6.13）
－1928.8.5）

土地復権運動家。号は巡耕。八郎は兄、滔天は弟。肥後（熊本県）出身。

現在の熊本県荒尾市の郷士・地主の家に生まれる。中江兆民に学び、自由民権論を吸収さらに、小作農民の貧窮等を解決する思想を形成した。ヘンリー・ジョージの思想を受容して1895年、郷里に土地問題研究会を結成、97年に渡米以降、欧米の社会改革運動家と交流、帰国して1902年、東京に「土地復権同志会」を組織し、05年に『土地均享　人類の大権』を刊行、趣旨普及のため、全国各地を旅行した。その趣旨は有償で地主の土地を買収するというものであったが、官憲から「社会主義者」として危険視され、「大逆事件」後運動は挫折した。

兄たちの死によって事実上の長男となったが、弟滔天の中国革命運動をも支援し、孫文らの中国革命派とも親交があった。復権運動挫折後、特に中国第3革命以降は、運動資金調達のために、国内や朝鮮・中国で鉄・金属・石炭・漁業・塩等の事業を企てたが、すべて失敗に終わった。一方で中国革命派への協力を持続し、第2革命失敗後の孫文・黄興の対立、孫文独裁色を強めた中華革命党結成に際しては、孫黄の融和を主張し、孫に大同団結するよう勧告文を提出した。第3革命後復活した中華民国国会の衆参両院議員に対し、16年、民国国民に土地均享の権利があることを憲法に明記するようとの請願文を提出した。滔天没後の24年、孫文最後の訪日時も政界との連絡役を務め、翌年、北京に孫文を見舞い、その死去を迎えた。27年には上海で『土地均享　人類の大権』を復刻した。同地で全身麻痺症となり帰国、8月5日、荒尾で没した。

（久保田文次）

（参考文献）　上村希美雄『宮崎兄弟伝』6冊（葦書房・『宮崎兄弟伝完結編』刊行委員会、1984－2004年）、牧原憲夫「宮崎民蔵の思想と行動」（『歴史学研究』426、75年）。

宮崎滔天 みやざき とうてん （明治3.12.3（1871.1.23）
－1922.12.6）

孫文等中国革命運動の支援者。本名は虎蔵（通称寅蔵）、浪曲師としては桃中軒牛右衛門。熊本県出身。

現在の熊本県荒尾市の郷士・地主の家に生まれ、兄八郎は自由民権運動家であったが、西南戦争に西郷軍に参加して戦死、一人の兄が土地復権運動家の民蔵。大江義塾・東京専門学校に学ぶ。次の兄島津弥蔵の中国を成功させて世界革命を実現する構想を継承し、朝鮮の金玉均を援助したこともある。タイへの移民事業、外務省の調査、新聞への寄稿、浪曲師（雲右衛門の弟子）等で生計を立てたが、固定的な職に就かず、「大陸浪人」の一典型と目される。1897年、横浜で孫文と初対面、孫に傾倒して、終生の支援者となった。98年には改革運動で失敗した康有為の日本亡命にも同行した。1900年孫文の恵州蜂起に参画、失敗後、それまでの行路を『三十三年の夢』として出版、評判となったが、同書は孫文の思想・運動等を紹介した最初の出版物の一つで、のちに関連部分は中国語に翻訳された。05年の中国同盟会結成の前後には、孫文・黄

興の会見を斡旋したり、萱野長知と共に、中国革命鼓吹のための雑誌『革命評論』を発行、同盟会の党員ともなった。妻の鎚子、妻の姉前田卓子（ツナ）も共に中国革命派や留学生の世話をよく見た。

11年に辛亥革命がいったん成功すると中国に渡り、孫文・黄興の革命政権を援助し、中華民国成立後は上海で雑誌『滬上評論』を発行、13年の第2革命時にも孫文を援助したが、その失敗後に帰国した。15年にはインド独立運動家ラス・ビハリ・ボースの救助にも協力した。16年の第3革命にも中国へ渡り支援したが、同年黄興が死去、翌年の湖南省長沙における葬儀に参列した。その際、毛沢東とも知り合っている。この前後には深酒のため健康が悪化しており、18年の中国旅行後、医師より禁酒を命ぜられた。以後は『上海日々新聞』等に「東京便り」等を発表、日本の対中国外交政策の批判、中国革命運動の理解と援助を主張すると共に、息子龍介の参加した「新人会」の活動や、「大正デモクラシー」の運動に共感を示した。さらに晩年は、同郷の友人堀才吉の創始した「大宇宙教」にも帰依した。21年、孫文の招きで盟友萱野長知と共に広州に孫文を訪問したのが、最後の中国行きとなった。腎臓病に尿毒症を併発療養中の1922年12月6日に死去した。

「大陸浪人」の中には、中国の混乱を利用して、日本の利権獲得を図る人物が多かった中で、革命の必然性と孫文の思想を良く理解して、私心なく中国革命を援助した滔天の事蹟は、現在の中国でも高く評価されている。

また、波乱万丈の生涯は、各々個性的な宮崎家の人物の群像ともあいまって、多くの文学・演劇・映画の題材ともなっている。故郷の荒尾には宮崎兄弟資料館がある。

（久保田文次）

（参考文献） 宮崎龍介・小野川秀美編『宮崎滔天全集』5冊（平凡社、1976年）、渡辺京二『評伝宮崎滔天』（大和書房、1976年）、上村希美雄『宮崎兄弟伝』6冊（葦書房・『宮崎兄弟伝完結編』刊行委員会、1984－2004年）。

宮崎正義 みやざきまさよし （1893.2.1 － 1954.7.17）
統制経済プランナー。石川県出身。

1911年石川県の官費留学生としてハルビン、モスクワに学び、14年には満鉄ロシア留学生に推薦され再度モスクワに留学、17年の2月革命を身近に見聞したのち、ペテルブルグ大学政治経済学部を卒業して満鉄運輸部に入社する。23年総務部調査課露西亜係主任となりロシア語文献の収集、翻訳、出版に当たる。30年石原莞爾関東軍参謀と出会い、31年に満州事変が勃発すると調査課を関東軍に協力させるべく誘導した。32年満鉄経済調査会の中心メンバーとなり、第1部主査として満蒙の経済建設計画を立案、『満州経済統制策』を作成する。日満経済ブロックにおける経済統制方策を研究立案するため33年に満州を離れ、満鉄経済調査会東京駐在員となる。35年、石原莞爾参謀本部作戦課長の依頼を受け日満財政経済研究会（通称「宮崎機関」）を設立、生産力拡充五ヵ年計画を立案して、「満州産業開発五ヵ年計画」に結実させる。宮崎の研究は日本の「国宝的存在」と石原に高く評価された。日中戦争が勃発すると38年に『東亜連

盟論』(改造社)を出版し、東亜連盟運動のイデオローグとして講演活動に従事し、41年日満財政経済研究会を解散すると、その後は上海に拠点を構え、43年支那派遣軍総司令部嘱託として対中経済政策をまとめた。46年帰国。　　　　　　　　　　(小林元裕)

(**参考文献**) 『現代史資料8　日中戦争1』(みすず書房、1964年)、伊藤武雄『満鉄に生きて』(勁草書房、1964年)、小林英夫『「日本株式会社」を創った男』(小学館、1995年)。

宮崎竜介　みやざき りゅうすけ　(1892.11.2 − 1971.1.23)

社会運動家・弁護士。熊本県荒尾の生まれ。孫文・黄興の盟友宮崎滔天の長男。第一高等学校を経て東京帝国大学法学部卒業。在学中から吉野作造の門下生として「新人会」で活躍、滔天が管理していた黄興の別邸を会の本部に提供した。吉野と李大釗等中国の知識人・学生との交流に尽力し、1919年・20年には訪中して李や孫文とも会見した。32年には蔣介石と近衛文麿との交渉準備に関与し、37年7月には近衛首相の依頼で事変解決のため蔣と会談するため南京に赴こうとしたが、神戸で憲兵に逮捕された。政治的には社会民衆党・全国大衆党・東方会等で活動、第2次大戦後は社会党に参加、のち離党。日中友好運動・護憲運動で活動。『宮崎滔天全集』を編集した。妻は歌人の柳原白蓮で、二人の結婚は世上の関心を集めた。著書に『日支交渉論』等がある。　　　　　　(久保田文次)

(**参考文献**)　井上桂子「宮崎滔天支持孫中山的中国革命運動的原因初探」(徐万民監修『孫中山研究論文集』北京図書出版社、2001年)、上村希美雄『宮崎兄弟伝　完結編』(『宮崎兄弟伝完結編』刊行委員会、2004年)。

宮島誠一郎　みやじま せいいちろう　(天保9.7.6(1838.8.25) − 1911.3.15)

米沢藩士、明治時代の政治家。号は栗香、養浩堂。米沢藩(山形県)出身。

10歳で藩校・興譲館に入り四書五経や史記・漢書等を習い、14歳の時、藩主上杉斉憲の前で史記を読んだという。30歳で同校の助教となり、通学生たちの指導に当たる。文久3(1863)年、藩主の上洛に随行し、約10ヶ月の滞在期間中、各藩の学者や識者と親交を結んでいる。戊辰戦争の際には、京都で長州出身の維新政府の重臣、広沢真臣と東北地方の和平について会談し、奥羽越列藩同盟の中にあって最後まで政府軍との戦争を回避するように主張した。明治3(1870)年政府に出仕、左院・修史館・参事院・宮内省等に奉職、1896年には貴族院議員に勅撰された。左院少議官時代に、薩摩出身の伊地知正治のもとにあって、「国憲を立つるの議」(「立国憲議」)を提出した。憲法制定の必要を説いた、日本の民主政治の先駆をなすものである。79年に東亜振興を目的に結成された「振亜会」(翌年「興亜会」と改称)の中心人物として活躍し、同会付属の「興亜学校」に、息子の詠士も学んでいる。興亜学校は82年に東京外語学校に吸収統合されたが、その精神はのちに中国留学から帰国した詠士の設立した「善隣書院」に引き継がれた。日本駐在の清国外交官黎庶昌等と密接な交流関係を持ち、多くの筆談記録を残している。特に黄遵憲の『日本国

志』編纂を援助するため、資料提供や人物紹介等に尽力した。宮島吉利・誠一郎・詠士3代の墓所は東京の青山墓地にあり、宮島家の菩提寺は米沢市内の信光寺である。早稲田大学と国立国会図書館が宮島誠一郎関係資料を多く所蔵している。　　　　　（陶　徳民）

（参考文献） 劉雨珍「黄遵憲と宮島誠一郎の交友に関する総合的考察」（山梨学院大学『社会科学研究』26、2001年）、由井正臣編『幕末維新期の情報活動と政治構想―宮島誠一郎研究―』（梓出版社、2004年）。企画展「宮島家三代―宮島詠士の書を中心に―」図録（米沢市上杉博物館、2005年）。

宮島大八 みやじまだいはち （慶応3.10.20（1867.11.15）-1943.7.9）

書道家。近代日本の中国語教育の先駆者。名は吉美、一名は彦、通称は大八、字は詠士、号は蕀斎、詠而帰廬主人、詠帰山人等。米沢（山形県）出身。

米沢藩士宮島誠一郎の次男として生まれ、明治4（1871）年に父母と共に上京し、少年時代に父親の関係によって清国駐日公使館や「興亜会」の興亜学校において中国語を学んだ。1882年東京外国語学校清語科に編入し、86年に同校の東京商業学校との合併に反発して退学。17歳の時に清国駐日公使黎庶昌が誠一郎に贈った張裕釗（張廉卿）の書幅を見て入門を決意し、87年4月に中国に渡り、しばらく北京に滞在したのちに保定の蓮池書院に赴いて張裕釗に師事し、以後武昌・西安へと追随した。94年2月に師が亡くなったのち、日清戦争の最中に帰国した。95年より98年ま

で東京帝国大学文学部講師の職にあり、97年に東京高等商業学校附属外国語学校に講師として招かれた。95年5月に平河町の自宅に私塾詠帰舎を開設し、同98年に拡大して善隣書院と改称し、亡くなるまでその院長を務めていた。

善隣書院は日中両国の有為の人材を養成するために創設された学校であり、中国語・漢学等の課程の他、武道場も設けられ、日本人の生徒以外に、のちに中国同盟会や国民党の中心的なメンバーとなる張継らの中国人留学生もいた。数度移転して今日まで続き、日本近代における歴史が最も長い民間中国語学校として、日本の中国語教育に大いに貢献した。教育者であると同時に、宮島大八は中国の様々な政治勢力とパイプを持ち、アジアの情勢や日中関係に関する独自の意見を有していた。辛亥革命後、日本に亡命してきた清朝の陝甘総督であった升允（しょういん）の生活を世話し、彼の死後その詩集『東海吟』を編集出版している。日本政府の対中国政策は南北勢力のどちらにも偏らず「南北不偏」であるべきだと主張し、また「日中不戦」を唱えていた。1917年に中国と関係を有する朝野の政治家・実業家等に呼びかけて中国問題を議論する一水会を結成し、毎月第1水曜日に華族会館で研究会を開催した。35年に東京で満州国皇帝溥儀に面会した際に師となることを請われるが固辞した。

書家として見なされることは好まなかったが、張裕釗直伝の北碑筆法に独自の工夫を加えた書は、日本近代書道史において独特な地位を占めるものである。著書は『官話篇』

(1900年)、『急就篇』(04年)、『支那官話字典』(17年)等多数にのぼるが、そのうち問答体の初学者向け中国語テキストである『急就篇』は170版以上も再版され、戦前において最も広く使用されていた中国語教科書である。墓所は東京青山墓地にある。　(陳　捷)

(参考文献)　松平康国「故善隣書院院長詠士宮島君碑銘」(宮島大八先生談話『詠而帰廬清話』1955年)、「敬弔・追悼故宮島大八先生」(『大亜細亜』11-7、1943年)、魚住和晃『宮島詠士　人と芸術』(二玄社、1990年)。

宮　柊二 みやしゅうじ　(1912.8.23-1986.12.11)

歌人。本名は肇。新潟県出身。

県立長岡中学校(現長岡高校)卒。1933年に北原白秋の門下となる。39年8月に召集を受けて入営、中国大陸の山西省寧武県東寨鎮東寨村へと渡る。以後43年に召集解除となるまで山西省各地を転戦。第3歌集(作歌順には第2歌集)『山西省』(49年)では、「魚が水面に喰啖ふやうにして記した感慨の断片の蒐積」(同、後記)として、主に40年1月から43年12月までの戦場で詠んだ短歌を収める。そこでは、「ひきよせて寄り添ふごとく刺ししかば声も立てなくくづをれて伏す」等、一兵士として直に触れた悲惨な戦場体験を詠み上げている。また戦後に詠んだ歌を収める『小紺珠』(48年)でも、未だ戦争が影を落としており、戦後の新生活における違和感に苦しむ様が表れている。以降も戦争の体験を軸に、生と死を見つめ、自己を見つめることで、人間の存在そのものを問う短歌を発表し続けた。　(伊藤里和)

(参考文献)　『完本宮柊二全歌集』(立風書房、1971年)、高野公彦『宮柊二』(本阿弥書店、2001年)。

宮原民平 みやはらみんぺい　(1884.9.13-1944.1.21)

中国文学・語学者。佐賀県出身。

小城郡東多久村大字別府に生まれ、東京の私立順天中学校を卒業後、1902年台湾協会学校(拓殖大学の前身)の給費生として入学。日露開戦により陸軍省より通訳を命じられ、04-05年在学のまま第8師団に属し満州へ出征。卒業後、06年台湾協会専門会学校講師となる。07-10年兵役に就き、さらに東洋協会専門学校(07年に台湾協会専門学校から改称)から中国文学語学研究のため11-12年清国留学。帰国後は東洋協会専門学校(18年拓殖大学—22年東洋協会大学—26年拓殖大学)の教授を長く務め、駒沢大学・大東文化学院・早稲田大学・法政大学・東京帝国大学文学部にも出講し、戯曲小説等の中国文学・中国語学・時文を講じ、多くの著作を著した。蔵書が拓殖大学宮原文庫として残る。　(町　泉寿郎)

(参考文献)　松尾圭造「宮原民平書誌―東洋協会関係雑誌における―」(『拓殖大学百年史研究』5、2000年)、篠原英敏「雄渾のこころ―宮原民平先生小伝―」上・下(『海外事情』31-10・11、1983年)。

宮本通治 みやもとみちはる　(1897-没年未詳)

満鉄調査部員。敗戦時の満鉄上海事務所長。

1922年東京帝国大学卒業後満鉄に入社。社長室調査課勤務後、23年には庶務部調査課情報係を経て、27年には満鉄北京公所に勤務し、

調査誌『北京満鉄月報』を編集する。29年上海事務所調査係、同上海事務所長心得、総務部調査課を経て、32年には総務部資料課長を歴任。この年欧米出張。帰国後36年には総裁室東亜課長、同産業部参事となる。38年には調査部次長となり、39年から始まる総合調査を指揮。39年調査部次長から40年には鉄道総局調査局長兼調査課長となり、41年には総裁室参与に就任。42年1月には上海事務所長に就任。　　　　　　　　　　（小林英夫）

(参考文献)　石堂清倫他『十五年戦争と満鉄調査部』（原書房、1986年）。

美代清彦 みよきよひこ （文久2.4.29(1862.5.27)－没年不詳）

農業研究家、教育者。鹿児島出身。

1887年7月東京農林学校（のちの東京帝国大学農科大学）を卒業、農商務省農務局に勤務する。94年兵庫県農事試験場に赴任、技師兼試験場長を兼務。翌95年滋賀県農業試験場に転出、技師兼試験場長を兼務する。1900年2月農商務省技師となる。これより早く、湖広総督張之洞の湖北教育改革構想の一環として、武昌において湖北農務学堂の開設準備が始まると、日本政府は農学者であり農業研究家を人選して同学堂に派遣する意向を示した。1899年4月、京都蚕糸講習所技師中西芳昌（蚕桑学担当）が赴任、翌1900年2月には美代清彦（農学担当）と長崎県技師吉田永二郎（農学担当）が、02年9月には農商務省林務官野尻貞一（林学担当）がそれぞれ赴任、同学堂の開設準備と運営に当たった。湖北省政府から農業指導者としての経験と手腕を高く評価されていた美代清彦は以後10年余にわたり、同学堂において農学関係科目の教授と農事の実験研究に尽力する一方、総督の命により湖北省西北部等の農業実態調査を敢行、その結果を『鄂省西北農業視察記』（02年）他にまとめて報告している。10年2月帰国、その後農商務省嘱託技師として、東南アジアの農業実態調査に従事した。その際の調査結果は『印度支那及蘭領東印度視察報告』（13年）にまとめられている。　　　（蔭山雅博）

(参考文献)　『試験研究のあゆみ』（兵庫県農業総合センター編、1987年）、『滋賀県農業試験場百年史』（滋賀県農業試験場編、1995年）、蘇雲峯『張之洞與湖北教育改革』（中央研究院近代史研究所、1976年）。

三好達治 みよしたつじ （1900.8.23－1964.4.5）

詩人。大阪府出身。

陸軍士官学校中退、東京帝国大学仏文科卒業。わが国近代詩人のうち最も人気のある作家で、格調高い抒情詩は教科書にも採用されている。太平洋戦争中には多くの愛国詩、戦争讃歌を書いている。漢詩・唐詩にふれた作品も多いが、吉川幸次郎との共著『新唐詩選』（岩波書店、1952年）があり、ベストセラーとなった。　　　　　　　　　　　（阿部　猛）

(参考文献)　『定本三好達治全集』（筑摩書房、1962年）。

む

武者小路実篤 むしゃのこうじさねあつ （1885.5.12－1976.4.9）

文学者、画家。東京出身。

大正期に人道主義の旗を掲げ旺盛な活動を行った武者小路は、中国知識人に少なからぬ影響を与えたと考えられる。反戦を唱えた『ある青年の夢』は魯迅によって中国語に翻訳され、長く読まれた。新しい村は周作人によって中国に紹介され、新村運動として中国思想界に波紋を起こしている。周作人とは1919年に周が日向の新しい村を訪問して以来交流を持ち続け、魯迅にはその死去の数ヶ月前、ヨーロッパ旅行途上上海で会い好感を覚えている。日中戦争が始まると武者小路は日本軍を積極的に支持し、大東亜共栄圏を賛美して『大東亜戦争私観』（河出書房、42年）を上梓した。43年には南京に赴き中日文化協会大会に出席した。日本は中国と仲良くしたいが中国が弱くて西洋の東漸を防げないから防禦的に中国と戦う、というのがその日中戦争観であったが、彼が日本軍の代弁者となったことはそれ以前の武者小路に共感を覚えてきた中国知識人を失望させたようである。

（池田勇太）

（参考文献） 于耀明『周作人と日本近代文学』（翰林書房、2001年）、『武者小路実篤全集』15（小学館、1990年）。

牟田口廉也 むたぐちれんや （1888.10.7 - 1966.8.2）

陸軍軍人。佐賀県出身。

1910年陸軍士官学校卒（22期）、17年陸軍大学校卒。参謀本部、陸軍省軍務局に勤務し、33年参謀本部庶務課長に就任。陸軍の派閥抗争では、いわゆる皇道派に属した。2・26事件で皇道派が凋落したのち、36年支那駐屯軍に転じ、同年5月支那駐屯軍が2.5倍に増強された時、北平（北京）に本部を置く同軍第1連隊の連隊長となる。増強された部隊の一部は北平近郊の豊台に駐屯していたが、柳条湖事件5周年の同年9月18日、この部隊と中国軍との間で小競り合いが生じた（第2次豊台事件）。中国軍側が豊台からの撤退、謝罪と責任者の処罰を受け入れて事件は収束したが、この時日本側が武装解除を強制しなかったのは、中国軍を恐れたからだとの噂が生まれた。これを聞いた牟田口は憤り、同種の事件が再発した場合は、仮借なく「膺懲」を加え、「侮日」観念を一掃すべしと部下に訓示したという。翌年7月7日夜、盧溝橋の近辺で夜間演習中の日本軍と中国軍が衝突した時、連隊長の牟田口は、これが中国側の計画的な行動ではないと判断しながら、慎重な河辺正三旅団長の意向に反して、強硬姿勢を取り、事件を拡大させてしまった。38年満州の第4軍参謀長となり、その後予科士官学校長に就任、太平洋戦争の緒戦段階には第18師団長としてマラヤ攻略、ビルマ攻略に功績を挙げるが、戦争末期には第15軍司令官として杜撰なインパール作戦を強引に実施し、惨憺たるに失敗に終わった。牟田口によれば、インパール作戦を強行したのは、盧溝橋事件の当事者として日中戦争ひいては太平洋戦争のきっかけを作ったので、戦争を終らせる役に立ちたかったからだという。ちなみに、この時の牟田口の上官（ビルマ方面軍司令官）は、盧溝橋事件の時の上官、河辺正三であった。

（戸部良一）

（参考文献） 秦郁彦『盧溝橋事件の研究』（東

京大学出版会、1996年）。

陸奥宗光 むつむねみつ （天保15.7.7 (1844.8.20) – 1897.8.24)

外交家、政治家。紀伊（和歌山県）出身。

幼名牛麿。父は和歌山藩の勘定奉行等を務めた伊達宗広。江戸に留学し、脱藩後に陸奥姓を名乗る。長州及び薩摩という二大藩閥の外枠にあった陸奥は、自己の才気煥発な才能だけを頼りに出世街道を登った。まず文久3 (1863) 年に同じく脱藩した兄の宗興に勝海舟を紹介され、勝が神戸で開いた私塾・海軍塾で学ぶ。同塾での彼の評判は利口過ぎて必ずしもよくなかったものの、海軍操練所の坂本龍馬にその才覚を見出され、彼の設立した「海援隊」に参加。大政奉還（1867年）後は、新政府の外国事務局御用掛に任命され、伊藤博文の知己を得る。その後、神奈川県知事、大蔵省租税頭、元老院議官等を歴任。しかし彼は、西南戦争（1877年）の最中に大江卓らの計画した政府転覆に関わった廉で、同戦争終結後の78年に逮捕され禁固5年の判決を受けた。そして山形と宮城で獄中生活を送ったが、83年に特赦により出獄し、翌年には外遊してロンドンへ赴きケンブリッジ大学で国際法や政治学を学んだ。ついでウィーンに移りシュタイン教授から国家学について受講したのち、85年に帰国の途につく。

翌86年10月に彼は、外務省在勤弁理公使に任命されて公職に復帰し、1年半後の88年5月には駐米公使に任ぜられた。首府ワシントンに赴任した彼は、最初の大仕事としてメキシコとの対等条約の締結に取り組む。メキシコのロメロ駐米公使と交渉の結果、領事裁判権の撤廃と引換えにメキシコ人の日本国内での内地雑居を認めるという日墨修好通商条約を同年11月に締結。次いで欧米諸国も、その最恵国約款に基づいて日本国内の内地雑居を認めるよう日本政府に要求するに至った。ここに、明治外交の一大事業たる条約改正への交渉が本格化。90年1月に帰国した彼は、同年5月に第1次山県有朋内閣の農商務大臣に就任。引き続き第1次松方正義内閣での留任を経て、92年8月には第2次伊藤内閣の発足で念願の外務大臣の任に就いた。以後、彼の条約改正へ向けた努力は、対外硬派からの強い抵抗と対決しながら、日清戦争の開戦直前の94年7月16日に締結された日英通商航海条約に結実する。それは、外国人に内地雑居を認める代わり領事裁判権の撤廃や外国人居留地の廃止を達成させるものであった。

その頃、朝鮮半島に東学党の乱（甲午農民戦争）が起こり、日清両国は、天津条約に基づき相互通告を行って朝鮮に出兵。この時の陸奥外相の方針は、日清両国が共同で朝鮮の内政改革を図ろうとしたのに対して、清国がそれを拒否した場合には日本が単独ででも朝鮮を改革するというものであった。その方針の実現のため日本が撤兵しなかったところへ、同年7月25日に豊島沖で日清両国の間で英国船・高陞号の撃沈事件が突発し、8月1日には両国間に宣戦布告が行われて日清戦争が正式に勃発。朝鮮を事実上保護国化しようとした日本は、近代化に遅れた清国軍に対する優勢な日本軍の勝利によって、翌95年4月17日に下関で伊藤と共に陸奥も全権委員として日

清講和条約に調印した。ところが、その調印直後に起きた、ロシアが首謀者となって仏独両国を擁した戦勝国日本への三国干渉に対し、さすがの同外相も、当時の日本の国力ではまだそれら先進３ヶ国と戦うことは不可能と判断し、閣議を経て同年５月４日に遼東半島の清国への返還を主とする三国干渉を受諾した。その翌６月に彼は、病気のため外相の任を西園寺公望文部大臣に一時務めさせ、翌96年５月に辞任する。その間、療養に努めながら陸奥は、日清戦争の開戦から三国干渉の受諾までの日本外交を回顧して記録した著名な著書『蹇蹇録(けんけんろく)』を書き残す。再び体調を回復できなかった彼は、97（明治30）年８月に死去。外務省の構内には彼の銅像が立つ。

（松村正義）

（参考文献） 萩原延寿『陸奥宗光』上下（朝日新聞社、1997年）、檜山幸夫『日清戦争―秘蔵写真が明かす真実―』（講談社、1997年）、伊藤之雄『立憲国家の確立と伊藤博文―内政と外交1889～1898―』（吉川弘文館、1999年）、斎藤聖二『日清戦争の軍事戦略』（芙蓉書房、2003年）、中塚明『「蹇蹇録」の世界』（みすず書房、1992年）。

武藤　章　むとうあきら（1882.12.15－1948.12.23）

陸軍軍人、陸軍中将。熊本県出身。

陸軍士官学校（25期）、陸軍大学校卒業。関東軍参謀等を経て、1937（昭和12）年３月参謀本部作戦課長となる。同年７月の盧溝橋事件勃発に際しては、田中新一陸軍省軍務局軍事課長と共に「拡大派」として武力一撃論を主張、「不拡大派」の石原莞爾参謀本部第１部長らと対立した。37年10月中支那方面軍参謀副長として、杭州湾上陸作戦、南京攻略戦、徐州作戦等に参画、翌38年７月には北支那方面軍参謀副長となり、天津租界封鎖問題等に対応した。39年９月陸軍省軍務局長となる。東条英機陸軍大臣（のち総理大臣）の信任が厚く、３年近くにわたり日中戦争打開のための桐工作、日独伊三国同盟の締結、日米交渉等太平洋戦争開戦前後の重要国策の決定に大きな影響を及ぼしたが、日中戦争への反省から対米開戦には慎重であった。近衛師団長（スマトラ）、近衛第２師団長（同）等を経て、44年10月第14方面軍参謀長となり、フィリピン防衛作戦を担任、ルソン島で終戦を迎えた。戦後、極東国際軍事裁判においてＡ級戦犯として絞首刑を宣告され、48年12月23日刑死した。

（庄司潤一郎）

（参考文献） 上法快男編『軍務局長武藤章回想録』（芙蓉書房、1981年）、澤地久枝『暗い暦』（エルム、1975年、文春文庫、1982年）。

武藤信義　むとうのぶよし（慶応4.7.15(1868.9.1)－1933.7.28）

陸軍軍人、関東軍司令官、元帥。肥前（佐賀県）出身。

杵島郡竜王村牛間田の船業を営む家の次男として生まれる。郁文小学校、同校代用教員、佐賀師範学校を経て東京の陸軍教導団に入学、さらに士官学校、陸軍大学校を優秀な成績で卒業する。ウラジオストック、ハルビン、オデッサ等でロシア情勢を視察、日露戦争では鴨緑江軍参謀として奉天会戦に参加した。以後主に参謀本部に勤務、シベリア出兵時はハ

ルビン等の特務機関で活動する。大正末には陸軍大将に昇進、非長州系の人格者として知られた。

武藤が中国と深く関わったのは2度にわたる関東軍司令官の時であった。1度目は1926（昭和1）年7月-27年8月で、この時に関東軍は非常に積極的な満蒙政策を打ち出しはじめ、武藤もまた山東出兵の最中に開催された東方会議に関東軍司令官として出席した。

2度目は32年7月からで、この時から関東軍司令官は満州国駐在特命全権大使と関東長官を兼務することになり、いわゆる「三位一体」の地位として彼は満州国建国に日本側の責任者として多くの事柄に関わることになる。9月15日に同国国務総理鄭孝胥との間で日満議定書を調印。この時より関東軍司令官と大使館を首都である新京（現長春）に移転させ、同国と日本との結びつきを強化した。また執政溥儀とも親交を結び、直接話し合うなど人的な面でも結びつきを強めていった。関東軍司令官としての軍事行動では、熱河作戦があげられる。武藤は政府の不拡大方針に従い収拾を図ろうとするが、関東軍が長城線を越えるなど事態は拡大した。最終的に熱河作戦は成功し、塘沽停戦協定の締結にまで至ることとなる。熱河作戦の最中である33年5月3日に元帥に就任するも、同年7月22日黄疸に罹って新京で倒れ、8月27日に同地で亡くなった。
（季武嘉也）

（参考文献） 樋口清徳『元帥武藤信義 激動の中に生きた純忠至誠の人』（樋口清徳刊、1986年）、村上兵衛『桜と剣 わが三代のグルメット』（光人社、1976年）、中山隆志『関東軍』（講談社、2000年）。

宗方小太郎 むなかたこたろう （元治1.7.5（1864.8.6）-1923.2.3）

チャイナウォッチャー、新聞社経営者。号北平。肥後宇土（熊本県）出身。

武士の出で、幼い頃は藩儒について漢籍を学び、17、8歳で佐々友房が創立した済々黌に入ると中国語を学んだ。1884年に清仏戦争が起こると、佐々に従ってその視察のために訪中し、そのまま上海に留まって当時上海に末広重恭らが開いていた東洋学館に入ったが、間もなく学館が閉鎖されると、一人で華北から東北にかけて9省を歩いて各地の実情調査をし、87年には再度北方を旅行して『北支那漫遊記』と題する大部の記録を残した。88年、陸軍将校荒尾精が「楽善堂」薬店主人の岸田吟香の支援を得、その支店を開くことを名目に中国内の地理や現況を調査しつつ中国の現状を改革する拠点づくりをめざした「漢口楽善堂」の活動に参加、そこに集まった20名ほどの有志がそれぞれの任務を負って各地に散る中、宗方は北京での支部づくりに従事した。しかし、荒尾は途中で日中貿易重視の方針に変えたため、漢口楽善堂の活動は一頓挫し、90年に帰国して、荒尾が日本各地から生徒を集めて上海で中国語と中国貿易の知識を教える日清貿易研究所を開くのに協力、その生徒監督の仕事についた。その間荒尾と「対清方策」をめぐって衝突し、中国で新聞を発行して中国世論を啓蒙したいと考えて、93年初めに研究所の職を辞し、帰国して新聞発行のための資金集めに奔走したが、不調に終わった。

同年夏海軍の嘱託になり、中国各地で情報を集めては、次々に報告書を海軍宛に送った。特に、94年夏の日清戦争勃発直前山東省威海衛に潜入して清国軍艦の動きを偵察して書いた報告は日本軍の方針決定に役立ち、帰国した際は広島の大本営で「破格を以て」明治天皇に拝謁して、一躍宗方の名が世に知られることになった。その後も95年12月の第1号から死の直前の1923年1月の第628号まで、彼の海軍宛の報告は大小の事件や人物を論じていて、その大部分を今でも読むことができるのは、中国近代の経緯、日中関係の裏表を知る上で貴重である。

その後、96年には海軍の資金で漢口の新聞『漢報』の買収に成功して、念願の新聞経営に乗り出し（経営は順調とはいえず、1901年に手放した）、同年中にはまた、中国の現状変革を考えている河南省に住む二人の有力者を訪ねて意見を交換し協力を誓って、かつて漢口楽善堂でめざした内容を実践に移したかのような行動を取り、97年以降も、中国の現状に満足していない人々、例えば康有為・梁啓超・汪康年・文廷式・鄭官応・孫文・唐才常・鄭孝胥らと会い、特に汪・文・孫・唐らとは繰返し会って議論している。こうした、のちには生き方が様々に分岐することになる大勢の中国人と交流しつつ、同文会、さらに東亜同文会の活動で積極的な役割を演じており、1914年からは外務省の依頼を受けて上海に東方通信社を設立して、情報収集と共に日本の政策の宣伝に努めた。　　　（大里浩秋）

（**参考文献**）『宗方小太郎文書』正・続（原書房・明治百年史叢書、1974・76年）、馮正宝『評伝宗方小太郎』（熊本出版文化会館、1997年）。

棟田　博　むねだ　ひろし　（1909.11.5 - 1988.4.30）

軍隊・戦争を題材とした小説を多数発表した作家。岡山県出身。

早稲田大学国文科中退。1937年に応召、歩兵第10連隊に上等兵・分隊長として従軍、山東省における作戦に参加、台児荘の先頭で負傷、伍長で除隊した。1939年、師事していた長谷川伸の勧めで小説「分隊長の手記」を発表、ついで「続分隊長の手記」で有名となり、「台児荘」で野間文芸奨励賞を得た。火野葦平は芥川賞受賞作家が兵士になったのに対し、棟田は兵士経験の後、作家となった訳である。その後も兵士たちの哀歓をユーモアを交えて描写した作品を多数発表。1941年以降陸軍の命令でビルマ等東南アジアで従軍報道に従事した。第二次大戦後も『拝啓天皇陛下様』、『サイパンからの列車』ほか軍隊の「よもやま話」的な作品を多数発表した。

（久保田文次）

（**参考文献**）『棟田博兵隊小説文庫』（全9巻別巻5、光人社、1977-1978年）、棟田他鼎談「麦と兵隊；徐州作戦のかげに」（東京12チャンネル報道部編『証言；私の昭和史2』学芸書林、1969年）、都築久義「棟田博論」（『国文学年次別論文集近代』1982年）。

村井倉松　むらい　くらまつ　（1888.1 - 1952.10.23）

外交官。青森県百石村（おいらせ町）生まれ。1911年東京高等商業学校専攻部（現一橋大）卒業、14年外交官試験合格、外務省通商局第1課長・カルカッタ総領事を経て30年10

月、上海在勤となる。満州事変後、32年1月、日蓮宗僧侶が中国人に襲撃された事件（実は田中隆吉の陰謀）で上海市長呉鉄城に厳重抗議、中国側の反日運動が激化し、第一次上海事変に発展した。事件の処理に苦慮したが、3月29日、天長節祝賀会場で朝鮮人尹奉吉に狙撃され重傷を負った。白川義則は死去・重光葵は重傷。同年、シドニーに移り、37年、シャム公使、40年退官。第二次大戦後八戸市長在職中病死。

（久保田文次）

村岡長太郎 むらおかちょうたろう （明治4.11.1 (1871.12.12) － 1930.8.19)

陸軍中将。佐賀県出身。

陸軍士官学校（5期）、陸軍大学校（16期、優等卒）を卒業して1903年に参謀本部出仕となる。04年に韓国に出張し、その後第1軍（司令官黒木為楨）参謀として日露戦争に臨んだ。のち第2師団（師団長西寛二郎）参謀に転じる。戦後は陸軍大学校教官に任じられ、11年から参謀本部第2部員となって第2部長宇都宮太郎の指示で森岡守成に替わりトルコに差遣される。第1次バルカン戦争の従軍武官を務め、13年に帰国した。第29連隊長ののちに15年教育総監部課長となった。歩兵学校長、第4師団長を経て27年8月に関東軍司令官に就任する。翌年6月4日未明に張作霖爆殺事件が起こる。幕下の河本大作大佐が実行したものだが、方法はともかくその行為に賛同していたとされ、責任を問われて予備役に編入された。

（斎藤聖二）

(参考文献)『東亜先覚志士記伝』下。

村上格一 むらかみかくいち （文久2.11.1 (1862.12.21) － 1927.11.15)

海軍軍人。佐賀出身。

医学校予科を卒業後、攻玉社を経て兵学校11期に進んだ。日清戦争後、フランスに留学、駐在武官も含めて3年間同国で過ごした。伝書鳩に関心を示し、飼育法・訓練法を学び、帰国後、横須賀鎮守府～東京の海軍省間で実験を行った。1908年に艦政本部第1部長に就任、戦艦の主砲の口径を世界に先駆けて12インチから14インチに引き上げるなど、大正時代の兵器開発の中心人物として指揮をとった。15年12月、第3艦隊が新設され初代司令長官に任命されたが、彼にとって唯一の現場指揮官になった。常設の第1・2艦隊と異なり、第3艦隊は必要に応じて設置される特設艦隊で、何度も解隊・設置を繰り返してきた。村上が司令長官になった第3艦隊は3代目で、南方に進出した第2艦隊の代わりとして主に朝鮮半島、東シナ海方面で哨戒任務についた。村上の長官時代は、列強の海軍がヨーロッパに移動したあとで、きわめて平穏な時期であった。

（田中宏己）

村上知行 むらかみともゆき （1899.2.11－1976.3.23）

新聞記者・中国研究者。福岡県出身。

17歳頃に『九州日報』記者となり、その後旅回りの新派劇団の座付き作者等転々と職を変える。1920年代に上海に渡航、一時帰国後、再度中国に渡り、27年からは北京に居を定め、『読売新聞』記者として活動した。中国人女性と結婚し、中国の歴史・文化・社会・政治等幅広い分野に精通、北京在住の日本人とし

て最も信頼される「中国通」という評価を得た。日中戦争の従軍作家尾崎士郎をはじめ多くの日本人が村上を訪問し、中国について教えを受けた。『読売新聞』や雑誌『新支那』に論考を発表したほか、中国に関する多くの著書を刊行した。最も早い時期の35年刊『九・一八前後』(福田書房)には、満州事変の起きた31年9月18日の夜、梅蘭芳(メイランファン)一座の京劇を鑑賞する張学良が、部下の耳打ちにより慌しく退席する姿が描き出されている。このように1930－40年代中国(北京)にあって緊迫する日中関係の生々しい現場に立会い、その状況を報道し、記録した。村上自身は、「中国民衆の中でこそ、始めて自由に呼吸することが出来た」(評論「満州事変の背後に立つ」)というように、中国の民衆に対して深い愛情を抱き、また中国を尊重する念が強かった。著書や論文のタイトルには「支那」と表記されているが、本文では「中国」が多く使われていることにもそれが表れている。

　日中戦争終結の翌46年に帰国するが、その間の事情は『北平より東京へ』(桜井書店、47年)で書いた。53年刊『新中国』(桜井書店)は、わずかな情報によって中華人民共和国建国後の状況を紹介しているが、ほぼ中国当局の主張を受け入れた論調となっている。その後は政治的な発言は少なくなり、四大奇書(『三国志』『水滸伝』『西遊記』『金瓶梅』)をはじめ『聊斎志異』等多くの文学書の翻訳を行った。　　　　　　　　　　(伊藤一彦)

　(参考文献)　石碕等「村上知行の〈北京〉」(『立教大学日本文学』94、2005年)。

村田省蔵 むらたしょうぞう (1878.9.6 － 1957.3.15)

　実業家、政治家。別名省三。東京出身。

　豊多摩郡渋谷村に村田正蔵の長男として誕生。1892年高等小学校を卒業し東京府尋常中学校に入学。96年高等商業学校(現一橋大学)に入学。当初は外交官を志望していたが、1900年7月大阪商船に入社し、神戸支店に配属となる。01年10月支店設立のため上海に渡り、翌02年に支店を開いた。中国における村田の役割は、長江航路の拡充に伴う各地の実地調査であった。日本の海運業が中国へ進出したのは日清戦争後のことであり、「下関条約」及び「日清通商航海条約」により、重慶まで航行権が延長された。04年、村田は上海から漢口に転勤となり、物資の集散地市場である重慶に滞在し実地踏査を試み、その結果を「峡江の水運」(05年4月)にまとめた。10年にアメリカ在勤となり、14(大正3)年に台湾課長、20年に専務取締役に就任した。29(昭和4)年に副社長に昇進し、ニューヨーク急行線の就航や、日本郵船との提携により業務を拡大していった。村田は、各務謙吉郵船社長と協議し30年4月に「郵商協調」を締結した。その内容は、航路調整、施設の共同利用、貨客の共同引受であった。34年5月に、村田は堀敬次郎に代り社長に就任し、35－36年に松方幸次郎(川崎造船所)・金子直吉(鈴木商店)が投資した国際汽船の買収を手がけた。40年7月に第2・3次近衛文麿内閣に逓信相兼鉄道相として入閣し、配電統合や海運統合に着手した。免官後は、42年1月に比島派遣軍の軍政最高顧問に就任し、翌年10

月には駐比特命全権公使に親任された。45年9月、戦犯容疑者として巣鴨プリズンに収監されたが、47年8月に釈放された。51年8月に公職追放が解除となり、外務省顧問に就任した。この他フィリピン・中国との民間外交に尽力し、57年3月に死去すると勲一等が追贈された。　　　　　　　（白田拓郎）

（参考文献）『村田省蔵追想録』（大阪商船、1959年）、福島慎太郎編『比島日記』（原書房、1969年）、半澤健市『財界人の戦争認識　村田省蔵の大東亜戦争』（神奈川大学21世紀COEプログラム「人類文化研究のための非文字資料の体系化」研究推進会議、2007年）。

村田忠三郎　むらたちゅうざぶろう　（明治5.6.25（1872.7.20）－1946.1.8）

大陸浪人、清朝の日本人教習。山梨県出身。

養蚕農家保科家の3男に生まれる。1893（明治26）年7月、農商務省農務局西ヶ原仮試験場蚕事部で近代的蚕法を学び、蚕業伝習生として修得証を得る。帰郷し、村田家養子となる。95年頃、山形県飽海郡松嶺の蚕業学校に赴任し、のち校長となる。教育だけでなく、当時の重要輸出産品と蚕糸業の関係等にも関心を払っていた。98年農商務省嘱託として大陸に渡り、浙江省杭州に中国初の近代的蚕業教育機関として設立された蚕学館で活動した。蚕学館は学生定員30名、修業年限3年で、蚕種の検査や蚕紙製造を目的としており、その近代的技術は多くの関心と期待を集めていた。村田は、勤務する3人の日本人の一人だった。蚕学館在勤がどのくらいの期間に及んだのか詳細は詳らかでないが、1900年8月から9月にかけて、孫文・内田良平・平山周・安永東之助らと共に上海へ渡航している。この行動は、李鴻章等との提携によって中国南部の分離独立をめざした両広独立計画のもとで、さらに長江流域での蜂起計画実行の可能性を探ろうとする孫文の企図に端を発したものだった。ただし、内田らは別の意図を内包しており、意思不統一のまま、結局、孫文や内田そして村田も、なすところなく帰国した。村田はこの後も上海や福州に渡航し、また、辮髪姿で山梨県塩山に帰郷し、郷里の人々を驚かせたりしている。1904年日露戦争が起こると、第2軍の通訳官として従軍。この間、横浜を本拠にして、日本と清との貿易にも関係していたようだ。日露戦争後の村田と中国との関係は、純粋に貿易上の関係のみであったらしく、孫文や内田らとの交流、革命運動や対中国関係団体との関係も報告されていない。大正末年以降、東京において政友会系の地方議員として活動し、また、政友会の政務調査会等にも参加している。

（松本武彦）

（参考文献）『対支回顧録』下、松本武彦「中国ブルジョア革命運動と一甲州人―旧東山梨郡七里村出身村田忠三郎の場合―」（『甲斐路』64、1988年）。

村松梢風　むらまつしょうふう　（1889.9.21－1961.2.13）

作家。本名義一。静岡県出身。

父は養老軒旭水と号した趣味人だった。静岡中学を経て慶応義塾大学文学部入学。中退後、静岡に戻り教鞭を執るも、再度慶応義塾

大学文学部に入学し、再び中退。1917年滝田樗陰に認められ『中央公論』に「琴姫物語」を発表、同誌「説苑」欄常連執筆者となり、吉原の名花魁の身の上話を聞き書きした長編読物「浅妻双紙」は「新聞広告では吉野作造のデモクラシー理論と並んで二つの柱」(「私の履歴書」)となるほど評判となったという。

23年3月初めて上海に渡航して2ヶ月滞在し、その後も繰り返し上海を訪問するうちに、田漢ら中国文化人と知り合っている。世界各国の人種が混然と雑居する巨大なるコスモポリタンクラブという深い印象を得て、翌年印象記『魔都』を刊行、さらに27年に私小説的長篇『上海』を刊行した。

『上海』の語り手である「私」すなわち「村松」は23年春に初めて上海に行き、「支那の青年紳士」で大阪で2年暮らしたことがあると「上手な日本語で如才なく」話しかけてくる朱福昌と知り合い、彼の案内で享楽的暮らしを送るうちに、若い役者の緑牡丹と知り合い、東京の帝国劇場での公演の世話を焼くことになる。しかし25年春に公演契約のため再び上海に渡った「私」は内金の日本円1万2500円を朱福昌に詐欺横領されてしまい……。

「壁も床も汚れきつて……室は可成り広くてバスルームも附いて……白い幕の掛かつた大きな支那寝床……部屋代は一日四弗」という「支那旅館」の一品香から料理屋、芸者屋、娼家、競馬場、大世界、ダンスホール、詩謎倶楽部、ロシア人カフェ、そして朱福昌の本宅から愛人宅まで、「私」は好奇心に駆られてあらゆる場所に出かけていく。こうして上海人の子供のしつけや夫婦喧嘩等の日常生活、上海租界の複雑な警察事情までが次々と語られていくのである。緑牡丹は実在の俳優で、25年7月に1ヶ月帝国劇場に出演している。

また競馬狂いの上海特派員や、「私」の昔の恋人で「美しき漂泊者」という小説の主人公「赤城陽子」ら上海の日本人たちの生態も詳しく描かれ、また5・30事件で揺れ動く革命の街上海の様子も活写されている。『上海』は聞き書きの名人が、上海の中国・日本・ロシア等様々な人々から聞いた話を元に、彼らのアイデンティティを揺さぶる街上海を活写した小説と言えよう。中国物には他に川島芳子を主人公とする小説『男装の麗人』(中央公論社、33年)等がある。

村松梢風の4男・村松暎はのちに慶大教授の中国文学者となり、若くして上海で客死した村松友吾の息子で梢風の養子となった村松友視は、現在も作家として活躍している。

(藤井省三)

(参考文献) 和田博文・大橋毅彦他『言語都市・上海 1840-1945』(藤原書店、1999年)、村松梢風他『私の履歴書』第3集(日本経済新聞社、1957年)。

村松祐次 むらまつゆうじ (1911.1.16-1974.3.6)

中国社会経済史研究者。一橋大学名誉教授。東京出身。

1933年東京商科大学を卒業。同年12月から翌年12月まで近衛歩兵連隊に入隊した。34年12月東京商科大学補手、35年7月同大学助手に任ぜられる。36年3月陸軍主計少尉に任ぜられ、中国大陸に応召された。召集は39年8月に解除され、同年12月東京商科大学助教授

に就任した。50年東京商科大学教授に昇任し、51年には一橋大学経済学部教授となる。55年2月から4月まで中国経済研究のため香港に出張、57年7月から60年1月まで中国研究のため欧米・台湾に出張した。62年と65年にも欧米・香港・台湾・中東・南アジア・東南アジア等の諸国・地域に出張している。67年3月には第1次訪中友好参観団の一員として中華人民共和国を訪問した。49年に『中国社会の経済態制』を、70年には『近代江南の租桟―中国地主制度の研究―』を出版。また66年以来3回にわたって『私の中国観』という著書も出版している。　　　　　　　（小島淑男）

（参考文献）　「故村松祐次教授経歴年譜・著作目録」（『一橋論叢』72－1、1974年）。

め

明治天皇　めいじてんのう　（嘉永5.9.22(1852.11.3)－1912.7.30)

天皇。京都生まれ。

父は孝明天皇、生母は典侍の中山慶子。京都で生まれ、祐宮睦仁と称した。幼少時は軟弱な性格で、元治1（1864）年の禁門の変では恐怖のあまり失神したと伝えられる。攘夷派の孝明天皇が亡くなると、慶応3（1867）年1月9日に数え16歳で践祚。翌年、戊辰戦争のさなか、京都で五ヵ条の誓文を発布。江戸を東京と改称し、9月8日に明治と改元した。天皇は京都から東京へ発ち、大井川を渡橋して、箱根を越えた。東京に居を構えた天皇は、維新後の諸改革の中心となる。天皇は乗馬を好み、大元帥服を着て、陸海軍の親閲等を熱心に行う武人的で西洋的な近代君主へと変貌していった。

1873年の朝鮮開国問題をめぐる西郷隆盛の征韓論に対して、岩倉具視・大久保利通らの時期尚早論を支持。天皇は使節の西郷が殺害された場合、朝鮮に出兵し、さらに日清戦争へと発展することを恐れていたという。翌年、台湾に漂着した琉球人が先住民族の襲撃を受けたことを理由に明治政府の最初の対外進攻である台湾出兵が起こり、一時は清国との開戦の危機が生じたが、日清間で交渉が妥結した。75年には日本軍艦が鎖国政策をとる朝鮮漢江河口の江華島付近に侵入したため発砲され（江華島事件）、日本は報復占領して日朝修好条規を結び、釜山・元山・仁川を開港させた。この間、天皇は左大臣島津久光との齟齬や皇子女の相次ぐ早世等の精神的抑圧が重なり、酒量が増える。乗馬のあとに数本のワインを飲み、馬で帰れないほどに泥酔したこともあった。77年に西南戦争が勃発すると、天皇は西郷への畏怖と思慕もあってか、鬱で政務をとらなくなった。

1881年にハワイのカラカワ王が来日、東洋諸国の大同団結構想を提唱されるが、「清国の如きは大国にして且傲慢不遜の風あり」（『明治天皇紀』）として辞退した。85年に内閣制度を設け、89年に大日本帝国憲法を発布するなど、近代的な立憲君主国としての体裁を整えた。94年、朝鮮での甲午農民戦争の拡大から出兵は裁可するが、清国との開戦には消極的であった。やむをえず開戦の上奏を認可したが、列強の干渉、軍事・外交・財政の不調和を懸念しており、陸海軍と文武官の協調を諭した。日清戦争中、大本営は広島に移さ

れ、天皇は質素で規則正しい生活を続けた。日清戦争後、朝鮮国公使の三浦梧楼らが閔妃（明成皇后）を殺害すると、天皇は朝鮮国特派大使に遺憾の意を表し、首謀者の三浦を免職して華族礼遇を剥奪した。列強や朝鮮国との軋轢を避けたのである。1904年の対露開戦に当たっても、天皇は列強との協調や軍部と官僚との調和等を配慮して宣戦には慎重であった。乃木希典の旅順攻撃では「アー人を殺しては、どもならぬ」と側近に語っている。世界の強国ロシアに勝利することで、天皇の権威と名声は高まるが、かえって日露戦争前からの多忙や運動不足、心労などで体調を崩し、糖尿病が悪化して死去。　（小田部雄次）

（参考文献） 宮内庁『明治天皇紀』全12巻（吉川弘文館、1968−75年）、『「明治天皇紀」談話記録集成』全9巻（ゆまに書房、2003年）、伊藤之雄『明治天皇』（ミネルヴァ書房、2006年）。

も

本野一郎 もとのいちろう　（文久2.2.22(1862.3.22)−1918.9.17）

外交官。佐賀出身。

佐賀藩の蘭学者・本野盛亨の長子として出生。1882年に商用で渡欧しフランスのリヨン法科大学に学び、帰国して90年7月に外務省翻訳官となる。93年5月に法学博士の学位を受け、翌6月には外務省参事官となった。間もなく日清戦争勃発直後の94年9月に捕獲審検所評定官、同戦争終結直後の95年5月には政務局長心得、その半年後の12月には法制局参事官を兼任し、翌96年9月に帝政ロシア駐在の公使館1等書記官として赴任。2年後の98年10月に駐ベルギー公使、1901年12月には駐フランス公使となり、日露戦争期の露仏同盟を背景とした対仏交渉に尽力し、同戦後の06年1月に駐ロシア公使となった。その在任中、「昨日の敵を今日の友」にした彼の活躍は目覚ましく、4回にわたる日露協約の締結責任者として両国関係の改善に尽力。その後、第1次世界大戦中の16年11月に成立した寺内正毅内閣に外務大臣として入閣し、前内閣（大隈）時に対華21ヶ条要求で悪化した日中関係を、袁世凱大総統の亡きあとの段祺瑞軍閥政権への借款供与によって軌道修正しようと努力する。しかし意の如く進まず、かてて加えて17年10月に発生したロシア革命によりシベリア出兵問題が起こるや、かつての帝政ロシアへの親近感もあってか、革命後のソビエト政権に反対して積極的な出兵論を主張しながら、同大戦が終結する直前に病没。

（松村正義）

（参考文献） 外務大臣官房人事課編『外務省年鑑』（1918年）、外務省外交史料館編『日本外交史辞典』（山川出版社、1992年）、大村立三『日本の外交家300人の人脈―陸奥宗光から大平正芳まで―』（読売新聞社、1974年）、本野盛幸「外交官・本野一郎の門出」（『外交フォーラム』1994年4月）。

籾山衣洲 もみやまいしゅう　（安政2.10.8(1855.11.17)−1919.5.7）

漢詩人。名は逸也。字は季才、号は衣洲、別号は氷壺軒主人・衣洲楂客等。布土（愛知県）出身。

1887年から89年にかけて、清国の外交・通

もりありのり

商の任にあった傅雲龍が来日した時には、彼が日本の歴史・政治・碑文等の資料を編纂した『游歴日本図経』の校正、資料の収集等に力を尽くした。98年、『台湾日日新報』の漢文欄主筆となり、台湾総督の児玉源太郎と深い交際を持つ。1905年天津に渡り、翌年より保定陸軍学堂で日本語教師を務めた。帰国後は崇文会を興し、中国の骨董美術の紹介を行った。漢詩人としては、作詩を神波即山・森春濤らに学んだ。著作に児玉が台湾に作った別荘、南菜園にて唱和された漢詩を集めた『南菜園唱和集』、在天津時の漢詩を集めた『燕雲集』、中国の骨董美術について書いた『支那骨董叢説』等がある。　（日野俊彦）

（**参考文献**）　西村天囚「籾山季才墓表」（同『碩園先生遺集』1936年）、『明治漢詩文集』（明治文学全集62、筑摩書房、1983年）。

森　有礼　もりありのり　（弘化4.7.13(1847.8.23)－1889.2.12）

政治家、外交官。鹿児島出身。

慶応1（1865）年、薩摩藩が徳川幕府の法にそむいて英国に派遣した15名の留学生に加わって渡英。一行中に生涯の友鮫島尚信のほか吉田清成・畠山義成らがいた。ロンドン大学に入学し、夏休みにロシアを見学する。下院議員ローレンスの手引きでトーマス・ハリスを知ってその教えに傾倒し、彼に従って67年夏渡米、彼の主催するユートピアン・コロニーに入り、1年近く求道と労働三昧の生活を送る。日本の王政復古を知るとハリスは森と鮫島に帰国を勧めた。慶応4（1868）年6月に帰国した森は、新日本建設のための政治・外交・軍事・教育各分野の指導者として嘱望された。公議所が開設され、「議長同様」の命を受けて活躍したが、廃刀令の提案で失脚（明治2年6月）し故郷に帰る。明治3年11月少弁務使に任ぜられ初代の米国公使となる。1875年9月20日に江華島事件が起こり、森はその直後の11月10日、清国特命全権公使発令と共に外務大輔に任命された。森は出発に先立ち、対清交渉方針につき三条太政大臣、岩倉右大臣、木戸、大久保両参議らに意見を述べ、朝鮮に対しては万国に恥じず後世にも批判されないよう公平な措置をとる必要があり、事を起すに反対である旨を主張している。76年1月6日以降の清国外交筋との交渉では清国側が要領を得ない応答に終始したので、森は大学士李鴻章と1月24・25の両日会談した。李は日本の態度を前年の台湾事件を引合に出して批判したが、森は日本は台湾を放棄している旨を強調し応酬した。なお1月20日寺島外務卿宛上伸で、朝鮮で事破れるに決せば清国をして中立を守らしめる必要があり、天津・芝罘・牛荘の3ヶ所に領事館を置くことを進言し、これは翌々年までに実施された。結局江華島問題は76年2月26日に日朝修好条規調印となり、森の案じた事態は一応回避された。

森はその後英国公使となる（79年11月）が、85年12月伊藤内閣の初代文部大臣となり、教育制度の全面的改革に着手する。87年2月11日憲法発布の日、国粋主義者西野文太郎に刺され翌12日没した。　（吉村道男）

（**参考文献**）　大久保利謙「森有礼」（『大久保利謙著作集8　明治維新の人物像』吉川弘文館、

1989年)、大塚孝明『森有礼』(吉川弘文館、1986年)、安岡昭男「外交家としての森有礼」(『明治前期大陸政策史の研究』法政大学出版局、1998年)。

森　鷗外　もりおうがい（文久2.1.19(1862.2.17)－1922.7.9）

陸軍軍医、文学者。名は林太郎・高湛、別号は観潮楼・千朶山房等。津和野（島根県）出身。

津和野藩医の家に生まれ、父静男に従って明治5(1872)年に東京に出て、13歳で東京医学校予科に入学し、1881年、20歳で、改組された東京大学医学部の本科を卒業し、陸軍軍医となった。23歳でドイツ留学を命じられ、ライプチヒ・ドレスデン・ミュンヘン・ベルリンで軍陣衛生学を調査し、27歳で帰国。この間、「日本兵食論」を著し、海軍兵食のパン・麦飯を主食とする洋食への改良に対して、白米の日本食を主張。のち軍医総監・医務局長時代の1908年に臨時脚気病調査会の会長として脚気研究の基盤整備をしたとも言われるが、日清・日露戦時には上司石黒忠悳と共に米食を支持して、陸軍に多くの病死者を出した責任を問う声も多い。日清戦争では、第2軍兵站軍医部長として出征し大連・旅順等にあり、講和後、台湾に移り台湾総督府陸軍局軍医部長となった。この間、「徂征日記」（鷗外全集35巻）を遺している。日露戦争では、奥保鞏大将率いる第2軍の軍医部長として出征し、遼陽・奉天・旅順等にあり、戦地から主に妻子に宛てた数多くの書簡が遺る（鷗外全集36巻）。07年、従軍中に作った新体詩を『うた日記』として刊行した。　（町　泉寿郎）

（参考文献）　『鷗外全集』全38巻（岩波書店、1971年)、山下政三『鷗外森林太郎と脚気紛争』(日本評論社、2008年)、森富『日清戦争と軍医森鴎外―『明治二十七八年役陣中日誌』を中心として―』(鷗出版、2008年)。

森　於菟　もりおと（1890.9.13－1967.12.21）

解剖学者。東京出身。

森林太郎（鷗外）とその初婚の妻赤松登志子（海軍中将赤松則良の長女）の長男として東京に生まれた。解剖学者小金井良精は伯父に当たる。独逸学協会学校中等部、第一高等学校を経て、東京帝国大学医科大学に進学し、1914年に卒業。さらに理学部動物学科に入り19年に卒業。大澤岳太郎教授の解剖学教室の助手となり、助教授に進み、21年より2年半あまりドイツ・フランス・アメリカに留学し、主にベルリン大学で解剖学を学んだ。帰国後、助教授として解剖学第3講座を担当し、25年に医学博士。36年に台北帝国大学に医学部が新設された時、教授となり解剖学第1講座を担当。同第2講座教授の金関丈夫と共に台湾における解剖学・人類学の定着に尽くした。39年より2度にわたって学部長を務め、40年には台北帝大医学部で開かれた解剖学教室主催による第48回日本解剖学会総会で会頭を務めた。学部長任期中に敗戦を迎え、医学部引き渡しの任を終えて47年に帰国した。随筆家としても知られた。　（町　泉寿郎）

（参考文献）　森於菟『解剖台に憑りて』（森北書店、1942年)、『日本人名大事典』(平凡社、1979年)、『台湾人士鑑』(台湾新民報社、1937年)、

もりかいなん

洽鴻潜「台湾解剖学史」(『日本医史学雑誌』46－3、2000年)。

森　槐南　もりかいなん　(文久3.11.16(1863.12.26)－1911.3.7)

漢詩人。名古屋生まれ。

幕末明治の漢詩人である森春濤の末子。名は公泰、通称は泰二郎、字は大来、号は槐南、また掃雪山童、台南小賓、台南小史、秋波禅侶、菊如澹人、説詩軒詩人等多くの別号をもつ。少年時代に尾張藩の藩校で中国人教師の金邠(字は嘉穂)に漢詩文を学び、1874(明治7)年に春濤と共に上京。父親の意志で外国語学校に入学して英学を勉強していたが、中国文学の勉強や漢詩文の創作に熱中して中退し、鷲津毅堂・三島中洲らに漢学を学んだ。81年に太政官修史局掌記となり、のちに枢密院属、帝室制度取調局秘書、図書寮編修官、宮内大臣秘書官、式部官等を歴任した。90年より東京専門学校(現早稲田大学)の講師を務め、99年に東京帝国大学文科大学講師として招請され、1911年に文学博士となる。文学の才華と官吏の才能とを兼備し、三条実美や伊藤博文等の政治家の知遇と支持を受けていた。98年に官職を辞任して伊藤博文の韓国・中国遊歴に同行し、天津・北京・上海・武漢等を訪れ、栄禄・袁世凱・張之洞等に会っている。09年にも伊藤博文と共に大連・旅順・撫順・長春を訪れたが、ハルビン駅での安重根(アンジュングン)による伊藤銃撃の際に負傷し、その傷がもとで11年に死亡した。

若い時から父春濤主催の茉莉吟社に参加し、その機関誌である『新文詩』、『新新文詩』等の漢詩雑誌の編集、評論に携わった他、1890年9月に星社、1904年に随鷗吟社等の漢詩吟社を創立し、1899年には雑誌『新詩綜』を創刊。詩社の会合や雑誌・新聞の漢詩欄で多数の作品を発表すると同時に、漢詩文の添削・評点等の創作の指導も行い、明治中期以後における東京の漢詩壇の中心的な人物であった。溢れるほどの才華を有し、中国の詩・詞・文・小説・戯曲等に関する豊富な知識と深い理解があり、さらに、詩文のみならず、それまでの日本人にとって難しかった詞及び戯曲の創作も試み、16歳の時に戯曲『補春天伝奇』を発表し、当時の文壇を驚かせている。詩は父春濤の影響を受け、清朝の呉梅村・王漁洋等の性霊派を推す一方で、陳碧城・郭頻伽等の艶体の風格もあり、極めて華美麗艶である。『唐詩選評釈』(会文堂書店、1918年)、『杜詩講義』(上中下、文会堂書店、12年、のち平凡社・東洋文庫に所収、全4巻、93年)、『李詩講義』(文会堂書店、13年)、『韓詩講義』(上下、文会堂書店、15-16年)等の杜甫・韓愈・李商隠等の詩歌に関する講義録の他、中国文学史の概説書『作詩法講話』(文会堂書店、11年)や、それまでの正統的な文学観ではあまり重視されてこなかった中国の小説・戯曲を論じる論文等もあり、詩文研究以外に、中国小説史・戯曲史の分野においても先駆的な研究を行っている。その蔵書の一部は槐南文庫として東京大学総合図書館に所蔵されている。詩集は『槐南集』28巻、『浩蕩詩程』1巻等がある。

(陳　捷)

(参考文献) 森槐南撰『槐南集』28巻(文会堂書店、1912年)、入谷仙介撰『近代文学として

の明治漢詩』第1章「表現者の極北—森槐南」（研文出版、1989年）。

森川照太 もりかわしょうた （生没年不詳）
新聞経営者。東京出身。
東京高等商業学校（現一橋大学）卒業後、三井物産に勤務。その後、『チャイナ・トリビューン』（天津）記者を経て、1912（大正1）年11月、自ら週間誌『日華公論』（天津）を発刊、橘樸（たちばなしらき）を主筆に招いた。18年10月、橘及び『満州日日新聞』北京支局監督であり『支那研究資料』（北京）の主幹も務めていた田原禎次郎（天南）と共に『京津日日新聞』を発刊、社長に就任した。『京津日日』は北京・天津方面で刊行された初めての邦字日刊紙であり、本社を天津とし、北京に編集部を置いた（のちに天津に統一）。主筆にはやはり橘が就任したが、外電の翻訳は森川自らが担当した。三井物産ボンベイ駐在員の経歴を有する森川は英語に堪能で、20年には英字紙『北京ヘラルド』の発刊を企てている。また、23年には『北京新聞』の経営も引き受けた。『京津日日新聞』は経済関係の記事に定評があったが、橘・里見甫等アジア主義的な論客が多く集ったことでも有名である。
（栗田尚弥）

（**参考文献**） 山本秀夫『橘樸』（中央公論社、1977年）、中下正治『新聞にみる日中関係史』（研文出版、1996年）。

森繁久彌 もりしげひさや （1913.5.4 – 2009.11.10）
俳優。大阪府出身。
森繁久彌は、1939年にNHKのアナウンサー試験を受けて合格し、満州に派遣された。満州電信電話株式会社の新京（現長春）放送局に務め、ここで、アナウンサーや役者としてのみならず、放送原稿執筆や演出等多くの番組制作に携わる。満州各地を取材して執筆した『森繁ルポルタージュ』は、その完成度の高さから当時の国定教科書に採用されたが、現在においても当時の満州の民情を知る貴重な資料である。終戦を新京で迎え、ソ連軍に捕えられるなどの危難に遭遇したが、旧放送局の俳優を中心に劇団を発足させるなど演劇活動を続けた。また、奉天（現瀋陽）の収容所において「渉外係」を受け持ち、鉄道運行を管理する国民党軍の将校を相手とする女性たちの世話をしたことを自伝に記している。46年11月に日本に帰国した。 （瀧下彩子）

（**参考文献**） 昭和戦争文学全集編集委員会『流離の日々』（集英社、1965年）、森繁久彌『森繁自伝』（中央公論社、1978年）。

守島伍郎 もりしまごろう （1891.5.23 – 1970.6.4）
外交官。福岡県出身。
1916（大正5）年6月に東京帝国大学法科大学法律学科を卒業。18年10月に高等文官外交科試験に合格して外務省に入り、19年1月に領事官補として上海に赴任、同年9月にハンブルグへ転勤。以後、在独大使館、本省欧亜局第6課、在米大使館に勤務後、30（昭和5）年4月に本省アジア局第1課に配属され、同年11月に同課の課長となった。翌年に満州事変が起こり、その善後処理に激務が続いて健康を害し、療養のため36年4月に参事官として在中国大使館に転出。40年にいわゆる松

岡人事によっていったん退官したものの、太平洋戦争開戦後の42年２月に特命全権公使を命ぜられてソ連へ赴任、困難な対ソ外交に従事した。戦後は、半年のソ連抑留後、46年に帰国して退官。国際学友会等の理事長や日本国際連合協会の専務理事を務め、49年から52年まで衆議院議員となり外交委員長を務めた。著書に『苦悩する駐ソ大使館―日ソ外交の思い出―』（港出版合作社、52年）と、手記に『満州事変の思い出』がある。　（松村正義）

（参考文献） 守島康彦編『昭和の動乱と守島伍郎の生涯』（葦書房、1985年）、外務省人事課編『外務省年鑑』（1953年）、外務省外交史料館編『日本外交史辞典』（山川出版社、1992年）。

森島守人　もりしま　もりと　（1896.2.16－1975.2.17）

外交官、政治家。石川県出身。

金沢一中から一高を経て、1919（大正８）年７月に東京帝国大学法学部を卒業、外務省に入省し電信課に配属された。同年10月に高等試験外交科試験に合格し、翌11月に外交官補として支那に在勤する。20年７月に米国へ転出し、21年10月に日本国全権委員随員としてワシントン会議に出席した。23年３月に在米大使館３等書記官となり、同年５月に帰国して本省の情報部第１課に配属され、25年３月に同部第１課長心得、ついで26年７月に同部第３課長となった。28（昭和３）年３月に領事として在奉天総領事館に転出し、32年８月に満州派遣特命全権大使随員となり、同年11月には在ハルビン総領事となって満州事変（31年９月に始まる）の処理に当たった。３年後の35年７月に大使館１等書記官としてドイツへ赴任したが、１年余りで36年12月に帰国して本省の東亜局に配置され37年４月に東亜局員となった。しかし翌５月には大使館参事官として中華民国へ赴任して日華事変（支那事変、37年７月に始まる）の処理に当たり、38年３月に在上海総領事となる。41年２月に在ニューヨーク総領事として米国勤務となり、太平洋戦争開始前後の日米折衝に関与した。次いで同戦争勃発後の42年10月に特命全権公使として中立国のポルトガルへ赴任し、同戦争をめぐるヨーロッパでの情報蒐集に尽力する。戦後の46年３月に帰国し４月に外務省を退官した。同年５月に東京で開廷した極東国際軍事裁判に検事の召喚で証人台に立つかたわら、同年６月に弁護士登録を行い、翌７月に日本社会党に入党し、55年２月から63年10月まで衆議院議員となって、同社会党の国際事務局長・外交部長・政策審議会外務部長を務めた。著書に、満州事変を回想して自己の体験と見聞を綴った『陰謀・暗殺・軍刀――外交官の回想―』（岩波新書、50年）と、太平洋戦争を同じように回想した『真珠湾・リスボン・東京―続―外交官の回想―』（岩波新書、50年）がある。因みに、前者（はしがき）の中で彼は、外交官生活の20ヶ年を、満州では奉天・ハルビンに、中国本部では北京・上海に送ったが、その20年間は、「総じて軍部の支配下に、本当の意味の外交は姿をひそめ、日本の外交なるものは要するに事務的外交の域を出なかったと評しても過言ではなかった」と述懐している。　（松村正義）

（参考文献） 外務省人事課『外務省年鑑』（1953年）、外務省外交史料館編『新版　日本外

交史辞典』（山川出版社、1992年）。

森　春濤　もりしゅんとう　(文政2.4.2 (1819.4.25) − 1889.11.21)

漢詩人。号は春濤、名は魯直、字は希黄。尾張一宮（愛知県）出身。

鷲津益斎の有隣舎に学んだのち、梁川星巌らに師事し、その名を高めた。明治5 (1872) 年名古屋にて、清人金邠（字は嘉穂）と交流を持つ。74年に上京、翌年の漢詩雑誌『新文詩』の発行を通じて、明治漢詩壇の中枢に立った。78年に春濤ら日本の漢詩人24人により、清朝の代表的な詩人24人の漢詩を選んだ『廿四家選清廿四家詩』を、同年に清代後期の漢詩人、張船山・陳碧城・郭頻伽の漢詩を春濤のみで選んだ『清三家絶句』を刊行し、明治における清詩流行のきっかけを作った。また、『新文詩』中では、清国駐日公使館の人々の詩文を多く掲載し、黄遵憲らとしばしば漢詩を唱和するなど、交際を深めた。

（日野俊彦）

（**参考文献**）『漢詩文集』（『新日本古典文学大系　明治編2』岩波書店、2004年）、『明治漢詩文集』（明治文学全集62、筑摩書房、1983年）。

守田利遠　もりたとしとお　(文久3.5.9 (1863.6.24) − 1936.2.10)

陸軍軍人、陸士旧8期、少将。福岡藩出身。

1897年10月清国に派遣され、1900年義和団事件の際には柴五郎中佐のもとで北京籠城戦を経験、この時の守田の記録が柴五郎の『北京籠城日記』の参考になっている。日露戦争中は芝罘（チーフー）から仁川経由で満州に入り、本国や満州軍総司令部と連絡を密に取り、戦後は長春特務機関長として関東都督府参謀長神尾光臣にロシア軍や、吉長鉄道・ハルビン・チチハル・石頭城子・東蒙古を広く調査報告する一方、長春の学堂建設に尽力した。また「守田中佐ノ内蒙古旅行日記」（防衛研究所所蔵「軍事調査報告」）等を残している。あまりの情報収集活動に、清国政府より警告の抗議もあった。辛亥革命においては、長谷川好道参謀総長の命のもと、12年2月奉天（現瀋陽）の高山公通大佐と共に四平街を中心に第1次満蒙独立運動に関与し、内蒙古での利権獲得工作や武器供給等を側面支援した。のちに奉天特務機関長となり、張作霖と交流を深めた。15年少将、予備役。

（波多野勝）

（**参考文献**）守田利遠『北京籠城日記』（石風社、2003年）、同『満州地誌』上中下（丸善、1906年）。

森　恪　もりつとむ　(1882.12.28 − 1932.12.11)

実業家、政治家。通称もりかく。大阪府出身。

自由民権運動家・大阪市議会議長の父の強烈な国家主義思想の影響を受けて育ち、実業界から政界に転じ、国内政治体制のファッショ化（一国一党体制）を推進し、日中関係の諸局面で利権拡張を掲げて対中国進出を主導した。

1902（明治35）年三井物産上海支店の「支那」修業生、05年正社員となり、日露戦争中は上海で兵站・宣伝・諜報等の業務に従事。戦後は三井物産の中国での商業活動拡大の中で長沙出張所駐在員となり、湖南省を中心に

活動。08年上海支店、10年ニューヨーク支店に勤務。11年10月武昌で辛亥革命が勃発すると東京の三井物産本店に呼び戻され、辛亥革命を中国進出の好機とする三井の「先兵」として東京・上海間を往来。12月海外の亡命先から帰国した孫文は上海支店長藤瀬政次郎に資金援助を依頼。森は本社の内諾を得ずに藤瀬を説得して15万円を革命派に供与。本社幹部の非難に対して、革命成功の暁には長江一帯の利権を獲得できると反論。このあと三井から革命派への借款供与が始まる。12年2月3日、元老桂太郎の内意を受けた三井物産顧問益田孝の内命により、中華民国臨時大総統孫文と南京臨時政府内の大総統府で宮崎滔天・山田純三郎の立会いのもとで借款問題を協議し、日本側からの1000万円借款供与を条件に満州租借に合意した。しかし元老らの同意が得られず、実現しなかった。13年2月孫文来日を機に、日中合弁の対中国投資機関として中国興業会社を設立、取締役に就任。孫文らの第2革命失敗後の14年、袁世凱らは中国興業を改組して中日実業会社を設立、森は留任。また13年頃から中国での営利事業に着手し、14年三井物産天津支店長に着任後も桃中鉱山の買鉱権を得ている。三井物産に辞表を提出後、15年「罷役」となってからも、長江沿岸の4鉱山、青島の塩業、天津の製粉業等に独自の事業を拡大。利権獲得に当たっては時には軍事的圧力を用いるなどの強圧手段も辞さなかった。

18年政友会に入党、20年衆議院議員に初当選。27年政友会田中義一内閣の外務政務次官となり実質上の外相として東方会議を主導し、満蒙権益維持のためには武力行使も辞さないという強硬方針を盛り込んだ「対支政策綱領」を決定。軍部との連繋を強め31年の満州事変の黒幕の一人となる。32年満州国成立後、日本単独の早期承認を推進。不戦条約・9ヶ国条約破棄、国際連盟脱退を高唱した。

(藤井昇三)

(参考文献) 山浦貫一編『森恪』(高山書店、1940年、複刻版、原書房、1960年)、中塚明「森恪」(『日本人物史大系 第7巻 近代Ⅲ』朝倉書店、1960年)、安部博純「森恪 ファシズム体制の先駆」(安藤実他『日本政治の実力者たち2 大正・昭和』有斐閣、1980年)。

森村市左衛門 もりむらいちざえもん （天保10.10.27 (1839.12.2)－1919.9.11）

実業家。江戸生まれ。

福沢諭吉の思想に共鳴し、独立自営を貫き、政府の援助に頼らず、直貿易による日本の通商拡大を促進した。弟の豊を慶応義塾で学ばせ、1876年米国商法研修生としてニューヨークへ留学させ、マンハッタンでモリムラ・ブラザーズを開業、ノリタケ陶磁器の卸・小売り販売を開始し、全米屈指の陶磁器卸売業者に成長した。一方森村豊明会を設立し、日本女子大等多くの教育機関等への助成を行う。中国への取引はそれほど多くはないが、1913年中国興業株式会社・中日実業株式会社の設立に当たっては株主(100株)として協力した。第1次大戦の好景気によりは中国各地にも洋食器を輸出させた。

(木村昌人)

(参考文献) 若宮卯之助『森村翁言行録』(大倉書店、1929年)、ノリタケ100年史編纂委員会

編『ノリタケ100年史』(2004年)、大森一宏『森村市左衛門―通商立国日本の担い手―』(日本経済評論社、2008年)。

諸橋轍次 もろはしてつじ （1883.6.4 - 1982.12.8）

漢学者、『大漢和辞典』の編者。号は止軒。新潟県出身。

東京高等師範学校漢文学科卒業後、同校教諭・教授等を経て、1929年東京文理科大学創設と共に、教授に就任、45年定年退官。その間、19年から21年まで、中国に留学。この留学の記録が、『遊支雑筆』(38年)。また、21年から55年まで、静嘉堂文庫長も務めた。37年、講書初の儀に、『論語』を進講。45年から51年まで、東宮職御用掛として皇太子に漢学を進講し、宇野哲人と共に皇孫の名号や称号の勘申（かんじん）（天皇の諮問に答え先例・典拠等を調べて上申すること）にも与った。60年、都留文科大学創設と共に初代学長となり、2年後退任。著書に、『儒学の目的と宋儒の活動』(29年)・『経学研究序説』(36年)・『経史論考』(45年)等があり、研究領域は経学全般に及ぶ。戦後は、『乱世に生きる中国人の知恵』(65年)・『中国古典名言事典』(72年)・『孔子・老子・釈迦「三聖会談」』(82年)等、啓蒙的なものが多い。しかし、諸橋の最大の功績は（彼自身はほとんど執筆していないようであるが）、大東文化学院や東京高等師範学校・東京文理科大学等の学生・院生・卒業生を総動員して『大漢和辞典』全12巻・索引1巻（大修館書店）を企画・編修したことであろう。この『大漢和辞典』は、43年第1巻が刊行されたが、45年空襲で全巻版組が消失した。幸い疎開していた校正刷りが残っており、60年全巻刊行された。引用文・出典の不備、語学的な誤りが多い点や、宋以後が手薄な点等、欠点も少なくはないが、当時、世界最大の漢字辞書（親字約5万字、熟語数約54万）であった。戦中・戦後の混乱の中、民間で編修・刊行された意義は大きい。（相田　洋）

(参考文献)　原田種成「諸橋轍次」(江上波夫編『東洋学の系譜』大修館書店、1992年)、小林信明他（座談）「学問の思出―諸橋轍次博士―」(『東方学回想Ⅲ』刀江書房、2000年)。

や

八木義徳（やぎよしのり）（1911.10.21－1999.11.9）

小説家。北海道出身。

1931年、北海道帝大附属水産専門部を退学して上京するが、非合法運動に巻き込まれ、満州へ逃亡。ハルビンで自殺を図るも未遂に終わり、帰国。早大仏文科卒業後に入社したミヨシ化学工業の社命により、38年8月、満州理化学工業（株）設立のため先発社員として再渡満する。業務に追われる一方、エッセイ『奉天通信』（39年）や小説『劉広福』（41年）等を発表。中国人工員を描いた『劉広福』は加筆の上44年2月に再脱稿され、第19回芥川賞を受賞。この間、妻が精神に異常をきたしため退職し、43年1月に満州を引き上げている。44年3月には召集を受けて中国戦線に従軍、湘桂作戦や南部粤漢打通作戦に参加。芥川賞受賞通知を受けたのは湖南省を行軍中であった。敗戦後抑留生活を送ったのち、46年5月に復員。戦前の2度の満州体験は『胡沙の花』（47年）、『遠い地平』（83年）等の小説のモチーフとなった。　（鈴木美穂）

（参考文献）　宮下拓三『日本人を生きる―評伝　八木義徳―』（近代文藝社、1993年）、武田友寿『極北の旋律―八木義徳の世界―』（中西出版、1988年）。

八代六郎（やしろろくろう）（安政7.1.3（1860.1.25－1930.6.30）

海軍大将。犬山（愛知県）出身。

1881（明治14）年海軍兵学校卒業（8期）。ロシア公使館付等に任命される。日露戦争当時は、巡洋艦「浅間」の艦長であり、仁川沖の海戦では、陸軍が満州や旅順へと進撃する上での輸送路確保に努め、功績を残した。この時、得意の尺八を演奏し、心高ぶる兵士達を安心させたというエピソードが残っている。日露戦争後、第2艦隊司令長官等を務めたのち、海軍大臣に就任している。シーメンス事件で苦境にあった山本権兵衛を予備役に編入するなどの人事を行ったが、中国問題に大きな関心を示し、大アジア主義的観点から米国に対抗するため中国からの協力に期待した。そのため、海軍の中国政策が、拡大路線へと変容をとげる役割を演出した。1916（大正5）年には男爵となった。　（山本智之）

（参考文献）『日本陸海軍の制度・組織・人事』、樋口秀実『日本海軍から見た日中関係史研究』（芙蓉書房出版、2002年）。

安井小太郎（やすいこたろう）（安政5.6.19(1858.7.29)－1938.4.2）

漢学者。字は朝康、号は朴堂。江戸生まれ。

安井息軒の長女須磨子と中村貞太郎の長男として麹町三番町の息軒宅に生まれる。本籍は宮崎県宮崎郡清武村大字今泉。外祖父息軒に学び、長じては島田篁邨（海保漁村を師とする。漁村は息軒と共に松崎慊堂の同門）の双桂精舎、また東京大学古典講習科に学ぶ。1892（明治25）年学習院教授、1907年第一高等学校教授、のち、東京高等師範学校・大東文化学院に講ず。島田篁邨の長女琴子を妻とし、服部宇之吉・島田翰・島田鈞一は義理の兄弟。安井家の家学を受け継ぎ、儒教の経典を中心とした経学研究の権威となり、経書の歴史や

江戸時代の儒者の動向と意義を体系化して近代漢学の基礎を築いた。『経学門径』（大東文化学院、33年）、『日本儒学史』（冨山房、39年）を著し、儒学史研究の先鞭をつけた。また、江戸時代の未刊・稀刊の儒学書について編纂・校刻に尽力し、『崇文叢書』（崇文院、25-32年）、『日本名家四書註釈全書』（関儀一郎、25-30年）を世に送り、朝川善庵・松崎慊堂・亀井南冥・猪飼敬所等容易に見られなかった名人の著作に光を当てた。こうした研究は自ら蒐集した蔵書に基づくもので、7300余冊の息軒以来の蔵書がその読書と研究を如実に示している（慶応義塾大学附属研究所斯道文庫所蔵）。明治維新以後の西洋文化興隆に対して漢文文化の維持を体現し、漢詩文を為す文人と交流を深め、『大正詩文』（雅文会）、『東華』（藝文社、中国の文人と詩文を競う）、『迴瀾集』（古城貞吉編）に同人として加わり、互いに批評を加えあい切磋琢磨し、文壇の水準を高からしめた。晩年、作詩文は『曳尾集』（37年）、また、没後に『朴堂遺稿』（40年）としてまとめられた。1903（明治36・清光緒29）年北京大学堂で教授に当たる。『寓燕日記』2冊（稿本）が遺る。当時、中国では近代的な経学研究の勃興を見、『経学歴史』（皮錫瑞）等が世に出る頃で、大陸の学問動向を見据え、帰国後、中国の学術研究と日本漢学研究との融和を実現したのである。

（髙橋　智）

（**参考文献**）　髙橋智『安井家の蔵書について―安井文庫研究之二―』（斯道文庫論集第37輯、2003年）。

やすいそっけん

安井息軒 やすいそっけん　（寛政11.1.1（1799.2.5）-1876.9.23）

漢学者。諱は衡、字は仲平、号は他に半九陳人とも。日向（宮崎県）出身。

宮崎郡清武村大字今泉に安井滄洲の2男として生まれ、徂徠学を学ぶ父の薫陶を受けた。飫肥藩藩学で教授の父を助け経学を修め、のち、大阪の篠崎小竹に学び、文政7年（1824）昌平黌に入寮。松崎慊堂に師事し、同10年帰郷、明教堂教授となり川添佐代と結婚（森鷗外『安井夫人』）。天保8年（1837）再び昌平黌入寮、学問いよいよ進み、10年三計塾を開き、以後漢学の著作と後進の指導に専念。文久2年（1862）幕府の儒官となる。中国的な考証を好み、江戸時代主流であった朱子学を漢・唐の訓詁学と合わせ大成し近世漢学を究極に高めた大家。清朝の考証学をいち早く輸入し、読書には綿密な考証メモを遺し、自著である経書の注釈は独自の卓見が多い。『書説摘要』『毛詩輯疏』『周礼補疏』『左伝輯釈』『論語集説』『孟子定本』等を著す。『管子纂詁』は中国の学者応宝時の称賛を受け、その賛辞にも考証を加える綿密さであった。旅行記『読書余適』『洗痾日乗』等は考証的漢文の名作といえる。孫安井小太郎が蔵書を継ぎ、安井文庫としてその全貌をうかがうことができる。

（髙橋　智）

（**参考文献**）　若山甲蔵『安井息軒先生』（蔵六書房、1913年）、黒江一郎『安井息軒』（日向文庫刊行会、1982年）、髙橋智『安井家の蔵書について―安井文庫研究之二―』（斯道文庫論集第35輯、2001年）、和田雅実『瓦全　息軒小伝』（鉱脈社、2006年）。

安岡正篤 やすおか まさひろ （1898.2.13 - 1983.12.13）

東洋思想研究家、陽明学者。大阪府出身。

1919年東京帝国大学に入学、在学中より日本思想・東洋思想を研究し、卒業記念に『王陽明研究』を著す。22年、文部省に入るが半年で辞職、東洋思想研究所を設立した。日本思想・東洋思想による青少年の精神教育をめざし、27年に金鶏学院を設立、31年には日本農士学校を設立した。32年、日本精神に基づく政教維新をめざし国維会を結成、大川周明らの猶存社のメンバーでもあり、軍部や革新官僚に影響を与えた。戦時中は大東亜省顧問となり、「玉音放送」の草案も添削した。さらに、「東亜三分の計」を唱え、王道国家建設の立場から満州国の建国を肯定、満州国や満鉄等の求めに応じてしばしば講演旅行にも赴いた。しかし、その一方で、蒋介石とも親しく、日中戦争の拡大に反対、日本の大陸経営を「覇道政治」として批判した。戦後は師友会（のちに全国師友協会）を結成し東洋思想の普及を図り、保守政治家や財界人の「指南役」と言われた。　　　　　　　　（栗田尚弥）

（**参考文献**）　神渡良平『宰相の指導者　哲人安岡正篤の世界』（講談社（＋α文庫）、2002年）、川井良浩『安岡正篤の研究』（明窓出版、2006年）。

安川敬一郎 やすかわ けいいちろう （嘉永2.4.18(1849.5.10) - 1934.11.30）

実業家。福岡出身。

1874年慶応義塾を卒業したのち北九州で、炭鉱・鉄道等の事業を成功させ、安川財閥を創設した。この背景には日清戦争後、対露戦に備え、北九州地域に重点的に産業開発への国家援助が行われたことがある。安川は日中親善には国民的提携が不可欠という信念を持ち、1909年明治専門学校（現九州工業大学）を創設し、17年から22年まで中国人の排日運動が高まったにもかかわらず、中国人留学生を受け入れ続けた。05年には文部省の指定を受け、「外務省委託中国留学生予備教育規定」を制定し、将来の日中間に平和な善隣関係を築くために人材育成を試みた。漢冶萍煤鉄公司との合弁事業計画を考え、13年の中国興業株式会社設立時には、大株主の一人となる。　　　　　　　　　　　　（木村昌人）

（**参考文献**）　『安川敬一郎日記』（北九州市自然史・歴史博物館、2007年）、有馬学『近代日本の企業家と政治』（吉川弘文館、2009年）。

安田善次郎 やすだ ぜんじろう （天保9.10.9(1838.11.25) - 1921.9.28）

実業家。富山出身。

富山藩の下級武士の家に生れ、元治元(1864)年安田屋（のちの安田銀行、富士銀行、現在みずほフィナンシャルグループ）を開店した。77年第三銀行を設立し頭取となる。損保・生保会社を設立し、安田財閥の基礎を形成した。大倉喜八郎と親友で、1906年大倉をはじめ、渋沢栄一・藤田伝三郎・益田孝・浅野総一郎・荘田平五郎と共に南満州鉄道株式会社の設立委員となり、満州への本格的な進出を支援した。自らは金融業以外の事業にはほとんど手を出さなかった。日銀監事等政府機関の金融業務を扱った。第1次大戦後の反動不況下で21年大磯の別邸で暗殺されたが、

晩年は多額の寄付を行い、死後東京大学安田講堂、日比谷公会堂等が建設された。

(木村昌人)

(参考文献) 矢野文雄『安田善次郎伝』(中公文庫、1979年)。

保田与重郎 やすだよじゅうろう （1910.4.15－1981.10.4）

評論家。奈良県出身。

東京帝国大学文学部美学科でドイツロマン派について学ぶ。『コギト』『日本浪漫派』誌上で健筆をふるった日本浪漫派の代表的人物。日中戦争開始後の38年5月から6月にかけて、佐藤春夫・佐藤（竹田）龍児と共に、朝鮮を経て中国旅行に出かけ、満州を経て、5月20日夜には、保田の高等学校時代の同期生で北京滞在中の竹内好の周旋により、佐藤春夫の旧知の周作人及び十数人の文人との会合が行われ、保田も同席した。その後、熱河省を経て綏遠省・察哈爾省・大同等のいわゆる蒙疆を旅行した。45年3月徴兵され、北支派遣曙第1456部隊として中国に渡り、石門（石家荘）で軍病院に入院し日本の敗戦を迎えた。その後、保定・上安站と移動し、天津から46年5月帰国した。48年3月公職追放となる。54年5月熊本県自治会館で行われた宮崎兄弟追悼祭に参列した。65年10月熊本県荒尾市で行われた孫文生誕百年祭、孫文・宮崎滔天記念像除幕式に参列した。

(馬場　毅)

(参考文献) 「年譜」(第一出版センター編『保田与重郎全集』別巻5、講談社、1989年)、「蒙疆」(『保田与重郎全集』第16巻、1987年)。

安田老山 やすだろうざん （文政13.1.1 (1830.1.25)－1883.8.24）

幕末明治の文人画家。名は養、字は老山、号は万里翁等。美濃（岐阜県）出身。

高須藩の藩医安田春庵の子として生まれ、京都で医学を学ぼうとしていたが、画を好んでいたため長崎に行き日高鉄翁と徐雨亭に南画を学ぶことにした。明治1(1868)年妻の紅楓を携えて中国へ密航し、各地を遊歴しながら、書画を販売して生活していた。著名な画家である胡遠（胡公寿）等と親しくし、上海の書画界にその名は知られていた。妻の紅楓は明治5(1872)年に上海で亡くなり、東本願寺上海別院の日本人墓地に入った最初の人である。1873年5月、陸軍少佐福島九成が福建・台湾の事情探察の際に上海から同行し、福建・台湾の軍事長官である総兵の張其光との知人関係を利用し、その活動に便宜を図った。その際に作製した地図や報告書はのちに日本の台湾出兵において役立ったという。同年に帰国して東京に住み、晩年は書家の巌谷一六等と共に書道研究の同好会である水石社を作り、文人画家として活躍した。墓所は東京の青山霊園にある。

(陳　捷)

(参考文献) 巌谷一六「老山翁墓表」(『一六遺稿』1912年)、福島禮助「清国南地見聞ノ次第書進達ノ件」(外務省外交史料館蔵『外務省記録』)。

安永東之助 やすながとうのすけ （1873.7.11－1905.11.17）

大陸浪人。福岡県出身。

福岡藩士の家に生まれる。上京して、約2

年間東京美術学校で絵画を学ぶも中退。内田良平の勧めで、1899年10月、平岡浩太郎の斡旋による農商務省練習生としての上海行を実行、転じて南京の同文書院で学ぶ。長江流域の情勢を実地に見聞し、中国語を習得する。この間、『九州日報』紙上に、蘇州の風景画に記事を添えて発表する。帰国後、玄洋社員として、孫文ら革命派と交流し、鈴木天眼の『東洋日の出新聞』に関わる。日露戦争に際しては、萱野長知等と共に通訳官に任命されて従軍。さらに「満州義軍」に入り、吉林地方等で数多くの戦闘に参加。日露戦争後も、森林や金鉱の開発を企図して満州に留まったが、通化の東方で銃撃を受けて死亡。馬賊と官憲との戦闘に巻き込まれたものとも言われる。遺骸は平山周が収容し、福岡の玄洋社墓地に墓が建てられた。　　　　　（松本武彦）

（**参考文献**）『対支回顧録』下、『東亜先覚志士記伝』下。

安広伴一郎 やすひろともいちろう （安政6.10.13(1859.11.7)－1951.5.27)

官僚・満鉄総裁。福岡県出身。

香港中央書院留学、内務・文部・逓信の各省を経て、1898年山県有朋内閣の書記官長、以後、貴族院議員・農商務総務長官・製鉄所長官・法制局長官・枢密顧問官を歴任。1927年満鉄総裁となる。在任中、朝鮮鉄道の経営委託が解除された。　　　　（久保田文次）

八角三郎 やすみさぶろう （1880.12.19－1965.1.20)

海軍軍人、海軍中将。岩手県出身。

1901年海軍兵学校卒業（29期）。10－12年、海軍大学校学生。軍令部参謀等を歴任する。16年の中国への出張をかわきりにして、遣支艦隊参謀や中国公使館付武官等に就任した。中国での勤務が続いたが、米国に対抗する意味もあり、日中提携構想を支持し、中国海軍部への借款工作に並々ならぬ意欲を示した。21年に帰国、25年少将に進級、25年第1水雷戦隊司令官として長江に派遣され、27年、第2水雷戦隊司令官として、福建警備にあたった。昭和に入ると、中将に進級したが、まもなく予備役に編入された。32年から45年まで衆議院議員（政友会）を務めた。著作として、『思い出ずることども』（1957年）という作品がある。　　　　　　　　　　（山本智之）

（**参考文献**）『日本陸海軍の制度・組織・人事』、樋口秀実『日本海軍から見た日中関係史研究』（芙蓉書房出版、2002年）。

矢田七太郎 やだしちたろう （1879.12.4－1957.3.1)

外交官。静岡県出身。

1906年東京帝国大学法科大学政治学科卒業、翌年第16回外交官及領事官試験合格。領事官補として広東を最初に、漢口、天津在勤ののち、1910年外交官補として在清国公使館に勤務。以後、在イタリア大使館、在奉天総領事館、在イギリス大使館に勤務し、19年1月駐ロンドン総領事、翌年11月駐サンフランシスコ総領事を歴任、23年5月から29年2月まで駐上海総領事を務めた。この間、1927年3月の国民革命軍による南京入城に際して日本及び英米等諸外国領事館に侵入、暴行略奪が行われた南京事件が起こり、矢田は同事件解決

のため奔走、同30日には蔣介石と面会し、同事件解決に向け全責任を負うとの蔣の言質を得た。しかし、中国側の混乱もあり、翌年2月に国民政府外交部長に就任した黄郛（こうふ）、6月に就任した王正廷と交渉を続けたが最終的解決には至らなかった。27年6月に東京で開催されたいわゆる東方会議には出先外交官の一人として出席し、中国における排日の風潮に懸念を示した。28年5月に勃発した済南事件は、軍による事件解決交渉の失敗後、矢田と王外交部長間の外交交渉に移され3次にわたる会談が行われたが妥結には至らず、翌年3月駐中国芳沢謙吉公使と王部長との会談により解決諸文書の調印に至った。29年10月駐スイス公使に任ぜられ、国際連盟総会、一般軍縮会議に参加。34年2月依願免本官。同月満州国参議府参議に就任。40-42年東亜同文書院院長、40-43年同学長。57年3月1日死去。

（白石仁章）

（参考文献）『日本外交文書』昭和期Ⅰ第1部第2巻・第3巻（外務省、1990・95年）、上村伸一『日本外交史17 中国ナショナリズムと日華関係の展開』（鹿島平和研究所、1971年）。

矢田津世子 やだつせこ （1907.6.19-1944.3.14）

小説家。本名ツセ。秋田県出身。

麹町高等女学校卒業後、雑誌『女人芸術』の名古屋支部員として活躍したのち、『文学時代』の懸賞に応募し当選。1931年、同誌に載せた小説「動悸」や「波紋」では、中国を舞台とし、中国語にも果敢に挑戦した。雑誌『日暦』や『人民文庫』を中心に創作活動を広く展開し、「神楽坂」が第3回芥川賞候補となった翌37年8月には、朝日新聞社の尾崎秀実（ほつみ）の紹介により南満州鉄道株式会社に招聘され、約1ヶ月間、大谷藤子と共に満州を旅する。帰国後、10月には短文「吉林」（『工業大学蔵前新聞』）と「佳木斯（チャムースー）」（『グラフィック』）を発表すると同時に、「伸び行く満州を語る座談会」（『家の光』12月号）に参加し、満州での見聞を広めることに尽力。39年には、大陸開拓文芸懇話会の会員となる。満州を設定として取り入れた小説に「家庭教師」（『新女苑』39年）と「駒鳥日記」（『五年生』同）があり、特に前者は40年に映画化され、版を重ねた。

（橋本のぞみ）

（参考文献） 近藤富枝『花陰の人―矢田津世子の生涯―』（講談社、1978年）、矢田津世子『神楽坂・茶粥の記―矢田津世子作品集―』（講談社、2002年）。

矢内原忠雄 やないはらただお （1893.1.27-1961.12.25）

社会科学者、無教会派キリスト教思想家。愛媛県出身。

1920年東京帝国大学経済学部助教授に任官（23年同教授に昇任）。植民政策学の講座を担当。矢内原の植民政策学はレーニンらの帝国主義論を摂取して組み立てられていたが、29年に出版した『帝国主義下の台湾』はそうした一般理論に立ち、台湾への現地調査を行った上で、日本統治下の台湾の資本主義化の意味を見据えている。同著は、当時の日本資本主義について「早熟の帝国主義」という独特の規定をし、そうした日本が台湾を領有して資本主義化を図ったとして、特に台湾糖業に

注目し、資本家的企業の発展振りを解明している。矢内原は、社会科学者としてマルクス主義の分析方法を援用したが、キリスト者でもあった。川中子義勝は矢内原の生涯は二つに区切ることができ、一つは日本が大陸に版図を拡大していく際に、その傲慢ぶりを批判し、近隣国の虐げに対し厳しい審判の言葉を告げた時期であったと説き（もう一つは敗戦後、癒しを語り、赦しへの立ち返りを説く時期）、33年以降、預言者的告知をもって、日本が大陸で不正を行うのであれば、神の審判は必ず日本に降ると宣告した、と記している。西安事件の直後、『中央公論』37年2月号に「支那問題の所在」を発表し、「支那の民族国家的統一を是認し、これを援助する政策のみが支那を助け、日本を助け、東洋の平和を助くる」と主張し、日本の対中政策の転換を迫った。同年、盧溝橋事件が起きると、矢内原は「国家の理想」を執筆し、国家の理想は正義と平和にあり、戦争という方法で弱者を虐げることではない、と説いたが、この論文を掲載した『中央公論』9月号は全文削除処分を受けた。筆を曲げない矢内原は結局、同年12月教授辞任に追い込まれた。辞任直後の矢内原に岩波茂雄がクリスチーの『奉天三十年』の全訳を依頼。『奉天三十年』上・下は38年に岩波新書の第1号・2号として出版された。敗戦後は45年11月東京帝国大学に復帰し、その後、総長等歴任。　　　　　（石井　明）

（参考文献）　矢内原忠雄著、若林正丈注『矢内原忠雄「帝国主義下の台湾」精読』（岩波現代文庫、2000年）、川中子義勝『矢内原忠雄　預言者の悲哀』（『UP』437号、2009年）。

箭内　亘　やないわたり　（1875.7.17－1926.2.10）
東洋史学者。福島県出身。

東京帝国大学文科大学史学科卒業後、第一高等学校講師に就任。1908年、南満州鉄道株式会社に満鮮地理歴史調査部が設置されると、白鳥庫吉の指導のもと、満州・朝鮮の地理・歴史の研究に従事し、翌年には現地出張した。10年、第一高等学校教授となり、12年『東洋読史地図』を刊行。この書は、東洋史地図としては最初のもので、和田清によって補訂され、長年にわたって東洋史学習者に愛用された。19年東京帝国大学助教授に就任、26年に教授に昇進したが、翌年急死。専門はモンゴル・元朝史で、没後にその学位論文が『蒙古史研究』（30年）として刊行された。わが国最初の本格的な元朝史研究で、その後の元朝史研究に大きな影響を与えた。（相田　洋）

（参考文献）　植村清二「評議員箭内博士の訃」（『史学雑誌』37－3、1926年）、青山公亮他（座談）「先学を語る―箭内亘博士―」（『東方学回想Ⅱ』刀江書房、2000年）。

柳川平助　やながわへいすけ　（1879.10.2－1945.1.22）
陸軍中将。佐賀県出身。

長崎県人・楠木友太郎の子であったが、柳川家に入る。

1900年陸軍士官学校卒業（12期）、12年陸軍大学校卒業。陸軍次官、台湾軍司令官等を歴任。36年予備役に編入。日中戦争が始まると召集されて、第10軍司令官に任命された。折しも日中戦争は華中に戦域が拡大し、上海付近が主戦場となっていた時期で、柳川の率いる第10軍は、杭州湾に上陸し、中国軍の後

方を脅かし、同方面の中国軍を敗退させることに成功し、勢に乗じて南京へと進撃したが、南京事件を引き起こしている。柳川自身は、その後、興亜院総務長官を務め、アジア太平洋戦争の開戦直前は、司法大臣等の地位にあった。皇道派として知られた。　（山本智之）

参考文献　『日本陸海軍の制度・組織・人事』、笠原十九司『南京事件』（岩波新書、1997年）、吉田裕『天皇の軍隊と南京事件〈新装版〉―もうひとつの日中戦争史―』（青木書店、1998年）、臼井勝美『新版　日中戦争―和平か戦線拡大か―』（中公新書、2000年）、武藤章『比島から巣鴨へ―日本軍部の歩んだ道と一軍人の運命―』（中公文庫、2008年）。

柳田国男　やなぎた くにお　（1875.7.31－1962.8.8）

官僚、民俗学者。兵庫県出身。

1917年3月から6月にかけて、貴族院書記官長であった柳田は台湾・中国・朝鮮を旅行した。この旅行は漫遊であったが、台湾総督の安東貞美が義理の叔父であり民政長官の下村宏の推薦者と噂されていた柳田の台湾行は注目を浴びた。中国では広東で蛋民の川舟に乗って旅し、水上生活民への関心を深めた。また上海で孫文に、北京で段祺瑞・黎元洪・顧維鈞に会い、最後となった議会を傍聴している。帰国後、18年の日記によれば、柳田は一水会や日支国民協会等日中関係の会合に参加し、近衛文麿を担いで日華クラブを作ろうとしたが短命に終わっている。その意図するところは不詳であるが、パリ講和会議後、柳田は日本の対中国外交を批判的に論評しており、国民外交の必要性を説いている。民俗学の面では中国民俗学の創始者の一人である周作人に影響を与えた他、台湾の人類学調査に当たりながら若くして没した伊能嘉矩の遺稿集出版に尽力している。昭和期に柳田が口にした「比較民俗学」の問題や大東亜共栄圏への民俗学の関与の問題をめぐっては、未だ評価が定まっていない。　（池田勇太）

参考文献　岡谷公二『貴族院書記官長柳田国男』（筑摩書房、1985年）、後藤総一郎編『柳田国男のアジア認識』（岩田書院、2001年）。

柳原前光　やなぎはら さきみつ　（嘉永3.3.23(1850.5.4)－1894.9.3）

明治前期の公卿出身の外交官（伯爵）。姉柳原愛子は大正天皇の母。京都生まれ。

戊辰戦争の際、東海道先鋒総督となり江戸開城に活躍。維新後外務省に入り外務大丞となる。70年日清修好条規予備交渉のため清国に派遣。最初清国総理衙門にあてた書類を提出して修好条規締結の希望を表明すると、清国側は通商往来は承認するが条約締結の必要はないと拒否した。柳原は再三説得を試み、翌年日本側からの大官派遣によって交渉に応ずる旨を承認させた。時に彼はわずか22歳であった。翌71年4月全権弁理大臣伊達宗城の副使として差遣され、天津で李鴻章と会議を開き努力の結果、7月29日、修好条約18条、通商条約33ヶ条を調印した。帰国復命後、政府は条文中に妥当でない点を発見し、再交渉を命ぜられ苦心の商議の結果、73年副島種臣大使と共に特派され批准交換を終わり、日清間の通商の基礎が確立した。74年2月清国駐箚特命全権公使に任ぜられ、北京に公使館を

開設した。　　　　　　　（吉村道男）

矢野仁一　やのじんいち　（明治5.5.13（1872.6.18）－1970.1.2）

東洋史学者。山形県出身。

1890年に駿河台の成立学舎を卒業して第一高等中学校予科に入り、本科に進んで96年に卒業した。同年、帝国大学文科大学史学科に入学、99年に東京帝国大学（97年に改称）を卒業した。大学では東洋の歴史研究を志しながら西洋史学科に属したのは、当時、史学科には東洋史がなかったからで、卒業論文は「露清関係、特にネルチンスク条約について」であった。卒業後は大学院に進み、早稲田と日大の講師を務め、1905年清朝の招聘により北京の進士館の教習（教授に相当）となった。進士館とは、進士合格者に3年間法政の教育を受けさせるべく、いわゆる「西太后新政」の一環として開設された新機構で、07年に京師法政学堂に改められた。近世政治史や政治地理を教えたのだが、講義は通訳を使って日本語で行われ、助教習の曹如霖が矢野専属の通訳を務めた。辛亥革命によって清朝が崩壊したため帰国し、桑原隲蔵に招かれて12年京都帝国大学助教授となった。20年に教授となり、東洋史第3講座（近世）を担当、32年に定年退官した。研究の中心は外交史で、在職中の『近世支那外交史』、退職後の『日清役後支那外交史』『アヘン戦争と香港』『アロー戦争と円明園』等、多くのすぐれた著作があり、他に『近代支那論』『近代支那史』『満州近代史』『清朝末史研究』等近代史関係の著作は多い。

矢野の所説で、満州事変と共に喧伝されることになるのは「満州は支那に非ず」との説である。それは中華民国を一つの国家とは認めないこととセットをなすもので、「支那は一の国（ステート）ではない、一の文明（シヴィリゼイション）である、国でないに拘わらず、支那が国のような外観を呈するに至ったのは、外国人の擬定（フィクション）に依る」とするのである。これが傀儡満州国を作るのに打ってつけの理論であることは明らかであろう。しかも、その歴史観の根柢は孟子のいわゆる「王道政治」論にあった。矢野自身、現実と理想の乖離に気付かなかったわけではない。軍が華北で阿片の生産を始め、金がもうかる上に、中国民族を中毒させるという副作用もあるというのを聞いた時、激怒して軍と仲たがいしたとも言われる。しかし、「支那の真の利益」を追求するために満州を日本に開放すべしと主張したのも事実であったから、戦後、矢野は満州国建国のイデオローグとして、いわゆる公職追放の処分を受けた。その結果として、矢野は公的発言を行わなくなる。しかし20余年後、95歳にして『中国人民革命史論』を著して人民の生活を安定させた革命を讃え、98歳にして「理由（わけ）のわからぬ中共の文化革命　わたしの六つの疑問」なる大論文を発表して文革の無道を批判した。「満州国」に懸けた理想と人民革命に対する高い評価は、歴史家矢野仁一の心中において一貫したものだったのである。　（狭間直樹）

（**参考文献**）　矢野仁一『燕洛間記―歴史遍歴六十年の回顧―』（私家版、1964年）、「六十年の思出で―矢野仁一博士―」（『東方学』28輯、1964年）。

矢野征記 やの
せいき （1900.10.11－1975.3.31）
外交官。広島県賀茂郡志和西村出身。

医師・鈴木俊雄の次男として生まれ、矢野久二郎の養子となる。1914年4月に東京帝国大学法学部を卒業。翌15年11月に高等試験外交科試験に合格、同年12月に外務書記生として在米大使館に所属しブラウン大学で研修。27年11月に領事官補として在ニューヨーク総領事館で勤務、29年10月に外交官補として支那（中国）在勤し、31年3月に副領事として広東に勤務。33年5月に本省の情報部勤務となるも、35年8月に満州国外交部へ転出し翌年9月に同部政務司長となったが、37年7月に辞職。その後、外務省情報部第3課長、38年12月に興亜院政務部第3課長となり、蒋介石権下の重慶から親日派の汪兆銘を脱出させる工作に協力。40年4月に中華民国派遣特命全権大使随員兼大使館1等書記官として南京に赴任し、同年11月に在香港総領事。42年2月には企画院調査官を兼任して南洋局企画総裁官房総務室付、翌43年4月に駐中華民国大使館参事官となり在上海総領事を兼任。45年1月に大東亜省参事官、同年8月に外務省参事官として管理局第3部長。46年2月に管理局在外邦人部長となり同年11月に依願免官。

（松村正義）

(参考文献) 外務省人事課編『外務省年鑑』(1953年)、外務省外交史料館編『日本外交史辞典』(山川出版社、1992年)、矢野征記「汪兆銘工作の密使となりて」(『人物往来』2008年9月号別冊付録、新人物往来社)。

矢野文雄 やの
ふみお （嘉永3.12.1（1851.1.2）－1931.6.18）
政治家、小説家。父は佐伯藩士矢野光儀。号は龍渓。豊後（大分県）出身。

慶應義塾卒。1875（明治8）年『郵便報知新聞』入社のち主幹。78年大蔵省に入り少書記官。81年大隈重信罷免の14年政変で太政官大書記官辞職。82年立憲改進党結党に参加し、郵便報知新聞社長に就任。84年外遊の途、香港で循環日報社を訪問、洪士偉と筆談。欧州から米国経由で86年帰国。90年宮内省出仕、のち式部官。91年東邦協会設立に賛同（のち評議員）、講演「支那旧来の治術」（会報51、98年）。97年3月松方内閣大隈外相の時、清国駐在特命全権公使に起用され、上海を経て6月北京着任。98年3月列国の対清要求（英国には揚子江沿岸一帯他国に不割譲を約す）と、台湾に近い福建・浙江両省各半部につき西徳二郎外相に意見具申。結局4月22日総理衙門との間に交換公文の形式で、清国に福建省内各地・沿岸一帯を他国に譲渡または貸与せずと約させた。さらに福建省内の鉄道敷設権を列強と同様に要求したが、5月清国が鉄道を敷設する時はまず日本に相談すとの口約を得るにとどまった。5月鉄道問題と関連させ、多数の留学生を引き受ける策を清国側に提示したことを報じ、200名、費用年額6万円と見積もった。しかし西外相は賛成せず、わが国が経費を支弁してまで受け入れる必要を疑問とした。公使の意見は清国政府には歓迎され、日露戦後留日学生激増を見る。98年戊戌政変後、11月5日儀鑾殿で西太后・光緒帝に拝謁。99年駐清公使更迭となる（後任西徳二

郎)。清朝末には中国人民に自治の気風を欠くとし革命を危惧していたと見える。

古代ギリシアを素材にした政治小説『経国美談』(83-84年)は版を重ね、のち『清議報』誌(梁啓超主編)が漢訳を連載した。

(安岡昭男)

(**参考文献**) 小栗又一編『龍渓矢野文雄君伝』(春陽堂、1930年)、松尾尊兊監修、野田秋生著『矢野龍渓』(大分先哲叢書、大分県教育委員会、1999年)、河村一夫「外交官としての矢野竜渓―清国留学生招聘策について―」(『政治経済史学』167、1980年)。

山内 嵓 やまうち いわお （文久4.11(1864.2.18)－1926.11.18)

漢口楽善堂設立メンバー、陸軍通訳、台湾総督府官吏。磐城平(福島県)出身。

磐城平藩儒学者の長子に生まれ、成善堂、明治義塾を経て専修学校で法律・経済を学ぶ。1884年、清仏戦争に際して視察のため中国へ渡航、末広重恭の内意を受け上海で東洋学館設立に当たる。この間、馮昭煒(ふうしょうい)につき漢文の素養を深める。87年同地で荒尾精と出会い、漢口楽善堂に参集した。湖南の長沙で売薬業を展開するも火災により閉店、89年岸田吟香の推挙により上海楽善堂支配人依嘱となる。この間、中国北部7省、湖北省鉱山等を視察。日清貿易所設立後は商務部長となるも荒尾と意見が合わず帰国。大屋半一郎と共に中国語学校を東京神田に設立した。25年再び楽善堂入りし、総支配人となったが、日清戦争開戦後は陸軍通訳として第2軍に従軍。戦後、台湾総督府雇員となり土地調査に従事、鳳山県書記官に昇進。98年廃官により帰国。根津一の推挙により大阪商業興信所神戸支所長となる。この間、神戸実業協会より中国貿易調査委員を委嘱。1905年東亜公司の上海支部長に就任、翌年病により退任。08年東亜同文会支那経済調査部主任、11年常任幹事となり19年まで在職した。17年同仁会の理事も兼ね、北京出張所所長として北京同仁医院の創立に当たる。

(大江洋代)

(**参考文献**) 井上雅二『巨人荒尾精』(佐久間書房、1910年)、佐々博雄「清仏戦争と上海東洋学館の設立」(『国士舘大学人文学部人文学紀要』12、1980年)、山内嵓「北清と我邦の紡績業」(『東亜同文会報告』17、1901年)。

山県有朋 やまがた ありとも （天保9.閏4.22(1838.6.14)－1922.2.1）

元老、陸軍軍人、政治家、元帥。長州萩(山口県)生まれ。

幕末、奇兵隊の軍監となり、壇ノ浦支営司令として四国艦隊との交戦に参加、戊辰戦争時には北陸から新潟・会津若松を転戦、明治新政府成立後は陸軍官僚の道を歩む。明治4年7月(1871年8月)兵部大輔、1873年6月陸軍卿となり徴兵制の創設に当たる。75年には参議となり新政府の一角を占めるようになり、78年12月初代参謀本部長となる。一方で83年12月より内務卿、続いて内閣制度の発足と共に85年12月より内務大臣となり、明治地方制度の制定を行った。89年12月より92年8月現役のまま第1次内閣を組織し、初めて開かれた帝国議会の運営に当たった。93年3月から枢密院議長、98年11月より1900年10月に

は第2次内閣を組閣した。その間、98年1月に元帥。日露戦争時には1904年6月参謀総長となり、戦後は枢密院議長を長く務め、元老として後継首相選定に大きな影響力を及ぼした。07年9月公爵。

日本陸軍の基礎を作りあげた維新の元勲として山県と中国との関わりは大きい。西南戦争後の朝鮮をめぐる日清対抗に際して、1879年参謀将校を清国に派遣し、その報告を受けて翌年「隣邦兵備略」を起草した。そこでは早くも清国に対抗する軍備拡張と砲台整備を提案している。壬午事変が起こり対立が表面化すると、82年8月「陸海軍拡張に関する財政上申」を提出し、軍艦48隻の整備と4万人の常備兵を満たす必要を説いた。ただし直ちに清国と開戦すべきだと主張したわけではなく、85年の甲申事変の措置に当たっては避戦的な外交交渉を優先させた。山県が第1議会で行った「主権線・利益線」演説（「外交政略論」）は、その後の日本の大陸への膨張を象徴するものとして有名であるが、それはロシア脅威論に基づく朝鮮中立化と英独連合・日清提携論であった。日清戦争に際して第1軍司令官として出征し、北京への攻略を提案した。北清事変では列強との協調出兵を支持し、1901年には東洋に関する英独との同盟及び日本の影響力を福建・浙江方面に伸張させることを提案するも、北清事変の際の朝鮮出兵には反対している。日露戦争後の07年には日本の南満州経営のために日中両国がよく話し合うこと、09年には既得権益の確保を強く訴えた。辛亥革命が勃発すると清朝の存続を望み、12年1月の清朝崩壊と満州への革命波及に際しては満州秩序維持のための出兵を唱えた。第1次世界大戦が始まると、中国政策展開のチャンスと捉え、日本の中国に対する影響力を拡大するには、日中間の信頼関係を築くことが重要であると述べ、袁世凱を説いて日本を信頼させなければならない、その信頼関係を築くためには財政上の援助を与えるべきだということを主張した。15年対華21ヶ条要求の交渉方法には異議を唱え、第2次大隈内閣の排袁政策を批判し、寺内正毅内閣に対中親善政策への転換を期待し、18年中国と提携してシベリア政策を行うべきことを提議した。全体として山県は大陸への影響力の拡大を策したが、実行については列強諸国との関係を配慮した慎重なものであった。

（櫻井良樹）

（参考文献） 徳富蘇峰編『公爵山県有朋伝』（山県公記念事業会、1933年）、尚友倶楽部山県有朋関係文書編纂委員会編『山県有朋関係文書』（山川出版社、2004-08年）、大山梓編『山県有朋意見書』（原書房、1966年）、伊藤之雄『山県有朋』（文春新書、2009年）、伊藤隆編『山県有朋と近代日本』（吉川弘文館、2008年）。

山県伊三郎 やまがたいさぶろう　（安政4.12.23(1858.2.6)-1927.9.24)

植民地官僚、関東長官。山県有朋の養嗣子。長門（山口県）出身。

ドイツに留学後、外務省に入省。徳島・三重県知事、逓信省管船局長、内務次官等を経て、1906年、第1次西園寺公望内閣に逓信大臣として入閣。10年に朝鮮総督府政務総監となり、約9年にわたって朝鮮の植民地経営に

携わった。20年関東長官に就任。翌21年6月、関東庁の官制改革を断行し、新たに警務局、警務署・同支署を置くなど警察機関の充実を図った。また、法院長の指揮監督下に置かれていた検察官長を独立させる基礎を築き、のちの三審制導入の端緒を開いた。インフラ整備も積極的に行い、大連湾無線電信局の新設、電話設備の改善・拡張、上水道の整備、旅大道路の建設等を推進した。しかし、21年4月の関東庁告示によって、大連取引所における取引が銀建から金建に変更されると、強硬な反対運動が展開され、経済界が混乱に陥ったため、その責任を取って同年9月に関東長官を辞任した。 (若月剛史)

(参考文献) 徳富猪一郎編述『素空山県公伝』(山県公爵伝記編纂会、1929年)。

山家　亨 やまが とおる (1897-1950.1末)

陸軍軍人。静岡県出身。

山家亨は「李香蘭」誕生の仕掛け人として有名である。陸軍士官学校時代に委託生として東京外国語学校で中国語を学び、王嘉亨の中国名も持っていた。非常に流暢な中国語を操り、中国の文化に対する造形が深かったと言われる。山口淑子の実家とは、山口が幼少の頃から親交があった。満州国報道部に勤務したのち、北支派遣軍指令部報道部宣撫担当となる。いわゆる「山家公館」を拠点として、中国語新聞武徳報の発行や、新劇劇団を組織するなど、文化工作活動を行い、また、奉天(現瀋陽)放送局の開設にも携わっている。この文化工作機関は、在満日本人の間では「山家機関」と呼ばれた。1938年、山口淑子を、東宝から満映に出向していた山口稔に引き合わせ、製作部長であったマキノ光雄に紹介した。その後、43年に名古屋の陸軍刑務所に収監される。戦後に一度山口淑子を訪ねているが、その後消息不明となり、1950年1月末に山梨県山中にて遺体が発見された。死因は自殺とされている。 (瀧下彩子)

山上金男 やまがみ かねお (生没年不詳)

中国経済研究者、満鉄調査員。出身地不詳。

1934年満鉄経済調査会嘱託となり第1部に所属し、「奉天金融経済管見」、「山東商業経済の発展とその破局的機構」(『山東経済調査資料』第1輯、35年)等の論文を執筆した。35年満鉄上海事務所に移り、38年には同事務所調査課通商係に在籍しながら南京特務機関経済班長を兼任して、浙江財閥の調査にあたった。「浙江財閥の基礎的考察」(『上海満鉄季刊』第1年第1・2号、37年)は彼の代表作であり、日中戦争開戦後、浙江財閥の「自壊を或る線に喰ひ止め、以て、これを復興に協力せしめる」(「自序」)目的で単行本『浙江財閥論―その基本的考察―』(日本評論、38年)として出版された。これは、上海事務所の先任者で、浙江財閥研究の先駆者である志村悦郎の説を発展させ、浙江財閥の銀行資本を詳細に分析して、国民政府との関係、社会経済構造の変化に対する影響を明らかにし、現在でも浙江財閥研究の重要文献となっている。

(伊藤一彦)

山上正義 やまがみ まさよし (1896.7.10-1938.12.14)

新聞記者、文学者。鹿児島出身。

鹿児島高等農林を卒業、上京直後の1921年2月文学・思想雑誌『種蒔く人』創刊号に俳句を寄稿。同年12月兵士に反戦ビラを配った暁民共産党事件で逮捕され、禁錮8ヶ月の刑を受ける。25年頃上海に渡り、日本語紙『上海日報』を経て新聞連合社に入社、26年10月特派員として革命の本拠広州に赴き、創造社同人郁達夫・成仿吾等と交わる。27年2月新任の中山大学文学部長魯迅に面会して以後親交を結んだ。同年12月広東コンミューンの第一報を世界に報じ、30年2月には戯曲「支那を震撼させた三日間」を書く。28年一時帰国し、亡命してきた郭沫若の世話をする。上海に戻り、29年12月林守仁の名で先駆的業績「支那の近代劇運動」を発表、31年10月には魯迅の代表作「阿Q正伝」を作者自身の校閲を経て訳出、また「魯迅を語る」(28年2月)等で彼の紹介に努める。前者は国民党の白色テロの犠牲となった「左連五烈士」を記念し、国際プロレタリア叢書として出版された。33年8月北平支局長、36年外信部次長、発信部長を歴任、38年モスクワ支局長を発令されるが、12月病死。上海で朝日新聞記者尾崎秀実と親しく、尾崎からゾルゲへの協力を依頼されたことがあり、41年発覚したゾルゲ事件関連容疑者とされた。　　(伊藤一彦)

(参考文献) 丸山昇『ある中国特派員 山上正義と魯迅』(中公新書、1976年)。

山川早水 やまかわそうすい (生没年不詳)

漢学者、新聞記者。号は雲獻。熊本県出身。

上京後、三島中洲が主宰する漢学塾・二松学舎に入塾し、のち幹事となる。1905年、四川省を旅行し、09年にその旅行記『巴蜀』を著す。11年から15年まで二松学舎講師を務め、「支那時文」を担当する。その後、北京で日本の外務省が出資していた漢字新聞『順天時報』の主筆となる。29年には、二松学舎の校友である佐藤知恭(号は胆斎)と『対支政策平議』を著し、当時の若槻内閣が中国における排日運動に対して軟弱であるとして強硬策を説いた。著書に、『伝習録』(1910年)、『孝経詳解』(同)等がある。　(川邉雄大)

(参考文献) 財団法人二松学舎『二松学舎六十年史要』(1937年)。

山川 均 やまかわひとし (1880.12.20－1958.3.23)

社会主義者。岡山県出身。

劉師培らを中心とする社会主義夏季講習会で、1907年10月から翌08年4月にかけ4回にわたって講演を行い、張継ら中国人留学生や革命家らとの交流を深める。19年から22年の間に、『労農露西亜の研究』をはじめとする著訳者や論文等20点余りが中国語に翻訳され、施存統らのマルクス主義理解に大きな影響を与える。25年の「上海テーゼ」が示した日本共産党再組織決議に対しては参加を拒否。26年の中国国民革命以降、中国問題に関する論説を頻繁に発表し、国民革命運動に干渉する田中義一内閣の外交政策を批判した。37年7月の通州事件に際し、「支那軍の鬼畜性」(『改造』9月号)を発表。この論文については巴金から批判を受けた。戦後、中華人民共和国がソ連との間で自主・独立の関係を形成していることを評価。56年のフルシチョフ報告、及び中国共産党八全大会での劉少奇報告

を受けて、「社会主義への道は一つではない」(『中央公論』56年12月号)を発表した。

（望月雅士）

(参考文献) 高畠通敏編『近代日本思想大系19　山川均集』(筑摩書房、1976年)、川上哲正「堺利彦と山川均がみた中国」(『初期社会主義研究』14、2001年)、石川禎浩『中国共産党成立史』(岩波書店、2001年)。

山口五郎太 やまぐちごろうた　(嘉永4(1851)-1902.12.13)

大陸浪人。旧姓藤崎。肥前(佐賀県)出身。1874(明治7)年の台湾出兵に志願出征し負傷。その後福建省へ渡り、福島九成厦門(アモイ)領事のもとで清国について学ぶ。79年陸軍留学生に採用され、日本国内で採用された14名の学生と共に北京に留学することとなったが北京には赴かず、80年厦門より福州に移る。84年清仏戦争の機に乗じ、小沢豁郎駐在武官と共に「福州組」として、雲南にいた黒旗軍と呼応して挙兵しようとしたが計画倒れに終わる。山口は上海に移ったが、同年平岡浩太郎等の協力を得て同地に東洋学館を設立した。山口は資金調達のために東京と上海の間を往来。しかし東洋学館は1年ほどで閉鎖。94年に勃発した日清戦争では弁髪姿に変装して旅順口に入り、敵情を偵察して日本軍に伝えたといわれる。

（武井義和）

(参考文献)『東亜先覚志士記伝』上、『対支回顧録』下。

山口重次 やまぐちじゅうじ　(1892.8.26-1979.11.9)

満州国イデオローグ、満州国協和会指導者。千葉県出身。

1911-14年に兵役を務めたのち、19年まで朝鮮総督府の警察官や警務総監部衛生試験室書記等を務め、その間に京城大学の前身である京城法政研究会を卒業した。20年南満州鉄道株式会社に入社、大連埠頭事務所で鉄道・港湾の営業業務に従事する。満鉄の社員倶楽部である日の出町倶楽部評議員、幹事となり、26年には満鉄社員会青年部部員となる。山口は「満蒙自治国」構想と民族の協和を結び付け、在満日本人は日本国籍を離脱して満州国民となり、現住諸民族と共に満州の開発に貢献すべきとの考えを27年6月満鉄社員会雑誌『協和』の懸賞論文「三十年後の満蒙」に投稿し入選する。28年5月大連新聞社社長発案による満州青年議会の議員(青年自由党所属)となり、11月には小沢開作らと満州青年連盟を結成、その宣言・綱領を作成した。31年9月満州事変が勃発すると関東軍司令部嘱託として事変処理に協力し、まず瀋海鉄路を2週間で営業再開させ、次いで東北交通委員会を復活、さらには関東軍統治部交通課長となり奉山鉄路を英国権益から回収するなど鉄道の復興事業に当たった。32年3月「満蒙現住諸民族ノ大同団結ヲ計リ、満蒙理想郷ノ実現」を目的とする協和党の設立に着手し、5月には北満・東辺道で従軍宣撫工作を展開した。満州国日系官吏らの反対に遭い、協和党は7月に名称を満州国協和会に変え、山口は中央事務局委員に就任した。32年8月関東軍幹部が異動し、石原莞爾関東軍参謀らが満州を去ると、協和会はその性格を「教化団体」に改め、山口は解散を望むものの33年3月中

央事務局次長に就任し、関東軍・満州国政府、地方県官吏と衝突を繰り返した。その結果、協和会を追われ、35年4月奉天市公署参与官（副市長）に転任。商埠地行政権の接収、治外法権の撤廃、満鉄付属地行政権の接収、鉄西工業区の建設等に尽力した。37年7月満州国総務庁参事官に補されるも任務につかず、「満州帝国協和会指導要綱案」（38年改造社から出版）を執筆する。38年1月牡丹江省次長となり、「東満振興特別工作」、「戦時民政動員計画」に取り組んだ。39年1月満州林業株式会社監査役となり、45年5月東京出張中に終戦を迎えた。 　　　　　　　　（小林元裕）

(参考文献) 山口重次『満州建国の歴史』（栄光出版社、1973年）、同『満州建国』（行政通信社、1975年）。

山口錫次郎　やまぐちすずじろう　（生年不詳－1910.8.4）

幕臣、逓信技師。実名は挙直。出身地不詳。

安政年間、長崎においてオランダ人カッテンディーケに航海術を学び、海軍操練所教授兼勤となる。文久年間には軍艦奉行支配組頭次席函館方調役となり、元治1（1864）年幕府の命を受けて上海に航した。この時の復命書が『黄浦誌』と題して残っている。山口以下、森山多吉郎（通弁）・藤田主馬（函館奉行所与力）・蛭子砥平（函館町年寄）ら総勢50余名が乗り組んだ健順丸は函館付属官船であり、当初は外国貿易の様子等を探索し通商の試験を行うため香港及びバタビヤへ出航する予定であった。2月9日に兵庫を出帆し、21日上海に着した。英・蘭領事の世話を受けて道台応宝寺との交渉や、海草・海鼠・西洋シルク・漆器等の売却を行った。4月9日上海を出帆し15日長崎着。7月10日品川に上陸し復命した。文久2（1862）年に長崎奉行が上海へ派遣した千歳丸に次ぐ2回目の幕府派遣船であり、その後の日中貿易の魁となったものと言えるだろう。 　　　　　　　（池田勇太）

(参考文献) 大植四郎編『明治過去帳』（東京美術、1971年）、黄栄光「幕末期千歳丸・健順丸の上海派遣等に関する清国外交文書について」（『東京大学史料編纂所研究紀要』13、2003年）、新村出「元治元年に於る幕吏の上海視察記」（『商業と経済』5－2、1925年）。

山口誓子　やまぐちせいし　（1901.11.3－1994.3.26）

俳人。本名は新比古。京都府出身。

1926（大正15）年東京大学法学部卒業後、大阪の住友本社に入社、人事課上司の配慮で、34（昭和9）年11月7日～12月2日、満州・朝鮮へ出張、句帖2冊を用意してほしいままに作句した。金州で日露戦争の戦跡を訪れ、「塹壕はあさくことしの草も枯れぬ」と詠んだ。さらに旅順・奉天（現瀋陽）・鞍山製鉄所・撫順炭坑・新京（現長春）・ハルビンと廻り、朝鮮を縦貫して神戸に帰った。訪問地で詠んだ句は、書き下ろし句集『黄旗』（竜星閣、35年2月）として出版された。『黄旗』には、「纏足のゆらゆらと来つつある枯野かな」「渤海を大きな枯野とともに見たり」等の雄大な満州の風物を詠み込んだ句が多くある。『黄旗』の出版を機に同人であった『ホトトギス』を離れ、水原秋桜子の『馬酔木』に加盟し、新興俳句運動の指導者的存在にな

った。戦後は『天狼』を主宰、戦後俳句の復興を促した。　　　　　　　（笠原十九司）

(参考文献) 栗田靖『山口誓子』（桜楓社、1979年）、松井俊彦編『山口誓子全集』全10巻（明治書院、1977年）。

山口　昇 やまぐちのぼる （1886.12.3－1927.12.14）

中国研究者。千葉県出身。

東亜同文書院を卒業した1908（明治41）年から翌年にかけて、外務省嘱託や東亜同文会の特派員として中国南部の広東省・広西省・雲南省、仏領インドシナのハノイを旅し、地理、経済、列国の地位や勢力等を調査した。13年東亜同文会調査編纂部主任に就任し、会の機関紙『支那』の編集に携わるが、14年には中国に渡航して広東省や四川省の金融事情などについてまとめ、『支那』に寄稿している。15年9月以降、上海海関や青島海関等に勤務。そのかたわら、中国と欧米の関係について研究を進め、米中関係について研究した『支那と米国との関係』を17年に、欧米によるキリスト教を中心とした対中文化事業についてまとめた『欧米人の支那に於ける文化事業』を21年に著した。晩年には、当時満州で敷設が計画されていた吉敦鉄道に関して、満州の交通や東部満州の事情などについての考察を行っている。　　　　　　　（武井義和）

(参考文献)『支那経済報告書』15（東亜同文会、1908年）、山口昇編『欧米人の支那に於ける文化事業』（上海日本堂、1921年）、『支那』17、18（東亜同文会、1926年）。

山口素臣 やまぐちもとおみ （弘化3.5.15(1846.6.8)－1904.8.7）

陸軍大将。子爵。萩（山口県）出身。

長州藩士の長男として早くから長州藩諸隊に身を投じ、奇兵隊教導役として活躍した。戊辰戦争従軍後に大阪第2教導隊員、御親兵、近衛兵となる。佐賀の乱、西南戦争に出征する。日清戦争では第2師団（師団長佐久間左馬太）隷下の歩兵第3旅団長として従軍し、大山巌第2軍軍司令官のもとで山東半島作戦に赴き、金州半島で終戦を迎える。戦後の論功行賞で男爵を授かる。1900年7月には第5師団長として北清事変に出征した。先遣隊（指揮官福島安正）と合流した上で列国連合軍を形成し、天津から北京へ進軍する。その間、天津城・通州・北京で清国政府保有銀塊を鹵獲して本国に送った。国際法上合法行為であったが、部下の一部に私物化した者がいて戦後に問責される。戦闘中何度も軍紀遵守の命令を出したが、列国軍兵共々糧食等の略奪行為に参加する兵士は絶えなかった。戦後は清国駐屯隊司令官となり、01年7月に凱旋する。04年に軍事参議官となり大将に昇進したがまもなく死亡した。子爵を追贈される。

（斎藤聖二）

(参考文献) 斎藤聖二『北清事変と日本軍』（芙蓉書房出版、2006年）。

山口淑子 やまぐちよしこ （1920.2.12－　）

女優、歌手。奉天（現瀋陽）郊外北煙台出身。

山口淑子が満映で女優デビューの際に用いた「李香蘭」の名は、父文雄の親友である瀋

陽銀行頭取李際春の養女としての中国名である。親友同士が互いの子を養子とするのは、当時の中国の慣例であった。同様の事情で、山口は潘淑華の名も持っている。はじめ、健康のためにオペラ歌手から声楽のレッスンを受けたが、前座として出演したリサイタルがきっかけで奉天広播電台にスカウトされ、ラジオ歌手となる。1938年、新作映画に使う中国人女性歌手を捜していた満州映画協会の牧野満男は、ラジオで歌う山口に注目し、映画出演を依頼した。牧野と山口の仲立ちをしたのは、山家亨であった。中国語と日本語に堪能で、日本人ばなれした容貌の山口は徐々に知名度を高めたが、その日本における人気を不動のものとしたは、東宝製作で長谷川一夫と共演した『白蘭の歌』『支那の夜』『熱砂の誓ひ』の「大陸三部作」である。この時点で満映は、山口を中国人女優として扱うようになる。「大陸三部作」はいずれも、抗日意識を持つ中国人女性が、日本人男性の誠意に触れて愛し合うようになる、というストーリーで、日本人にとっては、強者＝日本の支配に感謝する弱者＝中国という甘い錯覚をいだかせるものであった。一方、中国人にとってこの映画の内容は到底容認できるものではなく、中国人女優「李香蘭」への批難は高まった。43年、山口は林則徐を描いた中華電映作品『萬世流芳』に出演。彼女の歌う挿入歌は大ヒットし、中国人の間でも「李香蘭」人気は高まった。山口は、この出演のあとで満映を退社しており、真の意味での中国映画に出演しようとの心境の変化がうかがえる。日本敗戦後は、戸籍謄本によって中国人ではないことが証明され、漢奸裁判を逃れて、46年4月に日本に帰国した。 （瀧下彩子）

（参考文献） 山口淑子・藤原作弥『李香蘭私の半生』（新潮社、1987年）、四方田犬彦編『李香蘭と東アジア』（東京大学出版会、2001年）。

山座円次郎 やまざえんじろう （慶応2.10.25(1866.12.1)－1914.5.28)

外交官。福岡出身。

玄洋社系の荒津学舎で漢籍を学び、さらに英語を学んだのち、東京で慶応義塾予備部門、帝大法学部に学ぶ。その後外務省入省。釜山・上海・仁川の領事館に勤務、1895年ロンドン公使館に務めたのち、99年韓国公使館付書記官となる。小村寿太郎外相に協力して、ロシアの満州駐兵、対韓圧力阻止のために尽力した。1904年、小村と共に対露開戦のために努力し、05年小村のポーツマス会議出席に随行した。08年イギリス大使館参事官となり、11年中国の辛亥革命に際しては、ロンドンでイギリスの対中政策との調整のために折衝し、清朝の存続と漢民族の地位尊重のために努力した。13年6月からは特命全権大使として北京に派遣され、やがて第2革命が始まると、日本人で騒乱に巻き込まれるものが少なくなく、日本国内に「対支軟弱」に対する批判が強まったので、山座は各地でこれに対応した。山座の考えていた対中国政策は「援袁反孫（孫文）」であり、当時の南方（革命）支持の世論には反対だった。やがてにわかに病いを得て、北京で客死した。 （伊東昭雄）

（参考文献） 『対支回顧録』下、『東亜先覚志士記伝』下、一又正雄編著『山座円次郎伝―明

治時代における大陸政策の実行者―』（原書房、1974年）。

山崎 桂 <small>やまざきけい</small>（慶応1.7.26（1865.9.25）－1903.6.29）

外交官。亀造と名付けられるが、1896年桂と改名した。常陸北相馬郡（茨城県）出身。

1882年清国の北京に赴き、同地で官話及び古典文学を学び、84年に一度帰国するが、同年外務省の命により再度北京に留学し古文等を学んだ。さらに87年には外務省の命により香港に留学し、中国語及び英語を学び、留学中の1890年3月在香港領事館付語学生に任ぜられた。同年帰国後外務属となり、政務局、庶務課勤務を経て、92年には外務書記生として在仁川領事館勤務を命ぜられた。94年8月、日清戦争の勃発直後公使館書記生に任ぜられ、朝鮮国に在勤した。95年領事館書記生に任ぜられ、在仁川領事館、在上海総領事館、在ニューヨーク領事館、在重慶領事館に在勤。重慶領事館在勤中に領事館事務代理として、四川省地方における義和団事変の状況を報告した。同年11月には副領事に任ぜられた。01年には領事に任ぜられ、漢口在勤となるが、同地で病を得て、帰国後の03年6月29日死去。

（白石仁章）

（参考文献）『日本外交文書』第33巻別冊、北清事変上（外務省、1956年）。

山崎羔三郎 <small>やまざきこうざぶろう</small>（元治1.7.4（1864.8.5）－1894.10.29）

漢口楽善堂員、従軍通訳者。元は白水姓。筑前（福岡県）出身。

1888（明治21）年10月清国へ渡航し、荒尾精が運営する漢口楽善堂に加わる。90年荒尾が上海に日清貿易研究所を開設すると、山崎は所員となり研究所で庶務を担当すると共に中国語を教授した。91年講習生募集のため帰国したのち、再び上海に渡航し荒尾に再会、以後上海と漢口の間を往来。94年朝鮮で甲午農民戦争（東学党の乱）が勃発すると海路朝鮮に渡り、牙山駐留清軍の状況を龍山に駐留する日本軍混成旅団司令部に報告するなどの偵察を行った。日清戦争では混成旅団司令部の通訳として従軍したほか、日本軍が平壌を陥落させた際には、捕虜の尋問を担当した。94年10月帰国命令により帰国、広島の大本営に至り、陸軍省の雇人となり通訳官として第2軍付属を命ぜられたが、軍事偵察がその任務であった。同月広島を出発、盛京省（現遼寧省）金州半島の花園河口より上陸したが、清国兵に捕えられ処刑された。（武井義和）

（参考文献）『山崎羔三郎君伝』（塩川角太郎・木本盤之助編輯兼発行、1928年）。

山崎元幹 <small>やまざきもとき</small>（1889－1971）

敗戦時の満鉄総裁。福岡県出身。

唐津中学から一高、東京帝国大学法科大学卒。1916年満鉄入社、総務部交渉局勤務。18年職制改正に伴い総務部文書課勤務。20－23年欧米留学、ロンドン・ベルリンに滞在する。25年撫順炭鉱庶務課長、27年社長室文書課長等を経て、32年に満鉄理事に就任する。37年には満州電業副社長、38年満州電化理事長、39年同理事会長に就任している。42年満鉄副総裁に就任し、戦時下の満鉄の軍事工業化を

指揮する。そして45年5月に満鉄総裁に就任し、45年8月の敗戦時には関東軍司令官から終戦処理の全権を取り付け、ソ連軍との間で満鉄終戦処理を行う。9月28日満鉄本社の標札を撤去、同30日連合軍最高司令官の指令に基づき満鉄総裁を解任される。　（小林英夫）

　（参考文献）　山崎元幹『満鉄最後の総裁山崎元幹』（満鉄会、1973年）。

山路愛山　やまじあいざん　（元治1.12.26（1865.1.23）－1917.3.15）

　史論家・評論家。本名弥吉。江戸出身。
　幕末の江戸で幕臣（天文方）の家に誕生。明治維新後一家は静岡へ無禄移住し、辛酸をなめた。静岡英学校と日本メソジスト静岡教会英語会に学ぶ。その頃中村正直訳『西国立志編』を読んで、深い感銘を受けた。上京して東洋英和学校に学んだのち、静岡県の袋井教会で約1年間牧師を務めた。やがてかねてより尊敬していた徳富蘇峰の創刊した『国民新聞』記者となり、1903年初めに月刊『独立評論』を創刊、編集・執筆に従事した。その間多くの評論・史論を執筆したが、中国・朝鮮に強い関心を持ち、『支那思想史・日漢文明異同論』（07年）、「日韓文明異同論」や『支那論』等多くの評論を著した。一般に国家主義的傾向が強かったが、当時の中国社会・文化についてしばしば独特な見解を示している。　（伊東昭雄）

　（参考文献）　坂本多加雄『山路愛山』（吉川弘文館、1988年）、『民友社思想文学叢書3　山路愛山集』（三一書房、1985年）、『明治文学全集』35（筑摩書房、1965年）、山路愛山『人生・命耶罪耶』（石山良平・石上凞子共編、影書房、1985年）。

山下奉文　やましたともゆき　（1885.11.8－1946.2.23）

　陸軍軍人、陸軍大将。高知県出身。
　1905（明治38）年陸軍士官学校卒業（18期）、16（大正5）年陸軍大学校卒業。陸大卒業後は、参謀本部勤務等を経て、海外派遣勤務が多かった。2・26事件後、陸軍中央から遠ざけられる。日中戦争が勃発すると、第40旅団長として、華北に出征する。北京郊外の南苑（中国軍の華北最大の軍事拠点）の戦闘等に従事。その後、支那駐屯混成旅団長に任命された。38年7月には、北支那方面軍参謀長に任命される。山下は、華北の占領地の治安維持に苦慮しているのは、特務機関の独断先行にあると判断し、それを方面軍参謀長の指揮下に置き統制を強めた。41年には第25軍司令官として、シンガポールを占領した。しかし日本軍の敗戦が幾重に重なった戦争末期に第14方面軍司令官としてフィリピンの防衛に着手したが、敗戦となり、マニラで絞首刑となった。
　　　　　　　　　　　　　　（山本智之）

　（参考文献）　『日本陸海軍の制度・組織・人事』、安岡正隆『山下奉文正伝―「マレーの虎」と畏怖された男の生涯―』（光人社、2008年）、武藤章『比島から巣鴨へ―日本軍部の歩んだ道と一軍人の運命―』（中公文庫、2008年）、半藤一利・横山恵一・秦郁彦・原剛『歴代陸軍大将全覧昭和篇／太平洋戦争期』（中公新書ラクレ、2010年）。

やまじもとはる

山地元治 やまじもとはる （天保12.7.25（1841.9.10）－1897.10.3）

陸軍中将。子爵。高知出身。

土佐藩士の長男に生まれ、藩主山内容堂の小姓となる。戊辰戦争に指揮官として従軍する。明治4（1871）年御親兵設置の際に8番大隊長として差し出され、少佐に任じられる。西南戦争では第4連隊長、第3旅団（旅団長三浦梧楼）参謀長として出征した。日清戦争時は第1師団長として第2軍大山巌軍司令官のもとで遼東半島の花園口に上陸し、金州・旅順の攻撃を指揮する。その際、外国人従軍記者によって「旅順虐殺」の報道がなされた。この事件が山路師団長の命令によるものかどうか、現在でも議論がある。その後第1軍支援のために北上し、大平山・営口・田庄台の攻撃に参加する。凱旋ののちは西部都督に就いた。在職中1897年秋季検閲の際に脳溢血で倒れ没する。少年時代に事故で右目を傷つけて失明したため、独眼龍将軍の異名がある。

（斎藤聖二）

（参考文献）『東亜先覚志士記伝』下、佐藤正『故陸軍中将山地元治君』（金港堂書籍、1902年）。

山田乙三 やまだおとぞう （1881.11.6 － 1965.7.18）

陸軍軍人。長野県出身。

陸軍経理官市川確の3男として生まれ、山田貴之の養子となる。1902年陸軍士官学校騎兵科（第14期）卒業。04年3月第3師団騎兵第3連隊付で日露戦争に小隊長として参戦、南山で初めての戦闘を経験する。得利寺、大石橋、首山堡と転戦し、9月腸チフスに罹り後送される。12年陸軍大学校卒業。以後32年8月に陸軍通信学校長となるまで騎兵畑を歩み、その後は35年12月陸軍士官学校長に親補されるまで陸軍の通信関係に従事した。37年3月第12師団長となり満州牡丹江に赴任、同年12月ソ連極東軍と対峙する東寧へ移動し、38年1月には関東軍に新設された第3軍の初代軍司令官となる。同年12月中支那派遣軍司令官に親補され南京へ。在任中は南昌作戦、襄東作戦、汕湘作戦、贛湘作戦の四大会戦を指揮し、南昌攻略の際は山田自ら陽動作戦を敢行した。39年10月から5年近く教育総監を務め、軍事参議官を兼任、その間40年に陸軍大将昇進。44年7月関東軍総司令官に親補され駐満大日本帝国特命全権大使を兼任。在満兵力の南方戦線転出が増加する中、山田は満ソ国境の静謐保持、対ソ戦争の発生防止に努めた。山田が大連に出張中の45年8月9日ソ連軍が東部国境に侵攻を開始、15日夜幕僚会議を開いて山田が即時停戦の裁断を下した。山田は軍に居留民の保護を命じ、またソ連極東総司令官にも居留民保護と早期の内地送還を要求した。9月新京（現長春）からハルビン経由でハバロフスクに移送され、関東軍軍医部長、731部隊軍医らと共に「細菌兵器の準備及び使用」の廉で起訴され、49年12月25－30日、ハバロフスクで沿海州軍管区軍事裁判にかけられた。山田に対する告発理由は、日本軍の要職にあって細菌戦部隊の業務を統轄し細菌戦準備に積極的に参加したこと、さらには、生きた人間に対する犯罪的非人道的な実験の実施を容認したこととされた。求刑通り25年間の矯正労働収容所への収容が判決され、イワノボ第48将官収容所に移された。

56年釈放され、6月北斗丸で舞鶴港に復員した。　　　　　　　　　　　　（小林元裕）

（参考文献） 山田乙三「終戦における関東軍総司令部の状況等について」（防衛研究所所蔵、1945、46年）、同「児孫に語る」（防衛研究所所蔵、1950年）、楳本捨三『将軍の四季』（光人社、1983年）、森松俊夫「最後の関東軍司令官―山田乙三大将を偲ぶ―」（『史』100、101号、1999年）。

山田勝治　やまだかつじ　（1873.12.12-.1916.7.27）

文化人。福島県出身。

二松学舎に学び、1898（明治31）年に宇都宮師範学校、99年に私立大成中学校の教員となる。1901年に、福島県の県費留学生として上海の東亜同文書院に入学し、卒業後は弟の謙吉と共に母校の教授に就任した。さらに張之洞湖広総督の招聘に応じ武昌の学堂にて教鞭をふるい、学堂の閉鎖後は上海にて中国語新聞『滬報』の創刊に加わった。

ところで1910年には、外務省の臨時嘱託として湖南・湖北省に派遣され、「革命党」及び「秘密結社」について調査した。この時山田以外にも調査員が各省において実地踏査に従事し、その復命書は日本の外務省記録に残されている。翌11年には北京の『順天時報』の主筆に移った。同紙は1902年に創刊され、日本政府が援助したいわゆる「機関新聞」であった。13年には東京の東亜同文会の幹事に就任し会務を運営するかたわら、第1次大戦勃発前後の欧州情勢をまとめた『欧亜風雲録』を出版した。16年に亡くなると、その功績をたたえ『支那時文講義全集』『漚江三種』が出版された。　　　　　　（白田拓郎）

（参考文献）『東亜先覚志士記伝』下。

山田寒山　やまだかんざん　（安政3.7.3（1856.8.3）-1918.12.26）

篆刻家。名は潤、号は寒山、芝仙堂、風火仙窟等。長久手（愛知県）出身。

永平寺派の僧であり、大阪寒山寺に滞在した際に、「寒山寺裏寒山子」の遊印を用いたことから、寒山と号するようになった。小曽根乾堂、福井端隠に入門して篆刻を学び、芙蓉派を継ぐ第一人者をもって自認した。1897（明治30）年に日下部鳴鶴から呉昌碩の話を聞き、さらに中林梧竹にあわせて渡清したが、蘇州寒山寺の荒廃を見て、住職に4ヶ月ほど就く。この時、「楓橋夜泊」詩で有名な寒山寺梵鐘が倭寇に持ち去られた逸話を聞いて探索のために帰国するも発見できなかった。そこで伊藤博文と共に発起人となり、新たな梵鐘を鋳造して寄進した。銘文の選定も伊藤博文であり、檀家総代ともなっている。梵鐘は現在も寒山寺・大雄宝殿後方に、歴代の鐘と共に展示されている。寒山自身は詩・書・画・印・陶・装幀など多芸であり、中村蘭台・河井荃廬・浜村蔵六・岡本椿処と丁未印社を結成している。木村竹香のために刻した羅漢紐の陶印集『羅漢印譜』がある。

（伊藤忠綱）

（参考文献） 高畑常信『日本の遊印』（木耳社、1983年）、岡村浩「越後路の篆刻家・山田寒山」(1)～(7)（『新潟大学教育学部紀要』第7巻、2005年）、神野雄二「山田寒山研究」上・下（『修美』41・42）。

やまださぶろう

山田三良（やまださぶろう）（明治2.11.18（1869.12.20）－1965.12.17）

国際私法学者。奈良県出身。

東京帝国大学教授・京城帝国大学総長・貴族院議員・日本学士院長等を歴任。日本における国際私法学の開祖。1954年文化功労者。日本国際法学会の設立、日仏会館の創設に尽力。京城帝大総長在職中の1932年3月満州国成立。直後に3月下旬、満州国を訪問。関東軍の板垣征四郎・石原莞爾と会談の翌日、執政溥儀と懇談。満州国査察のため来訪予定のリットン調査団への対応・説明として、清朝「発祥地の満州三千万の民衆が自分に統治者となることを希望して止まないので、再び故国に君臨して新しい国家を創建したに過ぎない」と述べるよう助言した。著書に『国際私法』（上巻32年、下巻34年）、『回顧録』（山田三良先生米寿祝賀会刊、非売品、57年）他多数。

（藤井昇三）

（参考文献） 池原季雄「山田三良先生を悼む」（『ジュリスト』340、1966年）、神川彦松編『山田教授還暦記念論文集』（有斐閣、1930年）。

山田純三郎（やまだじゅんざぶろう）（1876.5.18－1960.2.18）

孫文の協力者。字子純。青森県出身。

1900（明治33）年6月、東亜同文会が経営する南京同文書院に在学中、実兄・山田良政（1868－1900年）の紹介により、上海で孫文に出会う。良政は同年孫文が広東省で起こした「恵州起義」に参戦し、清軍に捕えられ処刑されたが、純三郎は01年上海に誕生した東亜同文書院で事務員兼助教授を務めたのち、日露戦争に出征し、07年南満州鉄道株式会社に入社。撫順炭販売路拡張のために09年5月上海に赴任し、三井物産上海支店内に満鉄駐在員事務所を開設した。この頃に革命に情熱を傾けるようになったといわれる。

武昌起義直後の11年11月に陳其美が企てた江南機器局奪取計画に際し、純三郎は上海日本総領事館にピストル借用を申し込み、有吉明総領事から3丁を譲り受け陳に渡すというかたちで関与した。同年12月には辛亥革命の報を聞いて欧米から帰国した孫文を、宮崎滔天らと共に上海から香港まで出迎えた際、帰りの船中で孫文から革命資金の調達を依頼され、それを受けて上海到着後すぐに藤瀬政次郎三井物産上海支店長に面会すると共に孫文と引き合わせている。藤瀬から連絡を受けた三井物産本社の山本条太郎常務は資金調達を行い、また三井物産側から出された、漢冶萍（かんやひょう）公司を日中合弁にするという条件で500万円の借款交渉が行われた結果、300万円が孫文側に渡された。しかし、合弁案は漢冶萍公司内部の反対により挫折し、300万円はのちに返済された。12年2月、満州の日本への租借を条件とする1000万円の借款についての孫文と三井物産の森恪との話し合いに、純三郎は胡漢民・宮崎滔天と共に立ち会った。しかし、この件は日本側の回答が得られなかったため、実現しなかった。15年2月5日、「中日盟約」に孫文・陳其美・犬塚信太郎と共に署名、押印して盟約締結に関わった（ただし犬塚はのちに署名、押印）。その真偽をめぐって日本や台湾の学界で論争がある。

第2次広東軍政府時代の22年6月、陳炯明（ちんけいめい）

によるクーデタが発生した際には藤田栄介広東総領事と連絡を取って孫文を上海まで避難させた。24年11月、孫文が張作霖との会見のため広東から北上の途次立ち寄った神戸で純三郎は合流し、天津まで同行。会見前に張の軍事顧問であった町野武馬に面会し、張が孫文を拉致しないよう身の安全の保障を求めた。孫文の死後、28年に誕生した蔣介石率いる南京国民政府に対し、31年6月汪兆銘(字精衛)らが「反蔣政府」として広東に広東国民政府を樹立すると、同政府に顧問として招聘された。　　　　　　　　　　　　　　　(武井義和)

(参考文献) 結束博治『醇なる日本人 孫文革命と山田良政・純三郎』(プレジデント社、1992年)、馬場毅「孫文と山田兄弟」(愛知大学国際問題研究所『紀要』126、2005年)。

山田正平 やまだしょうへい (1899.2.1 – 1962.2.8.16)

篆刻家。号は一止道人。新潟県出身。

新潟の篆刻家・木村竹香の次男だが、弱冠に上京し山田寒山宅に寄寓して学ぶうち、養嗣子となった。この時の世話人が会津八一である。1913(大正2)年、20歳で二松学舎に入学して漢学を学ぶと、19年に河井荃廬に随伴して中国へ渡り、呉昌碩の影響を受けた(門下に篆刻の指導を受けた)。この時、徐星州に刻してもらった「正平之印」を終生用いている。20年5月に帰国後、小川芋銭に画を学んだ。さらに徳富蘇峰・岸田劉生等の印を手掛け、これらの刻料と堤清六の援助で23年4月再び中国へ渡航する。大同・天津・白河(北京郊外)に遊び、5月17日に帰国、大同では石仏寺に4、5日起臥したという。その後も数多くの訪中を繰り返しつつ、国内では日展依嘱出品、日銀総裁の印を刻すなど精力的に活動している。1962(昭和37)年書道使節団団長として訪中するが、大動脈瘤により急遽帰国し、8月16日に他界した。

(伊藤忠綱)

(参考文献) 宮澤昇『印人・山田正平の人と芸術』(霊泉堂、2004年)、佐藤耐雪『一止道人山田正平先生の書簡』(佐藤耐雪後援会、1979年)。

山田清三郎 やまだせいさぶろう (1896.6.13 – 1987.9.30)

作家・評論家。京都府出身。

諸種の職業を転々とし、のち『文芸戦線』や『戦旗』の編集に携わる。1931年共産党に入党。39年3月満州に渡り『満州新聞』の学芸課長、次いで文化部長となる。自らも『建国列伝』(巻1～3)を書いたが、『日満露在満作家短編選集』(春陽堂、40年)、『満州国各民族創作選集』(創元社、41年)を編集発行した。長春で敗戦となり、ソビエトの収容所に入れられ、50年4月帰国。のち回想記『転向記』(理論社、57年)を書く。　(阿部 猛)

山田良政 やまだよしまさ (慶応3.12.7 (1868.1.1) – 1900.10.22)

中国革命支援者。山田純三郎の兄。幼名良吉。津軽藩(青森県)出身。

1890年、水産伝習所卒業後、陸羯南の勧めにより、北海道昆布会社に入社し、上海支店に赴任した。その後、日清貿易研究所に通っ

た。日清戦争後、台湾へ陸軍の通訳として赴任し、97年台湾で知り合った海軍軍人滝川具和のあとを追って、北京に行き海軍省嘱託となった。98年軍の要請により山東省の調査を行い、さらに2月遼東半島の調査をしている。9月戊戌政変の際には、平山周や滝川具和と共に、変法派の王照を北京から脱出させ天津に行かせ、日本の軍艦大島に収容するなど中国の変革運動を支援し始めた。

99年7月東京で初めて孫文に会い、変法派支持から革命派支持になると共に、東亜同文会に参加した。1900年5月南京同文書院の教授兼舎監となった。6月上海で孫文と会見し、革命蜂起への参加を表明し、8月革命参加のため同文書院を辞任した。そして山田良政が仲介して、孫文と台湾総督府長官児玉源太郎、民政長官後藤新平が会見して、起義軍が児玉総督から武器供与と日本軍人の参加という援助を得ることになった。孫文の部下鄭士良は、その援助をあてにして三合会員らを率いて、10月恵州の三洲田で蜂起した。しかしながら日本国内では、9月26日山県有朋内閣が総辞職し、後任の伊藤博文は、児玉総督に対して、孫文への援助を禁止した。山田良政は、孫文の命を受け、このような児玉総督の方針変更を鄭士良に伝えるため、10月8日台湾を発ち香港を経て、10月22日に鄭士良のもとに到着した。知らせを受けた鄭士良は、三洲田へ戻ろうとしたが、三多祝で清軍に攻撃され、山田良政ら6名は捕虜となり清軍に殺され、その所在は不明となった。18年後、山田良政を部下に殺させた洪兆麟の山田純三郎への話により、その所在が明らかになった。

（馬場　毅）

(参考文献) 結束博治『醇なる日本人―孫文革命と山田良政・純三郎―』（プレジデント社、1992年）、保阪正康『仁あり義あり、心は天下にあり―孫文の辛亥革命を助けた日本人―』（朝日ソノラマ、1992年）、馬場毅「孫文と山田兄弟」（愛知大学国際問題研究所『紀要』126、2005年）。

山中峯太郎 やまなか みねたろう （1885.12.15－1966.4.28)

陸軍軍人、作家。軍医山中恒斉の養子となる。筆名山中未成、大窪逸人、石上欣也、三条信子、偽名透徹一。大阪府出身。

陸軍中央幼年学校、陸軍士官学校卒業、近衛連隊に勤務、中尉任官。陸軍士官学校在学中、李烈鈞ら清国から派遣された中国人留学生と友人となり、中国同盟会に参加した。1911年、辛亥革命が勃発すると中国留学生たちの活躍を聞き、中国渡航を志望し現地視察の上官に同行を願うが許可を得られず、独断で中国動乱に参加すれば、軍法会議にかけ処罰するとの警告を受けた。李烈鈞は辛亥革命成功後、孫文により江西省都督に任命された。山中は李を「死友」と呼んでいた。第2革命起こるや、李は山中に軍事作戦に参加するように電報で要請した。山中は陸軍大学校を中退し、朝日新聞通信員として江西省で内戦に参加、敗北して湖南省長沙に逃れ、日本領事館の助けを受け李烈鈞を日本に亡命させる。陸軍日野大佐他13名の日本人が江西省の内戦に参加していた。日本外務省は革命派指導者の日本への亡命を受け入れるなとの指示を出したが、結果的に皆日本に亡命した。朝日新聞

の現地通信員として山中未成名義で「中国通信」の記事を送り掲載された。翌年陸軍依願免官。東京朝日新聞社に政治部記者として入社。15年12月第3革命が起こると、中華革命党総理孫文から中華革命軍東北軍参謀長に任命された。第3革命では特派員として上海渡航、政治動向を記事として送った。陳其美(ちんきび)暗殺事件の現場に居合わせて狙撃されたが弾丸はそれで傷を負わなかった。「陳其美氏の暗殺」の記事を送る。16年帰国後『中央公論』等へ執筆。17年淡路丸偽電報事件（電信法違反、取引所法違反及恐喝）により逮捕され、懲役2年の実刑を受ける。中国革命援助の資金作りのために株取引に関係したことは暗号日記以外で自分から話そうとしていない。出獄後作家として生計を立てていく。かねてから宗教に関心を持っていたが、宗教関係の『我れ爾を救う』を出版。27年『少年倶楽部』に登場、冒険小説作家の第一人者として人気を得、「敵中横断三百里」(30年)、第2革命・第3革命の体験を「亜細亜の曙」(31年)として執筆した。少年たちに大陸雄飛の夢を与えた。山中は阿南惟幾（のちに陸相、陸士同期）から東条英機（陸士1年先輩）へ陸相就任を説得するよう頼まれた。東条が陸相、首相に就任するや私設の相談役となり講演・訓示等の草稿を書き、東条英機著、山中峯太郎編述『一億の陣頭に立ちて：東条首相声明録』(42年)がある。戦後『実録・アジアの曙』の自伝的回想を発表（62年上半期文藝春秋読者賞、62年TBSテレビにより放映）、『実録・アジアの曙—第三革命の真相—』も文藝春秋新社より刊行。　　　　　（片倉芳和）

（参考文献）　尾崎秀樹『評伝山中峯太郎　夢いまだ成らず』（中央公論社、1995年）。

山梨半造 やまなしはんぞう　（元治1.3.1(1864.4.6)−1944.7.2)

陸軍軍人。相模大住郡（神奈川県）出身。

1886年6月に陸軍士官学校を卒業。歩兵第5連隊中隊長、第2軍参謀副長、さらには占領地総督部副官として日清戦争に従軍。日露戦争が始まった1904年3月には第2軍参謀として出征、のちに第2軍参謀副長となる。戦後はオーストリア・ドイツの駐在武官を務め、14年8月に第1次世界大戦が勃発すると、神尾光臣司令官が指揮する独立第18師団の参謀長として青島攻略で功績を立てる。その後、18年10月に田中義一陸相のもとで陸軍次官、21年6月には原敬内閣の陸軍大臣となり、23年9月までの在任中に山梨軍縮と呼ばれる軍備縮小政策を実行した。25年5月に予備役に編入されるが、田中義一が内閣を組織すると27年12月に朝鮮総督に抜擢される。しかし、総督在任中に釜山取引所設立をめぐる収賄事件が起こり、田中内閣総辞職後の29年8月に辞任、年末には起訴される。裁判で無罪となるも以後、公職からは身を引いた。妻は参謀本部次長田村怡與造の娘。第14軍司令官としてフィリピン攻略戦を指揮し、戦後に刑死した本間雅晴は義弟。　　　（加藤聖文）

（参考文献）　柿沢篤太郎編『山梨半造論文集』（千秋社、1926年）。

山根虎之助 やまねとらのすけ （文久1.7.11(1861.8.16)－1911.8.14)

新聞記者、漢詩人。号立庵。別号晴猟雨読居士、深山虎太郎。山根虎雄、虎臣とも呼ばれる。長門（山口県）出身。

幼少時に聴覚を失ったが、独力で漢詩文を学ぶ。『周南』『長州日報』等に勤務。1898（明治31）年、上海に赴き、白岩龍平らと共に乙未会を結成。東亜同文会に参加。『亜東時報』を編集し多数の論説を発表。中国が国民国家化されていないことを指摘し、変革を促した。戊戌の変法について、それを支える社会的基盤が十分でないことを危惧（「倡難論」）。変法頓挫後の康有為の外国に頼る言動を批判した（「与康有為書」）。章炳麟・宋恕らと交流があり、章が渡台した際、『台北日報』を紹介したとされる。また、「民権」「共治」「君権」の3篇は、梁啓超『自由書』に中国の時弊を的確に指摘したものとして紹介された。1901年、北京へ行き、陸軍通訳となる。その後、保定軍官学堂訳官や仙波太郎率いる天津駐屯軍の通訳となり、11年、病を得て帰国。　　　　　　　　（合山林太郎）

(参考文献)　『立庵遺稿』（東亜実進堂、1917年）、『明治漢詩文集』（明治文学全集62、筑摩書房、1983年）。

山本五十六 やまもといそろく （1884.4.4－1943.4.18)

海軍軍人。新潟県出身。

31歳まで高野姓であったが、旧藩主らの強い要望を受けて長岡藩の名家で絶家になっていた山本家を継ぎ、山本姓となる。兵学校32期で、堀悌吉とは盟友の間柄であった。兵学校卒業後、短期間の巡航を経て、バルチック艦隊の来航を待ち受ける1等巡洋艦「日進」に乗艦、日本海海戦の最中、主砲の事故のため重傷を負った。山本の存在感を高めたのは海軍航空の発展に対する貢献であったが、航空畑に転換するのは米国留学が契機であった。帰国後、希望する航空関係のポストがなく、半年以上も補職なしのあと霞ヶ浦航空隊の教頭兼副長の職を得た。その後、航空本部技術部長、航空本部長となり、新型機の開発と生産に取り組み、昭和10年代の海軍航空の基盤を作り上げた。1937年の日中戦争の勃発時、海軍次官の要職にあり、パネー号事件の解決を含めて中国問題に関して米英大使と頻繁に接触し、また三国同盟の締結にも抵抗して、日・米英関係が悪化しないように努めた。

（田中宏己）

山本熊一 やまもとくまいち （1889.4.8－1963.1.17)

外交官。山口県出身。

1912（明治45）年東亜同文書院を卒業。19（大正8）年外務省に入省、臨時調査部に勤務し山東省に赴き、中国の治外法権撤廃に関する調査を行う。以後、中国の治外法権撤廃は、山本の外務省時代の主要テーマとなる。33（昭和8）年、全権委員随員としてロンドン経済会議に出席、帰国後満州国に在勤。その後通商局長（39年）、東亜局長（40年）、アメリカ局長（兼任、41年）を経て、42年外務次官に就任するが、同年11月、対中国政策遂行のため大東亜省が設立されると、同省次官に転じ、対中国政策立案の中心となった。同

文書院出身者には珍しく、本省勤務が長かったが、やはり同文書院出身の石射猪太郎同様、軍部には一線を画すところがあった。戦後は、一時公職追放となったが、52年、平野義太郎と共に日中貿易促進会議の議長に就任、57年には日本国際貿易促進協会会長に就任し、日中貿易の発展に尽くした。著書に『新支那の現状』がある。　　　　　　　　（栗田尚弥）

(参考文献) 『東亜同文書院大学史』（大学史編纂員会編、滬友会、1982年）。

山本　憲 やまもと けん （嘉永5.2.12(1852.4.1) －1928.9.6）

漢学者、自由民権運動家。号は梅崖。土佐藩（高知県）出身。

少年時代に藩学・名教館の学頭、助教をそれぞれ務めていた祖父澹泊と父竹渓から漢学の薫陶を受けた。青年期に藩校・至道館、土佐藩の開成館、東京の育英義塾で勉学。工部省の電信技師を務めたが、1879年の大阪新報社入社を転機に、岡山『稚児新聞』、『中国日日新聞』及び『北陸自由新聞』の記者や主筆として自由民権を唱え、自由党に加わった。83年に大阪に戻り、漢学塾の梅清処塾を開いた。85年「大阪事件」で檄文を書いたため投獄され、4年後の恩赦で釈放された。97年秋、2ヶ月余りで中国を旅行し、汪康年等と親交を結んだため、その後、お互いに紹介した留学生の受け入れに便宜を提供した。1904年に塾を岡山県牛窓町に移した。著述に『燕山楚水紀遊』『梅清処詠史』『梅清処文鈔』等がある。　　　　　　　　（陶　徳民）

(参考文献) 『梅崖先生年譜』（非売品、1931年）、増田渉「山本憲（梅崖）」（同『西学東漸と中国事情』岩波書店、1979年）、呂順長「山本梅崖と汪康年の交遊」（『四天王寺国際仏教大学紀要』45、2008年）。

山本権兵衛 やまもと ごんべい （嘉永5.10.15(1852.11.26)－1933.12.8）

海軍軍人。鹿児島出身。

薩英戦争、戊辰戦争に従軍、その後、昌平黌、開成所を経て海軍兵学寮に進んだ。兵学寮の成績は下から2番目であった。1877年から1年間、ドイツに派遣され、ヴィネタ号・ライプチヒ号に乗込み、西欧の航海術の実際を学んだ。87年10月から1年間、樺山資紀の随員として独仏英等の海岸防備を視察、関連資料を収集した。91年から海軍省のNo.3に当たる海軍大臣官房主事となり、戦える海軍をめざして大幅な人員整理に取り組み、将官8、大佐・少佐・大尉89（87説あり）の合計97人の首切りを行った。うち25人が薩摩出身者で、県別数で段違いに多く、容赦のない整理であったと評価された。日清戦争中は海軍省の要である軍務局長を務め、戦役後、海軍大臣となり、日露戦争勝利までの8年間にわたり海軍を指導した。1913年首相になり、中華民国を承認する代償として、満蒙3鉄道の借款、2鉄道の租借優先権を獲得し、大陸での日本の地盤を強化した。　　　　（田中宏己）

山本実彦 やまもと さねひこ （1885.1.5－1952.7.1）

文化人、出版社経営、政治家。鹿児島県出身。

日本大学法律学科卒業。1919年改造社を起

こし、総合雑誌『改造』を創刊した。26年『改造』誌上で「現代支那」の特集号を出すに際し、編集者上村清敏が上海に出かけ、内山完造の助言を入れて編集し、胡適・田漢・郭沫若等が執筆した。以後内山完造と『改造』との深い関係が生まれた。32年満州国が建国されると、初代国務総理鄭孝胥に会いに出かけ、35年張景恵があとを継ぐと再び会いに出かけた。36年12月西安事件が起こると、上海・南京に出かけ、張学良から釈放されたばかりの蔣方震に会い事件の詳細について聞いた。37年『大魯迅全集』7巻を刊行した。38年大衆向けの雑誌『大陸』を発刊した。また徐州戦に参加した火野葦平の「麦と兵隊」、毛沢東の「持久戦論」「抗日遊撃戦争を論ず」が『改造』各号に掲載された。日中戦争中、何度も中国に出かけて視察した内容を『改造』に掲載し、のちにそれを単行本にした。30年以後、衆議院議員に2回当選した。

〈馬場 毅〉

(参考文献) 松原一枝『改造社と山本実彦』(南方新社、2000年)、山本実彦『世界文化人巡礼』(改造社、1948年)。

山本条太郎 やまもとじょうたろう 慶応3.10.11(1867.11.6)−1936.3.25)

実業家。政治家。越前(福井県)出身。

三井物産上海支店長時代、日中間の通商・投資を拡大することに尽力し、南満州鉄道株式会社社長として同社改革に挑むともに、化学工業を起こし、鉱山事業へも進出、実業家としての腕を振るった。のちに政治家の道を歩み、政友会幹事長として大陸政策を積極的に進め、森恪・久原房之助らと共に日本の中国進出や東方会議で大きな役割を果たした。

共立学校を病気で卒業できなかった山本は、三井物産横浜支店に勤務。益田孝に認められ上海支店勤務となり、早速無錫で繭、営口で大豆、豆粕の買付けに成功し、三井物産の満州進出への足場を築いた。1901年には同支店長となる。上海を日本紡績業の拠点にするため、興泰紗廠を買収し、上海紡績を設立した。日露戦争中には、02年の日英同盟締結後は英国情報網を利用して、上海総領事小田切寿之助と共に対露情報戦を展開し、日露戦争の勝利に貢献した。上海ディリープレスの買収等による対日世論の形成やバルチック艦隊の対馬沖通過に関する決定的な情報提供により民間人でありながら叙勲を受けた。11年の辛亥革命時には中華民国政府のためという名目で、孫文に300万円支援した。益田孝をして三井物産をつぶしかねない男と言わしめるほどリスクに挑戦する大胆さと優れた事業才覚を兼ね備えたスケールの大きな実業家であった。

13年には渋沢栄一・近藤廉平・井上準之助・益田孝と共に、中国興業株式会社を設立した。14年シーメンス事件に連座したのち、三井物産を退社。20年以来、立憲政友会から衆議院議員となり、27年には政友会幹事長となり、海千山千の政治家を統率した。同年7月南満州鉄道株式会社社長となり、同社の改革に乗り出した。「満鉄の実務化・経済化」を掲げて、官営的色彩の強い同社に、株式会社としての経済観念を植え付けるよう心がけた。多岐にわたる事業の柱を、鉄道と鉱山経営に絞りこんだ。鉄道では、同年10月張作霖

と交渉し5鉄道敷設契約（通称山本契約）を締結し、いわゆる満鉄包囲網の切り崩しを図った。鉱山経営では、鞍山製鉄所の更生発展と油田の工業化に取り組んだ。山本の行動はすばやく、米国から新型車輛等数百両を発注し短期間に納品させた。情報活動を重視し満鉄調査部も充実させた。一連の改革により、満鉄は再建のめどがつき、中興の祖と呼ばれた。

田中義一内閣退陣と共に29年8月満鉄を辞任し、帰国。同年世界大不況の始まりと共に満鉄の業績も悪化した。満州事変、5・15事件等で軍部が台頭する中で、あくまでも中国への経済進出を試みた山本は体調を崩し、36年死去。　　　　　　　　　　（木村昌人）

（**参考文献**）　山本条太郎伝記編纂会編『山本条太郎伝記』（1942年）、原安三郎『一業一人伝』（時事通信社、1965年）。

ゆ

結城蓄堂 ゆうきちくどう　（明治1.11.10（1868.12.23）－1924.10.6）

漢詩人。名は琢、字は治璞、蓄堂と号した。但馬（兵庫県）の人。

初め斎藤東軒・三宅竹隠や久保田捐窓に漢学・詩文を学び、次いで大阪の藤沢南岳に師事し、漢詩を小野湖山に学んだ。1889年、自由党に入り各地を遊説する。97年、北垣国道の推挙により台湾総督府に入り、台南庁文書課で『台南県誌』を編集する。1901年、長岡護美に随行して清国に渡航し、兪樾（号は曲園）に会って詩を問うている。06年には再び清国に渡航した。08年には雑誌『陽明学』を発行し、翌09年には『日露戦史』を編集。のち茗渓吟社、月池吟社を創立。18年に漢詩雑誌『詩林』を創刊した。編著書に『秋萍』『和漢名詩抄』がある。　　　（川邉雄大）

（**参考文献**）　『東亜先覚志士記伝』下。

よ

与倉喜平 よくらきへい　（慶応1.9.15（1865.11.3）－1919.5.31）

陸軍中将。日向（宮崎県）出身。

陸軍士官学校（旧10期）、陸軍大学（11期）を経て、1899年参謀本部員となる。1901年に清国に差遣され、福州・広東・厦門・香港等で3年にわたり軍事研究に従事する。日露戦争に臨んで04年6月に満州軍総司令部付となり、7月から営口軍政官に就く。伊集院彦吉領事と共に戦時下の開港市営口の軍政を担い評価を高めた。戦後は第53連隊長、半年間の洋行、第1連隊長を経て、12年3月に参謀本部第2部長宇都宮太郎の推挙により中清派遣隊司令官となって4月に漢口へ赴任した。翌年9月に第35旅団長、15年陸軍士官学校長となるが、19年1月に病気のために待命となった。その5月に没する。薩摩系有力陸軍軍人の一人として陸軍の中で独特の位置を占めていた。　　　　　　　　　　（斎藤聖二）

（**参考文献**）　『日本陸軍とアジア政策　陸軍大将宇都宮太郎日記』1、2（岩波書店、2007年）、『対支回顧録』下。

横川省三 よこかわしょうぞう　（元治2.4.4（1865.4.28）－1904.4.21）

新聞記者、軍事密偵。旧姓三田村、幼名勇

治。号北溟、精軒。南部藩（岩手県）出身。

郷里の小学校教員を辞して上京し、自由党有一館に加盟。1884年、加波山事件に連座して投獄され、86年、禁固2ヶ月の判決を受ける。釈放後は、自由民権運動への弾圧に対する三大建白運動に従事したため退京処分。90年、東京朝日新聞社に入社し、93年には郡司成忠大尉の千島探検に同行取材。94-95年、日清戦争の従軍記者となったのち、97年に退社しアメリカへ留学。帰国後、内田康哉駐清公使に随行して清国に渡り、北京を拠点として諜報活動に入る。1904年、日露開戦に伴い、軍の密命により特別任務班を編成し、沖禎介らと共に敵情探索に従事。同年4月、中東鉄道の鉄橋爆破を目的としてチチハル付近に潜入したが、ロシア兵に捕えられ、20日に軍法会議で死刑宣告を受け、翌日ハルビン近郊で銃殺された。　　　　　　（澁谷由里）

（参考文献）『東亜先覚志士記伝』下、『対支回顧録』下。

横川唐陽　よこかわとうよう　（明治1.12.20(1869.1.14)-1929.12.12)

陸軍軍医・漢詩人。名は徳・徳郎、字は有隣。長野県出身。

信州諏訪郡四賀村に生まれ、第一高等中学校医学部を卒業して、陸軍軍医となり、在職24年間に、日清・日露戦争に従軍。日清戦争後に台湾駐屯、義和団事件後に北京駐屯。日露戦争では第1師団衛生隊医長。この間、しばしば森林太郎の指揮下にあって親交をもった。浜松衛戍病院長、善通寺衛戍病院長、旭川第7師団軍医部長・1等軍医正となり退役。若くして森槐南に師事し、漢詩人として知られた。漢詩集『游燕今体』(1902年刊）は、1901年7月から10月にかけての北京滞在中の作を収める。編年による『唐陽山人詩鈔』(23年刊）にも、台湾従軍中（1895年）の作、北京滞在中の作、日露戦争従軍中の作、遼陽駐屯中（1917年）の作を収め、呉汝綸・羅振玉らとの交流も知られる。（町　泉寿郎）

（参考文献）『明治文学全集62　明治漢詩文集』（筑摩書房、1983年）、『游燕今体』(1902年)、『唐陽山人詩鈔』(1923年)。

横手千代之助　よこてちよのすけ　（明治4.1.15(1871.3.5)-1941.11.14)

衛生学者、医学博士。東京出身。

環境衛生学の先駆者、学校、工場の環境衛生の向上を提唱。

東京四谷区新堀深江町に横手玄碩の長男として生まれる。第一高等学校を経て、1894年帝国大学医科大学卒業。98年衛生学講座助教授。同年からドイツに3年間留学。1904年に帰国、06年に増設された衛生学第二講座を担任して一般衛生学の講義を担当（第一講座は緒方正規の微生物学）。08年に教授。14年伝染病研究所が内務省から文部省に移管されたとき技師第一部長を兼任。31年に東京帝国大学を退職し、義和団事件賠償金による東方文化事業の拠点として設立された上海自然科学研究所の初代所長署理に就任した。

（酒井シヅ）

（参考文献）阿部洋『「対支文化事業」の研究』（汲古書院、2004年）。

横光利一 よこみつりいち （1898.3.17 – 1947.12.30）
小説家。福島県出身。

すでに新感覚派の中心的存在となっていた横光利一は、『文芸時代』の仲間たちが次々と左傾化していく中、1928年4月、中学以来の旧友今鷹瓊太郎の誘いと芥川龍之介の勧めにより上海に渡り、約1ヶ月滞在した。この時の経験をもとに『上海』（改造社、32年）を執筆。『上海』は、列強諸国の租界が置かれた植民地都市上海を舞台とし、日本資本の綿紡績工場での労働争議に端を発する反帝国主義運動（5・30事件）や諸勢力の闘争を描いた、横光最初の長編小説である。この小説は新感覚派の集大成であり、社会主義文学に対する文学的挑戦と目されている。この他、30年に満鉄の招きで満州を旅し、帰国後に書いた随筆「歴史（はるぴん記）」（『改造』32年）や、36年に『東京日日』『大阪毎日』両紙の特派員として渡欧した際に立ち寄った上海・北京の印象を記した随筆「静安寺の碑文」「北京と巴里（覚書）」（『考へる葦』創元社、39年）等がある。　　　　　　　　　（倉田容子）

（**参考文献**）『定本横光利一全集』全16巻別巻1（河出書房新社、1981–88年）。

与謝野晶子 よさのあきこ （1878.12.7 – 1942.5.29）
歌人。詩人。本名しよう。大阪堺市生れ。
鳳宗七・つねの3女。堺女学校補習科卒業後、老舗菓子商の家業を手伝うかたわら古典文学を独学。1900年4月与謝野鉄幹（本名、寛）が創立した東京新詩社に参加。妻子ある師鉄幹に同じ『明星』歌人山川登美子と共に恋慕し苦悩するが、毎月熱烈な恋歌を多数同誌に発表。家出・上京して鉄幹と同棲後、結婚（入籍は02年1月）し19年までに5男6女をもうけた。01年8月鳳晶子の名前で『みだれ髪』を刊行。日露戦時下の04年9月、旅順攻撃に出征した弟の生還をいのる厭戦詩「君死にたまふこと勿れ」を発表し物議をかもした。明治期に『みだれ髪』をふくむ10冊の歌集を刊行し円熟した歌境を達成。大正期には『舞ごろも』『太陽と薔薇』などの詩歌集10集を刊行したほか、『晶子短歌全集』全3巻を刊行、『新訳源氏物語』『新訳栄華物語』など古典の現代語訳もおこなった。1928年5月、夫妻は満鉄の招待で、大連・旅順・金州・熊岳城・大石橋・営口・湯崗子・千山・チチハル・ハルビン・寛城子・吉林・長春・撫順・奉天を巡る1ヶ月半の満蒙旅行を楽しんだ。5月末チチハルで黒竜江省の督軍兼省長呉俊陞の夫人李氏と遭遇し嫩江ほとりの水荘「留園」で佐藤惣之助と共に夫人の歓待を受けたが、1週間後、張作霖爆殺事件が起こり、張作霖と呉俊陞が死亡、夫妻は奉天駅構内のホテルでその爆裂音を聞く。旅は30年5月『満蒙遊記』としてまとめられた。（吉川豊子）

与謝野鉄幹 よさのてっかん （1873.2.26 – 1935.3.26）
詩人、歌人。本名寛。妻は与謝野晶子。京都府出身。

1894年、歌論「亡国の音」（『二六新報』）で旧派和歌に異議を唱え、99年には詩歌革新をめざして東京新詩社を設立。機関誌『明星』では与謝野晶子らを輩出し、中期浪漫主義運動を先導した。徳山女学校での漢文教師をは

じめ、慶応義塾大学、文化学院等で教壇に立つ。幼時より漢籍や仏典の手解きを受け、漢学の素養を培う。唐宋元明の詩集を濫読すると共に、12歳で専門雑誌『桂林余芳』(のちの『海内詩媒』)に漢詩を投稿し、「鉄幹槎枒」の詩句より自ら鉄幹と号す。これら中国への関心、及び中国文学の知識は、日清戦争に関する詠歌をも含む詩歌集『東西南北』や、『天地玄黄』、『紫』等の勇壮な詠みぶりとして結実する。1928年5月には、南満州鉄道株式会社の招聘により、晶子と共に約40日間、満州と内蒙古を旅行し、黒竜江省督軍・呉俊陞夫人の李氏、同省警視総監・劉得権夫人の馬氏と交流を持つ。途上で、呉と張作霖の爆殺事件に遭遇。晶子との合著『満蒙遊記』(30年)では、紀行感想文・短歌・漢詩を収録して満蒙の現状を伝え、歴史的な事件の目撃者として、貴重な証言を載せた。32年、毎日新聞の公募した爆弾三勇士の歌に応じ、1等となった。
(橋本のぞみ)

(**参考文献**) 永岡健右『与謝野鉄幹研究—明治の覇気のゆくえ—』(おうふう、2006年)、川崎キヌ子『満州の歌と風土—与謝野寛・晶子合著『満蒙遊記』を訪ねて—』(おうふう、2006年)。

吉岡安直 _{よしおかやすなお} (1890.11.1 – 1949.1.15)

陸軍軍人。旧姓川内。大分県出身。

陸軍士官学校第25期卒。陸軍大学校第37期卒。参謀本部付(支那課)勤務、同本部員を経て1929年支那駐屯軍参謀。32年関東軍参謀。35年同軍司令部付として満州国皇帝付を命ぜられ、いわゆる「御用掛」として溥儀に仕え、関東軍との連絡に努めた。37年、皇弟・溥傑と日本の華族令嬢・嵯峨浩との結婚を進める一方で、皇后・婉容や淑妃・文繡(31年に離婚成立)との間に子のいなかった溥儀に、側室・譚玉齢(祥貴人)を迎えさせるなど、皇位継承問題に深く関わった。41年には短期間、日本の駐満州国大使館付武官を兼任したこともあったが、満州国崩壊まで一貫して溥儀の側近であり続けた。溥儀はのちに、譚玉齢の急死(42年)について東京裁判で、「吉岡の謀略によって日本人医師たちに毒殺された」と主張した(実際には粟粒結核の悪化による病死)。しかし譚玉齢没後の翌年、溥儀が15歳の女学生・李玉琴を新たに側室(福貴人)として迎えた時にも、吉岡は妻と共に仲介や世話に尽力した。2004(平成16)年に発見された『我的前半生』完全原稿では、自己弁護のため吉岡に様々な責任を転嫁したと反省する、溥儀の言葉が散見される。なお日本の敗戦に伴い、満州国宮廷が新京(現長春)を放棄して大栗子溝に退き、溥儀が退位したのちも、吉岡は通化・奉天(現瀋陽)へ随行。溥儀らが日本へ亡命しようと出発準備をしていた奉天飛行場で、共にソ連軍に捕われた。シベリアに送られた溥儀とは離され、モスクワの監獄に収容。捕虜のまま病没し、現地の墓地に埋葬されたと伝えられる。
(澁谷由里)

(**参考文献**) 愛新覚羅溥儀『我的前半生』(群衆出版社、1964年、完全版、2007年)、小野忍・野原四郎監修、新島淳良・丸山昇訳『わが半生』上下(大安、1977年、のちちくま学芸文庫、1992年)。

吉川英治 よしかわえいじ （1892.8.11－1962.9.7）

小説家。本名英次。神奈川県出身。

家運傾き、11歳で学校を退く。各種の職業を転々としたが、1920年秋、中国を旅行。東京毎夕新聞社に勤務し、学芸部デスクとなる。既に小説を書き才能は認められていたが、23年関東大震災を機に文学で生計を立てる決心をしたという。39－40年に発表した『三国志』（講談社）は「三国志演義」に基づいたものであるが、曹操を魅力的な人物として描き新解釈を施した。『新水滸伝』（講談社、60－63年）は未完に終わった。戦時中、37年には毎日新聞特派員として北支に赴き、翌年にはペン部隊の一員として南京・漢口方面に従軍し「漢口攻略戦従軍土産話」を書いている。

（阿部　猛）

（参考文献）『新潮日本文学アルバム　吉川英治』（新潮社、1985年）。

吉川幸次郎 よしかわこうじろう （1904.3.18－1980.4.8）

中国文学研究者、京都大学教授。字は善之。兵庫県出身。

神戸中学校、第三高等学校を経て、1922年京都帝国大学入学、狩野直喜・鈴木虎雄教授らの指導で支那語学・支那文学を専攻。卒業論文（「倚聲通論」）が漢文で書かれたことは「空前絶後」という。28年停年退官した狩野教授に随行して北京へ3年間留学、寄宿先は東城演楽胡同の延英舎で、同宿の倉石武四郎らと中国服を着る。よく「瑠璃廠」という北京最大の古董・古書店町で散歩し、書物を多数購入した。帰国前に江南地方を巡遊、黄侃・張元済らに会う。帰国後、東方文化学院京都研究所所員となり、京大文学部講師を兼任。日中戦争が開始した37年の12月に、小島祐馬らと共に北京に赴き、翌年1月に帰国。1947年「元雑劇研究」で文学博士の学位を取得。同年、京大文学部教授として中国語中国文学第1講座を担当、講読で中国語の文章は必ず中国語で読むという読書法をとっていた。54年小川環樹との共同編集で『中国文学報』を創刊。56－58年京大文学部長。以降、日本中国学会理事長、東方学会の理事長・会長等を歴任、コロンビア大学・ハワイ大学等で講義。65年1月、宮中の御講書始めにおいて「中国文学の性質」を進講。67年停年退官後も「讀杜会」を持つ。75年3月、日本政府の派遣する学術文化訪中使節団の団長として40年ぶりに中国を訪問。79年、中国社会科学院の招請により、中国文学研究者訪華団の団長として中国訪問、3週間にわたり、北京・洛陽・西安・成都・重慶等杜甫の行跡をたどった。晩年は日本学に熱心で、本居宣長の『古事記伝』・「玉勝間」等をよく口にし、また「徂徠学案」では徂徠の民族主義者としての側面を強調した。

（陶　徳民）

（参考文献）「吉川幸次郎博士」（東方学会編『東方学回想Ⅶ　先学を語る(5)』刀水書房、2000年）。

吉倉汪聖 よしくらおうせい （明治1.11(1868.12)－1930.12.30）

大陸浪人、新聞記者。石川県出身。

金沢の下級士族の家に生まれる。幼少時、漢籍に親しみ、アメリカ人から英語を学ぶ。

よしざわけんきち

上京して東京法学校（現法政大学）で法律を修める。この頃、北村透谷と親交を結ぶ。1890年頃、朝鮮に渡る。『釜山貿易新聞』に執筆。甲午農民戦争が起こると、この混乱に乗じて日清開戦を画策する「天佑俠」を結成、内田良平・鈴木天眼らと共に活動。日清戦争後、『元山時事』を創刊。1901年黒龍会創立に加わり、機関紙に連載した朝鮮での活動記は、のち清藤幸七郎の名で『天佑俠』として出版される。黒龍会から『露西亜亡国論』を刊行し、発禁処分となる。日露戦争に際して大陸に渡る。大連で『遼東新報』創刊に関わり、末永純一郎・節のあとを継いで社長となる。主筆の時、橘 樸（たちばなしらき）が記者として入社。小鳥を愛し尺八をたしなむ面もあった。論説等を通じ、平和的な国権の伸張を主張した。下関で病没。

（松本武彦）

(参考文献) 『東亜先覚志士記伝』下、松本健一「吉倉汪聖というアポリア―大陸浪人論序説―」（『思想の科学（第6次）』118号、1980年）。

芳沢謙吉　よしざわけんきち　（1874.1.24－1965.1.5）

外交官。犬養毅の娘婿。新潟県出身。

1899（明治32）年外交官試験に合格したのち、厦門に赴任した直後勃発した厦門事件の処理に尽力。その後、上海、牛荘、ロンドン、本省政務局第1課長を経たのち再度ロンドンに在勤し、1912（大正1）年漢口総領事になり、第2革命中に勃発した西村少尉事件の解決に尽力。本省人事課長、北京公使館参事官を経て19年8月政務局長、シベリア出兵問題の折衝を担当したのち、23年から29年まで中国公使に就任し、変動が著しい中国で国民党・列国公使との折衝に当たり著名となる。また24年11月清朝最後の皇帝溥儀を公使館に匿ったり、28年北伐の国民軍が北京に迫ったため奉天に戻るよう張作霖を説得したりした。一方その期間、北京でソ連大使カラハンの申し入れにより日ソ国交回復交渉を開始し、足かけ3年の間に100回近い交渉の末、25年日ソ基本条約調印に漕ぎつけた。

30年駐仏大使としてパリに赴任したが、翌31年満州事変が勃発したため国際連盟の日本代表理事となり、理事会で日本以外の国に反対される困難な状況下で交渉に当たる。同年12月犬養内閣の成立により外務大臣に任命され、翌年1月欧州から帰国し就任。満州事変・上海事変・満州国独立問題に対処。この期間犬養首相が閑院宮参謀総長に承認を得、天皇に奏上して軍部を抑える考えを述べると、「人事の任免」が陸軍大臣にあるため、まず荒木陸相と交渉する必要があるが、それは「話してもむだ」と勧告した。

5・15事件で犬養内閣が総辞職すると外務大臣を辞任、貴族院の勅選議員となり、交友倶楽部に所属。40年12月から翌年6月まで蘭印政府と石油・錫等の資源を獲得するための交渉に当たる。同年10月仏印の諸機関を統合するため新たに設置された大使府の特派大使として赴任、44年末に帰国、翌年5月外務省顧問、同年8月枢密顧問官に就任したが、戦後公職追放となる。追放解除後52年8月、日本と中華民国の国交が回復されると、戦後初代の在中華民国大使となり、旧知の間柄である蒋介石と最晩年まで交際を続けた。

（時任英人）

（参考文献） 中野敬止編『芳沢謙吉自伝』（時事通信社、1964年）、芳沢謙吉『外交六十年』（中公文庫、1990年）。

吉住慶二郎 よしずみけいじろう （1874.1.29－1943.9.25）

医師。長崎県出身。

佐世保で医院を開業していた吉住は、1902、3年頃、佐世保滞在の萱野長知や宮崎滔天等と交わり、また宮崎民蔵の影響を受ける。11年の武昌起義後、吉住は有隣会の医療チームの一員として渡華し、南京で傷病者の治療活動に従事。翌12年南京臨時政府の陸軍総長黄興のもとで創設された陸軍医院で献身的な働きをする。しかし南北和議で孫文が臨時大総統を袁世凱に委譲し上海へ退居すると、吉住も南京を去り上海で医院を開業する。その後も中国人政客や日本人志士との交友を続け、中国人患者の面倒をみる。満洲事変時の犬養毅が派遣した萱野長知の和平工作に協力し、第1次上海事変時にも戦争拡大防止に尽力した。
　　　　　　　　　　　　　　（柴田　誠）

（参考文献）「翁こそ東亜の先覚者」（『大陸新報』1943年9月28日）、上村希美雄『宮崎兄弟伝』6冊（葦書房・『宮崎兄弟伝完結編』刊行委員会、1984－2004年）、宮崎龍介・小野川秀美編『宮崎滔天全集』全5巻（平凡社、1976年）。

吉田　茂 よしだしげる （1878.9.22－1967.10.20）

外交官、政治家。東京出身（戸籍上は高知県）。

吉田の強烈・独特な個性は天性のものでもあろうが、彼の家系からより多大な影響を受けた。土佐藩士で藩の財政再建を実現し明治に入り民権運動に従事し衆議院議員となる一方で高島鉱山・朝鮮鉄道等の経営に当たった竹内綱の5男として生まれ、福井藩を脱藩し英国に渡りやがて英国ジャーデイン・マジソン商会の日本支店支配人となる貿易商吉田健三の養子となり、さらに宮中筋と関係深くのちに昭和天皇の絶大な信頼を得る牧野伸顕（大久保利通の次男）の女婿となったことで、吉田の政治性・経済感覚は、強化された。1901年近衛篤麿が外交官養成を目的として設立した学習院大学科に入学、篤麿の死去に伴い同科が廃止され、04年東京帝国大学法学部政治学科に編入、06年卒業・外交官及領事官試験合格、07年最初の任地は領事官補として奉天で、08年ロンドン在勤、09年牧野の長女雪子との結婚、ロンドンへ帰任、イタリア大使館3等書記官へ転出、12～16年安東領事、在任中、21ヶ条要求に賛成する一方、第2次満蒙独立運動には身を挺して反対した。その懲罰的人事か、17年外務省人事課長心得とされた。18年済南領事となり3度目の中国勤務。同年、パリ講和会議の全権となった岳父牧野に願い出てその随員となった。20年イギリス大使館1等書記官となり、皇太子（のちの昭和天皇）の接伴を担当した。22～25年天津総領事。25～27年奉天総領事として対張作霖強硬外交を展開した。28～30年、首相田中義一と昭和天皇とのこじれ切った関係を調整する役割で時の内大臣牧野の了解のもと外務次官に就任、30～32年イタリア大使。32年12月～33年1月、深沢暹を帯同して満州・中国視察、日中関係の改善を模索した。35年退官。36年外務省同

期の広田弘毅の組閣参謀・外相候補となるが陸海軍の強烈な反対にあい、イギリス大使に転出し、支那事変の早期解決、日英関係の是正に尽力した。38年帰国ののちは、事変早期解決・日独伊同盟反対・日米英戦回避に奔走、開戦後は、早期終戦をめざし、東条内閣打倒を画策、44年には近衛文麿の重慶派遣、蒋介石との会見を構想した。45年4月ついに憲兵隊に逮捕され翌月末まで陸軍刑務所に拘置された。終戦の翌月、東久邇宮内閣の外相に就任。最初の仕事は昭和天皇とマッカーサーの第1回会見をセットすることだった。同年10月、幣原喜重郎内閣の外相に留任、46年には首相となるが在任1年で総選挙の勝者社会党に政権を譲る。片山哲内閣・芦田均内閣が倒れたのち、48年10月第2次吉田内閣発足、翌年1月の総選挙に民主自由党を率い大勝、長期政権の基盤を築いた。51年待望のサンフランシスコ講和条約締結、52年には日華基本条約締結、54年内閣総辞職。63年10月まで議席を有したが、同年2月台湾に蒋介石を訪問し「大陸反攻」断念を進言をしたという。67年死去、戦後初、唯一の国葬をもって送られた。著書に『回想十年』その他があり、いずれも中公文庫に収録された。　　　　（柴田紳一）

（参考文献）　高坂正堯『宰相吉田茂』（中央公論社、1967年）、猪木正道『評伝吉田』（読売新聞社、1978−81年）、財団法人吉田茂記念事業財団編『人間吉田茂』（中央公論社、1991年）、財団法人吉田茂記念事業財団編『吉田茂書翰』（中央公論社、1994年）、柴田紳一『昭和期の皇室と政治外交』（原書房、1995年）。

吉田松陰 よしだしょういん （文政13.8.4 (1830.9.20)−安政6.10.2 (1859.10.27)

幕末勤王派志士、思想家、教育者。幼名虎之助、のち大次郎、松次郎、通称寅次郎、別号二十一回猛士等。萩（山口県）出身。

最も代表的な勤王派志士の一人で、藩校明倫館や松下村塾での教育を通じて高杉晋作をはじめ、多くのすぐれた志士を育てた。嘉永4 (1851) 年、下田港でアメリカの黒船に乗り込もうとして失敗し、捕えられて幽閉された。その間藩の許可を得て松下村塾を開いて人材の育成に努力したが、やがて安政の大獄に連座して再度逮捕され、安政6年処刑された。著作のうち代表作に「講孟余話」がある。これは下田での事件後、萩の野山獄に幽閉されたのち自宅に戻っていた間に1年かかって講義をしたものである。その中で松陰は皇国日本の理想と武士としての行動の理念を孟子の説く忠臣の道として説いており、単なる経学的解釈ではなく、実践的な著作であった。また「清国咸豊乱記」という著作ではペリー艦隊の通訳をしていた羅森の著作に基づいて自己の見解を記し、太平天国を中国の王朝体制を崩壊させようとする動乱と見て、日本の幕藩体制の危機の原因と共通したものをそこに見ようとしていた。幕末の志士たちの間では欧米列強のアジア進出・侵略に対する関心と警戒感が強く、松陰もインドやアヘン戦争以降の中国が列強に蹂躙されている状況に日本も陥ることを防ぐために、日本もまた進んでアジア諸地域に勢力を伸ばす必要があると感じていた。松陰は「今の計たる、疆域を謹み条約を厳にして、以て二虜（米・露）を

羈縻し間に乗じて蝦夷を墾き琉球を収め（「琉球処分」）、朝鮮を取り満州を拉き、支那を圧し印度（インド）に臨みて、以て進取の勢を張り、以て退守の基を固めて、神功（神功皇后）の未だ遂げたまわざりし所を遂げ、豊国（豊臣秀吉）の未だ果さざりし所を果すに若かざるなり」（「丙辰幽室文稿」）と考えていた。

（伊東昭雄）

（参考文献）『吉田松陰全集』全10巻別巻1（大和書房、1972－74年）。

吉田善吾 よしだぜんご （1885.2.14－1966.11.14）

海軍軍人。佐賀県出身。

海軍兵学校32期で、山本五十六・塩沢幸一・嶋田繁太郎らと同期である。海上勤務が長く、海防艦「平戸」、戦艦「金剛」「陸奥」の艦長、連合艦隊参謀長、練習艦隊司令官、第2艦隊司令長官、連合艦隊司令長官等を務め、海上部隊の最高権威とまで言われた。1939年8月阿部内閣の成立と共に海軍大臣に就任し、継続交渉中の日独伊三国同盟締結に反対したが、あまりの激しい議論に疲れ、1年1ヶ月で辞任した。この間、中国戦線では援蒋ルート遮断のためますます南下を強め、ついに仏領インドシナに進出する本格的準備が開始されたが、吉田はかかる動きが対米戦に発展するのではないかと危惧した。42年11月、古賀峯一の後任として支那方面艦隊司令長官に就任、しかし有力な重巡や駆逐艦等はほとんど連合艦隊に移籍し、第3遣支艦隊は青島方面特別根拠地隊に降格扱いになり、第1遣支艦隊も同様の手続きが進行中で、海上部隊の権威もなく退屈な毎日を過ごした。

よしだますじろう
（田中宏己）

吉田東祐 よしだとうすけ （1904.6.13－没年不詳）

中国研究家。筆名鹿島宗二郎。東京出身。1928年東京商科大学卒業。巣鴨高等商業学校教授。1941年上海申報社顧問兼編集委員。同時に陸軍特務機関嘱託として重慶政権との直接和平工作に従事。国民政府・福建人民政府の外交部長を務めた陳友仁と親交を結び、陳の晩年の約3年間（1942－44年）は日本語秘書兼相談役のような形で身辺にあり、過去の中国革命の内情などにつき多くの知見を得た。38年鹿島宗二郎の筆名で邦訳した『中国革命の悲劇』（ハロルド・R・アイザックス著）は中国革命研究のための「古典的著作」（ニューヨーク・タイムズ）とも評されている。46年帰国し、48年愛知大学理事兼同大学国際問題研究所中国部長。56年国士館大学教授、国際経済・近代中国研究を担当。主な著書に『上海無辺』（中央公論社）、『中国革命の百八人』（元々社）、『毛沢東における人間学』（経済往来社）、『新中国史』（洋々社）、『中国のことばとこころ』（至誠堂）。 （藤井昇三）

（参考文献） ハロルド・R・アイザックス『中国革命の悲劇』（邦訳、至誠堂、1938年、全訂版、1971年）。

吉田増次郎 よしだますじろう （慶応3.6.28(1867.7.29)－1942.3.14）

海軍軍人・海軍中将。静岡県出身。

1890年海軍兵学校卒業（17期）。1898－1900年清国に出張する。02年には、清国公使館付に任命された。14年には、誕生間もない中華

民国と日本との関係を取りもつ中国公使館付武官に任命。18年には再び軍令部参謀として中国に出張。同年軍令部第3班長に就任する。吉田は、資金難にあえいだ中国海軍部への借款問題で活躍し、外務省や中国の出先機関との交渉を取りもった。結局、借款は実現しなかったが、海軍中央が推進した日中提携構想の推進者としての役割を果たした、海軍きっての「支那通」でもあった。20年中将に進級したが、3年後に予備役に編入された。

（山本智之）

(**参考文献**)『日本陸海軍の制度・組織・人事』、樋口秀実『日本海軍から見た日中関係史研究』（芙蓉書房出版、2002年）。

吉野作造 よしのさくぞう （1878.1.29－1933.3.18）
政治学者、評論家。宮城県出身。

民本主義を主唱し、大正デモクラシー運動の旗手として知られるが、中国革命派を支援し、侵略政策に反対。

1904年東京帝大法科卒業。在学中より海老名弾正の牧する本郷教会に属し、機関誌『新人』に寄稿。「内には立憲主義、外には帝国主義」の当時の自由主義の流れの中で日露戦争を支持。06年から3年間袁世凱家の家庭教師として、3ヶ月の奉天（現瀋陽）在住を除き天津で生活。北洋督練処と北洋法政専門学堂（李大釗も学生）の教官を兼ねる。この間立憲・革命両運動に関心を示さず。09年東大法科助教授。3年間の欧州留学後14年教授。『中央公論』で旺盛な評論活動を展開。同年寺尾亨が経営する亡命革命派青年の教育機関政法学校で講義（19年まで）。15年『日支交渉論』で21ヶ条要求を支持したが、中国の将来にも期待。民本主義論で注目を浴びた16年1月、寺尾と頭山満の依頼で中国革命史研究に着手。主な情報提供者は戴天仇と段汝耕。孫文や黄興にも会う。研究は『支那革命小史』（17年）、『第三革命後の支那』（20年）、『支那革命史』（加藤繁との共著、22年）に結実する。寺内内閣の援段政策を批判。日華共同防敵軍事協定に反対する留学生を支援。留学生への継続的経済援助は家計の破綻を生む。

大戦後は「内には民主主義、外には国際平等主義」が世界の大勢との認識のもと、18年末黎明会結成の頃李大釗と連絡をとり新文化運動への理解を深め、五四運動を漫罵する世論に抗して『中央公論』を主舞台に、五四運動は日本国民に敵対するものではなく、外来の侵略勢力を代表する日本の軍閥官僚とこれと結ぶ中国の同勢力に対する国民的反抗運動であり、日中親善は両国民が軍閥官僚の支配から解放されることによってはじめて可能であると論じた。吉野は進んで両国大学人の交流を策し、翌年5月北京大学学生5名が来日、3週間にわたり、東京だけではなく京阪神でも知識人や労働者と交流した。しかし日本側からの訪中は日本政府に差止められ、吉野の訪中は23年7月上海YMCAの招きに応ずるまで実現しなかった。一方吉野は朝鮮に対すると同様に台湾同化政策を排し、自治をめざす台湾議会設置運動の精神的産婆役となった。24年2月、東大教授を辞任して講師のまま朝日新聞に入社したが筆禍事件で6月退社。北伐に際して田中内閣の山東出兵に反対。南京政府を支持し社会民衆党系の「対支問題協議

会」に石橋湛山と共に参加。満蒙は統一中国の一部と確認し、特殊権益に執着しない態度を鮮明にし、29年『対支問題』刊。満州事変の勃発に際しては、自衛権の発動とはいえない中国への内政干渉と言明し、言論界や無産党の無気力を批判した。　　（松尾尊兊）

（参考文献）『吉野作造選集』7、8、9（岩波書店、1995・96年）、黄自進『吉野作造対近代中国的認識与評価　1906〜1932』（中央研究院近代史研究所、台北、1995年）、松尾尊兊『民本主義と帝国主義』（みすず書房、1998年）、田澤晴子『吉野作造』（ミネルヴァ書房、2006年）。

吉本貞一 よしもとていいち （1887.3.23－1945.9.14）

陸軍軍人、陸軍大将。徳島県出身（東京生まれ）。

陸軍士官学校（20期）、陸軍大学校卒業。1931年8月参謀本部庶務課長となる。満州事変の勃発に際して、朝鮮軍の独断越境が統帥大権の無視として問題化した場合、南次郎陸軍大臣・金谷範三参謀総長の辞職で切り抜けることが構想され、吉本が辞表の案文を執筆した。歩兵第21旅団長、東部防衛参謀長等を経て、38年6月新設された第11軍の参謀長となり、武漢攻略作戦に参画した。39年1月中支那派遣軍参謀長、39年11月ノモンハン事件後の第2師団長（満州）となる。その後関東軍参謀長を経て、42年8月第1軍司令官（太原）として、京漢作戦や治安作戦を実施、45年2月第11方面軍司令官（内地防衛）兼東北軍管区司令官となる。終戦後の45年9月市ヶ谷台で自決した。　　（庄司潤一郎）

（参考文献）　額田坦『陸軍省人事局長の回想』（芙蓉書房、1977年）。

吉屋信子 よしやのぶこ （1896.1.12－1973.7.11）

小説家。新潟県生まれ。

大正初期から昭和40年代まで、少女小説、大衆小説、中間小説、歴史小説と幅広いジャンルで多くの名作を発表。舞台、映画、テレビと様々なメディアで人気を博したが、その精神的バックボーンは大正期女性解放運動の母体となった雑誌『青鞜』参加にある。1937年『主婦之友』の専属作家となり、「主婦之友皇軍慰問員」として北支、上海を訪れ、『戦禍の北支上海を行く』（37年、新潮社）を上梓した。38年8月、内閣情報部の働きかけで「ペン部隊」が結成されると紅一点、海軍班に参加し、漢口攻略戦の従軍報告を毎日新聞に発表。1940年には女流文学者会委員長として満州、インドネシア、翌年には『主婦之友』特派員としてタイ、ベトナムなど「南方基地」を視察、同誌に「現地報告」を発表した。代表作は『花物語』（24年）『女の友情』（35年）『良人の貞操』（37年）『ときの声』（65年）『徳川の夫人たち』（66年）『女人平家』（71年）。　　（吉川豊子）

吉行エイスケ よしゆきえいすけ （1906.5.10－1940.7.8）

小説家、詩人。本名栄助。吉行淳之介の父。岡山県出身。

岡山一中退。アナーキズム及びダダイズムの影響を受けた、奇抜で斬新な作風を特徴とし、新興芸術派の中心的作家となる。1930年および31年に上海へ渡り、上海市施高塔路

に滞在。渡航の時期、回数は明らかでないが、この他にも30年前後に何度か上海へ渡っていると推定される。多くの日本人文学者が中国に関心を寄せていた当時、吉行自身は「僕は所謂、支那通ではない」(『新しき上海のプライヴェート』序) としながら、中国とりわけ上海に強い興味を抱く。31年の満州事変さらに翌年の第1次上海事変と、日本による中国での軍事行動が拡大するさなか、上海の風俗を題材とする作品を多数執筆した。その代表的著作『新しき上海のプライヴェート』(32年) では、国際的経済都市あるいは歓楽の都市としての上海を、30年前後の日本で流行したエロ・グロ・ナンセンスと呼ばれるモダニズムの観点から描く。　　　　（伊藤里和）

(参考文献)『吉行エイスケ作品集』1・2 (冬樹社、1977年)、吉行和子・齋藤愼爾監修『吉行エイスケとその時代』(東京四季出版、1997年)。

米内光政 よないみつまさ （1880.3.2 – 1948.4.20）
海軍軍人。岩手県出身。

盛岡中学を経て海軍兵学校（29期）を卒業、卒業成績は125名の真ん中より少し下であった。日露戦争中は水雷艇「雷」乗組となり、日本海海戦に参加した。1914年旅順要港部参謀となり、初めての中国勤務になった。続いてロシア駐在となり、革命直前のロシアの実情を肌で感じることができたが、革命勃発の前に帰国した。シベリア出兵に際しては、ロシア語の能力を買われて浦塩派遣軍司令部に派遣され、陸軍との調整に当たると共に、革命軍の動向に関する情報収集に当たった。20年から2年間、ポーランド及びドイツに派遣され、ベルリンを中心に社会主義ロシアの動向に関する情報収集に従事した。

28年第1遣外艦隊司令長官になったが、6月に蔣介石の北伐軍が北京に達し、中国国内や世界の目が華北に向けられ、主に華南に展開する海軍に出動する機会はなかった。

30年、ロンドン軍縮をめぐる統帥権干犯問題により、海軍に大きな亀裂ができる事態になったが、海外にいる米内は巻き込まれずにすんだ。ついで閑職とされる鎮海要港部司令官に移ったが、31年に5・15事件が発生、海軍内で指導権争いが激しくなったが、これにも関係しなかった。閑職を利用して読書三昧の日々を過ごし、そのおかげで周囲も驚くほどの教養人に成長した。だがこの頃の米内は退役を覚悟したが、32年12月、上海事変後の第3艦隊長官に転出した頃から彼の経歴が変わり始めた。同艦隊は隷下に第1・第2遣外艦隊という2個の艦隊を抱える変則編成で、米内はこれを第10・第11戦隊に組み替えた。折しも中国第9師、第4師、第6団等の停戦区域内無断通行が発覚し、米内は終始強硬な態度で処理に当たり、領事館としばしば対立した。次いで佐世保・横須賀鎮守府長官等を経歴して連合艦隊司令長官を経て海軍大臣となり、次官の山本五十六、軍務局長の井上成美と共に、陸軍及び軍令部の強硬策に対抗した。40年首相、終戦時にも海軍大臣を務めた。
　　　　　　　　　　　　　　（田中宏己）

米里紋吉 よねさともんきち （1883.9 – 1936.4.19）
実業家。徳島県出身。

1905（明治38）年東京高等商業学校（現一橋大学）卒業後、大阪商船に入社。06年6月上海に渡り、07年4月に日清汽船が創立された際に入社する。上海支店長、主事を経て28年11月取締役となり、翌年には専務取締役となる。また22年に上海日本商業会議所副会頭となり、27年4月から亡くなるまで会頭であった。著書である『長江海運史』は、上海開港後の汽船海運の歴史、長江航路において汽船を運航する会社について詳述しており、当時の長江海運について把握する上で基本となる資料である。　　　　　　（神谷久覚）

(参考文献)　米里紋吉『長江海運史』（1927年）、『最新　業界人事盛衰録』（商工事情調査会出版部、1931年、復刻版、大空社『昭和戦前財界人名大事典』第2巻、1993年）。

米沢秀夫　よねざわひでお　(1905 – 1990.9.11)

中国経済研究家、日中友好運動家。徳島県出身。

1930年代から中国研究に携わり、37年薛暮橋著の訳書『支那農村経済概論』を、42年『上海史話』を出版。戦後は46年1月の中国研究所創設に尽力。60年中国研究所の中国友好訪問団の一員として訪中。しかし、文化大革命に批判的態度を取ったことにより、67年2月10日、中国研究所臨時所員総会で除名。愛知大学講師等を務めたことはあったが、基本的に在野研究一筋。68年、勁草書房からAA叢書の1巻として、過渡期の中国の社会主義経済を主として流通部門から観察した『中国経済論』を出版し、その序説で、生産力を高めるため生産関係の技術革命を困却し、変革を主観的に急ぎすぎる偏向が現れていると指摘。以後、月刊『中国研究』、『季刊中国』等で文革批判の論陣を張ると共に、亡くなるまで『季刊中国』の発行人を務めた。日中友好協会副理事長等歴任。長く車間道人のペンネームで、その機関紙『日中友好新聞』のコラム「歴史のひととき」を執筆。（石井　明）

(参考文献)　塚本隆敏「米沢先生の中国をみる眼」（『季刊中国』23、1990年）。

ろ

蠟山政道 ろうやま まさみち （1895.11.21 – 1980.5.15）

　政治学者。行政学の創始者の一人。群馬県出身。

　1928年東京帝国大学教授。42年衆議院議員。51年民主社会主義連盟理事長。54年お茶の水女子大学学長。68年日本学士院会員。学界・教育界・行政改革等に大きな足跡を残した。

　1919年満州・朝鮮・シベリア視察旅行に参加して以来、満州問題に強い関心を持ち、38年東亜研究所の第2調査委員会（通称「黄河委員会」）委員長として黄河修築工事に関与。32年満州国樹立の際は関東軍の求めで憲法作成に参加したと言われる。アジア・モンロー主義、東亜協同体論を提唱し、孫文の「アジア主義」に批判的であり、日本中心の東亜新秩序をめざした。著書に『政治学の任務と対象』（巌松堂書店、25年）、『日本における近代政治学の発達』（実業之日本社、68年）、『日満関係の研究』（斯文書院、33年）、『東亜と世界―新秩序の論策―』（改造社、41年）等。

　　　　　　　　　　　　　　（藤井昇三）

　（参考文献） 蠟山政道追想集刊行会編・刊『追想の蠟山政道』（1982年）、民主社会主義研究会議編『蠟山政道先生古稀記念論文集―民主社会主義の歴史と理論―』（中央公論社、1966年）

わ

若杉　要　わかすぎかなめ　（1883.7.9 − 1943.12.9）
外交官。熊本県出身。

　1906年東亜同文書院を卒業し、外務書記生試験に合格し入省。書記生のかたわら米国オレゴン州立大学、ニューヨーク大学に学ぶ。17年に外交官試験に合格。上海を最初に、イルクーツク、ロサンゼルス、ロンドン、サンフランシスコ、ニューヨーク等に勤務した。34年から36年まで有吉明・有田八郎・川越茂各公使・大使のもとで北京の中国大使館（35年5月まで公使館）参事官を務める中で、蒋介石の直系として親日政策の中心であった黄孚と信頼関係を築き、華北地域を国民政府の影響下からの離脱を狙う日本軍の策動の抑制、国民政府との国交調整に努めた。41年2月には駐米公使となり、41年4月からの日米交渉の発端となる「日米了解案」の策定に関わり、了解案を基礎とする断続的な対米交渉では、野村吉三郎大使を補佐してハル国務長官やウエルズ次官との困難な折衝に心血を注いだ。開戦後には、病身のまま交換船で帰国し、まもなく逝去した。　　　　　（波多野澄雄）

若槻礼次郎　わかつきれいじろう　慶応2.2.5（1866.3.21−1949.11.20）

　大蔵官僚。政治家。昭和期に2度、首相を務める。号克堂。松江（島根県）出身。

　1892年に東京帝国大学卒業後、大蔵省に入省。1904年主税局長、06年第1次西園寺内閣で大蔵次官に就任した。大蔵次官時代に西園寺の満州視察に随行し、各種調査を行う他、補助貨幣整理問題に取り組む。帰国後は満州経営委員会委員となる。08年、第2次桂内閣で桂蔵相のもと、大蔵次官に就任し、満鉄社債・対清国借款等の内外債問題や財政整理問題等に取り組む。11年に同内閣が総辞職すると貴族院議員に勅選され、茶話会に所属した。なお、この頃に趣味の弓道と漢詩を再開する。12年の桂太郎の欧州視察に随行し、13年の立憲同志会結成に参加。以後、同志会・憲政会の幹部として活動する。第2次大隈内閣で蔵相に、加藤高明護憲三派内閣で内務大臣に就任し、内相時代には男子普通選挙法成立に尽力した。加藤高明の死去に伴い首相となった第1次若槻内閣は台湾銀行救済案をめぐって枢密院と対立、総辞職した。この対立の原因は枢密院が当時外相だった幣原喜重郎の対中政策を軟弱として批判したことにあった。野党時代には同じく貴族院議員であった幣原喜重郎と共に張作霖爆殺事件について貴族院で田中内閣批判を展開した。浜口内閣成立後にロンドン海軍軍縮会議に首席全権となり、条約調印に尽力する。しかし、締結された条約の内容をめぐり、統帥権干犯問題が発生する。そして、浜口が狙撃され重傷を負うと、浜口のあとを受けて立憲民政党総裁に就任、第2次内閣を組織する。折しも満州事変が勃発し、関東軍抑制に手間取るうちに、民政党内で安達謙蔵内務大臣による協力内閣運動が起こり、内閣不一致で総辞職する。第2次内閣総辞職後には重臣として扱われ、後継首班選定などの会議に出席した。なお、若槻は日米開戦に際しては開戦反対を主張した。（今津敏晃）

　（参考文献）　若槻礼次郎『明治・大正・昭和

政界秘史―古風庵回顧録―』（読売新聞社、1950年、改訂版、同社、1975年、のち、講談社学術文庫、1983年）、広瀬順皓監修・編集『政治談話速記録』第8巻（ゆまに書房、1999年）。

脇 光三 わきみつぞう （1880.12.1 – 1904.4.20）

工作員。旧姓浅岡。滋賀県出身。

1902（明治35）年渡清、北京の東文学社、天津の北支那毎日新聞社での勤務を経て、04年1月、駐清日本公使館駐在武官の青木宣純大佐・内田康哉公使・川島浪速らにより北京で組織された、日露戦争に際して鉄道爆破等を目的とする特別任務班に加わる。脇が所属する第1班は伊藤柳太郎班6名と横川省三班6名の合計12名、二つの班で構成され、脇は横川班の一員であった。2月北京を出発、東部内蒙古カラチンを経て興安嶺のふもとで伊藤班はハイラル方面へ、横川班はチチハル方面へ分かれた。横川班は目標であるフラルジ鉄橋を爆破させるべく、4月東清鉄道トルチハ駅近くまで到達したが、脇を含む4名が偵察に出ている間に、宿営地に残った横川省三と沖禎介がロシア兵に捕捉された。一方、偵察から戻った脇らはロシア兵の攻撃を受け逃走、追跡をかわしたが現地の蒙古人の襲撃を受け、全員死亡した。なお、横川と沖はハルビンに移送され銃殺刑に処せられた。

（武井義和）

（参考文献）『対支回顧録』上、『烈士脇光三氏伝』（大寄文友・北野源治編輯兼発行、彦根市役所発行、1943年）。

鷲澤與四二 わしざわよしじ （1883.8 – 1956.10.1）

ジャーナリスト、政治家。長野県出身。

1908年慶応義塾大学政治科卒業。時事新報社政治記者となり北京に特派される。北京では、中国政局に関する報道を積極的に展開する一方で、19年11月英字新聞『The North China Standard』（中国名『華北正報』）、23年8月漢語新聞『北京新聞』を刊行するなど、当地における親日的輿論の喚起に努める。また、辜鴻銘とも親交を結び、辜は『The North China Standard』に寄稿を行っている。帰国後、32年第18回衆議院総選挙で長野県から出馬して当選し、国民同盟に参加。衆議院議員は1期のみだったが、その後も、中国問題は農村問題等の日本国内問題とリンケージして解決すべきとする持論を展開。また、長野県における養蚕業衰退に伴う農村疲弊への対応策としてのアンゴラ兎の導入活動等も展開する。戦後は、神奈川県に移り、横浜地方の公共事業に活躍し、神奈川県公安委員長を務める。

（松重充浩）

（参考文献） 森岩吉『国民同盟陣営展望』（政界評論社、1934年）、東京アンゴラ飼育研究会編『実際的なアンゴラ兎飼育法（第五巻）：アンゴラ飼育と現金収入』（国策新報社、1939年）、『長野県歴史人物大事典』（郷土出版社、1989年）、中下正治『新聞にみる日中関係史：中国の日本人経営紙』（研文出版、1996年）。

和田三郎 わださぶろう （明治4.6.22(1871.8.8) – 1926.11.1）

孫文の援助者。高知県出身。

共立学校で萱野長知と同期。キリスト教徒

で自由民権論者、明治学院で神学を学ぶ。新聞記者となり、板垣退助のもとで『自由党史』の執筆等板垣の多くの文章を代筆した。1905年中国同盟会入党、萱野・宮崎滔天と共に『革命評論』を発刊、中国革命を声援した。無政府主義にも接近し、同盟会内の反孫文派になったこともある。辛亥革命時には板垣の発行していた『社会政策』で「日本の満州朝廷」等革命支援・日本藩閥批判論を展開し、中華民国承認運動にも参加した。

（久保田文次）

(参考文献) 上村希美雄『宮崎兄弟伝 アジア篇 中』（葦書房、1996年）、萱野長知『中華民国革命秘笈』（復刻アイシーメディックス、2004年）、久保田文次編『萱野長知・孫文関係史料集』（高知市民図書館、2001年）。山本大編『土佐の自由民権家列伝』（土佐出版社、1987年）。

和田　清 わだ せい（1890.11.15－1963.6.22）

東洋史学者、明清時の中国史満蒙史研究者。神奈川県出身。

1908年、東洋学の学術団体の嚆矢として「東洋協会」が誕生し、白鳥庫吉・上田万年を主宰者としてその「調査部」が発足するが、東京帝国大学文科大学史学科を15年に卒業した和田は翌年入会して、機関誌『東洋学報』の編集に当たった。24年G.E.モリソンの旧蔵欧文書及び岩崎久弥氏旧蔵和漢書（「岩崎文庫」）を基礎として財団法人東洋文庫が開設されると、白鳥研究部長を補佐する研究員に列して『東洋学報』を刊行、42年白鳥氏没後は研究部長に任じた。同文庫が収集する漢籍について、史部では地方誌・家譜・伝記・実務を記録する政書・官箴、子部では農書・医書等に力を注いだ。この間、東京帝国大学（現東京大学）に22年から30年間在職し、28年以降は東洋史学第１講座（中国史）を担任、33年からは教授となり連年、中国とその辺域を対象に〈東洋史概説〉を講じ、『中国史概説上下』（岩波書店、50・51年）を著した。27年訪中の折、梁啓超・羅振玉・王国維・陳垣・柯劭忞らと交流した。　（斯波義信）

(参考文献)「和田清博士年譜・著作目録・講義題目一覧」（『和田博士古稀記念東洋史論叢』講談社、1960年）。

和田　伝 わだ つとう（1900.1.17－1985.10.12）

農村・農民を主題とした作品を多数発表した作家。神奈川県（現厚木市）の旧名主の家に生まれる。

早稲田大学文学部卒業。満州事変後、満州移民政策が推進される中、長野県南佐久郡大日向村（現佐久穂町）が村民の約半数を吉林省へ「分村」移民させる計画が進行すると、1938年農林省特派員として入植現地を取材、大日向での踏査を経て、1939年『大日向村』（朝日新聞社）を刊行、大きな反響を呼んだ。同書はさらに映画化（東宝）、演劇化（前進座）されて、人気を得た。国策協力の作品であったが、分村移民せざるを得なかった貧窮山村の叙述は写実的である。当然ながら「新開墾地」が実は先住農民の既耕地であったことには触れていない。1943年にも現地を視察している。第二次大戦後も、農地改革後や都市化進展過程の農村の変貌を描いた『鰯雲』（後映画化）作品を数多く発表した。

(久保田文次)

(参考文献) 『和田伝全集』10冊（家の光協会）、川村湊『異郷の昭和文学：満州と近代日本』（岩波新書、1990年）、佐賀郁郎『受難の昭和農民文学：伊藤永之介と丸山義二・和田伝』（日本経済評論社、2003年）。

和田維四郎 わだつなしろう （安政3.3.15(1856.4.19)－1920.12.20)

日本の近代鉱物学の先駆者、書誌学者。貴族院議員。小浜（福井県）生まれ。

開成校へ。ナウマンらについて鉱物学、地質学を学び、日本産鉱物を収集研究して「金石試験記」「本邦金石略記」等を出版。1882年地質調査所初代所長になる。84年ドイツに留学。翌年帰国、東京帝国大学教授になり鉱物学を担当。91年に東大を退官。97年近代製鉄所設立につとめて八幡製鉄所長官に就任。上海で中国漢陽製鉄所の技師長を傭聘、99年、1900年訪中し、武漢で張之洞と会見、盛宣懐の経営する漢冶萍の石炭、鉄鉱の輸入に道を開いた。

(酒井シヅ)

(参考文献) 『東亜先覚志士記伝』下、今井功「和田維四郎年譜」(『地質ニュース』213号、1972年)。

渡辺洪基 わたなべこうき （弘化4.12.23(1848.1.28)－1901.5.24)

官僚、教育者、学者、政治家。福井出身。

幕府の開成所に入り、さらに箕作麟祥・福沢諭吉に学び蘭学・英学を修める。明治2（1869)年、大学少助教となり、次いで外務大録に任ぜられ、明治4（1871)年岩倉使節団に随行。いったん帰国ののち、73年、外務2等書記官として、イタリア、オーストリアに勤務。以後、外務権大丞、外務大書記官兼太政官大書記官、学習院長を歴任する。80年、曽根俊虎・宮島誠一郎らの奔走により興亜会が設立されるとこれに参加、副会長に就任した。また、同会に支那語学校を付設して、中国語教育に尽力した。興亜会は、最初のアジア主義の団体と言われており、その目的は東洋人（日本人）の自屈的態度を戒め、軽薄な欧米崇拝に対し警鐘を鳴らすことにあった。こののち渡辺は、元老院議官（82年）、東京府知事（85年）等を歴任し、86年には初代帝国大学（現東京大学）総長に就任、その後はオーストリア兼スイス公使、衆議院議員を務め、97年には貴族院議員に勅選された。

(栗田尚弥)

(参考文献) 『東亜先覚志士記伝』下。

渡辺錠太郎 わたなべじょうたろう （1874.4.16－1936.2.26)

陸軍軍人、陸軍大将。愛知県出身。

陸軍士官学校（8期）、陸軍大学校卒業。日露戦争に出征し負傷。オランダ公使館付武官等を経て、1920年8月第29旅団長となり、鉄嶺（満州）に派遣される。陸軍大学校長、第7師団長等を経て、30（昭和5）年6月台湾軍司令官となり、霧社事件に際して軍隊を派遣、警察と共に鎮圧に当たった。その後、航空本部長、軍事参議官を経て、35年7月教育総監となり、陸軍教育の刷新に尽力した。しかし、教育総監は「皇道派」の真崎甚三郎が「統制派」の人事によって罷免されたあと

を継いだもので、さらに、天皇機関説や国体明徴に関する発言も誤解を生み、派閥に属さない立場であったが、36年2月26日「皇道派」の青年将校によって、杉並区の私邸で襲撃され、殺害された。　　　　　（庄司潤一郎）

(参考文献) 岩倉渡邊錠太郎顕彰会『郷土の偉人渡邊錠太郎』（同会、1977年）、森松俊夫『軍人たちの昭和史』（図書出版社、1989年）。

渡辺哲信　わたなべてつしん　（1874.9.12－1957.3.17）
僧侶、探検家。広島県出身。

浄土真宗本願寺派（西本願寺）浄念寺（三原）住職・渡辺聞信の長男。1895年西本願寺文学寮高等科卒業。在学中、新法主・大谷光瑞の目にとまり、1914年に光瑞が引退するまで側近を務めた。卒業後、光瑞の命によりロシア・サンクトペテルブルクへ渡航し、ロシア語を学ぶ。1899年、光瑞に同行してインド・欧州を視察し、英国の宗教制度について研究した。1902年、堀賢雄らと共に第1次中央アジア探検に参加しシルクロードを巡り、04年帰国する。10年から15年まで築地別院輪番を務め、翌16年北京の順天時報社第4代社長に就任し、漢字新聞『順天時報』や英字新聞『ノースチャイナスタンダード』を刊行した。30年、同紙廃刊となり帰国する。
　　　　　　　　　　　　　　（川邉雄大）

(参考文献) 常光浩然『明治の仏教者』下（春秋社、1969年）、白須浄真『忘れられた明治の探検家　渡辺哲信』（中央公論社、1992年）。

渡辺直己　わたなべなおき　（1908.6.4－1939.8.21）
歌人。広島県出身。

1930年3月広島高等師範学校（国漢科）を卒業。翌年2月、幹部候補生として広島歩兵第11連隊に入隊、11月除隊。翌12月呉市立高等女学校教諭となる。やがて同僚教諭の手引きでアララギ入会、土屋文明を師とする。37年7月、蘆溝橋事件発生直後に召集され、陸軍歩兵少尉として天津に渡った。この年末から翌年1月にかけて山東作戦に従軍。いったん天津に帰還したのち、夏、武漢作戦に加わるために、南京を経て鄱陽湖に至ったが、腸炎・マラリア・痔疾のために九江兵站病院に入院。12月退院、武昌にいた原隊に追従。間もなく中尉に昇進、部隊ともども天津に移駐、付近警備の任に着く。特に、39年初めは天津西方70kmほどの覇県方面の警備隊長・討伐隊長を務める。一帯は八路軍の活動地域で、過去に実戦経験の乏しかった渡辺が1ヶ月の間、いわゆる「共匪」「紅匪」の「討伐」に奔走、「壕の中に坐せしめて撃ちし朱占匪は哀願もせず眼をあきしまま」、「支那民族の力怪しく思はるる夜よしどろに酔ひて眠れる」と詠んでいる。39年8月21日未明、洪水に見舞われた天津市内の連隊官舎で、カーバイドから発生したガスの爆発事故により不慮の死を遂げた（公報は戦死）。この年の『アララギ』8月号に掲載された絶唱「涙拭ひて逆襲し来る敵兵は髪長き広西学生なりき」は必ずしも事実詠ではない。自己の戦闘体験を拡大して情況全体を想像した構想力によって日中戦争の本質を捉えた渡辺の短歌は戦後においても高く評価されている。　（多田狷介）

(参考文献)『渡辺直己全集』（創樹社、1994年）、米田利明『渡辺直己の生涯と芸術』（沖積

渡辺龍聖 わたなべりゅうせい （慶応 1.8.28（1865.10.17）- 1945.7.2）

教育者。吉水村（新潟県）出身。

越後国吉水村（現栃尾市）に生まれる。1887年東京専門学校（現早稲田大学）英文科を卒業。その後渡米し、ミシガン大学、ヒルスデール大学を経て、コーネル大学に学ぶ。94年コーネル大学においてPh.Dを取得し、帰国。95年東京高等師範学校講師に就任、次いで教授となる。99年から東京音楽学校長を兼務した。1902年3月文部省の内命により華北地方の教育状況を調査。その際直隷総督袁世凱から同省の学務顧問就任を要請される。02年9月現職のまま学務顧問に就任、その後7年間にわたり教育行政制度の改革、近代学校制度の導入、近代学校の運営等に力を注いだ。また渡辺龍聖は直隷師範学堂の総教習として教員養成事業にも尽力、十余名の日本人教習や中国人教習の協力を得て中国最初の模範師範学堂を創設した。09年に帰国、同年から2ヶ年間ベルリン大学に留学、帰国後小樽高等商業学校、次いで名古屋高等商業学校の初代校長にそれぞれ就任した。　　（蔭山雅博）

（参考文献） 阿部洋「清末直隷省の教育改革と渡辺龍聖」（阿部洋編『日本人教習の研究』国立教育政策研究所、1988年）、『小樽商科大学史開学六十五年』（小樽商科大学、1976年）。

和田日出吉 わだひできち （1898.1 - 没年不詳）

新聞記者、実業家。東京出身。

もとは時事新報の記者で、2・26事件の際のスクープ報道がよく知られていた。帝人事件報道で、社長の武藤山治が殺害されると身の危険を感じ、時事新報を退社する。その後、松岡洋右・鮎川義介から、満州での新聞社経営を依頼され、新京日報を中核に、ロシア語・中国語・英語等の新聞を統合して、1938年に満州新聞社を設立した。その後、満州映画協会の理事に就任し、45年春に根岸寛一が退任すると筆頭理事となる。日本の敗戦に際しては、渡瀬成美と共に、中国共産党の指揮下にある東北電影工作者連盟に、満映の全ての権利を委譲して帰国した。なお、女優木暮美千代の夫としても知られる。（瀧下彩子）

（参考文献） 和田日出吉等『語りつぐ昭和史：激動の半世紀(2)』（朝日新聞社、1976年）、山口淑子・藤原作弥『李香蘭私の半生』（新潮社、1987年）。

和知鷹二 わちたかじ （1893.2.1 - 1978.10.30）

陸軍軍人。広島県出身。

1914年陸軍士官学校卒（26期）、22年陸軍大学校卒。「支那通」のコースを歩む。参謀本部支那課に勤務したのち、支那研究員として華南地域で現地研修。28年の第2次山東出兵時に第6師団付となって済南に行き、そのまま済南駐在武官となる。柳条湖事件勃発後の31年11月、関東軍参謀として満州国建国に関わり、32年8月広東駐在武官となって、蒋介石に対抗する胡漢民や白崇禧らの西南派に接近、武器売り込みを図る。また、中国に対する経済工作のために満鉄の資金を導入するという構想を立て、それがのちに興中公司の設立につながったという。35年12月から太原

わちたかじ

特務機関長、次いで支那駐屯軍参謀となる。37年7月の盧溝橋事件の際には天津から現地に特派されたが、その強硬姿勢のために事件不拡大を妨害しかねないと警戒され東京に出張させられたところ、東京でも中国軍に一撃を与えるべきであるとの主張を説き回った。連隊長として従軍したのち、38年6月、大本営付の謀略組織である蘭機関の長となり、広西軍閥の李宗仁を懐柔する工作を実施したが、成果を挙げることはできなかった。同年秋、和知は独自の和平工作も試みている。それは、旧知の蕭振瀛（宋哲元の政策幕僚）を介したもので、重慶政権軍政部長の何応欽に通じていたとされる。この工作には一時、参謀本部が関心を示したが、中途で立ち消えとなった。また、香港に在住していた孔令侃（行政院長孔祥熙の息子）を介して重慶政権に通じる和平ルートを模索し、これには元二六新聞社社長の秋山定輔も関与したが、成果は挙がらなかった。和知は、萱野長知による和平工作にも側面的援助を与えている。その後、広東に駐屯していた第21軍司令部付、中支那派遣軍司令部付、支那派遣軍総司令部付として政治・謀略工作を担当した。太平洋戦争では緒戦のフィリピン攻略作戦、末期のレイテ作戦に軍参謀長として従軍した。敗戦後、戦犯として重労働6年の判決を受けるが、50年8月仮釈放された。　　　　　（戸部良一）

（参考文献） 丸山静雄『失われたる記録―対華・南方政略秘史―』（後楽書房、1950年）、秦郁彦『盧溝橋事件の研究』（東京大学出版会、1996年）。

執筆者一覧

阿部猛　阿部洋　飯島渉　家近亮子　池井優　池田勇太　石井明　伊藤一彦
伊藤忠綱　伊東昭雄　伊藤里和　今津敏晃　内山直樹　内山雅生　大江洋代
大里浩秋　大島晃　小田部雄次　蔭山雅博　笠原十九司　片倉芳和　加藤聖文
神谷久覚　川島真　川邉雄大　菊池一隆　北野剛　木村昌人　吉良芳恵
桐原健真　久保田文次　久保田善丈　倉田容子　倉橋正直　栗田尚弥　小池聖一
合山林太郎　小島淑男　小林共明　小林英夫　小林美恵子　小林元裕　近藤華子
近藤秀行　崔淑芬　斎藤聖二　酒井シヅ　桜井良樹　佐々博雄　柴田紳一
柴田誠　斯波義信　渋谷由里　庄司潤一郎　白石仁章　白田拓郎　季武嘉也
鈴木美穂　相田洋　高橋智　高山秀嗣　瀧下彩子　武井義和　多田狷介
田中宏巳　谷ヶ城秀吉　谷川栄子　陳継東　陳捷　杜軼文　陶徳民　戸川芳郎
時任英人　戸部良一　中武香奈美　中野弘喜　中村哲夫　野村乙二朗　狭間直樹
橋本のぞみ　長谷川雄一　波多野澄雄　波多野勝　馬場毅　浜田直也　濱本良一
林直樹　春名徹　春山明哲　日野俊彦　福家崇洋　藤井昇三　藤井省三
藤木直美　藤谷浩悦　古谷創　本庄比佐子　町泉寿郎　松尾尊兊　松沢哲成
松重充浩　松田忍　松村正義　松本武彦　真柳誠　溝部優実子　宮本正明
村上節子　望月雅士　安岡昭男　山田辰雄　山本智之　熊達雲　吉川豊子
吉村道男　米谷匡史　米山忠寛　李廷江　劉建雲　若月剛史　渡部麻美

近代日中関係史人名辞典

2010年7月20日　初版印刷
2010年7月30日　初版発行

編　者	中　村　　　義三 藤　井　昇　三 久　保　田　文　次 陶　　　徳　民 町　　　泉　寿　郎 川　邉　雄　大
発行者	松　林　孝　至
印刷所	株式会社フォレスト
製本所	渡辺製本株式会社

発　行　所　株式会社　東京堂出版
〔〒101-0051〕東京都千代田区神田神保町1-17
電話 03-3233-3741　振替 00130-7-270

ISBN978-4-490-10783-8 C1521　　　　Ⓒ 2010
Printed in Japan